Kampf den Feinden oder Schutz der Minderheiten?

Frankfurter kriminalwissenschaftliche Studien

Bd./Vol. 163

Zu Qualitätssicherung und Peer Review der vorliegenden Publikation

Die Qualität der in dieser Reihe erscheinenden Arbeiten wird vor der Publikation durch Herausgeber der Reihe geprüft.

Notes on the quality assurance and peer review of this publication

Prior to publication, the quality of the work published in this series is reviewed by editors of the series.

Felix Fleckenstein

Kampf den Feinden oder Schutz der Minderheiten?

Der Einfluss staats- und gesellschaftstheoretischer Auffassungen auf die strafrechtliche Theorie, Rechtsprechung und Gesetzgebung.

Eine Untersuchung feindstrafrechtlicher Tendenzen unter Zugrundelegung der Positionen von Carl Schmitt und Hans Kelsen

Bibliografische Information der Deutschen Nationalbibliothek
Die Deutsche Nationalbibliothek verzeichnet diese Publikation in der Deutschen Nationalbibliografie; detaillierte bibliografische Daten sind im Internet über http://dnb.d-nb.de abrufbar.

Zugl.: Frankfurt (Main), Univ., Diss., 2017

D 30
ISSN 0170-6918
ISBN 978-3-631-73819-1 (Print)
E-ISBN 978-3-631-73811-5(E-Book)
E-ISBN 978-3-631-738197-9 (EPUB)
E-ISBN 978-3-631-73898-6 (MOBI)
DOI 10.3726/b12648

Peter Lang – Frankfurt am Main · Bern · Bruxelles · New York · Oxford · Warszawa · Wien

Diese Publikation wurde begutachtet.

www.peterlang.com

Inhaltsverzeichnis

Abkürzungsverzeichnis

A.A.	andere Ansicht
a.a.O.	am angegebenen Ort
a.F.	alte Fassung
AfP	Archiv für Presserecht
ähnl.	ähnlich
AK	Alternativkommentar
allg.	Allgemein
ÄndG	Änderungsgesetz
AöR	Archiv des öffentlichen Rechts
APuZ	Aus Politik und Zeitgeschichte
ARSP	Archiv für Rechts- und Sozialphilosophie
Art.	Artikel
BayVBl	Bayerische Verwaltungsblätter
BGB	Bürgerliches Gesetzbuch
BGBl.	Bundesgesetzblatt
BK	Bonner Kommentar
Bsp.	Beispiel
bspw.	beispielsweise
BVerfG	Bundesverfassungsgericht
bzgl.	bezüglich
diesbzgl.	diesbezüglich
DJ	Deutsche Justiz
DJZ	Deutsche Juristenzeitung
DRiZ	Deutsche Richterzeitung
DuR	Demokratie und Recht
DVjs	Deutsche Vierteljahrsschrift für Literaturwissenschaft und Geistesgeschichte
egtl.	eigentlich
etc.	et cetera
FAZ	Frankfurter Allgemeine Zeitung
f.	folgende
fdGO	freiheitlich demokratische Grundordnung
f.f.	(weitere) folgende
EuGRZ	Europäische Grundrechte-Zeitschrift
GA	Goltdammer's Archiv für Strafrecht
GG	Grundgesetz
g.h.M.	ganz herrschende Meinung
grds.	grundsätzlich
GVVG	Gesetz zur Verfolgung der Vorbereitung von schweren staatsgefährdenden Gewalttaten

Herv.	Hervorhebung
h.M.	herrschende Meinung
HRRS	HRR-Strafrecht
i.E.	im Ergebnis
i.e.S.	im engeren Sinne
i.d.S	In diesem Sinne
i.F.d.	im Fall der/des
insb.	insbesondere
insg.	insgesamt
i.R.d.	Im Rahmen der/des
i.S.	im Sinne
i.w.S.	im weiteren Sinne
JA	Juristische Arbeitsblätter
JbStuVerwWiss	Jahrbuch zur Staats- und Verwaltungswissenschaft
Jh.	Jahrhundert
JJZG	Jahrbuch der juristischen Zeitgeschichte
JoJZG	Journal der Juristischen Zeitgeschichte
JöR	Jahrbuch des öffentlichen Rechts der Gegenwart
JR	Juristische Rundschau
JURA	Juristische Ausbildung
JR	Juristische Rundschau
JuS	Juristische Schulung
JW	Juristische Wochenschrift
JZ	Juristenzeitung
KK	Karlsruher Kommentar
KrimJ	Kriminologisches Journal
krit.	kritisch
Krit.	Kritik
KritJ	Kritische Justiz
KritV	Kritische Vierteljahresschrift für Gesetzgebung und Rechtswissenschaft
Lit.	Literatur
LK	Leipziger Kommentar
lt.	laut
LTO	Legal Tribune Online
LuftSiG	Luftsicherheitsgesetz
MDR	Monatsschrift für deutsches Recht
MüKo	Münchener Kommentar
MschKrimm	Monatsschrift für Kriminologie und Strafrechtsreform
m.w.N.	mit weiteren Nachweisen
NJ	Neue Justiz
NJW	Neue Juristische Wochenschrift
NKrimPol	Neue Kriminalpolitik
NStZ	Neue Zeitschrift für Strafrecht

NVwZ	Neue Zeitschrift für Verwaltungsrecht
NZWehrr	Neue Zeitschrift für Wehrrecht
o.g.	oben genannt
ÖJZ	Österreichische Juristen-Zeitung
Orig.	Original
ÖZöR	Österreichische Zeitung für öffentliches Recht
RJ	Rechtshistorisches Journal
Rspr.	Rechtsprechung
S.	Seite
SJZ	Süddeutsche Juristen-Zeitung
SK	Systematischer Kommentar
S/S	Schönke/Schröder
StA	Staatsanwaltschaft
StGB	Strafgesetzbuch
StPO	Strafprozessordnung
StrRG	Strafrechtsreformgesetz
StV	Strafverteidiger
StWStP	Staatswissenschaft und Staatspraxis
SZ	Süddeutsche Zeitung
taz	die tageszeitung
u.	und
u.a.	unter anderem
urspr.	ursprünglich
u.s.w.	und so weiter
u.U.	unter Umständen
VersG	Versammlungsgesetz
vgl.	vergleiche
Vr	Verwaltungsrundschau
VVDStRL	Veröffentlichungen der Vereinigung der Deutschen Staatsrechtslehrer
w.h.M.	wohl herrschende Meinung
w.h.L.	wohl herrschende Lehre
WRV	Weimarer Reichsverfassung
z.B.	zum Beispiel
ZfP	Zeitschrift für Politik
ZIS	Zeitschrift für Internationale Strafrechtsdogmatik
ZJS	Zeitschrift für das juristische Studium
ZÖR	Zeitschrift für öffentliches Recht
ZphF	Zeitschrift für philosophische Forschung
ZRP	Zeitschrift für Rechtspolitik
ZStW	Zeitschrift für die gesamte Strafrechtswissenschaft
ZUM	Zeitschrift für Urheber- und Medienrecht
zust.	zustimmend

A. Einleitung

I. Thema und Erkenntnisinteresse der Arbeit

Den Anstoß zu dieser Dissertation gab ein Seminar zum Thema *Die Kriminalisierung des politischen Meinungskampfes* und die sich daraus ergebende wissenschaftliche Hausarbeit des *Verfassers*. Dort ging es um die Konfrontation zwischen dem BGH bzw. der instanzgerichtlichen Rspr. mit dem BVerfG in Fällen, in denen § 240 StGB mit Art. 8 GG (*Sitzblockaden*) und § 185 StGB mit Art. 5 GG (insb.: *Soldaten-sind-Mörder*) konfligieren. Dabei wurde auch der Streit um den *Hüter der Verfassung* angeschnitten, der zu Zeiten der Weimarer Republik zwischen *Hans Kelsen* und *Carl Schmitt* entbrannte und sich um die Frage drehte, ob ein Verfassungsgericht oder der Reichspräsident die zum Schutz der Verfassung besser geeignete Instanz ist.

Ein Hinweis des Betreuers *Denis Basak* in seinem Votum zu der wissenschaftlichen Hausarbeit war dann der entscheidende Impuls für die vorliegende Arbeit: Er merkte an, dass man das Thema auch unter der Perspektive des *Feindstrafrechts* nach *Günther Jakobs* hätte betrachten können. Damit tat sich ein spannender Konnex auf: Das punitive Vorgehen in den dort betrachteten Fällen lässt sich feindstrafrechtlich deuten; dem Feindstrafrecht wird seinerseits regelmäßig vorgeworfen, auf die autoritären und etatistischen Argumente *Schmitts* zu rekurrieren. Gleichzeitig hat sich das BVerfG immer wieder gegen diese Kriminalisierungen insb. politischer Äußerungen gestellt; als Institution im heutigen Zuschnitt wurde es nicht nur von *Kelsen* propagiert, er gilt sogar als dessen „Vater"[1].

Dies legt nahe, dass sich hier zwei konträre Traditionen gegenüberstehen: Zunächst eine, die von *Schmitt* zum Feindstrafrecht reicht, und zwar sowohl zu dessen theoretischer Fundierung durch *Jakobs* als auch den tatsächlichen Spuren eines solchen Strafrechts in der (von *Jakobs* analysierten) Gesetzgebung und auch der (von ihm weniger beachteten) Rechtsprechung. Dem gegenüber eine, die von *Kelsen* ausgeht und in dem von ihm befürworteten Verfassungsgericht mündet, das sich realiter gegen diese feindstrafrechtlichen Tendenzen stellt.

Ein näherer Blick auf dieses Themenfeld zeigte, dass es sich dabei nicht nur um oberflächliche Zusammenhänge handelt. Die Parallelen von *Jakobs* und *Schmitt* sind mehr als nur terminologische bzgl. des Begriffs *Feind*; vielmehr lassen sie sich auf gemeinsame rechtstheoretische und (gesellschafts-)politische Grundüberzeugungen zurückführen. Diese zeichnen sich, soviel sei schon vorweggenommen, insb. durch Konservativismus bzw. Machtaffirmation sowie Pluralismusskepsis aus.

Auch die Frontstellung zwischen *Schmitt* und *Kelsen* beschränkt sich nicht auf die Frage, ob ein Verfassungsgericht eine sinnvolle Einrichtung ist oder nicht. *Kelsens* rechts- und demokratietheoretische Positionen weisen, in starkem Kontrast zu

1 Siehe hierzu die Nachweise unten, in Fn. 1159.

denen *Schmitts* und damit auch *Jakobs'*, eine große Kompatibilität zur politischen Dynamik und gesellschaftlichen Pluralität auf.

Damit war das zu betrachtende Feld grob abgesteckt. Daraus ergab sich das konkrete Forschungsinteresse: *In der vorliegenden Arbeit soll untersucht werden, inwieweit es gemeinsame Argumente und Positionen bei Schmitt und der Theorie des Feindstrafrechts nach Jakobs sowie solchen Teilen der Gesetzgebung und Rechtsprechung gibt, die sich feindstrafrechtlich deuten lassen. Zugleich soll die dem entgegengesetzte Position Kelsens herausgearbeitet werden, um sie als Folie einer Kritik an den erstgenannten Phänomenen nutzbar zu machen. Dabei soll die Rolle des Verfassungsgerichts als tatsächlicher Kumulationspunkt dieses Konflikts eigens betrachtet werden.*

Dies erscheint aus mehreren Gründen als gewinnbringend: Der zugrundeliegende Konflikt betrifft die Fragen des Minderheitenschutzes und des Kampfes gegen „Feinde" des Staates; dies ist ein durchgängig umstrittenes Feld. Eine neue Dynamik bekam die Debatte durch die prominente Rolle, die die Terrorismusbekämpfung seit den Anschlägen des 11. September 2001 und den folgenden terroristischen Taten spielt. Dies wirkt bis in die jüngste Zeit nach und wird insb. durch die Erfolge des sog. *Islamischen Staates* befeuert. So geraten im Laufe dieser Arbeit auch die neuesten Gesetze bzw. Gesetzesentwürfe zur Terrorismusbekämpfung bis ins Jahr 2015 in den Blick. Dies gilt auch für das Phänomen des *Ausnahmezustands*; ein innenpolitisches Mittel, das nach den Anschlägen von Paris im November 2015, der Bekämpfung des Terrorismus in Belgien und dem Putschversuch in der Türkei im Juli 2016 weltpolitisch verstärkte Konjunktur hat[2].

Die Diskussion um die *wehrhafte Demokratie* und deren strafrechtlichen Schutz war allerdings schon länger aktuell: Seit den 1950er-Jahren und dem Beginn des kalten Krieges mit einem Höhepunkt in den 70er-Jahren bis in die neueste Zeit bei den o.g. Debatten um die Terrorismusbekämpfungsgesetze herrschte stets Streit um das *ob* und das *wie* des Schutzes der *freiheitlich-demokratischen-Grundordnung*. Aber auch in weniger brisanten Fällen wird weiterhin um die zugrundeliegenden Positionen gerungen: Sowohl die o.g. *Sitzblockadenproblematik* als auch die der Beleidigung staatlicher Institutionen wie bei den *Soldaten-sind-Mörder*-Fällen beschäftigen die deutsche Öffentlichkeit sowie die Rspr. und die Rechtswissenschaft von der Gründung der BRD bis heute.

Dabei provozierten gerade *Jakobs'* Thesen zum Feindstrafrecht heftige Reaktionen der Strafrechtswissenschaft; dies gipfelte in den Jahren nach dem 11. September 2001 und dem Streit um die juristische Reaktion darauf. Veröffentlicht wird zu diesem Thema nach wie vor; auch diese theoretische Auseinandersetzung lässt sich als „Klassiker" in der deutschen Strafrechtswissenschaft bezeichnen. Außerdem findet diese Debatte internationalen Widerhall, nicht nur in Europa, sondern insb. auch in Südamerika; hier soll auch ein Beitrag zur theoretischen Vertiefung dieses Disputs geleistet werden, indem die Diskussion hinsichtlich der Bezugnahme auf klassische rechts- und staatstheoretische Grundpositionen untersucht wird. Die Linie von

---

2 Zur Lage in der Türkei und Frankreich *Schwarze,* Die Zeit, 21.07.2016.

Jakobs zu *Schmitt* wird häufiger gezogen; selten wird dagegen *Kelsen* als Opponent dieser Haltung ins Spiel gebracht. Dies ist auf den ersten Blick erstaunlich, wird er doch regelmäßig als mustergültiger Gegenspieler *Schmitts* betrachtet.[3] Das mag damit zusammenhängen, dass die Rezeption *Kelsens* als klassischem Vertreter des Rechtspositivismus noch immer durch die in der Nachkriegszeit populäre These, diese rechtsphilosophische Schule trage eine nicht unerhebliche Mitschuld an der NS-Justiz, geprägt ist. Auch wenn diese sog. *Wehrlosigkeitsthese* heute überwiegend kritisiert wird, hat sie nach wie vor einen großen Einfluss.[4] Somit soll die vorliegende Arbeit auch einen Beitrag dazu leisten, dass das nach wie vor aktuelle, kritische Potential *Kelsens* in der Rezeption dieses Theoretikers größere Beachtung findet.

Dies betrifft insb. seine selten berücksichtigten Arbeiten zur Demokratietheorie. Dementsprechend wird hier immer wieder ein Blick auf die demokratiespezifischen Implikationen des hier analysierten, strafrechtlichen Vorgehens geworfen; auch dies wird oft vernachlässigt.[5]

Im Verlauf der Untersuchung werden noch weitere kontroverse Themen, insb. aus dem Feld des Staatsschutzes, relevant und aus der hier eingenommenen Perspektive betrachtet: Z.B. die obene bereits angesprochenen, wohl stets aktuellen Fragen nach dem *Ausnahmezustand* und der *universellen Rechtlichkeit* sowie die nach der *Gesetzesbindung* insb. im Strafrecht; der Streit um die *demokratische Rolle des BVerfG* und das Verhältnis von Recht und Politik; die Auseinandersetzung um den vorzugswürdigen *Rechtsstaatsbegriff* sowie um das inzwischen beinahe berüchtigte *Grundrecht auf Sicherheit*, auf das sich gerade Innenpolitiker immer wieder berufen.[6]

II. Gang der Untersuchung

Zunächst wird die Frontstellung zwischen *Schmitt* und *Kelsen* betrachtet und deren Thesen, soweit sie für die vorliegende Arbeit relevant sind[7], gegenübergestellt. Dabei wird zunächst auf die Position *Schmitts* eingegangen (*B. I.*), wobei erst die rechtstheoretischen Ausgangspunkte dargestellt werden, wonach die konkreten demokratie- und staatstheoretischen Thesen in den Blick geraten. Ebenso wird bei *Kelsen* vorgegangen, der im Anschluss betrachtet wird (*B. II.*). Insgesamt sollen beide

3 Dazu *Ooyen* 2010, S. 13f.; *Ooyen* 2008, S. 63: *Carl Schmitt* sei „Anti-Kelsen“; *Mantl* 1982, S. 186; *Dreier*, 2003, S. 13 u. *V. Neumann 2010*, S. 741.

4 Hierzu unten, B. II. 1. a), S. 49 u. unten, B. II. 1. a) bb), S. 52; dort auch eine Auseinandersetzung mit der Wehrlosigkeitsthese u. das Zitat *Korbs*, die Wehrlosigkeitsthese habe den Rechtspositivismus nachhaltig diskreditiert.

5 Zu diesem Desiderat in der Legitimation des Strafrechts z.B. *Gärditz*, Der Staat 2010, S. 331f.

6 Z.B die Bundesinnenminister *Otto Schily* u. *Hans-Peter Friedrich* (dazu *Krempl*, heise-online, 17.07.2013) sowie die bayerischen Innenministerin *Beate Merk*, dazu u. auch allg. zu der Debatte *Steinbeis*, 2011.

7 Der genaue Untersuchungsgegenstand wird in den Einleitungen derjenigen Kapitel, wo dies relevant ist, näher umrissen u. erläutert; im konkreten Fall unten, B., S. 7.

als idealtypische Antipoden herausgestellt werden. Dazu wird, als erster Exkurs zur Verfassungsgerichtsbarkeit (B. III.), der Streit um den *Hüter der Verfassung* dargestellt, den beide geführt haben.

Danach steht das Feindstrafrecht *Jakobs'* im Fokus: Zunächst wird *Jakobs'* theoretische Fundierung dieses Konzepts erläutert *(C. I.)*, bevor sich der Kritik daran zugewandt wird *(C. II.)*. Letzteres, weil die hier herauszuarbeitende Traditionslinine in der vorliegenden Arbeit insgesamt kritisiert werden soll. Da *Jakobs* zumindest von der deutschen Strafrechtswissenschaft erstaunlich einhellige Kritik erfährt, erscheint es als sinnvoll, diese in der vorliegenden Arbeit konzentriert zu betrachten. Letztlich soll die kritische Perspektive *Kelsens* gegen das Feindstrafrecht in Stellung gebracht werden, was eine vorhergehende Bestandsaufnahme als sinnvoll erscheinen lässt.

Zusätzlich bietet *Jakobs'* Theorie auch ein deskriptives Potential, das in der Betrachtung von Gesetzgebung und Rspr. nutzbar gemacht werden soll.

Nachdem damit die theoretischen Ausgangspunkte erarbeitet sind und der *Allgemeine Teil* abgeschlossen ist, erfolgt eine *Zusammenschau.* In einem ersten Schritt werden dort die Parallelen von *Schmitt* und *Jakobs* sowie der Kontrast zu *Kelsen* – die jeweils schon vorher *en passant* zu Tage treten sollten – herausgestellt *(D. I.)*. In zwei kurzen Seitenblicken wird die Thematisierung der Parallelen von *Schmitt* und *Jakobs* durch die Literatur *(D. I. 3.)* sowie die spezifisch-strafrechtliche Kritik am Feindstrafrecht, die nicht dezidiert auf *Kelsen* zurückführbar ist, aufgezeigt *(D. I. 4.)*.

Daran schließt ein wichtiger Baustein der vorliegenden Arbeit an: Nach einer methodischen Auseinandersetzung mit dem Begriff *Topos* sollen vier übergreifende Argumentationstopoi aus der analysierten Debatte destilliert und sowohl aus *Schmitt'* scher, *Jakobs'* scher als auch *Kelsen'* scher *(D. II.)* Warte betrachtet werden. Dabei werden sich folgende Phänomene zeigen: Eine *substanzhaft-funktionalistische Argumentationsweise (D. II. 1.)*; *Prävention und Vorverlagerung – unverhältnismäßige Strafbarkeit (D. II. 2.)*; *Gesinnungsabhängige Strafbarkeit von Feinden, Dezisionismus, tatbestandliche Unschärfe (D. II. 3.)* sowie *Friktionen mit Demokratie und Pluralismus (D. II. 4.)*.

Daran schließt der *Besondere Teil* an: Dort soll die herrschende Gesetzeslage und die Rechtsprechung hinsichtlich der Rekurse auf die herausgearbeiteten *Topoi* untersucht werden. Dazu wird zunächst das *Strafrecht der wehrhaften Demokratie* betrachtet; einleitend werden die diesbzgl. legitimatorisch wirkenden Begriffe der *wehrhaften Demokratie* selbst sowie deren Schutzgut, die *freiheitlich-demokratischen-Grundordnung*, auf solche Parallelen hin untersucht *(E. I. 1.)*, woraufhin die einzelnen Delikte analysiert werden *(E. I. 2.)*, darunter auch die *neuen Anti-Terror-Gesetze.*

Darauf wird die Rspr. auf Bezugnahmen auf die genannten Topoi hin geprüft; zunächst die *Soldaten-sind-Mörder*-Fälle *(E. II. 1.)*, dann die *Sitzblockadenproblematik (E. II. 2.)*.

Wie schon erwähnt, hat dort jeweils das BVerfG eine wichtige Rolle gespielt. Daher wird im Anschluss – bevor ein Fazit gezogen wird – dessen Rolle in den fraglichen Fällen betrachtet *(E. III.)*.

III. Einzelheiten zur Methode, insb. zu Kelsen als Folie für Kritik

Wie bereits angeklungen, soll in der vorliegenden Arbeit die von *Carl Schmitt* über die Theorie des Feindstrafrechts von *Jakobs* bis zu den tatsächlichen Ausprägungen reichende Traditionslinie kritisiert werden. *Schmitts* Thesen werden sowohl *en passant* als auch in einem kurzen, eigenen Abschnitt (B. I. 4. c)) kritisch betrachtet, während die Kritik an *Jakobs* in einem eigenen, zentralen Abschnitt erarbeitet wird (C. II.). Im „Besonderen Teil" wird auf die in der Zusammenschau konzentrierte Betrachtung der problematischen Aspekte der fraglichen Phänomene rekurriert.

Für diese Kritik werden sich die Positionen *Hans Kelsens* zu eigen gemacht. Dort, wo sich Aspekte von *Kelsens* Theorie, die für die vorliegende Argumentation entscheidend sind, relevanten Angriffen ausgesetzt sehen, wird sich mit diesen Vorwürfen kritisch auseinandergesetzt.

Wichtig ist aber zu betonen, dass viele der Argumente *Kelsens* hier nicht als unumstößliche (empirische) Tatsachen verstanden werden, die Argumentation vielmehr *normsystemintern* vonstatten gehen soll. Dies sei an einem Beispiel verdeutlicht: Für *Kelsen* ist der Wertrelativismus bzw. der Nonkognitivismus ein an vielen Stellen zentrales Argument. Wenn im Verlauf der Untersuchung darauf zurückgegriffen wird, soll hingegen nicht die tatsächliche Nichterkennbarkeit von Werten als wissenschaftlicher Fakt behauptet werden; vielmehr soll herausgearbeitet werden, dass die Vorstellung des Wertrelativismus eine mit der Idee der Demokratie und einer pluralistischen Gesellschaft gut harmonierende Haltung darstellt.[8] Damit ist sie *unter der Prämisse*, dass Demokratie und Pluralismus anzustrebende Ziele sind, eine vorzugswürdige Position.

Das gleiche gilt bspw. für die Deutung des Rechts als eines einheitlichen Systems. Wie unten[9] zu vertiefen, soll damit nicht behauptet werden, dass das Recht *nur* derart auftreten oder gedeutet werden kann. Es soll vielmehr gezeigt werden, dass die *Vorstellung* der Rechtsordnung als geschlossene Einheit, das Postulat, sie derart zu *deuten*, dazu geeignet ist, die Forderungen der Demokratie und im konkreten Fall der Rechtssicherheit einzulösen. Ähnlich verläuft die Argumentation bzgl. des Legalitätsprinzips bzw. der richterlichen Gesetzesbindung und dem sog. *formellen Rechtsstaat*: Freilich wird damit nicht die These vertreten, es sei Gerichten nicht möglich, sich von den gesetzlichen Vorgaben zu lösen oder der Staat *könne* geltende Gesetze nicht brechen. Auch soll nicht behauptet werden, Normen könnten richterliche Entscheidungen vollständig determinieren. Dagegen wird dafür gestritten, dass es die Umsetzung von Rechtsstaatlichkeit und Demokratie verlangt, an diesen *normativen Forderungen* unabhängig von evtl. tatsächlichen

8 Dazu unten, B. II. 2., S. 81.

9 In Fn. 654.

Problemen der Umsetzbarkeit festzuhalten. Insb. bei der Betrachtung von *Jakobs'* Rechtsstaatsverständnis soll dies vertieft werden.[10]

Damit ist zugleich eine Prämisse dieser Arbeit ausgesprochen: *Dass* Demokratie und der Schutz der pluralischen Gesellschaft anzustrebende Ideale sind, wird vorausgesetzt und soll – und kann – hier nicht weiter begründet werden. Außer mit einem abschließenden Hinweis darauf, dass auch das *GG*, damit das Fundament der deutschen Rechtsordnung, beides als anzustrebende Ideale voraussetzt.[11] Aus dieser Perspektive lässt sich eine der Thesen dieser Arbeit auch folgendermaßen formulieren: Das hier vorgeschlagene, auf *Kelsen* zurückgehende Rechtsverständnis eignet sich nach wie vor für eine (möglichst) *bruchlose* Deutung eines auf dem GG fußenden Rechtssystems. Auch hier zeigt sich, inwiefern die vorliegende Arbeit eher norm- bzw. argumentationsintern operiert.

Dies harmoniert mit *Kelsens* Vorgehen als „Entzauberer des Rechts"[12], als Ideologiekritiker.[13] Ideologie meint bei ihm eine solche *Deutung der Wirklichkeit*, die wissenschaftlich nicht zu beweisen ist, aber eine wichtige gesellschaftliche Wirkung entfaltet, indem sie die Macht der Herrschenden den Beherrschten gegenüber legitimiert; dies insb., indem sie auf metaphysische Argumente rekurriert oder normative Aussagen aus Gegebenheiten ableitet.[14] Es bedarf dabei allerdings keines Rückgriffs auf eine vermeintlich „exakte" Wissenschaftlichkeit, um i.d.S. ideologische Argumente aufzuzeigen, vielmehr kann dies argumentationsintern vonstatten gehen, indem auf Brüche und Widersprüchlichkeiten hingewiesen wird. So betont *Kelsen* selbst[15], dass die „Realität", die man einer Ideologie entgegensetzt, (wohl) selbst Ideologie ist. Vielmehr sieht er den zu kritisierenden ideologischen Aspekt gerade bei „sozialen Gebilden" wie Staat oder Nation darin, dass sie – oft unzutreffende, sprachlich vermittelte – *Selbstdeutungen* in sich tragen, die es offen zu legen gilt. *Kelsen*:

> „[E]in Staat kann in seiner geschrieben Verfassung von sich sagen, er sei Bundesstaat oder eine Demokratie; staatswissenschaftliche Erkenntnis aber stellt fest, dass er weder das eine noch das andere ist."[16]

So soll hier z.B. gefragt werden, ob die *wehrhafte Demokratie* nicht tatsächlich un*demokratisch* ist oder der Schutz der *freiheitlich-demokratische Grundordnung* nicht *freiheits*vermindernd wirkt.

---

10 Siehe unten, C. II. 6., S. 192.

11 Grundlegend zum Pluralismus *Fraenkel* 1972, insb. S. 162; dazu *Steffani* 1980, S. 92ff., insb. S. 99. Siehe auch *Zippelius* 2010, § 26 II zum Konnex von Demokratie u. Pluralismus.

12 So *Braum*, siehe dazu unten, an Fn. 588.

13 Vgl. die Sammelbände *Topitsch*, Aufsätze zur Ideologiekritik, 1989 u. *Krawietz/Topitsch/Koller*, Ideologiekritik und Demokratietheorie bei Hans Kelsen, 1982.

14 Dazu *Schlette*, ZphF 1967, S. 58f. u. *Topitsch* 1989; insb. S. 12 zur Kritik an „Herrschaftsidologien".

15 Vgl. *Kelsen* 1926, S. 40ff.

16 *Kelsen* 1926, S. 41.

Zentral ist bei *Kelsen* u.a. die Aufdeckung von Anthropomorphismen und religiösen Anleihen in juristischen Argumenten, wobei oft *der Staat* im Zentrum steht. Ein weiterer wichtiger Aspekt ist das Aufzeigen der Inhaltsleere wirkmächtiger, oft naturrechtlicher Begriffe wie *Gerechtigkeit*, die sich beliebig ausfüllen lassen und damit jegliche Herrschaft legitimieren können.[17] I.d.S. sollen auch hier inkonsequente Argumentationen, widerlegbare oder unbewiesene/-beweisbare Prämissen sowie (unausgesprochene) Konsequenzen, die hinter den problematisierten Positionen stehen, aufgezeigt werden – insb. solche, die machtaffirmativ wirken.[18] Dabei werden ebenfalls z.B. Anthropomorphismen und inhaltsleere Begriffe – konkret: unbestimmten Rechtsnormen – betrachtet, die Raum für eine flexible, machtaffirmative Anwendung (i.S. *Schmitts* Dezisionismus) lassen.

Im *Besonderen Teil* werden dazu Gesetzgebung und Rspr., *en passant* auch die Rechtswissenschaft daraufhin untersucht, wo und wie sie – implizit oder explizit – auf zuvor herausgearbeitete, derartige *Topoi* rekurrieren; dabei werden auch konkrete Argumentation analysiert und problematisiert. Der hier zugrunde gelegte Begriff der *Topoi* wird in einem eigenen Punkt vor der entsprechenden übergreifenden Zusammenschau konkretisiert werden.[19]

---

17 Zu Anthropomorphismen unten, B. II. 1. b) bb) (2) (a), S. 72; zur *Gerechtigkeit* u. dem Naturrecht *Kelsen* 1953 u. unten, B. II. 1. a) aa), S. 50. Insg. auch *Jabloner* 1992, S. 99ff.; *Topitsch* 1989, S. 12 u. *Mayer* 1974, S. 221.

18 Zu einem vergleichbaren Begriff der Ideologiekritik *Neumann/Schroth* 1980, S. 4.

19 Und zwar unten, D. II., S. 207.

B. Allgemeiner Teil I: Darstellung der staatstheoretischen Ausgangspunkte

Mit *Carl Schmitt* und *Hans Kelsen* werden zwei Staatstheoretiker betrachtet, deren rechtsphilosophische und politische Ansichten – trotz stellenweise vergleichbarer Ausgangspunkte – nicht unterschiedlicher sein können.[20] Im Folgenden sollen diese jeweils idealtypischen Positionen herausgearbeitet und gegenübergestellt werden, wobei der Fokus auf den für die vorliegende Arbeit entscheidenden Aspekten liegen wird – also solchen, die für das Strafrecht und die innere Sicherheit v.a. im Einsatz gegen im weiteren Sinne opponierende Personen relevant sind. Hierzu wird auf die zur Zeit der Weimarer Republik entwickelten[21] – Auffassungen beider rekurriert.

So wird zunächst *Schmitts* Theorie dargestellt *(I.)*, bevor sich *Kelsen (II.)* und dann den daraus resultierenden, diametralen Ansichten beider Staatstheoretiker zu der Frage einer starken Verfassungsgerichtsbarkeit *(III.)* als folgenreiche Zuspitzung dieses Disputs[22] zugewandt werden soll.

I. Darstellung der allgemeinen Positionen Carl Schmitts

Im Folgenden sollen (nur) die für diese Arbeit relevanten Aspekte der Staatstheorie *Schmitts* dargestellt werden.[23] Dabei werden schwerpunktmäßig *Schmitts* Positionen zu Zeiten der Weimarer Republik betrachtet, dazu einige Aspekte seines Frühwerks; hier ist also, der Einteilung *H. Ottmanns* folgend[24], neben *Schmitts* Phase als *Kritiker des staatsrechtlichen Positivismus (1910–1916)* insb. die als *Dezisionist und Theoretiker des souveränen Staates der Neuzeit (1919–1932)* im Blick. Dies zum einen, um sich nicht in den Streitigkeiten über Kontinuitäten oder Brüche in seinem Werk vor und

20 Siehe hierzu die Nachweise oben, in Fn. 3.

21 U. dort abgeschlossenen, vgl. dazu *Lepsius* 2003, S. 361.

22 *Mantl* 1982, S. 188 spricht von einer staatsrechtlichen „Hauptkonfrontation".

23 Also solche, die sich i.w.S. als relevant für staatliches Intervenieren gegen Oppositionelle bezeichnen lassen; dafür sind Fragen der innerstaatlichen Zustände, das Verhältnisses „des Staats" zu diesen u. solche der Rechtsgeltung entscheidend; dies sind dagegen z.B. die – für *Schmitts* Werk ebenfalls wichtigen – Aspekte der Rechtsverwirklichung, der Gewaltenteilung und der Parlamentarismuskritik nicht generell, sondern nur insofern sie Ausdruck einer bestimmten staatstheoretischen Sichtweise sind oder sich auf grds. Fragen des Rechtsstaats beziehen. Dabei wird nicht der wohl unerfüllbare Anspruch erhoben, ein geschlossenes Denkgebäude dieses so verschiedenen Interpretationen offenen Denkers zu konstruieren bzw. darzustellen; zu den verschiedenen Deutungen *Brodocz* 2016, S. 290. Siehe auch *Stolleis* 1999, S. 178 u. *Blomeyer* 1999, S. 47, jeweils m.w.N.

24 Vgl. *Ottmann* 1990, S. 61.

während seiner Rolle als sog. *Kronjurist des Dritten Reichs*[25] zu verlieren, und zum anderen, um seine Positionen pointiert den damaligen Ansichten *Hans Kelsens* entgegensetzen zu können – was als sinnvoll erscheint, da die hier zu skizzierenden gegensätzlichen Auffassungen über Demokratie gerade während der Weimarer Republik geradezu „vorbildlich“ (*O. Lepsius*) zu Tage treten[26].

1. Rechtstheoretische Ausgangspunkte: Dezision und staatliche Rechtsverwirklichung

Bevor *Schmitts* konkreter staatstheoretische Ansichten betrachtet werden, gilt das Interesse seinen rechtstheoretischen Grundpositionen, die in allen Ausprägungen von *Schmitts* Werk bis zu den politischen Schriften relevant sind[27]. Wie *Kelsen* positionierte er sich im Methodenstreit der Weimarer Staatsrechtslehre und beteiligte sich damit an der „Generaldiskussion um den Standort des Fachs in einem politisch aufgewühlten Jahrzehnt“[28] (*M. Stolleis*). Die Positionen des *Dezisionisten Schmitt* sollen insgesamt den diametralen des *Normativisten Kelsen* gegenübergestellt werden.

a) Der Dezisionismus

Schmitt prägte den Begriff *Dezisionismus* und führte die für sein Werk zentrale Position[29] in die deutsche Rechtstheorie ein.[30] Dieser sich durch alle hier relevanten Aspekte seines Werks ziehende Gedanke soll nun kurz umrissen werden, während die weiteren Konsequenzen dieser Haltung im weiteren Verlauf der Untersuchung zu Tage treten sollen[31].

---

25 Einen Überblick gibt z.B. *Campagna* 2004, S. 13ff.; auch *Maus* 1980, S. 81ff., insb. Fn. 2, *Pünder*, Rechtstheorie 2002, S. 23 u. *Hofmann* 1995, S. 7ff. Krit. zur Debattenkultur *Böckenförde*, DÖV 1967, S. 689.

26 Vgl. *Lepsius* 2000, S. 413.

27 So u. mit einer Darstellung der Entwicklung *Korb* 2010, S. 135ff., insb. Fn. 334; auch S. 223. Zur Kohärenz und der politischen Implikation *Schmitts* Werk auch *Maus* 1980, S. 85f.

28 Siehe *Stolleis* 1999, S. 155ff., dort auch das vorangehende Zitat auf S. 155.

29 Zur Relevanz des Dezisionismus für *Schmitts* Positionen zum Ausnahmezustand u. der Souveränität so auch *Hofmann* 1995, S. 37 u. ähnl. *Mehring*, Der Staat 2004, S. 2.

30 So *Langenbucher*, ARSP 2002, S. 399 u. *Hernández Arias* 1998, S. 156.

31 Insb. i.R.d. Ausführungen zur Homogenität (B. I. 2. a), S.14), dem Feindbegriff (B. I. 3. a) aa), S. 24), dem Ausnahmezustand (B. I. 4. c), S. 37) u. dem positiven Verfassungsbegriff (B. I. 4. a) bb), S. 31). *Maschke* 1988, S. 194f. u. zust. *Hernández Arias* 1998, S. 158ff. weisen allerdings auf Ambivalenzen in *Schmitts* Verwendung des Begriffs *Entscheidung* in den unterschiedlichen Themenfeldern hin.

aa) Herleitung im Frühwerk: Fehlende Ableitbarkeit richterlicher Urteile

Das mit dem Dezisionismus behandelte rechtstheoretische Grundproblem trieb *Schmitt* schon in seinem Frühwerk[32] um: die fehlende Ableitbarkeit rechtlicher Entscheidungen aus einem – vermeintlich – geschlossenen Normensystem[33]. *Schmitt* stellt, anknüpfend an die Erkenntnis der Unmöglichkeit „glatter Subsumtion unter den Gesetzestext"[34] und der Fiktionalität eines *Willens* des Gesetzes[35], die (willkürliche) *Entscheidung* des Richters in den Mittelpunkt.[36] Der Ausgangspunkt ist damit ein ähnlicher wie der *Kelsens*, die Ergebnisse weisen aber schon hier relevante Unterschiede auf: *Kelsen* betont nicht die Willkür, sondern eine relative Gebundenheit.[37] *Schmitt* geht sowohl über die Ansichten *Kelsens* als auch die der damaligen Vertreter der Freirechtsschule hinaus: Die freie Entscheidung dient, anders bei diesen, nicht der ausnahmsweisen Schließung von Gesetzeslücken, sondern ist durchgehend aktuell: *Der Sonderfall der freien Entscheidung wird zum Normalfall.* Dies, da das die Entscheidung legitimierende Element sich eben nicht vom gesetzten Recht ableite.[38]

Als Antwort auf die Frage nach der Richtigkeit richterlicher Entscheidungen schlägt *Schmitt* vor, darauf abzustellen, wie die anderen Richter entschieden hätten.[39] Schon in dieser Fokussierung auf den kollegialen Gleichschritt zeigt sich *Schmitts* Präferenz der Homogenität zulasten inhaltlicher Fragen[40]; hier noch innerhalb der Rspr., später wird sich dies verallgemeinern[41]. Auch konfligiert dieser Rekurs auf *Faktisches* (*Schmitt*: „‚Ein anderer Richter' meint hier den *empirischen Typus* des modernen

32 *Schmitt* 1912. Zu diesen Kontinuitäten auch *Mehring* 2009, S. 39 u. *Mehring*, Der Staat 2004, S. 2ff.

33 Hierzu allg. *Rüthers* 2011, Rn. 731ff., krit. *Vesting* 2007, Rn. 206ff., 243. *Langenbucher*, ARSP 2002, S. 398 nennt dies das „Dezisionismusargument". *Fischer-Lescano/Christensen*, Der Staat 2005, S. 213 u. *Vesting*, a.a.O., Rn. 207 führen *Schmitts* Dezisionismus auf die „Krise der Methodenlehre" zurück.

34 *Schmitt* 1912, S. 9f.

35 Vgl. *Schmitt* 1912, S. 22ff., insb. S. 25. Zur (methodendualistisch begründeten, dazu unten B. I. 1. b), S. 12) Ablehnung der Identifikation von „Recht" u. „Zweck" (i.S. von „Wollen") auch *Schmitt* 1914, S. 37ff.

36 Siehe *Schmitt* 1912, insb. S. 69f., u. passim; eine treffende Zusammenfassung bei *Menke* 2004, S. 303ff.

37 Siehe hierzu unten, B. II. 1. b) aa) (3), S. 61 u. *Korb* 2010, S. 136ff. sowie *Mehring*, ARSP 1994, S. 192f. Indem *Schmitt* hier auf das Fehlen von methodologischen Ausführungen bzgl. der Ausfüllung dieses Rahmens bei *Kelsen* hinweist, ist er für *V. Neumann 2010*, S. 742 dessen erster „ernstzunehmender Kritiker".

38 Vgl. *Schmitt* 1912, S. 97f., dazu *Maus* 1980, S. 92 u. *Wendenburg* 1984, S. 168.

39 *Schmitt* 1912, S. 71.: Es ist die Entscheidung eines durchschnittlichen, verständigen Juristen anzustreben.

40 Dazu *Müller* 2007, S. 30; *Maus* 1980, S. 93 u. *Campagna* 2004, S. 175.

41 Siehe dazu unten, B. I. 2., S. 13.

rechtsgelehrten Juristen"[42]) als Richtigkeitskriterium mit der *Sein-Sollen-Dichotomie.*[43] Zugunsten der Einheitlichkeit erteilt er – schon hier – dem Rechtspositivismus eine Absage.[44]

bb) Übertragung auf den Staat: Legitimation kraft Entscheidung, nicht kraft Norm – Verabsolutierung eines gottgleichen Entscheiders

Seinen anfangs auf die Ableitbarkeit richterlicher Entscheidungen aus dem Rechtssystem gemünzten Gedanken („der Eigenständigkeit der Entscheidung"[45]) überträgt *Schmitt* später auf die Staatstheorie und kommt so zu seiner Definition der *staatlichen Souveränität als politischer Entscheidung.*[46] In gleicher Terminologie wie früher zu richterlichen Urteilen spricht er bzgl. politischen Entscheidungen des Staates[47] von „inhaltlicher Indifferenz"[48] und postuliert, dass eben jene Dezision „normativ betrachtet aus einem Nichts geboren ist"[49], staatliche Akteure also keinerlei Handlungsbeschränkungen unterliegen. Damit geht *Schmitt* weiter als es andere Vertreter des Dezisionismus tun[50] und er es zuvor selbst tat[51]: Die Übertragung der Argumente zur richterlichen Entscheidung, die, wenn auch nicht durch das Gesetz voll determiniert, doch zumindest anhand normativer Argumente *begründet* werden muss und, auch nach *Schmitt,* über Richtigkeitskriterien verfügt, auf den solcher Argumente enthobenen Staat[52], radikalisiert diese Position und entfesselt damit die Macht der Entscheider.[53] *Schmitts* Verabschiedung jeder Notwendigkeit einer

---

42 *Schmitt* 1912, S. 71. [Herv. F.F.]

43 Ähnl. *Maus* 1980, S. 93. Allg. auf den Dezisionismus gemünzt stellt *Blomeyer* 1999, S. 50 fest, *Schmitt* wolle „den von Kelsen aufgebenen Zusammenhang des Rechts mit der Wirklichkeit" wiederherstellen.

44 Hierzu *Mehring* 2009, S. 40.

45 *Schmitt* 1912, S. VIII.

46 So 1968 in einer Vorbemerkung zum unveränderten Nachdruck von *Gesetz und Urteil,* vgl. *Schmitt* 1912, S. VIII. Auch *Schmitt* 1914, S. 80. *Maschke* 1988, S. 195 verweist auf die Unterschiede zwischen einer richterlichen u. einer staatlichen Entscheidung, *Spinner* 1988, S. 225 hingegen auf die Gemeinsamkeiten, die er überzeugend im Element des souveränen, *endgültigen* Entscheidens sieht.

47 Also mit Blick auf das *Problem der Souveränität als Problem der Rechtsform und Entscheidung;* so der Titel des 2. Kapitels von *Schmitt* 1922, S. 25ff.

48 Vgl. *Schmitt* 1922, S. 41. Siehe auch: *Schmitt* 1912, S. 67.

49 *Schmitt* 1922, S. 42. Ähnl. auch: *Schmitt* 1922, S. 19. Dazu *Ooyen* 2010, S. 82.

50 So *Löwith* 1984, S. 40, auch *Maschke* 1988, S. 193ff., dazu *Hernández Arias* 1998, S. 164 u. *Vesting,* AöR 1992, S. 223.

51 *Mehring,* ARSP 1994, S. 194.

52 Der zwar nach *Schmitt interne* Homogenität anzustreben habe (unten, B. I. 2., S. 13), in seiner Entscheidung über die dafür relevanten Aspekte aber, anders als die Richter, welche sich an *hierarchisch gleichrangigen* Richtern zu orientieren haben (oben, B. I. 1. a) aa), S. 8; zur *Gebundenheit* der Richter auch *Campagna* 2004, S. 174), völlig frei ist. Insg. ähnl. wohl *Campagna* 2004, S. 176.

53 Ähnl. *Hernández Arias* 1998, S. 171f.

normativen Begründung von Entscheidungen geht so weit, dass Vertreterinnen und Vertreter der ihrerseits rechtsbindungsskeptischen sog. *postmodernen Rechtstheorie*[54] sie ebenso kritisieren wie die der eher klassischen Rechtstheorie.[55]

Außerhalb eines normativen Rahmens setze jedes Gesetz, auch die den Staat konstituierende Verfassung[56], eine von einer tatsächlichen Macht oder Autorität getroffene *politische Entscheidung* voraus.[57] Dieses souveräne *Dictum* bedingt die Legitimität des Gesetzes.[58] Das ist eine naturrechtliche Argumentationsweise, die trotz der nur formalen Natur der Dezision (die bar inhaltlicher Vorgaben dem Rechtserzeugungsprozess bei *Kelsen* ähnelt, da sie ebenfalls nur auf den Entscheidungs*vorgang* abstellt[59]) ihre *Legitimität* aus dem *Faktischen* (dem *Dictum*, der tatsächlichen Entscheidung) ableitet. Denn, so *Schmitt*: „Auch die Rechtsordnung, wie jede Ordnung, beruht auf einer Entscheidung und nicht auf einer Norm."[60] Dies zeigt, dass die z.T. vorgenommene Parallelisierung des Dezisionismus mit *Kelsens* Grundnorm[61] problematisch ist, schon da bei *Schmitt* die Geltung des Rechtssystems auf einer Substanz fußt, *Kelsen* sie dagegen auf eine bloße Fiktion zurückführt.[62]

In der Überhöhung der *Entscheidung/ des Entscheiders* schimmert zusätzlich eine fast religiöse Aufladung der Dezision durch, indem sie von einer ungebundenen, als gottgleich erscheinenden Instanz getroffen wird:

---

54 Dazu *Röhl/Röhl* 2008, S. 255f.

55 Jeweils wird auf den Zusammenhang von rechtsstaatlicher Begründungspflicht (Art. 20 Abs. 2 u. 97 Abs. 1 GG) u. Normtext abgestellt, z.B. *Christensen/Kudlich* 2001, S. 123f.; *Vesting* 2007, Rn. 227; *Hassemer* 2011, S. 268; *Wenzel*, NJW 2008, S. 347f., *Neumann* 2005, S. 370ff.; *Schild* 1998, S. 32 Zum Verhältnis *Schmitt* u. postmodernen Rechtstheorie auch *Lahusen/Renner* 2009, S. 70, dort insb. Fn. 10. Siehe insg. auch die Auseinandersetzung mit *Kelsens* Postulat der *relativen Bindung* unten, Fn. 630.

56 Siehe dazu unten, B. I. 4. a), S. 29.

57 Vgl. *Schmitt* 1928, S. 22.

58 *Schmitt* 1928, S. 87; in der Demokratie könne dies durch eine leicht erkennbare, „stillschweigende Zustimmung" des Volkes geschehen (S. 91). Auch *Campagna* 2004, S. 77 betont den Aspekt der Rechtfertigung.

59 Vgl. *Hösle*, DVjs 1987, S. 22 unter Rekurs auf *Löwith* 1984. Zu *Kelsens* Formalismus u. den Unterschieden zu *Schmitt* unten, B. II. 1. a) cc), S. 54.

60 *Schmitt* 1922, S. 16.

61 Z.B. durch *Korb* 2010, S. 145.

62 So auch *Mehring* 2004, S. 268 u. *Blomeyer* 1999, S. 50 u. 53; deutl. auch *Stolleis* 1972, S. 131. Siehe zu *Kelsens* Haltung unten, B. II. 1. a) cc), S. 54), zu *Schmitt* unten, B. I. 1. a) cc) (1), S. 11. Für die sich daraus ergebenden Unterschiede bzgl. der Herrschaftslegitimation siehe unten, B. II. 1. a) dd), S. 57; zur Einbeziehung des positiven Verfassungsbegriffs in diese Argumentation unten, an Fn. 348 – dort m.w.N., zu den Parallelen und Unterschieden von Dezision u. *Kelsens Interpretation*, unten, B. II. 1. b) aa) (3), S. 61.

„Es sind die Gegensätze von Gut und Böse, Gott und Teufel, zwischen denen auf Leben und Tod ein Entweder-Oder besteht, das keine Synthese und kein ‚höheres Drittes' kennt."[63]

Diese von *Kelsen* kritisierten[64] religiösen Bezüge tauchen wie der Dezisionismus immer wieder bei *Schmitt* auf.[65] Sie sorgen nicht nur für die Verabsolutierung des Entscheiders, sondern stilisieren *Schmitts* Erwägungen selbst zu „absoluten Wahrheiten".[66]

cc) Ein kurzer Blick auf die Konsequenzen des Dezisionismus

Die weiteren Konsequenzen dieses zentralen Aspekts im *Schmitt*'schen Denken sollen im Verlauf dieses Abschnitts zu Tage treten; dennoch erscheint ein summarischer Überblick als nützlich:

(1) Primat der Existenz

So findet sich bei *Schmitt* immer wieder ein *Primat der Existenz*, eine Privilegierung bestehender Verhältnisse[67], die sich aus dem Dezisionismus ableiten lässt: Die *Gründe* für basale Entscheidungen wie die über das Bestehen einer staatlichen Ordnung sind nicht normativ ableitbar, daher steht das bloße *Vorhandensein* der Dezision im Fokus. So formuliert *H. Hofmann:*

„[...] das bloße *Daß* der Dezision ist für Schmitt wichtiger als das *Wofür* der Entscheidung. Daß eine politische Einheit existiert, ist für ihn bedeutungsvoll, relativ gleichgültig dagegen die Frage nach dem Wesen ihrer Einheitlichkeit"[68]

Hier liegt ein klarer Unterschied zu einer rechtspositivistischen Haltung (i.S. *Kelsens*): Während diese mit der Betonung der Rechts*erzeugung*[69] die Demokratie

---

63 So zu den ihn inspirierenden („gegenrevolutionären") katholischen Staatsphilosophie des 19. Jh. (oben, Fn. 50) *Schmitt* 1922, S. 70f. Hierzu auch *Schindler/Scholz* 1985, S. 164 u. *Stübinger*, 2008b, S. 79.

64 Siehe hierzu unten, an Fn. 740.

65 Zu einer Zusammenschau dieser theologischen Bezugnahmen im gesamten Werk *Ooyen* 2003, S. 163ff. u. *Baume*, History of European Ideas 2009, S. 373f. Siehe auch unten, B. I. 3. a) aa), S. 24 u. unten, B. I. 4. c), S. 37.

66 So *V. Neumann 2010*, S. 738 m.w.N. in Fn. 25.

67 Die sich oft zeigen wird: Bei der Entscheidung über die für die Homogenität relevanten Aspekte (unten, B. I. 2. a), S. 14), der Freund/Feind-Unterscheidung (unten, B. I. 3. a) aa), S. 24), der souveränen Erklärung des Ausnahmezustands (B. I. 4. c), S. 37) u. der Konstitution des Staates (unten, B. I. 4. a) bb), S. 31). Jeweils steht das tatsächliche *Treffen* der Entscheidung im Vordergrund, vom inhaltlich ist sie unabhängig; prägnant *Schmitt* 2002, S. 43.

68 *Hofmann* 1995, S. 165. Ähnl. *Gerhardt* 2003, S. 206; *Mantl* 1982, S. 192; *Welzel* 1960, S. 193 u. *Blomeyer* 1999, S. 201.

69 Hierzu *Kelsens* Auffassung: unten, B. II. 1. b) cc) (2), S. 79.

affirmiert, redet *Schmitts* Auffassung einer *Bewahrung* jeder bestehenden Ordnung das Wort und erscheint als autoritär.[70]

(2) Dezision statt Diskussion

Das Fokussieren der Dezision, insb. der Standpunkt, dass (irgend)eine Entscheidung besser sei als gar keine, etabliert eine *Antithese zwischen Dezision und Diskussion*[71] mit einem Hang zu ersterer bei gleichzeitiger Abwertung der öffentlichen Debatte – die, entgegen *Schmitts* Präferenz, klare Entschlüsse typischerweise hemmt.[72] Damit stellt sich die Auffindung des Willens des *Demos* in *Schmitts* Demokratieverständnis nicht als Ergebnis einer offenen Diskussion, sondern als schlichte „ja/nein-Akklamation" des Volkes dar.[73] Dies ist ein Aspekt, der mit seiner Relativierung von Grundrechten[74] zusammenhängt, gerade eingedenk der Wichtigkeit von *Kommunikations*grundrechten für den politischen Bereich, die *Kelsen* betont[75] und hier zentral sind.[76]

(3) Legitimation des Bestehenden gegen normative Legalität

Indem *Schmitt* von einer *existenziellen* Entscheidung ausgeht, die den Staat legitimiert und frei von normativen Fesseln ist, zeigt sich schon hier die im Verlauf noch klarer herauszuarbeitende Tendenz, jegliche („zufällig"[77]) bestehende Ordnung als legitim und damit erhaltenswert anzusehen.[78]

Dem Entscheiden kommt bei *Schmitt* eine eigene *Legitimität*[79] zu, die Vorzug vor der schlicht normativen *Legalität* hat, was sich insb. im zeitlichen Verlauf seines

---

70 Bzw. leistet einer „Bewahrung" = Durchsetzung eines egtl. willkürlich *als Bestehendes* Definiertem Vorschub (hierzu unten, B. I. 4. c) bb) (1), S. 39); siehe zu diesem Gedankengang *Maus* 1980, S. 47.

71 Grds. zu diesem Antagonismus bzgl. des Ausnahmezustands *Frankenberg*, KritJ 2005, S. 371f. Siehe auch unten, B. I. 3. a) aa), S. 24 u. das Zitat *H. Hellers*, unten, in Fn. 410 sowie, zum Kontrast zu *Kelsen* unten, Fn. 1026.

72 Vgl. *Schmitt* 1922, S. 75. Dazu pointiert *Ottmann* 1990, S. 63; siehe auch *Maus* 1980, S. 125 u. *Groh* 2005, S. 151.

73 Dazu unten, B. I. 2. b) cc), S. 17 u. *Campagna* 2004, S. 199. Vgl. *Prisching* 1988, S. 86 zum Unterschied zum klassischen, prozeduralen Demokratieverständnis (auch *Kelsens*: unten, B. II. 2. a), S. 81 u. unten, B. II. 4. b) bb), S. 91). Dazu auch *Neumann* 1980, S. 71ff.u. *Pünder*, Rechtstheorie 2002, S. 14.

74 Dazu unten, B. I. 2. b) ff), S. 21 u. unten, B. I. 4. b), S. 33.

75 Siehe unten, B. II. 5. b) bb), S. 97. Zur politischen Auslegungen der Kommunikationsgrundrechte unten, E. II. 1. b) dd) (3), S. 311 u. unten, E. II. 2. b) dd) (1) (b), S. 342. Hierzu auch *Böckenförde* 1988, S. 293.

76 Dazu *Maus* 1980, S. 126.

77 *Löwith* 1984, S. 40.

78 Vgl. schon grundlegend *Löwith* 1984, S. 40, 60 u. passim.

79 Hier im klassischen Sinne als „inner[e], sittlich motiviert[e] Geltungsüberzeugung" im Gegensatz zur Legalität als bloßer „äußere[r] Rechtsförmigkeit", hierzu

Werks weiter herauskristallisiert[80] und zunächst in seiner 1932 veröffentlichten Schrift *Legalität und Legitimität* gipfelt.[81]

b) Der Staat als Medium der Rechtsverwirklichung

Mit dem Problem der Rechtsverwirklichung setzt sich *Schmitt* auch aus einer weiteren Perspektive auseinander: Zunächst geht er von der Unabhängigkeit von Recht und Ethik[82] und auch der methodendualistischen Unterscheidung von Sein und Sollen aus[83] und ist damit nah bei *Kelsen*[84]. Dies führt ihn zur Feststellung, dass eine Ableitung des Rechts aus der Macht unzulässig sei[85] und bis zu dem Postulat, dass es kein Recht gäbe, könne es aus Macht abgeleitet werden.[86] Der einzige Unterschied zwischen Recht und Unrecht liegt für *Schmitt* in der „Aufstellung der Norm".[87] In der Fortführung der Trennung von Sein und Sollen stellt er dann fest, dass sich Recht, insoweit es bloß Norm ist, niemals selbst verwirklichen könne[88]. Diese Kluft zwischen Norm und Wirklichkeit gilt es für *Schmitt* zu überwinden,[89] wofür der Staat als Entscheider zuständig ist. Er tritt als „Medium der Rechtsverwirklichung" auf, das die Ebene des Rechts (des *Sollens)* mit der empirischen Welt (des *Seins)* verbinde.[90] Um dies zu tun muss der Staat, wie gleich zu vertiefen ist, zwingend *homogen* sein.[91]

Guggenberger 1986, S. 267ff. u. konkret auf *Schmitt* (u. den Gegensatz zu *Kelsen* gemünzt) S. 270. Daneben besteht ein von *Luhmann* 1983, S. 28 vorgeschlagenes Verständnis von Legitimität: Eine „generalisierte Bereitschaft, inhaltlich noch unbestimmte Entscheidungen innerhalb gewisse Toleranzgrenzen *hinzunehmen*" [Herv. F.F.]. Dies lässt sich als *soziologischer* dem *normativen Legitimtätsbegriff* gegenüberstellen, siehe *Petersen* 2009, S. 7ff. *Kelsen* löst den klassischen Legitimitätsbegriff auf (unten, B. II. 1. a) dd), S. 57, insb. Fn. 581) u. ist näher an der soziologischen Variante (unten, Fn. 984).

80 Hierzu *Korb* 2010, S. 223 u. *Prisching* 1988, S. 92.

81 *Schmitt* 1932. Hierzu wiederum *Korb* 2010 S. 232.

82 Zur spezifisch Schmitt'schen, antiindividuellen Nutzung dieses Arguments *Schütze* 2004, S. 220ff.

83 Dazu *Schmitt* 1914, S. 17f., 35, 44.

84 Vgl. unten, B. II. 1. a), S. 49. Hierzu *Hofmann* 1995, S. 54f. *Stolleis* 1999, S. 178 führt dies auf den Neukantianismus zurück. *Korb* 2010, S. 43f. betont, dass die Parallelen nicht überschätzt werden dürfen.

85 Vgl. *Schmitt* 1914, S. 35. Auf S. 25ff. zu *Kelsen* bzw. den Positivismus.

86 Vgl. *Schmitt* 1914, S. 36f.

87 Vgl. *Schmitt* 1914, S. 36.

88 *Schmitt* 1914, S. 40f. Krit. *Walther* 2004, S. 256.

89 Vgl. hierzu u. den Unterschieden zu *Kelsen*, vgl. *Korb* 2010, S. 42. Auch *Blomeyer* 1999, S. 49f., für den *Schmitt*s Versuch der Verbindung dieser beiden „Welten" zur Entwicklung seiner „Dezisions- und Diktaturlehre" führt.

90 *Mantl* 1982, S. 194 spricht von einer „Unterwanderung" der Differenz von Sein u. Sollen.

91 Vgl. *Schmitt* 1914, S. 10, 56, 71, 75. Dazu auch unten, B. I. 2. b) ee), S. 20.

Dabei ist es für *Schmitt* nicht der Staat, der das Recht schaffe, vielmehr schöpfe das Recht den Staat[92]: Der Staat konkretisiere abstrakte, ihm *vorgegebene* Rechtsgedanken und setze die so entstandenen Gesetze, im Zweifel mit Zwang, durch.[93] Auch wenn es zunächst danach klingen mag, ist dies keine normativistische Position: Immer ist das Moment des Fest*setzens*, der Dezision, entscheidend, es besteht stets eine inhaltliche Lücke zwischen *Konkretum* und *Abstraktum*,[94] mit jeder Konkretisierung geht eine „spezifische Modifikation" des Rechts einher.[95] Auch *I. Maus* betont, dass dies kein positivistischer Widerspruch zu *Schmitts* „Primat der Existenz" sei; vielmehr bedarf seine These einer rechtlichen Konnotation, um die Legitimation seines spezifischen Verfassungsbegriffs vornehmen zu können.[96] So erscheint *Schmitts* Ablehnung, Recht und Macht zu identifizieren, mit Blick auf spätere Äußerungen als Lippenbekenntnis.[97] Dennoch ist dies zugleich eine Marginalisierung des konkreten Gesetzgebers, dessen Motive, sein „Wille", hinter der Verwirklichung der vorgegebenen Normen als einzigem Zweck eines verabsolutierten Staats zurücktreten. Dies, da mit diesem Argument der Ausnahmezustand legitimiert wird, der den Bruch konkreter Normen zugunsten des Schutzes der „ganzen", also abstrakteren, Rechtsordnung ermöglicht.[98] Letztlich sorgt diese Haltung insgesamt für eine Überhöhung des Staates, für einen Etatismus. Die Konsequenzen dessen werden bei der Analyse von *Schmitts* Verfassungsbegriff weiter vertieft.[99]

2. Die innerstaatliche Homogenität, Pluralismuskritik und Rechtsstaatsskepsis

Nun gilt die Aufmerksamkeit den konkret staatstheoretischen Positionen. Dort ist die schon genannte *Homogenität* ein Kerngedanke *Schmitts*.[100] Anfangs nur auf richterliche Entscheidungen gemünzt, stellt er die Einheitlichkeit in den Mittelpunkt auch staatstheoretischer und politischer Argumente:

> „Zur Demokratie gehört [...] erstens notwendig Homogenität und zweitens – nötigenfalls – die Ausscheidung oder Vernichtung des Heterogenen."[101]

---

92 Der Staat ist ein „Derivat" des ihm vorgehenden Rechts (u. erhalte daher seine Würde), vgl. *Schmitt* 1914, S. 50. Auch setze ein Begriff wie der der Legitimation denklogisch eine „Norm" vor den „Staat", S. 53.

93 Vgl. *Schmitt* 1914, S. 79f. Zum Erwzingen *Schmitt* 1914, S. 56. Zur Notwendigkeit homogener Verhältnisse zur Rechtsverwirklichung wiederum unten, B. I. 2. b) ee), S. 20.

94 Vgl. *Schmitt* 1914, S. 57 u. 79f. Zum Ganzen *Hofmann* 1995, S. 57ff.

95 Vgl. *Schmitt* 1914, S. 75.

96 Vgl. *Maus* 1980, S. 53.

97 Siehe dazu unten, B. I. 2. b) cc), S. 17 u. unten, B. I. 4. c) bb) (1), S. 39.

98 Siehe unten, B. I. 4. b), S. 33; zum Zusammenhang *Hofmann* 1995, S. 60f.

99 Siehe unten, B. I. 4. c) cc), S. 44.

100 *Lehnert* 2003, S. 85 sieht es als „durchgehendes Leitmotiv" in *Schmitts* Werk.

101 *Schmitt* 1926, S. 14.

Die Homogenität ist *conditio* für Staat und Demokratie, *Schmitt* verurteilt einen innerstaatliche Pluralismus. Schon damit opponiert er mit dem modernen Bild des Rechtsstaats, der eher mit Minderheitenschutz als der „Vernichtung des Heterogenen“ assoziiert wird.[102] In der Weimarer Republik war die Frage der inneren Einheit für die Staatslehre dagegen zentral und heftig diskutiert.[103]

a) Schmitts Begriff der Homogenität: eine spezifische Gleichheit

Zunächst ist zu klären, was *Schmitt* genau unter dem Begriff *Homogenität* versteht. Heterogenität definiert er als das „Fremde, das Ungleiche“[104] – womit Homogenität die Gleichheit, das *Nicht-Fremde* meint. Aber auch hiermit ist wenig gewonnen, bedenkt man, dass die Frage nach Gleich- oder Ungleichheit stets eine relative, von einer vorangegangen Wertung abhängige ist.[105] *Radbruch:*

> „Gleichheit ist ja nicht eine Gegebenheit, die Dinge und Menschen sind so ungleich ‚wie ein Ei dem andern‘, Gleichheit ist immer nur Abstraktion von gegebener Ungleichheit unter einem bestimmten Gesichtspunkte.“[106]

Will man sich *Schmitts* Begriffs der Gleichheit nähern, ist es wichtig, die *spezifischen Gleichheiten* von der *allgemeinen, gleichgültigen Gleichheit* zu unterscheiden:[107] Unter der letzteren versteht er die Idee der *Gleichheit aller Menschen*, aus der sich u.a.

---

102 Vgl. *Becker/Lauth/Pickel* 2001, S. 9. Zum Verhältnis von Demokratie u. Rechtsstaat *Mastronardi* 2007, Rn. 872ff., auch Rn. 884. Hier ist auf eine terminologische Besonderheit *Schmitts* hinzuweisen: er spricht schon in seinem Frühwerk davon, dass jeder Staat notwendigerweise Rechtsstaat sei, hat dort aber nicht einen *materiellen* Rechtsstaat in dem gerade beschriebenen Sinn, sondern einen Staat als Mittler des Rechts im Blick, dazu schon oben, B. I. 1. b), S. 12. Dies erinnert zunächst an das ähnl. Postulat *Kelsens*, für den ebenfalls jeder Staat „Rechtsstaat“ sei; bei ihm resultiert dies aus einem *formellen* Rechtsstaatskonzept, dieses wiederum aus seiner Identifikation von Staat u. Recht; so unterscheiden sich seine Ausführungen nicht nur bzgl. der Ergebnisse, sondern auch des Ausgangspunkts klar von denen *Schmitts*, hierzu unten, B. II. 1. b) cc), S. 77. Später wird *Schmitt* erklären, aufgrund dessen Vieldeutigkeit diesen Begriff zu meiden, vgl. *Schmitt* 1932, S. 18. Zu den Ambivalenzen dieses Rechtsstaatsbegriffs *Preuß* 2001, S. 158, allg. Zu *Schmitts* diesbzgl. Positionen *Campagna* 2004, S. 42f. Zum (seiner-)zeitgenössischem Rechtsstaatsbegriff aus *Schmitts* Warte siehe *Schmitt* 1928, S. 125ff., insb. S. 129ff. bzgl. des inhaltlich wichtigen Aspekts der universellen Rechtsgeltung vgl. unten, Fn. 219.

103 Vgl. *Stolleis* 1999, S. 102.

104 *Schmitt* 1926, S. 14.

105 Allg. *Zippelius* 2011, § 16, II, insb. 2.; auch *Kelsen* 1968, S. 342, ausführlich *Kelsen* 1953, S. 34f. Treffend, auch zu *Schmitts* gleich zu erläuternder *substantieller Gleichheit Radbruch* 2003c, S. 37.

106 *Radbruch* 2003c, S. 37.

107 Vgl. für die Terminologie u. die diesbzgl. Gegenüberstellung *Schmitt* 1928, S. 226.

die Forderung nach einem gleichen Wahlrecht für alle[108] ableitet. Diese Gleichheit ist für ihn eine wert- und substanzlose, eine nichtssagende.[109] Sie mache letztlich die für ihn für politische und juristische (und alle anderen) Institutionen notwendige Unterscheidbarkeit unmöglich und diese Institutionen somit handlungsunfähig.[110] Sie umzusetzen führe wegen der Marginalisierung von Unterscheidbarkeitskriterien zur Heterogenität.

Daneben stellt er die sog. *spezifischen Gleichheiten*, die in bestimmten Bereichen gelten,[111] bspw. die „spezifische Staatsform" der Demokratie[112]. Anders als die „arithmetische", bzw. im obigen Sinne *allgemeine* Gleichheit sei diese eine *substantielle* und damit die relevante Homogenität. Exemplarisch nennt er Aspekte, die für die demokratische Gleichheit (bei ihm: Volkszugehörigkeit[113]) entscheidend sein können: die „staatsbürgerliche Tüchtigkeit", religiöse Überzeugungen und Nationalität[114], physische und moralische Merkmale,[115] im Grunde jeder Aspekt (wobei hier dennoch die auffallende Dominanz *gesinnungsabhängiger Merkmale* auffällt[116]).

Der für die gesellschaftsinterne Homogenität entscheidende Begriff der Gleichheit meint also ein bestimmtes Maß an Gleichheit: Eines, das als besonders wichtig erachtete, „substantielle" Aspekte umfasst (z.B.: Religionszugehörigkeit, Nationalität), nicht ein bloß arithmetisches[117] bzw. generelles wie das Postulat der Gleichheit der Menschen – das Gleichheit ihren Wert raube.[118] Das Problem der Relativität der Gleichheit löst *Schmitt* also durch den Rekurs auf eine hoheitliche Definition der für den jeweiligen Bereich relevanten Kriterien. Die Frage, welche Aspekte jeweils entscheidend sind (also z.B. ob es für die „politische Gleichheit" auf die Religionszugehörigkeit ankommt), wird dadurch nicht beantwortet[119] – dies bleibt der

---

108 „Alle" meint er in diesem abgrenzenden Kontext wörtlich.

109 Siehe *Schmitt* 1926, S. 16.

110 Vgl. *Schmitt* 1928, S. 226f.: Die allg. Menschengleichheit sei *unpolitisch*. Dazu Müller 2007, S. 39.

111 Wie z.B. das Politische oder das Ökonomische, *Schmitt* 1926, S. 16, die Religion, Moral, das Recht u. die Wirtschaft, *Schmitt* 1928, S. 226. Diese dürften nicht in einer allgemeinen Gleichheit aufgelöst werden.

112 Vgl. *Schmitt* 1928, S. 226.

113 *Schmitt* 1928, S. 227 u. S. 234: Nicht *Demokratie*, sondern *Volk* sei der zentrale Begriff.

114 Für die letzten drei vgl. *Schmitt* 1926, S. 14.

115 Weswegen bei *Aristoteles* die Barbaren u. Sklaven nicht umfasst sind: *Schmitt* 1928, S. 228ff.

116 Worauf auch *Campagna* 2004, S. 98 hinweist, indem er betont, Schmitt spreche nicht von Rasse, sondern der *Vorstellung* einer Rasse. Ein Aspekt, der sich hier häufiger finden wird: Siehe auch unten, B. I. 2. b) aa), S. 16; unten, B. I. 2. b) bb), S. 16; unten, B. I. 2. b) cc), S. 17; unten, B. I. 2. b) ee), S. 20 u. unten, Fn. 386.

117 Dazu allg. krit.: *Schmitt* 1932, S. 28ff.

118 Die „absolute Menschengleichheit" wäre eine nichtssagende: *Schmitt* 1926, S. 17.

119 *Schmitt* wird diesbzgl. niemals explizit, so auch *Hermanns* 2011, S. 57. Zu dieser Frage auch *Löwith* 1984, S. 55 u. *Campagna* 2004, S. 99.

erneut freien Dezision überlassen; es komme auf den „*Willen* derer [an], die zu den Gleichen gehören".[120] Somit ist die von *Schmitt* „substantiell" genannte Homogenität im Grunde eine formale, die bestimmte Intensität des für-relevant-Haltens von Merkmalen beschreibende[121] und erinnert damit an den unten[122] vertieften Begriff des Feindes, der sich auch bloß durch seine Intensität definiert.

Insofern Schmitt davon spricht, dass man die politische Gleichheit entwerte, wenn man sie der Menschengleichheit annähert,[123] bspw. „gleiche Rechte" bis zur Erfassung aller Menschen ausdehnt, entsteht die demokratische Gleichheit (und Homogenität) in seinem Sinn also dadurch, dass bestimmte Eigenschaften als relevant definiert und alle Personen, die diese Eigenschaften nicht erfüllen, aus dem politischen Raum ausgeschlossen werden.[124] Letztlich läuft die *Schmitt*'sche Homogenität auf eine „verbindend[e] politische Übereinstimmung" (*C. Menke*) hinaus.[125]

b) Begründung für die Notwendigkeit der Herstellung von Homogenität

Nun gilt zu betrachten, wie *Schmitt* die Notwendigkeit einer solchen Homogenität begründet.

aa) Der heterogene Staat als inhaltsleer; zugleich ein Votum für die wehrhafte Demokratie

Die allgemeine, zur Heterogenität führende Variante der Gleichheit ist für *Schmitt* inhaltsleer.[126] So verhält es sich auch mit einem Staat, der einer solchen Konzeption folgt: Ein derart neutraler[127] Staat wäre seinerseits ununterscheidbar und inhaltsleer. Die Neutralität gegenüber sämtlichen Anschauungen (auch hier zeigt sich *Schmitts* *gesinnungsbezogene* Perspektive[128]) führe, für ihn eine Schreckensvorstellung, zur absoluten Gleichbehandlung.[129] Er skizziert die Konsequenzen:

> „der religiös Denkende [dürfe] nicht mehr geschützt werden [...] als der Atheist, der national Empfindende nicht mehr als der Feind und Verächter der Nation. Daraus folgt

120 *Schmitt* 1926, S. 22 [Herv. F.F.]. So auch *Hofmann* 1995, S. 138ff. *Müller* 2007, S. 39 bezeichnet die Bestimmung des Anderen als „historisch kontingent" u. von der „Konstruktion nationaler Identitäten" abhängig.

121 Dazu *Menke* 2004, S. 309, siehe auch *Hofmann* 1995, S. 140ff.

122 B. I. 3. a) aa), S. 24.

123 Vgl. *Schmitt* 1926, S. 18.

124 Dazu näheres gleich unten, B. I. 2. c), S. 22.

125 So *Menke* 2004, S. 308.

126 Vgl. oben, B. I. 2. a), S. 14.

127 Eine Klärung der verschiedenen Bedeutungen des Begriffs „Neutral" bei *Schmitt* 1931, S. 111ff.

128 Siehe auch oben, B. I. 2. a), S. 14; oben, B. I. 2. b) bb), S. 16; unten, B. I. 2. b) cc), S. 17; unten, B. I. 2. b) ee), S. 20 u. unten, Fn. 386.

129 Vgl. *Schmitt* 1931, S. 112.

> ferner absolute Freiheit jeder Art von Propaganda; der religiösen wie der antireligiösen, der nationalen wie der antinationalen; absolute ‚Rücksichtnahme' auf den ‚Andersdenkenden' schlechthin, auch wenn er Sitte und Moral verhöhnt […]."[130]

Solange der Staat die Gegner dieser Neutralität als Feinde erkenne, könne er „immerhin" noch politisch werden.[131] Diese Option gehe bei einer rein instrumentalen Staatsauffassung verloren, ein solcher Staat wäre gänzlich „entpolitisiert".[132] Aber auch einer weniger radikalen Form der Neutralität steht *Schmitt* skeptisch gegenüber: Schon ein Staat, der bloße *Chancen*gleichheit gewähre und die Bevorzugung der „jeweiligen Staatsform oder gar der jeweiligen Regierungsparteien", z.B. bzgl. der Benutzung von Rundfunksendern, Propaganda oder Filmzensur verbiete, wird von *Schmitt* kritisiert. Einem solchen gehe in letzter Konsequenz die existentiell notwendige Wehrhaftigkeit ab.[133]

bb) Gleichheit als theoretische Bedingung der Demokratie

Zusätzlich argumentiert *Schmitt,* z.T. unter Rekurs auf *Platon,* mit dem Gleichheitsprinzip, auf dem die Demokratie basiere und das die Ausscheidung des Heterogenen nötig mache.[134]

Die politischen Gleichheitsrechte, insb. das Wahlrecht, seien aber die *Folge* einer vorhergehenden, substantiellen Gleichheit, aus der sich die Demokratie ableiten ließe; nicht aber andersherum die allgemeine Gleichheit aus der Demokratie.[135] Bzgl. des Wahlrechts auf eine einfache Formel gebracht: „Man kann eben immer nur gleichartige Größen addieren".[136] Daher verliere das arithmetische Mehrheitsprinzip seinen Sinn, wenn man akzeptiert, dass die Mehrheit der Staatsbürger nicht mehr „einheitlich denkt"(!). Hier grenzt er sich nicht nur von den diesbzgl. Positionen *Kelsens* ab[137]; in dieser Wortwahl zeigt sich erneut, was schon *Schmitts* Aufzählung von Aspekten, die für die „substanzhafte Gleichheit" relevant sein könnten[138], nahegelegt hat: Wenn er von Homogenität spricht, hat er hier insb. eine *gesinnungsmäßige* im Sinn[139].

---

130 *Schmitt* 1931, S. 112.

131 Zur Verbindung von „Feind" u. „Politisch" ausführlich unten, B. I. 3., S. 24.

132 Vgl. *Schmitt* 1931, S. 112.

133 Vgl. *Schmitt* 1931, S. 113. Dies ist eine Konsequenz, die *Kelsen* als das „tragische Schicksal" der Demokratie bezeichnet hat, siehe hierzu unten, B. II. 3., S. unten u. *Papier/Durner,* AöR 2003, S. 345 m.w.N.

134 Vgl. *Schmitt* 1926, S. 14; zu Plato *Schmitt* 1928, S. 228. Zur Rechtstheorie unten, B. I. 2. b) ee), S. 20. Dazu auch *Schmitt* 1928, S. 224 u. 227.

135 *Schmitt* 1928, S. 228.

136 *Schmitt* 1932, S. 42, auch zum Folgenden. Dazu näher *Campagna* 2004, S. 105f.

137 Zu *Kelsens* Position unten, B. II. 4. a) bb), S. 86; hierzu auch *Korb* 2010, S. 227f.

138 Siehe oben, S. B. I. 2. a), 14.

139 Dazu: oben, B. I. 2. a), S. 14; oben, B. I. 2. b) aa), S. 16; oben, B. I. 2. b) cc), S. 17 unten, B. I. 2. b) ee), S. 20 u. unten, Fn. 386.

cc) Homogenität als Grundidee der Demokratie: Identität von Herrscher und Beherrschtem

Daneben rezipiert er einen weiteren Grundgedanken der Demokratietheorie: In Anlehnung an *J.-J. Rousseaus volenté générale*[140] sei die *Identität von Gesetz und Volkswillen*, letztlich von Herrscher und Beherrschtem, in der Demokratie zentral.[141] Diese These wird als *demokratische Identitätstheorie*[142] diskutiert und ist ein Konzept mit weitreichenden Folgen: Nach *K. Popper* ist es eine von *Platon* bis *Hegel* eingenommene Position, die letztlich bis zur (wie noch zu sehen im Ergebnis auch *Schmitt*'schen[143]), totalitären Ineinssetzung von Recht und Macht führt[144]. Der Rekurs auf diese These offenbart bereits die totalitären und antipluralistischen Bezüge in *Schmitts* Demokratietheorie.[145]

Auch wenn er zugesteht, dass es eine tatsächliche, reale Identität niemals geben könne, stelle sie die Idealform der Demokratie dar.[146] Jede Staatsform müsse zwar auch Elemente der (der Identifikationsidee entgegengesetzten[147]) *Repräsentation* beinhalten; diese ist für *Schmitt* aber anders als für *Kelsen*[148] keine normative, sondern eine reale: Repräsentiert wird der nun wieder einheitliche und existente Volkswille[149] i.S. *Rousseaus* Vorstellung. Der Repräsentation kommt eine dienende Funktion zu, eben die der Realisierung und Garantie der Identifikation; nötig ist dies aus praktischen Gründen, da selbst in einer „restlos durchgeführten unmittelbaren Demokratie" niemals ein identitäres Volk handeln könne.[150] So kann *Schmitt* resümieren:

> „Die Gleichzeitigkeit von Herrschen und Beherrschtwerden, von Regieren und Regiertwerden, bedeutet eine Verbindung der beiden Prinzipien: Repräsentation und Identität, ohne welche ein Staat unmöglich ist".[151]

---

140 Zu *Schmitts Rousseau*-Verständnis *Schmitt* 1928, S. 119ff. Auch *Ooyen* 2005, S. 105 u. *Groh* 2005, S. 146ff.; zu den Unterschieden beider Theoretiker *Vesting,* AöR 1992, S. 23. Siehe auch *Lepsius* 2000372ff. u. allg. krit. *Zippelius* 2010, S. 107f.; auch *Lasch,* 2007, S. 36 u. *Fleiner/Basta-Fleiner* 2004, S. 112ff., insb. 117f.

141 Die *volonté générale* „ist in Wahrheit Homogenität": *Schmitt* 1926, S. 20. Vgl. weiterhin *Schmitt* 1926, S. 35, *Schmitt* 1932, S. 29 u. *Schmitt* 1928, S. 234. Ebenso *Hofmann* 1995, S. 147. Vgl. auch *Groh* 2005, S. 146ff. u. *Lepsius* 2000, S. 378.

142 Konkret zu *Schmitt Groh* 2005, S. 146ff.; allgemeiner *Popper* 1945, S. 50ff.

143 Siehe unten, B. I. 4. c) bb) (1), S. 39 u. unten, B. I. 4. c), S. 37.

144 Zu *Hegel Popper* 1945, S. 50f. u. *Günther* 2004, S. 29f. Zum Zusammenhang zwischen *Rousseau, Hegel* u. *Schmitt Ooyen* 2010, S. 24, auch S. 59. Ähnl. auch *Günther* 2004, S. 124ff. Zu der unterschiedlichen Rezeption bei *Kelsen* u. *Schmitt Baume* 2012, S. 12f., Fn. 24.

145 Dazu *Ooyen* 2005, S. 104.

146 Siehe *Schmitt* 1928, S. 214ff.

147 Siehe zu diesem Gegensatz bei *Schmitt Brodocz* 2016, S. 301f.

148 Hierzu unten, B. II. 4. a) cc), S. 87.

149 Vgl. *Schmitt* 1928, S. 206ff. u. dazu *Groh* 2005, S. 146f., 150.

150 *Schmitt* 1928, S. 206ff. Vgl. dazu *Pasquino* 1988, S. 381

151 Vgl. *Schmitt* 1928, S. 216.

Auch sei es ein Prinzip der Demokratie, dass sich die Herrschenden nicht qualitativ von den Beherrschten unterscheiden; diese Prämisse sei aber nur mittels der *substantiellen Gleichheit und Homogenität* innerhalb der Demokratie umzusetzen.[152] Die Willensbildung mittels einfacher Mehrheitsregel sei nur „erträglich", wenn eine gewisse Harmonie herrsche: nur dann gebe es nicht „Überstimmung" der, sondern „Über*ein*stimmung" mit der Minderheit – ansonsten sei

> „...der gegenstandslose, inhaltsleere Funktionalismus rein arithmetischer Mehrheitsfeststellung das Gegenteil von Neutralität oder Objektivität; er ist nur die quantitativ größere oder geringere Vergewaltigung der überstimmten und damit unterdrückten Minderheit"[153]

Der Wille der Bürger könne sich dabei auch in Form der Akklamation oder der bloßen Duldung der Regierung ausdrücken[154], ist also nicht das Resultat einer offenen Meinungsfindung in einem pluralistischen Parlament[155]. *Schmitt* geht so weit, ein reines Mehrheitswahlrecht ohne Minderheitenvertretung (im Gegensatz zur Verhältniswahl und damit erneut gegen *Kelsen*[156]) als „konsequent demokratisch" zu bezeichnen, da man die Grundvoraussetzung jeder Demokratie zerstöre, wenn man das „Axiom" preisgebe, „daß die überstimmte Minderheit nur das Wahlergebnis (nicht ihren Sonderwillen) wollte und daher dem Mehrheitswillen als ihrem eigenen Willen zugestimmt hat."[157] – hier offenbart sich der Rekurs auf *Rousseaus* „Volkswillensmetaphysik"[158], den „Glanz seiner Idyllik"[159].

---

152 Vgl. *Schmitt* 1928, S. 235.

153 *Schmitt* 1932, S. 29. Später erklärt *Schmitt* 1931, S. 145, dass ein homogener Staat den Überstimmten nicht *vergewaltige*, sondern zu seinem „wahren Willen" führe. I.d.S. auch *Schmitt* 1931, S. 24f. u. *Schmitt* 1931, S. 145.

154 Vgl. *Schmitt* 1926, S. 22. „Akklamation" ist, hier im Kontext der Betätigung der verfassungsgebenden Gewalt, die „natürliche Form der unmittelbaren Willensäußerung eines Volkes", *Schmitt* 1928, S. 83. Siehe auch oben, Fn. 73. Eine Willensäußerung des Volkes *qua* „schweigendem Konsens" hat *Kelsen* später als noch krassere Fiktion bezeichnet, als es die Repräsentationstheorie im Parlamentarismus sei, vgl. *Kelsen* 1926, S. 68. Zum diesbzgl. Gegensatz von *Schmitt* und *Kelsen* auch *Dreier*, 2003, S. 15.

155 Was *Campagna* 2004, S. 199 plastisch darstellt. Dazu auch *Groh* 2005, S. 152.

156 Siehe unten, B. II. 4. a) bb), S. 86.

157 *Schmitt* 1931, S. 86.

158 So auch *Lehnert* 2003, S. 91f. Allg. dazu: oben, Fn. 140. *Maus* 2011, S. 115ff. betont hier allerdings, dass diese Bezugnahmen *Schmitt*s auf *Rousseau* (allerdings wirkmächtige) Fehldeutungen seien.

159 So im vorliegenden Kontext *Mantl* 1982, S. 196 in Übernahme der Terminologie von *Leser* 1968, S. 265, der dort wiederum den Kontrast zu *Kelsen* betont.

Auch hat *Schmitt* erneut eine insb. gesinnungsspezfische[160] Einheit im Blick: Er spricht davon, die Andersartigen zu ihrem „wahren Willen" hinzuführen.[161] Die einem homogenen Willen entspringende Identität von Herrscher und Beherrschtem führt zur Negation der individuellen Willensfreiheit.[162]

Die demokratische Legitimität beruht dann auf einem von Feinden bereinigtem[163], der *Einheit* eines Volks getragenem, demokratischem Staat.[164] Die Ausscheidung oder Gleichmachung des Heterogenen ist dessen Bedingung; bürgerliche, individuell-freiheitssichernde Grundrechte stehen dem im Weg, sie werden von *Schmitt* als undemokratische Institutionen betrachtet. Die Einheit von Souverän und Bürger dient nicht der *Einschränkung* der Herrschaft, sondern *stärkt* diese.[165] Eingedenk einer somit fehlenden normativen Einhegung resümiert *O. Lepsius* pointiert:

> „Schmitt postuliert daher keine Demokratietheorie, sondern die Unterordnung unter eine verpflichtende Seinsordnung, die einen einheitlichen, existenziellen, substantiell gleichartigen Charakter hat."[166]

dd) Homogenität als Voraussetzung der staatlichen Handlungsfähigkeit, Diktatur als Reinform der Demokratie

Herrscht interne Homogenität, die Übereinstimmung des Willens von Herrscher und Beherrschtem, steht dem Souverän – und damit gleichzeitig dem mit diesem identischen *citoyen* – eine uneingeschränkte Entscheidungskompetenz zur Verfügung.[167] Andersherum gewendet könne nicht von einer manövrierfähigen „politischen Einheit" gesprochen werden, wenn innenpolitische Differenzen die Handlungsfähigkeit des Staats aufheben:[168] Entfällt z.B. die Fähigkeit einer Gruppe, andere als Feinde zu exkludieren, herrsche in ihr keine diesbzgl. Einigkeit, sie könne dann keine politische Einheit konstituieren.[169] Bei der *Konstitution eines Staates* führe Heterogenität innerhalb der verfassungsgebenden Gewalt zu *dilatorischen Formelkompromissen*, also „unechten" Kompromissen, die das Problem nicht entschieden, sondern diese Entscheidung bloß

---

160 Vgl. oben, B. I. 2. a), S. 14; oben, B. I. 2. b) aa), S. 16; oben, B. I. 2. b) bb), S. 16; unten, B. I. 2. b) ee), S. 20.

161 Vgl. *Schmitt* 1931, S. 145, siehe dazu auch oben, Fn. 153.

162 Vgl. *Lepsius* 2008, S. 27.

163 Zur Kategorie des Feindes als Grundlage des Politischen siehe unten, B. I. 3. a) aa), S. 24.

164 Vgl. *Schmitt* 1928, S. 90.

165 Hierzu *Mantl* 1982, S. 196 u. *Groh* 2005, S. 152: „Volksherrschaft [bei *Schmitt*, F.F.] ist Herrschaft des Führers für das Volk; Politik wird von oben für unten gemacht."

166 *Lepsius* 2000, S. 382. Zu einem Vorgehen wie dem *Schmitts*, ohne ihn explizit zu nennen, *Popper* 1945, S. 149.

167 Hierbei bezieht sich *Schmitt* auf *Pufendorf*, vgl. *Schmitt* 1926, S. 20.

168 Z.B. die, gegen *Feinde* Krieg zu führen, vgl. *Schmitt* 2002, S. 38ff. u. 50.

169 Mit einigen Bsp. *Schmitt* 1926, S. 67ff. Dazu auch *Müller* 2007, S. 45 u. *Gerhardt* 2003, S. 212. Zur Konstitution des Staates unten, B. I. 4. a) bb), S. 31.

aufschieben und daher nicht für die dauerhafte Lösung prinzipieller Gegensätze geeignet seien.[170] Ein durch ein Parlament pluralisierter Staat steht für *Schmitt* vor der Alternative, „entweder aufzuhören, als Einheit und als Ganzes zu existieren" oder zu versuchen, „aus der Kraft der Einheit und des Ganzen heraus die notwendige Entscheidung herbeizuführen."[171] Erst die „Einheit", das „Ganze" verleihe die „Kraft", Entscheidungen zu treffen; letzteres ist Bedingung einer jeden Staatsbildung.[172]

Daher bedarf es seines Erachtens eines naturgemäß irrationalen, gemeinsamen Mythos' zum Machterhalt einer sozialen Gruppe; dieser stelle einen Gegensatz zum Rationalismus dar und drücke sich in Heroismus und der „Kraft zum Handeln" aus (als Bsp. für diesen „großen Enthusiasmus" nennt er die Vorstellung der revolutionären Freiheit in Frankreich und die nationale Begeisterung während der napoleonisch Kriege).[173] Sowohl der Sozialismus[174] als auch der Faschismus[175] verfügten über eine solche verbindende mythische Kraft, anders als es beim (pluralistischen) Parlamentarismus der Fall sei: Der Einfluss, den die Theorie dieses irrationalen Glaubens habe, sei der Beweis für die fehlende Evidenz des relativistischen (damit pluralistischen, heterogenen) Rationalismus.[176] Zugunsten der Etablierung dieses nationalen Mythos', der dann eine vitale und handlungsfähige soziale Gruppe konstituiere, ist erneut der Ausschluss des Heterogenen nötig, die nicht rational ableitbare Entscheidung über Freund und Feind als souveräne Dezision.[177]

Für *Schmitt* wächst mit der innerstaatlichen Homogenität das Herrschaftspotential der Regierenden, was ein Charakteristikum der Diktatur ist; diese Homogenität ist für ihn zugleich, wie oben gesehen,[178] ein urdemokratischer Wesenszug – somit ist die *Diktatur* für ihn, „in merkwürdiger Verkehrung der üblichen Fronten" (*H. Hofmann*)[179], die reinste Form der Demokratie[180]. Eine „Verwechslung", die für *Kelsen* entsteht, wenn man in der Demokratie keine *formale* Methode der Erzeugung der sozialen Ordnung, sondern eine *materielle* Methode der Gerechtigkeit sieht.[181] Da es bei *Schmitt* immer

---

170 Vgl. *Schmitt* 1928, S. 32. Zu deren Möglichen Konsequenzen am Beispiel der WRV *Schmitt* 1932, S. 91.

171 Vgl. *Schmitt* 1931, S. 148.

172 Vgl. oben, B. I. 1. a) bb), S. 9 u. unten, B. I. 4. a) bb), S. 31. Hier wird das Paradoxon, dass die Einheit für *Schmitt sowohl* Voraussetzung *als auch* Folge der Entscheidung ist, deutlich, vgl. unten, B. I. 4. c) aa), S. 37.

173 Vgl. *Schmitt* 1926, S. 80. Für *Frankenberg* 2010, S. 134 ist der unten, B. I. 4. b), S. 33 genauer zu betrachtende *Ausnahmezustand* ein solcher Mythos.

174 Vgl. *Schmitt* 1926, S. 83.

175 Vgl. *Schmitt* 1926, S. 89.

176 Vgl. *Schmitt* 1926, S. 89.

177 Dazu unten B. I. 3. a) aa), S. 24 (Zur Definition des Feindes als Dezision) u. B. I. 2. c), S. 22 (zur Exklusion).

178 Vgl. B. I. 2. b) cc), S. 17.

179 *Hofmann* 1995, S. 149.

180 Zu den Zusammenhängen von Demokratie u. Diktatur schon *Schmitt* 1928, S. XII.

181 Vgl. *Kelsen* 1929, S. 94f. Hierzu auch *Mantl* 1982, S. 196, *Dreier*, 2003, S. 17 u. *Prisching* 1988, S. 100f.

auch um die *Herstellung* der Homogenität[182] geht, muss sich die Demokratie – wie noch näher auszuführen ist – im Zweifel über eigentlich demokratisch beschlossene, verfassungsrechtliche Einzelregelungen (also insb. Grundrechte) hinwegsetzen; dies nicht zuletzt, um die Möglichkeit der Rechtsverwirklichung zu schaffen. Diese setzt nämlich, wie nun zu betrachten, ebenfalls Homogenität voraus.

ee) Die Notwendigkeit der Homogenität zur Normdurchsetzung

Schmitt argumentiert nicht nur politisch, sondern auch rechtstheoretisch. Er führt aus:

> „Jede generelle Norm verlangt eine normale Gestaltung der Lebensverhältnisse, auf welche sie tatbestandsmäßig Anwendung finden soll und die sie ihrer normativen Regelung unterwirft. Die Norm braucht ein homogenes Medium“[183].

Somit sind abstrakte Rechtsnormen nur wirksam, wenn sie auf eine geordnete, „normale“ und damit homogene Wirklichkeit treffen.[184] Konkret meint dies auch die Abwesenheit von Feinden, die die notwendige Homogenität stören, da sie sich nicht unter die Norm zwingen lassen. Dass gerade hier die Gesinnung der fraglichen Personen relevant wird[185], macht die Lesart *C. Menke*s deutlich, indem er die Frage, inwieweit Normen von diesen *akzeptiert* werden, in den Fokus rückt:

> „Die Anwendung von Normen ist nur in einem Terrain möglich, in dem ebenso diese Normen wie die Verfahren und Instanzen ihrer Anwendung grds. akzeptiert werden. Der ‚Feind‘ dagegen ist jemand, der die Anwendung der Normen, das hießt immer: dies bestimmte Anwendung dieser bestimmten Normen, nicht akzeptiert“[186].

Es geht also darum, dass „keine Feindschaft gegenüber den angewandten Normen und Gesetzen besteht“[187]; ein Gedanke, der sich in besonderen Maße im Feindstrafrecht *Jakobs*’ spiegelt.[188]

Indem *Schmitt* ein gewisses Maß an innerstaatlicher Ordnung zur Voraussetzung des Rechts macht, ist für ihn nur die Herrschaft „im Recht“, die diese Ordnung – also

---

182 Im Fall der kommissarischen Diktatur *in concreto* die Durchsetzung der Verfassung i.S.d. „positiven Verfassungsbegriffs“ (dazu unten, unten, B. I. 4. a) bb), S. 31), vgl. *Schmitt* 1928, S. 201. Dazu auch *Brodocz* 2016, S. 298f.

183 Vgl. *Schmitt* 1922, S. 19. So später auch *Böckenförde*, NJW 1978, S. 1885.

184 Vgl. *Schmitt* 1922, S. 19f. Dazu auch: *Hofmann* 1995, S. 63, mit der Betonung, dass es Schmitt hier auf eine *soziologische* Normalität, resp. Homogenität, also tatsächliche Gleichartigkeit ankommt. *Maus* 1980, S. 83 bezeichnet diese Position als ein „Grundaxiom“ *Schmitts*.

185 oben, B. I. 2. a), S. 14; oben, B. I. 2. b) aa), S. 16; oben, B. I. 2. b) bb), S. 16; oben, B. I. 2. b) cc), S. 17.

186 *Menke* 2004, S. 310.

187 *Menke* 2004, S. 311.

188 Indem ein negativer Konnex zwischen Rechtsgeltung und Feinden hergestellt wird, diese es also verlangt, jene zu bekämpfen; siehe unten, C. I. 3. c) aa) (3), S. 143 u. zu den Parallelen *Schmitt-Jakobs* unten, D. I. 1. b), S. 197.

Homogenität – herzustellen vermag.[189] Da nun der Staat das Medium der Rechtsverwirklichung ist[190], kommt *ihm* die Aufgabe zu, für die zur Verwirklichung des Rechts notwendige Homogenität zu sorgen.[191] Aus dieser Perspektive bezeichnet *Normalität* und *Homogenität* also v.a. die staatliche Kontrollierbarkeit der innerstaatlichen Verhältnisse,[192] die zur Voraussetzung einer legitimen Herrschaft wird.[193]

ff) Der Vorrang der Homogenität vor Freiheitsrechten: Eine Absage an den Rechtsstaat

Homogenität ist für *Schmitt* also aus politik- und demokratietheoretischen Gründen basal; wie erwähnt stehen Grundrechte deren Durchsetzung im Wege; damit verlangt das *Recht selbst* für seine Durchsetzung u.U. die Verletzung konkreter Rechtspositionen. Für *I. Maus* ist damit der „exklusiv bürgerliche Rechtsstaat in der Aufhebung der Rechtsstaatlichkeit ‚folgerichtig' zu Ende gedacht"[194].

Nach *Schmitt* widersprechen die aus heutiger Sicht materiell-rechtsstaatlichen[195] (grundrechtsähnlichen[196]), einer einfachen Abänderbarkeit entzogenen und durch inhaltliche Vorgaben minderheitenschützenden Regeln schon grds. der Demokratie.[197] Auch dies lässt sich auf *Rousseau* zurückführen[198] und zeigt die Opposition zu *Kelsen,* für den solche Grundrechte in einer Demokratie essentiell sind[199]. *Schmitt* geht dabei vom Gegensatz zwischen liberalen Grundrechten und Politik aus[200] und

---

189 Vgl. *Mehring,* Der Staat 2004, S. 8.

190 Dazu oben, B. I. 1. b), S. 12.

191 Weswegen der Staat die „höchste Gewalt sein muß", *Schmitt* 1914, S. 58 [ohne Herv. des Orig., F.F.].

192 So auch: *Hofmann* 1995, S. 63.

193 Dazu *Schmitt* 1914, S. 57. Denn: „Das Recht ist nicht im Staat, sondern der Staat ist im Recht", S. 52. Vgl. zu dieser Argumentation auch oben, Fn. 92.

194 *Maus* 1980, S. 84.

195 Vgl. zu diesem Konflikt schon oben, B. I. 2., S. 13, insb. Fn. 102. Zur Unterscheidung von materiellem u. formellen Rechtsstaatsbegriff unten, B. II. 1. b) cc) (1), S. 77.

196 Vgl. *Schmitt* 1928, S. 157ff. für eine Erläuterung seines Grundrechtsverständnisses insb. S. 163ff: Es gehe „im eigentlichen Sinn" um Rechte des „freien Einzelmenschen [...] gegenüber dem Staat", ebenso die Kommunikationsgrundrechte, jedoch „nicht soziale Forderungen". Ebenfalls „anderer Art" seien politische Beteiligungsrechte (S. 168), positive Leistungsrechte (S. 169) u. institutionelle Rechte (S. 170). Dies entspricht dem heute sog. *klassischen* Grundrechtsbegriff negativer Abwehrrechte gegenüber dem Staat, während die von *Schmitt* verworfenen „Leistungsrechte" heute ebenfalls diskutiert werden, dazu u. auch allg. *Alexy* 1996, S. 395ff.

197 Vgl. *Schmitt* 1932, S. 41. Dies gilt, obwohl sich Schmitt hier auf die WRV bezieht, welche nicht unmittelbar mit dem Grundrechtskatalog des GG gleichgesetzt werden kann (*Gusy* 1997, S. 272), hierzu auch *Lehnert* 2003, S. 81.

198 Knapp dazu *Kneip* 2009, S. 40.

199 Hierzu unten, B. II. 5., S. 94.

200 Vgl. *Schmitt* 1928, S. 201f., dazu *Böckenförde* 1988, S. 289f., 293f.; *Gusy* 2003, S. 153f. u. *Campagna* 2004, S. 126.

streitet gegen „unantastbare" politische Rechte.[201] Anknüpfend an seine Position, dass die Entscheidung über die für Homogenität relevanten Aspekte den Staat konstituiert[202], sieht er einen Vorrang des dies definierenden, politischen Teils einer Verfassung vor dem liberalen Grundrechtsteil[203] und steht dem die Dezision einschränkenden, rechtsstaatlich gedachtem Positivismus kritisch gegenüber[204]: *Schmitt* lehnt nicht nur einen *materiellen*, sondern auch schon einen *formellen Rechtsstaat* ab.[205] *J. Locke* – der als Prototyp des Vertreters der strengen Gesetzesbindung gilt[206] – wirft er vor, die „Macht der Tatsachen" zu verkennen und somit das Problem des legislatorisch unvorhersehbaren Ausnahmefalls zu marginalisieren.[207] Somit widerspiegelt sich *Schmitts* Position auch in seinen unten[208] näher zu betrachtenden Ansichten zum Ausnahmezustand: Zugunsten der Herstellung einer homogenen Ordnung sind die liberalen Freiheitsrechte nötigenfalls zu suspendieren.

c) Konsequenzen: Exklusion aus dem Rechtskreis, antipluralistische und totalitäre Tendenzen

Was folgt aus diesen Positionen? Die innerhalb einer Demokratie notwendige Gleichheit wird für *Schmitt* durch Beseitigung der Fremden hergestellt.[209] Dies könne friedlich – durch nicht-kriegerische Auseinandersetzung oder schleichende Assimilation, vonstatten gehen, oder

> „schneller und gewaltsamer: [durch] Beseitigung des fremden Bestandteils durch Unterdrückung, Aussiedlung der heterogenen Bevölkerungsgruppe und ähnliche radikale Mittel"[210].

Der Ausschluss bestimmter Gruppen aus der Demokratie, die Entscheidung, dass diese *Feinde* seien[211], ist für *Schmitt* eine Option zur Herstellung der für die Demokratie notwendigen Homogenität. Unter Ausschluss versteht er, in Anschluss an

---

201 Vgl. *Schmitt* 1928, S. 186, dazu auch *Böckenförde* 1988, S. 293f. *Schmitt* bezieht dies explizit auf politische Mitwirkungsrechte, dieser Gedanke lässt sich aber eingedenk deren für die Demokratie konstituierenden Charakters ohne weiteres auf Kommunikationsgrundrechte (dazu oben, Fn. 75) übertragen.

202 Dazu ausführlicher unten, B. I. 4. b), S. 33; im Kontext *Maus* 1978, S. 43.

203 Siehe dazu *Brodocz* 2016, S. 300; auch *Maus* 1978, S. 43.

204 Dazu *Campagna* 2004, S. 22; 101ff.; u. *Meuter* 2001, S. 85 u. 93.

205 Ausführlich hierzu *Maus* 1978, S. 40ff.

206 Pointiert dazu *Frankenberg* 2010, S. 27ff., insb. S. 28, wobei *Ambos* 2010, S. 348ff. bei *Locke* auf Ausführungen i.S. *Schmitts* u. *Jakobs* hinweist.

207 *Schmitt* 1928, S. 40ff.

208 B. I. 4. b), S. 33.

209 Vgl. *Schmitt* 1926, S. 17.

210 *Schmitt* 1928, S. 232.

211 Vgl. *Müller* 2007, S. 45.

seine These, dass bspw. Grundrechte die Durchsetzung der Homogenität hemmen, auch die *Entrechtung* der fraglichen Personen. *Schmitt* meint, dass

> „ [...] zu einer Demokratie immer auch Sklaven gehörten oder Menschen, die in irgendeiner Form ganz oder halb entrechtet und von der Ausübung politischer Gewalt ferngehalten waren, mögen sie nun Barbaren, Unzivilisierte, Atheisten, Aristokraten oder Gegenrevolutionäre heißen."[212]

Dies zeigt das extremistische Potential dieser Betrachtungsweise deutlich.[213] Auch fällt die unten *en detail* zu betrachtende[214] Parallele zwischen *Schmitt* und dem Feindstrafrecht auf. *Campagna*:

> „Anders ist die Situation aber, wenn wir es mit jemandem oder einer Gruppe zu tun haben, die es auf die Ordnung als solche abgesehen haben, die also das Ganze in Frage stellen. Hier ist der egtl. Ort der Feindschaft [...]. Es kann nämlich der Fall auftreten, wo man die bestehende Ordnung nur dadurch bewahren kann, daß man den Gegner zum Feind erklärt, und das hieße dann, die Schranke zu beseitigen, die mit der Idee des Rechts gegeben ist."[215]

Schmitt betont, dass die Entrechtung der Verfassungsfeinde trotz der „verfassungsrechtlichen Bindungen" *gerade* in einem konstitutionellen, bürgerlichen Rechtsstaat geschehen kann und muss.[216] Eine Verfassung enthalte neben rechtsstaatlichen stets politische Elemente;[217] insoweit das Politische, wie noch zu sehen, auf Freund/Feind-Entscheidungen basiert[218], kann aus *Schmitts* Perspektive ein konstitutioneller Rechtsstaat ein solches Vorgehen niemals ausschließen. Hier wird der Konflikt zwischen dem heutigen Verständnis des Rechtsstaats, der eine prinzipiell gleiche Geltung des Rechts für alle Bürgerinnen und Bürger verlangt[219], und der Forderung

---

212 *Schmitt* 1926, S. 14f.

213 Konkret zum rechtsextremistischen Potential *Pfahl-Traughber* 2004, S. 113. *Ooyen* 2010, S. 129ff. bezieht heutige Probleme der Fremdenfeindlichkeit (insb. Ausländerfeindlichkeit, aber auch Homophobie, Religionshass etc.) auf dieses Denken *Schmitts* u. bezeichnet ihn als „wohl intellektuellsten (Rechs)extremist[en] des 20. Jh." (S. 130). *Lepsius* 2008, S. 26 spricht in Abgrenzung zu *Kelsen* von „Totalitarismus".

214 Siehe unten, D. I. 2. b), S. 201.

215 *Campagna* 2004, S. 28f. Anders als er meint, gilt dies nicht nur *außerstaatlich*, vgl. unten, B. I. 3. a) bb) S. 26.

216 *Schmitt* 2002, S. 47.

217 Vgl. *Schmitt* 1928, S. 125.

218 Vgl. dazu unten, B. I. 3. a) aa), S. 24.

219 Dazu *Mastronardi* 2007, Rn. 861; *Zippelius* 2010, S. 236ff.; auch *Schmitt* betont, dass der *generelle* Charakter der Rechtsnorm *conditio* des Rechtsstaats ist, *Schmitt* 1928, S. 151ff., insb. S. 154f. Siehe auch oben, Fn. 102 u. zum formalen Begriff aus *Kelsens* Warte unten, B. II. 1. b) cc) (1), S. 77.

nach Homogenität, die sich nur durch eine autoritäre Entscheidung über die Exklusion herstellen lässt, deutlich.[220]

Aus dieser Forderung nach Homogenität folgt spiegelbildlich die Kritik am Pluralismus: Herrscht keine innerstaatliche Homogenität, sind die unterschiedlichen Gruppierungen also in dem für die Konstitution des Staates entscheidenden Punkt nicht *gleich* (also: gleicher Meinung), ist der Staat lahmgelegt, er ist keine handlungsfähige Einheit mehr. Dies ist auch dann der Fall, wenn der Staat wertmäßig neben andere Assoziationen gestellt wird.[221] Ansonsten sei „[e]ine pluralistische Theorie [...] nur eine Theorie der Auflösung oder Widerlegung des Staates."[222] Individuen, die die Homogenität stören, sind daher zu bekämpfen, um den Staat als Einheit zu bewahren.[223]

Hier zeigt sich, dass, anders als bei *Kelsen*[224], die *Gleichheit* (und zwar nicht i.S. absoluter Gleichbehandlung Aller, sondern der substantiell Gleichartigen) und nicht die *Freiheit* der zentrale Begriff bei *Schmitt* ist, er also eine antiliberale Demokratietheorie vertritt.[225] Das Erheben des Staates zur einzig maßgeblichen Einheit offenbart seinen Etatismus. In seiner Pluralismuskritik, der Forderung nach umfassender, auch gesinnungsmäßiger Gleichheit aller dem Rechtskreis angehörigen Individuen, liegt ein eindeutig totalitäres Element.[226] Diese Implikationen werden noch öfter zu sehen sein.

3. Der Begriff des Politischen, der Begriff des Feindes

Nun gerät ein weiterer, zentraler Aspekt von *Schmitts* Denken in den Fokus: Die *Unterscheidung zwischen Freund und Feind als Grundkategorie des Politischen,*[227] das seinerseits der dem Staat vorausgesetzte Begriff ist[228]. So wird der Feind, den *Schmitt* nebenbei deutlich eingehender betrachtet als den Freund[229], zu einem für den Staat zentralen Begriff. Dies soll nun, ebenso wie *Schmitts* genaues Verständnis der Feinderklärung und des Feindes selbst, näher betrachtet werden.

---

220 Siehe hierzu schon oben, B. I. 2. b) ff), S. 21 u. unten, B. I. 3. b), S. 28.

221 Vgl. *Schmitt* 2002, S. 44f. Zum Wert des Staates aus *Schmitts* Perspektive unten, B. I. 4. a), S. 29.

222 *Schmitt*, Der Begriff des Politischen, 2002, S. 44.

223 Vgl. *Schmitt*, Der Begriff des Politischen, 2002, S. 32ff. u. insb. S. 45.

224 Zu diesem unten, B. II. 4. a), S. 85.

225 So in diesem Kontext *Hofmann* 1995, S. 147; auch *V. Neumann 1980*, S. 123. Bzgl. des damit eng verknüpften Begriffs des Feindes u. *Schmitts* Liberalismuskritik (unten, B. I. 3., S. 24) *Mehring* 2009, S. 213. Für *Preuß* 2001, S. 163 betrachtet *Schmitt* das Problem der (politischen) Freiheit gar nicht erst.

226 Hierzu ausführlich *Ooyen* 2005, S. 14; S. 90ff. Siehe weitergehend, auch zum zugrundliegenden Totalitarismusbegriff unten, in u. an Fn. 488.

227 Vgl. *Schmitt* 2002; S. 27f.

228 Vgl. *Schmitt* 2002, S. 20. Hierzu ausführlich *Schönberger* 2003, S. 21ff.

229 Dazu z.B. *Gerhardt* 2003, S. 214ff. Schon der Titel dieser Passage ist beredt: „Der vergessene Freund".

a) Carl Schmitts Begriff des Feindes

aa) Die souveräne Freund/Feind-Unterscheidung als absolute, stets präsente Kategorie des Politischen und Konstitutor der staatlichen Einheit

Der Begriff *Feind* beschreibt bei *Schmitt* eine äußerste Trennung/ Dissoziation:[230] Insofern der Feind bei *Schmitt* ein Fremder im öffentlichen Sinne ist[231], kann er auch als der die Homogenität Störende aufgefasst werden. Der Feind ist, *Schmitts* grds. Fokussierung auf Existentielles[232] entsprechend, die „Negation der eigenen Art Existenz“[233]. Mit ihm können unentscheidbare Konflikte bis zum Kampf, und zwar bis zum Tod, geführt werden[234]; so unterfallen, wie beim *Feindstrafrecht Jakobs'*[235], auch Terroristen *Schmitts* Feindbegriff.[236] Der Feind i.S. *Schmitts*, so *C. Menke*, verweigert der bestehenden Rechtsordnung die Zustimmung, er unterwirft sich nicht der staatlichen Ordnung.[237]

Für *Schmitt* definieren sich, so die grundlegende Herleitung seiner Theorie, alle Bereiche des Lebens durch unterschiedliche, von je zwei konträren Merkmalen charakterisierte Kategorien[238], ähnlich der binären Codierung i.S. *N. Luhmanns*.[239] Für den Bereich des Politischen ist dies eben die Unterscheidung zwischen Freund und Feind.[240] Dabei handelt es sich um eine absolute, nicht weiter ableitbare, damit

---

230 Vgl. *Schmitt* 2002, S. 27.

231 *Schmitt* 2002, S. 29 unterscheidet hier zwischen dem öffentlichen *hostis* u. dem privaten *inimicus*.

232 Die mit dem Dezisionismus, der auch hier relevant ist, zusammenhängt (dazu oben, B. I. 1. a), S. 8); dazu: *Brodocz* 2016, S. 294; *Löwith* 1984, S. 50 sieht in der Betonung des Substanzhaften gerade ein Motiv *Schmitts* zum Zwecke der Steigerung der Relevanz *des Politischen*, auch wenn dieser zwischen „okkasioneller“ und „substanzhafter“ Feindschaft schwanke.

233 *Schmitt* 2002, S. 27.

234 Vgl. *Schmitt* 2002, S. 27ff., insb. 29, 33, 36, 49.

235 Vgl. unten, C. I. 3. c) aa) (1), S. 139.

236 So auch *Ladwig* 2003, S. 44, mit Kritik an der Bekämpfung von Terroristen als Feinden i.S. *Schmitts*.

237 Siehe *Menke* 2004, S. 312.

238 Vgl. *Schmitt* 2002, S. 26. Z.B. Schön/Hässlich im Ästhetischen, Rentabel/Unrentabel im Ökonischen, Gut/Böse im Moralischen. Das ähnelt den spezifischen Gleichheiten: B. I. 2. a), S. 14. *Schmitz* 1965, S. 93 spricht von *Schmitts* „Eigentümlichkeit“ sein Denken an „entgegengesetzten Unterscheidungen“ zu orientieren.

239 Wonach jedes gesellschaftliche Teilsystem über eine eigene derartig zweipolige Kommunikationsform verfügt. Für das Recht hat *Luhmann* 1993, S. 67ff. den Code Recht/Unrecht vorgeschlagen, zusammenfassend dazu *Vesting*, 2000, S. 9f. Zu dieser Ähnlichkit auch *Ladwig* 2003, S. 54, der einen Unterschied zu *Luhmann* in *Schmitts* Postulat der Absolutheit der Feind-Entscheidung sieht. Ähnl. *Beyme* 2009, S. 468.

240 Vgl. *Schmitt* 2002, S. 26f.

völlig unabhängige Kategorie[241]: Der Grund für eine Feinderklärung kann auch dem nicht-politischen Bereich entspringen, es geht (ähnlich wie beim formalen Kriterium der substantiellen Gleichheit[242]) nicht um den Inhalt, sondern um einen bestimmten Intensitätsgrad der Dissoziation.[243] Die Unterscheidung zwischen Freund und Feind ist damit eine selbstständige, eine *souveräne Dezision.*[244] Der Feind wird definiert, gesetzt;[245] die Gründe dafür sind keine rationalen, sondern beliebige, sie entspringen der autonomen Entscheidung, es gibt keine normativen Maßstäbe.[246] Auch ist diese Dezision keine individuelle, sondern eine kollektive, eine staatliche.[247]

Da er auf inhaltliche Kriterien verzichtet, scheint *Schmitt* ein *formales* Politikverständnis – der Feind ist die Grundkategorie des Politischen – zu vertreten. Dies aber nur scheinbar: Durch das dezisionistische Element rekurriert er auf sein *Primat der Existenz* statt auf Diskussion und Kompromiss, wie es ein formales, prozedurales Demokratieverständnis, auch *Kelsens*, tut[248].[249] In *Schmitts* Losung liegt vielmehr ein inhaltliches politisches Bekenntnis: Eines gegen die pluralistische Demokratie, die eine innerstaatliche Unterscheidung in Freund und Feind zumindest theoretisch gerade nicht kennt.[250] Er selbst nimmt für sich in Anspruch, nicht normativ zu argumentieren, sondern mit der existenziellen Freund/Feind-Unterscheidung eine stets bestehende Möglichkeit zu benennen.[251] (Wegen der es nie nur eine einzige

241 Vgl. *Schmitt* 2002, S. 27. So müsse der Feind nicht im ästhetischen Sinne hässlich oder im moralischen Sinne böse sein. Man brauche ihn auch nicht – „privat" – zu hassen: S. 19f.

242 Dazu oben, B. I. 2. a), S. 14; die rein formale Natur der Feindbestimmung betont auch *Hösle,* DVjs 1987, S. 23.

243 Vgl. *Schmitt* 2002, S. 38. Diese Intensität gehe bis zur Irrationalität (S. 39). Dazu *Blomeyer* 1999, S. 199. Interessante Deutungen dessen bei *Meier* 1994, S. 62 u. *Löwith* 1984, S. 49.

244 Vgl. *Schmitt* 2002, S. 28., 39, 52. Siehe zu den Zusammenhängen auch *Hofmann,* Der Staat 2005, S. 176.

245 Differenziert dazu sowohl *Ladwig* 2003, S. 55ff. als auch *Löwith* 1984, S. 46f.

246 So *Großmann,* ARSP 2002, S. 411 u. *Prisching* 1988, S. 89. Dazu u. zu den Zusammenhängen zur Entscheidung über den Ausnahmezustand *Schmitz* 1965, S. 120. Empathisch *Ladwig* 2003, S. 55. Juristisch spricht *Uwer* 2006, S. 47 davon, dass der Feind nicht „tatbestandsmäßig umschrieben" werden kann.

247 Da es hier um den *öffentlichen* Feind geht, *Schmitt* 2002, S. 29. So auch *Schneider* 1957, S. 242f.

248 Zu diesen Konsequenzen des Dezisionismus oben, B. I. 1. a) cc), S. 11; zu *Kelsen* unten, B. II. 5. b) bb), S. 97.

249 Hierzu *Prisching* 1988, S. 90.

250 Vgl. *Stolleis* 1972, S. 138.

251 Vgl. *Schmitt* 2002, S. 28f., 49. Krit. zu dieser vorgeblich deskriptiven Vorgehensweise z.B. *Ladwig* 2003, S. 48 u. S. 53. Das *existenzielle* Element gerade dieses Aspekts betont *Vesting,* AöR 1992, S. 22.

politische Einheit geben könne, da es dann keine Freund/Feind-Unterscheidung mehr gäbe: innere Homogenität korrespondiert mit äußerem Pluralismus.[252])

Erst durch diese „reale Möglichkeit der Gruppierung von Freund und Feind" entstehe die Option, eine politische Einheit zu schaffen:[253] Disassoziiert eine Gruppe eine andere in einer derartigen Intensität (oder ist sie dazu zumindest bereit und in der Lage), dass von „Feindschaft" gesprochen werden kann – orientiert sich diese Gruppe also an der Homogenität und nimmt eine Trennung von dem Heterogenen vor –, bildet sie eine politische Einheit.[254] Verzichte eine Gesellschaft dagegen auf eine solche (Feind-)Erklärung, bestünde die real stets präsente Möglichkeit der extremen Dissoziation zwar fort, nicht aber die dies erklärende Gruppe als politische Einheit.[255] Übrigens führt *Schmitt* als Beleg für diese These ein Zitat an, das davon spricht, dass die Mobilisierung im Zuge des ersten Weltkriegs aus einer „Gesellschaft" eine „Gemeinschaft" gemacht habe[256] – ein Vorgehen, das trotz seines Vorbringens, nicht „bellizisitisch oder militaristisch"[257] zu argumentieren, bezeichnend für *Schmitts* antagonistisch-kriegerisches Denken ist.[258]

bb) Exkurs: Feinde im Inneren?

Nun ist sich der Frage zuzuwenden, inwiefern es bei *Schmitt* auch *Feinde im Inneren* geben kann – schließlich interessiert hier die Bedeutung von *Schmitts* Gedanken für das Strafrecht, dessen Regelungsmaterie klassischerweise[259] innerstaatlich; *Ambos* weist zusätzlich darauf hin, dass der innere Feind aus hiesiger Perspektive der eigentlich bedrohliche ist[260]. Gerade der *Schmitt*-Schüler[261] *E.-W. Böckenförde* vertritt die These, es sei eine Missdeutung, die Freund/Feind-Losung auf die Innenpolitik zu beziehen; dort habe *Schmitt* vielmehr Ausgleich und Kompromiss im Blick gehabt.[262]

---

252 *Schmitt* 2002, S. 54 spricht von einem „Pluriversum" verschiedener Staaten.

253 Vgl. *Schmitt* 2002, S. 45. Dazu auch *Mehring* 2009, S. 210f.

254 Zur Konstitution politischer Einheiten näher auch unten, B. I. 4. a) bb), S. 31.

255 Dies, indem sich ein Volk durch diese Erklärung „auf Seite der Feinde" stelle, vgl. *Schmitt* 2002, S. 52.

256 Siehe *Schmitt* 2002, S. 45, Fn. 15.

257 *Schmitt* 2002, S. 33.

258 Ähnliches konstatiert auch *Lehnert* 2003, S. 88.

259 Insb. da hier nicht das Völkerstrafrecht, sondern das gegen *Oppositionelle im Inneren* gewendete betrachtet wird.

260 Vgl. *Ambos* 2010, S. 356.

261 Zur problematischen Rezeption *Schmitts* durch *Böckenförde Ooyen* 2005, S. 106ff. *Vesting,* AöR 1992, S. 26 bezeichnet *Böckenfördes* Darstellungen *Schmitts* als „Retusche" u. „Verharmlosung". Eher aus persönlicher Warte krit. zu den Beziehungen *Lamprecht,* myops 2012. *Mehring* 2009, S. 531 nennt *Böckenförde Schmitts* „Meisterschüler"; dieser weist nur den ersten Wortteil zurück (auch dazu *Lamprecht,* S. 28).

262 Vgl. *Böckenförde* 1988, S. 284f.

Dazu ist zunächst festzuhalten, dass *Schmitt* explizit von inneren Feinde spricht,[263] was v.a. im Laufe von Neuauflagen des *Begriff des Politischen* zunimmt.[264] Auch ist dies die Bedingung dafür, mit *Schmitt* von *Innenpolitik* zu sprechen zu können, schließlich basiert Politik für ihn auf der Feindschaft.[265]

Zunächst fragt sich, wie dies aus seiner Perspektive möglich ist: Definiert sich die politische Einheit durch Abwesenheit von Feinden[266], ist streng genommen kein Platz für innenpolitische Freund/Feind-Gruppierungen. Die Konstitution einer einheitlichen politischen Ordnung erscheint dann als paradox, *Schmitts* Argument als zirkulär. Als Reaktion auf derartige Vorwürfe[267] führte *Schmitt* mit der 2. Auflage des *Begriff des Politischen* die „sekundären Begriffe von ‚politisch'" ein, die sich innerhalb des Staates als organisierte politische Einheit ergäben.[268] Diese alles umfassende Einheit relativiere zwar Antagonismen im Inneren, sie blieben aber für den Begriff des Politischen konstitutiv.[269] Auf diese sekundären Begriffe stützt *Böckenförde* seine These, *Schmitt* habe keine *inneren Feinde* im Sinn gehabt. Bezeichnenderweise spricht *Böckenförde* aber zugleich von einer notwendigen „Prophylaxe" gegen eine (bis zum Bürgerkrieg führende) innere Heterogenität; dass diese für *Schmitt* mittels des Ausnahmezustands und der Feindbekämpfung zu geschehen habe, wird nicht erwähnt.[270]

Für die hier interessante Frage nach der grds. Möglichkeit einer innerstaatlichen Feinderklärung[271] ist zunächst entscheidend, dass auch dieser relativierte Antagonismus für *Schmitt* in die äußerste Trennung umschlagen kann, wenn die politische Einheit ihre die Gegensätze relativierende Kraft verliert.[272] Die Möglichkeit der absoluten Dissoziation, des Kampfes, bleibt also bestehen: Das geht bis zum Bürgerkrieg,

---

263 *Schmitt* 2002, S. 30ff. Zur „innenpolitischen Feinderklärung" bei *Schmitt* auch *Schmitz* 1965, S. 106fff.; *Campagna* 2004, S. 89 u. *Ambos* 2010, S. 356f., der *Jakobs* in dieser Tradition sieht.

264 Dazu *Mehring* 2009, S. 208; *Schönberger* 2003, S. 35; *Lehnert* 2003, S. 85 u. *Meier* 1994, S. 56ff., (insb. 61), demzufolge *Schmitts* „entscheidende Absicht" im Verlaufe der Neuauflagen immer deutlicher zu Tage tritt.

265 Sie dazu oben, B. I. 3. a) aa), S. 24.

266 Vgl. oben, B. I. 3. a) aa), S. 24.

267 Dazu *Hofmann* 1995, S. 114ff. Eine solche Kritik findet sich schon bei *Heller* 1992, S. 425.

268 Also innenpolitische Gegensätze wie Religions-, Schul-, Kommunal- u. Sozialpolitik etc., vgl. *Schmitt* 2002, S. 30.

269 So *Schmitt* 2002, S. 30.

270 Vgl. *Böckenförde* 1988, S. 285. Hier ist *Böckenfördes* fragwürdige Rolle zu denken, vgl. oben, Fn. 261.

271 Wichtig ist diese hier, da letztlich nach *Schmitts* Einfluss auf das Strafrecht gefragt wird und dabei interessant ist, ob die unten, B. I. 3. b), S. 28 noch zu erläuternden *Konsequenzen* aus der Feind-Entscheidung in diesem Sinne theoretisch auch Personen innerhalb des Staatsgebiets – also den dem Strafrecht unterworfenen – treffen können.

272 Vgl. *Schmitt* 2002, S. 31.

wenn die innenpolitischen Konflikte zum Primat der Politik werden.[273] Soweit *Jakobs* hieran festmacht, dass sich sein Feindbegriff von dem *Schmitts* unterscheidet, überzeugt dies nicht: Schließlich gibt es diverse Grade des Bekämpfens, die die Intensität des eines Bürgerkriegs noch nicht erreichen; zu bedenken ist auch, dass *Schmitt* bloß die *Möglichkeit,* nicht die Verwirklichung eines solchen Kampfes postuliert.[274]

Innerstaatliche Feinderklärungen (gemäß der Geltung des hier interessierenden Strafrechts *territorial* gedacht[275]) sind für *Schmitt* aber auch vor der Extremsituation des totalen, bürgerkriegsähnlichen Konflikts möglich und sogar geboten; nicht zuletzt um diesen Zustand zu verhindern: Wie gesehen konstituiert der Ausschluss des Fremden als Feind ja gerade die staatliche Einheit durch die Herstellung der nötigen Homogenität.[276] Dazu sind für *Schmitt* auch „abgeschwächte Formen der *hostis*-Erklärung" denkbar.[277] Dass diese (klar innenpolitischen) Maßnahmen an aktuelle Formen der innerstaatlichen Auseinandersetzung erinnern[278], stützt die hier vertretene These der Ähnlichkeit zu *Jakobs* Position[279] bzw. dem seit dem *11. September 2001* geführten „Krieg gegen den Terror": So lässt sich die extreme Betonung des Status der *Al-Qaida*-Terroristen als *Feinde* (des Westens) durch die USA darauf zurückführen, dass gegen diese ein, einem Ausnahmezustand entsprechend ungezügelter[280] *war on terror* geführt werden soll, trotzdem sich die Terroristen z.T. als eine Bedrohung von *Innen* darstellen und somit nicht typische Adressaten eines Krieges sind.[281] Auch die Verknüpfung des typischerweise innenpolitischen Ausnahmezustands mit der Bekämpfung von Feinden bei *Schmitt* zeigt die innerstaatliche Möglichkeit der Feinderklärung.[282]

Hieran knüpft an, dass man *innerstaatlich* bei *Schmitt* nicht automatisch territorial verstehen muss;[283] dass, wenn der Staat das Medium der Rechtsverwirklichung

---

273 Vgl. dazu insg. *Schmitt* 2002, S. 32.

274 *Jakobs,* HRRS 2006, S. 294; *Schmitt* 2002, S. 33 u. 37. Dazu auch *Großmann,* ARSP 2002, S. 411.

275 Siehe unten, Fn. 283.

276 Hierzu *Hofmann* 1995, S. 118. Sehr deutlich dazu auch *Campagna* 2004, S. 86f. Den territorialen Aspekt nicht explizit erwähnend, in der Argumentation u. dem Ergebnis aber ebenso wie hier auch *Preuß* 2001, S. 145f. Siehe hierzu, auch mit Blick auf *Jakobs* u. das Feindstrafrecht, *Müssig* 2007, S. 1045.

277 Vgl. *Schmitt* 2002, S. 48. Er nennt „Konfiskation, Expatriierungen, Organisations- und Versammlungsverbote, Ausschluss von öffentlichen Ämtern usw."

278 So *V. Neumann 1980*, S. 90.

279 Dazu ausführlich unten, D. I., S. 195.

280 Zur fehlenden rechtlichen Bindung im Ausnahmezustand im System *Schmitts* sogleich unten, B. I. 4. b), S. 33.

281 Dazu *Mégret,* KritJ 2002, S. 160f.

282 Zu diesem unten, B. I. 4. b), S. 33. Auf diesen Konnex weist wiederum *Müssig* 2007, S. 1045 hin.

283 Die zwingende Verknüpfung von Staat u. Territorium relativiert *Schmitt* 2002, S. 20 schon im zweiten Satz von *Begriff des Politischen* u. tat dies schon früher, *Schmitt* 1914, S. 47.

ist[284], es für die Geltung des Rechts nicht zwingend darauf ankommt, wo man sich befindet, sondern ob man Teil des später näher zu erläuternden[285] einheitlichen, verfassungsgebenden Willens ist. Dafür spricht auch, dass für *Schmitt* die Bekämpfung des Feindes mittels Ausschluss aus dem Rechtskreis von Statten gehen kann[286]. Ginge *Schmitt* davon aus, dass die Geltung des staatlich verwirklichten Rechts bloß *territorial* bestimmt wird, wäre dies Position sinnlos: Entweder befindet sich der Feind nicht im staatlichen Territorium, dann wäre eine Entrechtung unnötig, oder er tut dies, dann wäre sie unmöglich.

Trotz alledem zeigt sich an diesem Punkt auch eine Zirkularität der *Schmitt*'schen Argumentation: Wie oben[287] gesehen, wird die Frage, *wer* ein Feind ist, durch eine ungebundene Entscheidung beantwotet. Eine souveräne Dezision verlangt aber ihrerseits eine erst *durch* den Ausschluss herzustellende Homogenität.[288] Eine Paradoxie, die sich in *Schmitts* Denken mehrmals findet.[289] Verfechter der These, Feinde im Inneren gäbe es für *Schmitt* nicht, versuchen möglicherweise, die eine Hälfte dieses Gedankenkreises stringent zu denken, lassen dabei aber dessen zweite Hälfte außer Acht.

b) Ziele und Konsequenzen der Freund/Feind-Entscheidung, insb. im innerstaatlichen Bereich: Exklusion und Bekämpfung, Etatismus und totalitäre Implikationen

Was folgt hieraus, insb. für die inneren Feinde? *Schmitt* betont die Notwendigkeit der innerstaatlichen Befriedung, des Schaffens von „Ruhe, Sicherheit und Ordnung".[290] Dafür wiederum ist die interne Homogenität notwendig.[291] Wer diese Einheitlichkeit stört, wird zum Feind erklärt. Dies aber umfasst die Option, diese Individuen bis zur physischen Vernichtung zu bekämpfen.[292] Dazu werden die Feinde entweder gesetzesförmig oder auch rein tatsächlich – mittels Ausnahmezustand[293] – von der politischen Einheit ausgeschlossen:[294] Die *Exklusion* der Feinde ist bei *Schmitt* zentral.

---

284 Vgl. oben, B. I. 1. b), S. 12.
285 Vgl. unten, B. I. 4. a) bb), S. 31.
286 Dazu oben, B. I. 3. b), S. 28.
287 B. I. 3. a) aa), S. 24
288 Siehe oben, B. I. 2. b) dd), S. 19.
289 U. die auch dort mit der engen Verknüpfung der staatlichen Einheit, der Dezision und deren gegenseitiger Bedingtheit zusammenhängt, dazu auch unten, B. I. 4. c) aa), S. 37.
290 *Schmitt* 2002, S. 46f.
291 Vgl. oben, B. I. 2. b), S. 16.
292 Vgl. oben, B. I. 3. a) aa), S. 24.
293 Siehe unten, B. I. 4. b), S. 33. Zu den Verbindungen *Roellecke* 2003, S. 99 u. *Prisching* 1988, S. 89.
294 Vgl. *Schmitt* 2002, S. 47. Dazu auch oben, B. I. 2. c), S. 22.

Das offenbart die Radikalität von *Schmitts* Position[295] ebenso wie deren totalitären Aspekte:[296] Wer nicht der als maßgeblich definierten Ordnung entspricht, und zwar einer kraft bloßer Potenz definierten Ordnung, wird aus der Gesellschaft ausgeschlossen und sowohl rechtlich wie auch physisch bekämpft. Dies trifft schon Personen, die die Ordnung nur willensmäßig ablehnen.

Auch liegt in der Fokussierung der Feindschaft, wie gerade *R. van Ooyen* herausstellt, eine erneute Parallele zum religiösen[297], insoweit Feinde als „Antichristen"[298] kreuzzugartig zu bekämpfen seien.[299] Gleichzeitig lässt sich in der Fokussierung auf einen sachlich indifferenten, im Zweifel existenzvernichtenden Antagonismus eine extreme Form des Nihilismus sehen[300], der sich zum Etatismus versteigt: Das einzig werthafte, was bei *Schmitt* bleibt, ist der Staat – eine Position, die im Verlauf weiter vertieft wird.[301] *Schmitts* Staatsverständnis soll daher eingehender betrachtet werden.

4. Das Staatsverständnis *Schmitts*

Dieses spezielle Staatsverständnis speist sich insb. aus *Schmitts* spezifischem Verfassungsbegriff und den Überlegungen zum Ausnahmezustand und der Souveränität, die nun in den Blick geraten.

a) Verfassung und Staat: Existenz und Wert, der positive als der wahre Verfassungsbegriff

Schmitts Staatsbegriff hängt nicht nur eng mit dem gleich zu vertiefenden, sog. „positiven Verfassungsbegriff" zusammen, sondern auch dem oben herausgearbeiteten Postulat der innerstaatlichen Homogenität[302]: *Schmitt* fasst den Staats als eine konkrete, werthafte „politischen Einheit und Ordnung"[303] auf, die sich existenziell in der Verfassung ausdrückt. Obwohl *Schmitt* z.T. formuliert, dass die Verfassung den Staat konstituiert, weist z.B. *Böckenförde* zurecht darauf hin, dass in *Schmitts* Perspektive der Staat der Verfassung vorgeschaltet sein müsse.[304]

---

295 Siehe zu der Parallele zum heutigen Fremdenhass oben, Fn. 213.

296 Dies wegen der exklusiven Maßgeblichkeit der Freund-Feind-Unterscheidung als Konstitutor der poltischen Einheit, dazu *Ooyen* 2005, S. 98; siehe auch oben, B. I. 3. b), S. 28 u. unten, an Fn. 452.

297 Hierzu auch oben, Fn. 65.

298 Dazu *Ooyen* 2003, S. 167; *Ooyen* 2005, S. 95 u. *Meier* 1998, S. 55.

299 So herausgearbeitet bei *Ooyen* 2003, S. 166f.; auch *Ooyen* 2005, S. 94.

300 So tut es schon *Löwith* 1984, S. 44.

301 Vgl. oben, B. I. 4. a), S. 29.

302 Vgl. B. I. 2., S. 13.

303 Schon *Schmitt* 1928, S. 3.

304 Vgl. *Schmitt* 2003, S. 97f.; *Böckenförde* 1988, S. 288ff. Zu einer ähnlichen Ambivalenz bei *Schmitt* siehe auch unten, B. I. 4. c) aa), S. 37 u. die Interpretation dessen bei *Maus*, dargestellt unten, an Fn. 419.

Die Verfassung ihrerseits sei in ihrer „Substanz eine konkrete politische Entscheidung über Art und Form der politischen Existenz."[305] Der Staat ist damit eine seinsmäßige Ordnung[306], Ausdruck eines *tatsächlich existierenden,* verfassungsgebenden Willens,[307] der dem Staat vorgeschaltet ist.[308] (Diese Position wird in der Literatur z.T. als „ontologischer Staatsbegriff" oder „Staatsontologie" bezeichnet,[309] z.T. wird von „Existenzial-Etatismus"[310] oder einem „substantiellen Staatsbegriff"[311] gesprochen.[312] Dies ist hier jeweils synonym zu verstehen.) In dieser Ontologisierung des Staates offenbart sich der ideologische Kern des *Schmitt*'schen Etatismus, dient der Verweis auf Existentes oft dazu, legitimatorisch zu wirken bzw. die Notwendigkeit weitergehender Rechtfertigungen zu verschleiern.[313] Diese Vorgehensweise gilt es nun nachzuzeichnen. Dazu lohnt es sich, zunächst den Begriff der – den Staat konstituierenden – Verfassung zu betrachten. *Schmitt* ordnet verschiedene Verfassungsbegriffe danach, ob Sie *absolut* oder *relativ* gelten und arbeitet einen *positiven Verfassungsbegriff* heraus.

---

305 Vgl. *Schmitt* 2003, S. 69f. Auch *Schmitt* 1928, S. 22.

306 Vgl. *Schmitt* 1928 S. 10.

307 Vgl. *Schmitt* 1928, insb. S. 22. 75ff. *Hofmann* 1995, S. 129 krit zur Voraussetzung eines *bewussten* Willens.

308 Vgl. *Schmitt* 1928 S. 10.

309 So *Ooyen* 2010, bspw. S. 97. Auch *Eichhorn* 2001, S. 61, trotzdem *Schmitt* „keine *ausgewiesene* Ontologie des Staates" [Herv. F.F.] geschrieben habe. Staatso*ntologie* meint hier ebenfalls die Vorstellung einer der Normierbarkeit durch Menschen enthobenen staatlichen *Substanz* (also eine *Substanz*- statt einer *Relations*- bzw. *Struktur*ontologie, zur Unterscheidung *Kaufmann* 2011, S. 11, 15 u. *Kaufmann* 2011, S. 82.). Es geht damit *nicht* um Ontologie i.S.d Frage nach den ontologischen Implikationen der *Logik* bzw. der *Argumentationstheorie* (zum Recht dazu z.B *Neumann* 1979, S. 6f., allg. *Bräuer* 2003) oder i.S. einer auf sachlogischen Strukturen fußenden *ontologisierenden Strafrechtsdogmatik* (*Jakobs* 1993b, VII; dazu unten, an Fn. 1489).

310 *Lehnert* 2003, S. 83; *Lepsius* 2003, S. 359 spricht von einer gegenstandsbestimmten, existenzialistischen Staatsfixierung. Auch *Welzel* 1960, S. 193 betont den engen Zusammenhang zum Existenzialismus.

311 *Walther* 2004, S. 252.

312 Interessant *Eichhorn* 2001, S. 59ff., für den Schmitt den *funktionalistischen* Staatsbegriff *Hobbes* mit dem *existenziellen Rousseaus* vereinen wolle. Zu seiner Aussage, *Schmitt* verstehe den Staat anders als *Hegel* nicht substantiell (S. 69) ist auf die hier zugrundelegte synonyme Verwendung von *existenziell* u. *substanzhaft* hinzuweisen.

313 Dazu, wenn auch im Kontext der Rechtsdogmatik u. des richterlichen Begründens *Neumann* 1979, S. V.

aa) Absoluter und relativer Verfassungsbegriff: Homogene Ordnung oder Normpluralismus?

Schmitt bezeichnet solche Konzepte, die die Verfassung als ein *zusammenhängendes Ganzes* deuten, als *absolute Verfassungsbegriffe*, während die *relativen Verfassungsbegriffe* schon einzelne Verfassungsregelungen als Verfassung begriffen.[314] Letztere sei eine inhaltsleere Auffassung, da sie den Begriff Verfassung durch unzureichende *formale Kriterien* definiere (wie bspw. Schriftlichkeit oder erschwerte Abänderbarkeit), welche bloß tautologisch seien.[315]

Bzgl. der absoluten Verfassungsbegriffe unterscheidet er erneut: Einmal kann eine *politische Einheit*, also eine konkrete Ordnung als spezifische Existenzform des Staats gemeint sein[316], zum anderen ein „bloßes", aber zusammenhängendes System von Einzelnormen (i.S. *Kelsens*). Letzteres sei zwar ein „gedachtes Ganzes" (daher ist auch dieser Begriff ein „absoluter"), aber im Gegensatz zu ersterem kein „konkret existierendes", sondern eben nur ein ideelles,[317] normatives.[318] Somit fehle diesem Verständnis im Gegensatz zu jenem ein *Souverän* i.e.S[319] – weshalb *Schmitt* es verwirft.

bb) Der positive Verfassungsbegriff: Verfassung kraft Entscheidung – Legitimität aus Existenz, Opposition zu Kelsens Positivismus, die Verfassung über der Verfassung

Auch das Verständnis der Verfassung als einer unabhängigen, konkreten Ordnung ist für *Schmitt* ergänzungsbedürftig: Die Verfassung entstehe tatsächlich nicht aus sich selbst heraus (oder per Vertrag[320]), sondern kraft *Entscheidung*, sie ist insoweit absolut.[321] Dies ist der *positive Verfassungsbegriff*.[322] Nur eine substanzhafte Konstitution des

314 Vgl. insg. *Schmitt* 1928, S. 3ff.

315 *Schmitt* 1928, S. 16, 20. Zum Stand der Diskussion *Zippelius* 2010, S. 42ff.

316 Im absoluten Sinne gilt: „der Staat *ist* die Verfassung", *Schmitt* 1928, S. 4.

317 Vgl. *Schmitt* 1928, S. 3.

318 *Schmitt* 1928, S. 7 spricht vom „Gesetz der Gesetze", ähnl. *Kelsens* Grundnorm, unten, B. II. 1. b) aa) (1), S. 59.

319 Vgl. *Schmitt* 1928, S. 7. Zu den Unterschieden zwischen *Schmitt* u. *Kelsen* *Korb* 2010, S. 143. Zu *Kelsens* formalem Souveränitätsbegriff unten, B. II. 1. b) bb) (2) (b), S. 75.

320 Insb. i.S.d. Gesellschaftsvertrags innerhalb einer politischen Ordnung: „Im Rahmen ein und derselben politischen Einheit kann eine Verfassung immer nur *gegeben*, nicht vereinbart werden[...]", *Schmitt* 1928, S. 63. *Schmitt* 1931, S. 60, kritisiert, dass die Vorstellung des Vertrags die eines Kompromisses beinhalte, damit die eines Pluralismus, der in einer einheitlichen Ordnung gerade nicht herrschen solle.

321 Vgl. *Schmitt* 1928, S. 22.

322 Dies ist allerdings gerade nicht i.S.v *positivem Gesetz* gemeint. Zur Terminologie *Grothe* 2005, S. 157. Für *Heller* 1934, S. nennt *Schmitt* seinen Verfassungsbegriff „zu Unrecht", für *Ooyen* 2005, Fn. 101 „ironischerweise" einen *positiven*. Dies erklärt sich wohl aus der urspr. Bedeutung des Begriffs *positiv* aus dem Lateinischen:

Staates als politische Grundentscheidung des *einheitlichen*[323], *existenten*[324] *Willens*[325] sei die wirkliche Verfassung.[326] Eine solche Grundentscheidung enthalte z.B. die *werthafte Ordnung*, die im Grundrechtsteils der WRV niedergelegt ist.[327] Der Staat *hat* demnach nicht etwa eine Verfassung, er *ist* die Verfassung.[328] *Schmitt* verwendet den Terminus eher im klassischen Sinne als *Verfasstheit* einer Gesellschaft bzgl. der Ordnung ihres Zusammenlebens und nicht dezidiert juristisch[329] – auch dies zeigt seine Präferenz der Legitimität vor der Legalität[330].

Der Dezision kommt durchgehend das Primat vor den konkreten, verfassungsrechtlichen Einzelregelungen zu: Die Existenz des verfassungsgebenden Willens endet für *Schmitt* nicht nach dem schöpferischen Akt, er bleibt „neben und über der Verfassung" bestehen – und ist somit auch in Fällen von Verfassungsstreitigkeiten oder -lücken maßgeblich[331], auch beim Ausnahmezustand[332]. *Schmitt* postuliert, dass jede Verfassung eine Reihe unveränderlicher Prinzipien kenne, die die *Grundlage der öffentlichen Ordnung* bilden und die sich sowohl über die neutralen organisatorisch-verfassungsrechtlichen Regelungen als auch über materiell-rechtliche Einzelregelungen erhöben.[333] Auch wenn er bei Betrachtung der demokratischen WRV die bürgerlichen Freiheitsrechte als solche Prinzipien nennt, wird klar, dass er dies exemplarisch meint und für ihn auch völlig andere (z.B. illiberale) Prinzipien diesen Rang einnehmen könnten.[334]

Diese positive Verfassung sei schützenswert, ihr komme ein Eigenwert zu, der sich aus der schieren Existenz der staatlichen Ordnung ableitet – zunächst wegen ihrer Rolle als Mittler zwischen Sein und Sollen[335], dann wegen der Identifikation mit der konkret bestehenden, politischen Ordnung:

---

ponere = stellen, setzen, legen. *Schmitts* Verfassung wird insoweit kraft Entscheidung gesetzt.

323 Und zugleich: unteilbaren; vgl. *Schmitt* 1928, S. 77.

324 Zum *Existenziellen* des Willens *Schmitt* 1928 S. 76; dazu auch *Vesting*, AöR 1992, S. 22 u. *Groh* 2005, S. 146ff.

325 So *Schmitt* 1928, z.B. S. 9 u. S. 75ff.

326 Vgl. *Schmitt* 1928 S. 7, 20, 112. Dazu *Otto* 2002, S. 91 u. prägnant *Ooyen* 2003, S. 175.

327 Siehe *Schmitt* 1932, S. 91. Dazu *Di Fabio*, JZ 2004, S. 3, Fn. 17. Siehe zur Situation in der BRD und zu *Schmitts* wechselhafter Position auch unten, Fn. 2636.

328 Vgl. *Schmitt* 1928, S. 4 u. 21, wo er den Staat als die hier maßgebliche „politische Einheit" bezeichnet.

329 Vgl. zu *Schmitt Schild* 1998, S. 32, zum klassischen Begriff S. 14. Auch *Ooyen* 2003, S. 175.

330 Dazu schon oben, B. I. 1. a) cc) (3), S. 12, siehe grds. auch *Preuß* 1973, S. 9ff.

331 Vgl. *Schmitt* 1928, S. 77 u. S. 91; dazu *V. Neumann 1980*, S. 76 u. *Eichhorn* 2001, S. 68.

332 Hierzu unten, B. I. 4. b), S. 33.

333 *Schmitt* 1932, S. 56f.

334 *Schmitt* 1932, S. 56f.: „jede Verfassung" kenne solche Prinzipien.

335 Vgl. oben, B. I. 1. b), S. 12.

„Jede existierende politische Einheit hat ihren Wert und ihre ‚Existenzberechtigung' nicht in der Richtigkeit oder Brauchbarkeit ihrer Normen, sondern in ihrer Existenz. Was als *politische* Größe existiert, ist, juristisch betrachtet, wert, daß es existiert"[336].

Schmitt weiter: „Der Schutz der *Existenz, Integrität* und *Sicherheit* dient selbst „existenziellen Werten".[337] Daraus leitet sich das später zu vertiefende *Selbsterhaltungsrecht des Staates* ab.[338]

Die verfassungsgebende Entscheidung ist dabei wiederum insofern frei, als dass sie nicht an inhaltliche Vorgaben wie z.B. materiell-rechtsstaatliche Regeln gebunden ist[339], womit *Schmitt hier* nah bei *Kelsen* ist.[340] Soweit es keine normativen Maßstäbe gibt, an denen man den bestehenden Staat oder die Staatsgewalt messen kann, könne man auch nicht in diesem normativen Sinn davon sprechen, dass sie *legitim* seien; die Legitimität einer Verfassung entspringe vielmehr der real existierenden verfassungsgebenden Gewalt.[341] *I. Maus* kontrastiert dies als „soziologischen Positivismus" dem *Rechts*postivismus i.S. *Kelsens*.[342] Indem die Geltung der positiven Verfassung von der faktischen Dezision abhängt, durchbricht *Schmitt* die Grenze zwischen Sein und Sollen,[343] argumentiert in *Kelsens* Worten also *methodensynkretisch*[344]. Letztlich nimmt die (positive) Verfassung hier als letzte Legitimationsquelle die Rolle des Naturrechts ein[345]; wenn auch eher eines *formalen* Naturrechts, das zunächst keine konkreten Inhalte aus den Gegebenheiten ableitet – außer, dass der Schutz dieser inhaltlich indifferenten Verfassung selbst einen Wert darstellt.

---

336 *Schmitt* 1928, S. 22. Dazu auch unten, Fn. 473.

337 *Schmitt* 1928, S. 22. Auch, bzgl. der Geltung der Verfassung, S. 87. Hier ist zu sehen, dass für *Schmitt* (explizit in seiner Habilitation von 1914) im Anschluss an *Kant* Werte niemals aus der Natur, sondern bloß aus dem Normativen heraus gewonnen werden können, vgl. *Schmitt* 1914, S. 100. Ähnl. auch in *Schmitt* 2002, S. 43. Vgl. zum Ganzen: *Hofmann* 1995, S. 73, *Blomeyer* 1999, S. 200f. u. *Preuß* 1973, S. 15.

338 Siehe unten, B. I. 4. b), S. 33.

339 Vgl. *Schmitt* 1928, S. 36ff. u. ähnl. 82ff.

340 Vgl. *Kelsen* 1934, S. 84f., denn, so das berühmte Postulat *Kelsens*: „Jeder beliebige Inhalt kann Recht sein": S. 74, siehe auch unten, B. II. 1. a) cc), S. 54.

341 *Schmitt* 1928, S. 88ff. postuliert, ein existenter Staat könne ebenso wenig legitim bzw. illegitim sein, wie ein *Mensch* seine Existenz normativ begründen könne. Zum Problem der *rechtlichen* Legitimtion kraft *Existenz* auch *Schmitts* Position zum Staat als Rechtsverwirklicher oben, Fn. 93. Hierzu insg. krit. *Heller* 1934, S. 278f.

342 Vgl. *Maus* 1980, S. 47 (ähnl. *Blomeyer* 1999, S. 53: „Positivität der Dezision"). Anders als *Schmitt* leitet *Kelsen* die Normgeltung normintern aus der Grundnorm ab, dazu unten, B. II. 1. b) aa) (1), S. 59. Diese hat allerdings keinerlei *Legitimationskraft*, dazu unten, B. II. 1. a) dd), S. 57.

343 Darauf spielt wohl *Heller* 1934, S. 276 an: „Als nichtnormative, bloss faktisch existierende Entscheidung [...] ist die Verfassung als ‚geltend' überhaupt nicht begreiflich".

344 Siehe hierzu insg. unten, B. II. 1. a) aa), S. 50.

345 So auch *Campagna* 2004, S. 127 u. *Stolleis* 1999, S. 144. Zu den Zusammenhängen auch *Maus* 1994, S. 14ff.; allgemeiner auch *Welzel* 1960, S. 195 u. *Jahn* 2004, S. 243.

Für *Hösle* liegt mangels einer solchen Ableitung von Rechts*inhalten* keine naturrechtliche Position vor.[346] Aber schon die Vorstellung, dass in einem *Real*akt eine *Legitimations*leistung liegt, zeigt die naturrechtliche Komponente dieses Denkens; zumal *Schmitts* den Begriff „Legitimtät" inkonsistent verwendet und mal auf den „ethischen Gehalt", mal auf das bloße Verfahren abstellt[347]. Vor allem unterschiedet sich *Schmitts* positive Verfassung deutlich von *Kelsens* Grundnorm, die gerade nicht als Legitimationsquelle fungiert:[348] *Schmitts* positiver Verfassungsbegriff kann insgesamt – entgegen einiger Stimmen in der Literatur – als direkter Gegenentwurf zu *Kelsens* Position gelesen werden.[349]

Seine Betonung der *werthaften Substanz,* die der Abänderung durch den *Demos* entzogen ist, die Auffassung einer *über* den konkreten Verfassungsnormen stehenden, wahren Verfassungsordnung offenbart zusätzlich demokratietheoretische Probleme. Dies zeigt konkret seine Position zur WRV: Dort steche der „werthafte Grundrechtsteil" den „organisatorischen Verfassungsteil" aus. Letzterer ist aber für die demokratische Gesetzesproduktion ebenso unerlässlich wie für die tatsächliche Durchsetzung der Grundrechte, deren Bedeutung für die Demokratie hier ebenfalls relativiert wird; diese Argumentation spiegelt sich bei der Diskussion um die *objektive Werteordnung des GG* und die *freiheitlich demokratische Grundordnung.*[350]

b) Der Ausnahmezustand als Souveränitätskriterium: Dezisionistische Produktion von Homogenität, Marginalisierung der Freiheitsrechte, Selbsterhaltung und Ordnung

Eng mit seinem Verfassungsbegriff verknüpft und ebenfalls zentral für sein Staatsverständnis sind *Schmitts* Überlegungen zu Ausnahmezustand und Souveränität. Berühmt ist die Losung: „Souverän ist, wer über den Ausnahmezustand entscheidet"[351].

---

346 Vgl. *Hösle,* DVjs 1987, S. 19ff.

347 Dazu auch *Hösle* selbst auf S. 18.

348 Vgl. z.B. *Ehmke* 1953, S. 33, insb. 36, 69, zust. *Hösle,* DVjs 1987, S. 22. Krit. *Dreier* 1990, S. 157, Fn. 367, *Ooyen* 2003, S. 103, insb. Fn. 361, auch *Hofmann* 1995, S. 131f., dazu wiederum *Maus* 1980, S. 53f., insb. Fn. 138. Zur ähnlichen *Funktion* beider Konstruktionen oben, Fn. 62, zu den Unterschieden bzgl. der Legitimation staatlicher Machthaber unten, B. II. 1. a) dd), S. 57 sowie *Korb* 2010, S. 43.

349 So schon *Heller* 1934, S. 276, nach dem sich die Auffassungen beider „unversöhnlich" gegenüberstünden. Auch *Korb* 2010, S. 144; *Blomeyer* 1999, S. 53. *Schmitts* „Antagonismus von Verfassungstext und Verfassung" ist für *Stolleis* 1999, S. 189 „von nun an die Operationsbasis der antipositivistischen Richtung".

350 Dazu *Maus* 1994, S. 14ff.; *Maus* 1978, S. 43ff., *Maus* 1994b, S. 315ff u. *Frankenberg* 2010, S. 108ff., 218ff. Zur *fdGO* unten, E. I. 1. a) aa), S. 217; zur Werteordnung unten, E. II. 1. a) aa) (1), S. 266.

351 Vgl. *Schmitt* 1922, S. 11. Hierzu *Neumann,* Der Staat 2008, S. 175: „Diese Aussage wird in ein Stakkato sich überbietender Sätze dem Leser eingehämmert". *Quaritsch,* Der Staat 1996, S. 11 spricht von einem „Fanfarenstoß".

Hier verbinden sich drei wichtige Aspekte zu einem Kumulationspunkt von *Schmitts* Überlegungen:[352] *Im Ausnahmezustand* wird festgesetzt, was den Staat bzw. die Verfassung im materiellen Sinn ausmacht; seiner Präferenz einer starken Autorität[353] entsprechend ist es *der Souverän*, der diesen Zustand, der ihm ungezügelte Macht verleiht, selbst ausruft; dies schließlich tut er kraft *Dezision*, kraft ungebundener Entscheidung.

Schmitts spezifischem Verständnis des Ausnahmezustands geht allerdings schon wegen dessen exzeptionellen Natur eine klare Definierbarkeit ab.[354] Er hat keine explizit geregelte Notverordnung, sondern einen *absoluten* Ausnahmefall im Blick; ein solcher lasse sich (anders im GG durch die Nostandsgesetzgebung versucht[355]) nicht normativ einhegen.[356] Die Souveränität des Entscheiders würde durch eine Umschreibung – und damit die Begrenzung – seiner Befugnisse eingeschränkt[357], was gerade nicht in *Schmitts* Sinne ist. Sein Ausnahmezustand ist dagegen in kein rechtliches Korsett gebunden, er bestimmt sich nicht über eine Norm, sondern die Autorität des Entscheiders und seinen *Zweck*: die Sicherung der Voraussetzungen von Verfassung und Staat.[358]

Schmitt geht es um Extremlagen, um Situationen äußerster Gefahr für die Existenz des Staates bzw. der öffentlichen Sicherheit und Ordnung.[359] Insb. sei dies gegeben, wenn die normative Ordnung auf kein ausreichend homogenes Medium trifft, um wirksam zu sein,[360] bzw. der Staat von Feinden durchsetzt ist[361]; beispielhaft

---

352 *Frankenberg* 2010, S. 136 spricht von einer „Trinität".

353 Siehe hierzu schon oben, B. I. 1. a) bb), S. 9, mit Blick auf den Reichspräsidenten unten, B. III. 2. a) cc), S. 111.

354 *Campagna* 2004, S. 75.

355 1968 nach heftiger Diskussion durch das GGErgG 17, BGBl I, 709 eingeführt. Dazu allg. *Reimer/Kempny*, Vr 2011, auf S. 253 zur Vergleichbarkeit mit der heutigen Debatte um die Terrorismusbekämpfung. Auch *Böckenförde*, NJW 1978, S. 1881ff., auch zur Problematik der Normierbarkeit des Ausnahmezustands. Zu einer Relativierung des Unterschieds von (regelmäßig: unpräzise) normiertem u. überpositivem Ausnahmezustand unten, E. I. 1. c), S. 226, dort mit Blick auf die Regelungen der *wehrhaften Demokratie*.

356 Vgl. *Schmitt* 1922, S. 11. Er ist der „in der geltenden Rechtsordnung nicht umschriebene Fall": S. 12. Ähnl. *Schmitt* 1928, S. 193. *Blomeyer* 1999, S. 59 betont, dass für *Schmitt* im Zweifel auch über positivitierte Notstandsregeln hinausgegangen werden müsste. Insg. *Hofmann*, Der Staat 2005, S. 173. Wie *Schmitt* auch *Böckenförde*, NJW 1978, S. 188 u. ähnli. *Zippelius* 2010, S. 242, der die Brücke zur Verfassungsgebung als souveräner Entscheidung schlägt und somit deutliche Parallelen zu *Schmitts* Argumentation aufweist.

357 Hierzu vertiefend unten, B. I. 4. c) bb) (1), S. 39, insb. die Nachweise in Fn. 434.

358 Siehe *Blomeyer* 1999, S. 56f.

359 Vgl. *Schmitt* 1922, S. 12, ähnl. *Schmitt* 1928, S. 110.

360 Vgl. *Schmitt* 1922, S. 12 und dazu allgemein oben B. I. 2. b) ee), S. 20. Hierzu auch *Campagna* 2004, S. 24f. u. *Quaritsch*, Der Staat 1996, S. 19f.

361 Zum Zusammenhang von *Schmitts* Feind-Konzept mit dem Ausnahmezustand schon oben, B. I. 3. b), S. 28.

nennt *Schmitt* neben Zeiten des Krieges solche des inneren Aufruhrs.[362] Um dem abzuhelfen, können im Ausnahmezustand selbst Grundrechte außer Kraft gesetzt werden, wenn sie – gemäß ihrer Funktion –[363] die Bekämpfung von Feinden, die Produktion staatsinterner Homogenität, hemmen.[364] Denn diese „typisch rechtsstaatlichen Normierungen zum Schutz der bürgerlichen Freiheit [...]" müssen für *Schmitt* „bei einer Gefährdung der politischen Existenzform als ein Hindernis der staatlichen Selbstverteidigung erscheinen."[365] Im Ausnahmezustand kann der Staat die Freiheitsrechte nach *gusto* aufheben, er „sprengt die Fesseln der Freiheit"[366] (*P. Schneider*). Die legale Selbstbindung des Staates gilt für *Schmitt*, dessen Argumentation hier an die Selbstverpflichtungslehre *G. Jellineks* erinnert, nur in den Zeiten, die er selbst als *normal* ansieht.[367]

So hebelt der Ausnahmezustand die Rechtsordnung zwar aus, *Schmitt* sieht darin aber gerade keine Suspendierung der Verfassung.[368] Diese wird vielmehr gestärkt, schließlich dient der Ausnahmezustand ihrem Schutz. *Schmitt* unterscheidet auch hier gemäß seines allgemeinen Verständnisses zwischen *einzelnen Verfassungsnormen* und der *Verfassung als solcher.* Letztere *ist* der Staat. Sie fußt auf der Entscheidung eines einheitlichen Volkes, damit auf Homogenität.[369] Im Ausnahmezustand durchbricht die Macht eines derart substantiellen Staates das Rechtsgefüge.[370]

Zugleich geht es *Schmitt* aber auch darum, die Rechtsgeltung zu sichern, obwohl es zunächst paradox anmutet, dies *qua* Suspendierung des Rechts selbst tun zu wollen. Im Ausnahmezustand herrscht Heterogenität, für *Schmitt* fehlt es damit an einer *conditio* der Durchsetzung des Rechts.[371] Der Ausnahmezustand soll diese herzustellen helfen. Wie erwähnt benötigt der Staat bei *Schmitt* dafür selbst kein positives Recht, er agiert mittels souveräner Dezision.[372]

Dies lege beide Elemente des Begriffs „Rechts-Ordnung" offen: Im Normalfall herrscht das Recht, im Ausnahmefall ist es die (faktische) Ordnung, die im Zentrum

---

362 Vgl. *Schmitt* 1928, S. 110.

363 Da sie Minderheitenschutz u. Pluralismus dienen. Dies betont insb. *Kelsen*, dazu zB. unten, B. II. 5. b) aa), S. 96.

364 Dabei geht es um die zeitweilige aber *völlige* Suspendierung der Freiheitsrecht, vgl. *Schmitt* 1928, S. 109f.

365 *Schmitt* 1928, S. 110.

366 Vgl. *Schneider* 1957, S. 110f. u. prägnant *Stübinger,* 2008b, S. 75.

367 Vgl. *Schmitt* 1928, S. 194. Zu den Parallelen zu *Jellineks* Selbstverpflichtungslehre *Brunkhorst,* Leviathan 2003, S. 366f. u. *V. Neumann 2010,* S. 745. Siehe allg. zu den Konsequenzen dieser Lehre unten, Fn. 426.

368 Vgl. *Schmitt* 1922, S.18.

369 Vgl. *Schmitt* 1928, S. 110f. und zur allgemeinen Differenzierung oben, B. I. 4. a), S. 29.

370 *Schmitt* 1928, S. 193.

371 In dieser Deutung auch *Campagna* 2004, S. 72.

372 Vgl. *Schmitt* 1922, S. 20. Vgl. dazu insg. *Gierhake* 2013, S. 146.

steht (womit der Ausnahmezustand mit dem ebenfalls die *Ordnung* fokussierenden Verfassungsbegriff korrespondiert[373]):

> „So wie im Normalfall das selbständige Moment der Entscheidung auf ein Minimum zurückgedrängt werden kann, wird im Ausnahmefall die Norm vernichtet."[374]

Dabei ist der Ausnahmezustand gerade keiner des (*Schmitt* verhassten) Chaos oder der Anarchie: An die Stelle der Rechtsordnung trete die Ordnung der *Existenz des Staates*, was dessen „zweifellose Überlegenheit" über die Rechtsnormen zeige.[375] Dies folgt schon aus *Schmitts* Vorstellung des Staates als Medium der Rechtsverwirklichung[376]: Da sich das Recht nicht selbst verwirklichen kann, bedarf es dazu einer Autorität; diese – der Souverän, mithin der Staat als Entscheider[377] – kann denklogisch nicht ihrerseits rechtlich gebunden sein.[378] Dies belegt für *Schmitt* die Schwäche eines liberalen, normativistischen Rechtsstaats, der ebendiese Bindung fordert.[379] Zur Herstellung der Bedingungen der Rechtsgeltung ist der Ausnahmezustand, damit dessen rechtlich ungebundenen Instrumente, letztlich auch Gewalt, nötig.[380] Die freie, machtvolle Dezision ist somit *Urgrund des Rechts*; wegen der dauernden Option des Ausnahmezustands bleibt sie stets in das Staats- und Rechtssystem eingeschrieben.[381] Die Dezision sticht jede Norm aus und wird zum Zentralbegriff.[382]

Nun stellt sich die Frage nach der Legitimation eines derart weitreichenden Ausnahmerechts. Hier ist zunächst erneut *Schmitts* Unterscheidung zwischen einzelnen verfassungsrechtlichen Normen und der Verfassung als solcher relevant: Ein striktes

---

373 Siehe oben, B. I. 4. a) bb), S. 31.

374 Vgl. *Schmitt* 1922, S. 19.

375 Vgl. *Schmitt* 1922, S. 18; dazu *Hofmann* 1995, S. 63, *Brodocz* 2016, S. 295f., *Lembcke* 2007, S. 18; *Menke* 2004, S. 312 u. *Blomeyer* 1999, S. 406f., der an der Vorstellung des Vorhandenseins einer *Ordnung* im Ausnahmezustand zweifelt.

376 Dazu zunächst oben, B. I. 1. b), S. 12 und zu weiteren Konsequenz unten, B. I. 4. c) cc), S. 44.

377 Siehe zu *Schmitts* Changieren zwischen dem Prä des Staates als solchen und dem der konkreten Machthaber unten, B. I. 4. c) aa), S. 37.

378 Denn auch diese Normen könnten sich nicht ohne externe Autorität verwirklichen. Dazu *Blomeyer* 1999, S. 206 u. insb. *Walther* 2004, S. 255. Ähnl. zur theorieinternen Konsequenz u. wie *Walther* mit Blick auf die theologischen Implikationen dieser Position *Schmitts* auch *Neumann*, Der Staat 2008, S. 176.

379 So explizit auf *Kelsen* gemünzt *Schmitt* 1922, S. 20f. Siehe dazu *Blomeyer* 1999, S. 206.

380 Vgl. *Schmitt* 1922, S. 19; dazu *Hofmann* 1995, S. 63 u. *Hofmann*, Der Staat 2005, S. 174f. Auch *Blomeyer* 1999, S. 57. u. knapper *Gierhake* 2013, S. 143f.

381 Vgl. dazu *Stübinger*, 2008b, S. 75 u. *Günther* 2004, S. 124.

382 Dies auch werkhistorisch: Mit *Schmitts* Definition von Souveränität als Entscheidung über den Ausnahmezustand wird bei ihm die Norm zugunsten der Dezision endgültig verdrängt., vgl. dazu auch *Korb* 2010, S. 142. Zum Normativismus in *Schmitts* Frühwerk oben, B. I. 1. b), 12.

Festhalten an rechtsstaatlichen Regelungen opfere die Verteidigung der wahren, „substantiellen" Verfassung einer für *Schmitt* wertlosen, weil formalistischen und relativistischen Bewahrung konkreter Verfassungsregelungen.[383] Daran schließt seine Ablehnung einer funktionalistischen, wertneutralen Verfassung[384] an, eine solche richte ihre Neutralität gegen sich selbst: Da sie keine „verfassungsfeindlichen Ziele"[385] kenne, gegen die sie sich verteidigen kann (z.B., dies zeigt die Relevanz der Gesinnung erneut[386], wenn eine die Substanz der Verfassung angreifende Verfassungsänderung *angestrebt* wird), gehe sie bis zum Selbstmord.[387]

Für *Schmitt* leitet sich dieses Recht, den Ausnahmezustand auszurufen, aus einem *Selbsterhaltungsrecht des Staates* ab: Dessen Existenz wird ein Eigenwert zugeschrieben, sie wird über die der Rechtsordnung gestellt.[388] Der Schutz des Staates bedarf im Zweifel einer ungehemmten Macht, die sich, wie erwähnt, ihrerseits nicht durch das Recht hemmen lässt. Diese Argumentation, den Staat zugunsten des Selbsterhaltungsrechts aus dem Rechtskreis zu ziehen, mutet ihrerseits paradox an.[389] *M. Jahn* spricht hier von der *Nichtidentitätsthese*[390], *H. Hofmann* von der „Dialektik der Suspension der Rechtsordnung gerade zum Zwecke der[en] Erhaltung".[391] Insofern die Rechts*begründung* durch Dezision über die Rechts*suspendierung* vonstatten geht, versucht *Schmitt* den für ihn eben nicht-normierten

383 Vgl. *Schmitt* 1928, S. 112.

384 Er unterscheidet den *wertneutralen, funktionalen* (Haupt-) Teil der WRV, der bloß Verfahrens- und Organisationsfragen regele, von dem, welcher *materiell-rechtliche Sicherungen* bzgl. Sachinhalten treffe; beide Teile widersprächen sich, vgl. *Schmitt* 1932, S. 38ff. Siehe zur Verwendung des Begriffs *funktionalistisch* unten, Fn. 2120.

385 Bezeichnend ist seine Aufzählung: Neben „revolutionäre[n], umstürzlerische[n] und staatsfeindliche[n]" nennt er „deutschfeindliche" oder „gottlose", vgl. *Schmitt* 1932, S. 47.

386 Indem er von verfassungsfeindlichen *Zielen* der Feinde spricht. Für ähnliche Phänomene oben, B. I. 2. a), S. 14; oben, B. I. 2. b) aa), S. 16; oben, B. I. 2. b) bb), S. 16; oben, B. I. 2. b) cc), S. 17 u. oben, B. I. 2. b) ee), S. 20.

387 *Schmitt* 1932, S. 46ff.

388 Vgl. *Schmitt* 1922, S. 19ff. *Stolleis* 1972, S. 133. Zum „Wert des Staates" oben, B. I. 4. a), S. 29.

389 So auch *Hernández Arias* 1998, S. 122. Ähnl., auch zum Dezisionismus, *Jahn* 2004, S. 201.

390 Siehe dazu *Jahn* 2004, S. 429, 604 u. 203: „Der unüberwindbare normlogische Widerspruch eines überverfassungsgesetzlichen Staatsnotrechts liegt darin, durch Maßnahmen, die der Rechtsordnung nicht entsprechen, diese Rechtsordnung wiederherstellen zu wollen". Ähnl. *Gierhake* 2013, S. 147. U. *Stübinger,* 2008b, S. 79: „Die Geltung der Rechtsnorm wird suspendiert, um das zu retten, was geopfert wird, nämlich die normative Ordnung des Rechts." Siehe zu einer ähnlichen Kritik an *Jakobs* unten, C. II. 6., S. 192.

391 *Hofmann* 1995, S. 61.

und -normierbaren Ausnahmezustand doch wieder rechtlich zu greifen[392], was die erwähnte Paradoxie seiner Argumentation spiegelt, die unten[393] zentral betrachtet wird.

Auch liegt im Rekurs auf Außer- und Überrechtliches zur Legitimation einer Rechtssuspendierung erneut eine naturrechtliche Argumentationsweise.[394] Im Normal- und im Ausnahmefall widerstreiten Norm und Wirklichkeit, das *Recht* auf der einen, das *Faktische* auf der anderen Seite. Die Dezision über den Ausnahmezustand stellt die Verbindung zwischen diesen Sphären her.[395] *Schmitt*:

> „Das Normale beweist nichts, die Ausnahme beweist alles; sie bestätigt nicht nur die Regel, die Regel lebt überhaupt nur von der Ausnahme. In der Ausnahme durchbricht die Kraft des wirklichen Lebens die Kruste einer in Wiederholung erstarrten Mechanik."[396]

Das zeigt sich, ebenso wie die angesprochene Zirkularität, auch in *Schmitts* Erklärungstopos der *Ordnung*: Wenn der Ausnahmezustand der *Wieder*herstellung der Ordnung dient, muss diese zum Zeitpunkt seiner Erklärung bereits verletzt sein. Sie soll gelten, auch wenn sie es im Moment nicht tut. Um den Ausnahmezustand, den Bruch der Rechtsordnung zwecks ihrer (Wieder-)Herstellung zu legitimieren, muss ihrer Geltung von außen ein eigener Wert zugeschrieben werden. Dafür bleibt nur das Abstellen auf etwas Überrechtliches: Auch dies offenbart naturrechtliche Vorstellungen.[397]

Diese können im Zusammenhang mit dem Ausnahmefall in Konflikt mit der Demokratie geraten, da somit auch innenpolitische Bewegungen zugunsten einer *demokratisch nicht legitimierten*, weil metarechtlichen *Substanz* bekämpft werden können.[398] Hier wird *Schmitts* antiliberale Stoßrichtung, die persönliche Freiheiten

---

392 Vgl. *Schmitt* 1922, S. 19. Zur Paradoxie *Hofmann,* Der Staat 2005, S. 176; *Stübinger,* 2008b, S. 78; *Agamben* 2004a, S. 43ff. u. *Jahn* 2004, S. 429. Zum hier relevanten Verhältnis von Macht u. Recht *Blomeyer* 1999, S. 406. Zur Frage der Paradoxie bei *Schmitts* allg. unten, B. I. 4. c) aa), S. 37.

393 B. I. 4. c) aa), S. 37.

394 So auch *Stübinger,* 2008b, S. 79 u. *Baume,* History of European Ideas 2009, S. 373f.

395 Siehe *Agamben* 2004b, S. 36: „Die Entscheidung betrifft weder eine *quaestio iuris* noch eine *quaestio facti*, sondern die Beziehung selbst zwischen Rechtlichem und Faktischem." Hier ist für *Schmitt,* wie bereits gesehen, der Staat berufen, da das Recht sich nicht selbst verwirklichen könne, siehe zunächst oben, B. I. 1. b), S. 12 u. zu weiteren Konsequenz unten, B. I. 4. c) cc), S. 44.

396 *Schmitt* 1922, S. 21.

397 Vgl. *Jahn* 2004, S. 243 u. *Krenzler* 1974, S. 69. Allg. schon *Hatschek* 1930, S. 173f., krit. zu *Schmitt* auf S. 175. Zu naturrechtlichen Argumenten bei *Schmitt* auch oben, B. I. 4. a) bb), S. 31, insb. Fn. 345.

398 Dazu *Jahn* 2004, S. 245 u. *Agamben* 2004a, S. 15 u. 23, dort am historischen Beispiel der Endphase der Weimarer Republik. Zum undemokratischen Einschlag naturrechtlichen Denkens aus *Kelsens* Warte unten, B. II. 2., S. 81 u. im Zusammenhang mit dem hier relevanten Selbsterhaltungsrecht unten, B. II. 3., S. 83.

im Zweifel zurücktreten lässt, deutlich.[399] Die Existenz des Staates wird bar äußerer Zwecke als bewahrenswert verstanden, er erscheint als ein Selbstzweck, als selbstherrlich.[400] Dies impliziert die Vorstellung einer staatlichen Substanz, eines *personalisierten* Staates. Die weiteren Konsequenzen dessen sind gleich in den Blick zu nehmen, zuvor soll die bereits mehrmals angesprochene Paradoxie in *Schmitts* Denken zentral betrachtetet werden.

c) Übergreifende Konsequenzen aus Schmitts Position: Analyse und Kritik

aa) Das „Dezisionsparadoxon" zwischen Substanz und Entscheidung: Ein Grund für die Präferenz der Autorität?

Wie gesehen ist die Dezision ein zentraler Topos in *Schmitts* Theoriegebäude. Seine diesbzgl. Argumentation erweckt allerdings immer wieder den Eindruck, zirkulär zu sein bzw. auf Paradoxien zu fußen[401] – was ihm schon häufig vorgeworfen wurde.[402] Dieses Phänomen ist insb. in *Schmitts* Verständnis der Verfassung sowohl als *Entscheidung* als zugleich auch *Substanz* sowie seiner Vorstellung der Konstitution der politischen Einheit durch Entscheidung über die Feindexklusion angelegt:

Für *Schmitt* entsteht der Staat als politische Einheit kraft Entscheidung über seinen homogenen Zustand bzw. durch die dafür nötige Entscheidung darüber, wer diese Homogenität als Feind stört und zu bekämpfen ist. Diese Dezision ist in einer Demokratie (wobei dies nicht die zwingende Form der Willensbildung ist, für *Schmitt* aber als „reine Diktatur" die effektivste[403]) Ausdruck des *einheitlichen Willens des Volkes*.[404] Ein solcher kann nun allerdings gerade nicht ohne eine *zuvor bestehende Einheitlichkeit* gefunden bzw. geäußert werden, insb. wenn hier der einheitliche Wille eines Volkes als Mehrzahl von Menschen im Blick sein soll, nicht der einer einzelnen Autorität, die ihren Willen den anderen Bürgern überstülpt: Die Gründung der politischen Einheit bzw. die Wiederherstellung einer durch Feinde zersetzten Einheitlichkeit setzt eine bereits bestehende Einheitlichkeit voraus.[405]

---

399 Vgl. *Jahn* 2004, S. 17 u. *Stübinger,* 2008b, S. 75.

400 Siehe hierzu *Gierhake* 2013, S. 140ff.

401 Siehe hierzu insb. oben, B. I. 3. a) bb), S. 26; oben, B. I. 4. b), S. 33; unten, B. I. 4. c) bb) (1), S. 39 u. unten, B. I. 4. c) bb) (2), S. 42.

402 M.w.N. *Vesting,* AöR 1992, S. 24, Fn. 48: „Diese Zirkuliarät ist [...] immer wieder herausgearbeitet worden."

403 Vgl. oben, B. I. 2. b) dd), S. 19.

404 Und zwar eines völlig einheitlichen i.S.d. *volonté générale Rousseaus*, vgl. oben, B. I. 2. b) cc), S. 17.

405 Dazu *Hofmann* 1995, S. 134f., *Eichhorn* 2001, S. 69; *Maus* 1980, S. 122f. u. *Vesting,* AöR 1992, S. 24. Ähnl. schon *Heller* 1992, S. 427 u. krit. *Heller* 1934, S. 278.

Es bleibt unklar, wie eine – für *Schmitt* ohne die ordnende Kraft der substantiellen Entscheidung über die Konstitution des Staates – bloß heterogene und damit handlungsunfähige Gesellschaft diese Entscheidung treffen soll, bzw., aus anderem Blickwinkel, der an das *Henne-Ei-Problem* erinnert: Ob letztlich die Substanz (des einheitlichen Volkes) oder die Dezision (als ungebundene auch nicht von einer Existenz abhängig) vorausgeht, obwohl sie sich jeweils bedingen. *Maus* spricht hier vom „Oszillieren zwischen Dezision und Substanz".[406] Interessanterweise übt *Jakobs* eine ähnliche Kritik am Kontraktualismus *Hobbes*', auf den sich *Schmitt* regelmäßig beruft[407]: Der Akt der Gesellschaftsgründung setzt dort das von ihr zu gründende bereits voraus.[408]

In diesem Paradoxon kann eine Begründung für *Schmitts* Hang zu autoritären Entscheidungen, also solchen eines einzelnen Souveräns, gesehen werden: Wie oben angedeutet ist hier gerade die Möglichkeit der einheitlichen Entscheidung durch eine Vielzahl von Menschen *vor* dem identitätsstiftenden Akt fraglich. *De facto* ist es eine einzelne, konkrete Person, die die souveräne, also ungebundene Entscheidung fällt.[409] Trifft nun eine solche einzelne Autorität die Dezision, stellt sich nur noch die Fragen nach der bloßen Durchsetzbarkeit der Entscheidung, also nach der Macht der handelnden Person, also nach faktischer Gewalt.[410] *Jakobs* analysiert *Hobbes*' Lösung des angesprochenen Dilemmas ähnlich und resümiert: „Dann aber bleibt es beim Faktischen, also bei Gewalt [...]."[411]

Dementsprechend findet sich bei *Schmitt* immer wieder ein Schwanken zwischen der hier allenthalben festgestellten etatistischen Privilegierung des Staates als solchem und einer autoritätsfixierten Bevorzugung konkreter Machthaber, die sogleich zu betrachten ist.[412] Ebendieser Effekt wird sich auch bei der weiteren Betrachtung zeigen, sowohl bei *Jakobs*' Feindstrafrecht[413] als auch der Analyse der §§ 90a)f. StGB und dem Phänomen der Kollektivbeleidigung i.R.d. § 185 StGB.[414]

---

406 Dazu *Maus* 1980, S. 122f. Ähnl. *Rottleuthner* 1983, S. 29, dort allg. zur NS-Rechtsphilosophie.

407 Für *Hofmann* 1995, S. 68 ist *Hobbes* der „Gewährsmann" für *Schmitts* „absoluten Dezisionismus".

408 Siehe hierzu *Jakobs* 2008, S. 21 u. 25.

409 I.d.S. deutlich auch *Hofmann* 1995, S. 69.

410 Vgl. schon *Heller* 1992, S. 427 zu diesem Problemfeld: Gefangen vom „irrationalen Gewaltmythos" verkenne *Schmitt* die Relevanz der Diskussion für die „politische Einigung".

411 *Jakobs* 2008, S. 22.

412 Zur Privilegierung der Machthaber oben, B. I. 4. c) bb) (1), S. 39; zum Etatismus nur oben, B. I. 4. a), S. 29.

413 Dort insb. mit Blick die Dezision, siehe insg. unten, D. I. 1. b), S. 197.

414 Zu § 90a)f. StGB unten, E. I. 2. d) aa), S. 240; zu § 185 StGB unten, E. II. 1. b) bb) (1) (b) (aa) (bbb), S. 299.

bb) Die Konsequenz aus Schmitts Verfassungs- und Staatsbegriff

(1) Produktion und Protektion der Ordnung als Aufgabe eines substantiellen Staates und fehlende rechtsstaatliche Kontrolle: Macht statt Recht

In Anschluss an die Feststellung, dass *Schmitt* das genannte Paradoxon mittels „machtvoller Dezision" löst, konstatiert *V. Neumann*, dass dieses „Abschneiden" der Frage nach der „historischen Genese oder der normativen Herleitung" des Staates in dessen „existenzialistischer Argumentation" und der daraus folgenden Inwertsetzung des Staates begründet sei.[415] Schon dies zeigt den engen Zusammenhang zwischen abstrakten, staatstheoretischen Ausgangspunkten und konkreten, auch politischen Folgen bei *Schmitt*, gerade die seines positiven Verfassungsbegriffs. Dieser fußt auf der Vorstellung, eine substantiellen Entscheidung eines einheitlichen Volkes mache den Staat aus, konstituiere ihn. *Schmitt* vertritt einen substantiellen Staatsbegriff.[416] Dies ist folgenreich: Aus *Schmitts* Warte ist nicht nur das Vorhandensein der politischen Einheit die Voraussetzung der Gründung von Verfassung und damit des Staates, sondern – hier wird die Auffassung zur Homogenität als Bedingung der Normgeltung[417] relevant – es ist zugleich dessen Aufgabe, ebenjene einheitliche Ordnung zu erhalten[418] bzw. sogar zu produzieren. So ist die Funktion des Staates eine zweiseitige: Neben der konservativen, die bestehende Ordnung zu bewahren, tritt eine konstruktive, eine die Ordnung produzierende. Für Maus folgt diese Zweispurigkeit aus *Schmitts* Motiv, spezifisch-bürgerliche Rechtsinteressen unter der ambivalenten WRV durchzusetzen – was mal stabilisierende, mal dynamische Elemente nötig gemacht habe, wobei aber stets eine „substanzhafte Ordnung" im Blick geblieben sei.[419] Dieses Vorgehen umfasst, wie schon dargestellt, die Bewahrung der Homogenität durch Exklusion von Feinden, notfalls durch Abwerfen aller legalen, verfassungsrechtlichen Fesseln im Wege der Erklärung des Ausnahmezustands.[420] Wie oben gesehen *legitimiert Schmitt* den Staat und seine (All-)Macht über diese Aufgaben.[421] Die Folgen dieser Haltung gilt es nun zu vertiefen.

---

415 Vgl. *V. Neumann 1980*, S. 77.

416 Hierzu die bereits erwähnten Einordnungen *Schmitts* Position als Staatsontologie resp. Existenzial-Etatismus, oben, Fn. 309–312. *Walther* 2004, S. 252 ordnete diesen substantiellen Staatsbegriff dem *metaphysischen Staatsdenken* zu, wie auch unten (B. I. 4. c) cc), S. 44) herausgearbeitet. Ähnl. *Kelsen*, dazu unten, B. II. 1. b) bb) (2) (a), S. 72.

417 Vgl. oben, B. I. 2. b) ee), S. 20.

418 Auch für *Mehring* 2009, S. 216 zielt der absolute Verfassungsbegriff auf den „homogenen Nationalstaat".

419 Vgl. *Maus* 1980, S. 107ff; ähnl. *Wendenburg* 1984, S. 173. Zum Kompromisscharakter der WRV oben, Fn. 170.

420 Zu den Konsequenzen des Ausnahmezustands oben, B. I. 4. b), S. 33. Siehe auch *Otto* 2002, S. 91.

421 Vgl. oben, B. I. 4. b), S. 33. So ist es die Garantie der „öffentlichen Sicherheit und Ordnung", die für *Maus* 1980, S. 120 – neben dem Schutz des Eigentums – im Rahmen des positiven Verfassungsbericht übrig bleibe.

Für *M. Stolleis* war *Schmitt* bereit, „[...] den bürgerlichen Rechtsstaat preiszugeben, wenn nur die Substanz, der staatliche Kern, gerettet werden konnte."[422] Das Postulat einer *über* der normierten Verfassung stehenden, wahren (=„positiven", eben nicht positivierten) Verfassung ermöglicht das Hinwegsetzen über subjektive Verfassungsrechte[423] um die Gesellschaft i.S.d. vermeintlich wahren Verfassung zu ordnen. *Was* diese „wahre Ordnung" der Verfassung ausmacht, entscheidet der Souverän – oder anders formuliert: eine Person, die die Macht hat, über die Deutung der „wahren Verfassung" zu entscheiden und diese durchzusetzen.[424] Deren Entscheidung ist dabei nicht normativ determiniert und bietet Raum für Willkür, für politischen Missbrauch[425], was nebenbei erneut die Parallelen zu *Jellineks Selbstverpflichtungslehre* zeigt[426] und was auch von *Kelsen* kritisiert wurde[427]. Insofern erscheint es als verkürzt, wenn *Vosgerau* konstatiert, *Schmitt* hätte gerade *für* eine stärkere („wahre") Grundrechtsbindung gestritten; es bleibt unklar, was diese „wahren" Grundrechte sind, die zu verteidigen gilt, und wer sie zu erkennen und durchzusetzen berufen ist.[428] Verschärft wird dies dadurch, dass der Entscheidungsträger *per se* derjenige ist, der sich (politisch) durchzusetzen vermochte, also die meiste Macht hat.[429] Zurecht bezeichnet *S. Stübinger* den Ausnahmezustand als „kaum mehr als eine Verschleierung bloßer Willkür politischer Zwangsmaßnahmen ohne Recht [...]".[430] *Schmitts* Gedanke läuft also, wie die *Kelsen*-Schülerin *M. Kraft-Fuchs* konstatiert, „auf die nicht gerade neue und nicht gerade zwingende Weisheit hinaus: Der Stärkere hat immer Recht".[431] Auch *V. Neumann* treffend:

---

422 *Stolleis* 1999, S. 181.

423 Dazu *Heller* 1934, S. 276; *Meuter* 2001, S. 96; *Preuß* 2001, S. 152 u. *Campagna* 2004, S. 58f., für den die Bevorzugung der substantiell-homogenen Verfassung vor rechtsstaatlichen Einzelregelungen eine der „zentralen Thesen Schmitts" ist. Dies hängt eng mit dem Ausnahmezustand zusammen, dazu oben, B. I. 4. b), S. 33.

424 Zu diesen Eigenschaften als Definition des „Souverän" oben, B. I. 4. c), S. 37.

425 Dazu *Mehring* 2009, S. 267; *Lembcke* 2007, S. 20. *Lepsius* 2000, S. 390 führt dies auf die aus *Schmitts* ontologischer Perspektive resultierende Vermengung von „Wert und Wirklichkeit" u. die darauf fußende fehlende normative Bewertbarkeit (=Legitimation) der Ergebnisse seiner Theorie zurück. Dazu auch *Stolleis* 1999, S. 181.

426 Allg. zu dieser Lehre, in der wie bei *Schmitt* das Faktische dem Rechtlichen vorgeht u. die legitimierend wirkt *Möllers* 2011b, S. 14ff., insb. 18ff. u. im Zusammenhang mit dem Notstandsrecht *Radke* 1988, S. 143ff.

427 Siehe unten, B. II. 1. b) bb) (2) (a), S. 72 u. *Feichtinger/Müller* 2009, S. 215f. Siehe auch oben, in u. an Fn. 367.

428 Vgl. *Vosgerau* 2010, S. 60.

429 Hierzu oben, B. I. 4. c), S. 37.

430 *Stübinger*, 2008b, S. 93.

431 *Kraft-Fuchs*, ZÖR 1930, S. 538f., zit. nach *V. Neumann 2010*, S. 745, Fn. 76.

„Im Ergebnis ist die Politische Theologie [als Begriff für *Schmitts* im gleichnamigen Buch entwickelte Souveränitätslehre, F.F.] dann eben doch nur eine Theorie des gelungenen Staatsstreichs".[432]

Der Eindruck der Privilegierung der Macht bzw. der Mächtigen wird durch einen Blick auf *Schmitts* spezielle Positionen zum Ausnahmezustand bestätigt: Die vorgebliche Unmöglichkeit der normativen Erfassung des Ausnahmefall bzw. der Verzicht auf eine solche gewährt dem Souverän ebenfalls einen möglichst großen Handlungsspielraum, er wird so wenig wie möglich eingeschränkt.[433] Gerade in dieser fehlenden rechtlichen Umschreibbarkeit liegt bei *Schmitt* die *Souveränität* dieser Entscheidung: Lässt sich die existenzielle Dezision nicht in ein rechtliches Programm fassen, kann derjenige, der sie zu treffen hat, auch nicht (rechtsstaatlich) kontrolliert werden und stellt sich damit als höchste Instanz bzgl. der Natur und des Schicksals des Staates dar:[434] Wenn im Ausnahmefall die existenziellen Bedingungen des Staates bedroht sind, trifft derjenige, der entscheidet, *wann* dies gegeben ist, zugleich die Entscheidung darüber, *was* diese existenziellen Aspekte des bedrohten Staats sind – und somit eben darüber, was den betreffenden Staat ausmacht.[435] So ist die Befugnis, das geltende Recht aufzuheben, bei *Schmitt* „eigentliches Kennzeichen der Souveränität".[436]

Dieses Abstellen auf den souveränen (absoluten, gottgleichen[437]) Entscheider offenbart die – insb. dem damaligen Zeitgeist entsprechende – Tendenz zu starken Führerpersönlichkeiten,[438] was sich in *Schmitts* Präferenz eines starken Präsidenten als Hüter der Verfassung spiegeln wird.[439]

Daneben lässt sich an der Formulierung *Schmitts*, der Souverän habe die Befugnis das Recht aufzuheben, das schon oben[440] näher betrachtete Paradoxe in seiner Argumentation erkennen, zumindest aus einer normativen Perspektive: Das Ausrufen des Ausnahmezustandes verlangt die Aufstellung einer Norm (*Schmitt* spricht von

---

432 *Neumann,* Der Staat 2008, S. 185, siehe dort auch S. 176 u. ebenso *V. Neumann 2010,* S. 745.

433 Dazu *Stübinger,* 2008b, S. 83.

434 Vgl. *Schmitt* 1922, S. 12f.; 18. Siehe zu diesem Motiv *Menke* 2004, S. 301; auch *V. Neumann 1980,* S. 61; *Gierhake* 2013, S. 147 u. *Stübinger,* 2008b, S. 78.

435 Dazu allg. oben, B. I. 4. b), S. 33 u. oben, B. I. 4. a) bb), S. 31 u. *Schmitt* 1928, S. 17f. u. S. 23. Es geht um die Entscheidung darüber, was bzgl. der Staatsbürger die für die Homogenität relevanten, „spezifisch gleichen" Aspekte des jeweiligen Staats ausmachen; dazu oben, B. I. 2. a), S. 14. Siehe auch *Menke* 2004, S. 307.

436 *Schmitt* 1922, S. 15.

437 Siehe das Zitat *Schmitts* oben, in Fn. 63 u. allg. oben, B. I. 1. a) bb), S. 9. Zur theologischen Implikation seines Souveränitätsdenkens *Schindler/Scholz* 1985, S. 161ff., 170f. u. *Baume,* History of European Ideas 2009, S. 373ff.

438 So *Prisching* 1988, S. 94, konkret mit Blick auf den Nationalsozialismus *Stübinger,* 2008b, S. 83.

439 Hierzu unten, B. III. 2. a), S. 109.

440 B. I. 4. c) aa), S. 37.

einer „Befugnis"), die ihrerseits die Nichtgeltung sämtlicher Normen postuliert.[441] *Normativ* kann der Ausnahmezustand somit nicht ohne Bruch erfasst werden. Dies sorgt zusätzlich dafür, dass nicht im Voraus bestimmt werden kann, wann ein ein solcher Ausnahmezustand vorliegt[442] – dies stärkt die Entscheidungsfreiheit des Souveräns.

Obwohl sich *Schmitt* explizit dagegen verwahrt, Macht und Recht gleichzusetzen und *Kelsen* vorwirft, dies zu tun[443], spielt er hiermit die *Macht gegen das Recht* aus. Das geht bis zur Ineinssetzung, zur Identifikation von beidem – was sich als Widerhall der *Identitätsthese* deuten lässt, die schon bei der Analyse von *Schmitts* Homogenitätspostulaten erkannt wurde.[444] Treffend *P. Blomeyer*:

> „Recht und Macht fallen hier zusammen: Wer die Macht besitzt, bestimmt über das Recht, das wiederum ihm die Macht zuspricht."[445]

Der darin liegende Angriff auf die Legalität zeigt zusätzlich, wie deutlich hier *Schmitt* gegen ein auch nur formelles Konzept des *Rechtsstaats* antritt:[446] Statt Kontrolle sämtlicher Staatsaktivitäten und damit der staatlichen Akteure durch Gesetz und Justiz[447] unterliegt die Entscheidung über die Existenz des über Geltung der Rechtsordnung stehenden Staates einer unkontrollierten, „souveränen" Instanz. Jegliche Beschränkung der Handlungsfreiheit des Souveräns wären bei der Erfüllung seiner Aufgabe, der Erkenntnis bzw. Produktion der Einheitlichkeit resp. des Volkswillens, hinderlich.[448] Entscheidet die Macht, das Recht zugunsten der Tatsächlichkeit zu suspendieren, darüber, wer *Souverän* ist, stellt dies eine Umdeutung des klassischen Souveränitätsbegriffs dar: Weg vom herkömmlichen Verständnis, nämlich der Befugnis, *legislativ* tätig zu werden, verschiebt sich die Perspektive bei *Schmitt* auf die Aktion, damit auf die *Exekutive*.[449]

---

441 Siehe hierzu *Brodocz* 2016, S. 296.

442 So *Stübinger*, 2008b, S. 82.

443 Dazu oben, B. I. 1. b), S. 12, insb. Fn. 85.

444 Krit. zu den dortigen Zusammenhängen (dort zu *Hegel*, was sich hier aber auf *Schmitt* übertragen lässt) *Popper* 1945, S. 50. Allg. oben, B. I. 2. b) cc), S. 17.

445 *Blomeyer* 1999, S. 406.

446 Zum Gegensatz seines Modells mit dem des Rechtsstaats vgl. *Schmitt* 1922, S. 20. Zu der Begrifflichkeit des *formellen* resp. *materiellen* Rechtsstaats unten, B. II. 1. b) cc) (1), S. 77. Auch schon oben, B. I. 3. b), S. 28 u. *Mehring* 2009, S. 217 zu der Präferenz eines starken Exekutivstaates.

447 Zu diesen Grundsätzen im Rechtsstaat *Zippelius* 2010, S. 236ff.; auch *Schmitt* 1928, S. 151 betont, dass der generelle Charakter der Rechtsnorm *conditio sine qua non* eines (modernen) Rechtsstaats ist.

448 Vgl. *Prisching* 1988, S. 95 für eine griffige Zusammenfassung des Gedankenganges von *Schmitt*.

449 So *Maus* 2011, S. 8ff., S. 70f.

Dies macht die Differenz zu *Kelsen* deutlich: lehnt dieser jegliche Rechtsbegründung anhand der Wirklichkeit – des *Seins* – ab und führt diese bloß auf das Normsystem und letztlich die Grundnorm zurück[450], rekurriert *Schmitt* auf eine tatsächliche, machtgestützte Entscheidung. Und auch in den Konsequenzen für Bürgerinnen und Bürger sind die Unterschiede frappierend: Aus der Tatsache der fehlenden Normierbarkeit sämtlicher Lebenssachverhalte leitet *Kelsen* die Freiheit des (bloß: *Norm*-)Unterworfenen in den nicht-normierten Bereichen ab („Freiheitsminimum").[451] Auch *Schmitt* erkennt die Unmöglichkeit einer umfassenden rechtlichen Regelung des menschlichen Verhaltens – was ihn aber dazu führt, das Recht dem totalen Politischen[452], dem Staat, unterzuordnen; dadurch sind sämtliche Lebensbereiche jederzeit der souveränen Kontrolle ausgeliefert.[453]

(2) Die Substanziierung und Personalisierung des Staates

Die Argumentation, mit der *Schmitt* die problematischen Effekte legitimiert, verweist auf Tieferliegendes: Wie gesehen begründet er sein Konzept des Ausnahmezustands mit quasi-naturrechtlichen Erwägungen, mit dem Rekurs auf ein Selbsterhaltungsrecht des Staates, das diesen in eine beinahe gottgleiche Position hebt. Der Gedanke, der Staat müsse zu seiner Erhaltung notfalls die Rechtsordnung suspendieren, verweist auf die Vorstellung einer vor der *positivierten Rechtsordnung liegenden staatlichen Substanz,* deren Bestand ein größerer Wert zukommt als dem der Rechtsordnung als solcher.[454] *Schmitt* lässt sich in Abgrenzung zum „Monisten" *Kelsen* als ein „Dualist" bezeichnen, der staatliche Substanz und Rechtsordnung trennt.[455]

Die vordergründig festgestellte Paradoxie eines Selbsterhaltungsrechts, das das Recht zu suspendieren vermag[456], führt hier noch weiter. Zunächst spricht *Schmitt* dem Staat damit subjektive Rechte zu. Ein subjektives Recht geht allerdings zwangsläufig mit der Vorstellung eines berechtigten Subjekts einher. Anders formuliert: Der Begriff eines Rechts korrespondiert mit dem einer Person, die durch jenes berechtigt ist.[457] *Schmitts* Argumentation setzt das Verständnis des Staates als eines – wegen seiner vorpositiven Provenienz zwangsläufig: naturgegebenen – Subjektes voraus; darin

---

450 Zur Kumulation dieser Argumentation unten, B. II. 1. b) aa) (1), S. 59.

451 Dazu unten, B. II. 1. b) bb) (1) (a), S. 66 u. unten, B. II. 4. b) dd), S. 92.

452 Zu den totalitären Bezügen eines Politik-Begriffs, der auf Feindbekämpfung und Homogenität fußt, bereits oben, S. B. I. 2. c) u. 28, B. I. 3. b), S. 28.

453 Siehe hierzu ähnlich *Brodocz* 2016, S. 296f.

454 Siehe insg. oben, B. I. 4. a), S. 29.

455 So z.B. *Baume,* History of European Ideas 2009, S. 370. Zu *Kelsens* Monismus unten, B. II. 1. b) bb) (1), S. 66.

456 Ebenfalls oben, B. I. 4. b), S. 33.

457 Schon *Jellinek* 1919, S. 82, dazu, auch mit Blick auf die einhergehende Möglichkeit der Depersonalisierung *Röhl/Röhl* 2008, S. 458ff. Siehe auch *Kelsen* 1934, S. 63ff. u. *Kelsen* 1925, S. 62ff. zur Person als „Träger" von subjektiven Rechten. Zum Staat als Rechtsperson dort, S. 71.

liegt eine *Personalisierung des Staates*[458]. Dieses subjektive (Selbsterhaltungs-)Recht besteht vor bzw. über der positivierten Rechtsordnung. Zunächst ist die Vorstellung eines vor dem positiven Recht bestehenden subjektiven Rechts nicht ungewöhnlich, sondern letztlich der Grundgedanke jeden Naturrechts. *Schmitt* schreibt dem Staat also naturrechtsartige Rechte zu. Das Naturrecht zieht seine Legitimationskraft allerdings seinerseits üblicherweise aus dem Status des Berechtigten als *Mensch*[459], es zeichnet sich dadurch aus, das Individuum *gegen* den Staat zu berechtigen und diesen zu beschränken, nicht andersherum[460] (wie es *Schmitt* tut). Diese Argumentation verläuft analog zu der von „angeborenen Rechten", also Rechtspositionen, die, wie die Menschenrechte für die Gattung Mensch, Personen kraft Existenz zukommen.[461] Somit liegt hierin nicht nur eine Personalisierung, sondern sogar ein *Anthropomorphismus*: Der Staat wird als Mensch betrachtet.[462] Dies ist eine metaphysische Überhöhung[463] und geht mit der Zuschreibung eines selbstzweckartigen Wertes des Staates einher.[464] Verstärkt wird diese Verselbstständigung des Staates, die ihrerseits Assoziationen mit einer Personalität weckt, durch *Schmitts* Rekurs auf die Identitätstheorie, die Identifikation von *Herrscher und Beherrschtem*, bzw. *Rousseaus volonté générale*, die den Staat mit einem Willen assoziiert.[465] *Schmitts* totalitäres Staatsverständnis verweist noch grundsätzlicher auf die Vorstellung des Staates als absoluter Instanz, als überhöhter Person.[466] Dies kritisiert *Kelsen* scharf.[467]

---

458 *Jahn* 2004, S. 236ff. u. konkret zu *Schmitt* S. 228f. betont den Zusammenhang zwischen der Vorstellung eines *Selbst*erhaltungsrechts des Staates u. dessen *Personalisierung*. Zu *Schmitt* deutlich auch *Stübinger*, 2008b, S. 74.

459 Dies gilt für das antike Naturrecht, das auf die menschliche Erkenntnis der „gerechten Ordnung" abstellt (dazu *Rüthers* 2011, Rn. 418), für das christliche Naturrecht, in dem der Mensch als Ebenbild Gottes erscheint, das *Kant*'sche Vernunftrecht, das seine Begründung aus der menschlichen Vernunft und Freiheit zieht (*Maus* 1994, S. 11f.) u. auch das moderne Naturrecht, welches als Reaktion auf die unmenschlichen Nazigräuel unter Rekurs auf die Menschenrechte zur mittelfristigen Renaissance dieser Denkfigur nach 1945 führte. Siehe zu einer Darstellung der Begründungsmuster insg. *Rüthers* a.a.O., Rn. 417ff. u. *Zippelius* 2011, § 12.

460 Deutlich *Maus* 1994, S. 10 (u. passim).

461 So *Ebenstein* 1974, S. 71.

462 Grds. zu diesem Phänomen *Kelsen* 1925, S. 73.

463 Interessant ist die Kritik an einem „neutralen" bzw. „agnostischem" Staat, vgl. *Schmitt* 2002, S. 80ff. Dies lässt sich als Plädoyer für einen metaphysischen, substantiellen Staat lesen. Hierzu *Koenen* 1995, S. 811.

464 Siehe dazu oben, B. I. 4. b), S. 33.

465 Hierzu z.B. *Last* 2000, S. 55, auf den folgenden Seiten mit einem guten Überblick über die Geschichte personalisierter Staatsverständnisse. Siehe auch *Fleiner/Basta-Fleiner* 2004, S. 112ff., insb. 114ff.

466 Zum Zusammenhang des totalitären und anthropomorphen Staatsverständnisses bei *Schmitt Grosshut* 1962, S. 169.

467 Siehe zu *Kelsens* Polemik gegen eine solche Personalisierung des Staates unten, B. II. 1. b) bb) (2) (a), S. 72. Krit. *Stübinger*, 2008b, S. 78 u. *Gierhake* 2013, S. 144f.

cc) *Konsequenzen aus dem Auffassen des Staats als Medium der Rechtsverwirklichung: Wert und Primat des Staats*

Schmitt begründet den Vorrang von Staat und Macht auch mit seinem frühen Postulat, dass der Staat das Medium der Rechtsverwirklichung sei, da sich das Recht nicht selbst verwirkliche könne.[468]

Daraus lässt sich zunächst seine Rechtsstaatsskepsis herleiten: Eine *Herrschaft des Gesetzes* ist nicht denkbar, wenn das vermeintlich herrschende Gesetz sich nicht selbst verwirklichen kann.[469] Es bedarf dafür also immer eines über dem Recht stehenden Herrschers.

Insb. begründet diese Funktion des Staates dessen Vorrang vor den Bürgern:[470] Der Staat ist Diener des Rechts, nicht des Individuums. Keine Person hat ihm gegenüber einen (Eigen-)Wert, ein solcher kann dem Menschen nur von Staat und Recht zugeschrieben werden: Der Staat sei „Mittelpunkt" der Reihe „Recht, Staat und Individuum". *Schmitt* formuliert hier recht nebulös:

> „Das Recht, als reine, wertende, aus Tatsachen nicht zu rechtfertigende Norm stellt logisch das erste Glied dieser Reihe dar; der Staat vollstreckt die Verbindung dieser Gedankenwelt mit der Welt realer empirischer Erscheinungen und repräsentiert das einzige Subjekt des Rechtsethos; das Individuum aber, als empirisches Einzelwesen, verschwindet, um vom Recht und dem Staat, als der Aufgabe, Recht zu verwirklichen, erfaßt zu werden und selbst seinen Sinn in einer Aufgabe und seinen Wert in dieser abgeschlossen Welt nach ihren eigenen Normen zu empfangen"[471]

Diese Auffassung *Schmitts* führt insgesamt zur *Funktionalisierung des Individuums für den Staat*.[472]

Dagegen komme dem existenten Staat ein auch aus der positiven Verfassung schöpfender, legitimatorischer Wert zu[473]: Er trete dem Individuum, das hinter ihm verschwinde, als mit „überindividueller" (statt „interindividueller") Würde ausgestattete Instanz mit originärer Autorität entgegen.[474] Den einzelnen zwinge der

---

468 Hierzu oben, B. I. 1. b), S. 12.

469 So wohl auch *Campagna* 2004, S. 118f.

470 Zu dieser Verbindung auch *Hofmann* 1995, S. 130.

471 *Schmitt* 1914, S. 10. Dazu *Pünder*, Rechtstheorie 2002, S. 6, *Günther* 2004, S. 36 u. *V. Neumann 2010*, S. 744, für den dieser „antiindividualistische Zug" schon in *Schmitts* Frühwerk dominant ist.

472 So *Schütze* 2004, S. 220. Siehe zur Verwendung des Begriffs *Funktionalismus* unten, in und an Fn. 2120.

473 Siehe hierzu das Zitat oben, an Fn. 336. Dazu *Korb* 2010, S. 43, einen Gegensatz zu *Kelsen*, aber Parallelen zu *Hegel* erkennend. Zu den Bezügen zu *Hegel* auch *Jahn* 2004, S. 228. Insb. hierzu auch *Neumann*, Der Staat 2008, S. 179f.; *Walther* 2004, S. 252; krit. zur hiesigen Deutung aber *Blomeyer* 1999, S. 389, Fn. 22.

474 Vgl. *Schmitt* 1914, S.86ff. zur Verbindung von „Sein", „Wert" und (überindividueller) „Norm". *Schütze* 2004, S. 217 ordnet *Schmitt* der überindividualistischen Auffassung i.S. *Radbruchs* zu, dazu *Radbruch* 2003c, S. 54ff.

Staat unter die Organisation[475], nicht einmal ein absoluter Herrscher könne das Primat des Staates überwinden. Ein solcher sei viel mehr mit dem Papst der katholischen Kirche vergleichbar: er ist zwar unfehlbar und somit das „absoluteste" denkbare, aber dennoch letztlich nur „Instrument, Statthalter"[476] – wirklich *absolut* sei nur die Staatlichkeit selbst[477]. Hier zeigt sich erneut das Changieren zwischen der Privilegierung des Staates über die Machthaber hinaus und einer Privilegierung der Machthaber als solcher.[478] Zugleich offenbart die Vorstellung des autonom handelnden, sogar den Herrscher überstimmenden Staates eine *Personalisierung* dessen.[479]

In dieser Argumentation wird der enge Zusammenhang der Vorstellungen von *Werthaftigkeit* einer *quasi-überpositiven* (weil nicht einmal durch einen absoluten Herrscher „setzbaren") normativen Ordnung und deren Legitimation deutlich.[480] Wo *Schmitt* im Stile eines Rechtspositivisten argumentiert, tut er dies ebenfalls zum Zweck, die staatliche Macht zu stärken: Die vom Recht zu unterscheidende Ethik – *Schmitt* legt hier eine Trennungsthese zugrunde[481] – kann ihrerseits keine Beschränkung des *rechtlichen* Zugriffs auf den einzelnen Menschen leisten. „Kein Individuum im Staat hat Autonomie".[482] Auch die Trennungsthese hat hier den gegenteiligen Effekt wie bei *Kelsen*, bei dem sie gerade individuelle Freiräume sichern soll.[483] Dies hat für die Normunterworfenen erhebliche Konsequenzen: Neben diesen Vorrang des normativ nicht zu zügelnden Staates tritt bei *Schmitt* die Vorstellung eines überpositiven Ausnahmerechts. Den einzelnen Rechtsunterworfenen bleiben – wie noch zu sehen ganz anders als bei *Kelsen*[484] – keinerlei Räume der Staatsfreiheit.[485] Am prägnantesten bzgl. dieser Hierarchie von Staat und Individuum wieder *Schmitts* eigene Worte:

> „Somit ist nicht der Staat eine Konstruktion, die Menschen sich gemacht haben, er macht im Gegenteil aus jedem Menschen eine Konstruktion. Die große, überpersönliche

---

475 *Schmitt* 1914, S. 94 spricht hier von dem „Rhythmus" des Staates.

476 *Schmitt* 1914, S. 95.

477 Dazu *V. Neumann 1980*, S. 77.

478 Dazu schon oben, B. I. 4. c) aa), S. 37.

479 In diese Richtung auch *Hofmann* 1995, S. 56 u. *Schütze* 2004, S. 225.

480 Zu diesem Zusammenhang, wenn auch dort anders als früher skeptisch bzgl. der Vorstellung einer „materialen Wertordnung der Verfassung" *Schmitt* 1967, S. 44. Zu diesem Text unten, Fn. 2636.

481 Was er aber nur selektiv tut, was für die ideologische Nutzung dieses Arguments spricht. So kritisiert *Schmitt* ebenfalls *Kelsens* Trennung von Recht u. Moral, da sie kein „echtes Sollen" begründen könne, hierzu unten, Fn. 567. Ähnl. motivierte Inkonsistenzen finden sich auch bei seiner Verwendung des Dezisionismus, dazu unten, B. III. 1., S. 105, insb. Fn. 1101. Zu diesen Widersprüchlichkeiten auch *Schütze* 2004, S. 226f.

482 Vgl. *Schmitt* 1914, S. 101. Dazu *Schütze* 2004, S. 221.

483 Hierzu *Schütze* 2004, S. 228f.; zu *Kelsen* unten, B. II. 1. a) cc), S. 54.

484 Zu diesem unten, B. II. 1. b) bb) (1) (a), S. 66.

485 Siehe hierzu auch *Agamben* 2004a, S. 18.

Organisation ist nicht von Einzelnen als ihr Werk geschaffen; sie fügt sich nicht in die Reihe von Mitteln und Zwecken von noch so vielen Menschen ein; es ist nicht denkbar, dass der Egoismus der Menschen, aus sich selbst über sich hinauswachsend, ein übermenschliches Gebilde für seine Zwecke als Mittel errichtet hätte, um dann von dessen Erhabenheit sofort ins Nichts zurückgeschleudert zu werden. Der Zweck ist so wenig Schöpfer des Rechts oder des Staates, wie die Sonne damit definiert ist, daß sie ein Feuer sei, von frierenden Wilden angezündet, um die Glieder daran zu wärmen."[486]

5. Zusammenschau

Nun sollen die hier gewonnen Ergebnisse zusammenfassend betrachtet werden, wobei v.a. die vielen Überschneidungen, die sich in diesen Aspekten finden lassen, zu Tage treten sollen.

Carl Schmitt stellt in seinem Werk die unableitbare, souveräne Entscheidung in den Mittelpunkt *(1. a))*; dies widerspiegelt sich darin, dass die *Dezision* bzgl. sämtlicher hier betrachteter Aspekte seiner Staatstheorie von Belang ist: Sie beantwortet die Frage danach, welche Aspekte die spezifische, innerstaatliche Gleichheit ausmachen *(2. a))*, wer ein öffentlicher Feind ist *(3. a) aa))*, wann ein Ausnahmezustand vorliegt – womit sie zum Definiens der Souveränität wird – *(4. b))* und ist nicht zuletzt die Substanz, welche hinter der (im *Schmitt*'schen Vokabular „positiven") Verfassung steht und somit schließlich den Staat konstituiert *(4. a) bb))*. Letzterer wiederum ist für ihn das *Medium der Rechtsverwirklichung* *(1. b))*, in dem er zwischen Norm und Wirklichkeit ordnend vermittelt.

Die Dezision bringt einen weiteren Schlüsselaspekt im *Schmitt*'schen Staatsdenken hervor: die notwendige *Homogenität* innerhalb des Staates *(2.)*, also die Gleichheit bzgl. als relevant definierter, zu guten Teilen gesinnungsabhängiger Aspekte. Hierin liegt eine Anleihe an die demokratische Identitätstheorie, die sich gerade auch bei *Schmitt* durch totalitäre Bezüge auszeichnet.*(2. b) cc))* Die Homogenität wird – politisch – hergestellt durch das Definieren und das rechtliche wie körperliche Ausschließen von Feinden *(3.)*, dem auch das souveräne Ausrufen des Ausnahmezustands incl. der Suspendierung einzelner Verfassungsnormen dient *(4. b) ; c))* – dies zu Gunsten des *existenziellen* Willens, der die wahre Verfassung, auf dem jene Einzelnormen fußen, hervorbringt *(4. a) bb))*.

Dieser Begriff des *Feindes* ist für *Schmitt* die Grundkategorie des Politischen *(3.)*, wodurch die Politik zum Feld von extremen Dissoziationen wird, die bis zur physischen Tötung der (nicht der Homogenität entsprechenden) Feinde gehen können und dabei irrational von Statten gehen. Daraus leitet sich entscheidendes für sein Staatsverständnis ab:

Der Kampf gegen die Feinde (bzw. die Herstellung der notwendigen Homogenität) mache es u.U. nötig, einen *Ausnahmezustand* *(B. I. 4. b), S. 33)* auszurufen, in

486 *Schmitt* 1914, S. 93f.

dessen Zuge verfassungsrechtliche Einzelregelungen, insb. rechtsstaatliche, bürgerliche Freiheiten schützende, zu suspendieren sind.

Diese rechtsstaatsskeptische Position fußt auf *Schmitts* spezifischem („positiven“ oder ontologischen) *Verfassungs-* und *Staatsbegriff* (4. a)): Einzelne Normen, auch deren Gesamtsystem, verkörpern keinen eigenen Wert; dieser komme nur der politische Einheit zu, die Ausdruck eines substanzhaften Willens ist und die den Staat konstituiert. Davon leitet sich auch ein staatliches Selbsterhaltungsrecht ab, das die Vorstellung eines personalisierten Staates voraussetzt *(4. c) bb) (2))*. Auch erwachse aus seiner Funktion als Medium der Rechtsverwirklichung ein Primat des Staates.

All dies begründet *Schmitts* Neigung zur Exklusion des Heterogenen, seine Pluralismusskepsis, seine „allezeit leidenschaftliche Ablehnung einer Kompromisssituation“[487]: Der Staat benötige „normale Lebensverhältnisse“, könne diese zugleich aber auch schaffen. Eine derartige konkrete Ordnung sei aber nur durch eine souveräne Entscheidung – und eben nicht den offenen Meinungskampf – zu erreichen und notfalls durch die Suspendierung freiheitsschützender Rechtsnormen vorzunehmen. Und nur hinter einer solchen Entscheidung als Ausdruck eines wahren Willens, nicht hinter Relativismus oder „Menschheitsgleichheit“, stehe eine Existenz, etwas substantielles, *werthaftes.*

Insoweit demnach jegliche Legitimität staatlicher Machtausübung ihrer bloßen Existenz, bzw. dem Potential, einen intern homogenen Staat zu Schaffen, entspringt, tendiert *Schmitt* zur Legitimation (sämtlicher) konkret bestehender Ordnungen (resp. Maßnahmen, die eine solche herzustellen vermögen), und zwar um so stärker, je radikaler sie ihre Feinde zu bekämpfen, ihren „Willen“ frei normativer Bindungen durchzusetzen, letztlich Pluralismus zu beseitigen bereit und in der Lage sind. Dies offenbart schließlich die undemokratische und totalitäre Tendenz dieser Betrachtungsweise. (Zur Verwendung des Begriff eines *totalitären Rechts*: Damit ist hier ein solches gemeint, das den einzelnen *(1.)* kollektiven Zwecken unterordnet und dazu einen *(2.)* entgrenzten Zugriff auf die Rechtsunterworfenen ermöglicht, v.a. *(3.)* auf deren Gesinnung oder *(4.)* nicht explizit vom Recht erfasste Verhaltensweisen. Ermöglicht wird dies insb. durch *(5.)* das Fehlen stabiler normativer Eingriffsschranken, *(6.)* der Konfundierung des Rechts mit nicht-positivierten normativen Systemen wie der Moral und *(7.)* der Möglichkeit einer flexiblen Anwendung der Rechtsnormen.[488])

---

487 So, auch bzgl. des Folgenden *Hofmann* 1995, S. 69.

488 Dieser Begriff soll als ein gradueller verwendet werden. Wenn also im Verlauf der Arbeit „totalitäre Züge“ o.Ä. festgestellt werden, ist keine Gleichsetzung mit den früher (NS-Regime, faschistisches Italien, stalinistisches Russland) u. heute (insb. Nordkorea) bestehenden, als totalitär bezeichneten Staaten gemeint; vielmehr geht es um eine Tendenz. Der Begriff des totalitären Rechts orientiert sich hauptsächlich an der in der Strafrechtswissenschaft zugrundelegte Terminologie: So ist für *Fezer* 1986, S. 218 die Marginalisierung subjektiver (Abwehr-)Rechte typisch für ein totalitäres Rechtssystem, siehe hierzu auch unten, Fn. 681. Für *Saliger* 2010,

II. Darstellung der allgemeinen Positionen Hans Kelsens

Carl Schmitt stellte in einer Charakterisierung verschiedener Typen rechtlichen Denkens den dezisionistischen Typus dem normativistischen gegenüber, wobei er *T. Hobbes* als Beispiel für ersteren ansieht – heute gilt *Schmitt* selbst als ein solcher. Für den Gegentypus, der nicht die Ordnung und die existenzielle Entscheidung betont, sondern das Recht, steht für *Schmitt Hans Kelsen.*[489] Dessen *Schmitt* entgegengesetzte Positionen[490] sollen nun – und, wie schon bei *Schmitt,* mit Fokus auf die Zeit der Weimarer Republik und soweit es für das hier behandelte, letztlich strafrechtliche Thema relevant ist[491] – dargestellt werden. Diese zugunsten der pointierten Gegenüberstellung vorgenommene Beschränkung, die das Spätwerk *Kelsens* ausklammert,

---

S. 217f. ist ein totalitäres Strafrecht eines, das Gehorsamkeit über das rechtlich positivierte Maß hinaus einfordert u. keine rechtsfreien Räume übrig lässt. Ganz ähnl. *Bung* 2006, S. 255f. *Kutalia* 2007, S. 16f. bezeichnet das Feindstrafrecht als „totalitär", da es keine normativen Grenzen der Feindbekämpfung kennt. Auch für *Jakobs,* ZStW 1985, S. 753 zeichnet sich ein totalitäres Strafrecht durch fehlende Grenzen des Zugriffs auf den persönlichen Internbereich aus. So auch *Haffke,* KritJ 2005, S. 18, 27 u. 31; auch *Haffke,* 2005, S. 5, wo er ein Strafrecht, dessen einzige Beschränkung ein internes Zweck- Mittel- Schema darstellt, als totalitär bezeichnet. *Wrocklage* 2008, S. 62 sieht den rücksichtslosen Einsatz aller „funktional zweckmäßigen Mittel" zum Schutz der Existenz des Staates als totalitär; ähnl. bezeichnet *Rüthers* 2005, S. 110f. die völlige Instrumentalisierung des Rechts als Merkmal totalitärer Herrschaftstechnik. *Claas* 1971, S. 130 betont die damit zusammenhängende Willkürlichkeit der Anwendung gerade von unbestimmten Rechtsbegriffen als „bewußt gewähltes" Machtinstrument" im Totalitarismus. Auch *Vogel,* ZStW 2003 nennt die Funktionatlisierung gegenüber gesellschaftlichspolitischen Zwecken (S. 662, auch 655f.) u. die Vermischung von Recht u. Moral sowie die Ethisierung als Merkmale eines totalitären Strafrechts (S. 655). *Zabel,* ZStW 2010, S. 852 sieht die Gefahr, ein „moralisierendes" Strafrecht befördere die Gesinnungsmäßigkeit der Pönalisierung u. werde daher „totalitär". Auch für *Čopić* 1967, S. 13f. ist der präventiv motivierte Zugriff auf die Gesinnung ein Merkmal eines (auch) totalitären Staatsschutzes. Zu der Entgrenzung des Rechts durch die Vermischung von Recht u. Moral ausführlich *Maus,* Rechtstheorie 1989, insb. S. 192ff., zur dadurch bedingten Möglichkeit der Überschreitung rechtlicher Grenzen S. 200. Siehe allg. zur Verwendung des Totalitarismus-Begriffs in der Rechtswissenschaft auch *Schulz,* RJ, S 80ff.; insb. gelte die „moralische Materialisierung" und „Entformalisierung" als Beispiel für totalitäres Recht. Siehe zu den totalitären Bezügen *Schmitts* weiterhin oben, an Fn. 147; Fn. 213 u. B. I. 3. b), S. 28.

489 Vgl. *Schmitt* 1922, S. 44. Dazu auch *Mehring* 2009, S. 126f.

490 Prägnant zum Gegensatz *Lepsius* 2000, S. 397; auch *Agamben* 2004a, S. 40.

491 Auf spätere Veröffentlichungen wird nur vereinzelt dort rekurriert, wo bereits angelegte Gedanken exemplifiziert werden oder es zur Vertiefung als sinnvoll erscheint. Siehe zum Gegenstand auch oben, B. I., S. 7. Auch werden nur Fragen, die für staatliches Vorgehen gegen Oppositionelle von Belang sind, betrachtet; z.B. *Kelsens* Ausführungen zum Völkerrecht werden ausgeklammert, auch ein Großteil

ist auch der Grund, aus dem auf z.T. vorgenommene Selbstrevisionen[492] und weitere prononciert rechtstheoretische Debatten, insb. um die Reine Rechtslehre[493], hier nicht tiefer eingegangen wird: Es geht nicht um eine erschöpfende Darstellung *Kelsens* Werk, sondern das Herausstellen archetypischer Positionen.[494]

1. Rechtstheoretische Ausgangspunkte

Wie bei *Schmitt* sollen zunächst die grundlegenden rechtstheoretischen Positionen betrachtet werden, bevor sich den daraus entwickelten staatstheoretischen Ansichten *Kelsens* zugewandt wird: Auch bei ihm haben die theoretischen Grundpositionen Einfluss auf die Demokratietheorie.[495] Hier soll zugleich die These von *Braun*, es bestehe *kein* Zusammenhang zwischen der Reinen Rechtslehre und der demokratischen Position *Kelsens*, zurückgewiesen werden.[496] Diese Verbindungen sollen im Folgenden herausgearbeitet werden, obwohl auch *Kelsen* selbst insistiert, die reine Rechtslehre

---

seiner zu *Schmitt* ebenfalls gegensätzlichen Ausführungen zum Parlamentarismus (dazu aber unten, Fn. 945). Siehe zu *Schmitt* schon oben, Fn. 23.

492 Vgl. zu diesen *Dreier* 1990, S. 119ff.

493 Siehe z.B. die ausführliche, neuere Kritik bei *Hoerster* 2006, S. 134ff.; auch die Übersicht kritischer Schriften aus der Nachkriegszeit bei *Korb* 2010, S. 292, Fn. 6 u. die klassische Darstellung der Kritik bei *Larenz* 1991 S. 73. Zur Legitimität einer partiellen Auseinandersetzung mit *Kelsen Alexy* 2005, S. 334 u. *Jakab*, ARSP 2005, S. 364.

494 Damit soll versucht werden, die „verbindenden Elemente“ der verschiedenen Schichten *Kelsens* Denken aufzuzeigen, vgl. zu einem solchen Vorgehen *Leser* 1968, S. 225f. Obwohl die Positionen aus der „Weimarer Debatte“ gegenübergestellt werden sollen, wird zur Erläuterung von *Kelsens* Position auch auf seine 1934 – also nach Ende der Weimarer Republik – veröffentlichte *Reine Rechtslehre* rekurriert. Damit wird der Zeitraum bis 1934, betrachtet, der als die „Goldenen Jahre“ der Wiener Schule bezeichnet wird, vgl. *Jestaedt* 2009, S. 113; auch *Korb* 2010, S. 3 sieht im Jahr 1934 eine Zäsur. Zum einen, da sie nach eigenem Bekunden eine Zusammenfassung der schon Jahre zuvor ausgearbeiteten Gedanken des Rechtsdenkers ist (vgl. *Kelsen* 1934, S. 8.), zum anderen, da der emigrierte jüdischstämmige *Kelsen* anders als *Schmitt* nicht im Verdacht einer opportunistischen Revision seiner Gedanken zu Gunsten des NS-Regimes nach 1933 steht.

495 Vgl. dazu *Dreier* 1990, S. 19, 249f.; *Lepsius* 2008, S. 34; *Feichtinger/Müller* 2009, S. 213 u. S. 225; *Funke* 2010, S. 29ff., insb. S. 30 Fn. 27; *Baume* 2012, S. 1; *Korb* 2010, S. 192ff.; *Morscher* 2001, S. 91. Siehe auch *Ooyen* 2010, S. 11f. u. *Ooyen* 2003, S. 18 (u. ähnl. S. 27), der sogar vorschlägt, *Kelsen* von der Demokratietheorie ausgehend „gegen den Strich“ zu lesen.

496 Vgl. *Braun* 2001, S. 72. *Braun* ist hier widersprüchlich: Während er auf S. 72 die Demokratietheorie *Kelsens* als „persönliche Haltung“ im Gegensatz zu einer Wissenschaftslehre bezeichnet, hat er auf S. 70 behauptet, die demokratische Einstellung beruhe *nicht* auf einer „Überzeugung“, sondern „sehr nüchternen [=wissenschaftlichen?, F.F.] Überlegungen“. Beides ist als Kritik an *Kelsen* gemeint; letztlich scheint es auch nur darauf anzukommen.

stehe angesichts ihres methodisch-neutralen Ausgangspunkts jeglichen politischen Systemen indifferent gegenüber[497]. Die Unterscheidung von Wissenschaft und Politik verbietet auch für *Kelsen* als Wissenschaftler nicht, sich politisch zu äußern, sie „verpflichtet nur: Das eine vom Anderen, Erkennen und Wollen, voneinander zu trennen".[498] Auch wenn sich eine gliederungsmäßige Orientierung an diese Unterscheidung anbietet und hier vorgenommen wird, heißt dies nicht, dass dies in der von *Kelsen* postulierten Strenge geschehen soll: Für eine Gegenüberstellung und Bewertung ist hier die Frage, ob *Kelsen* seinem eigenen Reinheitsanspruch tatsächlich treu geblieben ist oder die Reine Rechtslehre doch einer politischen Intention entsprungen ist – dies ist nicht unwahrscheinlich –, nicht erheblich.[499]

a) Der positivistische Ausgangspunkt: Reine Rechtslehre – Die Unabhängigkeit des Rechts von Natur und Moral, der Wertrelativismus

Ähnlich wie für *Schmitt*[500] ist auch für *Kelsen* der Methodendualismus, die Annahme der Unabhängigkeit von Sein und Sollen[501], Ausgangspunkt der Überlegungen. Dies führt ihn zur Begründung der *Reinen Rechtslehre* mit dem Postulat, die rechtswissenschaftliche Analyse von anderen Perspektiven, insb. der der Moral und der Naturwissenschaft, *rein* zu halten.

Diese Haltung hängt mit *Kelsens* Forderung nach einer Trennung von Rechtswissenschaft und Rechtspolitik zusammen: Erstere sei zu oft Austragungsort eigentlich (rechts-)politischer Auseinandersetzungen; von diesen Grabenkämpfen möchte er sie nach eigenem Bekunden befreien und somit in den Rang einer „echten" Geisteswissenschaft erheben[502]: Die politische Neutralität ist Hauptmotiv *Kelsens*, wie gesehen muss man hinzufügen: zumindest seiner Rechtstheorie.[503]

Dieses Motiv verkennt z.B. *Depenheuer* bei seiner Kritik der *reinen* Rechtslehre als „inhaltsleer":[504] *Kelsen* will Inhalte nicht ausschließen, sondern *verdeckte* inhaltliche Eingriffe aufdecken. Auch geht es *Kelsen* nicht um die Trennung von „Theorie und Praxis", wie *Depenheuer* ohne nähere Begründung postuliert (er scheint, was fragwürdig ist, „Soziologie" mit „Praxis" und „Rechtswissenschaft" mit „Theorie"

---

497 *Kelsen*, JW 1929, S. 1724, dort gegen die wissenschaftliche „Deduktion" politischer Aussagen aus Rechtsbegriffen.

498 *Kelsen*, JW 1929, S. 1724. Für *Wielinger* 1982, S. 263 u. *Stolleis* 1999, S. 163 gelingt dieses Projekt.

499 *Korb* 2010, S. 196 sieht diesen Anspruch als letztlich eingehalten. Skeptisch *Funke* 2010, S. 29ff., dort unter Hinweis auf den Konnex zwischen rechtstheoretischen u. politischen Äußerungen (S. 30, Fn. 27).

500 Vgl. dazu oben, B. I. 1. b), S. 12. Auf diese Parallele weist auch *Hofmann* 1995, S. 47 hin.

501 Ausführlich, abwägend, letztlich aber wie *Kelsen* *Lippold* 1989, S. 45ff.

502 *Kelsen* 1934, S. 3.

503 *Kelsen* 1934, S. 5; auch *Braun* 2001, S. 32.

504 *Depenheuer* 2010, S. 12ff., auch zu den folgenden Ausführungen.

zu identifizieren), sondern um das Vermeiden erkenntnishemmender Theoriesynkretismen.[505] *Depenheuers* Kritik krankt am Fehlen einer konsistenten Verwendung des Begriffs *Reinheit*, was es ihm ermöglicht, wenige Seiten nach dem Vorwurf der Inhaltsleere, Funktionslosigkeit und Steuerungsimpotenz eines reinen Rechtsbegriffs diese *Reinheit* in die Nähe des Fundamentalismus zu rücken. Immer noch auf *Kelsen* bezugnehmend führt er aus:

> „Wird die Reinheit der Lehre, die Linientreue der Gläubigen, die Einheitlichkeit und Unwandelbarkeit des reinen Bekenntnisses zum Selbstzweck, dann verbindet sich die Reinheitsidee sehr schnell mit totalitaristischem Denken. Dann zeigt sich das lebensfeindliche, zerstörerische Potential der Reinheitsidee. Indem das Ideal der Reinheit mit dem Streben nach Eindeutigkeit, Endgüligkeit und Ausschließlichkeit verbunden ist, entbindet es das Bedürfnis nach größtmöglicher Kontrolle über alle möglichen Quellen der Verunreinigung: Inquisitionstribunale, Umerziehungslager bis hin zur Vernichtung des Unreinen sind politische Purifikationen im Dienste der Reinheit einer Idee. [...] So wächst der Reinheitsidee eine fürchterliche politische Dimension zu: denn Kontrolle bedeutet Machtausübung, nicht zuletzt die Definitionsmacht darüber, was rein und was unrein ist. Die Rassenlehre des Nationalsozialismus war ein Reinheitsideal in der größtmöglichen Konsequenz und Perversion: der Terror der rassischen Reinheit stand Pate für den Holocoust. Und dem Reinheitswahn der kommunistischen Lehre fielen kaum weniger zum Opfer."[506]

Später schwenkt *Depenheuer* aber wieder um, wenn er moniert, ein „kalter Normativismus" i.S. *Kelsens* sorge dafür, dass das Verhalten deutscher Soldaten in Afghanistan der staatsanwaltlichen Kontrolle unterliegt und dass das Luftsicherheitsgesetz als mit der Menschenwürde unvereinbar erklärt wird. Es drängt sich die Frage auf, ob dies für *Depenheuer* Symptome des Totalitarismus sind – man könnte mit guten Argumenten das Gegenteil annehmen und *Depenheuers* persönliche politische Haltung als Motiv seiner Argumentation vermuten. Diese Form der Kritik ist nur möglich, indem ein flexibler Begriff von *Reinheit* verwendet wird, der sich vor allem inhaltlich nicht mit *Kelsens* Postulat einer klaren, unvermischten wissenschaftlichen Analyse deckt.

Die *Reine Rechtslehre* gilt als exemplarisch für den Rechtspositivismus, mithin der juristischen Denkschule, die das gesetzte Recht fokussiert und insb. die Rechtsgeltung nicht von außerrechtlichen Faktoren abhängig macht. *Kelsens* diesbzgl. Positionen gehen aber oft über die klassischer Vertreter des Rechtspositivismus hinaus und können als *kritischer Rechtspositivismus* bezeichnet werden.[507] Dessen konkrete Ausprägungen geraten nun in den Blick.

---

505 Vgl. *Depenheuer* 2010, S. 12ff.

506 *Depenheuer 2010,* S.15, Fn. 22. Zu einer ähnlichen Krit. *Brumlik* unten, B. II. 1. a) bb), S. 52.

507 Dazu *Hilgendorf/ Valerius/ Wolf,* 2003, S. 2. Zu *Kelsen* als *kritischem* im Unterschied zum *naiven,* die Befolgungsthese bejahendem Rechtspositivistismus unten,

aa) *Gegen die Verbindung von Recht und Natur: Keine Legitimation des Bestehenden*

Kelsen votiert auf mehreren Ebenen für ein striktes Auseinanderhalten von Recht und Natur.

Zunächst betont er den Unterschied zwischen rechtlichem und natürlichem Geschehen: Selbstverständlich geschieht das für eine rechtliche Bewertung Relevante *in natura*; ihren rechtlichen Sinn erhalten diese Vorgänge jedoch erst durch Rechtsnormen, und zwar indem wirkliche Vorgänge mit rechtlichen Tatbeständen übereinstimmen resp. als übereinstimmend erkannt werden[508]:[509] Die Norm fungiert als Deutungsschema der tatsächlichen Vorgänge[510], als, in *Kant*'scher Terminologie, hypothetisches Urteil[511] (oder mit *Luhmann* als *Konditionalprogramm*, also einem, das mit Wenn/Dann-Verknüpfungen operiert[512]) – wie noch zu sehen eine weitreichende Position. Zusätzlich folgt aus dem Methodendualismus, dass das Recht seine Geltung nicht auf ausschließlich faktische Gegebenheiten gründen kann (denn dies wäre ein Methodensynkretismus), rechtliche Geltung somit stets normativ konstruiert, damit *hypothetisch* ist.[513] Das zeigt den engen Zusammenhang zur in *Kelsens* System basalen *Grundnorm* als hypothetischem Geltungsgrund des Rechts[514], bei deren Betrachtung dieses Argument vertieft werden soll. Die neukantianische[515] Unterscheidung zwischen Sein und Sollen, die sog. *Zwei-Welten-Lehre*[516] in *Kelsens* spezifischer Variante[517], ist insgesamt zentral[518].

Fn. 575. Der kritische Impetus ist für *Walter* 1992, S. 10f. Folge *Kelsens* oft missachteter Vorstellung der *Rechtsgeltung als Fiktion*. Dazu unten, B. II. 1. b) aa) (1), S. 59. Zum daher unzutreffenden Vorwurf, die Reine Rechtslehre sei „Kritiklos", z.B. *Depenheuer* 2010, S. 14.

508 Ähnl. wie der frühe *Schmitt* (oben, B. I. 1. a) aa), S. 8) betont *Kelsen* 1934, S. 19ff. die Natur richterlicher Entscheidungen als individueller Willensakte.

509 Plastisch *Kelsen* 1934, S. 16f.

510 Vgl. *Kelsen* 1934, S. 18f., dazu *Dreier* 1990, S. 28.

511 Vgl. *Kelsen* 1934, S. 33f.

512 Siehe *Luhmann* 2008, S. 88. So auch *Öhlinger* 1982, S. 218f. u. *Öhlinger* 1975, S. 40. Allg. zu *Kelsens* Zugrechnungslehre *Hruschka* 2005, hierzu insb. S. 4f.

513 Vgl. *Kelsen* 1968, S. 286ff., dazu *Dreier* 1990, S. 38 u. 167ff. Für *Brecht* 1976, S. 152 ist es eine allg. Konsequenz des Methodendualismus, nur *hypothetische Sollsätze* als beweisbar zu betrachten.

514 Dazu unten, B. II. 1. b) aa) (1), S. 59. Zum Zusammenhang auch *Kelsen* 1968, S. 286ff. u. *Dreier* 1990, S. 37f.

515 Vgl. *Neumann* 2005, S. 34, 38f., u. passim zum Verhältnis des frühen *Kelsen* zum Neukantianismus.

516 *Kelsen* 1923, S. 8 übernimmt diesen Begriff von *H. Rickert*, hierzu *Paulson* 2005, Fn. 58.

517 Zu den Eigenheiten der *Kelsen*'schen Auffassung der Sein-Sollen-Dichotomie, dort speziell in Abgrenzung zum logischen Empirismus des Wiener Kreises *Morscher* 2001, insb. S. 57ff.

518 Vgl. *Dreier* 1990, S. 37, der darin auch den Grund für *Kelsens* Wertrelativismus sieht; zu dieser Verbindung noch einmal unten, B. II. 1. a) cc), S. 54, insb. Fn. 557.

So hat *Kelsen* das Naturrecht, das den Gegensatz zwischen *Sein* und *Sollen* leugnet[519], einer vielseitigen Kritik unterzogen.[520] Die naturrechtliche Argumentation dient für ihn keinem rechtlichen, sondern einem politischen Zweck, typischerweise der Sicherung der bestehenden Herrschaftsverhältnisse. Dies ist für *Kelsen* die absolut dominante Variante des Naturrechts, die er als die *konservative* bezeichnet (und die auch für *Stolleis* gerade in den chaotischen Zeiten der Weimarer Republik im Vordergrund stand[521]). Daneben, wenn auch unbedeutender und ebenfalls problematisch, gebe es ein *revolutionäres* Naturrecht, das der bestehenden Ordnung mittels Berufung auf „höheres", i.d.R. jenseitiges Recht, die Geltung abspricht. Beides in einer säkularen Gesellschaft nicht als demokratisch bezeichnet werden[522]:

> „Die Naturrechtslehre [...] ‚als Magd der Theologie' [...] hat zuerst die Sklaverei, dann die Leibeigenschaft, dann die koloniale Zwangsarbeit in Verbindung mit Menschenhandel und schließlich das Feudalsystem [...] als ‚Gott- und naturgewollte' Ordnung verteidigt"[523].

Dies zeige sich schon daran, dass von naturrechtlich argumentierenden Denkern typischerweise nicht das gesamte zur jeweiligen Zeit herrschende positive Recht auf dessen – für *Kelsen* problematische – Vereinbarkeit mit dem Naturrecht überprüft wird, sondern einzelne Institute des positiven Rechts mittels (eines dann nicht mehr reinen, weil die Geltung des positiven Rechts nicht *per se* leugnenden[524]) Naturrechts gerechtfertigt würden. *Kelsen* nennt hier beispielhaft die Obrigkeit, das Privateigentum, die Sklaverei, die Ehe.[525] Noch einmal *Kelsen*:

> „Das von der Theorie behauptete Naturrecht [ist] im Wesentlichen eine Ideologie zur Stützung, Rechtfertigung, Verabsolutierung des positiven Rechts oder – was dasselbe ist – der staatlichen Autorität"[526].

Seine Forderung nach der Reinheit der Rechtslehre entspringt der Ablehnung einer Ableitbarkeit des Rechts aus den *momentan bestehenden Verhältnissen.* Diese Verhältnisse sind die gerade herrschenden Machtkonstellationen – *Kelsen* will dem

---

519 Dazu *Zippelius* 2011, § 12, I.

520 Siehe nur *Kelsen* 1968. Zu einer ausführlichen Übersicht u. (letztlich zust.) kritischen Würdigung *Opałek* 1982, S. 73ff. Eine Darstellung der Argumentation auch bei *Leser* 1968, S. 248ff.

521 *Stolleis* 1999, S. 169f.

522 Vgl. *Kelsen* 1934, S. 26f. u. *Kelsen* 1968, S. 313f. Siehe allg. zu dieser Funktion des Naturrechts *Ooyen* 2010, S. 17, *Ooyen* 2003, S. 43, *Leser* 1968, S. 250; *Jabloner* 1992, S. 101 u. *Kelsen* explizit zust. *Krenzler* 1974, S. 67.

523 *Kelsen* 1968, S. 904, Fn. 20, dort in Paraphrasierung eines Gedankens von *A. Knoll.* (*Ooyen* 2010, S. 17 schreibt dieses Zitat unmittelbar *Kelsen* zu).

524 Vgl. *Kelsen* 1968, S. 308.

525 Vgl. *Kelsen* 1968, S. 311.

526 *Kelsen* 1968, S. 312.

Recht damit seine Funktion als „Herrschaftslegitmator“ nehmen, indem er das Argument widerlegt, dass das, was gerade herrsche, *zurecht* herrsche.[527]

Auch bedarf es für *Kelsen* stets eines Konkretisierungsaktes, der Willensentscheidung eines Menschen, um das – zwingend abstrakte – Naturrecht tatsächlich anzuwenden[528], was von der Vorstellung eines absoluten Naturrechts jedoch verschleiert wird. Da es dabei typischerweise um inhaltsleere Begriffe wie *Gerechtigkeit* geht, legitimiert ein Naturrecht auch aus dieser Perspektive nicht nur jede bestehende Ordnung, sondern auch jede (politische) Entscheidung konkreter Personen.[529]

Diese kritische Perspektive tritt nicht nur in Kontrast zu der häufig vertretenen Deutung des Rechtspositivismus als Legitimator oder zumindest Beförderer herrschender Unrechtssysteme (zu diesem Vorwurf *H. Dreier*: Der „ideologiekritischen Seite seines Werks kann sich eigentlich niemand verschließen, der seine Texte zur Kenntnis nimmt“[530]), sondern auch zu *Schmitt* und dessen *Präferenz der Ordnung*[531]. Dazu ist die Vorstellung, das Recht könne frei gesetzt werden und sei nicht durch äußere *data* vorbestimmt, eine *conditio* einer demokratischen Rechtsgestaltung.[532]

Bevor nun *Kelsens* Votum für die Trennung von Recht und Moral in den Blick gerät, gilt es sich in einem Exkurs mit der nach wie vor wirkmächtigen, sog. Wehrlosigkeitsthese auseinanderzusetzen.

bb) Exkurs: Die Wehrlosigkeitsthese

Die Auffassung, der Rechtspositivismus legitimiere auch Unrechtssysteme oder verhalte sich diesen gegenüber zumindest affirmativ, wird unter dem Schlagwort der *Wehrlosigkeitsthese* diskutiert. Prominent wurde diese durch *G. Radbruch* vertreten, der kurz nach dem zweiten Weltkrieg – sich für seine frühere Haltung beinahe entschuldigend – formulierte, der Rechtspositivismus habe die deutschen Richter „wehrlos“ gegen das NS-Unrechtssystem gemacht.[533] Inzwischen gilt diese These unter Rechtshistorikerinnen und Rechtshistorikern als „widerlegt“.[534] Trotzdem entfaltet sie nach wie vor eine große Wirkung; der Rechtspositivismus wurde „endgültig diskreditiert“ *(Korb)*[535].

---

527 Hierzu *Ooyen* 2010, S. 25.

528 Dies resultiert aus seiner Vorstellung des Rechts als einheitlichem Stufenbau, dazu unten, B. II. 1. b), S. 58.

529 *Kelsen* 1989, S. 94f. Vgl. dazu *Jabloner* 1992, S. 101ff.

530 *Dreier* 2011, S. 71.

531 Siehe hierzu das als „Primat der Existenz“ bezeichnete Phänomen, oben, B. I. 1. a) cc) (1), S. 11, insb. Fn. 67.

532 Dazu unten, B. II. 2. a), S. 81.

533 Vgl. *Radbruch* 2003a; *Radbruch* 2003b; krit. dazu *Hart* 1971, S. 39ff. u. *Dreier*, JZ 1997, S. 422ff., 428ff.

534 Statt vieler *Hofmann* 2011, S. 115 unter Bezug auf *Rüthers* 2005; deutlich auch *Schlink*, RJ 1991, S. 170f. Einen Überblick bietet *Luf* 2008, S. 82ff., w.N. in Fn. 1, eine detaillierte Analyse *Füßer*, ARSP 1992.

535 Vgl. *Korb* 2010, S. 291; ähnl. *Lepsius* 2003, S. 369.

Dabei lässt sich schon grundsätzlich bezweifeln, ob in den Reihen der NS-Justiz der Rechtspositivismus überhaupt eine dominante Haltung war; noch konkreter kann *Kelsens* „kritischem" Rechtspositivismus kaum der Vorwurf gemacht werden, Unrechtssysteme zu legitimieren.[536] Zurecht merkt *Maus* an, dass vielmehr die Alternative zum Rechtspostivismus, nämlich das Abstellen auf über der positiven Rechtsordnung stehenden Werte, mit *Schmitts* „positivem Verfassungsbegriff" in Verbindung stehe, welcher seinerseits im Nationalsozialismus instrumentalisiert wurde.[537]

Nicht nur der Vorwurf, *Kelsens* Position zwinge zum Gehorsam gegenüber jeder staatlichen Ordnung ist – schon wegen *Kelsens* Ablehnung der „Befolgungsthese", also der These, es gebe eine moralische Pflicht zum Rechtsgehorsam[538] – unzutreffend; auch die Unterstellung, sie wirke bzgl. der jeweils geltenden Herrschaftsordnung zumindest affirmativ, ist aufgrund des hier herausgearbeiteten ideologiekritischen und staatsrelativierenden Impetus' *Kelsens* nicht haltbar.[539] Dies trifft auch auf den noch stärkeren Vorwurf zu, dass die Reine Rechtslehre „alles rechtfertigt" (*Depenheuer*)[540].

So überrascht auch die diesbzgl. Auffassung von *Brumlik*, mit der sich hier exemplarisch auseinandergesetzt werden soll. Er führt aus: „Mehr und schlimmer noch: Tatsächlich rechtfertigt Kelsen auch noch das Konzentrationslager".[541] Dies geschehe, indem *Kelsen* auch den diesbzgl. Regelungen den Charakter von „Recht" nicht abspreche. Kurz danach gesteht *Brumlik* aber zu,

> „daß Kelsen an keiner Stelle dem, was er als ‚Recht' bezeichnet, eine höhere Wertigkeit als anderen Formen des sozialen Lebens zuschreibt".[542]

Dies schiebt er aber wieder beiseite:

> „Indes: Kelsen beharrt darauf, daß die Feststellung der Ungerechtigkeit einer Zwangsordnung aus irgendwelchen Gründen nicht dazu führen darf, sie nicht als Rechtsordnung gelten zu lassen"[543]

Zunächst ist es nicht nur so, dass *Kelsen* dem Recht an *keiner* Stelle eine höhere Wertigkeit zuschreibt, sondern vielmehr so, dass er diese an zahlreichen Stellen explizit *bestreitet*. Dies zeigt, dass die Vorwürfe *Brumliks* ins Leere zielen: Etwas

---

536 Siehe allg. zur Differenz zwischen *Radbruch* u. *Kelsen Dreier* 1990, S. 183ff. u. 21f.; 228ff. u. empathisch 246; allg. u. zu *Kelsen Rüthers* 2011, Rn. 489, u. 575. Auch *Maus* 1980, S. 37ff., insb. Fn. 74f. u. *Maus* 2011, S. 130.

537 Vgl. *Maus* 1980, S. 37ff., insb. Fn. 74f. u. *Maus* 2011, S. 130; ablehnend bzgl. vermeintlicher Parallelen zwischen *Schmitt* u. *Kelsen Mantl* 1982, S. 189, hierzu auch unten, Fn. 585. Zum positiven Verfassungsbegriff oben, B. I. 4. a) bb), S. 31.

538 Vgl. unten, Fn. 575 u. oben, Fn. 219 dazu, dass es der Nicht-Positivismus ist, der eine Befolgungsthese affirmiert.

539 So auch *van Ooyen*, 2003, S. 66 u. *Dreier* 2011, S. 73

540 Vgl. *Depenheuer* 2010, S. 14.

541 Vgl. *Brumlik* 2008, S. 387ff.

542 *Brumlik* 2008, S. 391.

543 *Brumlik* 2008, S. 391.

„zu rechtfertigen" und etwas der „Rechtsordnung zuzuordnen" muss *Brumlik* synonym verwenden, sonst müsste er (dem in *Brumliks* Worten „radikalen Demokraten, republikanischen Rechtspolitiker [...] Juden und Emigranten"[544]) *Kelsen* unterstellen, Konzentrationslager auf der Ebene der persönlichen Wertung gutgeheißen zu haben, was wohl auszuschließen ist. So ist es problematisch, dass er diese vom Alltagsgebrauch abweichende Bedeutung des Begriffs *Rechtfertigung* gerade hier verwendet und somit letztgenanntem Eindruck Vorschub leistet. Aber davon abgesehen: Etwas als Teil der Rechtsordnung zu definieren, ohne daran eine wertende *Folge* zu knüpfen, mag man dann als Rechtfertigung *bezeichnen*, aber auch daraus wird kein treffender Vorwurf: Bezeichnete man die die Konzentrationslager konstituierenden Regeln nicht als Recht – was wohl die Alternative ist, die *Brumlik* mit *Radbruch* im Blick hat – änderte sich weder etwas an deren Bestehen noch den Folgen. Einzige Konsequenz wäre, worauf auch *Hart*, hinweist, eine unklare Terminologie[545]. Damit wird das Gegenteil von *Brumliks* Aussage postuliert:

> „Man kann es also drehen wie man will: ohne eine inhaltlich bestimmte Grundnorm, die mehr und anderes ist als lediglich das vorausgesetzte Implikat einer effektiv bestehenden Zwangsordnung, kommt man weder zu angemessen Urteilen über Formen totalitärer Herrschaft, noch zu Argumenten grundsätzlicherer Art gegen den sich im Deckmantel der Demokratie ausbreitenden Maßnahme- und Ausnahmestaat."[546]

Genau dies ist aber, was hier gezeigt werden soll, wobei es gerade der *Ausnahmestaat* ist, gegen den sich *Kelsens* Argumente nutzbar machen lassen.

cc) Gegen die Verbindung von Recht und Moral: Wertrelativismus und Rechtsnormen als hypothetische Urteile; kein Eigenwert des Rechts und der Rechtstreue

Kelsen postuliert nicht nur die Trennung der Rechts- von der Naturwissenschaft, sondern auch die von fremden Geisteswissenschaften, insb. der Ethik, der *Moral*.[547] So bestreitet *Kelsen* einen zwingenden Zusammenhang von Recht und Moral. Sein berühmtes Diktum: „Jeder beliebige Inhalt kann Recht sein"[548] weist die Moral als inhaltliche Kontrollinstanz des Rechts zurück: Recht ist ausschließlich das, was rechtmäßig gesetzt wird[549]. Dabei betont er die Selbstverständlichkeit, dass die Forderung nach einem moralischen, also „gutem" Recht damit nicht aufgegeben wird.[550]

---

544 *Brumlik* 2008, S. 387.

545 *Hart* 1971, S. 39ff.

546 *Brumlik* 2008, S. 391.

547 Und ist dabei ungewöhnlich radikal, vgl. z.B. *Braun* 2001, S. 27 u. insg. *Dreier* 1990, S. 39ff.

548 *Kelsen* 1934, S. 74. Differenziert zu diesem Zitat *Höffe* 1989, S. 153ff.

549 U. sich letztlich auf die „Grundnorm" zurückführen lässt; siehe hierzu unten, B. II. 1. b) aa) (1), S. 59.

550 Hierzu *Dreier* 1990, S. 155, 161, 175 u. 164.

Seine Haltung hat tieferliegende Gründe: Die Möglichkeit der Erkenntnis dessen, *was* moralisch, was gerecht, ist, geht für den Wertrelativisten[551] *Kelsen* den Menschen ab[552] (sog. *Nonkognitivismus*[553]). Auch dieser Wertrelativismus[554] lässt sich auf die Sein-Sollen-Dichotomie zurückführen[555]: Im Bereich des Seins lassen sich höchstens *Bewertungen* (bzw.: menschliche Bewertungs*vorgänge*), keine *Werte an sich*, insb. nicht solche bestimmter Zwecke, erkennen. Die Tatsache, *dass* etwas existiert, sagt noch nichts darüber aus, ob es existieren *soll*. Hierzu das Beispiel von *Brecht*:

> „Aber die Tatsache allein, daß Menschen ‚sind', ist keine logische Rechtfertigung für den Schluß, dass sie sein ‚sollen', ebensowenig wie die Tatsache, daß es Mücken und menschenfressende Haifische gibt, deren fortdauernde Existenz rechtfertigt".[556]

Wertaussagen spielen sich dagen stets auf der Ebene des (Miss-)billigens, in der von der Seinswelt disparaten Welt des *Sollens*, ab. Können Zwecke nicht existentiell „gut" oder „schlecht" sein, ist jede Aussage über einen Wert stets relativ zu einem *nicht weiter ableitbaren, zu setzenden* Zweck, mithin relativ, möglich.[557]

Mit der Leugnung des Bestehens bzw. der Erkennbarkeit irgendeines absoluten Werts wird das Recht auf die Möglichkeit bloß relativer Gerechtigkeit zurückgeworfen.[558] Dies impliziert, dass perfekte, absolut gerechte Rechtsnormen undenkbar sind. Ist damit schon die Möglichkeit eines unzweifelbar „richtigen Rechts" genommen, geht zugleich – dies ist eine wichtige Konsequenz – die Option, etwas für richtig zu halten, *weil* es Recht ist, verloren.[559] (Darauf verweist übrigens schon der

---

551 Zum Zusammenhang von Relativismus u. Positivismus *Kelsen* 1968, S. 288. Zum Wertrelativismus *Dreier* 1990, S. 41 u. *Gusy*, ARSP 1982, S. 515; zur demokratischen Bedeutung des Relativismus unten, B. II. 2., S. 81.

552 Vgl. *Kelsen* 1934, S. 26ff. Die Auffassung, es gäbe eine Gerechtigkeit, die sich nur nicht präzis bestimmen lasse, sei widersprüchlich (S. 28). Somit steht *Kelsen* in der neukantianischen Tradition, vgl. *Zippelius* 2011, § 4, III. u. *Kaufmann* 2011, S. 89. Seinen Wertrelativismus ausführlicher darstellend: *Kelsen* 1953; dazu *Gusy*, ARSP 1982.

553 Knapp dazu *Preussner* 2003. Auch für z.B. *Somek* 2005, S. 70 ist *Kelsen* ein Nonkognitivist.

554 Also allg. die erkenntnistheoretische Haltung, dass Werte nie absolut gelten, sondern immer nur im Bezug auf persönlich zu setzende, logisch nicht ableitbare Normen bzw. Zwecke behauptet werden können, siehe *Blinne/Seubold* 2003. *Kelsen* vertritt einen erkenntnistheoretischen Relativismus, der nicht i.S.d. Wert*nihilismus* die Existenz, sondern bloß die Beweisbarkeit von Werten leugnet, vgl. *Jestaedt*, ZÖR 2011, S. 205.

555 Auch wenn er diese, worauf *Dreier* 1990, S. 37 hinweist, kaum expliziert.

556 *Brecht* 1976, S. 150. Wenn dieses Bsp. Tierfreunde nicht überzeugt, ersetze man „Mücke" u. „Haifisch" bspw. durch „Erkältungskrankheit" oder „Krebsgeschwür".

557 Allg. zum Zusammenhang von Methodendualismus u. Wertrelativismus *Brecht* 1976, S. 150ff., S. 261 u. konkret zu *Kelsen* S. 285 u. *Dreier* 1990, S. 37.

558 Vgl. *Kelsen* 1934, S. 32f. u. *Kelsen* 1968, S. 284f. Hierzu, auch zu der ideologiekritischen Tendenz *Dreier* 1990, S. 161ff.

559 In diese Richtung zu *Kelsen* wohl *Hauser* 1968, S. 163; siehe auch *Dreier* 1990, S. 163.

Vorgang der Positivierung selbst: Recht wird nach dem Willen konkreter Menschen gestaltet, es könnte immer auch anders gesetzt sein.[560]) Die Trennung von Recht und Moral ist überhaupt erst die Voraussetzung, das *Recht* einer *moralischen* Kritik zu unterziehen[561] – ein Argument nebenbei, das auch bei Verzicht auf den Nonkognitivismus bestehen bleibt[562], was zeigt, dass Angriffe auf den Wertrelativismus nicht zwangsläufig zugleich die Trennungsthese treffen.

Hiermit hängt die schon oben angedeutete Vorstellung von Rechtsnormen als (in eine Zwangsordnung eingefasste[563] und auf einer nur hypothetischen Grundnorm basierende[564]) hypothetische Urteile zusammen: Anders als die Normen der Moral, die an ihre Subjekte gerichtete Imperative ausdrücken („Du sollst nicht töten"), drücken jene bloß eine Verknüpfung von Tatbestand und Rechtsfolge aus („Wer einen Menschen tötet [...] wird als Totschläger mit Freiheitsstrafe nicht unter fünf Jahren bestraft.", § 212 I StGB; dieser Befehl richtet sich nicht an Bürgerinnen und Bürger, sondern an Amtsträger).[565] Damit relativiert *Kelsen* die Bedeutung von *Unrecht*, indem das so bezeichnete Verhalten wertfrei als bloße Erfüllung eines gesetzlichen Tatbestands aufgefasst wird.[566]

Davon ausgehend greift *Schmitt* das positivistische Systems *Kelsens* mit dem Vorwurf an, anders als das Vernunft- oder Naturrecht könne es kein „echtes Sollen" begründen.[567] Damit ist es nicht *Kelsen*, sondern der „Überpositivist" Schmitt, dessen Aussagen sich in Richtung der Befolgungsthese deuten lassen, obwohl dies (explizit oder implizit durch den Vorwurf, herrschende Unrechtssysteme zu stabilisieren) oft dem Rechtspositivismus vorgeworfen wird.[568] Deutlich wird der Zusammenhang zwischen der (vom Rechtspositivmus abgelehnten) Verbindungs- und der

---

560 Vgl. *Kelsen* 1968, S. 283 u. 289. Dass die Positivierung auf die Möglichkeit einer *anderen Entscheidung* hinweist, betont *Luhmann* 1993, S. 220; schon dies zeigt eine Relativierung des Werts des positiven Rechts. Zur Wichtigkeit der Kontingenz, damit der Willensmäßigkeit des Rechts, vgl. auch *Lippold* 1989, S. 53f.

561 Hierzu oben, Fn. 550 u. *Hart* 1971, S. 45f.; *Wielinger*, ARSP 1971, S. 572f.; *Walter*, ÖZöR 1967, S. 127; *Leser* 1968, S. 232; *Höffe* 1989, S. 239 u. *Dreier* 1990, S. 233f. sowie *Dreier* 2011, S. 71ff.; die erkenntnismäßige Problematik einer *Identifizierung* deutet *Gusy*, ARSP 1982, S. 519 an. Interessant auch *Jestaedt*, ZÖR 2011, S. 206.

562 Vgl. dazu *Pfersmann* 2001, S. 206f.

563 Zu diesem Zusammenhang siehe unten, Fn. 820.

564 Hierzu insb. *Jakab*, ARSP 2005, S. 343; siehe auch unten, B. II. 1. b) aa) (1), S. 59.

565 Vgl. *Kelsen* 1934, S. 33f., siehe zum Verhältnis dieser Auffassung zur sog. Imperativtheorie unten, Fn. 758.

566 Dazu *Hauser* 1968, S. 160; *Dreier* 1990, S. 204ff.; *Hruschka* 2005, S. 5 u. *Pawlik* 1993, S. 82 sowie *Pawlik*, Rechtstheorie 1994, S. 564.

567 Vgl. *Schmitt* 1928, S. 8f. „[E]chtes Sollen" meint für *Schmitt* das ohne auf positives Recht rekurrieren zu müssen *geltende*, also wie die „Imperative der Moral" i.S. *Kelsens*. In dieser Deutung *Schmitts* auch *Alexy* 2005, S. 334.

568 Wirkmächtig durch *Radbruch*, dazu oben, B. II. 1. a) bb), S. 52. Zu den Widersprüchen in *Schmitts* Naturrechtsverständnis oben, in u. an Fn. 481. Allg. *Grünwald* 1978, S. 27.

Befolgungsthese auch bei *Kriele*, wenn er gegen *Kelsen* (sowie *Hart*) und allgemein den Rechtspositivismus ausführt:

> „In Wirklichkeit ist es eine sittliche Pflicht, dem Recht Folge zu leisten, vorausgesetzt, daß das Recht im ‚großen und ganzen' der Sittlichkeit Rechnung trägt, die Rechtspflicht wird dann auch durch Gesetze begründet, die im einzelnen sittlich zu mißbilligen sind, weil sich die Verpflichtungskraft des einzelnen Gesetzes aus der Legitimität der Rechtsordnung im Ganzen ableitet."[569]

Die darin liegende Forderung, es sei u.U. eine moralische Pflicht, unmoralischen Gesetzen zu folgen, zeigt das totalitäre Potential der von *Kelsen* bekämpften Position.[570]

Tatsächlich verzichtet *Kelsen* anders als *Schmitt*[571] auf die Möglichkeit einer übergeordneten Legitimation des Rechtssystems.[572] Er kritisiert das gegenteilige Vorgehen: Die Verknüpfung mit der Moral (bzw.: der Vorstellung einer absoluten Moral) werde oft herangezogen, um dem Recht einen *absoluten Wert* zu verleihen, wie er jener zukommt. Dies aber sei unzulässig:[573] Anders als das der Moralwidrigkeit beinhalte das Urteil der Rechtswidrigkeit gerade keine ethische Missbilligung der jeweiligen Handlung. Eine solche setze nicht nur die Kenntnis, sondern auch die *An*erkenntnis der Norm voraus; diese ist allerdings keine zwingende Geltungsvoraussetzung von Rechtsnormen.[574] So kann das Recht nicht den Anspruch erheben, darum befolgt zu werden, *bloß weil es Recht ist*: *Kelsen* lehnt die Befolgungsthese klar ab[575]. Ob im Konfliktfall dem Recht oder der Moral zu folgen

---

569 *Kriele* 1979, S. 117, zust. *Dreier* 1981, S. 198ff.

570 *Kriele* streitet hier (wie *Schmitt* 1932, S. 30) für ein überpositives Widerstandsrecht. Zu den Ambivalenzen des Widerstandsrechts *Maus* 2011, S. 23ff. u. S. 91, dort zum Widerspruch eines solchen Widerstands*recht*s zu dem von *Kelsen* postulierten Freiheitsminimum, das eine Nicht-Verrechtlichung mit sich bringt (dazu unten, Fn. 695).

571 Zum Unterschied beider *Prisching* 1988, S. 92: *Kelsen* fokussiere die Legalität, *Schmitt* die Legitimität.

572 Siehe knapp, aber deutlich in diese Richtung *Evers*, ZfP 1962, S. 63; ähnl. *Schütze* 2004, S. 237f. Prägnant *Luf* 2008, S. 103ff., der *Kelsens* Positionen hier aus epistemologischer Perspektive kritisiert.

573 Vgl. *Kelsen* 1934, S. 26.

574 Vgl. *Kelsen* 1923, S. 43f., ähnl. *Kelsen* 1934, S. 35f. Hierzu *Wielinger*, ARSP 1971, S. 573 u. *Dreier* 1990, S. 182.

575 Also die These, es sei eine auch moralische Pflicht, das Recht zu befolgen, vgl. *Kelsen* 1923, S. 47f. Siehe, auch bzgl. der Terminologie, *Hoerster* 2006, S. 70, 77; *Wielinger*, ARSP 1971, S. 573 u. *Grünwald* 1978, S. 26f. *Leser* 1968, S. 228f. grenzt die reine Rechtslehre als kritischen von einem naiven, die Befolgungsthese vertretenden Positivismus ab; ähnl. *Walter*, ÖZöR 1967, S. 123ff. u. *Pawlik* 1993, S. 188f. Dieses Ergebnis fasst *Gusy*, ARSP 1982, S. 523 allg. als Konsequenz des Wertrelativismus auf. Treffend auch *Dreier* 1990, S. 46, auch dort S. 230ff. m.w.N. in Fn. 392 u. empathisch auf S. 246. Deutlich auch *Dreier* 2011, S. 71ff. *Walter* 1964, S. 14 Fn. 14 begründet die Ablehnung der Befolgungsthese mit der hypothetischen

ist, bleibt eine (moralische) Entscheidung des Einzelnen[576]; hierin liegt eher eine Stärkung der persönlichen Moral als deren Herabsetzung[577].

Somit geht dem Recht insgesamt die Möglichkeit ab, sich auf eine ihm eigens zukommende *Werthaftigkeit* zu berufen – was einen klaren Unterschied zwischen *Schmitts* und *Kelsens* Sichtweise darstellt; ersterer schreibt Recht und Staat einen Eigenwert zu.[578] *Kelsen* geht bis zur Ablehnung jeglicher – von *Schmitt* vorgenommener – Legitimation des Staats (und damit: des Rechts).[579]

dd) Zusammenschau: Keine Legitimation, kein Eigenwert des Rechts – Opposition zu Schmitt

Kelsens strenge Unterscheidung zwischen Recht und Natur mindert die ansonsten bestehende Tendenz, alles gerade Existierende zu legitimieren. Die Trennung von Recht und Moral nimmt dem Recht die Möglichkeit, sich auf einen ihm eigens zukommenden Wert zu berufen. *Kelsens* Positivismus führt damit insgesamt zu einer Relativierung des bestehenden Rechtssystems: Das Recht kann sich auf keine über seine eigene Legalität hinausgehende Legitimität berufen. Seine Auffassung läuft – aus Perspektive des Rechts![580] – auf die Identifikation von Legalität mit Legitimität hinaus. Dies ist eine formale Betrachtungsweise, die sich letztlich als Auflösung des klassischen Legitimitätsbegriffs lesen lässt.[581] Gerade hierin liegt ein deutlicher Unterschied zu *Schmitt*.[582]

Natur der Grundnorm. Dazu u. zur politischen Implikation *Ooyen* 2003, S. 60f. Krit. zu *Kelsen* *Vosgerau* 2010, S. 62f., Fn. 28.

576 So auch *Jestaedt*, ZÖR 2011, S. 205; ähnl. *Dreier* 2001, S. 303 u. *Mayer* 2001, S. 330. Vgl. zum Wertrelativismus, damit auch hier gültig, *Gusy*, ARSP 1982, S. 515f. Näher zur *Verantwortung des Einzelnen* unten, Fn. 587.

577 Vgl. zu diesem Ergebnis *Dreier* 1990, S. 236.

578 Siehe *Kelsen* 1934, S. 27ff. Zu *Schmitts* Ansichten bzgl. der Werthaftigkeit des Staates (der ja für Kelsen mit dem Recht identisch ist, unten, B. II. 1. b) bb) (2) (a), S. 72) insb. oben, B. I. 4. a), S. 29.

579 Vgl. *Kelsen* 1934, S. 32, 51, 137. Zu *Schmitt* oben, B. I. 1. a) bb), S. 9.

580 D.h., dass es für die Frage nach der „rechtlichen Richtigkeit" nur auf die Legalität ankommt, aber gerade nicht, dass die Legalität etwas über die (meta-rechtliche, siehe zu den verschiedenen Verwendungsformen des Begriffs oben, Fn. 79 u. die dortigen Verweise) *Legitimität* einer Handlung aussagen will; genau dies vermeidet *Kelsen*.

581 Indem *Kelsen* die Legitimität zur bloßen Legalität reduziert. Vgl. den ähnlichen formalen Souveränitsbegriff unten, B. II. 1. b) bb) (2) (b), S. 75. Dazu *Baume* 2012, S. 10 u. *Guggenberger* 1986, S. 270. Siehe zum klassischen Legitimitätsbegriff uu. dem entgegensetzten, soziolgischen Verständnis i.S. *Luhmanns* oben, Fn. 79. Insg. ähnelt *Kelsens* Begriff dem soziologlischen Verständnis, dazu oben, Fn. 75.

582 Beispielhaft ist hier die *Schmitt*'sche Kritik an *Kelsens* formaler Betrachtungsweise, siehe *Schmitt* 1928, S. 8f. Dazu *Guggenberger* 1986, S. 270 u. *Baume* 2012, S. 10.

Damit ist auch die These zurückgewiesen, *Kelsen* (bzw. der Positivismus) komme durch den Rückzug auf genau dasjenige Recht, das von einer zur Durchsetzung fähigen Macht gesetzt wurde, zum gleichen Ergebnis, auf das *Schmitts* autoritäre Argumente hinauslaufen[583]: *Schmitt* nimmt, wie oben ausführlich betrachtet, eine tatsächliche Legitimation des Bestehenden vor[584]; *Kelsen* lehnt, wie hier gesehen, jegliche Legitimation eines (bestehenden, vergangenen oder zukünftigen) Rechtssystems ab.[585] Damit nimmt er zugleich den jeweiligen Machthabern die Möglichkeit, sich „unter dem Deckmantel des Rechts" zu verstecken: Er deckt die Verantwortung der rechtsanwendenden und rechtssetzenden[586] Personen auf[587] und ermöglicht so erst eine realistische Kritik an Staat und Recht.

b) *Kelsens Rechtssystem und seine Folgen: die Rechtsordnung als Einheit und Stufenbau*

Aus *Kelsens* ideologiekritischer Perspektive – ihm wird nachgesagt, er habe das Recht durch seine nüchterne Betrachtung „entzaubert" (*J. Braun*)[588] – ist es die Vorstellungen diverser *Dualismen der Rechtsbetrachtung*, die zu der Tendenz, jegliche Rechtsnorm,

---

583 So exemplarisch, mit Rekurs auf die jeden beliebigen Inhalt zulassende Grundnorm (vgl. unten, B. II. 1. b) aa) (1), S. 59, zur parallelen *Funktion* – nicht: Ergebnis! – von Grundnorm u. Dezision bereits oben, Fn. 62) *Ehmke* 1953, S. 33 u. wohl auch *Brumlik* 2008, S. 392 (siehe zu diesem auch oben, B. II. 1. a) bb), S. 52).

584 Siehe hierzu nur die Zusammenschau zu *Schmitt* oben, B. I. 5., S. 45.

585 So auch *Dreier* 1990, Fn. 367, u. ähnl. *Maus* 1980, S. 54, Fn. 138, u. *Mantl* 1982, S. 189. Siehe hierzu auch oben, Fn. 348 (die Parallele auf den positiven Verfassungsbegriff bezogen), oben, Fn. 62 (auf den Dezisionismus gemünzt) u. oben, Fn. 426 (Gegen den Rechtspositivismus als „Herrschaftslegitimator"). Allg. dazu als Konsequenz einer wertrelativistischen Grundhaltung *Gusy*, ARSP 1982, S. 522f.

586 Zu *Kelsens* Relativierung des Gegensatzes von Rechtssetzung und -anwendung unten, B. II. 1. b) aa) (2), S. 60.

587 Dazu *Hauser* 1968, S. 161; auch zum *Deckmantel*-Zitat. Änl. *Depenheuer* 2010, S. 12. Diese Verantwortung hängt auch mit der Erkenntnis zusammen, dass jede Rechtsanwendung (=i.d.R. Rechtssetzung) eine *Eigenleistung* des Anwenders / Setzers beinhaltet, dazu unten, B. II. 1. b) aa) (3), S. 61 u. im Kontext *Lippold* 1989, S. 54. Ähnl. die Deutung *Kelsens* Position durch *Dreier* 2001, S. 299: Siehe auch *M. Jestaedt*, oben in Fn. 576 u. allg. zu Rechtspositivismus u. Verantwortung ähnl. wie *Kelsen*, wenn auch ohne expliziten Bezug, *Popper* 1945, S. 74ff. (zur Terminologie bei *Popper*: er nennt dies „kritischen Dualismus" – den Begriff des „juridischen Positivismus" scheint er, anders als üblich und anders als *Kelsen*, mit einer Art der Befolgungsthese zu verbinden resp. versteht darunter eine Position, die – mit *Schmitt* gerade gegen *Kelsen* – dem Recht einen eigenen Wert zu schreibt, *Popper* 1945, S. 85f. u. ebenfalls deutlich *Popper* 1945, S. 50.

588 *Braun* 2001, S. 14.

letztlich den Staat als solchen zu legitimieren[589], führt.[590] Diese Dualismen seien dem Naturrecht geschuldet und daher abzulehnen. Zentral ist der „Antagonismus von Staat und Recht“[591], der ebenfalls eine ideologisch genährte Fiktion sei. *Kelsen* identifiziert dagegen beide Begriffe, er ist der Auffassung, dass Staat und Recht aus juristischer Warte zusammenfallen. Eine radikale Position, die im Folgenden zu betrachten ist.

Eng damit verknüpft ist seine Deutung der Rechtsordnung als einheitlicher Stufenbau: Diese Konstruktion hat *Kelsen* von seinem Schüler *Adolf Merkl* übernommen und in sein System integriert[592]; auf ihr basiert die Idee der *Grundnorm*, die Ausdruck der oben betrachteten rechtspositivistischen Grundhaltung *Kelsens* ist und demokratietheoretische Implikationen in sich trägt.

aa) Der Stufenbau der Rechtsordnung, die Identifikation von Rechtssetzung und -vollziehung

Für *Kelsen* stehen die Rechtssätze in einem Verhältnis eines hierarchischen Stufenbaus und bilden insgesamt eine geschlossene Einheit[593] (dies ist einer der von *Schmitt* als absolut bezeichneten Verfassungsbegriffe[594]) – eine Betrachtungsweise, die für *Kelsen* des Postulats einer obersten Norm, der berühmten *Grundnorm,* bedarf,[595] die die Geltung aller von ihr abgeleiteten Normen bedingt.[596]

(1) Rechtsgeltung kraft hypothetischer Grundnorm: Keine Identifikation von Recht und Macht, Zusammenhang zur Demokratietheorie

Auch die Notwendigkeit einer Grundnorm als Geltungsgrund des Rechts folgt aus *Kelsens* methodendualistischer Betrachtungsweise:[597] Ist Recht unabhängig von der Natur, kann sich seine Geltung nicht aus bloßen Tatsachen schöpfen; eine Norm kann nicht aus Fakten, sondern nur aus weiteren Normen, also normintern, abgeleitet werden. Damit würde die Frage nach der Geltung einer Rechtsnorm allerdings zu einem *infiniten Regress* führen, zur niemals endenden Suche nach der

---

589 I.S.d. Zuschreibung eines über die Legalität hinausgehenden Wertes, siehe zu *Kelsens* Position oben, Fn. 580.

590 Ausführlich zum Zusammenhang von dualistischen Betrachtungsweisen u. Ideologie *Kelsen* 1926, S. 38ff.

591 *Kelsen* 1934, S. 52.

592 Siehe nur *Öhlinger* 1975, S. 9.

593 Vgl. *Kelsen* 1934, S. 84f., mit einer schematischen Darstellung des Komplexes *Kelsen* 2008, S. 2f. Hierzu *Hauser* 1968, S. 60ff. Zur Frage nach der *Einheitlichkeit* der Rechtsordnung unten, Fn. 671.

594 Siehe oben, B. I. 4. a) aa), 30.

595 Einen guten Überblick zu dieser Lehre bei *Kelsen* geben *Walter* 1992 u. *Lippold* 1989, S. 56ff.

596 Vgl. *Kelsen* 1934, S. 73.

597 Zum Zusammenhang *Dreier* 1990, S. 42ff.

höherrangigen Norm.[598] Um dies zu vermeiden, ist das Postulat einer obersten, der *Grundnorm*, nötig.

Die einzige tatsächliche Bedingung der Rechtsgeltung ist eine *gewisse Wirksamkeit*: Ebenso, wie ein Rechtssystem bei völliger Übereinstimmung von tatsächlichem Verhalten und Norm sinnlos wäre (da es sich dann um Naturgesetze handelte[599]), könne es auch nicht gelten, wenn es keinerlei tatsächlichen Einfluss habe. *Kelsen* betont dabei, dass dieses Beharren auf einer Mindestwirksamkeit keine Identifikation von Geltung und Wirksamkeit, letztlich: Recht und Macht darstellt. Dies sei zwar eine notwendige, aber keine hinreichende Geltungsbedingung.[600] Für *Kelsen* ist die (auch von sich „positivistisch gebenden" Theorien aufgestellte) Behauptung der Identität von Geltung und Wirksamkeit, sprich Wirklichkeit, dem Einfluss naturrechtlichen Denkens geschuldet.[601]

Allerdings behauptet *Kelsen* – dies ist ein für seine Auffassung zentraler und oft verkannter Punkt[602] – nicht, dass die Grundnorm tatsächlich existiert, sondern bezeichnet sie als eine *Hypothese*.[603] Und zwar keine i.S. einer naturwissenschaftlichen Vermutung, sondern einer *Wenn-Denn-Verknüpfung*: *Wenn* man die Geltung

598 Dazu *Dreier* 1990, S. 45, *Zippelius* 2011, § 3, III u. *Kaufmann* 2011, S. 126.

599 Was *Kelsen* hier anspricht, firmiert unter dem Begriff der *kontrafaktischen Geltung* nicht-naturgesetztlicher Normen, siehe hierzu auch unten, in u. an Fn. 1320.

600 Vgl. *Kelsen* 1934, S. 80f. u. *Kelsen* 1968, S. 338; treffend *Dreier* 1990, S. 122 u. *Gusy*, ARSP 1982, S. 521. *Kelsen* grenzt sich durch die fehlende Identifikation von Recht u. Tatsachen von der *realistischen*, wegen des Beharrens auf ein Wirkungsminimus von der *idealistischen* Rechtstheorie ab, vgl. *Leser* 1968, S. 236ff. Das Ausscheiden der *idealistischen* Betrachtung erklärt *Walter* 1964, S. 13f. u. *Walter* 2001, S. 3 mit „denkökonomischen" Gesichtspunkten: Es soll die klassische Materie der Rechtswissenschaft betrachtet werden, mithin „geltendes Recht". Ähnl. *Leser*, a.a.O., S. 238; *Pawlik* 1993, S. 165u. S. 16ff., insb. Fn. 109 m.w.N.; *Olechowski* 2009, S. 49u. *Jakab*, ARSP 2005, S. 339ff. sowie *Schild* 1975, S. 19, dort aber grds. krit. zu *Kelsens* Postulaten. Eine kritische Betrachtung dessen auch bei *Lippold* 1989, S. 86ff. Vgl. die ähnl. Auseinandersetzung mit *Kelsens* Definition des Rechts als Zwangsordnung, dazu unten, Fn. 765.

601 Vgl. *Kelsen* 1968, S. 309, insb. Fn. 5. Dies sei so, da aus naturrechtlicher Warte bloß dem Natürlichen Soll-Geltung zugesprochen werde, während das positive Recht als reines Seinsfaktum betrachtet wird.

602 Worauf auch *Walter* 1992, S. 10 hinweist.

603 Vgl. *Walter* 1964, S. 14f. u. prägnant *Pawlik* 1993, S. 15ff. *Kelsen* verwendet zunächst den Begriff *Hypothese*, später spricht er von *Fiktion*, zur Terminologie *Leser* 1968, S. 242ff; *Lippold* 1989, S. 62f.; *Walter* 1992, S. 54ff.; *Olechowski* 2009, S. 58 u. *Jakab*, ARSP 2005, S. 341ff. *Dreier* 1990, S. 44ff. hält beides für problematisch u. schlägt vor, von einer *unterstellten Annahme* zu sprechen. *Hauser* 1968, S. 86 spricht von einem *Denkbehelf* bzw. *Denkvoraussetzung*, S. 89. Für die hier entscheidende Tatsache, dass diese Norm nicht als empirisches Faktum zu betrachten ist, ist dies jedoch unerheblich. Siehe zur *Fiktion* eines einheitlichen Rechtssystems unten, Fn. 671. Insgesamt zu dem Komplex *Alexy* 2005, S. 344.

eines Normensystems betrachten will, *dann* muss man eine Grundnorm unterstellen.[604] Damit ist für ihn jegliche Rechtsgeltung stets nur eine hypothetische.[605] Die Grundnorm ist eine denklogische Voraussetzung der Vorstellung einer geltenden Rechtsordnung unter Zugrundelegung der *Zwei-Welten-Lehre*[606]; sie ist eine *erkenntnistheoretische Figur*[607], keine als existent behauptete Entität. Dies stellt einen entscheidenden Unterschied gerade zur Dezision bei *Schmitt* dar, die für ihn als existierende Substanz das Recht zu legitimieren vermag.[608]

Aus der Trennungsthese folgt eine weitere wichtige Eigenschaft, nämlich die formale Natur der Grundnorm. Sie statuiert bloß die Kompetenz, Recht zu setzen, typischerweise: eine Verfassung zu geben, die die weitere Gesetzgebung regelt; diese Autorität kann sowohl einem demokratischem Parlament als auch einem autokratischen Herrscher verliehen werden. Dafür gibt sie aber keine *inhaltlichen Maßstäbe* vor; eben daher kann *jeder beliebige Inhalt Recht sein.*[609]

Diese Folge eines strengen Methodendualismus ist auch staatstheoretisch-politisch relevant: Wie gesehen und noch weiter zu vertiefen hat *Kelsens* Trennung von Sein und Sollen einen den Staat relativierenden Effekt[610], der sich in der Konzeption der Grundorm spiegelt. Es lässt sich vermuten, dass *Kelsen* sie aus einem demokratischen Impetus heraus konzipiert hat:[611] Will man die Rechtsgeltung nicht aus dem bestehenden Sein ableiten, was einer Legitimation des Herrschenden Vorschub leistet – und damit den Gestaltungsspielraum des *demos* einschränkt –,[612] aber dennoch an der Vorstellung von geltendem, positiven Recht – das für die

---

604 Hierzu *Lippold* 1989, S. 60.

605 Dazu oben, B. II. 1. a) aa), S. 50; zum Zusammenhang *Jakab,* ARSP 2005, S. 343 u. *Lippold* 1989, S. 60f. Ähnl. *Luf* 2008, S. 68, wenn auch mit kritischen Analyse aus *Kant*'scher Parspektive.

606 Vgl. *Kelsen* 1934, S. 77. Dies betont auch *Hoerster* 2006, S. 139. Siehe hierzu auch *Dreier* 1990, S. 45f. u. das von diesem stammende, oben in Fn. 75 wiedergegebene Zitat.

607 Vgl. *Kelsen* 1968, S. 338. Vgl. dazu *Walter* 1992, S. 54ff. Siehe auch *Lippold* 1989, S. 62ff. u. *Pawlik,* Rechtstheorie 1994, S. 452.

608 Siehe hierzu oben, Fn. 62.

609 Vgl. *Kelsen* 1934, S. 74. Zu dieser Losung auch oben, B. II. 1. a) cc), S. 54.

610 Indem er die Legitimation mittels der bestehenden Herrschaftsordnung unmöglich macht (oben, B. II. 1. a) aa), S. 50, u. unten, B. II. 1. b) bb) (2) (a), S. 72), dem Rechtssystem die Berufung auf eine ihm eigens zukommende Wertigkeit nimmt (oben, B. II. 1. a) cc), S. 54) u. die staatlichen Zugriffe auf die Bürger auf dezidiert rechtlich zulässige Handlungsweisen beschränkt (unten, B. II. 1. b) bb) (1) (a), S. 66). Auch *Pawlik* 1993, S. 155: Die Grundnorm wirkt gerade nicht *affirmativ* zur Rechtsordnung. Noch einmal auf S. 157, wo die fehlende Legitimationsleistung der Grundnorm im Vergleich zur „Naturrechtsdoktrin" genannt wird.

611 Wie es z.B. *Ooyen* 2010, S. 26 tut. Ähnl. *Dreier* 1990, S. 49.

612 Siehe zu dieser *konservativen* (u. der alternativen, *revolutionären*) Funktion des Naturrechts oben, Fn. 533.

Vermittlung der demokratische Herrschaft durch Parlamentsgesetzte nötig ist – festhalten, bleibt nur der Rückzug auf eine hypothetische Grundnorm.[613]

(2) Die einzelnen Stufen der Rechtsordnung und ihre Funktion: Relativierung des Unterschieds zwischen Rechtsanwendung und Rechtssetzung

Die Vorstellung einer höchsten Norm umfasst bereits die eines hierarchischen Normenbaus, einer „Normpyramide"[614]. Unter der Grundnorm steht an höchster positivrechtlicher Stelle die Verfassung[615], die das Verfahren der weiteren Rechtserzeugung regelt[616], anders als die Grundnorm regelmäßig über materielle Vorgaben für Gesetze (typischerweise: Grundrechte) verfügt und sich durch ihre erschwerte Abänderbarkeit auszeichnet.[617] Danach folgen die einfach-gesetzlichen generellen Normen, die durch die individuellen, durch Rspr. oder Verwaltung erzeugten Rechtsakte konkretisiert werden.[618] Dies ist, was *Schmitt* als einen „normativen Verfassungsbegriff"[619] bezeichnet, der auf ein zusammenhängendes Normensystem abstellt.[620]

Konsequenz dieser Idee des Stufenbaus ist die *Relativierung des Unterschieds zwischen Rechtsanwendung und Rechtssetzung*: Außer der „Voraus-Setzung"[621] der Grundnorm und der Vollziehung des am Ende des Stufenbaus stehenden Zwangsakts[622] sind alle Rechtsakte sowohl solche der Vollziehung als auch der Setzung:[623] Die Verfassungsgebung vollzieht die Grundnorm, die Gesetzgebung die Verfassung, die Rspr. die Gesetze etc.[624] Das Rechtssystem basiert damit auf dem stetigen Neu-Setzen und zugleich der Anwendung gesetzter Normen. *Kelsen* legt eine betont dynamische zuungunsten einer statischen Vorstellung zugrunde und nimmt eine konstruktive Perspektive ein.[625] Diese rechtstheoretische Position schlägt sich, wie bereits erwähnt, in vielen – auch politikwissenschaftlichen – Aspekten *Kelsens* Werk nieder und soll unten[626] näher betrachtet werden.

---

613 Vgl. *Ooyen* 2010, S. 27. Zum Positivismus als Voraussetzung der Demokratie unten, B. II. 2. a), S. 81.
614 Vgl. *Dreier* 1990, S. 130.
615 *Kelsen* 1925, S. 249 unterscheidet die „Verfassung im positivrechtlichen Sinne" – in der BRD das GG – von der Grundnorm, die als Quelle der Einheit der Rechtsordnung, die „Verfassung im rechtslogischen" Sinne darstellt.
616 Vgl. *Kelsen* 1925, S. 249
617 Vgl. *Kelsen* 1934, S. 85f. Zum Ganzen auch *Wendenburg* 1984, S. 78f.
618 Vgl. *Kelsen* 1934, S. 85ff.
619 Hierzu oben, B. I. 4. a) aa), S. 30.
620 Siehe hierzu *Schild* 1998, S. 39.
621 *Kelsen* 1934, S. 93.
622 Vgl.: *Kelsen* 1925, S. 249f. „Am Ende – oder am Anfang, je nach der Blickrichtung, – steht das Wort oder die Tat." (S. 250).
623 Vgl. *Kelsen* 1934, S. 92f. u. *Kelsen* 2008, S. 2. Siehe dazu *Grimm* 1982, S. 151.
624 Übersichtsartig *Kelsen* 2008, S. 3. Hierzu auch *Dreier* 1990, S. 131.
625 Vgl. *Jestaedt* 2009, S. 128f.; *Koller* 2005, S. 107f. u. *Olechowski* 2009, S. 54ff.
626 B. II. 1. b) cc) (2), S. 79.

(3) Interpretation und Entscheidung: Relative Gebundenheit statt Dezision aus dem Nichts

Jeder dieser Schritte von einer übergeordneten zu einer niedrigeren Stufe des Rechtssystems macht die Interpretation der ranghöheren Norm nötig. Dies gilt für das Fällen eines Gerichtsurteils in Anwendung eines Parlamentsgesetzes ebenso wie für das Erlassen eines solchen Gesetzes im Einklang mit den verfahrenstechnischen und evtl. inhaltlichen Vorgaben der Verfassung.[627]

Anders als *Schmitt*, der die normative Ungebundenheit jeder Entscheidung behauptet, geht *Kelsen* davon aus, dass – auch wenn er die Existenz unterschiedlich großer Elemente der Freiheit in jeder Konkretisierungstufe betont (wobei sie mit jedem Schritt zu einer niederen Stufe abnehme[628])[629] – die jeweils höhere Stufe einen *Rahmen* vorgibt, in dem sich die Ableitung zu bewegen habe.[630] Diesen frei ausfüllbaren Rahmen abzustecken ist Aufgabe der Interpretation[631] – wobei sich *Kelsen* mit konkreten Aussagen zur Interpretationsmethodik zurückgehalten hat.[632]

Vorderhand drängt es sich auf, *Kelsens Interpretation* mit *Schmitts Dezision* zu vergleichen.[633] Dies greift aber zu kurz, eigentlich beschreibt *Kelsen* ein zweistufiges Vorgehen: *1.* die „rechtswissenschaftliche Interpretation", die den *Rahmen* analysiert und *2.* die „authentische Interpretation", die diesen dann frei[634] ausfüllt.[635] Aus dieser Perspektive beschreibt die *Dezision* lediglich Stufe *2* und ignoriert die erste; das klassische Subsumtionsmodell[636] hingegen erfasst nur den ersten bei Vernachlässigung des zweiten Schrittes. Spricht *Schmitt* von einer „normativ aus einem

627 Vgl. *Kelsen* 1934, S. 100 u. *Kelsen* 2008, S. 67.

628 Hierzu *Kelsen* 2008, S. 3, zu der rechtstaatlich-politischen Dimensionen dessen siehe die weiteren Ausführungen in diesem Abschnitt zum *Element der Geschlossenheit,* insb. unten, Fn. 648.

629 Dazu *Schwaighofer* 1986, S. 235 u. *Dreier* 1990, S. 145.

630 Vgl. dazu *Schwaighofer* 1986, S. 237, 239; *Öhlinger* 1975, S. 40; *Ringhofer* 1971, S. 203; *Handstanger,* ÖJZ 2004, S. 625f. Siehe auch den Exkurs unten, B. II. 1. b) aa) (4), S. 63.

631 Vgl. *Kelsen* 1934, S. 104.

632 Dazu *Olechowski* 2009, S. 57; *Larenz* 1991, S. 79f., *Handstanger,* ÖJZ 2004, S. 622f.; *Evers,* ZfP 1962, S. 64 u. *Dreier* 1990, S. 152f. Auf diese Tatsache weist auch *Kelsen,* JW 1929, S. 1725 selbst hin.

633 Worauf *Kelsen* 2008, S. 74, Fn. 8 (auch: S. 67) selbst hinweist und sich wundert, dass *Schmitt* dies verkennt. Dazu *Ooyen* 2010, S. 81. Siehe zur ebenfalls diskutierten Parallele zwischen *Dezision* und *Grundnorm* oben, Fn. 62 u. zur Dezision bei *Schmitt* allg. oben, B. I. 1. a), S. 8.

634 Zur Freiheit u. der damit politische Funktion treffend *Schild* 1998, S. 40.

635 So auch bzgl. der übernommen Terminologie *Pfersmann* 2009, S. 384.

636 Dessen Vertreter in überkommener Manier von einer eindeutigen naturwissenschaftlich-deduktiven Ableitbarkeit von Entscheidungen aus dem Normtext ausgehen, vgl. nur *Vesting* 2007, Rn. 202. *Dreier* 2011, S. 84ff. betont, dass die Vorwürfe, *Kelsen* vertrete ein solches Modell, sein egtl. Verständnis weit verfehlen.

Nichts"[637] getroffenen Entscheidung, geht *Kelsen* von einer „*relativen* Unbestimmtheit"[638] aus. Festzuhalten ist, dass auch für *Kelsens* interpretationsoffenes System die Vorstellung einer Entsprechung der niederen mit der hierarchisch übergeordneten Norm, also zumindest ein gewisses Richtigkeitskriterium des Ableitungsakts, konstitutiv ist.[639] Allerdings betont er mit *Schmitt*[640] und gegen den klassischen Gesetzespositivismus[641], dass der Glaube an eine *einzige* inhaltlich korrekte Ableitung die Realität verkenne. Dies, da die Notwendigkeit einer Interpretation bereits zeigt, dass es keinen eindeutigen, positiv-rechtlichen Maßstab für die fragliche Entscheidung gibt. Vielmehr sei dies ein Akt des Willens[642], womit nicht nur das Erlassen eines Gesetzes im Rahmen der Verfassung, sondern auch das Fällen eines Gerichtsurteils ein durchaus politischer Akt ist, den auch *Kelsen* – „um in der Terminologie von C.S. [= *Carl Schmitt*, F.F.] zu sprechen" – als dezisionistisch bezeichnet.[643] Diese Konstruktion hat wichtige rechtsstaats- bzw. demokratietheoretische Konsequenzen:[644]

In der Vorstellung der nicht determinierbaren Interpretation liegt ein Element der *Offenheit*; dies ist nötig, um eine Reaktion auf verschiedene soziale Lagen zu ermöglichen. Auch verlangt schon die Vorstellung eines u.U. demokratisch legitimierten Gesetzgebers die Möglichkeit von politischen Dezisionen, die es bei voller Vorbestimmung durch die Verfassung nicht gäbe.[645] Hierauf fußt die noch zu vertiefende Relativierung der Unterscheidung von Recht und Politik durch *Kelsen*[646]. *In der Idee eines vorgegebenen Rahmens dieser Interpretation* wiederum liegt ein *Element der Geschlossenheit*. Dies stellt eine Bindung an die jeweils höhere Norm des Stufenbaus her[647] und ist zum einen für die Realisierung des demokratisch gefundenen „Staatswillens" ebenso unerlässlich[648] wie für die Wirksamkeit der minderheitenschützenden Grundrechte[649].

---

637 Siehe *Schmitt* 1922, S. 42 [Herv. F.F.]. Ähnl. *Schmitt* 1922, S. 19 u. oben, Fn. 49.

638 Vgl. *Kelsen* 1934, S. 101 [Herv. F.F.].

639 Zu dieser Problematik *Neumann* 1979, S. 85f.

640 Siehe dazu oben, B. I. 1. a) aa), S. 8.

641 Hierzu und zu den divergierenden Folgen *Wendenburg* 1984, S. 208.

642 Vgl. *Kelsen* 1934, S. 105f.

643 *Kelsen* 2008, S. 66f., zu dieser Parallele auch unten, Fn. 1123.

644 Zum Ganzen *Öhlinger* 1975, S. 32f.; *Achterberg*, DÖV 1974, S. 454. u. ausdührlich *Achterberg* 1982, S. 136ff. Siehe zur rechtsstaatlich-demokratischen Funktion des Legalitätsprinzips auch unten, B. II. 6., S. 98.

645 Zum „Element der Offenheit" und den demokratischen Aspekten dessen *Achterberg* 1982, S. 136ff.

646 Siehe dazu unten, B. III. 1., S. 105.

647 Vgl. hierzu *Achterberg* 1982, S. 141.

648 Siehe hierzu *Kelsens* Ausführungen zur Notwendigkeit der Gebundenheit der Verwaltung, unten, B. II. 1. b) bb) (1) (b), S. 69. Diese Verbindung von Demokratietheorie u. Rechtstheorie (hier: Stufenbaulehre) betonen auch *Öhlinger* 1975, S. 31f. u. unter Bezugnahme auf diesen *Olechowski* 2009, S. 125. Konkret auf das strafrechtliche Gesetzlichkeitsprinzip bezogen NK-*Hassemer/Kargl*, § 1, Rn. 10.

649 Da sonst auch die Fixierung dieser mittels erhöhter Quoren leerliefe, hierzu unten, B. II. 5. b) aa), S. 96.

(4) Exkurs: Möglichkeit der Bindung einer rechtlichen Entscheidung durch einen Rahmen

Die hier zugrundegelegte Vorstellung *Kelsens*, ein fixer Rahmen markiere die Grenze der zulässigen Dezision, wird aus linguistisch-methodologischer Warte kritisiert: Trotz Zurückweisung aller

> „allzu simplen Modelle logischer ‚Deduktion', seiner Kritik an der ‚Fiktion' einer einzig richtigen Auslegung [bleibt bei *Kelsen* sowohl, F.F.] die Vorstellung einer ‚Steuerung' der rangniederen durch die ranghöhere Ebene als auch der logische und genealogische Vorrang der generellen gegenüber der individuellen Entscheidungsnorm dominant"[650].

Anschließend an diese Feststellung kritisiert *T. Vesting*, *Kelsen* verkenne die Kontext- und Zeitabhängigkeit jeder Interpretation als sprachlicher Konstruktion[651] und beantworte nicht, wie es möglich sein soll, dass ein und dieselbe Regel für eine unbestimmte Zahl von Fällen gelten und dennoch von Fall zu Fall identisch bleiben soll. Die Vorstellung der Rechtsinterpretation als Wahl zwischen (wenn auch) mehreren *vertretbaren Lösungen* sei falsch, im Fall notwendigen *Entscheidens* tauchen nur *prinzipiell unentscheidbare* Probleme auf.[652] Hier wird also *Kelsens* Vorstellung, ein Gesetzestext könne einen *für alle Fälle festgelegten* Rahmen determinieren, als unrealistisch angegriffen.

Dennoch, und dies ist hier entscheidend, betonen auch diese Kritiker *Kelsens*, dass entgegen *Schmitts* Vorstellung der Entscheidung aus einem *normativen Nichts de facto* doch stets eine Kopplung an Normtexte besteht. Dies schon durch die Notwendigkeit der richterlichen Begründung.[653] So meint *Vesting*, Gerichtsentscheidungen seien „durch Texte (und nicht, wie Schmitt meint, durch Subjekte) konstituiert." Trotz des Moments der Freiheit ist das Gericht an das Gesetz gebunden, „ja ihm unterworfen".[654] Dass ein Moment der richterlichen Willkür besteht, dass bei der *Entscheidung* keine Regelbindung besteht, bestreitet *Kelsen*,

650 Dazu insg. *Vesting* 2007, Rn. 209.

651 Dazu *Vesting* 2007, Rn. 208, ähnl. *Vesting*, 2000, S. 16f.

652 *Vesting* 2007, Rn. 225f., insb. Fn. 112.

653 Siehe zu deren rechtsstaatlicher Funktion *Neumann* 2005, S. 370ff.

654 Jeweils *Vesting* 2007, Rn. 227, ähnl. *Hassemer* 2011, S. 268 u. *Pawlik*, Rechtstheorie 1994, S. 458f. Ähnl. *Neumann* 2004, S. 52, dem *Kelsens* Methodenskepsis hier sogar zu weit geht, dazu unten, Fn. 663 u. *Neumann* 1986, S. 6ff., dort zur juristischen Argumentation als Mittel der Rückkopplung. Vergleichbar *Launhardt*, Rechtstheorie 2001, S. 152, 155ff, für die die Rechtsrhetorik das normative Postulat der Gesetzesbindung einlöst. Auch der dem schlichten Deduktionsmodell skeptisch gegenüberstehende *Esser* 1972, S. 34 sieht Rechtsnormen als „Regelungs- und Entscheidungsmuster", die als Deutungsschema i.S. *Kelsens* fungieren können. Siehe auch *Derrida* 1992, S. 47, auf dessen Erkenntnis der fehlenden letzten Regelbindung sich *Vesting* in seiner Kritik der Entscheidung beruft: Das zwar letztlich an keine objektive Regel bindbare Urteil „kann mit einem bestehenden Gesetz übereinstimmen, ja, es *muß*,

der dies dem Bereich innerhalb des Rahmens zuordnen würde, nicht.[655] Die hier strittige Vorstellung eines hierarchischen Stufenbaus der Rechtsordnung ist aber nicht problematisch, sofern eine wie auch immer realisierte Kopplung an ranghöhere Normen besteht. Dies zumal *Kelsen* nicht behauptet, dass ein Überschreiten des Rahmens durch Richterinnen und Richter nicht *möglich sei*, er vielmehr das *Postulat* der (auf der *hypothetischen* Grundnorm basierenden) Rechtsordnung beschreibt, die die rechtliche Bindung des Gerichts an die Norm (er)fordert[656] – wie im GG in Art. 97 und Art. 20 III formuliert und wie es für das Strafrecht Art. 103 Abs. 2 voraussetzt. Dass Gesetze faktischen Einfluss auf Richtersprüche haben, ist nicht zu bezweifeln, insb. im hier zentralen, dem Gesetzlichkeitsprinzip unterworfenen Strafrecht[657].

Es lässt sich sogar sagen, dass gerade das von *Kelsen* beschriebene normative Postulat des Stufenbaus für eine faktische Bezugnahme auf höherrangige Normen sorgt: Aus seiner Warte ist es die *Sollens*forderung des Rechts, die als *psychologischer Faktor* Einfluss auf die Entscheidung einzelner Richterinnen und Richter nimmt und so für die *seins*mäßige Regelkopplung der Normen sorgt.[658] Daher ist auch *Kelsen*s spätere Ablehnung der Anwendung des logischen Syllogismus auf Normen für seine Vorstellung der Abhängigkeit niederrangiger von höherrangigen Normen unschädlich.[659]

Es bleibt bloß die Frage, ob der *Rahmen realiter zu fixieren* ist oder nicht; dies ist hier bei der Gegenüberstellung *Schmitt*s und *Kelsen*s angesichts der dann immer noch bestehenden *zumindest rechtlichen Rückbindung an die Regel* und des darin liegenden Unterschieds zwischen beiden Antipoden[660] allerdings nicht ausschlaggebend und soll (und kann) hier nicht entschieden werden; auch wenn zuzugeben

---

es *soll* damit wahrhaft übereinstimmen". Siehe in diese Richtung auch die Kritik an *Schmitt*s Postulat der ungebundenen Entscheidung: oben, Fn. 53.

655 Siehe *Kelsen*, JW 1929, S. 1725f.

656 So wohl *Kelsen*, JW 1929, S. 1725; ein kodifiziertes Rechtssystem *ohne* diese Bindung wäre sinnlos: *Hassemer* 2011, S. 258. Siehe hierzu das *Derrida*-Zitat oben, Fn. 654, wo auch bloß von einem „sollen" die Rede ist.

657 Vgl. NK-*Hassemer/Kargl*, § 1, Rn. 93, es wird freilich Verbesserungsbedarf gesehen: Rn. 92.

658 Zur psychologischen Wechselwirkung zwischen Sein u. Sollen aus methodendualistischer Warte *Kelsen* 1923, S. 8ff., zum hiesigen Problem insb. S. 14.

659 *Kelsen* 1979, S. 179ff. modifizierte seine Position insoweit, dass Normen bloße Willensakte u. solche logischen Ableitungen unzugänglich seien („kein Imperativ ohne Imperator", *Kelsen*, a.a.O., S. 187). Ableitbar bleiben jedoch die Normen beschreibenden Rechtssätze. Insofern aber auch hier eine – wenn auch durch Begründung vermittelte – Koppelung an die höhere Norm möglich ist, verträgt sich dies mit der obigen Argumentation. Siehe dazu insg. *Walter* 1993, insb. S. 352ff. u., ähnl. wie hier, *Schmidt* 1992, S. 93ff.

660 Dazu zum hiesigen Problem *Pawlik*, Rechtstheorie 1994, S. 465, Fn. 61.

ist, dass die Vorstellung, dass kein konkreter Inhalt aus Normen zu deduzieren ist, gleichzeitig aber ein Rahmen fixierbar sein soll, widersprüchlich erscheint.[661]

Interessant ist nebenbei, dass *Kelsen* auch aus gegenteiliger Perspektive angegriffen wird, indem sein „Methodennihilismus" (*K. Adomeit*)[662] kritisiert wird, man ihm also vorwirft, mit der *kategorischen* Ablehnung der Möglichkeit richtiger Rechtserkenntnis zu weit zu gehen.[663] Auf eine Auseinandersetzung auch mit dieser Argumentation kann *hier*, wo es um die Frage der Möglichkeit der Rückbindung an höherrangige Normen geht, aus o.g. Gründen verzichtet werden.[664]

bb) Die Rechtsordnung als Einheit: Relativierung und Gesetzesbindung des Staates

Eng mit der Vorstellung eines Stufenbaus ist die der *Einheit der Rechtsordnung* verknüpft; auch erfährt dieses zentrale Element in *Kelsens* Theorie eine ähnliches Kritik wie jenes.[665]

So z.B. durch *Vesting*: *Kelsen* sei mit der Grundnorm auf der Suche nach „Substituten für eine verlorengegangene natur- und vernunftrechtliche Theorienarchtitektur". Er spricht dabei von „Auflösungserscheinungen" eines überkommenen und insb. fiktionalen Systembegriffs, der insgesamt abzulehnen sei.[666] Dagegen weist *Dreier* darauf hin, dass es *Kelsen* um die Ausbildung universeller Begriffe ging, er also methodische Analogien vornahm und nicht das Vorhandensein eines tatsächlich auffindbaren einheitlichen Rechtssystems behaupte;[667] damit zielt *Vestings* Vorwurf der Fiktionalität bei *Kelsen* ins Leere. Auch *Rüthers* versteht die Vorstellung eines einheitlichen Systems als *fiktional*, betont aber, dass diese Vorstellung zugunsten der inneren Kohärenz und der Rechtssicherheit notwendig sei. Er bezeichnet er die „postulierte Einheit der Rechtsordnung" als ein „ideelles, nie erreichtes Ziel", das dem willkürlichem Machtmissbrauch vorbeuge.[668] Dem ist zuzustimmen, insoweit *Kelsen* hier einen fiktiven, aber „rechtsstaatlich motivierten *Ideal*typ" (*Achterberg*) beschreibt und die Vorstellung einer geschlossenen Kodifikation die Voraussetzungen einer demokratischen Gestaltung eines Staates ist.[669]

---

661 So *Dreier* 1990, S. 149f., insb. Fn. 344, *Vosgerau* 2010, S. 74 in Anschluss an *Braun* 2011, S. 246 Fn. 251, *Pawlik* 1993, S. 51f. u. *Luf* 2008, S. 50ff.

662 *Adomeit/Hähnchen* 2008, Rn. 71.

663 Z.B *Bydlinski* 1991, S. 229 u. insg. 221ff. *Dreier* 1990, S. 153ff. u. *Neumann* 2004, S. 51 kritisieren eine Einschränkung der Rechtswissenschaft durch *Kelsens* übermäßige Interpretationsskepsis.

664 Hier sei nur auf *Ringhofer* 1971 u. *Mayer* 2001, S. 234ff. verwiesen.

665 Zum Zusammenhang oben, in u. an Fn. 593. Zur Kritik am Stufenbau insg. oben, B. II. 1. b) aa) (4), S. 63.

666 Vgl. *Vesting*, 2000, S. 12ff. u. *Vesting* 2007, Rn. 97ff. u. § 3, Rn. 67ff., auch für die Zitate.

667 Vgl. *Dreier* 1990, S. 109.

668 Vgl. *Rüthers* 1970, S. 61; *Rüthers* 2011, Rn. 270ff.

669 *Achterberg* 1982, S. 136; dazu z.B. auch *Mayer-Maly* 1982, S. 201ff., insb. S. 208ff.

Kelsen, der die Geltung jeder dem System zugehörigen Norm auf die *fiktive* Grundnorm zurückführt und die erkenntnistheoretische Natur dieser Konstruktion offen benennt[670], leugnet diese Fiktionalität nicht, sondern möchte sie dezidiert bewusst machen. *Kelsen*

> „[...] will nur ins Bewußtsein heben, was alle Juristen – zumeist unbewußt – tun, wenn sie im Begreifen ihres Gegenstandes zwar ein Naturrecht ablehnen, aus dem die Geltung der positiven Rechtsordnung abgeleitet werden könnte, dennoch aber dieses positive Recht als eine gültige Ordnung [...] verstehen."[671]

Zentral für das Postulat eines unitär-geschlossenen Rechts ist die Kritik diverser *Dualismen der Rechtsbetrachtung*.[672] Auch hier fußen *Kelsens* Positionen auf erkenntnistheoretischen Erwägungen und dienen der ideologiekritischen Relativierung eines ansonsten absolut gesetzten Staates und der (wie zu sehen für ihn damit identischen) Rechtsordnung: Für *Kelsen* ist die epistemologische Verdopplung der Gegenstände ein irrationaler Zug menschlichen Denkens und die Quelle von Religion und Metaphysik.[673] Derartige Verdopplungen zeigten sich gerade bei der Anschauung von Werten in der Form, dass ein hinter den real-wahrnehmbaren Dingen stehender Wert angenommen wird, der diese rechtfertigt. Juristisch führt dies zur Auffassung, das positive Recht sei keine freie Schöpfung der Menschen, sondern eine *Re*produktion eines *hinter* diesem stehenden, werthaften Naturrechts.[674]

Neben diesen abstrakten Überlegungen hängen viele konkreter staatsrechtliche und demokratietheoretische Konsequenzen mit dieser ideologiekritischen Auffassung[675] *Kelsens* zusammen.[676]

(1) Auflösung von Dualismen der Rechtsbetrachtung

(a) Aufhebung der Trennung von subjektiven und objektiven Rechten/ Mensch und Person: Nicht der ganze Mensch gehört der Rechtsordnung, das Freiheitsminimum

Eine der von *Kelsen* kritisierten Polaritäten ist die Trennung von *objektivem* und *subjektivem Recht* und die damit einhergehende, für *Kelsen* erneut naturrechtlich

670 Vgl. *Kelsen* 1968, S. 339ff. Zur Fiktionalität auch *Koller* 2005, S. 120f., aus erkenntnistheoretischer Warte *Lippold* 1989, S. 34f u. *Achterberg* 1982, S. 136

671 *Kelsen* 1934, S. 77f., dazu *Dreier* 1990, S. 55.

672 Siehe zu deren Relevanz in der historischen Situation des damaligen Österreich *Olechowski* 2009, S. 122ff.

673 Da Menschen stets nach etwas suchten, das hinter dem Wahrnehmbaren stehe, vgl. *Kelsen* 1968, S. 315.

674 So *Kelsen* 1968, S. 317ff.

675 Eine prägnante Übersicht dieses Aspekts gibt *Llanque* 2008, S. 367f.

676 *Olechowski* 2009, S. 121 betont diese erneute Verbindung von Rechtstheorie u. politischer Theorie.

bzw. ideologisch[677] motivierte Vorstellung, jenes gehe diesem voraus.[678] Beides lehnt er ab; vielmehr sei es so, dass es *eine objektive Rechtsordnung* gebe, die u.U., aber nicht zwingend, Tatbestände regele, die die Erzeugung subjektiver Rechte ermöglichen.[679] Auch politische als subjektive Teilhaberechte seien nicht allen Rechtssystemen immanent, sondern nur demokratischen.[680] *Kelsen* argumentiert also nicht (rechtstheoretisch) gegen die Möglichkeit oder (rechtspolitisch) für eine Einschränkung subjektiver Rechte – wie es z.B. die NS-Juristen der Kieler Schule taten und was typischer Zug eines totalitären Rechtssystem ist –[681], sondern bestreitet, dass diese *unabhängig von einem objektiven Rechtssystem* existieren. Ganz im Sinne *Kelsens* formuliert *Rüthers*:

> „Das subjektive Recht ist also eine Rechtsmacht, die dem einzelnen von der Rechtsordnung (‚objektives Recht') als ein Mittel zur Wahrung seiner Interessen verliehen ist [...] Die Begriffe ‚objektives' und ‚subjektives Recht' sind also Ausdruck unterschiedlicher Fragestellungen über denselben Gegenstand ‚Recht'"[682]

Mit dem Begriff des subjektiven Rechts ist der dessen Trägers, der *Person*[683], eng verknüpft. Auch diesen entledigt *Kelsen* aller ontischen Bezugspunkte: Die Person sei ein bloßes „Bündel von Rechtspflichten und Berechtigungen";[684] es bestehe keine zwingende Verknüpfung zwischen (natürlichem) Mensch und (rechtlicher) Person,

---

677 Zur ideologischen Funktion *Kelsen* 1934, S. 55f.: Es gehe v.a. darum, das Privateigentum als typisches subjektives Recht zu transzendieren u. es der Verfügbarkeit der objektiven Rechtsordnung zu entziehen. Dazu *Vonlanthen* 1964, S. 47ff. *Coing* 1959, insb. S. 17f. stellt den Zusammenhang von Positivierung u. Entwicklung subjektiver Rechte dar u. betont die Affirmation von Eigentums- resp. Privatrecht. Ähnl. sieht *Luhmann* 1981, S. 46ff. die Positivierung u. Differenzierung des Rechts als Grund für die Etablierung subjektiver Rechte. Wie für *Kelsen* u. *Coing* deutet er sie als Naturrechtssurrogate: „Offensichtlich lässt sich das schwerfällige Schiff des Naturrechts in den reißenden Strömungen der politischen Entwicklung [im 17. Jh, F.F.] nicht mehr manövrieren; aber die kleinen subjektiven Rechte kommen voran und finden sich plötzlich an systemtragender Stelle." (S. 58). Auch er (insb. S.102f.) sieht den Grund für die Entwickelung unabhängiger subjektiver Rechte in der *Stabilisierung des bestehenden Rechtssystems*, dessen Selbstreferenzialität u. Kontingenz sie verschleierten.

678 Vgl. *Kelsen* 1934, S. 52ff., u. auch, die Unterscheidung als anthropomorph bezeichnend, *Kelsen* 1925, S. 62. Dazu *Hammer* 2005, insb. S. 179ff.

679 Vgl. *Kelsen* 1934, S. 55f.

680 Vgl. *Kelsen* 1934, S. 63.

681 Dazu *Fezer* 1986, S. 281ff., mit der Betonung, dass gerade die Kieler Schule in Opposition zu *Kelsens* Positivismus trat auf S. 306.; kürzer auch *Röhl/Röhl* 2008, S. 359ff. u. *Rüthers* 2011, Rn. 69f.

682 *Rüthers* 2011, Rn. 63.

683 Siehe *Kelsen* 1934, S. 54: „im Grunde genommen nur eine andere Wendung desselben Begriffes".

684 *Kelsen* 1934, S. 64.

letztere sei der Begriff einer Zuschreibung der Rechtsordnung. Nicht jeder Mensch müsse zwingend Person sein, was die historische Tatsache der Sklaverei zeige, noch jede Person ein Mensch, was an der Existenz juristischer Personen erkennbar ist.[685]

Diese Entkopplung von *Mensch* und *Person* als Träger subjektiver Rechte liest sich zunächst wie eine Überhöhung der Rechtsordnung und erinnert an die problematischen Positionen *Schmitts* und *Jakobs*'; tatsächlich ist es aber eine Relativierung dessen.[686] Zu bedenken ist hier, dass sich dort, wo eine Berechtigung besteht, stets auch eine Verpflichtung begründen lässt; insoweit korrespondieren *Recht* und *Pflicht*.[687] Die Ablehnung von vom positiven Recht unabhängigen subjektiven Rechten und damit die von überpositiv-berechtigten natürlichen Personen stellt zugleich die Ablehnung von überpositiven Pflichten, von überpositiv legitimierten Zugriffen auf Individuen dar. *Kelsen*:

> „Der Mensch gehört der durch eine Rechtsordnung konstituierten Gemeinschaft nicht zur Gänze, sondern nur mit einzelnen seiner Handlungen oder Unterlassung an, soweit diese eben durch die Norm der Gemeinschaftsordnung geregelt werden."[688]

Und andernorts: „Nicht den Menschen, sondern die Person macht sich die Rechtswissenschaft zum Objekt."[689] – Was auch für die Rechts*odnung* gilt. Denn, so formuliert *Kelsen*:

> „Der Mensch darf alles tun, was ihm nicht vom Staat, d.h. von der Rechtsordnung verboten ist. Der Staat kann nur, d.h. der Mensch als Staatsorgan kann nur, was ihm die Rechtsordnung ausdrücklich erlaubt."[690]

Der Staat kann mit Individuen nicht nach *gusto* umgehen und dies juridisch legitimieren; dies kann er nur dort, wo es ihm explizit gestattet ist, ihm explizite Eingriffsermächtigungen zukommen. Dieses Ergebnis wird durch *Kelsens* demokratietheoretisch-politische Erwägungen und die Zurückweisung eines substanzhaften, werthaften Staates, die unten[691] zu vertiefen sind, gestützt und wechselwirkt mit der Verunmöglichung der Legitimation von Recht und staatlichem Zwang:[692]

---

685 Vgl. *Kelsen* 1923, S. 519f. Zur „Naturalisierung" im hiesigen Kontext *Menke*, 2009, insb. S. 4.

686 Zu *Schmitt* u. *Jakobs* unten, D. I. 2. a), S. 200. Anders als hier stellt *Braum* 2007, S. 36ff. *Kelsen* hingegen in die Traditionslinie eines politisch missbrauchbaren, unrechtsstaatlichen Rechts, insb. auch Strafrechts.

687 Dazu im Kontext *Rüthers* 2011, Rn. 63: „Der Begriff ‚Pflicht' ist das Gegenstück zum subjektiven Recht".

688 *Kelsen* 1934, S. 64. Siehe zu einer ähnlichen Argumentation unten, B. II. 4. b) dd), 92, insb. Fn. 967.

689 *Kelsen* 1925, S. 62. Für weitere ähnliche Zitate *Kelsens* unten, in u. an Fn. 967.

690 *Kelsen* 1925, S. 155.

691 B. II. 4. b) dd), S. 92.

692 In welchem das Recht mündet; zum Recht als Zwangsordnung unten, B. II. 1. b) bb) (2) (a), S. 72. Zur Ablehnung der Legitimation des Rechs oben, B. II. 1. a) dd), S. 57.

Bleibt aus Warte des Staates *außerhalb der rechtlichen Verpflichtung* nur der *Mensch* und keine *Person*, kann die Rechtsordnung – und damit der Staat[693] – dort nicht auf diese zugreifen. Es bleibt ein dem Recht entzogener Freiheitsraum, ein „Freiheitsminimum". Der Freiheitsraum entsteht aus rechtstechnischen Gründen, da es unmöglich ist, jeden Bereich menschlichen Verhaltens zu normieren;[694] dort, wo es nicht normiert ist, ist es frei.[695] Einschränkbar wäre dieser Bereich nur durch die von *Kelsen* strikt abgelehnte Vorstellung eines Naturrechts.[696] Eine ähnliche Position vertritt wohl auch *Menke*, der zum Zusammenhang subjektiver Rechte und Menschenwürde ausführt:

> „Die Würde des Menschen besteht in dieser zweiten [der individualistischen statt einer gesellschaftlichen, F.F.] Lesart in dem berechtigten Anspruch des Menschen, außerhalb der Gesellschaft zu bleiben, und die Form der subjektiven Rechte findet eben darin ihre Begründung, dass sie diesen Anspruch für alle gleichermaßen zur Geltung bringt, indem sie der nicht normativ regelbaren Willkür des Einzelnen einen Spielraum gibt."[697]

---

693 Siehe zur hier vorausgesetzten Identifikation von Staat u. Recht sogleich unten, B. II. 1. b) bb) (2), S. 71.

694 Dazu *Bucher* 1965, S. 53f., insb. Fn. 25 für eine ausführliche Begründung der von *Kelsen* vorausgesetzten praktischen Unmöglichkeit der rechtlichen Regelung aller Lebenssachverhalte auch in Form eines „Generalverbots" bei gleichzeitiger expliziter Gestattung einzelner Verhaltensweisen. Demnach könne es strenggenommen keine „erlaubenden Normen" geben. *Alexy* 1996, S. 206ff., insb. Fn. 137 dagegen spricht von einer „impliziten Erlaubnis" i.S.d. Losung „Was nicht verboten ist, ist erlaubt". Schon *Hobbes* 1651, S. 163ff.: „Es gibt auf der ganzen Welt keinen Staat, der genügend Vorschriften zur Regelung aller menschlichen Handlungen und Äußerungen erlassen hat, da dies unmöglich ist. Daraus folgt notwendig, dass die Menschen in allen vom Gesetz nicht geregelten Gebieten die Freiheit besitzen, das zu tun, was sie auf Grund ihrer eigenen Vernunft für das Vorteilhafteste halten" (S. 165). Allerdings geht *Hobbes* davon aus, dass es (wg. der Notwendigkeit einer Zentralgewalt, die Gesetze durchsetzt, die ihrerseits erst Freiheit ermöglichen) nur *dort* Freiheit gibt, wo sie „positiv gewährt" wird u. es eine Art der (unten, E. I. 1. a), S. 216 näher betrachteten, eher in *Schmitt*'scher Tradition stehenden) „Meta-Legalität" gibt, die es dem Souverän zur Herstellung der Sicherheit auch dort erlaubt, die Freiheit der Untertanen einzuschränken, wo der diese egtl. gewährt hatte (S. 171).

695 Dieser schon im Frühwerk angelegte Gedanken (z.B. *Kelsen* 1925, S. 154f.) wird später expliziert, vgl. *Kelsen* 1960, S. 43ff., insb. 45.

696 Hierzu *Kelsen* 1925, S. 154f. Ähnl. *Schütze* 2004, S. 243ff. Grds. zur freiheitssichernden Wirkung *geschlossener Rechtssysteme Rüthers* 1970, S. 61 u. *Maus*, Rechtstheorie 1989, S. 192; allg. zur Konstitution von Freiheitsräumen als Folge der Trennungsthese *Maus* 1994b, 308ff., insb. S. 309f. u. zum durch die „Moralisierung des Rechts" entgrenzten Strafrecht *Maus* 2011, S. 92.

697 *Menke*, 2009, S. 4.

– dies legt eine nicht-naturalistische, positivistische Deutung subjektiver Rechte nahe. In *Kelsens* Konstruktion, die die subjektiven Rechte von der objektiv herrschenden normativen Ordnung abhängig macht, bleibt gerade ein solcher nicht-normierbarer Freiheitsraum bestehen.

Skeptisch gegenüber *Kelsens* Konzeption sind *Hammer* und *Luf*[698]: Beide kritisieren, dass *Kelsen* mit der zugrundegelegten Entgegensetzung von Recht und Freiheit die Möglichkeit nehme, Freiheit als *Rechts*prinzip zu denken. Dies schließe eine Rechtfertigung des Zwangs (*Hammer*) bzw. die Nutzung der Freiheit als „normatives Leitprinzip" innerhalb des Rechts (*Luf*) aus. Dagegen ist aber an die freiheitlichen Implikationen von *Kelsens* Verzicht auf Legitimation[699] zu erinnern und darauf hinzuweisen, dass *Kelsen* aus seinen Erkenntnisprämissen heraus die Freiheit zwar nicht als Prinzip im Recht installieren kann, sie aber als Prämisse der Demokratie, seinem präferierten materiellen Pendant zum inhaltlich indifferenten Recht, versteht.[700] Hier zeigt sich insgesamt das freiheitliche Potential von *Kelsens* Auffasung, zugleich den Kontrast zu *Jakobs*[701] und *Schmitt*[702].

Auch ein Seitenblick auf die Frage der Geltungsbedingungen eines überpositiven Personenbegriffs zeigt, dass ein solcher aus Perspektive der Freiheit und des Pluralismus problematisch ist: Wenn sich Rechte und Pflichten der Person nicht vom positiven Recht ableiten, bedarf es des Rekurses auf eine nicht-rechtliche Normenordnung; damit diese gilt, ist ein breiter Konsens nötig, ein relativ einheitlicher Wertekanon innerhalb der Gesellschaft. Nun sollen subjektive als minderheitenschützende Rechte gerade einer *pluralistischen* Gesellschaft dienen; diese von einer wertmäßigen Homogenität abhängig zu machen, erscheint als paradox.[703] Eingedenk der durch die Positivierung einhergehenden Formalisierung und Abstrahierung lässt sich mit *I. Maus* konstatieren, hier werde „die Dialektik des Rechts, durch Abstraktion das Konkrete zu schützen",[704] deutlich: Statt sich durch die dann zwangsläufig auch moralische, letztlich totalitäre (und: unwahrscheinliche bzw. fiktive) Akzeptanz einer einheitlichen Werteordnung einen vom positivierten Recht unabhängigen Personenbegriff zu „erkaufen", fordert *Kelsens* System positivierte Freiheitsrechte, die den Staat in Gänze binden, den Bürgerinnen und Bürgern aber keine moralischen Pflichten auferlegen.[705]

---

698 Vgl. *Hammer* 2005, S. 188ff. u. *Luf* 2008, S. 47ff.

699 Dazu oben, B. II. 1. a) aa), S. 50.

700 Dazu unten, B. II. 4. a), S. 85.

701 Bei dem nicht nur die Person, sondern auch das nicht-personale Individuum dem staatlichen Zugriff ausgesetzt ist, dazu unten, C. II. 4. a), S. 179.

702 Den Unterschied betont z.B. *Schütze* 2004, S. 242.

703 Ein ähnlicher Gedanke findet sich bei *Maus* 2011, S. 60.

704 *Maus* 2011, S. 60; ähnl. *Maus*, Rechtstheorie 1989, S. 192.

705 Ersteres aufgrund *Kelsens* Identifikation von Staat u. Recht, dazu unten, B. II. 1. b) bb) (2), S. 71, letzteres wegen seiner Trennung von Recht u. Moral, oben, B. II. 1. a) cc), S. 54.

Mit dieser Akzentuierung gelangt *Kelsen*, trotz einer ähnlichen Ausgangsposition wie *Schmitt*[706], gerade nicht zu einem radikalen, den Menschen übersteigenden Etatismus wie dieser[707], sondern zu einer Relativierung von Staat und Recht und zugleich einer Stärkung der Stellung des Individuums.[708]

(b) Die Auflösung der Dualismen von öffentlichem und Privatrecht, Justiz und Verwaltung und Verwaltung und Staat: Stärkung der Legalität zum Schutz der Normunterworfenen

Ähnliche Motive verfolgt *Kelsen* mit der Kritik an weiteren Dualismen, z.B. der Unterscheidung von *Privat-* und *öffentlichem Recht.*[709] Oft werde eine kategoriale Differenz dieser Rechtsgebiete behauptet und dabei auf Unterschiede in der Hierarchie rekurriert: Während dem Privatrecht unterstellt wird, dass es sich durch ein *Gleichrangigkeitsverhältnis* der Rechtssubjekte auszeichnet, wird im öffentlichen Recht ein *Subordinationsverhältnis* zwischen Bürger und Verwaltung gesehen. Dies laufe darauf hinaus, dem Staatshandeln einen Mehrwert zuzuschreiben und dort von *Herrschafts*verhältnissen zu sprechen, während man im Privatrecht die klassischen *Rechts*verhältnisse erkennt; letztlich führe dies zu einer ideologisch motivierten Unterscheidung von Recht und Macht.[710] So werde die Rechtsbindung des Staates relativiert, was bis zum (von *Kelsen* abgelehnten[711]) Staatsnotrecht und Gesetzesbrüchen zugunsten des „öffentlichen Wohls" gehe. Kelsen:

> „Indem man nämlich den Gegensatz von öffentlichem und privatem Recht als den absoluten Gegensatz von Macht und Recht oder doch zumindest Staats-Macht und Recht darstellt, wird die Vorstellung erzeugt, als ob auf dem Gebiete des öffenltichen Rechts [...] das Rechtsprinzip nicht in dem gleichen Sinn und nicht in der gleichen Intensität Geltung habe wie auf dem Gebiete des Privatrechts."[712]

Gleichzeitig – aus entgegengesetzter Perspektive – wird dabei der Umstand verschleiert, dass auch die Privatrechtsordnung Ausdruck politischer Herrschaft ist.[713]

Kelsen hingegen leugnet einen solchen entscheidenden Unterschied; dies zeigten schon die Schwierigkeiten, eine angemessene Abgrenzungsmethode zu

---

706 Für den die Person eine „Konstruktion des Staates" ist (oben, B. I. 4. c) cc), S. 44), was an *Kelsens* durch die Rechtsordnung erzeugtes „Bündel von Rechtspflichten und Berechtigungen" erinnert. Zu den Unterschieden ausführlich *Schütze* 2004, S. 218ff., 232ff., insb. 242.

707 Zu den unterschiedlichen Konsequenzen für die Bürger oben, B. I. 4. c), S. 37.

708 Im Ergebnis auch *Evers,* ZfP 1962, S. 65f.

709 Dazu insg. *Kelsen* 1934, S. 119f.

710 Eine kritischen Betrachtung der Subordinationstheorie aus heutiger Sicht bietet *Ipsen* 2012, § 1, Rn. 21ff.

711 Dazu näher unten, B. II. 3., S. 83.

712 *Kelsen* 1934, S. 120f.

713 Zum Ganzen: *Kelsen* 1934, S. 120ff., dazu auch *Ebenstein* 1974, S. 65ff.

finden – welche nebenbei bis heute bestehen.[714] Für ihn liegt die einzig relevante Differenz in den Rechtserzeugungstatbeständen: Während Personen im öffentlichen Recht typischerweise durch einseitige Willenserklärungen verpflichtet würden, geschehe dies im Privatrecht durch Vertragsschluss, also Übereinstimmung. Tatsächlich sei die Rechtserzeugung im öffentlichen Recht damit eher heteronom und autokratisch gestaltet, während sie im Privatrecht autonom sei und den Ideen der Demokratie entspreche[715]. Dennoch beschreibt *Kelsen* Rechtserzeugungs*tatbestände*. Auch das eher autokratische Staatshandeln geschieht innerhalb der Rechtsordnung, die öffentlichen Akte des Staates sind „ebensolche Rechtsakte" wie private Rechtsgeschäfte.[716] Indem er leugnet, dass das Staatsrecht eine herausgehobene Stellung habe, postuliert er auch dort eine umfassende Gesetzesbindung. Auch hier stärkt *Kelsen* das Legalitätsprinzip aus rechtsstaatlichen Motiven.[717]

Dies wird von *Kelsens* Relativierung des Gegensatzes von *Verwaltung* und *Rspr.* untermauert; beide Institutionen sind an Gesetze gebunden, ihre Aufgabe ist jeweils die Konkretisierung genereller Normen zu individuellen Rechtsakten.[718] Das fließt schon aus der Vorstellung des Stufenbaus der Rechtsordnung: Wie oben gezeigt, relativiert *Kelsen* den Unterschied zwischen Rechtssetzung und -vollziehung: Der Erlass allgemeiner Gesetze auf dem Boden der Verfassung bis zur Umsetzung der Normen in konkrete Handlungen durch Gerichte oder Verwaltung sei ein einheitlicher Vorgang.[719] Auch dies bedingt eine stärkere Kontrolle der Staatstätigkeit: Die Einrichtung eines Verwaltungsgerichtshofs, der die Gesetzlichkeit der Verwaltung ähnlich wie der Instanzenzug in der Justiz kontrolliert, setzt die Relativierung dieses Gegensatzes voraus.[720] Erst auf diesem Weg wird ein umfassender Grundrechtsschutz ermöglicht, der typischerweise gegen staatliche Akte gerichtet ist.[721]

Aus diesen Erwägungen heraus steht *Kelsen* einer größeren Autonomie der Verwaltung skeptisch gegenüber. Zunächst erscheine es als Stärkung der Demokratie, der Verwaltung eine gewisse Selbstständigkeit einzuräumen, sie nicht dem autokratischen Staat unterzuordnen. Doch auch diese Vorstellung einer vom Staat

---

714 Siehe dazu, mit einer Auflistung vieler diesbzgl. Theorien *Achterberg* 1988, S. 2ff., dort ebenfalls mit grds. Zweifeln an der einer materiellen Unterscheidbarkeit beider Rechtsgebiete (S. 4).

715 Zur Selbstbindung als demokratischem Element bei *Kelsen* unten, B. II. 4. a) bb), S. 86.

716 So *Kelsen* 1934, S. 121.

717 Zu einer übergreifenden Betrachtung unten, B. II. 6., S. 98.

718 Vgl. *Kelsen* 1925, S. 259f.; *Kelsen* 1934, S. 90; zum Ganzen: *Kelsen* 1968, S. 1781ff.

719 Im hiesigen Kontext: *Kelsen* 1926, S. 49, siehe auch allg. oben, B. II. 1. b) aa), S. 58.

720 Vgl. hierzu *Kelsen* 1925, S. 261 u. *Kelsen* 1968, S. 1804f. Für *Ebenstein* 1974, S. 67 folgt die Unterstellung dieses Dualismus dem ideologischen Motiv, die Gesetzesbindung des Staataes zu lockern.

721 Siehe zu der Frage der verfassungsrechtlichen Kontrolle auch exekutiver Tätigkeit unten, an Fn. 1077.

unabhängigen Verwaltung (bzw.: Gemeinde) ist ein für *Kelsen* unzulässiger Dualismus; vielmehr sei auch sie in die einheitliche Rechtsordnung eingebunden.[722]

Erneut stärkt dies die Demokratie und den Minderheitenschutz: Eine autonome Verwaltung hat die Möglichkeit, sich in einen „bewußten Gegensatz zum Zentralparlament"[723] zu stellen, also sich von den demokratisch erlassenen Parlamentsgesetzen zu lösen; dies sei ein geradezu undemokratischer Gedanke[724], die minderheitenschützenden Verfassungsnormen könnten auf diesem Wege umgangen werden.[725] Vielmehr ist strenges Legalitätsprinzip auch bzgl. der Verwaltung notwendig.[726]

(2) Die Identifikation von Recht und Staat

Diese Auflösung der Doppelbetrachtungen läuft in der (v.a. politisch[727]) relevantesten und auch kontroversesten[728] Ineinssetzung *Kelsens* zusammen: Der Kritik am Dualismus von *Recht* und *Staat* und der damit einhergehenden Identifikation von beidem, zumindest aus staats*recht*licher Sicht[729]. Bei der Analyse von *Schmitt* wurde schon gesehen, dass die Vorstellung eines substanzhaften Staates mit der Zuschreibung eines Wertes und dessen Personalisierung zusammenhängt[730]; alle drei Elemente dieses *Schmitt*'schen Etatismus lehnt *Kelsen* durch die Identifikation von Staat und Recht ab.

(a) Personifikation, Substantiierung und Selbstverpflichtung des Staats als ideologische Fiktionen, Einheit von Staat und Recht als realistische Betrachtungsweise; das Recht als Zwangsordnung

Kelsen kritisiert die Personalisierung des Staates als ideologisch motivierte Fiktion[731] und nimmt dagegen, wie hier herausgearbeitet werden soll, eine realistische

---

722 Vgl. *Kelsen* 1925, S. 365, *Kelsen* 1968, S. 1582.

723 *Kelsen* 1929, S. 72; vgl. dazu auch *Kelsen* 1926, S. 49.

724 Vgl. *Kelsen* 1968, S. 1588 u. *Kelsen* 1929, S. 73. Er bezieht sich in Fn. 36 auf S. 117 auf *A. Merkl*. Für diesen bringt die Abhängigkeit der dem Volk näheren Verwaltung von den durch das Parlament erlassenen Gesetzen dieses Repräsentativorgan näher an die zu repräsentierenden Bürger u. stärke so die Demokratie: Vgl. *Merkl* 1927, S. 339f., dazu *Öhlinger* 1982, S. 222.

725 Zum Zusammenhang von Gesetzesbindung der Verwaltung u. Minderheitenschutz *Kelsen* 1926, S. 49.

726 Siehe zur rechtsstaatlich-demokratischen Funktion des Legalitätsprinzips unten, B. II. 6., S. 98. u. *Wielinger* 1982, S. 270f. sowie *Öhlinger* 1975, S. 33.

727 Dazu *Baume* 2012, S. 6.

728 Siehe hierzu *Ooyen* 2010, S. 15.

729 Auf die Notwendigkeit dieser Einschränkung weist *Dreier* 1990, S. 137 hin, auch schon *Radbruch* 2003c, S. 170; so lehnt *Kelsen* eine kausalwissenschaftliche Betrachtung des Phänomens *Staat* nicht ab, siehe *Kelsen* 1925, S. 21. Dazu auch *Ooyen* 2003, S. 32.

730 Siehe oben, B. I. 4. c) bb) (2), S. 42.

731 Siehe hierzu insg. *Groh* 2005, S. 155ff.

Perspektive ein – was auch zeigt, dass die Vorwürfe, er ignoriere die Realität, indem er eine rein ideelle Betrachtungsweise einnimmt[732], ins Leere zielen.[733] Vielmehr deckt *Kelsen* Fiktionen auf, zeigt, wo Konstruiertes als Gegebenes dargestellt wird: Aus demokratischem Impetus betreibt er *Idologiekritik* in Form der *Ontologiekritik.*[734]

So wird der Staat oft als potentiell durch das Recht berechtigtes oder verpflichtetes Subjekt betrachtet, dem eine ansonsten selbstständige Existenz zukomme. Indem er die Rechtsordnung erzeuge, von der er gleichzeitig abhänge, verpflichte und berechtige er sich selbst. Diese (v.a von *G. Jellinek* vertretene), sog. Selbstverpflichtungslehre verwirft *Kelsen* als widersprüchlich; insb. sofern der Staat dadurch wie ein Mensch als von der Rechtsordnung unabhängig gedacht wird.[735] *Kelsen*:

> „Allein, die Basis dieser ganzen Konstruktion eines Über- und Unterordnungsverhältnisses zwischen Saat und den übrigen Subjekten als Rechtsverhältnis: die Personifikation des Staates als Rechtsordnung, (oder Träger der Rechtsordnung) ist hinfällig, denn als Person kann der Staat nur erfaßt werden, wenn man ihn selbst unter der Rechtsordnung, richtiger in einer Relation zur Rechtsordnung und zwar in derselben Relation wie alle anderen Rechtssubjekte denkt. Denn die Rechtsordnung ist die Voraussetzung aller juristischen Konstruktionen, also selbst nicht juristisch konstruierbar, und es ist eine grobe petitio principii, die Rechtsordnung, oder was dasselbe heißt, den Staat als Rechtsordnung oder Träger der Rechtsordnung zu personifizieren, d.h. als Person aufzufassen und den übrigen Personen gegenüber in ein Rechtsverhältnis zu setzen. [Daher ...] ist es unmöglich, den Staat als Person den anderen Rechtssubjekten überzuordnen oder ein solches Überordnungsverhältnis als ein rechtlich qualifiziertes gelten zu lassen, denn das Überodnungsmoment, daß ausschließlich in der Rechtsordnungsqualität, der rechtsverpflichtenden Funktion besteht, fällt damit aus der Personeneigenschaft des Staates weg."[736]

Durch die Selbstverpflichtungslehre wird die Stellung des Staates insoweit verstärkt, dass er, wenn er sich *selbst* verpflichten, diese Verpflichtung auch selbst zurücknehmen kann.[737] Für *Kelsen* resultiert diese Position in der „grotesken" Vorstellung,

---

732 Exemplarisch für derartige Vorwürfe *Sattler* 1972, S. 108 u. passim.
733 Hierzu auch *Baume* 2012, S. XVII; siehe auch unten, an Fn. 949.
734 Zum Zusammenhang *Neumann* 1979, S. V. Zu *Kelsens* Gegnerschaft zu einer funktionalen Betrachtung S. 52.
735 Vgl *Kelsen* 1925, S. 73
736 *Kelsen* 1923, S. 648f.
737 Dazu z.B. *Feichtinger/Müller* 2009, S. 215. Auch *Neumann,* Der Staat 2008, S. 166ff., der *Kelsen* hier zustimmt. Eine der Lehre *Jellineks* ähnliche Argumentation findet sich auch bei *Schmitt,* hierzu die Ausführungen oben, in u. an Fn. 367 u. oben, Fn. 426. Zu den Kontinuitäten auch *Brunkhorst,* Leviathan 2003, S. 366f.

der Staat habe, gleich einem Menschen, einen eigenen, unabhängigen Willen. Aber gerade dies offenbart die Fiktionalität dieser Auffassung: Auch wenn bspw. im Parlamentarismus das Verhältnis von Parlament und Staat als Stellvertretung dargestellt werden kann, geht letzterem, anders als einem vertretenen Menschen, realiter ein unabhängiger Wille völlig ab.[738]

Für *Kelsen* verfolgt der Gedanke eines unabhängig existenten, substanzhaften Staats einzig den Zweck, dessen Autorität zu stärken.[739] Der Staat werde, wenn er als eine derart unabhängige, höchste Instanz gedacht wird, in eine gottgleiche Stellung gehoben.[740] Ein so „unabhängiger" Staat kann sich i.S.d. Ausnahmezustands *Schmitts* von rechtlichen Fesseln lösen, was die opportune und unrechtsstaatliche Natur dieser Betrachtungsweise zeigt.[741] Für *Kelsen* ist diese Trennung von Staat und Recht die Prämisse der Legitimation des Staates durch das dann von ihm verschiedene Recht[742]:

> „So wird der Staat aus einem bloßen Faktum der Gewalt zum Rechtsstaat, der sich dadurch rechtfertigt, daß er das Recht fertigt".[743]

Diese Legitimation des Staates durch das Recht lehnt er, wieder in Kontrast zu *Schmitt*[744], ab.[745]

Vielmehr sei der Staat – als rechtlich fundierte Zwangsordnung[746] – *mit der jeweiligen Rechtsordnung identisch*, das Staatsgebiet nichts weiter als deren räumlicher Geltungsbereich,[747] das Staatsvolk die Gesamtheit der ihr unterworfenen

---

738 Siehe *Kelsen* 1925, S. 313.

739 Dazu prägnant *Kelsen* 1968, S. 1936.

740 Ausführlich *Kelsen* 1928, S. 219ff. u. *Kelsen* 1925, S. 76ff. Zum ideologiekritischen Impetus der Staat-Gott-Analogie *Baume*, History of European Ideas 2009, S. 369ff. u. *Baume* 2012, S. 44ff. u., insb. bezogen auf die Selbstverpflichtungslehre, *Neumann*, Der Staat 2008, S. 170ff.

741 Zur Kritik *Kelsen* 1925, S. 74, dazu auch *Baume*, History of European Ideas 2009, S. 370 u. *Ebenstein* 1974, S. 71.

742 Vgl. *Kelsen* 1934, S. 125f. Hierzu auch *Ooyen* 2003, S. 35 u. *Brunkhorst* 2010, S. 206. So auch – jedoch ohne direkte Bezugnahme auf *Kelsen* – *Jahn* 2004, S. 243.

743 *Kelsen* 1934, S. 125f., zu diesen Wirkungen der Selbstverpflichtungslehre auch *Dreier* 1990, S. 218.

744 Wobei sich beide auch schon in ihren Ausgangspunkten widersprechen: *Schmitts* Ausführungen lassen sich gerade in Richtung der hier von *Kelsen* angegriffenen *Personalisierung* des Staats lesen, dazu oben, an Fn. 388. Auch *Baume* 2012, S. 49 liest *Kelsens* Kritik der Staat-Gott-Analogie als gegen *Schmitts* ebenfalls dualistische Betrachtungsweise gerichtet. Dazu ausführlich *Baume*, History of European Ideas 2009.

745 Vgl. *Kelsen* 1934, S. 137.

746 Die Macht des Staates liegt bloß in der psychologischen Wirkung der Rechts*norm*: *Kelsen* 1925, S. 17.

747 Vgl. *Kelsen* 1925, S. 138ff., zur unabhängigen staatlichen Existenz auch S. 144.

Personen[748]. Damit ist die Einheit, die Volk und Staat bilden, ebenso wie die Einheit sämtlicher anderer staatlicher Organe, eine bloß rechtliche, fiktive.[749]

Zunächst sei der Staat – wie jedes soziale Gebilde – zwingend ein *System von Normen*: Dies bedinge seine objektive, von individuellen Willensakten unabhängige Existenz, die sich nur als *Geltung* des staatlichen Normensystems lesen lässt. Auch die Tatsache, dass der Staat Menschen normativ verpflichten kann, zeigt aus methodendualistischer Warte, dass er mit diesen nicht auf einer Ebene, sondern im Bereich des Normativen stehe.[750] Akzeptiert man dies, führe kein Weg an der Erkenntnis vorbei, dass der Staat mit dem *normativen System des Rechts* identisch ist: Ansonsten müsse man davon ausgehen, es gäbe zwei parallele normative Zwangsordnungen, die des Staats und die des Rechts, die zueinander in einer diffusen Beziehung stünden[751]. Dies aber verbietet die Trennungsthese, die die Unabhängigkeit des Rechts von anderen Normsystemen postuliert[752]. Die Vorstellung des Staates als einer vom Recht verschiedenen Normordnung sei eine „radikal“ naturrechtliche.[753]

Die Identität von Staat und Recht zeigt sich für *Kelsen* auch daran, dass sich der Staat durch die Erzeugung oder Vollziehung von Rechtsnormen äußern kann; soweit *Recht* nur aus *Recht* fließen könne, kann der Staat keine eigene, von der Rechtsordnung verschiedene Wesenheit haben.[754]

Wenn das Recht nicht aus einem persönlichen, substanzhaften Staat fließt, fragt sich, worauf *Kelsen* es *in natura* zurückführt. Auch hier nimmt er eine streng realistische Perspektive ein und fragt, wie sich das Recht realiter manifestiert. Dies tut es durch *Zwang*. Rechtssätze sind für *Kelsen* (in Abgrenzung zur klassischen *Befehlstheorie* von *J. Austin,* nach der die Bürger die Befehlsempfänger der Rechtsordnung sind) an *staatliche* Funktionsträger gerichtete Befehle.[755] Begehe ein Mensch „Unrecht“, erfülle er den Tatbestand einer Rechtsnorm, die als Reaktion auf dieses konkrete Verhalten letztlich die Anwendung eines staatlichen Zwangsakts

---

748 Genauer: Der bzgl. tatbestandlich relevanten Handlungen Unterworfenen, vgl. dazu *Kelsen* 1925, S. 149.

749 Vgl. *Kelsen* 1925, S. 316 u. zum Ganzen *Kelsen* 1928, S. 84ff.

750 Hierzu *Kelsen* 1925, S. 12ff. u. insg. *Kelsen* 1928.

751 *Kelsen* 1925, S. 16: Es sei allgemein anerkannt, dass der Staat zum Recht in „einer Wesensbeziehung“ stehe.

752 Siehe hierzu oben, B. II. 1. a) cc), S. 54.

753 Vgl. *Kelsen* 1925, 16f. u. das oben, in Fn. 737 wiedergegebene Zitat.

754 Vgl. *Kelsen* 1925, S. 74ff. u. *Kelsen* 1934, S. 129f.

755 Vgl. *Kelsen* 1923, S. 234. Diese sind *hypothetische Urteile* (oben, B. II. 1. a) cc), S. 54) Zur Befehlstheorie *J. Austins Hoerster* 2008, S. 14. Zwar ähnelt dem *Kelsens* Deutung von Rechtsnormen als Willens- u. Befehlsakte, das Abstellen auf die *hypothetische* Grundnorm statt auf *empirische* Befehle ist aber eine entscheidende Modifikation, dazu *Dreier* 1990, S. 197f.

statuiert (und *verstößt* nicht etwa gegen irgendeine metarechtliche Norm).[756] Dass das Recht auf Zwang fußt, folgt für *Kelsen* aus dessen Kontingenz, also aus seiner rechtspositivistischen Haltung: In Ermangelung feststehender, für alle Normunterworfenen einsichtiger, damit vernünftigerweise zu befolgender Rechtssätze, ist deren zwangsweise Durchsetzung unabdingbar.[757]

Für *Kelsen* ist die Rechtsordnung also eine Zwangsordnung. *Schmitt* kritisiert dies als unzulässige Verbindung von Recht und Macht bzw. Politik, ist dabei aber inkonsequent: *Schmitt* selbst affirmiert die Macht[758], während *Kelsen* eine Identifikation der Rechtsgeltung mit bloßer Macht ablehnt[759]:

> „Und dann ist die hier versuchte Lösung nur die wissenschaftlich exakte Formulierung der alten Wahrheit: daß das Recht zwar nicht ohne Macht bestehen kann, daß es aber doch nicht identisch ist mit der Macht. Es ist [...] eine bestimmte Ordnung (oder Organisation) der Macht."[760]

Wegen dieser Identifikation von *Sollen* (Recht) und *Sein* (Zwang) wird ihm z.T., z.B. von *J. Braun*, vorgeworfen, dem von ihm kritisierten naturalistischen Fehlschluss aufzusitzen,[761] während *Kelsen* selbst betont, nicht den Zwang, sondern die diesen statuierenden Normen zu beschreiben. Tatsächlich leitet *Kelsen* aus dem Zwang gerade kein verbindliches *Sollen* i.S.d. Befolgungsthese ab[762]. So überrascht *Brauns* Vorwurf des „Ettikettenschwindels"[763], der darin bestehe, dass *Kelsen* behaupte, das Sollen auf die *Grundnorm* statt auf *Macht* zurückzuführen, aber das Gegenteil tue. Dies trifft nicht zu: Die Grundnorm ist bei *Kelsen* eine *Hypothese*[764] Macht und Zwang sind *real*: Jeder nach einem Rechtsbruch (also einem Verstoß gegen rechtliches Sollen) im Gefängnis sitzende (damit der Macht ausgesetzte) Straftäter beweist beides. *Kelsens Sollen* bleibt also in der „Welt der Normen", die Macht in der der Empirie.[765]

---

756 Vgl. *Kelsen* 1934, S. 37. Dazu *Olechowski* 2009, S. 50, auch zur Wechselbeziehung dessen zum rechtsstaatlichen Gewaltmonopol. *Kucsko-Stadlmayer* 1992, S. 26f. weist auf den Zusammenhang der Vorstellung der Rechts- als Zwangsordnung mit der Relativierung der Bedeutung des Unrechts bei *Kelsen* hin.

757 Vgl. *Kelsen* 1968, S. 283f.

758 Dazu oben, B. I. 1. b), S. 12; oben, B. I. 4. c) bb) (1), S. 39 u. sogleich unten, B. II. 1. b) bb) (2) (b), S. 75.

759 Zur Verbindung von Recht u. Politik unten, an Fn. 1111.

760 *Kelsen* 1934, S. 81.

761 Vgl. *Braun* 2001, S. 31.

762 Vgl. oben, Fn. 575.

763 *Braun* 2001, S. 49.

764 Vgl. oben, B. II. 1. b) aa) (1), S. 59.

765 Hierzu *Achterberg*, DÖV 1974, S. 453; *Leser* 1968, S. 239f.; *Lippold* 1989, S. 107ff. u. *Dreier* 1990, S. 52f.

(b) Konsequenzen für den Staatsbegriff: Formelle statt materieller Souveränität, Ablehnung eines Eigenwerts des Staates, der Staat als dynamisch erzeugtes Menschenwerk

Vom Staat bleibt also keine über das Rechtssystem hinausgehende Substanz (wie sie *Schmitts* positivem Verfassungsbegriff zugrunde liegt[766]) übrig,[767] weshalb *Schmitt* dieses Verständnis als inhaltsleer-formalistisch kritisiert.[768] Dies zeigt den Unterschied von *Kelsens* Ineinssetzungen zur von *Schmitt* vertretenen, auf *Hegel* zurückgehenden Identitätsthese.[769] Dies, da dort nicht nur Staat und Recht, sondern insb. auch Staat und Sitte bzw. Moral gleichgesetzt werden, was den Staat von jeder moralischen Kritik befreit und damit rechtfertigt[770] Dies ist eine zu *Kelsens* diametrale Auffassung: Schließlich will dieser durch die Trennungsthese gerade eine moralische Kritik am nicht-rechtfertigbaren Staat ermöglichen.[771] Es gibt noch weitere Differenzen: Während *Schmitt* dem substanzhaften Staat einen Eigenwert zuschreibt, liegt im Verständnis des Staats als einer Rechtsordnung, die sich nur dadurch ausdrücken kann, dass staatliche Organe an sie gerichtete, rechtsförmige Befehle ausführen, erneut eine Relativierung dessen Wertes[772]. Der Staat stellt sich durch die Menschen dar, die Staatsfunktionen auszuüben berufen sind; er ist ebenso ein Rechtssubjekt wie diese und alle anderen Normunterworfenen, ist ihnen nicht überlegen.[773] Hier zeigt sich nebenbei, dass die Einschätzung von *Radbruch*, die „Identitätslehre" habe keinen rechtsphilosophisch-politischen Gehalt,[774] nicht völlig zutrifft; zumindest hat sie einen anti-etatistischen und pluralistischen Effekt.[775] *Kelsen*:

---

766 Vgl. *Ooyen* 2010, S. 27. Zu *Schmitts* Staatsbegriff oben, B. I. 4. a), S. 29.

767 Dazu *Ooyen* 2010, S. 32; *Dreier* 1990, S. 210; *Somek,* ARSP 2005, insb. S. 64ff., krit. bzgl. *Kelsens* Konsequenz auf S. 69ff.: Für eine wahre „Entdinglichung" des Staates hätte *Kelsen* auch vermeiden müssen, die Rechtsordnung als „institutionelle Tatsache" zu behandeln, wodurch seine Position „asymmetrisch" werde u. auf einen „Rechtsessenzialismus" hinauslaufe. Dieser durchaus treffende Punkt kann hier, wo *Kelsens* der *Staats*essenzialistischen, *Schmitt'*schen Position gegenübergestellt werden soll, aber dahinstehen. Nebenbei tritt dieser „staatssubstanzkritische" Aspekt *Kelsens* bei *Jahn* 2004, S. 43 ebenfalls etwas zu stark in den Hintergrund. So sieht *Jahn* – anders als hier vertreten wird – eine Parallele zwischen einem positivistischen Verfassungsbegriff wie dem *Kelsens* und der *freiheitlich-demokratischen Grundordnung* (dazu unten, E. I. 1. a), S. 216).

768 Siehe dazu oben, B. I. 4. b), S. 33. Zum Vorwurf des Formalismus allg. *Kelsen,* JW 1929, S. 1723ff.

769 Zu dieser insb. oben, B. I. 2. b) cc), S. 17.

770 dazu: *Popper* 1945, S. 78f.

771 Vgl. oben, B. II. 1. a) cc), S. 54.

772 Vgl. *Ooyen* 2010, S. 15, zur Verbindung von „De-Ontologisierung" u. Wertfreiheit S. 150.

773 Die Rechtsunterworfenheit der Staats*organe* als Menschen betont *Thienel* 1992, S. 80.

774 Vgl. *Radbruch* 2003c, S. 170.

775 Vgl. *Ooyen* 2010, S. 15.

> „So zeigt sich, daß der Staat – im Gegensatze zu der herrschenden Vorstellung der Imperativtheorie[776] – auch in der Rechtsordnung […] zu den Rechtssubjekten in keinem Herrschaftsverhältnis der Über- und Unterordnung steht."[777]

Er erläutert dies am Bsp. des staatlichen Strafens: Der Staat sei Subjekt einer rechtlichen Strafpflicht; begeht ein Bürger eine Straftat, muss der Staat dieser nachkommen. Damit steht er als Rechtssubjekt formell nicht „über" diesem Straftäter:

> „Der strafende und exequierende Staat ist nur der seine Rechtspflicht erfüllende Staat und steht ‚unter' der Rechtsordnung jedem Subjekte gleich, das seine Pflicht erfüllt."[778]

Auch lehnt *Kelsen* die u.a. von *Schmitt* vertretene Vorstellung einer *materiellen Souveränität* des Staates ab: Identifiziert man Recht und Staat, fällt das Problem der Souveränität mit dem der Positivität zusammen. *Kelsens formeller Souveränitätsbegriff* ist Ausdruck der Einheit von Staats- und Rechtsordnung, er hat keinen Inhalts- oder Wertbezug.[779] Die Souveränität des Staats hängt damit auch von der hypothetischen Grundnorm ab[780] und teilt das Schicksal des positiven Rechts: Eine inhaltliche Unbeschränktheit[781] und zugleich die Relativierung ihrer Bedeutung.[782] *Kelsens* spezielles Verständnis lässt sich auch als „Ende des Begriffs von der Souveränität des Staates"[783] lesen.

Schmitt dagegen definiert Souveränität durch den Ausnahmezustand, also durch die Möglichkeit, positivierte Rechtsnormen kraft Entscheidung über die *Substanz des Staates* ist, zu suspendieren; dadurch lässt er wiederum dem Staat eine höhere Legitimation zukommen.[784] *Kelsen* wirft ihm daher machtkonservierende Motive vor, eine unzulässige politische Nutzbarmachung rechtlicher Begriffe.[785] So schließt er den Rekurs auf die Macht zur Legitimation des Staates, den *Schmitt* vornimmt, aus:[786] Ist der souveräne Staat selbst die höchste normative Ordnung, ist er keiner weiteren Rechtfertigung bedürftig oder auch nur zugänglich.[787] Somit lässt sich weder ein Existenzrecht des Staates *aus dem Recht selbst* ableiten[788], noch kann der Staat aus

776 Siehe zu dieser Imperativ- bzw. Befehlstheorie oben, Fn. 755.
777 *Kelsen* 1923, S. 233.
778 *Kelsen* 1923, S. 233.
779 *Kelsen* 1925, S. 104; vgl. zur Argumentation auch *Hebeisen* 1995, S. 43.
780 Vgl. *Kelsen* 1925, S. 104; dazu *Hebeisen* 1995, S. 238f. u. *Voigt* 2008, S. 118.
781 Vgl. *Kelsen* 1925, S. 107.
782 Siehe hierzu ausführlich oben, B. II. 1. b) aa) (1), S. 59.
783 *Ooyen* 2008, S. 55 auf den *Kelsen*'schen Souveränitätsbegriff bezogen.
784 Siehe oben, B. I. 4. b), S. 33. Dazu auch *Gross* 2000, S. 245ff.
785 Vgl. *Kelsen* 1925, S. 114f, zu den Gegensätzen *Hebeisen* 1995, S. 46 u. *Voigt* 2008, S. 116.
786 *Agamben* 2004b, S. 58f. nennt eine Reihe von Denkern, die, da das Gewaltprinzip der Souveränität inhärent ist, eine Auflösung letzterer vornehmen. Diese ließe sich um *Kelsen* ergänzen.
787 Vgl. *Kelsen* 1925, S. 103.
788 Vgl. *Kelsen* 1925, S. 110; dazu *Hebeisen* 1995, S. 239.

dem *außer-rechtlichen, empirischen, Bereich* legitimiert werden.[789] Schließlich ist es unmöglich, rechtlich nicht gedeckte, politisch motivierte (einer „Staatsräson" entsprechende) Akte als wirksame Staatsakte zu rechtfertigen, wenn man die Vorstellung zweier unabhängiger Normensysteme *Staat* und *Recht* verwirft[790] – was sich in *Kelsens* Ablehnung eines überpositiven Notstandsrechts[791] spiegelt. So wird außerrechtliches Staatshandeln ausgeschlossen, zugleich entstehen Sphären der Staatsfreiheit überall dort, wo sich keine positive Norm auf das Verhalten der Bürgerinnen und Bürger bezieht.[792] Insgesamt hat *Kelsens* Perspektive formell-rechtsstaatliche Implikationen.[793] Die Bedeutung des machtvollen, herrschenden Souveräns[794] bzw. eines vergöttlichten Staates[795] verlieren an Bedeutung, *Kelsen* rückt dagegen die Individuen in den Fokus.[796]

Die Relevanz der Individuen zeigt sich auch daran, dass es bei *Kelsen* die Menschen sind, die den Staat erschaffen, er diesen nicht vorgegeben ist: Indem die Vorstellung des Staats als persönliche Existenz als eine Fiktion zurückgewiesen wird, ist der Vorgang der „staatlichen Willensbildung" eigentlich der Prozess der Erzeugung der staatlichen Ordnung, also der Rechtsordnung, und damit ein immens dynamischer[797] – weswegen diese Perspektive mit *Kelsens* Ablehnung eines vorgegebenen Volkswillens harmoniert[798]: Der Staat ist ein menschengemachter Normenkomplex, als *Recht* ist er für den Rechtspositivisten *durch Menschen inhaltlich frei gestaltbar.* Indem der Staat auf das von Menschen gemachte Recht zurückgeführt wird, geraten diese als Zentralfiguren in den Blick[799]:

> „Der Staat, das sind wir. Die Tendenz dieser Erkenntnis ist nicht auf Verabsolutierung, sondern umgekehrt auf Realisierung des Staates gerichtet"[800]

Das hat demokratietheoretische Implikationen, die im weiteren Verlauf zu betrachten sind.[801]

---

789 *Kelsen* 1925, S. 102. Es sei „schlechterdings sinnlos", dass der Staat die „absolute stärkste Kraft habe oder sei".

790 Darauf weist *Thienel* 1992, S. 76 hin. Ähnl. *Baume* 2012, S. 6: „The sphere of the state has no supra-juridic existance; it must never become autonomous form the law."

791 Dazu unten, B. II. 3., S. 83.

792 Vgl. *Kelsen* 1925, S. 107f. Dazu *Feichtinger/Müller* 2009, S. 221. Siehe für vergleichbare Argumente *Kelsens* oben, B. II. 1. b) bb) (1) (a), S. 66 u. unten, B. II. 4. b) dd), S. 92.

793 *Hebeisen* 1995, S. 43 spricht von einer *formalen* Schranke der Staatsgewalt. Siehe insg. zum formalen Rechtsstaatsbegriff *Kelsens* oben, B. II. 1. b) cc) (1), S. 77.

794 Hierzu näher unten, B. II. 1. b) cc) (2), S. 79.

795 Dazu *Kelsen* 1968, S. 1936.

796 Vgl. *Ooyen* 2008, S. 55 u. *Ooyen* 2003, S. 46f.

797 *Kelsen* 1929, S. 25.

798 Dazu unten, B. II. 4. a) cc), S. 87; *Lepsius* 2008, S. 19 fasst zusammen: „Erzeugungsbedürftigkeit des Willens (Willensbildung) statt Vorgegebenheit des Volkswillens."

799 Vgl. *Ooyen* 2008, S. 46; *Ooyen* 2008, S. 54. *Kelsen* folgend führt *Radke* 1988, S. 168.

800 *Kelsen* 1968, S. 1937. Hierzu deutlich *Pawlik* 1993, S. 21 u. mit Blick auf die Erzeugung der Rechtsordnung *Baume* 2012, S. 8.

801 Siehe unten, B. II. 1. b) cc) (2), S. 79.

cc) Zusammenfassung und Konsequenzen

(1) Unmöglichkeit außerrechtlicher Staatstätigkeit als Postulat eines formellen Rechtsstaats

Wie gezeigt postuliert *Kelsen* nicht nur eine strenge Gesetzesbindung auch im Staatsrecht[802] i.S. des Legaltitätsprinzips, sondern geht sogar so weit, Staat und Recht zu identifizieren. Dies wird rechtstheoretisch durch die Vorstellung einer einheitlichen Rechtsordnung begründet und durch die relative Gebundenheit der jeweiligen Ableitungsstufen innerhalb dieser hierarchischen Struktur fixiert.[803]

Es fragt sich, ob darin ein konsequent-rechtsstaatliches Denken liegt (indem außerrechtliches Staatshandeln schon denklogisch unmöglich ist[804]), oder die Vorstellung eines Rechtsstaats dadurch sogar aufgelöst wird (indem jedes Staatshandeln als rechtmäßig aufgefasst werden muss)[805]. Die Antwort hängt vom zugrunde gelegten Rechtsstaatsbegriff[806] ab: Aus *rein formeller Sicht* lässt sich in der Argumentation *Kelsens* fraglos die strikte Konstruktion eines Rechts-Staats[807] erkennen.

Hier wird *Kelsens* enges Verständnis des unklaren Begriffs *formeller Rechtsstaat* zugrundegelegt:[808]

> „Dabei ist unter ‚Rechts-Staat' nicht eine Staatsordnung spezifischen Inhalts, nicht also ein Staat mit ganz bestimmten Rechtsinstitutionen, wie demokratische Gesetzgebung, Bindung der exekutiven Akte des Staatsoberhauptes an Gegenzeichnung verantwortlicher Minister, Freiheitsrechte der Untertanen, Unabhängigkeit der Gerichte, Verwaltungsgerichtsbarkeit usw. [...] zu verstehen, sondern ein Staat, dessen sämtliche Akte aufgrund der Rechtsordnung gesetzt werden."[809]

Legt man hingegen einen *materiellen Rechtsstaatsbegriff* zugrunde, also einen solchen, für den es auf inhaltliche Maßstäbe ankommt (z.B. Willkürfreiheit, Grund- und

---

802 Dies ergibt sich durch die Auflösung der Dualismen, siehe insg. oben, B. II. 1. b) bb) (1), S. 66.

803 Hierzu oben, B. II. 1. b) aa) (3), S. 61.

804 Hierzu, insb. zu *Kelsens* spezifischer Variante, die den Staat nicht durch das Recht als gebunden ansieht, sondern außerrechtliche Staatstätigkeit durch deren *Identifikation* verunmöglicht, *Hofmann* 1995, S. 47ff.; *Braun* 2001, S. 4 u. *Dreier* 1990, S. 182ff., insb. 184ff.

805 So z.B. *Dreier* 1990, S. 211; zu derartigen Vorwürfen *Llanque* 2008, S. 366 u. *Stolleis* 1992, S. 453. Siehe insg. *Kelsen* 1925, S. 91.

806 Zum Rechtsstaat auch oben, Fn. 102 u. oben, Fn. 219. Allg. zur Begriffsgeschichte *Böckenförde* 1991.

807 Diese Schreibweise nutzt *Kelsen* 1925, S. 91 sowie in Anlehnung daran *Brunkhorst/Voigt*, Rechts-Staat, 2008.

808 *MacCormick*, JZ 1984, S. 69 weist darauf hin, dass *formell* u. *materiell* unklare Begriffe sind; für ihn ist selbst *Kelsens materieller* begriff eher *formell;* ähnl. *Schulze*, 2010. *Schmidt-Aßmann* 2003–2014, S. 552 versteht den Begriff des *formellen Rechtsstaat* weiter als *Kelsen*. Zur Genese des Begriffs im 19. Jh. *Stolleis* 1992, S. 277f.

809 *Kelsen* 1925, S. 91.

Menschenrechte, die Allgemeinheit der Gesetze, Rechtssicherheit, Verhältnismäßigkeit der Eingriffe, Gewaltenteilung, etc.)[810], ließe sich *Kelsens* Auffassung nicht unter diesen Begriff subsumieren. Es lässt sich breit diskutieren, welches dieser Verständnisse das vorzugswürdige ist[811] – für die hier vorgenommene Gegenüberstellung der Positionen *Kelsens* und *Schmitts* ist dies jedoch nicht entscheidend[812]: *Schmitt* geht, wie oben[813] dargestellt, so weit, die fehlende normative Bindung des Staates

---

810 Hierzu *Zippelius* 2010, § 30, I Nr. 2.

811 Zur Debatte *Böckenförde* 1991, S. 164 mit einer Präferenz eher formeller Konzepte, da diese die individuelle Freiheit am besten zu schützen vermögen, während bei einem materiellem Rechtsstaat die Gefahr der „Totalität der Werte" drohe (er spielt auf den diesbzgl. Text *Schmitts* an, dazu auch unten, Fn. 2636). Interessant *Schulze,* 2010, der in der Ausrichtung auf materielle Gerechtigkeit einen spezifisch deutschen, „super-materiellen Rechtsstaat" u. diesen in der Tradition *Schmitts* sieht. Dies gehe zugunsten der Rechtssicherheit u. gebe dem BVerfG die Macht, Grundwerte frei zu definieren. Dies zeigt die Probleme der Bestimmung des „materiellen" Inhalts eines solchen Begriffs, die Gefahr läuft, durch obrigkeitliche Dezision vonstatten zu gehen. Man lese bspw. *Maihofer* 1968, S. 60 zum Inhalt des materiellen Rechtsstaates: „es ist die *größtmögliche und gleichberechtigte Individuelle Freiheit und Sicherheit eines Jeden*". Allein die Nennung dieses typischerweise antagonistisch verstandenen Begriffspaars zeigt die inhaltliche Beliebigkeit. AK-GG-*Frankenberg*, Art. 20 Abs 1–3 IV, Rn. 21 bezeichnet diesen spezifisch deutschen Rechtsstaat als „neo-platonische und von einer Naturrechtsrenaissance inspirierte Konzeption" [ohne Herv. des Orig., F.F.]. Interessant die Argumente für eine formelle Konzeption bei *Merten* 1975, S. 10ff.; dort mit dem Hinweis darauf, dass der materielle Rechtsstaatsbegriff seinen Siegeszug nach 1945 als Reaktion auf das NS-Regime angetreten habe, obwohl dieses, auch *in persona Schmitt*, gerade das formelle Rechtsstaatverständnis bekämpfte. Dies liege auch an der „Legende" der Wehrlosigkeitsthese (oben, B. II. 1. a) bb), S. 52). Tatsächlich könne eher ein materiell verstandener Rechtsstaat als Einfallstor für totalitäre Bestrebungen dienen. Dazu deutlich auch *Maus* 1978, insb. S. 37ff., S. 47ff. *Römer* 1989, S. 124ff. betont die antidemokratischen Elemente eines materiellen Rechtsstaats, die fehlende inhaltlichen Präzision u. das Problem, dass das GG einen solchen „nicht kennt". Dagegen werfen die Vertreter des wohl herrschenden materiellen Begriffs dem formellen gerade die Wehrlosigkeit gegen „Unrechtsregimes" vor: *Maihofer*, a.a.O., S. 57f. präferiert eine materielle Konzeption, da, entgegen der hier vertretenen Position, mit einer formellen (u. grds. „dem Rechtspositivismus") eine Absolutsetzung und Überhöhung des Staates einherginge. Auch wird oft die Inhaltslosigkeit des formellen Begriffs kritisiert, siehe *Böckenförde* 1991, S. 166 m.w.N. für diese von ihm abgelehnte Position. Hierzu, auch mit Blick auf *Kelsens* u. das angelsächsischen Konzept der „rule of law" *MacCormick* 1999, S. 40ff.; ausführlich auch *Kneip* 2009, S. 43ff.

812 So auch *Denninger* 2002, S. 41f. Zu *Schmitts* Opposition zu formellen Konzepten *Merten* 1975, S. 10ff.

813 Vgl. hierzu nur die Zusammenschau bzgl. *Schmitt*, oben, B. I. 5., S. 45, konkret zur Ablehnung des formellen Rechtsstaats insb. oben, B. I. 2. b) ff), S. 21.

zu postulieren und verwirft damit sogar die Idee eines *formellen* Rechtsstaats.[814] Aus dieser Sichtweise verliert jeder *materielle* Begriff seinen Wert: Inhaltliche rechtliche Schranken der Staatstätigkeit haben keinen Effekt, wenn der Staat nicht an ebendieses Recht gebunden ist.[815] Dann droht eine Willkür, die weiter geht, als eine gesetzgeberisch bewirkte – nicht zuletzt, da der Zwang zur Gesetzesform stets einen gewissen „machtdämpfenden“ Effekt mit sich bringt[816]. Insofern ist der formelle Rechtsstaatsbegriff sogar Grundlage eines evtl. weitergehenden, materiellen.[817]

Auch gilt es, *Kelsens* Reinheitsanspruch zu bedenken, seinen Versuch, zwischen wissenschaftlichen und politischen Ausführungen zu trennen[818]. So meint *G. Radbruch*, *Kelsens* Ausführungen seien bloß definitorisch, nicht rechtsphilosophisch-politisch gemeint. Auch wenn dem nicht in Gänze gefolgt werden kann, behauptet *Kelsen* zunächst die Unmöglichkeit nicht-rechtlichen Staatshandelns aus rein rechtstheoretischer und ideologiekritischer[819] Perspektive und postuliert so den formellen Rechtsstaat; *daneben* tritt dann eine (unten[820] zu vertiefende) demokratisch motivierte, rechtspolitisch-inhaltliche Forderung nach minderheitenschützenden Grundrechten, also eine materiell-rechtsstaatliche. Deren Wirkung wird von ersterer auf theoretischer Ebene abgesichert[821]. Die Wechselbezüglichkeit des formellen Rechtsbegriff mit der „demokratische[r] Genesis“ (so *Maus*, mit Blick auf *Kants* Rechtsstaatsbegriff, der auf ähnlichen Erwägungen wie der *Kelsens* fuße)[822] als demokratischer Forderung wird von den Kritikern formeller Rechtsstaatskonzepte oft verkannt.

Nach einer Darstellung von *Kelsens* Demokratietheorie werden die sich hieraus ergebenden Funktionen und demokratischen Implikationen des Legalitätsprinzips vertieft betrachtet.[823]

---

814 Siehe hierzu deutlich *Maus* 1978, S. 42ff.

815 Siehe zum Legalitätsprinzip auch unten, B. II. 6., S. 98.

816 Zur willkürvermindernden Wirkung einer einheitlichen Legalordnung *Rüthers* 1970, S. 61. Dies konstatiert auch *Radbruch,* SJZ 1947, S. 634 trotz seiner Positivismusskepsis in der Nachkriegszeit (dazu oben, B. II. 1. a) bb), S. 52) am Bsp. des sog. *Hitler-Briefs* (=Euthanasiebefehls).

817 In diese Richtung wohl auch *Kelsen* 1925, S. 91, der den formellen im Vergleich zum materiellen Rechtsstaatsbegriff als den „primären“ bezeichnet; ähnl. *Schulze,* 2010.

818 Siehe hierzu oben, in u. an Fn. 498.

819 Inhaltlich trifft er sich hier mit der staatskritischen Variante eines materiellen Rechtsstaatsbegriffs. Siehe zu *Kelsens* Motivlage *Llanque* 2008, S. 367f.

820 B. II. 5., S. 94.

821 Insb. durch die Konzeption des Stufenbaus, dazu *Koller* 2005, S. 107f. u. *Römer* 1989, S. 121.

822 *Maus* 1978, S. 15f.

823 Siehe unten, B. II. 6., S. 98.

(2) Dynamisierung, Herrscherlosigkeit und Deliberation: Demokratie und Pluralismus

Die Vorstellung des Rechtssystems als geschlossener und im steten, dynamischen Erzeugungsprozess befindlicher Einheit hat Folgen für die Frage nach dem Herrscher, dem Souverän der Ordnung[824]: Indem *Kelsen* die Geltung auf die systemimmanente Grundnorm zurückführt und außerrechtliche Geltungsgründe ablehnt, verliert die Vorstellung einer konkreten Person, die die Rechtsordnung stiftet, an Bedeutung. Indem außerrechtliche Legitimationsgründe abgelehnt werden, ist die Vorstellung, die Rechtsordnung bedürfe für ihre Geltung und Einheit einer charismatischen Führerfigur, verloren.[825] Da jede Stufe der Normenpyramide zwar teilweise von der vorhergehenden Stufe determiniert wird, aber auch stets einen gewissen Entscheidungsspielraum für die handelnden Akteure bietet (z.B. Parlament, Gericht, Vollzugsbeamter, aber auch: Vertragsparteien)[826], wird die Erzeugung der Staatsordnung auf viele Schultern verteilt, damit demokratisiert und pluralisiert. Dies harmoniert mit *Kelsen*s Trennung von Recht und Moral, die sowohl deren inhaltlich freie Gestaltung garantiert als auch die individuelle Moral gegenüber einer gesellschaftlich-absoluten schützt.[827]

Der Staat erscheint als Produkt der Menschen, der Kommunikation[828]; so werden Fragen der Deliberation und Bürgerbeteiligung, somit letztlich auch die Kommunikationsgrundrechte[829], relevant.[830] Eine derart dynamische Rechtserzeugung beweist also große Kompatibilität mit einer demokratischen Rechtsinhaltserzeugung und einer pluralistischen Gesellschaft bzw. affirmiert eine solche[831].

Dies ist ein weiterer deutlicher Kontrast zu *Schmitt*, bei dem der Staat von der Stiftung (Dezision) eines rechtlich ungebundenen Souveräns abhängt, zugleich auf eine feste Substanz rekurriert.[832] *O. Lepsius* bringt die Unterschiede auf eine prägnante Formel: „konstruktives statt seinsfixiertes Vorgehen; gegenstandserzeugende statt gegenstandsbestimmte Methode."[833]

Dieser Gesichtspunkt zieht sich durch viele Aspekte von *Kelsen*s Werk und ist eine der Brücken von der Rechtstheorie zu demokratietheoretischen Positionen: Ausgehend von der Relativierung des Unterschieds von Rechtssetzung und

---

824 Siehe zur ähnlichen Auflösung des materiellen Souveränitätsbegriffs schon oben, B. II. 1. b) bb) (2) (b), S. 75.

825 Vgl. *Somek* 2005, S. 64; u. *Schönberger* 2008, S. 28f.

826 Hierzu oben, B. II. 1. b) aa) (3), S. 61.

827 Hierzu oben, B. II. 1. a) cc), S. 54.

828 Siehe hierzu unten, B. II. 4. b) bb), S. 91 u. B. II. 4. b) aa), S. 90.

829 Siehe zu diesen oben, Fn. 75, zu deren Relevanz bei *Kelsen Dreier*, 2003, S. 20.

830 Vgl. *Ooyen* 2010, S. 31f.; *Baume* 2012, S. XVII.

831 So *Maus* 1980, S. 47.

832 Siehe hierzu oben, B. I. 4., S. 29, insb. B. I. 4. c) bb), S. 39.

833 Vgl. *Lepsius* 2008, S. 19. Explizit bezieht sich *Lepsius* auf den Unterschied von *Kelsens* zur allg. Situation in der Weimarer Republik, dies lässt sich aber konkret auf *Schmitt* münzen.

Rechtsanwendung[834] und der Vorstellung des Staats als Menschenwerk[835] zeigt er sich als Folge des positiven Freiheitsbegriffs[836] und taucht schließlich als Faktor der Kompromissfindung im Rahmen des Minderheitenschutzes erneut auf.[837]

Nun gilt es, die konkret-demokratietheoretischen Überlegungen *Kelsens* konkreter zu betrachten.

2. Wertrelativismus und Positivismus als Ausgangspunkte, Demokratie als formelles statt materielles Prinzip: Ein Votum für Chancengleichheit und Pluralismus

Wie schon für seine positivistische, den Eigenwert des Rechts und damit des Staats relativierende Rechtstheorie stellt der (Wert-)Relativismus auch für *Kelsens* Demokratietheorie einen entscheidenden Ausgangspunkt dar und führt ihn auch dort zu einer eher formellen als materiellen Position.

a) Formelle Natur der Demokratie

Während *Schmitt* die Demokratie mit einer substanzhaften, materiellen Entscheidung verknüpft, aus der sich der Wert dieser Regierungsform ableitet,[838] ist sie für *Kelsen* bloß die Beschreibung eines *Verfahrens* der Erzeugung der staatlichen Ordnung:[839] *Kelsens* Demokratietheorie ist *Input-orientiert*.[840] Er erklärt, dass man nur mit der „reiligiös-metaphysischen Hypothese", das Volk gelange „auf übernatürliches Weise" in den Besitz der einzigen Wahrheit, zum Schluss kommen könne, aus einer demokratischen Form ließe sich etwas Inhaltliches ableiten. Dies sei – in Ermangelung der Existenz einer absoluten Wahrheit bzw. deren Erkennbarkeit[841] – aber nicht so.[842] *Kelsens* Demokratie stellt nicht auf die Richtigkeit des Ergebnisses, sondern den Weg dorthin, das Verfahren, ab.

---

834 Siehe oben,B. II. 1. b) aa) (2), S. 60.
835 Hierzu oben, B. II. 1. b) bb) (2) (b), S. 75.
836 Hierzu unten, B. II. 4. b) bb), S. 91.
837 Hierzu unten, B. II. 5. b) bb), S. 97.
838 Siehe, oben, B. I. 4. a), S. 29 u. oben, B. I., S. 7.
839 Vgl. *Kelsen* 1929, S. 93f., 98, ähnl. *Kelsen* 1925, S. 368. Hierzu *Dreier* 1990, S. 251. Zum Kontrast zwischen *Kelsen* u. *Schmitt* die Kritik an *Kelsens* formaler Auffassung bei *Schmitt* 1922, S. 53; dazu *Baume* 2012, S. 13f.
840 So auch *Dreier* 1990, S. 259; zu den Kategorisierungen grundlegend *Scharpf* 1999, S. 16ff. u. *Petersen* 2009, S. 10f. Auch *Lameyer* 1978, S. 194, mit Vergleich der WRV zum eher *Output*-orientierten GG.
841 Zum Wertrelativismus oben, B. II. 1. a), S. 49.
842 Vgl. *Kelsen* 1929, S. 99; hierzu *Ooyen* 2010, S. 33 u. *Baume* 2012, S. 1. Allg. zum Streit um die Nutzung des Labels „Formalismus" als Vorwurf gegen die Reine Rechtslehre *Kelsen*, JW 1929, insb. S. 1724.

Eine formalisierte Auffassung der Demokratie verzichtet nicht nur auf die Vorstellung eines „einzig richtigen" politischen Ergebnisses, sondern bedarf schon im Ausgangspunkt keiner homogenen Gesellschaft bspw. i.S. *Schmitts*: Verfahrensrechte und Rechtspositionen kommen allen Mitgliedern einer pluralistischen Gesellschaft zu, damit haben sie eine besondere Konsensfähigkeit.[843] Zu betrachten ist nun, wie der Demokratie aus dieser relativistischen, dem Ihnhalt neutral gegenüberstehenden Warte ein Wert zugeschrieben werden kann – was *Kelsen* durchaus tut[844].

b) Demokratie als Ausdruck des Wertrelativismus und der Zusammenhang zum Rechtspositivsimus: Freiheit gesetzter Wert, Chancengleichheit und Pluralismus

Kelsen betont den engen Zusammenhang zwischen Relativismus und Demokratie. Die Stärke der Volksherrschaft gegenüber der Autokratie liege in ihrer rein formellen Natur:

> „Der metaphysisch-absolutistischen Weltanschauung ist eine autokratische, der kritisch-relativistischen die demokratische Haltung zugeordnet."[845]

Dies zeigt den Zusammenhang zwischen Demokratie und Wertrelativismus, zugleich die gemeinsame Wurzel des Rechtspositivisten und des Demokratietheoretikers *Kelsen*:[846] Wer die menschliche Vernunft außer Stande sieht, eine absolute Wahrheit zu erkennen, muss den politischen Willen eines jeden als gleichwertig ansehen, somit jedem die Möglichkeit einräumen, seine Auffassung in einem Wettbewerb auf Augenhöhe mit der Chance auf tatsächliche Umsetzung[847] zu äußern (wobei sich auch hier die Relevanz von Kommunikationsgrundrechten zeigt[848]).[849]

---

843 Zu diesem Punkt *Maus* 2011, S. 60f.

844 Man denke nur an den Titel einer seiner berühmtesten Schrift zum Thema: „Vom Wesen und Wert der Demokratie", *Kelsen* 1929. Siehe zu diesem Problemfeld schon *Leser* 1968, S. 264f.

845 *Kelsen* 1925, S. 370. Zu den Zusammenhängen zwischen Weltanschauung u. Staatsform ausführlich *Kelsen* 1968, dazu auch *Dreier* 1990, S. 272ff.

846 Vgl. *Dvorák* 2009, S. 134ff. mit einer ideengeschichtlichen Einordnung dieser Position u. ihrem Bezug zur Demokratie (von *F. Bacon* über *T. Hobbes, D. Hume* zu *E. Mach* u. dem *Wiener Kreis*). Zu den Zusammenhängen auch *Koller* 1982, S. 320ff.; *Ooyen* 2003, S. 66ff.; *Baume* 2012, S. 9ff.; 13ff.; *Dreier* 1990, S. 259ff.; *Gärditz,* Der Staat 2010, S. 342ff.; *Günther* 1988, S. 367 u. *Achterberg* 1982, S. 134f. u. Fn. 5 m.w.N. z.T. krit. *Leser* 1968, S. 239 u. *Mehring* 2004, S. 266.

847 Die nicht bestünde, ginge man mit dem Naturrecht davon aus, bestimmte Bereiche seinen der demokratischen Regelung entzogen, vgl. *Ooyen* 2008, S. 48.

848 Siehe dazu schon oben, Fn. 75.

849 Siehe *Ooyen* 2010, S. 33, 81; *Baume* 2012, S. VII u. unten, B. II. 4. b) bb), S. 91. Dies erinnert an die diskursive Normbegründung bei *Habermas* 1994, z.B. S. 151ff., dazu *Braun* 2001, S. 246ff.

Und ebendies ist ein Charakteristikum der Demokratie.[850] Dies insb., da sie für *Kelsen* im Gegensatz zu *Schmitt* auf der Existenz und dem Schutz einer zu Deliberation und Kompromissen zwingenden Minderheit basiert.[851]

Somit ist die Demokratie für *Kelsen* die Herrschaftsform, die die Forderung nach Freiheit[852] am ehesten einlösen kann; der *Wert* der Demokratie ist damit kein absoluter, sondern ein *relativer,* ein zu setzender – aus sich selbst heraus vermag sich eine relativistische Position, damit die Demokratie resp. der Freiheitsschutz, nicht zu begründen[853]. Das Setzen von Werten ist für *Kelsen* im gesellschaftlichen Bereich unumgänglich, die rationale Erkenntnis kann diesbzgl. keine letzten Antworten geben.[854] Akzeptiert man Freiheit als den erstrebenswerten Zweck, ist die Demokratie, dies versucht *Kelsen* wieder szientistisch-rational zu begründen, das damit am besten korrespondierende Mittel.[855]

Im Wertrelativismus findet sich nicht nur der gemeinsame Ausgangspunkt des kritischen Rechtspositivismus und der Demokratie, auch bzgl. der Ergebnisse ergänzen sich beide Ansichten: Die inhaltliche Leere, die der Positivismus mit seiner Indifferenz gegenüber verschiedenen Rechtsinhalten lässt, wird durch die (ebenfalls: formal-)demokratisch aufzufindenden Inhalte gefüllt; wird der Inhalt des Rechts demokratisch herausdestilliert, relativiert sich auch das Problem des Positivismus als vermeintlichem Legitimator auch autokratischer Herrschaftssysteme[856]. Schließlich kann die Forderung nach Volkssouveränität nur dann verwirklicht werden, wenn dem Souverän (also: dem Volk) keine Schranken in der Gestaltung des Staats gesetzt sind; wenn der Staat rechtlich konstruiert wird, verlangt dies einen dem Recht keine inhaltlichen Vorgaben machenden, also positivistischen, Rechtsbegriff.[857] Inhaltliche Schranken sind dann, wie noch zu sehen ist, nur zugunsten des Minderheitenschutzes, der seinerseits der gesellschaftlichen Kommunikation dient, zulässig.[858]

---

850 Vgl., auch zum Folgenden, *Kelsen* 1929, S. 100ff. Zum Ganzen auch *Kelsen* 1925, S. 368ff. u., empathischer, *Kelsen* 1932, S. 95ff. Siehe hierzu auch *Korb* 2010, S. 194.

851 Siehe dazu schon unten, B. II. 5. a), S. 94. Zu den Zusammenhängen insg. *Kelsen* 1968.

852 Dazu näher unten, B. II. 4. a), S. 85.

853 So *Leser* 1968, S. 264. *Dreier,* 2003, S. 3 spricht von einer axiomatischen Vorraussetzung. Auch *Ooyen* 2003, S. 90. Ähnl., *Dahms* 2001, S. 215.

854 Vgl. *Leser* 1968, S. 269. *Koller* 1982, S. 320 betont den großen Aufwand, den *Kelsen* trotz seines Versuchs, Politik u. Wissenschaft zu trennen, betreibt, um *rationale Argumente* für seine Prämissen zu finden.

855 Vgl. *Wielinger* 1982, S. 265; *Tammelo* 1982, S. 494; *Lepsius* 2008, S. 32f. u. zum Ganzen *Dreier* 1990, S. 260, der von einer „innertheoretischen Feststellung" spricht.

856 Hierzu oben, B. II. 1. a) bb), S. 52.

857 Vgl. *Dreier* 1990, S. 279f., *Llanque* 2008, S. 370, 380f., *Maus* 1980, S. XVI, insb. 31ff. u S. 70, dort zur Vorstellung „geschlossener Wertsysteme" (in Zusammenhang mit der *fdGO,* dazu unten, E. I. 1. d), S. 228). Auch wird die demokratische Implikation des Legalitätsprinzips aktuell, dazu unten, B. II. 6., S. 98.

858 Hierzu unten, B. II. 5. a), S. 94 u. unten, B. III. 2. b) cc), S. 115.

3. Wehrhafte Demokratie und Ausnahmezustand als undemokratische Institutionen

Seine relativistische, rechtspositivistische Haltung führt *Kelsen* zur kontroversen[859] Ablehnung der Konzepte der wehrhaften Demokratie und des Ausnahmezustands – damit nicht nur in Opposition zu *Schmitt*, sondern, gerade bzgl. des ersten Punkts, der heute herrschenden (Staats-)Lehre und dem Selbstverständnis der BRD.[860] Eingangs ein ungewöhnlich pathetisch anmutendes Resümee *Kelsens*:

> „Eine Volksherrschaft kann nicht gegen das Volk bestehen bleiben. Und soll es auch gar nicht versuchen, d.h. wer für die Demokratie ist, darf sich nicht in den verhängnisvollen Widerspruch verstricken lassen und zur Diktatur greifen, um die Demokratie zu retten. Man muß seiner Fahne treu bleiben, auch wenn das Schiff sinkt; und kann in die Tiefe nur die Hoffnung mitnehmen, daß das Ideal der Freiheit unzerstörbar ist und daß es, je tiefer es gesunken, um so leidenschaftlicher wieder aufleben wird."[861]

Demokratie ist für *Kelsen* ein formales Prinzip; es legitimiert sich durch die Erkenntnis, dass den Menschen der Weg zur absoluten Wahrheit versperrt ist. Hieraus folgt *Kelsens* Begriff der demokratischen Gleichheit, denn „Demokratie schätzt den politischen Willen jedermanns gleich ein."[862]

Diese Legitimation ist für *Kelsen* einer wehrhaften Demokratie entzogen: Nur wer – anders als relativistisch eingestellte Demokraten – glaubt, im Besitz einer absoluten Wahrheit zu sein, könne ein Recht behaupten, diese Überzeugung auch anderen Personen, notfalls mit Gewalt, aufzuzwingen.[863] Ein solches System habe aufgehört, Demokratie zu sein.[864] Das gilt nicht nur für konkrete politisch-inhaltliche Ideen, sondern das grundsätzliche, formale Demokratieprinzip: Die Demokratie

> „[...] ist diejenige Staatsform, die sich am wenigsten gegen ihre Gegner wehrt. Es scheint ihr tragisches Schicksal zu sein, daß sie auch ihren ärgsten Feind an ihrer Brust nähren muß. Bleibt sie sich selbst treu, muß sie auch eine auf Vernichtung der Demokratie gerichtete Bewegung dulden, muß sie ihr wie jeder andere politischen Ueberzeugung die gleiche Entwicklungsmöglichkeit gewähren."[865]

---

859 So bemerkt *Ooyen* 2003, S. 123, dass *Kelsen* hier ausnahmsweise keine realistische Position einnehme.

860 Siehe zum heutigen Verständnis der wehrhaften Demokratie unten, E. I. 1., S. 216.

861 Dies sind die Schlussworte der Schrift *Kelsen* 1932 auf S. 98. Die Einleitung dieser Passage stellt das sogleich unten, an Fn. 865 angegebene Zitat dar.

862 *Kelsen* 1929, S. 226. Siehe dazu näher unten, B. II. 4., S. 85.

863 Vgl. *Kelsen* 1932, S. 97; dazu *Dreier*, 2003, S. 27.

864 Dazu *Ooyen* 2010, S. 98. Dem stimmt *Agamben* 2004a, S. 23 mit Blick auf das Ende der Weimarer Republik zu.

865 *Kelsen* 1932, S. 97f. Zust. *Römer* 1989, S. 60.

Ähnlich geht *Kelsen* in Opposition zu *Schmitts* Postulat, eine Demokratie verlange die Bekämpfung von Feinden. Vielmehr sei es die Autokratie, die „jeden Gegner im Innern" rücksichtslos vernichte,

> „[...] während die Demokratie mit ihrem Prinzip der Legalität, Toleranz, Meinungsfreiheit und Minderheitenschutz den eigenen Gegner geradezu großzieht."[866]

So wird die Möglichkeit der mehrheitlichen Abschaffung der Demokratie für *Kelsen* die paradoxe Bestätigung ihres eigenen Prinzips.[867] Hier argumentiert er an der neuralgischen Stelle der Demokratietheorie und spricht den Kumulationspunkt der Kontroverse um die wehrhafte Demokratie an:

So spricht *Popper* hier vom „Paradox der Demokratie" und rekurriert auf *Platons* Kritik an der Demokratie (die nebenbei bemerkt *Schmitts* Position ähnelt[868]). *Popper* argumentiert, dass die Absetzbarkeit des Herrschers ein Wesenszug der Demokratie sei, weswegen der Aufbau von „Institutionen zur Vermeidung der Tyrannei" durchaus demokratisch sei.[869] *Van Ooyen* übernimmt *Poppers* Terminologie, argumentiert aber zunächst historisch in die entgegengesetzte Richtung: So zeigte sich gerade in der Weimarer Republik, dass es nicht die Positivisten, sondern die Anti-Positivisten und damit „Wehrhaftigkeits-Befürworter" waren, die mit der Abschaffung der parlamentarischen Demokratie *d'accord* gingen; so wurden z.B. Parteiverbote (als Element der wehrhaften Demokratie) zur Stärkung der totalen Herrschaft schon vor dem NS-Regime missbraucht. *Kelsen* erscheint als exemplarischer Gegner eines solchen Vorgehens. Zutreffend betont *van Ooyen* (wie z.B. auch *Dreier* und *Llanque*[870]) allerdings, dass für *Kelsen* gerade wegen der dilemmatischen Situation des Paradoxes auch die „andere Alternative" denkbar gewesen sein müsste und vermisst zumidnest eine „Güterabwägung" zugunsten der eingeschränkten Demokratie als kleinerem Übel im Vergleich zur Diktatur. So fasst er *Kelsens* Ergebnis als die persönliche Haltung eines „Vernunftsgläubigen" auf.[871]

Zweifel an der *paradoxen* Natur der „demokratischen Abschaffung der Demokratie" äußert *Dahms,* indem er fragt, ob dann nicht ein *Statuswechsel* der Demokraten durch Selbstabschaffung der Demokratie hin zu Nicht-Demokraten vorliege und eine autokratische Herrschaft dann nicht mehr problematisch sei.[872] Dabei scheint er aber die Minderheit der Demokraten, die *gegen* die Selbstabschaffung votiert haben mag, entweder außer Acht zu lassen oder ihnen das Votum der Mehrheit

866 *Kelsen* 1968, S. 1934f.
867 Vgl. *Dreier,* 2003, S. 28.
868 Vgl. *Hösle,* DVjs 1987, insb. S. 12ff; auch *Schmitt* 1932, S. 30ff.
869 Vgl. *Popper* 1945, insb. S.147ff., insb. Fn. 4.
870 *Dreier,* 2003, S. 28; ähnl. *Llanque* 2008, S. 382; ähnl. argumentiert übrigens *Kelsen* selbst bzgl. der Einschränkung des Mehrheitsprinzips zug. des Minderheitenschutzes unten, B. II. 5. a), S. 94.
871 Vgl. *Ooyen* 2003, S. 64; S. 126ff.
872 Vgl. *Dahms* 2001, S. 218f.

qua Repräsentation zuzurechnen, was das Dilemma aus deren Perspektive nicht zu lösen vermag.

Für *Kelsen* ist es jedenfalls der Wertrelativismus, der die Demokratie legitimiert, womit er zugleich die *wehrhafte* Demokratie *de*legitimiert; der eng damit verknüpfte[873] Rechtspositivisimus führt ihn dann konsequenterweise zur Ablehnung der von *Schmitt* behaupteten Notwendigkeit einer vorübergehenden Diktatur zur Rettung des politischen Systems kraft Ausnahmezustand.[874]

Dabei geht es um ein nicht-positiviertes – lt. *Schmitt* nicht positivierbares[875] – Notstandsrecht, das den Staat befähigt, zugunsten seiner Existenz über rechtliche Ermächtigungsnormen hinaus auf bürgerliche Freiheitssphären zuzugreifen, letztlich jegliche Norm der Rechtsordnung zu brechen. Wie gesehen fußt diese Auffassung auf einer von *Kelsen* abgelehnten Personalisierung des Staates.[876] Für ihn rekurrieren diese Erwägungen auf unzulässige, naturrechtliche Vorstellungen[877], er lehnt die Personalisierung des Staates ab,[878] betont, dieser sei menschengemacht.[879] Die kritisierte Betrachtungsweise ist für ihn eine opportunistisch-ideologisch motivierte: Gerade wer ein politisches Interesse am Fortbestand des Staates in seiner konkreten Form habe, mache sich diese Argumente nutzbar.[880]

Das zeigt die Verbindung von rechtspolitischer und rechtstheoretischer Argumentation bei *Kelsen,*[881] denn dieses von ihm auch politisch goutierte Ergebnis lässt sich schon aus den rechtstheoretischen Positionen herleiten: Wer Staat und Recht identifiziert[882], *kann* nicht von einer vorpositiven Legitimation der Verletzung der Rechtsordnung durch den Staat ausgehen. Diese so konstruierte rechtliche Bindung (statt: *Selbst*-Bindung) eines ansonsten unkontrollierten Staates zeigt die freiheitssicherenden Implikationen von *Kelsens* Rechtstheorie.[883] *Agamben* zeigt zugleich

---

873 Hierzu oben, B. II. 1. a) cc), S. 54, mit Blick auf die Demokratie erneut oben, S. B. II. 2., S. 81.

874 Vgl. *Kelsen* 1932, S. 98. Zu dieser Position als Konsequenz aus *Kelsens* allg. Haltung *Ooyen* 2010, S. 30 u. *Leser* 1968, S. 261.

875 Zu *Schmitt* oben, B. I. 4. b), S. 33. Die Möglichkeit positivierter Ausnahmeregelungen wird vom Rechtspositivisten *Kelsen* nicht bestritten, dazu *Kelsen* 1925, S. 157.

876 Dazu *Ebenstein* 1974, S. 71, siehe auch oben, B. I. 4. c) bb) (2), S. 42.

877 Bzw. einem „Rechtswunder", womit *Kelsen* 1928, S. 247 die Vergöttlichung des Staates kritisiert. Dazu *Ooyen* 2003, S. 36f. u. *Jahn* 2004, S. 230.

878 Dazu oben, B. II. 1. b) bb) (2) (a), S. 72.

879 Siehe zum Zusammenhang *Radke* 1988, S. 168 u. oben, Fn. 799.

880 Zum Ganzen *Kelsen* 1925, S. 157. Zust. *Krenzler* 1974, S. 67, *Radke* 1988, S. 168 u. m.w.N. *Jahn* 2004, S. 230f.

881 So meint *von Ooyen* (vgl. oben, in Fn. 495), man müsse *Kelsens* Rechtstheorie durch die Brille seiner demokratietheoretischen Implikationen lesen; ähnl., wenn auch vorsichtiger *Dreier* 1990, S. 222.

882 Siehe oben, B. II. 1. b) bb) (2) (a), S. 72.

883 So bzgl. des Staatsnotstandsrechts *Dreier* 1990, S. 222 u. *Krenzler* 1974, S. 52.

den Zusammenhang zu *Kelsens* Erwägungen zum *Freiheitsmimimum*[884]*:* Befürworter des Ausnahmerechts

> „treffen sich [...] darin, daß sie die Existenz einer Sphäre des menschlichen Handelns ausschließen, die sich dem Recht insgesamt entzöge".[885]

4. Freiheit und Gleichheit

Wie bei *Schmitt* gehen bei *Kelsen* viele staatstheoretische Erwägungen von der *Gleichheit* aus. Daneben sieht er aber die *Freiheit* als den von der Demokratie anzustrebenden Wert[886].

a) Ausgangspunkt: Freiheit und Gleichheit als Paradoxa der Demokratie

aa) Die Gleichheit der Menschen als Ursprung des Freiheitsstrebens und der Demokratie

Während *Schmitt* eine *spezifische Gleichheit* im Blick hat, geht *Kelsen* von einer (man könnte sagen: *formellen*) Idee der Gleichheit der Menschen aus – also der von *Schmitt* als substanzlos und nichtssagend bezeichneten *allgemeinen Menschengleichheit*[887]. Diese Differenz im Ausgangspunkt der Überlegungen schlägt sich im Ergebnis nieder.[888] *Schmitts* Begriff der spezifischen Homogenität führt ihn zur Vernachlässigung der Freiheit, für *Kelsen* steht diese im Mittelpunkt:

> „Der Freiheitswert, nicht der Gleichheitswert ist es, der die Idee der Demokratie in erster Linie bestimmt"[889]

So sei es die Erkenntnis der *Gleichheit der Menschen*, die die Individuen zum Einfordern ihrer Freiheit bringe: Es sei nicht einzusehen, warum ein prinzipiell Gleicher über prinzipiell Gleiche herrschen sollte.[890] Für *Kelsen* ist dies der Reflex, der das Verlangen nach Demokratie weckt. Der formelle Freiheitsbegriff bringt damit, anders als der substantielle *Schmitts*, die Frage nach der Freiheit zur demokratischen Beteiligung sämtlicher, auch gegensätzlicher Interessengruppen auf die Agenda.[891] Die Synthese der Ideen Gleichheit und Freiheit wird zum Charakteristikum der

---

884 Dazu oben, B. II. 1. b) bb) (1) (a), S. 66 u. unten, B. II. 4. b) dd), S. 92.
885 *Agamben* 2004a, S. 18.
886 Hierzu oben, B. II. 2. b), S. 81.
887 Siehe zu *Schmitts* Positionen allg. oben, B. I. 2. a) S. 14.
888 Vgl. zu diesem Kontrast insg. *Mantl* 1982, S. 196.
889 *Kelsen* 1929, S. 93.
890 Vgl. *Kelsen* 1929, S. 3f. Auch *Kelsen* 1925, S. 321: dies gelte umso mehr, je deutlicher u. unmittelbarer die „Last fremden Willens" empfunden werde.
891 Ähnl. argumentiert *V. Neumann 1980*, S. 123. Dies führt *Kelsen* auch hier zu einem Plädoyer für Deliberation, dazu unten, B. II. 4. b) bb), S. 91. Zur Differenz zu *Schmitt* deutlich *Neumann*, HRRS 2012, S. 159.

Demokratie[892]; *Kelsen* homogenisiert dieses vermeintliche Gegensatzpaar[893], was nun vertieft zu betrachten ist.

bb) Von der natürlichen, negativen hin zur politischen, positiven Freiheit

Kelsen verzeichnet einen Bedeutungswandel des Topos *Freiheit* im Lauf der Demokratisierung:[894] Da eine Gesellschaft ohne jede ordnende Form der Herrschaft nicht denkbar ist,[895] entsteht die Idee einer *politischen Freiheit* der (Selbst-)Herrschaft, die neben die natürliche (herrschaftsfreie) Freiheit tritt.[896] auf dem Boden der natürlichen Freiheit stehend erscheine die Forderung der Demokratie – Freiheit *durch* eine soziale Ordnung – paradox, da eine herrschaftsfreie Ordnung nicht denkbar sei. Es gehe nicht um das *Ob*, sondern das *Wie* der Herrschaftsbildung.[897] So findet ein Wandel von der

> „Vorstellung der Freiheit des Individuums von staatlicher Herrschaft zur Vorstellung einer Beteiligung des Individuums an der staatlichen Herrschaft“[898]

statt: Zwar sind gesellschaftliche Herrschaftsverhältnisse unumgänglich; diese Erkenntnis führe aber zu der Forderung, zumindest so weit wie möglich *von sich selbst* beherrscht zu werden[899]. Das Majoritätsprinzip stellt damit die größtmögliche Annäherung an die Idee der Freiheit dar und ist für *Kelsen* aus dieser, nicht aus der Gleichheit abzuleiten – auch hier widerspricht er *Schmitt*[900]. Nebenbei führt dies, wegen des Charakters des Majoritätsprinzips als *Kompromiss*, gerade nicht zum Prä des Mehrheits-, sondern des Verhältniswahlrechts. Dies auch, da es keinen einheitlichen Volkswillen, sondern eine Vielfalt der Willen gibt, die so besser Ausgedrückt werden könne.[901]

Der klassische negative Freiheitsbegriff wird so zu einem positiven, dem der *Freiheit zur Beteiligung*,[902] bei dem die individuelle und bzgl. aller Individuen gleiche Freiheit im Blick ist[903]. Die formelle Gleichheit ist für *Kelsen* also der Ausgangspunkt

---

892 Vgl. *Kelsen* 1929, S. 3f.
893 Dazu *Achterberg* 1982, S. 134, siehe auch *Dreier* 1990, S. 254 u. *Ooyen* 2003, S. 89ff.
894 Zum ganzen Gedanken *Kelsens* *Lepsius* 2008, S. 28f. u. *Baume* 2012, S. 19ff.
895 Eine Erkenntnis, die *Kelsen* als „Gemeinplatz“ bezeichnet: *Kelsen* 1926, S. 42.
896 Vgl. *Kelsen* 1929, S. 4f. Zum Ganzen *Kelsen* 1925, S. 321f.
897 *Kelsen* 1926, S. 42 u. S. 55: „[D]as Freiheitsideal der Demokratie, Herrschaftslosigkeit und sohin Führerlosigkeit ist nicht einmal annäherungsweise realisierbar.“
898 *Kelsen* 1929, S. 10.
899 *Kelsen* 1925, S. 321. Zum Ganzen *Kelsen* 1926, S. 43f.; dazu *Koller* 1982, S. 321f. u. *Dreier* 1990, S. 252ff.
900 Siehe hierzu oben, B. I. 2. b) bb), S. 16. Dazu auch *Ooyen* 2003, S. 96.
901 Vgl. zum Ganzen *Kelsen* 1929, S. 57ff., dazu auch *Olechowski* 2009, S. 118ff.
902 Vgl. *Ebenstein* 1974, S. 64, der dies die „Freiheit im griechischen Sinn“ nennt.
903 Vgl. *Dreier*, 2003, S. 3.

der Demokratie; das Ziel (der „gesetzte Wert“[904]) und der Fixpunkt seiner Demokratietheorie ist dagegen die politische Freiheit.[905]

cc) *Gleichheit als normatives Prinzip: Gegen das Postulat eines homogenen Volks sowie Volks- und Staatswillens; Kritik an substantieller Gleichheit, Identitätsthese und volonté générale*

Kelsen geht also von einem allgemeinen Gleichheitsbegriff aus und kritisiert die „substantielle“ Gleichheit, die bei *Schmitt* Ausgangspunkt und Forderung der Demokratie ist, auf empirischer und demokratietheoretischer Ebene. So werde schon nicht klar, was Inhalt dieser Gleichheit sein soll.[906] Realiter gebe es weder ein einheitliches Volk, noch einen solchen Volks- oder Staatswillen.

De facto gebe es bloß die mit einem rechtlichen Tatbestand vergleichbare „Einheit der das Verhalten der normunterworfenen Menschen regelnden staatlichen Rechtsordnung“. Dies, da der Mensch nicht als „ganzes, d.h. mit allen seinen Funktionen, nach Richtungen seines seelischen und körperlichen Lebens“ zur Gesellschaft gehöre, sondern nur bzgl. einzelner, rechtlich relevanter „Lebensäußerungen“:[907] Die Einheit der Bürger ist eine durch das Rechts geschaffene, *normative*.[908]

Während (staatsinterne) Homogenität für *Schmitt* zentral ist, bezeichnet *Kelsen* die Vorstellung eines einheitlichen (Staats-)Volkes damit als ideologisch begründete Fiktion[909]; in „naturhafter Realität“ sei sie nicht zu finden.[910] Für *Kelsen* ist das entscheidende, die Staatsbürger zusammenhaltende Band die Geltung der normativen Ordnung; hier widerspiegelt sich sein Bild des Staates als „eine rein normative Einheit und kein irgendwie kausalgesetzlich zu erfassendes Gebilde“[911]. Dieses rein normative, alle „natürlichen“ Merkmale als entscheidende Kategorie ausblendende Verständnis widerspricht damit der Vorstellung einer (natur)gegebenen, kulturellen, sprachlichen, religiösen oder sonstigen Einheitlichkeit der Staatsbürger. Hierin liegt

---

904 Dazu oben, B. II. 2. b), S. 81.

905 So auch *Wielinger* 1982, S. 264 u. ähnl. *Ooyen* 2003, S. 90f.

906 Vgl. *Kelsen* 2008, S. 103. Zu *Schmitts* Gleichheit als Produkt einer Dezision oben, B. I. 2. a), S. 14.

907 Siehe *Kelsen* 1929, S. 14f. [ohne Herv. des Orig, F.F.]. Ähnl. auch *Kelsen* 1925, S. 150.

908 Siehe zu dieser Argumentation u. ihren Folgen *Lepsius* 2008, S. 22, *Ooyen* 2003, S. 49; *Prisching* 1988, S. 104f. u. *Schönberger* 2008, S. 28ff. *Ehs* 2009, S. 158 deutet an, dass *Kelsen* hier *Rousseaus* ebenfalls normativer Auffassung näher kommt, als es *Schmitt* mit seiner Rezeption gelingt.

909 *Kelsen* 2008, S. 85: Einer *bürgerliche* Ideologie. Dazu unten, Fn. 1207 u. *Somek*, ARSP 2005, insb. S. 67.

910 *Kelsen* 1925, S. 150; Siehe dazu u. zur Verbindung mit dem Gesamtwillen auch *Kelsen* 1923, S. 165. Hierzu u. zum Unterschied zu *Schmitt* *Dreier* 1990, S. 223ff. Zum Kontrast von *Schmitt* u. *Kelsen* auch *Baume*, History of European Ideas 2009, S. 379. Zur Widersprüchlichkeit von *Schmitts* Argumentation *Schild* 1998, S. 38.

911 Siehe *Kelsen* 1928, S. V.

ein klares Votum für den Pluralismus.[912] Wenn *Kelsen* postuliert, eine „kulturell relativ homogene Gesellschaft, insb. gleiche Sprache“[913] sei für die Demokratie nötig, hat er damit ebenfalls *keine spezifische Gleichheit* i.S. *Schmitts* im Blick,[914] sondern den praktischen Aspekt, dass zur Erzielung der zur Legitimität einer Demokratie notwendigen – minderheitenschützenden – Kompromisse[915] zumindest die Verständigung der Parteien notwendig ist, er betont in diesem Kontext, dass Interessenharmonie durch immer wieder zu erneuernde Kompromisse gestiftet werden müsse.[916] Weitergehende, gesinnungsmäßige Einheitlichkeit meint er anders als *Schmitt* nicht, dies widerspräche gerade dem Motiv, aus dem er die Kommunikationsmöglichkeit fordert: Dem Finden von Mittelwegen und dem Schutz von Minderheiten.[917]

Eingedenk der realiter unvermeidlichen Pluralität innerhalb jeder Gemeinschaft – *Kelsen* nennt religiöse, wirtschaftliche und nationale Unterschiede –, gebe es auch die *willensmäßige Einheitlichkeit*, auf die *Schmitt* besonderen Wert legt[918], tatsächlich gerade nicht.[919] Deutlich hierzu *Lepsius*:

> „Gerade seine empirische Wahrnehmung der sozialen Wirklichkeit läßt ihn die Annahme verspotten, es gebe ein feststehenden Volkswillen [...] oder eine Homogenität substantieller Gleichheit“.[920]

Wenn, ließe sich ein solcher Kollektivwille vorübergehend in kleinen Gruppen konstruieren. Diese Vorstellung eines Gemeinwillens könne durch die Tatsache begründet sein, dass Menschen sich in Massen *de facto* anders verhalten, als sie es isoliert tun; als Träger dieses Willens werde eine „Massenseele“ konstruiert;[921] diese massenpsychologische Konstruktion wird nun unzulässigerweise auf den Staat übertragen.[922] Dagegen gibt es faktisch nur eine Anhäufung sich evtl. beeinflussender Einzelwillen, so wie der Staat bloß eine Anhäufung unterschiedlicher

---

912 Zum normativen Begriff des Staatsvolkes *Kelsen* 1925, S. 149f. Hierzu *Ooyen* 2003, S. 89ff.; mit Blick auf die Konsequenzen für die heutige Staats(bürger)theorie u. die Perspektive des BVerfG *Ooyen* 2014, S. 27ff.; S. 88 u. S. 174ff. u. insg. *Ooyen* 2010. Auch *Baume* 2012, S. 43 u. *Groh* 2005, S. 156 m.w.N. in Fn. 56.

913 *Kelsen* 1929, S. 66.

914 Auch *Heller* 1992, S. 427 stellt diese Vorstellung von Homogenität als Voraussetzung (politischer) Kommunikation *Schmitts* Verständnis der auf Feindexklusion basierenden Homogenität gegenüber u. kritisiert letzteres.

915 Dazu unten, B. II. 5. a), S. 94.

916 *Kelsen* 1929, S. 66.

917 Hierzu auch *Neumann,* HRRS 2012, S. 159, der dies wohl weitergehender deutet, als es hier getan wird, u. von einem „Meinungsumschwung“ *Kelsens* spricht.

918 Siehe hierzu unten, Fn. 926.

919 Vgl. *Kelsen* 1929, S. 14f. u. *Kelsen* 1925, S. 150.

920 *Lepsius* 2008, S. 33.

921 *Kelsen* 1925, S. 9.

922 Dazu *Kelsen* 1923, S. 165; er lehnt Analogien zur Massenpsychologie ab: deren Konzept eines Gesamtwillens verlange ein „kommunikatives Band“; Staatsbürger unterstehen dagegen bloß der Einheit der Rechtsordnung.

Einzelpersonen ist.[923] Vielmehr kann eine gesellschaftliche Ordnung keinen einheitlichen Willen aller Bürgerinnen und Bürger verlangen, sie muss unabhängig von Einzelwillen gelten[924] – so, wie Gesetze auch denjenigen gegenüber Geltung beanspruchen, die mit ihrem Inhalt nicht *d'accord* gehen. Dies ist auch in einer direkten Demokratie in *Rousseaus* Sinne der Fall. Daher verlange selbst ein solcher „Freiheitsapostel" die Einstimmigkeit nur für den staatsgründenden Urvertrag: Nicht nur der Parlamentarismus (in dem man nur zum Zeitpunkt der Wahl frei sei), sondern auch die volle Basisdemokratie führten u.U. zu Unfreiheit, insb. bzgl. des überstimmten Teils. Anderes gelte nur, würde eine ständige *Einstimmigkeit* vorliegen. Dies führte dann zu der – wohl uneinlösbaren – Forderung, dass Jeder zu jeder Zeit für den Fall, dass er nun nicht mehr mit dem Gesamtwillen übereinstimme, die Möglichkeit der Verweigerung der Anerkennung der sozialen Ordnung haben müsse.[925] *Kelsen* resümiert diametral zu *Schmitt* (der *gesinnungsmäßige Gleichheit* fordert[926]):

> Darum muß, soll überhaupt Gesellschaft, soll insb. Staat sein, auch zwischen dem Inhalt der Ordnung und dem Inhalt der ihr unterworfenen Willen die Möglichkeit einer Differenz bestehen."[927]

Eng mit der Ablehnung der Idee des einheitlichen Volkswillens hängt die des *einheitlichen Staatswillens* zusammen.[928] *Kelsen* setzt sich mit der von *Schmitt* für seine Forderung nach Homogenität rezipierten Konzeption der *volonté générale*[929] kritisch auseinander[930]: Das Kollektivwesen, in dem nach *Rousseau* die Staatsbürger frei seien, habe einen „transzendenten, metaphysischen" Charakter, es entspringe ebenfalls der Objektivierung von subjektiven Willen zu einem Kollektivwillen.[931]

Statt eines realen Willens „des Staats" bzw. „Volks" gibt es ein Parlament, das *als dessen Vertreter auftritt*: Die Parlamentsbeschlüsse *gelten* als die des Volks[932], ohne dass das Volk selbst diese treffen muss oder kann. Dass es neben den Einzelwillen der Volksvertreter keine zusätzlichen Staatswillen gibt, zeige auch die *contradicto in adiecto* des „freien Mandats": Die für die zivilrechtliche Stellvertretung typische Möglichkeit, den Spielraum des Vertreters nach dem Willen des Vertretenen

923 Hierzu insg. *Baume* 2012, S. 41ff.

924 Vgl. *Kelsen* 1929, S. 7f.

925 *Kelsen* 1929, S. 6ff., vgl. auch *Wielinger* 1982, S. 264f.

926 Dazu B. I. 2. a), S. 14; B. I. 2. b) aa), S. 16; B. I. 2. b) bb), S. 16; B. I. 2. b) cc), S. 17; oben, B. I. 2. b) ee), S. 20 u. oben, Fn. 386.

927 *Kelsen* 1929, S. 7.

928 Siehe dazu allg. *Somek*, ARSP 2005, S. 66f. u. *Groh* 2005, S. 156f.

929 Siehe hierzu schon oben, Fn. 140.

930 *Leser* 1968, S. 265; zu einer kontrastierten Gegenüberstellung auch *Dreier*, 2003, S. 13f. *Baume* 2012, S. 19.

931 Vgl. *Kelsen* 1929, S. 12, auch S. 106, Fn. 7. Ähnl. S. 21f. zum Kollektivwillen u. S. 35 zum Staatswillen.

932 Vgl. *Kelsen* 1925, S. 313; hierzu *Lepsius* 2008, S. 23ff. u. *Ooyen* 2003, S. 112ff.

einzuschränken, bestehe im Parlamentarismus, also der politischen Stellvertretung, gerade nicht.[933]

Es gibt keinen Grund zu glauben, dass eine plebiszitäre Abstimmung einen faktischen Gesamtwillen spiegelt. Es gibt immer einen überstimmten Teil, der offensichtlich einen anderen Willen hatte[934]:

> „Oder glaubt man wirklich, daß der Inhalt der zahlreichen und komplizierten Gesetze, in denen der Wille des modernen Staates zum Ausdrucke kommt, in der gemeinsamen Willensrichtung aller Staatsbürger gelegen sei, die doch von den Bestimmungen des Gesetzes, ja häufig selbst von deren allgemeiner Tendenz keine Vorstellung haben?"[935]

Schmitts These[936], diese Minorität werde zu ihrem „wahren Willen" geführt, verwirft er damit:

> „Den Majoritätsbeschluß als Willen der Gesamtheit gelten zu lassen, ist ein spezifisch juristischer, psychologisch unmöglicher Vorgang".[937]

Auch die von *Schmitt* postulierte Identität von Herrscher und Beherrschtem, bei der in der Demokratie beide im Begriff des *Volks* zusammenfallen, besteht für *Kelsen* nicht faktisch, sondern *normativ;*[938] dabei geht er von der Sein-Sollen-Dichotomie aus[939]. Er skizziert den kritisierten Gedanken:

> „Das den Staat bildende Volk ist ein einheitliches homogenes Kollektiv, hat also ein einheitliches Kollektivinteresse, das sich in einem einheitlichen Kollektivwillen äußert. Diesen jenseits aller Interessengegensätze und sohin über den politischen Partien stehende Kollektivwillen – es ist der ‚wahre' Staatswille – erzeugt nicht das Parlament; dieses ist der Schauplatz der Interessengegensätze, parteipolitischer – C.S. [= *Carl Schmitt*, F.F.] würde sagen, ‚pluralistischer' Zersplitterung. Sein Erzeuger [also der des Kollektivwillens, F.F.] oder Werkzeug ist das Staatsoberhaupt."[940]

Diese Auffassung *Schmitts* offenbart den bei ihm grds. bestehenden Zirkel[941]: Einheitlichkeit ist die Voraussetzung des Staates, zugleich aber durch staatliche Institution erst herzustellen.

---

933 *Kelsen* 1925, S. 314: Keine moderne Verfassung kennt die Bindung des Abgeordneten an den Wählerwillen.

934 Vgl. *Kelsen* 2008, S. 93.

935 *Kelsen* 1923, S. 116.

936 Siehe oben, B. I. 2. b) cc), S. 17 u. insb. oben, Fn. 153.

937 *Kelsen* 1923, S. 169.

938 Zum Unterschied zwischen dem „Materialisten" *Schmitt* u. dem „Formalisten" *Kelsen Dreier* 1990, S. 251.

939 Vgl. *Günther* 1988, S. 371 u. *Olechowski* 2009, S. 115f.: Der Wille ist ein *real*psychischer Vorgang, von dem die *normative* Staatsordnung strikt zu trennen sei.

940 *Kelsen* 2008, S. 93.

941 Vgl. oben, B. I. 4. c) aa), S. 37.

Beharrt man auf dieser Vorstellung der Identität von Herrscher und Beherrschtem, setze man eine Ideologie real.[942] Und zwar eine undemokratische, diktatorische, was das Verhältnis der „radikalen Ungleichheit von Herrscher und Beherrschtem" offenbart. Denn, so *Kelsen*: „Die Identifikation mit der Autorität: sie ist das Geheimnis des Gehorsams".[943] Dies zeigt sich auch an den Verfassungsbegriffen; *Kelsen* stellt seinen dem *Schmitts* gegenüber: Die Identifikation der (bei *Schmitt*: *positiven*) Verfassung mit der „Einheit des Volks" sei nicht in Realität zu finden, sondern politisch erwünscht:

> „An Stelle des positivrechtlichen Verfassungsbegriffs schiebt sich die ‚Einheit' als ein *naturrechtliches* Wunschideal."[944]

b) Konsequenzen: Relativierung des Staats, Stärkung des Pluralismus

Nun sind die Konsequenzen dieser spezifischen Begriffe von Freiheit und Gleichheit zu betrachten, soweit sie für diese Arbeit von Interesse sind.[945]

aa) Kein Eigenwert des Staates

Kelsens „Entzauberung" der Vorstellung des Staates als einer realen Größe, die sich durch inhaltliche Eigenschaften, durch eine tatsächliche, einheitliche Form auszeichnet, die Leugnung der (für ihn nicht empirischen, sondern metaphysischen) These, dass dieser mehr sei als die Summe durchaus unterschiedlicher Einzelindividuen, da er auf einer homogenen Basis stehe, führt zunächst zum gleichen Ergebnis wie sein Positivismus und seine Identifikation von Recht und Staat[946]:

So wie *Kelsen* den Eigenwert des Rechts bzw. Staats schon aus seinen theoretischen Positionen heraus ablehnte, schließt er die Zuschreibung eines Wertes und eine darauf fußende Legitimation des Staates aus,[947] indem er vermeintlich empirische Aussagen als bloß normative[948] enttarnt.[949]

---

942 Vgl. *Kelsen* 1929, S. 14f. u. *Kelsen* 1925, S. 150.
943 *Kelsen* 1968, S. 1929.
944 *Kelsen* 2008, S. 103.
945 Dag. werden bspw. die Folgen für das Wahl- u. Parteiensystem, den Parlamentarismus (dazu z.B. *Wielinger* 1982, S. 266ff.) u. die wohlfahrtsstaatlichen Implikation (dazu *Prisching* 1982) ausgeklammert.
946 Siehe dazu insb. oben, B. II. 1. a) cc), S. 54 u. oben, B. II. 1. b) bb) (2) (b), S. 75.
947 Vgl. zu dieser Konsequenz *Lepsius* 2008, S. 22 u. *Dreier* 1990, S. 227f.
948 Bspw. da die behauptete *Homogenität* gar nicht existiert, sondern bloß erwünscht ist.
949 Dazu prägnant *Baume* 2012. Siehe hierzu auch die Ausführungen oben, an Fn. 733.

bb) Die Wichtigkeit der Deliberation

Mit der Ablehnung der Idee eines tatsächlich bestehenden, einheitlichen Staatswillens gerät zusätzlich der Prozess der staatlichen Willensbildung in den Fokus[950]: Gibt es *de facto* keine substantielle Gleichheit, gibt es auch keinen *präexistenten* Staatswillen; wenn sich der „Wille des Staates", wie *Kelsen* meint, insb. in einer Demokratie faktisch aus den Einzelwillen der Bürgerinnen und Bürger zusammensetzt, wird die Frage nach deren Beteiligung an der Gestaltung des Staates entscheidend.

Dies entspricht *Kelsens* Vorstellung einer dynamischen Rechtserzeugung. Normen sind nichts Vorgegebenes, sondern gemeinschaftlich Herauszuarbeitendes, Kontingentes.[951] Der Staat ist mit der Rechtsordnung identisch, diese befindet sich in einem stetigen Prozess gleichzeitiger Rechtssetzung und -anwendung.[952] Dies zeigt den Zusammenhang eines dynamischen Rechtspositivismus mit einer auf der Vorstellung der allgemeinen Gleichheit und der positiven Freiheit fußenden Demokratie:[953]

> „Die Idee der Demokratie ist die Idee der Freiheit als der politischen Selbstbestimmung. Sie kommt verhältnismäßig am reinsten dort zum Ausdruck, wo die staatliche Ordnung unmittelbar durch die ihr Unterworfenen selbst erzeugt wird, wo ein Volk in der Versammlung der Volksgenossen die Normen für deren Verhalten beschließt".[954]

In einem demokratischen System geraten damit auf dem Boden dieser theoretischen Ausgangspunkte die Aspekte der Deliberation und damit letztlich des Minderheitenschutzes in den Blick.[955]

cc) Pluralismuskritik als Werturteil; tatsächlicher Pluralismus als Faktum

Mit dem Angriff auf *Schmitts* Vorstellungen von Homogenität werden zugleich die Ausführungen zu deren Gegensatz, dem Pluralismus, angegriffen. *Kelsen* betont, dass auch *Schmitts* Pluralismuskritik[956] nicht fakten-, sondern wertbestimmt ist. *Schmitt* zeichne ein Bild, in dem der Staat durch eine pluralistische Gesellschaft zurückgedrängt wird, „staatsfeindliche Tendenzen den Staat in seiner Existenz, weil

---

950 Dazu oben, Fn. 891 u. oben, Fn. 830. Auch *Lepsius* 2008, S. 19 u., insb. zum *normativen Volksbegriff*, *Ehs* 2009, S. 163. Zu dieser Position u. deren Motiv schon im Frühwerk *Kelsens*, obwohl dort die Vorstellung der dynamischen Rechtserzeugung noch nicht entwickelt war, auch *Schönberger* 2008, S. 30ff.

951 Hierzu *Baume* 2012, S. XVII. Zum Zusammenhang von Wertrelativismus u. Demokratie oben, S. 81.

952 Siehe zu einer Übersicht der Grundlegung u. Folgen dieser Dynamisierung oben, B. II. 1. b) cc) (2), S. 79.

953 Hierzu auch *Baume* 2012, S. 29.

954 *Kelsen* 1968, S. 1927.

955 Hierzu ausführlicher unten, B. II. 5. a), S. 94.

956 Vgl. hierzu oben, B. I. 2., S. 13.

in seiner Einheit, gefährden."[957] Mit der Zurückweisung der Vorstellung der substantiellen Homogenität als Bedingung des Staates löst sich auch dieses Argument auf. Verwendet wird es für *Kelsen*, um den Pluralismus, der den Schutz der Minderheiten vor einem ansonsten totalen Staat affirmiert, „beiseite zu schieben".[958] Der Pluralismus soll als ein Problem gegeißelt werden, das er eigentlich nicht ist, da die *Einheit,* welche er vermeintlich gefährdet, bloße Fiktion ist.

Vielmehr ist Pluralismus eine tatsächliche Gegebenheit – und *Kelsens* („entontologisierte") Staatstheorie, die nicht auf empirische Homogenität, sondern die gemeinsame Unterworfenheit unter eine Rechtsordnung abstellt, die diesem Faktum am ehesten gerecht werdende Auffassung.[959]

dd) Begrenzung des staatlichen Zugriffs: Freiheitsminimum, kein Ausschluss des Heterogenen

Erneut, wie bei der dem Folgenden insgesamt eng verwandten Auflösung von subjektiven Rechten[960], liest sich *Kelsens* Position zunächst wie eine Überhöhung der Gesellschaftsordnung – diese müsse unabhängig vom Willen der ihr Unterworfenen objektiv gelten –, obwohl sie deren Bedeutung eigentlich relativiert und damit Freiheitsräume schafft: Denn von der anderen Seite betrachtet folgt hieraus, dass die Bürger in ihrem Willen von der Gesellschaftsordnung unabhängig sind. Zwar müssen sie den Staatswillen *als solchen* gelten lassen, es wird gegenüber einer Person aber nicht behauptet, eine anderslautende Willensäußerung sei ein Irrtum über deren wahren Willen, zu dem sie sich staatlicherseits hinführen lassen müsse. Eine, wie *Lepsius* betont, realistische Perspektive: Nur die das Volk und seine Vertreter *nicht* identifizierende Perspektive erfasst die mannigfaltigen Willen der „außerrechtlichen" Welt.[961] Dies harmoniert mit *Kelsens* Wertrelativismus[962].

Somit besteht in *Kelsens* Demokratie auch kein Bedarf zur Bekämpfung von Andersdenkenden, zur „Ausscheidung oder Vernichtung des Heterogenen."[963], wie es bei *Schmitt* der Fall ist.[964] Die *Rousseau'*sche Terminologie übernehmend resümiert *Kelsen*, wobei er *en passant* gegen die Behauptung *Schmitts*, die Diktatur sei die Reinform der Demokratie, argumentiert[965]:

---

957 *Kelsen* 2008, S. 86.

958 *Kelsen* 2008, S. 86. Zu *Kelsens* zu *Schmitt* diametraler Haltung *Feichtinger/Müller* 2009, S. 224.

959 Vgl. *Ooyen* 2008, S. 55f. u. *Ooyen* 2003, S. 18 u. passim. Ähnl. *Ehs* 2009, S. 159 u. *Lepsius* 2008, S. 25.

960 Dazu insg. oben, B. II. 1. b) bb) (1) (a), S. 66.

961 *Lepsius* 2008, S. 26.

962 Vgl. *Dreier,* 2003, S. 22.

963 *Schmitt* 1926, S. 14.

964 Dazu oben, B. I. 2. c), S. 22. Dieses Fazit ziehen auch *Lepsius* 2008, S. 26, *Feichtinger/Müller* 2009, S. 220ff. u. *Ooyen* 2008, S. 57.

965 Zu dieser Auffassung *Schmitts* oben, B. I. 2. b) cc), S. 17, zu *Kelsens* diesbzgl. Entgegnung auch oben, Fn. 181.

„Es ist das Prinzip *größtmöglicher Freiheit* als des relativ geringsten Gegensatzes zwischen der volonté générale, dem Inhalt der staatlichen Ordnung, und der volonté de tous, dem Wollen der Einzelnen dieser Ordnung unterworfenen Subjekten. Diese Freiheit ist in jeder anderen als der demokratischen Staatsform unrettbar verloren. V.a. in der Diktatur [...] Mit der politischen Freiheit der Selbstbestimmung muß aber zwangsläufig – das lehrt jedes Blatt der Geschichte – die geistige Freiheit verschwinden. [...] Die geistige Freiheit: das bedeutet die Freiheit der Wissenschaft, die Freiheit der sittlichen, künstlerischen religiösen Ueberzeugung. Die Intellektuellen, die heute gegen die Demokratie kämpfen und damit den Ast absägen, auf dem sie sitzen, sie werden die Diktatur, die sie rufen, wenn sie erst unter ihr leben müssen, verfluchen, und nichts mehr ersehnen als die Rückkehr zu der von ihnen so verlästerten Demokratie“[966]

Nimmt man dagegen an, dass die Rechtsordnung unabhängig von den Einzelwillen der Bürgerinnen und Bürger objektiv gilt und deren Verhalten für das Recht erst relevant wird, wenn es sich mit positivierten Tatbeständen deckt, verbleibt stets eine insb. willensmäßige „staatsfreie Sphäre“: „Freiheit in diesem Sinne“, so *Kelsen* zum Verhältnis von Mensch und Rechtsordnung, „ist einfach Mangel an rechtspflichtmäßiger Gebundenheit“[967], denn „[a]ls erlaubt hat alles zu gelten, was nicht verboten, das heißt mit keiner Unrechtsfolge versehen ist.“[968] *Kaufmann* führt die Idee „rechtsfreier Räume“, die Freiheitssphären bestehen lassen, auch auf die Toleranz zurück, die mit dem Relativismus zusammenhängt.[969] Für *Kelsen* erfährt der Begriff Freiheit ansonsten einen Bedeutungswandel, der soweit gehe, dass nicht mehr die Freiheit der *Person*, sondern die (*de facto* bloß fiktive!) Freiheit des nun personifizierten *Staates*, die Souveränität des Volkes eingefordert wird.[970] Hier zeigt sich, dass diese Überlegung mit seiner Konstruktion des „Freiheitsminimums“ korrespondiert.

Auch die Ablehnung eines Eigenwerts des Staats in Folge der Leugnung einer tatsächlichen Homogenität hat ähnliche Auswirkungen auf das Verhältnis von Staat und Staatsbürgerinnen und -bürgern:

Während *Schmitt* die Suspendierung konkreter Rechtsnormen zugunsten der Herstellung einer substantiell verstandenen Einheitlichkeit fordert, er eine durch einen nicht-rechtlichen, einheitlichen Willen geäußerte „Verfassung über

966 *Kelsen* 1932, S. 97. Bzgl. *Schmitt* hatte er damit jedoch unrecht; als „Märzgefallenener“ hat er sich mit dem NS-Regime zumindest zunächst sehr gut arrangiert, vgl. dazu z.B. *Mehring* 2009, S. 307ff.

967 *Kelsen* 1925, S. 150, ähnl. *Kelsen* 1923 *Kaufmann* 1997, S. 342 führt die Idee „rechtsfreier Räume“, die Freiheitssphären bestehen lassen, auch auf die Toleranz zurück, die mit dem Relativismus zusammenhängt.

968 *Kelsen* 1923.

969 *Kaufmann* 1997, S. 342

970 Vgl. *Kelsen* 1929, S. 13. Zu *Kelsens* „Freiheitsminimum“ schon oben, B. II. 1. b) bb) (1) (a), S. 66.

der Verfassung“ unterstellt, die im Zweifel freiheitsschützende Einzelnormen zu derogieren vermag, womit er jegliche Zugriffe auf die Normunterworfenen legitimiert[971], kommt *Kelsen* zu einem diametralen Ergebnis: Der Staat ist umfassend an das Recht gebunden, während die Bürgerinnen und Bürger nur soweit normativ verpflichtet sind, wie eine positiverte Rechtsnorm deren Verhalten erfasst.[972] Alle nicht-positivierten Normen sind rechtlich unverbindliche Postulate und bloßer Ausdruck „bestimmter Gruppeninteressen“[973] und nicht der einer einheitlichen, über der Verfassung stehenden Entscheidung, die bei *Schmitt* den Staat definiert.

Damit ist auch das Postulat abgelehnt, solche Personen, die sich nicht in die Homogenität des Staates einfügen, zugunsten einer werthaften Ordnung zu bekämpfen und zu exkludieren. Einen solchen, von *Schmitt* geforderten *Ausschluss einzelner Personen aus dem Rechtskreis* bezeichnet *Kelsen*, auf dem Standpunkt der allgemeinen statt der materiellen Gleichheit stehend, als Rückschritt.[974]

Auch hier zeigt sich das freiheitsschützende[975] und insb. pluralismusfreundliche[976] Potential eines streng positivistischen *Staatsagnostizismus* (sei er nun theoretisch – wie oben[977] – oder eher empirisch bzw. ontologie-kritisch – wie hier – begründet), zumal eines demokratisch rückgekoppelten[978]. Auch die Relevanz des *Legalitätsprinzips*[979] wird bereits hieraus ersichtlich.

5. Minderheitenschutz als conditio legitimer Demokratie: Grund- und Freiheitsrechte, Diskussion und Kompromiss

Kelsen geht nicht nur soweit, die faktische Möglichkeit einer staatsinternen, substantiellen Homogenität zu bestreiten, womit er der Forderung, Heterogenität zu bekämpfen, widerspricht[980]; vielmehr geht er einen Schritt weiter und fordert Minderheitenschutz als eine demokratische Notwendigkeit.

971 Dazu insg. oben, B. I. 4., S. 29.
972 *Kelsen* 1925, S. 151.
973 Vgl. *Kelsen* 2008, S. 38f.
974 Hier zum Entzug politischer Beteiligungsrechten von Staatsbürgern aus Gründen des Klassenkampfs. Dieser ist für den Positivisten *Kelsen* allerdings rechtlich möglich. Vgl. hierzu *Kelsen* 1929, S. 17f.
975 Hierzu *Lepsius* 2008, S. 27f.
976 Zu diesem Aspekt *Ooyen* 2010, S. 32.
977 Siehe oben, B. II. 1. b) bb) (2) (a), S. 72.
978 Also mit minderheitenschützenden Regeln versehenen, dazu oben, B. II. 5. a), S. 94.
979 Vgl. dazu näher unten, B. II. 6., S. 98.
980 Vgl. zu dieser Verbindung *Lepsius* 2008, S. 18.

a) *Notwendigkeit des Minderheitenschutzes: Das Problem der Freiheit und der „Tyrannei der Mehrheit“, Zusammenhang zum Relativismus, Toleranz und Deliberation*

Eine der „Achillesfersen“[981] der Demokratie ist die drohende *Tyrannei der Mehrheit* über die Minderheit: Werden den *51-Prozent* keine institutionellen Schranken gesetzt, können sie mit den übrigen *49-Prozent* nach Belieben verfahren. Dies analysierte erstmals *Tocqueville*, der der Mehrheit (im Amerika der 1830er Jahre) eine „gewaltige tatsächliche Macht“. attestiert. Für ihn war die „Freiheit [...] bedroht, wenn diese Macht auf kein Hindernis stößt“, so monierte er ein Fehlen solcher Hemmnisse in den damaligen USA.[982] Da dies zumindest aus deren Perspektive im Widerspruch zur urdemokratischen Forderung der Maximierung der Freiheit steht[983], bedarf die Demokratie für *Kelsen* grds. des Minderheitenschutzes, um als legitim (bzw.: „erträglich“[984]) zu gelten.[985]

Dies gründet auch in *Kelsens* Kritik an der Vorstellung eines vorgegebenen Volkswillens, der eine prozeduralen Willensbildung affirmiert[986]: Fehlt es an einem bloß aufzufindenden Volkswillen, lässt sich *vor* dem Prozess Willensbildung überhaupt nicht feststellen, wie sich Mehrheit und Minderheit darstellen – nur dass es beide geben wird, ist klar.[987] Die Minderheit muss dann stets die Möglichkeit haben, zur Mehrheit zu werden und steht so im Zentrum des demokratischen Interesses[988] – was allgemeine politische Beteiligungsrechte ebenso voraussetzt wie

981 Diese Wortwahl findet sich bei *Schmidt* 2000, S. 13 u. im Kontext S. 343.

982 Vgl., auch für die Zitate, *Tocqueville* 1835/1840, S. 284ff., insb. S. 286 u. 290.

983 Vgl. *Lepsius* 2008, S. 30f. Zur Freiheit oben, B. II. 4. a), S. 85; u. oben, B. II. 2. b), S. 81.

984 Für *Kelsen* 2008, S. 51 gefährdet die *Diktatur der Mehrheit* den sozialen Frieden ebenso, wie es die *Diktatur der Minderheit* tut; deren Stabilität u. Funktionstüchtigkeit hängt also vom Minderheitenschutz ab. So scheint *Kelsen* einen Wirklichkeitsbezug in seiner Theorie herzustellen, was an sein Postulat, eine *gewisse Wirksamkeit* sei Geltungsbedingung des Rechts, erinnert (oben, B. II. 1. b) aa) (1), S. 59). Das Abstellen auf „Erträglichkeit“ ähnelt mit dem Rekurs auf Faktisches dem soziologischen Legitimitätsbegriff *Luhmanns* (oben, Fn. 79). Wie oben, B. II. 1. b) bb) (2) (a), S. 72 gesehen, lehnt *Kelsen* eine Legitimation des Staates durch das Recht ab; seine Position lässt sich als Auflösung der klassischen Legitimität lesen (oben, B. II. 1. a) dd), S. 57, insb. Fn. 581).

985 Vgl. *Kelsen* 2008, S. 50. Siehe dazu auch *Lepsius* 2008, S. 30 u. *Leser* 1968, S. 262.

986 Siehe hierzu oben, B. II. 4. b) bb), S. 91.

987 Vgl. *Lepsius* 2008, S. 30f.

988 So *Kelsen* 1929, S. 102f., dazu *Ooyen* 2003, S. 98: *Kelsens* „Demokratietheorie ist eine Theorie, die von der Freiheit der Opposition her gedacht werden muss“.

Kommunikationsgrundrechte[989].[990] Damit rücken *Deliberation*[991] und *Pluralismus*[992] in das demokratische Blickfeld.

Es fragt sich allerdings, ob *Kelsen* damit nicht von seinem Ideal einer rein formalen Demokratie abweicht, indem er diese mit einem substantiellen Wert wie dem des Minderheitenschutzes vermischt. Allerdings sieht *Kelsen* den – nicht absoluten, sondern erst zu setzenden – Zweck der Demokratie in der Erreichung der größtmöglichen Freiheit. Diese würde, wenn man das Ideal der Mehrheitsherrschaft uneingeschränkt umsetzt, für den überstimmten Teil völlig verloren gehen und so der Zweck der Demokratie konterkariert. Um dies zu verhindern, ist für *Kelsen* ein Zwang zur Kompromissfindung nötig; dieser ist, wie noch zu zeigen, durch Minderheitenschutz zu erreichen.[993] *Kelsens* Aussage, dass eine Demokratie auch im Falle der „völligen Vernichtung der individuellen Freiheit" denkbar sei, erscheint hier widersprüchlich.[994] Akzeptiert man dies, ist *Kelsens* Forderungen nach persönlicher Freiheiten eine materielle Forderungen an eine „gute" Demokratie und nicht mehr die Folge eines formalen Demokratiebegriffs; dann fragt sich, ob sie mit dem Wertrelativismus kompatibel ist. Zu Bedenken ist hierbei aber auch, dass *Kelsen* die Freiheit ja zugestandenermaßen als zu setzenden Wert betrachtet, weshalb dieser interessante Punkt hier nicht endgültig zu entscheiden ist.[995]

Auch gilt zu bedenken, dass die relativistische Grundhaltung mit der Forderung nach Toleranz zusammenhängt, die wiederum zum Postulat des Minderheitenschutzes führt[996]: Wer von einer Vielzahl „gleichwertiger" Werte ausgeht, kann den von ihm (oder irgendwem anderes) favorisierten nicht als faktisch überlegen ansehen; aus dieser Perspektive ist es ein naheliegender (wenn auch nicht zwingender) Schluss, die Werte der anderen ebenfalls zu respektieren und ein friedliches Zusammenleben anzustreben.[997] Außerdem liegt es nahe, eine Revision der – dann unmöglich absolut richtigen – Ergebnisse des staatlichen Willensbildungsprozesses zu ermöglichen, was wiederum ein Schutz der diese Ergebnisse ablehnenden Minderheit als plausibel erscheinen lässt.[998]

---

989 Siehe zu diesen schon oben, Fn. 75.

990 Zum Ganzen *Ooyen* 2008, S. 58 u. *Ooyen* 2003, S. 97ff.; ebenfalls, auch mit einer Kontrastierung zu *Schmitt*, *Prisching* 1988, S. 100.

991 Dazu *Baume* 2012, S. 21f.

992 I.d.S. bezeichnet *Ooyen* 2003, S. 122 *Kelsens* „Mehrheits-Minderheitsprinzip" als „Vielheitsprinzip".

993 Hierzu *Baume* 2012, S. 28ff u. *Dreier* 1990, S. 262ff.

994 Vgl. *Kelsen* 1929, S. 10; hierzu *Dreier* 1990, f S. 264ff.

995 Zur Freiheit oben, B. II. 4. a), S. 85.

996 Dazu *Püttner* 1977, S. 18f. u. *Dreier* 1990, S. 287, Fn. 154. Ähnl. wohl *Kaufmann* 1997, S. 298f. u. *Schmitt Glaeser*, NJW 1996, S. 876f. Für *Grimm* 1982, S. 157 ist der Wertpluralismus ein gesetztes, „rechtspolitische" Ziel.

997 Zum Ganzen *Weinberger* 1982, S. 512ff empathisch *Kaufmann* 1997, S. 299; zu *Kelsen Dreier*, 2003, S. 24ff.

998 Zu diesem Gedanken bei *Kelsen Dreier*, 2003, S. 22.

b) Konsequenzen aus dieser Perspektive: Legalität und Kompromiss

aa) Schutz durch Grund- und Freiheitsrechte, Notwendigkeit erhöhter Quoren: materielles Pendant zum formalen Rechtsstaat

Der Schutz der Minderheiten soll für *Kelsen* durch Grund- und Freiheitsrechte erreicht werden, insb. der vor staatlichen Eingriffen in „geistige Interessensphären“[999]. Derartige Rechte zeichnen sich für ihn in modernen, auf dem Gesetzlichkeitsprinzip basierenden Demokratien dadurch aus, dass sie in konstitutioneller Form mittels erschwerter Abänderbarkeit, bspw. durch erhöhte Quoren[1000], normiert sind. Dies hängt mit *Kelsens* Konzept des „Freiheitsminimums“ zusammen: Greift der Staat sowieso nur auf Personen zu, soweit ihm dies rechtlich explizit gestattet ist, ergäbe die Normierung von Eingriffs*freiheiten* wie den Grundrechten keinen Sinn, wenn sie nicht von der sonstigen Möglichkeit des Gesetzeserlasses bzw. der Gesetzesänderung abgehoben sind, bspw. durch die Notwendigkeit qualifizierter Mehrheiten[1001] – sonst könnte man kraft einfacher Mehrheit eine Ermächtigungsgrundlage für jeglichen Zugriff auf die Minderheiten erlassen: Für *Kelsen* ist es

> „[...] sinnlos, Akte des Staates zu verbieten, da solche Akte, sofern sie nicht ausdrücklich geboten sind, sofern nicht Menschen als Organe des Staates zu solchen Akten ermächtigt, d.h. verpflichtet werden, rechtlich gar nicht möglich sind.“[1002]

Gibt es jedoch solche Hürden, erhöhen diese Normen für *Kelsen* tatsächlich den Freiheitsschutz.[1003] So bedingen sich Grundrechte und Gesetzesbindung des staatlichen Handelns, was *Kelsen* im Geiste des Rechtsstaats als selbstbeschränkendes Prinzip der Legalität bezeichnet.[1004] „Übergriffe“[1005] auf Minderheitenrechte bedürfen zumindest des Einverständnisses einer qualifizierten Mehrheit.

Hierin liegt – in Form einer politischen Forderung – das oft ignorierte[1006] materielle Pendant zu *Kelsens* theoretisch postuliertem formellen Rechtsstaatsbegriff, den es somit ergänzt und ihm nicht etwa widerspricht, was bei *Kelsen* z.T. als

---

999 *Kelsen* 1929, S. 56.

1000 Die *Schmitt* wiederum als gerade undemokratisch bezeichnet, siehe oben, B. I. 2. b) ff), S. 21.

1001 Dazu oben, B. II. 1. b) bb) (1) (a), S. 66 u. B. II. 4. b) dd), S. 92.

1002 *Kelsen* 1925, S. 155.

1003 *Kelsen* 1925, S. 155.

1004 Vgl. *Kelsen* 1929, S. 76.

1005 *Kelsen* 2008, S. 50.

1006 Exemplarisch *Hillgruber*, ZJS 2008, S. 123: „Das demokratische Mehrheitsprinzip [in der heutigen BRD, F.F.] gilt aber nicht absolut, nicht uneingeschränkt. Das Grundgesetz ist nicht bereit, den noch in der Weimarer Republik von Hans Kelsen propagierten demokratischen Relativismus der Weltanschauung weiterhin anzuerkennen und die daraus folgende inhaltliche Beliebigkeit bis zur letzten Konsequenz zu treiben.“ Wenn er suggeriert, *Kelsen* votiere wegen seines Relativismus gegen verfassungsrechtliche, materiell-rechtsstaatliche Normierungen, muss dies

Inkonsequentheit krisiert wird.[1007] Beispielsweise wirft *Koller* ihm vor, er liefere kein „[r]ationales Argument, welches die Grundrechte", damit dem Mehrheitsprinzip grds. widersprechenden Regeln, „i.S. einer systematisch begründeten Einschränkung als gerechtfertigt erscheinen ließe"[1008]. Er vermisst eine Begründung dafür, dass das aus der Idee der Freiheit abgeleitete Majoritätsprinzip hier hinter dem materiellen Minderheitenschutz zurücktritt. Hier ist anzumerken, dass sich aus dem Prinzip der Freiheit ein durchaus „stichhaltiges Argument" (*Koller*) gegen eine *Tyrannei* der Mehrheit und damit eines für Minderheitenrechte finden lässt; nämlich schon die Notwendigkeit, die Minderheit vor einem totalen Freiheitsverlust zu schützen.[1009] Wenn *Koller Kelsen* vorwirft, durch sein persönliche *Setzen von Werten* den strengen Wertrelativismus selbst aufgegeben zu haben, übersieht er, dass persönliche Wertungen dem Relativismus nicht etwa widersprechen, dieser solche vielmehr voraussetzt.[1010] Interessant ist, dass *Llanque* in entgegengesetzte Richtung behauptet, selbst aus *Kelsens* normlogischer Betrachtung wäre eine noch eindeutigere Ableitung eines materiellen Rechtsstaats möglich gewesen, als es *Kelsen* selbst vornahm; diese Frage Frage, die letztlich auf die nach der Richtigkeit und dem Sinn *Kelsens* erkenntnistheoretischer Ansichten hinausläuft, muss und kann hier nicht endgültig entschieden werden.[1011]

bb) Freiheitsrechte in der Parlamentarischen Demokratie: Diskussion und Kompromiss

Dies wechselwirkt mit einer *parlamentarischen* Demokratie[1012] insoweit, als dass Minderheiten Mittel an die Hand bekommen, mit denen sie auf den „dialektisch-kontradiktorischen, auf Rede und Gegenrede, Argument und Gegenargument"[1013] basierenden Prozess der Entschlussfassung einwirken können, indem sie mit dem Entzug der wegen der erhöhten Quoten nötigen Beteiligung am Entscheidungsprozess drohen. *Kelsen* hofft, dass dies zu inhaltlichen Diskussionen zwingt und letztlich auch die (einfache) Mehrheit zur Kompromissfindung nötigt.

überraschen, insb. da sich *Hillgruber* diesbzgl. auf *Kelsen* 1929 bezieht, wo er Gegenteiliges fordert.

1007 So auch *Llanque* 2008, S. 365.

1008 *Koller* 1982, S. 324.

1009 Zur Auseinandersetzung mit *Koller Ooyen* 2003, S. 100f., Fn. 351. Zur Ableitung des Minderheitenschutzes aus der Freiheit *Lepsius* 2008, S. 30. Vgl. auch *Mock* 1982, S. 443ff.; *Günther* 1988, S. 373 u. *Prisching* 1988, S. 88.

1010 Vgl. *Gusy*, ARSP 1982, S. 504, *Gärditz*, Der Staat 2010, S. 345 u., konkret zu *Kelsens* epistemologischen Relativismus *Jestaedt*, ZÖR 2011, S. 206. Zum Minderheitenschutz in einer formalen Demokratie oben, Fn. 993.

1011 Vgl. *Llanque* 2008, S. 382 u. passim. Zur wehrhaften Demokratie im Wertrelativismus, dazu oben, Fn. 867).

1012 Vgl. *Kelsen* 1926, S. 45ff. u. *Kelsen* 1925, S. 349f.

1013 *Kelsen* 1929, S. 57.

Die Stärkung der Minderheitenrechte dient damit dem Prinzip der freiheitlichen Demokratie und unterscheidet sie von einer absoluten Herrschaft.[1014] Für sie ist eine „dialektische Willensbildung" charakteristisch. *Kelsen*: „Demokratie [...] ist Diskussion"[1015] Kompromisse sind Ausdruck einer relativistischen Grundhaltung[1016] und hängen mit diesem prozeduralen – dynamischen – Charakter staatlicher Willensbildung zusammen.[1017] Daher trifft das Argument von *Schmitt*, der Parlamentarismus sei nicht mehr zu rechtfertigen, da er eine absolute Wahrheit anstrebe, an deren Erreichen aber niemand mehr glaube, *Kelsens* Konzeption nicht: Gerade die moderne (parlamentarische) Demokratie in ihrer Betonung des Verfahrens steht demnach auf *relativistischem* Boden, statt absolute Wahrheiten anzustreben.[1018] So werden Kommunikationsgrundrechte[1019] relevant: Da die Demokratie jedermanns politischen Willen gleich schätze[1020],

> „[...] gibt sie jeder politischen Ueberzeugung die gleiche Möglichkeit, sich zu äußern und im freien *Wettbewerb* um die Gemüter der Menschen sich geltend zu machen."[1021]

Für *Kelsen* sind Kompromisse faktische *conditio* jeglicher Gesellschaftsbildung[1022]: So wie der Abschluss eines jeden Vertrages einen Kompromiss darstelle, ist nicht nur zwischen Minorität und Majorität ein solcher nötig, sondern schon die Konstitution dieser Gruppen bedarf zuvor je einer internen Einigung.[1023] Diese zu finden sei die wahre Funkion des Parlaments, nicht etwa das Aufspüren einer höheren, absoluten Wahrheit; letzteres zu fordern sei bloße Ideologie.[1024] *Kelsen* prägnant:

> „Daher gehören zum Lebensprinzip jeder Demokratie – zwar nicht, wie man mitunter gemeint hat die wirtschaftliche Freiheit des Liberalismus, denn es kann ebenso wie eine liberale auch eine sozialistische Demokratie geben – dafür aber die geistige Freiheit, die Freiheit der Meinungsäußerung, die Glaubens- und Gewissensfreiheit, das Prinzip

1014 Vgl. *Kelsen* 1968, S. 1929; *Kelsen* 1929, S. 57; zum Parlamentarismus als „wirksame reale Schranke" auch der Regierung *Kelsen* 1926, S. 55. Hierzu *Dreier* 1990, S. 256ff. u. *Dreier*, 2003, S. 19f. Zur Verbindung von Kompromiss, Minderheitenschutz u. Pluralismus u. auch zu *Schmitts* konträrer Position *Günther* 1988, S. 375. Ganz i.S. *Kelsens* argumentieren *Schaefer*, DÖV 2010, S. 381 u. *Tammelo* 1982, S. 494.

1015 *Kelsen* 1968, S. 1930.

1016 *Kelsen* 1925, S. 359.

1017 Vgl. zu diesem Komplex *Lepsius* 2008, S. 31ff. u. *Groh* 2005, S. 159f. Zur Begründung u. den Folgen von *Kelsens* Dynamisierung oben, B. II. 1. b) cc) (2), S. 79.

1018 *Schmitt* 1926, S. 41ff., insb. 45f.; hierzu auch *Groh* 2005, S. 161.

1019 Vgl. dazu oben, Fn. 75.

1020 Das wörtliche Zitat dazu findet sich oben, an Fn. 862.

1021 Vgl. *Kelsen* 1929, S. 226.

1022 Vgl. hierzu auch *Ooyen* 2010, S. 34.

1023 *Kelsen* 1925, S. 324.

1024 Vgl. *Kelsen* 1929, S. 58.

der Toleranz und insbesondere: die Freiheit der Wissenschaft mit dem Glauben an die Möglichkeit ihrer Objektivität."[1025]

Somit stehen hier die Diskussion und der Kompromiss im Zentrum der Überlegungen einer legitimen Demokratie. Für *Kelsen* kann in der der Autokratie keine Opposition geduldet werden, denn dort gibt „es keine Diskussion und keinen Kompromiß, sondern nur Diktat".[1026] Bei *Kelsen* ist das Bestehen einer Minderheit die Grundvoraussetzung einer Demokratie; für *Schmitt* dagegen sind Personen mit abweichenden Auffassungen aus dem Kreis der Demokratie zu exkludieren[1027].

6. Übergreifende Konsequenz aus Kelsens Positionen: Das Legalitätsprinzip; Bezug zur Demokratie und dem Strafrecht

Eine strenge Gesetzesbindung korrespondiert mit *Kelsens* Demokratietheorie; damit erscheint das Legalitätsprinzips i.S. *Kelsens* insgesamt als zentral für einen demokratischen Rechtsstaat.[1028]

So wären erhöhte Quoren zur Stabilisierung der von ihm propagierten, minderheitenschützenden Normen effektlos, wenn keine feste Bindung an diese bestünde[1029]; im Unterschied zur Diktatur zeichnet sich die Demokratie insgesamt durch Rechtssicherheit aus.[1030] V.a. aber verlöre das Parlament seine Funktion, nämlich die Produktion von Kompromissen. Diese werden als Gesetze produziert, was allerdings ein sinnloses Unterfangen ist, wenn diese – mangels Determination des Staatshandelns durch feste Gesetzesbindung – keine umfassende faktische Wirkung entfalten. *Kelsen*:

> „Jedenfalls ist nicht zu verkennen, daß Juristen, die ehedem die strikteste Bindung des Richters an das Gesetz lehrten, heute den Richtern mit Berufung auf Naturrecht weitgehende Freiheit gegenüber dem Gesetz zuerkennen möchten; und daß der Richterstand von jenen Änderungen der politischen Struktur so ziemlich frei geblieben ist, die sich in der Zusammensetzung des Parlaments zeigt."[1031]

Dazu kommt, dass die Legislative in Demokratien üblicherweise Repräsentantin des Volkes ist; *Volks*souveränität drückt sich insb. in der *Gesetzes*produktion aus. Die Legalität des Staatshandelns wird damit zur *conditio* der Umsetzung der

---

1025 *Kelsen* 1968, S. 1930.

1026 *Kelsen* 1968, S. 1930. Zu *Schmitt* oben, B. I. 1. a) cc) (2), S. 11. Zum Gegensatz beider auch *Llanque* 2008, S. 380f. Siehe auch *Prisching* 1988, S. 88.

1027 Hierzu oben, B. I. 2. c), S. 22.

1028 Siehe dazu zusammenfassend *Kelsen* 1929, S. 74 u. *Kelsen* 1968, S. 1931f.

1029 Für diese Argumentation auf den Rechtsstaatsbegriff gewendet: oben, B. II. 1. b) cc) (1), S. 77.

1030 Dazu, auch zum Gegensatz beider Regierungsformen, *Kelsen* 1968, S. 1931ff.

1031 *Kelsen,* VVDStRL 1927, S. 54. Vgl. insg. *Wielinger* 1982, S. 270ff. Hierzu auch *Rüthers* 2011, Rn. 708. u. *Gärditz,* Der Staat 2010, S. 342ff., der eine strafrechtliche Perspektive einnimmt.

Volkssouveränität und einer zentralen Forderung der Demokratie.[1032] Dies zeigt die auch demokratietheoretische Relevanz von *Kelsens* rechtstheoretisch motivierter Auflösung der Dualismen der Rechtsbetrachtung und der Stufenbaulehre[1033] sowie insb. des formalen Rechtsstaatskonzepts, auf dem die umfassende Gesetzesbindung fußt[1034]. *I. Maus*:

> „Daß das Volk aber realiter von den bloß Ermächtigten übermächtigt wird, ist Folge der Entformalisierung des Rechts [...] Der Zusammenhang von Volkssouveränität und formalem Rechtsstaat erweist sich auch hier als unhintergehbar".[1035]

Daneben zeigt sich hier die Anschlussfähigkeit von *Kelsens* Positionen an das Strafrecht: Das Gesetzlichkeitsprinzip, die qualifizierte Legalität des Strafrechts, sorgt für eine besondere Bindung zwischen Strafrecht und Gesetz. Das Strafgesetz wird in der BRD parlamentarisch erzeugt, was auf die demokratische Dimension der Legalität im Strafrecht hinweist.[1036] Hier greifen *Kelsens* Überlegungen: Die *nulla-poena-sine-lege*-Losung wird in seinem formalen Rechtsstaat zentral[1037], *Kelsen* hat diesen theoretisch auf eine Weise untermauert, wie es bzgl. eines *materiellen Rechtsstaats* kaum möglich ist[1038] – und somit dem Gesetzlichkeitsprinzip besonderen Nachdruck verliehen. Dies aus dem Motiv heraus, die Ziele und Wirkungsweisen der Demokratie zu stärken. Aus entgegengesetzter Perspektive zeigen sich auch die strafrechtlichen Implikationen von *Schmitts* Denken: Gerade der Verzicht auf die *nulla-poena*-Losung (den *Schmitt* 1934 forderte[1039]) lässt sich als Übertragung

---

1032 So *Maus* 2011, S. 8f.; ausführlich *Maus* 1978. S. 13ff., ähnl. *Römer* 1989, S. 121. Siehe auch oben, B. II. 1. b) cc) (1), S. 77, insb. Fn. 822.

1033 Auch diese sorgt für Gesetzesbindung, vgl. oben, B. II. 1. b) aa) (1), S. 59 u. oben, B. II. 1. b) bb) (1) (a), S. 66, insb. (2), S. 71. Zum Zusammenhang auch *Olechowski* 2009, S. 121 u. *Römer* 1989, S. 121.

1034 Siehe hierzu oben, B. II. 1. b) cc) (1), S. 77.

1035 *Maus* 2011, S. 19.

1036 Zum Zusammenhang von Strafrecht u. Demokratie *Gärditz*, Der Staat 2010, S. 332f. Zum Konnex von Gesetzlichkeitsprinzip u. Demokratie *Ransiek* 1989, S. 40ff. Zur rechtsstaatlichen Bedeutung *Schünemann* 1978, S. 2; S. 9 ff. u. 29ff. dar, dort insb. zum Bestimmtheitsgrundsatz, Gewaltenteilung u. Gesellschaftsvertrag.

1037 Siehe hierzu *Schulz* 1996, S. 173.

1038 Dies nicht nur aus *Kelsens* wertneutraler Warte: Der rege Streit um die Zuordnung einzelner Prinzipien zum materiellen Rechtsstaat zeigt, wie unsicher u. strittig hier vieles ist, vgl. *Schulz* 1996, S. 173 u. oben, Fn. 811.

1039 *Schmitt*, JW 1934, S. 714: „Demjenigen, der in der Sache gerecht denkt, liegt daran, daß kein Verbrechen ohne Sühne bleibt. Ich setze diesem rechtsstaatlichen ‚nulla poena sine lege' den Gerechtigkeitssatz ‚nullum crimen sine poene' entgegen.", dort mit Blick auf das *Lex van der Lubbe*, mit dem das Gesetzlichkeitsprinzip unter der NS-Herrschaft abgeschafft wurde. Dazu insg. *Werle* 1989, S. 73ff. Das *Lex van der Lubbe* „[...] demonstriert, daß ein Grundsatz des liberalen Rechtsstaats verabschiedet ist: ‚Lex' steht nicht mehr ‚gegen Rex und Dux'. Das Gesetz wird zum Instrument, den Bestrafungswillen der politischen Führung durchzusetzen." (S. 73).

des (undemokratischen, spezfisich *Schmitt*'schen) Notstandsgedankens auf das Strafrecht deuten.

Dies sieht auch *Vosgerau* so, scheint dies aber grundsätzlich zu befürworten und argumentiert mit Fällen, in denen „Schwarzfahrer" entgegen der Wortlautgrenze trotz fehlenden „Erschleichens" gemäß § 265a) StGB verurteilt werden – dies zu tun entspreche dem wirklichen gesetzgeberischen Willen. Doch auch dieses Argument vermag die Wichtigkeit eines strengen *nulla-poena-Satzes* nicht zu widerlegen.[1040] Trotz aller möglicherweise hinter den Normen stehenden Willen – deren Existenz und Erkennbarkeit sich mit guten Gründen bezweifeln lässt – hat sich „der" Gesetzgeber, i.S. *Kelsens* wohl in Form eines Kompromisses, für den Wortlaut des „Er*schleichens*" entschieden. Dies ist zugleich die Formulierung, die potentielle Straftäterinnen und Straftäter im StGB vorfinden.

Wird die Zweckmäßigkeit und grds. Möglichkeit einer Gesetzesbindung heute regelmäßig kontrovers diskutiert, spielt sie zumindest im Strafrecht als ein Prinzip von Verfassungsrang (Art. 103 Abs. 2 GG) weiterhin eine prominente Rolle. Wegen der bereits erörterten, jedenfalls relativen Bindungswirkung positiver Gesetze[1041] ist das Festhalten am Legalitätsprinzip zumindest als *Postulat*, als Richtschnur bzw. Dämpfer der Möglichkeit richterlicher Willkür auch aus methodenskeptischer Warte geboten.[1042] So ist auch für *B. Schünemann* die Folgerung, dass

> „mit der Abhalfterung der alten Theorie von der Eindeutigkeit der Gesetze auch die Gesetzesbindung des Strafrichters obsolet geworden sei, ein ziemlicher peinlicher Fehlschuß."[1043]

Damit harmoniert *Kelsens* rechtspolitische Forderung nach engen, *bestimmten* Gesetzen sowie seine ideologiekritisch motivierte Aufdeckung inhaltsfreier, aber machtaffirmativer Leerformeln.[1044]

Dies lässt sich vertiefen: *Kelsens* Auffassungen korrespondieren auch mit den *hier*[1045] liberalen Positionen *F. v. Liszts*, der eine Trennung von Strafrechtspolitik und

---

1040 Vgl. *Vosgerau* 2010, S. 66f., insb. Fn. 43.

1041 Siehe hierzu oben, B. II. 1. b) aa) (4), S. 63.

1042 Siehe *Schünemann* 1978, S. 21f., der anhand vieler Bsp. belegt, dass es zumindest eindeutige *Übertretungen* der Gesetzlichkeitsgrenze gibt, was nach wie vor deren rechtsstaatliches Potential aufzeigt. Zur zentralen Stellung dieses Grundsatzes auch NK-*Hassemer/Kargl*, § 1, Rn. 3. Für eine Stärkung des Legalitätsprinzips im Strafrecht *Albrecht* 2011, S. 97ff., u. *Naucke*, Gesetzlichkeit und Kriminalpolitik, 1999.

1043 *Schünemann* 1978, S. 10.

1044 So weist *Kelsen* 2008, S. 76f. Hierzu *Wielinger* 1982, S. 271f.

1045 Während sich bei ihm auch zahlreiche totalitäre Implikationen finden, dazu ausführlich *Naucke*, ZStW 1982. Siehe auch *Jakobs* 2007, S. 120 zum Zusammenhang zum NS-Rechtsdenken; dazu auch *Vormbaum* 2011, S. 132, dort zusätzlich krit. zu *Liszsts* „Magna-Charta"-Konzept. Allg. *Hassemer* 1994, S. 276ff., der die Entwicklungslinie von *Liszt* bis zum funktionalistischen Strafrecht nachzeichnet, dazu

-wissenschaft forderte. Dabei soll der Kriminalpolitik die Aufgabe der Verbrechensbekämpfung zukommen, während die Strafrechtswissenschaft für die Limitierung des staatlichen Zugriffs auf die Verbrecher zuständig sein solle:

> „Nach meiner Meinung ist, so paradox das klingen mag, *das Strafgesetzbuch die magna charta des Verbrechers.* [...] Der Doppelsatz: nullum crimen, nullum poena sine lege – ist das Bollwerk des Staatsbürgers gegenüber der rücksichtslosen Macht der Mehrheit, gegenüber dem ‚Leviathan'. Ich habe seit Jahren das Strafrecht gekennzeichnet als ‚die *rechtlich begrenzte* Strafgewalt des Staates'. Ich kann jetzt auch sagen: *das Strafrecht ist die unübersteigbare Schranke der Kriminalpolitik* "[1046]

Das erinnert an *Kelsens* Trennung von Rechtswissenschaft und -politik[1047]; v.a. eignet sich dessen Rechtspositivismus dazu, *Liszts* am Gesetzlichkeitsprinzip orientierte, liberale Forderungen zu erfüllen.[1048] *Liszt* wie *Kelsen* geht es dabei um die Sicherung von Freiheitsräumen der Individuen.[1049]

Dagegen streitet bspw. *W. Naucke* gegen diese auch hier vorgenommene Verknüpfung von Gesetzlichkeitsprinzip und dem von ihm kritisch betrachteten Rechtspositivismus: Während das klassische Gesetzlichkeitsprinzip i.S. *Feuerbachs* – dem Erfinder der *nullum-crimen*-Losung[1050] – auf einen fest umrissenen, mithin *vor* jeder rechtspolitischen Entscheidung feststehenden Bereich der Strafbarkeit abstellte, sei es der Rechtspositivismus, der eine dem Zeitgeist entsprechende, flexible und damit machtstabilisierende Handhabung des Strafrechts ermögliche.[1051] Gerade der damit verknüpfte Relativismus mache in Verbindung mit der Überhöhung des (dann bloß ein „Gefäß" für Entscheidungen der „Machthaber"[1052] bereitstellenden) Gesetzes das Strafrecht „wehrlos" gegen „Entartungen"[1053]: „Strafgesetzlichkeit und strafrechtlicher

---

auch *Murmann* 2010, S. 194. Auch finden sich bei *Liszt* Parallelen zum unten, C. I., S. 117 problematisierten Feindstrafrecht, dazu z.B. *Asholt,* ZIS 2011, S. 189; *Roxin* 2006 § 6 Rn. 2, 4ff.; *Steinsiek* 2012, S. 218; *Streng* 2010, S. 190 u. *Naucke,* JoJZG 2008, S. 33.

1046 *Liszt* 1970, S. 80. Zur Kriminalpolitik als Feld der Verbrechensbekämpfung S. 78. Dazu *Roxin* 2011, S. 305 u. *Schünemann* 1978, S. 1ff. Auch *Naucke* 1999, S. 225ff., insb. S. 230ff., jedoch mit Zweifeln an der Wirksamkeit dieser Grenze auf S. 227. Ähnl. *Gärditz,* Der Staat 2010, S. 347, der feststellt, „[d]emokratische Entscheidungen werden nicht von wissenschaftlich erkennbaren Endzielen determiniert"; dazu *Jakobs* 2012b, S. 18, Fn. 15.

1047 Allg. oben, B. II. 1. a), S. 49.

1048 Dazu *Roxin* 2011, S. 307f. dort allerdings auch krit, zu dieser Tatsache.

1049 Zu *Kelsen* oben, B. II. 1. b) bb) (1) (a), S. 66 u. oben, B. II. 4. b) dd), S. 92; zu *Liszt* oben, Fn. 1046.

1050 Zu diesem als Konsequenz aus *Feuerbachs* gesamter Lehre *Vormbaum* 2011, S. 44ff., insb. 47f.

1051 Vgl. *Naucke* 1999, S. 261 u. passim, deutl. auch *Naucke* 1996a, S. 41.

1052 Vgl. *Naucke* 1999, S. 265.

1053 Vgl. *Naucke* 1999, S. 268f., hier mit Blick u. terminologischer Anspielung auf *Radbruch.* Zu seiner Positivismusskepsis allg. u. zu *Kelsen Naucke* 1996b, Rn. 190ff.,

Positivismus müssen streng getrennt werden."[1054] Wenn man den Blick jedoch von der Rechtspolitik und den Fragen des Gesetzesinhalts hin zum Feld der Strafgesetzesanwendung wendet, fordert gerade *Naucke* ebenfalls eine zur Freiheitssicherung nötige, strenge Gesetzesbindung[1055] i.S. *Kelsens* formalem Rechtsstaat.

Dementgegen ist aber auch bzgl. des Gesetzesinhalts die Adäquatheit und Nützlichkeit der positivistischen Position i.S. *Kelsens* für das Strafrecht zu betonen. Mit ihm ist darauf hinzuweisen, dass auch das Abstellen auf einen vermeintlich feststehenden, der gesetzgeberischen Willkür damit entzogenen Kern der *Strafgesetzwürdigkeit* keinen Schutz vor staatlicher Willkür bietet – es ist eher zu befürchten, dass eine naturrechtliche Auffassung wie die *Nauckes*[1056] machtstabilisierend wirkt.[1057] Letztlich verschiebt diese Position die betrachtete Problematik auf die Frage, wer den vermeintlich vorgegebenen Kern zu erkennen (und damit wohl: zu definieren) berufen ist. Die bei *Naucke* zutage tretende (Rechts-)politikskepsis lässt vermuten, das dies nicht der demokratisch legitimierte Gesetzgeber ist.[1058] Dies ist in Ermangelung einer legitimen Alternative und eingedenk der engen Verknüpfung zwischen Strafrecht und Demokratie jedoch unbefriedigend. Auch *Gärditz* sieht „Erosionen sowohl rechtsstaatlicher als auch demokratischer Determination" und beruft sich dabei auf *Kelsen.*[1059]

Auch kann gerade das Herausheben des Strafrechts aus der Positivität für dessen Verabsolutierung sorgen, letztlich zu der von *Naucke* kritisierten „Überhöhung des Gesetzes" führen.[1060] So zeigt es *Naucke* selbst am (noch zu vertiefenden) Beispiel *Bindings*: Dessen nur vermeintlicher relativistischer Positivismus rekurriert *de facto* auf vor dem Gesetz liegende soziale Normen. Dies affirmiert eine Verabsolutierung der „Herrlichkeit des Gesetzes", damit ein autoritäres Staatsverständnis.[1061] Dagegen ist es *Kelsen,* der Recht und Staat nicht verabsolutiert, sondern relativiert.[1062] Das von

---

zum Relativismus allg. Rn. 208ff. Zum Problem der Bestrafung von Machthabern *Naucke* 1996a, S. 27.

1054 *Naucke* 1999, S. 269 – dies ist die Überschrift des V. Abschnitts dieses Aufsatzes.

1055 Vgl. *Naucke* 2002, S. 61ff.

1056 So andernorts die Selbstdeutung *Nauckes* mit dem Hinweis, dass er diese Begrifflichkeit aufgrund der Antireaktionen, die sie auslöst, lieber vermeiden würde, vgl. *Naucke* 1996a, S. 26.

1057 Zu *Kelsens* diesbzgl. Positionen oben, B. II. 1. a) aa), S. 50.

1058 Dazu *Naucke* 1999, S. 261: Seit *Binding* komme es für den Gesetzesinhalt auf die „jeweils herrschende politische Auffassung" an. Es ist nicht klar, worauf es dafür stattdessen ankommen soll.

1059 Siehe auch *Gärditz,* Der Staat 2010, S. 333f., 342f., 346f., 349f. Das Zit. auf S. 336f., dort aber konkret zur Rspr.). In Fn. 11 u. auf S. 350 mit Blick auf den „strafrechtstheoretischen Kantianismus", dem *Naucke* zuzuordnen sein dürfte. Dazu krit. *Zaczyk,* Der Staat 2011, S. 297, dazu wiederum unten, Fn. 1757.

1060 Ähnl. wohl *Gärditz,* Der Staat 2010, S. 347.

1061 Siehe hierzu ausführlich unten, C. I. 3. c) bb) (2), S. 154.

1062 Dazu z.B. oben, B. II. 1. a) dd), S. 57; oben, B. II. 1. b) aa) (1), S. 59 u. oben, B. II. 1. b) bb), S. 65.

ihm genährte Bewusstsein, dass Recht Menschenwerk ist, bürdet dem Gesetzgeber einen höheren Legitimationsaufwand auf und sorgt für eine dem Schuldstrafrecht angemessene Individualisierung, indem die *moralischen* Entscheidungen Sache des Einzelnen, nicht des Staats sind.[1063] Gerade *Kelsens* Positionen harmonieren also mit einem liberalen Strafrecht in einem demokratischen Rechtsstaat.

7. Zusammenschau

Bei *Kelsen* haben die rechtstheoretischen Ausgangspunkte einen großen Einfluss auf das gesamte Werk (*1.*). Es ist von einem strengen Festhalten am *Methodendualismus*, der sog. *Zwei-Welten-Lehre*, also der Unterscheidung von *Sein* und *Sollen* geprägt (*1. a) aa)*); dies umfasst die *Trennung von Recht und Natur* (*1. a) aa)*); wichtig ist auch die *von Recht und Moral* (*1. a) cc)*); erstere Distinktion immunisiert das Recht vor einer Legitimation des Bestehenden, damit auch des gerade herrschenden Systems, letztere verhindert, dass dem positiven Recht bzw. seiner Befolgung ein *eigener Wert* zugeschrieben wird (*1. a) dd)*). Das Recht kann damit keine Legitimationsleistung vornehmen, was auch für eine Legitimation des Staates gilt (*1. b) bb) (2) (b)*) und sich in Gestalt der Vorstellung, die Rechtsgeltung hänge von nicht mehr, aber auch nicht weniger als einer als Denkbehelf fungierenden *Grundnorm* (*1. b) aa) (1)*) ab, ausdrückt.

Ähnlich wichtig ist seine Deutung des Rechtssystems als *Einheit und Stufenbau* (*1. b)*). Aufgrund der Auffassung des Rechtssystems als einer *Einheit* löst er nicht nur diverse seiner Meinung nach ideologisch motivierte *Dualismen der Rechtsbetrachtung* auf (*1. b) bb) (1) (a)*), sondern postuliert die Einheit von Recht und Staat (*1. b) bb) (2)*). Zusammen mit der Leugnung eines Eigenwerts des Rechts führt auch dies zur Unmöglichkeit einer (Selbst-)Legitimation des Staates (*1. b) bb) (2) (a)*) und eines materiellen Souveränitätsbegriffs (*1. b) bb) (2) (b)*). Nicht zuletzt wird dadurch die Natur des Staates als *menschengemacht* deutlich, wodurch die demokratische Beteiligung in den Blick gerät. In dieser Vorstellung gründet auch das Postulat der Unmöglichkeit außerrechtlichen Staatshandelns, welche sich als *Legalitätsprinzip* vielen Aspekten *Kelsen* Arbeit findet (*6.*) und einem *formellen Rechtsstaatsbegriff* entspricht (*1. b) cc) (1)*). Dafür ist auch die Vorstellung des *Rechts als Stufenbau* relevant (*1. b) aa) (1)*), denn erst durch die Bindung an höherrangige Normen sind Grundrechte (*5. b) aa)*) und deren Schutz durch ein Verfassungsgericht (*III. 2. b) cc)*) denkbar.

Ein wichtiger Ausgangspunkt für viele Positionen *Kelsens* ist der *Wertrelativismus* (*2.*): Für die Demokratie als formellem Prinzip (*2. a)*) und die ablehnenden Haltung gegenüber einem Ausnahmezustand (*3.*), wo sich zugleich der Zusammenhang zu seinem theoretischen Postulat der Identifikation von Staat und Recht zeigt: Ein überpositiver Ausnahmezustand ist für *Kelsen* denklogisch unmöglich. Auch ist der Wertrelativismus für die Frage des Minderheitenschutzes (*5.*) und des Pluralismus (*4. b) cc)*) zentral. *Kelsen* gelangt so insgesamt zu einem formalen

---

1063 Weshalb der einzelne dem Staat also nur „Rechtstreue, nicht Sittlichkeit, Moral oder Selbstlosigkeit" schuldet, siehe *Gärditz*, Der Staat 2010, S. 348.

Demokratieverständnis. Dies rückt die *Deliberation*, den *demokratischen Prozess* in den Blick, es zeigt sich die Wichtigkeit der *Kommunikationsgrundrechte*, die die demokratische Auseinadnersetzung sichern *(4. b) bb))*.

Zur *Begründung* der Demokratie setzt *Kelsen,* erneut auf dem Boden des Wertrelativismus, die Freiheit als den Wert *(2. b))*, dem sie dient und zu dessen Einlösung sie am besten geeignet sei. Gleichzeitig lehnt er die Vorstellung eines *faktischen* einheitlichen Volkswillens zugunsten eines *normativen* Verständnisses ab *(4. a) cc))*. Hierin liegt eine Zurückweisung der Vorstellung, die Herstellung einer *Einheitlichkeit* innerhalb des Staates sei ein legitimes Vorhaben *(4. b) dd))* zugunsten einer pluralistischen Auffassung *(4. b) cc))*. Mit der Idee der Freiheit als *Ziel* der Demokratie hängt auch die Notwendigkeit des Minderheitenschutzes *(5. a))* zusammen.

Dieser Minderheitenschutz begründet sich daneben wiederum im Wertrelativismus und bringt sowohl die Frage nach *Grundrechten (5. b) aa))* als auch die nach *Deliberation und Kompromissen* innerhalb der Demokratie *(5. b) bb))* auf die Tagesordnung.

Minderheitenschutz mittels Grundrechten macht eine Gesetzesbindung notwendig. Das *Legalitätsprinzip (6.)* ist somit – neben dem Wertrelativismus – ein stets auftauchendes Motiv *Kelsens* und zeigt die Anschlussfähigkeit seiner Position gerade im Bereich des Strafrechts.

III. Exkurs zur Verfassungsgerichtsbarkeit I: Der Streit um den Hüter der Verfassung

Nachdem die allgemeinen Positionen beider Denker dargestellt sind, gilt es, die Kontroverse um den *Hüter der Verfassung* zu betrachten. Sie ist der Höhepunkt des Disputs von *Schmitt* und *Kelsen*[1064] und bis heute die Folie für ähnliche Auseinandersetzungen[1065]. Während *Schmitt* einen starken Präsidenten präferiert, tritt *Kelsen* für ein Verfassungsgericht ähnlich der heutigen Konzeption ein.

Zunächst ist zu klären, wie beide den Begriff verwenden. *Schmitt* versteht unter einem *Hüter der Verfassung* eine zentrale Instanz, die sich mit allen für die Bürger relevanten Verfassungsverletzungen befasst und diese zu einheitlichen Ergebnissen führt;[1066] nicht zu verwechseln sei dies mit dem Vorgehen eines Gerichts, das verfassungsmäßigen Gesetzen die Gefolgschaft verweigere und sich damit bloß auf das bürgerliche Gehorsamsverweigerungsrecht berufe.[1067] Seinem spezifisches Verständnis der Verfassung als einheitlicher Entscheidung des ganzen Volks[1068] entsprechend

1064 So z.B. *Prisching* 1988, S. 105 u. *Gross* 2000, S. 250.
1065 So *Lembcke* 2007, S. 16; *Sodan* 2010, S. 12.
1066 Vgl. *Schmitt* 2003, S. 100 u. *Schmitt* 1931, S. 21.
1067 Dies trifft für *Schmitt* z.B für das damalige RG zu; vgl. *Schmitt* 1931, S. 21f., ähnl. *Schmitt* 2003, S. 70.
1068 Dazu oben, B. I. 4. a) bb), S. 31.

gehört die Bewahrung der staatliche Einheit zu den zentralen Aufgaben eines Verfassungshüters.[1069]

Letzteres bestreitet *Kelsen*[1070] im Anschluss an seine grds. Homogenitätsskepsis[1071]. Vielmehr diene ein *Hüter der Verfassung* letztlich dem (einer solche Einheitlichkeit zuwiderlaufenden) Minderheitenschutz.[1072] Dazu müsse die Verfassungsmäßigkeit der Staatsfunktionen gesichert werden; diese werden durch die drei klassischen Staatsgewalten in Form von Rechtsakten wahrgenommen.[1073] Wie *Schmitt* hat auch *Kelsen* dafür eine zentrale Instanz im Blick.[1074] Da es um die *Kontrolle,* nicht den Vollzug der Verfassung gehe, sei es falsch, den mit exekutiven Befugnissen versehenen Reichspräsidenten als solche zu deuten;[1075] vielmehr sei es ein Gericht, das hierfür in Frage komme.

Trotzdem *Kelsen* die Verfassungsjustiz explizit als Kontrolleur der Legislative betrachtet[1076], lassen sich seine Argumente auf die Kontrolle aller Staatsgewalten übertragen,[1077] wie sie in der BRD vorgenommen wird und es hier, wo auch Legislative und Exekutive im Blick sind, relevant wird: Wie gesehen relativiert *Kelsen* den Unterschied zwischen Gesetzgebung und -vollziehung;[1078] dies relativiert zugleich die Divergenz zwischen deren Kontrolle. Die auf die *Rechtsförmigkeit jeglicher Staatstätigkeit* bezogenen Argumente *Kelsens* zugunsten der Verfassungsgerichtsbarkeit lassen sich somit auch auf die Legislative und die Exekutive übertragen.[1079] Auch ist er der Meinung, dass sich die Verfassung nicht nur in den ihr hierarchisch direkt unterstellten Gesetzen konkretisiert, sondern auch in sämtlichen anderen Akten der Rechtsordnung niederschlagen kann. Individualakte (also solche der Rspr. und Vollziehung) können ebenfalls unmittelbar verfassungswidrig sein[1080], *alle* Gewalten unterstehen der höchstrichterlichen Kontrolle. Ein oberstes Verwaltungsgericht müsse die Kontrolle der Gesetzmäßigkeit der Verwaltung ebenso garantieren, wie es die „ordentliche Gerichtsorganisation" bzgl. der Justiz tut.[1081]

1069 Vgl. *Schmitt* 1931, S. 159, dazu auch *Kelsen* 2008, S. 92.

1070 Vgl. *Kelsen* 2008, S. 92.

1071 Dazu oben, B. II. 4. a) cc), S. 87 u. B. II. 4. b) cc), S. 91.

1072 Siehe hierzu oben, B. II. 5., S. 94 u. im Kontext unten, B. III. 2. b) cc), S. 115.

1073 Vgl. *Kelsen* 2008, S. 1. Hierzu *Wendenburg* 1984, S. 77f.

1074 Vgl. *Kelsen* 2008, S. 19.

1075 Vgl. *Kelsen* 2008, S. 98f.

1076 Vgl. *Kelsen* 2008, S. 8, 27ff., dort ausführlicher zu der vorgeschlagenen Prüfungsmaterie.

1077 Dazu unten, B. III. 2. b) aa), S. 112.

1078 Dazu oben, B. II. 1. b) aa) (1), S. 59.

1079 Allg. zur demokratischen Bedeutung der Individual- u. Urteilsverfassungsbeschwerde *Kneip* 2009, S. 183ff.

1080 Vgl. *Kelsen* 2008, S. 9., 11f.

1081 Vgl. *Kelsen* 2008, S. 33 u. *Kelsen* 1929, S. 75. Zusätzlich marginalisiert er die Unterscheidung zwischen Justiz u. Verwaltung u. sieht in der Juridifizierung der Verwaltung eine Annäherung beider Gewalten, vgl. *Kelsen* 1925, S. 260f.; *Kelsen* 1968, S. 1805, auch oben, B. II. 1. b) bb) (1) (b), S. 69.

Ob diese Überwachung von einem Gericht als „Verfassungsgericht" vorgenommen wird, erscheint dann als bloße organisatorische Frage. Dies zeigt sich auch dort, wo *Kelsen* für eine Trennung derartiger Gerichtsbarkeiten „zur Verhinderung von Kompetenzkonflikten" eintritt[1082]. Auch hat sich *Kelsen* selbst mit verfahrensrechtlichen Konsequenzen einer evtl. Ausdehnung der verfassungsgerichtlichen Kompetenz auf Individualakte befasst.[1083]

1. Rechtstheoretische Argumente: Natur der Justiz, das Verhältnis von Recht und Politik

Schmitt votiert also für einen starken Präsidenten und gegen ein Gericht als Hüter der Verfassung; *Kelsen* nimmt die entgegengesetzte Position ein. Gerade *Schmitt* bedient sich dabei neben rechtspolitischen auch einer Reihe rechtstheoretischer Argumente, mit denen er die Unmöglichkeit der Verfassungsjustiz zu belegen versucht. Es widerspreche der *Natur der Justiz*, wenn ein Gericht für den Schutz der Verfassung sorge. *Kelsen* entgegnet dem, dass diese rechtstheoretische Frage (ob sich ein Organ unter den Begriff der Justiz fassen lasse), für die rechtspolitische, ob eine solche Instanz möglich oder wünschenswert sei, unerheblich ist.[1084] Solche Argumente *aus der Natur der Sache* eignen sich grds. für eine ideologische Argumentation;[1085] *Schmitt* offenbart hier die ideologischen Motive seiner auch rechtstheoretischen Argumente,[1086] *Kelsen* seine ideologiekritischen.[1087]

So ist ein gerichtlicher Schutz der Verfassung für *Schmitt* denklogisch unmöglich. Zwar könne eine höherrangige eine niedrigere Norm in ihrer Wirkung verstärken, was sich als deren „Schutz" deuten lasse.[1088] Bei der Verfassung als höchster Norm sei dies aber nicht möglich, sie müsste sich in Ermangelung einer hierarchisch übergeordneten Norm normativ selbst schützen: Justizieller Schutz dieser Norm hieße, dass sie selbst Richter und zugleich Entscheidungsgrundlage in einem Prozess über eine andere, niederrangige Norm wäre. Die Vorstellung von Verfassungsjustiz verlange dann, dass es sich sowohl bei der *Grundlage* als auch dem *Gegenstand* und dem *Kadi* eines Prozesses um ein Gesetz handelt. *Schmitt*:

1082 Vgl. *Kelsen* 2008, S. 33.

1083 Vgl. *Kelsen* 2008, S. 46.

1084 *Schmitts* Argumentation bezeichnete er als überkommene Begriffsjurisprudenz. *Kelsen* 2008, S. 65, S. 105 u. S. 68.

1085 Dazu *Rüthers* 2011, Rn. 919ff. u. *Raisch* 1995, S. 178ff.

1086 Dies kritisiert *Wendenburg* 1984, S. 183. Ähnl. *Hofmann* 1995, S. 38ff., Fn. 44 a.E.; *Popitz* 2003, S. 105 u. *Habermas* 1994, S. 216, insb. Fn. 40: *Schmitts* Lehre vom *pouvoir neutre* (unten, B. III. 2. a) cc), 111) sei „immer schon Ideologie" gewesen.

1087 *Kelsens* Vorwurf, *Schmitt* argumentiere hier ideologisch, stimmt *V. Neumann 2010,* S. 749 zu.

1088 Vgl. *Schmitt* 1931, S. 40f.

„Ein Gesetz, das als Grundlage der Prozeßentscheidung dient, ist doch nicht Gegenstand des Prozesses, sondern eben Entscheidungsgrundlage. Oder soll man sich das Verfassungsgesetz zum Richter personifiziert denken, und das einfache Gesetz zur Partei personifizeren? Dann bestünde die Eigenart der ‚Verfassungsjustiz' darin, daß hier eine Norm sowohl Richter als auch Partei als auch Entscheidungsgrundlage und schließlich sogar auch Entscheidungstenor wäre, ein sonderbarer Prozeß [...]"[1089]

Warum die (Verfassungs-)Norm hier „Richter" sein muss und nicht ein Richter das Verfassungsgesetz so anwendet, wie ein Zivilgericht das BGB, wird hier nicht klar, wie auch *Kelsen* kritisiert.[1090] Dennoch insistiert *Schmitt*, dass ein solches Vorgehen der Natur der Justiz widerspreche: So verlange jede Rechtssprechung die Subsumtion von *Fällen* unter generelle Gesetze; Normen könnten keine derartigen, subsumierbaren Sachverhalte darstellen, eine Norm könne nicht gerichtlich auf eine andere Norm angewandt werden.[1091]

Auch die repressive Natur von Justiz spreche gegen einen gerichtlichen Verfassungsschutz: Sie agiere typischerweise *post eventum*; darüber Hinausgehendes (bspw. einstweilige Verfügungen *pro futuro*) sei keine Justiz, sondern Politik.[1092] Als gerichtlicher Verfassungsschutz könne nur die *persönliche Sanktionierung* von Verfassungsbrechern gelten; dies ist aber nur bei evidenten Verstößen, nicht bei den eigentlich interessanten „Unsicherheiten und Meinungsverschiedenheiten" möglich.[1093]

Dies führt ihn zu einem auch rechtspolitisch wichtigen Topos seiner Argumentation, der *Unterscheidung von Recht und Politik*: Das Auflösen der genannten Unsicherheiten sei keine normativistische Justiz, sondern *Dezision*. Ist diese bereits Sinn und Zweck eines Urteils, könne nicht von Rspr. die Rede sein, sondern von souveränen, politischen Entscheidungen, die mit vermeintlich rechtlichen Argumenten bloß unterfüttert seien:

„Der Strafrichter, der einen Menschen wegen Diebstahls zu Gefängnis verurteilt, subsumiert unter die Tatbestände einer strafrechtlichen Regelung [...]. Der Reichskanzler dagegen, der die Richtlinien der Politik bestimmt, gewinnt nicht den Inhalt seiner politischen Entschlüsse durch eine Subsumtion unter Art. 56 RVerv. (‚der Reichskanzler bestimmt die Richtlinien der Politik'); ebensowenig subsumiert der Reichstag, wenn er Gesetze beschließt, unter Art. 68 RVerf. (‚die Reichsgesetze werden vom Reichstag beschlossen')."[1094]

1089 *Schmitt* 1931, S. 41; ähnl. *Schmitt* 2003, S. 74 ff.

1090 *Kelsen* 2008, S. 69.

1091 Zum Ganzen *Schmitt* 1931, S. 42ff. S. 44.

1092 Vgl. *Schmitt* 1931, S. 32.

1093 Vgl. *Schmitt* 1931, S. 31, 43, 45, 46. Insg. auch *Schmitt* 1931, S. 28; *Schmitt* 1928, S. 331 u. *Schmitt* 2003, S. 73.

1094 *Schmitt* 2003, S. 79. Dazu *Ooyen* 2008, S. XV; *Ooyen* 2010, S. 45.

Schmitt krisitisert die „Pseudonormativität einer justizförmigen Gerichtlichkeit“[1095]. Als Bsp. für die politische Natur von Verfassungsstreitigkeiten führt er den preußischen Verfassungsstreit von 1862 an und resümiert, ein Hüter der Verfassung könne nur „eine hochpolitische Instanz mit besonderer politischer Kraft sein.“[1096] Ein fragliches Gericht wäre also ein „Verfassungsgesetzgeber in hochpolitischer Funktion“.[1097] Wie unten[1098] zu vertiefen widerspreche dies dem Rechtsstaatsprinzip.

Indem *Schmitt* die Justiz damit auf *soft cases*[1099] beschränkt, führt er sie auf die (*Montesquieu*'sche) Funktion als *Mund des Gesetzes* zurück, indem er nur eindeutig aus dem Gesetz abgeleitete Entscheidungen als gerichtliche zulassen will.[1100] Dies widerspricht seinem eigenen Dezisionismus[1101] und rekurriert auf eine schon damals als naiv geltende Position[1102], worauf auch *Kelsen* hinweist.[1103]

Dieser betont gegen *Schmitt*, dass *sämtliche* Staatsakte, auch die von diesem als politisch etikettierte Gesetzgebung, sowohl Rechtsakte[1104] als auch politisch sind. Das folgt aus der Stufenbaulehre, wonach alle Ebenen der Rechtsordnung Recht sowohl setzen als auch anwenden.[1105] Jeder Schritt von einer höheren zur niederen Stufe umfasse ein (jeweils abnehmendes) Element nicht ableitbarer Interpretation, so wie ein Urteil des Verfassungsgerichts gleichzeitig aus der Verfassung abgeleitet ist und diese interpretiert.[1106] *Schmitts* Unterscheidung von Politik und Recht laufe darauf hinaus, erstere als Machtausübung, letztere als Rechtsanwendung zu sehen. Aus dieser Perspektive ermöglichen Entscheidungsspielräume die Ausübung von

---

1095 *Schmitt* 1931, S. 31

1096 Vgl. *Schmitt* 1931, S. 28f u. *Schmitt* 2003, S. 69f. Wobei auch verfassungsgerichtliche Urteile keine reine Dezision sind, vgl. nur *Hillgruber* 2011, Rn. 1.

1097 Zum Ganzen *Schmitt* 1931, S. 45, 48, 52. Eine präzise Darstellung der Arg. bei *Wendenburg* 1984, S. 182.

1098 B. III. 2. a) bb), S. 110.

1099 Also eindeutige im Ggs. zu *hard cases* als schwierigen, mehrdeutigen Fällen, vgl. *Dworkin* 1984, S. 144.

1100 Vgl. *Schmitt* 1931, S. 37f. Knapp zu *Montesquieus* (unrealistischer) Position *Hassemer* 2011, S. 260f., im Kontext auch *Stern* 1980, S. 20f. u. *Laufer* 1968, S. 277f.

1101 Vgl. *Schmitt* 1931, S. 45f. u. *Schmitt* 2003, S. 81. Krit. bei *Lembcke* 2007, S. 20; *V. Neumann 2010*, S. 748; *Schild* 1998, S. 33; *Wendenburg* 1984, S. 182, Fn. 112; *Hofmann* 1995, S. 38ff., Fn. 44 a.E. u. *Kelsen* 2008, S. 72f.

1102 Dazu *V. Neumann 2010*, S. 748; *Laufer* 1968, S. 277.

1103 Vgl. *Kelsen* 2008, S. 67f., u. *Kelsen* 2008, S. 72f. Dazu *Günther* 1988, S. 374 pointiert: „Es ist der ‚Positivist‘ Kelsen, der den ‚Dezisionisten‘ Schmitt darüber belehren muß, dass jede Gerichtsentscheidung auch eine politische sei.“ Ähnl. *Ooyen* 2010, S. 48, *Ooyen* 2003, S. 185f. u. *V. Neumann 2010*, S. 748.

1104 Vgl. *Kelsen* 2008, S. 1, direkt auf *Schmitt* gemünzt *Kelsen* 2008, S. 66 und grds. oben, B. II. 1. b) bb) (2) (a), S. 72, siehe hierzu auch *Ooyen* 2010, S. 48 und *Grimm* 1982, S. 152f.

1105 Vgl. oben, B. II. 1. b) aa) (1), S. 59. u. im Kontext. *Kelsen* 2008, S. 2; sowie *Ooyen* 2008, S. XIII u. *Grimm* 1982, S. 151.

1106 Siehe dazu *Kelsen* 2008, S. 70f.

Macht. Findet sich nun in jedem Urteil sowie grds. jedem Rechtsakt (als Resultat der dynamischen Rechtserzeugung[1107]) ein derart dezisionistisches Element, liege in jeder Rechtsanwendung zugleich Machtausübung – hier betont *Kelsen* die Ähnlichkeit zu *Schmitts* eigener Dezisionslehre.[1108] Zwischen Gesetzgebung und Rspr., zwischen Politik und Recht, bestehe somit kein qualitativer, sondern nur ein quantitativer Unterschied; das Parlament lässt sich als positiver, das Verfassungsgericht als negativer Gesetzgeber ansehen[1109] – für *Möllers* ist gerade die Koordination dieser verschränkten Ebenen, die Kontrolle der Verrechtlichung der Politik und die der Politisierung des Rechts, eine zentrale Funktion von Verfassungsgerichten.[1110] *Kelsen*:

> „Jeder Rechtskonflikt ist doch ein Interessen- bzw. Machtkonflikt, jeder Rechtsstreit daher ein politischer Streit, und jeder Konflikt, der als Interessen-, Macht- oder politischer Konflikt bezeichnet wird, kann als Rechtsstreit entschieden werden [...]".[1111]

Auch mit den weiteren Argumenten *Schmitts* befasst sich *Kelsen*. Auch er sieht in einer persönlichen Sanktion keinen ausreichenden Schutz der Verfassung: Die rechtswidrige Norm gelte unverändert fort,[1112] die Verfassung wäre „beinahe unverbindlich", ihre erschwerte Abänderbarkeit liefe leer.[1113] Als effektives, quasi-repressives Mittel sieht er die Kassation[1114] fraglicher Akte als Ergebnis eines (Partei-)Verfahrens an. Nur so könne die Verfassung tatsächlich geschützt werden.

Kelsen bestreitet überzeugend, dass es unmöglich sei, eine generelle Norm am Maßstab einer anderen solchen zu überprüfen: Über Streitfragen bzgl. des Inhalts der Verfassung und der Übereinstimmung mit niederrangigen Normen könne die Verfassungsgerichtsbarkeit ebenso entscheiden, wie es die ordentliche bei Streitfragen über die Auslegung einfacher Gesetze und deren Vereinbarkeit mit weiteren Normen selbstverständlich tue.[1115] Auch gäbe es einen überprüfbaren Sachverhalt: Dieser sei nicht, wie *Schmitt* unterstellt, die Norm selbst, sondern ihre (hier zu prüfende evtl. materiell oder formell verfassungswidrige) *Erzeugung* – eine bspw. im Zivilrecht übliche Praxis: Ob ein Zivilgericht über das Zustandekommen eines Testaments (also einer Norm) entscheidet oder ein Verfassungsgericht über das eines

---

1107 Denn diese ist wiederum Ergebnis eines politischen Machtkampfes. Dies betont *Ooyen* 2008, S. XIX.

1108 Vgl. *Kelsen* 2008, S. 67; zum Interpretationsspielraum oben, B. II. 1. b) aa) (3), S. 61 u. B. II. 1. b) aa) (4), S. 63. Zur Vereinbarkeit von Dezisionismus u. Interpretations- u. Stufenbaulehre *Prisching* 1988, S. 107.

1109 Vgl. *Kelsen* 2008, S. 67 u. *Kelsen* 2008, S. 26. Dazu *Ooyen* 2010, S. 42, u. 47f.; *Günther* 1988, S. 375f., *Lembcke* 2007, S. 22f. u. *Korinek*, VVDStRL 1980, S. 16f.

1110 *Möllers* 2011, S. 313ff., insb. 323 ff. u. 327ff.

1111 *Kelsen* 2008, S. 67, [ohne Herv. des Orig., F.F.], dort am Beispiel des Völkerrechts.

1112 Vgl. *Kelsen* 2008, S. 23.

1113 Vgl. *Kelsen* 2008, S. 48f.

1114 Vgl. *Kelsen* 2008, S. 15ff.u. *Kelsen* 1934, S. 95. Dazu insg. *Wendenburg* 1984, S. 130f.

1115 So *Kelsen* 2008, S. 69; ähnl. *Wendenburg* 1984, S. 182, Fn. 112 u. *V. Neumann 2010*, S. 748.

Gesetzes – stets wird die fragliche Rechtserzeugung als Tatbestand subsumiert.[1116] Daher treffe die Behauptung, eine Norm müsse über eine andere Norm richten, nicht zu.

Aber auch *Kelsen* sieht die von *Schmitt betonte*, „nicht intendierte und politisch höchst unangebrachte"[1117] Gefahr der Machtverschiebung zuungunsten des Parlaments, falls Richterinnen und Richter ihre eigenen Gerechtigkeitskonzepte denen der Legislative gegenüberstellten.[1118] Wie i.R.d. Legalitätsprinzip angesprochen, schlägt er daher die Wahl präziser Begrifflichkeiten statt einer unbestimmten „Phraseologie" in der Verfassung vor[1119] (Hier erinnert seine Kritik an *Schmitts* Schelte der „dilatorischen Formelkompromisse"[1120]); dies führt jedoch auf das Feld der Rechtspolitik.

2. Rechtspolitische Argumente

a) Schmitt: Gegen ein Gericht und für den Reichspräsidenten als Hüter der Verfassung

Diese verfassungsjustizkritischen Argumente *Schmitts* sind noch heute einflussreich.[1121]

aa) Der Zusammenhang zum Verfassungsbegriff, Einheitlichkeit, Legitimität vor Legalität

Eine Prämisse von *Schmitts* rechtspolitischer Argumentation ist es, dass die Existenz eines Verfassungsgericht den vorherrschenden Verfassungsbegriff beeinflussen kann.[1122] Eine solche Gerichtsbarkeit setze nun eine justizstaatliche Organisation der Gesellschaft,[1123] die Vorstellung der Verfassung als Vertrag (der sich als Kompromiss zwischen Parteien für eine gerichtsförmige Streitführung eigne)[1124] und subjektive öffentliche Rechte[1125] voraus; der Verbreitung dieser Konzepte, die seinem positivem Verfassungsbegriff und seiner Deutung der WRV widersprechen, würde durch die Einrichtung einer Verfassungsjustiz Vorschub

---

1116 Vgl. *Kelsen* 2008, S. 69ff. Dazu *Habermas* 1994, S. 297. Krit. zu *Schmitt* auch *Wendenburg* 1984, S. 131f. u. *V. Neumann 2010,* S. 748 Siehe auch oben, Fn. 1089.

1117 *Kelsen* 2008, S. 77.

1118 Vgl. dazu *Wendenburg* 1984, S. 133ff. mit einer Einordnung *Kelsens*' Argumentation.

1119 Vgl. *Kelsen* 2008, S. 77f., dazu mit Blick auf das GG (das diesem Anspruch nicht gerecht werde) *Römer* 1989, S. 142. Siehe zum Legalitätsprinzip oben, B. II. 6., S. 98.

1120 Zu diesen oben, Fn. 170. Zu den diesbzgl. Parallelen auch *Lembcke* 2007, S. 21f.

1121 Vgl. *Ooyen* 2003, S. 130.

1122 Vgl. *Schmitt* 1931, S. 53, i.d.S. wohl auch auf S. 56.

1123 *Schmitt* 1931, S. 14. Zum Justizstaat bei *Schmitt Möllers* 2011b, S. 70 u. insg. *Wendenburg* 1984, S. 180.

1124 Vgl. *Schmitt* 1931, S. 52 u. *Schmitt* 2003, S. 76f.

1125 *Schmitt* 1931, S. 67ff., insb. S. 70.

geleistet. *Schmitt* deutete WRV als in seinem Sinne positive, von Einheitsgedanken getragene Verfassung und widersprach damit auch *lege lata* einer Verfassungsrechtsprechung.[1126] Realiter sah er allerdings pluralistische Tendenzen: In den USA gedeihe der *supreme court* auf dem Boden einer relativ einheitlichen Gesellschafts- und Wirtschaftsordnung; dies sah er im „heutigen deutschen Reich" wohl nicht als gegeben an.[1127] Seine Skepsis[1128] richtet sich also auch gegen die Verfassungsgerichtsbarkeit selbst, v.a. soweit ein Verfassungsbegriff befördert würde, der den Staat als pluralistischen Kompromiss statt als geschlossene Einheit versteht.[1129] *Schmitt* befürchtet einen „verfassungswidrigen Pluralismus"[1130], die Auflösung der „einheitlichen Staatspersönlichkeit", die die Etablierung einer Verfassungsgerichtsbarkeit begünstigen würde.[1131]

Die Befürwortung eines auf die substantielle Homogenität des positiven Verfassungsbegriffs zurückführbaren Präsidenten bei gleichzeitiger Ablehnung eines normgebundenen Gerichts zeigt dagegen erneut *Schmitts* Präferenz der Legitimität vor der Legalität.[1132] Hier wird der Kontrast zu *Kelsen* besonders deutlich, dessen Motiv es ganz entgegen *Schmitt* ist, durch den legalistisch vermittelten Zwang zur Kompromissbildung gerade den Pluralismus zu schützen.[1133]

bb) Demokratietheoretische Argumente: Justizieller Minderheitenschutz als undemokratische Vorstellung, Gefahr der Politisierung der Justiz, Gegensatz zum Rechtsstaat und die „Aristokratie der Robe"

Eng mit diesen Einheits- und Gleichheitspostulaten hängen *Schmitts* demokratietheoretische Überlegungen zusammen. So betont er, dass ein minderheitenschützendes und damit pluralismusfreundliches Gericht eine undemokratische Einrichtung sei.[1134]

1126 Vgl. *Schmitt* 1931, S. 60.

1127 *Schmitt* 1931, S. 13f., 18f.; dazu *Maus* 1980, S. 102f. Anders wieder *Kelsen*, vgl. unten, B. III. 2. b) cc), S. 115.

1128 Dazu oben, B. I. 2., S. 13. insgesamt hierzu auch *Wendenburg* 1984, S. 180f.

1129 Vgl. *Schmitt* 1931, S. 60, mit Blick auf die subjektiven öffentlichen Rechte noch einmal auf S. 70.

1130 *Schmitt* 1931, S. 131; ein Zitat, das *Maus* 1980, S. 105 mit guten Gründen mit einem „(!)" versieht.

1131 Vgl. hierzu *Maus* 1980, S. 101ff., insb. 105; u. *Pauly* 1989, S. 121.

1132 Vgl. zu diesem Schluss *Prisching* 1988, S. 111; zu *Schmitts* Vorziehen der Legitimität (u. einer diesbzgl. Begriffsbestimmung) oben, B. I. 1. a) cc) (3), S. 12. Zum Motiv der Bewahrung der Substanz der Verfassung *Stolleis* 1999, S. 115. Auf den Verfassungsbegriff bezogen auch *Ooyen* 2003, S. 181.

1133 Dazu unten, B. III. 2. b) cc), S. 115.

1134 Vgl. *Schmitt* 1931, S. 25. Hier richtet er sich in Fn. 2 explizit gegen *Kelsens* diesbzgl. Ausführungen. Siehe zu diesem Gegensatz *Mantl* 1982, S. 197. Hierzu auch *Prisching* 1988, S. 106.

Dabei argumentiert er erneut mit der Unterscheidung von Recht und Politik: Die Ausdehnung des Sachgebiets der Justiz auch auf die (vermeintliche) Einhegung der Politik führe nicht zum rechtsstaatlichen Ideal der *Juridifizierung der Politik*, sondern vielmehr zu einer *Politisierung der Justiz*. Dies füge der Rechtsstaatlichkeit Schaden zu, indem sich die Justiz mit einer nicht-justiziablen Materie befassen müsse. Identifiziere man alles, was ein Gericht tut, mit einem dann formalisierten Rechtsbegriff, wäre das „Problem des Rechtsstaats“ schnell gelöst: Die inhaltliche Entleerung des Begriffs *Recht* beraube auch den des Rechts*staats* seines Inhalts, da die Justiz kein Recht mehr anwende, sondern sachfremd die *Dezision*, also Politik betreibe.[1135] Eine solche Politisierung des Richteramts widerspreche der Gewaltenteilung und den Prämissen des bürgerlichen Rechtsstaats.[1136] Die kontinentaleuropäische Tradition der Unterordnung des Richters unter das Gesetz (die „Entscheidung eines Falles *auf Grund* eines Gesetzes“[1137]) verbiete, eine solche Verwischung der Instanzen vorzunehmen:[1138] Die Gesetzesbindung des Richters bedinge die Unabhängigkeit der Justiz.[1139]

Eine mit Berufsbeamten besetzte Kammer mit hochpolitischen, der Verfassungsgesetzgebung gleichkommenden Befugnissen, welche nicht (wie noch im 19. Jahrhundert) einem Monarchen, sondern einem demokratischen Parlament entgegengesetzt sei,[1140] sei auch aus dieser Warte eine undemokratische Einreichtung, die zu einer „Aristokratie der Robe“ führen würde.[1141]

Präferiert *Schmitt* – wie erwähnt und sogleich näher zu betrachten – einen basisdemokratisch gewählten Präsidenten vor einem pluralistisch besetztem Gericht, schimmert dabei erneut die Vorstellung der Demokratie als Ausdruck eines einheitlichen Willens durch[1142]. Insoweit ein grundrechtsbewahrendes Verfassungsgericht ein Hemmschuh der „Bekämpfung der Andersdenkenden“ ist, wovon *Kelsen* ausgeht[1143], offenbart dessen Ablehnung zusätzlich *Schmitt*s Freund-Feind-Denken.[1144]

1135 *Schmitt* 1931, S. 22, 26, 38; *Schmitt* 2003, S. 74f., 78. Vgl. auch oben, B. III. 1., S. 105.

1136 Vgl. *Schmitt* 2003, S. 77f., 84.; *Schmitt* 1931, S. 37. Zur Instrumentalisierung u. dem daraus folgenden „prekären Verhältnis“ des Rechtsstaatsarguments bei *Schmitt* im Kontext *Maus* 1980, S. 117f.

1137 *Schmitt* 1931, S. 37 [Herv. F.F., ohne die Anführungszeichen des Orig.].

1138 Vgl. *Schmitt* 1931, S. 37.

1139 Vgl. *Schmitt* 1931, S. 38, in diese Richtung auch S. 102.

1140 Vgl. *Schmitt* 1931, S. 155f., ausführlicher *Schmitt* 2003, S. 66ff. u. S. 98ff. für die historischen Aspekten des Gedenkens eines *Hüters der Verfassung* mit Blick auf die jeweilig relevanten „Gewalten“.

1141 Vgl. *Schmitt* 1931, S. 157f.

1142 Vgl. oben, B. I. 2., b), insb. bb) u. cc), S. 16ff.

1143 Siehe unten, B. III. 2. b) cc), S. 115.

1144 So auch *Ooyen* 2003, S. 163. Zum Freund-Feind-Denken oben, B. I. 3., S. 24.

cc) *Für einen Präsidenten als Hüter der Verfassung: Eine neutrale, politisch unabhängige Instanz und ein Einheitsstifter*

Erneut von seinem Postulat, Entscheidungen über Verfassungsstreitigkeiten seien keine Justiz, sondern die Ausübung politischer Macht, ausgehend, fordert *Schmitt* für diese Aufgabe eine neben den übrigen Gewalten stehende, neutrale Instanz (sog. *pouvoir neutre* nach *B. Constant*[1145]). Nur so sei ein Ungleichgewicht der Gewalten zu vermeiden.[1146] Diese Instanz agiere „vermittelnd, wahrend und regulierend, und nur im Notfall aktiv [...]“[1147] – *lege lata* sah er dies im Reichspräsidenten. Ursprünglich hegte er diesbzgl. Skepsis, denn anders als ein König, der seine Macht erbe, sei ein gewählter Reichspräsident stets Politiker (in einem „intensiven Sinne“) und daher nicht nur neutraler Dritter. Später erklärt er, die besondere Stellung des Reichspräsidenten mit der Mischung aus plebiszitären Elementen (vgl. Art. 40 WRV) und einer starken, vom Reichstag unabhängigen Stellung (vgl. Art. 25 , Art. 50 WRV incl. der Funktion des „Verfassungsschutzes“ bzw. Reichsexekution (vgl. Art. 48 I, II WRV) auf der einen und der parlamentarischen Abhängigkeit (vgl. Art. 50 WRV) auf der anderen Seite ließe sich nur mit einer weiterentwickelten Lehre i.S. *Constants* erklären. *Schmitt* attestierte sowohl *P. v. Hindenburg* als auch *F. Ebert*, diese Rolle ausgefüllt zu haben.[1148]

Diesen setzt *Schmitt* gerade wegen der plebiszitären Berufung dem parlamentarischen Pluralismus entgegen:[1149] Der basisdemokratisch gewählte Präsident sei in der Lage, im Fall von Auseinandersetzungen rein staatliche Entscheidungen – i.S. *Schmitts* Dezisionismus – statt eines Interessenausgleichs oder einer Mehrheitsentscheidung zu treffen.[1150]

Gerade dessen *präsidiale* Unabhängigkeit prädestiniere ihn, nicht ein Gericht, als Verfassungshüter: Entgegen der allgemeinen Auffassung sei die *richterliche* nicht die Unabhängigkeit schlechthin, sondern eigentlich eine spezielle, für das *Hüten der Verfassung* ungeeignete: Die richterliche Freiheit vor dienstlichen Anweisung soll gerade keine politische Willensbildung ermöglichen, sondern fließt direkt aus der Gewaltenteilung, indem es die richterliche Gesetzesbindung sichert. Dies könne die

1145 *Constant* sah den Monarchen als *pouvoir neutre*, als mäßigende, „vierte“ Gewalt. Hierzu *Doehring*, Der Staat 1964, S. 202ff., auch mit einer Darstellung der Streitfrage, wer im System des GG diese Rolle einnimmt (Verfassungsgericht, Bundespräsident oder Niemand) auf S. 206f. u. einem, wenn auch relativierten, Votum für das BVerfG auf S. 211ff.: Durch diese Kompetenzverteilung zuungunsten eines starken Präsidenten habe sich das GG „gegen die Macht und für das Verfahren ausgesprochen.“ (S. 217).

1146 *Schmitt* 1931, S. 132.

1147 Vgl. *Schmitt* 1931, S. 137, dazu *Lembcke* 2007, S. 18.

1148 Vgl. *Schmitt* 1928, S. 351f. u. *Schmitt* 1931. Zum Reichspräsidenten auch *Gusy* 1997, S. 98ff.

1149 Vgl. *Schmitt* 1931, S. 149; siehe auch *Ooyen* 2008, S. XVI.

1150 Vgl. *Schmitt* 1931, S. 148.

Verfassung gerade nicht bewirken.[1151] Die Unabhängigkeit eines plebiszitär gewählten Präsidenten vom parlamentarischen System sei dagegen parteipolitisch neutral, aber nicht unpolitisch.[1152]

Erneut ist es die staatliche Einheit, die für *Schmitt* essentiell ist; diese ist, wie gesehen (auch) etwas noch Herzustellendes.[1153] Dazu sei gerade der plebiszitär gewählte, parteipolitisch unabhängige Präsident berufen: Diese Eigenschaften sind eng mit der Vorstellung einer politischen Einheit verknüpft und stünden damit im klaren Gegensatz zur herrschenden Pluralisierungstendenz.[1154] Je mehr der Staat zu einer solchen Heterogenität tendiere, um so mehr sei er auf einen einheitsstiftenden Präsidenten angewiesen, um sich funktionsfähig zu halten; ein richterlicher Verfassungsschutz hingegen würde, wie schon erwähnt, diese Auflösungstendenzen verstärken.[1155]

Wieder ist *Schmitts* starke Identifikation von Demokratie mit Einheitlichkeit zentral.[1156] Auch stellt seine Argumentation einen konkreten Widerhall seiner Positionen zur *Souveränität* mit der Fokussierung auf eine autarke Führerpersönlichkeit dar.[1157] Jeweils opponiert, wie nun zu sehen, *Kelsen.*

b) Kelsen: Ein Plädoyer für ein Verfassungsgericht

So setzt sich *Kelsen* mit den rechtspolitischen Argumenten *Schmitts* auseinander[1158] und nimmt eine entgegengesetzte Position ein: Als Hüter der Verfassung schlägt er ein starkes Gericht vor; einen Präsidenten hält er für ungeeignet. Der „Vater" des österreichischen Verfassungsgerichts gilt noch heute als geistiger Wegbereiter einer Verfassungsgerichtsbarkeit modernen Zuschnitts.[1159]

1151 Vgl. *Schmitt* 1931, S. 150ff. Bzgl. der Gesetzesbindung verweist er auf auf seine Ausführungen zur „bunten Mannigfaltigkeit" der WRV, seine Argumentation ist also konkret auf die Situation in Waimar gemünzt. Wie gezeigt hält er die Verfassung auch allg. nicht für eine geeignete Grundlage für richterliche Entscheidungen, siehe oben, B. III. 1., S. 105. Zur richterlichen Unabhängigkeit auch *Schmitt* 2003, S. 79, zur Gewaltenteilung S. 84.

1152 Vgl. *Schmitt* 1931, S. 156.

1153 Zur Lage der WRV oben, Fn. 1086, allg. zu dieser Ambivalenz bei *Schmitt* oben, B. I. 4. c) aa), S. 37.

1154 Vgl. *Schmitt* 1931, S. 158; dazu *Schild* 1998, S. 36f. Zu *Schmitts* Pluralismusskepsis hier *Lembcke* 2007, S. 18.

1155 Vgl. *Schmitt* 1931, S. 158f.

1156 Vgl. oben, B. I. 2., b), S. 16; so auch *Ooyen* 2010, S. 45 u. *Prisching* 1988, S. 106f.

1157 Hierzu oben, B. I. 4. c), S. 37.

1158 Vgl. *Korb* 2010, S. 147f. Für ihn war dies der „ertragreichste Teil" dieser Auseinandersetzung

1159 Dazu *Sodan* 2010, S. 15; *Korinek,* VVDStRL 1980, S. 8f.; *Lepsius* 2003, S. 371f. u. *Wendenburg* 1984, S. 235.

aa) *Auseinandersetzung mit Schmitts Argumenten zu Rechtsstaat und Demokratie: Gewaltenteilung, Rechtmäßigkeit der Staatsakte und demokratische Legitimation*

Kelsen befasst sich mit *Schmitts* Vorwurf, die Verfassungsgerichtsbarkeit durchbreche die Gewaltenteilung und führe zu Defiziten der demokratischen Legitimation.

Kelsens Relativierung des Unterschieds von Recht und Politik[1160] wirkt sich auch auf das Verständnis der Gewaltenteilung aus: Der einzige relevante Unterschied zwischen den für ihn jeweils sowohl normsetzenden als auch -vollziehenden Instanzen bestehe darin, dass der Gesetzgeber generelle, die Rspr. individuelle Normen erlasse; so erscheint auch ein Verfassungsgericht als (dann: „negativer") Gesetzgeber. Von einem Eingriff der Justiz in die Legislative könne daher nicht gesprochen werden, eher von der Übertragung der gesetzgebenden Gewalt auf zwei Organe. Man könne dies auch als eine Übertragung eines Teils der Gesetzgebungskompetenz auf ein „zweites Organ" betrachten, was nicht als Widerspruch zur Gewaltentrennung verstanden werden müsse.[1161] Da die Funktion der Gewaltenteilung im demokratischen Rechtsstaat die der *Mäßigung der Macht* ist, stelle sich eine solche Aufteilung eher als Bestätigung denn als Hemmschuh dieses Prinzips dar[1162], was bspw. *Neumann* als ein äußerst modernes Verständnis von Gewaltenteilung bezeichnet.[1163]

Dennoch sieht *Kelsen graduelle* Differenzen zwischen der gerichtlichen und einer legislativen Tätigkeit: Bei ersterer überwiege das Element der Bindung, bei letzterer das der Gestaltung; eine andere Form der Organisation oder Berufung der Richterinnen und Richter als bei den ebenfalls gebundenen ordentlichen Gerichten sei für ein Verfassungsgericht daher nicht zwangsläufig. Aber auch nicht ausgeschlossen: Dem von *Schmitt* geführten Vorwurf der fehlenden Legitimation[1164] hält *Kelsen* entgegen, dass diese – genau wie bei dem von jenem favorisierten Staatsoberhaupt – nur von der Art der Berufung abhinge, wobei auch eine demokratische denkbar sei; *Kelsen* schlägt eine kombinierte Lösung vor. Diesbzgl. gebe es keine Vorgaben, vorteilhaft sei aufgrund der fachspezifischen Tätigkeit aber eine überschaubare Zahl von Mitgliedern.[1165] In der BRD fordert bspw. *Böckenförde* eine demokratische Legitimation der Richter, da sich Verfassungsrechtsprechung als Ausübung von Hoheitsgewalt nicht selbst, bzw. durch die „Herrschaft des Rechts" rechtfertigen könne. Er betont also das Element der

---

1160 Hierzu oben, B. III. 1., S. 105.

1161 Vgl. *Kelsen* 2008, S. 25f. u. *Kelsen* 2008, S. 78f.; *Ebenstein* 1974, S. 64ff., *Ooyen* 2008, S. XIVf. u. *Wendenburg* 1984, S. 80.

1162 Vgl. *Kelsen* 2008, S. 25; hierzu *Ooyen* 2010, S. 36, 44, 49, zum Ganzen *Ooyen* 2008, S. 60 u. *Ooyen* 2008, S. XIVf. Wie *Kelsen* gg. *Schmitt* auch *Habermas* 1994, S. 295f. Aus heutiger Sicht *Vogel*, NJW 1996, S. 1506.

1163 Vgl. *Neumann*, HRRS 2012, S. 163; krit. hingegen *Olechowski* 2009, S. 127ff.

1164 Also dem der „Aristokratie der Robe", siehe hierzu oben, B. III. 2. a) bb), S. 110.

1165 Vgl. *Kelsen* 2008, S. 100; *Kelsen* 2008, S. 26 u. *Ooyen* 2010, S. 43f.; *Ooyen* 2008, S. XIII u. *Ooyen* 2003, S. 136.

interpretatorischen Freiheit im Gegensatz zu dem der Gesetzesbindung stärker als *Kelsen* (er spricht von einer Bindung *an* die Verfassungsgerichtsbarkeit).[1166] Die enge Bindung an demokratisch legitimierte Gesetze, auf die sich *Kelsen* beruft, würde dieses Problem tatsächlich relativieren; hier ist zuzugestehen, dass *Kelsen* den Aspekt der Bindung an Verfassungsnormen angesichts deren Abstraktheit, der Funktion der *authentischen* Letztinterpretation eines Verfassungsgerichts und dessen damit einhergehenden fehlender Kontrollierbarkeit wohl überschätzt. Trotzdem hält *Böckenförde* wie *Kelsen* ein Verfassungsgericht für fraglos demokratisch legitimierbar, wobei der Bedarf an direktdemokratischer Rückbindung vom Grad der Freiheit des Gerichts abhängt.[1167]

Für die demokratische Natur eines Verfassungsgerichts argumentiert *Kelsen* zusätzlich mit der *Rechtmäßigkeit des Staatshandelns*[1168]: Ausgehend von der Identifikation von Staats- mit Rechtsakten, dem Legalitätsprinzip und der Vorstellung der Rechtsordnung als geschlossenem Stufenbau[1169] mit der Verfassung als höchster positivier Norm[1170] sei diese gegeben, wenn die Norm unterer Ebene der übergeordneten entspricht.[1171] Dies gelte für das Verhältnis von *Verfassung → Gesetz* ebenso wie für das von *Gesetz → Gerichtsurteil*[1172]: Moderne Verfassungen regelten nicht nur Fragen der Staatsorganisation, sondern machen den aus ihnen abgeleiteten Gesetzen durch Grundrechtskataloge auch inhaltliche Vorgaben. Dies beschränkt den Gesetzgeber materiell: Für *Kelsen* ist anders als für den Dezisionisten *Schmitt* auch das Parlament – der (Volks-)Souverän – kein „freier Schöpfer des Rechts", sondern ein zumindest z.T. durch die Verfassung gebundenes Organ.[1173] . Diese – nicht nur im Vergleich zu Schmitt – relativ enge Vorstellung der Rechtsbindung korrespondiert hier mit einem relativ weiten Verständnis der Verfassungsgerichtsbarkeit.[1174] Die *in einer demokratischen Verfassung festgeschriebene* Bindung zu kontrollieren sei nun keine *un-* sondern eine *urdemokratische* Funktion: Die Verfassung legt die Regeln des politischen Meinungskampfes fest, diese sind Voraussetzung der Demokratie; das Verfassungsgericht wacht über deren Einhaltung.[1175]

1166 *Böckenförde*, NJW 1999, S. 12ff.

1167 Zur heutigen Debatte *Schlaich/Korioth* 2010, Rn. 46 u.*Möllers* 2011, S. 360.

1168 Vgl. *Kelsen* 1929, S. 75; *Kelsen* 2008, S. 50.

1169 Siehe allg. oben, B. II. 1. b) aa) (1), S. 59 u. oben, B. II. 6., S. 98.

1170 Siehe *Kelsen* 2008, S. 7. Dazu u. zum Kontrast zu *Schmitt Schild* 1998, S. 39ff.

1171 Zu den Beziehungen zw. Stufenbaulehre u. Verfassungsgerichtsbarkeit *Korinek*, VVDStRL 1980, S. 11ff.; *Günther* 1988, S. 372; *Stolleis* 1999, S. 168; *Öhlinger* 1975, S. 10; *Lembcke* 2007, S. 25; *Wendenburg* 1984, S. 129 u. *Gross* 2000, S. 251.

1172 Insg. *Kelsen* 2008, S. 22ff.

1173 Vgl. *Kelsen* 2008, S. 23. Allg. dazu auch oben, B. II. 1. b) aa) (3), S. 61 u. oben, B. II. 1. b) aa) (2), S. 60.

1174 Dazu *Wendenburg* 1984, S. 79; dort auf S. 129 mit Bezugnahme auf die *Reine Rechtslehre*.

1175 Vgl. *Kelsen* 2008, S. 8. Zu den Grundrechten oben, B. II. 5. b) aa), S. 96; zum Minderheitenschutz unten, B. III. 2. b) cc), S. 115. Dazu *Grimm* 1982, S. 153ff. u. *Korinek*, VVDStRL 1980, S. 45ff.

Das Beharren auf der völligen Souveränität des Gesetzgebers dagegen sei politisch motiviert, mit dem Ziel, dessen Macht zu stärken. *Kelsen*: „Man mag dies unter Umständen für wünschenswert halten; mit *juristischen* Argumenten lässt sich ein derartiger Standpunkt nicht belegen."[1176] Dies zeigt sich auch daran, dass *Schmitt* hier einigen seiner anderen Positionen widerspricht.[1177]

bb) Kritik an Schmitts Positionen zur Unabhängigkeit, der Lehre des pouvoir neutre und den Einheitlichkeitspostulaten

Kelsen ist sich mit *Schmitt* einig, dass es für die Aufgabe des Hüters der Verfassung einer unabhängigen Instanz bedarf[1178] – dass die Kontrolle nicht durch das zu kontrollierende Organ selbst geschehen kann, sei eine „primitive Selbstverständlichkeit". Dies gelte v.A. für die Kontrolle des Gesetzgebers, der sich zu Unrecht regelmäßig als „freier Schöpfer des Rechts" fühle.[1179] *Kelsen* will dafür, anders als *Schmitt*, aber gerade die richterliche Unabhängigkeit nutzbar machen.[1180] *Schmitt*s Argument, diese sei ungeeignet, da sie mit einer Gesetzesbindung korrespondiere, weswegen ein Gericht nur rechtlich, nicht (wie hier nötig) politisch entscheiden könne, löst sich mit der Ablehnung der strikten Trennung von Recht und Politik auf.[1181]

Auch kritisiert *Kelsen* *Schmitt*s Ausführungen zur Neutralität des Reichspräsidenten, insb. die Anwendung der monarchischen Lehre des *pouvoir neutre* auf eine Republik:[1182] Die von *Constant* entwickelte Lehre, der König sei eine neutrale, weil passive Instanz, sei eine zeitbedingte, ideologisch begründete Fiktion. Noch problematischer sei nun *Schmitt*s Übertragung dessen auf den Reichspräsidenten: Zum einen charakterisiert er diesen als neutrale, neben den weiteren Gewalten stehende Instanz, gleichzeitig statte er ihn (durch eine extensive Interpretation des Art. 48 WRV[1183]) aber mit einer beinahe diktatorischen Souveränität aus, was widersprüchlich sei.[1184] Auch für *Kelsen* ist es sinnvoll, den *Hüter der Verfassung* neben die zu kontrollierenden Gewalten zu stellen; da dies typischerweise Parlament und Regierung seien, spräche dies aber gerade gegen einen präsidialen – und damit just in *Schmitt*s Zuschnitt eng mit der Regierung verwobenen – Verfassungshüter.[1185]

1176 Vgl. *Kelsen* 2008, S. 24.
1177 So denen zu Ausnahmezustand u. Rechtsstaat, wo er die Gesetzesbindung eher marginalisiert als stärkt, dazu oben, B. I. 4. c) bb) (1), S. 39 u. oben, B. I. 4. b), S. 33. Zu den Widersprüchlichkeiten auch oben, Fn. 1086 u. 1101.
1178 So *Kelsen* 2008, S. 21.
1179 *Kelsen* 2008, S. 58. Zum Gesetzgeber oben, B. III. 2. b) aa), S. 112.
1180 Vgl. *Kelsen* 2008, S. 23.
1181 Siehe oben, B. III. 1., S. 105.
1182 Vgl. *Kelsen* 2008, S. 61, dazu *Ooyen* 2008, S. XVIIf. Zu *Schmitt* oben, B. III. 2. a) cc), S. 111.
1183 *Schmitt* 2003, hierzu *Stolleis* 1999, S. 114ff.
1184 Vgl. *Kelsen* 2008, S. 63, dazu auch S. 93 u. S. 96.
1185 Vgl. *Kelsen* 2008, S. 88; dazu *Grimm* 1982, S. 153.

Kelsen greift die Vorstellungen *Schmitts* auch aus faktischer Warte an. Grade die plebiszitäre Wahl, für *Schmitt* der Garant der Unabhängigkeit, spreche *de facto* gegen die Vorstellung einer politischen Neutralität des Präsidenten: Diese stehe unter dem „Hochdruck parteipolitischer Aktionen"; ein Präsident sei – unabhängig von der Frage der Kompatibilität mit dem Abgeordnetenamt – sehr wohl parteipolitisch abhängig. Bei einer basisdemokratischen Wahl wird ein Kandidat gegen einen anderen berufen;[1186] warum der obsiegende dann bzgl. der von seinem Gegner vertretenen Interessengruppe neutral sein soll, erschließt sich tatsächlich nicht: So war schon für *Radbruch* die Vorstellung eines parteipolitisch unabhängigen Präsidenten die „Lebenslüge des Obrigkeitsstaats".[1187] Dies zieht auch *Schmitts* Einheitlichkeitspostulate in Zweifel: Die Vorstellung, ein einzelner Präsident repräsentiere den Willen eines mannigfaltigen Volkes als einheitlich, erscheint noch fiktionaler, als die, dass dies eine pluralistische Körperschaft tut[1188]; indem *Schmitt* auch hiermit argumentiert, nimmt er ein Postulat für Realität.[1189] So sieht auch *Neumann* in dieser realistischen Perspektive *Kelsens* einen Beleg dafür, dass die Vorwürfe des „lebensfremden Formalismus" bei *Kelsen* unzutreffend sind.[1190]

cc) Für ein Verfassungsgericht: Pluralismus und Minderheiten als Schutzobjekte des Verfassungsgerichts und Ausdruck der Demokratie

Die unterschiedlichen Positionen von *Schmit* und *Kelsen* spiegeln gerade deren Meinungsverschiedenheiten bzgl. Pluralismus und Homogenität wider.[1191] Dies beginnt bei der damaligen Verfassungslage: *Schmitt* geht davon aus, die WRV sei i.S. seines homogenitätsfixierten positiven Verfassungsbegriffs zu interpretieren; anders *Kelsen*: Da der für *Schmitt* die Einheitlichkeit ausdrückende Reichspräsident *neben* dem pluralistischen Parlament stehe, zeige sich die auch pluralistische Seite der Verfassung.[1192] Die Divergenzen gehen aber deutlich darüber hinaus.

So sind für *Kelsen* demokratietheoretische Überlegungen zentral[1193]: Wie schon oben dargestellt, ist die Existenz einer Minderheit, die die Mehrheit zu Kompromissen zwingen kann, für ihn eine Prämisse freiheitlicher Demokratie.[1194] Dies korrespondiert mit der Wichtigkeit der Deliberation, die ihrerseits

---

1186 Vgl. *Kelsen* 2008, S. 94; hierzu *Ooyen* 2010, S. 47, ebenso *Ooyen* 2003, S. 183 u. *Stolleis* 1999, S. 118.

1187 Vgl. *Radbruch* 1930, S. 289; *Ooyen* 2003, S. 217f. bezieht dies konkret auf *Schmitts* Position.

1188 Zu dieser ausführlich oben, B. II. 4. a) cc), S. 87.

1189 Vgl. *Kelsen* 2008, S. 93f.; *Kelsen* 1929, S. 82. Dazu *Ooyen* 2008, S. XXI; *Ooyen* 2010, S. 50; *Ooyen* 2008, S. 61.

1190 Vgl. *V. Neumann 1980*, S. 115.

1191 So auch *Prisching* 1988, S. 106.

1192 *Kelsen* 2008, S. 102; dazu auch *Sodan* 2010, S. 16.

1193 *Habermas* 1994, S. 297: „Das durchschlagende Argument liegt [...] auf der rechtspolitischen Ebene".

1194 Dazu oben, B. II. 5. a), S. 94; im Kontext dazu, z.T. kritisch *Möllers* 2011, S. 342ff.

Kommunikationsgrundrechte nötig macht.[1195] Es ist nun Aufgabe eines Verfassungsgerichts, die Minderheit und deren Beteiligungschancen zu schützen; so „hütet“ es auch den Pluralismus.[1196]

So könne bereits die *Möglichkeit* der Anfechtung verfassungswidriger Akte zu verfassungskonformen Verhalten führen und eine „Diktatur der Majorität“ verhindern.[1197] Ansonsten ist das Verfassungsgericht in der Lage und dazu berufen, Rechtsakte, die gegen minderheitenschützende Normen verstoßen, zu kassieren.[1198] Gerade die fortschreitende Demokratisierung mache diesen gerichtsförmigen Schutz von Minderheiten gegen Übergriffe der Mehrheit nötig[1199]: „An einer systematischen Ausgestaltung aller Kontrollinstitutionen hängt in hohem Maße das Schicksal der modernen Demokratie“; für *Kelsen* ist daher Demokratie ohne Kontrolle auf Dauer unmöglich. Erst die Vernichtbarkeit rechtswidriger Akte schütze Verfassungsnormen[1200] und damit gerade Minderheiten.

Für ebendiesen Minoritätsschutz sei ein Verfassungsgericht besser geeignet als eine Einzelperson wie der Reichspräsident, dem, wie dargestellt, die dafür essentielle Neutralität wahrscheinlicher abgehe als einem Gericht[1201]. Auch das vor Gerichten übliche Parteiverfahren (bzgl. denen das BVerfG allerdings Besonderheiten aufweist[1202]) korrespondiere mit der Pluralität, dies insb. wegen der Beteiligung widerstreitender Parteien am Prozess.[1203] Dies trage der Tatsache Rechnung, dass es bei Fragen der Verfassungsmäßigkeit in einer pluralistischen Gesellschaft

---

1195 Hierzu oben, B. II. 2. b), S. 81; B. II. 4. b) bb), S. 91; B. II. 5. b) bb), S. 97. Dazu im Kontext der Verfassungsjustiz *Ooyen* 2008, S. X, ähnl. *Ooyen* 2003, S. 132f. u. *Möllers* 2011, S. 342.

1196 Dazu *Ooyen* 2008, S.XI, *Ooyen* 2010, S. 41; *Ooyen* 2003, S. 185 u. *Mantl* 1982, S. 199. In modernerer Terminologie lässt sich vom BVerfG als *Vetospieler* sprechen, siehe *Stüwe* 2006, S. 215, konkret zu *Kelsen* auf S. 225.

1197 *Kelsen* 2008, S. 50f., *Kelsen* 1929, S. 75f.; dazu aus heutiger Sicht *Stüwe* 2006, S. 225.

1198 Zu den Einzelheiten der Rechtsfolgen verfassungsgerichtlicher Verfahren *Kelsen* 2008, S. 40ff.

1199 Vgl. *Kelsen* 2008, S. 50f.

1200 *Kelsen* 1929, S. 76. Dazu *Wendenburg* 1984, S. 80 u. *Ooyen* 2003, S. 133.

1201 Siehe oben, B. III. 2. b) bb), S. 114.

1202 So sind z.B das Organstreitverfahren (vgl. § 63 BVerfGG) u. der Bund-Länder-Streit (§ 68 BVerfGG) kontradiktorisch gestaltet, die Verfassungsbeschwerde (vgl. § 90 Abs. 1 BVerfGG *e contrario*) u. die Normenkontrollverfahren (§§ 76 Abs. 1; 80 Abs. 1 BVergfGG) nicht (anders als beim noch unmittelbarer *Kelsens* Vorstellungen entsprechenden VGH in Österreich, dazu z.B. *Korinek*, VVDStRL 1980, S. 36, insb. Fn. 139). Zur Normenkontrolle aber *Söhn* 1976, S. 307ff. mit Hinweis auf S. 310f., dass die Ähnlichkeit mit einem Parteiverfahren wegen der Äußerungsrechte des § 77 BVerfGG (bzw. § 82 BVerfGG) „frappierend“ sei. Zur Beteiligtenähnlichkeit der Äußerungsberechtigten auch *Sachs* 2010, Rn. 64, in Rn. 104ff. mit einem guten Überblick über alle Verfahrensarten.

1203 Vgl. *Kelsen* 2008, S. 79f.

typischerweise kontradiktorische Interessen, z.B. „nationaler, religiöser, ökonomischer Art“ gibt.[1204]

Dagegen verschleiere die „Fiktion“[1205] eines durch einen Präsidenten abgebildeten Gesamtinteresses (bzw. „‚Einheit‘ des Staats ‚willens‘“) die Tatsache, dass eine solche Entscheidung zugunsten der einen oder anderen Partei ausfalle und bestenfalls einen Kompromiss darstelle. *Schmitts* Motiv für die Verwendung einer derartigen Konstruktion sei die inhaltliche Rechtfertigung einer totalitären, anti-pluralistischen Ordnung[1206], letztlich also – erneut zieht *Kelsen* dieses Fazit – ein ideologisches (konkret *bürgerlichen* Ideologie, die die realen Gegebenheiten des damaligen „Klassenkampfes“ zu verdecken versuche.)[1207] Die grds. Frage, ob der Reichspräsident ein geeigneter *Hüter der Verfassung* ist, wurde zumindest in Deutschland von der Geschichte beantwortet – und zwar negativ.[1208] Die konkreten Wirkungen des BVerfG werden unten[1209] in einem weiteren Exkurs betrachtet.

1204 So *Kelsen* 2008, S. 80. Dazu *Prisching* 1988, S. 108.
1205 *Kelsen* 2008, S. 81, siehe hierzu allg. oben, B. II. 4. a) cc), S. 87.
1206 Vgl. *Kelsen* 2008, S. 81.
1207 Vgl. *Kelsen* 2008, S. 84f.
1208 Dazu *Mayer,* AöR 2004, S. 412 u. *Stern* 1980, S. 15, auch Fn. 33.
1209 E. III., S. 345.

C. Allgemeiner Teil II: Die heutige Debatte, ausgehend vom Feindstrafrecht

Nachdem zwei klassisch-diametrale staatstheoretische Positionen betrachtet wurden, soll sich nun der heutigen Debatte im Strafrecht zugewandt werden; dies insb., um Kontinuitäten, gerade bzgl. des zugrundeliegenden Staatsverständnisses bzw. der Kritik daran, feststellen zu können.

Dies soll va. am Topos des *Feindstrafrechts* geschehen – ein Begriff, der die wohl heftigste Debatte um die Grundlagen des Strafrechts seit der Jahrtausendwende ausgelöst hat. Geprägt wurde der Terminus von *Günther Jakobs*, der, ausgehend von einer eher[1210] deskreptiv-kritischen Perspektive noch Mitte der 1980er Jahre seit bzw. kurz vor[1211] den terroristischen Anschlägen des 11. September 2001 eine dazu affirmative Haltung eingenommen hat. Die deskpritve Ebene soll hier nutzbar gemacht werden, um – ergänzt durch die Ergebnisse der staatstheoretischen Reflexion – ein theoretisches Instrumentarium zur Beschreibung der hier zu problematisierenden Phänomene zu erarbeiten. Danach soll sich mit *Jakobs*' Befürwortung feindstrafrechtlicher Mittel auseinandergesetzt werden, wobei Parallelen zu *C. Schmitt* aufgezeigt werden sollen. Dazu ist eine an *Kelsen* orientierte Kritik zu entwickeln. Zuvor gilt es aber, *Jakobs*' allgemeine Ausgangspunkte zu beleuchten.

I. Das Feindstrafrecht nach Günther Jakobs

Jakobs entwickelte seine Theorie über einen längeren Zeitraum. Schon in den 1980er Jahren hat er Aspekte des geltenden Strafrechts als nicht-rechtsstaatlich analysiert und diese unter den Begriff *Feindstrafrecht* subsumiert. Als Gegenkonzept zeichnete er das Bild eines streng rechtsstaatlichen *Bürgerstrafrechts*. Mit einer Wende zu einer das Feindstrafrecht affirmierenden Haltung (wobei z.T. auch von einer Kontinuität innerhalb *Jakobs*' Veröffentlichungen ausgegangen wird[1212]) regte er an, zwei parallele Strafrechtssysteme einzuführen: Für *Feinde* das Feindstrafrecht; dieses ist, in aller kürze, „radikal vorverlegt, unverhältnismäßig hart und prozessual den

---

1210 Wobei sich auch in dieser frühen Variante affirmative Elemente finden, dazu unten, in u. an Fn. 1212 u. 1475.

1211 So intensivierte sich die Debatte aufgrund des Beitrags *Jakobs* 2000 schon ein Jahr vor den Anschlägen. Zweifellos haben diese dann aber für eine immense Verschärfung der Diskussion gesorgt.

1212 Belege bzgl. dieser Wende unten, Fn. 1267. Dag. aber *Asholt,* ZIS 2011, S. 182ff.; *Polaino-Orts* 2011, S. 96 u. *Polaino Navarrete* 2007, S. 538. Siehe auch unten, an Fn. 1475.

Bürgerstatus beschneidend [...]."[1213] Für alle Anderen (in *Jakobs*' Duktus: *Bürger*) ein streng rechtsstaatliches Bürgerstrafrecht. Beide Begriffe sind für Jakobs bloße, realiter nicht in Reinform verwirklichte *Idealtypen*[1214].

Nun wird, bevor sich *Jakobs*' theoretischem Konzept und damit seiner Legitimation eines Feindstrafrechts zugewandt werden wird (*3.*), sein Idealbild eines rechtsstaatlichen Bürgerstrafrechts (*1.*) und seine Beschreibung der feindstrafrechtlichen Merkmale des geltenden Strafrechts (*2.*) referiert.

1. Zunächst: Das Bürgerstrafrecht

In seiner ersten Veröffentlichung zum Thema[1215] entwirft *Jakobs* ein Idealbild eines liberalen („Bürger-")Strafrechts, das noch über die (damaligen) rechtsstaatlichen Standards hinausgeht:[1216] Zur Limitierung eines sonst ausufernden strafrechtlichen Zugriffs fordert er, Täter nicht als Rechtsguts*feinde*, sondern als *Bürger* zu behandeln; solche zeichnen sich dadurch aus, über eine dem rechtlichen Zugriff entzogene Sphäre zu verfügen.[1217] Diese umfasst nun nicht nur die Gedanken der Normunterworfenen, der geschützte Bereich müsse darüber hinaus gehen: Es sei auf den Zugriff auf jedes externe Verhalten, das sich im Privat-, also einem „nicht-störenden Bereich abspielt", zu verzichten. Die Folge ist eine Ausweitung der unantastbaren Privatsphäre.[1218] Grundsätzlich sei die Frage nach der Reichweite derartiger *Interna* eine normative, gesellschaftlich bestimmbare.[1219]

Ein solch extrem liberales, auf den Zugriff auf *Interna* verzichtendes Konzept sei daher auch in einem subjektiv orientierten (wie dem herrschenden, auf Schuld und die subjektive Tatseite rekurrierendem) Strafrecht konstruierbar: Nur, wer durch störendes, externes Verhalten „erklärungspflichtig" wird, muss seine innere Seite aufdecken (lassen). Es geht im Bürgerstrafrecht also nicht um die Kontrolle der *Interna* unter Bezugnahme auf Externa, sondern umgekehrt um die des externen Verhaltens, wofür z.T. ein Rekurs auf Internes nötig ist:[1220]

1213 *Cancio Meliá* 2010, S. 6. Chronologische Darstellungen der Entwicklung des Konzepts bei *Saliger* 2010, S. 205ff. u. *Marzahn* 2011, S. 5ff., gute Abrisse auch *Cavaliere* 2010, S.317ff., *Aponte* 2006, S. 131ff. u. ausführlich *Morguet* 2009, S. 49ff.

1214 Vgl. *Jakobs*, HRRS 2004, S. 88; *Jakobs*, HRRS 2006, S. 293. Zu *Jakobs*' Verwendung der *M. Weber*'schen Terminologie von Idealtypen als fiktiver begrifflicher Extreme *Morguet* 2009, S. 39f. u. *Hörnle* 2010, S. 86, auf S. 87ff.

1215 *Jakobs*, ZStW 1985. Siehe hierzu die Diskussion: *Gropp*, ZStW 1985, S. 920ff.

1216 Ein Abriss dieses Konzepts bei *Morguet* 2009, S. 41ff.

1217 Vgl. *Jakobs*, ZStW 1985, S. 753.

1218 Vgl. *Jakobs*, ZStW 1985, S. 762.

1219 Näher dazu, dort aus der Perspektive der Verengung statt Ausweitung der *Interna* unten, C. I. 3. c) aa) (1), S. 139.

1220 Vgl. *Jakobs*, ZStW 1985, S. 761 u. 763f.

„Ein Verhalten, das erst auffällt, wenn man die Interna des Täters kennt, darf nie als Delikt behandelt werden; denn Strafgrund wären sonst einzig die Interna."[1221]

Jakobs stellt die beiden denkbaren Strafrechtssysteme gegenüber und resümiert: „Das Feindstrafrecht optimiert den Rechtsgüterschutz, das bürgerliche Strafrecht optimiert Freiheitssphären".[1222]

2. Jakobs' Betrachtungen *de lege lata*

Nun sollen die diametralen Merkmale dieses rechtsgüterschützenden Feindstrafrechts dargestellt werden, soweit *Jakobs* sie aus der bestehenden Rechtslage – Stand 1985 – abgeleitet hat;[1223] danach wird sich seiner im Laufe der Zeit herausgearbeiteten, theoretischen Fundierung zugewandt.

a) Der Aspekt der gesinnungsabhängigen Vorfeldkriminalisierung

Jakobs' Überlegungen gehen insb. von der Beobachtung der Kriminalisierung im *Vorfeld der Rechtsgutsverletzung* aus[1224], wobei *Interna* die Strafe konstituieren.[1225]

aa) Der Duchesne-Paragraph

Jakobs setzt sich zunächst mit § 30 StGB auseinander, der nebenbei für die Perspektive dieser Arbeit allgemein ein treffendes Beispiel darstellt: Eingeführt wurde die oft als *Duchesne-Paragraph* bezeichnete Norm als Reaktion auf die Straffreiheit des im Rahmen des Kulturkampfes ergangenen (und abgelehnten) Angebots des Belgiers *Duchesne-Poncelet* an den Erzbischhof von Paris, *Otto v. Bismarck* zu töten – also als strafrechtliche Reaktion auf eine Tat, die einen exponierten Repräsentanten des Staates treffen sollte. Diese schon ursprünglich täterstrafrechtliche Norm wurde zur NS-Zeit erneut verschärft.[1226] Für *Jakobs* widerspricht diese Norm der typisch-rechtsstaatlichen Forderung nach einer Begrenzung vorgezogener Kriminalisierungen in besonderen Maße.[1227]

1221 *Jakobs,* ZStW 1985, S. 761.

1222 *Jakobs,* ZStW 1985, S. 756.

1223 Siehe für eine diesbzgl. Zusammenfassung auch *Heinrich,* ZStW 2009, S. 94ff.

1224 Dazu allg. *Jakobs,* ZStW 1985 u. knapper *Jakobs* 2000, S. 51 u. *Jakobs,* HRRS 2006, S. 295.

1225 Dazu näher unten, C. I. 3. c) aa) (1), S. 139, zum Zusammenhang *Morguet* 2009, S. 49f, insb. Fn. 50.

1226 Siehe hierzu u. insg. LK-StGB-*Schünemann,* § 30, Vor Rn. 1 (Entstehungsgeschichte); NK-*Zaczyk,* § 30, Rn. 1 u. *Heinrich,* ZStW 2009, S. 119; knapp dazu auch *Jakobs,* HRRS 2004, S. 94 u. *Jakobs* 2004, S. 45. Zu diesen Entwicklungslinien, in denen das Feindstrafrecht mündet, *Arnold,* HRRS 2006, S. 308.

1227 Vgl. *Jakobs,* ZStW 1985, S. 752, auch *Jakobs,* HRRS 2004, S. 94 u. *Jakobs* 2004, S. 45. Dazu *Aponte* 2006, S. 134. LK-StGB-*Schünemann,* § 30, Rn. 9 spricht von

§ 30 StGB umfasst vier Verhaltensweisen: *(1.)* Den Versuch der Anstiftung zu einem Verbrechen, *(2.)* das Sich-Bereiterklären, ein solches zu begehen, *(3.)* die Annahme des Erbietens, ein Verbrechen zu begehen und schließlich *(4.)* die Verabredung zu einem Verbrechen. Strafbar ist dieses Verhalten jeweils auch, wenn die anvisierte Tat noch nicht einmal ins Versuchsstadium gelangt ist.[1228] Es wird also ein Vorgehen kriminalisiert, das noch keinerlei Rechtsgutsverletzung mit sich bringt.

Insb. wird dabei auf *Interna* in *Jakobs* Sinne abgestellt: Eine Verabredung zum Verbrechen findet im Privaten, im Rahmen einvernehmlicher, sozialer Kontakte, bspw. auch unter Freunden statt; für *Jakobs* verletzt der staatliche Zugriff darauf diese aus bürgerlicher Sicht unantastbare Sphäre.[1229]

bb) Die Organisationsdelikte

Daneben betrachtet *Jakobs* die Organisationsdelikte bzw. solche gegen die öffentliche Ordnung als feindstrafrechtliche Regelungen; insb. die Tatbestände, die die Bildung krimineller oder terroristischer Vereinigungen erfassen (§§ 129, 129a) StGB – heute ist § 129b) StGB zu ergänzen[1230]). Auch im Bereich der §§ 129ff. StGB werden Handlungen bereits im Vorbereitungsstadium, damit vor einer Rechtsgutsgefährdung unter Strafe gestellt: Es genügt die *Bildung* einer der in Frage stehenden Vereinigungen, ohne dass diese bereits tatsächlich kriminell oder terroristisch agieren muss.[1231] Die damit pönalisierte, bloß deliktsvorbereitende soziale Beziehung gehöre in den Bereich des Privaten und sei dem Zugriff eines bürgerlichen Strafrechts eigentlich entzogen.[1232]

Gerade diese Straftatbestände offenbaren zusätzlich die Vermischung von Straf- mit Polizeirecht:[1233] Die Diskrepanz zwischen eingeleiteten Ermittlungsverfahren und tatsächlichen Verurteilungen lässt vermuten, dass §§ 129ff. StGB eher als Türöffner für strafprozessuale Eingriffe fungieren.[1234]

---

einem „besonders radikalen Angriff gegen die selbständige Bestrafung von Vorbereitungshandlungen" [ohne Herv. des Orig., F.F.], den *Jakobs* führe.

1228 Übersichten bei NK-*Zaczyk*, § 30, Rn. 7; u. LK-StGB-*Schünemann*, § 30, Rn. 1ff.

1229 Siehe *Jakobs*, ZStW 1985, S. 756.

1230 Zu den erweiterten Staatsschutzdelikten *Jakobs*, ZStW 2005c, S. 839f.; u. *Jakobs* 2010c, S. 177.

1231 Siehe insb. zur Vorverlagerung *Cancio Meliá* 2007, S. 35ff.; NK-*Ostendorf*, § 129, Rn. 4; *Marzahn* 2011, S. 240f.; *Gierhake* 2013, S. 197ff. Krit. auch *Dencker*, StV 1987, S. 121.

1232 Vgl. *Jakobs*, ZStW 1985, S. 757, auch *Jakobs* 2000, S. 51. Zust. u. weiterführend *Klesczewski*, S. 114ff. Zu den feindstrafrechtlichen Aspekten auch *Cancio Meliá* 2007, S. 27ff., insb. 30f.

1233 Siehe *Jakobs*, ZStW 2005c, S. 840: „Polizeirecht in strafrechtlicher Gestalt".

1234 So auch NK-*Ostendorf*, § 129, Rn. 6; *Krauß* 2006, S. 97; *Jäger* 2011, S. 84f. u. *Klesczewski*, S. 118ff.

b) Der schärfere Zugriff des Feindstrafrechts

Um seine rechtsgüterschützende Wirkung zu entfalten, geht das Feindstrafrecht also weiter, als es das bürgerliche tut. Dies aber nicht nur auf Seite des Tatbestands und der erfassten Verhaltensweisen, sondern auch prozessual und bzgl. der Rechtsfolgen, also der Strafe.

aa) Die Strafe

So ist es ein zentraler Aspekt des Feindstrafrechts, dass die Strafschärfe nicht mit der geringeren Strafwürdigkeit bloßer Vorfeldkriminalität abnimmt, es damit unproportional streng ist. Z.B. bei § 129 Abs. 2 StGB: Die Strafe des Rädelsführers einer terroristischen Vereinigung gleicht im Fall der Versuchsmilderung der des versuchten Mords (§ 211 Abs. 1 , 49 Abs. 1 Nr. 1 StGB) und übersteigt die gemilderte Versuchsstrafbarkeit der sonst in § 129 a) StGB genannten Delikte deutlich.[1235]

Jakobs begründet dies mit seinem später zu vertiefendem Konzept der *kognitiven Untermauerung*[1236]: Bei Feinden müsse ein besonderes Defizit an Vertrauen in deren Normtreue ausgeglichen werden.[1237] Dafür reiche eine als *Schadenersatz* für das begangene Unrecht verstandene Strafe nicht aus, wie es bei „Normalverbrechern", Bürgern, der Fall ist.[1238] Es bedarf dafür härterer Strafen; zusätzlich kommen diese der Prävention, der Sicherung der Gesellschaft vor den Feinden, zugute.[1239]

Nebenbei weist *T. Hörnle* hier auch darauf hin, dass es neben der von *Jakobs* fokussierten, legislatorischen auch eine judikative Tendenz zu stärkerer Punitivität gebe.[1240] Diesen Trend zu schärferen Sanktionen auch mit Blick auf feindstrafrechtliche Entwicklungen (Rechtsgüterschutz, Prävention, Exklusion von zuvor definierten „Feinden") betonen ähnlich *T. Singelnstein* und *P. Stolle*.[1241]

bb) Die prozessualen Garantien

Der Zugriff des Staats auf das Subjekt ist aber nicht nur bzgl. der Strafe schärfer, sondern bereits vor dem Schuldspruch: Ein weiterer zentraler Aspekt eines Feindstrafrechts ist der Abbau prozessualer Garantien. Bereits zahlreiche, auf „schieren Zwang" setzende, klassische Normen des Prozessrechts behandeln für *Jakobs* ihre Subjekte als Feinde, nicht als Personen; es handelt sich um eine „rechtlich geregelte

---

1235 Vgl. *Jakobs* 2000, S. 51.

1236 Also der Herstellung von Vertrauen in die Normgeltung, dazu näher unten, C. I. 3. b) aa), S. 127.

1237 *Jakobs*, HRRS 2006, S. 295.

1238 Siehe *Jakobs*, HRRS 2006, S. 295. Zu den unterschiedlichen Strafzwecken bei „Personen" u. „Unpersonen" unten, C. I. 3. b) cc), S. 133.

1239 *Jakobs*, HRRS 2006, S. 296.

1240 Siehe *Hörnle* 2010, S. 93; dort nennt sie bspw. die verschärfte Rspr. zu Alkohol als Strafmilderungsgrund.

1241 *Singelnstein/Stolle* 2011, S. 90; sie sprechen von einem „repressiven Trend".

Exklusion". *Jakobs* nennt die Untersuchungshaft (§§ 112, 112 a) StPO), die Überwachung der Telekommunikation (§ 100 a) StPO), sonstige geheime Ermittlungen (§ 100 c) StPO) und den Einsatz verdeckter Ermittler (§ 110 a) StPO).[1242] Dies gipfele in der Terrorismusbekämpfung, hier insb. in der Regelung zur Kontaktsperre (§§ 31ff. EGGVG[1243]).[1244] In späteren Aufsätzen[1245] geht *Jakobs* über die Situation *lege lata* hinaus und erklärt, der Staat sei wegen seiner Schutzpflicht[1246] *verpflichtet*, Terroristen „auch jenseits der durch § 136a StPO gezogenen Grenzen zur Offenbarung von großen Gefahren" zu zwingen.[1247] Jakobs fordert damit, so die allgemeine und auch hier vertretene Deutung, Folter: *Jakobs* sieht nicht jedes Überschreiten des § 136 a) als im „Bereich schlechthin indiskutabler Foltermetoden" an; dies zeigt, dass er von diskutablen Foltermethoden ausgeht.[1248]

Zugleich wird z.T. darauf hingewiesen, dass es bzgl. des Strafprozesses auch eine gegenläufige Tendenz in Richtung einer „bürgerstrafrechtlichen" Behandlung der Täter gebe. Dort ist aber, anders als bei *Jakobs*, v.a. die Rspr. im Blick.[1249] Auf deskriptiver Ebene werden *Jakobs*' Thesen oft geteilt.[1250]

c) Motive des Feindstrafrechts: Verbrechensbekämpfung, Prävention und Rechtsgüterschutz

Ein zentrales Merkmal des Feindstrafrechts ist für *Jakobs* der „Übergang von der Strafrechtsgesetzgebung zur Bekämpfungsgesetzgebung"[1251], die explizit gegen bestimmte Phänomene – Wirtschaftskriminalität, organisierte Kriminalität, Terrorismus, Sexualdelikte, kurz: das Verhalten von Feinden – gerichtet ist. (Für *Donini* ist dieses Bekämpfungsstrafrecht, das zwar eine Radikalisierung einer instrumentelle Rechtsauffassung, zugleich aber auch europäischer und internationaler

---

1242 Vgl. *Jakobs*, HRRS 2004, S. 93; auch *Jakobs*, ZStW 2005c, S. 840 u. *Jakobs*, HRRS 2006, S. 296.

1243 Diese hochumstrittene Regelung (dazu, auch mit einer Dokumentation der kritischen Bundestagsrede des SPD-Abgeordneten *M. Coppik Elfferding*, KritJ 1977, S. 401ff.) ermöglicht es, verhaftete Personen von jedem Kontakt zur Außenwelt abzuschneiden. Eingeführt wurde sie in großer Eile als Reaktion auf den RAF-Terrorismus, konkret die Entführung *H. M. Schleyers*, einen Überblick dazu gibt KK-StPO-*Schoreit*, EGGVG § 31, Rn. 2ff.

1244 Vgl. *Jakobs* 2000, S. 52; *Jakobs*, HRRS 2004, S. 93.

1245 Seit *Jakobs*, ZStW 2005c.

1246 Siehe hierzu unten, C. I. 3. c) bb) (1), S. 147.

1247 *Jakobs*, ZStW 2005c, S. 849.

1248 Vgl. *Jakobs*, ZStW 2005c, S. 849. Ähnl. wie hier *Jäger* 2011, S. 77. Krit. dazu auch *Saliger* 2010, S. 215, *Bielefeldt*, 2004, S. 9ff.; *Marzahn* 2011, S. 248ff. u. *Steinsiek* 2012, S. 227; *Rautenberg* 2014, S. 119ff.

1249 Vgl. *Hörnle* 2010, S. 95f.

1250 So bspw. von *Singelnstein/Stolle* 2011, S. 111.

1251 *Jakobs* 2000, S. 51. Vgl. auch *Jakobs*, HRRS 2004, S. 92.

kriminalpolitischer Standard geworden sei, der *rechtliche Normfall*; es sei damit ein Pendant zum *Feindstrafrecht* als *Ausnahmezustand. Cavaliere* kritisiert diese unscharfe Aufteilung und *Doninis* Erklärung, ein Bekämpfungsstrafrecht könne, anders als ein Feindstrafrecht, legitim sein[1252]).

Dies aus den Motiven eines solchen Strafrechts, nämlich *Prävention und Rechtsgüterschutz.*[1253] Für *Jakobs* ist dies nur im Ausnahmefall des Feindstrafrechts legitimierbar, für das Bürgerstrafrecht schlägt er den sog. Normgeltungsschaden als Schutzgut vor. Demnach schütze das Strafrecht keine Rechtsgüter, sondern, i.S.d. Funktionalsimus, den Bestand der die Gesellschaft konstituierenden Normen.[1254] Im Feindstrafrecht gehe es dagegen nicht primär um den Ausgleich dieses Normgeltungsschadens,

> „sondern um die Beseitigung einer Gefahr: Die Strafbarkeit wird weit in den Bereich der Vorbereitung vorverlagert, und die Strafe gilt der Sicherung vor zukünftigen Taten, nicht der Ahndung vollzogener."[1255]

Damit ist die Brücke zur Prävention und auch der Vorfeldkriminalisierung geschlagen:

> „Die Vollendung wird vorverlagert, um der Polizei zur dafür günstigsten Zeit einen Zugriff zu ermöglichen; denn bei einer Vorverlagerung der Strafbarkeit werden die Grenzen des zur Prävention Erlaubten um das zur Repression Erlaubte erweitert."[1256]

Das Verständnis des Strafrechts als Rechtsgutschützer erklärt für *Jakobs* die feindstrafrechtlichen, vorverlagernden Regelungen:[1257] Aus dieser Perspektive erscheine der Täter nicht mehr als Person, sondern nur noch als Gefahrenquelle für Rechtsgüter, als deren Feind. Würde man diesen Ansatz konsequent fortführen, endete man bei der Forderung, sogar die Quellen der potentiell rechtsgutsgefährdenden Gedanken strafrechtlich zu bekämpfen. Eine Begrenzung des Zugriffs auf die Täter lasse sich aus dem internen Instrumentarium der Rechtsgutslehre nicht herleiten.[1258] Damit positioniert sich *Jakobs* gegen einen großen Teil der strafrechtlichen Lehre, die das Konzept des Rechtsgüterschutzes gerade als ein Mittel versteht, den Zugriff des Strafrechts zu limitieren.[1259] So wird *Jakobs*' These

---

1252 Vgl. *Donini* 2010, S. 286; *Cavaliere* 2010, S. 331ff. *Greco* 2010, S. 38 bezeichnet *Donini* als „verkappten Zustimmer" von *Jakobs*' Thesen.

1253 Vgl. *Jakobs* 2000, S. 51. Zur Vorverlagerung ausführlich *Singelnstein/Stolle* 2011, S. 66ff. (ähnl. S. 122).

1254 Näher dazu unten, C. I. 3. b) aa), S. 127 u. unten, C. I. 3. b) dd), S. 136.

1255 *Jakobs*, HRRS 2004, S. 92.

1256 *Jakobs*, ZStW 1985, S. 752.

1257 Treffend zu *Jakobs*' Herleitung *Aponte* 2006, S. 134f. u. *Cancio Meliá* 2007, S. 28ff.

1258 Vgl. zum ganzen Gedanken *Jakobs*, ZStW 1985, S. 752f.; *Jakobs* 1993b, 2. Abschn., Rn. 12ff. u. *Jakobs* 2012a, insb. S. 22f., auch passim.

1259 So bzgl. *Jakobs Schneider* 2004, S. 85; *Greco* 2010, S. 13; *Marzahn* 2011, S. 108; zur Vorfeldstrafbarkeit *Gierhake* 2013, S. 222ff. u. *Steinsiek* 2012, S. 151ff. Allg. *Roxin* 2006, § 2 Rn. 5ff., *Roxin* 2010, S. 579ff. u. passim sowie AK-StGB-*Hassemer*, Vor § 1,

vielfach angegriffen: Tatsächlich sei es *Jakobs* spezifisch-normative Perspektive, die eine unbegrenzte Strafbarkeit ermögliche, da demnach eine Normverletzung auch ohne jede Rechtsgutsgefährdung zu bestrafen sei. Bei der Rechtsgutslehre tritt mit der Voraussetzung, dass ein Rechtsgut zumindest gefährdet sein muss, ein tatsächliches, die Strafbarkeit konstituierendes Merkmal *hinzu.* Ein Verzicht darauf und die Beschränkung auf den bloßen Normbruch als Strafbarkeitsbedingung mache das Strafrecht inhaltslos, „damit inhuman, ja, sinnlos" (*Gössel*).[1260] Auf Inkonsequentheiten in *Jakobs* Argumentation weist *Bung* hin: Der postulierte „Normgeltungsschaden" sei ebenso amorph und zur Pönalisierung von allem Möglichen geeignet wie der kritisierte Rechtsgutsbegriff. Man könnte somit den „Staat" oder „das Rechtssystem" bei Jakobs als „Universalrechtsgut" (*Hassemer*) bezeichnen.[1261] Dagegen verweist *Gärditz* in bedenkenswerter Weise auf die undemokratische Natur überpositiv verstandener Rechtsgüter – auch diese müssten demokratisch herausgebildet werden.[1262]

Jakobs schlägt also dagegen vor, die geschützten Rechtsgüter zu zergliedern und einzelne Teile vorzuverlagern („Partialunrecht"), um die fragliche Strafbarkeit zu begründen, so dass sich die pönalisierten Handlungen nicht im Vorfeld einer Rechtsgutsverletzung abspielen, sondern ein vorgelagertes Rechtsgut bereits tatsächlich verletzen.[1263] *Jakobs* expliziert dies an § 241 StGB, wo der Rechtsfriede das geschützte Rechtsgut darstellt; ähnlich verhalte es sich bei § 126 Abs.1 und § 140 Nr. 2, wo der *öffentliche Friede* Schutzgut sei, zu dessen Verletzung bereits die Schaffung eines kriminalitätsfreundlichen Klimas genüge. Er spricht dabei von „Klimaschutzdelikten".[1264] Solche Regelungen bezeichnet er als bloß *flankierenden Normen,* deren Funktion die Sicherung der Geltungsbedingungen der *Hauptnormen* ist.[1265] Somit hänge die Beantwortung der Frage nach deren Legitimität von den Geltungsbedingungen für Normen ab – wie unten zu sehen, ist dies u.A. die durch Erwartungssicherheit erreichte, sog. *kognitive Untermauerung*[1266].

Rn. 256ff. Aus historischer Warte *Hassemer* 1994, S. 282ff. Abwägend, aber letztlich für eine „kritische Anwendung" des Rechtsgutskonzepts *Vormbaum,* ZStW 1995, S. 752; zu den diesbzgl. Ambivalenzen, insb. seit der *Schwangerschaftsabbruch-I-*Entscheidung BVerfGE, 39, 1 *Hassemer* 1989, S. 87.

1260 *Gössel* 2010, S. 57f.; ähnl. wohl *Hassemer* 1989, S. 89.

1261 *Bung* 2006, S. 254f; *Hassemer* 1989, S. 89; Ähnl. auch *Schünemann* 2001, S. 18.

1262 *Gärditz,* Der Staat 2010, S. 352.

1263 *Jakobs,* ZStW 1985, S. 773f.

1264 Als weitere Klimaschutzdelikte führt er §§ 130, 131 StGB, § 80a) StGB, § 111 StGB sowie §§ 129, 129a) StGB an. Auch kann man §§ 90 f. StGB derart deuten. Siehe zu weiteren dieser Regelungen unten, E. I. 2., S. 231.

1265 *Jakobs,* ZStW 1985, S. 774.

1266 Dazu unten, C. I. 3. b) aa), S. 127.

3. Die theoretische Fundierung des Feindstrafrechts: Funktionalismus und Affirmation

Diese Überlegungen *Jakobs*' führen weg von der reinen Beobachtung hin zu einer theoretischen Rechtfertigung des fraglichen Phänomens; aus seinen rechtstheoretischen Positionen heraus entwickelt er eine affirmative Haltung zum Feindstrafrecht. Mit der beinahe einhelligen Meinung wird hier also angenommen, er befürworte die Etablierung eines Feindstrafrechts.[1267] So auch *Morguet*, die jedoch darauf Hinweist, dass sich *Jakobs*' mündliche Äußerungen anders als die schriftlichen eher in Richtung einer reinen Deskription deuten lassen[1268] – was sich hier nicht beurteilen lässt. *Schneider* zeigt in einer interessanten Analyse, wie sich *Jakobs'* auch für das Feindstrafrecht entscheidender funktionalistischer Ansatz bis in einzelne dogmatischen Postulate des Autors zeigen lässt, was die These der reinen Deskription widerlege.[1269] *Jakobs* dagegen insistiert darauf, rein deskriptiv zu argumentieren – *Jakobs* Selbstdeutung:

> „Ich versuche, hier als Teil des Wissenschaftssystems zu argumentieren, nicht des Rechtssystems. Demgemäß ist es nicht mein Anliegen, irgendjemanden zum Feind zu stilisieren, sondern zu *beschreiben*, wen das Rechtssystem als Feind behandelt, und zu prognostizieren, wem es zukünftig diese Rolle zuerkennen wird. Es geht nicht um Normierungen, noch weniger um politische Postulate, sondern um Bestandsaufnahmen und deren Verlängerungen in die Zukunft [...] Bei diesem Unternehmen treibt mich kein rechts*politischer* Furor – ich halte hier keinen rechtspolitischen, sondern einen analytisch orientierten rechts*philosophischen* und *straf*rechtswissenschaftlichen Vortrag über die Bedingungen von Rechtlichkeit. Meine Bemerkungen sind, wie ich wiederhole, *deskriptiv* gemeint, nicht präskriptiv."[1270]

1267 Hier nur Beiträge mit detaillierterer Begründung: *Cavaliere* 2010, S. 323f.; *Ambos* 2010, S. 359f. u. 367 m.w.N. in Fn. 139; *Kaleck* 2006, S. 283f.; *Greco* 2010, S. 19ff.; *Asholt*, ZIS 2011, S. 181f.; *Neumann* 2006, S. 301ff.; *Schulz* 2006, S. 315ff.; *Crespo* 2010, S. 397f. m.w.N. in Fn. 52; *Zöller* 2009, S. 275ff.; *Schneider/Morguet* 2006, S. 348f.; *Gierhake*, ARSP 2008, S. 337ff. (insb. Fn. 7), 358f. u. knapper *Gierhake* 2013, S. 245; *Müssig* 2007, S. 1047f.; *Rosenau*, Comparative Law Review 200834ff.; *Sauer*, NJW 2005, S. 1704; *Marzahn* 2011; S. 22ff.; *Sacher*, ZStW 2006, S. 608f.; mit Blick auf *Jakobs'* Feindbegriff *Stübinger*, 2008b sowie *Stübinger* 2008a, S. 178ff. der dies dort auf die Wendung von *Luhmann* zu *Hegel* zurückführt (hierzu auch *Schünemann*, unten, in Fn. 1676. Ähnl. wohl auch *Naucke*, JoJZG 2008, S. 34). Auch *Schünemann*, GA 2001, S. 212. *Dag.* wohl nur *Polaino-Orts* 2011, S. 97, für den Jakobs „nicht legitimieren, sondern lediglich beschreiben" will; dies allerdings ohne nähere Begründung.

1268 Vgl. *Morguet* 2009, S. 65ff.

1269 *Schneider* 2004, S. 93ff.

1270 *Jakobs*, HRRS 2006, S. 289f.

Bezeichnend sind dann seine Ausführungen am Ende dieses Absatzes:

> „Ich werde zu zeigen versuchen, daß der Körper des Kaisers, also des Staates, an manchen Stellen nicht mit ordentlicher rechtsstaatlicher Kleidung bedeckt, sondern nackt ist, mehr noch, daß er unter den gegenwärtigen Bedingungen nackt sein muß, wenn er nicht insg. wegen rechtstaatlicher Überhitzung Schaden nehmen soll."[1271]

Unabhängig von der Frage, wie dieser heraufbeschworene Schaden genau aussehen soll: Wenn er nicht eintreten *soll*, muss es ein Feindstrafrecht geben; das impliziert die entgegengesetzte Option: Wenn kein Feindstrafrecht herrscht, tritt ein Schaden ein. Demnach ist eine Situation ohne Feindstrafrecht denkbar. Wer aber der Meinung ist, es sei nötig, um einen „Schaden" zu vermeiden, beschreibt nicht, sondern *fordert.*

Nun sollen *Jakobs* grundlegende, hier relevante rechtstheoretische Ansichten dargestellt werden, bevor konkret das theoretische Konzept des Feindstrafrechts – insb. der Aspekt der Exklusion aus dem Rechtskreis – in den Blick gerät. Die affirmativen Elemente sollen *en passant* zu Tage treten.

Zuvor ist ein Seitenblick auf weitere Begründungsmuster *Jakobs*' zu werfen; so argumentiert er sowohl mit praktischen Notwendigkeiten als auch einer Reihe klassischer Staatstheoretiker.

a) Einschub: Berufung auf praktische Notwendigkeit und die klassische Staatsphilosophie

aa) Einhegung des nötigen Übels, Strafrecht statt Polizeirecht

Wie erwähnt befürwortet *Jakobs* die Einführung eines Feindstrafrechts, um die Unterminierung des rechtsstaatlichen Strafrechts durch feindstrafrechtliche Gesetze zu verhindern[1272], also um *Bürger* vor diesen zu schützen;[1273] daher müssten feindstrafrechtliche Regelungen aus dem Bürgerstrafrecht ausgeklammert und ein eigenes Feindstrafrecht etabliert werden. Es sei daher

> „[...] die kaum erst begonnene Aufgabe der Wissenschaft, die Regeln des Feindstrafrechts zu identifizieren und aus dem Bürgerstrafrecht auszusondern, um bei diesem um so nachdrücklicher auf der Behandlung des Verbrechers als Rechtsperson beharren zu können."[1274]

1271 *Jakobs*, HRRS 2006, S. 289f. Für *Ambos* 2010, S. 365 ist die Leugnung des politischen Impetus' ein Unterschied zu *Schmitt*, der dies nie verhehlt habe. Krit. zu Jakobs Selbstdeutung auch *Zöller* 2009, S. 276f.

1272 *Jakobs*, HRRS 2004, S. 94 nennt auch hier den *Duchesne*-Paragraph: Anders als die Kontaktsperre treffe diese Norm nicht nur Terroristen, sondern jeden potentiellen Straftäter. Hierzu auch oben, C. I. 2. a) aa), S. 119.

1273 Vgl. *Jakobs* 2000, S. 53; *Jakobs*, ZStW 2005c, S. 850.

1274 *Jakobs* 2000, S. 53.

Die eigentlich präventive Aufgabe der Feindbekämpfung kann für *Jakobs* dennoch nur ein solches Straf-, nicht hingegen das Polizeirecht erfüllen: Nur ersteres sei in der Lage, bspw. die Betreiber einer terroristischen Vereinigung zu Tätern zu „stilisieren" und durch eine dauerhafte Strafhaft „kaltzustellen"[1275]: *Jakobs* scheinen die polizeirechtlichen Regelungen nicht weit genug zu gehen, um die präventiven, also klassisch polizeirechtlichen Aufgaben, zu erfüllen – dass das Feindstrafrecht egtl. polizeiliche Aufgaben erfüllen soll, zeigt sich für *Marzahn* daran, dass *Jakobs* die (prozessuale) Unschuldsvermutung nicht diskutiert.[1276] Hier sind z.B. die nur sehr kurzen präventiven Inhaftierungsmöglichkeiten im Blick. Dagegen ermöglicht das repressive Strafrecht ein erheblich längeres „Wegsperren" der zu Tätern „stilisierten" Personen.[1277] *Jakobs* möchte also die härteren Rechtsfolgen des Strafrechts auf den Boden des auf Tatbestandsseite deutlich flexibleren Polizeirechts stellen (oder, mit identischem Ergebnis, *vice versa*).[1278] Zugleich argumentiert *Jakobs* aus entgegengesetzter Perspektive: Die Polizei *soll* in diesem Bereich nicht tätig werden, da ihr die rechtsstaatlichen Garantien des Strafrechts abgingen, die diese Form der Prävention zumindest „erträglich" mache.[1279] Auch dies spreche für ein Feindstrafrecht.

bb) Philosophische Gewährsmänner

Jakobs beruft sich für seine Positionen, gerade für die zur Exklusion von Feinden, nicht nur auf praktische Notwendigkeiten, sondern explizit auch auf mehrere prominente Philosophen und Staatstheoretiker, insb. solche aus der Zeit der Aufklärung.[1280] Zunächst nennt er mit *Rousseau* und *Fichte* zwei klassische Vertragstheoretiker. Bei beiden sei der Rechtsbrecher als Vertragsbrecher nicht mehr Teil der vertraglich konstituierten, bürgerlichen Gesellschaft und somit quasi vogelfrei.[1281]

Diese Perspektive ist *Jakobs* aber zu absolut: So hätten auch Verbrecher Ausgleichsleistungen zu erbringen; dies sei aber nicht zu konstruieren, wenn sie nicht mehr im Recht stünden. Dies zeigt, dass *Jakobs* die extremen Konzepte von *Rousseau* und *Fichte* nicht *zugunsten* der Feinde abmildert, sondern aus pragmatischen,

---

1275 *Jakobs,* ZStW 2005c, S. 840. Hierzu auch *Jakobs,* ZStW 2005c, S. 847f. u. *Jakobs,* HRRS 2006, S. 296.

1276 Vgl. *Marzahn* 2011, S. 235, Fn. 1; dazu auch unten, C. II. 5. c) bb), S. 187.

1277 Siehe dazu aus kritischem Blickwinkel *Marzahn* 2011, S. 236ff.

1278 Siehe dazu *Marzahn* 2011, S. 244.

1279 Vgl. *Jakobs,* HRRS 2006, S. 296.

1280 Zu diesem Aspekt u. die daran anschließende Kritik differenziert *Greco* 2010, S. 21ff. Zu einer allg., nicht dezidiert auf das Feindstrafrecht bezogenen diesbzgl. Betrachtung *Jakobs* 2004, S. 5ff.

1281 *Jakobs,* HRRS 2004, S. 89; *Jakobs,* HRRS 2006, S. 292f.; zu *Fichte* erneut *Jakobs* 2008, S. 110. Krit. zur Qualität der Ausführungen *Fichte*s bei *Frommel* 2006, S. 62ff. *Arnold,* HRRS 2006, S. 305f wirft *Jakobs* eine selektive Interpretation *Fichte*s vor. Zum Rekurs auf *Rousseau* auch knapp *Kunz* 2005, S. 1389.

den Bürgern zu Gute kommenden Gründen.[1282] Dass die Zugehörigkeit zur Gesellschaft vom Willen der Individuen selbst abhänge, sei – wieder eingedenk eventuell notwendiger oder gewünschter normativer Zugriffe (wie dem Schadenersatz) – nicht adäquat.[1283]

So sieht sich *Jakobs* eher in der Nähe von *Kant* und *Hobbes*. Dort werde nicht jeder Verbrecher ausgeschlossen, sondern bloß der Hochverräter (*Hobbes*) resp. derjenige, der „das Leben in einem ‚gemeinschaftlich-gesetzlichen Zustand' nicht mitmacht" – dieser müsse weichen. Bei beiden sei der *notorische Rechtsbrecher* nicht im bürgerlichen Recht enthalten.[1284]

Dabei wird *Jakobs* eine unkritische Übernahme dieser Positionen vorgeworfen, obwohl die Geschichte deren Gefährlichkeit gezeigt hat, *Jakobs* also einen Erfahrungsvorsprung haben müsste.[1285] Auch hat ihm insb. die Berufung auf *Kant*, sowie die auf *Hegel*[1286], den Vorwurf der selektiven Zitation eingebracht.[1287] So moniert *Gierhake*, dass *Jakobs* das für *Kant*, aber auch *Fichte* und *Hegel* zentrale Motiv der Freiheit außer Acht lasse.[1288] *Schünemann* bemerkt, dass *Kant* gerade keinen zweckorientierten Ausschluss, sondern eine vergeltende Strafe, und diese innerhalb des Rechtssystems, fordert.[1289] Ähnlich auch *Marzahn*, der auch auf die unterschiedlichen Personenbegriffe beider Philosophen hinweist und betont, dass bei *Kant* eine Konzeption wie das Feindstrafrecht nur im Naturzustand existieren und mithin kein Recht sein könne.[1290] Gerade *Kant* befände sich im „diametralen Widerspruch zu *Jakobs*."Dieser „macht den Rechtlosen zum Rechtssubjekt, *Jakobs* das Rechtssubjekt zum Rechtlosen."[1291]

Nun ist *Jakobs* eigener theoretischer Ansatz zur Legitimation des Feindstrafrechts zu betrachten; auch dabei wird Kritik an seiner Berufung auf die genannten Staatstheoretiker zu üben sein[1292].

1282 *Jakobs*, HRRS 2004, S. 89. Dazu, dass dem Exkludierten *Pflichten* auferlegt bleiben, *Jakobs* 2008, S. 82.

1283 Dazu *Jakobs* 2008, S. 110.

1284 Vgl. *Jakobs*, HRRS 2004, S. 89f. u. *Jakobs* 2004, S. 43f

1285 So konnten *Kant* u. *Hobbes* nichts vom Nationalsozialismus wissen, *Jabobs* sehr wohl: *Donini* 2007, S. 44 ; ähnl. *Muñoz Conde* 2007, S. 18 u., unter Berufung auf letzten, *Marzahn* 2011, S. 88.

1286 Siehe zu *Jakobs*' Rekurs auf *Hegel* auch die Nachweise unten, Fn. 1676.

1287 Z.B. von *Arnold*, HRRS 2006, S. 305; *Albrecht* 2006, S. 122; *Albrecht* 2010, S. 77; *Albrecht* 2007, S. 12 u.a.

1288 Vgl. *Gierhake*, ARSP 2008, S. 347f.

1289 Vgl. *Schünemann* 2010, S. 16; ähnl. *Bung* 2006, S. 263, zust. *Schulz* 2006, S. 319, Fn. 12.

1290 Vgl. *Marzahn* 2011, S. 87ff., insb. S. 93ff.

1291 *Marzahn* 2011, S. 99.

1292 Insb. i.R.d. Frage nach der Rechtsqualität des Feindstrafrechts, siehe dazu unten, C. I. 3. c) cc), S. 157.

b) Die theoretischen Ausgangspunkte Jakobs'

Bei *Jakobs'* auch rechtspolitischen Ausführungen zum Feindstrafrecht spielen seine theoretischen Grundlagen eine entscheidende Rolle[1293] und sollen daher einleitend dargestellt werden.

aa) Die Gesellschaft als konstruierter Kommunikationszusammenhang: Normgeltung, kognitive Untermauerung, Erwartungssicherheit

Wie *Schmitt* und *Kelsen* geht *Jakobs* zunächst, unter Berufung auf *Kant,* von der Trennung der „natürlichen Welt" und der „Welt des Sollens" aus. Neben die Natur trete die Gesellschaft[1294], erstere sei die Welt des reinen Individuums, letztere die der Personen[1295]. Wie schon i.R.d. *Schmitt*'schen Dezisionsparadoxons erwähnt, kritisiert *Jakobs* die Vorstellung einer vertraglichen Gesellschaftsbegründung als tautologisch und betont – überzeugend –, dass eine solche Vorstellung zu einer Fixierung auf Tatsächliches, damit letztlich zu einem Prä der Gewalt vor dem Recht, führt.[1296]

Jakobs definiert dagegen, systemtheoretisch inspiriert[1297], Gesellschaft als Konstruktion eines Kommunikationszusammenhangs; die Identität einer Gesellschaft bestimme sich nicht über Zustände oder Güter, sondern über Normen.[1298] Dies gelte genauso für Personen oder Subjekte.[1299]

Hier ist anzumerken, dass Jakobs' *Gesellschaft* synonym zum *Staat* zu verstehen ist, insb. wenn das (Straf-)Recht als staatlich vermittelte Institution behandelt wird: *Uwer* kritisiert, dass Jakobs nie explizit den Staat als Akteur des Strafens und der Feind-Definition benennt, sondern stets „undeutlich" von „Gesellschaft" spricht. Die Bestimmung strafrechtlicher Subjekte und die Ausführung einer Strafe nimmt jedoch selbstverständlich der Staat vor.[1300] Zu bemerken ist hier, dass *Jakobs* in einem nach *Uwers* Beitrag erschienen Aufsatz den Staat explizit benennt. Z.B. „Ich werde zu zeigen versuchen, daß der Körper des Kaisers, also des Staates, an manchen Stellen nicht mit ordentlicher rechtsstaatlicher Kleidung bedeckt, sondern nackt ist"[1301]; „Aber das Feindstrafrecht bleibt doch insoweit Recht, als es die Bürger ihrerseits,

---

1293 So bemerkt auch *Frommel* 2006, S. 60, dass die Konzeption das Feindstrafrecht *Jakobs'* grds. seinem Strafrechtsverständnis geschuldet ist. Ähnl. auch *Asholt,* ZIS 2011, S. 181f. u. *Jäger* 2011, S. 74.

1294 Vgl. *Jakobs* 2008, S. 45.

1295 Zu *Jakobs* Personenbegriff unten, C. I. 3. b) bb), S. 131.

1296 Siehe dazu oben, B. I. 4. c) aa), S. 37.

1297 Zu diesem Zusammenhang konkret auf die Kommunikation bezogen *Stübinger,* KritJ 1993, S. 40.

1298 Bsp. bei *Jakobs* 2012b, S. 26ff. Grds. zu dieser Kommunikations-Perspektive *Puppe* 1999.

1299 Vgl. *Jakobs,* ZStW 1995, S. 847f., ähnl. *Jakobs,* HRRS 2004, S. 91.

1300 Vgl. *Uwer* 2006, S. 45.

1301 *Jakobs,* HRRS 2006, S. 290.

genauer, den Staat, seine Organe und Funktionäre, bei der Bekämpfung der Feinde bindet."[1302] „Der Staat hebt in rechtlich geordneter Weise Rechte auf."[1303] usw.

Die Gesellschaft resp. der Staat ist durch *Normen* konstituiert. In Verwendung des *Kelsen*'schen Vokabulars definiert *Jakobs* eine Norm als *Deutungsschema*[1304]; jedoch mit einem Annex, der sich bei *Kelsen* nicht findet: Normen unterwürfen das Individuum einem „übergeordneten Muster [...], und zwar zum Vorteil der Gruppe."[1305] Normiert werde die Erfüllung von Aufgaben, und zwar nicht zugunsten individueller Nützlichkeit, sondern der kollektiven; *Jakobs*' Auffassung erscheint schon hier als „anti-individualistisch"[1306]. Insofern die Norm auf bestehenden Gruppeninteressen gründe, gehe es bei deren Aufstellung nicht um einen Konsens zwischen mehreren Individuen, sondern die „Vergewisserung", dass die betreffende Aufgabe *de facto* bestehe,

> „also die Gewinnung des Wissens von etwas, das bereits besteht, nicht hingegen geht es um eine mehr oder weniger freie Schöpfung."[1307]

> „Es geht um eine Feststellung, die so, wie sie ausfällt, ausfallen muss, und nicht etwa um eine Einigung, die auch anders ausfallen könnte; denn ein neues Deutungsschema ergibt sich nicht aus einer Übereinstimmung der Willkür in der instrumentalen Welt der Individuen, sondern aus einer kommunikativ verbindlichen, den Individuen nicht verfügbaren und in dem Sinn objektiven Aufgabe, die besteht oder nicht besteht."[1308]

Trotz des normativen Ausgangspunktes beider zeigt dies den Kontrast zum Positivsten *Kelsen*, für den Normen nichts faktisch Vorgegebenes sind[1309]. Ebenso die Parallele zu *Schmitt*, der zwar die „freie Dezision" postuliert, für den es aber eine der normativen Ordnung vorgehende Substanz gibt.[1310] Ähnliches wird sich auch bei der Betrachtung *Jakobs*' funktionalistischer Argumente zeigen[1311]. Das Changieren zwischen Entscheidung und Vorgegebenem, das bei *Schmitt* bereits aufgefallen ist, findet sich in der „kommunikativen Auffindung" der Normen auch bei *Jakobs*. So fragt sich, wie sich das Konzept von Normen als kontingenter Konstruktionen mit dem der präexistenten gesellschaftlichen Aufgaben verträgt. *Jakobs* erklärt dies wohl mit einem Verweis auf den „nie auszuschließenden Streit über den festzustellenden Gegenstand"; auch weist er darauf hin, dass jeder im

---

1302 *Jakobs,* HRRS 2006, S. 294.
1303 *Jakobs,* HRRS 2006, S. 296.
1304 Dazu oben, B. II. 1. a) aa), S. 50.
1305 *Jakobs* 2008, S. 61.
1306 So *Pfordten,* Der Staat 2010, S. 503. Er betont den Widerspruch zu „fast allen neuzeitlichen politischen Theorien".
1307 *Jakobs* 2008, S. 61.
1308 *Jakobs* 2008, S. 67.
1309 Zu dessen positivistischer Auffassung ausführlich oben, B. II. 1. a) aa), S. 50.
1310 Liege diese auch erst in der faktischen Dezision. (Hier wird wiederum das „Dezisionsparadoxon" akut, vgl. dazu oben, B. I. 4. c) aa), S. 37. Zu *Schmitts prä* der Ordnung nur oben, B. I. 1. a) cc) (1), S. 11.
1311 Siehe unten, C. I. 3. c) bb) (1), S. 147.

nicht-gesellschaftlichen, individuellen Bereich verbleiben und diese Normen brechen könne; die normative Welt sei nicht die einzig mögliche.[1312]

Während nun manche dieser Normen hinreichend sicher sind, um keiner weiteren Stabilisierung zu bedürfen (z.B. das westliche naturwissenschaftliche Weltbild), gibt es solche, deren Konstruiertheit offen liegt und deren Kontingenz damit erkennbar ist; dazu zählen eben *Rechtsnormen* – hier betont *Jakobs*' also stärker die Verfügbarkeit über Normen, nicht ihren präexistenten Inhalt. *Jakobs* expliziert die unterschiedlichen Normtypen:

> „Wer die elementaren Regeln der Mathematik nicht beachtet, wird als Dummkopf angesehen, aber nicht, wer die elementaren Regeln des Zusammenlebens vernachlässigt; letzterer wird erst durch die Strafe als unmaßgeblich erklärt"[1313].

Über letztere Normen lasse sich also, anders als über Naturgesetze, subjektiv entscheiden, was deren besondere Stabilisierung nötig macht. *Günther* analysiert treffend:

> „An diese Kontingenzerfahrung und ihre Konsequenzen, so trivial sie auch sein mögen, scheinen wir uns nur schwer gewöhnen zu können. Anders ist die immer wieder versuchte Flucht in die nachgeahmte Substantität festgefügter Weltbilder kaum zu erklären."[1314]

Zur Normgeltung bedarf es für *Jakobs* der sog. *kognitiven Untermauerung, d*a ein Normsystem nicht dauerhaft kontrafaktisch, also trotz fortgesetzter Normbrüche, durchgehalten werden könne. Für die Folgen fehlender kognitiver Untermauerung liefert *Jakobs*

> „[e]in krasses Beispiel: Wenn ich ernsthaft damit rechnen muß, in einer Parkanlage verletzt, beraubt und vielleicht sogar getötet zu werden, wird mich auch die Gewißheit, jedenfalls im Recht zu sein, nicht dazu bringen, mich ohne Not in diese Anlage zu begeben."[1315]

Für den von *N. Luhmann* inspirierten[1316] *Jakobs* gilt eine Norm, „wenn sie leistet, was sie leisten soll: Erwartungssicherung."[1317] Fehle es daran, sei das Recht nur ein realiter wirkungsloses „Gedankending"[1318]. Die Rechtswissenschaft könne

---

1312 Vgl. *Jakobs* 2008, S. 68

1313 *Jakobs* 1993b, 1. Abschn., Rn. 7a. Hierzu auch *Jakobs* 2008, S. 62ff. u. *Jakobs* 1993a, S. 23f.

1314 Dazu *Günther*, KritJ 1994, S. 146; dazu auch unten, C. II. 2. b), S. 170, insb. die Aussagen an Fn. 1767.

1315 Vgl. *Jakobs* 2000, S. 51. Zur kognitiven Untermauerung als Begründungsmuster für das Feindstrafrecht unten, C. I. 3. c) aa) (3), S. 143. *Jakobs*, HRRS 2004, S. 91; ähnl. *Jakobs*, ZStW 2005c, S. 841. Hierzu *Müssig* 2007 u. *Polaino-Orts* 2011, S. 98ff., letzterer *Jakobs* zust.

1316 Siehe *Luhmann* 2008, S. 40ff. Zu Gemeinsamkeiten und Unterschieden *Wittig* 2005, S. 68f.

1317 *Jakobs*, ZStW 1985, S. 775.

1318 *Jakobs* 2010c, S. 171f.

> „als Wissenschaft von der normativen Verfassung der Gesellschaft, und zwar der wirklich stattfindenden, nicht nur ausgedachten Gesellschaft, kann, anders als eine reine Normwissenschaft, an den Wirklichkeitsbedingungen des Rechts nicht vorbeigehen", sonst handele sie vom „normativen Wolkenkuckucksheim".[1319]

Die Erwartungssicherheit macht ihrerseits kognitive Untermauerung der Normen, also ein Verhalten, das den Glauben an ihre Wirksamkeit nährt, nötig: Zwar gelten Normen auch kontrafaktisch (dies sei sogar ihr eigentlicher „Witz"), wie gerade *N. Luhmann* herausgestellt hat und wovon auch *Kelsen* ausgeht[1320]. Das Risiko eines Normbruchs dürfe jedoch nicht zu hoch sein.[1321] Ebenso wenig wie Rechtsgeltung reine Tatsächlichkeit, also alles, was realiter geschehe, meinen kann – dann würde auch die blanke Gewalt rechtlich gelten –, könne reine Normativität gemeint sein: Fehle jede Widerspiegelung der Norm in der Wirklichkeit, könne sie nicht die notwendige Verhaltensorientiernug innerhalb der Gesellschaft bieten.[1322] (Noch) mit *Kelsen* fordert *Jakobs*, dass eine Rechtsordnung im „großen und ganzen wirksam" sein müsse, um zu gelten.[1323]

Dieser Argumentationtopos der *Erwartungssicherheit* hat weitreichende Konsequenzen: Für die Normgeltung ist damit nicht nur das normgemäße oder -widrige Verhalten des potentiellen Normverletzers entscheidend, sondern auch die Perspektive der übrigen Gesellschaftsmitglieder, die *Außenansicht*.[1324] Die Normgeltung kann nicht nur durch wirkliche Normbrüche beeinträchtigt werden, sondern auch durch die bloße Erschütterung des Normvertrauens der Gesellschaftsmitglieder.[1325] Dies, da in der Gesellschaft „nicht nur heroische Personen ihre Identität bestätigen", sondern, so *Jakobs*, „auch ängstliche Individuen ihr Auskommen finden wollen."[1326] *Jakobs* resümiert:

> „Eine kontrafaktische Erwartung lässt sich nur durchhalten, wenn nicht der Verlust nennenswerter Teile der Glückseligkeit ernsthaft droht; denn ansonsten leistet die Behandlung des Unrechts als Unrecht für den Erwartenden nur noch etwas bei heldischer oder märtyrerhafter Haltung; aber Helden und Märtyrer sind dünn gesät."[1327]

1319 *Jakobs* 2007, S. 134, auch das vorhergehende Zitat.

1320 Vgl. *Luhmann* 2008, S. 40ff., insb. 43 u. *Kelsen* aus, siehe oben, in u. an Fn. 599.

1321 Vgl. *Jakobs,* ZStW 1985, S. 775; *Jakobs* 2000, S. 51 (hier auch das Zitat); *Jakobs,* HRRS 2006, S. 291.

1322 *Jakobs,* HRRS 2006, S. 290f. Zur Suche nach einem Mittelweg zwischen reiner Normativität u. reinem Faktizismus *Jakobs* 2008, S. 50f. Die beiden von *Jakobs* beschriebenen Pole zeichnet *Bung,* HRRS 2006, S. 318 nach.

1323 Vgl. *Jakobs,* HRRS 2006, S. 291.

1324 Ähnl. spricht *Schünemann,* ZStW 2014, S. 9 von dem „Sicherheitsgefühl der Allgemeinheit".

1325 Vgl. *Jakobs,* ZStW 1985, S. 775.

1326 *Jakobs* 2000, S. 51 u. *Jakobs,* ZStW 2005c, S. 841.

1327 *Jakobs,* ZStW 2005c, S. 841.

M. Asholt fasst zusammen die Argumentation und ihre Konsequenzen zusammen:

> „[j]edes Rechtsgut, dessen Angreifen die Gesellschaft – je nach ihrer Ängstlichkeit – überfordern würde, kann [...] durch ‚feindstrafrechtliche' Machtmittel geschützt werden. Die Begrenzung liegt nur in der Befindlichkeit der Mehrheit."[1328]

Dieses Interesse der Gesellschaft kann nun auch der inneren Seite des Individuums gelten: Zwar seien Innen- und Außenansicht *de facto* unabhängig; dennoch kann eine Gesellschaft nicht nur äußerlich konformes Verhalten verlangen, sondern auch eine innerliche Einbindung jedes einzelnen in die Gruppe fordern. Dies erscheine sogar als geboten. *Jakobs*: „[e]ine nur äußere Einbindung der Person bringt der Gruppe wenig Sicherheit [...]".[1329] Die Geltung des Rechts wird an das Rechtsvertrauen der Gesellschaft, dieses wiederum an die innere Einstellung einzelner Gesellschaftsmitglieder gegenüber dem Recht gekoppelt[1330]; hier ist *Jakobs* nah bei *Schmitt*: Die Konstitution der Gesellschaft bedingt sich durch die tatsächliche Wirksamkeit von Normen; diese müssen notfalls mit Zwang durchgesetzt werden[1331]. Diese Wirksamkeit hängt ihrerseits von der subjektiven Perspektive der Rechtsunterworfenen ab. Bezeichnenderweise kritisiert *Jakobs* mit *Schmitt* die „Entseelung" des Staates bei *Hobbes*, der eine Beschränkung auf die Außenansicht vornehme.[1332] Wie *Schmitt* plädiert *Jakobs* damit letztlich für eine gesellschaftsinterne Homogenität[1333], die zur Bedingung der Rechtsgeltung wird und die mittels Ausschluss von auch gesinnungsmäßigen Feinden[1334] herzustellen ist. *Zabel* betont *Jakobs*' Ausgehen von Beobachtung einer „sozialen, weltanschaulichen wie ideologischen Inhomogenität", die „neben der typischen Rechtsstrafe" einer weiteren Form, der „Machtstrafe", bedürfe.[1335] Hier tritt nun das Strafrecht auf den Plan[1336], dem eine funktionalistische Rolle als Normstabilisator zukommt. Bevor dies in den Fokus rückt, ist *Jakobs* Verständnis des Instituts der *Person im Recht* zu betrachten; sein Gegenentwurf, *der Feind*, gerät später in den Blick.[1337]

1328 *Asholt*, ZIS 2011, S. 183.
1329 *Jakobs* 2008, S. 71: „[...] Wer garantiert, dass der andere morgen so ist, wie er es heute verspricht?"
1330 Siehe zu diesem Gedankengang auch die Nachzeichnung bei *Müssig* 2007, S. 1049.
1331 Zu diesem Problemfeld *Zabel*, HRRS 2010, S. 170f.
1332 Vgl. *Jakobs* 2008, S. 71f.
1333 Zu *Schmitt* oben, B. I. 4. c) aa), S. 37. Dazu auch *Mégret*, KritJ 2002, S. 160f. Auch wenn er sich nicht explizit auf *Jakobs* bezieht, spricht er von einem vom Ausnahmezustand inspirierten Vorgehen gegen Terroristen, das rechtsstaatliche Garantien gegenüber Feinden über Bord wirft u. sogar Folter zulässt, was sich auf *Jakobs* münzen lässt.
1334 Dazu näher unten, C. I. 3. c) aa) (2), S. 141.
1335 Vgl. *Zabel* 2005, S. 341.
1336 Vgl. *Jakobs*, ZStW 1995, S. 849.
1337 Siehe unten, C. I. 3. c) aa), S. 139.

bb) Die Bürger: Personen im Recht

Jakobs' verwendet einen besonderen Begriff der *Person* (der hier als mit *Jakobs'* Begriff des *Bürgers* synonym verstanden wird[1338]), wiederum mit weitreichenden Folgen[1339]:

Zunächst unterscheidet er die Person als Träger von Rechten und Pflichten von der biologischen Bezeichnung *Mensch* als Teil der menschlichen Rasse (auch wenn sich beide „heutzutage extensional decken"[1340]).[1341] Die Person ist das vergesellschaftete Individuum[1342], der Personenstatus bestimmt sich stets durch die eingenommene Rolle in der Gesellschaft, durch das Verhältnis zu anderen Personen – daher seien Sklaven im alten Rom zwar Menschen, aber keine Personen i.d.S. gewesen.[1343] Dabei rekurriert auch *Jakobs* auf *Rousseau*: Bei diesem sei Person, wer sich der *volonté générale*, also einer fremdbestimmten Norm[1344], unterwerfe.[1345] *Person* ist für *Jakobs* damit ein Begriff der Außensicht[1346], es geht darum, als Träger von Rechten und Pflichten *anerkannt* zu sein; Personen (*Jakobs* spricht dabei auch von *Personen im Recht*) sind „schlechthin alle" Kommunikationsteilnehmer, die als „rechtlich besonnen dargestellt" werden.[1347]

Dies liegt daran, dass die Person mit der Rechtsnorm die Notwendigkeit einer kognitiven Untermauerung teilt[1348]: Dauerhaft kann die Darstellung eines Individuums als Person im Recht nicht kontrafaktisch gegen fortgesetztes nicht-rechtlich besonnenes Verhalten durchgehalten werden:

1338 Bzgl. der Begrifflichkeit anders *Uwer* 2006, S. 50, für den *Jakobs Person per se* rechtlich gesonnen ist, während der Bürger dies durch Garantieleistungen erst beweisen muss. Wie im Weiteren darzustellen, haben bei *Jakobs* aber auch Personen eine solche Bringschuld. Ähnl. wie *Uwer* auch *Silva Sánchez*, ZStW 2006, S. 547ff. Ebenfalls synonym verstanden werden die Begriffe dagegen von *Morguet* 2009, S. 21 u. *González Cussac* 2007, S. 16.

1339 Einen guten Überblick hierzu gibt *Gössel* 2010, S. 49f.

1340 *Jakobs* 2012b, S. 55.

1341 Vgl. *Jakobs* 2012b, S. 55.

1342 *Person* hier im gesellschaftlichen Sinne als Träger verschiedener Rollen, siehe insg. *Bräuer* 2003.

1343 Vgl. *Jakobs* 2008, S. 37f. *Jakobs* 2012b, S. 55. So sehen es auch *Kelsen*, oben, Fn. 685 u. *Schmitt*, oben, Fn. 212.

1344 Zu der kritischen Auseinandersetzung mit diesem Konzept *Rousseaus*, insb. gemünzt auf die Frage der Freiheit des Einzelnen oben, Fn. 140 u. oben, B. II. 4. a) cc), S. 87.

1345 Dies zumindest im Ergebnis, vom Gründungsakt abgesehen. Vgl. *Jakobs* 2008, S. 41.

1346 Vgl. *Jakobs* 2008, S. 70. Dieser Aspekt ist auch für die Exklusion der Nicht-Personen relevant, die nur Vordergründig eine *Selbst*-Exklusion darstellt, siehe unten, C. I. 3. c) aa) (2), S. 141.

1347 Sie *sind* also nicht zwingend rechtlich besonnen, sondern u.U. bloß so fingiert, vgl. *Jakobs* 2000, S. 50.

1348 Siehe dazu auch die Nachweise oben, Fn. 1299.

„Wer als Person behandelt werden will, muß seinerseits eine gewisse kognitive Garantie dafür geben, daß er sich als Person verhalten wird."[1349]

Jakobs fordert damit ein zumindest relativ rollenkonformes Verhalten der Gesellschaftsmitglieder:

„Mit der Rechtsordnung müssen in der Gesellschaft anonyme Kontakte ermöglicht werden; das schließt schlechthin aus, auf individualisierende Subjektautonomie abzustellen, sondern verlangt gerade das Gegenteil, nämlich hohe Konformität innerhalb fest umrissener Rollen, insb. innerhalb der Rolle des Bürgers, der die Strafrechtsnormen beachtet."[1350]

Um das dafür nötige verallgemeinerungsfähige Bewertungskriterium für menschliches Verhalten zu finden, könne nicht auf die subjektiven Besonderheiten jedes Individuums Rücksicht genommen werden; vielmehr bedürfe es objektiv gültiger Anknüpfungspunkte.[1351]

„Mit anderen Worten, die Akteure und alle anderen Beteiligten werden nicht als Individuen mit höchst unterschiedlichen Intentionen und Präferenzen genommen, sondern als das was sie rechtlich zu sein haben, also als Personen."[1352]

Erst autoritär durch Machthaber durchgesetzte, gesellschaftliche Normen machen das Individuum zur „gruppentauglichen" Person.[1353] Damit ist es für *Jakobs* nicht die Person, die dem Staat vorausgeht, sondern andersherum die herrschaftliche Gewalt, die die Person konstituiert.[1354]

Ein derart vermittelter Personenstatus ist für ihn eine Bedingung der Wirksamkeit des Rechts.[1355] So wird es zur „elementare[n] Bringschuld aller Bürger", durch ihr Handeln die Grundlage für die Vermutung normtreuen Verhaltens zu bieten, zur kognitiven Untermauerung beizutragen.[1356] Dies zeigt zudem, dass *Jakobs* seinen Personenbegriff stärker an Pflichten als an Rechte knüpft. um diese ginge es bei der Anerkennung der Personalität nur nachrangig, nämlich „soweit die Person sie benötigt, um ihre Pflichten erfüllen zu können"[1357] Die Bringschuld, das „Sonderopfer"

1349 *Jakobs* 2000, S. 51. Vgl. auch *Jakobs,* HRRS 2004, S. 91; *Jakobs,* HRRS 2006, S. 290, 292; *Jakobs* 2008, S. 80 u. *Jakobs* 2004, S. 40.

1350 *Jakobs* 1993a, S. 29. Ähnl. *Jakobs,* ZStW 1995, S. 867. Dazu NK-*Paeffgen,* Vor § 32ff., Rn. 213f.

1351 Vgl. *Jakobs,* ZStW 1995, S. 860.

1352 *Jakobs,* ZStW 1995, S. 860.

1353 *Jakobs* 2008, S. 31. Dazu *Schneider* 2004, S. 72.

1354 Siehe zu dieser Konsequenz auch *Brunkhorst* 2006, S. 111; NK-*Paeffgen,* Vor § 32ff., Rn. 213; *Gierhake* 2013, S. 303 u. *Marzahn* 2011, S. 4.

1355 Vgl. *Aponte* 2006, S. 137.

1356 Vgl. *Jakobs,* ZStW 2005c, S. 843; *Jakobs,* HRRS 2006, S. 293; u. *Jakobs* 2008, S. 84. Zust. *Polaino Navarrete* 2007, S. 547.

1357 *Jakobs* 2008, S. 36f. Vgl. dazu *Neumann* 2006, S. 310 u. *Hoerster,* ZRP 1999, S. 215.

zu Gunsten der kollektiven Sicherheit[1358], verhindert für ihn – überraschend und entgegen gegenteiliger Vorwürfe[1359] – die Totalisierung der staatlichen Kontrolle.[1360]

In diesem Verständnis spiegelt sich *Schmitts* Auffassung, dass der Staat der Person vorgehe.[1361] Auch findet sich der im Verlauf noch weiter zu problematisierenden, gerade mit *Kelsens* Position konfligierenden Topos einer Pflicht zum Rechtsgehorsam.[1362]

Damit werden die Differenzen zu *Kelsens* Auffassung offenbar, obwohl *Jakobs'* Definition vordergründig an dessen Begriff der Person als bloß durch die Rechtsordnung vermittelten Zurechnungspunkt für Rechte und Pflichten[1363] erinnert. Die Unterschiede gehen tiefer: Gerade die Forderung nach einer kognitiven Untermauerung des Personenstatus' ist ein großer Schritt, den *Jakobs* geht: Noch mit *Kelsen* postuliert er die „Wirksamkeit im großen und ganzen" als Bedingung für die Geltung einer Rechtsordnung.[1364] *Jakobs* fordert aber darüber hinaus, dass sich *jeder einzelne Mensch* „im großen und ganzen" gemäß der Rechtsordnung verhalten soll, damit diese für ihn (als Person) gilt.[1365] Die durch die kognitive Untermauerung etablierten Homogenitätszwänge werden damit zur Rechtspflicht jeder Person, jedes Bürgers und jeder Bürgerin. Eine solche Idee ist *Kelsen* fremd. *Jakobs'* meint zwar, der Unterschied zwischen seiner und *Kelsens* Position sei nur durch die unterschiedliche Perspektive (hier Straf-, dort Staatsrecht) bedingt:

> „Ergänzend: *Kelsen* verlangt in der Reinen Rechtslehre eine im großen und ganzen gegebene Wirksamkeit nur für die *Verfassung* eines Staates, nicht für jede einzelne rechtliche Institution, etwa eine Norm, ein Gericht, eine Person etc., da er nur das Problem der Orientierung an der Staatlichkeit behandelt, genauer: am rechtlichen Konnex staats*internen* Verhaltens. Wird der Blickwinkel erweitert, so muß auch das Verlangen nach der im großen und ganzen gegebenen Wirksamkeit entsprechend ausgedehnt werden."[1366]

Dies ist jedoch eine weitreichende Ausdehnung: *Kelsen* ging es um die Schaffung von Räumen, in denen Personen frei von staatlichem Zugriff sind[1367], während *Jakobs* das

1358 So *Singelnstein/Stolle* 2011, S. 123.

1359 Zur Kritik insb. unten, C. II. 5. a), S. 183; zum Vorwurf der Totalität, der sich insb. aus der Berücksichtigung der Gesinnung der Täter ableitet, auch unten, C. II. 3. a), S. 174.

1360 Vgl. *Jakobs* 2010c, S. 180.

1361 Hierzu oben, B. I. 4. c) cc), S. 44. Zu den Unterschieden zwischen *Kelsens* u. *Jakobs* unten, C. II. 4. a), S. 179.

1362 Siehe dazu insb. unten, C. I. 3. c) bb) (1) (a), S. 147 u. zur Kritik unten, C. II. 4. a), S. 179.

1363 Zu *Kelsens* Position oben, B. II. 1. b) bb) (1) (a), S. 66. So erwähnt auch *Donini* 2007, S. 47, Fn. 78 *Kelsen* bei der Darstellung dieser Position *Jakobs'*.

1364 Hierzu oben, C. I. 3. b) aa), S. 127.

1365 *Jakobs*, HRRS 2006, S. 291. Kritisch dazu wohl *Marzahn* 2011, S. 160.

1366 *Jakobs*, HRRS 2006, S. 291; knapper *Jakobs* 2004, S. 40f.

1367 Dazu z.B. oben, B. II. 4. b) dd), S. 92.

Potential des staatlichen Zugriffs auf Personen vergrößert. Später konstatiert auch *Jakobs*, dass die „auf den ersten Blick" bestehende Ähnlichkeit zu *Kelsen* auf „den zweiten Blick" relativiert werde; der genannte Durchgriff auf einzelne Personen sei nötig, da sich die Kommunikation – welche Gesellschaft und Person konstituiert – nicht durch Gewalt (also *Kelsens* Bild vom Recht als Zwangsordnung) ersetzen lasse.[1368]

cc) Die Bedeutung der Straftat, die Zwecke der Strafe

Nun kommt das Strafrecht in den Blick, das für *Jakobs* der Normstabilisierung dienen soll. Er vertritt eine eigene Strafzwecktheorie, die sowohl Elemente der positiven Generalprävention als auch solche einer absoluten Strafbegründung enthält.[1369] Dabei unterscheidet er zwischen einer *offenen* (bzw. manifesten) und einer *latenten* Funktion der Strafe.[1370] Tatsächlich ist es wohl unzutreffend, von zwei völlig disparaten Straf(zweck)theorien bei *Jakobs* auszugehen; dies insb., da die latente Funktion der Strafe (wie zu sehen die feindstrafrechtliche) eher dem Zweck dient, die Geltungsbedingungen der offenen Funktion (i.S.d. Bürgerstrafrechts) sichern.[1371] Schließlich bedienen sich beide Zwecke des gleichen Mittels, nämlich der Gefängnisstrafe, was die Überschneidungen aufzeigt.

(1) Die offene Funktion der Strafe: Strafe als Kommunikation, Identitätsbestätigung der Gesellschaft (=positive Generalprävention)

Zunächst lohnt ein Blick auf *Jakobs*' Begriff der Straftat: So wie es nicht die Aufgabe des Rechtsstaats ist, Gütersicherheit zu produzieren, sondern es um die Herstellung „wirklicher Rechtsgeltung" gehe[1372], sei eine (gegen diesen gerichtete) Straftat nicht die Verletzung eines Rechts*guts*, sondern die einer Rechts*norm*. *Jakobs* nimmt wieder eine kommunikative Perspektive ein: Durch den Normbruch bestreite der Täter die Verbindlichkeit der fraglichen Rechtsregel; *Jakobs* bezeichnet die Straftat als eine „normwidersprechende Behauptung".[1373] Daraus, dass es um eine Norm- und nicht eine Güterverletzung geht, ergibt sich auch, dass

---

1368 Vgl. *Jakobs* 2008, S. 55.

1369 Einer Übersicht gibt *Stübinger*, KritJ 1993, S. 33ff., krit. auf S. 39ff.

1370 Kritik an der Unterscheidung bei *Schneider* 2004, S. 328ff.; *Bock*, ZStW 1991, S. 649ff u. *Streng* 2010, S. 198.

1371 Ähnl. wohl auch *Polaino Navarrete* 2007, S. 542.

1372 *Jakobs*, ZStW 2005c, S. 841.

1373 Vgl. *Jakobs*, ZStW 1995, S. 844, 849; *Jakobs* 2012b, S. 13ff.; *Jakobs* 2000, S. 50; *Jakobs*, HRRS 2004, S. 88; *Jakobs* 2008, S. 111f. u. *Jakobs* 1993b, 1. Abschn., Rn. 9. Er exemplifiziert: „Wer wissentlich betrunken ein Fahrzeug im Verkehr führt und die auch ihm erkennbaren, nachteiligen Folgen, etwa für das Leben anderer Verkehrsteilnehmer, nicht berücksichtigt, macht durch sein Verhalten expressiv, daß er in der Situation, in der er sich befindet, anderes für wichtiger hält, als das Leben der Verkehrsteilnehmer dominant in Acht zu nehmen. Diese Aussage, die dem Täter als seine Ansicht zugerechnet wird, ist das Gegenteil der Aussagen, die in den

Verbrechen nur in einem geordneten Gemeinwesen denkbar ist – fehle es daran, herrsche ein *Hobbes*'sches „Recht auf Alles", ein Rechtsbruch ist dann nicht möglich.[1374] *Puppe* zeigt anhand einiger Bsp. zwar überzeugend, dass viele Straftäter zumindest nicht die Behauptung, die verletzte Norm gelte nicht, intendieren, da ihnen Normgeltung bei Begehung der Tat oft einerlei sei. Dennoch sei es legitim, ein solches Verhalten *von Außen* als Widerspruch gegen die Normgeltung zu verstehen, unabhängig vom konkreten Ansinnen des Täters.[1375]

Andersherum beziehe sich die Strafe bei *Jakobs* dann nicht primär auf Gütersicherheit, sondern auf Normstabilität, damit auf Normgeltung[1376]: Der Zweck des Strafens ist nicht der Schutz konkreter Rechtsgüter, sondern die Sicherung des Normbestands der Gesellschaft. *Jakobs* schlägt daher vor, seine Straftheorie statt als „positive" als „geltungserhaltende Generalprävention" zu bezeichnen[1377].

Erneut ist dabei die Kommunikation entscheidend: Die Strafe weist die normwidersprechende Behauptung des Täters zurück, die er durch den Normbruch tätigt.[1378] Dadurch werde der Bestand der Normen der Gesellschaft trotz der Übertretung unmittelbar (i.S. eines Selbstzwecks) bestätigt.[1379]

> „Die Strafe ist in diesem Verständnis nicht nur ein Mittel der Erhaltung gesellschaftlicher Identität, sondern ist bereits diese Erhaltung selbst"[1380]

Die Bestätigung ist dann keine Folge, sondern die *direkte* Wirkung der Strafe; dies wegen der jeder Strafe inhärenten, missbilligenden Wirkung.[1381] Der Strafschmerz, der dem Täter zugefügt wird, dient der *kognitiven Untermauerung* der Normgeltung. Dies, indem siwawe Strafschmerz dazu führe, dass das Verbrechen „allgemein als mißglücktes Unternehmen verstanden wird."[1382]. Adressat der Strafe ist daher nicht primär der Täter selbst (auch wenn er selbst Einsicht zeigen könne), sondern die gesamte Gesellschaft.[1383] Diese offene, bestätigende, kommunikative Funktion der Strafe

---

Normen der §§ 316 und 222 StGB getroffen werden. *Dieser Widerspruch gegen die Norm durch ein Verhalten ist der Normbruch.*"

1374 Vgl. *Jakobs,* HRRS 2004, S. 91.

1375 Vgl. *Puppe* 1999, S. 473f.

1376 Letzteres betont insb. *Vormbaum* 2010, S. XXI.

1377 *Jakobs* 2012b, S. 15.

1378 *Jakobs,* ZStW 1995, S. 844, deutlich S. 865. Ähnl. *Jakobs,* HRRS 2004, S. 88; *Jakobs* 2012b, S. 15 u. definitorisch *Jakobs* 1993b, 1. Abschn., Rn. 10. Metaphorisch *Jakobs,* ZStW 1989, S. 519.

1379 Vgl. *Jakobs* 2000, S. 49; *Jakobs,* HRRS 2006, S. 291f.; *Jakobs* 1993b, 1. Abschn., Rn. 10; *Schuld Jakobs* 1993a, S. 24 u. 27; eine treffende Zusammenfassung des Gedankengangs bei NK-*Paeffgen*, Vor § 32ff., Rn. 212.

1380 *Jakobs,* ZStW 1995, S. 844.

1381 Vgl. *Neumann* 2007, S. 443f.; *Sacher,* ZStW 2006, S. 577 u. *Schünemann,* ZStW 2014, S. 7. Dazu u. zur Kritik unten, C. II. 2. b), S. 170.

1382 *Jakobs* 2004, S. 30. Krit. *Puppe* 1999, S. 475ff. (u. S. 481); ihr fehlt es an einer Begründung für den Straf*schmerz.*

1383 Vgl. *Jakobs* 2008, S. 112f.; *Jakobs,* ZStW 1989, S. 517.

(=positive Generalprävention[1384]) ist die, die auf Personen im Recht im obigen Sinne abzielt;[1385] sie ist die des Bürgerstrafrechts. *Jakobs* bezieht sich hier auf *Hegels* Bild, eine auf *Zwecke* abzielende Straftheorie behandele den Straftäters wie einen Hund, gegen den man seinen Stock erhebe; dies sei bzgl. einer Person innerhalb des Rechts unzulässig und treffe daher nur Individuen außerhalb des Rechts, also Feinde.[1386]

(2) Die latente Funktion der Strafe: Verhaltenssteuerung und Gütersicherheit (Abschreckung und Sicherung/ Zwang)

Die Trennung von Rechtsgeltung und Gütersicherheit, also die oben beschriebene, rein kommunikative Sicht auf die Strafe, ist für *Jakobs* allerdings „nur die halbe Wahrheit"[1387]; schon sein Konzept der *kognitiven Untermauerung*, wonach eine dauerhafte kontrafaktische Normgeltung unmöglich sei, zeigt, dass es bei ihm eine Verbindung zwischen dem normativ-kommunikativen und dem Faktischen gibt.[1388] Und so gebe es auch eine faktisch-orientierte Funktion der Strafe: Neben die der eben beschrieben Identitätsbestätigung der Gesellschaft (die offene *Funktion*) könne als *latente Funktion* nun doch der Rechtsgüterschutz treten[1389], also die „Verhaltenssteuerung" potentieller Delinquenten. Dies, indem die konstante, durch die Strafe artikulierte Zurückweisung normwidrigen Verhaltens genau dieses aus dem alltäglichen Repertoire potentieller Handlungen ausschließt. Dies ist ein negativ-präventiver, abschreckender bzw. sichernder Zweck.[1390] Diese Funktion trete schon durch die Benennung einschlägiger Gesetze als „Bekämpfungsgesetze" zu tage; dort stehe die Prävention gegenüber der repressiven Strafe im Vordergrund.[1391] Dies erklärt für *Jakobs* sowohl den Erfolg der

1384 Zur Einordnung *Saliger* 2010, S. 209 u. *Sinn* 2010, S. 233f. Nach *Schneider* 2004, S. 75 gehen *Jakobs*' Überlegungen zur Legitimation der Strafe u. dogmatischen Einzelfragen von der positiven Generalprävention aus. Allerdings wird die Generalprävention, wie alle präventiven Zwecke, z.T. auch der „latenten Funktion" zugeschrieben u. die „offene" als eigene, *kommunikative Funktion* der Strafe bezeichnet, so z.B. von NK-*Paeffgen*, Vor § 32ff., Rn. 212. Dies scheint jedoch eine eher terminologische Frage resp. eine nach der Weite des Begriffs der positiven Generalprävention zu sein. *Jakobs,* ZStW 1989, S. 517 selbst spricht von „Generalprävention durch Einübung in Normanerkennung", womit er für *Lüderssen,* ZStW 1995, S. 883, Fn. 18 einem „allgemeinen Sprachgebrauch" folgt. Für *Pérez del Valle* 2007, S. 522 gilt in *Jakobs* System gegen den Bürger anders als gegen den Feind eine *absolute* Strafbegründung. Dies wird auch i.R.d. Kritik an *Jakobs*' relevant, vgl. unten, C. II. 2. b), S. 170.

1385 Vgl. *Jakobs* 2000, S. 50.

1386 Dazu *Jakobs* 1993a, S. 26f.

1387 *Jakobs,* ZStW 2005c, S. 841.

1388 Dazu insb. oben, C. I. 3. b) aa), S. 127.

1389 In dieser Deutung auch *Morguet* 2009, S. 38, 197f.

1390 Vgl. *Jakobs* 2000, S. 50.

1391 vgl. *Jakobs,* ZStW 2005c, S. 839. In dieser Deutung auch *Zöller* 2009, S. 276.

(sichernden) Gefängnisstrafe[1392] als auch die Notwendigkeit eines Straf*schmerzes*, der zur Abschreckung der Täter unabdingbar sei[1393].

Es wird dabei nicht auf Kommunikation, sondern Zwang gesetzt – eine kommunikative Auseinandersetzung setzt ausreichende kognitive Untermauerung voraus, und zwar bei jedem einzelnen Individuum.[1394] Die Adressaten der latenten Straffunktion, der Strafe als Sicherung und Zwang, bieten dies gerade nicht; sie sind keine *Personen*, sondern „gefährliche Individuen", *Feinde*.[1395] Kommunikativ wirkt diese Strafe dann nur auf die übrigen *Bürger* ein, deren Sicherheitsgefühl gestärkt wird, wenn die Feinde bekämpft werden;[1396] hier ist die Rede vom *Feindstrafrecht*.

dd) Fazit: Ein funktionalistisches Strafrecht

Dieses Verständnis des Strafrechts als Mittel zur Stabilisierung der Normen, die ihrerseits die Gesellschaft konstituieren, lässt sich als *funktionalistisch* bezeichnen.[1397] *Jakobs* definiert:

> „Strafrechtlicher Funktionalismus wird hier als die Lehre begriffen, das Strafrecht sei auf die Garantie der normativen Identität, auf die Garantie der Verfassung, der Gesellschaft ausgerichtet."[1398]

Es geht beim funktionalistischen Strafrecht also nicht darum, dass das Recht *irgendeine* Funktion erfüllen soll – was wohl jede Form des Rechts tut –, sondern eine spezifisch *überindividuelle Funktion*: Das funktionale Strafrecht verfolgt gesellschaftliche bzw.

1392 Vgl. *Jakobs*, HRRS 2004, S. 89.

1393 Vgl. *Jakobs* 2008, S. 113f.

1394 Siehe oben, C. I. 3. b) bb), S. 131. Dazu *Donini* 2007, S. 18: „Mit der Gefahr führt man keinen Dialog".

1395 Vgl. *Jakobs*, HRRS 2004, S. 89; ähnl. *Jakobs*, ZStW 2005c, S. 844. Hier bezieht er sich erneut (siehe auch oben, Fn. 1385) auf *Hegels* Kritik an den relativen Straftheorien, die gegenüber Personen nicht angewandt werden dürften. Dies spielt mit *Jakobs* Position zusammen, dass nur Personen, nicht Individuen in der Lage sind, Schuld auf sich zu laden, denn dafür müsse man „Adressat *normativer Erwartungen*" (*Jakobs*, ZStW 2005a, S. 257,) sein, also ausreichend kognitive Untermauerung bieten. Somit geht es bei der latenten Funktion nicht (normativ) um Schuldausgleich, sondern reine Tatsächlichkeit. *Jakobs* 2010c, S. 168f. geht so weit, jede Behandlung mit Zwang (von Notwehr bis zur Untersuchungshaft) als „Depersonalisierung" zu bezeichnen, „mag auch seine Personalität diese Erlaubnis oder dieses Gebot erst ausgelöst haben".

1396 Zu den Überscheidungen beider Strafzwecke oben, an Fn. 1370.

1397 Ausführlich dazu *Schneider* 2004, S. 70ff., knappere Einordnung *Jakobs*' bei *Streng* 2010, S. 192f.; *Schneider/Morguet* 2006; *Aponte* 2006, S. 131 u. differenziert *Pawlik* 1999, S. 62ff.

1398 Vgl. *Jakobs*, ZStW 1995, S. 843.

politisch definierte Interessen, konkret ist der Selbsterhalt der jeweiligen normativen Ordnung bezweckt.[1399]

Eine zunehmende Funktionalisierung wird allgemein als ein zeitgemäßer Trend der Strafrechtsentwicklung erkannt; dieser zeichnet sich insbesondere dadurch aus, die Pönalisierung nicht an (vom Individuum und seiner Schuld ausgehenden) Gerechtigkeitspostulaten, sondern an (gesellschaftlich motivierten) kriminalpolitischen Erwägungen zu orientieren. *W. Hassemer* formuliert:

> „Funktionalismus – im Strafrecht meint dies heute die Einwanderung des politischen Interesses in die normativen Prinzipien der Strafwürdigkeitsbestimmung und deren Vollzugs."[1400]

Der Funktionalismus ist damit, in demokratietheoretischem Vokabular, *output-orientiert* – im Gegensatz zu *Kelsens* input-orientierter Demokratietheorie.[1401] Auch opponiert die Funktionalisierung für kriminalpolitische Erwägungen mit dem *Liszt*'schen Postulat des Strafrechts als „unübersteigbare Schranke der Kriminalpolitik"[1402], das, wie gesehen, mit *Kelsens* Position vergleichbar ist[1403].

Rechtstatsächlich zeigt sich die steigende Funktionalisierung in der Zunahme von normativen Instrumten, die flexible Zugriffe der Gesellschaft auf Individuen ermöglichen: Abstrakte Gefährdungsdelikte und – ganz i.S. *Jakobs*' – die damit einhergehende Vorfeldkriminalisierung greifen ebenso Raum wie der Abbau prozessualer Rechte und die Nutzbarmachung neuer Eingriffsbefugnisse.[1404] In dieser Mobilisierung von Eingriffsermächtigungen zugunsten vermeintlich real notwendiger staatlicher Interventionen, aber frei von normativen Fesseln – z.B. die Anwendung des § 34 StGB als öffentlich-rechtliche Ermächtigungsgrundlage[1405] –, klingen bereits die Merkmale des Ausnahmezustands an, die unten mit Blick auf *Jakobs* noch eingehender zu betrachten sind[1406].

Neben diese Umgestaltungen hin zu effektiven Kriminalitätsbekämpfungsmaßnahmen tritt, auf den ersten Blick überraschend, eine oftmals rein symbolische

---

1399 Vgl. *Murmann* 2010, S. 190.

1400 *Hassemer* 1989, S. 85. Zum vorherigen auch MüKo-*Joecks*, Einleitung, Rn. 110.

1401 Zum Funktionalismus *Hassemer* 1989, S. 85; allg. u. zu *Kelsen* oben, Fn. 840.

1402 Dazu NK-*Neumann/Hassemer*, Vor § 1, Rn. 342 u. *Hassemer* 1989, S. 85.

1403 Siehe dazu oben, B. II. 6., S. 98.

1404 Vgl. schon *Jakobs*, ZStW 1985, S. 676ff.; legitimierend *Jakobs*, ZStW 1995, S. 855ff. Dazu MüKo-*Joecks*, Einleitung, Rn. 110; NK-*Neumann/Hassemer*, Vor §1 Rn. 342ff.; *Hassemer* 1989, S. 89 u. *Hassemer* 1994, S. 298ff. Auch schon *Calliess*, NJW 1989, passim u. insb. S.1339f. zu den Zusammenhängen u. mit Blick auf positive Generalprävention i.S. *Jakobs*'. Zu dem Trend auch BGH, NJW 2014, 3459 (3463); historisch *Rautenberg* 2014, S. 80ff.

1405 Dazu grundlegend *Jahn* 2004, insb. S. 438ff. mit Blick auf die notstandsähnlichen, überpositiven u. dezisionistischen Aspekte dieser Lehre. Zum Problemfeld auch *Hassemer* 1982, S. 507ff. u. 523f.

1406 C. I. 3. c) cc), S. 157.

Gesetzgebung.[1407] Funktional ist dieses Strafrecht dann zunächst für den Ruf des Gesetzgebers, der Aktionsbereitschaft in typischerweise gesellschaftlich brisanten Themen demonstrieren kann. Treffend hierzu *Neumann/Hassemer:*

> „Symbolisches Strafrecht erwirtschaftet Gewinn nicht – strafrechtlich – auf dem Feld realen Rechtsgüterschutzes, sondern – politisch – als täuschender Indikator einer Handlungsfähigkeit des Gesetzgebers".[1408]

Dies ist aber nur eine Seite der Medaille, symbolisches Strafrecht lässt sich ebenfalls systemfunktional deuten: Dass neben das Motiv der tatsächlichen Rechtsgüterschutzes die Symbolik tritt, zeigt die enge Verbindung zu *Jakobs*' theoretischem Ausgangspunkt, wonach es für die Konstitution einer normativen Sozialordnung auf kommunikativ erzeugte, kognitive Untermauerung der Gesellschaftsmitglieder, also deren – durch Symbole ansprechbaren – Sicherheits*gefühl*[1409], ankommt. *Jakobs*: „Tat wie Strafzwang sind insoweit Mittel symbolischer Interaktion".[1410]

Geht es beim funktionalistischen Strafrecht um den Schutz der Ordnung und ihrer Normen, geraten die Menschen und ihre Rechtsgüter aus dem Blick. So spricht *Hassemer* bei typisch funktionalistischen von „opferverdünnten Delikten"[1411]. Aber nicht nur die Opfer, sondern auch die Täter – deren Schutz ebenfalls Aufgabe des Strafrechts ist (hier ist mit *Naucke* an des Strafrechts als „Verbrechensbekämpfungsbegrenzungsrecht" zu denken[1412]) –, verlieren an Bedeutung und werden einem unverhältnismäßig scharfem Zugriff ausgesetzt. Dies harmoniert mit *Jakobs'* Vorstellung, dass der Staat, nicht das Individuum, Schutzgut des Strafrechts ist.[1413] Im Anschluss an die Terminologie *T. Schelksys* bezeichnet *H. Schneider Jakobs*' Ansatz daher nicht als *Person-,* sondern als *System*funktional. *Personenfunktional* i.d.S. meint die Orientierung des Strafrechts an der Person des Straftäters; dem liegt die Vorstellung eines frei handelnden Individuums i.S.d. GG zugrunde. Beim *systemfunktionalen* Ansatz kommt es auf den Beitrag zur Erhaltung des Systems an.[1414] Diese Unterscheidung findet sich auch bei *Hassemer*, wenn er fordert, *allgemeine* Rechtsgüter auf *personale* zurückzuführen und er somit eine personenfunktionale Betrachtung in den Fokus rückt. Sein Bsp.: Statt durch die Urkundendelikte „die Sicherheit des Rechtsverkehrs" zu schützen, solle man besser auf „die Gesamtheit

---

1407 So MüKo-*Joecks*, Einleitung, Rn. 110 u. NK-*Neumann/Hassemer*, Vor §1, Rn. 342ff.

1408 NK-*Neumann/Hassemer*, Vor §1 Rn. 345Ähnl. *Murmann* 2010, S. 200 u. *Albrecht* 2007, S. 6. Im Kontext auch *Steinsiek* 2012, S. 251ff.

1409 Hierzu oben, C. I. 3. b) aa), S. 127.

1410 *Jakobs*, HRRS 2004, S. 88. Zu dieser (für ihn abgeschlossenen) Entwicklung auch *Albrecht* 2007, S. 5f.

1411 *Hassemer* 1989, S. 89.

1412 Vgl. *Naucke*, ZStW 1982, S. 564; dazu im hiesigen Kontext auch *Sander* 2007, S. 272ff.

1413 Siehe dazu näher unten, C. I. 3. c) bb) (1) (a), S. 147.

1414 Vgl. insg. *Schneider* 2004, S. 55ff. Dazu, auch mit Krit. an *Jakobs Bock*, ZStW 1991, S. 648.

der am Rechtsverkehr Teilnehmenden" abstellen.[1415] Ein derart funktionalistisches Strafrecht zeichnet sich also durch die Auflösung des „inneren Zusammenhangs von Recht und Person" (*U. Murmann*) aus.[1416] Diese Position provoziert den Vorwurf, *Jakobs* spiele den kollektive Nutzen gegen die individuelle Freiheit aus.[1417] Er argumentiert in seiner Verteidigung zweistufig:

Zunächst stabilisiere dieses Konzept die Freiheit des Individuums eben so weit, wie es die jeweilige Gesellschaft tue – somit verhalte es sich hier in keine Richtung affirmativ, sondern grds. neutral.

Dem weitergehenden Vorwurf, dadurch würde das Individuum nicht explizit durch das Strafrechtssystem geschützt, sondern der Schutz dem Belieben der Gesellschaft überlassen, hält er entgegen, dass diese Kontrastierung von Individuum und Kollektiv fehlerhaft sei: Erst die Gesellschaft mache die Konstitution eines Individuums möglich; letzteres sei also auf erstere angewiesen:[1418]

> „Trotz aller Trivialität gibt der empirische Befund eine Lehre: Es ist schief, die Konstitutionsbedingungen der Subjektivität den Konstitutionsbedingungen von Gesellschaftlichkeit entgegenzustellen i.S. von ‚hier Freiheit' versus ‚dort Kollektivismus'. Ohne funktionierende Gesellschaft fehlt es an den empirischen Bedingungen von Subjektivität. Es geht, wohl gemerkt, nicht um die Umkehrung; daß jede funktionierende Gesellschaft eine solche sei, in der Subjekte zu ihrem Recht kämen, wird nicht behauptet, sondern nur, dies aber nachdrücklich, daß es ohne funktionierende Gesellschaft nichts gibt als eine zufällige Anhäufung menschlicher Individuen, die mangels für sie verbindlicher Gemeinsamkeit, keine objektive Welt kennen und deshalb den Rahmen ihres je eigenen Empfindens auch nicht überschreiten können.[1419]

Vollzieht man diesen Gedankengang *Jakobs'* nach, zeigen sich viele problematische Ähnlichkeiten zu den Auffassungen *Schmitts*: Gesellschaft und Individuum konstituieren sich über Normen; damit dies möglich ist, bedarf es „verbindlicher Gemeinsamkeiten", also einer in gewissem Maße stabilen, homogenen Ordnung. Die notwendige Stabilität, die Homogenität ihrerseits ist durch den Staat herzustellen – für *Jakobs* v.a. durch das Strafrecht. *Schmitt* sieht es so: Im Staat verwirklicht sich eine substanzhafte Ordnung; er ist die Instanz, die die Normen durchsetzt, weshalb er dem Individuum, das durch diese konstituiert wird, vorgeht. Diese Normen bedürfen eines ausreichend „homogenen Mediums", um zu gelten – womit dem Staat die Aufgabe zukommt, Homogenität zu produzieren.[1420] *Jakobs* spricht, genau wie *Schmitt*, einer funktionalistischen Stabilisierung jeder bestehenden normativen

---

1415 Vgl. *Hassemer* 1989, S. 9.
1416 *Murmann* 2010, S. 191.
1417 Siehe hierzu unten, C. II. 2. a), S. 168.
1418 *Jakobs*, ZStW 1995, S. 849ff.; *Jakobs*, HRRS 2004, S. 91 u., grundlegend *Jakobs* 2008, S. 9ff., insb. S. 28ff.
1419 *Jakobs*, ZStW 1995, S. 849f.
1420 Zur substanziellen Ordnung oben, B. I. 4. a) bb), S. 31, zum Staat als Normverwirklicher oben, B. I. 1. b), S. 12; zum Vorrang des Staats vor dem Individuum oben,

Ordnung das Wort und blendet dabei die Frage nach einer über einen bloßen Rekurs auf deren Existenz hinausgehende Legitimität aus.[1421]

c) Die Theorie des Feindstrafrechts: Exklusion aufgrund der Gesinnung; Ausnahmerecht

Nun ist *Jakobs*' auf diesem Boden entwickeltes Verständnis des Feindstrafrechts zu beleuchten.

aa) Die Feinde: Individuen außerhalb des Rechts

Jakobs grundlegender Vorschlag ist es, zwei Strafrechtssphären zu trennen: Von einem „normalen" Bürgerstrafrecht ist ein exklusiv für Feinde reserviertes, besonders strenges Strafrecht abzusondern.[1422] Der *Feind* ist somit nicht nur namensgebend, sondern auch theoretisch essentiell; im Folgenden soll *Jakobs*' Begriff des Feindes betrachtet werden, insb. der Aspekt der Gesinnungsabhängigkeit. Ebenso gilt die Aufmerksamkeit der Frage, wie mit den Feinden umzugehen ist.

(1) Die Gesinnungsabhängigkeit

Bei einem Strafrecht, das nur für bestimmte Individuen gilt, hängt die Anwendung von Normen vom Täter, nicht der Tat, von seiner Gesinnung, nicht der verübten Handlung ab; das Feindstrafrecht ist damit grds. ein Täter-, kein Tatstrafrecht.[1423] Dieser starke Subjektbezug ist ein Alleinstellungsmerkmal des Feindstrafrechts, auch im Vergleich zu anderen modernen Strafrechtstheorien.[1424]

Als Grund dafür nennt *Jakobs* die dem präventiven Rechtsgüterschutz geschuldete[1425] Tendenz der Subjektivierung, das Abstellen auf die innere Seite des Täters; eine

---

B. I. 4. c) cc), S. 44 u. zur Notwendigkeit der Homogenität zur Wirksamkeit der Normen oben, B. I. 2. b) ee), S. 20.

1421 Vgl. zu Jakobs die Nachweise oben, Fn. 1417, zu *Schmitts* Präferenz der Ordnung nur oben, B. I. 1. a) cc), S. 11.

1422 Siehe oben, C. I. 3. a) aa), S. 124.

1423 So auch *Fiandaca* 2010, S. 26; *Sinn* 2010, S. 240; *Donini* 2010, S. 312f. u. *Donini* 2007, S. 58; *Crespo* 2010, S. 400; *Hefendehl*, StV 2005, S. 157; *Krauß* 2006, S. 85; *Cancio Meliá*, ZStW 2005, S. 286f.; *Zöller* 2009, S. 283; *Müssig* 2007, S. 1051; *Jäger* 2011, S. 79; S/S-*Lencker/Eisele*, Vor § 13ff., Rn. 5a; *Rosenau*, Comparative Law Review 2008, S. 43; *Muñoz Conde* 2007, S. 22; *Ambos* 2010, S. 363; *Marzahn* 2011, S. 106ff., insb. S. 111. Insg. auch *Jasch* 2006, S. 268 u. *Heinrich*, ZStW 2009, S. 116 m.w.N. in Fn. 116, die – *Jakobs*' auf deskriptiver Ebene zust. – diese Entwicklung zum Täterstrafrecht auch realiter ausmachen. Dazu auch unten, C. II. 3. c), S. 177, dort auch zu der Verwendung der Begriffe Täter- und Gesinnungsstrafrecht in Fn. 1812.

1424 *Saliger* 2010, S. 214 nennt das Risiko-, das Sicherheits-, das Gefährdungs- u. das nachpräventive Strafrecht. Für ihn ist diese Besonderheit auch der Grund für die heftigen Reaktionen auf *Jakobs*' Theorie.

1425 Dazu oben, C. I. 2. c), S. 121 u. *Singelnstein/Stolle* 2011, S. 69.

solche zeige sich z.B. am Schuldprinzip, der Täterorientierung und der Personalisierung des Unrechts. Auch könne man annehmen, dass die Vorfeldkriminalisierung ihrerseits der Subjektivierung Vorschub leistet.[1426] Zwar kenne jedes nicht-totalitäre Strafrechtssystem einen dem rechtlichen Zugriff entzogenem Internbereich – den „Bereich der cogitationes", sei es auch nur der fehlenden Kontrollierbarkeit geschuldet.[1427] Letztlich sei dieser Internbereich aber nicht derart natürlich vorgegeben, dass die Grenze stets entlang der „menschlichen Haut" verlaufen müsse, also damit Gedanken zwingend jenseits des Zugriffs liegen. Vielmehr gehe es, wie schon dargestellt[1428], um eine normative Bestimmung, die die Gesellschaft vornimmt – und dies zugunsten einer effektiven Erwartungssicherung auch muss.

Man könne den Internbereich entweder verengen, so dass auch bestimmte Gedanken *verlangt* werden können (was bspw. bei engen Intimbeziehungen, Religionsgemeinschaften, aber auch totalitären Staaten geschehe), aber auch erweitern, so dass auch Außerkörperliches (Kleidung, soziale Kontakte, die Wohnung etc.) umfasst ist.[1429] Schon 1985 führt *Jakobs* aus, die

> „Behandlung des Überzeugungstäters hängt nicht nur von der Überzeugungsstärke ab, sondern auch vom Überzeugungsinhalt und seiner Entstehung. [...D]ie subjektive [...] Befangenheit in einer systemfeindlichen Ideologie belastet (den Terroristen aus Überzeugung)."[1430]

Das Feindstrafrecht nimmt eine solche Modifikation der gezogenen Grenze insoweit vor, als dass es für die Frage, wer die dem härteren Zugriff ausgesetzten Feinde sind, auf gesinnungsspezifische Aspekte abstellt. Wer ist nun ein Feind? *Jakobs*' inzwischen beinahe klassische Formulierung:

> „Der Feind ist ein Individuum, das sich in einem nicht nur beiläufigen Maß in seiner Haltung (Sexualdelikte; auch schon der alte ‚gefährliche' Gewohnheitsverbrecher nach § 29a StGB [a.F., F.F.] oder seinem Erwerbsleben (Terrorismus, organisierte Kriminalität, abermals Rauschgiftkriminalität, schon das alte ‚Mordkomplott'), also jedenfalls vermutlich dauerhaft vom Recht abgewandt hat und insoweit die kognitive Mindestsicherheit personellen Verhaltens nicht garantiert und dieses Defizit durch sein Verhalten demonstriert."[1431]

Trotzdem hier noch eine Demonstration durch das Verhalten verlangt wird, also ein äußerlicher Anknüpfungspunkt nötig ist, kommt es entscheidend auf die innere Haltung[1432] der Strafrechtssubjekte an: Es geht um Individuen, die sich innerlich

---

1426 Vgl. insg. *Jakobs,* ZStW 1985, S. 752.
1427 Vgl. *Jakobs,* ZStW 1985, S. 753f., auch für das Zitat.
1428 Vgl. hierzu oben; C. I. 3. b) aa), S. 127.
1429 Vgl. *Jakobs,* ZStW 1985, S. 753ff.
1430 *Jakobs,* ZStW 1989, S. 522.
1431 *Jakobs* 2000, S. 52. Zu fortschreitenden Radikalisierung von *Jakobs* Thesen hier *Sander* 2007, S. 259.
1432 Explizit *Jakobs* 2012a, S. 21.

vermutlich dauerhaft vom Recht abgewandt haben. Zwar stellt *Jakobs* neben die *Abwendung aufgrund der Haltung* die *aufgrund des Erwerbslebens* (wobei sich die Frage aufdrängt, ob *Terroristen* nicht besser dort als hier hätten eingeordnet werden müssen – *Jakobs hat* später eine dritte Kategorie neben der *Haltung* und dem *Erwerbsleben* aufgemacht, die *Einbindung in eine Organisation*, und zwar „beim Terrorismus, bei organisierter Kriminalität, schon bei der Verbrechensverabredung, § 30 StGB“[1433]. Auch irritiert die Einbeziehung von Sexualstraftätern, da diese weder in das typische Bild des Feindes als einer in eine Organisationen eingebundene Person passen[1434] und auch die eindeutige Opposition gegen die Rechtsordnung, die Feinde auszeichnen, vermissen lassen. Zwar bricht ein Sexualstraftäter Gesetzte und verletzt Rechtsgüter auf immense Art und Weise, inwiefern er sich *bzgl. der Feind-Eigenschaften* bspw. von einem sonstigen Gewaltverbrecher unterscheidet, wird nicht klar.[1435]). Dennoch geht es nicht primär um äußerlich begangene Taten, sondern die (unterstellte) *Abwendung*, also etwas rein Subjektives. Auch fällt auf, dass sich die Tendenz zur Subjektivierung bei *Jakobs* im Lauf der Zeit verstärkt: Während es in der o.g. Definition des Feindes noch darauf ankam, dass sich die subjektive Abwendung vom Recht auch objektiv widerspiegelt, verzichtet er in neueren Beiträgen auf diese Einschränkung.[1436] Hierauf weist z.B. auch *Marzahn* hin, der bemerkt, dass auch ein Festhalten an der Notwendigkeit der äußeren Manifestation insofern keinen erheblichen Unterschied mache, als die Kategorie der *äußeren Demonstration einer inneren Abwendung vom Recht* völlig unklar ist.[1437]

(2) Die Depersonalisierung und die Exklusion der Feinde

Beim Feindstrafrecht geht es also um Individuen, die aus Gründen der Gesinnung und zum Zweck der Prävention und des Rechtsgüterschutzes einem schärferen staatlichen Zugriff ausgesetzt sind. *Jakobs* bezeichnet sie nicht als Personen im Recht, sondern *Unpersonen.*[1438] Sie sind keine Adressaten der gesellschaftlichen Kommunikation[1439], sie bieten keine ausreichende kognitive Untermauerung.[1440] Die Gesellschaft ist bei *Jakobs* aber durch Kommunikation konstituiert; dementsprechend verfolgt die Bekämpfung der Feinde das Motiv, die tatsächlichen Bedingungen der

---

1433 Vgl. *Jakobs,* HRRS 2004, S. 92. Eine aktuelle Formulierung bei *Jakobs,* HRRS 2006, S. 293.

1434 So z.B. *Krauß* 2006, S. 90, 92.

1435 Hierzu *Marzahn* 2011, S. 33f.; *Rosenau,* Comparative Law Review 2008, S. 38 u. *Steinsiek* 2012, S. 219). Skepsis auch bei *Donini* 2007, S. 42; er leitet dies aber von der zumindest auch *bessernden* Rechtsfolge ab.

1436 So z.B. *Jakobs,* HRRS 2004, S. 92.

1437 Vgl. *Marzahn* 2011, S. 26ff., 37, 44f. Ähnl. *Hörnle* 2010, S. 98f. Zur Radikalisierung *Jakobs' Sander* 2007, S. 259.

1438 Jakobs weist darauf hin, dass auch dieser „drastische“ Begriff als Idealtypus zu verstehen ist. Dazu oben, Fn. 1214.

1439 Siehe oben, C. I. 3. b) cc) (2), S. 135.

1440 Hierzu schon oben, C. I. 3. b) aa), S. 127 u. vertiefend unten, C. I. 3. c) aa) (3), S. 143.

Rechtsgeltung herzustellen, die Konstitution der Gesellschaft zu ermöglichen und zu schützen.[1441] Symptomatisch ist der Umgang mit ihnen: Wie erwähnt[1442] wird auf Feinde nicht primär mit normativen, sondern mit tatsächlichen Mitteln, mit körperlichem Zwang, reagiert. Dies lt. *Jakobs*, da man nicht mehr auf ihre Ansprechbarkeit durch Kommunikation, damit ihre Personalität, vertrauen kann.[1443]

Dies verlangt, dass der Feindbekämpfung keine normativen Hürden im Weg stehen, bspw. freiheitsichernde Grundrechte, wie sie Bürgern zugute kommen und die den Staat z.B. dazu verpflichten, prozessuale Garantien einzuhalten und verhältnismäßige Strafen auszusprechen. Auch wenn der Umgang mit den Feinden möglicherweise – nicht zwingend – rechtlich fixiert ist, werden sie *aus dem Rechtskreis ausgeschlossen*, sei es auch nur partiell. Dabei betont *Jakobs* selbst, dass die Einschränkung einer nur „teilweisen" Exklusion das Problem nicht zu „verniedlichen" vermag.[1444] Die Vorstellung eines nur teilweisen Ausschlusses bezeichnet *Gössel* als theorie-interne Inkonsequentheit: Wer außerhalb des Rechts stehe, habe nun einmal *keine* Rechte.[1445] So formuliert *Jakobs* letztlich eindeutig: „[E]s handelt sich [...] um die rechtliche Regelung einer *Exklusion*".[1446] Der Feind wird zum Objekt der Staatsgewalt, wird „fremdverwaltet".[1447] Er verliert seine Rechte; seine Pflichten, insb. die, ausreichende Erwartungssicherheit zu garantieren, bleiben ihm allerdings aufgebürdet; dies verlangt die theorieinterne Logik: Fehle es an einer rechtlichen Verpflichtung, könnte man den Betreffenden nicht als Verbrecher ansehen; so entfiele der Anknüpfungspunkt für *Jakobs*' gesamte Konzeption.[1448] Wie bei *Schmitt*[1449] geht es bei *Jakobs* also insgesamt um eine normative Exklusion zwecks körperlicher Bekämpfung von Feinden der Gesellschaft.

Insofern die exkludierte (vormalige) Person ihre Bringschuld[1450] nicht erfüllt und damit selbst den Anlass für die Behandlung als Feind bietet, spricht *Jakobs* auch von einer *Selbstexklusion*.[1451] Wegen dieser Freiwilligkeit konfligiere die Depersonalisierung

---

1441 Siehe hierzu *Müssig* 2007, S. 1048 u. allg. schon oben, C. I. 3. b) aa), S. 127.

1442 Dazu oben, C. I. 2. b) aa), S. 120.

1443 Vgl. *Jakobs* 2008, S. 81f. Hierzu auch *González Cussac* 2007, S. 16.

1444 Hierzu *Jakobs*, HRRS 2006, S. 294; Zu den verschiedenen Graden des der Exklusion *Jakobs* 2008, S. 82f.

1445 Vgl. *Gössel* 2010, S. 56. Krit. auch *Thiée* 2006, S. 201f.; *Greco* 2010, S. 47 u. *Bung* 2006, S. 259, Fn. 4.

1446 *Jakobs* 2000, S. 53 [Herv. F.F.].

1447 *Jakobs*, ZStW 2005c, S. 843.

1448 *Jakobs*, HRRS 2006, S. 293.

1449 Zu seiner Position siehe oben, B. I. 3. b), S. 28.

1450 Sich so zu verhalten, dass im großen und ganzen von Rechtstreue auszugehen ist, vgl. oben, C. I. 3. b) bb), S. 131.

1451 Vgl. *Jakobs*, HRRS 2006, S. 293; *Jakobs* 2010b, S. 83; *Jakobs*, HRRS 2006, S. 293f., zust. *Polaino Navarrete* 2007, S. 549.

auch nicht mit der Menschenwürde.[1452] *Jakobs* selbst gesteht allerdings ein, dass dies nur vordergründig gelte, was zugleich seine Argumentation zur Menschenwürde einschränkt: Selbstexklusion heiße nicht, dass die *Entscheidung* über den Ausschluss beim jeweiligen Menschen liege, denn die

> „Gesellschaft entscheidet selbst, wer in sie eingeschlossen ist und wer nicht [...] und – beiläufig – der Feind würde es wohl in der Regel vorziehen, eingeschlossen zu bleiben. Zudem entscheidet die Gesellschaft, *inwieweit* sie ein- oder ausschließt, und sie entläßt auch den hartnäckigen Verbrecher nicht aus seiner Pflicht, kein Verbrechen zu begehen."[1453]

Dies offenbart einen weiteren wichtigen Aspekt: Es kommt für die Exklusion auf die Perspektive der Gesellschaft an[1454] – diese trifft eine selbstgenügsame, souveräne, rechtlich ungebundene,[1455] damit politische[1456] *Entscheidung*[1457] darüber, wer ein Feind ist. Hier schimmert deutlich der Geist *Schmitts* durch, der die (die Gesellschaft

---

1452 Zur Kritik unten, C. II. 5. a), S. 183. Vielmehr würde man den Menschen als Person nicht ernst nehmen, würde man diese Verantwortung unterschlagen, vgl. *Jakobs* 2010c, S. 169. Ähnl. auch *Schick,* ZIS 2012, S. 58.

1453 *Jakobs,* HRRS 2006, S. 294. hierzu auch oben, C. I. 3. b) bb)), S. 131: Die Frage, wer Person ist, ist auch eine *gesellschaftliche.* Krit. zur „Selbstexklusion" unten, C. II. 5. a), S. 183.

1454 Für *Jakobs* 2008, S. 86, kommt es für die Exklusion auf die *tatsächliche Verfassung der Gesellschaft* an.

1455 Hierzu *Jakobs,* HRRS 2006, S. 294: „Was die Exklusion von den Rechten und in diesem Sinn die Entrechtlichung angeht, so kann die Gesellschaft freilich ihre Entscheidung nicht abgehoben von dem alltäglich Praktizierten und in dem Sinne von ihrer eigenen Wirklichkeit treffen, wenn das Ergebnis zur Orientierung in eben dieser alltäglichen Praxis taugen soll. Salopp gesprochen, eine abstrakt gedachte Gesellschaft kann zur Person im Recht erklären, ‚wen, genauer: was (!) sie will', aber gerade diese ‚Beliebigkeit' nimmt ihr die Orientierungskraft in der alltäglichen Praxis. Eine wirklich stattfindende Gesellschaft kommt um eine mehr oder weniger umfassende Exklusion der hartnäckigen Gegner nicht herum. Aber das Feindstrafrecht bleibt doch insoweit *Recht,* als es die Bürger ihrerseits, genauer, *den Staat,* seine Organe und Funktionäre, bei der Bekämpfung der Feinde bindet. Feindstrafrecht ist eben kein Regelwerk zur grenzenlosen Vernichtung, sondern ist im klug verwalteten Rechtsstaat eine *ultima ratio,* die bewußt als Ausnahme angewandt wird, als etwas, das nicht zu dauerndem Gebrauch taugt. Um zu dieser Selbstbescheidung zu kommen, ist es freilich erst einmal nötig zu wissen, was man bei feindstrafrechtlichen Regeln ‚in der Hand hält'. Die vielleicht gutgemeinte, aber gewiß nicht gute Annahme, alles Recht sei stets jedermann gegenüber Recht, weil das nicht anders sein *dürfe,* vertuscht in ihrer einfältigen Zeichnung der Lage die – mehr oder weniger umfassende – Exklusion des Feindes, was seine *Rechte* angeht, und damit das Warnzeichen der Ausnahme." Dazu ausführlich unten, C. I. 3. c) cc), S. 157.

1456 Hierzu *Marzahn* 2011, S. 46ff.

1457 Den Aspekt der *Entscheidung* betont *Aponte* 2006, S. 146.

konstituierende) Entscheidung über Freund und Feind ebenfalls als rechtlich ungebundene Dezision betrachtet, die ihrerseits jedoch eine Geltungsbedingung der Wirksamkeit des Rechts darstellt[1458].

(3) Die Notwendigkeit, Feinde zu bekämpfen

Aus dem Vorhergehenden ergibt sich, dass *Jakobs* die Unterscheidung von Personen und Feinden sowie die Exklusion letzterer als eine *Notwendigkeit* auffasst: Die Kategorie des Feindes wirkt für ein Feindstrafrecht präskriptiv.[1459] So birgt schon die Unterstellung der *Selbstexklusion der Feinde* einen legitimatorischen Effekt (Hier fällt auf, dass der Topos des *Selbst*verschuldens bei *Jakobs* auch andernorts legitimierend wirkt, z.B. bei seinen Ausführungen zum Dilemma *des Bretts des Karneades,* wo ein Schiffbrüchiger den anderen von der nur einen der beiden tragenden Planke stößt, auf die beide zunächst den gleichen Anspruch haben: Diese Tat dürfe nicht geahndet werden, da der Täter die Situation nicht selbst verursacht habe; anders sei es z.B. bei einem zum Tode verurteilten Mörder, der seinen Henker töte. Obwohl es auch dort um die Tötung eines Menschen zur Rettung des eigenen Lebens gehe, habe sich dort der Täter den Konflikt selbst zuzuschreiben.)[1460] Noch stärker in diese Richtung wirkt das Konzept der *kognitiven Untermauerung,* die für die tatsächliche Gesellschaftsbildung und Geltung des Rechts essentiell sei; so gehe es letztlich nicht um bloße Normativität, sondern um Faktisches, die tatsächliche Nutzung des Rechts, die für die Stillung realer menschlicher Bedürfnisse, insb. solcher nach Sicherheit, notwendig ist. *Jakobs*:

> „Etwa auf die Frage, wie man mit einem teuren Sportfahrrad verfahren soll, mit dem man zur Universität gefahren ist, lautet die Antwort: ‚Wo es auch herumstehen wird, es *darf* nicht gestohlen werden, und sollte es doch gestohlen werden, *soll* der Dieb bestraft werden,' etc. Die fragende Person richtet sich danach und stellt das Rad unverschlossen ab; es wird gestohlen, aber die Auskunft war richtig; denn es *durfte* nicht gestohlen werden und der Dieb, der unerkannt verschwunden ist, *soll* bestraft werden, etc."[1461]

Die nötige Zuschreibung von Rechtstreue könne nicht dauerhaft kontrafaktisch, also trotz fortgesetzter Rechtsgutsverletzungen insb. durch notorische Rechtsbrecher, durchgehalten werden. Um dem vorzubeugen, bedarf es einer *sichernden und abschreckenden* Strafe – und diese ist eben an Feinde, nicht an Bürger adressiert. Zentral ist dabei, dass ein Feind in *Jakobs*' Zuschnitt gefährlich ist, dass er

---

1458 Siehe zu *Schmitt* oben, B. I. 3. b), S. 28 u. oben, B. I. 2. b) ee), S. 20. Auf diese Parallele weisen auch *Müssig* 2007, S. 1045; *Marzahn* 2011, S. 42 u. *Zabel* 2005, S. 344 hin.

1459 Dazu *Neumann* 2006, S. 303 Dazu, ob *Jakobs* präskriptiv oder deskriptiv argumentiert oben, in Fn. 1270 u. 1267.

1460 Vgl. *Jakobs* 2008, S. 103f. Allg. auch oben, C. I. 3. c) aa) (2), S. 141.

1461 *Jakobs,* HRRS 2006, S. 290f. Siehe hierzu auch *Jakobs* 2008, S. 51, *Jakobs* 2008, S. 80 (mit weiteren Bsp.) und oben, C. I. 3. b) aa), S. 127. *Jakobs* zust. *Polaino Navarrete* 2007, S. 532ff.

„wütet“[1462], sich nicht unter das Recht zwingen lässt. *D. Klesczewski* erkennt darin die säkularisierte Rückkehr der Vorstellung des „menschlichen Hangs zum Bösen“, i.S.d. Religionphilosophie;[1463] diese Deutung zeigt nebenbei eine Parallele zu *Schmitts* ebenfalls religiös aufgeladenem Bild des Feindes[1464]. In *Jakobs*' säkularisiertem – systemtheoretisch inspiriertem – Verständnis ist der Feind eine das Rechtssystem störende *Umwelt.*[1465] *Jakobs* selbst hat seine drastische Konsequenz

> „[n]ochmals anders formuliert: Ein Individuum, das sich nicht in einen bürgerlichen Zustand zwingen läßt, kann der Segnungen des Begriffs der Person nicht teilhaftig werden.“[1466]

Somit muss der Feind bekämpft werden; der Staat *dürfe* Feinde nicht als Personen im Recht behandeln, da er sonst das (noch näher zu betrachtende) *Recht auf Sicherheit* der Bürger verletze.[1467]

Den Unterschied zwischen – wenn auch verbrecherischem – Bürger und – zu bekämpfendem – Feind[1468] verdeutlicht *Jakobs* an einem Beispiel: Tötet ein gieriger Neffe seinen Erbonkel, gehe daran „kein Staat zu Grunde“,[1469] die Tat richte sich gerade nicht gegen dessen Bestand; vielmehr setzt sie selbst, um Sinn zu ergeben, Staat und das verletzte Recht voraus: Der Neffe hoffe selbst darauf, nach dem Erbfall den rechtlich organisierten Eigentums- und Lebensschutz des Staates zu genießen. Dadurch sei seine Tat selbstwidersprüchlich, er behaupte eine denkunmögliche Welt und spreche „schon wegen der Inkonsistenz seiner Maxime das Urteil selbst“. Hier muss die Normgeltung nicht kontrafaktisch aufrechterhalten werden; es gilt bloß, die erfolgte Norm*irritation* auszugleichen.[1470] Ganz anders liege es bei Terroristen, *Jakobs* nennt den *11. September 2001.* Diese leugneten die Rechtsordnung prinzipiell, ihr Ziel mag gar deren Vernichtung sein. Es wäre „schlechthin unangemessen“, sie als Personen zu behandeln, eben da sie jegliche persönliche kognitive Untermauerung vermissen

---

1462 *Jakobs,* HRRS 2006, S. 290.

1463 Vgl. *Klesczewski,* S. 127. Hierzu auch *Günther,* KritJ 1994, S. 144 dar.

1464 Dazu oben, B. I. 3. a) bb), S. 28.

1465 Konkret zum Feindstrafrecht hierzu *Zabel* 2005, S. 342; allg. *Vesting,* 2000, S. 2ff.

1466 *Jakobs,* HRRS 2004, S. 92.

1467 So *Jakobs,* HRRS 2004, S. 93 u. unten, C. I. 3. c) bb) (1), S. 147. Ähnl. *Polaino Navarrete* 2007, S. 542f.

1468 Siehe dazu *Polaino Navarrete* 2007, S. 529f.

1469 Diese empirisch orientierte Argumentation ist angreifbar: Bisher ist die Bundesrepublik *de facto* an keinem Terroristen „zugrunde gegangen“. Das Argument andersherum gewandt: Würde *jeder* Neffe seinen Erbonkel töten, stünde es um die Existenz des Staates durchaus schlecht. Siehe zu dieser Frage auch unten, an Fn. 1483.

1470 Vgl., auch für die wörtlichen Wiedergaben, *Jakobs,* HRRS 2004, S. 91. Zur Widersprüchlichkeit der so postulierten Welt u. der Notwendigkeit, darauf mit Strafe zu reagieren, auch *Jakobs* 2008, S. 112.

ließen, sie die Rechtsgeltung also besonders gefährden.[1471] *Jakobs* spricht von Dingen, die man „gegen Terroristen tun *muß*, wenn man nicht untergehen will“[1472].

Die Notwendigkeit der Erwartungssicherheit legitimierte auch schon für den frühen *Jakobs* (vor der „affirmativen Wende“[1473]) Strafnormen mit einem vorgelagerten Schutzgut wie bspw. dem öffentlichen Frieden oder Rechtsfrieden[1474]:[1475] Geschützt werde letztlich nicht etwas diffuses wie das *Klima*, sondern die Erwartungshaltung der Gesellschaft und damit die Geltung der jeweils flankierten Hauptnormen (z.B. die der Tatbestände, deren Androhung von § 241 StGB erfasst ist).[1476] Diese – und damit die Gesellschaft – seien unabhängig von konkretenen Angriffen auf ihr Rechtsgut bereits dann gefährdet, wenn ein Täter aus seinem privaten Bereich heraustritt und Einfluss auf die Erwartungshaltung der übrigen Gesellschaftsmitglieder nimmt.[1477]

Die kognitive Untermauerung wird, wie schon erwähnt, von tatsächlichen Gefährdungspotentialen entkoppelt. Es kommt nicht auf konkrete Taten, sondern das Normvertrauen der Gesellschaft an.[1478] Daraus folgt, dass die Legitimität einer Strafnorm davon abhängt, ob sich die Öffentlichkeit durch das pönalisierte Verhalten bedroht *fühlt;* die Frage einer tatsächlichen Bedrohung tritt in den Hintergrund, trotzdem *Jakobs* auch auf dieser Ebene argumentiert. Gerade als „böse“ stigmatisierte Feinde bergen dieses Potential, Bedrohungsgefühle zu schüren (v.a. die auch von *Jakobs* genannten Sexualstraftäter und eben Terroristen); so scheint deren Bekämpfung i.S. eines Täterstrafrechts, also auch unabhängig von konkret begangenen Taten, als legitim.

Nötig sei die Bekämpfung der Feinde zumal, da deren Zahl vermutlich zunehmen werde. Die Gründe, die *Jakobs* für diese Tendenz nennt, sind bezeichnend: Der modernen Gesellschaft gingen verbindende Gemeinsamkeiten ab. Es fehle an Stützungen einer staatskonformen Religion, der Familie und der Nationalität.[1479] Hinzu komme die „Sprengkraft sogenannter Multikulturalität“, die in ihrer gefährlichen Ausformung dafür sorge, dass gerade die Unterschiedlichkeiten die Identität der Gesellschaftsmitglieder präge. Dies führe dazu, dass man seine Identität am Recht vorbei aufbauen könne, so dass das Recht „zum bloßen Instrument des

---

1471 Vgl. *Jakobs,* HRRS 2004, S. 92.

1472 Vgl. *Jakobs,* HRRS 2004, S. 92. Ähnl. *Jakobs,* ZStW 2005c, S. 851 u. *Jakobs* 2010c, S. 181, insb. Fn. 66 u. *Jakobs,* HRRS 2006, S. 289f. Vgl. auch oben, Fn. 1462 u. unten, Fn. 1483. Krit. bei *Krauß* 2006, S. 100.

1473 Seinen ersten Veröffentlichungen wird ein kritischer, deskriptiver Ansatz zugeschrieben, siehe oben, C., S. 117.

1474 Dazu unten, E. I. 2. a), S. 231.

1475 Dazu *Heinrich,* ZStW 2009, S. 97,

1476 Siehe dazu auch *Jakobs,* ZStW 1985, S. 777f., zum Konzept der flankierenden Normen oben, an Fn. 1265.

1477 Siehe *Jakobs,* ZStW 1985, S. 776.

1478 Siehe oben, C. I. 3. b) aa), S. 127.

1479 Dies seien heute nur noch „eher zufällige Eigenschaften“, vgl. *Jakobs* 2000, S. 52, auch zum Folgenden.

*Neben*einanderlebens degradiert" werde, und wie jedes Instrument aufgegeben, wenn man es nicht mehr brauche.[1480] Dazu bemerkt u.a. *Ambos* treffend, dass Menschen aus fremden Kulturkreisen für *Jakobs*' wohl keine hinreichende kognitive Untermauerung böten, was wiederum Parallelen zu *Schmitts* Pluralismusskepsis offenbart.[1481] Diese Parallele sieht auch *Uwer*, der weiterhin feststellt, dass diese Perspektive den Rahmen von *Jakobs* egtl. streng theoretisch angelegten Abhandlungen sprengt; er konstatiert, *Jakobs* zeichne hier das Bild einer „feindseligen Gesellschaft" nach.[1482]

Seine Argumentation noch einmal Zusammengefasst: Die Gesellschaft konstituiert sich über Normen; nicht-rechtliche Normen verlieren – aufgrund des Pluralismus' – ihre verbindende Kraft, die Zahl derer, die sich innerlich vom Recht abwenden, nimmt zu; darunter leidet das gesamtgesellschaftliche Rechtsvertrauen, damit eine Bedingung der Existenz des Staates. Daher sind diese *Feinde* zu bekämpfen, notfalls mittels Entzug der sonst üblichen rechtlichen Standards. Die Ähnlichkeit zu *Schmitts* Position drängt sich auf. Auch argumentiert *Jakobs* hier an vielen Stellen eher faktisch-orientiert; seine Ausführungen sind, nebenbei, auch auf dieser tatsächlichen Ebene angreifbar. So bleibt er den Beweis, dass ohne Vorfeldkriminalisierung, unproportionale Strafen, fehlende rechtsstaatliche Garantien, ohne Bekämpfung *qua* Exklusion aus dem Rechtskreis *de facto* ein Untergang der Gesellschaft droht, schuldig. *Asholt* vermisst einen wissenschaftlichen Beweis für *Jakobs*' Untergangsthese; *Morguet* weist zurecht darauf hin, dass *Jakobs* die Geeignetheit des Feinstrafrechts bloß „stillschweigend" voraussetzt.[1483] *Jakobs* Thesen erscheinen insgesamt als entweder von Angst geprägter oder aus rechtspolitischen Absichten heraus betriebener „Alarmismus".[1484]

bb) Überpositive und außerstaatliche Legitimation des Feindstrafrechts

Jakobs versucht also zu begründen, warum man Feinde bekämpfen muss, *um* die Geltung des Rechtssystems zu erhalten. Eine andere Frage ist es jedoch, *ob* es Gründe dafür gibt, das bestehende Normsystem zu konservieren. Bei der Betrachtung der Staatstheorie *C. Schmitts* wurde festgestellt, dass er den Schutz des momentan bestehenden Systems auf überpositive Argumentationsmuster, auf die Vorstellung einer dem Recht vorhergehenden, staatlichen Substanz stützt.[1485]

1480 Vgl. *Jakobs* 2000, S. 52f.

1481 Vgl. *Ambos* 2010, S. 364; zu *Schmitt* oben, B. I. 2. b) ee), S. 20). Ähnl. *Aponte* 2006, S. 150.

1482 Vgl. *Uwer* 2006, S. 39ff.u. *Marzahn* 2011, S. 147.

1483 Vgl. *Morguet* 2009, S. 201; *Asholt*, ZIS 2011, S. 182, Fn. 17; *Marzahn* 2011, S. 156f. u. *Schößler* 1997, S. 205.

1484 So *Prittwitz* 2007, S. 235; vgl. auch *Bung* 2006, S. 70 u. *Muñoz Conde* 2007, S. 50.

1485 Siehe hierzu bspw. oben, B. I. 4. c) bb) (2), S. 42.

Wie gesehen, betrachtet *Jakobs* das Strafrecht funktionalistisch[1486]; dessen primäre Aufgabe sei der Schutz des Normbestands der Gesellschaft. Obwohl dies nach einer rechtspositivistischen Position klingt – die ihm auch oft zugeschrieben wird[1487] – und *Jakobs* selbst betont, bloß das „geltende Recht" zu betrachten[1488], soll nun gezeigt werden, dass auch hinter seiner Auffassung überpositive Legitimationsmuster stehen, die ihrerseits auf der Vorstellung einer staatlichen Substanz basieren. Nebenbei lässt sich der oft betonte, strenge Gegensatz von *funktionalistischer* (also: *Jakobs*'scher) und *ontologischer* Strafrechts*dogmatik* nicht hierauf übertragen, insoweit sich bei *Jakobs* eine funktionalistische Haltung mit den Vorstellungen einer *staatliche Substanzontologie* verbindet;[1489] *Jakobs*' Funktionalismus lässt sich nur mit dem Rekurs auf eine staatliche Substanz erklären.

(1) Das Recht auf Sicherheit als Selbsterhaltungsrecht, Marginalisierung des positiven Rechts

Jakobs argumentiert mit einem *Recht auf Sicherheit*, das verletzt werde, wenn der Staat seine Feinde nicht bekämpft; ein feindstrafrechtliches Vorgehen sei daher nicht nur erlaubt, sondern sogar *geboten.*[1490] Hier öffnet sich die Tür zu diesem v.a. staatsrechtlich stark umstrittenen Postulat.[1491] Das Konzept des *Rechts auf Sicherheit* in heutiger Form stammt von *J. Isensee*, auf den sich auch *Jakobs* beruft.[1492] Nun ist dies auf eine substanzhafte und überpositive Argumention zu untersuchen.[1493]

1486 Siehe oben, C. I. 3. b) dd), S. 136.

1487 Bspw. *Hirsch* 1992, S. 44. bezeichnet ihn als „Neonormativisten" u. damit als Teil einer Schule, die i.S.d. Rechtspositivismus nur das jeweils „geltende nationale Recht" betrachtet.

1488 *Jakobs* 1993b, S. VIIf., dort mit einer Erläuterung seiner normativen Herangehensweise.

1489 Zu diesen Gegenüberstellungen *Cerezo Mir* 2005, S. 101 u. *Roxin* 2006, § 7 C, Rn. 26; siehe auch die Verabschiedung einer „ontologisierenden Strafrechtsdogmatik" durch *Jakobs* 1993b, VII selbst. Hierzu, auch zur Relativierung dieses Gegensatzes *Lampe* 1999, S. 83ff. Zum Begriff auch oben, Fn. 309.

1490 Vgl. *Jakobs*, HRRS 2004, S. 93; *Jakobs*, ZStW 2005c, S. 847; *Jakobs*, HRRS 2006, S. 297.

1491 Zum Zusammenhang von *Feindstrafrecht* u. *Recht auf Sicherheit Marzahn* 2011, S. 151ff.; *Morguet* 2009, S. 191 u. *Zöller* 2009, S. 273 u. *Hassemer*, JJZG 2008/2009, S. 355.

1492 So z.B. *Jakobs*, HRRS 2004, S. 90, Fn. 22.

1493 *Isensee* 1995, insb. S. 137, 146 u. 150 (u. das Zitat unten, in Fn. 1550) vertritt allg. ein substanzhaft-ontologisches Staatsverstndnis i.S. *Schmitts* u. grenzt sich explizit von *Kelsen* ab. Dazu z.B. *Bertuleit* 1994, S. 50.

(a) Exkurs: J. Isensees Grundrecht auf Sicherheit

Grundlegend hat *Isensee* sein Konzept in einem Vortrag vor der Berliner Juristischen Gesellschaft im Jahr 1982 entwickelt:[1494] Er wendet sich dort gegen die klassische Auffassung, Grundrechte dienten bloß der Abwehr des Staates („Staatsabwehrdoktrin"); prominent wurde eine solche Auffassung im *dissenting vote* zur *Schwangerschaftsabbruch-I*-Entscheidung von *H. Simon* und *W. Rupp-v. Brünneck* vertreten[1495]. Dies verkürze und „pervertiere" die Wirkung der Grundrechte. Verstünde man den Staat nur als „Widersacher", nicht auch als „Garanten" von Freiheitsrechten, seien diese keine Grundlage einer staatlichen Ordnung, sondern vielmehr „Einfallstore der Anarchie". Würde der Schutz der öffentlichen vor privater Gewalt grundrechtlich abgewiesen, würden Grundrechte zu „Privilegien des Rechtsbrechers" „denaturiert"[1496]. *Isensee* ist daher der Meinung, Bürger hätten einen Anspruch auf Sicherheit i.S. eines *status positivus.*[1497] Die vermeintliche Antinomie zwischen Freiheit und Sicherheit bestünde nicht; beide seien „zwei Seiten einer Medaille"; der Staat müsse nicht nur Übergriffe auf den Bürger unterlassen, sondern auch solche von dem einen auf den anderen Bürger unterbinden[1498]. Das Fundament der Sicherung der Bürger durch den Staat sei dessen *Gewaltmonopol*, das mit einer *Friedenspflicht* der Bürger (einer „Grundpflicht"[1499]) korrespondiere; Gewaltanwendungen durch Privatpersonen sind ausgeschlossen, diese sind dem Staat vorbehalten.[1500] Alles andere führe zur Rückkehr bzw. der Überbetonung der Selbsthilfe, damit zu einer „Herrschaft der Furcht".[1501] Gerade die Freiheit von Furcht sei aber die überragende Legitimationsquelle des Staates, *Isensee* spricht von „Furcht und Vertrauen als stataskonstituierende[n] Kräfte[n]"[1502]. Zurückgehend auf *Hobbes* postuliert er, die Bürger müssten dem Staat wie einer „übermenschlichen Schutzmacht" vertrauen.[1503] Hier drängen sich nicht nur Parallelen zu der Staatsüberhöhung bei *Schmitt* (und *Jakobs*) auf, sondern gerade die zu *Jakobs*' „kognitiver Untermauerung" als Geltungsbedingung des Rechts.[1504]

1494 *Isensee* 1983, auch für die folgenden Ausführungen.
1495 Siehe BVerfGE 39, 1, S. 68ff.
1496 Jeweils: *Isensee* 1983, S. 32f.
1497 Vgl. *Isensee* 1983, S. 21. Hier geht er zurück auf *Jellineks* Statuslehre: Der *status negativus* meint die klassischen liberalen Abwehrrechte bzw. eine vom Staat unberührte Freiheitssphäre, der *status positivus* hingegen Leistungsrechte gegen den Staat; siehe dazu *Alexy* 1996, S. 229ff.
1498 Siehe *Isensee* 1983, S. 21, auch für das vorhergehende Zitat.
1499 *Isensee* 1991, S. 48. Hierzu grds. krit. *Pieroth/Schlink* 2012, Rn. 209f.
1500 Vgl. *Isensee* 1983, S. 23; auch *Isensee* 1995, S. 135.
1501 *Isensee* 1983, S. 56. Krit hierzu bei *Gusy*, VVDStRL 2004, S. 170.
1502 So die Überschrift seines Unterkapitels: *Isensee* 1983, S. 26.
1503 *Isensee* 1983, S. 26.
1504 Zum Etatismus bei *Schmitt* oben, B. I. 4. c) cc), S. 44; bei *Jakobs* unten, C. II. 2., S. 167. Zur kognitiven Untermauerung oben, C. I. 3. b) aa), S. 127.

Um nachzuweisen, dass die Herstellung der Sicherheit immer schon eine grundlegende Legitimationsquelle des Staates war, nimmt *Isensee* die

> „präpositiven Fundament[e], auf denen das positivrechtliche Normengebäude der Verfassung ruht; [die] Legitimationsideen, von denen die Institutionen des geltenden Staatsrechts abhängen“[1505]

in den Blick.[1506] Zunächst die schon erwähnte Position *T. Hobbes'*, auf die sowohl *Schmitt* als auch *Jakobs* ebenfalls rekurrieren.[1507] Dieser rechtfertigt einen mit dem Gewaltmonopol ausgestatteten *Leviathan* bekanntlich, indem er ihn einem anarchischen Urzustand gegenüberstellt – die Produktion von Sicherheit ist dann das urspr. Legitimationsmittel des Staates und *conditio* seiner Herrschaft. Dies deckt sich für *Isensee* mit der historischen Entwicklung[1508] und gelte noch heute (das politische Denken habe „keinen Weg gefunden, der an Hobbes vorbei leitet, ohne sich ins Utopische zu versteigern.“)[1509] Aus der Erkenntnis, dass der Staat die Sicherheit nicht nur schützen, sondern auch gefährden könne, entstanden zwar auch liberale Staatskonzepte; dennoch sei die Vorstellung, der Staat müsse Sicherheit herstellen, zwar ergänzt, aber nie verdrängt worden, selbst bei *J. Locke*: Stets galt Sicherheit als Fundament der Freiheit.[1510] Im politischen Denken des 19 Jh. sei dies selbstverständlich gewesen; zu Unrecht fehle dieser Aspekt in der heutigen deutschen Staatsrechtslehre.[1511]

Es gebe insgesamt drei sich ergänzende „Legitimationsschichten“: Der Schutz vor Mitbürgern (durch das Gewaltmonopol des Staates); der vor Übergriffen durch den Staat selbst (durch den liberalen Rechtsstaat) und der vor existenziellen wirtschaftlichen Notlagen (durch den sozialen Rechtsstaat).[1512] In Reaktion auf den „geschichtlich erfahrene[n] totalitäre[n] Staat“ als „dauerhaftem Feindbild“, sei die Doktrin der BRD von der zweiten, liberalen Schicht geprägt.[1513]

Dennoch kenne auch das GG grundrechtliche Schutzpflichten[1514]. So sei die Entscheidung *Schwangerschaftsabbruch I*, mit der das BVerfG derartige Pflichten bis zur Pönalisierungspflicht etablierte, diesbzgl. ein „juristischer Paukenschlag“,

1505 *Isensee* 1983, S. 3.

1506 Einen ähnl. Abriss der Ideengeschichte, aber mit Kritik am *Grundrecht auf Sicherheit,* gibt *Kutscha* 2006, S. 24ff.

1507 Siehe zu *Schmitt* nur die Einschätzung *H. Hofmanns*, oben, in Fn. 407, zu *Jakobs* oben, C. I. 3. a) bb), S. 125.

1508 *Isensee* 1983, S. 3ff.: Der moderne Staat sei zum Schutz der physischen Integrität entstanden.

1509 *Isensee* 1983, S. 5.

1510 Vgl. *Isensee* 1983, S. 6ff. Krit. zu dieser Darstellung *Bielefeldt*, S. 8.

1511 *Isensee* 1983, S. 15ff.

1512 Vgl. *Isensee* 1983, S. 19; zum Ganzen S. 17ff.

1513 Siehe *Isensee* 1983, S. 27f.

1514 So *Isensee* 1983, S. 34ff., *Isensee* 1991, S. 60ff. Dazu allg. u. zum BVerfG *Klein,* NJW 1989, S. 1633ff.

jedoch vorbereitet durch die mit dem *Lüth*-Urteil einsetzende Wert-Judikatur.[1515] Im weiteren Verlauf wurden derartige Schutzpflichten insb. bei Urteilen zur Terrorismusbekämpfung anerkannt und konkretisiert, so z.B. im *Schleyer-Urteil* und im *Kontaktsperrebeschluss*.[1516] Die Schutzpflichten seien keine „Erfindung", sondern eine „Wiederentdeckung" des BVerfG. Sie stünden auf gleichem Rang mit den Freiheitsrechten und bildeten „in ihrer Gesamtheit das Grundrecht auf Sicherheit"[1517]. Ein *Grund*recht, da einfachrechtliche Gesetze die von *Isensee* aufgezeigte Lücke nicht schließen könnten, weil diese nicht „von sich aus", „ohne Rückhalt in der Verfassung" in der Lage seien, Freiheitsrechte einzuschränken.[1518]

Dies offenbart das Motiv *Isensee*s und zeigt die Relevanz für das betrachtete Thema: Es geht bei der Statuierung der Schutzpflichten letztlich nicht um die Errichtung positiver Anspruchsrechte der Bürger gegen den Staat, sondern (wie bei *Jakobs'* und *Schmitt*) um die Legalisierung gerade eines staatlichen[1519] Eingriffs[1520] in Sphären, die diesem kraft der Grundrechte eigentlich entzogen sind.

Hier setzt die Kritik an *Isensee*s Konzept an: Die Stoßrichtung der Grundrechte wird „in ihr Gegenteil verkehrt"[1521]. Statt Schutz zu bieten, ermöglicht das *Grundrecht auf Sicherheit* Eingriffe in eigentlich geschützte Bereiche[1522] – und produziert somit nicht mehr, sondern weniger Sicherheit[1523] resp. die „Aufhebung aller individuellen Freiheit"[1524]. Das – von *Kelsen* postulierte[1525] – „Freiheitsminimum" wird normativ aufgelöst.[1526] Ganz im *Schmitt*'schen und *Jakobs*'schen[1527] Sinne

---

1515 Vgl. BVerfGE 39, 1; *Isensee* 1983, S. 28. Zu *Lüth* unten, E. II. 1. a) aa) (1), S. 266, zum Zusammenhang Fn. 2632.

1516 Siehe z.B. BVerfGE 46, 160. Dazu, insb. zur Schutzpflichtenlehre, *Hocks*, myops 2007, S. 52ff.

1517 *Isensee* 1983, S. 33.

1518 Jeweils: *Isensee* 1983, S. 32f.; S. 44. Zu den (sicherheitspolitischen) Motiven *Kniesel*, ZRP 1996, S. 485f.

1519 *Isensee* 1983, S. 36. Krit. hierzu *Weichert* 1990, S. 36.

1520 *Isensee* 1983, S. 42f.: „Denn die Schutzpflichten realisieren sich normalerweise über den Eingriff".

1521 *Kutscha* 2006, S. 32. Ähnl. *Kniesel*, ZRP 1996, S. 486 u. *Haffke*, 2005, S. 2f.

1522 So auch *Kutscha* 2006, S. 31; *Kutscha*, KritJ 1987, S. 372; *Gusy*, VVDStRL 2004, S. 168; *Weichert* 1990, S. 36; *Kniesel*, ZRP 1996, S. 485f.; *Albrecht* 2011, S. 49ff. u. *Albrecht*, KritV 2006, S. 299; *Hassemer*, Vorgänge 2002, S. 10f.; *Marzahn* 2011, S. 153ff.; *Meier* 2012, S. 148, zust.*Gierhake* 2013, S. 154; deutlich *Hansen*, KritJ, S. 241.

1523 Wegen der Unterhöhlung der die Bürger egtl. schützenden Freiheitsrechte, vgl. *Kutscha* 2006, S. 33.

1524 *Kniesel*, ZRP 1996, S. 486, ganz ähnl. *Marzahn* 2011, S. 155.

1525 Dazu z.B. oben, B. II. 1. b) bb) (1) (a), S. 66.

1526 In diese Richtung wohl *Krauß*, StV 1989, S. 317f. mit der Rede vom Staat, der nun „‚Alles im Griff hat' – eben auch die Freiheit seiner Bürger"; ähnl. auch *Marzahn* 2011, S. 153.

1527 Siehe hierzu insb. die Kritik an dessen Funktionalismus: unten, C. II. 2. b), S. 170.

erscheint die Produktion der Sicherheit als von anderen Maßstäben entkoppelter Selbstzweck.[1528]

Dies sorgt auch dafür, dass sich der Staat von der Funktion als Diener des Individuums emanzipiert, indem ihm Sicherheit „als abstrakter Wert zugeschrieben" wird, der sich im Zweifel auch gegen das Individuum durchzusetzen vermag. Nicht nur die Stoßrichtung der Grundrechte, auch das Verhältnis zwischen Staat und Bürger wird „umgekehrt". Den darin angelegten Etatismus verdeutlicht *P.-A. Albrecht*: „Staatssicherheit dient nicht mehr der Freiheit des Menschen, sondern überwiegt diese".[1529] Aus einem *Grundrecht auf Sicherheit* lässt sich für ihn daher in letzter Konsequenz ein staatlicher Anspruch auf „ordnungsgemäßes Verhalten der Bürger" ableiten.[1530] Dies wiederum harmoniert mit den vorverlagernden Aspekten von *Jakobs*' Theorie: Die Strafnormen erfassen nicht nur konkret-gefährliches Verhalten, sondern fordern eine grundsätzliche Konformität der Bürgerinnen und Bürger.[1531] Das ist wohl, was *Isensee* mit der „Friedenspflicht" meint: Die „Friedlichkeit" stellt für ihn, als Grundlage jeder staatlichen Ordnung, die „notwendig vorgegebene Grenze jedes Freiheitsgrundrechts"[1532] dar. Ein dazu spiegelbildliches, weites Verständnis des Gewaltmonopols lässt sich nach *G. Grünwald* nur vertreten, wenn man dem Staat einen *Eigenwert* zuschreibt.[1533] Auch ist die Vorstellung der bürgerlichen Friedenspflicht ein Gedanke, der mit den insb. *Schmitt*'schen, aber auch *Jakobs*'schen Homogenitätspostulaten[1534] harmoniert; insb. bezieht sich *Isensee* mit Blick auf die durch die Friedenspflicht und die Unzulässigkeit einer Dissoziation herzustellende „politische Einheit" des Staates explizit auf *Schmitt* und seine „Freund-Feind-Unterscheidung".[1535] Dies bestätigt sich, wenn dahinter z.T. eine Geisteshaltung erkannt wird, die von einer antagonistischen Scheidung der Gesellschaft in „Freunde und Feinde" ausgeht.[1536] Letztere sind im Zweifel mittels Eingriff in Freiheitsrechte zur „Friedlichkeit" zu bewegen (dies zusätzlich, i.S. *Jakobs*', bereits im Vorfeld[1537]). Somit sind *Gewaltmonopol* und *Friedenspflicht* die Mittel, mit denen der Staat seine Macht und seine Einheit begründet.[1538] Hier zeigt sich der Gegensatz zu *Kelsen*: Friedenspflicht und Gewaltmonopol gehen bei *Isensee*

1528 So *Bielefeldt*, S. 14, dort auch mit Rekurs auf *Jakobs* u. die Weimarer Position *C. Schmitts*.

1529 So *Albrecht* 2011, S. 50, dort Zitat. Hierzu *Hassemer*, JJZG 2008/2009, S. 355 u. ähnl. *Hassemer*, Vorgänge 2002.

1530 Vgl. *Albrecht* 2011, S. 50. Ähnl. *Krauß*, StV 1989, S. 317f. u. *Kniesel*, ZRP 1996, S. 486.

1531 Hierzu ausführlicher unten, C. II. 3. c), S. 177.

1532 *Isensee* 1982, S. 32. Ähnl. *Isensee* 1991, S. 46ff.

1533 Vgl. *Grünwald* 1978, S. 28f.

1534 Siehe nur die Zusammenschau: unten, D. I. 2. b), S. 201.

1535 Siehe *Isensee* 1995, S.136.

1536 So *Kutscha*, KritJ 1987, S. 372 u. ähnl. *Krauß*, StV 1989, S. 317.

1537 *Isensee* 1991, S. 49.

1538 Siehe *Isensee* 1987–1992, Rn. 71ff.; 74ff.; *Isensee* 1995, S.138 u. *Isensee* 1991, S. 47 Zu den Parallelen zu *Schmitt* auch *Bielefeldt*, S. 14f., insb. zum vermeintlichen Prä der Sicherheit vor Freiheit resp. den Freiheitsgrundrechten.

auf „präpositive" Legitimationsmittel zurück[1539], die Friedenspflicht enthalte eine „staatsethische Komponente"[1540], sei „apriorisch"[1541]. Damit wird die Befolgung der Rechtsordnung nicht mehr eine nur *rechtliche*, sondern auch eine *moralische* Pflicht (*Isensee*: „apriorische Grundpflicht" des „Rechtsgehorsam[s]"[1542]). Dies führt letztlich zu der von *Kelsen* abgelehnten „Befolgungsthese".[1543]

Diese weitreichenden Konsequenzen werden auf methodisch fragwürdige Weise produziert. *Isensee* zur Methode: „Die bloße Textgenese des Grundgesetzes hilft nicht weiter."[1544] Weiter:

> „Das genuin sozialwissenschaftliche Prinzip [des Gewaltmonopols nach *M. Weber*, F.F.] erlangt [...] verfassungsrechtliche Relevanz. Der deskriptive Begriff wandelt sich zum Rechtsbegriff. Er greift über vom Sein zum Sollen, von der Normalität zur Normativität"[1545].

Bertuleit kritisiert die Ableitung staats*rechtlicher* aus sozialwissenschaftlichen Kategorien: *Isensee* wolle sich vom Normtext, der keinen Hinweis auf ein entsprechendes „Grundrecht" biete (auch nicht der von ihm angeführte Art. 8 GG)[1546] lösen und schaffe dies durch die Aufspaltung in einen *formellen* und einen daneben existierenden *materiellen* Verfassungsbegriff.[1547] Treffend *Bielefeldt*:

> „[W]eder die Menschenrechtskonventionen der Vereinten Nationen noch das europäische Menschenrechtssystem, noch auch der Grundrechtsabschnitt des Grundgesetzes der Bundesrepublik Deutschland [bieten] für ein solches Menschenrecht (bzw. Grundrecht) auf Sicherheit starke Anhaltspunkte [...]".[1548]

Ähnlich geht *Schmitt* mit seinem „positven Verfassungsbegriff" vor[1549]. Auch *Isensee*s Rekurs auf die nirgends demokratisch rückgekoppelten Argumente *Hobbes*' ist

---

1539 Zum Zusammenhang zwischen Friedenspflicht und Gewaltmonopol zusätzlich *Isensee* 1982, zur Legitimation insb. S. 29. Siehe auch *Isensee* 1987–1992, Rn. 74ff. u. die Nachweise oben, in Fn. 1493.

1540 *Isensee* 1991, S. 40.

1541 *Isensee* 1991, S. 49.

1542 *Isensee* 1991, S. 49. Krit. dazu *Bertuleit* 1994, S. 51 u. 57.

1543 Zur „Befolgungsthese" u. *Kelsens* dieszbl. Ablehnung oben, Fn. 575. Zum Zusammenhang mit dem Überpositivismus oben, Fn. 567, zu den totalitären Implikationen insb. *Grünwald* 1978, S. 27.

1544 *Isensee* 1991, S. 42.

1545 *Isensee* 1991, S. 55.

1546 Zu Art. 8 GG *Isensee* 1991, S. 39ff. Sie hierzu auch die ähnl. Kritik an der Gleichsetzung eines weiten Gewaltbegriffs mit der „Unfriedlichkeit" i.S.d. Art. 8 Abs. 1 GG unten, in u. an Fn. 3284.

1547 Siehe *Bertuleit* 1994, S. 49f. Zur dieser Unterscheidung *Isensee* 1995, S. 150.

1548 Vgl. *Bielefeldt*, S. 13.

1549 Dazu oben, B. I. 4. a) bb), S. 31.

kritikwürdig: Er stellt den Staat *vor* die Verfassung, er ontologisiert ihn[1550] – und entzieht ihn damit der Abänderbarkeit sogar durch eine verfassungsgebende Instanz. Dies ist demokratietheoretisch problematisch[1551] und widerspricht *Kelsens* Rechtsdynamik (dessen „Staatslehre ohne Staat" *Isensee* kritisiert[1552] – eine Äußerung, mit der *Heller Kelsens* Ablehnung eines substanzhaften, über das Recht hinausgehenden Staates krtisierte – eine Kritik, die sich *Isensee* hier zu eigen macht.[1553])

So lässt sich das *Grundrecht auf Sicherheit* als „Kunstfigur"[1554] ohne positivierte Basis bezeichnen.[1555] *Isensee* hält sich mit *dogmatischen* Argumenten stark zurück, er nennt bloß die Wertjudikatur des BVerfG als Ausgangspunkt. Von diesem bis zu einem *Grundrecht auf Sicherheit* ist es jedoch ein weiter und insb. vom BVerfG selbst nie beschrittener Weg.[1556] Letztlich entwickelt *Isensee* seine Rechtsfigur aus einer Zusammenschau grundrechtlicher Schutzpflichten und „einer Subjektivierung objektiver Verfassungsprinzipien"[1557]; dies ist ein ungenügendes Fundament für die Etablierung eines derart weitreichenden „Grundrechts".[1558] Zwar gibt es weitere anerkannte Grundrechte, die nicht positiv normiert sind (bspw. das mit dem *Grundrecht auf Sicherheit* oft konfligierende *Recht auf informationelle Selbstbestimmung*[1559]),

---

1550 *Isensee* 1991, S. 50: „Gewaltmonopol und Friedenspflicht liegen als Strukturen des modernen Staates den Grundrechten der Verfassung voraus". Auch *Isensee* 1995, S. 150: „Der Staat ist vor der Verfassung. Die Priorität gilt ontologisch (mit Vorbehalt) rechtlich und i.d.R. auch historisch. Der S. ist Gegenstand der Verfassung und deren Voraussetzung, ihre räumliche, personelle und zeitliche Geltung hängt ab von der Reichweite der Staatsgewalt. Die Verfassung schafft nicht den S., sondern sie formt ihn näher aus. Sie geht aus ihm hervor. Ein neues Verfassungsgesetz ist nicht creatio ex nihilo sondern Anknüpfung an vorhandene staatliche Strukturen. Die verfassungsgebende Gewalt als solche kann keinen Anfang setzen. Sie bedarf des S. als vorgebenden Objekts und eines vorgegebenen, handlungsfähigen Subjekts, das sie ausübt. Die demokratische Doktrin setzt als souveränen Ursprung der Verfassung das Volk voraus: als vorab existierende staatliche (oder zumindest nationale) Einheit, für die nur noch die Form der politischen Existenz entscheidungsbedürftig ist." Usw. im *Schmitt*'schen Duktus. Krit. *Schuppert,* StWStP 1991, S. 130ff. Auf die Parallelen zu *Schmitt* weist auch *Preuß,* JbStuVerwWiss 1989, 456ff. hin.

1551 So auch *Bertuleit* 1994, S. 50; ähnl. *Schuppert,* StWStP 1991, S. 132.

1552 *Isensee* 1991, S. 54.

1553 *Siehe Heller* 1934, S. 67; dazu *Korb* 2010, S. 152ff.

1554 *Albrecht* 2011, S. 49.

1555 So auch *Kutscha* 2006, S. 25 u. S. 31; *Bertuleit* 1994, S. 50 u. *Marzahn* 2011, S. 153.

1556 Dazu *Gierhake* 2013, S. 155 u. 158ff.)

1557 So *Gusy,* VVDStRL 2004, S. 168. Ähnl. zu *Isensees* Methode auch *Thiel* 2011, S. 156.

1558 Krit. zu *Isensees* Ableitung des „Grundrechts auf Sicherheit" aus den o.g. Verfassungsgerichtsurteilen *Weichert* 1990, S. 34f.; *Meier* 2012, S. 147f. u. *Thiel* 2011, S. 157; *Hansen,* KritJ, S. 240; *Kugelmann* 2012, Kap. 5, Rn. 15.

1559 Zur Herleitung des Rechts auf informationelle Selbstbestimmung u. der Kritik daran *Bull* 2011, S. 22f.; auf S. 14 zum Konflikt mit dem *Grundrecht auf Sicherheit.* Dazu auch *Weichert* 1990, insb. S. 32ff.

als *Abwehrrechte* weichen diese aber nicht so stark vom klassischen Bild der explizit geregelten Grundrechte ab wie *Isensee*s Figur.

Dies zeigt, dass auch hier, wie bei *Schmitt,* ein durch überpositive[1560] Legitimationsmuster gerechtfertigter Zugriff auf eigentlich durch positivierte Freiheitsrechte geschützte Bereiche stattfinden soll; dies mit dem Motiv, eine „wirkliche" Rechtsgeltung zu produzieren resp. zu sichern. Dies ist ein auch bei *Jakobs* wichtiger Aspekt, der nun näher zu betrachten ist.

(b) Jakobs' Version des Rechts auf Sicherheit und das Verhältnis von Gesetz und Strafrecht

Isensee betont eine Besonderheit der *Sicherheit* als Staatsaufgabe:

> „Der Staat erfüllt seine Sicherheitsaufgabe nicht schon durch den Erlaß von Gesetzen, sondern erst durch deren wirksamen Vollzug."[1561]

> „Im übrigen ist Sicherheit nicht allein eine Sache der Rechtssetzung, sondern auch, und sogar vornehmlich, eine Sache der Rechtsdurchsetzung."[1562]

Für *Jakobs*, dem es auf tatsächliche Effekte ankommt[1563], ist das *Recht auf Sicherheit* damit „nur ein anderer Name für ein Recht auf den Zustand wirklicher Rechtsgeltung"[1564], zumindest, das ist hinzuzufügen, für die Bürger: Der Staat soll mittels faktischem, von evtl. bestehenden, normativen Schranken ungezügeltem Zugriff auf die Feinde den Zustand der Rechtlichkeit, damit der Staatlichkeit selbst, bewahren. Die Begründung dafür kann nun nicht der positivierten Staatsverfassung, konkret dem GG selbst, entnommen werden: Das von *Jakobs* vorgeschlagene Vorgehen basiert auf der Verletzung geltender Freiheitsrechte; es geht explizit darum, die in der Verfassung normierten Prinzipien zu brechen[1565], was sich nicht seinerseits

---

1560 *Überpositiv* wegen des Rekurses auf die „präpositiven Fundamente" (oben, an Fn. 1505) des Staates, also auf vorrechtliche Legitimationsmittel u. wegen der unzureichenden Ableitung aus der positivierten Verfassung.

1561 *Isensee* 1983, S. 21.

1562 *Isensee* 1983, S. 41.

1563 Siehe hierzu schon oben, C. I. 3. c) aa) (3), S. 143.

1564 *Jakobs,* ZStW 2005c, S. 847.

1565 Treffend zum überpositivrechtlichen Einschlag einer solchen Argumentation *Maus* 1994b, S. 308ff., insb. S. 313–325, dort in Anschluss an *Dworkin, Alexy* u. die Werte-Judikatur des BVerfG (unten, E. II. 1. a) aa) (1), S. 266), auch mit Blick auf die Umdeutung von Grundrechten von Begrenzern der Staatsmacht hin zu Legitimationsmitteln für staatliche Eingriffe – ganz i.S.d. *Grundrechts auf Sicherheit*". Allg. zum Widerspruch zwischen Feindstrafrecht u. GG unten, C. II. 5., S. 183, zur fehlenden Rechtlichkeit der feindstrafrechtlich legitimierten Eingriffe unten, C. I. 3. c) cc), S. 157, zu einem ähnl. Argument bei *Schmitt* oben, B. I. 4. b), S. 33.

aus der Verfassung ergeben kann. Auch *Jakobs* muss damit auf, in *Isensee*s Worten, „präpositive Fundamente" des Staates rekurrieren.[1566]

Dies lässt sich auf sein grundsätzliches Verständnis des Strafrechts, hier konkret der Strafrechtswissenschaft, zurückführen: Deren Aufgabe sei nicht bloß die „Unterscheidung von Recht und Unrecht nach vorgegebenen Kriterien"[1567], sondern auch die Beantwortung der Frage,

> „welches Strafrecht in der jeweiligen Zeit legitimes Strafrecht ist und welches nicht legitim, mit anderen Worten, welche Rede von Recht und Unrecht in einer bestimmten Zeit eine wahre Rede ist, die wahre Benennung der normativen Verfassung der Gesellschaft".[1568]

Als derartige Legitimationsgründe komme Vielerlei in Betracht:

> „Autorität des Alten und der Alten, Vernunft und Verstand, letzterer als Grund effektiver Gestaltung oder deduktiver Begrifflichkeit, Sachlogik, und in der Gegenwart der zur Gestalt der Gesellschaft geronnene Geist und anderes mehr".[1569]

Es geht *Jakobs*, in „Anknüpfung an *Welzel*" (seinem akademischen Lehrer), um die Sicherung „positiver sozialethischer Aktwerte"[1570], *gesellschaftlicher* Normen, also gerade nicht um den Schutz von Strafrechtsgütern, die durch Gesetzesauslegung zu erkennen sind.[1571] Diese Legitimationsquelle steht nicht zur Disposition des Gesetzgebers, missachte er sie, schaffe er nur „Makulaturgesetze".[1572] *Jakobs* wirft damit die Frage nach der Legitimität (statt: Legalität)[1573] auf und beantwortet sie nach Maßgabe des gesellschaftlich Funktionalen. So bezeichnet er – abhängig von den jeweiligen gesellschaftlichen Bedingungen – auch Delikte wie das Inzestverbot oder, wohl noch kontroverser, die Strafbarkeit homosexueller Handlungen als *legitim*.[1574] Spiegelbildlich verknüpft er dies mit einer Pflicht zur Rechtstreue gegenüber legitimen Normen,[1575] was sich zumindest tendenziell in Richtung einer überpositivistischen Befolgungsthese deuten lässt und an die oben dargestellte „Friedenspflicht" *Isensee*s erinnert. Bei *Jakobs* geht eine „wahre normative Struktur" der Gesellschaft „vorgegebenen" – lies: positivierten – Kriterien vor, Maßstab

1566 Dazu das Zitat oben, an Fn. 1505.
1567 *Jakobs* 2007, S. 106.
1568 *Jakobs* 2007, S. 106; ähnl. *Jakobs* 2012b, S. 19.
1569 *Jakobs* 2007, S. 106.
1570 *Jakobs* 1993b, S. VII.
1571 Darauf weist *Wittig* 2005, S. 120 hin.
1572 *Jakobs* 2007, S. 106.
1573 Dazu *Kindhäuser*, ZStW 1995, S. 708.
1574 Vgl. *Jakobs* 2012a, S. 23f. Siehe dazu *Kahlo* 1990, S. 211, m.w.N. in Fn. 416.
1575 Dazu *Kindhäuser*, ZStW 1995, S. 708.

der Strafbarkeit sind also *objektivierte*, nicht *normativierte* Erwartungen. Damit marginalisiert *Jakobs* eindeutig das positive Recht.[1576]

Eine solche Relativierung des geltenden Rechts deutete sich bereits bei *Jakobs*' Verständnis einer normativen Gesellschaftsbildung an[1577], wo das Auffinden „vorgegebener Gruppeninteressen" zentral ist – deren Ursprung, wie *W. Kargl* feststellt, „im dunkeln bleibt".[1578] Und sie äußert sich, wenn *Jakobs* bei Darstellung seines strafrechtlichen Systems konstatiert, „nachfolgend weder beim Gesetz noch bei der Rechtsprechung und auch nicht bei der üblichen Lehre" anzusetzen, sondern

> „davon *ungehindert* die Grundlinien eines Zurechnungssystems für das Strafrecht einer modernen Gesellschaft zu zeichnen"[1579]

– und er daraus dennoch Ergebnisse für das bestehende Strafrecht ableitet. So spiegelt sich diese Haltung in *Jakobs*' Neigung, in seinen konkreten, insb. dogmatischen Arbeiten zu Ergebnissen zu gelangen, die sich zwar in sein „System" einfügen, aber mit der Gesetzeslage über Kreuz liegen.[1580] *Jakobs* selbst sieht, dass eine solche Systembildung die Gefahr berge, „eine Art Eigenleben zu entwickeln und sich irgendwann in bloßen Postulaten an das wirkliche [...] Recht zu verlieren"[1581] – allerdings ohne diese Sorgen zerstreuen zu können.

Insgesamt zeigen sich hier erneute Parallelen zu *Schmitts* positivismusskeptischen Positionen[1582]. Auch erinnert dies an die sog. Normentheorie *Bindings*, auf die sich *Jakobs* auch explizit bezieht.[1583]

(2) Exkurs: Parallelen zu Bindings Normentheorie

Die Parallelen von *Jakobs* Konzeption mit der Auffassung *K. Bindings* sollen nun näher betrachtet werden, dies insb. unter Zugrundelegung der kritischen *Binding*-Interpretation *W. Nauckes*[1584].

Obwohl er als Positivist gilt, hegt *Binding* die Vorstellung, dass es *hinter* den positiven Strafgesetzen stehende Normen seien, die durch das Strafrecht vor Verletzungen geschützt würden; die eigentlichen Straf*gesetze* als (in *Kelsens* kantianischer

---

1576 Vgl., auch für die Zitate, *Jakobs* 2007, S. 105f. Die positivismusskeptische Haltung betont auch *Pawlik*, ZIS 2011, S. 761; er führt dies auf den Einfluss *Hegels* zurück. Zum unklaren Verhältnis von – klassisch formuliert – *Sein* u. *Sollen* bei *Jakobs* auch NK-*Paeffgen*, § 32ff., Rn. 214.

1577 Siehe oben, C. I. 3. b) aa), S. 127.

1578 *Kargl*, GA 1999, S. 58.

1579 *Jakobs* 2012b, S. 18. Auch Fn. 15, dort auch zur gegenteiligen Position von *Gärditz*, Der Staat 2010, S. 331ff.

1580 Dies bspw. an mehreren Stellen herausgearbeitet von *Schünemann* 1995, S. 12, 13, 15, 16, 22.

1581 *Jakobs* 2012b, S. 19.

1582 Siehe dazu bspw. oben, B. I. 4. a) bb), S. 31.

1583 Siehe *Jakobs* 2007, S. 104.

1584 Insb. dargestellt bei *Naucke* 2006.

Terminologie[1585]) hypothetische Urteile könnten nicht verletzt, sondern nur erfüllt werden. Dies, da eine typische Strafnorm aus der Verknüpfung von Tatbestand und Rechtsfolge besteht: „Wer tötet, kommt ins Gefängnis". Ein Mörder *erfüllt* den Straftatbestand, statt ihn zu verletzten. Verletzt werde die dahinter stehende Norm: „du sollst nicht töten".[1586] Es

> „wird der Schluss unausweichlich, dass alle Strafgesetze das Delikt als Uebertretung einer *ausser* ihnen liegenden Norm anerkennen."[1587]

Es handelt sich dabei um „ungesetztes Recht"[1588]. Diese Normen ihrerseits entsprechen den „Bedürfnissen" der Gesellschaft, stehen im „Dienste sozialer Selbstbehauptung", wie *Binding* in Anschluss an *A. Merkel* formuliert.[1589] Die Normentheorie wird, so *W. Naucke,* zur „Theorie vom Vorrang sozialer Normen gegenüber dem Gesetz"[1590]; auch für *Kelsen* liegt hierin das Motiv hinter *Bindings* Postulat der Unabhängigkeit von Strafgesetzen und Normen.[1591] Deren tatsächliche Herkunft hingegen ist so unklar wie deren Entwicklung offen ist:[1592] Die sehr freie Interpretationslehre von *Binding,* wo er die „Abgötterei" der *nulla-poena*-Losung kritisiert, die positiven Gesetze marginalisiert und vorschlägt, diese „nach Maßgabe der Lebensbedürfnisse", unter Umständen auch *qua* Analogie zu interpretieren,[1593] zeigt die unklare „Herkunft" der Normen. *Binding* lobt die Strafrechtswissenschaft dafür, dass sie (nicht der Gesetzgeber!) Strafbarkeitslücken schließe. *Frommel* konstatiert, dass die „Grenzen zwischen Dogmatik und verdeckter Rechtspolitik [...] bei Binding fließend" sind. Die Flexibilität dieser Konstruktion, das Potential, vom *eigentlichen Gesetz* abzuweichen, demonstriert *Naucke* bei seiner Nachzeichnung von *Bindings* Argumentation in der *Die Freigabe der Vernichtung lebensunwerten Lebens,*[1594] wo es diesem gelingt, die Straffreiheit der Tötung „lebensunwerten Lebens" juristisch herzuleiten.

Dies entspricht nicht dem klassischen Rechtspositivismus, zumindest keinem i.S. *Kelsens*, für den Recht abschließend das in Übereinstimmung mit höherrangigen *positiven* Normen (und letztlich der Grundnorm) Gesetzte ist, wodurch sich der

---

1585 Hier folgt *Kelsen Binding* noch: *Kelsen* 1923, S. 270.

1586 Vgl. *Binding* 1890, insb. S. 66ff.; knapper *Binding* 1885, S. 155ff.; zu einer ählichen Argumentation bei *Kelsen* siehe oben, B. II. 1. a) cc), S. 54.

1587 *Binding* 1890, S. 70 [Herv. F.F.].

1588 Vgl. *Binding* 1890, S. 6.

1589 Zu letztem Zitat *Binding* 1890, S. 419; zum „Bedürfnis" als Quelle der Normen S. 51, zum ganzen deutlich *Naucke* 2006, S. XIV u. *Naucke* 1981, S. 98.

1590 *Naucke* 1981, S. 98, ebenso *Frommel* 1987, S. 73, Fn. 75. Krit. auch *Kelsen* 1923, S. 275.

1591 Vgl. *Kelsen* 1923, S. 282.

1592 So *Naucke* 2010, S. 565.

1593 Vgl. *Binding,* ZStW 1881, insb. S. 10ff.

1594 Vgl. *Naucke* 2006, insb. S. XXIV; *Binding/Hoche,* Die Freigabe der Vernichtung lebensunwerten Lebens, 2006.

Rekurs auf „hinter dem Strafgesetz stehende Normen“, zumal unbestimmter Herkunft, verbietet. Dazu *Naucke*: „So säkular und relativ, wie es scheint, ist Bindings Positivismus nicht“, denn „Binding ist kein großer Positivist, er ist Verherrlicher der Sozialnormen.“[1595]

Wo *Binding* davon ausgeht, das Verbot inopportuner Handlungen ergebe sich aus der sich aufdrängenden „Erkenntnis“ jedes „Denkfähigen“[1596], also, so *Kelsen,* aus der „Natur der Sache“, handele es sich um „Naturrecht im schlechtesten Sinne“[1597]. *Kelsen* kritisiert *Binding*s Rede von „ungesetzte[m] Recht“ und wirft ihm vor, die Sein-Sollen-Disparität zu verkennen.[1598]

Dabei wird also das konkrete Strafgesetz marginalisiert. Es geht – wie bei *Jakobs* – letztlich um die Sicherung der Gesellschaft, die sich durch die hinter dem Gesetz stehende Norm konstitiuiert[1599]:

> „Das Delikt und nur es ist die Quelle des Strafrechts gegen den Delinquenten. [...] In jedem Delikt aber liegt [...] die Auflehnung gegen den Gesamtwillen, liegt eine Mißachtung jenes Rechts auf Unterwerfung.“[1600]

Ein Zitat, das das totalitäre Potential von *Binding*s Position offenbart. Dieser, so *Naucke,* werde für einen Gesetzespositivisten gehalten, schätze aber „das Gesetz ausschließlich als Machtmittel bei der Durchsetzung der Norm.“[1601] Wie bei *Jakobs,* dem es um eine selbstgenügsame Normstabilisierung geht[1602], werden bei *Binding* keine darüberhinausgehenden Zwecke verfolgt[1603], es geht um die Stabilisierung der bestehenden Normordnung.[1604] *Binding* hält die Rechtsbefolgung für eine überlegale Pflicht, er vertritt damit anders als *Kelsen* eine Befolgungsthese: Anders als im Gebiet der Ethik, wo trotz einer faktischen Autorität der „sittlichen Gesamtanschauungen eines Volkes“ eine Gehorsamspflicht „undenkbar“ ist, „würde eine solche Anerkennung der Freiheit individueller Entscheidungen für das Gebiet des Rechts den Beginn des Chaos bedeuten“, denn „sein ganzer stolzer Bau ruht auf der Unterwerfung des Einzelwillens

---

1595 *Naucke* 2006, S. XV, XVI. Insoweit greift die gegenteilige Ausführung von *Schößler* 1997, S. 133 hier zu kurz.

1596 *Binding* 1890, S. 44.

1597 So *Kelsen* 1923, S. 281 konkret zu *Binding.*

1598 Siehe *Kelsen* 1923, S. 271ff.

1599 Vgl. *Vormbaum* 2011, S. 138; *Naucke* 2010, S. 563f. Ähnl. zu *Binding* auch *Jakobs* 2012a, S. 14.

1600 *Binding* 1915, S. 81.

1601 Jeweils *Naucke* 2010, S. 565. *Frommel* 1987, S. 61 bezeichnet *Binding* „sowohl als ‚Positivist‘ als auch als Vertreter einer weit gefaßten, außergesetzlichen Überlegungen sehr wohl zugänglichen Rechtsdogmatik“.

1602 Siehe oben, C. I. 3. b) dd), S. 136 u. zur Kritik daran unten, C. II. 2. b), S. 170.

1603 Gegen relative Straftheorien *Binding* 1915, insb. S. 67f., 70, 74, 8. Dazu *Frommel* 1987, S. 60.

1604 Auch *Jakobs* deutet *Binding*s System im hier dargestellten Sinne, vgl. *Jakobs* 2012a, S. 14f.

unter den Gesamtwillen".[1605] Die „Rechtsherrlichkeit" zu bewahren ist Strafzweck, sie *legitimiert* die Strafe[1606]; wo *Kelsen* das Recht relativiert[1607], setzt *Binding* dies – bei gleichzeitiger Endformalisierung – absolut[1608]. In einer an *Rousseau*, damit an *Schmitt* und *Jakobs* erinnernden Diktion[1609] resümiert er:

> „So bleibt für die Aufstellung einer Strafrechtstheorie nur noch eine Basis übrig: *es ist das Delikt gefaßt in seiner Eigentümlichkeit als Auflehnung des Einzelwillens gegen den Gesamtwillen, als Rechtsbruch*"[1610].

Hierin liegt ein autoritäres Staatsverständnis im Gegensatz zu einem freiheitlich-liberalem Denken[1611]; wie unten[1612] zu sehen, ein Vorwurf, der auch gegen *Jakobs* erhoben wird, so dass sich hier nicht nur die Ausgangspunkte, sondern auch die Resultate ähneln. Dies setzt sich fort: Beim „Erfinder" des Feindstrafrechts[1613] wird ebenso wie bei dem der Normentheorie das Fehlen einer Begrenzung des strafrechtlichen Zugriffs vermisst: Gerade das Gesetzlichkeitsprinzip wird von *Binding* relativiert, dieses schade dem Strafzweck der Normstabilisierung.[1614] *Jakobs* selbst, Apologet eines funktionalistischen Strafrechts, bezeichnet die Methode *Binding*s als „gesellschaftsfunktional"[1615].

(3) Außerrechtliche Legitimationsmuster und Substantiierung des Staates

Bei *Jakobs* verhält es sich ähnlich wie bei *Binding*: Er nimmt eine funktionalistische Position ein. Es geht um die Stabilisierung der herrschenden Verhältnisse, des Staates, er argumentiert machtaffirmativ.[1616] Die normative Ordnung ist seiner

---

1605 Siehe z.B. *Binding* 1915, S. 73. Dazu u. zu *Kelsen*s Ablehnung oben, Fn. 426. Allg. auch *Naucke* 2006, S. XV.

1606 Vgl. *Binding* 1890, S. 419f.; *Binding* 1915, S. 76 u. *Binding* 1890, S. 44f.: Gesetze sind bloß kraft Autorität des Gesetzgebers verbindlich. Dazu auch *Frommel* 1987, S. 60.

1607 Siehe hierzu z.B. oben, B. II. 1. a) cc), S. 54.

1608 Dazu *Naucke* 2006, S. XIIff.

1609 Zur Rezeption der *volonté généralé* bei *Schmitt* oben, B. I. 2. b) cc), S. 17, insb. Fn. 140; bei *Jakobs* oben, C. I. 3. b) bb), S. 131; zu *Kelsen*s Kritik oben, B. II. 4. a) cc), S. 87.

1610 *Binding* 1915, S. 74,.

1611 So *Vormbaum* 2011, S. 139. Auch schon (auch wenn nicht explizit auf *Binding*, so doch an die Adresse der Vertreter einer Strafe, die außer der Bewahrung der Autorität der Normen keinen weiteren Zweck verfolgt; also *wie* bei *Binding*, vgl. *Frommel* 1987, S. 107) *Radbruch* 1914, S. 127.

1612 C. II. 2., S. 167. Konkret NK-*Paeffgen*, § 32ff., Rn. 217 zu *Jakobs'*, für den der strafrechtliche Anknüpfungspunkt ebenfalls die „Auflehnung gegen den Gemeinwillen" darstelle.

1613 Siehe unten, C. II. 2. a), S. 168.

1614 Vgl. *Naucke* 2010, S. 565f.; *Naucke* 2006, S. XV.

1615 *Jakobs* 2007, S. 119.

1616 Siehe oben, C. I. 3. b) dd), 136; zur diesbzgl. Kritik unten, C. II. 2. a), S. 168.

Meinung nach im Zweifel auch mittels Rechtsbrüchen zu schützen; dies bedingt, wie dargestellt, die Vorstellung einer vor bzw. über dem Recht stehenden Ordnung[1617]. Unklar bleibt die Legitimation dieser voraussetzungs – und folgenreichen Position.

Z.T. werden in dieser Haltung – wie bei *Schmitt*[1618] – theologische, den Staat vergöttlichende Implikationen gesehen[1619]. Eine weltliche Perspektive nimmt dagegen *H. Brunkhorst* in Anlehnung an *C. Möllers*[1620] ein und spricht von einem „rechtsfreien Staat hinter dem Recht"[1621], von dem *Jakobs* ausgehe. Dessen Schutz legitimiert für *Jakobs* demnach die Verletzung des positiven Rechts.

C. Schmitt, der eine identische Argumentation vertritt, würde dies unter seinen *positiven Verfassungebegriff*[1622] subsumieren. *Möllers* seinerseits bezieht diese Position auf die Selbstverpflichtungslehre *Jellineks*, die wie gezeigt Parallelen zu *Schmitt*s Gedankengang aufweist.[1623] Er referiert das Argument, das nicht nur an *Schmitt*, sondern auch an *Jakobs*' Postulat, im existenziellen Notfall sei der Staat nicht an rechtsstaatliche Fesseln gebunden, erinnert:

> „Der vollständig verrechtlichte und demokratisch legitimierte Staat befreit sich von der Rechtsordnung, wenn seine Grundlagen [...] in Frage stehen"[1624].

Möllers macht *Kelsen* für eine Kritik hieran fruchtbar.[1625] Der festgestellte überpositive Standpunkt *Jakobs*' macht damit zugleich den Gegensatz zum Rechtpositivisten *Kelsen* deutlich.

Die Parallele zu der von *Kelsen* kritisierten, durch *Schmitt* vorgenommenen und bei ihm bis zur Personalisierung des Staates gehenden Substantiierung drängt sich auf; *H. Schneider* und *G. Morguet* bieten dafür eine Erklärung an: *Jakobs*' systemtheoretisch geprägte Perspektive betrachtet die Gesellschaft als einen eigenständigen Organismus, „der mit der Summe der in einem bestimmten Raum lebenden Individuen nicht identisch ist".[1626]

cc) Rechtsqualität des Feindstrafrechts: Ausnahmezustand und asymmetrische Rechtsgeltung

Weitere Ähnlichkeiten zu *C. Schmitt* legt *Jakobs*' Wortwahl nahe: Die durch die Gesellschaft bzw. den Staat erzwungene Entrechtung (bzw.: „Entpersonalisierung")

1617 Siehe dazu oben, C. I. 3. c) bb) (1) (b), S. 152.
1618 Zur Übersicht über die theologischen Implikationen bei diesem oben, Fn. 65.
1619 NK-*Paeffgen*, Vor 32, Rn. 223.
1620 Konkret *Möllers* 2011b, S. 261.
1621 Vgl. *Brunkhorst* 2006, S. 109.
1622 Hierzu oben, B. I. 4. a), S. 29
1623 Siehe die Ausführungen oben, in u. an Fn. 367; oben, Fn. 426 u. oben, Fn. 737.
1624 *Möllers* 2011b, S. 261.
1625 *Möllers* 2011b, S. 261f. Siehe zu *Kelsen* Position auch oben, B. II. 1. b) bb) (2) (a), S. 72, insb. Fn. 737.
1626 Siehe *Schneider/Morguet* 2006, S. 341.

bezeichnet dieser genau wie jener als einen *Ausnahmezustand*[1627], das Feindstrafrecht als ein nur „ausnahmsweise geltendes Notstandsstrafrecht“[1628]. Ansonsten hält sich *Jakobs* mit Erläuterungen seines Verständnisses des Ausnahmezustands-/Notstandsbegriffs zurück[1629], insb. bzgl. der Frage nach deren rechtlicher (dann i.S. der Notstandsregelungen der BRD) bzw. überrechtlicher (dann i.S. *Schmitts*) Natur.[1630] Interessant ist nebenbei die Deutung von *Albrecht*, der die Notverordnungen der späten Weimarer Republik als Vorbild von *Jakobs*' Theorie erachtet; *Schmitt* seinerseits war prominenter Fürsprecher einer weiten Auslegung des entsprechenden § 48 Abs. 2 WRV.[1631]

Die Ausnahme bezieht sich bei *Jakobs* zunächst nicht auf eine zeitliche, sondern die persönliche Geltung: Der von ihm postulierte Ausnahmezustand ist wie bei *Schmitt*[1632] ein dauerhafter. Schließlich geht es um die Bewahrung des Bürgerstrafrechts vor einer feindstrafrechtlichen Kontamination, weshalb *neben* ersteres ein davon strikt geschiedenes Feindstrafrecht gestellt werden müsse;[1633] die Unterscheidung bezieht sich auf die erfassten Individuen, sie ist also personal, nicht temporal.[1634] Für *Agamben* ist ein solcher, zur Regel gewordener Ausnahmezustand ein zeittypisches Phänomen.[1635] Auch *Frankenberg* spricht schon mit Blick auf die bestehenden „Bekämpfungsgesetze“ von einem „verstetigten Ausnahmezustand“.[1636]

Zwar könne (und solle) man laut *Jakobs* versuchen, das Feindstrafrecht rechtlich einzuhegen[1637], aber er selbst hegt Zweifel am rechtlichen Charakter eines solchen Feindstrafrechts[1638], v.a. soweit es rein präventiv wirken soll[1639]. *Cancio Meliá* und *Ambos* sprechen daher davon, ein Feindstrafrecht sei eine *contradictio in adiecto*.[1640] Dazu merkt *Neumann* an, dass dieser Widerspruch noch nicht im Begriff an sich liegt, da sich „Recht“ und „Feind“ nicht *per se* widersprechen, was ein Blick auf das

---

1627 *Jakobs* 2008, S. 86. Den Zusammenhang von Entrechtung u. Ausnahme stellt er beim „Sonderopfer“ von Unbeteiligten beim Abschuss von durch Terroristen gekaperten Maschinen her, vgl. *Jakobs* 2012b, S. 65.

1628 Vgl. *Jakobs*, ZStW 1985, S. 784 u. das ganze Zitat oben, in Fn. 1273.

1629 Ein Desiderat, auf das *Kaleck* 2006, S. 292 hinweist.

1630 Siehe zu diesem Themenkomplex oben, B. I. 4. b), S. 33.

1631 *Albrecht* 2007, S. 10; zu *Schmitts* Position zur WRV oben, an Fn. 1183.

1632 Siehe dazu oben, Fn. 381.

1633 Hierzu oben, C. I. 3. a), S. 124.

1634 Darauf weisen auch *Uwer* 2006, S. 44; *Maier* 2010, S. 487f u. *Prömmel*, KrimJ 2006, S. 254 hin. Allg. dazu auch *Stübinger*, 2008b, S. 83ff. Letztere drei beziehen sich dabei auf *G. Agamben*.

1635 Vgl. *Agamben* 2004b, S. 30.

1636 Vgl. *Frankenberg*, KritJ 2005, S. 373f.; ähnl. *Singelnstein/Stolle* 2011, S. 14f.

1637 Hierzu oben, C. I. 3. a), S. 124.

1638 *Jakobs* 2000, S. 51. Hierzu auch *Sinn* 2010, S. 233.

1639 Vgl. *Jakobs* 2010c, S. 179. Dies, da dort auf der tatsächlichen, nicht der kommunikativ-rechtlichen Ebene agiert wird, siehe hierzu seine Unterscheidung der Strafzwecke oben, C. I. 3. b) cc), S. 133.

1640 *Cancio Meliá*, ZStW 2005, S. 268; *Ambos* 2010, S. 377 (m.w.N. in Fn. 197).

Völkerrecht/Kriegsrecht zeige – was zutrifft, aber nichts über den Rechtscharakter der *Jakobs*'schen Konstruktion aussagt.[1641] Letztlich geht es um den Umgang mit Individuen, die nicht im Recht stehen und daher nicht rechtlich behandelt werden können – die Einlassung, Feindstrafrecht bleibe

> „doch insoweit *Recht*, als es die Bürger ihrerseits, genauer, *den Staat*, seine Organe und Funktionäre, bei der Bekämpfung der Feinde bindet"[1642]

erscheint somit eher als Hoffnung oder Lippenbekenntnis; aus *Jakobs*' eigener Argumentation heraus[1643] lässt sich nicht ableiten, dass der Staat bzgl. des Zugriffs auf Feinde in irgendeiner über einen freiwilligen Verzicht hinausgehenden Weise gebunden ist (auch wenn darauf hinzuweisen ist, dass die *lege lata* bestehenden, von *Jakobs* als feindstrafrechtlich bezeichneten Normen den Staat durchaus rechtlich binden. Hier wird theorie-intern, also mit Blick auf den Idealtypus Feindstrafrecht, argumentiert[1644]). Eine von *Jakobs* zuvor getroffene Aussage aus dem selben Aufsatz fügt sich demnach besser in das von ihm selbst gezeichnete Bild seiner Argumentation. Es

> „[...] soll freilich das Problem nicht verniedlicht und soll v.a. nicht von der naheliegenden Frage abgelenkt werden, ob der Umgang mit dem [...] Feind überhaupt ein *rechtlicher* Umgang ist. Die Antwort liegt auf der Hand: *Soweit* mit dem Feind als Feind umgegangen wird, fehlt mangels Gegenseitigkeit das Rechtsband, das die *bürgerliche Gesellschaft* knüpft; der Umgang erfolgt also im Verhältnis zum Feind nicht als rechtlicher."[1645]

Die zitierten Stellen widersprechen sich: Der Zugriff auf den Feind *durch Bürger/ den Staat* kann nicht aus Perspektive des Feindes „nicht-rechtlich", aus der der Bürger wiederum rechtlich sein; schließlich ist es ein und der selbe Zugriff, der nicht zugleich zügellos *und* normativ gebunden sein kann. *Jakobs*' beschreibt eine *asymmetrische Rechtsgeltung*.[1646] Dabei betreibt er mit der „Person im Recht"/„Person außerhalb des

---

1641 Vgl. *Neumann* 2006, S. 304.

1642 *Jakobs*, HRRS 2006, S. 294; ähnl. *Jakobs* 2010c, S. 179f.

1643 Wobei auch hier – mit *Kelsen* – zu betonen ist, das die *rechtliche Qualität* einer Norm, welche anderen Personen rechtliche Garantien abspricht, nicht bezweifelt werden soll (dazu erneut unten, Fn. 1665.) Hier soll *Jakobs* theoretische Position betrachtet u. auf ihre Konsequenz hin überprüft werden.

1644 So tut es bspw. auch *Silva Sánchez*, ZStW 2006, S. 548f.

1645 *Jakobs*, HRRS 2006, S. 294. Siehe zur gesamten Passage auch oben, Fn. 1455.

1646 Ähnl. auch in der Lit., z.B. *Kutalia* 2007, S. 16f. (u. ähnl. auf S. 29) vor Augen: „Erhebt nun das ‚Feindstrafrecht' den Anspruch, das Recht zu sein, indem es den Staat, seine Organe und Bürger bei der Bekämpfung der ‚Feinde' bindet, so setzt dies normlogisch voraus, daß der ‚Feind' über das subjektive Recht verfügt, dies vom Staat, seinen Organen und Bürgern zu verlangen." Somit „sprengt" das Feindstrafrecht für ihn auch den „normlogischen Bezugsrahmen". Zust. *Marzahn* 2011, S. 185; so wohl auch *Zabel* 2005, S. 344 (auch sein Zitat unten, Fn. 1655): Es bleibe

Rechts"-Argumentation einen großen Aufwand, um zu begründen, warum gegenüber Feinden keine normativen Fesseln gelten sollen, sie sich zumindest aus ihrer Perspektive nicht auf solche berufen können; die Forderung nach einer Normierung und die damit verbundene Aussonderung des Feindstrafrechts erscheint dagegen als zweitrangig. Den Begriff „Asymmetrie" verwendet *Jakobs* selbst, um ein ähnliches Phänomen in anderem Kontext zu beschreiben: Die Rechtfertigung des Abschusses

---

„völlig unklar, wie ein Mitglied rechtlich als störender Feind der Gesellschaft erfaßt werden, also ein schuld- und straffähiges Subjekt zu einer abzuschreckenden, gegebenenfalls mit präventiv-polizeilichen Regeln zu konfrontierenden Un-Person (‚potentiellen' Person) mutieren soll; und zwar ohne daß [...] die von Jakobs eingeführten Abgrenzungskriterien [...] zugleich desavouiert werden, folglich einem Zurechnungs- und v.a. Sanktionsrelativismus Tür und Tor geöffnet wird. Was soll es insofern bedeuteten, wenn Jakobs, bezogen auf den qua ‚Machtstrafe' zu sanktionierenden Feind, einmal von Un-Person i.S. von Nicht-Person dann wieder vom Zugestehen einer ‚potentiellen' Personalität spricht, wenngleich letzteres mit der Maßgabe ‚daß bei seiner [des Feinds, wie *Zabel* anmerkt, F.F.] Bekämpfung nicht über das Erforderliche hinausgegangen werden darf?' Schließlich: Wie soll sich hier die Erforderlichkeit bestimmen – allein präventiv? Und überhaupt: Wann und wie soll dann die Scheidung und Neubestimmung *und zwar rechtlich* möglich sein?" Dazu, auch mit Blick auf *Schmitt* u. das Feindstrafrecht *Donini* 2007, S. 13: „Entledigt sich [...] der Staat des Gesetzes, um ihn einer Politik *extra ordinem* zu unterwerfen, so würde auch der Staatsfeind automatisch zum *outlaw*." *Donini* bietet auch eine Erklärung für die Asymmetrie, die er von der kommunikationsfixierten Perspektive *Jakobs* (oben, C. I. 3. b), S. 126) ableitet: Ein „Verbrecher aus Überzeugung hingegen, der sich außerhalb der Ordnung der Gesellschaft stellt, weil er sie dauerhaft bedrohen will, wird ‚aus Prinzip' zu einem Gegner der Rechtsordnung, weshalb man auf ihn ein dialogisches Recht nicht anwenden kann: er wird wie ein gefährliches Objekt behandelt [...]. In diesem Sinne ist er nicht mehr eine ‚Person', also ein Subjekt, demgegenüber der Dialog seitens der Rechtsordnung noch möglich ist [...]", S. 41. Ähnl. *Bung*, HRRS 2006, S. 320: Wer an der gesellschaftlichen Kommunikation teilnimmt, bleibe „selbstverständlich Person im Recht. Das kann man meinetwegen als Axiom im klassischen Sinne bezeichnen. Aber es erschließt sich auch aus der Überlegung, dass Rechte gegenüber Pflichten deontologisch primär sind. Denn eine Pflicht ist nicht zu denken, ohne ein Recht zu verpflichten, während ein Recht sehr wohl denkbar ist, ohne die Pflicht, es auszuüben." Interessant ist, dass *Jakobs* 1993a, S. 27 in einer nicht auf das Feindstrafrecht gemünzten Publikation selbst ausführt: „Mit andern Worten, in einer Rechtsordnung kann nicht gegen einen Täter wie gegen einen Hund vorgegangen werden. Daran ändern auch die Metapher nichts wie etwa die verbreitete Rede, der Täter habe sich durch die Tat selbst außerhalb der Ordnung gestellt; hätte er dies, wäre die Reaktion gegen ihn als rechtliche überhaupt nicht mehr möglich." Etwas anderes ist dann wohl nur möglich, wenn nicht eine Person, sondern eine *Unperson* Adressat der staatlichen Reaktion ist – die dann keine *rechtliche*, sondern eine rein faktische ist (hier münzt *Jakobs* dies auf „inkompetente" Personen wie „Geisteskranke", die nicht „Strafen", sondern „Behandlungen" ausgesetzt werden).

eines von Terroristen gekaperten Flugzeugs incl. der unbeteiligten Insassen sei *asymmetrisch*, da sie eine „einseitige, auf der anderen Seite exkludierende" sei.[1647] Er beschreibt mit Blick auf die Insassen ein Vorgehen, wie er es auf Terroristen anwenden will.

Jakobs stellt also die Frage nach der Möglichkeit einer umfassenden Rechtlichkeit und verneint diese explizit.[1648] Schon in der Diskussion um seinen ersten Beitrag von 1985 wird *Jakobs* deutlich:

> „Ob dies überhaupt noch ein Recht sei, hänge davon ab, in welchem Maß man es betreibe. Es werde zu einem Feindstrafrecht im vollen Sinne des Wortes, wenn man es radikal anwende. Denn dann gehe der Rechtscharakter verloren, das Recht weiche dem Kampf, dem Krieg. In dieser Situation wäre die Bezeichnung Feindstrafrecht ein euphemistischer Ausdruck"[1649]

Es geht ihm nicht um Recht (das für *Jakobs* Kommunikation darstellt[1650]), sondern um schlichten, ungezügelten Zwang, um Gewalt.[1651] *Jakobs:*

> „Aber in diesem Recht ist der Feind, bei Hobbes der Hochverräter, bei Kant der ständig Bedrohende, nicht enthalten; es ist das Recht der anderen. *Bürgerstrafrecht ist das Recht aller, Feindstrafrecht das Recht derjenigen, die gegen den Feind stehen; dem Feind gegenüber ist es nur physischer Zwang, bis hin zum Krieg".*[1652]

Er legitimiert einen faktischen Zugriff, um die Geltungsbedingungen des Rechts zu sichern; damit verknüpft er das Normative mit dem Faktischen und verkennt nebenbei das spezifisch normative Merkmal der *kontrafaktischen Geltung.*[1653] Eine Begrenzung der Staatsmacht, die den Feinden entgegenschlagen soll, lässt sich aus seiner Theorie nicht herleiten; wenn sich Recht jedoch durch eine wenn auch nur formal bewirkte Begrenzung der Staatsmacht auszeichnet[1654], ist eine derart ungebundene Reaktion auf Feinde *keine rechtliche.*[1655]

1647 Vgl. *Jakobs* 2012b, S. 51.

1648 Vgl. *Jakobs* 2000, S. 53; *Jakobs,* HRRS 2006, S. 289. Dazu *Muñoz Conde* 2010, S. 111f.

1649 Siehe hierzu *Gropp,* ZStW 1985, S. 930.

1650 Hierzu oben, C. I. 3. b), S. 126.

1651 Dazu oben, C. I. 3. b) cc) (1), S. 134.

1652 *Jakobs,* HRRS 2004, S. 90.

1653 Siehe hierzu näher unten, C. II. 6., S. 192, insb. Fn. 1971.

1654 Siehe hierzu oben, B. II. 1. b) cc) (1), S. 77, insb. die Nachweise oben, in Fn. 816.

1655 So auch *Uwer* 2006, S. 45. Ähnl. *Frommel* 2006, S. 76, *Rosenau,* Comparative Law Review 2008, S. 43; *Marzahn* 2011, S. 185f. u. *Aponte* 2006, S. 140; *Sauer,* NJW 2005, S. 1704; Für *Hassemer,* StV 2006, S. 327 ist Feindstrafrecht „Nichtrecht", da es um einen ungezügelten Krieg gehe. Dazu u. zu *Schmitt* auch *Marzahn* 2011, S. 173; in ähnl. Kontext *Gierhake* 2013, S. 321ff.; 335ff.; 336 u. deutlich auf S. 450f. Siehe auch *Donini* 2007, S. 53f.; konkret zu *Jakobs'* Kap. 1 Abschn. 8, S. 50ff. Vgl. auch *Zabel* 2005, S. 347. *Kunz* 2005, S. 1289f. u. *Albrecht* 2010, S. 78; *Aponte,* HRRS 2006, S. 301; *Sander* 2007, S. 268; *Bung,* HRRS 2006, S. 320. Auch *Prittwitz,* ZStW 2001, S. 794;

Eine Erklärungsmöglichkeit für dieses Phänomen bietet die Perspektive *G. Agambens*: Demnach geht es im Ausnahmezustand um die Verbindung von Faktischem mit Rechtlichem, was sich auf *Jakobs*' Auffassung übertragen lässt[1656]. Auch dies zeigt die Parallelen zu *Schmitt*, von dem die Argumentation *Agambens* ihrerseits ausgeht. *Agamben*:

> „Wenn Ausnahmevorkehrungen tatsächlich die Folge politischer Krisenperioden sind, und sie deshalb auf dem Gebiet der Politik und nicht auf juristischem oder verfassungsmäßigen Boden als solche begriffen werden, dann finden sie sich in die paradoxe Situation gestellt, daß sie rechtliche Vorkehrungen sind, die auf der Ebene des Rechts nicht begriffen werden können, und der Ausnahmezustand zeigt sich dann als die legale Form dessen, was keine legale Form annehmen kann."[1657]

Dies relativiert den von *Jakobs* postulierten, die Staatsmacht zügelnden Aspekt der rechtlichen Einhegung. Ein solcher Ausnahmezustand ist für *Agamben* ein *rechtsfreier Raum*[1658]. Nebenbei erklärt dies auch die Vagheit von *Jakobs*' Terminologie, denn eine solche geht für *Agamben* mit dem Versuch einher, Tatsächliches in das Rechtliche einzuschließen.[1659] Das Handeln des Staates ist hier also

> „keiner Kontrolle unterworfen [...er] entscheidet sowohl darüber, ob der extreme Notfall vorliegt, als auch darüber, was geschehen soll, um ihn zu beseitigen. Er steht außerhalb der normal geltenden Rechtsordnung und gehört doch zu ihr [...]"[1660]

– so allerdings *C. Schmitt*; seine Ausführungen lesen sich wie eine Zusammenfassung von *Jakobs*' Thesen. Auch dies zeigt, dass *Jakobs* einen Ausnahmezustand i.S. *Schmitts* im Blick hat.

So spricht auch *Donini* davon, bei Feindstrafrecht handele es sich (in Abgrenzung zu dem von ihm als Bekämpfungsrecht bezeichneten Phänomen) *„per definitionem* [um] ein Nicht-Recht bzw. ein illegitimes Recht."[1661]. Hier scheint *Donini* mit seiner Gleichsetzung von Nicht-Recht und illegitimen Recht anders als bspw. *Kelsen* auf einem überpositiven Standpunkt ähnlich der *Radbruch*'schen Formel[1662] zu stehen – auch wenn sein Aufsatz mangels weiterer Differenzierung bzw. Präzisierung des zugrundeliegenden Rechtsbegriffs hier im Unklaren bleibt;

Steinsiek 2012, S. 217; *Jäger* 2011, S. 90; *Wrocklage* 2008, S. 61 u. *Köhler* in *Gropp*, ZStW 1985, S. 926 die die Rechtsqualität allerdings recht apodiktischen verneinen.

1656 So auch *Kaleck* 2006, S. 292f., *Prömmel*, KrimJ 2006, insb. S. 253; *Marzahn* 2011, S. 176 u. knapp *Zabel* 2005, S. 342. Dag. aber *Wittig* 2011, S. 126f.

1657 *Agamben* 2004a, S. 7. Zu einem ähnl. Phänomen *Albrecht* 2010, S. 74f.

1658 *Agamben* 2004a, S. 62, auch dort ausgehend von *Schmitt*.

1659 So allg. zum Ausnahmezustand *Agamben* 2004a, S. 35. Zu *Jakobs*' unten, C. II. 3. a), S. 174.

1660 *Schmitt* 1922, S. 14f.

1661 *Donini* 2010, S. 280, 280f.

1662 Nach der es für die Rechtsqualität letztlich auch auf inhaltliche Aspekte ankommt, vgl. *Radbruch* 2003b.

andernorts wehrt er sich dagegen, jeglichen „Ausnahmezuständen" pauschal die Legitimität abzusprechen, da das Recht diese dann nicht mehr kontrollieren könnte.[1663] Dabei nimmt er aber – wie hier – ebenfalls eine rechtspositivistische Perspektive ein und betrachtet die Suspendierung konkreter Rechtsnormen.[1664]

Wie ist also dieses Phänomen aus *Kelsen Warte* zu beurteilen? Feindstrafrechtliche Normen, die in Entsprechung mit der Verfassung und damit letztlich der Grundnorm in Kraft treten (und nicht vom BVerfG kassiert werden), würden für ihn unabhängig ihres Inhalts fraglos Recht darstellen; dies zumal *Kelsen* mit der Ablehnung präpositiver subjektiver Rechte explizit die rechtliche Möglichkeit, bestimmte Menschen *nicht* als Personen zu aufzufassen, in Betracht zieht.[1665] Eine eher rechtspositivistische Argumentation, die dieser Rekonstruktion aus *Kelsens* Warte ähnelt, findet sich bei *Jakobs* übrigens u.a. zur Mauerschützenproblematik.[1666] Für *Jakobs* ist zumindest das Feindstrafrecht die „*rechtliche* Regelung einer Exklusion"[1667]; dies spricht zunächst für dessen Rechtscharakter. Allerdings ist bei einem zweiten Zugriff die schon angeklungene Asymmetrie in *Jakobs* Begründungsmuster zu bedenken, die die Einordnung schwieriger macht: Auf Seiten der Bürger, der Exkludierenden, bestehe eine rechtliche Regelung, auf Seiten der Feinde, der Exkludierten, gerade nicht, diese befinden *sich nicht im Recht*; der Staat behandelt sie mit bloßem Zwang. Dies ist aus *Kelsens* Warte nicht konstruierbar: *Kelsen* argumentiert ausgehend von einer universellen Rechtlichkeit, er identifiziert den Staat mit dem Recht[1668], womit er einen wenn auch nur formellen, so aber umfassenden Rechtsstaat postuliert: Ein außerrechtliches Staatshandeln ist bei ihm undenkbar.[1669] Dies widerspricht *Jakobs*' These, der Staat sei bzgl. der Feinde nicht an eigentlich geltende rechtliche Garantien gebunden, da diese nicht im Recht stünden;[1670] dies wäre eine nur partielle Geltung des Rechts. *Sauer*, der auf einem *Kelsen*-ähnlichen universellen Rechtsstaatsbegriff zu stehen scheint, konstatiert dazu: „[E]in bisschen Rechtsstaat gibt es nicht". Deswegen ist, was *Jakobs* entwirft, „kein Strafrecht und kein Verfahrensrecht, es ist überhaupt kein Recht".[1671] Ein Staat, der aus *Kelsens* Sicht ausschließlich mittels Rechtsakten agieren kann, könnte auf solche Aus-Dem-Recht-Gefallenen überhaupt nicht zugreifen.[1672]

Verfassungskonforme Regelungen sind in *Kelsens* Verständnis *Recht* – so wie die von *Jakobs* als feindstrafrechtlich gebrandmarkten Regelungen *lege lata* zweifellos

1663 Vgl. *Donini* 2007; S. 82. In eine ähnl. Richtung auch *Albrecht* 2007 mit der Rede von „gesetzliche[m] Unrecht".
1664 Vgl. *Donini* 2007, S. 39ff.
1665 Vgl. *Kelsen* 1934, S. 23 u. oben, B. II. 1. b) bb) (1) (a), S. 66.
1666 Vgl. *Jakobs*, ZStW 1995, S. 855.
1667 Vgl. *Jakobs* 2000, S. 53 [Herv. F.F.].
1668 Siehe oben, B. II. 1. b) bb) (2) (a), S. 72.
1669 Siehe oben, B. II. 1. b) cc) (1), S. 77.
1670 Siehe oben, C. I. 3. c) aa), S. 139.
1671 Vgl. *Sauer*, NJW 2005, S. 1704. Zu diesem Komplex insg. auch unten, C. II. 6., S. 192.
1672 Hierzu vertiefend unten, C. II. 4. a), S. 179 u. oben, C. I. 3. b) bb), S. 131.

Rechtsqualität innehaben. Der theoretischen Argumentation, mit der *Jakobs* ein Feindstrafrecht legitimieren will, kann in *Kelsens* System aber nicht gefolgt werden, zumindest nicht, wenn es um Feindstrafrecht als *Recht* gehen soll. Dies zeigt, dass es zu kurzschlüssig ist, die Ablehnung der Rechtsnatur des Feindstrafrechts auf naturrechtliche, die Bejahung auf rechtspositivistische Grundhaltungen zurückzuführen. Dies vertritt aber *Greco;* hier soll jedoch gezeigt werden, dass die Frage nach der Rechtsqualität dem entgegen durchaus einen Nutzen für die Betrachtung und die Bewertung des Feindstrafrecht hat.[1673]

Dieses Ergebnis wird durch *Jakobs*' Rechtsstaatsverständnis bekräftigt, das in Kontrast zu *Kelsens* theoretisch hergeleitetem formellen Rechtsstaatsbegriff steht und eher an *Schmitts* flexible Variante erinnert: Dem Begriff nach dürfe ein Rechtsstaat zwar auch auf Normbrüche nur mit rechtssaatlichen Mitteln reagieren, ein solcher Rechtsstaat ist aber ein bloßer Gedanke; *de facto* komme es stets auf die tatsächliche Wirkung des Rechts an, und um diese zu sichern, müsse der Rechtsstaat notfalls von seinen strengen Prinzipien abweichen:

> „Perfektion des Rechtsstaats ist eines, seine Wirklichkeit ein anderes. Soll die Wirklichkeit nicht leiden, muss sich das Maß der Perfektion nach der jeweiligen Lage richten; ruhige Zeiten lassen mehr Kautelen zu als Zeiten der Not. [...] Bei dieser Lage hat der Rechtsstaat, einschließlich der in ihm enthaltenen Notstandsverfassung, seine andauernde Wirklichkeit zur selbstverständlichen Geschäftsgrundlage. Entfällt diese, dann ist staatliche Wirklichkeit - nicht in der schieren Barbarei, aber doch - eine Etage tiefer zu suchen"[1674]

Dies kann nicht anders gedeutete werden, als dass der Staat sich zur Erhaltung der „normalen Umstände" über das Recht, selbst über die eigenen Notstandsregeln hinwegsetzen darf, was *Schmitt* genauso sieht. Auch harmoniert dies mit den außerstaatlichen Legitimationsmustern und der darin liegenden Relativierung des positiven Rechts durch *Jakobs.*[1675]

Zum selben Resultat kommt auch eine Analyse aus *Kant*'scher und *Hegel*'scher Perspektive, die *Jakobs*' für seine Argumentation ebenfalls einnimmt[1676]: Da der Begriff der Person

> „Kulminationspunkt der Hegelschen Rechtsphilosophie, d.h. sowohl vorausgesetzter als auch abgeleiteter Begriff"[1677]

1673 Vgl. *Greco* 2010, S. 42f.

1674 *Jakobs,* ZStW 2005b, S. 425.

1675 Siehe dazu oben, C. I. 3. c) bb) (1), S. 147.

1676 *Schünemann* 2002, S. 327 spricht, mit Blick auf neuere „feindstrafrechtliche" Abhandlungen, gar von einer „grandiosen Kehrtwende von *Luhmann* zu *Hegel*". Ähnl. auch *Stübinger* 2008a, S. 181 u. *Wittig* 2005, S. 68, Fn. 56. Hierzu auch oben, C. I. 3. a) bb), S. 125.

1677 *Müssig* 2007, S. 1040 [Herv. F.F.].

ist, ist eine Suspendierung dessen mit *Hegel* nicht fassbar. Ein Strafrecht, das aus tatsächlichen Gründen eine Entpersonalisierung vornimmt, trifft nicht *Hegels* Definition von Recht.[1678]

Für *Kant* geht es nach einem Rechtsbruch um die formale, äußere Wiederherstellung des Rechtszustandes, dies mit dem Motiv, dessen Geltung für Jedermann zu sichern; so gibt es für Kant im – aus Pflicht anzustrebenden – rechtlichen Zustand nur „Bürgerstrafrecht"; eine „feindstrafrechtliche" Vernichtung der Feinde mag zwar vermittels Macht geschehen, für *Kant* stellte sie aber kein *Recht* dar.[1679] Dieser Eindruck verstärkt sich eingedenk *Kants* Begriff des Rechts, dessen Regelungsmaterie bei ihm anders als beim gesinnungsabhängigen Feindstrafrecht bloß *äußeres* Verhalten ist.[1680]

Jakobs postuliert also – mit *Schmitt* – die Notwendigkeit, dass sich der Staat im Ausnahmefall von seinen rechtlichen Fesseln löst und seine Feinde aus dem Rechtskreis exkludiert; er lehnt dabei entgegen *Kelsen* die Möglichkeit des „alles umfassende[n] Rechtsstaat[s]"[1681] ab: Dies sei eine bloße Forderung; eine Entrechtung sei aber faktisch nicht nur möglich, sondern u.U. sogar geboten.[1682]

II. Die Kritik am Feindstrafrecht

Jakobs' Konzeption wird ungewohnt einhellig[1683], jedoch mit sehr unterschiedlichen Argumenten, kritisiert.[1684] Allein daher scheint ein konzentrierter Überblick über die Kritik am Feindstrafrecht, insb. der deutschsprachigen[1685], als sinnvoll. Dabei soll sich auf die Aspekte bezogen werden, die für das in Frage stehende Thema relevant sind; kurz sollen aber weitere Kritikpunkte genannt werden:

1678 Vgl. *Müssig* 2007, S. 1041f.

1679 Dazu *Albrecht* 2006, S. 122 u. *Albrecht* 2010, S. 77f. – die Stellen, die *Jakobs* zitiert, bezögen sich auf den *Natur-* u. nicht den Rechtszustand. Allg. zur Straftheorie *Kant* 1797, S. 331ff.: Bestraft werden muss der Täter, *weil* er Verbrochen hat, nicht aus darüberhinausgehenden Motiven. Siehe auch *Höffe* 1982, S. 362. Auch gerät die Aberkennung der Personenqualität *Jakobs* mit *Kants* Menschenwürdekonzept in Konflikt, hierzu oben, Fn. 448. Ähnl. zu *Kants* Verständnis eines Ausnahmezustands als nicht-rechtlich übrigens auch die Deutung von *Schmitt* 1922, S. 20: „Für Kant ist das Notrecht überhaupt kein Recht mehr". Dies wiederum kritisiert er (S. 21f.) ebenso wie die ähnliche Haltung des Neukantianars *Kelsen*, da diese den egtl. interessanten Ausnahmefall außer Acht ließen.

1680 So explizit *Marzahn* 2011, S. 98f. Siehe zu diesem Punkt auch unten, Fn. 1830.

1681 *Jakobs,* ZStW 2005c, S. 851.

1682 Siehe dazu insg. oben, C. I. 3. c) bb), S. 146 u. *Jakobs,* HRRS 2006, S. 290.

1683 Dazu *Hassemer* 2007, S. 1. Auch, m.w.N., *Heinrich,* ZStW 2009, S. 101, Fn. 37. Er listet schon dort 37 unterschiedliche Kritiker (oft mit mehreren Beiträgen) auf, denen zwei Befürwortern gegenüberstehen.

1684 Siehe zu dieser Feststellung *Vormbaum* 2010, S. XXVIIf.

1685 Für die Kritik auch aus internationaler Perspektive *Greco* 2010.

So wird *(1.) Jakobs* bzw. grds. der Bezeichnung von Personen als Feinden eine Aggressionen stimulierende, zu martialische Begrifflichkeit vorgeworfen[1686]; auch wird *(2.)* die tatsächliche rechtzeitige Erkennbarkeit der „Feinde" bezweifelt[1687] und *Jakobs' (3.)* unklare Terminologie kritisiert[1688]. Auch wird *(4.)* bemerkt, der *de lege lata* bestehende Resozialisierungszweck der Strafe werde verkannt[1689]. Dazu vermische sich in seinem Konzept *(5.)* Straf- mit Polizeirecht[1690]. Daneben findet sich *(6.)* methodologische Kritik.[1691] In eine andere Richtung gehen die Vorwürfe, *(7.) Jakobs* übertreibe bei seiner Beobachtung *de lege lata* und dramatisiere Regelungen zu feindstrafrechtlichen, obwohl es sich bei ihnen um eigentlich normale Strafrechtsnormen handele[1692] oder dieses Konzept des Feindstrafrechts sei auf deskriptiver Ebene zu vereinfachend.[1693] Schließlich wird ihm *(8.)* vorgeworfen, empirische Tatsachen falsch einzuschätzen[1694]; dies bzgl. der

---

1686 So *Fiandaca* 2010, S. 35; *Kindhäuser* 2010, S. 79; *Hörnle* 2010, S. 105; *Stübinger* 2008a, S. 178; *Sauer,* NJW 2005, S. 1703; *Roxin* 2006, § 2, Rn. 128; *Prittwitz,* ZStW 2001, S. 795f. u. erneut *Prittwitz* 2010, S. 178; *Greco,* GA 2006, S. 106f. u. *Greco* 2010, S. 52f.; *Schneider/Morguet* 2006, S. 350f.; *Saliger* 2010, S. 215; *Marzahn* 2011, S. 49; *Sinn* 2010, S. 240; *Aponte* 2006, S. 139; *Neumann* 2006, S. 314; *Düx,* ZRP 2003, S. 194; *Wrocklage* 2008, S. 60; *Zöller* 2009, S. 279; *Steinsiek* 2012, S. 216. Zu dieser Form der Reaktion allg. *Morguet* 2009, S. 82f.

1687 Die schon vor einem Urteil den härteren prozessualen Zugriff erleiden; z.B. *Gössel* 2010, S. 62; *Crespo* 2010, S. 400 u. *Ambos* 2010, S. 362. Ähnl. LK-StGB-*Krauß,* § 129a, Rn. 5; *Marzahn* 2011, S. 161 u. S. 246ff.; *Zöller* 2009, S. 281f. Zur Kritik an der fehlenden Klarheit des Begriffs des Feindes unten, C. II. 3. a), S. 174.

1688 Dies insb. wegen der Verwendung fachfremder Begriffe bzw. der differierenden Nutzung von Fachtermini: *Schneider/Morguet* 2006, S. 350. Allg. *Zöller* 2009, S. 280f.; S/S-*Lencker/Eisele,* Vor § 13ff., Rn. 5a.

1689 *Cavaliere* 2010, S. 328f., der an § 2 StVollzG erinnert, *Muñoz Conde* 2007, S. 51 bzgl. der spanischen Situation u. NK-*Paeffgen,* Vor § 32ff., Rn. 216 zum Funktionalismus. Ähnl. *Rosenau,* Comparative Law Review 2008, S. 40.

1690 *Marzahn* 2011, S. 212ff. u. 243ff.; *Heinrich,* ZStW 2009, S. 122; *Sinn* 2010, S. 224f.; *Zabel* 2005, S. 490; S/S-*Lencker/Eisele,* Vor § 13ff., Rn. 5a; NK-*Paeffgen,* § 89a), Rn. 1; MüKo-*Joecks,* Einleitung, Rn. 113 u. *Jäger* 2011, S. 84f.; krit. auch *Ogorek,* 2006, S. 123ff. u. engagiert *Albrecht* 2010, S. 63ff., insb. 66ff. u. 74ff.

1691 So *Cavaliere* 2010, S. 323ff., der das unklare Changieren zwischen Präskription u. Deskription kritisiert. Es sei unzulässig, dass sich *Jakobs* z.T. auf bestehende (oder gar als verfassungswidrig erkannte, z.B. das LuftSicherheitsG) Normen beruft, um sein Konzept zu untermauern. Kritik am Schwanken zwischen Deduktion aus dem bestehenden System u. einer präskriptiven, theoretischen Untermauerung auch bei *Stübinger,* 2008b, S. 88f.

1692 Z.B. *Gössel* 2010, S. 59f.; *Kindhäuser* 2010, S. 79ff.; *Jäger* 2011, S. 80ff.; *Saliger* 2010, S. 212ff. u. ähnl. *Zöller* 2009, S. 278 sowie *Mantovani* 2010, S. 150ff. u. *Greco* 2010, S. 58.

1693 Z.B. *Krauß* 2006, S. 85ff.; *Greco,* GA 2006, S. 109 u. *Greco* 2010, S. 63ff.

1694 *Kritisch* zu einer Kritik an empirischen Prämissen *Greco* 2010, S. 40.

präventiven Wirksamkeit seiner Konzeption[1695], der tatsächlichen Bedrohungslage[1696] und schließlich der eindämmenden Wirkung der Aussonderung feindstrafrechtlicher Regelungen[1697].

Nun gilt es, die grds. Kritik an *Jakobs'* Konzept nachzuzeichnen. Dabei geraten zunächst die rechtstheoretischen Ausgangspunkte in den Blick (*1.*), woraufhin sein funktionalistischer Systementwurf betrachtet wird (*2.*), bevor die Aufmerksamkeit den konkreteren Elementen des Feindstrafrechts gilt (*3., 4.*). Danach wird das Konzept an den Verfassungsvorgaben gemessen (*5.*). Abschließend erfolgt eine kritische Rekonstruktion des spezifisch-*Jakobs'*schen Rechtsstaatsverständnisses (*6.*).

1. Kritik an Jakobs' rechts- und geltungstheoretischen Postulaten

Jakobs möchte Individuen als Feinde aus dem Rechtskreis ausschließen und sie – wie soeben festgestellt – mittels eines Ausnahmezustands bekämpfen; *wer* ein solcher Feind ist und wer nicht, bestimmt sich dabei anhand der Gesinnung. Dieser Vorgang soll der *kognitiven Untermauerung*, damit der Geltung des Rechts selbst, dienen. Diese Vorstellung ist aus rechts- bzw. geltungstheoretischer Perspektive jedoch fragwürdig, worauf hier ein kurzer Seitenblick geworfen werden soll.

Jakobs fordert letztlich eine innere Übereinstimmung mit der Rechtsordnung. Er argumentiert, dass die Rechtsgeltung vom Normvertrauen der ganzen Gesellschaft abhängt; dies nun könne auch von bestimmten Gesinnungen irritiert werden. Damit kommt es für die Geltung des Rechts auch auf die persönliche Einstellung einzelner Individuen an.[1698] Dies läuft auf die Forderung hinaus, dass jeder Adressat die Rechtsnormen in *Überzeugung ihrer Richtigkeit* befolgt, was sich in der moralischen Abqualifizierung der Feinde, die dies nicht tun, als „böse" und gefährliche Individuen spiegelt.[1699]

1695 Vgl. *Cancio Meliá* 2010, S. 6f.; *Krauß* 2006, S. 96; *Schneider/Morguet* 2006, S. 346; *Zöller* 2009, S. 256ff.; *Jasch* 2006, S. 278; *Prittwitz*, JJZG 2008/2009, S. 343; *Jäger* 2011, S. 89; *Müssig* in *Heger*, ZStW 2005, S. 885 ; *Maier* 2010, S. 490. Ausführlich u. sehr wohlwollenden (krit: *Singelnstein*, KrimJ 2010, S. 312) *Morguet* 2009, S. 201ff.

1696 Siehe hierzu die Nachweise oben, Fn. 1483.

1697 Z.B. von *Cancio Meliá* 2010, S. 10; *Asholt*, ZIS 2011, S. 182, Fn. 17 u. S. 191. *Marzahn* 2011, S. 126 erinnert an das NS-Recht, wo der Ausbau des Polizeirechts zur Entformalisierung des Strafrechts führte. Die Trennung sorgte nicht für die Stärkung der Rechtsstaatlichkeit, sondern die Radikalisierung des „Bürgerstrafrechts". Ähnl. *Zöller* 2009, S. 282; *Vormbaum* 2010, S. XXXIV. Auch *Prittwitz* 2010, S. 178; *Steinsiek* 2012, S. 220f.; *Schulz* 2006, S. 320; *Schulz*, ZStW 2000, S. 662; *Sacher*, ZStW 2006, S. 609f.; *Muñoz Conde* 2007, S. 48ff.; *Albrecht* 2010, S. 77; NK-*Paeffgen*, Vor § 32ff., Rn. 223; *Ambos* 2010, S. 365; *Morguet* 2009, S. 254 u. *Streng* 2010, S. 198.

1698 Siehe zu diesem Gedankengang oben, C. I. 3. b) aa), S. 127.

1699 Wie schon i.R.d. Frage des Feindstrafrechts als Gesinnungsstrafrecht angeklungen, unten, C. II. 3. c), S. 177.

Diese Forderung konfligiert mit den Vorstellungen einer freiheitlich verfassten Gesellschaft, bei der es für die Normgeltung eben nur auf ein „formell korrektes Zustandekommen innerhalb des verfassungsmäßigen Rahmens“ ankommt.[1700] Dem widerspricht gerade die Kopplung der inneren Einstellung der – und nur: einiger – Rechtsunterworfenen mit der Rechtsgeltung: In komplexen, differenzierten, damit pluralistischen Gesellschaften kann es für die Rechtsgeltung gerade nicht auf die persönliche Haltung einzelner Bürgerinnen und Bürger ankommen, sondern auf eine bloße, „machtbasierte Infrastruktur“, eine abstrakte und insb. institutionalisierte Vermittlung des Rechts, die durch gesellschaftliche Institutionen und nicht individuelle Dispositionen bewirkt wird.[1701]

Dies hat auch *Kelsen* erkannt: Er nimmt eine strikte Trennung von Recht und Moral vor[1702] und führt die Entstehung der Rechtsordnung auf rein formale Erzeugungszusammenhänge zurück.[1703] Dies aus dem Motiv heraus, persönliche Freiheitsräume zu stärken und ein für pluralistische und demokratische Gesellschaften adäquates Rechtsverständnis zu etablieren.[1704]

Auch die partielle Suspendierung des Rechts, die *Jakobs* vorschlägt, birgt das Potential, den formalisierten Prozess der Rechtsgeltungsvermittlung zu sabotieren und damit dem Normvertrauen eher zu schaden statt es zu stärken.[1705] Was ein Strafrecht realiter leisten kann, ist nämlich nicht primär die Begehung von Unrecht zu verhindern, sondern abzusichern, dass auf begangenes Unrecht eine adäquate, *rechtliche* Reaktion folgt.[1706] Hier ist an das Konzept des „Verbrechensbekämpfungsbegrenzungsrecht“ (*Naucke*) und die das Strafrecht limitierende Position *v. Liszt*s zu denken.[1707] Dem Strafrecht wird zwar eine präventive Funktion zugeschrieben, auch mit der Vereinigungstheorie des BVerfG[1708], aber schon wegen der Zweifel an der Wirksamkeit von Abschreckung[1709] gilt die positive Generalprävention als „vorherrschende“ Theorie; die Bevölkerung soll demnach die „Normtreue“ durch die Tätigkeit der Strafjustiz einüben[1710]; problematisch ist es aber, wenn die Strafjustiz *dazu* ihrerseits geltende Normen bricht.[1711] Genau dies wird durch *Jakobs*'

1700 So *Marzahn* 2011, S. 50. Ähnl., auch mit Blick auf das Strafrecht, *Gärditz,* Der Staat 2010, S. 348.

1701 Vgl. *Müssig* 2007, S. 1050. Siehe auch *Maus* 2011, S. 60f. u. S. 128, dort zur Entwicklung seit der Aufklärung. Grundlegend *Luhmann* 1983.

1702 Hierzu oben, B. II. 1. a) cc), S. 54.

1703 Siehe oben, B. II. 2. a), S. 81; auch die Idee der Rechtsordnung als Einheit u. Stufenbau, oben, B. II. 1. b), S. 58.

1704 Zu diesen Konsequenzen oben, B. II. 1. b) cc) (2), S. 79.

1705 Wiederum *Müssig* 2007, S. 1050.

1706 So *Gierhake* 2013, S. 456.

1707 *Zu Naucke*; oben, Fn. 1412; zu *v. Liszt*s oben, B. II. 6., S. 98.

1708 BVerfGE, 45, 187 (253ff.).

1709 Konzentriert bei NK-*Hassemer/Neumann*, Vor § 1, Rn. 283

1710 Vgl. *Roxin* 2006, § 3, Rn. 27.

1711 Siehe auch die Nachweise unten, Fn. 1718.

Forderung, Verbrechen durch nicht-legalisierte Gewalt zu bekämpfen, desavouiert. In eine ähnliche Stoßrichtung geht übrigens die *Nichtidentitätsthese M. Jahns*, die die Paradoxie der Vorstellung *Schmitts*, die Rechtsordnung sei ausgerechnet durch die Suspendierung von Rechtsnormen wiederherzustellen, aufzeigt.[1712]

Auch die Uferlosigkeit[1713] des „Kampfes" gegen bestimmte, wohl nicht zu „besiegende" Phänomene und die staats- und rechtstheoretischen Probleme der Vorstellung einer „Exklusion aus dem Rechtskreis" können einen zu *Jakobs' geltungsspezifischen* Erwartungen gegenteiligen Effekt erzielen: Zeigen auch die von ihm vorgeschlagenen „hochgerüsteten" Strafrechtssysteme keine tatsächliche Wirkung, könnte dies das Normvertrauen der Bürgerinnen und Bürger, ihren Glaube an die Strafjustiz, sogar vermindern; kognitive Untermauerung wird so gerade nicht erreicht. *Jasch* zeigt dies am Bsp. von Graffiti-Sprayern auf.[1714] Dieses Ergebnis gilt umso mehr, als eine wirkliche *kognitive Sicherheit* wohl nie erreicht werden kann; *Muñoz Conde* bemerkt dazu, dass die Überbetonung der *kognitiven* zu Lasten der *normativen* Sicherheit geht.[1715] Dazu stellt der Verlust der „rechtsstaatlichen Identität"[1716], des „gesellschaftlichen Wertungskonsens hinsichtlich Gerechtigkeit und Schuldangemessenheit"[1717], der durch das Feindstrafrecht droht, den Rechtsstaat selbst, die bürgerliche Identifikation mit diesem, damit die Normbestätigung i.S.d. positiven Generalprävention – letztlich also auch die kognitive Untermauerung – in Frage. Für *Schneider* verlöre die Normstabilisierung ihren Effekt, würde z.B. beim Urteilsspruch vom Strafrichter explizit ausgesprochen, der Angeklagte müsse trotz evtl. fehlender *persönlicher* Verantwortlichkeit bestraft werden, um die Regeln der Gesellschaft zu untermauern; dies hätte eher einen gegenteiligen, destabilisierenden Effekt.[1718]

Indem *Jakobs* seine Vorschläge mit Blick auf die kognitive Untermauerung damit legitimiert, sie würden die in der Gesellschaft vorherrschende Kriminalitätsangst reduzieren[1719], verkennt er zusätzlich die kriminologische Einsicht, die u.A. unter dem Begriff *politisch-publizistischer-Verstärkerkreislauf* diskutiert wird: Es lässt sich feststellen, dass eine strenge Kriminalisierung realiter, durch die Überbetonung der Kriminalität und einer Rückwirkung dessen auf die mediale Berichterstattung,

---

1712 Siehe dazu oben, B. I. 4. b), S. 33, insb. Fn. 390. Ähnl. Kritik bei *Rautenberg* 2014, S. 122.

1713 Siehe zur fehlenden Limitierung bei *Jakobs'* vertiefend unten, C. II. 2. a), S. 168.

1714 Vgl. *Jasch* 2006, S. 275.

1715 Vgl. *Muñoz Conde* 2007, S. 44, 48. Zum Komplex auch *Scheffler* 2006, S. 139ff.

1716 *Wrocklage* 2008, S. 64; ähnl. auch *Marzahn* 2011, S. 157.

1717 NK-*Streng*, § 46, Rn. 21a).

1718 Vgl. *Schneider* 2004, S. 335ff. Auch *Wrocklage* 2008, S. 64; NK-*Streng*, § 46, Rn. 21a) u. *Marzahn* 2011, S. 163ff ; Ähnl. *Rautenberg* 2014, S. 122 u. *Di Fabio,* NJW 2008, S. 423. Allg. zur Formalisierung AK-StGB-*Hassemer,* Vor § 1, Rn. 301ff., zur „präventiven Leistung" Rn. 334. Vgl. auch oben, in u. an Fn. 1706.

1719 Siehe *Jakobs* 2012a, S. 28.

Viktimisierungsängste in der Bevölkerung eher steigert als senkt.[1720] Mutmaßlich trifft dies auf das Feindstrafrecht in besonderem Maße zu, da diese Effekte gerade für diffuse und vieldeutige Normen zu vermuten sind;[1721] Eigenschaften, wie sie *Jakobs*' Konzeption vorgeworfen werden.

2. Grundsätzliche Kritik am Funktionalismus

Auch der von *Jakobs* befürwortete strafrechtliche Funktionalismus, der viele Begründungsmuster für das Feindstrafrechts liefert, sieht sich grundsätzlicher Kritik ausgesetzt, die damit ebenfalls das Fundament des Feindstrafrechts angreift. So wird z.T. schon auf faktischer Ebene bezweifelt, dass der Funktionalismus seine *Funktion, den Normbestand der Gesellschaft zu stabilisieren*, erfüllen könne. Dies, da die Gesellschaftsstabilisierung eine egtl. latente Funktion des Strafrechts ist, die darauf angewiesen ist, unbewusst zu wirken und diese Wirksamkeit verliere, werde sie *manifest*.[1722] Daneben finden sich eher rechtspolitisch geprägte Positionen, die nun darzustellen sind.

a) Entindividualisierung und Entgrenzung durch eine funktionalistische Perspektive

Der Hauptvorwurf gegen eine funktionalistische Betrachtung des Strafrechts ist, dass dieses das Kollektiv gegen das Individuum ausspiele, letzteres marginalisiere und nicht ausreichend schütze.

So gerät das Individuum durch die Fokussierung auf die normative Ordnung aus dem Blick, dessen Schutz vor übermäßigen Zugriffen des Staates tritt in den Hintergrund. Dies ist besonders problematisch, da Maßnahmen, die für das System *funktional* sind, aus individueller Perspektive *dysfunktional* sein können[1723]; hier ist nur an die Verletzung individueller Freiheitsrechte zu denken. *Calliess:*

> „Der Idee des Interventionsstaates verpflichtet begreift sie [die positive Generalprävention in *Jakobs*' Zuschnitt, F.F.] sich nicht als Theorie zur Fundierung des Strafrechts als Rechtsbeziehung zwischen Staat und Bürger. [...] Sie verabsolutiert Strafe und stellt sie als staatliches Handeln mit seiner Zweckbestimmung dem ganzen Strafrecht voraus. Aufgaben und Ziele des Strafrechts werden jetzt nicht mehr im mehrdimensionalen Horizont einer den Bürger und Straftäter, das Opfer und die Betroffenen sowie die

1720 Grundlegend *Scheerer*, KrimJ 1978; konkreter *Streng*, MschKrimm 2004, S. 127f., m.w.N. in Fn. 2 u. *Hassemer*, JJZG 2008/2009, S. 346.

1721 Dazu *Frankenberg*, KritJ 1977, S. 355.

1722 Vgl. *Schneider* 2004, S. 335ff. u. oben, Fn. 1370. Ähnl. *Neumann/Schroth* 1980, S. 122f. u. *Sacher*, ZStW 2006, S. 598. *Jakobs* 1993a, S. 29f. verweist hierzu wieder auf sein rein deskriptives Vorgehen.

1723 Vgl. *Schneider* 2004, S. 317. Ähnl. *Wittig* 2005, S. 123ff. empathisch *Kahlo* 1990, S. 209f. Allg. auch *Albrecht*, StV 1994, S. 266 u. LK-StGB[11]-*Hirsch*, Vor § 32, Rn. 182d). Siehe auch unten, Fn. 1834.

> staatlichen Sanktionsorgane umfassenden Rechtsbeziehung, sondern eindimensional allein von der Strafe als staatlichem Handeln her bestimmt. Das Recht als Struktur eines vielschichtigen sozialen Zusammenhanges mit seiner Funktion, Grenzen, Bedingungen und Möglichkeiten des Handelns abzustecken, tritt zurück zugunsten eines stromlinienförmig begriffenen Aktionsprogramms. [...] Wenn Strafe ‚positiv' generalpräventiv definiert wird als die ‚Demonstration von Normgeltung' ‚auf Kosten des für den Normbruch Zuständigen' gerät Strafrecht zum reinen Demonstrationsrecht des Staates. Es kann auch nicht mehr ‚Aufgabe der Strafe' sein, den ‚Bestraften zu beeindrucken', ihn als Subjekt zu respektieren oder für einen Integrationsprozeß in die Gesellschaft zu gewinnen. Der Einzelne ist hier nicht mehr Adressat der Strafe, sondern er ist als für den Normbruch ‚Zuständiger' nur noch bürokratischer Anlaß und Objekt der ‚Aufgabe staatlichen Strafens'."[1724]

Die Notwendigkeit, solche Zugriffe auf die Individuen legitimieren zu müssen, kann aus einer rein funktionalistisch-gesellschaftsholistischen Perspektive nicht begründet werden.[1725] Damit wechselwirkt[1726] das Problem, dass funktionalistische Ansätze nicht auf Schuld als Strafrechts-Begrenzerin rekurrieren können.[1727] So bemerkt *Schneider*, dass *Schuld* in *Jakobs*' System die gleiche Rolle einnimmt wie die positive Generalprävention: die Stabilisierung der gesellschaftlichen Ordnung[1728] – und sie so nicht *neben* diese treten und beschränkend wirken kann.[1729] *Jakobs* selbst gesteht zu, dass es in seinem System keine „zweckfreie Schuld" als Strafrechts-Limitiererin gebe, bezeichnet dies aber als eine funktionalistische *Deutung* des *bestehenden* Systems und sieht sich bzgl. der Kritik daran als den *zu Unrecht gescholtenen Überbringer der schlechten Botschaft.*[1730] Auch verliert die *Schuld* ihren Gerechtigkeitsbezug: Ein rein funktionalistischer Schuldbegriff blendet beispielsweise die gesamtgesellschaftlichen Ursachen von Strafe aus[1731]. *Kargl* weist zurecht auf weitere Friktionen *Jakobs*' Theorie mit Strafproportionalität hin. So könne aus der Funktion der Normstabilisierung heraus nicht begründet werden, warum schwere Taten hart bestraft werden müssen; folge man *Jakobs* konsequent, müssten Kapitalverbrechen besonders mild bestraft werden, da es unumstritten ist, dass sich „z.B.an Mord und Totschlag als Normalbedeutung nicht angeschlossen" werden kann.[1732]

1724 *Calliess,* NJW 1989, S. 1339f.

1725 Dazu *Murmann* 2010, S. 191.

1726 Zu den Bezügen *Murmann* 2010, S. 191.

1727 Vgl. *Streng* 2010, S. 193; LK-StGB[11]-*Hirsch,* Vor 32, Rn. 182d); ausführlich *Kahlo* 1990, S. 215ff. *Schneider* 2004, S. 77f.

1728 Dazu *Jakobs* 1993b, 17. Abschn., Rn. 18; *Hirsch,* ZStW 1994, S. 752ff. u. NK-*Paeffgen,* Vor § 32ff., Rn. 212

1729 *Schneider* 2004, S. 77f.Ähnl. *Kaufmann* 1985, S. 895; *Streng* 2012, Rn. 15 m.w.N. in Fn. 39; *Hirsch,* ZStW 1994, S. 753f. m.w.N. in Fn. 44 u. *Marzahn* 2011, S. 110.

1730 Vgl. *Jakobs,* ZStW 1989, S. 536; Krit. dazu *Schneider* 2004, S. 111. Auch *Bock,* ZStW 1991, S. 637 u. 640f.

1731 Vgl. *Neumann/Schroth* 1980, S. 55 u. *Neumann,* ZStW 1987, S. 593.

1732 *Kargl,* GA 1999, S. 64f.

Ähnlich wirkt *Jakobs*' Theorie des Normgeltungsschadens als Pendant zur Rechtsgutsverletzung: Ein solcher liege genau dann vor, wenn eine Norm verletzt wird; dies ist eine rein tautologische Sichtweise, eine Eingrenzung der Strafbarkeit durch äußere Faktoren wird dadurch unmöglich; es entsteht ein *„circulus virtiosus"*[1733] (Zu bemerken ist allerdings, dass in Anlehnung an *Jakobs*, z.T., postuliert wird, auch der Gedanke des Rechtsgüterschutzes könne diese Limitierung nicht leisten.[1734]) Grundsätzlich lässt sich das Fehlen jeglicher normativer Begrenzungen des Rechts eines Staates, auf Individuen zuzugreifen, feststellen: Maßstab dessen ist ausschließlich das zur Normstabilisierung nötige, genauer, das (aufgrund der kognitiven Untermauerung) von der Gesellschaft als nötig *erachtete*.[1735] So erscheint aus konsequent-funktionalistischer Perspektive auch ein nicht system-extern beschränkter Zugriff auf Individuen als legitim.[1736] *Bung* sieht die Uferlosigkeit von *Jakobs*' Konzeption auch durch seinen Gedanken der bloß flankierenden Normen begründet; nach ihm münde diese Theorie in dem „General-Partialunrecht" der Rechtsfriedensstörung. Alles, was zur Erschütterung des Normvertrauens führen kann, könne somit bestraft werden – dies ist sehr viel, weswegen hierin totalitäre Züge liegen.[1737]

Hierin spiegelt sich der Widerstreit von Sicherheit und Freiheit, konkret der individuellen Freiheit und der kollektiven Sicherheit, wobei letzterer das *Prä* zugesprochen wird.[1738] Der Einzelmensch wird nicht als bewusst handelndes, freiheitlich-gestaltendes Wesen ernstgenommen, sondern als bloßer, zum Gehorsam gegenüber den gesellschaftlich aufgestellten Normen verpflichteten Befehlsempfänger.[1739] Dem liegt wiederum der Konflikt zwischen der Vorstellung einer Pflicht zum Rechtsgehorsam und dem spezifisch *Kelsen*'schen Freiheitsbegriff zugrunde.[1740]

1733 *Schünemann* 2001, S. 16f; auch *Schünemann*, GA 1995, S. 220; *Schünemann* 1995, S. 51; *Puppe* in *Zischang*, ZStW 1995, S. 925; *Sacher*, ZStW 2006, S. 590 u. knapp *González Cussac* 2007, S. 12f. sowie *Roxin* 2010, S. 594. Ebenso *Bung* 2006, S. 254f. zu *Jakobs*' Konzept der flankierenden u. Hauptnormen, dazu auch oben, Fn. 1265.

1734 Zu *Jakobs*' Postulat, Rechtsgüterschutz führe zur Strafrechtsexpansion oben, C. I. 2. c), S. 121. So z.B. *Greco* 2010, S. 41f. Skeptisch auch *Naucke*, JoJZG 2008, S. 33 u. *Silva Sánchez* 2003, S. 62.

1735 Dazu *Asholt*, ZIS 2011, S. 183. Siehe auch oben, C. I. 3. b) aa), S. 127, u. das Zitat von *Asholt* an Fn. 1328.

1736 So *Frommel* 2006, S. 61, 74f.; *Heinrich*, ZStW 2009, S. 118 u. *Asholt*, ZIS 2011, S. 182, Fn. 17; ähnl. *Maier* 2010, S. 493 u., dies auf die Präventionsorientierung zurückführend *Marzahn* 2011, S. 245.

1737 *Bung* 2006, S. 256; ähnl. *Schulz* 2006, S. 317; zu den flankierenden Normen auch oben, Fn. 1265. Ähnl. *Neumann* 2006, S. 307f. u. *Donini* 2007, S. 45f. u. 28f. Allg. AK-StGB-*Hassemer*, Vor. § 1, Rn. 254.

1738 Dazu *Prittwitz* 2007, S. 240, der dies als unausgesprochene Prämissen der Diskussion betrachtet.

1739 Wiederum *Murmann* 2010, S. 191.

1740 Dies wurde insb. bzgl. *Isensee*s Grundrecht auf Sicherheit festgestellt, dazu oben, C. I. 3. c) bb) (1) (a), S. 147.

b) Ein selbstgenügsames als ein absolutes, etatistisches und undemokratisches Strafrecht

Das Strafrecht und die Strafe werden somit, frei äußerer Bezugspunkte, zum Selbstzweck. Dies rückt *Jakobs*' Konzeption – auf den ersten Blick überraschend – in die Nähe *absoluter Straftheorien.*[1741] Eine absolute Strafe ist eine solche, „die ihren Sinn [...] in sich trägt und nicht auf einen bestimmten sozialen Erfolg abzielt" (*Neumann/ Schroth*)[1742]. *Jakobs* meint, dass die „verbreitete Rede vom Zweck einer Sanktion" ungenau sei, „denn die Sanktion hat nicht einen Zweck, sondern ist selbst Zweckerreichung"[1743] Der von der Strafe intendierte Vorgang der *Identitätsbestätigung* ist für *Jakobs* nämlich nicht der Empirie zugänglich.[1744] *Schünemann* kritisiert, dass *Jakobs*' Position, die Strafe *habe* keinen, sondern *sei* Zweck, jede Zweckverfolgung durch Strafe unmöglich macht;[1745] dagegen betont *Schneider* zutreffend, dass hier doch explizit Zwecke verfolgt würden, nämlich die „Einübung der Normanerkennung" resp. „Rechtstreue", die „Stabilisierung der normativen Verhaltenserwartung".[1746] Für *Jakobs*' Schüler *Lesch* geht es dabei allerdings „nicht um *präventive* Zwecke" [Herv. F.F.], weswegen die funktionale Theorie „zwischen einer absoluten und einer relativen Begründung der Strafe oszilliert", wobei „Strafgrund und Strafzweck in eins fallen"; Funktion sei Stabilisierung des Normsystems.[1747] Hier ist *Schünemann* jedoch zuzugestehen, dass dieser Zweck redundant ist: Durch das Strafrecht wird bloß das Normsystem (deren Teil die Kriminalgesetze sind) geschützt, nichts darüber hinausgehendes.[1748] *Jakobs* selbst hält übrigens die klassische Einteilung in „absolute" und „relative" Theorien für nicht mehr zeitgemäß; dies ändert aber nichts daran, dass sich in seiner Theorie die hier genannten Merkmale finden lassen, die sie mit der als „absolut" bezeichneten Strafbegründungstheorie gemeinsam hat.[1749]

Ein derart selbstgenügsames Strafrecht passt nun nicht in einen demokratischen Staat: So argumentiert *Gärditz,* Strafe müsse dort stets eine „*zweckrationale* Entscheidung des Gesetzgebers"[1750] sein. Dies lässt sich auf das funktionale System *Jakobs*' münzen, auch wenn er es nicht explizit erwähnt:

1741 Insg. dazu NK-*Paeffgen*, Vor § 32ff., Rn. 217 sowie *Paeffgen*, a.a.O., § 111, Rn. 10; *Puppe* in *Zischang,* ZStW 1995, S. 925 sowie *Puppe* 1999, S. 470ff.; *Schünemann* 2002, S. 327f. u. *Sacher,* ZStW 2006, S. 616. Allg. zur positiven Generalprävention, aber auch zu *Jakobs Prittwitz* 1993b, S. 213, insb. 220ff.

1742 Vgl. *Neumann/Schroth* 1980, S. 3.

1743 *Jakobs* 1999, S. 106, dazu *Morguet* 2009, S. 26; vgl. hierzu ähnl.auch oben, Fn. 1381.

1744 Vgl. *Jakobs,* ZStW 1995, S. 844.

1745 Vgl. *Schünemann* 2001, S. 16.

1746 Vgl. *Schneider* 2004, S. 79.

1747 Vgl. *Lesch,* JA 1994, S. 598f.

1748 So *Puppe* 1999, S. 470. Ähnl. *Calliess,* NJW 1989, S. 1339. Siehe insb. sein oben, an Fn. 1724 wiedergegebenes Zitat. Zu den Ambivalenzen auch *Feijoo Sánchez* 2007, S. 78.

1749 So *Jakobs* 1993b, 1. Abschn., Rn. 17.

1750 *Gärditz,* Der Staat 2010, S. 346 [Herv. F.F.].

> „Strafgesetzgebung erzeugt Recht und bekennt sich nicht lediglich zu einem vorgefundenen gesellschaftlichen Normensystem, das gleichsam nur noch ‚vollzugsfähig' gemacht werden muss. Nur so wird der Strafgesetzgeber aus einer instrumentellen Hilfsfunktion herausgehoben, bloßer Notar metaphysischer Gerechtigkeit oder Wahrheit zu sein."[1751]

Auch wenn *Jakobs* keine überpositive Gerechtigkeit im Blick hat, reserviert er für das Strafrecht die instrumentelle Rolle, die gesellschaftlichen, *vorfindbaren* Normen, die bei ihm gerade kein Ergebnis eines Konsens sind[1752], zu stabilisieren. Dies lässt *Gärditz* wohl außer Acht, wenn er sich für sein Eintreten für ein demokratisches Strafrecht gerade auf *Jakobs*' funktionales Strafrecht beruft.[1753] *Gärditz* argumentiert zwar z.T. ähnlich wie *Jakobs* und zweifelt ebenfalls an der Wirksamkeit der Schuld bzw. der Gerechtigkeit als wirksame Strafrechtsbegrenzerinnen, fundiert seine Straftheorie aber derart auf dem demokratischen Verfassungsprinzip, dass er systemimmanent die Relativität der Strafzwecke[1754], die der Demokratie zugrundeliegende Idee der Freiheit[1755] und schließlich die Grundrechte[1756] als Zugriffslimitierer wirksam machen kann[1757] – die bei *Jakobs* diesen Zweck verfehlen[1758]. Der Verzicht auf externe Zwecke macht in Ermangelung sonstiger Bewertungsmaßstäbe eine Kritik am gerade herrschenden Strafrecht unmöglich; dies hemmt die Möglichkeit eines rationalen (demokratischen) Diskurses über das Strafrecht und befördert zugleich dessen Expansion.[1759]

Die Verabsolutierung des Strafrechts kann als Ausdruck eines besonderen Etatismus verstanden werden. Nach *U. Neumann* setzt „eine absolute Straftheorie [...] eine absolute Staatstheorie voraus"[1760]. Er führt dies auf religiöse Vorstellungen zurück: Der Rechtsbrecher stelle sich gegen die göttliche Ordnung, die es ihm gegenüber durchzusetzen gilt. Die Argumentation funktioniert auch ohne die theologische Wendung: Wer als einzigen Grund für derart scharfe Eingriffe, wie sie das Strafrecht vornimmt, den Erhalt

---

1751 *Gärditz,* Der Staat 2010, S. 346.

1752 Dazu oben, C. I. 3. b) aa), A. 127.

1753 *Gärditz,* Der Staat 2010, Fn. 110. Zur Auseinandersetzung mit *Gärditz Jakobs* 2012b, S. 18, Fn. 15. Krit. dazu auch *Zaczyk,* Der Staat 2011, S. 300 u. passim; ebenso *Gierhake* 2013, S. 204ff.

1754 Vgl. *Gärditz,* Der Staat 2010, S. 363.

1755 Vgl. *Gärditz,* Der Staat 2010, S. 367.

1756 Vgl. *Gärditz,* Der Staat 2010, S. 359ff.

1757 Wenn *Zaczyk,* Der Staat 2011, S. 296 u. S. 300 davor warnt, eine demokratische Strafbegründung, wie sie *Gärditz* vornimmt, öffne der „Tyrannei der Mehrheit" Tür u. Tor, scheint er diesen minderheitenschützenden Aspekt außen vor zu lassen; unabhängig davon, ob dies theoretisch oder politisch hergeleitet wird: *Kelsen* u. *Gärditz* postulieren beide unübersteigbare minderheitenschützende Normen. Dies unterscheidet sie von *Jakobs* u. mindert *Zaczyk*s Bedenken. Auch ist nicht klar, wieso er den Rekurs *Gärditz'* auf *Kelsen* als „überraschend" (S. 297) findet. Zweifel an der Wirksamkeit der von *Gärditz* genannten Zugriffsbeschränkungen aber bei *Gierhake* 2013, S. 207ff.

1758 Dazu nur unten, C. II. 5., S. 183.

1759 Vgl. *Puppe* 1999, S. 470.

1760 *Neumann/Schroth* 1980, S. 14.

der staatlichen (normativen) Ordnung ansieht, muss diese als *absolut geltend* annehmen, um nicht in Legitimationsprobleme zu geraten; *Radbruch* spricht von der „Auffassung der Strafe als Wiederherstellung der Autorität des Staates, als Vergeltung."[1761] So ist es in einem funktionalistischen System explizit nicht die vom Staat unabhängige Kategorie *Schuld*, auf die die absolute Strafe rekurriert, sondern die normative Ordnung des Staates selbst, die an deren Stelle tritt und an die die Strafe anknüpft. Die Voraussetzung eines „absoluten" Staates teilt *Jakobs* mit *Schmitt*, der dem Staat einen Eigenwert zugeschrieben hat[1762], und setzt ihn in Kontrast zu *Kelsen*, der eine auf relativistischem Boden stehende Demokratie- und Rechtstheorie entwickelt hat.[1763]

Bei *Jakobs* zugespitzter Variante eines funktionalistischen Systems zeigen sich die Friktionen mit dem Demokratieprinzip auf besondere Weise: Zunächst bestehen Parallelen zwischen seinem theoretischen Fundament und dem substantiellen, werthaft-etatistischem Bild vom Staat bei *Schmitt*.[1764] Dies erscheint schon dadurch, dass vorgegebene Normen der freien, positivistischen Setzung durch den Gesetzgeber entzogen sind, als ein undemokratisches Staatsverständnis.[1765]

Die Absolutsetzung von Staat und Strafrecht kann auch die Eigenart des Feindstrafrechts erklären, bestimmte Delinquenten moralisch abzuqualifizieren und sie als *absolut böse* anzusehen statt bloß – relativistisch – als Täter einer verbotenen Tat, als Jemanden, der einen Tatbestand erfüllt und den daher eine normierte Rechtsfolge zu treffen hat.[1766] Hier kann eine Position *K. Günther*s fruchtbar gemacht werden: Ihm zufolge ist es – wegen der sozialen Kontingenz, also der Tatsache, dass gesellschaftliche Normen immer auch „anders sein könnten" – eine *politische Entscheidung*, welche Verhaltensweisen kriminalisiert werden und welche nicht. Verschleiere man diese Wahlmöglichkeit, was durch das (auch *Jakobs*'sche) Abstellen auf eine vermeintliche *Substanz* geschieht[1767] und was *Jakobs*' Motiv der kognitiven Untermauerung entspricht[1768], wird der demokratischen Diskurs über diese Entscheidung abgeschnitten.[1769] Was bleibt, ist autoritäre Dezision i.S. *Schmitt*s. Ein ähnliches Erklärungsmuster wendet übrigens *Popper* auf *Platon*s hier ähnliches Staatsverständnis an (Die durch den Seehandel der alten Griechen hervorgerufene

---

1761 Zur Vergeltungsstrafe in nicht-religiöser Deutung *Radbruch* 1957, S. 66. Ähnl. schon *Radbruch* 1914, S. 127 u. sein Zitat oben, in Fn. 1611. Dazu auch *Albrecht* 2007, S. 4f.

1762 Zu dessen „Wertsetzung" des Staates oben, B. I. 4. c) bb), S. 39.

1763 Hierzu gerade oben, B. II. 2. a), S. 81.

1764 Siehe die Auseinandersetzung mit den funktionalistischen Argumenten *Jakobs* oben, C. I. 3. c) bb) (1), S. 147.

1765 Zum Zusammenhang von Positivismus u. Demokratie oben, B. II. 2. a), S. 81.

1766 Dazu oben, C. I. 3. c) aa) (3) 143, insb. Fn. 1463; zur Kritik unten, C. II. 3. c), S. 177.

1767 Vgl. *Günther*, KritJ 1994, S. 144ff. Für *Hassemer*s Argumentation mit ähnlichen Prämissen unten, Fn. 1827.

1768 Da es dort ja gerade um die Absicherung der als kontingent erkannten Normen geht; oben, C. I. 3. b) aa), S. 127.

1769 Auch durch Zuschreibung des *Bösen*, was den demokratischen Diskurs blockiere: *Günther*, KritJ 1994, S. 152ff.

Kontingenzerfahrung führte zunächst zu demokratischen und rechtspostivistischen (= „*kritisch-dualistischen*“) Positionen, was wiederum die Position *Platons* provoziert, die starre Idee eines erhaltenswerten Idealstaats zu verfolgen.[1770]

c) *Machtaffirmation und Statik, Etatismus und Dezisionismus: Politische Missbrauchbarkeit*

Einem funktionalistischen Strafrecht wird nicht nur vorgeworfen, zum bloßen Selbstzweck zu geraten, sondern auch, unkritisch jede bestehende Ordnung zu legitimieren und somit letztlich machtpolitisch missbrauchbar zu sein. Dies weist Parallelen zu *Schmitts* (undemokratischem) Prä des Bestehenden auf und redet der Verabsolutierung des Staates das Wort. *Schmitt* meint, dass wer immer die Macht hat, das Recht zu setzen, dies auch *legitimierweise* tue[1771]; *Jakobs* Feststellung, „[w]er den Krieg gewinnt, bestimmt, was Norm ist“[1772] schlägt in die selbe Kerbe. Beide versuchen, einen (faktischen, also nicht-rechtlichen) „Machtkampf“ *rechtlich* zu rechtfertigen.[1773] Das Problem ist damit auch bei *Jakobs*, dass die Frage nach einer über die bloße Machtaffirmation hinausgehenden Begründung des (Straf-)Rechtssystems nicht gestellt wird. *Aponte* betont die Gefahr, dass eine selbstbezügliche Norm- und Machtstabilisierung eine Eigendynamik gewinnt, die jeden gesellschaftlichen Nutzen verliert.[1774] *Streng* verzeichnet einen „umstandslosen Umschlag von der soziologischen Analyse in die Legitimation [...]“ und vermisst einen dafür unverzichtbaren „rechtsphilosophischen oder rechtspsychologischen Zwischenschritt“. Feindstrafrecht sei ein undemokratisches, autoritäres Strafrecht, das bloß der Erhaltung der Herrschaft diene.[1775]

Diese Perspektive legitimiert den Schutz *alles gerade Bestehenden*; darin liegt ein Sprung vom Sein aufs Sollen[1776], damit ein Widerspruch zu *Kelsen* bei gleichzeitiger Parallele zu *Schmitts* Staatsverständnis[1777]. Wie *Schmitt*[1778] wird auch *Jakobs* eine zirkuläre Argumentation vorgeworfen.[1779]

Hierzu passt, dass das von *Jakobs* entworfene Rechtssystem ein besonders *statisches* ist: Die für ihn basale kognitive Sicherheit setzt die Existenz stabiler Normen,

---

1770 Vgl. *Popper* 1945, S. 210.
1771 Hierzu oben, B. I. 1. a) cc) (1), S. 11 u, oben B. I. 1. a) cc) (3), S. 12.
1772 *Jakobs*, HRRS 2004, S. 92.
1773 Hierauf weist auch *Gierhake* 2013, S. 451 hin u. bezieht dies sowohl auf *Jakobs* als auch auf *Schmitt*.
1774 Vgl. *Aponte*, HRRS 2006, S. 302; *Stübinger*, KritJ 1993, S. 39f. u. 43; ähnl. *Sacher*, ZStW 2006, S. 602ff u. *González Cussac* 2007, S. 12f.
1775 Vgl. *Streng* 2010, S. 185f., 198, 201; ganz ähnl. auch *Cavaliere* 2010, S. 325. Siehe auch *Muñoz Conde* 2007, S. 43 u. LK-StGB[11]-*Hirsch*, Vor § 32, Rn. 182f.
1776 Vgl. *Sacher*, ZStW 2006, S. 605; dazu auch unten, C. II. 6., S. 192.
1777 Siehe zu *Schmitt* oben, B. I. 1. a) cc) (3), S. 12, zu *Kelsen* oben, B. II. 1. a), S. 49.
1778 Siehe hierzu den Topos des *Dezisionsparadoxes*, oben, B. I. 4. c) aa), S. 37.
1779 So von *Crespo* 2011, S. 60. Ähnl. wohl auch die Kritik bei *Kargl*, GA 1999, S. 60f. u. *Gierhake* 2013, S. 451.

also auch fester Rechtsnormen, voraus. Dies konfligiert mit der Eigenschaft eines modernen Rechtssystems, einem steten Wandel unterzogen und damit eine besonders *dynamische* Institution zu sein.[1780] Die von *Kelsen* betonte *Dynamik* des Rechtssystems – inklusive ihrer demokratietheoretischen Implikationen –[1781] wird durch die funktionale, das *Bestehende stabilisierende*, statische Perspektive *Jakobs'* außer Acht gelassen.

Die Machtaffirmation des Feindstrafrechts birgt, gerade im Zusammenhang mit der – noch zu vertiefenden – Unmöglichkeit der klaren Abgrenzung von Bürger und Feind und der Tatsache, dass Feinde durch gesellschaftliche Dezision geschaffen werden[1782], politische Missbrauchsgefahren.[1783] Dazu passt nebenbei die Feststellung *G. Fiandacas*, in *Jakobs'* Aufzählung der Feinde fehlten kriminelle Politiker, trotzdem gerade diese die Grundfesten des Staates angreifen und so ebenfalls als Feinde behandelt werden müssten[1784] – auch dies befördert, sei es unbewusst[1785], die Stabilisierung bestehender (politischer) Machtstrukturen. Ein Phänomen, das sich ebenso bei *Schmitt* findet.[1786] Zurecht betont *A. Aponte* mit Blick auf die reale Situation in Kolumbien, dass die Entscheidung über Freund und Feind stets unter dem Einfluss der politischen Konjunktur getroffen wird. Weiter:

> „Das Feindstrafrecht ist ein von Natur aus politisches Recht, dass [sic] in eine Rechtsform gebracht wurde; seine wichtigsten Merkmale werden nicht von der Straf- oder Strafprozessdogmatik, sondern eben von der Politik bestimmt".[1787]

Wiederum ein Merkmal, das sich in vergleichbarer Form bei *Schmitt* findet, zumal auch hier das Spannungsfeld von Dezision, Ausnahmezustand[1788] und Politik eröffnet ist. Auch spiegelt sich hier der schon erwähnte Etatismus: Bei *Jakobs* ist es die staatlich geordnete Gesellschaft, die bestimmt, wer Freund und wer Feind ist – und sich damit selbst konstituiert, in dem sie bestimmt, wer „dazugehört" und wer zu exkludieren ist.[1789] Eine solche Entscheidung setzt allerdings entweder eine entsprechende Einigkeit der Gesellschaftsmitglieder – und damit eine relativ

---

1780 So auch *Marzahn* 2011, S. 158f.

1781 Siehe dazu zusammenfassend oben, B. II. 1. b) cc) (2), S. 79.

1782 Siehe hierzu unten, C. II. 3. a), S. 174.

1783 So auch *Roxin* 2006, § 2, Rn. 129; *Kaufmann* 1985, S. 895f.; *Streng* 2010, S. 199; *Albrecht* 2010, S. 81; *Losappio* 2010, S. 134; *Ambos* 2010, S. 345; *Aponte* 2006, S. 132; *Cavaliere* 2010, S. 328; *Stübinger* 2008a, S. 155; *Rautenberg* 2014, S. 122; *Sauer,* NJW 2005, S. 1705 u. ähnl. *Muñoz Conde* 2007, S. 17. Siehe auch *Marzahn* 2011, S. 181 u. *Heinrich,* ZStW 2009, S. 119.

1784 Vgl. *Fiandaca* 2010, S. 32.

1785 Dies betont *Uwer* 2006, S. 38f.

1786 Siehe hierzu oben, Fn. 425.

1787 *Aponte* 2006, S. 146. Vgl. auch *Aponte,* HRRS 2006, S. 299ff., insb. 302f.

1788 Dessen Bedeutung im Kontext betont *Aponte,* HRRS 2006, S. 299ff.; hierzu allg. oben, C. I. 3. c) cc), S. 157.

1789 So wohl *Gössel* 2010, S. 51.

homogene Gesellschaft – voraus, oder es bedarf einer bloßen, aufoktroyierten Machtentscheidung.[1790] Hier taucht das als *Dezisionsparadoxon* bezeichnete Phänomen in *Schmitts* Denken, sein Changieren zwischen Konstitution der einheitlichen Gesellschaft durch Dezision und politischer Dezision von einer vorausgesetzten homogenen Gemeinschaft[1791], auf. *B. Schünemann* konstatiert in diesem Sinne, im Funktionalismus *Jakobs'* Prägung sei eine „Kette von Zirkelschlüssen" eine bloße „Fassade", hinter der die eigentlichen Entscheidungen rein dezisionistisch getroffen würden.[1792]

3. Feind als problematische Kategorie

Nun sollen die konkreteren theoretischen Elemente des Feindstrafrechts kritisiert werden; dabei steht der Feind als zentraler Anknüpfungspunkt der Konzeption im Zentrum.

a) Die grds. Probleme mit der Kategorie Feind

Zunächst ist festzuhalten, dass *Jakobs'* Argumentation zwingend von der Existenz von „Feinden" in seinem Sinne abhängt. Deutlich dazu *Stübinger*:

> „Falls sich [...] herausstellen sollte, dass die Differenzierung zwischen Feind und Bürger in tatsächlicher Hinsicht fehlgeht, dann kollabiert die Unterscheidung und ein Feindstrafrecht erweist sich als illegitim."[1793]

Dabei wird ihm oft die fehlende Stringenz bzw. Klarheit dieser Kategorie[1794] vorgeworfenen. Dies sowohl allgemein als auch mit Blick auf die einzelnen Tätergruppen[1795]; diese Zweifel an der Schlüssigkeit der Kategorie des *Feinds* greifen eine basale Prämisse von *Jakobs'* Theorie an. Nun sind die einzelnen Ausprägungen dieser Kritik zu betrachten:

Zunächst fragt sich, welche Individuen *Jakobs* genau im Blick hat. Am prominentesten sind, insb. nach den Anschlägen des *11. September 2001*, die *Terroristen*. Aber mit

---

1790 So als allg. Kritik an funktionalistischen Theorien *Neumann/Schroth* 1980, S. 111.

1791 Dazu oben, B. I. 4. c) aa), S. 37.

1792 *Schünemann*, GA 1995, S. 220, zust. *Kunz* 2005, S. 1291. Zu dem Themenkomplex auch *Lüderssen*, ZStW 1995, S. 885; *González Cussac* 2007, S. 21 (dag. *Neumann* 2000, S. 122, krit hierzu wiederum *Schünemann* 2001, S. 17, Fn. 66). Siehe insg. auch die Nachweise zum Dezisionismus in der Definition des Feindes, unten, Fn. 1806.

1793 *Stübinger*, 2008b, S. 89.

1794 Siehe *Marzahn* 2011, S. 51 u. 107; *Steinsiek* 2012, S. 223; *Ambos* 2010, S. 361; *Müssig* 2007, S. 1051; *Roxin* 2006, § 2, Rn. 129; *Streng* 2010, S. 199; *Maier* 2010, S. 491; *Krauß* 2006, S. 83; *Malek*, HRRS 2006, S. 317; *Sacher*, ZStW 2006, S. 608; *Muñoz Conde* 2007, S. 43; *Zöller* 2009, S. 273; *Zabel* 2005, S. 346; *S/S-Lencker/Eisele*, Vor § 13ff., Rn. 5a; *Morguet* 2009, S. 253f.; *Kunz* 2005, S. 1389. *Bung* 2006, S. 260; *Morguet* 2009, S. 49. Gegen diese Krit. *Polaino-Orts* 2011, S. 101f., dabei aber selbst ungenau.

1795 Deren grds. Schlüssigkeit ebenso angezweifelt wird: *Marzahn* 2011, S. 34ff.

der Nennung dieses schillernden Typus ist noch nicht viel an Klarheit gewonnen: So gibt es zwar „evidente Terroristen", wie die, die die islamistischen Anschläge in New York, London, Madrid und Paris zu verantworten haben. Bzgl. dieser erscheint eine über die bestehende Rechtslage hinausgehende Sanktionsschärfung, wie sie Jakobs fordert, nur beschränkt als nötig, da ihnen als Mörder jedenfalls eine lebenslange Freiheitsstrafe droht; unverhältnismäßige, feindstrafrechtliche Strafen lassen sich so nicht begründen. Dies lässt vermuten, dass *Jakobs* auch an weniger evidente Terroristen denkt – ob darunter bloße Agitatoren oder Personen, die reine Sachbeschädigungen begehen, fallen, ist unklar, aber nicht auszuschließen.[1796] Auch dem Begriff der *organisierten Kriminalität* geht eine trennscharfe Definition ab.[1797] Dazu erscheint die Einordnung von *Sexualstraftätern* in *Jakobs'* Aufzählung als nicht stringent.[1798] Schließlich besteht die Gefahr, dass Personen vom Feindstrafrecht erfasst werden, die sich nicht in dessen theoretisches Schema einfügen, bspw. *Geisteskranke.*[1799]

Aus einem anderen Blickwinkel, aber im Ergebnis ähnlich (nämlich seine Unterscheidung als unplausibel kritisierend), lässt sich *Jakobs* vorhalten, dass eine konsequente Anwendung seiner eigenen Theorie zu dem Ergebnis führen müsste, dass *jeder* Straftäter ein *Feind* sei, „da jede Straftat ein Gegenentwurf zur bestehenden Gesellschaft darstellt."[1800] Dies zeigt sich auch an *Jakobs'* Feststellung, dass jede Strafe den Täter als bloßes Objekt behandelt und folgt aus einer seiner Prämissen:

> „Da jeder Mensch Zeit seines Lebens nicht nur Person, sondern auch Individuum ist, gibt es eine Seite an ihm, die ständig gegen die Schranken des Rechts aufbegehrt."[1801]

Diametral dazu wird die *grundsätzliche Existenz* von „Feinden" i.S. *Jakobs'* Zuschnitt, also Personen, die von der Rechtsordnung gänzlich unansprechbar sind,[1802] sich „dauerhaft vom Recht abgewandt" haben[1803], bezweifelt. *Jakobs,* so der Vorwurf,

---

1796 Vgl. *Hörnle* 2010, S. 98f; zu § 129a auch *Junker* 1996S. 59ff., insb. S. 61 u. 75f. Auch *Singelnstein/Stolle* 2011, S. 149; *Zöller* 2009, S. 101ff., insb. 103 (u. konkret auf *Jakobs* S. 281f.). Allg. *Krauß* 2006, S. 96, *Albrecht* 2006, S. 17f.; *Weigend* 2006, S. 163ff.; *Marzahn* 2011, S. 29f.; *Zöller,* GA 2016, S. 92f. u. *Rautenberg* 2014, S. 170ff.

1797 Hierzu *Hefendehl,* StV 2005, passim.; *Schneider,* ZStW 2001, S. 499f.; *Marzahn* 2011, S. 32f. u. allg. *Albrecht* 2010, S. 377f. u. *Frommel,* KritJ 1990, S. 282.

1798 Hierzu oben, Fn. 1435.

1799 Dazu *Fiandaca* 2010, S. 27.

1800 *Klesczewski,* S. 127.

1801 *Klesczewski,* S. 127, vgl. dort auch insg. zu den Ausführungen hier.

1802 Insb. *Sinn* 2010, S. 236f., der keine Begründung für das Fehlen der Kommunikationsfähigkeit jenseits des § 20 StGB erkennt. Ähnl. *Gierhake* 2013, S. 309 u. *Steinsiek* 2012, S. 219.

1803 So *Schünemann* 2010, S. 18; *Rosenau,* Comparative Law Review 2008, S. 29; *Steinsiek* 2012, S. 219 u. *Marzahn* 2011, S. 114. Siehe auch die Kritik an *Jakobs'* „Erbonkel-Beispiel", oben, Fn. 1469.

stellt zu sehr auf die persönliche Motivation der Täter ab und verkenne die systemischen, gesellschaftlichen Zusammenhänge von Devianz.[1804]

Es mangelt also sowohl den von *Jakobs* beispielhaft aufgeführten Tätertypen als auch der grundlegenden Unterscheidung von Feinden und Bürgern an Klarheit; je nach Perspektive kann jeder als Feind erscheinen oder niemand. Angesichts dieser aus jeweils entgegengesetzten Richtungen greifenden Kritik ist es fraglich, ob es so etwas wie von „Bürgern" zu trennende „Feinde" überhaupt gibt, diese Trennung sinnvoll ist bzw. diesbzgl. klare Abgrenzungskriterien zu finden sind: Letztlich gelingt *Jakobs* keine kohärente Definition.[1805] „Feind" erscheint nicht als gegebene Kategorie, sondern als gesellschaftlich konstruiertes *label*. Dies ist nun näher zu betrachten.

b) „Feinde" als Produkt der Gesellschaft – Dezisionismus

Die Vorstellung, es gebe evidente „Feinde", ist also fragwürdig. Vielmehr erscheinen diese als Produkt einer gesellschaftlicher Zuschreibung, einer (politischen) *Dezision.*[1806] Vielsagend ist auch hier *Jakobs* eigene Formulierung, man müsse Individuen zu Tätern „stilisieren"[1807]

Auf abstrakterer Ebene arbeitet *S. Stübinger* die Zirkularität von *Jakobs*' Argumentation heraus, insb. dort, wo aus der normativen Situation heraus argumentiert wird (die neben eine eher faktisch orientierte Argumentation trete): Schon die Zurechnung von Personen zum Feindstrafrecht mache sie – unabhängig realer Merkmale – automatisch zu Feinden. *Stübinger*: „Feinde muss es geben, weil es Feindstrafrecht gibt".[1808] Die Existenz von Feinden wird somit aus der Tatsache, dass es *de facto* Straftatbestände gibt, die nur Feinden gegenüber zu legitimieren wären, abgeleitet. Über das tatsächliche Bestehen einer derartigen Tätergruppe ist damit noch nichts gesagt; wohl aber, dass die Feinde in *Jakobs*' Sinne Produkte der rechtssetzenden und -anwendenden Personen sind. *Stübinger* verdeutlicht dieses Problem am Bsp. der Hexenverfolgung: Zum einen könne diese für legitim halten, wer tatsächlich an die Existenz gefährlicher und zu bekämpfender Hexen glaubt. „Kommen hingegen Zweifel an ihrer Realität auf", könne, so *Stübinger*,

1804 Dazu *Schünemann* 2010, S. 18; ähnl. auch *Fiandaca* 2010, S. 27.

1805 *Gössel* 2010, S. 60; allg. auch *Stübinger*, 2008b, S. 88.

1806 So auch *Aponte* 2006, S. 145 u. *Aponte*, HRRS 2006, S. 300; zust. *Zöller* 2009, S. 280. Auch *Sauer*, NJW 2005, S. 1704; *Marzahn* 2011, S. 46f.; *Morguet* 2009, S. 264f.; knapp *Steinsiek* 2012, S. 223; mit Blick auf die Parallelen zu *Schmitt Stübinger*, 2008b, S. 84. *Ambos* 2010, S. 357, weist auf die Erkenntnisse des *labeling approach* hin; dazu auch, insb. zum Terrorismus, *Albrecht* 2006, S. 17f.) u. *Singelnstein/Stolle* 2011, S. 131; ähnl. *Stübinger* 2008a, S. 155 u. *Krauß* 2006, S. 84 sowie *Zöller* 2009, S. 283. Grds. zum Vorwurf des Dezisionismus im Funktionalismus oben, C. II. 2. c), S. 172. Zur Gesellschaftlichen Definition der Feinde, *Jakobs* jedoch grds. zust. *Polaino-Orts* 2011, S. 99 u. sein Zitat oben, in Fn. 1794, ähnl. *Polaino Navarrete* 2007, S. 543.

1807 Dazu oben, C. I. 3. a) aa), S. 124.

1808 Vgl. *Stübinger*, 2008b, S. 89.

„immerhin auf die zweite Zurechnungsweise zurückgegriffen werden, um aus der realen Verfolgungspraxis die Wirklichkeit der Hexerei zu `destillieren´. Dann ließe sich sagen, es müsse Hexen gegeben haben, weil sie ja tatsächlich als solche verfolgt worden sind."[1809]

Dass „der Feind" i.S. *Jakobs* keine von Natur aus bestehende Kategorie darstellt, vielmehr durch die strafrechtlich auf ihn zugreifende Gesellschaft konstruiert wird, mindert die Legitimationsleistung der Argumentation, die gerade diesen Zugriff rechtfertigen soll, so aber einen Zirkel darstellt. Wie nun zu sehen ist, verschärft der wichtige Aspekt der Gesinnungsmäßigkeit dieses Problem.

c) *Feindstrafrecht als Täter- und Gesinnungsstrafrecht; Moralisierung und Totalisierung*

Ist eine äußerlich klare Unterscheidung zwischen Bürger und Feind unmöglich, kann es für die praktische Anwendung des Feindstrafrechts letztlich nur auf bestimmte (staatsfeindliche) Gesinnungen ankommen; dies betont auch *Jakobs* selbst. Dass die Gesinnung zum zentralen Anknüpfungspunkt der Strafbarkeit wird, indem sie über die für die Theorie zentrale Unterteilung in Freund und Feind entscheident ist und nicht bloß – wie bei Delikten mit überschießender Innentendenz – zu einem bereits objektiv-inadäquaten Verhalten hinzutreten muss, widerspricht dem modernen (Tat-)Strafrecht.[1810] *F. Rautenberg* definiert ein solches Gesinnungsstrafrecht als Rspr. oder Gesetzgebung,

„welche sich nicht primär an einer strafbaren Handlung orientiert, sondern die Strafwürdigkeit der Handlung hauptsächlich von der ‚rechtsfeindlichen Gesinnung' des Handelnden abhängig macht."[1811]

Das Feindstrafrecht ist ein solches Täter- bzw. (hier synonym gemeint[1812]) Gesinnungsstrafrecht.[1813] Somit weckt es Assoziationen mit der NS-Gesetzgebung, wo

---

1809 *Stübinger,* 2008b, S. 89.

1810 Dazu *Ambos* 2010, S. 363; *Asholt,* ZIS 2011 u. *Marzahn* 2011, S. 106ff., insb. S. 111. Insg. auch unten, Fn. 1814. Zum Unterschied zwischen der Verwendung einzelner Gesinnungsmerkmale u. einem Gesinnungsstrafrecht, dort bzgl. des GVVG (unten, E. I. 2. h), S. 257) *Steinsiek* 2012, S. 240f. u. *Rautenberg* 2014, S. 40.

1811 *Rautenberg* 2014, S. 99.

1812 Das Gesinnungsstrafrecht erscheint als Spezialfall eines Täterstrafrechts: Jeweils wird nicht die äußere *Tat,* sondern der *Täter* bestraft. Dafür kann nicht nur auf die Gesinnung, sondern z.B. auch das „asoziale Verhalten" o.Ä. abgestellt werden, vgl. *Roxin* 2006, § 6, A, Rn. 1. *Hier* ist für die Frage, worauf sich der Zugriff auf den Täter stützt, die Gesinnung zentral, weswegen dieser Unterschied vernachlässigbar ist. Ähnl. *Marzahn* 2011, S. 106ff.; synonyme Verwendung auch bei *Vormbaum* 2011, S. 186. Die Überschneidungen erwähnt auch *Hirsch* 2002, S. 253 m.w.N. für synonyme Verwendungen in Fn. 2, zu den Bezügen auch S. 258f. Vgl. auch *Rautenberg* 2014, S. 99, 107ff.

1813 Dazu auch oben, C. I. 3. c) aa) (1), S. 139; für weitere Nachsweise oben, Fn. 1423.

die Pönalisierung der Gesinnung zentral war[1814]; *Marzahn* und *Asholt* sprechen von einer Pönalisierung eines „Lebensführungsunrechts" bzw. „-schuld" und so ebenfalls Assoziationen zum NS-Recht wecken.[1815] Ein solches Strafrechtssystem ist aber nicht nur aus historischen Gründen fragwürdig.[1816]

Insb. ist *Jakobs* Kriterium der Täter, die „sich nicht in einen bürgerlichen Zustand zwingen lassen" bzw. „dauerhaft vom Recht abgewandt haben", problematisch[1817]: Es droht eine Bekämpfung bloß „geistiger Feinde".[1818] Wendet man *Jakobs'* Vorschläge konsequent an, kann dies bis zum feindstrafrechtlichen Vorgehen gegen bspw. kleinkriminelle Jugendbanden, Graffiti-Sprayer und *Street-Artists* gehen, die durch an sich harmlose Tätigkeiten eine oppositionelle Haltung ausdrücken.[1819] Dies folgt aus *Jakobs'* Legitimation einer weiten Vorverlagerung, also der Entkopplung des strafrechtlichen Zugriffs von tatsächlich-gefährlichem Verhalten. Auch erinnert dies an die *Isensee*'sche Friedenspflicht, insoweit damit eine grundlegende Konformität der Bürgerinnen und Bürger gefordert wird.[1820] Daneben zeigt sich schon hier das totalitäre Potential eines Feindstrafrechts[1821], auch die These der Menschenwürdewidrigkeit wird gestützt[1822]. Die Gefahr einer ausufernden Strafbarkeit hängt mit der Verwandtschaft des Feind- mit dem Risikostrafrecht zusammen:[1823] Dieses neigt naturgemäß – wegen der theoretischen Unbegrenztheit von Risiken – zur dauernden Eskalation. Gerade Minderheiten (deren Schutz für *Kelsen* essentiell für eine Demokratie ist[1824]) können aus dieser Perspektive von einer „ursprünglich geschützten Bürgerschaft zu Risikopotentialen mutieren".[1825]

1814 *Rosenau,* Comparative Law Review 2008, S. 43 mit Bezug zur „Tätertypenlehre", ähnl. *Muñoz Conde* 2007, S. 22. Krit. gegenüber zu kurzschlüssige NS-Vergleiche *Greco* 2010, S. 27ff. Allg. zur NS-Provenienz des Gesinnungsstrafrechts *Kelker* 2007, S. 73ff., auf S. 78ff. zum Zusammenhang von Täter- u. Gesinnungsstrafrecht.

1815 *Asholt,* ZIS 2011 u. *Marzahn* 2011, S. 106ff., insb. S. 111. Siehe z.B. *Mezger,* ZStW 1938, S. 688: „strafrechtliche Schuld des Täters ist nicht nur die Einzel-Tat-Schuld, sondern auch seine ganze Lebensführungsschuld, die ihn hat ‚aus der Art schlagen' lassen." Dazu *Roxin* 2006, § 6, Rn. 9.

1816 Ein Überblick der Kritik am Täter- u. Gesinnungsstrafrecht bei *Rautenberg* 2014, S. 99ff., insb. S. 103ff., S. 107ff. Allg. zu Gesinnungsmerkmalen u. den täterstrafrechtlichen Bezügen *Kelker* 2007, S. 173ff.

1817 Siehe hierzu schon oben oben, Fn. 1436.

1818 Vgl. *Hörnle* 2010, S. 103. In diese Richtung argumentiert auch *Marzahn* 2011, S. 37.

1819 Vgl. *Jasch* 2006, S. 273; ähnl. *Bielefeldt,* 2004, S. 10 u. *Asholt,* ZIS 2011, S. 184.

1820 Hierzu oben, C. I. 3. c) bb) (1) (a), S. 147.

1821 Vgl. *Bung* 2006, S. 256; MüKo-*Joecks,* Einleitung, Rn. 113; *Fischer*-StGB, Einleitung, Rn. 12b. *Rosenau,* Comparative Law Review 2008, S.42 zum Gesinnungsstrafrecht u. Totalität. Zu *Jakobs'* Entgegnung oben, Fn. 1382.

1822 Vgl. *Marzahn* 2011, S. 62 u. unten, C. II. 5. a), S. 183.

1823 Zu den Hintergründen *Singelnstein/Stolle* 2011, S. 26; *Frankenberg,* KritJ 1977, S. 353ff. u. *Prittwitz* 2010, S. 169.

1824 Vgl. oben, B. II. 5. a), S. 94.

1825 *Marzahn* 2011, S. 247.

Die darin liegende Moralisierung, die Umdeutung der Strafrechtssubjekte von „Personen, die sich wegen einer konkreten Tat strafbar gemacht haben," zu „bösen, zu bekämpfenden Feinden"[1826] befördert die Entgrenzung und damit einhergehend die Intensivierung des strafrechtlichen Zugriffs.[1827]

Der Hang zum Totalitären zeigt sich auch aus einer weiteren Perspektive: Indem derjenige als bekämpfungswürdig bezeichnet wird, dessen Einstellung nicht mit der gesellschaftlich erwarteten inneren Überzeugung übereinstimmt, führt ein Feindstrafrecht zu der Forderung nach Wertloyalität: Verlangt wird nicht nur ein äußerlich rechtsförmiges Verhalten, sondern die innere Zustimmung zur herrschenden Ordnung. Dies widerspricht dem Verständnis eines Rechtsstaats, der keinen Anspruch erhebt, auf die Gedanken der Bürgerinnen und Bürger zuzugreifen.[1828] Auch steht dies in klarem Widerspruch zu *Kelsen*s Trennung von Recht und Moral, die eine derartige Totalisierung gerade verhindern soll[1829] – und übrigens auch zu *Kant*s Rechtsverständnis, für den dieses anders als die Tugend ebenfalls bloß an äußerliches Verhalten anknüpft[1830]. Das *Freiheitsminimum*, das *Kelsen* durch seinen

1826 Dazu bspw. schon oben, C. I. 3. c) aa) (3), S. 143.

1827 So *Günther,* KritJ 1994, S. 144; Ähnl. *Maus* 2011, S. 92; *Maus* 1994b, S. 308ff; *Hassemer,* StV 2006, S. 329, 332.

1828 Konkret zum Feindstrafrecht hierzu *Marzahn* 2011, S. 79 u., in ähnl. krit. zu *Jakobs Kindhäuser,* ZStW 1995, S. 708, siehe auch oben, Fn. 1575.

1829 Siehe hierzu oben, B. II. 1. a) cc), S. 54.

1830 Vgl. die Definition des Rechts als „Inbegriff der Bedingungen, unter denen die Willkür des einen mit der Willkür des anderen nach einem allgemeinen Gesetz der Freiheit vereinigt werden kann." Es betrifft „nur das äußere und zwar praktische Verhältnis einer Person gegen eine andere, sofern ihre Handlungen als Facta aufeinander (unmittelbar oder mittelbar) Einfluß haben können.", *Kant* 1797, S. 230; dazu *Kelker* 2007, S. 177ff. u. *Vosgerau,* Rechtstheorie 1999, S. 231ff. – interessanterweise mit dem Hinweis darauf, dass *Kant*s positivistische Positionen zugunsten der vernunft- resp. naturrechtlichen Implikationen in der Rezeption vernachlässigt würden (S.227) u. der Betonung der Nähe von *Kant* zu „liberalen Juristen" wie *Kelsen* (S. 230, Fn. 2). Ähnl. *Maus* 2011, S. 194 u. dezidierter *Maus* 1994b, S. 326ff., die den Zusammenhang zwischen dem nur äußeren Anknüpfungspunkt des Rechts bei *Kant* mit der Trennung von *Recht* und *Moral* in Zusammenhang bringt u. deren freiheitssichernde Implikation betont, während sie eine Identifikation beider Prinzipien mit einem „Gesinnungsstrafrecht" in Verbindung bringt. So auch *Kühl* 1992, S. 79ff. u. *Höffe* 1982, S. 353: „Weil der innere Bestimmungsgrund des Handelns für das allgemeine Rechtsprinzip keine Bedeutung hat, folgt [...], daß ein Gesinnungsrecht und Gesinnungsschnüffelei im Widerspruch mit dem Vernunftbegriff von Recht stehen, also Unrecht sind." Siehe auch *Hofmann* 2011, S. 6ff., insb. 9f. u. *Schößler* 1997, S. 138. Konkret auf das Feindstrafrecht gemünzt wie hier *Marzahn* 2011, S. 98 u. ebenfalls unter Bezugnahme auf *Kant* S. 260.

kritischen Positivismus etabliert[1831], geht bei einem derart übergriffigen Staat verloren.[1832]

Zusätzlich sind die Konsequenzen der Gesinnung als Strafbarkeitskonstitutorin problematisch: Es wird aus Beweisgründen nötig, zur Verhängung der Strafe besonders intensiv auf die *Interna* des Täters zuzugreifen. Die daraus resultierenden Ermittlungsmethoden – insb. die auch von *Jakobs* legitimierte Folter – sind ebenfalls kritikwürdig: Es besteht die Gefahr des menschenwürdewidrigen unbegrenzten Eindringens in die Privatsphäre des Täters, in die „Tabuzone des Kopfes".[1833]

4. Kritik an der Exklusion von Feinden aus dem Rechtskreis

Die von *Jakobs* geforderte Unterscheidung zwischen Freund und Feind, Internen und Externen, Personen im Recht und bloßen Individuen wird also grds. angegriffen. Damit geht die Vorstellung der Exklusion der betreffenden Personen aus dem Rechtskreis einher; bevor dieses Element hier kritisch betrachtet wird, gilt die Aufmerksamkeit der Bedingung eines solchen Konzepts, nämlich der Frage der gesellschaftlichen Verfügbarkeit über den Personenstatus.

a) Kritik an Jakobs normativem Personenbegriff; das Verhältnis zu Kelsens Position

Jakobs' Konstruktion der *Person im Recht,* insb. die Abhängigkeit dieser Stellung von einer gesellschaftlich bzw. staatlichen Exklusion, ist der Kritik ausgesetzt. So versteht *Jakobs* den Begriff der Person als gesellschaftlich-kommunikativ vermittelte Konstruktion rein normativ. Dies provoziert die Vorwürfe, er betreibe eine „Enthumanisierung" des Strafrechts, es fehle an menschlichen Adressaten der Rechtsordnung.[1834] *Jakobs* verkenne, so die Kritik, dass die Rechtsordnung nicht Personalität verleihe, sondern eine vorgegebene Personalität bloß anerkenne.[1835]

Hier muss jedoch mit *J. L. Gonzáles Cussac* davor gewarnt werden, mit dieser Argumentation ohne nähere Begründung vom Ontischen (Mensch) auf Normatives (Personenstatus – für alle Menschen) zu springen;[1836] die dargestellte Kritik an der

---

1831 Dazu oben, B. II. 1. b) bb) (1) (a), S. 66.

1832 In diese Richtung auch *Lüderssen,* ZStW 1995, S. 892, der dort von „vorstaatlichen Freiheitsspähren" spricht.

1833 *Marzahn* 2011, S. 259f. in Anschluss an *Stübinger,* ZIS 2008, S. 551, dort zu Lügendetektoren.

1834 Vgl. *Gössel* 2010, S. 50 u. *Gössel* in *Heger,* ZStW 2005, S. 883. Ähnl *A. Aponte,* oben, Fn. 1774; *Albrecht,* StV 1994, S. 266 u. *R.-P. Calliess',* dazu oben, Fn. 1723. Vgl. auch *Schneider/Morguet* 2006.

1835 So *Gössel* 2010, S. 52; *Kindhäuser* 2010, S. 72; *Saliger* 2010, S. 218; *Ambos* 2010, S. 369; *Marzahn* 2011, S. 60; u. *Köhler* in *Heger,* ZStW 2005, S. 882; Vgl. auch unten, in u. an. Fn. 1863 u. 1868 für w.N. mit Blick konkret auf die Menschenwürde(widrigkeit).

1836 Siehe *González Cussac* 2007, S. 19f.

Entkopplung beider Sphären durch *Jakobs* impliziert einen solchen Konnex von Faktum und Norm. Dies wäre aber eine Verletzung der für *Kelsen* basalen Sein-Sollen-Dichotomie. Damit ließe sich diese hier an *Jakobs* gerichtete Kritik vordergründig auch auf *Kelsens* Reduzierung der Person auf ein „Bündel von Pflichten und Rechte" beziehen, die jedoch wichtige Grundlagen für die vorliegende Arbeit bietet, da sie Ausgangspunkt von *Kelsens* „Freiheitsminimum" ist, auf das hier oft rekurriert wird.[1837]

Dies übersieht aber einen wichtigen oben schon angesprochenen Aspekt von *Kelsens* Konstruktion: Seine Identifikation von Recht und Staat, aus der die Auflösung der subjektiven Rechte und damit das – ebenso bei *Jakobs* zu findende – Postulat der rein rechtlich konstruierten Personalität fließt, dient der *Relativierung des Staates*: Wo keine Person ist, ist keine Rechtspflicht, dort ist der Mensch also dem staatlichen (=rechtlichen) Zugriff entzogen. Anders als bei *Jakobs* finden sich bei *Kelsen* keine Tendenzen, auf Individuen mit bloßem, von rechtlichen Ermächtigungsgrundlagen unabhängigen Zwang zuzugreifen oder eine besondere gesellschaftliche Konformität bis zur einheitlichen Gesinnung einzufordern.[1838] Wie oben bereits herausgearbeitet, macht sich demnach das Recht nicht den Menschen, sondern die Person „zum Objekt".[1839] Hier liegt der entscheidende Unterschied zwischen *Kelsen* und *Jakobs*: Zwar gibt es auch bei ersterem keinen der staatlichen Setzung vorgeschalteten Personenbegriff, dafür einen vom Staat völlig freien Menschen, dessen Werk der Staat erst ist und der diesem somit vorausgeht.[1840] *Jakobs* hingegen will es ermöglichen, dass Individuen durch den Entzug ihres Personenstatus' ihre Berechtigungen (wie Grundrechte, die vor Eingriffen in ihre Privatsphäre schützen) entzogen werden, während ihre Verpflichtungen (bspw. staatlichen Zwang zu dulden oder Schadenersatz zu leisten) bestehen bleiben – wie gezeigt ist eine solche Asymmetrie aus *Kelsens* Position heraus nicht konstruierbar[1841]. Den Kontrast zeigt nicht zuletzt *Jakobs* Einlassung, es gehe ihm nicht um Diskurs oder Konsens; gerade dies stellt *Kelsen* in den Mittelpunkt.[1842]

Schließlich ist zu bedenken, dass für eine entsprechende Kritik an *Jakobs* kein *Kelsens* System widersprechender naturrechtlicher Personenbegriff nötig ist. Es lässt sich dafür auch an positivierte Rechtsstellungen anknüpfen, z.B. die vom GG statuierte Personalität des Menschen. *Brunkhorst*:

1837 Vgl. oben, B. II. 1. b) bb) (1) (a), S. 66. Zum Methodensynkretismus dessen *Kelsens* Sicht *Hammer* 2005, S. 177f.
1838 Zur entsprechenden Kritik an *Jakobs*' Konzept bspw. oben, C. II. 3. c), S. 177.
1839 *Kelsen* 1925, S. 62; dazu ausführlich oben, B. II. 1. b) bb) (1) (a), S. 66.
1840 Hierzu oben, B. II. 1. b) bb) (2) (b), S. 75. Zum Kontrast von *Jakobs* u. *Kelsen* auch *Brunkhorst* 2006, S. 112.
1841 Dazu oben, C. I. 3. c) cc), S. 157.
1842 Zu *Jakobs* oben, Fn. 1827, zu *Kelsen* z.B oben, B. II. 5. b) bb), S. 97.

„Man hat – qua positivrechtlicher Zuschreibung – grundlegende Rechte, auch wenn man es nicht weiß, auch wenn man sie nicht haben will, auch wenn man bereit ist, sie mit allen Mitteln zu vernichten."[1843]

b) *Kritik an der Exklusion von Individuen aus dem Rechtskreis und dem Ausnahmezustand*

Ein zentrales Ziel der Kritik ist der Ausschluss von Individuen aus dem Rechtskreis selbst, deren *Depersonalisierung*; damit wird ein zentrales Element von *Jakobs*' Theorie angegriffen.

Das Konzept, bestimmte Individuen (konkret: Feinde) auszuschließen und zu bekämpfen erinnert nicht nur an *C. Schmitts* Position, sondern erscheint für ein modernes, rechtsstaatliches Staats- und Strafrecht als grds. inadäquat.[1844] Denn eine solche Ungleichbehandlung und Depersonalisierung gerät nicht nur – wie gleich zu vertiefen –[1845] in Konflikt mit dem Grundgesetz; es widerspricht auch dem geltenden Strafrechtssystem, das auf der Behandlung von Tätern als Personen fußt – was schon die strafrechtliche Aufgabe der Resozialisierung, also der Wiedereingliederung der Täter in die Gesellschaft, zeigt und was auch das Schuldprinzip, das eben kommunikativ-ansprechbare Strafrechtsobjekte voraussetzt, deutlich macht. Gegenteiliges lässt sich auch weder aus dem Notwehr- noch dem Widerstandsrecht ableiten, wie es aber z.T. vorgeschlagen wird: Bei § 32 StGB geht es um viel konkretere Angriffssituationen und um das Verhältnis Bürger-Bürger, nicht Bürger-Staat. V.A. geht es bei der Notwehr um eine Verteidigung der Rechtsordnung und gerade nicht deren teilweise Suspendierung. Das Widerstandsrecht des Art. 20 Abs. 4 GG gilt nur für essentielle Angriffe auf die verfassungsmäßige Ordnung und ebenfalls ist gerade *nicht* an Staatsorgane adressiert.[1846]

Letztlich führt *Jakobs*' Argumentetation dazu, dass staatlicherseits ausgeübte Zwangsmaßnahmen gegenüber bestimmten Individuen (rechtlich) nicht mehr gerechtfertigt werden müssen; dies stellt einen Rückfall hinter das schon in der Aufklärung erreichte Legitimationsniveau dar.[1847] *L. Greco* vertieft diese gesellschaftliche

---

1843 *Brunkhorst* 2006, S. 110. Zu Kritik aus verfassungsrechtlicher Sicht ausführlich unten, C. II. 5., S. 183.

1844 *Morguet* 2009, S. 284; *González Cussac* 2007, S. 23; *Cavaliere* 2010, S. 327; *Cancio Meliá* 2010, S. 8; *Albrecht* 2006, S. 121 u. *Albrecht* 2010, S. 78; *Ogorek*, 2006, S. 128 u. *C. Calliess* in *Gropp*, ZStW 1985, S. 921. *Muñoz Conde* 2007, S. 39 erinnert an die Ähnlichkeiten zum NS-Recht. Ähnl. *Gössel* 2010, S. 52; *Kutalia* 2007, S. 26 sowie *Jahn* 2004, S. 236 u. *Losappio* 2010, S. 133f., die an die diesem Gedanken entgegengesetzte Tradition *universeller* Menschenrechte erinnern; so auch *Muñoz Conde*, a.a.O., S. 44.

1845 Dazu insg. unten, C. II. 5. a), S. 183.

1846 Siehe dazu *Marzahn* 2011, S. 100ff.

1847 Dazu *Gierhake* 2013, S. 307f., dort mit Rekurs insb. auf *Kant*. Allg. auch S. 86, dort auch zu *C. Schmitt*.

Perspektive und nimmt einen konkret demokratietheoretischen Blickwinkel ein: Ein moderner Staat muss sich demnach *allen* seinem Rechtssystem unterworfenen Individuen gegenüber rechtfertigen, also versprechen, „im Namen aller zu handeln“. Dies verlange nun aber gerade Personen als Adressaten, nicht Unpersonen, Feinde.[1848] Ein Staat der dies missachte sei, so *Greco* in Verwendung der Augustinischen Diktion, eine „Räuberbande“.[1849] Dieses Argument lässt sich mit *Kelsens* demokratietheoretischen Erwägungen untermauern: Demnach kann ein Zugriff des Staates auf Personen nur dann als legitim gelten, wenn diesen die „politische Freiheit“ zur aktiven Beteiligung an der Rechtsordnung zukommt.[1850] Dies setzt nun aber einen Personen- bzw. Bürgerstatus voraus, dem das exkludierte Individuum allerdings verlustig geht.

Dass der von ihm postulierten Rechtlosstellung die Rechtsstaatlichkeit abgeht, zeigt sich auch, wenn man *Jakobs* eigene Analyse des Umgangs der DDR mit Grenzverletzern bzw. der Mauerschützenproblematik zugrundelegt: Demnach habe die DDR die erschossenen Grenzverletzer zuvor faktisch rechtlos gestellt, was er kritisiert und weshalb er die DDR als „Unrechtsstaat“ bezeichnet:

> „Die Lage war viel schlimmer! Dem fliehenden Bürger wurde nicht nur faktisch sein Leben genommen, sondern das Leben auch *dem Rechte* nach. Er wurde nicht gegen das Recht des Staates getötet, sondern vom Staat rechtlos gestellt.“[1851]

Dies geschah zweifelsohne mittels der Behauptung, diese seien Feinde bzw. gefährdeten so etwas wie eine kognitive Untermauerung des SED-Staats. Auch dürfte sich die DDR dabei zumindest implizit auf ein staatliches Selbsterhaltungsrecht berufen haben: Die Parallelen zur Feind*erklärung* und damit einhergehender Exklusion aus dem Rechtskreis, die *Jakobs* mit seinem Feindstrafrecht legitimiert, sind augenfällig, ohne dass klar wird, warum eine ihre Feinde ebenfalls „entrechtende“ BRD anders als die DDR keinen Unrechtsstaat darstellen würde.[1852]

Die Exklusion aus dem Rechtskreis bedingt die Vorstellung eines echten Ausnahmerechts.[1853] Auch dies ist in Anschluss an *Kelsen*[1854] grds. zu kritisieren.[1855] Schon die Vorstellung, eine Rechtsordnung regele die partielle Exklusion aus ihr selbst, erscheint als rechtstheoretisch-normlogisch widersprüchlich: Treffend konstatiert *Sauer*, dass sich *Jakobs* auf eine „schiefe Ebene“ begebe: So könne die Forderung,

---

1848 Siehe *Greco* 2010, S. 46.
1849 *Greco* 2010, S. 47.
1850 Dazu insg. oben, B. II. 4. a), S. 85.
1851 *Jakobs,* GA 1994, S. 9.
1852 Dies bemerkt auch *Marzahn* 2011, S. 120, dort insg. mit einer ähnl. Argumentation wie hier.
1853 Dazu oben, C. I. 3. c) cc), S. 157.
1854 Zu *Kelsens* diesbzgl. Position oben, B. II. 3., S. 83.
1855 *Saliger* 2010, S. 219.

„per Gesetz das Recht abzuschaffen", mit „rechtlichen Argumenten weder begründet noch widerlegt werden."[1856]

Dies lässt sich mit *Kelsens* Vorstellung der umfassenden Rechtlichkeit des formellen Rechtsstaatsbegriffs untermauern:[1857] *Jakobs*' Vorschlag fußt auf der These, die Feinde stünden *per se* nicht voll „im Recht", da sie eine nicht etwa normierte, sondern eine durch *Jakobs rechtsphilosophisch hergeleitete* „Bringschuld" nicht erfüllen. *Kelsen* hingegen geht davon aus, dass das Rechtssystem jeden Staatsbürger, der sich in seinem Geltungsbereich befindet (und dieser bestimmt sich nicht nach materiellen, sondern rein normativen Kriterien[1858]) in gleicher Weise betrifft. Weitere vor-normative Bedingungen einer „vollen Rechtsgeltung" kann es für ihn nicht geben.

Doch auch wenn man diese Kritikpunkte ausklammert und die Möglichkeit und Legitimität der Exklusion bzw. Unperson-Erklärung unterstellt, ist festzuhalten, dass dies noch keinerlei moralische Argumente dafür liefert, eine „Unperson" faktisch schlechter zu behandeln als eine Person.[1859]

5. Die Verfassungswidrigkeit eines Feindstrafrechts

Ein großer Teil der Kritik am Feindstrafrecht basiert auf dem Vorwurf der Verfassungswidrigkeit: Neben Grundrechtsverletzungen einzelner feindstrafrechtlicher Normen[1860] scheinen viele allgemeine, der Theorie des Feindstrafrechts zugrundeliegende Aspekte gegen das GG zu verstoßen.

Auf methodischer Ebene ist zu bemerken, dass *W. Naucke* dieser Art der Kritik skeptisch gegenüber steht, da er die Grundrechte und Verfassungsgarantien als in der Auflösung begriffen und somit nicht mehr als „festes Bollwerk" betrachtet.[1861] Zu bedenken ist aber, dass sich viele der nun zu betrachtenden Kritikpunkte auch unabhängig von der jeweiligen Verfassungslage als rechtspolitische Angriffe auf das Feindstrafrecht lesen lassen; dabei ist v.a. an die Menschenwürdewidrigkeit und die Ungleichbehandlung zu denken. Auch der Vorwurf der Verletzung zahlreicher Strafrechtsprinzipien wie des Verhältnismäßigkeitsprinzips – also auch grundlegend anerkannter Rechtsprinzipien – treffen *Jakobs*' Konzeption unabhängig von deren grundgesetzlicher Normierung.

Auch soll im weiteren Verlauf und in Anschluss an *Kelsen* die Rolle des BVerfG bei dessen tatsächlichem Umgang mit feindstrafrechtlichen Regelungen betrachtet

---

1856 *Sauer,* NJW 2005, S. 1704. Ähnl. wohl auch *Cancio Meliá* 2010, S. 8.

1857 Hierzu allg. oben, B. II. 1. b) cc) (1), S. 77.

1858 Hierzu oben, B. II. 4. a) cc), S. 87.

1859 So *Ambos* 2010, S. 369. Ähnl. auch *Neumann* 2006, S. 309.

1860 Hierzu allg. u. jeweils insb. zu Ermittlungsmaßnahmen *Düx,* ZRP 2003, S. 189ff. u. *Groß,* KritJ 2002, S. 1ff.

1861 *Naucke,* JoJZG 2008, S. 34 Grund dafür sei das*Grundrecht auf Sicherheit,* dazu oben, C. I. 3. c) bb) (1), S. 147.

werden; dazu erscheint es, auch aus Gliederungsgesichtspunkten als sinnvoll, hier dessen normative Grundlage zentral zu betrachten.

a) Die Aberkennbarkeit der Personalität und rein zweckgeleitetes Strafrecht – Unvereinbarkeit mit der Menschenwürde aus Art. 1 GG

Am schwersten wiegen die Vorwürfe der Menschenwürdewidrigkeit und damit die des Verstoßes gegen eines der zentralen Fundamente der deutschen Rechtsordnung. *Jakobs* Thesen beruhen auf der Idee, den Feinden die Personenqualität abzuerkennen.[1862] Dagegen hängt die Anerkennung der Personalität eines Individuums im GG nie von Vorbedingungen ab.[1863] Noch dezidierter widerspricht die Depersonalisierung der in Art. 1 Abs. 1 GG normierten Menschenwürde: Diese gilt (auch: positivrechtlich) universell, umfassend und für die gesamte „Gattung Mensch". So auch das BVerfG:

> „Menschenwürde [...] ist nicht nur die individuelle Würde der jeweiligen Person, sondern die Würde des Menschen als Gattungswesen. Jeder besitzt sie, ohne Rücksicht auf seine Eigenschaften, seine Leistungen und seinen sozialen Status. [...] Selbst durch ‚unwürdiges' Verhalten geht sie nicht verloren. Sie kann keinem Menschen genommen werden. Verletzbar ist aber der Achtungsanspruch, der sich aus ihr ergibt."[1864]

Starck betont zurecht, dass dies auch für Gewaltverbrecher gilt und an keine Voraussetzungen gebunden ist.[1865] Schon die (ablehnende) Ausführung,

> „[d]ie Einschränkung des Würdeschutzes auf selbst hergestellte Würde stellt diejenigen schutzlos, die ‚würdelos' sind. Das mögen heute für einige die körperlichen Monstren, morgen wieder die Geisteskranken und übermorgen die ‚geistigen Monstren' (Verräter oder Klassenfeinde) sein"[1866]

liest sich wie konkret gegen *Jakobs* Konzept gewendet. In den berühmten Worten von *Kant*:

> „[D]er Mensch kann von keinem Menschen [...] blos als Mittel, sondern muß jederzeit zugleich als Zweck gebraucht werden, und darin besteht eben seine Würde (die Persönlichkeit), dadurch er sich über alle [...] Sachen erhebt. [... Daher...] kann ich selbst dem Lasterhaften als Menschen nicht alle Achtung versagen, die ihm wenigstens in der Qualität eines Menschen nicht entzogen werden kann; ob er zwar durch seine

---

1862 Dazu allg. oben, C. I. 3. c) aa) (2), S. 141; zur Kritik oben, C. II. 4., S. 179.
1863 Vgl. dazu zu *Jakobs Vormbaum* 2010, S. XXXIII; *Saliger* 2010, S. 218; *Cavaliere* 2010, S. 326; *Brunkhorst* 2006, S. 110; *Neumann* 2006, S. 313; *Gierhake* 2013, S. 305f.; *Steinsiek* 2012, S. 231ff. u. *Gössel* 2010, S. 53.
1864 BVerfGE 87, S. 228 Dazu *Hillgruber*, ZJS 2008, S. 127f.
1865 V. Mangoldt/Klein/Starck-*Starck*, Art. 1 Abs. 1 Rn. 23f.
1866 V. Mangoldt/Klein/Starck-*Starck*, Art. 1 Abs. 1 Rn. 20.

That sich derselben unwürdig macht. So kann es schimpfliche, die Menschheit selbst entehrende Strafen geben [...]"[1867]

Die Vorstellung einer partiellen „Verleihung" der Menschenwürde ist damit unvereinbar und zeugt von deren Missverständnis, einer Vertauschung der Prioritäten.[1868] Deutlich das BVerfG bei seiner Entscheidung zum LuftSiG:

> „Ausgehend von der Vorstellung des Grundgesetzgebers, dass es zum Wesen des Menschen gehört, in Freiheit sich selbst zu bestimmen und sich frei zu entfalten, und dass der Einzelne verlangen kann, in der Gemeinschaft grds. als gleichberechtigtes Glied mit Eigenwert anerkannt zu werden, schließt es die Verpflichtung zur Achtung und zum Schutz der Menschenwürde vielmehr generell aus, den Menschen zum bloßen Objekt des Staates zu machen. Schlechthin verboten ist damit jede Behandlung des Menschen durch die öffentliche Gewalt, die dessen Subjektqualität, seinen Status als Rechtssubjekt, grds. in Frage stellt, indem sie die Achtung des Wertes vermissen lässt, der jedem Menschen um seiner selbst willen, kraft seines Personseins, zukommt."[1869]

Die von *Jakobs*' postulierte „Bringschuld", von der der Personenstatus abhängen soll, lässt sich somit ebenfalls nicht mit der Verfassungsordnung vereinbaren. *Jakobs*' Argument, der Charakter der Exklusion als *Selbst*exklusion zeige, dass die Menschenwürde hier nicht verletzt sei[1870], übersieht, dass hier gerade die Bringschuld als zwangsläufiges Spiegelbild der Selbstexklusion angegriffen wird[1871]. Auch ist die Vorstellung einer *Selbst*exklusion zu relativieren, wie es *Jakobs* auch selbst tut[1872]:

1867 *Kant* 1797, S. 462f. Dazu *Hruschka*, ARSP 2002, S. 477.

1868 So *mit Blick auf das Feindstrafrecht*: Ausführlich *Marzahn* 2011, S. 54ff., auch recht ausführlich *Zöller* 2009, S. 284f. Auch *Gössel* 2010, S. 53f.; *Morguet* 2009, S. 261f.; *Wrocklage* 2008, S. 64ff.; *Roxin* 2006, § 2, Rn. 129; *Hassemer*, StV 2006, S. 327; *Schneider/Morguet* 2006, S. 342ff.; *Gierhake* 2013, S. 304; *Streng* 2010, S. 199; S/S-*Lencker/Eisele*, Vor § 13ff., Rn. 5a; *Kunz* 2005, S. 1391; *Arnold* 2006, S. 23f.; NK-*Paeffgen*, Vor § 32ff., Rn. 223; *Sander* 2007, S. 260; *Jahn* 2004, S. 236; *Jäger* 2011; S. 79; *Albrecht* 2006, S. 117ff. u. *Albrecht* 2010, S. 79f u. *Cavaliere* 2010, S. 326, der zusätzlich die Wesensgehaltsgarantie des Art. 19 Abs. 2 GG anführt (so wie *Zöller*, a.a.O, S. 285 die Ewigkeitsgarantie des Art. 79 Abs.3 GG nennt). *Brunkhorst* 2006, S. 111 bringt die Rechtsbindung aller Staatsgewalt aus Art. 20 Abs. 2 GG ins Spiel. *Neumann* 2006, S. 310 betrachtet den nicht auf Rechten, sondern Pflichten basierenden Personenbegriff *Jakobs*'. Deutlich zur Menschenwürdewidrigkeit dann auf S. 313. *Lepsius*, Leviathan 2004, S. 71 betont die Universalität des Menschen als Verfassungsprinzip. Die Aberkennung der Personalität halten *Gierhake*, ARSP 2008, S. 351 u. *Marzahn* 2011, S. 67 für menschenwürdewidrig i.S. *Kant*s. Siehe für w.N. zur Aberkennung des Personenstatus' oben, Fn. 1835.

1869 BVerfGE 115, 118, gekürzt um die Verweise auf frühere Entscheidungen. Hierzu, auch im Kontext der Exklusion aus dem Rechtskreis *Albrecht*, KritV 2006, S. 295ff.

1870 Dazu oben, C. I. 3. c) aa) (2), S. 141.

1871 Vgl. *Marzahn* 2011, S. 56ff. u. 65ff., der zusätzlich auf die Indisponibilität des Art. 1 GG verweist.

1872 Siehe hierzu insb. die Ausführungen oben, an u. in Fn. 1453.

Letztlich ist die Exklusion eine gesellschaftliche Dezision[1873] – was sich auch aus der theorie-internen Widersprüchlichkeit der Vorstellung einer Selbstexklusion ergibt.[1874] Treffend *Greco*:

> „Die Handlung, die ein bestimmtes Recht verwirkt muss eine im weiteren Sinne zurechenbare Handlung sein. ‚Im weiteren Sinne zurechenbar' bedeutet hier: Derjenige, dessen Rechte durch eine bestimmte Handlung verwirkt werden, muss für diese Handlung verantwortlich sein. Um verantwortlich zu sein, muss er eine Person sein. Feind ist aber gerade der, der keine Person ist, und der deshalb nicht zurechenbar handeln kann. Es mutet deshalb befremdlich an, wenn man jemandem den Personenstatus mit der Rechtfertigung abspricht, er habe dies als Person so gewollt."[1875]

Er bezeichnet dies als das „Paradoxon der Verantwortlichkeit".

Auch wird *Jakobs* vorgeworfen, zu verkennen, dass nicht der Mensch des Staates wegen existiert, sondern es sich andersherum verhält.[1876] Dies zeigt nicht nur die Nähe zu *Schmitt*, sondern auch, dass *Jakobs*' funktionalistischer Ausgangspunkt mit Art. 1 GG konfligiert: In Anknüpfung an diesbzgl. grds. Zweifel an der Generalprävention[1877], den einzelnen Täter zum Zwecke der Einwirkung auf und Stabilisierung der gesamten Gesellschaft zu bestrafen (insb. wenn dies die *einzige* Funktion des Strafrechts sein soll), liegt im Fall der hier extremen Position *Jakobs*' ein Verstoß gegen die an *Kant* anschließende Objektformel *Dürigs*, die trotz ihrer kontroversen Natur einflussreich ist und häufig vom BVerfG rezipiert wurde. Demnach ist die Menschenwürde verletzt, wenn der Mensch zum Objekt, also zum bloßen Mittel gemacht wird[1878]. Dies aber geschieht, wenn Menschen zugunsten der Stabilität der normativen Ordnung als rechtlose Feinde behandelt werden und einen besonders scharfen Zugriff erdulden müssen.[1879] So sieht hier auch *Schünemann* einen Konflikt mit dem „Instrumentalisierungsverbot" *Kants*.[1880] Dies gesteht *Jakobs* zu, wenn er zu *Kant* ausführt:

> „Was die Vermengung des Täters unter die Gegenstände des Sachenrechts angeht, so kann und soll diese bei der hier vertretenen Präventionstheorie nicht kaschiert werden […]".[1881]

1873 Zusammenfassend oben, C. II. 3. a), S. 174, im vorliegenden Kontext auch *Morguet* 2009, S. 264 u. 272.

1874 Hierzu *Marzahn* 2011, S. 254. Ähnl. auch *Stübinger*, 2008b, S. 88.

1875 Vgl. *Greco* 2010, S. 45f.

1876 So *Marzahn* 2011, S. 59.

1877 Dazu NK-*Paeffgen*, § 32ff, Rn. 218 m.w.N. in Fn. 36; zum Zusammenhang der Kritik am Funktionalismus u. den relativen Theorien *Murmann* 2010, S. 196.

1878 Siehe hierzu allg. Maunz/Dürig, Art. 1; Rn. 36ff.; zur Universalität der Menschenwürde oben, an Fn. 1864.

1879 Vgl. *Schneider/Morguet* 2006, S. 342ff.; *Morguet* 2009, S. 260; *Kahlo* 1990, S. 210; *Steinsiek* 2012, S. 231.

1880 *Schünemann*, ZStW 2014, S. 10; wohl auch NK-*Paeffgen*, Vor § 32ff., Rn. 217f.

1881 *Jakobs* 1993b, 1. Abschn., Rn. 20.

Diese rein zweckgeleitete, ungehemmte Bekämpfung, die den Feinden widerfahren soll, verletzt das Verbot, die Menschenwürde zu instrumentalisieren, also folgenorientiert anzuwenden.[1882] Bzgl. der *Bürger* streitet auch *Jakobs* gegen die Abschreckungsprävention, die er eine *ungerechtfertigte, partielle Exklusion* nennt.[1883]

Indem das Feindstrafrecht auf den Internbereich, die Gesinnung, abstellt, wird dieses Verdikt zusätzlich gestützt, da gerade diese höchstpersönliche Sphäre durch Art. 1 GG geschützt wird.[1884]

b) Die Ungleichbehandlung: Ein Verstoß gegen Art. 3 GG

Die unterschiedliche Behandlung von Feinden und Bürgern, zumal in Verbindung mit der unklaren *tatsächlichen* Unterscheidbarkeit, legt zusätzlich eine Verletzung des Gleichbehandlungsgrundsatzes nahe.[1885] Dies insb., da – als Konsequenz aus den Erfahrungen mit dem NS-Regime – eine Ungleichbehandlung, die an Anschauungen oder Überzeugungen knüpft, als unzulässig gilt.[1886]

Auch wird die Unterscheidung zwischen Feind und Bürger wegen der fehlenden Erforderlichkeit i.w.S. als Eingriff in Art. 3 GG kritisiert.[1887] Trotzdem eine unterschiedliche Behandlung verschiedener Bürgerinnen und Bürger in einer pluralistischen Gesellschaft unumgänglich ist und bspw. Straftäter zweifellos anders behandelt werden dürfen als die übrigen Rechtsunterworfenen[1888], fehlt es beim Feindstrafrecht an einem *hinreichenden* Differenzierungskriterium:

Es ist nämlich zu bedenken, dass es hier nicht darum geht, Straftäter und rechtstreue Bürger unterschiedlich zu behandeln, sondern auf Individuen, die jeweils äußerlich als Straftäter erscheinen, abhängig von ihrer Gesinnung unterschiedlich scharf zuzugreifen. Zwar hält das BVerfG eine Gleichbehandlung von Verfassungsfeinden im Lichte der *wehrhaften Demokratie* als nicht durch Art. 3 GG geboten, aber auch dabei insistiert es darauf, dass es eines *aktiven Kampfes* und nicht bloß einer

---

1882 So *Morguet* 2009, S. 260ff., S. 272. *Greco,* GA 2006, S. 105 u. *Gierhake,* ARSP 2008, S. 351 nehmen auch hier Bezug auf *Kant.* Siehe auch *Jahn* 2004, S. 223, dort mit Blick auf staatliche Ausnahmerechte; allg. *Neumann,* ARSP 1998, insb. S. 154.

1883 Vgl. *Jakobs* 2004, S. 35ff.

1884 Vgl. *Marzahn* 2011, S. 60; *Steinsiek* 2012, S. 235f. Hierzu auch oben, C. II. 3. c), S. 177.

1885 Dazu *Vormbaum* 2010, S. XXXIV; *Schneider/Morguet* 2006, S. 343; *Roxin* 2006, § 2, Rn. 12; *Steinsiek* 2012, S. 237f.; *Marzahn* 2011, S. 84 (u. S. 80, wo auf die „Gleichheit vor dem Recht" als Rechtsstaatsprinzip abgestellt wird) u. *Losappio* 2010, S. 134; *González Cussac* 2007, S. 34ff. u. *Maier* 2010, S. 489, die die Ungleichbehandlung kritisieren, ohne sich aus der jeweils nationalen Perspektive auf das GG zu beziehen. So auch *Landau,* NStZ 2007, S. 122 u. LK-StGB-*Krauß,* § 129a, Rn. 5.

1886 Vgl. *Schneider/Morguet* 2006, S. 343; ähnl. *Steinsiek* 2012, S. 238.

1887 Vgl. *Zöller* 2009, S. 286. Er bezieht sich insb. auf die *tatsächlichen* Zweifel am Feindstrafrecht, dazu oben, Fn. 1695ff. Mit Blick auf die hier einschlägige „neue Formel" des BVerfG *Steinsiek* 2012, S. 238.

1888 Allg. zum Gleichheitssatz u. dem Straf(prozess)recht v. Mangoldt/Klein/Starck-*Starck,* Art. 3, Abs. 1, Rn. 61ff.

feindlichen Gesinnung bedarf, um sich nicht mehr auf Art. 3 GG, dann insb. Abs. 3, berufen zu können.[1889] Somit geht das gerade die Gesinnung zum entscheidenden Faktor der Pönalisierung aufwertende Feindstrafrecht weiter als diese seinerseits problematische Entscheidung des BVerfG. Dessen Methode, den Begriff der *wehrhaften Demokratie* als eigenständigen, gegen einzelne Grundrechte gewandten Argumentationstopos zu nutzen, wird unten[1890] zusätzlich eingehend problematisiert. Unabhängig davon sorgt schon die Unklarheit der Kriterien „Feind" bzw. „fehlende kognitive Untermauerung" für eine Fragwürdigkeit einer Differenzierung, die auf diese Kategorien fußt.[1891]

c) Konflikte mit dem materiellen Rechtsstaatsprinzip, konkret den Strafrechtsprinzipien

Gerade auch die rechtsstaatlichen und grundgesetzlich abgesicherten Strafrechtsprinzipien[1892] werden vom Feindstrafrecht angegriffen. Dem gilt nun die Aufmerksamkeit.

aa) Das Rechtsstaatsprinzip

Dem Konzept des Feindstrafrechts wird oft ein Verstoß gegen das – der Verfassung zugrundeliegende –[1893] Rechtsstaatsprinzip vorgeworfen.[1894] Dort ist aber meist nicht ein formeller in *Kelsens* Sinn, sondern ein durch die inhaltlichen Bestimmungen des Grundgesetzes konturierter *materieller* Rechtsstaat gemeint, dessen einzelne *Prinzipien* im Folgenden betrachtet werden sollen. Grundsätzlicher ist aber festzuhalten, dass das Feindstrafrecht in Jakobs' Zuschnitt durch dessen Privilegierung der Macht gegenüber dem Recht[1895] schon mit dem Kernmotiv eines auch formalen Rechtsstaats in Konflikt gerät: Dieser dient gerade der rechtlich vermittelten Begrenzung der staatlichen Macht.[1896] Weiterführende Fragen zum spezifisch *Jakobs*'schen Rechtsstaatsverständnis und der Kritik daran werden in einem eigenen Abschnitt betrachtet.[1897]

1889 Vgl. BVerfGE 13, 46, 49; dazu *Papier/Durner*, AöR 2003, S. 364.
1890 E. I. 1., S. 216.
1891 Zur unklaren Begrifflichkeit oben, C. II. 3. a), S. 174.
1892 Siehe allg., aus kritischer Perspektive u. engagiert *Albrecht* 2011, insb. S. 25ff.
1893 Es fließt aus Art. 20 Abs. 3 GG u. ist für das BVerfG 34, 41 (45) ein „Verfassungsgrundsatz"
1894 Siehe zu einem Überblick *Marzahn* 2011, S. 77ff.
1895 Dazu oben, C. I. 3. c) cc), S. 157.
1896 So *Marzahn* 2011, S. 79.
1897 Und zwar unten, C. II. 6., S. 192.

bb) Schuldprinzip, Verhältnismäßigkeit und Unschuldsvermutung

Beim Feindstrafrecht geht es um scharfe staatliche Zwangsmaßnahmen, die z.T. schon *vor* einem Urteilsspruch greifen, was insb. für die prozessualen (Ermittlungs-) Maßnahmen gilt.[1898] Damit gerät das Feindstrafrecht mit dem aus dem grundgesetzlichen Rechtsstaatsprinzip fließenden[1899] Prinzip der Unschuldsvermutung sowie dem Schuldprinzip[1900] in Konflikt.

Beim *Schuldprinzip* sind sowohl Strafbegründungsschuld als auch Strafzumessungsschuld betroffen.[1901] Erstere verliert in einem funktionalistischen Strafrecht an Bedeutung: Anlass der Strafe ist nicht mehr die Schuld des Individuums, sondern die Stabilisierung der Normordnung.[1902] Die Strafzumessungsschuld fordert die Proportionalität zwischen Schuld und Strafe. Dieses Prinzip wird angegriffen, da die Strafen im Feindstrafrecht *Jakobs' qua defintionem* unverhältnismäßig sind.[1903] Zunächst, da es an einer ausreichenden Täterorientierung mangelt. Dem Feindstrafrecht sind Mitglieder bestimmter Täter*gruppen* ausgesetzt, deren *persönliche* Schuld tritt in den Hintergrund: Es werden nämlich nicht die jeweils konkreten Täterinnen und Täter härter angefasst, weil *diese* sich „vom Recht abgewandt" haben, wie *Jakobs* suggeriert, sondern weil sie zu einer Gruppe (Terroristen, Wirtschafts- oder organisierte Kriminelle) gehören, von der man ausgeht, dass es sich bei deren *Mitgliederinnen und Mitgliedern* so verhält.[1904] Zugleich ist – aus entgegengesetzter Warte – die Qualität als Täterstrafrecht problematisch[1905]. Ein solches nicht gegen Taten, sondern *Menschen* gerichtetes, negativ-präventives Strafrecht kennt keinen systeminternen Maßstab der Strafbegrenzung, weshalb es mit dem Schuldprinzip konfligiert.[1906]

Die Verletzung des *Verhältnismäßigkeitsgrundsatzes* ist im Feindstrafrecht angelegt.[1907] So ist es gezielt vorverlagernd, es schreibt den Zweck der Prävention in ein urspr. repressives Strafrecht ein und wirkt verpolizeilichend. Es legitimiert Zwangsmaßnahmen gegen Individuen schon bevor diese ein konkretes Rechtsgut

---

1898 Zur Kritik an den prozessualen Aspekten *Jakobs'* allg. *Morguet* 2009, S. 87.

1899 Konkret aus Art. 1 Abs. 1 u. Art. 2 Abs. 1 GG, vgl. BVerfGE 50, 12; *Roxin* 2006, § 3, Rn. 52 u., mit Blick auf das Feindstrafrecht konkret *Kindhäuser* 2010, S. 63 u. *Marzahn* 2011, S. 121. Dazu auch *Jakobs* 1993a, S. 7 (Fn. 2).

1900 Siehe hierzu mit Blick *Jakobs'* Funktionalismus oben, C. II. 2. a), S. 168.

1901 Siehe zu diesen Elementen des Schuldbegriffs nur MüKo-*Radtke*, Vor §§ 38 ff., Rn. 15.

1902 Siehe oben, C. II. 2. a), S. 168, insb. Fn. 1729.

1903 Hierzu oben, C. I. 2. b) aa), S. 120.

1904 Vgl. dazu *Sinn* 2010, S. 236f.

1905 Siehe hierzu oben, C. II. 3. c), S. 177.

1906 So *Sinn* 2010, S. 240; *Hefendehl*, StV 2005, S. 159 u. *González Cussac* 2007, S. 43.

1907 Siehe *González Cussac* 2007, S. 45ff.; *Cavaliere* 2010, S. 329; NK-*Paeffgen*, Vor § 32ff., Rn. 223 u. ähnl. *Paeffgen*, GA 2003, S. 657 sowie, bezogen auf die präventive Funktion, *Donini* 2007, S. 17. Zur Situation *lege lata Düx*, ZRP 2003, S. 194 u. *Groß*, KritJ 2002, S. 7ff.

gefährden. Auch dies verletzt das klassische Verhältnismäßigkeitsprinzip[1908]: So fragt sich schon, ob die kollektive Sicherheit überhaupt ein legitimes Ziel ist.[1909] Auch lässt sich die *Geeignetheit* der strafrechtlichen Vorverlagerung zum Zweck kognitiver Untermauerung bezweifeln.[1910] Daneben ist fraglich, ob die Anwendung des Strafrechts dazu *erforderlich* ist. Aus dem Erforderlichkeitspostulat fließt, dass das Strafrecht nur als *ultmia ratio* des Rechtsgüterschutzes anzuwenden ist[1911]; ob es wirklich kein milderes Mittel gibt, für Normvertrauen bei der Bevölkerung zu sorgen, als durch die Bestrafung von diffus umschriebenen, objektiv kaum gefährlichem Verhaltensweisen, ist zu bezweifeln und dürfte schwer nachzuweisen sein.[1912] Schließlich fehlt es an der *Angemessenheit*: Diese statuiert ein Übermaßverbot; das „scharfe Schwert" des Strafrechts darf nur gegen „objektiv und subjektiv schwerwiegende Beeinträchtigungen des sozialen Friedens" angewendet werden.[1913] Je weiter ein Verhalten von einer Rechtsgutsverletzung entfernt, je weniger gefährlich es ist, desto geringere Beeinträchtigungen bringt es mit sich und desto weniger ist eine scharfe Strafe angemessen.[1914] Hier sind gerade die „opferverdünnten", vorverlagernden Delikte eines funktionalistischen Strafrechts problematisch, die sich durch ihre nur lockere Verbindung von strafbarem Verhalten und Rechtsgutsgefährdung auszeichnen.[1915]

Die mit der Prävention einhergehende Vorverlagerung verletzt auch die *Unschuldsvermutung*: Diese fordert eine Überführung in einem fairen Prozess; das Feindstrafrecht operiert hingegen mit „Verdachtstatbeständen", die den staatlichen Zugriff nicht von Fakten, sondern einer bloßen „Gefährlichkeitsvermutung" abhängig machen.[1916] So stellt *González Cussac* nach einer Analyse von sowohl Rspr., als auch Strafverfolgung fest, dass es nicht klar ist, wann und nach welchen Kriterien jemand als „Feind" zu behandeln ist.[1917] *Marzahn* belegt den Verstoß gegen die Unschuldsvermutung mit einem von *Jakobs* selbst angeführtem Bsp.: Für diesen begründet das Fehlen von kognitiver Untermauerung den Haftgrund der Wiederholungsgefahr in § 112a) StPO, weshalb diese Regelung feindstrafrechtlich sei[1918].

1908 Dazu z.B. BVerfGE 128, 224 (239ff.), m.w.N.; *Hassemer* 2006 u. *Weigend* 1999, insb. S. 932ff.

1909 Zweifel bei *González Cussac* 2007, S. 45ff.

1910 Siehe zu diesen Zweifeln bspw. oben, C. II. 1., S. 165 u. oben, Fn. 1695.

1911 Vgl. *Hassemer* 2006, S. 122.

1912 Skepsis bei *González Cussac* 2007. Zu den grds. Problemen *Weigend* 1999, S. 933f.

1913 *Weigend* 1999, S. 935 m.w.N. in Fn. 82.

1914 Zum Zusammenhang von Gefahr u. Legitimität der Strafe *Arzt/Weber/Heinrich/Hilgendorf* 2009, § 35, Rn. 50ff.

1915 Dazu oben, C. I. 3. b) dd), S. 136 u. oben, C. II. 2. a), S. 168.

1916 Siehe auch *Gössel* 2010, S. 62; S/S-*Lencker/Eisele*, Vor § 13ff.; Rn. 5a *Bielefeldt*, 2004, S. 10; *Roxin* 2006, § 2, Rn. 129; *Ambos* 2010, S. 362; NK-*Streng*, § 46, Rn. 21a); *Schünemann*, GA 2001, S. 211 u. *Kreuzer* in *Heger*, ZStW 2005, S. 883.

1917 Vgl. *González Cussac* 2007, S. 30ff.; ähnl. *Jäger* 2011, S. 84ff.

1918 Siehe z.B. *Jakobs*, HRRS 2004, S. 93.

Allerdings geht es dort *qua definitionem* um Täter, deren Schuld noch nicht bewiesen ist; dies beweist die Natur des Feindstrafrechts als *Verdachtsstrafrecht*.[1919] Dadurch wird zusätzlich das Recht auf angemessene Verteidigung eingeschränkt, da eine solche mangels eines konkreten Tatvorwurfs erschwert wird.[1920]

cc) Weitere Prinzipien: Der nemo-tenetur-Grundsatz; das Prinzip des effektiven Rechtsschutzes und das der Strafgesetzlichkeit

In der von *Jakobs* geforderten Einschränkung prozessualer Garantien und seiner selbst der Folter gegenüber affirmativen Haltung lässt sich eine Verletzung des *nemo-tenetur*-Grundsatz erkennen.[1921]

Aus ähnlichen Gründen ist das Feindstrafrechts mit dem rechtsstaatlich grundlegenden und insb. die Stellung des einzelnen Bürgers gegen den Staat sichernden[1922] Prinzip des *effektiven Rechtsschutzes* aus Art. 19 Abs. 4 GG inkompatibel: Angesichts der Unsicherheit der Abgrenzung von Feind und Bürger[1923], die schon im Vorfeld greift und sich in Ihrer Anknüpfung an eine Gesinnung bloß auf Vermutungen der Entscheidungsträger stützen kann, ist eine wirksame richterliche Überprüfung nicht gewährleistet. Anders als bei „normalen" strafrechtlichen Verfahren wird die subjektive Seite schon *vor* der Ermittlung des objektiven Tatgeschehens entscheidend.[1924]

Dies führt zu der ebenfalls an die Unklarheit des Feindbegriffs anknüpfenden Feststellung, das Feindstrafrecht verstoße gegen Art. 103 Abs. 2 GG.[1925] Hier muss allerdings bemerkt werden, dass mangels eines tatsächlich formulierten Feindstrafrechts i.S. *Jakobs*' eine Beurteilung bzgl. des *Bestimmtheitsgrundsatzes* (ähnliches gilt auch zu weiteren Prinzipien wie dem des effektiven Rechtsschutzes) nicht endgültig vorgenommen werden kann; so weist *Jakobs*in Reaktion auf *Morguet* darauf hin, *Feind* meine kein Tatbestandsmerkmal.[1926] Bei der Betrachtung der Gesetzgebung und Rspr. unten, die in der selben gedanklichen Tradition wie das Feindstrafrecht stehen, werden sich allerdings oft Konflikte mit Art. 103 Abs. 2 GG zeigen.[1927] Dies legt die Vermutung, bei der konkreten Umsetzung der Vorschläge *Jakobs*' drohten ähnliche Phänomene, nahe. Bzgl. des *Gesetzlichkeitsprinzips* ist auf den Widerspruch

---

1919 Zum Ganzen *Marzahn* 2011, S. 121ff.

1920 *González Cussac* 2007, S. 32.

1921 Dazu *Schneider*, ZStW 2001, S. 504f.; zur Folter oben, C. I. 2. b) bb), S. 121.

1922 Siehe BK-*Schenke*, Art. 19 Abs. 4, Rn. 24ff., insb. 28ff.; Dreier-GG-*Schulze-Fielitz*, Art. 19 IV, Rn. 26ff. u. insb. *Schmidt-Jortzig*, NJW 1994, S. 2571 m.w.N.

1923 Dazu oben, C. II. 3. a), S. 174.

1924 Dazu *Marzahn* 2011, S. 76.

1925 So *Morguet* 2009, S. 272ff., *Marzahn* 2011, S. 81f. u., jedoch ohne aus spanischer Perspektive explizit auf das StGB oder GG einzugehen *González Cussac* 2007, S. 37. Siehe auch *Zabel* 2005, S. 346.

1926 Vgl. *Jakobs* 2010c, S. 179.

1927 Allg. zu den Regelungen der wehrhaften Demokratie unten, E. I. 1. c), S. 226; zu § 185 StGB unten, E. II. 1. b) aa) (1), S. 281 u. für § 240 StGB unten, E. II. 2. b) aa) (1), S. 323.

zum formellen Rechtsstaatsbegriff durch *Jakobs*' hinzuweisen, der unten[1928] vertieft wird: Zumindest das *lex-scripta*-Gebot wird hier verletzt.

d) Die Kommunikationsgrundrechte

Auch liegt die Unterhöhlung der für die Demokratie essentiellen Kommunikationsgrundrechte[1929] durch ein Feindstrafrecht nahe, womit zugleich die bei *Kelsen* demokratietheoretisch essentielle Deliberation angegriffen wird[1930]: Bedingt nicht mehr eine konkrete Rechtsgutsverletzung, sondern die entsprechende *Gesinnung* die Strafbarkeit und stehen dabei gerade systemkritische Äußerungen im Fokus, geraten die Demonstrations- und Redefreiheit in Bedrängnis,[1931] da nur entsprechende Äußerungen als Anknüpfungspunkt für eine strafrechtliche Zurechnung übrig bleiben.

Wieder muss relativierend festgehalten werden, dass sich ein entsprechender, konkreter Verstoß gegen insb. Art. 5 GG oder Art. 8 GG ohne genaue Regelungen nicht belegen lässt, aber als eine dem Feindstrafrecht inhärente Tendenz besteht. Diese Vermutung wird wieder dadurch gestützt, dass sich entsprechende Probleme in der Gesetzgebung und Rspr. dort feststellen lassen, wo diese auf eine ähnliche Argumentationsweise rekurrieren. So unten bei der Anwendung von § 240 StGB und § 185 StGB als „kleine Staatsschutzdelikte“[1932]; insb. aber i.R.d. Strafrechts der *wehrhaften Demokratie*,[1933] dem das Feindstrafrecht in vielen Bereichen ähnelt, obwohl *Jakobs*' Konstrukt, wie nun zu betrachten ist, noch darüber hinausgeht.

e) Die bestehenden Regelungen zur wehrhaften Demokratie

Ein Widerspruch zur geltenden Verfassung wird auch darin gesehen, dass das Feindstrafrecht über die bestehenden Regelungen der wehrhaften Demokratie hinausgeht[1934], obwohl diese abschließend sind. Dies gilt sowohl mit Blick auf die abzuerkennenden Grundrechte, als auch bzgl. der Aberkennungskompetenz des BVerfG; letzteres zeigt die sonst überflüssige Normierung der Zuständigkeit des Verfassungsgerichts bzgl. des Parteienverbots und der Verwirkung der Grundrechte.[1935]

1928 Siehe unten, C. II. 6., S. 192.

1929 Vgl. dazu oben, Fn. 75.

1930 Dazu oben, B. II. 5. b) bb), S. 97.

1931 So *Muñoz Conde* 2007, S. 52. Allg. zu Meinungsfreiheit u. Feindstrafrecht *González Cussac* 2007, S. 25.

1932 Zu § 185 StGB unten, E. II. 1. b) dd) (1), S. 308, zu § 240 StGB unten, E. II. 2. b) dd) (1) (a), S. 340.

1933 Siehe allg. unten, E. I. 1. d), S. 228; konkreter bspw. unten, E. I. 2. d) dd), S. 248.

1934 Vgl. *Di Fabio*, NJW 2008, S. 423; *Marzahn* 2011, S. 74f.

1935 Allg. dazu BVerfGE 10, 118 (123), dazu *Reißmüller*, JZ 1960, zust. z.B. auf S. 530. Vgl. auch *Papier/Durner*, AöR 2003, S. 368 u. zum Feindstrafrecht *Marzahn* 2011, S. 72ff. sowie *Steinsiek* 2012, S. 228f.; zum politischen Strafrecht *Backes* 1970, S. 82ff. u. S. 117f. A.A. zur limitierenden Wirkung Maunz/Dürig-*Dürig/Klein*, Art. 18, Rn. 57. Ausführlich u. zust. zur limitierenden Wirkung des Art. 18 *Seifert* 1977. Siehe für

Ridder konstatiert eine einschränkenden Wirkung des GG mit Blick auf das politische Strafrecht. Diese Regeln seien eine *Eliminierung des Ausnahmezustands*, da sie die Möglichkeiten einer vom Normativismus losgelösten politischen Justiz – also einer Justiz i.S.d. Feindstrafrechts – *begrenzen*. Dabei beruft er sich interessanterweise auf eine Feststellung von Schmitt zum GG der BRD: „Der Ausnahmezustand ist bis auf einige Überbleibsel (Art. 81) abgeschafft"[1936].[1937]

Dies gilt, obwohl viele Parallelen zwischen beiden Komplexen bestehen und sowohl die *wehrhafte Demokratie* als auch die *freiheitlich demokratische Grundordnung* expansive Topoi sind, die eine eigenständige Legitimationsleistung über die positivierten Normen des Grundgesetzes hinaus entfalten, wie unten näher betrachtet und kritisiert wird.[1938]

Hier geraten Art. 9 Abs. 2 GG (Vereinsverbot), Art. 21 Abs. 2 GG (Parteiverbot) und Art. 18 GG (Verwirkung von Grundrechten) in den Blick.[1939] Erstere Regelungen befassen sich mit dem Verbot von Personenzusammenschlüssen, und zwar solchen, die sich gegen die „verfassungsmäßige Ordnung" (Art. 9 Abs. 2 GG) bzw. die „freiheitliche demokratische Grundordnung" (Art. 21Abs. 2 GG) stellen.[1940] Diese Normen unterscheiden sich dadurch vom Feindstrafrecht, dass sie nicht Einzelmenschen, sondern Personenvereinigungen treffen (obwohl die Einbindung in eine Vereinigung ein „tatbestandlicher" Anknüpfungspunkt für weitere Maßnahmen sein könnte).[1941]

Anders verhält es sich mit Art. 18 GG, der die individuelle Sanktion des Verlusts bestimmter Grundrechte normiert.[1942] Hier ist zunächst festzuhalten, dass dies auf die dort aufgezählten politischen Grundrechte beschränkt ist, somit zunächst explizit keine Rechtlosstellung, keine „einem Freund-Feind-Schema entsprechende

---

eine ausführliche Darstellung der verschiedenen Positionen *Schmitt Glaeser* 1968, S. 249ff.; mit Entwicklung einer differenzierten Position auf S. 274ff. Ausführlich zu dieser Debatte auch *Jahn* 1998, S. 209ff.; insb. 213ff.

1936 *Schmitt* 2003, Anm. 2, S. 262.

1937 *Ridder* 1965, S. 36f u. S. 21f. zu Art. 18 u. 21 Abs. 2 GG. Ganz ähnl. *Groh*, ZRP 2000, S. 502.

1938 Hierzu *Marzahn* 2011, S. 70f.; *Gusy*, AöR 1980, S. 302 sowie unten, E. I. 2. a), S. 231 u. unten, E. I. 1. a), S. 216.

1939 Zu diesen Normen als Ausdruck der *wehrhafte Demokratie* nur BVerfGE 80, S. 244, S. 252. Auch Dreier-GG-*Morlok*, Art. 21, Rn. 136; *Papier/Durner*, AöR 2003, S. 348 u. allg. für einen Überblick, auch zu den Weimarer Positionen des „Wehrhaftigkeits-Befürworters" *Schmitt* u. seines Opponenten *Kelsen*.

1940 Zur Vergleichbarkeit unten, E. I. 2. a), S. 231). Siehe insg. unten, E. I. 2. e), S. 250 u. unten, E. I. 2. f), S. 254.

1941 Dazu *Marzahn* 2011, S. 71.

1942 „[D]ie Freiheit der Meinungsäußerung, insb. die Pressefreiheit (Artikel 5 Abs. 1), die Lehrfreiheit (Artikel 5 Abs. 3), die Versammlungsfreiheit (Artikel 8), die Vereinigungsfreiheit (Artikel 9), das Brief-, Post- und Fernmeldegeheimnis (Artikel 10), das Eigentum (Artikel 14) oder das Asylrecht (Artikel 16a)", Art. 18 GG. Siehe zu dieser Norm unten, E. I. 2. e), S. 250.

existentielle Entrechtung eines Verfassungsfeindes“ darstellt[1943] – obwohl zu bemerken ist, dass diese These angezweifelt werden kann und gerade bzgl. dieser Norm deutliche feindstrafrechtliche Tendenzen festzustellen sind, auch dazu mehr unten[1944]. V.a. knüpft Art. 18 GG an eine durch das BVerfG festzustellende Gefährlichkeit an, während dem Feindstrafrecht gerade die Überschreitung der Unschuldsvermutung wegen des Vorgehens gegen „Verdachtsfeinde“ vorgeworfen wird.[1945] Somit ist auch Art. 18 GG verfahrenstechnisch und bzgl. der Rechtsfolgen eine engere Regelung, als es sich aus einem konsequenten Feindstrafrecht ergäbe.[1946]

6. Kritik an Jakobs' Rechtsstaatsverständnis

Nun ist der Blick auf den wichtigen Begriff des *Rechtsstaats* zu richten. *Jakobs* insistiert, dass das Feindstrafrecht diesen schütze; dementgegen wird ihm oft gerade die Auflösung des Rechtsstaats vorgeworfen. Grund für diese unterschiedlichen Ansichten ist ein spezielles Rechtsstaatsverständnis, das *Jakobs* zugrundelegt. Wichtig ist dabei auch die außerrechtliche Natur des Feindstrafrechts, die in Friktionen mit der rechtsstaatlichen Forderung nach einer strengen Gesetzesbindung gerät.

Jakobs geht es bei seiner Argumentation weder um den bloß formellen Rechtsstaat i.S. *Kelsens*, noch um den darüber hinausgehenden materiellen Rechtsstaat[1947]; sein Konzept bezeichnet er als „praktisch optimalen Rechtsstaat“.[1948] Damit bleibt er allerdings, wie schon *Schmitt*[1949], noch hinter *Kelsens* seinerseits oft als zu kurz greifend kritisierter Vorstellung zurück, wonach der Staat zwar stets rechtlich gebunden ist, es bzgl. der ihn bindenden Regeln aber keine inhaltlichen Voraussetzungen gibt – und beweist somit zugleich den Gehalt und damit die Relevanz von *Kelsens* Position:

Einen derart „permanenten“ bezeichnet *Jakobs* als „Schönwetter-Rechtsstaat“; ein Staat könne sich nicht stets an seine Regeln halten, ohne „unterzugehen“, weswegen jeder Staat rechtsstaatliche Regeln breche. Tarne ein solcher diese Ausnahmen als Regel, sei er somit ebenfalls „imperfekt“. Hieraus leitet *Jakobs* ab, die Forderung nach einem umfassenden Rechtsstaat abzulehnen und sich mit dem praktisch optimal möglichen abzufinden.[1950] Dies ist aus mehreren Gründen zweifelhaft:

1943 Vgl., auch für das Zitat, *Papier/Durner*, AöR 2003, S. 349; zu *Jakobs Neumann* 2006, S. 308; *Di Fabio*, NJW 2008, S. 423 u. *Marzahn* 2011, S. 71 mit dem Hinweis, dass insb. die Menschenwürde unberührt bleibe.

1944 E. I. 2. e), S. 250

1945 Vgl. *Marzahn* 2011, S. 71f. u. oben, C. II. 5. c) cc), S. 189.

1946 Vgl. *Marzahn* 2011, S. 71f. u. *Jahn* 2004, S. 236.

1947 Zu beiden oben, B. II. 1. b) cc) (1), S. 77.

1948 *Jakobs*, ZStW 2005c, S. 847 u. 851.

1949 Siehe hierzu die Ausführungen oben, an Fn. 205.

1950 Hierfür wie für alle angeführten Zitate *Jakobs*, ZStW 2005c, S. 851. Siehe für weitere ähnl. Einlassungen oben, in Fn. 1472. *Jakobs* insg. zust. dezidiert *Polaino-Orts* 2011, S. 105 u. ähnl. *Polaino Navarrete* 2007, S. 547ff.

Zunächst wird die als zwangsläufig behauptete Alternative zwischen „Untergang" der Gesellschaft und „Abwerfen rechtsstaatlicher Fesseln" durch *Jakobs* nirgends bewiesen.[1951] V.a. aber ist Rechtsstaatlichkeit entgegen *Jakobs* zwangsläufig ein *umfassendes* und nicht nur partielles Gebot: Die generelle Rechtlichkeit ist Wesen des Rechtsstaats, die normative Forderung, *stets eingehalten* zu werden, in die Idee des Rechts eingeschrieben. Diese strenge Bindung soll Willkürfreiheit und Rechtssicherheit garantieren, also i.S.d. ähnlichen, angelsächsischen *rule of law* die Staatsgewalt binden.[1952] Ein Verzicht auf diese Forderung ist also nicht bloß eine Einschränkung des Rechtsstaats, sondern bereits dessen Demission.[1953] Treffend formuliert *Arndt*, der den übergesetzlichen Notstand ablehnt:

> „Ein Verfassungsstaat hat keine andere ‚Raison' als seine Verfassung. [...] Mit der letzten Gewißheit, daß es keinen Primat der Politik vor dem Recht geben kann, steht und fällt der Rechtsstaat"[1954],

Es fragt sich, was den Begriff „*Rechts*staat" inhaltlich von dem des „Staates" abheben soll, wenn nicht die Forderung nach universeller Rechtlichkeit; es ist nichts ersichtlich, was den Rechtsstaat von einem „Nicht-Rechtsstaat" unterscheidet, wenn auch in jenem die Befolgung der Normen von einer Dezision von Einzelpersonen abhängt. Für *Bielefeldt* unterscheidet sich ein freiheitlicher Rechtsstaat von „autoritären und halbautoritären" Systemen nicht durch das generelle Berufen auf das Ziel Freiheit, sondern „*die strenge Bindung an hier und jetzt geltende Freiheitsrechte.*"[1955]

Wieder bietet sich hier eine Argumentation parallel zu *Jahns* sog. Nichtidentitätsthese[1956] an: Einen Rechtsstaat „zu schützen", in dem man gerade auf seine entscheidenden Merkmale verzichtet, erscheint als widersinnige Forderung. Denn es bliebe dann, wie *K. Gierhake* formuliert, „in Wirklichkeit nichts Erhaltenswertes mehr übrig."[1957] Diese Inkonsequenz seiner Argumentation lässt sich anhand eines Postulats von *Jakobs* selbst aufzeigen: Sein Feindstrafrechtskonzept soll Strafverfolgungsbehörden beim (wenn auch kompromissloseren) Kampf gegen Feinde rechtlich binden.[1958] Diese Vorstellung erscheint aber als illusionär, ist doch dem Konzept

---

1951 Siehe hierzu oben, Fn. 1483.

1952 Siehe insg. zum Komplex des Rechtsstaates schon oben, B. II. 1. b) cc) (1), S. 77.

1953 So u. mit Blick auf *Jakobs* auch *Kutalia* 2007, S. 15f.; *Sauer*, NJW 2005, S. 1704; *Heinrich*, ZStW 2009, S. 129; ähnl. *Bung* 2006, S. 264f. u. *Steinsiek* 2012, S. 217 u. 221ff.

1954 *Arndt*, NJW 1961, S. 899f.

1955 *Bielefeldt*, S. 6.

1956 Siehe dazu oben, B. I. 4. b), S. 33, insb. Fn. 390, u. zu *Jakobs* erneut unten, Fn. 1976.

1957 *Gierhake*, ARSP 2008, S. 361. Auch *Wrocklage* 2008, S. 61ff.; *Zöller* 2009, S. 287; *Marzahn* 2011, S. 80, ähnl. S. 181 u. empathisch auf S. 184f. Empathisch *Ogorek*, 2006, S. 127ff u. *Albrecht* in *Heger*, ZStW 2005, S. 887.

1958 Vgl. *Jakobs*, HRRS 2006, S. 294. Ähnl. auch *Jakobs* 2010c, S. 179f.

die Möglichkeit, sich (zur „Not“) von jeder rechtlicher Bindung lösen zu können, inhärent.[1959]

Ein ähnliches Ergebnis zeigt sich auch aus rechts- oder argumentationstheoretischer Warte: Das Aufgeben des Ideals der uneingeschränkten Geltung der Rechtlichkeit würde insb. der „Rechtsstaatlichkeit“ als *Prinzip* ihre argumentative Kraft nehmen.[1960] So kann ein normatives Gebot wie das der universellen Rechtsgeltung unabhängig von der Frage der tatsächlichen Durchsetzung (bzw. „Tarnung“ der Nicht-Umsetzung, die *Jakobs* moniert) in seiner Funktion wie ein Prinzip als „Optimierungsgebot“ i.S. *R. Alexys* Verständnis der *R. Dworkin*'schen Konzeption gelesen werden (unabhängig davon, ob „Rechtsstaat“ deontisch den Prinzipien i.d.S. zuzuordnen ist[1961]):[1962] Als eine normative Leitlinie, die sich realiter niemals *uneingeschränkt* umsetzen lässt, aber

> „gebiete[t], daß etwas in einem relativ auf die rechtlichen und tatsächlichen Möglichkeiten möglichst hohen Maße realisiert wird.“[1963]

Aus der hiesigen Perspektive ist insb. der Aspekt der „tatsächlichen Möglichkeit“ der entscheidende. Das Postulat der Rechtsstaatlichkeit lässt sich als „absolutes Prinzip“ in diesem Sinne deuten,[1964] ein Phänomen, das *Alexy* in Anschluss an *Dworkin* anhand der Menschenwürde erläutert: Anders als relative weichen absolute Prinzipien nicht wegen geringeren Gewichts anderen Prinzipien; so kann kein Gericht sagen, wie *Alexy* in einem treffenden Beispiel ausführt,

> „daß etwa der Bestand des Staates im konkreten Fall dem Schutz der Menschenwürde vorgehe und daher eine Verletzung der Menschenwürde rechtfertigt“.[1965]

Prinzipien zeichnen sich, dies ist hier entscheidend, nach *Alexy* dadurch aus, ein *ideales Sollen* zu beschreiben: Dieser deontische Typus erfordert *per se keine* vollständige Umsetzbarkeit in der Realität, er wird somit durch die Hinweise *Jakobs*', realiter könne die Vorstellung des Rechtsstaats nie völlig umgesetzt werden, nicht getroffen. Dagegen zeichnet er sich dadurch aus, auf „Gebotsseite“ ein *Ideal* einzufordern.[1966] Dazu *Sobota*: Es geht um eine „optimale“ Geltung, es wird also eine

---

1959 Ein ähnl. Argument verwendet *Kutalia* 2007, S. 15. Siehe zur Fragwürdigkeit des Bindungspostulats *Jakobs*' auch die Betrachtungen zur Rechtsqualität des Feindstrafrechts oben, C. I. 3. c) cc), S. 157.

1960 In der Argumentation ähnl. wie hier *Gierhake*, ARSP 2008, S. 360f.

1961 Zu einer Zuordnung des – dem Rechtsstaatsprinzip in seiner Struktur ähnlichen – Demokratieprinzips *Alexy* 1996, S. 118; konkret zum Rechtsstaatsprinzip, wenn auch knapp, *Sobota* 1997, S. 414, Fn. 50.

1962 Zu Prinzipien als Optimierungsgeboten *Alexy* 1996, S. 75ff. u. *Alexy* 1979, S. 79ff.; dort rekurriert er auf die urspr. Konzeption von *Dworkin* 1984, S. 42ff., insb. S. 54ff.

1963 *Alexy* 1996, S. 75.

1964 Vgl. *Alexy* 1979, S. 76f.

1965 *Alexy* 1979, S. 76f.

1966 Hierzu insg. *Alexy* 1979, S. 81.

weitestgehende Geltung gefordert.[1967] *Jakobs*' Vorstellung läuft dagegen auf eine entscheidende Schwächung eines solchen Gebots hinaus, da auf das „Optimale" der *Optimierungs*gebote verzichtet wird, wozu wie gezeigt auch aus dieser Perspektive kein (insb. geltungsspezfisiches) Bedürfnis besteht.

Dieses Argument lässt sich noch aus einer anderen Perspektive ausführen: Es ist ein dem Recht inhärentes Prinzip, dass es Maßstäbe anlegt, die nicht durchgehend befolgt werden können; dies ist schließlich auch für *Jakobs* – auf *Luhmann*s Terminus der „kontrafaktischen Geltung" rekurrierend – der „Witz" von Normen[1968]. Daraus, dass sich der Staat *de facto* zeitweise in die Illegalität begibt und das Recht bricht, kann also nicht abgeleitet werden, dass auf dieses Recht verzichtet werden muss – ebenso wenig, wie, als *argumentum ad absurdum*, aus der evidenten Tatsache, dass es Diebstähle, auch ungeahndete Diebstähle gibt, abzuleiten ist, man müsse auf das Strafrecht bzw. § 242 StGB verzichten[1969]. Denn sonst opferte man das Recht letztlich doch der „reinen Tatsächlichkeit" – was auch *Jakobs* explizit ablehnt[1970].[1971] Dies verweist auch auf das *Kelsen*'sche Verständnis des Rechts als eines auf einer eigenen epistemologischen Ebene angesiedelten, damit von der Tatsächlichkeit zu trennenden, Phänomens. So wird *Jakobs* letztlich eine „gehörige Vermischung" von *Sein* und *Sollen* vorgeworfen, ohne dass er dabei klare Maßstäbe dafür angebe, *wann* die *Faktizität* sich gegen die *Normativität* (also den konsequenten Rechtsstaat) durchzusetzen habe.[1972]

Dagegen ist *Jakobs*' Postulat, auf den Rechtsstaat als universelles Gebot zu verzichten, noch aus weiteren Gründen problematisch: Die Forderung, die parlamentarisch gesetzten Regeln und Grenzen der staatlichen „Feindbekämpfung" zu überwinden, ist undemokratisch[1973], dies auch aus der Warte der *Kelsen*'schen Konzeption.[1974] Was droht, ist letztlich Totalitarismus, wenn eine entscheidende Instanz frei von jeder Bindung über die subjektiven Rechte von Individuen verfügen kann.[1975]

1967 *Sobota* 1997, S. 414, Fn. 50.

1968 Siehe dazu oben, C. I. 3. b) aa), S. 127.

1969 Dazu, dass die Geltung von Normen unberührt bleibt, auch wenn diese faktisch nicht immer durchgesetzt werden, bietet *Kelsen* 1925, S. 100 ein ähnl. Bsp.: „Überall werden die Diebe bekanntlich nur gehängt, wenn man sie fängt. Und müssen weder in eine Wüste noch in die Nähe der Pole fliehen, um sich der Wirksamkeit der staatlichen Rechtsordnung oder einzelner Rechtsnormen zu entziehen. In diesem Sinne kann von einer Unwiderstehlichkeit der Staatsgewalt wohl nicht gesprochen werden". Im weiteren legt er dar, dass die gegenteilige Auffassung das Produkt einer etatistischen Ideologie ist.

1970 Siehe dazu oben, C. I. 3. b) aa), S. 127.

1971 Zu einem vergleichbaren Gedankengang *González Cussac* 2007, S. 22 u . 23.

1972 Vgl. *Ooyen* 2009, S. 261f.

1973 Siehe *González Cussac* 2007, S. 40.

1974 Zum Zusammenhang von Positivismus u. Demokratie oben, B. II. 2. a), S. 81.

1975 Vgl. *Kutalia* 2007, S. 17; *Wrocklage* 2008, S. 62; ähnl. *Muñoz Conde* 2007, S. 48ff.

Hierin liegt eine Parallele zu *Schmitts* ebenfalls rechtsstaatsskeptischer Haltung[1976], ebenso wie eine Opposition zu *Kelsens* umfassend-formellen Rechtsstaatsverständnis. Dabei ist interessant, dass *M. A. Zöller* und ähnl. *J. L. González Cussac* die Forderung des Strafgesetzbuchs als *Magna Charta* der Verbrecher ins Spiel bringen, die oben[1977] als eng mit *Kelsens* Positionen verknüpft erkannt wurde – diese verkomme in einem System in *Jakobs* Sinne zu einer „reine Sonntagsrede".[1978]

1976 Zu dieser oben, B. I. 4. c), S. 37, insb. Fn. 448. Zu den Bezügen zwischen Ausnahmezustand u. Totalitarismus auch oben, an Fn. 452. Die auf *Jakobs* gemünzte Kritik von *Marzahn* 2011, S. 181 gleicht der *Jahn*'schen „Nichtidentitätsthese", mit der dieser *Carl Schmitt* kritisiert, dazu oben, B. I. 4. b), S. 33, insb. Fn. 390.

1977 In u. an Fn. 1046.

1978 Vgl. *Zöller* 2009, S. 287. Ähnl. *González Cussac* 2007, S. 38ff.

D. Zusammenschau

I. Zusammenfassung zum Feindstrafrecht: Kritik, Parallelen zu Schmitt, Kelsens Perspektive

Nun soll das Feindstrafrecht zusammenfassend betrachtet werden. Dazu sollen v.a. die im Rahmen der Kritik dargestellten Aspekte im Vordergrund stehen. Es soll gezeigt werden, inwieweit sich diese auf *Schmitts* Positionen zurückführen lassen (wonach die entsprechende Thematisierung in der Literatur in einem Exkurs betrachtet wird). Gleichzeitig soll herausgestellt werden, wie aus *Kelsens* Perspektive, der eines klassischen Opponenten *Schmitts*, eine Kritik daran entwickelt werden kann. Dies berührt schwerpunktmäßig den Bereich der rechts- und staatstheoretischen Grundlagen. Das Feindstrafrecht zieht aus diesen aber konkret strafrechtliche Konsequenzen, die diesen Grundlagen entwachsen, sie aber auch konkretisieren. Diese sollen in einem eigenen Punkt betrachtet werden.

Das ist eine insofern zusätzlich interessante Perspektive, als *Kelsens* Rechtspositivismus oft vorgeworfen wird, sog. Unrechtssystemen hilflos gegenüber zu stehen.[1979] Indem nun zusammenfassend gezeigt werden soll, wie weit sich die Kritik am Feindstrafrecht auf *Kelsen* zurückführen und aus seinem Blickwinkel heraus fortführen lässt, soll auch verdeutlicht werden, dass das *Kelsen*'sche System eben doch gegen derartige unrechtsstaatliche Systeme fruchtbar gemacht werden kann.

1. Das Rechts- und Staatsverständnis

a) *Substanzhaftes Staatsverständnis, außerstaatliche Legitimationsmuster und Etatismus*

Ein zentrales Ziel der Kritik am Feindstrafrecht ist dessen Staatsfixiertheit, das funktionalistische Strafrecht wird als Ausdruck eines übermäßigen Etatismus gedeutet.[1980] *Jakobs*' Theorie führt dazu, jede beliebige existente Normenordnung zu legitimieren, einem funktionalistischen Strafrecht kommt die Aufgabe zu, diese zu schützen.[1981] Das auch, dies ist ein wichtiger Punkt, im Zweifel in Übertretung geltender Normen. Diese Vorstellung, dass der Schutz der Rechts- bzw. Staatsordnung notfalls den Verstoß gegen geltende Gesetze verlangt (i.S.d. *Nichtidentitätsthese*), setzt voraus, dem Staat (mit *Kelsen* zugleich: der Rechtsordnung) einen Eigenwert zuzuschreiben. Er wird absolut gesetzt[1982], ihm wird ein Selbsterhaltungsrecht zugesprochen. Denklogisch nötig ist dazu ein Rekurs auf vorpositive Legitimationsmittel; diese

1979 Siehe hierzu nur *Dreier* 2011, S. 61f.
1980 Hierzu oben, C. II. 2. b), S. 170.
1981 Siehe oben, C. II. 2. c), S. 172.
1982 Siehe oben, C. II. 2. b), S. 170.

Argumentationsweise erinnert an die der Selbstverpflichtungslehre *Jellineks*.[1983] *Jakobs* offenbart ein substanzhaftes Staatsverständnis: Obwohl er die Gesellschaft als kommunikativ konstruierte Ordnung begreift, stehen die konkreten Normen nicht im freien Belieben der Gesellschaftsmitglieder. Nötig ist das Auffinden eines „Vorhergehenden“, die Regelung von für die Gesellschaft *per se* notwendigen Aufgaben.[1984] Auch die Parallelen von *Jakobs*' Strafrechtskonzept mit *Bindings* Normentheorie zeigt diese Relativierung der Kontingenz rechtlicher Normen durch die Vorstellung von etwas „Dahinterliegendem“.[1985] Dies offenbart ein bedenkliches Verständnis vom Verhältnis von Mensch und Staat: Nicht das Individuum geht dem Staat vor, der dann als dessen Konstrukt erschiene, sondern der (substantiell „aufzufindende“) Staat ist derjenige, der die Person konstituiert.[1986] Eine solche Position verträgt sich nicht mit dem Demokratieprinzip, die damit einhergehende Stützung der Machtverhältnisse birgt Missbrauchsgefahren.[1987]

Bei *Schmitt* ist eine derartige sog. Staatsontologie zentral, also die Vorstellung, dass der Staat sich nicht in einer i.S. des Rechtspositivismus kontingenten Normenordnung erschöpft, sondern es eine dahinterliegende Substanz gibt, die sich gegen positivierte Gesetze durchsetzen kann und muss. Dies wird v.a. bei seinem *positiven Verfassungsbegriff* deutlich.[1988] Eine Inwertsetzung des konkreten Staates ist ein wichtiges Argument für *Schmitt*, schon in seinem Frühwerk findet sich eine Präferenz für die bestehende Ordnung, die er kraft schierer Existenz als erhaltenswert erachtet. Dies widerspiegelt sich in seiner Auffassung des Staates als dem *Medium der Rechtsverwirklichung*.[1989] *Schmitt* legitimiert jegliche Normenordnung, auch er argumentiert mit Gegebenheiten, die dem Zugriff der Gesellschaftsmitglieder entzogen sind[1990] und rekurriert auf die Selbstverpflichtungslehre.[1991] Auch bei ihm geht, expliziter als bei *Jakobs*, der Staat dem Menschen vor.[1992] Diese Perspektive ist ebenfalls eine funktionalistische.[1993] Daneben findet sich bei *Schmitt* eine religiös aufgeladene Überhöhung des Staates, die z.T. auch bei *Jakobs* gesehen wird.[1994]

Kelsen ist ein mustergültiger Kritiker der hier dargestellten Positionen; nicht nur, weil er die ideologische Motivation solcher religiösen Implikationen herausgearbeitet

---

1983 Siehe oben, C. I. 3. c) bb) (3), S. 156.
1984 Siehe oben, C. I. 3. b) aa), S. 127.
1985 Siehe oben, C. I. 3. c) bb) (2), S. 154.
1986 Hierzu oben, C. I. 3. b) bb), S. 131.
1987 Zur entsprechenden Kritik insg. oben, C. II. 2. a), S. 168; insb. oben, C. II. 2. b), S. 170.
1988 Siehe zu diesem oben, B. I. 4. a) bb), S. 31.
1989 Siehe nur oben, B. I. 1. a) cc), S. 11 u. oben, B. I. 1. b), S. 12.
1990 Sieheoben, B. I. 4. a) bb), S. 31.
1991 Zu dieser Gemeinsamkeit oben, C. I. 3. c) bb) (3), S. 156.
1992 Zusammenfassend oben, B. I. 4. c) cc), S. 44.
1993 Siehe hierzu die Ausführungen oben, in u. an Fn. 472.
1994 Siehe oben, C. I. 3. c) bb) (3), S. 156.

hat[1995]: Die Selbstverpflichtungslehre lehnte er wegen ihres Etatisimus' und der Missbrauchsgefahren ab.[1996] Insb. hat er die fiktive Natur eines substanzhaft verstandenen Staates betont und diesen damit relativiert, statt ihn absolut zu setzen.[1997] Einen ähnlichen Effekt erzielt sein normativer Personenbegriff, der diametral zu *Jakobs*' zunächst ähnlich anmutender Argumentation den Staat nicht überhöht, sondern einschränkt.[1998] *Kelsen* hat das undemokratische Wesen einer statischen Auffassung betont und dieser ein dynamisches Verständnis entgegengesetzt.[1999] Das Feindstrafrecht liest sich als Theorie einer übersteigert wehrhaften Demokratie und lässt sich mit *Kelsens* Kritik, eine solche sei undemokratisch, angreifen[2000]. Den entindividualisierenden Folgen der Verabsolutierung des Staates lässt sich *Kelsens* Relativierung entgegensetzen, die vom Einzelmenschen ausgeht, ihn als aktiv gestaltende Person begreift und Freiheitsräume sichert.[2001]

b) Rechtsverständnis: Positivismusskepsis, Ausnahmezustand, Dezision

Jakobs' Rekurs auf vorrechtliche Argumente und seine Vorstellung, Rechtsnormen seien zur Verteidigung des Staates im Zweifel nicht bindend (*Nichtidentitätsthese*), wurden bereits angesprochen. Insgesamt ist er der Auffassung, der Staat müsse die Geltungsbedingungen der normativen Ordnung unter Einsatz des Strafrechts herstellen und sichern.[2002] Dabei geht er von der Notwendigkeit einer gewissen Gleichförmigkeit der Rechtssubjekte aus: Die Normen, die die bloß als Kommunikation bestehende Gesellschaft bilden, gelten, wenn sie Erwartungssicherheit erzeugen. Dies verlangt nicht nur deren tatsächliche Wirksamkeit, sondern auch die diesbzgl. Überzeugung der Gesellschaftsmitglieder, für die ihrerseits auch *Interna* der potentiellen Abweichler entscheidend sind.[2003] Zur normativen Konstitution der Gesellschaft bedarf es tatsächlicher „verbindlicher Gemeinsamkeiten", einer stabilen Ordnung, die durch das Strafrecht, also letztlich den Staat, zu schaffen sind.[2004]

Dafür darf der Staat seine normativen Fesseln abwerfen: Bei *Jakobs*' findet sich eine Marginalisierung des positiven Rechts,[2005] die sich in seinem spezifischen

---

1995 Siehe hierzu oben, B. II. 1. b) bb) (2) (a), S. 72., insb. Fn. 740.
1996 Siehe dazu im Kontext *Jakobs*' Theorie Siehe oben, C. I. 3. c) bb) (3), S. 156.
1997 Siehe insg. oben, B. II. 1. b) bb) (2) (a), S. 72.
1998 Hierzu oben, B. II. 1. b) bb) (1) (a), S. 66 zum Kontrast zu *Jakobs* oben, C. I. 3. b) bb), S. 131.
1999 Siehe zur Opposition von *Kelsen* u. *Jakobs* oben, C. II. 2. c), S. 172.
2000 Dies wegen ihrer extremen Form noch deutlicher als das „wehrhafte" Grundgesetz. Siehe oben, B. II. 3., S. 83.
2001 Dazu oben, C. II. 2. a), S. 168 u. oben, C. II. 2. b), S. 170.
2002 Siehe oben, C. I. 3. b) dd), S. 136.
2003 Hierzu oben, C. I. 3. b) aa), S. 127.
2004 Hierzu oben, C. I. 3. b) dd), S. 136 u. oben, C. I. 3. c) aa) (3), S. 143.
2005 Siehe oben, C. I. 3. c) bb) (1), S. 147.

Rechtsstaatsverständnis spiegelt.[2006] Gerade *Jakobs*' Postulate zum Konnex von tatsächlicher Wirksamkeit und Rechtsgeltung fußen auf einem Methodensynkretismus.[2007] Er nutzt diese Argumentation, um zu begründen, dass die Wirksamkeit der Normen realiter hergestellt werden muss, zur Not – und: paradoxerweise – in Übertretung geltender Rechtsnormen. Dies mündet in den von *Jakobs* postulierten Ausnahmezustand.[2008] Er legitimiert den staatlichen Rechtsbruch, das Feindstrafrecht umfasst die Option, Menschen aus dem Recht zu exkludieren, ihnen den Schutz positivierter Eingriffsschranken vorzuenthalten. Die Frage danach, wer ein derart zu bekämpfender Feind ist, wen der Ausnahmezustand trifft – damit auch die Frage nach der Konstitution der Gesellschaft – ist mittels Dezision zu beantworten; dies bedarf entweder einer (fiktiven) innergesellschaftliche Homogenität oder einer machtbasierten Entscheidung. Dieses Changieren zwischen Substanz und freier Entscheidung ähnelt dem, was bei *Schmitt* als *Dezisionsparadoxon* bezeichnet wurde.[2009]

Bei *Schmitt* ist die Dezision noch zentraler als sie es bei *Jakobs* ist.[2010] Essentiell ist auch sein spezifisches Verständnis des Ausnahmezustands, das dem *Jakobs*'schen ähnelt.[2011] Auch *Schmitt* nimmt eine Relativierung des positiven Rechts vor und argumentiert im Ergebnis methodensynkretisch[2012]. *Jakobs* und *Schmitt* sind sich einig: Beide befürworten eine dezisionistische Suspendierung positiver Rechte, wenn dies zur Erhaltung der Rechtsordnung nötig ist – und vertreten einen flexiblen Rechtsstaatsbegriff.[2013] Jeweils spiegelt sich diese Position in einer Fokussierung auf die staatliche Exekutive.[2014] Auch bei der Frage der Geltungsbedingungen des Rechts, mit der sie jeweils dieses Vorgehen legitimieren, teilen sie ähnliche Ansichten: Wo *Jakobs* „verbindliche Gemeinsamkeiten" verlangt, ist *Schmitt* der Auffassung, das Recht bedürfe eines „homogenen Mediums", um zu gelten. Zur Herstellung dessen gilt es zur Not, den Ausnahmezustand auszurufen, um die Menschen, die sich nicht in diesen Gleichschritt einfügen, ungezügelt bekämpfen zu können.[2015]

Dies lässt sich aus *Kelsens* System heraus besonders deutlich kritisieren: Zunächst hat er gezeigt, dass die Bindung an die Gesetze der demokratisch legitimierten Legislative eine *conditio* der Demokratie ist[2016], womit die eben dargestellten Positionen

---

2006 Dazu oben, C. II. 6., S. 192.

2007 Siehe oben, C. I. 3. c) aa) (3), S. 143, grundlegend oben, C. I. 3. b) aa), S. 127.

2008 Dazu oben, C. I. 3. c) cc), S. 157.

2009 Zu *Jakobs* oben, C. II. 2. c), S. 172, zu *Schmitt* oben, B. I. 4. c) aa), S. 37.

2010 Überblicksartig oben, B. I. 1. a), S. 8, zum Ausnahmezustand oben, B. I. 4. b), S. 33.

2011 Dazu insg. oben, B. I. 4. b), S. 33, ein ausführlicher Vergleich beider oben, C. I. 3. c) cc), S. 157.

2012 Dazu oben, B. I. 4. a) bb), S. 31

2013 Zum Rechtsstaat bei *Schmitt* oben, B. I. 4. c), S. 37.

2014 *Schmitt* privilegiert die Exekutive zuungunsten der Legislative, siehe oben, B. I. 4. c) bb) (1), S. 39; *Jakobs* reichert das Strafrecht mit polizeirechtlichen Funktionen an, siehe oben, C. I. 3. a) aa), S. 124.

2015 Hierzu insb. oben, B. I. 2. b) ee), S. 20 u. oben, B. I. 4. b), S. 33.

2016 Siehe oben, B. II. 2. b), S. 81.

als undemokratisch erscheinen. Dies gilt auch für den Zugriff auf Personen, die aus dem Rechtskreis (und damit: der Rechtserzeugung) ausgeschlossen sind, wie die Feinde bei *Jakobs* und *Schmitt*.[2017] Noch grundlegender hat *Kelsen* die Möglichkeit eines echten Ausnahmezustands aus seiner methodendualistischen Warte abgelehnt.[2018] Seine Identifizierung von Staat und Recht macht die Vorstellung einer asymmetrischen Rechtsgeltung unmöglich, die die Anwendbarkeit von Normen an individuelle Voraussetzungen knüpft.[2019]

Jakobs' geltungsspezifische Ausführungen geraten auch aus einer anderen Perspektive in Konflikt mit *Kelsens* Positionen: Die Vorstellung, die Durchsetzung der Rechtsordnung sei auch unter Verletzung einzelner Gesetze eine Bedingung von deren Geltung, widerspricht *Kelsens* formalem Rechtsschöpfungssprozess. Aus seiner Warte ist zwar die Wirksamkeit „im Großen und Ganzen", aber keine „kognitive Untermauerung", sogar bzgl. der einzelnen Rechtsperson, Rechtsgeltungsvoraussetzung. Dieses Argument, mit dem *Jakobs* für einen „echten" Ausnahmezustands – also einen Rechtsbruch – plädiert, lässt sich in *Kelsens* auf Legalität fußendem System nicht vertreten.[2020]

Zusätzlich ist *Kelsen* ein herausragender Verfechter des Methodendualismus' und lässt sich hier gegen die von *Schmitt* und *Jakobs* vorgenommene Privilegierung der Machtverhältnisse ins Feld führen. Wie für *Jakobs* ist für *Schmitt* die Frage nach den Wirksamkeitsbedingungen (*Sein* im *Kelsen*'schen Sinne) auch *normativ* zentral,[2021] er leitet aus diesen Forderungen zum faktischen Vorgehen ab.[2022] Die Vorstellung der Bindung des Staates an das Recht wird abgelehnt. Der Staat kann (und soll) nötigenfalls jede normative Fessel ablegen, um seine Existenz gegen jeden, der diese gefährdet, zu verteidigen.[2023] *Kelsen* zeigt, dass diese methodensynkretischen Theorien (typischerweise) ideologisch motiviert sind, und zwar um die herrschende Ordnung zu konservieren und Machtverhältnisse zu stützen, was eine aus seiner Warte undemokratische Vorgehensweise ist.[2024] Dazu befördert diese Methodik die Wertsetzung der Rechtsordnung, die damit ebenfalls als ideologisch bedingt erscheint. Es zeigt sich, dass diese Argumentation bei *Jakobs* zu den von *Kelsen* kritisierten Folgen führt: Der Privilegierung der Macht und Etatismus, der Marginalisierung

---

2017 Dazu oben, C. II. 4. b), S. 181.

2018 Siehe oben, C. II. 4. b), S. 181. Den Kontrast von *Kelsen* zu *Schmitt* u. *Jakobs* betont *Uwer* 2006, S. 42.

2019 Siehe oben, C. I. 3. c) cc), S. 157, oben, C. II. 4. a), S. 179 u. oben, C. II. 4. b), S. 181.

2020 Konkret zur Person oben, C. I. 3. b) bb), S. 131; allg. oben, C. II. 1., S. 165.

2021 Vgl. *Walther* 2004, S. 259.

2022 Ähnl. *Walther* 2004, S. 260, der *Schmitts* Unbekümmerheit in methodischen Fragen kritisiert. Nur so könne er „das Interesse an der Erhaltung dieser Ordnung selber zum Ziel wissenschaftlicher Reflexionen" machen.

2023 Hierzu insb. oben, B. I. 4. c) bb), S. 39 u. auf den Ausnahmezustand gemünzt oben, B. I. 4. b), S. 33.

2024 Siehe hierzu insg. oben, B. II. 1. a) aa), S. 50; zur Demokratie erneut oben, B. II. 2. b), S. 81.

von Minderheiten und einer undemokratischen Rechtsanwendung.[2025] *Kelsens* nicht nur methodisch motivierter, sondern auch zugunsten der individuellen Freiheit, der Demokratie und des Pluralismus zugrunde gelegter, kritischer Rechtspositivismus lässt sich gegen die diametrale Theorie *Jakobs'* ins Feld führen; dies sowohl gegen den methodischen Ausgangspunkt als auch die undemokratischen Resultate dessen.

2. Die gesellschaftspolitischen Aspekte: Totalitarismus und Antipluralismus

a) *Positivismusskepsis, absoluter Staat und Gesinnungsmäßigkeit: Totalitäre Folgen*

Die staats- und rechtstheoretischen Auffassungen *Jakobs'* haben wichtige gesellschaftspolitische Konsequenzen: So birgt Feindstrafrecht insb. totalitäre Tendenzen.[2026] Ein überhöhter und entgrenzter Staat greift dort umfassend auf Individuen zu und löst eingriffsfreie Sphären auf.[2027] *Jakobs'* Begriff einer selbstgenügsamen normativen Ordnung führt dazu, die Rechtsordnung – und damit ihre Befolgung – mit Werten aufzuladen und mündet in einer Befolgungsthese[2028], die sich auch als Forderung nach Wertloyalität lesen lässt. Dadurch wird das „Freiheitsminimum", das durch eine rechtspositivistische Haltung konstituiert wird, aufgelöst.[2029]

Verstärkt wird dies durch die täter- und gesinnungsstrafrechtliche Natur des Feindstrafrechts und seine risikostrafrechtlichen Elemente: Es neigt zur Ausuferung und verlangt eine auch innere Übereinstimmung mit dem herrschenden Normensystem. Die subjektive Identifikation mit der normativen Ordnung wird zur Geltungsbedingung des Rechts, für die Frage nach den zum Schutz dieser Ordnung zu bekämpfenden Feinden kommt es auf deren Gesinnung an.[2030] Dies privilegiert die Ausuferung des Strafrechts und bestätigt das totalitäre Potential von *Jakobs'* Entwurf.[2031] Gefördert wird dies durch den moralisierenden Hang einer Theorie, die den emotional aufgeladenen Begriff *Feind* im Namen trägt und Rechtsbrecher als *böse* stilisiert: Recht und Moral werden vermengt.[2032]

Schmitt geht auf paradigmatische Weise von der Vorrangstellung des Staates gegenüber dem Individuum aus[2033]. Auch die Dämonisierung der (Staats-)Feinde

2025 Dazu bspw. oben, C. II. 2. c), S. 172, aber auch ausführlich oben, C. II. 6., S. 192.
2026 Siehe zum zugrundegelegten Totalitarismus-Begriff oben, in u. an Fn. 488.
2027 Ähnl. oben, C. II. 2. a), S. 168.
2028 Dies wird bei der Betrachtung der Parallelen von *Jakobs* und *Binding* gezeigt, oben, C. I. 3. c) bb) (2), S. 154.
2029 Dies zeigt sich insb. beim Rekurs *Jakobs'* auf *Isensee*, dazu oben, C. I. 3. c) bb) (1), S. 147.
2030 Hierzu oben, C. I. 3. c) aa) (1), S. 139.
2031 Siehe oben, C. II. 3. b), S. 176.
2032 Siehe oben, C. I. 3. c) aa) (3), S. 143.
2033 Hierzu nur oben, B. I. 4. c) cc), S. 44.

findet sich, spiegelbildlich zur religiösen Überhöhung des Staates, ebenfalls bei *Schmitt*[2034]. Ebenso stellt die Gesinnungsabhängigkeit eine wichtige Gemeinsamkeit dar: Den Ausschluss der nicht-gesinnungskonformen Feinde zwecks Konstitution der gesellschaftlichen Ordnung fordert *Schmitt* ähnlich wie *Jakobs*.[2035] Dazu finden sich beim positivismusskeptischen *Schmitt* Anklänge einer Rechtsbefolgungspflicht; seine klassisch-totalitäre und autoritäre Theorie ist diametral zur Vorstellung eines Minimums an Staatsfreiheit.[2036]

Diesen totalitären Tendenzen tritt *Kelsen* mit dem kritischen Rechtspositivismus entgegen. Zunächst ist seiner Theorie eine Befolgungsthese fremd.[2037] Auch wird aus seinen rechtstheoretischen Prämissen heraus der staatliche Machtbereich deutlich eingeschränkt: Dort, wo *Jakobs* den Umgang mit einem aus-dem-Recht-gefallenem Individuum bis zur physischen Bekämpfung legitimiert, begrenzt *Kelsen* den Zugriff des Staates auf die *Rechts*person und die explizit normierten Instrumente. Auf diesem Weg etabliert er das von *Jakobs* und *Schmitt* aufgelöste Freiheitsminimum.[2038]

Kelsen ist ein klassischer Kritiker der Vermischung von Recht und Moral, er verficht die Trennungsthese um das – bei *Jakobs* vermisste – Freiheitsminimum der Rechtsunterworfenen zu schützen und Kritik an der von *Schmitt* und *Jakobs* absolut gesetzten Rechtsordnung zu ermöglichen. Mehr als die äußerliche Befolgung des Rechts (was subjektive Tatbestandsmerkmale mitumfasst, soweit diese normiert sind) lässt sich mit dem hier auf *Kant* rekurrierenden *Kelsen* nicht fordern; diese Forderung ist auch keine moralische (i.S.d. Befolgungsthese), sondern eine bloß rechtliche, hypothetische.[2039]

b) *Exklusion und Feindbekämpfung: Homogenisierung und Antipluralismus*

Das Feindstrafrecht impliziert anti-individualistische Effekte und wirkt dem gesellschaftlichen Pluralismus entgegen. Dies schon wegen der Tendenz, jede herrschende Ordnung zu stabilisieren und diese über das Individuum zu stellen.[2040] Das wechselwirkt mit dem Element des Feindstrafrechts, Personen, gerade solche mit „falscher" Gesinnung, zu exkludieren, was der Vorstellung einer modernen und

---

2034 Siehe oben, B. I. 3. b), S. 28.

2035 Siehe zur Gesinnungsmäßigkeit oben, die Aussagen an u. Verweise in Fn. 139.

2036 Siehe hierzu bspw. oben, B. I. 4. b), S. 33. Zum Totalitarismus bei *Schmitt* bspw. oben, B. I. 2. b) cc), S. 17; oben, B. I. 2. c), S. 22 u. bei der Zusammenfassung seiner Positionen oben, B. I. 5., S. 45.

2037 Siehe dazu insb. oben, Fn. 575.

2038 Siehe oben, B. II. 1. b) bb) (1) (a), S. 66 u. oben, B. II. 4. b) dd), S. 92, zu *Jakobs* oben, C. II. 4. a), S. 179.

2039 Allg. oben, B. II. 1. a) cc), S. 54, zum Feindstrafrecht oben, C. II. 3. c), S. 177, ähnl. oben, C. II. 1., S. 165.

2040 Dies resultiert schon aus dem zugrundeliegenden Funktionalismus: oben, C. II. 2. a), S. 168.

pluralistischen Gesellschaft widerspricht.[2041] Die unterschiedliche Behandlung von Normunterworfenen, die Exklusion von „Feinden" aus dem Rechtskreis, konfligiert mit dem Universalitäts- und Gleichheitsanspruch der Demokratie.[2042] Die aus der Gesinnungsabhängigkeit der Strafbarkeit resultierende Tendenz, gerade Kommunikationsgrundrechte zu marginalisieren, konkretisiert dies.[2043] *Jakobs'* Theorie unterminiert aber nicht nur die politischen Beteiligungsrechte: Solchen Personen, die der herrschenden Ordnung widersprechen, den Grundrechtsschutz vorzuenthalten, schränkt den Minderheitenschutz nicht nur in seiner politischen Funktion, sondern insgesamt ein.[2044]

Hier liegt eine – wohl wegen der identischen Terminologie auch in der Literatur[2045] – zentrale Parallele zu *Schmitt*: Bei beiden ist der Begriff des Feindes und die Vorstellung dessen Exklusion und Bekämpfung dominant. Entgegen einzelner Stimmen (u.a. *Jakobs'* eigener) wird (mit der h.M.) angenommen, dass *Jakobs* und *Schmitt* ein vergleichbares Verständnis zugrundelegen.[2046] Wie *Jakobs* geht *Schmitt* von der Notwendigkeit der Bekämpfung der Feinde zwecks Konstitution und Schutz der normativen Ordnung aus.[2047] Dies hängt eng mit der dadurch herzustellenden, staatsinternen Homogenität zusammen. Für *Schmitt*, der die Diktatur als „Reinform der Demokratie" ansieht, ist Minderheitenschutz sogar eine undemokratische Angelegenheit.[2048] So ähnelt sich der von beiden vorgeschlagene Umgang mit den Feinden: Jeweils sind diese auf normativer Ebene aus dem Rechtskreis auszuschließen, um sie auf tatsächlicher Ebene bekämpfen zu können.[2049] Die Exklusion kommt auch auf ähnlichem Wege zustande: Während sie bei *Schmitt* explizit eine ungebundene Dezision erfordert, fördert die Betrachtung zu *Jakobs* ein ähnliches Ergebnis zutage.[2050] Interessant ist auch dessen Warnung vor der „Sprengkraft sogenannter Multikulturalität", die wegen ihrer (vermeintlichen) Marginalisierung identitätsstiftender Normen zur Destabiliesierung der Gesellschaft beitrage[2051]: Vergleichbar argumentiert *Schmitt* i.R. seiner Pluralismuskritik[2052]. Solche Erfahrungen der Kontingenz sozialer Normen führen – wie bspw. *Günther* bemerkt – zur Flucht in eine

2041 Siehe hierzu oben, C. II. 4. a), S. 179.
2042 Siehe oben, C. II. 4. b), S. 181.
2043 Hierzu oben,C. II. 5. d), S. 190.
2044 Siehe oben, C. II. 3. c), S. 177.
2045 Siehe unten, Fn. 2059.
2046 Siehe hierzu oben, B. I. 3. a) bb), S. 26. Zur Unterscheidung zwischen „inimicus" u. „hostis" unten, Fn. 2059.
2047 Zu *Schmitt*: oben, B. I. 3. a) aa), S. 24, zu *Jakobs*: oben, C. I. 3. c) aa) (3), S. 143.
2048 Dazu bspw. oben, B. I. 2. b) ff), S. 21.
2049 Zu *Schmitt* oben, B. I. 3. b), S. 28, zu *Jakobs* oben, C. I. 3. c) aa) (2), S. 141.
2050 Zu *Schmitt* oben, B. I. 3. a) aa), S. 24, zu *Jakobs* oben, C. II. 3. b), S. 176.
2051 Siehe die Ausführungen oben, an u. in Fn. 840.
2052 Hierzu allgemein oben, B. I. 2., S. 13.

vermeintliche, staatliche Substanz und zu Positivismusskepsis.[2053] Letzteres bestätigt *Kelsens* Ansicht, dass der Rechtspositivismus mit einer pluralistischen Gesellschaft harmoniere.[2054]

Kelsen argumentiert insgesamt diametral zu dieser Minderheitenfeindlichkeit und den Homogenisierungstendenzen. Das Einheitlichkeitspostulat *Schmitt*'scher Provenienz, das sich vergleichbar im Feindstrafrecht findet, hat er als ideologisch motivierte Fiktion erkannt.[2055] Ihm geht es um eine pluralistische Staatsordnung, um Minderheitenschutz.[2056] Für diesen wiederum streitet er aus einer demokratischen Gesinnung heraus: Der Schutz der Beteiligungschancen, eine „aktive" als typisch-demokratische Freiheit, ist zentral.[2057] Aus *Kelsens* Sichtweise zeigt sich, dass die Marginalisierung der Grundrechte, insb. der Kommunikationsgrundrechte, sowohl dem Minderheitenschutz und damit dem Pluralismus zuwiderläuft, als auch eine explizit undemokratische Entwicklung ist: Subjektive Abwehr- und Beteiligungsrechte (die er durch ein starkes Verfassungsgericht schützen will) sichern die Beteiligungschancen der Minderheiten, diese wiederum sind für einen auf Kompromisse setzenden Parlamentarismus und damit für eine Demokratie in *Kelsens* Sinne essentiell.[2058]

3. Exkurs: Die Thematisierung der Parallen zwischen Schmitt und Jakobs in der Literatur

Auch in der Literatur werden die Parallelen von *Schmitt* und *Jakobs* thematisiert, wie erwähnt meist beschränkt auf Hinweise auf inhaltliche und terminologische Nähe.[2059] Z.T. werden diese Ergebnisse relativiert oder bestritten, so von *K. Gierhake, B. Haffke* und *L. Greco.*

2053 Vgl. *Günther,* KritJ 1994, S. 144ff. (näher oben, an Fn. 488). Zum Zusammenhang von gefühltem Wertverlust u. dem Wunsch nach einem starken Staat auch *Hansen,* KritJ, insb. S. 233 u. knapp *Hassemer,* Vorgänge 2002, S. 14.

2054 Zu *Kelsen* ausführlich oben, B. II. 2. a), S. 81.

2055 Siehe oben, B. II. 4. a) cc), S. 87.

2056 Siehe oben, B. II. 5. a), S. 94.

2057 Siehe oben, B. II. 4. a) bb), S. 86.

2058 Siehe oben, B. II. 5. a), S. 94 u. oben, B. III. 2. b) cc), S. 115.

2059 So bei *Vormbaum* 2010, S. XXXVI; *Crespo* 2010, S. 394; *Frommel* 2006, S. 62; *Albrecht* 2006, S. 122 u. *Albrecht* 2007, S. 12; *Zöller* 2009, S. 279; *Frankenberg,* KritJ 2005, S. 382; *Bung* 2006; S. 262; *Schulz* 2006, S. 318, Fn. 11; *Fronza* 2010, S. 413, Fn. 1; *Stübinger* 2008a, S. 154 u. *Stübinger,* 2008b, S. 85ff., insb. 88, wo er darauf hinweist, *Jakobs'* Theorie entbehre der Klarheit der *Schmitt*'schen Variante; *Marzahn* 2011, S. 175 (Fn. 1218); *Wrocklage* 2008, S. 61; NK-*Paeffgen,* Vor § 32ff., Rn. 223; *Schünemann* 2010, S. 15, der die Inbezugnahme auf *Kant* statt naheliegenderer Staatsdenker wie *Habermas* u. eben *Schmitt* kritisiert; *Hörnle* 2010, S. 100f., die darauf hinweist, *Schmitt* sei „lustvoller" mit dem Begriff des Feindes umgegangen als *Jakobs. Ooyen* 2009, S. 263 sieht in dem vollzogenen „Sprung vom Sein aufs Sollen" eine entscheidende Parallele. *Donini* 2010, S. 310 sowie *Donini* 2007, S. 7ff. zitiert

Gierhake geht, wie *Jakobs* selbst, auf die Unterschiede des Feindbegriffs ein, der bei *Schmitt* anders als bei *Jakobs* keinen inhaltlichen Gehalt aufweise.[2060] Auch verwende *Schmitt* den Begriff anders als *Jakobs* nicht legitimatorisch. Dem sind allerdings die obigen Ergebnisse entgegenzuhalten: *Schmitt* argumentiert *für* die Exklusion der Feinde und hat wie *Jakobs* zumindest innere Feinde im Blick.[2061] Wenn sie sich darauf beruft, dass *Schmitt* anders als *Jakobs* ein rein deskriptives Interesse verfolge und dies mittels Wiedergabe eines Zitats *Schmitts* belegt, ist darauf hinzuweisen, dass man leicht ähnliche Zitate *Jakobs'* finden kann, die jedoch nicht zutreffen müssen: *Gierhake* nimmt *Jakobs*' selbst nicht beim Wort und geht entgegen seiner Selbstdeutung von der Legitimation des Feindstrafrechts aus – gleiches ließe sich aber auch für *Schmitt* behaupten. Hierin liegt sogar eine weitere Parallele: Ihre Ausführung, dass *Jakobs* die Notwendigkeit von feindstrafrechtlichen Institutionen im Staat damit begründe, „dass ohne sie der Zustand wirklicher Rechtsgeltung im Staat in Gefahr sei [...]“[2062], lässt sich so auf *Schmitts* Postulat der Notwendigkeit der durch Feindexklusion zu schaffenden Homogenität als Geltungsbedingung des Rechts münzen. Ihre Kritik daran, dass die Parallelen beider Denker oft nicht ausreichend klar herausgearbeitet werden, sondern man sich auf Äquivokationen beschränkt, ist dagegen zutreffend. Parallelen sieht sie dann in einer späteren Veröffentlichungen mit Blick auf die fehlende Rechtlichkeit der Feindbehandlung und deren vermeintliche Notwendigkeit zur Erhaltung der Geltungsbedingungen des Rechts bei beiden Theoretikern. Mit Blick auf den Feindbegriff argumentiert *Greco* ähnlich wie *Gierhake*, aber aus einer anderen Perspektive. Ihm geht es wohl darum, dass *Jakobs* den Feind abwertet, *Schmitt neutral* bleibt. Der Feind sei bei *Jakobs* ein Minus zum Bürger, der Feind bei *Schmitt* bloß jemand, der nicht „*unser* Freund“

---

bzgl. der die Staatsräson stützenden Funktion instrumentellen Strafrechts im Kontext einer Auseinandersetzung mit dem Feindstrafrecht *Schmitts Souveränitäts-/Ausnahmezustand-Losung* u. bezieht sich auf die *Feind*-Kategorie. Ähnl. *Albrecht* 2010, S. 77, *Crespo* 2011, S. 62 u. *Müssig* 2007, S. 1044ff., der auf die innere Feinderklärung, deren identitätsstiftende Funktion u. insb. den Ausnahmezustand als Parallele zu *Jakobs*' Entrechtlichung eingeht. *Ambos* 2010, S. 352 rezipiert *Schmitt*, in dessen Traditionslinie er *Jakobs* stellt, u. betont den Aspekt des *tatsächlichen Krieges* sowie die *staatliche Dezision*, die bestimmt, wer als Feind gilt. Zuletzt sieht er *Jakobs* auch wegen seiner Berufung auf *Hobbes u.* der Betonung der Vorrangstellung des Staates in *Schmitts* Tradition (S. 371). Auf die ersteren beiden Aspekte stellt auch *Marzahn* 2011, S. 42 ab, der ebenfalls die Nähe beider Denker betont u. dies auf den *Grenzbereich zwischen Recht u. Krieg* u. insb. die Tatsache, dass es sich bei der Frage nach der Feindschaft um eine *politische Dezision* handelt, zurückführt. Er blendet eine weitere Auseinandersetzung mit dem „Kronjurist des Dritten Reichs“ jedoch bewusst aus. *Bielefeldt*, S. 14 (zu *Jakobs* dort Fn. 31) sieht die Parallele in dem Vorrang der Sicherheitsinteressen vor den Freiheitsrechten.

2060 So *Gierhake,* ARSP 2008, S. 341 und *Jakobs,* HRRS 2006, S. 294.

2061 Zur Exklusion der Feinde (oben, B. I. 3. b), S. 28); zu inneren Feinden oben, B. I. 3. a) bb), S. 26.

2062 *Gierhake,* ARSP 2008, S. 359.

ist[2063] – noch weiter geht *Haffke* der betont, dass bei *Schmitt* anders als bei *Jakobs* der Begriff des Feindes durchaus positiv, weil ehrenhaft, konnotiert sei[2064]. *Greco* dazu:

> „Man könnte den Gegensatz zwischen Jakobs und Schmitt auf den Punkt bringen, dass bei Jakobs die Positionen von Bürger und Feind absolut, bei Schmitt die von Freund und Feind relativ, nämlich aus Sicht der kämpfenden Parteien festgelegt werden."[2065]

Worin nun genau *dieser* Unterschied besteht, erhellt sich nicht, insbesondere wenn man bedenkt, dass der *Bekämfpungs*gesetze erlassende Staat bei *Jakobs* durchaus „kämpfende Partei" ist, der definiert, *wer* Feind ist – es sich also genau so verhält, wie *Greco* es für *Schmitt* beschreibt. Auch wird nicht klar, warum dieser Unterschied so wichtig ist, wie es *Greco* postuliert, will er doch nachweisen, dass *Jakobs* nicht in der antiliberalen und nationalsozialistischen Tradition *Schmitts* steht.[2066] Ein antiliberaler und mehr noch ein nationalsozialistischer Staat dürfte seine Feinde sehr wohl negativ bewerten; dann wäre *Jakobs* nach *Greco*s Ausführungen sogar noch näher an diesen als *Schmitt* selbst. Weiter kritisiert *Greco* die Parallelisierung von Dezisionismus und Ausnahmezustand bei *Schmitt* und *Jakobs;* auch hier wurde bereits gezeigt, dass diese Parallelen tatsächlich bestehen.[2067]

Zuletzt sollte bemerkt werden, dass nicht nur *Jakobs*, sondern auch *Schmitt* von einem Methodendualismus *Kelsen*'scher Provenienz ausgeht, was auch diesen Unterschied zwischen beiden, den *Greco* ausmacht, mindert.[2068]

S. Schick setzt sich ebenfalls kritisch mit der Parallelisierung auseinander. Zum einen betont er die fehlende rassenideologische / antisemitische Stoßrichtung *Jakobs*' – die hier freilich ebenfalls nicht unterstellt wird. Daneben merkt er an, dass *Jakobs*' „Ausnahmezustand" anders als der *Schmitt*s eben doch rechtlich reguliert ist.[2069] Hier wurde schon Gegenteiliges aufgezeigt. Dies lässt sich auch gegen seine Behauptung, *Jakobs* spreche anders als *Schmitt* vom *inimicus,* nicht vom *hostis,* wenden: *Schmitt*s Feind (der hostis) dürfe in Ermangelung eines normativen Bandes nicht bestraft, sondern nur exkludiert werden. Genau so stellt es sich hier aber auch bei *Jakobs*' Feind dar, auf den mit der bloßen Beseitigung seiner Gefährlichkeit reagiert wird, weshalb die *straf*rechtliche Qualität des Feindstrafrechts ja bezweifelt wird.[2070] Der Einwand, dass der Feind bei *Schmitt* der *Andere*, bei *Jakobs* der *Kriminelle* ist, ist ebenfalls zu relativieren, bedenkt man, dass es für die Frage, wer zu kriminalisieren ist, auf die eine gesamtgesellschaftliche Entscheidung abhängig von

2063 Vgl. *Greco* 2010, S. 25.
2064 Vgl. *Haffke*, KritJ 2005, S. 19
2065 *Greco* 2010, S. 25
2066 Vgl. *Greco* 2010, S. 25, Fn. 98 u. S. 24, insb. Fn. 93.
2067 Zum Dezisionismus oben, C. II. 2. c), S. 172, v.a. Fn. 1792, zum Ausnahmecharakter oben, C. I. 3. c) cc), S. 157.
2068 Vgl. *Greco* 2010, S. 27; zum Methodendualismus oben, B. I. 1. b), S. 12.
2069 *Schick*, ZIS 2012, S. 51ff.
2070 Vgl. *Cancio Meliá*, ZStW 2005, S. 282ff., darauf weist *Schick* selbst hin. Krit. zur Aberkennung der *Straf*rechtsqualität aber *Muñoz Conde* 2007, S. 44f.

jeweils subjektiven Sicherheitsgefühlen ankommt und dass für *Jakobs* die Anzahl derer, die dieses Gefühl bedrohen, aufgrund der „Sprengkraft der Multikulturalität" zuzunehmen droht.[2071] Schließlich kritisieren diejenigen, die im Feind- ein Gesinnungsstrafrecht erkennen, dass die Feinde aufgrund ihrer Eigenschaft als Fremde bzw. Andere bekämpft werden[2072]. Dies kumuliert auch mit dem Aspekt, dass den Feinden *Jakobs'* gerade nicht mit der „offenen" Funktion der Strafe begegnet wird, sondern man sie – gerade anders klassische Verbrecher – auf rein faktischer Ebene bekämpft.[2073]

T. Uwer befasst sich hingegen ausführlicher mit den seines Erachtens deutlichen Parallelen. *Uwer*: „An keiner Stelle zitiert Jakobs Carl Schmitt, aber an jeder Stelle scheint er hervor"[2074] Zunächst betrachtet er den für beide existentiellen Ausnahmefall;[2075] *Schmitt* und *Jakobs* haben jeweils die Dichotomie von *Recht* und *Gewalt* im Blick und setzten die Vorstellung eines *Hobbes*'schen, natürlichen *Rechts auf Alles* voraus; anders als *Schmitt,* der die Frage nach der *auctoritas* in *Hobbes*'scher Tradition in den Mittelpunkt stellt, blende *Jakobs* diese Frage aber aus.[2076] *Schmitt,* so referiert *Uwer,* sieht den Souverän explizit als die über den Ausnahmezustand entscheidende Person und identifiziert die Freund/Feind-Unterscheidung resp. den Krieg als Kern der Politik. Einen Unterschied zwischen *Schmitt* und *Jakobs* sieht er in dieser Frage nach der Souveränität; während für *Schmitt* der Staat an die Stelle des verhassten *Nicht-Identischen*[2077] trete, schaffe *Jakobs* zur Trennung von Recht und Gewalt einen Bereich des Identischen – den des Feindstrafrechts. Dies, indem der *Staat* (als rechtlich konstituiertes Phänomen) *Gewalt* in Form der zwingenden Strafe[2078] anwendet. *Jakobs* schiebe das Problem der Souveränität, das *Schmitt* am Staat oder dem Führer festmache, auf das „überpersönliche" Rechtssystem resp. die selbst-exkludierenden Feinde ab; auch spreche er unklar von „Gesellschaft", wenn er eigentlich den Staat meine. Dies stellt aber keine substantiellen Unterschiede dar; diese liegen eher im stilistischen: *Schmitt* benennt seine machtaffirmative Haltung offen, *Jakobs* Theorie hat ähnliche Tendenzen, ohne dass er sie explizit formuliert. So ist es in *Jakobs* Theorie relativ zweifelsfrei ebenfalls der Staat, der agiert; in späteren Aufsätzen wird dies von *Jakobs* auch expliziert – auch wenn *Jakobs* Sprache weniger „lustvoll" als die *Schmitts* bleibt.[2079]

2071 Vgl. oben, C. I. 3. b) aa), S. 127 u. oben, C. I. 3. c) aa) (3), S. 143.
2072 Vgl. oben, C. II. 3. a), S. 174.
2073 Ähnl. *Roellecke,* JZ 2006, S. 265 mit Blick auf Terroristen.
2074 Für die folgende Darstellung: *Uwer* 2006, S. 41ff.
2075 Für *Schmitt* siehe oben, B. I. 4. b), S. 33, für *Jakobs* oben, C. I. 3. c) cc), S. 157.
2076 *Uwer* 2006, S. 41ff. Er bezieht sich auf *Hobbes*' berühmte Sentenz: „non veritas sed auctoritas facit legem", übersetzt in *Hobbes* 1651, Kap. 212. Siehe S. 99ff. zum „Recht auf Alles".
2077 *Uwer* 2006, S. 44. Siehe allg. zur Identitätsthese bei *Schmitt* oben,B. I. 2. b) cc), S. 17.
2078 Zu dieser oben, C. I. 3. b) cc) (2), S. 135.
2079 Zum Staat als Akteur oben, Fn. 1301. Zum Sprachgebrauch *Hörnle* 2010, S. 101. Siehe auch *Ambos* 2010, S. 365.

Auch *W. Kaleck* befasst sich näher mit den Parallelen.[2080] Er geht zunächst von *Schmitts* v.a. zum Ende der Weimarer Republik verstärkt *inneren* Feindbegriff[2081] aus. Hier ist ihm gerade der Aspekt, dass es für die Frage der Feindschaft auf die Intensität der Dissoziation, auf formelle Fremdheit ankommt, wichtig[2082] – darin sieht er eine Parallele zur heutigen Kriminalpolitik und damit zu *Jakobs'* Analysen. Dies um so mehr, als die Stiftung einer gemeinsamen Identität als Ziel des heutigen Ausschlusses analysiert. Wobei er feststellt, dass *Schmitt* in seinem Postulat der Freund/Feind-Unterscheidung als Grundlage und Wesen des Staates noch weiter geht als *Jakobs*. Beide gehen von der Dichotomie von Recht und Gewalt aus. Wie für *Schmitt* ist Gewalt für *Jakobs* nötig, um Recht durchzusetzen.[2083] Damit ist der Staat als normative Ordnung auch für *Jakobs* auf die Rechtsdurchsetzung, also auch Feindbekämpfung, angewiesen. Dies relativiert den Unterschied. *Kaleck* ist aber zuzustimmen, dass *Schmitt* die konstitutive Natur der Freund/Feind-Unterscheidung stärker betont als *Jakobs*.

4. Exkurs II: Spezifisch-Strafrechtliche Kritik an Jakobs – Dezisionismus und Willkür; Tatbestandliche Unschärfe, Prävention und Vorverlagerung

Die eben betrachten Positionen *Jakobs'*, die sich auf *Schmitt* zurückführen und mit *Kelsen* kritisieren lassen, berühren insb. die rechts- und staatstheoretischen Grundlagen. *Jakobs* ist allerdings Strafrechtler, das Feindstrafrecht eine strafrechtliche Theorie. Daher werden auch solche Aspekte des Feindstrafrechts kritisiert, die sich nicht unmittelbar in die von *Schmitt* und *Kelsen* bearbeiteten Felder einfügen. Eher erscheinen sie, wie sogleich vertieft werden soll,[2084] als *Folge* dieser Prämissen, als strafrechtliche Konkretisierung der staats- und rechtstheoretischen Grundlagen.

Im Fokus der strafrechtlichen Kritik steht die *fehlende Klarheit* in *Jakobs'* Ausführungen. Oft wird der Vorwurf erhoben, er arbeite mit ungenauen Begrifflichkeiten. Dies schon bei der zentralen Kategorie der Feinde[2085]; es ist nicht eindeutig, wen die harschen Folgen des Feindstrafrechts treffen sollen. Auch wenn die Vorwürfe, das Feindstrafrecht verstoße gegen Art. 103 Abs. 2 GG wegen fehlender Positivierung als verfrüht erscheinen, gibt es Gründe, die für die Unbestimmtheit eines solchen Systems sprechen;[2086] so schon die Gesinnungsmäßigkeit des Feindstrafrechts, die eine deutliche Umschreibung von erfassten *Verhaltens*weisen verunmöglicht.

2080 Zum folgenden *Kaleck* 2006, S. 290ff.
2081 Siehe dazu oben, B. I. 3. a) bb), S. 26.
2082 Dazu oben, B. I. 3. a) aa), S. 24.
2083 Dazu oben, C. I. 3. b) aa), S. 127.
2084 Und zwar unten, D. II., S. 207.
2085 Siehe oben, C. II. 3. a), S. 174 u. oben, C. II. 3. b), S. 176.
2086 Siehe oben, C. II. 5. c) cc), S. 189.

Auch hängt dies mit dem problematischen Rechtsstaatsverständnis *Jakobs'*[2087] und der außerrechtlichen Legitimationsbasis des Feindstrafrechts[2088] sowie dessen Dezisionismus zusammen: Dies marginalisiert das Potential, juristische Entscheidungen zu determinieren und leistet der willkürlichen Handhabung rechtlicher Regeln Vorschub. So wird die politische Nutzbarkeit und damit Missbrauchbarkeit eines feindstrafrechtlichen Systems etabliert, die sich – hier zeigt sich die Relevanz der *Schmitt'*schen Ausgangspunkte – mit der etatistischen Perspektive *Jakobs'* erklären lässt.[2089]

Ein weiterer problematischer Punkt ist die *Vorfeldstrafbarkeit* des Feindstrafrechts, die eng mit der Prävention und der bereits kritisierten Gesinnungsmäßigkeit der Pönalisierung zusammenhängt. Kritisiert wird daran die *fehlende Verhältnismäßigkeit* der Strafen, die *Jakobs* explizit eingesteht, was der Verfassungsordnung aber widerspricht.[2090] Unverhältnismäßig an einer weit in das Vorfeld reichenden Kriminalisierung ist nicht nur die Strafhöhe, sondern auch das generelle Ausmaß der staatlichen Kontrolle, die ein solches Strafrecht etabliert: Dem Feindstrafrecht fehlt es an einem internen Instrumentarium, das verhindert, dass auch „harmlose" Oppositionelle vom harschen Zugriff getroffen werden (hier ist an Graffiti-Sprayer und Banden jugendlicher Kleinkrimineller zu denken).[2091] So zeigen sich auch hier die totalitären Tendenzen eines solchen Strafrechtssystems, v.a. insoweit dies mit der Vorstellung einer allgemeinen Friedenspflicht aufgeladen wird.[2092] Das wiederum zeigt die staats- und rechtstheoretischen Implikationen dieses eher strafrechtlichen Aspekts.

II. Übergreifende Topoi: Zusammenhängende Argumente und Effekte

Nun sollen übergreifende Merkmale der betrachteten Theorien herausgefiltert werden. Dabei geraten v.a. Argumentationsmuster in den Blick, auf die im staatsschützenden (damit ist eher *Schmitts* etatistischer Bereich angesprochen) Strafrecht (womit die *Jakobs'*sche feindstrafrechtliche Sichtweise im Blick ist) rekurriert wird, die aus *Kelsens* Warte aber als problematisch erscheinen. Nachdem nun die Bezüge zu *Schmitt* und *Kelsen* herausgestellt wurden und bevor im Anschluss betrachtet werden soll, inwieweit Rspr. und Gesetzgebung auf diese Argumente rekurrieren, sollen nun die entscheidenden Topoi zentral zusammengefasst, insb. aber auf ihre jeweiligen Verschränkungen und Implikationen hin untersucht werden.

2087 Siehe oben, C. II. 6., S. 192.
2088 Dazu oben, C. I. 3. c) cc), S. 157.
2089 Dazu oben, C. II. 2. c), S. 172.
2090 Dazu oben, C. II. 5. c) bb), S. 187.
2091 Dazu oben, C. II. 3. c), S. 177.
2092 Siehe oben, C. I. 3. c) bb) (1) (a), S. 147 u. oben, C. II. 3. c), S. 177.

Zunächst gilt es, den Beobachtungsgegenstand näher zu umreißen. Als solcher wurden „Argumentationsmuster", „Argumentationstopoi" und „Topoi" (und zwar synonym gemeint[2093]) genannt; schillernde Begriffe, die sich überschneiden und heterogen verwendet werden. Dies gilt insb. für den Term *Topos.*[2094] Hier ist dies nicht i.S. der insb. *Viehweg*'schen „topischen Jurisprudenz" als praktischer Rhetorik gemeint.[2095] Dieser wollte den Blick der Rechtswissenschaft weg vom System- hin zum Problemdenken lenken und beeinflusste damit die Grundlagen- und Methodendiskussion der jungen BRD. Diese Theorie verstand sich als Antwort auf die als naiv erkannte Vorstellung von Begriffsjurisprudenz und glatt ableitbarer juristischer Ergebnisse aus einem vorgegebenen System. Im Fokus stand die Gegenüberstellung von Topik und Systematik[2096] *Viehweg* definiert, zurückgehend auf *Aristoteles* und *Cicero,* Topoi als

> „vielseitig verwendbare, überall annehmbare Gesichtspunkte, die im Für und Wider des Meinungsmäßigen gebraucht werden und zum Wahren hinführen können"[2097]

und versteht sie als Mittel, Argumente zu finden und als Orientierungshilfe zur Problemlösung.[2098]

Daneben besteht im allgemeinen (und insb. im literarischen) Sprachgebrauch eine weitere Verwendungsform des Begriffs *Topos.*[2099] Das *Langenscheidt-Wörterbuch* definiert ihn als „festes Motiv, Bild, feststehende Formel in einer bestimmten Literaturgattung" bzw. „Klischee, festes Denk- und Ausdrucksmuster, formelhafte Wendung."[2100] *C. Fischer* stellt auch in der Rechtswissenschaft eine Bedeutungsverschiebung hin zu letzterem fest und legt seiner Untersuchung dieses statt des

---

2093 Was als legitim erscheint, da bspw. *Struck* 1971, S. 14 mit Blick auf Topoi von einem „Durcheinander von Argumenten und Gesichtspunkten" spricht u. der Sprachgebrauch hier generell uneinheitlich ist.

2094 Siehe dazu nur *Launhardt* 2010, S. 39.

2095 Siehe insg. *Viehweg* 1974.

2096 Zu einer kritischen Würdigung der Debatte *Launhardt* 2010; knapper *Simon/Lahusen,* KritV 2007, S. 14ff. u. *Schlieffen,* Rechtstheorie 2001, S. 175ff. Primär ging es um die Frage, ob die Jurisprudenz eine topische Wissenschaft ist oder die normative, ob eine topische eine angemessene Vorgehensweise ist, siehe *Launhardt,* Rechtstheorie 2001, S. 141ff.; *Launhardt* 2010, S. 152 u. *Neumann* 1986, S. 12, 14f. Eine Diskussion, die in der Rückschau als langwierig u. unfruchtbar erscheint, so *Fischer* 2007, S. 17 u. *Simon/Lahusen,* KritV 2007, S. 14f.

2097 *Viehweg* 1974, S. 24.

2098 Siehe *Viehweg* 1974, S. 38, dazu *Launhardt* 2010, S. 12; *Fischer* 2007, S. 30f. spricht in Anschluss an *Kriele* 1967, S. 141ff. von „Suchanweisungen". Diese argumentativ verwendete Topoi ließen sich sammeln, so dass Kataloge entstehen. Ein solcher findet sich z.B. bei *Struck* 1971, S. 20ff; insg. kommt er auf 55 derartiger Topoi. Krit. an einer solchen Katalogisierung bei *Alexy* 1983, S. 40.

2099 Hierauf weist *Viehweg* 1974 S. 37 selbst hin, siehe auch *Kriele* 1967, S. 142.

2100 Langenscheidt-Wörterbuch, 2016, Artikel *Topos.*

Viehweg'schen Verständnisses zugrunde.[2101] Für ihn steht der Terminus für eine „formelhafte Wendung, für ein begründungsersetzendes Versatzstück, für einen Gemeinplatz". Er resümiert:

> „Topos meint also einerseits Leerformeln und schlagwortartige Kurzbezeichnung, die selbst als Begründung dienen, wobei diese geronnenen oder verdinglichten Gedanken selbstverständlich – je nach Formulierung – ebenso in Satzform auftreten können. Andererseits steht der Ausdruck aber auch für Merksätze und Überleitungsbegriffe welche erst den Zugang zu einem Bündel von Einzelgesichtspunkten eröffnen, die als mögliche Begründung in Betracht kommen."[2102]

Er will solche „Scheinbegründungen" aufdecken und kritisieren.[2103] So soll auch hier vorgegangen werden. Aber auch dafür lohnt ein Blick auf die Resultate der von *Viehweg* ausgelösten Debatte:

Die juristische Topik entwickelte sich auch bei seinen Nachfolgern zu einer analytisch-kritischen Methode, die sich primär deskriptiv mit der Aufdeckung der „tatsächlichen Strukturen des juristischen Argumentierens" befasst.[2104] (Hier stehen anders als dort eher *inhaltliche* statt *rhetorische* Aspekte[2105] im Fokus, was sich aber in einen allgemeinen Bedeutungswechsel einfügt – Weg von formalen Argumentationsweisen hin zu inhaltlichen Gesichtspunkten.[2106] Aber auch an die Sprachkritik wird z.T. angeschlossen, so an deren ontologiekritisches Potential[2107] – ähnlich, wenn auch weniger dezidiert *sprachkritisch*, geht auch *Kelsen* vor.[2108])

Oft wird dabei auf die fehlende inhaltliche Klarheit, die Vagheit und Vieldeutigkeit der Topoi hingewiesen.[2109] Dies führt *G. Struck* zu einer auch für die vorliegende Untersuchung wichtigen Feststellung: Topoi „durchdringe[n] und überschneide[n] sich ständig"[2110], ihnen geht eine trennscharfe Unterscheidbarkeit ab.

2101 Siehe *Fischer* 2007, S. 32.

2102 *Fischer* 2007, S. 33.

2103 *Fischer* 2007, S. 54f.

2104 Die sog. „Mainzer Schule", dazu *Launhardt* 2010, S. 1ff. u. *Neumann* 2011, S. 435, der auf Ähnlichkeit mit den US-amerikanischen *critical legal studies* hinweist. Zum kritischen Potential auch *Neumann* 1986, S. 55ff., insb. S. 63f. Zusammenfassend zu den Erkenntnissen, insb. bei *K. Gräfin v. Schlieffen, Launhardt*, a.a.O., S. 163f.

2105 Bsp. für diese dezidiert rhetorische Methode sind *Schlieffen* 2005, S. 405ff. u. *Rodingen* 1977, S. 51ff.

2106 Dazu *Launhardt* 2010, S. 39 u. *Fischer* 2007, S. 22; auch schon *Kriele* 1967, S. 146.

2107 Dazu *Neumann* 1979, S. 46f. Zur substanzhaften-funktionalistischen Argumentation gleich unten, D. II. 1., S. 210.

2108 Siehe oben, an Fn. 734.

2109 Sowohl von Vertretern (z.B. *Struck* 1971, S. 46) wie Kritikern der Topik (*Alexy* 1983, S. 41f.).

2110 *Struck* 1971, S.47; ausführlich auch S. 55ff. Ähnl. *Rodingen* 1977, S. 52: Topoi „lösen Probleme" im Verband, denn sie „stehen in einem nicht beliebigen Zusammenhang, der allerdings auch kein logischer ist."

Dementsprechend wird die hier erfolgende Einteilung der Topoi, wie noch näher zu erläutern, als eine bloß idealtypische verstanden.

Aus der Vagheit der Topoi folgt auch deren Neigung, sich vom positiven Recht zu emanzipieren; dies resultiert zusätzlich aus ihrer „Durchsetzungskraft", ihrer *Suggestivwirkung*, der intuitiven Zustimmbarkeit – ein Effekt, der insofern mit der Vagheit der Topoi wechselwirkt, als gerade die Allgemeinheit und Abstraktheit von Prinzipien ihre Konsensfähigkeit erhöht.[2111] Interessant *Rodingen*, für den es um „Grundüberzeugungen der Gesellschaft" geht, die „Zustimmung erheischen"; dazu wird auf den „großen Einklang mit anderen" rekurriert.[2112] Dies expliziert er u.a. anhand der *fdGO* – ein *Topos*, der hier mit einem ähnlichen Ergebnis analysiert wird.[2113] Die Lösung vom positiven Recht ist ein Kritikpunkt, der den klassischen Vertretern juristischer Topik oft vorgehalten wurde.[2114] Dies spiegelt sich in *Fischers* Analyse: Ihm geht es darum, Begründungsmuster für eine *verdeckte Rechtsfortbildung* herausstellen. Ein Phänomen, das sich gerade bei der Betrachtung der Rspr. auch in der vorliegenden Arbeit finden wird.[2115]

Für *Fischer* verschleiern die Topoi diese von ihm kritisierte Rechtsfortbildung; sie helfen, eine eigentliche Loslösung vom bestehenden Recht als reine, durch zulässige Argumente gestützte Anwendung dessen darzustellen.[2116] Auf allgemeinerer Ebene findet sich erneut schon bei *Struck* eine Erklärung dafür. Anknüpfend an die festgestellte Vagheit der Topoi konstatiert er, „Wo immer ein Gesichtspunkt doppeldeutig bleibt, da ist das Ausdruck anderer, dahinterstehender Gesichtspunkte."[2117] Auch dies ist ein Phänomen, das sich bei der anschließenden Betrachtung zeigen wird (So ließe sich bspw. zeigen, dass hinter dem Topos „Schutz der Staatsehre" oder „Selbsterhaltungsrecht des Staates" egtl. machtkonservative Interessen stehen.[2118])

Topoi i.d.S. sollen und können überzeugen, dies insb. bzgl. nicht offengelegter Aspekte und zugunsten verdeckter Motive. Oft bergen sie Implikationen, die nicht expliziert werden, haben Folgen, die für die Argumentationsadressaten u.U. nicht absehbar sind. Die Grenzen zwischen den *konkreten Argumenten* und diesen dahinterliegenden *Effekten* sind, analog zur bereits erwähnten Vagheit und unklaren Abgrenzbarkeit der einzelnen Elemente der Topoi, fließend. Daher gerät im Folgenden

---

2111 Vgl. *Struck* 1971, S. 39ff. Die „Annehmbarkeit"/ „Akzeptiertheit" der Topoi ist oft das Definitionskriterium, schon bei *Viehweg* 1974, S. 34, siehe auch *Alexy* 1983, S. 40; *Otte*, Rechtstheorie 1970, S. 184 u. ausführlicher 188ff.

2112 Vgl. *Rodingen* 1977, S. 60.

2113 Siehe unten, E. I. 1. a), S. 216.

2114 So z.B. *Rüthers* 2011, Rn. 614; *Alexy* 1983, S. 41; *Müller* 1966, S. 57f.; *Diederichsen*, NJW 1966, S. 702 u. ähnl. *Zippelius*, NJW 1967, 2230, der die Rechtssicherheit gefährdet sieht. Dagegen *Launhardt* 2010, S. 78.

2115 Siehe hierzu unten, E. II., S. 265.

2116 Siehe *Fischer* 2007, S. 2.

2117 *Struck* 1971, S. 17. Dort insg. mit Beispielen für verdecktes Vorgehen durch topische Argumentation.

2118 Siehe dazu unten, D. II. 1., S. 210.

auch über klassische *Argumente* Hinausgehendes in den Blick, nämlich die Effekte der Argumentation[2119], die hier als nicht abtrennbarer Teil der Argumentations*muster* begriffen werden. Diese als „Topoi" oder „Argumentationsmuster" bezeichneten, im Folgenden herauszuarbeitenden Phänomene lassen sich also zusammenfassend beschreiben als *Kumulationspunkte für verschiedene, durch ein gemeinsames Problem oder Thema aufeinander bezogene Gesichtspunkte inhaltlicher Natur, die sich durch Vagheit auszeichnen, daher nicht streng umgrenzbar sind und sich gegenseitig überschneiden, zugleich aber durchsetzungsfähig sind und Überzeugungskraft haben, sich daher vom positiven Gesetz emanzipieren und häufig noch weitere, nicht offen zu Tage tretende Implikationen („Effekte") mit sich bringen, die auch nicht-argumentativer, sondern tatsächlicher Art sein können.*

Die folgende Darstellung wird anhand einer Aufteilung in vier derartige Topoi vorgenommen. Dabei wird versucht, die Verbindung der jeweiligen *Argumente* mit deren *Effekten* nachzuzeichnen, in dem Sinne, dass das staatstheoretische Argument/Motiv einer *substanzhaft-funktionalistischen Argumentation* (*1.*) zu einem strafrechtlich *präventivem und vorverlagerndem Vorgehen* führt (*2.*), zu dessen Umsetzung ein wiederum strafrechtliches *dezisionistisch-gesinnungsmäßiges Strafrecht* genutzt wird (*3.*); als übergreifende, staatstheoretische Folge dieser Phänomene lassen sich *Konflikte mit der Demokratie und dem Pluralismus* erkennen (*4.*).

Dabei ist jedoch wichtig zu betonen, dass diese Einteilung selbst als idealtypisch und nicht absolut zu verstehen ist und eher der Übersichtlichkeit dient. Wie erwähnt sind die Grenzen zwischen *Argumenten* und *Effekten bzw. Vorgehensweisen* fließend. An einem konkreten Beispiel: Die strafrechtliche Prävention kann als vermeintlicher Zweck des Vorgehens i.S. eines *Arguments* verstanden werden; ein präventiv ausgerichtetes Strafrecht kann aber ebenso, wie hier eingeteilt, als *Effekt* einer bestimmten staatsrechtlichen Haltung erscheinen. Auch lässt sich schwerlich sagen, ob die Produktion von Homogenität eine bloße *Folge* der hier betrachteten Vorgehensweise ist, oder deren *Motiv*.

1. Substanzhaft-funktionalistische Argumentationsweise

Als allgemein-staatstheoretischer Aspekt lässt sich zunächst ein spezifisches Staatsbild feststellen, welches als *substanzhaft-funktionalistisch*[2120] bezeichnet werden soll. Wie im vorangegangen Abschnitt dargestellt,[2121] liegt es dem hier kritisierten Staats- und Rechtsverständnis zugrunde, von *überpositiven normativen Argumenten*

2119 Erneut ähnl. *Fischer* 2007, S. 128, der hier von „tatsächlichen Aspekten" spricht.

2120 Funktionalistisch ist i.S des strafrechtlichen Funktionalismus *Jakobs'* gemeint, nicht staatsrechtlich, wie *Kelsens* Position z.T. bezeichnet wird. Funktion ist die der Erhaltung des Systems. Zum (staats-)rechtstheoretischen Begriff *Neumann* 1979, S. 52. Auch *Schmitt* benutzt diesen Terminus, vgl. oben, in u. an Fn. 384. Zur Abgrenzung von der Gegenüberstellung von *funktonalistischer* u. *ontologischer* Strafrechtsdogmatik oben, an Fn. 1489.

2121 Siehe oben, D. I. 1., S. 195.

auszugehen: Der Staat wird als eine *vor* jeder Rechtsordnung bestehende Substanz betrachtet, als eine dem Menschen vorgehende Ordnung (*Schmitt*), etwas nicht durch diesen zu konstruierendes, sondern aufzufindendes (*Jakobs*). Dies erscheint als methodisch unsauber, als ideologisch motivierte Fiktion (*Kelsen*). Zentral ist dabei, der Existenz des Staates einen Eigenwert zuzuschreiben; die Übertretung positivierter Normen wird durch ein behauptetes, staatliches Selbsterhaltungsrecht legitimiert. Das Recht wird funktionalistisch verstanden, sein einziger Zweck es ist, die Funktionsbedingungen der normativen Ordnung – damit seine eigenen – zu schützen. Auch impliziert die Wertsetzung des Existenten einen Methodensynkretismus. Dies führt zu einer *konservierenden* und *etatistischen* Haltung: Der Staat wird (als gottgleich) verherrlicht und überhöht und als in seiner konkreten Form erhaltenswert betrachtet.

Dies birgt Ambivalenzen: Der eigentliche Schutz des Rechtssystems soll dessen eigene Übertretung legitimieren (in Form des „Ausnahmezustands"), was auf die Annahme einer „hinter" der Rechtsordnung liegenden Substanz verweist. In Ermangelung einer rechtlichen Programmierung, wann und wie dieser Schutz zu geschehen hat, ist eine *autoritäre Dezision* nötig. Daran zeigt sich das Janusgesicht des hier zusammengefassten Arguments, indem neben und mit dem Schutz des überhöhten, absolut gesetzten, personalisierten Staates – nun ganz weltlich – ein Missbrauch der bestehenden Macht durch Berufung auf eben diese (übermächtige) Person ermöglicht wird. Die Ambivalenzen werden sich z.B bei dem Changieren zwischen Funktionsschutz und Ehrenschutz i.R.d. § 185 StGB zeigen.[2122]

2. Prävention und Vorverlagerung – Unverhältnismäßige Strafbarkeit

Die substanzhaft-funktionalistische Betrachtungsweise schlägt sich in einer konkret-strafrechtlichen Argumentationsweise nieder. Dies, indem sie Argumente dafür liefert, den Staat durch die Rechtsordnung zu schützen. Ist es konkret das Strafrecht, das diese Aufgabe übernehmen soll, befördert dies spezifische, realiter feststellbare[2123] Entwicklungen, auf die auch *Jakobs* hinweist.

Zunächst steigt die Relevanz von *Prävention* im funktionalistischen Strafrecht; konkret die Vorbeugung vor Handlungen, die gegen den Staat oder seine Repräsentanten gerichtet sind. Vorstellungen wie die eines (auch limitierend wirkenden) Schuldausgleichs i.S. der klassischen[2124] absoluten Straftheorien treten zugunsten des Rechtsgüterschutzes in den Hintergrund. Dies birgt das Potential, eine stetige Ausweitung des Strafrechts zu legitimieren (Wobei *Jakobs* Vorstellung, den Staat

2122 Dazu unten, E. II. 1. b) bb) (1) (b) (aa) (aaa), S. 297. Siehe auch unten, E. II. 2. b) bb) (3), S. 335.
2123 Siehe hierzu gerade die Ausführungen zum funktionalistischen Strafrecht, oben, C. I. 3. b) dd), S. 136.
2124 Dazu oben, C. II. 2. b), S. 170.

um seiner Selbst Willen zu schützen, auch *absolute* Züge offenbart[2125]). Auch befördert dies die Vorfeldstrafbarkeit: Soll *vorgebeugt* werden, muss *vor* der eigentlichen Tat (resp.: Rechtsgutsverletzung) zugegriffen werden. Dies führt zur Etablierung zeitgemäßer „opferverdünnter Delikte" (*W. Hassemer*)[2126], also solcher Tatbestände, die vor der konkreten Verletzung oder Gefährdung eines Opfers greifen.

Dies wiederum begünstigt die Entwicklung hin zu einem immer stärker *symbolischen* Strafrecht: Dessen Verzicht auf *tatsächlich* feststellbare vorbeugende Maßnahmen widerspricht nur vordergründig der Vorstellung strafrechtlicher Prävention. Zum einen begründet *Jakobs* aus seiner kommunikativen Perspektive heraus die praktische Notwendigkeit des *strafrechtlichen Klimaschutzes.*[2127] Zum anderen zeigt sich erneut die Ambivalenz zwischen Etatismus und Machtkonservierung: Zunächst rechtfertigt der absolute Aspekt des funktionalen Strafrechts die Pönalisierung unabhängig bestimmter bzw. bestimmbarer Rechtsgutsverletzungen. Ist nicht der Mensch, sondern die staatliche Ordnung Schutzgut des Strafrechts, ist die Bestrafung der Verletzung jeglicher Normen nicht nur legal, sondern auch legitim. Dies verdeutlicht den Kontrast zu *Kelsen*, der den Menschen statt den Staat in den Mittelpunkt stellt.[2128] Gleichzeitig ist die Verwendung symbolischer Straftatbestände ein vom Gesetzgeber gern gewähltes Mittel, um seine eigene Stellung zu stärken; aus dieser Perspektive kommt dieses Vorgehen nicht dem Staat als solchem, sondern dem Machthaber zu Gute.[2129] Diese hier skizzierte Entwicklung führt zu Legitimationsproblemen der Strafe: Letztlich werden Täter für noch nicht begangene Verletzungshandlungen bestraft, durch den Verzicht auf die Schuld als Strafbegrenzerin in einem derart funktionalistischen Strafrecht[2130] erscheint die verhängte Strafe – die nicht „zurück", sondern „nach vorn" blickt – regelmäßig als unverhältnismäßig scharf.[2131]

3. Gesinnungsabhängige Strafbarkeit von Feinden, Dezisionismus, tatbestandliche Unschärfe

Nun gerät die strafrechtliche Umsetzung der genannten Motive näher in den Blick. Soll nicht die Erfassung konkreter Verletzungs- bzw. Gefährdungshandlungen, sondern Prävention *qua* Vorverlagerung realisiert werden, ist zu klären, woran Straftatbestände dann anknüpfen können. Dafür bleibt nur die *Gesinnung* potentieller

---

2125 Hierzu oben, C. I. 2. c), S. 121

2126 *Hassemer* 1989, S. 89. Siehe hierzu auch oben, C. I. 3. b) dd), S. 136.

2127 Hierzu oben, C. I. 2. c), S. 121, insb. in u. an Fn. 1264.

2128 Zur Legalität oben, B. II. 6., S. 98, zur Relativierung des Staates oben, B. II. 4. b) aa), S. 90.

2129 Dazu oben, C. I. 3. b) dd), S. 136.

2130 Siehe hierzu oben, C. II. 2. a), S. 168.

2131 Hierzu oben, C. I. 2. b) aa), S. 120 u. insb. oben, C. II. 5. c) bb), S. 187 sowie unten, E. I. 1. b), S. 225.

Täter:[2132] Vorverlagerung sorgt für die Diffusion des Schutzguts, je weniger auf ein konkrete Rechtsgüter verletzendes *Verhalten* abgestellt wird, desto mehr ist es notwendig, auf das *forum internum*, also evtl. verfassungsfeindlicher Bestrebungen, abzustellen.[2133]

Im Stile des Täterstrafrechts[2134] werden Menschen somit wegen ihrer inneren *Haltung* unabhängig vom äußeren *Verhalten* härter von staatlichen Zwangsmaßnahmen getroffen als andere, damit unverhältnismäßig hart. Ihnen gegenüber werden basale Verfassungsprinzipien verletzt, z.B. das der Verhältnismäßigkeit. In der gesinnungsmäßigen Pönalisierung liegt auch unabhängig von einer evtl. Rechtlosstellung ein Widerspruch zu den rechtsstaatlichen Prinzipien eines Tatstrafrechts, v.a. der Menschenwürde[2135] und der Gleichbehandlung (mangels legitimen Differenzierungskriterium[2136]).[2137] Wenn diese grundlegenden Rechte für sie nicht gelten, erscheinen sie damit als vom Rechtsstaat ausgeschlossen. *Schmitt* und *Jakobs* konstruieren explizit die Figur des *aus dem Recht exkludierten, zu bekämpfenden Feindes*; in *Kelsens* System lässt sich dies dagegen nicht konstruieren.[2138]

Ein gesinnungsabhängiges Strafrecht macht rechtlich nicht-programmierte Spielräume für Entscheidungsträger nötig, um die als strafwürdig betrachteten Täter erfassen zu können. Gleichzeitig muss ein opportunes Vorgehen möglich sein, ein Verzicht auf die Bestrafung dort, wo ein ähnliches Verhalten aus einer für nicht-strafwürdig befundenen Gesinnung heraus begangen wurde. Im Strafrecht bietet sich dafür der Rückgriff auf unbestimmte Tatbestandsformulierungen an – Zumindest solange es kein „eigenes" Strafrecht für Feinde i.S. *Jakobs* gibt[2139].[2140] Bezeichnend ist, dass schon *Dahm* zur Umsetzung des NS-Gesinnungsstrafrechts die Verwendung flexibler Normen vorschlägt.[2141] Dafür eignen sich gerade *abstrakte Gefährdungsdelikte* aufgrund ihrer diffusen Schutzgüter gut.[2142] Auf einer allgemeineren Ebene hat *Kelsen* dagegen die Notwendigkeit *bestimmter* Rechtsbegriffe

---

2132 Siehe oben, C. I. 3. c) aa) (1), S. 139 zur Verbindung von Prävention u. Gesinnungsmäßigkeit als Merkmal eines totalitären Strafrechts die Ausführungen zu *Zabel* u. *Čopić* oben, Fn. 488 u. das Zitat unten, an Fn. 2247.

2133 Dazu insg. *Čopić* 1967, S. 11.

2134 Siehe oben, Fn. 1423.

2135 Wegen des Zugriffs auf *Interna*, oben, C. II. 5. a), S. 183.

2136 Dazu oben, C. II. 5. b), S. 186.

2137 Siehe insg. oben, C. II. 5., S. 183.

2138 Siehe zu allen dreien oben, D. I. 2. b), S. 201.

2139 Dazu oben, C. II. 5. c) cc), S. 189.

2140 Zum Zusammenhang mit dem Funktionalismus NK-*Hassemer/Neumann*, Vor § 1, Rn. 341 u. Rn. 348. *Jescheck* 1996, § 42 III.3.b). Ähnl. *Stratenwerth* 2011, § 8, Rn. 149ff. W.N. bei *Kelker* 2007, S. 174f. Der Konnex von weiten Tatbeständen u. Gesinnungsmäßigkeit zeigt sich hier mehrmals, siehe unten, E. II. 1. b) aa) (1), S. 281 u. E. II. 2. b) aa) (1), S. 323.

2141 Vgl. *Dahm* 1940, S. 4ff.

2142 Siehe hierzu oben, C. I. 3. b) dd), S. 136, insb. die Nachweise in Fn. 1404.

sowie die ideoligisch-legitimatorische Nutzbarkeit von unbestimmten Leerformeln betont.[2143]

Dazu passt, dass der Begriff *Feind* ein besonders diffuser[2144] und – konkreter – die Erforschung der Gesinnung von Personen problematisch ist: Die Antwort auf die Frage, wer ein Feind ist, stellt sich als *freie Dezision* dar. Sie hat dennoch eine grundsätzliche Bedeutung: Durch die Unterscheidung in Freund und Feind wird die maßgebliche Gesellschaftsordnung konstituiert (da durch die Entscheidung darüber, wer als Feind der Gesellschaftsordnung zu exkludieren und bekämpfen ist, implizit eine Entscheidung darüber getroffen wird,was diese maßgebliche Ordnung darstellt) – die zugleich diesen Akt legitimiert, der sie selbst schützen soll. Hier ist das sog. *Dezisionsparadoxon*[2145] akut.

Die hier allenthalben festgestellte Lockerung einer engen Rechtsbindung harmoniert zusätzlich mit dem bereits betrachteten Verständnis des Ausnahmezustands, für den die *freie Dezision* basal ist.[2146]

4. Friktionen mit Demokratie und Pluralismus

Dieses Vorgehen hat insg. gesellschaftspolitisch und demokratietheoretisch problematische Folgen.

So schon grds. die substanzhaft-funktionalistischen Vorgehensweise: Das Abstellen auf eine vor jedem positiven Recht liegende Substanz bei gleichzeitiger Durchbrechung einzelner Verfassungsnormen stellt eine Marginalisierung des positiven Gesetzes dar. Da das Gesetz jedoch Ausdrucksmittel des demokratisch legitimierten Gesetzgebers ist, erscheint dies als fragwürdig.[2147] Dies umso mehr, als der substanzhaft begründete Funktionalismus konservierend wirkt, was die für die Demokratie gerade aus *Kelsens* Warte ebenfalls[2148] basale *normative Dynamik* ausbremst. Diese Einschränkung der Handlungsmöglichkeiten des Gesetzgebers erscheint aus demokratietheoretischer Perspektive nur zugunsten des Minderheitenschutzes als legitim – aber gerade dieser wird durch die Exklusion und Bekämpfung von Feinden unterwandert.[2149]

Gerade diese Marginalisierung des Minderheitenschutzes führt zu einem weiteren wichtigen Aspekt, der, wie schon erwähnt, sowohl als „Motiv" als auch als „Folge" gesehen werden kann: Der gesellschaftliche Pluralismus wird angegriffen und Homogenität befördert, wenn Personen, die einer als maßgeblich definierten Norm widersprechen, ausgeschlossen und bekämpft werden.[2150] Dies ist umso

---

2143 Siehe hierzu oben, in u. an Fn. 1044.
2144 Hierzu oben, C. II. 3. a), S. 174.
2145 Siehe dazu insb. oben, B. I. 4. c) aa), S. 37.
2146 Dazu oben, B. I. 4. b), S. 33 sowie oben, C. I. 3. c) cc), S. 157.
2147 Siehe hierzu zusammenfassend oben, D. I. 1. a), S. 195.
2148 Siehe oben, B. II. 4. b) bb), S. 91.
2149 Siehe oben, C. II. 3. c), S. 177.
2150 Siehe dazu insb. oben, B. I. 2., S. 13 u. oben, C. II. 3. c), S. 177.

gravierender, wenn dabei auf eigentlich geschützte Freiheitsräume zugegriffen wird. Auch das konfligiert mit der Idee einer modernen Demokratie und offenbart totalitäre Tendenzen.[2151]

Bei schärferem Hinsehen werden die demokratietheoretischen Probleme noch weiter bestätigt: Die Gesinnungsmäßigkeit und die Verletzung der Freiheitsrechte, letztlich also die Argumentation mittels exkludierten Feinden und dem Ausnahmezustand, führen regelmäßig zu einer Einschränkung der Kommunikationsgrundrechte.[2152] Dies wird durch das Motiv des *Klimaschutzes* verstärkt: Dort geht es nicht um objektiv-vorbeugende Effekte, sondern um die kognitive Untermauerung, das Normvertrauen, das Sicherheits*gefühl* der (kommunikativ konstruierten) Gesellschaft. Dies kann auch durch bloße *Kommunikation* erschüttert werden;[2153] somit liegt es nahe, zu dessen Schutz mittels diffuser Normen auf die Kommunikation, auf Äußerungen zuzugreifen. Die (Beteiligungs-)Grundrechte schützen nicht nur den gesellschaftlichen Pluralismus, sondern sind – hier schließt sich der Kreis – auch für die Demokratie essentiell.[2154]

2151 Zu *Jakobs* oben, C. II. 3. b), S. 176.; zu *Schmitt* insb. oben, S. B. I. 2. c), S. 22 u. oben, B. I. 3. b), S. 28. Zur „Ethisierung" – einem Merkmal totalitären Strafrechts, siehe oben, Fn. 488 – durch tatbestandliche Weite u. die Gesinnungsmäßigkeit auch *Stratenwerth* 2011, § 8, Rn. 149ff. u. *Kelker* 2007, S. 176ff.

2152 Dazu zu *Schmit* oben, B. I. 4. b), S. 33; zu *Jakobs* oben, C. II. 5. d), S. 190.

2153 Siehe hierzu oben, C. I. 2. c), S. 121 u. oben, C. I. 3. b) dd), S. 136.

2154 So allg. *Kelsen*, siehe dazu oben, B. II. 5. a), S. 94.

E. Besonderer Teil: Substanzhaft-funktionalistische Argumentationstopoi im geltenden Recht

Im Folgenden soll betrachtet werden, inwieweit sich die im Allgemeinen Teil – zunächst am Disput zwischen *Schmitt* und *Kelsen*, dann am Streit um das Feindstrafrecht – herausgearbeiteten, schwerpunktmäßig staatsrechtlichen Positionen auch im geltenden Strafrecht widerspiegeln, v.a. die als *substanzhaft-funktionalistisch* bezeichnete Argumentation bzw. deren Kritik[2155]. Dazu werden exemplarisch einige Bereiche analysiert, in denen dieser Konflikt zum Tragen kommt: Das Strafrecht der wehrhaften Demokratie (*II.*) sowie die insb. vor dem BVerfG ausgetragenen Konflikte um die Strafbarkeit der Äußerung *Soldaten sind Mörder* (*II. 1.*) sowie die von Sitzblockaden (*II. 2.*)

Dabei soll sich auch zeigen, dass sich die *Schmitt*'schen und v.a. feindstrafrechtlichen Positionen nicht nur in der Gesetzgebung, sondern auch der von *Jakobs* bei seiner Analyse und Entwicklung des Feindstrafrechts weniger betrachteten Rspr. finden[2156] (wobei dies eine Aufteilung in Idealtypen ist und es realiter viele Überschneidungen gibt, da die Anwendung der Gesetze durch die Auslegung der Rspr. ebenso bestimmt wird, wie die konkrete Gesetzesfassung auf die Auslegung ausstrahlt, z.B. durch unbestimmte Tatbestandsmerkmale). Ebenfalls soll gezeigt werden, dass die Kritik an diesem Vorgehen auf *Kelsen*'sche Argumentationsmuster rekurriert bzw. wie diese dagegen in Stellung gebracht werden können. Das BVerfG spielt auch dabei eine besondere Rolle: Es ist der *praktische* Kulminationspunkt von *Kelsens* Theorie; daher soll in einem Exkurs (*III.*) betrachtet werden, inwieweit es realiter ein feindstrafrechtliches bzw. auf *Schmitt* zurückführbares Vorgehen eindämmt.

Bewusst werden dabei auch weniger spektakuläre Fallkonstellationen als dramatische, terroristische Anschläge betrachtet; dies in der Hoffnung, dass die problematische Uferlosigkeit der hier untersuchten Argumentationstopoi zum Vorschein kommen zu lassen.

I. Die Gesetzgebung

Hier soll analysiert werden, inwieweit die fraglichen Topoi dem staatsschützenden Strafrecht zugrunde liegen. Dazu werden zunächst die dort basalen Begriffe *freiheitlich-demokratische Grundordnung* und *wehrhafte Demokratie* (*1.*), danach einzelne Straftatbestände (*2.*) analysiert.

2155 Dies wurde oben (D. II. 1., S. 210) als Grundlage der hier betrachteten Argumente u. Phänomene herausgearbeitet.

2156 I.d.S. kann dieses Vorhaben auch als Umsetzung der Forderung von *Prittwitz* 2007, S. 246 gesehen werden, über den „Krieg gegen den Terror“ hinausgehende diesbzgl. Kontinuitäten im Strafrecht aufzudecken.

1. Wehrhafte Demokratie und die freiheitlich-demokratische Grundordnung als Argumentationstopoi i.S. Schmitts und Jakobs'

Der Begriff *freiheitlich-demokratische Grundordnung* (= *fdGO*) und der damit eng verbundene[2157] der *wehrhaften*[2158] *Demokratie* spielen im staatsschützenden Strafrecht eine prominente Rolle und weisen zugleich interessante Parallelen zum Denken *Jakobs'*, insb. aber *Schmitts* auf: Die zentrale Berufung auf die *fdGO* kann als die auf eine „Meta-" bzw. „Supralegalität" angesehen werden, wodurch – ganz i.S. *Schmitts* – auf überpositivem Boden stehend Eingriffe gegen Staatsgegner legitimiert werden. Dazu, auch zur Begrifflichkeit, grundlegend *Frankenberg*:

> „Meta-Legalität ist also der Inbegriff jener der Legalordnung vorgelagerten und übergeordneten Werteordnung, deren Elemente – die überpositiven Rechtsgrundsätze – einen Grad der Unbestimmtheit haben, daß ihr Vorliegen im Rahmen gesicherter Methoden in überprüfbarer Weise nicht festgestellt noch ein bestimmtes Verhalten daran gemessen werden kann."[2159]

Frankenberg stellt eine Verbindung zwischen der Vorstellung einer „*Werte*ordnung" des GG und der „freiheitlich-demokratischen Grundordnung" her, wobei er auf *Preuß* rekurriert.[2160] Die *fdGO* dient als Schutzgut einer – von *Kelsen* kritisierten – wehrhaften Demokratie.[2161] Dort ist das *Strafrecht* zentral, das für *Thiel* Ausgangspunkt der wehrhaften Demokratie sei, die sich immer weiter auf andere Bereiche ausgedehnt habe, insb. auf weitere Regelungen des GG. Gerade diese *verfassungsrechtlichen* Instrumente werden präventiv gedeutet und einem *repressiven* Strafrecht gegenübergestellt[2162] (wobei aber zu betonen ist, dass, was auch unten zu § 83 StGB zu sehen sein wird, sich gerade auch das gegen „Staatsfeinde" gerichtete Strafrecht durch seine *präventive* Natur auszeichnet, sowie es auch das Feindstrafrecht tut.)[2163] Das Strafrecht steht auch hier im Fokus: Regelungen wie Art. 9 Abs. 2 GG (Vereinsverbot), Art. 21

2157 Vgl. *Bulla*, AöR 1973, S. 341 u. S. 348; *Frankenberg*, KritJ 1977, S. 367; *Lameyer*, JöR 1981, S. 157 u. *Lameyer* 1978, S. 151 sowie *Thiel* 2003, S. 15, für den die *wehrhafte Demokratie* durch den Topos *fdGO* an den Staat u. seine „Freiheitsgewährungen" zurückgebunden wird; auch, ob dies zutrifft, wird im Folgenden krit. betrachtet.

2158 Die z.T. auch als „streitbare" Demokratie bezeichnet wird. Zur Begrifflichkeit *Lameyer* 1978, S. 148f. u. *Lameyer*, JöR 1981, S. 180. *Thiel* 2003, S. 6f. zeigt die Bandbreite der verwendeten Formulierungen auf: von eher defensiv („abwehrbereite Demokratie") bis zu aggressiv („militante Demokratie").

2159 *Frankenberg*, KritJ 1977, S. 366f.

2160 Siehe dazu *Preuß*, Legalität und Pluralismus, 1973, insb. S. 17ff.

2161 Vgl. *Bulla*, AöR 1973, S. 341 u. S. 348.

2162 Z.B. von *Bulla*, AöR 1973, S. 348f.

2163 Vgl. unten, in u. an Fn. 2363 u. oben, C. I. 2. c), S. 121 u. oben, C. I. 3. b) dd), S. 136.

Abs. 2 GG (Parteiverbot) und Art. 18 GG (Verwirkung von Grundrechten)[2164] werden nur insoweit betrachtet, als sie für das Strafrecht relevant sind.

a) *Substanzhaft-funktionalistische Aspekte*

Die substanzhaft-funktionalistische Argumentation wurde als wichtiger übergreifender Topos herausgearbeitet. Sie zeichnet sich dadurch aus, einem Staatsschutz das Wort zu reden, der seine Legitimationskraft nicht aus der Rechtsordnung als staatlicher Ordnung bzw. Ausfluss der Volkssouveränität i.S. *Kelsens* zieht, sondern auf überpositive, von gesetzlichen Regelungen abgekoppelte bzw. substanzhafte Vorstellungen zurückgreift. Es gilt zu betrachten, inwiefern die *fdGO* als zentraler Argumentationstopos im Bereich der *wehrhaften Demokratie* in diesem Sinne genutzt wird.

aa) *Legalität vs. Legitimität: Marginalisierung des positiven Rechts zugunsten der Substanz*

Zunächst ist das Verhältnis der *fdGO* und der *wehrhaften Demokratie* zum normierten Recht zu klären, also die Frage, wieweit sich diese Topoi aus dem GG ableiten lassen. In der Verfassungsrspr. und -lehre herrscht die allerdings strittige Auffassung vor, die Verfassung enthalte eine *Grundentscheidung* zugunsten eines *wehrhaften* Schutzes der *fdGO*; beide – über Einzelnormierungen hinausgehenden – Prinzipien seien ihr *qua* Auslegung zu entnehmen.[2165] Diese (historisch v.a. in den 1970er Jahren geführte) Diskussion soll nun betrachtet werden; dabei werden Friktionen zwischen einer expliziten Normierung und dem „vorpositiven" Charakter dieser Grundsätze zutage treten.

Als Anknüpfungspunkt der Vorstellung einer über den konkreten Einzelregelungen liegenden *fdGO* sieht *U. K. Preuß* schon den Terminus der „verfassungsmäßigen Ordnung", der in Art. 2 Abs. 1 GG als Schranke des Rechts auf freie Entfaltung der Persönlichkeit genannt wird. Dieser lasse sich als „politische Substanz" gegen „das Grundgesetz" als Summe der positivierten Einzelregelungen in Stellung bringen.[2166] (Wobei hier zu bemerken ist und auch *Preuß* betont, dass das BVerfG diesen Passus konkret als „Summe aller Rechtsnormen, die formell und materiell mit der

---

2164 Siehe dazu aber schon oben, C. II. 5. e), S. 190.

2165 Aus der Lit. *Schliesky* 2003–2014, § 277, Rn. 11ff.; *Becker* 1987–1992, § 167, Rn. 1ff.; *Klein*, VVDStRL 1978, S. 67 u. *Sattler* 1982, S. 61, zur Methode S. 31ff.; aus der Rspr. BVerfGE 28, 36 (48); BVerfGE 30, 1 (19); auch BVerwG, NVwZ 1995, 1134, wo einfaches Recht am „Verfassungsmaßstab" geprüft wird. Krit. *Papier/Durner*, AöR 2003, S. 366. Fn. 139 u. insg. abwägend S. 363ff., auch zur Methode. Auch *Schlink*, Der Staat 76, S. 360 u. *Lameyer*, JöR 1981, S. 178 sowie *Lameyer* 1978, S. 86, zur Entwicklung auf S. 134ff. auch *Thiel* 2003, S. 7ff., 20.

2166 Vgl. hierzu *Preuß* 1973, S. 22; vor dieser Gefahr warnen auch *Stein/Götz* 2010, S. 196f. Ein ähnl. Phänomen zeigt sich auch beim selben Begriff in § 81 Abs. 1 Nr. 1 StGB. Siehe dazu unten, E. I. 2. a), S. 231.

Verfassung übereinstimmen" deutet[2167].) Zentral wird dann der konkrete Begriff *freiheitlich-demokratische Grundordnung*, der sich explizit in Art. 18, 21 Abs. 2 und 91 GG (heute sind Art. 10 Abs. 2 S. 2, 11 Abs. 2, 73 Nr. 10 b) und 87 a) Abs. 4 S. 1 GG zu ergänzen[2168]) findet.[2169] Diese zunächst als limitierend verstandene Wendung wird nach *Preuß* von einem *Sammelbegriff* für besonders grundlegende Rechte zu einem *Substanzbegriff* umgedeutet, der die erwähnte „existenzielle Wertentscheidung" beinhalte.[2170] Dies wird durch die fehlende „juristische Präzision" des Topos, seine besondere Weite, privilegiert[2171]: Was diese Wertentscheidung materiell ausmacht, kann als Reflex auf die Inhaltslosigkeit dieses Begriffs nur dezisionistisch festgelegt werden.[2172] Wenn der ehemalige Verfassungsrichter *G. Leibholz* davon spricht, dass die „materiellen, normativen Gehalte" der *fdGO* einen „Primat vor dem absoluten politischen Machtwillen der Mehrheit beanspruchen können", es darum gehe, den „Willen der (evtl. sogar verfassungsändernden) Mehrheit dem Recht unterzuordnen und an die in der Verfassung niedergelegten normativen Werte zu binden",[2173] können mit diesem „Recht" nur überpositive Verfassungsnormen gemeint sein – die noch zu vertiefenden, demokratietheoretischen Probleme deuten sich bereits hier an. Das BVerfG führt so schon im *SRP*-Urteil aus, die *fdGO* sei eine „wertgebundene Ordnung"; die Vorstellung, „es könne verschiedene freiheitliche demokratische Grundordnungen geben, ist falsch." Das Gericht expliziert diese somit auch durch demokratisch gewählte Parteien nicht zu ändernden Prinzipien der *fdGO:* Sie lasse sich als

> „[...] eine Ordnung bestimmen, die unter Ausschluß jeglicher Gewalt- und Willkürherrschaft eine rechtsstaatliche Herrschaftsordnung auf der Grundlage der Selbstbestimmung des Volkes nach dem Willen der jeweiligen Mehrheit und der Freiheit und

2167 Schon im *Elfes*-Urteil, BVerfGE 6, 32 (38). Siehe dazu m.w.N. Maunz/Dürig-*di Fabio*, Art. 2, Rn. 39, Fn. 1. Auch Dreier-GG-*Dreier*, Art. 2 I, Rn. 38ff.; auch *Papier/Durner*, AöR 2003, S. 356.

2168 Zu deren Genese *Gusy*, AöR 1980, S. 279.

2169 Siehe zu einer diesbzgl. Verfassungsinterpretation *Bulla*, AöR 1973, S. 348ff.

2170 Siehe *Preuß* 1973, S. 23f. Ähnl. *Gusy*, AöR 1980, S. 290. Krit. auch *Bulla*, AöR 1973, S. 352.

2171 Vgl. *Preuß* 1973, S. 23f. u. *Staff* 1972: „unerträgliche Unklarheit", „Leerformel". BVerfGE 25, 88 (100) spricht mit Bezug auf *Wilke* 1964, S. 155ff., 120ff. von einem „generalklauselartigen Tatbestand". Dies führt für *Fischer* 1977, S. 370 zu einem „hohen Maß an Inkonsistenz in der Verwendung". Zur Unbestimmtheit *Papier/Durner*, AöR 2003, S. 355f.; *Lautner* 1982, S. Vff., 3ff.; *Böhme* 1977, S. 67ff.; *Gusy*, AöR 1980, S. 282; AK-GG-*Gusy*, Rn. 132 u. *Schmitt Glaeser* 1968, S. 35: „Der Wortlaut gibt keine ohne weiteres greifenden Anhaltspunkte". Für *Backes* 1970, S. 145 sind die Prinzipien der *fdGO* „derart allgemein [...], daß sich aus ihnen im konkreten Fall allenfalls unverbindliche Hinweise" entnehmen ließen.

2172 Dazu *Ridder* 1975, S. 140f. u. *Lautner* 1982, S. V u. *Scherb* 2008, S. 31. W.N. unten, in Fn. 2191.

2173 *Leibholz* 1974, S. 138. Krit. hierzu *Böhme* 1977, S. 71 u. *Scherb* 2008. S. 30.

Gleichheit darstellt. Zu den grundlegenden Prinzipien dieser Ordnung sind mindestens zu rechnen: die Achtung vor den im Grundgesetz konkretisierten Menschenrechten, vor allem vor dem Recht der Persönlichkeit auf Leben und freie Entfaltung, die Volkssouveränität, die Gewaltenteilung, die Verantwortlichkeit der Regierung, die Gesetzmäßigkeit der Verwaltung, die Unabhängigkeit der Gerichte, das Mehrparteienprinzip und die Chancengleichheit für alle politischen Parteien mit dem Recht auf verfassungsmäßige Bildung und Ausübung einer Opposition."[2174]

Eine ähnliche Umdeutung erfährt, erneut nach *Preuß*, der ebenfalls unklare[2175] Begriff der *wehrhaften Demokratie*: Weg von einer Sammelbezeichnung für die entsprechenden Normen[2176] wird dieser Topos, obwohl im GG nirgends konkret genannt, zu einer verfassungsmäßigen „Grundentscheidung" substanziiert, die dann auch auf die Auslegung weiterer Verfassungsnormen ausstrahlt.[2177] *Gusy* zu der These, die streitbare Demokratie seine eine Grundentscheidung des GG:

> „Jene Aussagen haben sich inzwischen partiell verselbstständigt. Das Verfassungsprinzip der Streitbaren Demokratie steht als ungeschriebenes Verfassungsprinzip einerseits neben den geschriebenen Prinzipien [...] Andererseits ist es aber nicht mit dem Inhalt derjenigen grundgesetzlichen Einzelnormen identisch, aus denen es begründet worden ist [...] Insoweit ist sie als Ganzes mehr als die Summe ihrer Teile."[2178]

Er meint, „[d]as Grundgesetz als Ganzes ist ‚streitbarer' als die Summe seiner Einzelnormen" und bezeichnet die sowohl methodische, inhaltliche als auch politische Kritik als berechtigt.[2179]

Der bloße Wortlaut des GG bietet demnach keinen Anlass für eine derart weite Auslegung.

J. Lameyer analysiert die entsprechende Argumentation des BVerfG: Wie beim „überpositiven Recht" werde bei der Ausfüllung dieses Begriffs „mehr vorausgesetzt als begründet".[2180] Er spricht, dort mit Blick auf das *KPD*-Urteil, von „richterrechtlicher Prinzipienbildung"[2181] und betrachtet den Rekurs auf „Grundentscheidungen" eingehender:[2182] Wie erwähnt haben die „Mütter und Väter des Grundgesetzes" in

2174 BVerfGE 2, 1 (12f.), auch für die vorhergehenden Zitate.

2175 *Denninger* 1973, S. 27, der auch mit Blick auf die Schutzgüter von „Leerformeln" spricht, deren Ausfüllung, da vermeintlich auf dem „Boden der Verfassung stehend", ein hohes Potential zur Generierung von Konsens habe. Ähnl. AK-GG²-*Ridder*, Art. 21, Abs. 2, Rn. 16, für den im „Verlauf der begrifflichen Umbesetzung [...] das Stadium der *Beliebigkeit* erreicht" wurde. Ähnl. dort in Rn. 50. Erhellend ist auch die Vieldeutigkeit des Begriffs „streitbar", dazu *Lameyer* 1978, S. 148f.

2176 *Preuß* 1973, S. 27 nennt: Art. 9 Abs. 2, 18, 20 Abs. 4 u. 21 Abs. 2 GG.

2177 So *Preuß* 1973, S. 25f.; *Lameyer* 1978, S. 136 u. *Papier/Durner*, AöR 2003, S. 364ff.

2178 AK-GG-*Gusy*, Rn. 131.

2179 AK-GG-*Gusy*, Rn. 137.

2180 So *Lameyer* 1978, S. 94.

2181 Siehe *Lameyer* 1978, S. 128.

2182 *Lameyer* 1978, 3. Kap., passim.

den Augen der h.M. eine solche zugunsten der wehrhaften Demokratie getroffen; das besondere an solchen (vermeintlichen[2183]) Grund*entscheidungen* ist, dass sie der Verfassung *zugrunde* liegen (sollen), also nicht positiviert sind.[2184] *B. Schlink* betont, dass der deskriptive Begriff der streitbaren Demokratie „normativ gewendet" und das GG damit „streitbarer" gemacht werde, als es eigentlich sei:[2185] Ziel der Argumentation sei es, scharfe Grundrechtseingriffe zu legitimieren. Dem ist zuzustimmen: Das „Grundprinzip" der wehrhaften Demokratie geht wegen seiner Weite und v.a. der einseitigen, strukturell gegen „den Bürger" gewendeten Stoßrichtung über die Vorstellungen der verfassungsgebenden Versammlung hinaus.[2186] *Ridder* bezeichnet die h.M. als „unhaltbar".[2187] *Lautner* deutet den Wertbezug des GG so, dass der Aspekt der *Freiheitlichkeit* (also des politischen Pluralismus) nicht zugunsten einer übersteigerten *Streitbarkeit* geopfert werden dürfe. Er betont vielmehr die „Grundentscheidung" des GG für die Prinzipien des Pluralismus und der offenen Kommunikation, mit denen, wie hier zu zeigen ist, die *wehrhafte Demokratie* konfligiert.[2188]

Somit löst sich diese Auslegung nicht nur aus grammatischer, sondern auch subjektiv-historischer[2189] Warte von der positivierten Verfassung.

Ähnlich argumentiert *H. Ridder*[2190] bei seiner methodisch orientierten, harschen Kritik an dieser GG-Interpretation: Zunächst bezweifelt er überzeugend[2191] die Validität einer derartigen *Zusammenschau*, die die „Grundentscheidung" des GG zugunsten der wehrhaften Demokratie belegen soll; tatsächlich werden nur einzelne Normen, gewählt nach dem Modus „politisch zweckbestimmter Beliebigkeit", herangezogen, um dieses Ergebnis zu stützen. Dennoch erkennt er ein Muster: Oft seien es solche Normen, die den Begriff *Ordnung* enthalten. Dieser Begriff erfüllt eine besondere Funktion:

2183 Wie dargestellt ist die Validität dieser Aussage zweifelhaft. Krit dazu auch *Lameyer* 1978, S. 131.

2184 Siehe *Lameyer* 1978, S. 131 u. insg. die kritischen Nachweise oben, Fn. 2165.

2185 *Schlink,* Der Staat 76, S. 360f.

2186 So AK-GG²-*Ridder,* Art. 21, Abs. 2, Rn. 55ff.; *Lameyer* 1978, S. 159ff. u. *Lameyer,* JöR 1981, S. 183, insb. zur Rspr. des BVerfG. Ähnl. *Lautner* 1982, S. 8ff., insb. 13. Abwägend *Scherb* 2008, S. 13f.

2187 AK-GG²-*Ridder,* Art. 21, Abs. 2, Rn. 55ff.

2188 Vgl. *Lautner* 1982, S. 8ff., insb. 13.

2189 Wobei die Anwendung dieser Methode zur Verfassungsauslegung umstritten ist, siehe bspw. die Polemik von *Lahusen,* 2013 gegen *B. Rüthers,* einem Verfechter der subjektiv-historischen Auslegung.

2190 AK-GG²-*Ridder,* Art. 21, Abs. 2, Rn. 55ff., insb. 59ff.

2191 In der methodischen Kritik tendenziell zust. z.B. auch *Lameyer* 1978, S. 37, 43, 50, 53, 62f., zusammenfassend 64ff., erneut 136, 142, 144ff., 151. Auch die weiteren Nachweise oben, Fn. 2165.

„Ordnung wird hier im ‚Verfassungsbereich' wie im hergebrachten ‚polizeilichen' Verständnis perzipiert, also gleichbedeutend mit dem schon Geordneten, nicht als etwas erst – und gar durch demokratische Verfahren immer neu – Herzustellendes [...]"[2192]

Ordnung – hier: freiheitlich-demokratische-Grund*ordnung* – fungiert als Begriff, der eine Konservierung des Bestehenden legitimiert und befördert. Dies beinhaltet „einen Sprung vom Sein aufs Sollen", ein Verkennen der kontrafaktischen Natur von Normen. Das zeigt sich schon an der (zweifelhaften) Vorstellung, eine Norm könne nicht nur *befolgt,* sondern darüber hinausgehend auch *geschützt* werden.[2193] Dies soll unten[2194] näher betrachtet werden. Schon hier offenbart sich aber der Kontrast zur dynamischen Auffassung *Kelsens* und die inhaltliche Deckung mit den Ideen *Schmitts*; zu letzterem besteht eine weitere Parallele: *Ordnung* ist auch bei ihm ein zentraler Begriff, der eine ähnliche, konservierend-legitimatorische Funktion wie hier erfüllt[2195].

Dass auch das Prinzip der *wehrhaften Demokratie* in der konkreten Verwendung ein überpositives ist, zeigt sich an dessen gerade von seinen Verteidigern explizit vorgebrachten „vorrechtlichen" Natur.[2196] Dabei fällt der häufige Rekurs auf „ideengeschichtliche Herleitungen" auf, insb. auf die „Wehrlosigkeit Weimars".[2197] Letztlich finden sich zwei Begründungsmuster, die sich nach *A. Scherb* in eine *konventionalistische* und eine *ontologische* unterscheiden lassen und sich gegenseitig ergänzen; erstere berufe sich auf den Willen des Verfassungsgebers, letztere entspringe einem naturrechtlichen „Wertkonzept".[2198] Bei letzterer tritt die überpositive Herkunft offen zutage; wie eben gesehen, ist diese aber auch für die konkrete Verwendung der konventionalistischen Argumentation zu konstatieren.

Das Abstellen auf überpositive Argumente geht mit der Marginalisierung des positiven Rechts, hier konkret der Grundrechte, einher. Zentral ist das Ausspielen der *Legitimität* gegen die *Legalität,* was zum Bedeutungsverlust rechtsstaatlicher Regelungen führt: Das Normsystem des Grundgesetzes wird in eine Legal- und eine darüberliegende Wertordnung aufgespalten[2199], dies ermöglicht eine – auch

---

2192 AK-GG²-*Ridder*, Art. 21, Abs. 2, Rn. 60.
2193 Dazu AK-GG²-*Ridder*, Art. 21, Abs. 2, Rn. 49.
2194 Dazu unten, E. I. 1. a) bb), S. 222.
2195 Siehe zur legitimatorischen Nutzung des Begriffs *Ordnung* bei *Schmitt* oben, B. I. 4. b), S. 33.
2196 So *Thiel* 2003, S. 12.
2197 Dazu oben, Fn. 1258); vgl. z.B. *Schliesky* 2003–2014, § 277, Rn. 6ff.; *Becker* 1987–1992, § 167, Rn. 1 u. *Scherb* 2008, S. 11ff.
2198 *Scherb* 2008, S. 30ff.
2199 Vgl. *Preuß* 1973, S. 31 u. *Preuß* 1972, insb. S. 49; *Gusy,* AöR 1980, S. 302f., krit. auch auf S. 306f. u., konkret zum „Abhörurteil" (BVerfGE 30, 1) *Häberle,* JZ 1971, S. 147, dort zur Marginalisierung des Wortlauts der Verfassungsnormen. Vgl. *Papier/Durner,* AöR 2003, S. 367f.; *Frankenberg,* KritJ 1977, S. 367 u. *Preuß* 1972, insb. S. 49. Krit. zu dieser „Überpositivität" auch *Ridder* 1975, S. 138f. Zum für die Wertordnungslehre zentrale *Lüth*-Urteil unten, E. II. 1. a) aa) (1), S. 266.

wegen der Unbestimmtheit der fraglichen Begriffe[2200] dezisionistische – Lockerung der rechtsstaatlichen Fesseln, gerade der Grundrechte.[2201] Dort, wo kein Gesetz einen Eingriff der Staatsmacht legitimiert, schlägt sich die Werteordnung als eigener Argumentationstopos durch.[2202] Ein Bsp. hierfür bietet die Auslegung des Art. 3 GG durch das BVerfG, wonach dieses Grundrecht keine „Gleichbehandlung für Verfassungsfeinde" gebiete.[2203] *H.-J. Papier/W. Durner* sprechen von der Gefahr einer „ideologieanfällige[n] und freiheitsgefährdende[n] Verselbstständigung" der fraglichen Prinzipien und kritisieren dieses Vorgehen auch aus methodischer Warte (auch wenn sie die konkrete Auslegung des Art. 3 GG als noch von einer „systematischen Auslegung" gedeckt ansehen.)[2204]

Eine solche Aufsplittung postulierte auch *Schmitt* für die WRV und legte sie seinem (seinerseits *über*positiven!) *positiven Verfassungsbegriff* zugrunde. Dies ermöglicht ebenfalls die Loslösung von konkreten Normen, auch bürgerlichen Freiheitsrechten, mittels existentieller Dezision.[2205] Ähnliches zeigt eine Analyse von *Isensees Grundrecht auf Sicherheit*, auf das *Jakobs* rekurriert.[2206] Gleichzeitig lässt sich diese Position derjenigen *Kelsens* gegenüberstellen: Schon *Schmitt* hat ihm vorgeworfen, einen rein normativen, ideellen statt materiell-substantiellen Verfassungsbegriff zu vertreten. Dieser bietet allerdings Schutz vor willkürlichen Zugriffen auf eigentlich rechtlich geschützte bürgerliche Freiheitssphären („Freiheitsminimum").[2207] Nebenbei findet sich hier der selbe (norm-)logische Widerspruch, der

---

2200 Zur *fdGO* oben, Fn. 2171, zur *wehrhaften Demokratie* als solcher oben, Fn. 2175. Grds. zur fehlenden rechtlichen Klarheit der „Notstandsverfassung" der BRD *Hesse* 1999, Rn. 768 u. allg. zur Problematik der Normierung von Ausnahmezuständen oben, B. I. 4. b), S. 33, insb. oben, Fn. 355.

2201 Siehe *Preuß* 1973, S. 31; AK-GG²-*Ridder*, Art. 21, Abs. 2, Rn. 16; *Schneider* 1974, S. 307; *Denninger* 1973, S. 27 u. *Bulla*, AöR 1973, S. 360. Treffend *Lameyer* 1978, S. 143. Auch *Papier/Durner*, AöR 2003, S. 366 krit. zur Legitimation von Grundrechtseingriffen durch dieses Prinzip.

2202 Dazu insg. *Preuß* 1973, S. 31ff. u. *Gusy*, AöR 1980, S. 290ff.

2203 Dazu oben, C. II. 5. b) . S. 186; oben, an Fn. 1889 u. *Papier/Durner*, AöR 2003, S. 364.

2204 Siehe m.w.N. *Papier/Durner*, AöR 2003, S. 364ff.

2205 Siehe oben, B. I. 4. a) bb), S. 31; zum Aspekt des Existenziellen den Überblick oben, B. I. 1. a) cc) (1), S. 11. *Hösle*, DVjs 1987, S. 28ff. bezeichnet diese Regelungen des GG (die Ewigkeitsklausel des Art. 79 Abs. 3, Art. 21 Abs. 2; Art. 9 Abs. 2 u. Art. 18) als Konsequenz aus *Schmitts* „Einsicht" in die Gefahr einer „Selbstaufhebung einer wertneutralen Verfassung"; dazu auch *Stolleis* 1972, S. 146. *Čopić*, JZ 1963, S. 494 parallelisiert die *fdGO* als „Verfassungsfundament" ebenfalls mit *Schmitts* positivem Verfassungsbegriff. Die Parallele zu *Schmitt* ziehen auch *Preuß* 1972, S. 47f. u. *Di Fabio*, JZ 2004, S. 3, insb. Fn. 17, der dazu auf *Schmitts* „Wendigkeit" hinweist, der in der BRD zum Kritiker der Werteordnungsjudikatur wird, dazu unten, Fn. 2636. Siehe zu *Schmitts* Positionen auch die Nachweise unten, Fn. 2219.

2206 Hierzu oben, C. I. 3. c) bb) (1), S. 147.

2207 Zu *Schmitt* oben, B. I. 4. a) aa), S. 30, zu *Kelsen* oben, B. II. 1. b) bb) (1) (a), S. 66 u., B. II. 4. b) dd), S. 92.

sich bei *Schmitt* und *Jakobs* erkennen lässt und den *Jahn* als *Nichtidentitätsthese* bezeichnet hat[2208]: Das Paradoxon, dass *zugunsten* des Schutzes der freiheitlichen Demokratie bzw. der Verfassungsordnung durch die *wehrhafte Demokratie* gerade die basalen Elemente des Schutzguts, also die Freiheitsrechte als Kern der Verfassungsordnung, zu marginalisieren seien.[2209] Dies zeigt die Nähe dieser Topoi zu dem von *Kelsen* kritisierten Ausnahmezustand[2210], für den ein solches Vorgehen charakteristisch ist. Ein Blick auf das *Strafrecht der wehrhaften Demokratie*, das dem für den Ausnahmezustand typischem Opportunitätsprinzip verschrieben ist, bestätigt dies: Auch dort hat, wie im Ausnahmezustand *Schmitts* und *Jakobs*, die Staatsräson das *Prä*.[2211]

bb) Wert und Substanz – Existenzrecht des Staates und Funktionalismus

Für das Begriffspaar *fdGO* und *wehrhafte Demokratie* ist der Rückgriff auf vermeintlich „substanzhafte", „existenzielle", „absolute" Werte zentral. Dies zeigt sich zunächst bei dem eben betrachteten Rekurs auf die entsprechende *Grundentscheidung* für diese Prinzipien, auf der das GG fußen soll.[2212] Die typisch funktionalistische Vorstellung, dass eine Ordnung schützenswert und zu diesem Schutz auch die Übertretung einzelner ihrer Regeln geboten ist, verlangt – auch hier –[2213], dass ihrer schieren Existenz in Form einer über Einzelnormen hinausgehenden Substanz ein eigener *Wert* zugeschrieben wird: Eine *wehrhafte* muss als eine *werthafte* Ordnung angesehen werden.[2214] Das zeigt auch der Blick auf das Strafrecht, das für diesen Schutz zentral ist: Politisch motivierte Taten werden *in puncto* Strafhöhe nicht etwa privilegiert, da sie als Angriffe gegen eine bloß kontingente Ordnung wie den Staat als geringeres Unrecht gelten, was historisch z.T. so gesehen wurde, sondern verglichen mit „normalen Delikten" gleich streng oder sogar strenger bestraft. Dies

---

2208 Siehe dazu oben, B. I. 4. b), S. 33, insb. Fn. 390; zu *Jakobs* erneut oben, Fn. 1976.

2209 Vgl. *fdGO Häberle*, JZ 1971, S. 146f.; *Ridder*, DÖV 1963, S. 323 u *Backes* 1970, S. 164 sowie das von ihm wiedergegebene Zitat des Abgeordneten *Rotberg* auf S. 23.

2210 Siehe *Ridder* 1972, S. 52.

2211 Darauf weist *Ridder* 1965, S. 15f. u. 28f. hin, auf S. 12ff. mit Bezugnahme auf *Schmitt*. Zum politischen als einem der Opportunität statt Legalität verschriebenem Strafrecht näher unten, E. I. 1. b), S. 225.

2212 Dies soll eine „substanzhafte", „existentielle" „Wertentscheidung" sein, siehe oben, E. I. 1. a) aa), S. 217.

2213 Wie allg. zum substanzhaften Funktionalismus festgestellt, siehe oben, D. II. 1., S. 210.

2214 Vgl. *Reichert-Hammer* 1991, S. 109. Auch *Scherb* 2008, S. 14 u. Maunz/Dürig-*Grzeszick*, Art. 20 Rn. 55ff., Auch Maunz/Dürig-*Dürig/Klein*, Art. 18, Rn. 2. u. *Bulla*, AöR 1973, S. 341; *Becker* 1987–1992, § 167, Rn. 47. V. Mangoldt/Klein/Starck-*Brenner*, Art. 18 Rn. 6. Krit. zur „Werthaftigkeit" *Frankenberg*, KritJ 1977, S. 367 u. *Frankenberg* 2000, S. 40ff.; ähnl. *Gusy*, AöR 1980, S. 290ff., u. *Ladeur* 1980, S. 64.

legt die Vermutung nahe, dass der angegriffenen Ordnung eben ein besonderer Wert zugesprochen wird.[2215]

Die vorgebliche Eigenart der *wehrhaften Demokratie,* eine nicht-positivierte Grundentscheidung zu sein, harmoniert mit der herrschenden Deutung des GG als geschlossener, nicht gesetzlich explizierter Werteordnung.[2216] Diese „über" der positiven Rechtsordnung stehenden Werte sind der politischen Abänderbarkeit entzogen; mithin wirken sie, wie oben angedeutet, bzgl. weiterer Verfassungselemente konservierend, also konservativ.[2217] Dazu treffend *Ridder:*

> „Die schon in ihrer Gegebenheit bestehende Überlegenheit der ‚Verhältnisse' erhält so eine weitere Prämie; schon das Vorhandensein als solches wird zu einem Rechtswert, mit dem notwendig die ebenfalls rechtliche Abwertung des zur Realisierung von Alternativen drängenden demokratischen Veränderungspotentials korrespondiert".[2218]

Dies könnte auch eine Beschreibung der Auffassung *Schmitt*s sein. Hier zeigt sich also eine erneute Parallele zu den konservativen Zügen *Schmitt*'scher[2219] und *Jakobs*'scher[2220] Provinienz und zugleich ein Widerspruch zur relativistischen, dynamischen und demokratischen Haltung *Kelsens* (wie die der klassischen Weimarer Demokratietheorie)[2221]. Die spezifische Werthaftigkeit, die der Demokratie des

---

2215 Dazu *Grünwald* 1978, S. 32f.; *Reichert-Hammer* 1991, S. 109. Zur früheren Privilegierung politischer Motive unten, in u. an Fn. 2245. Zu heutigen Unverhältnismäßigkeit der Strafen allg. oben, D. II. 2., S. 211.

2216 Dazu krit. *Lameyer* 1978, S. 131. Auch *Schönberger* 2011, S. 31; im Kontext auch *Čopić* 1967, S. 27. Siehe zur Wertordnung allg. die Ausführungen zum *Lüth*-Urteil, unten, E. II. 1. a) aa) (1), S. 266.

2217 Siehe oben, E. I. 1. a) aa), S. 217. Zum konservativen Zug der Vorstellung einer *Werteordnung des Grundgesetzes Denninger,* JZ 1975, S. 546. Ähnl., ebenfalls sehr krit. u. mit Blick auf das Strafrecht der wehrhaften Demokratie *Čopić* 1967, S. 26f. Siehe auch *Lameyer* 1978, S. 136. Zum konservativen Zug auch oben, in u. an Fn. 954.

2218 Dazu AK-GG²-*Ridder,* Art. 21, Abs. 2, Rn. 60.

2219 So AK-GG²-*Ridder,* Art. 21, Abs. 2, Rn. 41; ähnl. *Papier/Durner,* AöR 2003, S. 345 u. allg. unten, Fn. 2221.

2220 Dazu oben, C. II. 2. c), S. 172.

2221 Dazu z.B. oben, B. II. 1. b) cc) (2), S. 79; oben, B. II. 2. a), S. 81 u. oben, B. II. 3., S. 83. Zum Widerspruch einer streitbaren, wertgebundenen Demokratie zum insb. *Kelsen*'schen Wertrelativismus *Lameyer* 1978, S. 151 u. *Schmitt Glaeser* 1968, S. 25ff., der *Kelsen* in Fn. 23 nennt. Siehe auch *Römer* 1989, S. 53ff., insb. 59ff. Zum GG als wertbezogenen Gegenentwurf zur WRV auch *Lameyer,* JöR 1981, S. 147f., der *Kelsen* in Fn. 6 als Vertreter u. *Schmitt* als Gegner der relativistischen Auffassung nennt. Auch *Papier/Durner,* AöR 2003, S. 343ff., zu *Kelsens* auf S. 344 u. *Schmitts* Gegnerschaft auf S. 345; *Čopić* 1967, S. 1ff.; *Becker* 1987–1992, § 167, Rn. 47; *Tillmanns* 2003, S. 39; Maunz/Dürig-*Dürig/Klein,* Art. 18, Rn. 7; *Willms* 1962, S. 6; *Stern* 1983, S. 194f., m.w.N. Auch *Bulla,* AöR 1973, S. 341ff., dort aber auch mit Kritik an der dafür konstitutiven Vorstellung, es sei die Neutralität der WRV gewesen, die den „Untergang Weimars" zu verantworten habe. Skeptisch insoweit auch AK-GG-*Gusy,* Art. 18,

Grundgesetzes zugeschrieben wird, privilegiert insgesamt die Vorstellung eines „unbedingten Willen[s] zur Selbsterhaltung" dieses Systems.[2222] So spricht *G. Frankenberg* von einem „Meta-Grundrecht" in Form eines „Existenz- oder Selbsterhaltungsrechts" des Staates, das als Eingriffsgrundlage mobilisiert werde und sich letztlich in Form überpositiver Notstands- bzw. Ausnahmezuständen zeige.[2223] Gerade die Vorstellung eines solchen (notwendig überpositiven) Selbsterhaltungsrechts schlägt die Brücke von den Gedanken *Schmitts* zur funktionalistischen Perspektive *Jakobs'*, da auch dessen Konzeption auf eine derartige Legitimationsquelle angewiesen ist[2224], die letztlich ein Handeln in rechtsfreien Räumen ganz i.S. *Schmitts* Ausnahmezustand rechtfertigen soll[2225]. Zum Zusammenhang von wehrhafter Demokratie und werthaftem Staat mehrere erhellende literarische Beispiele[2226]:

> *R. Tillmanns*: „Fraglich ist, ob der Staat zur Förderung außerrechtlicher Werte nicht nur berechtigt, sondern u.U. sogar verpflichtet sein kann. Eine Förderungspflicht könnte sich aus dem wehrhaften Charakter der demokratischen Ordnung ergeben. [...] Das Prinzip der wehrhaften Demokratie hinge gleichsam in der Luft, wenn der Staat zwar zur Abwehr von äußeren Angriffen auf seinen Bestand und seine Sicherheit verpflichtet wäre, die Voraussetzung seiner Existenz aber aufgeben dürfe. Der wehrhafte Staat muss somit für den Erhalt der Grundwerte und sittlichen Haltungen Sorge tragen, die für seine Existenz und das Funktionieren der freiheitlichen demokratischen Ordnung unabdingbar sind. Die Aufrechterhaltung des Grundkonsens, der die Gesellschaft zusammenhält und den Staat trägt, ist somit nicht allein Sache der Gesellschaft, sondern auch eine Angelegenheit des Staates. [...] Die Wertebasis des Staates lässt sich nur wirksam schützen, wenn die zu erhaltenden Werte kontinuierlich gepflegt und aufgebaut werden."[2227]

> *M. Pagenkopf*: „Der Gedanke der wehrhaften Demokratie schützt [...] die freiheitliche demokratische Grundordnung als solche, ein objektiver und allgemeingültiger Wert des verfassungsrechtlichen Lebens überhaupt, der in der heutigen Zeit auseinanderstrebender Staats- und Kultur- und Glaubensvorstellung besonders wichtig ist [...]."[2228]

Rn. 4; *Morlok*, NJW 2001, S. 2931f.; AK-GG²-*Ridder*, Art. 21, Abs. 2, Rn. 53; *Lautner* 1982, S. 10ff; *Ooyen* 2006, S. 333; *Backes* 1970, S. 67ff.; *Lameyer* a.a.O., S. 17ff. u. S. 81ff. Ausführlich *Gusy* 1991.

2222 Hierzu *Bulla*, AöR 1973, S. 314f. u. *Ladeur* 1980, S. 72f. u. *Schmitt Glaeser* 1968.

2223 Vgl. *Frankenberg*, KritJ 1977, S. 369, dort zu staatlichen Überwachungsaktionen ohne Ermächtigungsgrundlage.

2224 Dazu oben, C. I. 3. c) bb) (1) (a), S. 147 u. oben, D. I. 1. a), S. 195. Allg. zum Funktionalismus der wehrhaften Demokratie *Morlok*, NJW 2001, insb. S. 2933. Zum Bezug zu *Schmitt* auch *Bulla*, AöR 1973, S. 359.

2225 Zum Ausnahmezustand oben, C. I. 3. c) cc), S. 157; zum Schutz der *fdGO Ridder* 1975, S. 138.

2226 Ähnl., wenn auch etwas milder u. insb. mit Blick auf den Kommunismus *Scheuner* 1950, S. 325.

2227 *Tillmanns* 2003, S. 40f.

2228 Sachs-*Pagenkopf*, Art. 18, Rn. 7.

M. Thiel: „Das Fehlen religiöser und weltanschaulich orientierter Bindungen in breiten Bevölkerungskreisen könnte auch zu einem allmählichen Verfall des grundgesetzlichen Wertesystems führen.“[2229]

Die konservierende Wertsetzung erscheint wie bei *Schmitt* und *Jakobs* als Reflex auf die gesellschaftliche Pluralisierung.[2230] Ein entscheidender Wesenszug des Funktionalismus‘ *Jakobs*' ist das Motiv, die psychologischen Grundlagen der Gesellschaft zu bewahren (=*kognitive Untermauerung*).[2231] Eine ähnliche Rolle wird dem Staatsschutz zugeschrieben: So erklärt *H. v. Weber*, dass das Staatsschutzstrafrecht auch historisch stets solche Verhaltensweisen pönalisiere, die die „psychologischen Grundlagen des Staates“ in Frage stellten; insoweit ein Angriff auf die *fdGO* heute die Grundlagen der Bundesrepublik erschüttern würde, wird diese zum Schutzgut. Dies untermauert den Eindruck, dass die *wehrhafte Demokratie* ganz i.S.d. *Jakobs*'schen Funktionalismus den Schutz jedes konkret existierenden staatlichen Zustandes selbstzweckartig bewirkt, da jegliche Existenzgrundlage des Staates zum Schutzgut wird: Im Lehnsstaat erschütterte die *Infidiltät,* im alten Rom das *crimen laesae maiestatis* die Grundlagen; somit bestand ein besonderer Schutz der Lehnsstreue und des Monarchen. Heute ist die „freiheitliche Ordnung“ ein solches Schutzgut.[2232] Die Werteordnung wird absolut gesetzt. Dies befördert eine irrationale („quasi-sakrale“[2233]) Überhöhung jedes beliebigen Staates[2234], dessen normative Ordnung wird zu einer „theologia civilis“ stilisiert.[2235] So vergleicht *Lameyer* die Ideologie der *wehrhaften Demokratie* mit der Forderung *Rousseau*s nach einer „religion civile“ als „Basisideologie“ in einem vermeintlich radikaldemokratischen Staat.[2236] Dadurch wird die Grenze zwischen *gesellschaftlichen Werten* und der verfassungs- und strafrechtlich geschützten *fdGO* verwischt (beredt ist hierzu die Forderung von *Stern* 1983, wonach es es im Verhältnis zur freiheitlich-demokratischen Grundordnung „keine Distanz, sondern nur *Identifikation* geben“ darf[2237]); deren expansive Tendenz privilegiert zusätzlich die Assoziierung der *konkreten politische* Lage mit dieser geschützten Ordnung.[2238] Eine

---

2229 *Thiel* 2003, S. 4.

2230 Zu *Schmitt* oben, B. I. 2., S. 13; zu *Jakobs* oben, in u. an Fn. 1480 u. oben, C. II. 2. b), S. 170, insb. Fn. 1770.

2231 Hierzu oben, C. I. 3. b) aa), S. 127.

2232 Vgl. insg. *Weber* 1950, S. E5f.

2233 Siehe dazu eher affirmativ *Stern* 1983, S. 516, krit. *Ridder* 1975, S. 139.

2234 Dazu *Frankenberg,* KritJ 1977, S. 372 u. zur *wehrhaften Demokratie, Krutzki,* KritJ 1980, S. 299; AK-GG²-*Ridder,* Art. 18, Rn. 6 u. mit Blick auf die Rspr. des BVerfG *Lameyer,* JöR 1981.

2235 Siehe zu diesem Topos im Kontext *Stern* 1983, S. 561f. Ausführlich auch *Scherb* 2008, S. 63ff.

2236 Vgl. *Lameyer* 1978, S. 208.

2237 *Stern* 1983, S. 562. Dazu krit. *Gusy,* AöR 1980, S. 300.

2238 So AK-GG-*Gusy,* Art. 21, Rn. 134 mit Blick auf diesbzgl. Tendenzen in der Rspr. des BVerfG. Auch *Hannover* 1972, S. 35f.; *Schneider* 1972, S. 72f.; AK-GG²-*Ridder,* Art. 21, Abs. 2, Rn. 16. Allg. *Cobler* 1980, S. 82 u. *Ammann* 1968, insb. S. 128ff.; *Stein/*

solche Prämierung der herrschenden Verhältnisse lässt sich auf *Schmitt* und *Jakobs'* zurückführen und mit *Kelsen* kritisieren[2239].

b) Prävention und Vorverlagerung – Probleme mit dem Verhältnismäßigkeitsgrundsatz

Es wurde bereits allgemein festgestellt, dass es ein typischer strafrechtlicher Reflex auf ein substanzhaftes Staatsverständnis ist, den somit als werthaltig gedeuteten Staat i.S.d. Funktionalismus bewahren zu wollen, was präventive Instrumente nötig macht. Dazu bedient sich das Strafrecht der tatbestandlichen Vorverlagerung, um, i.S. *Jakobs'*, schon vor konkret staatsgefährdendem Verhalten eingreifen zu können. Hier eröffnet sich der für die strafrechtliche Diskussion klassische Konflikt zwischen *Prävention* und *Repression*. Dem Feindstrafrecht wird oft vorgeworfen, das Schuld- bzw. Verhältnismäßigkeitsprinzip zugunsten einer rein präventiven Gefahrenbekämpfung außer Acht zu lassen.[2240] Ein summarischer Blick auf die wehrhafte Demokratie offenbart die Ähnlichkeiten:[2241]

So wird insb. die Funktion der Art. 18 und 21 Abs. 2 GG, zweier hier zentraler Normen, als eine präventive und keine sühnende aufgefasst.[2242] Üblicherweise wird dies dem vermeintlich eher repressiven Strafrecht entgegengesetzt, auch dem politischen Strafrecht der wehrhaften Demokratie[2243] – allerdings gibt es Stimmen, die mit guten Gründen auch dort eher eine vorbeugende denn eine vergeltende Funktion erkennen.[2244] Dies, hier zurückgehend auf *Radbruch*, schon wegen der Unmöglichkeit eines Sühneeffekts, wenn zwischen einem (bei politischen Taten typischerweise: Überzeugungs-)Täter und der Gesellschaft kein Konsens bzgl. des Unrechtsgehalts der Tat herstellbar ist.[2245]

Die Ambivalenz der Funktion des Staatschutzstrafrechts zwischen Repression und Prävention lässt sich gut an den Ausführungen von *Weber* ablesen: Bestrafe man Sabotageakte als bloße Sachbeschädigungen, werde man damit der „Strafwürdigkeit der Tat nicht gerecht" – hier steht wohl die Repression im Vordergrund. Aber schon im nächsten Satz rückt die Prävention in den Fokus, denn:

Götz 2010, S. 197; *Gusy*, AöR 1980, S. 297f.; *Lameyer*, JöR 1981, S. 179 u. *Lameyer* 1978, S. 50ff. u.136.

2239 Siehe hier nur den Überblick oben, D. I. 1. a), S. 195.

2240 Siehe hierzu allg. den Überblick oben, D. II. 2., S. 211 sowie die Herleitung oben, C. II. 5. c) bb), S. 187.

2241 Allg. zum präventiven Zweck *Papier/Durner*, AöR 2003, S. 357f. u. *Scherb* 2008, S. 13.

2242 Siehe zu Art. 18 GG unten, E. I. 2. e), S. 250; zu Art. 21 Abs. 2 unten, E. I. 2. f), S. 254.

2243 So z.B. Maunz/Dürig-*Dürig*, Art. 18, Rn. 124ff.; *Jahn* 1998, S. 215.

2244 Zum präventiven Charakter des politischen Strafrechts, insb. der Staatsgefährdungsdelikte *Posser* 1961, S. 7f.

2245 Dazu *Čopić*, JZ 1963, S. 497, insb. die Ausführungen in Fn. 32, u. *Čopić* 1967, S. 110ff. Er bezieht sich auf *Radbruch* 2003c, S. 84f.Allg. dazu *Grünwald* 1978, S. 33ff.

„Hier handelt es sich um Delikte, die die innere Ordnung des Staates gefährden und die deshalb entsprechend streng als Verbrechen gegen den Staat und entsprechend früh schon in der Vorbereitung mit Strafe bedroht werden müssen".[2246]

Mit Blick auf ein vorbeugendes politisches (=„wehrhaftes") Strafrecht betont *H. Čopić* beinahe in Vorwegnahme von *Jakobs'* Gedanken den Zusammenhang von strafrechtlicher Prävention, tatbestandlicher Vorverlagerung und der eng damit verknüpften Gesinnungsabhängigkeit:

„Nur unter Heranziehung solcher subjektiver Kriterien ist es möglich, legale verfassungskonforme Opposition von illegaler verfassungsfeindlicher Agitiation und Propaganda zu scheiden. Die Absichten und Bestrebungen sind Tragpfeiler der Rechtswidrigkeit des inkriminierten politischen Verhaltens. [...] Diese Technik der Vorwegnahme und Vorwegwürdigung der möglichen Auswirkungen eines zwar objektiv systemkonformen, aber subjektiv systemfeindlichen Handelns ist ein Kennzeichen jedes politischen Strafrechts, das mit seiner Präventivfunktion zusammenhängt."[2247]

Eine derartige tatbestandliche Vorverlagerung („Vorwegnahme und Vorwegwürdigung") als Instrument eines präventiven Strafrechts wird sich bei der anschließenden Betrachtung bei mehreren Delikten zeigen, die explizit oder implizit eine Vorfeldstrafbarkeit statuieren.[2248] Zuvor geraten aber die hier angesprochene Gesinnungsmäßigkeit und der damit einhergehende Dezisionismus in den Blick.

c) Dezisionismus, Gesinnungsmäßigkeit und Feindbekämpfung

Auch das Abstellen auf die Tätergesinnung wurde als ein typisches Element eines präventiven, politischen Strafrechts herausgearbeitet. Dies begründet sich mit der dafür typischen tatbestandlichen Vorverlagerung, die ihrerseits für die Etablierung besonders diffuser Schutzgüter des Strafrechts verantwortlich ist[2249] (eine Verknüpfung, die unten[2250] bei Betrachtung der Beleidigungsdelikte und deren schwer zu greifendem Schutzgut der *Ehre* vertieft wird).

Es wurde festgestellt, dass die *fdGO* als Schutzgut der *wehrhaften Demokratie* ebenso unbestimmt ist wie dieses Prinzip selbst.[2251] Gerade das Fehlen einer rechtsstaatlichen Programmierung gewährt Raum für eine opportune Vorgehensweise, die Abhängigkeit der Strafbarkeit von der Tätergesinnung.[2252] Das erfordert – und

---

2246 *Weber* 1950, S. E13f.
2247 Siehe zu diesem Gedanken *Čopić* 1967, S. 11.
2248 Explizit unten, E. I. 2. h), S. 257 u. unten, E. I. 2. b), S. 237 eher implizit unten, E. I. 2. d) cc), S. 246.
2249 Siehe hierfür oben, D. II. 3., S. 212.
2250 Dazu unten, E. II. 1. b) aa) (1), S. 281.
2251 Siehe *zur fdGO* oben, Fn. 2171 und *zur wehrhaften Demokratie* als solcher oben, Fn. 2175.
2252 Siehe hierzu *Albrecht* 2010, S. 127ff., insb. 129f.u. *Albrecht* 2011, S. 66f.

ermöglicht – eine *dezisionistisch-flexible Anwendung des Rechts.*[2253] Dies lässt sich zusätzlich erklären, wenn man *Schmitts* Perspektive zugrundelegt:

Bei der Betrachtung seiner Konzeption von Souveränität und Ausnahmezustand wurde festgestellt, dass er eine normative Einhegung des Ausnahmefalls auch aus dem Motiv heraus ablehnt, den entscheidenden Instanzen ein möglichst großes Machtpotential zu eröffnen. Aufgrund ihrer expliziten Normierung wären die grundgesetzlichen Regelungen der *wehrhaften Demokratie* für ihn zunächst *keine* Regelungen eines Ausnahmezustands[2254] – auch die positivierte Regelung des Art. 48 WRV, der den hier beschriebenen, rechtlich unbegrenzten Ausnahmezustand normiere, bezeichnete *Schmitt* als widersprüchlich[2255]. Die Unschärfen der *lege lata* bestehenden Normen scheinen nun durch die schon genannte Paradoxie des Versuchs, eine *Ausnahme* zu *normieren*, bedingt.[2256] Aus dieser Perspektive zeigt sich eine zusätzliche Erklärungsmöglichkeit: Die Unschärfe ermöglicht genau den von *Schmitt* intendierten Effekt, möglichst große Machtpotentiale für die Entscheidungsträger freizusetzen; unbestimmte Normen können eine normative Einhegung dort vorzutäuschen, wo sie *de facto* nicht besteht.[2257] Tatsächlich bestehen zwischen dem politisch mobilisierbaren Strafrecht der wehrhaften Demokratie und dem klassisch-repressiven Schuldprinzip Friktionen, die sich z.B. in der Auflösung des Legalitätsprinzips zugunsten der Opportunität zeigen[2258], was die Spielräume der Akteure erhöht. Bei der folgenden Analyse einzelner entsprechender Delikte lassen sich dementsprechend immer wieder unbestimmte Gesetzesformulierungen finden.[2259]

Die Expansion von Inhalt und Legitimationsleistung der *fdGO* führt zusätzlich zu einem stärkeren Zugriff auf die Gesinnung der Rechtsunterworfenen: Die herrschende Ordnung wird mit Werten aufgeladen, absolut gesetzt, beinahe sakralisiert. Es sollen die „psychologischen Grundlagen" des Staates geschützt werden, die Regelungen zur wehrhaften Demokratie dienen der Konservierung einer *fdGO*, die immer stärker mit dem konkreten Staatszustand assoziiert wird.[2260] Dies führt – auch durch die Rspr. des BVerfG[2261] – zur Forderung nach der *inneren Übereinstimmung*

2253 Dazu *Schmitt Glaeser* 1968, S. 260u. *Scherb* 2008, S. 31.

2254 Vgl. *Schmitt* 1922, S. 18 u. mit Blick auf die Notstandsgesetztebung oben, B. I. 4. b), S. 33, insb. oben, Fn. 355.

2255 Vgl. *Schmitt* 1928, S. 20f.

2256 Vgl. *Agamben* 2004a, S.7 u. sein Zitat oben, an Fn. 1657. Auch *Guggenberger* 1986, S. 271 zum spiegelbildlichen, historisch mit der Positivierung des Ausnahmezustands verknüpften normierten Widerstandsrecht (Art. 20 Abs. 4 GG, zum Zusammenhang Dreier-GG-*Gröschner*, Art. 20 IV, Rn. 4 u. *Agamben* a.a.O., S. 17f.).

2257 Allg. hierzu *Stübinger,* 2008b, S. 83.

2258 Dazu *Willms* 1962, S. 26 u. ff. Auch *Ridder* 1965, S. 15 u. allg. *Scherb* 2008, S. 37ff.

2259 Siehe unten, E. I. 2. b), S. 237; unten, E. I. 2. c), S. 238; unten, E. I. 2. d) bb), S. 245; unten, E. I. 2. f), S. 254 u. unten, E. I. 2. h), S. 257.

2260 Siehe dazu oben, E. I. 1. a) bb), S. 222.

2261 Dazu *Lameyer,* JöR 1981, S. 162ff., er nennt BVerfGE 28, 36 (*Soldatenbeschluss*) u. auf S. 174ff. BVerfGE 39, 334 (*Radikalenbeschluss*). Dazu auch *Scherb* 2008, S. 76ff.

des Bürgers mit dem Staat, der *Identifikation* mit ihm.[2262] Wer es an der privilegierten Gesinnung mangeln lässt, wird zum Verfassungsfeind erklärt und bekämpft, im Zweifel mittels unklarer Tatbestände und Eingriffen in einzelne Verfassungsnormen.[2263] Der BGH spricht vom „Gedanken des unbedingten Willens zur Selbsterhaltung und Selbstverteidigung der freiheitlichen Demokratie gegenüber ihren Feinden“[2264], das BVerfG von „Zerstörern des Rechtsstaat“ und „Verfassungsfeinden“.[2265] Dies gleicht dem hier übergreifend festgestellten, exkludierenden Vorgehen gegen Feinde.[2266] Auch ähnelt dies *Schmitts* Demokratieverständnis[2267] und den totalitären Tendenzen des Feindstrafrechts[2268]. Wird eine positive Pflicht zur Treue gegenüber der normativen Ordnung statuiert, erinnert dies an die anti-liberale Version des *Rousseau*'schen Freiheitsbegriffs[2269], auf den auch *Schmitt* rekurriert[2270] sowie an die Friedenspflicht *Isensees*, auf die sich *Jakobs* bezieht[2271] und die i.R.d. § 240 StGB erneut relevant wird.[2272] Diese demokratisch-gesellschaftlichen Gesichtspunkte werden nun vertieft betrachtet.

d) Demokratische und gesellschaftspolitische Probleme: Vom Dezisionismus zum Etatismus, Antipluralismus und Totalität

Der konservative Zug der Argumentation mittels *fdGO* bzw. der *wehrhaften Demokratie* wurde bereits erwähnt: Einzelne Teile der Verfassungsordnung werden der Änderbarkeit sogar durch den Gesetz- und Verfassungsgeber entzogen; hier ist auch an die Ewigkeitsklausel des Art. 79 Abs. 3 GG zu denken. Der Sinn der Regelungen der wehrhaften Demokratie lässt sich so auch darin sehen, Bürgerinnen und Bürger „vor sich selbst zu schützen“[2273]. Geschieht dies auch mittels Einschränkung von

---

2262 Bspw. explizit *Stern* 1983, S. 561f., siehe das Zitat oben, Fn. 2237. Hierzu auch *Scherb* 2008, allg. S. 14ff., konkreter S. 76ff. Insg. krit. *Gusy*, AöR 1980, S. 300; *Ladeur* 1980, S. 73f. u. AK-GG²-*Ridder*, Art. 21, Abs. 2, Rn. 44.

2263 Dazu *Gusy*, AöR 1980, S. 302ff. u. *Ridder* 1975. Deutlich auch *Lameyer* 1978, S. 76; *Böhme* 1977, S. 70. Allg. dazu *Ladeur* 1980, S. 64. Zum Konnex von Unbestimmtheit, Gesinnungsmäßigkeit und dezisionistischer Freund-Feind-Unterscheidung *Bader*, Verhandlungen des Juristentags 1951, S. E30.

2264 BGHSt 17, 38 (41).

2265 Vgl. BVerfGE 39, 334 (349 u. passim). Krit. dazu *Lameyer*, JöR 1981, S. 174, auch aus historischer Perspektive.

2266 Hierzu oben, D. II. 3., S. 212.

2267 Hierzu oben, Fn. 116.

2268 Zur Vergleichbarkeit von „totalitärem“ u. „demokratischen“ Staatsschutz *Čopić* 1967, S. 13f. Zum Feindstrafrecht oben, C. I. 3. c) aa) (1), S. 139, zur Kritik oben, C. II. 3. c), S. 177. Allg. auch *Willms* 1962, S. 11ff.

2269 Siehe hierzu *Lameyer*, JöR 1981, S. 162.

2270 Dazu die Darstellungen oben, in u. an Fn. 140.

2271 Hierzu oben, C. I. 3. c) bb) (1) (a), S. 147.

2272 Siehe dazu unten, E. II. 2. b) dd) (2), S. 343.

2273 Maunz/Dürig-*Dürig/Klein*, Art. 18, Rn. 11.

Individualgrundrechten, zeigt sich darin eine Vertauschung der Prioritäten, ein besonderer Etatismus: „Der Staat" wird über die Individuen gestellt. Er, nicht das Individuum, ist die entscheidende Autorität, dies insb. wegen des dezisionistischen Elements der wehrhaften Demokratie.[2274]

Diese Feststellung überträgt *Lameyer* auf eine allgemeinere demokratietheoretische Betrachtung und stellt fest, dass die nach 1945 einsetzende Entwicklung weg von einem Input-orientierten Demokratieverständnis (wie *Kelsens*[2275]) hin zu einem Output-orientierten geht, woraus sich die demokratischen Elitetheorien entwickelten.[2276] Ein Phänomen, das sich in die allgemeine Entwicklung des Strafrechts, insb. des Funktionalismus *Jakobs*' Provenienz, fügt.[2277] Dieser Prozess bedingt einen *antipartizipatorischen Effekt*, der entsteht, wenn die „Streitbarkeit" der Demokratie von einer Elite gegen Bewegungen der Mehrheit gewendet wird.[2278] (Was für *Čopić* Demokratien auch realiter vor Probleme stellt, denn die „nötige Hebelwirkung zur Realisierung des öffentlichen Interesses an der Aufdeckung politischer und sozialer Mißstände", die in Demokratien notwendig ist, könnten „meist nur Parteien und sonstige Gruppen erzeugen, die nicht als ‚staatstragend' firmieren."[2279]) *Denninger* spricht treffend von einer „freiheitliche[n] Demokratie ‚von oben'" – einem „Widerspruch in sich".[2280] Zu einem ähnlichen Ergebnis kommt *R.-P. Calliess* aus auch strafrechtlicher Perspektive: Die (u.a. durch tatbestandliche Unschärfe bewirkte) Flexibilisierung des Rechts, die dessen dezisionistische Handhabung begünstigt, ermögliche, dass eine „Elite im Recht" aus „Fürsorge" für die übrigen Rechtsunterworfenen die Gesellschaft auch mittels Strafrecht steuere. Dies, ohne die übrigen Bürgerinnen und Bürger als Teilhaber der Demokratie ernstzunehmen[2281]:

> „Die sich in der strafrechtlichen Aufgaben- und Zielbestimmung spiegelnde sozialautoritäre Staats- und Gesellschaftsauffassung stützt sich auf das Urteil der wissenschaftlich-technischen Funktionseliten in allen existenziellen Fragen und mißtraut eher der Mündigkeit der Bürger."[2282]

Eine Feststellung *Lameyers* zur konkreten Umsetzung der wehrhaften Demokratie bestätigt dies: Im Zuschnitt des BVerfG richte sie den Fokus auf potentielle Gefahren für die Verfassung „von unten" (= der Gesellschaft) und vernachlässigt dabei solche „von oben" (= durch staatlichen Machtmissbrauch). Er führt dies, den Begriff von

2274 Da es sich nicht rechtlich programmieren lässt, *was* gegen *wen* geschützt wird, dazu oben, E. I. 1. c), S. 226.
2275 Siehe oben, B. II. 2. a), S. 81.
2276 Vgl. *Lameyer* 1978, S. 192ff., hier in Rekurs auf *F. Scharpf*. Dazu auch die Nachweise oben, Fn. 840.
2277 Allg. *Hassemer* 1982, S. 510, zu *Jakobs* Funktionalismus oben, C. I. 3. b) dd), S. 136.
2278 Vgl. *Lameyer* 1978, S. 198ff.
2279 *Čopić* 1967, S. 15.
2280 *Denninger* 1977, S. 27f.
2281 Vgl. *Calliess*, NJW 1989, S. 1340.
2282 *Calliess*, NJW 1989, S. 1340.

Esser übernehmend und damit auf die großen, gerichtlichen Entscheidungsspielräume anspielend[2283], auf ein entsprechendes „Vorverständnis" zurück.[2284]

Dieser Kritik ist zuzustimmen, eine übersteigert wehrhafte Demokratie hat eine tendenziell undemokratische Stoßrichtung, sie erscheint als selbstwidersprüchlich:[2285] Der Schutz einer staatlichen Substanz vor auch demokratisch bewirkten Änderungen setzt es voraus, dass eine sich über die Mehrheit hinwegsetzende Instanz definiert, *was* dieses Schutzgut ist und es durch Eingriff in individuelle (auch: Minderheiten-)Rechte durchsetzt.[2286] *Scherb* betont hier den Zusammenhang zur vermeintlich naturrechtlichen Herkunft der *Wehrhaftigkeit.*[2287] Dieser Effekt wird durch die Tendenz einer *wehrhaften Demokratie* verstärkt, gerade die für die Demokratie essentiellen Kommunikationsgrundrechte zu marginalisieren.[2288] Für die Demokratie basale Merkmale wie der Meinungskampf, der „offene Wettstreit der Ideen" und damit die inhaltliche Neutralität gehen verloren.[2289] Anders als Grundrechte, die Entscheidungsspielräume der Legislative ebenfalls einschränken[2290], ist die wehrhafte Demokratie strukturell zugunsten des Staates *gegen* Bürgerinnen und Bürger gerichtet; der Schutz deren Grundfreiheiten (der als eigentliches Motiv eine Wehrhaftigkeit zu legitimieren vermag), tritt gegenüber der „Streitbarkeit" in den Hintergrund, die damit eines limitierenden Faktors ermangelt.[2291]

Dies lässt sich auch aus *Kelsen* Warte kritisieren: Zunächst erscheint eine wehrhafte Demokratie als in seinem Sinne *ideologisch*, da sie eine unzutreffende „Selbstdeutung" in sich trägt.[2292] Die Einschränkung der demokratischen Entscheidungsfreiheit bremst die von ihm propagierte, von *Schmitt* und *Jakobs* hingegen unterwanderte[2293] normative Dynamik zugunsten eines den jeweiligen Zustand bewahrenden Konservativismus

---

2283 Vgl. insgesamt *Esser* 1972.

2284 Siehe *Lameyer* 1978, S. 21, 59.

2285 Siehe zur entsprechenden Kritik *Scherb* 2008, S. 29f.

2286 Zu einem ähnl. Problem aus demokratietheoretischer Warte *Petersen* 2009, S. 8ff.

2287 *Scherb* 2008, S. 30f.

2288 Zur wehrhaften Demokratie *Gusy*, AöR 1980, S. 307; *Bulla*, AöR 1973, S. 357ff.; *Ladeur* 1980, S. 26. *Ridder*, DÖV 1963, S. 323 u. *Ridder* 1975, S. 141f. Zu *Schmitt* z.B. oben, Fn. 75.

2289 So auch *Gusy*, AöR 1980, S. 304f.; AK-GG²-*Ridder*, Art. 18 Rn. 5 u. ebenfalls treffend zu den demokratietheoretischen Problemen in Art. 21 Abs. 2, Rn. 51ff.; *Hesse* 1999, Rn. 694 u. engagiert *Lameyer*, JöR 1981, S. 190ff. Grds. zu diesem Konfliktfeld auch schon *Scheuner* 1950, S. 316f. u., *Kelsen* zust., *Römer* 1989, S. 61.

2290 Wenn auch nicht zwingend die einer qualifizierten, verfassungsgebenden Mehrheit, wie durch die Ewigkeitsklausel des Art. 79 Abs. 3 GG. Eine solche Regel ist eher unüblich, vgl. Dreier-GG-*Dreier*, Art. 79, Rn. 12.

2291 Siehe dazu, auch anhand der Rspr. in Deutschland *Lameyer*, JöR 1981, S. 177ff. u. ausführlich *Lameyer* 1978 mit einer Rechtsprechungsübersicht in Kapitel 1, § 1 (BVerfG) u. Kapitel 2, § 2 (sonstige Rspr.). Zur Verbindung der Einschränkung von Freiheitsrechten mit der Inwertsetzung *Scherb* 2008, S. 77.

2292 Siehe dazu insb. oben, in u. an Fn. 16.

2293 Dazu oben, D. II. 4., S. 214.

aus und ist damit undemokratisch. Ausgehend von der postulierten Gleichwertigkeit aller Meinungen in der Demokratie betont *Kelsen* die Paradoxie der Vorstellung, diese auf diktatorischem Wege zu retten, bestimmte Positionen mittels Zwang durchzusetzen. Eine *wehrhafte* Volksherrschaft als eine „gegen das Volk" widerspricht seinem formalen, prozeduralen Ausgangspunkt der Demokratie.[2294] Majoritätsbeschränkende (Grund-)Rechte sind dort nur zu dessen Schutz zulässig, nicht zur Einschränkung des offenen Meinungskampfes[2295] oder dem Zugriff auf individuelle Freiheitsspähren. Die Überordnung eines staatlichen Wertesystems ermöglicht dagegen, die Funktion von Gesetzen als einzige Schranken der bürgerlichen Freiheit zu umgehen, was *Kelsens* Vorstellung des Freiheitsminimums[2296] widerspricht.

Problematisch ist die wehrhafte Demokratie insofern nicht nur aus konkret-demokratietheoretischer, sondern auch allgemein-gesellschaftlicher Perspektive: Die in dieser expansiven Tendenz liegenden totalitären Implikationen[2297] offenbaren die Ideologieanfälligkeit der *fdGO*[2298], der sich wiederum *Kelsens* ideologiekritisch motivierte Relativierung von Staat und Recht entgegensetzen lässt.[2299] Dieser Effekt wird auch von der Gesinnungsabhängigkeit des Zugriffs der wehrhaften Demokratie befördert, insoweit diese zur Forderung nach *Identifikation* der Rechtsunterworfenen mit der jeweils herrschenden normativen Ordnung führt.[2300] Daneben ist die Gesinnungsabhängigkeit eng mit einer innergesellschaftlichen Homogenisierung verknüpft.[2301] Es läßt sich ebenso eine anti-pluralistische Tendenz feststellen, wie eine exkludierende Bekämpfung von Verfassungsfeinden mittels unklarer Tatbestände.[2302] Das erinnert eminent an die *Jakobs*'sche und *Schmitt*'sche Vorstellung einer autoritär-dezisionistischen Homogenitätsproduktion, die ihrerseits *qua* Exklusion von Feinden vonstatten geht[2303] und als Reflex auf gesellschaftliche Pluralisierungsprozesse[2304] erscheint: Für *Klein* geht es um die Sicherung von einem „Mindestmaß an ‚*politischer Homogenität*' im politischen Kampfgelände"[2305] – *Ridder*,

2294 Dazu oben, B. II. 3., S. 83.
2295 Siehe hierzu oben, B. II. 5. a), S. 94.
2296 Dazu oben, B. II. 1. b) bb) (1) (a), S. 66 u. oben, B. II. 4. b) dd), S. 92.
2297 Siehe zum zugrundelegten Totalitarismus-Begriff oben, in u. an Fn. 488.
2298 Vgl. *Lameyer* 1978, S. 136.
2299 Siehe zu dieser oben, B. II. 4. b) aa), S. 90.
2300 Siehe oben, E. I. 1. c), S. 226; auch schon oben, E. I. 1. a) bb), S. 222 dort insb. mit Bezug auf die „Sakralisierung" der *fdGO*. Zur entsprechenden Kritik auch *Scherb* 2008, S. 77.
2301 Deutlich *Lameyer* 1978, S. 198.
2302 Hierzu oben, E. I. 1. c), S. 226.
2303 Den Aspekt der „Feindlichkeit" gegenüber der Verfassung als Anknüpfungspunkt für die Strafbarkeit betont *Gusy*, AöR 1980, S. 300. Zur Kritik an einer Exklusion basierend auf der vorgegebenen Werteordnung *Frankenberg* 2000, S. 57f. Zu den Ähnlichkeiten zu *Schmitt Ooyen* 2006, S. 333f.
2304 Zu *Jakobs* oben, an Fn. 1479; zu *Schmitt* oben, B. I. 2., S. 13. Auch oben, C. II. 2. c), S. 172, insb. an Fn. 1767.
2305 Maunz/Dürig-*Dürig/Klein*, Art. 18, Rn. 18.

spricht dabei von der „Bekämpfung regimegegnerischer Ideologien" durch die wehrhafte Demokratie.[2306] Hier spiegelt sich die für den substanzhaften Funktionalismus (und übrigens auch *Rousseau*,[2307] auf den *Schmitt* rekurriert) allgemein festgestellte anti-pluralistische Tendenz, was wiederum den Widerspruch zu *Kelsen* zeigt.[2308] Das Resultat ist nicht eine – *freiheitlich-demokratische* – Integrationsleistung, sondern die Produktion von Antagonismen[2309] im Geiste *Schmitts*.

2. Die Bedeutung für das geltende Strafrecht

Nun ist intensiver zu betrachten, welche Wirkung der Begriff der *fdGO* bzw. der der *wehrhaften Demokratie* für das Strafrecht entfaltet und inwieweit sich auch dort die soben allgemein herausgestellten Merkmale finden lassen. Dafür soll zunächst geklärt werden, welche Strafnormen direkt – oder auch indirekt – auf diese Topoi rekurrieren. Danach werden die entsprechenden Regelungen konkreter auf die allgemein festgestellten Phänomene hin untersucht, also insb. das Vorhandensein einer vorverlagernden und unverhältnismäßigen Strafbarkeit und Konflikte mit Demokratie und Pluralismus, aber auch die substanzhaft-funktionalistische Provenienz der Argumentationsweise und die dezisionistisch-gesinnungsmäßigen Anwendung des Strafrechts.

a) Eingrenzung des Untersuchungsgegenstands und Seitenblick auf weitere Regelungen

Explizit wird der Begriff der „freiheitlich-demokratischen Grundordnung" im StGB nur in §§ 86 Abs. 2 StGB (bei der Legaldefinition der Propagandamittel) und 93 Abs. 2 StGB (i.R.d. Eingrenzung des Schutzguts der Norm: Staatsgeheimnisse sind nicht solche, die gegen die *fdGO* verstoßen) erwähnt. Daneben wirkt er als positivierter Grundsatz zumindest dort indirekt, wo strafrechtliche Normen Entscheidungen des Verfassungsgerichts „flankieren" und *diese* die *fdGO* explizit als Tatbestandsmerkmal berücksichtigen (§§ 84, 85 StGB)[2310].

Nun ist zu fragen, ob sich die Überlegungen zur *fdGO* auf Normen übertragen lassen, die die „verfassungsmäßige Ordnung" als Schutzgut nennen. Diese werden bei den vorverlagernden und die bloße politische Tätigkeit schützenden Tatbeständen relevant (§§ 81 Abs. 1 Nr. 2, 82 Abs. 1 Nr. 2; 83 StGB), ebenso bei den Verunglimpfungsdelikten (§§ 84ff., 90ff. StGB). Die Frage der Vergleichbarkeit

2306 Vgl. AK-GG²-*Ridder*, Art. 21, Abs. 2, Rn. 41.
2307 Zu den Parallelen *Lameyer* 1978, S. 190, Fn. 98.
2308 Zusammenfassend oben, D. II. 4., S. 214.
2309 Dazu *Gusy*, AöR 1980, S. 302ff.
2310 Die akzessorisch von Entscheidungen gem. Art. 21 Abs. 2 GG, § 33 ParteiG abhängen, die diesen Grundsatz nennen. Siehe unten, E. I. 2. e), S. 250; unten, E. I. 2. f), S. 254 u. unten, E. I. 2. g), S. 255.

ist umstritten[2311]. Allerdings zeigen sich viele Ähnlichkeiten: Als entscheidende Merkmale der *fdGO* als Topos i.S. *Schmitts* und *Jakobs'* wurde oben[2312] die durch tatbestandliche Weite bewirkte Marginalisierung des positiven Rechts und die auf ein Selbsterhaltungsrecht abzielende wert- und substanzbezogene Argumentation erkannt.[2313]

Zwar sind es nicht die abstrakten Prinzipien der *fdGO*, die im Fall des Schutzes der „verfassungsmäßigen Ordnung" als protektierte Güter betrachtet werden, sondern die konkreten, wenn auch aus diesen erwachsenen *Institutionen*.[2314] Wenn die verfassungsmäßige Ordnung aber definiert wird als

> „ [...] konkrete Ausgestaltung, die die Prinzipien des Grundgesetzes in der Verfassungswirklichkeit gefunden haben, d.h. die die Grundlage des politischen Lebens bildenden Verfassungsinstitutionen und Verfassungsorgane als solche [...] Schutz genießen also alle wesentlichen Einrichtungen des Staates, die ihre Grundlage im Grundgesetz haben, mögen sie auch in ihm nicht ausdrücklich erwähnt sein, und zwar in ihrer konkreten Ausgestaltung, die sie in der Verfassungswirklichkeit gefunden haben [...]"[2315]

und an anderer Stelle betont wird, darunter fallen

> „[im] Gegensatz zum Verfassungstext (formelle Verfassung) [...] – formelhaft – die *wesentlichen Grundsätze*, nach denen sich in der Bundesrepublik auf dem Boden des Grundgesetzes das politische Leben verwirklicht."[2316]

zeigt sich, dass vieles, was zur *fdGO* festgestellt wurde, auch hier gilt[2317], insb. die mangelnde inhaltliche Präzision, die eine klare Definierbarkeit erschwert, weil es anders als bspw. bei § 92 Abs. 2 StGB an der Enumeration konkreter Prinzipien fehlt. Der Begriff der „verfassungsmäßigen Ordnung" erscheint als ein im Vergleich zur fdGO tatbestandlich weiterer. Dies, da es für die Tatbestandsmäßigkeit nicht darauf ankommt, ob die „neue" Ordnung den Grundsätzen der fdGO entspricht.[2318] *Sonnen*

2311 Für die Gegenstimmen NK-*Paeffgen*, § 81, Rn. 12; § 84, Rn. 3. Zur *Ähnlichkeit* jedoch bspw. AK-GG-*Gusy*, Art. 21, Rn. 134. *Backes* 1970, S. 73, Fn. 104 (u. erneut auf S. 136, insb. Fn. 75) bezeichnet die Gleichsetzung beider als „h.L.", auch m.w.N. aus der Rspr. des BGH und BVerfG.

2312 E. I. 1. a), S. 216.

2313 Die Gesinnungsmäßigkeit u. die Konflikte mit der Demokratie werden bei den jeweiligen Delikten betrachtet.

2314 Ausführlich LK-StGB[11]-*Laufhütte*, § 81, Rn. 6ff.

2315 SK-StGB-*Rudolphi*, § 81, Rn. 11f.

2316 NK-*Paeffgen*, § 81, Rn. 12.

2317 So auch *U.K. Preuß*, vgl. oben, Fn. 2166. Zur Ähnlichkeit der weiten Begriffe auch *Russig* 1977, S. 764.

2318 Vgl. *Wagner*, GA 1960, S. 10 u. *Ruhrmann*, NJW 1957, S. 281f. u. Mangoldt/Klein[2]-*Klein*, Art. 18, Anm. III 4b) (H.M., a.A. inzw. Maunz/Dürig-*Dürig/Klein*, Art. 18, Rn. 57, die von einer *inhaltlichen Deckung* ausgehen, was der hier vertretenen These der *Vergleichbarkeit* nicht widerspricht, sondern sie stützt.).

bezeichnet es als kriminalpolitisch begrüßenswerte Restriktion des § 90 a) StGB, nur einen Staat in der besonderen Gestalt der fdGO zu schützen, auch wenn dies unter Gesichtspunkten einer systematischen Auslegung weniger überzeuge, da der Gesetzgeber bewusst zwischen den verschiedenen Schutzgütern differenziert habe.[2319] *Gegen* eine solche „Einschränkung" *Schroeder*: Wird nicht nur die „Verfassung im formellen Sinne", sondern auch die „auf dem Grundgesetz beruhende, *tatsächliche Ordnung*" geschützt, offenbare dies ein Denken im Stile von *Schmitts* Verfassungsbegriff. Die Einschränkung, diese Ordnung müsse als „Weiterentwicklung des Verfassungsrechts " immer noch auf dem „Boden des Grundgesetzes" stehen, erscheint ihm als tautologisch und läuft damit wohl ins Leere. Aufschlussreich zur Weite des Begriffs *Krutzki*, der dies an der mündlichen Urteilsbegründung im sog. Dewe-Fall aufzeigt und meint, dadurch werde die Justiz: „zur Richterin über die politische Phantasie der Menschen, über ihre Utopien und Hoffnungen".[2320]

Gerade diese Weite wurde bei der Betrachtung der *fdGO* als die Substantiierung privilegierendes Merkmal erkannt; insofern liegt hier eine Vergleichbarkeit vor. Dazu werden hier explizit nicht-positivierte Verfassungsprinzipien i.S. *Schmitts* positivem Verfassungsbegriff[2321] anerkannt. Dem Staat wird, wie bei der *fdGO*[2322], ein

2319 Vgl. AK-StGB-*Sonnen*, § 90 a, Rn. 45f.

2320 Vgl. *Krutzki*, KritJ 1980, S. 308 u. die dort wiedergegebene mündliche Urteilsbegründung: „Es heißt in dem Flugblatt, daß, [unser] Staat einzig und allein den Zweck hat, die Profite der Kapitalisten zu sichern und zu erweitern.' Es steht dagegen fest, daß dieser Staat dem Fleißigen und Strebsamen und allen Intelligenten hilft und alle Wege öffnet, daß er den sozial schwächeren Randgruppen hilft. Als Beispiele seien genannt: Das Bundessozialhilfegesetz, die Arbeitsschutzgesetze, die Mietschutzgesetze, das Bundesausbildungsförderungsgesetz, von dem der Angeklagte derzeit seine materielle Existenz ableitet. Solche Gesetze will das Flugblatt nicht sehen. Sicher liegt bei uns einiges im Argen und es müßte einiges verbessert werden. Aber eine ideale Gesellschaft gibt es nicht [...] Eine klassenlose Gesellschaft ist Utopie. Eine herrschende Klasse wird es immer geben. Wohin der Kommunismus führt, hat die Geschichte schon nach kurzer Zeit bewiesen: In den Ländern, in denen der Kommunismus herrscht, bedeutet er Blut und Leid für die Völker, wenn die politischen Gegner erst einmal liquidiert sind. Dann kann man leicht davon sprechen, daß nur noch eine Meinung existiert. Neben der Sicherung der Verdienste der Unternehmer werden auch die Verdienste der anderen in unserem Land abgesichert. Der Angeklagte wollte den Eindruck erwecken, als ob die Institutionen Polizei, Justiz, Bundeswehr allein dazu dienen, die Profite der Kapitalisten zu sichern und das System mit brutalster Gewalt aufrecht zu erhalten. Damit wollte er den Eindruck erwecken, als ob diese Institutionen nicht an Recht und Gesetz gebunden seien. Darin liegt eine Verächtlichmachung der Bundesrepublik Deutschland. Dem Angeklagten als intelligenten Menschen ist bekannt, daß diese Institutionen in der BRD an Recht und Gesetz gebunden sind. Daß er dies noch sagt, beweist, daß er böswillig und vorsätzlich gehandelt hat."

2321 Dazu bzgl. der *fdGO* oben, E. I. 1. a), S. 216.

2322 Zu diesen Gemeinsamkeiten von *fdGO* mit *Schmitts* u. *Jakobs'* oben, E. I. 1. a), S. 216.

Bestandsrecht zugestanden[2323]. Ein treffendes Bsp. für den engen Zusammenhang der Schutzgüter zeigt sich bei den in die Kommunikationsgrundrechte eingreifenden Straftatbeständen der Verunglimpunfsdelikte, die unten näher betrachtet werden. Dort ist lt. BGH der

> „[...]Konflikt zwischen verschiedenen von der Verfassung geschützten Werten [...] nach Maßgabe der grundgesetzlichen Wertordnung und unter Berücksichtigung der Einheit dieses grundlegenden Wertsystems durch Verfassungsauslegung zu lösen".[2324]

Solche Schutzgüter von Verfassungsrang, die sich gegen Individualrechtsgüter potentieller Strafrechtssubjekte durchsetzen (hier: Art. 5 Abs. 3 GG), können mit Blick auf § 90a) StGB sein der:

> „[...] Bestand der Bundesrepublik Deutschland und ihre freiheitliche demokratische Grundordnung (vgl. Art. 18, 21 Abs. 22 GG) sowie das in Art. 22 GG festgelegte und dadurch unter Verfassungsschutz gestellte staatliche Symbol des demokratischen, und sozialen Bundesstaates Bundesrepublik Deutschland (Art. 20 Abs. 1 GG), dessen Wesen durch die Geltung seiner freiheitlichen demokratischen Grundordnung geprägt ist, die Farben der Bundesflagge schwarz-rot-gold. § 90 a StGB gehört zu den Bestimmungen des Strafgesetzbuchs gegen ‚Gefährdung des demokratischen Rechtsstaates', deren vornehmlicher Zweck es ist, Angriffen gegen die der freiheitlichen demokratischen Grundordnung des Grundgesetzes zugrunde liegenden Verfassungsgrundsätze entgegenzuwirken (vgl. § 92 Abs. 1, 2 StGB)."[2325]

Die *fdGO* ist also Schutzgut auch solcher Normen, die, wie § 90a) StGB, explizit die *verfassungsmäßige Ordnung* schützen. Eine Betrachtung dieser Delikte erscheint somit hier als sinnvoll.

Auch die in § 92 Abs. 2 StGB enumierten Verfassungsgrundsätze erinnern an die Prinzipien der *fdGO.*[2326] Insb. der unmittelbarere Gesetzesbezug stellt aber, wie bereits angedeutet, einen entscheidenden Unterschied sowohl zur Argumentation mittels der Verfassungsordnung als auch der *fdGO* dar: Eine katalogartige Aufzählung birgt eine geringere Gefahr, dass sich ein Topos substantiiert und vom Gesetzestext emanzipiert: Neben den durchaus bestehenden materiellen Divergenzen[2327] ist es hier v.a. diese Regelungstechnik, die einen Unterschied zum Begriff der *fdGO* darstellt. Übrigens wird das Vorgehen des BVerfG, sich bei der Definition des Verfassungsbegriffs der *fdGO* auf diese einfachrechtlichen Strafgesetze zu stützen, als Verkehrung der Prioritäten kritisiert.[2328] Auch dies spricht gegen eine

2323 Hier allerdings als expliziter Zweck der Normen, daher ist *dies* nicht „überpositiv" im obigen Sinne.

2324 BGH, Urteil vom 10.07.1974, 3 StR 6/71 I, JURION, bezugnehmend auf BVerfGE 30, 173, 193.

2325 BGH, Urteil vom 10.07.1974, 3 StR 6/71 I, JURION.

2326 Siehe dazu z.B. LK-StGB-*Kuschel*, § 92, Rn. 3 u. *Deiters* 2003, S. 292.

2327 Vgl. zu diesen NK-*Paeffgen*, § 92, Rn. 2; SK-StGB-*Paeffgen*, § 92, Rn. 8.

2328 Z.B. von *Backes* 1970, S. 144.

Gleichsetzung, die entsprechenden Normen werden hier ausgeklammert. Auch ist der Schutz *einzelner Verfassungsprinzipien* (z.B. Straftaten gegen Verfassungsorgane sowie bei Wahlen und Abstimmungen, §§ 105 – 108e) StGB) von dem „Sammelbegriff" der *fdGO* zu unterscheiden.[2329] Dies gilt auch für den zunächst ähnlich anmutenden Schutz des *Bestandes der Bundesrepublik* durch zahlreiche Normen des StGB[2330]: Der *Bestand des Staates* erscheint einerseits als noch allgemeineres Schutzgut als die *fdGO.*[2331] Andererseits sind diese Normen, die die Grenzen und die Souveränität der BRD schützen sollen, aber doch greifbarer als die flexiblere *fdGO*[2332], zumal die Stoßrichtung der in dieser Arbeit zugrundegelegten diametral ist: Es geht nicht um den Kampf gegen *innere Feinde*[2333], sondern um den Schutz vor *äußeren Angriffen*, vor einer „fremden Macht"[2334].[2335] Dennoch lassen sich viele der hier herauszuarbeitenden Phänomene auch bei derartigen Normen finden; so ist das problematisierte staatliche Selbsterhaltungsrecht den Delikten, die den *Bestand der Bundesrepublik* schützen sollen, essentiell eingeschrieben.

Dies gilt seit 2009 für §§ 89a), 89b) und 91 StGB (*Vorbereitung einer schweren staatsgefährdenden Gewalttat),* die die Prinzipien des § 92 Abs. 2 StGB und die Sicherheit und den Bestand schützen sollen; letzteres allerdings nicht nur der BRD, sondern *jeden* Staates, was die Vorstellung eines staatlichen Selbsterhaltungsrechts besonders klar zutage treten lässt. Daher werden diese Regelungen, obwohl sie nicht direkt die *fdGO* zum Schutzziel haben, abschließend ebenfalls betrachtet.[2336]

Auch der stark umstrittene § 130 StGB weist viele Ähnlichkeiten mit den hier herausgearbeiteten Phänomenen auf: So die tatbestandliche Unbestimmtheit[2337] und

---

2329 So *Deiters* 2003, S. 294; *Becker* 1987–1992, § 167, Rn. 65 betont die Parallelen zu BGHSt 23, 64.

2330 Z.B. durch: Vorbereitung eines Angriffskriegs, § 80 StGB; den Bestandshochverrat, § 81 Abs. 1 Nr. 1, § 82 Nr. 1 StGB; Landesverrat und Gefährdung der äußeren Sicherheit, §§ 93–101a) StGB; Straftaten gegen die Landesverteidigung, §§ 109–109k StGB u. gegen ausländische Staaten, §§ 102–104a) StGB.

2331 Vgl. *Deiters* 2003, S. 293. *Krutzki,* KritJ 1980, S. 303; krit. *Denninger* 1973, S. 26.

2332 So mit Blick auf die Verwendung bei der Regelung des Parteienverbots AK-GG²-*Ridder,* Art. 21 Abs. 2, Rn. 10.

2333 Wodurch bspw. erst die Problematik der innerstaatlichen Homogenität akut wird. Siehe zur Diskussion um diese Feindbegriffe gerade bei *Schmitt* oben, B. I. 3. a) bb), S. 26.

2334 *Schroeder* 1970, S. 354; MüKo-*Steinmetz,* § 92, Rn. 3.

2335 Aus verfassungsrechtlicher Warte (die sich mit der strafrechtlichen deckt: Maunz/Dürig-*Klein,* Art. 21, Rn. 521) *Stollberg* 1976, S. 43f., zust. Dreier-GG-*Morlok,* Art. 21, Rn. 140f. Siehe zur Schutzrichtung gegen *äußere* Angriffe auch MüKo-*Lampe/Hegmann,* § 81, Rn. 13 in Rekurs auf *Schroeder* 1970, S. 362.

2336 U. zwar unten, E. I. 2. h), S. 257.

2337 Z.B. *Neumann,* StV 1994, S. 274 u. *Kelker* 2007, S. 545. Das BVerfGE 124, 300 (339ff.) äußert Zweifel am Merkmal des „öffentlichen Friedens", sieht es aber als Korrektiv und im Kontext der anderen Merkmale als noch ausreichend bestimmt. Zust. *Jahn* 1998, S. 176. Auch Fischer-StGB, § 130, Rn. 14c. Krit. z.B. *Hörnle* 2005,

Gesinnungsmäßigkeit[2338] dieser *Klimaschutznorm*[2339]. Dem Delikt werden Konflikte mit den Kommunikationsgrundrechten vorgeworfen;[2340] dabei stehen die Vorwürfe, insb. § 130 Abs. 4 StGB konfligiere als Sondergesetz mit Art. 5 Abs. 2 GG im Zentrum. Das BverfG stellt dabei zwar einen Eingriff in die Meinungsfreiheit und die Natur als Sondergesetz fest, sieht aber trotzdem keinen Verfassungsverstoß, wobei es auf die einzigartige Grausamkeit des Nationalsozialismus und das GG als Gegenentwurf zu diesem abstellt.[2341] In Verbindung mit § 15 Abs. 1 VersG kann § 130 StGB auch einen Eingriff in Art. 8 GG begründen, womit die beiden wichtigsten Kommunikationsgrundrechte betroffen sind. Auch wird eine anti-pluralistische Tendenz[2342], politische Missbrauchsgefahren[2343] und eine undemokratische Natur[2344] konstatiert. Dazu finden sich generell substanzhaft-funktionalistische Bezüge. So weist die Argumentationsfigur des „Angriffs auf die Identität des Gemeinwesens" (BVerfG)[2345] zumindest Ähnlichkeiten mit einem substanzhaften Verständnis auf; auch die Argumentation mit der „Grundentscheidung", der „Identität des GG" als gegen den Nationalsozialismus gerichtet erinnert mit seinem Rekurs auf eine hinter und über dem positiven Gesetz stehende Grundentscheidung an *Schmitts positiven Verfassungsbegriff*.[2346] Ein wichtiger Unterschied liegt aber im Schutzgut: Auch wenn dies umstritten ist,[2347] ist es gerade

---

S. 90ff. (relativierend zur neueren Rspr. aber *Hörnle*, JZ 2010, S. 312); auch NK-*Ostendorf*, § 130, Rn. 8. Zur a.F. *Popp*, JR 1998, S. 81f. Ähnl. *Foerstner* 2002, S. 180ff. Interessant S. 175: Die unklaren Tatbestandsmerkmale schaffen einen Spielraum, der es ermöglicht, unter den „Gruppenbegriff" des § 130 StGB auch Angriffe gegen Institutionen zu fassen, die egtl. nicht den Schutz dieser Norm genießen sollen; dies zeigt sich auch i.R.d. § 185 StGB, dazu unten, E. II. 1. b) aa) (4), S. 287. Im Kontext der Soldatenurteile *Prittwitz* 1993, S. 96f.

2338 Deutlich *Beisel*, NJW 1995, S. 1000; siehe auch *Foerstner* 2002, S. 205 u. *Kelker* 2007, S. 534f, 538.

2339 So schon *Jakobs* 1985, S. 774ff; dazu auch *Foerstner* 2002, S. 157ff.; *Hörnle* 2005, S. 95f. u. *Jahn* 1998, S. 178ff., So auch m.w.N. Fischer-StGB, § 130, Rn. 2a; MüKo-*Schäfer*, § 130, Rn. 9; NK-*Ostendorf*, § 130, Rn. 5 u. LK-StGB[11]-*Krauß*, § 130, Rn. 15; *Popp*, JR 1998, S. 82 u. *Schaefer*, DÖV 2010, S. 380f.

2340 *Poscher*, NJW 2005, S. 1317; abwägend *Jahn* 1998, S. 187ff.; deutlich *Beisel*, NJW 1995, S. 1000. Ähnl. auch *Foerstner* 2002, S. 206ff. u. insg. S. 220ff. *Popp*, JR 1998, S. 81f.

2341 Vgl. BVerfGE 124, 300 (320ff.). Dazu *Zimmermann*, NJ 2011, S. 147ff. Diese Argumentation wird allerdings kritisiert, z.B. von *Hörnle*, JZ 2010, S. 311ff.; *Schaefer*, DÖV 2010, S. 379ff., insb. S. 383ff.; *Lepsius* 2011, S. 252ff.

2342 Hierzu *Schaefer*, DÖV 2010, S. 380f.

2343 Vgl. NK-*Ostendorf*, § 130, Rn. 8.

2344 So *Schößler* 1997, S. 152ff.; *Beisel*, NJW 1995, S. 1000 u. NK-*Ostendorf*, § 130, Rn. 8.

2345 Vgl. BVerfGE 124, 300 (329).

2346 Krit. auch *Lepsius* 2011, S. 252ff., insb. 254. Zum Funktionalismus *Foerstner* 2002, S. 154ff, 160ff., insb. 162.

2347 Dazu MüKo-*Schäfer*, § 130, Rn. 1; SK-StGB-*Rudolphi/Stein*, § 130, Rn. 1b)ff.; LK-StGB[11]-*Krauß*, § 130, Rn. 2ff.; *Jahn* 1998, S. 177ff.; *Foerstner* 2002, S. 150ff.; NK-*Ostendorf*,

nicht ein (ontologisch gedeuteter) Staat oder die *fdGO*, sondern gesellschaftliche Phänomene, die hier im Fokus stehen. Deutlich dazu das OLG Celle:

> „Anders als die Delikte der Gefährdung des demokratischen Rechtsstaats im 3. Titel des StGB bezweckt § 130 StGB nicht den Schutz der Bundesrepublik Deutschland, ihrer Verfassung sowie ihrer Verfassungsorgane und Symbole, sondern den Schutz des gesellschaftlichen Friedens."

Es gehe um „sozialpsychologische Phänomene, nicht um die formale Staatlichkeit". Hier unterscheidet sich § 130 StGB von bspw. §§ 86, 86a StGB.[2348] So will § 130 StGB lt. BVerfG neben „Appellen zum Rechtsbruch" auch „aggressiven Emotionalisierungen oder der Herabsetzung von Hemmschwellen" vorbeugen.[2349]

Dies gilt auch für die Organisationsdelikte der §§ 129ff. StGB: Das Rechtsgut ist zwar umstritten, es ist aber weniger der Staat, als der „öffentliche Friede" oder die „Sicherheit" resp. erneut das „Klima" geschützt,[2350] insbesondere durch den Schutz der Rechtsgüter derjenigen Delikte, die die kriminelle Vereinigung potentiell begeht.[2351] Ansonsten etablieren diese von *Jakobs* selbst als Beispiel des Feindstrafrechts angeführten Organisationsdelikte ebenfalls die hier kritisierte weit vorverlagernde und in den privaten Bereich – bis zur Gesinnung als Anknüpfungspunkt – reichende Strafbarkeit.[2352]

Es soll aber, nicht zuletzt um den Rahmen nicht zu sprengen; eine *exemplarische* Betrachtung erfolgen. Zunächst erscheint es als interessant, hauptsächlich solche Normen zu untersuchen, die *Jakobs selbst* (anders als §§ 129ff. und 130 StGB) *nicht explizit nennt.* Auch ist es gemäß des Zuschnitts dieser Arbeit, in der argumentative Traditionslinien herausgestellt werden sollen, sinnvoll, solche Delikte zu analysieren, die durch Rekurs auf die *fdGO* besondere Parallelen zu *Schmitts* Denken aufweisen. *M. Deiters*[2353] folgend lässt sich der Untersuchungsgegenstand damit unterscheiden in: (*1.*) *Straftaten zum Schutz vor gewaltsamen Umsturzhandlungen*, §§ 81 Abs. 1 Nr. 2, 82 Abs. 1 Nr. 2; 83 StGB; (*2.*) *Straftaten zum Schutz vor feindlicher Sabotage*, §§ 87, 88 StGB und (*3.*) *Straftaten zum Schutz vor verfassungsfeindlicher politischer Betätigung*, insb. §§ 84ff., 90ff. StGB.

---

§ 130, Rn. 4: Der *öffentliche Friede* gilt als Haupt-, die *individuelle Würde* als Nebenschutzgut.

2348 OLG Celle, JR 1998, 79 Dazu abwägend, aber i.E. zust. *Popp*, JR 1998, S. 80ff.

2349 Dazu *Hörnle*, JZ 2010, S. 312 u. *Foerstner* 2002, S. 163. Er stellt insg. im hiesigen Sinne eine „geringere Staatslastigkeit" fest (S. 221). Ähnl. *Kelker* 2007, S. 536, dort in Abgrenzung zu § 90a) StGB.

2350 Siehe dazu MüKo-*Schäfer*, § 129, Rn. 1; NK-*Ostendorf*, § 129, Rn. 5.

2351 Vgl. BGHSt 31, 202 (207), zust. Fischer-StGB, § 129, Rn. 3.

2352 Siehe für eine Darstellung der feindstrafrechtlichen Bezüge dieser Normen schon oben, C. I. 2. a) bb), S. 119.

2353 *Deiters* 2003, S. 295f.

Hier interessieren gerade die Normen, die einen i.S.d. Feindstrafrechts unverhältnismäßig strengen Zugriff gegenüber Verfassungsfeinden ermöglichen[2354], also solche, die bloße Vorbereitungshandlungen oder gewaltlose, mithin politische Tätigkeiten pönalisieren.[2355] Ausgeklammert sind damit z.B. Delikte zur Sabotage; bei den Hochverratsdelikten geraten nur die vorverlagernden Regelungen in den Blick. Neben diesen vorverlagernden Delikten sind diejenigen Straftatbestände, die politisches, typischerweise von der Meinungsfreiheit gedecktes Verhalten nicht nur als Reflex der Vorfeldstrafbarkeit, sondern *direkt* verbieten, interessant. Dies sind, auf *Organisationen* bezogen, §§ 84 – 86a) StGB, und auf *individuelles Verhalten* gemünzt §§ 89 – 90b) StGB. Die Organisationsdelikte knüpfen an ein Parteien- (Art. 21 Abs. 2 GG) bzw. Vereinsverbot (Art. 9 Abs. 2 GG) durch das BVerfG an, die Individualdelikte stellen auf schwerwiegende verbale Angriffe auf den Staat oder Verfassungsorgane bzw. eine verfassungsfeindliche Motivation ab. Gemeinsam ist beiden Deliktstypen, dass eine verfassungsfeindliche politische Betätigung unterbunden werden soll.[2356]

b) § 83 StGB – Vorbereitungshandlung zum Hochverrat: Vorverlagerung, gesinnungsmäßige Pönalisierung, Friktionen mit der Demokratie

Die Hochverratsdelikte §§ 81ff., insb. § 83 Abs. 1 und 2 StGB (Vorbereitung eines hochverräterischen Unternehmens) lagern die Strafbarkeit bewusst weit vor. Interessant ist die Begründung des 1950 vorgeschlagenen, wegen rechtsstaatlicher Sorgen „glücklicherweise“[2357] verworfenen § 90 StGB:

> „Der moderne Staat kann sich [...] zu seinem Schutz nicht auf die klassischen und teilweise überholten Hochverratsvorschriften beschränken. Er bedarf neuer Schutzvorschriften, die seine Verteidigungslinie in den Bereich vorverlegen, in dem die Staatsfeinde unter der Maske der Gewaltlosigkeit und damit gewissermaßen unter dem Schutz der Hochverratsbestimmungen die Macht erschleichen.“[2358]

2354 Dazu oben, C. I. 2. b) aa), S. 120.

2355 Zur Differenzierung *Čopić* 1967, S. 15; *Arzt/Weber/Heinrich/Hilgendorf* 2009-*Hilgendorf*, § 42, Rn. 12.

2356 Vgl. für eine Übersicht *Deiters* 2003, S. 310f.

2357 So LK-StGB-*Laufhütte/Kuschel*, Vor § 80, Rn. 8., auch *Brünneck* 1978, S. 71. Siehe den äußerst unbestimmten Abs. 1 des vorgeschlagenen Delikts: „Wegen Verfassungsstörung wird mit Gefängnis bestraft, wer eine Handlung vornimmt, die darauf gerichtet ist, die verfassungsmäßige Ordnung der Bundesrepublik Deutschland oder eines ihrer Länder auf verfassungswidrige Weise zu ändern oder zu stören.“, BT-Ds. 1/1307, S. 8.

2358 BT-Ds. 1/1307, S. 34. Dazu *Brünneck* 1978, S. 71ff. u. *Ammann* 1968, S. 124 (dort auch mit einem Vergleich zwischen diesem Gedanken und dem Vorgehen des NS-Staates) u. passim.

Diese Argumentation ist für das Staatsschutzstrafrecht dennoch paradigmatisch geworden.[2359] So pönalisiert der in diesem Geist tatsächlich eingeführte § 81 StGB a.F. (heute: § 83 StGB)[2360] auch gewaltlose Vorbereitungshandlungen, bei denen kein konkreter Zusammenhang zu späteren Gewaltakten bestehen muss; tatbestandlich ist die vorverlagernde Norm extrem weit gefasst[2361]; im Stile eines Unternehmensdeliktes gerät sie in Konflikte mit dem Verhältnismäßigkeitsprinzip. Dies schon, da die Strafmilderung des § 23 Abs. 3 StGB und der Rücktritt des § 24 StGB ausgeschlossen sind.[2362]

Damit findet sich auch hier die Verwischung zwischen Polizei- und Strafrecht, der schon allgemein festgestellte präventive Zug der wehrhaften Demokratie: Die Norm lässt sich als Türöffner für prozessuale oder exekutivistische Grundrechtseingriffe nutzen, z.B. Wohnungsdurchsuchungen[2363] und, wie gleich zu vertiefen, Einziehungen von Schriften. Einem substanzhaften-funktionalistisch motivierten Vorgehen wurde schon allgemein die Einschränkung der offenen Kommunikation und damit eine undemokratische Stoßrichtung vorgeworfen.[2364] So beschränkt auch § 83 StGB die Nutzung der Kommunikationsgrundrechte, insb. die Meinungsfreiheit.[2365] Dies wird durch die mit der durch die Vorverlagerung einhergehenden Pönalisierung von „Agitation in Wort, Schrift, Bild“ bewirkt.[2366]

Das ist wiederum ein Reflex der – insb. in der frühen BGH-Judikatur erkennbaren – feindstrafrechtlichen[2367] Neigung, letztlich staatsfeindliche oder auch nur inopportune Gesinnungen zu pönalisieren. Trotzdem der BGH schon im sog. *Fünfbroschürenurteil*[2368] den Zweck des Merkmals der „Bestimmtheit des hochverräterischen

2359 So *Brünneck* 1978, S. 71. Zur Historie LK-StGB-*Laufhütte/Kuschel*, Vor § 80, Rn. 7ff.

2360 Das 1951 wiedereingeführte Staatsschutzstrafrecht (1. StrÄndG., BGBl. I, 739) war vom Beginn des Kalten Krieges u. der Kommunismusangst geprägt, dazu *Brünneck* 1978, S. 71ff., insb. 73f. u. *Backes* 1970, S. 13ff., insb. 16f. Der heutige § 83 StGB entspricht dem damaligen § 81 Abs. 2, dazu NK-*Paeffgen*, § 83, Rn. 1.

2361 So auch *Deiters* 2003, S. 307f. Schon zu § 81 StGB NK-*Paeffgen*, § 81, Rn. 26 u. MüKo-*Lampe/Hegmann*, § 83, Rn. 1. Vgl. auch die Zusammenstellung erfasster Verhaltensweisen von *Wagner*, GA 1960, S. 10 u. *Paeffgen*, a.a.O., z.B.: Organisatorische Vorkehrungen; Anwerben u. Ausbilden von Mannschaften; Fühlungnahme zu fremden Mächten; Agitation in Wort, Schrift, Bild (insb. über Massenmedien).

2362 Allg. dazu abwägend *Weber* 1987, S. 8ff.; MüKo-*Radtke*, § 11, Rn. 114 u. *Mitsch*, JURA 2012, S. 538f.

2363 Zu diesem Aspekt NK-*Paeffgen*, § 83, Rn. 2. Siehe auch oben, Fn. 2162.

2364 Hierzu oben, D. II. 4., S. 214.

2365 Dazu NK-*Paeffgen*, § 83, Rn. 2.

2366 NK-*Paeffgen*, § 83, Rn. 12; ähnl. („Propaganda“ statt „Agitation“) bei LK-StGB-*Laufhütte/Kuschel*, § 83, Rn. 4. Siehe für die Tathandlungen auch oben, Fn. 2361.

2367 Zur Gesinnungsabhängigkeit oben, C. I. 3. c) aa) (1), S. 139, zur Kritik oben, C. II. 3. c), S. 177.

2368 BGH, Urteil vom 8.4.1952 – StE 3/52, juris. Das urspr. unveröffentlichte Urteil neuerdings unter: http://www.daten-speicherung.de/wp-content/uploads/Fuenf-Broschueren-Urteil.pdf, zuletzt: 25.11.2016. Siehe dort S. 15f.

Unternehmens" (§ 83 Abs. 1 StGB) in Anschluss an das RG darin sah, eine „bloße theoretische Erörterung hochverräterischer Gedanken"[2369] aus der Strafbarkeit herauszunehmen, erscheint dies als Lippenbekenntnis[2370], was gerade dieses Urteil zeigt: Es legalisierte die Einziehung von fünf kommunistischen Propagandaschriften (und in der Folge die massenhafte Überwachung der Bundespost), da sie den Tatbestand der Vorbereitung eines hochverräterischen Unternehmens erfüllten (§§ 81, 93 a.F. StGB). Dies, weil sie einen gewaltsamen Umsturz, den die Kommunisten als solche typischerweise planten, „seelisch vorbereiteten"[2371]. Das Gericht verzichtete also auf objektive Anknüpfungspunkte, wenn bei Personen eine bestimmte Gesinnung, hier eine kommunistische, vorlag.[2372] Dieses Vorgehen erlangte Vorbildcharakter für viele weitere politische Prozesse.[2373] In deren Rahmen wurden regelmäßig objektiv harmlose Beiträge zu tagespolitischen Streitfragen wie Wiederbewaffnung oder Wiedervereinigung bestraft,[2374] regelmäßig wurde darauf verzichtet, ein „in allen Einzelheiten konkretisiertes Angriffsmittel", einen „in allen Einzelheiten bekannten Angriffsplan" oder ein „nach Ort, Zeit und anzuwendendem Mittel schon in allen Einzelheiten konkretisiertes Unternehmen" zu verlangen.[2375] Der BGH hat dies allerdings im Laufe der Zeit durch strengere Anforderungen an die Konkretisierung der Tat abgemildert.[2376]

c) § 89 StGB – Verfassungsfeindliche Einwirkung auf die Bundeswehr: Vorverlagerung und Prävention, dezisionistisch-gesinnungsmäßige Pönalisierung, Friktionen mit der Demokratie

Der ebenfalls umstrittene[2377] § 89 StGB stellt die verfassungsfeindliche Einwirkung auf Bundeswehr und öffentliche Sicherheitsorgane unter Strafe und soll nach h.M. den Bestand und die Sicherheit der BRD sowie die verfassungsmäßige Ordnung

---

2369 RGSt, 16, 165 (169) spricht von der „Verfolgung abstrakter Theorie, oder [...] bloßer Unterweisung in hochverräterischen Ideen". Dieses Kriterium wurde von der Rspr. zur Begrenzung der Strafbarkeit entwickelt u. 1951 vom Gesetzgeber übernommen, vgl. *Maurach/Schroeder/Maiwald* 2012, § 83, Rn. 10 u. *Ruhrmann*, NJW 1957, S. 283.

2370 So auch: LK-StGB-*Laufhütte/Kuschel*, § 83, Rn. 4; NK-*Paeffgen*, § 83, Rn. 8. Konkret zum Fünfbroschürenurteil aus historischer Perspektive *Foschepoth* 2013, S. 71.

2371 Siehe BGH, a.a.O., oben, Fn. 2368, S. 32.

2372 Sehr krit. zu dem simplifizierenden Vorgehen des BGH *Foschepoth* 2013, S. 71ff., insb. S. 73; *Brünneck* 1978, S. 72f. u. NK-*Paeffgen*, § 83, Rn. 8.

2373 Insg. zu dem Verfahren *Foschepoth* 2013, S. 65ff.

2374 So *Foschepoth* 2013, S. 68.

2375 Siehe für zahlreiche Nachweise ähnlicher Formulierungen aus der Rspr. bis 1960 *Wagner*, GA 1960, S. 11.

2376 So LK-StGB-*Laufhütte/Kuschel*, § 83, Rn. 4 u. *Foschepoth* 2013, S. 75.

2377 Zur kontroversen Diskussion um dieses Delikt AK-StGB-*Sonnen*, § 89, Rn. 13.

schützen.[2378] Dazu erfasst die Norm die „Verbreitung propagandistischer Druckschriften, [...] das sonstige Auffordern oder Überreden zu pflichtwidrigem Verhalten, [...] ein Drohen oder Warnen vor pflichtmäßigem Tun“[2379], nach h.M. sogar auch im Fall objektiv untauglicher Mittel[2380]. Damit verlagert die Norm die Strafbarkeit „extrem“ weit vor und zeichnet sich durch tatbestandliche „Diffusität“ bzw. „Ausuferung“ aus.[2381] Zusätzlich zeigt sich ein prozess- bzw. polizeirechtlicher, damit besonders präventiver Zug dieses abstrakten Gefährdungsdelikts: Auch § 89 StGB wird insb. zur *Beschlagnahme* inkriminierter Schriften genutzt.[2382]

Wieder[2383] ist die strafrechtliche Erfassung der *Gesinnung* ein Effekt genau dieser Merkmale, besonders der tatbestandlichen Weite; der Zusammenhang der dezisionistich-gesinnungsmäßigen Vorgehensweise mit vorverlagernden Effekten zeigt sich hier erneut. Der Blick auf die erfassten Tathandlungen offenbart, dass die unbestimmte Formulierung zur Pönalisierung gerade solcher Verhaltensweisen führen kann, die der Meinungsfreiheit unterfallen (was ein hier häufig zu beobachtender Effekt ist[2384]): Regelmäßig wird der Norm ein Verstoß gegen die Kommunikationsgrundrechte, konkret Art. 5 GG, vorgeworfen.[2385] Das BVerfG zieht daraus die Konsequenz, i.R.d. § 89 StGB die Wechselwirkungslehre des *Lüth*-Urteils anzuwenden[2386]; diese wiederum vermindert – wie noch zu vertiefen – die Rechtssicherheit, ermöglicht Gerichten, dezisionistisch vorzugehen[2387] und verschärft somit eher die Gefahr der Gesinnungsabhängigkeit; daran schließen sich Sorgen an, dass diese unklare Situation für eine Selbstzensur der Rechtsunterworfenen sorgt.[2388] Zusätzlich ist strittig, ob § 89 StGB ein *allgemeines* oder ein *Sondergesetz* ist; in letzterem Fall verstieße er unabhängig von der Wechselwirkungslehre gegen Art. 5 Abs. 2 GG.[2389]

2378 Vgl. LK-StGB-*Laufhütte/Kuschel*, § 83, Rn. 1; MüKo-*Steinmetz*, § 89, Rn. 1, krit. dazu Matt/Renzikowski-*Becker*, § 89, Rn. 1.

2379 Vgl. LK-StGB-*Laufhütte/Kuschel*, § 83, Rn. 4.

2380 Vgl. LK-StGB-*Laufhütte/Kuschel*, § 83, Rn. 4; MüKo-*Steinmetz*, § 89, Rn. 6; Fischer-StGB, § 89, Rn. 3. *Dag. allerdings* SK-StGB-*Rudolphi*, § 89, Rn. 4; AK-StGB-*Sonnen*, § 89, Rn. 24; NK-*Paeffgen*, § 89, Rn. 5; Matt/Renzikowski-*Becker*, § 89, Rn. 1.

2381 So NK-*Paeffgen*, § 89, Rn. 5. Ähnl. Matt/Renzikowski-*Becker*, § 89, Rn. 3.

2382 So AK-StGB-*Sonnen*, § 89, Rn. 15; NK-*Paeffgen*, § 89, Rn. 2f. u. *Backes* 1970, S. 178.

2383 Was hier allg. als Effekt unbestimmter, insb. politischer Delikte festgestellt wurde. Siehe oben, D. II. 3., S. 212.

2384 Dazu oben, D. II. 4., S. 214.

2385 Hierzu *Deiters* 2003, S. 314.

2386 Siehe BVerfGE 47, 130 (143). Allg. zum *Lüth-Urteil* unten, E. II. 1. a) aa) (1), S. 266.

2387 Siehe hierzu unten, Fn. 2644. Für ein ähnl. Phänomenen i.R.d. § 185 StGB unten, E. II. 1. b) aa) (4), S. 287 u. zu § 240 StGB unten, E. II. 2. b) aa) (2) (a), S. 326. Für den konkreten Fall *Deiters* 2003, S. 315.

2388 *Deiters* 2003, S. 315. Diese Sorgen bestehen auch bei § 90a) StGB, hierzu unten, Fn. 2466 u. § 185 StGB, dazu unten, Fn. 2809. Dort wird dies unter dem US-amerikanischen Begriff des *chilling effect* diskutiert.

2389 So *Deiters* 2003, S. 314ff., zust. Matt/Renzikowski-*Becker*, § 89, Rn. 1; auch *Backes* 1970, S. 179 mit Blick auf *Čopić* 1967, S. 223ff., dort noch zu Art. 91 a.F. StGB.

Auch wenn dies hier nicht entschieden werden soll, verweist der zumindest nicht fernliegende Vorwurf, § 89 StGB sei *ein Sondergesetz gegen pazifistische Äußerungen*[2390] auf die Gesinnungsabhängigkeit der Strafbarkeit. Ein weiterer umstrittener Aspekt des § 89 StGB bestätigt diesen Eindruck: Dieser Norm wird (ähnlich wie dem Feindstrafrecht[2391]) ein Verstoß gegen die Sperrwirkung des Art. 18 GG vorgeworfen, es wird z.T. gefordert, ihre Anwendbarkeit analog zum notwendigen Parteienverbot i.R.d. Organisationsdelikte von einer verfassungsgerichtlichen Aberkennung der Grundrechte gem. Art. 18 GG abhängig zu machen. Dies eben, da sie die – grundrechtlich gesicherte – *politische Beteiligung* erfasst.[2392] Die Friktionen mit der Demokratie bestehen grundlegend: § 89 StGB verbietet Äußerungen (wie pazifistische und antimilitaristische), die in einer offenen Demokratie zur Diskussion stehen müssen, z.B. Verhaltensweisen wie die Aufforderung zur Wehrdienstverweigerung (auch wenn sich dies inzwischen erübrigt hat) oder Debatten darum, wie ein Verteidigungs- oder Bündnisfall zu definieren ist; insg. sind pazifistische Aufforderungen gegenüber Soldaten im Blick.[2393] Der Straftatbestand wirkt undemokratisch und etatistisch[2394]. Zwar wird tatbestandlich zusätzlich ein Einsetzen für „Bestrebungen gegen den Bestand oder die Sicherheit der Bundesrepublik Deutschland oder gegen Verfassungsgrundsätze" verlangt; aber schon die bereits gezeigte Unbestimmtheit des Bergriffs *Verfassungsgrundsätze* relativiert diese Einschränkung und ermöglicht eine flexible Handhabung der Norm.

d) §§ 90, 90a) 90b) StGB – Verunglimpfungsdelikte

Ebenfalls stark umstritten sind §§ 90, 90a) 90b) StGB, die die Verunglimpfung des Bundespräsidenten, die des Staates und seiner Symbole bzw. einzelner Verfassungsorgane unter Strafe stellen. Es lassen sich zahlreiche Parallelen zu substanzhaft-funktionalistischen, präventiv-vorverlagernden und dezisionistisch-gesinnungsmäßigen Argumentationsmustern finden; auch die problematischen Folgen für Demokratie und Gesellschatspolitik werden zu sehen sein.

aa) Substanzhaft-funktionalistisches Vorgehen: Personalisierung, Etatismus und Bestandsschutz als Selbstzweck

Zunächst werden die Verunglimpfungsdelikte auf ein substanzhaft-funktionalistischen Vorgehen untersucht; dabei wird immer wieder ein Seitenblick auf den

---

2390 Dazu *Čopić* 1967, S. 227. Siehe dazu die erfassten Äußerungen, unten, Fn. 2393.

2391 Hierzu oben, C. II. 5. e), S. 190.

2392 Z.B. *Schmitt Glaeser* 1968, S. 306; AK-StGB-*Sonnen*, § 89, Rn. 17; *Deiters* 2003, S. 316; *Backes* 1970, S. 179.

2393 So z.B. von NK-*Paeffgen*, § 89, Rn. 4. Z.T. wurde in den angesprochenen Fällen mit Blick auf Art. 5 GGt auf eine Strafe verzichtet. Siehe auch AK-StGB-*Sonnen*, § 89 Rn. 2, mit Kritik aus demokratischer Perspektive in Fn. 14.

2394 NK-*Paeffgen*, § 89, Rn. 4.

ähnlich wirkenden § 185 StGB geworfen werden, der weiter unten[2395] i.R.d. *Soldaten sind Mörder*-Auseinandersetzung im Zentrum steht.

Interessant ist insoweit schon das von §§ 90 f. StGB pönalisierte Verhalten: Die Verunglimpfung umfasst die gleichen Tathandlungen wie die Beleidigung der § 185ff. StGB.[2396] Dass hier eine Parallele zwischen den Delikten zum persönlichen Ehr- und denen zum Staatsschutz besteht, ist erhellend, schon bei der Betrachtung der Staatsauffassung *Schmitts* bzw. *Kelsens* Kritik an dieser fiel der Hang auf, den Staat – ideologisch überformend – zu personalisieren[2397]. Indem die Verunglimpfungsdelikte ähnlich wie die zum persönlichen Ehrenschutz wirken, scheint auch hier eine vergleichbare, den Staat überhöhende Personalisierung hinter diesen Normen zu stehen.[2398]

Zweck der Straftatbestände ist die Erfassung von Äußerungen, also des klassischerweise durch die Presse-, Kunst- und Meinungsfreiheit geschützten Verhaltens[2399]; so stehen Konflikte mit Art. 5 GG bei den Diskussionen um die Verunglimpfungsdelikte im Zentrum. Während solche Eingriffe für Delikte, die die persönliche Ehre schützen, allgemein als verfassungsgemäß gelten, ist dies äußerst zweifelhaft, wenn nicht ein Individuum, sondern der Staat geschützt wird (ein Vorwurf, der insb. § 90 a) StGB, aber auch § 90 StGB trifft. *Deiters* betont zurecht, dass es nicht darauf ankommt, ob §§ 90 und 90b) StGB *auch* die persönliche Ehre der Amtsinhaber schützen, der egtl. Sinn liege beim Staatsschutz; zumindest die *Funktion* bzw. das *Amt* des Präsidenten gilt als Schutzgut[2400]). *Deiters Grünwald* und ähnlich *Krutzki* argumentieren, hier läge kein *allgemeines* Gesetz i.S.d. Art. 5 Abs. 2 GG vor, da eben nur bestimmte Meinungen pönalisiert werden: Und zwar die, dass der Staat „der Achtung seiner Bürger unwürdig" (so *Grünwald*) sei.[2401] *Dag.* jedoch argumentiert das BVerGE, das von der Verfassungsmäßigkeit ausgeht. Schutzgegenstand der Vorschrift sei das Ansehen des Staates, „das nicht nur gegen Verfassungsfeinde, sondern gegen jedermann geschützt werden soll"[2402]. *Last* betont dagegen aber, dass dies zwar die „abstrakt generelle"

2395 E. II. 1. a), S. 266.

2396 Siehe MüKo-*Steinmetz*, § 90, Rn. 5; SK-StGB-*Rudolphi*, § 90, Rn. 3; LK-StGB-*Laufhütte/Kuschel*, § 90, Rn. 3.

2397 Zu *Kelsen* allg.: oben, B. II. 1. b) bb) (2) (a), S. 72. Zu *Schmitt* insb. B. I. 4. c) bb) (2), S. 42. Siehe insg. *Last* 2000, S. 55ff. mit einem guten Überblick über die Geschichte personalisierter Staatsverständnisse mit besonderem Blick auf Verunglimpfungsdelikte.

2398 So explizit auch *Kelker* 2007, S. 537.

2399 Vgl. *Last* 2000, S. 121 u. *Deiters* 2003, S. 317. Für die Frage des Einflusses der Grundrechte auf die Auslegung der Normen – i.F. zugestandener, grundsätzlicher Verfassungsmäßigkeit („Wechselwirkungslehre") MüKo-*Steinmetz*, § 90, Rn. 17ff. u. LK-StGB-*Laufhütte/Kuschel*, § 90, Rn. 23ff.

2400 Vgl. *Deiters* 2003, S. 317f. Dazu MüKo-*Steinmetz*, § 90, Rn. 1; NK-*Paeffgen*, § 90, Rn. 2 u. LK-StGB-*Laufhütte/Kuschel*, § 90, Rn. 1; AK-StGB-*Sonnen*, § 90, Rn. 1. Ähnl. *Last* 2000, S. 97u. *Hörnle* 2005, S. 258.

2401 Vgl. *Deiters* 2003, S. 317f.; *Grünwald*, KritJ 1979, S. 295f. u. *Krutzki*, KritJ 1980, S. 298f.

2402 BVerGE 47,198, S. 230.

Natur dieser Gesetze darlegt, aber nicht zu begründen vermag, ob die inkriminierten Meinungen auch „allgemein" sind. Er schlägt dann aber vor, für die „Allgemeinheit" eines Gesetzes darauf abzustellen, ob die Normen ihr Rechtsgut auch gegenüber Handlungen schützen, die keine Meinungskundegabe darstellen. Unter *diesem* Gesichtspunkt bejaht er die Verfassungsmäßigkeit.[2403] Eine ähnliche Problematik wird sich auch i.R.d. Betrachtung des § 185 StGB auftun: Dort wird nach h.M. ebenfalls nicht nur die Ehre von Einzelpersonen, sondern auch die von Kollektiven – bis zum Staat – geschützt;[2404] es zeigen sich jeweils enge Verstrickungen zwischen diesen Schutzgütern[2405]. Auch dort ist dieses Vorgehen eine Zielscheibe der Kritik.[2406] Zusätzlich besteht ein ähnliches Phänomen in *Schmitts* Theorie, wo mal der Staat als solcher, mal seine Machthaber als eigentlich Privilegierte erscheinen.[2407]

Es ist also grds. die Frage nach dem konkreten Schutzgut dieser Normen zu stellen: So konstatieren *H. W. Laufhütte/A. Kuschel* zwar die Verfassungswidrigkeit für den Fall, dass tatsächlich (nur) die *Staatsehre* geschützt wird, betonen aber, dass dem nicht so ist, da eben der *„Bestand* der Bundesrepublik Deutschland, ihrer Länder und ihrer verfassungsmäßigen Ordnung" Schutzgut sei – und die Hinnahme von Schmähungen diesen gefährdeten.[2408] Hier sind aber die auch i.R.d. § 185 StGB diskutierten, wirksamkeitsbezüglichen Zweifel an diesem Konnex von Ehr- und Bestandsschutz zu bedenken.[2409] So sieht *Weber* die Gefahr, die pönalisierten Personen könnten als „Märtyrer" erscheinen, was dem egtl. Zweck, dem Schutz des Vertrauens der Bürger in den Staat, zuwiderlaufe.[2410] Sehr deutlich ist hier auch der Vorlagebeschluss des OLG Frankfurt:

> „Es erscheint auch im übrigen kaum vorstellbar, daß allein durch die Verbreitung einer Druckschrift mit einem gegen unsere Verfassung gerichteten Inhalt bereits eine Gefahr für den Bestand der Bundesrepublik, oder ihrer Grundordnung herbeigeführt werden könnte."[2411]

2403 Vgl. *Last* 2000, S. 123f.

2404 Siehe dazu unten, E. II. 1. b) bb) (1) (b) (aa), S. 297.

2405 Siehe auch unten, in u. an Fn. 2959.

2406 Siehe unten, E. II. 1. b) bb) (1) (a) (aa) (bbb), S. 292 u. E. II. 1. b) bb) (1) (a) (aa) (ccc), S. 294. Allg. für eine Kritik aus demokratietheoretischer u. gesellschaftspolitischer Warte unten, E. II. 1. b) dd) (1), S. 308.

2407 Siehe dazu oben, B. I. 4. c) aa), S. 37.

2408 Siehe: LK-StGB-*Laufhütte/Kuschel*, § 90, Rn. 1, auch für das vorhergehende Zitat [Herv. F.F.].

2409 Dazu ausführlich *Hörnle* 2005, S. 258ff. Außerdem *Backes* 1970, S. 123f u. 180ff.; AK-StGB-*Sonnen*, § 90 a, Rn. 26f.; *Krutzki*, KritJ 1980, S. 298f.; *Volk*, JR 1984, S. 445; *Vormbaum*, JR 2009, S. 128. Abwägend *Last* 2000, S. 151ff., der die Sinnhaftigkeit der Norm aufgrund der historischen Erfahrung mit der Weimarer Republik vorsichtig bejaht. Überzeugend gegen diese historische Argumentationsweise aber *Hörnle*, a.a.O., insb. auf S. 260.

2410 Vgl. *Weber* 1950, S. E17.

2411 OLG Frankfurt, NStZ 1984, 119 (120).

Daher stellt sich die Situation ambivalenter dar; es drängt sich die Vermutung auf, dass hier eben doch (zumindest: zusätzlich) der Schutz einer vermeintlichen *Staatsehre* resp. der ähnlichen Begriffe der Staatswürde oder des Staatsansehens[2412] *Telos* ist bzw. mitbewirkt werden soll[2413]. *Cobler*:

> „Als groteske Repersonalisierung der Obrigkeit erklärt der § 90a den Staat zu einem beleidigungsfähigen Subjekt, einer Art Lebewesen, das ‚gekränkt' werden könnte".[2414]

In der Frühphase der BRD ging *Weber* wie selbstverständlich davon aus, dass die Staats*ehre* geschützt werde und begründet dies mit dem Wortlaut des Gesetzes:

> „Schon aus der Überschrift, aber auch aus der Verwendung von Tatbestandsmerkmalen wie beschimpfen, verächtlich machen u.a., die den Beleidigungstatbestanänden eigen sind [...]."[2415]

Ähnlich sieht es *Isensee,* der eine „Verkümmerung" des „Sinn[s] für die Würde des Staates in der deutschen Gesellschaft" beklagt, der sich auch in der meinungsäußerungsfreundlichen Rspr. des BVerfG zeige.[2416] Wiederum sehr deutlich ist hier der Vorlagebeschluss des OLG Frankfurt: Es

> „müßte folgerichtig das Grundrecht der Kunstfreiheit in Kollisionsfällen der vorliegenden Art hinter den durch § 90a StGB normierten Schutz [...] genauso zurücktreten, wie das Grundrecht der Kunstfreiheit nach der Entscheidung des BVerfG im Mephisto-Fall hinter dem an Ehre und Menschenwürde orientierten sozialen Geltungs- und Anerkennungsanspruch des einzelnen zurücktreten muß."[2417]

Auch diese Verquickungen zwischen Funktions- und Ehrenschutz des Staates geraten im Rahmen der Betrachtung des § 185 StGB erneut und auf ähnliche Weise in den Fokus.[2418]

Der Blick auf die Schutzgüter spricht auch aus einer weiteren Perspektive gegen die „Säkularisierung"[2419] des Zwecks der Staatsverunglimpfungsdelikte zum bloßen Bestandsschutz der (freiheitlichen-demokratischen) Verfassungsordnung: Wie gesehen sind diese Begriffe der *verfassungsmäßigen Ordnung* und der *fdGO* über das

---

2412 Zur Vergleichbarkeit dieser Begriffe u. für weitere Nachweise *Last* 2000, S. 54.

2413 Dazu *Last* 2000, S. 43f., m.w.N. in Fn. 95. Interessant auch die diesbzgl. kontroversen Meinungen innerhalb des erlassenden Rechtsausschusses, dokumentiert bei *Backes* 1970, S. 33.

2414 *Cobler* 1980, S. 84; ähnl. *Backes* 1970, S. 182; *Krutzki,* KritJ 1980, S. 298f. u. *Schroeder,* JR 1979, S. 89.

2415 *Weber* 1950, S. E15.

2416 Vgl. *Isensee* 1997, S. 25.

2417 OLG Frankfurt, NStZ 1984, 119, 121.

2418 Siehe unten, E. II. 1. b) bb) (1) (b) (aa), S. 297.

2419 Diesen Terminus verwendet im Kontext *Krutzki,* KritJ 1980, S. 299. Siehe auch schon die allg. Ausführungen zu den Effekten des Topos der *fdGO* oben, E. I. 1. a) bb), S. 222.

formale, positive Recht hinausgehende, die Überhöhung des Staates befördernde Argumentationstopoi i.S. der substanzhaft-funktionalistischen Argumentation.[2420] Auch wenn man sie als Schutzgüter der §§ 90a f. StGB annimmt, wird aus dieser Warte die Ehre eines *substanzhaften, überhöhten,* damit *personalisierten* Staates geschützt[2421]; der Konnex von überpositiver Legitimation und Staatsanthropomorphismus wurde schon i.R.d. Analyse von *Schmitt* gesehen.[2422] Auch *Kelsen* hat darauf aufmerksam gemacht, dass gerade die *Personalisierung* des Staates der Vorstellung, dieser habe ein *Recht* auf Selbsterhaltung i.S. eines *subjektiven* Rechts, Vorschub leistet.[2423] §§ 90 f. StGB, die mittels Ehrenschutz den Bestand der BRD schützen sollen, stellen einen treffenden Beleg für diese These dar. Wird darüber hinausgehend argumentiert, dass eine Verunglimpfung des Staates aus Sicht der Bürger „psychologisch [mit] der Beschimpfung religiöser Bekenntnisse vergleichbar" sei,[2424] erinnert dies an die theologische Aufladung des Staates, die *Kelsen* kritisierte, *Schmitt* vornahm und die bei *Jakobs* z.T. ebenfalls erkannt wird.[2425] Die Verflechtung von Ehren- und Bestandsschutz weist insgesamt auf ein atavistisches Bild des Staates als eines „Übervaters" hin – *Cobler* spricht von einem „Relikt-Delikt".[2426] Zum Zusammenhang von Staatsverständnis und strafrechtlichem Ansehensschutz *Sonnen*: Betrachte man den Staat als „personifiziertes Wesen" und damit zugleich als „Überwert", liegt der Gedanke einer Gefährdung dessen durch „Beschimpfung, Verächtlichmachung und Verunglimpfung" nahe. Anders hingegen bei einem „modernen Staatsverständnis", welches diesen nur als eine „organisierte Entscheidungs- und Wirkungseinheit" – also i.S. *Kelsens* – versteht: Ein solcher lässt sich von Beschimpfungen nicht treffen, ein strafrechtlicher Schutz dagegen ist unnötig.[2427] Ein weiteres Bsp. für die erste von *Sonnen* aufgeführte Betrachtungsweise bietet *Schroeder*:

> „Ohne daß hier in einen primitiven Staat-Mensch-Analogismus verfallen werden soll, liegt doch auf der Hand, daß auch hinter der ‚Ehre' von Staat und Verfassung viel ernstere Rechtsgüter stehen. Es ist zum einen das Ansehen von Staat und Verfassung. Dieses ist aber den Rechtsgütern Bestand des Staates und Verfassung vorgelagert, ist ihr Vorfeld. Das Ansehen insb. der Verfassung ist für deren Existenz lebensnotwendig. Mehr noch: da die Demokratie nicht auf Bajonetten ruht, sondern auf der Zustimmung

---

2420 Vgl. oben, E. I. 1. a), S. 216. Zur Vergleichbarkeit beider Topoi oben, E. I. 2. a), S. 231.
2421 Hierzu *Krutzki,* KritJ 1980, S. 299.
2422 Siehe oben, B. I. 4. c) bb) (2), S. 42.
2423 Siehe hierzu insb. *Kelsen* 1934, S. 125f., aber auch die Darstellungen oben, B. II. 1. b) bb) (2) (a), S. 72.
2424 So *Schroeder,* JR 1979, S. 90. Hierzu auch AK-StGB-*Sonnen,* § 90 a, Rn. 2 u. *Hörnle* 2005, S. 257.
2425 Zu *Schmitt* oben, Fn. 65, zu *Jakobs* oben, C. I. 3. c) bb) (3), S. 156 zu *Kelsen* oben, B. II. 1. b) bb) (2) (a), S. 72.
2426 Vgl. *Cobler* 1980
2427 Vgl. AK-StGB-*Sonnen,* § 90 a, Rn. 26. Zum Zusammenhang von Staatsverständnis u. strafrechtlichem Ansehensschutz *Krutzki,* KritJ 1980, S. 299.

ihrer Staatsbürger, kommen Angriffe auf diese Zustimmung bereits einem Angriff auf die Existenz der Demokratie gleich".[2428]

Diese Überhöhung affirmiert aber zugleich doch wieder die Vorstellung, die Existenz dieses „höheren Wesens", also der Bestand des Staates, sei *per se* schützenswert.

Weist man allerdings die Vorstellung des Schutzguts der Staatsehre als fiktiv zurück[2429], erscheint ein solcher Bestandsschutz als bloßer Selbstzweck. Dies lässt sich aus *Kelsens* Warte gut zeigen: *De facto* ist der Staat dort identisch mit Rechtsordnung, sein Schutz wird zum Schutz des Rechts durch das Recht selbst. Diese Position gleicht dem Funktionalismus *Jakobs'*[2430], dem ebenfalls eine bloße Selbstzweckhaftigkeit vorgeworfen wird[2431], der auf eine symbolische Pönalisierung setzt und mittels abstrakter, „opferverdünnter" *(Hassmer)* Gefährdungsdelikte vonstatten geht.[2432] Als „opferverdünnt" erscheinen auch die Verunglimpfungsdelikte, die keine konkreten Individuen, sondern die „Ehre" eines fiktional-personalisierten Staates schützen. I.d.S. deutet *Jakobs* die Schutzrichtung des strafrechtlichen Ehrbegriffs, der i.R.d. Beleidigungsdelikte erneut in den Fokus gerät, aus seiner funktionalistischen Perspektive als kollektive, nicht individuelle.[2433] Die bereits allgemeinen festgestellten Parallelen zwischen den Begründungsmustern für den Staatsschutz und dem Funktionalismus *Jakobs'* zeigen sich hier besonders deutlich; es wurde gesehen, dass es beiden um die Schaffung der *psychologischen Geltungsbedingungen* der normativen Ordnung geht.[2434] Genau diese Funktion wird auch den Verunglimpfungsdelikten zugeschrieben:

„Aber von der Ehre der Bundesrepublik oder eines Landes, oder gar der Ehre der Verfassung kann man doch nur in einem sehr übertragenen Sinne sprechen. Was hier gefährdet wird, ist die Autorität des Staates, das Vertrauen der Staatsbürger zum Staat und seinen Institutionen, und auch bei der Herabwürdigung der Staatsorgane steht sie im Vordergrund. Diese Gefährdung tritt nun aber nicht ein durch die Kundgebung der Mißachtung als solche sondern durch die Erschütterung des Vertrauens, das im Volke

2428 Vgl. *Schroeder,* JR 1979, S. 90. Vergleichbar auch *Würtenberger,* JR, S. 312f. in Anschluss an *Hirsch* 1967, S. 121 Eine ähnliche Auffassung vertreten lt. *Hörnle* 2005, S. 257 auch BGH u. BVerfG, wenn sie das Ansehen des Staates nicht nur gegen Verfassungsfeinde, sondern Jedermann schützen wollten (dazu grds. unten, Fn. 2479).

2429 Siehe hierzu auch die Darstellungen i.R.d. § 185 StGB unten, E. II. 1. b) bb) (1) (b) (aa) (ccc), S. 302.

2430 Dazu oben, C. I. 3. c) bb) (1), S. 147.

2431 Diese Kritik ist oben, C. II. 2. a), S. 168 dargestellt.

2432 Zu diesen Merkmalen des Funktionalismus u. dem Zitat *Hassemers* oben, C. I. 3. b) dd), S. 136; zu § 90 a) als abstrakten Gefährdungsdelikt u. den weiteren Implikationen unten, E. I. 2. d) bb), S. 245. u. *Hassemer* 1989, S. 89.

2433 Hierzu unten, E. II. 1. b) bb) (2), S. 304. Dazu im Kontext auch *Last* 2000, S. 46.

2434 Siehe dazu oben, E. I. 1. a) bb), S. 222.

dem sachgemäßen Funktionieren des Staates und seiner Organe entgegengebracht wird."[2435]

Hier zeigt sich die Selbstgenügsamkeit eines staatlichen Ehrenschutzes deutlich, da es wiederum – bar darüberhinausgehender Zwecke[2436] – um den *Selbsterhalt* der normativen Sozialordnung bzw. ihrer Voraussetzungen geht. Dieses Vorgehen birgt mehrere relevante Implikationen:

So widerspricht der Schutz von Ehre und Bestand des Staates *Kelsens* nüchternem Verständnis des Staates als Normerzeugungszusammenhang[2437], er deckt sich aber mit dem Etatismus *Schmitt*'scher und *Jakobs*'scher Provenienz. Zugunsten des verherrlichten Staates wird übermäßig auf Grundrechte von Individuen zugegriffen, insb. solcher, die ihm kritisch gegenüberstehen und die so als *Feinde gelabelt* werden. Auch weist schon dies auf die nun zu vertiefende Frage der Gesinnungsstrafbarkeit hin, deren demokratiespezifische Problemen im Anschluss[2438] eingehender betrachtet werden.

bb) Tatbestandliche Weite und Gesinnungsmäßigkeit

Auch hier findet sich der allgemein festgestellte[2439] Zusammenhang von tatbestandlicher Weite und gesinnungsabhängiger Strafbarkeit; schon die Formulierung des § 90a) StGB trägt ein klassisches Gesinnungsmerkmal („böswillig") in sich.[2440] Ebenso ist es zusätzlich die Offenheit der Tatbestände, die dies privilegiert und zugleich eine meinungsfreiheitsbeschränkende Wirkung befördert: Was genau unter *Beschimpfen* und *Verächtlichmachen* zu verstehen ist, bleibt unklar, der Übergang zu harter – aber zulässiger – Kritik ist fließend,[2441] die Grenze im Zweifel mittels richterlicher Güterabwägung im Einzelfall zu ziehen[2442]. Dies mindert die Vorhersehbarkeit für die Strafrechtssubjekte immens, was nicht nur die Freiheit der Kommunikation gefährdet,

2435 *Weber* 1950, S. E16. Kritik an dieser auch hier zu findenden Vorstellung der faktischen Nützlichkeit des Ehrenschutzes oben, Fn. 2409. Aber auch *v. Weber* selbst zweifelt auf S. E16 an der kriminologischen Nützlichkeit.

2436 Zur diesbzgl. Kritik am Funktionalismus oben, C. II. 2. a), S. 168.

2437 Siehe die Argumentation von *Sonnen*, die sich auf *Kelsen* übertragen lässt, dargestellt oben, Fn. 2409.

2438 Und zwar unten, E. I. 2. d) dd), S. 248.

2439 Dazu die Zusammenfassung oben, D. II. 3., S. 212.

2440 Für Nachweise unten, Fn. 2478.

2441 Vgl. *Grünwald*, KritJ 1979, S. 296; NK-*Paeffgen*, § 90 a, Rn. 2 u. AK-StGB-*Sonnen*, § 90 a, Rn. 42, der eine Verletzung des Bestimmtheitsgebots sieht; ähnl. *Preisner*, NJW 2009, S. 898 u. *Vormbaum*, JR 2009, S. 127. Auch *Krutzki*, KritJ 1980, S. 302 u. die Dokumentation ausgewählter Fälle auf S. 304ff. Abwägend *Last* 2000, S. 147ff.

2442 Dazu BVerfG, NJW 1999, 204 (205) u. OLG Frankfurt, NJW 1984, 1128 (1130). Siehe auch die Zitate des BGH oben, an Fn. 2324 u. 2325. Allg. krit. zu diesem Zug des politischen Strafrechts *Russig* 1977, S. 764ff.

sondern auch eine dezisionistische und damit gesinnungsabhängige Anwendung des Rechts privilegiert. Dazu treffend *Čopić*:

> „Es zeigt sich nämlich, daß sich neutrale Wertmaßstäbe gerade in politics nur schwer finden lassen. Die konkrete Beurteilung ist mit den politischen Wertvorstellungen des judizierenden Richters oder Richterkollegiums verzahnt."[2443]

Auch wurde oben[2444] die Selbstzweckhaftigkeit des Strafrechtsschutzes festgestellt, das Abstellen auf eine fiktive Staatsehre und der Verzicht auf reale Schutzgüter. In deren Ermangelung ist das hier erfasste Verhalten ein *objektiv neutrales.* So bleibt nur die (hier: staatsfeindliche) Gesinnung als Anknüpfungspunkt für die Strafbarkeit übrig. Für *Backes* sind die objektiven Tathandlungen i.F.d. Verunglimpfungsdelikte egtl. strafrechtlich neutral (i.S. von ungefährlich), erst die Gesinnung des Täters *konstituiere* das Tatunrecht; dies bezeichnet er als „Perversion" und spricht von „Gesinnungsstrafrecht".[2445] *Čopić* spricht von „Autoritätsschutzdelikten" und äußert Zweifel an der Wirksamkeit der Normen zur Erreichung realer verfassungsmäßiger Zwecke.[2446] Dies wiederum korreliert mit der Eigenschaft der Normen als besonders *abstrakter Gefährdungsdelikte,* die regelmäßig als *Gesinnungsdelikte* (*O. Backes*[2447]) erscheinen.

cc) Vorverlagerung und Probleme mit dem Verhältnismäßigkeitsgrundsatz

Die Natur der §§ 90f. StGB als besonders abstrakte Gefährdungsdelikte zeigt sich an der Vorverlagerung der Tathandlungen bzw. der, wie erwähnt, nur lockeren Kopplung von pönalisiertem Verhalten und Schutzgut: Geschützt werden soll der *Bestand* der Bundesrepublik[2448], bewirkt werden soll dies durch die Abwehr von Angriffen auf ihr *Ansehen.*[2449] Relativierend zur Vorverlagerung allerdings *Last,* der eine Art zweistufiger

---

2443 *Čopić* 1967, S. 251. Zust. *Backes* 1970, S. 182; zu einer exemplarischen Kritik an einem konkreten Urteil *Evers,* JZ 1963, S. 406. Dazu auch *Ladeur* 1980, S. 73ff. Zur allg. Rechtsunsicherheit solcher Einzelfallabwägungen die Kritik am *Lüth*-Urteil, dazu unten, Fn. 2644. Siehe zu ähnl. Feststellungen unten, E. II. 1. b) aa) (4), S. 287 u. unten, E. II. 2. b) aa) (2) (a), S. 326.

2444 Siehe hierfür oben, E. I. 2. d) aa), S. 240; insb. die Ausführungen an Fn. 2429.

2445 *Backes* 1970, S. 122ff., ähnl. *Beck* 1992, S. 143.

2446 Vgl. *Čopić* 1967, S. 246ff. Ein ähnl. Phänomen findet sich i.R.d. neuen Anti-Terrorismus-Gesetze, wo das objektiv erfasste Verhalten besonders neutral ist, dazu unten, E. I. 2. h), S. 257.

2447 Zum Zusammenhang von Gesinnungsmäßigkeit u. abstrakten Gefährdungsdelikten *Backes* 1970, S. 118ff.; den Begriff *Gesinnungsdelikt* nutzt er auf S. 126. Siehe auch allg. das Zitat von *Rudolphi* unten, Fn. 2460.

2448 Zu diesbzgl. skeptischen Stimmen siehe oben, Fn. 2403 u. oben, Fn. 2409.

2449 Vgl. MüKo-*Steinmetz,* § 90 a, Rn. 1f.; Matt/Renzikowski-*Becker,* § 90 a, Rn. 1; S/S-*Sternberg-Lieben,* § 90 a, Rn. 1; *Beck* 1992, S. 139; *Volk,* JR 1984, S. 444; *Roggemann,* JZ 1992, S. 938, insb. zur Natur als abstrakte Gefährdungsdelikte. Zur Vorverlagerung *Schroeder,* JR 1979, S. 90 u. *Schroeder* 1970, S. 337ff.; zur Verbindung

Theorie vertritt: Das *Schutzgut* sei der tatsächlich vorverlagerte „Ansehensverlust des Staates", die Strafbarkeit *eingeschränkt* werde aber durch das Merkmal des „Bestands des Staates", das „entscheidend für die Beurteilung" der Normen sei.[2450] Abgesehen davon, dass dies recht unklar ist, ändert dieses Argumentation nichts daran, dass die tatsächlichen Tathandlungen im vorverlagerten Bereich stattfinden. Eingedenk der grds. Zweifel an dem Konnex von Ansehens- und Bestandschutz[2451] ist auch fragwürdig, ob es – abgesehen von der darin liegenden, kriminalpolitischen grds. zu begrüßenden Einschränkung der Strafbarkeit – sinnvoll ist,

> „Beeinträchtigungen staatlichen Ansehens nur dann als strafwürdig anzusehen [...], wenn durch ihre Verwirklichung eine Verbindung zum Bestand von Staat und verfassungsmäßiger Ordnung hergestellt werden kann"

Neben der Frage, was genau mit dem Begriff der „Verbindung" gemeint ist, fragte sich dann, ob es überhaupt noch einen Anwendungsbereich für diese Normen gäbe.[2452] So gesteht auch *Last* letztlich eine Vorverlagerung „im gewissen Sinne" zu.

Diese führt zur Ausweitung der Kriminalisierung und zeigt eine Parallele zum Feindstrafrecht auf. Für *Paeffgen*[2453] sind diese Normen explizit Klimaschutznormen i.S. *Jakobs*[2454]: Die Bestrafung von Staatsverunglimpfungen soll der Ausbreitung eines verfassungsfeindlichen Klimas vorbeugen und somit das Vertrauen in den Staat stärken. Die präventive Ausrichtung i.S.d. Feindstrafrechts lässt sich zusätzlich daran erkennen, dass § 90 a) StGB als Türöffner für eher exekutivistische oder prozessuale Maßnahmen wie Beschlagnahmungen von Büchern, Verbot von Flugblattverteilungen oder erkennungsdienstliche Maßnahmen, Festnahmen und Wohnungsdurchsuchungen genutzt wird.[2455] Dies zeigt eine weitere Parallele zu den hier allgemein festgestellten Effekten: Ein schon im Vorfeld erfolgender, präventiv motivierter[2456] Zugriff des Staates ist ein intensiverer als einer, der an konkrete Gefährdungen oder gar Verletzungen anknüpft.[2457] Wie auch *Jakobs* betont hat, verletzt

von Vorverlagerung u. abstrakten Gefährdungsdelikten *Backes* 1970, S. 188; auf S. 121ff. zu Rechtsstaatsgefährdungsdelikten. Allg. zum Zusammenhang von Vorverlagerung u. Gefährdungsdelikten *Jakobs* 1993b, 2. Abschn., Rn. 25.

2450 *Last* 2000, S. 95f.

2451 Siehe oben, Fn. 2409.

2452 Ähnl. Zweifel bei *Volk*, JR 1984, S. 444.

2453 Dazu NK-*Paeffgen*, § 90, Rn. 2. Knapp auch *Roggemann*, JZ 1992, S. 938.

2454 Dazu oben, C. I. 2. c), S. 121.

2455 Siehe m.w.N. *Krutzki*, KritJ 1980, S. 297f. Als letztlichen Zweck dieser Normierung sieht er (S. 313) die Legitimation staatlicher Zensur – eine kaum *straf*rechtliche Maßnahme. So auch *Last* 2000, S. 194ff.

2456 Hierzu konkret *Weber* 1950, E20, nach dem die Strafen i.R.d. politischen Strafrechts aus Präventionsgründen schärfer sind als beim sonstigen Strafrecht – was allerdings ungerecht sei.

2457 So, konkret zu den Verunglimpfungsdelikten *Last* 2000, S. 129.

dies, wie das Feindstrafrechts[2458], bei fehlender Anpassung des Strafrahmens das *Verhältnismäßigkeits- und das Schuldprinzip.*[2459] Wie der Vorwurf der Totalisierung des strafrechtlichen Zugriffs wird dies schon grds. an abstrakten Gefährdungsdelikten („Ungehorsamsdelikten") kritisiert.[2460] Eine Feststellung *Rudolphis* zur Pönalisierung dort, wo es an konkreter Rechtsgutsgefährdung fehlt, lässt die totalitären Implikationen und die Selbstzweckhaftigkeit dieser Normen zu Tage treten:

> „Gegen eine derartige positive, über den rein präventiven Rechtsgüterschutz hinausgehende Zielsetzung staatlichen Strafrechts sind jedoch Bedenken anzumelden. Einzuwenden ist zunächst, daß überall da, wo die Täterhandlung keinerlei Gefahr für das geschützte Rechtsgut begründet, sowohl die dagegen gerichtete Strafdrohung als auch die dieser zugrunde liegende strafrechtliche Verhaltensnorm allein deswegen bestünden, um das sozialethische Urteil der Bürger zu formen und ihre rechtstreue Gesinnung zu stärken. Sie bestünde nicht, um die von ihnen bekämpfte Verhaltensweise aus in ihr selbst liegenden Gründen zu verhindern, sondern allein deshalb, um in der Zukunft mögliche andere, nämlich für die geschützten Rechtsgüter wirklich gefährliche Handlungen zu bekämpfen. [...] Eine Strafdrohung, die nicht zur Verhinderung der konkreten mit Strafe bedrohten Tat, sondern allein zur Bekämpfung der allgemeinen Gefahr der Begehung von Straftaten erfolgt, widerspricht jedoch dem Geist unserer Verfassung."[2461]

Bei §§ 90f. StGB, bei denen der Konnex von Tathandlung und Gefährdung besonders fragwürdig ist[2462], intensivieren sich diese Vorwürfe.[2463] Ähnl. sieht es auch *Last.* Er verneint aber letztlich einen Verstoß gegen das Schuldprinzip, da ein Zusammenhang (wenn auch notwendigerweise kumulierend mit anderen Faktoren) „nicht völlig auszuschließen ist".[2464] Ob dies angesichts des ultima-ratio Charakters des Strafrechts genügt, hier die Verfassungsmäßigkeit zu belegen, ist zumindest fraglich. Die Verhältnismäßigkeit sei gewahrt, da die geschützten Rechtsgüter derart elementar sind, dass eine *konkrete* Gefährdung nicht abgewartet werden könne. Auch wenn

---

2458 Zur Verhältnismäßigkeit oben, C. I. 2. b) aa), S, 120, zum Schuldprinzip die Kritik oben, C. II. 5. c) aa), S. 187.

2459 Siehe *Last* 2000, S. 129f.

2460 Insg. zu Rechtsstaatsgefährdungsdelikten *Backes* 1970, S. 121ff. Zu abstrakten Gefährdungsdelikten aus Perspektive von *Jakobs*' Variante des funktionalistischen Strafrechts oben, C. I. 3. b) dd), S. 136. Zum Zusammenhang von Vorverlagerung, abstrakter Gefährdungsdelikte u. der Totalisierung des Strafrechts *Jakobs,* ZStW 1985, S. 768ff u. *Jakobs* 1993b, 2. Abschn., Rn. 25b. Im 6. Abschn., Rn. 88 mit der treffenden Rede von abstrakten Gefährdungsdelikten als „Ungehorsamsdelikten". Für einen aktuellen Überblick der Debatte, insb. im Zusammenhang mit dem (von *Jakobs* verworfenen, oben, C. I. 2. c), S. 121) Rechtsgüterschutzkonzept *Roxin* 2010, S. 589f. Konkret zu § 86a) StGB auch *Seibert,* myops 2008, S. 31ff.

2461 *Rudolphi* 1972, S. 72.

2462 Siehe oben, Fn. 2409.

2463 So, aber allg. zu den Rechtsstaatsgefährdungsdelikten *Backes* 1970, S. 121ff.

2464 Vgl. *Last* 2000, S. 129ff.

dem so sei, ist dadurch noch nichts über die Zulässigkeit der Pönalisierung *dafür jedoch untauglicher* Tathandlungen gesagt. Zuzustimmen ist ihm freilich insoweit, als dass diese Erkenntnisse zumindest für eine restriktive Auslegung der §§ 90 ff. StGB sprechen sollten.

dd) Konflikte mit Demokratie und Pluralismus und totalitäre Effekte

Aber auch unabhängig von den Fragen der Verfassungsmäßigkeit ist die Legitimität einer Norm, die das Ansehen des Staates mittels Strafrecht schützt, auch aus eher staatstheoretischen oder politischen Gründen zu bezweifeln.[2465] So befördert dies die hier allenthalben festgestellte Unterdrückung staatskritischer Meinungen[2466]. Einen Beleg dafür bietet der Beschluss des KG Berlin, wo sogar dieser Vorwurf der *Zensur* durch § 90 a) StGB inkriminiert wird.[2467] Dazu treffend *Cobler*:

> „Kafkaesk und symptomatisch ist auch eine Entscheidung des Berliner Kammergerichts zum § 90a: 48 Professoren, die den berühmtem ‚Buback Nachruf' als Dokumentation herausgegeben hatten, wurden von der Berliner Staatsanwaltschaft prompt wegen ‚Verunglimpfung des Staates' angeklagt. Das Landgericht Berlin verweigerte jedoch die Eröffnung der Hauptverhandlung: Die Professoren hätten zwar einen eindeutig strafbaren Text verbreitet, sich selber aber nicht strafbar gemacht, weil in dem Vorwort zu ihrer Publikation eine Identifizierung mit dem ‚Buback-Nachruf' ausdrücklich abgelehnt wurde. Gegen diesen Beschluß legte die Staatsanwaltschaft Beschwerde beim Kammergericht ein und bekam von dort ihr Recht: Das höchste Berliner Gericht verfügte, den Professoren sei sehr wohl der Prozeß wegen ‚Staatsverunglimpung' zu machen – allerdings nicht wegen des ‚Buback-Nachrufs', sondern ausgerechnet wegen des diesem vorangestellten Editorials. Daß die Professoren dort nämlich erklärt hatten, sie hielten bei allen inhaltlichen Bedenken gegen den dokumentierten Text dessen ungehinderte öffentliche Diskussion entgegen allen staatlichen Zensurversuchen für erforderlich bedeute – so das Kammergericht – den ungeheuerlichen Vorwurf einer Unterdrückung der Meinungsfreiheit durch den Staat und damit: Dessen ‚Verunglimpfung'. Der Vorwurf der Zensur sollte dieser also selbst zum Opfer fallen."[2468]

2465 So auch *Grünwald,* KritJ 1979, S. 293. Für eine Streichung ebenfalls *Krutzki,* KritJ 1980, S. 314, AK-StGB-*Sonnen,* § 90 a, Rn. 27 u. *Vormbaum,* JR 2009, S. 128. Knapp, an die Vorverlagerung anknüpfend so auch Matt/Renzikowski-*Becker,* § 90 a, Rn. 1. Ausgewogen zu sowohl der verfassungsrechtlichen als auch der politischen Perspektive *Roggemann,* JZ 1992, S. 940f. u. *Last* 2000, S. 232ff.

2466 Siehe *Krutzki,* KritJ 1980, S. 298f. u. *Hörnle* 2005, S. 259: Es gehe entweder um zweckfreien Schutz der Staatswürde oder um die Unterdrückung unliebsamer Meinungen.

2467 Vgl. KG Berlin, KritJ 1978, 293 (293ff.).

2468 *Cobler* 1980, S. 85.

Dieses Phännomen erklärt, wieso den Verunglimpfungsnormen oft Friktionen mit Art. 5 GG vorgeworfen werden – was an der einschlägigen Rspr. ersichtlich ist.[2469] Die Sanktionierung konkreter Meinungsäußerungen ermöglicht eine „politische Richtigkeitskontrolle“[2470] und bewirkt eine gesellschaftliche Homogenisierung; der Zugriff auf geschützte Freiheitsrechte (konkret: die Meinungsfreiheit) von Personen, die dem gesellschaftlichen Konsens widersprechen, lässt sich als deren Exklusion aus dem rechtlich geschützten politischen Diskurs und damit als Feindbehandlung im hiesigen Sinne lesen. Die Vorwürfe, § 90 a) StGB sei (wie § 89 StGB[2471]) kein *allgemeines Gesetz* i.S.d. Art 5 Abs. 2, sondern verbiete ganz bestimmte, eben verfassungsfeindliche Meinungen, untermauern dies.[2472] Dazu *Krutzki,* der bei der Auslegung des Merkmals „Beschimpfung“ durch den BGH, der den Tatbestand bei „Gedankenlosigkeit oder Oberflächlichkeit“ nicht als erfüllt ansieht, feststellt, § 90 a) StGB sei ein „Instrument politischer Disziplinierung: es gilt, die hartnäckigen, überzeugten Kritiker (Systemveränderer, Verfassungsfeinde und wie sie alle heißen) zu treffen“.[2473]

Schon oben[2474] wurden die totalitären[2475] Effekte eines dezisionistisch-gesinnungsmäßigen Vorgehens gezeigt. Die dort festgestellte Rechtsunsicherheit kann dazu führen, dass bei potentiell Betroffenen (neben den Äußernden auch Verleger, Intendanten etc.) schon *vor* den fraglichen Äußerungen eine durch einen vorauseilenden Gehorsam bewirkte „Schere im Kopf“, ein *chilling effect,* entsteht.[2476] Dies mindert zunächst die offene, demokratische Auseinandersetzung i.S. *Kelsens.* In diesem „Übergriff auf den Kopf“ zeigt zusätzlich der auch dem Feindstrafrecht vorgeworfene Hang zur Totalität[2477]: So will die h.M. das Tatbestandsmerkmal der „böswilligen Verächtlichmachung“ explizit von der Gesinnung des Täters abhängig machen[2478] und lässt dafür z.T. schon eine allgemein staatsfeindliche Haltung

---

2469 Sehr beredt sind die Zitate des BGH zu § 90 a) StGB als Schranke des Art. 5 GG oben, an Fn. 2324 u. insb. 2325. Auch der Vorlagebeschluss des OLG Frankfurt, NStZ 1984, 119, (121).

2470 *Ladeur,* DuR 1979, S. 65, dort mit Blick auf den oben, in Fn. 2466 thematisierten *Buback-Nachruf.*

2471 Siehe oben, E. I. 2. c), S. 238.

2472 Hierzu die oben, in Fn. 2403 dargestellten Positionen.

2473 Vgl. *Krutzki,* KritJ 1980, S. 306.

2474 I.R.d. Frage nach der tatbestandlichen Weite oben, E. I. 2. d) bb), S. 245.

2475 Siehe zum zugrunde gelegten Totalitarismus-Begriff oben, in u. an Fn. 488.

2476 So *Grünwald,* KritJ 1979, S. 293, zum Bestimmtheitsprinzip S. 297 u. unter Bezugnahme auf ihn *Deiters* 2003, S. 315. Ähnl. *Krutzki,* KritJ 1980, S. 297, ihm zust. AK-StGB-*Sonnen,* § 90 a), Rn. 6; NK-*Paeffgen,* § 90 a, Rn. 2 u. – allg. – *Ammann* 1968, S 127 u. *Hannover* 1977, S. 910. Ähnliches zeigt sich im Kontext des § 89 StGB, siehe oben, Fn. 2388 u. des § 185 StGB, dazu unten, Fn. 3023.

2477 Dazu oben, C. II. 3. c), S. 177.

2478 Siehe NK-*Paeffgen,* § 90 a), Rn. 14 u. *Kelker* 2007, S. 534ff. Für *Ladeur* 1980, S. 65 Allg. für solche konservativen Tendenzen der wehrhaften Demokratie/*fdGO* oben, Fn. 2238.

genügen.[2479] Eine *Ausdehnung* stellt es für *Krutzki* dar, wenn auf die Prüfung dieses Merkmals im Laufe der Zeit ersatzlos verzichtet wird, wie es sich in der Praxis der Rspr. zeigt.[2480] *Dies* wiederum ist für *Hörnle* ein Indiz dafür, dass BGH und BVerfG einen zu schützenden Eigenwert des Staates unterstellen, also eine Personalisierung annehmen.[2481] Auch für *T. Würtenberger* sind bei § 90 a) StGB das „Ansehen und die Würde des Staates" sowie „die Förderung der Staatsgesinnung und der Verfassungstreue der Bürger" Strafzwecke von Verfassungsrang.[2482]

Letztlich können somit die politischen Anschauungen der Angeklagten durch die Gerichte pönalisiert werden, was bis zur Durchsetzung „staatlich verordnete[r] Denk- und Bewertungsweisen" durch das Strafrecht führen kann.[2483] So zitiert *Cobler* ein Urteil des AG Berlin Tiergarten:

> „Die mehrmonatigen Gefängnisstrafen ohne Bewährung wurden damit begründet, daß die Angeklagten in ihrer ‚feindseligen Gesinnung' gegenüber der Bundesrepublik ‚weit entfernt von jener kritischen Sympathie' sind, die – wohlgemerkt – ‚die angebrachte Haltung gegenüber diesem freiesten deutschen Staate wäre, der jemals auf deutschem Staatsgebiet existierte'".[2484]

Deutlich auch der BGH zu § 90a) StGB:

> „Zu dem Schutzgut, freiheitliche demokratische Grundordnung' ist zu bemerken, daß nicht von jeder Verunglimpfung [...] zugleich die Grundsätze berührt werden, welche die freiheitliche demokratische Grundordnung ausmachen. Dies wird besonders häufig dann nicht der Fall sein, wenn die verunglimpfende Handlung von keinem politischen Beweggrund getragen ist. Liegt, wie hier, ein politisches Motiv vor, so kommt es für die Frage, ob und in welchem Maße das bezeichnete Schutzgut berührt ist, wesentlich darauf an, in welchen Formen und in welchem äußeren Rahmen die Verunglimpfung erfolgt [...]".[2485]

Dies geht – was die allgemein festgestellten Friktionen zwischen wehrhafter Demokratie und dem Demokratieprinzip bestätigt[2486] – bis zur Bestrafung von Kritik nicht nur am Staat als solchem, sondern konkreter (regierungs-)politischer

---

2479 So deutlich BGH, JurionRS 1954, 11935, Rn. 11; auch. LK-StGB[11]-*Laufhütte*, § 90 a), Rn. 10, *krit. Volk*, JR 1984, S. 445f.

2480 Vgl. *Krutzki*, KritJ 1980, S. 313.

2481 Vgl. *Hörnle* 2005, S. 257 (m.w.N. aus der Rspr.).

2482 So *Würtenberger*, JR, S. 312. Siehe zum Schutzzweck der Norm oben, Fn. 2403 u. oben, S. 2428. Krit. hierzu *Kelker* 2007, S. 537f. mit der Rede von „freiheitsrechtlich problematische[n] Schützgüter[n]".

2483 So *Krutzki*, KritJ 1980, S. 313. Auch *Last* 2000, S. 193 spricht von dem Risiko der „politischen Beeinflussung" oder des „politischen Missbrauchs" dieser symbolischen, u. insb. auslegungsbedürftigen Normen.

2484 Sieh *Cobler* 1980, S. 86, dort zitiert er das Urteil AG Berlin Tiergarten vom 12.10.1977.

2485 BGH, JurionRS 1974, 12371, Rn. 14.

2486 Siehe oben, E. I. 1. d), S. 228.

Entscheidungen. Aufschlussreich hier erneut der BGH:[2487] Zunächst äußert das Gericht eine Selbstverständlichkeit:

> „Gerade auch die Vorschriften über den Ehrenschutz des Staates [...] sind im Geiste des freiheitlich-demokratischen Grundgesetzes auszulegen. Daher sind Angriffe gegen die Aufrüstung der Bundesrepublik, gegen die Wehrpflicht, insbesondere gegen atomare Bewaffnung, überhaupt gegen militärische Gedanken, etwa aus pazifistischer Grundhaltung, für sich allein nicht strafbar [...]. Jedem ist erlaubt, vor Duldung oder gar Propagierung ‚revanchistischer Erobergungsziele', vor ‚Imperialismus und Militarismus', vor ‚Pangermanismus und Nazismus' zu warnen, dahingehenden Verdacht zu äußern und ihn zu begründen. Auch hier kommt es für die Frage, ob solche Polemik strafbar sein kann, nicht darauf an, ob sie aus verfassungsfeindlicher Grundhaltung geschieht."

Danach folgt jedoch eine relevante Einschränkung:

> „Die Grenze der Strafbarkeit wird aber überschritten, wenn die Kritik beleidigt, beschimpft, verächtlich macht oder verunglimpft; Angriffe in solcher Form sind durch das Recht zur Kritik nicht gedeckt."

Bedenkt man die Unsicherheit der hier verlangten Abgrenzung, zeigt sich, dass diese Normen eben doch zu einer Pönalisierung der hier aufgezählten, urdemokratischen Verhaltensweisen führen kann. So begründet der BGH die Strafbarkeit im vorliegenden Fall mit fragwürdigen Kriterien:

> „Die Angriffe sind maßlos, die Ausdrucksweise ist übersteigert und aufreizend nirgends ist ein Bemühen zu erkennen, die Richtigkeit der Unterstellungen darzutun [...]".

Ähnlich wie hier resümiert *O. Backes*: „der Strafprozeß wird zur politischen Inquisition".[2488]

e) § 84 Abs. 3 S. 2 StGB – Flankierung des Art. 18 GG: Exklusion und Feindbekämpfung

Das letzte hier zu betrachtende klassische Individualdelikt ist § 84 Abs. 3 S. 2 StGB; demnach macht sich strafbar, wer einer Entscheidung des BVerfG nach Art. 18 GG zuwiderhandelt. Nach dieser typischen Regelung der wehrhaften Demokratie können Personen zahlreiche Individualgrundrechte[2489] aberkannt werden, wenn

2487 Alle Zitate bei BGH JZ 1963, 402, 403f. Krit. zu den Ergebnissen dieser Abwägungen *Evers*, JZ 1963, S. 406.

2488 *Backes* 1970, S. 124.

2489 Nach Art. 18 GG sind dies die Freiheit der Meinungsäußerung, insb. die Pressefreiheit (Artikel 5 Abs. 1), die Lehrfreiheit (Artikel 5 Abs. 3), die Versammlungsfreiheit (Artikel 8), die Vereinigungsfreiheit (Artikel 9), das Brief-, Post- und Fernmeldegeheimnis (Artikel 10), das Eigentum (Artikel 14) oder das Asylrecht (Artikel 16a).

sie diese zum „Kampfe gegen die freiheitliche demokratische Grundordnung mißbrauch[en]“: Die *fdGO* wird explizit geschützt.[2490]

Allerdings ist auch hier der Konnex zwischen strafbarer Handlung und Schutzgut fraglich: Es ist schwer vorstellbar, dass eine einzelne Person durch Nutzung von primär politischen Grundrechten die Grundordnung der Bundesrepublik erfolgversprechend angreift.[2491] Auch bei § 84 Abs. 3 S. 2 StGB handelt es sich daher um ein *abstraktes Gefährdungs-*[2492] bzw. *Ungehorsamsdelikt*[2493], das den Anknüpfungspunkt weit vorverlagert – wie es schon der v.a. präventiv ausgerichtete Art. 18 GG seinerseits tut[2494]. So zeigen sich hier ebenfalls die entsprechenden, bei den Verunglimpfungsdelikten festgestellten Merkmale: Unverhältnismäßigkeit, gesinnungsmäßig-dezisionistische Pönalisierung und gesellschaftspolitisch-demokratietheoretische Probleme.[2495]

Indem § 84 Abs. 3 S. 2 StGB Art. 18 GG „flankiert“[2496], hängt die Bewertung der strafrechtlichen auch von der der verfassungsrechtlichen Norm ab. Zunächst ist festzuhalten, dass es seit Bestehen des GG zu keiner einzigen solchen Entscheidung bei nur vier Anträgen kam, weshalb der Norm eine „Reservefunktion“ zugeschrieben wird.[2497] Dafür wird Art. 18 GG als zentraler Ausdruck der *Entscheidung zur wehrhaften Demokratie* im GG gelesen[2498], womit auch hier auf die diesbzgl. obigen Ergebnisse[2499], insb. die demokratietheoretischen Probleme,[2500] verwiesen werden kann.

Trotz der partiellen Friktionen des Feindstrafrechts *Jakobs*’ mit dem staatsschützenden Strafrecht – da das Feindstrafrecht weiter geht als die Normen der wehrhaften Demokratie[2501]; wie gezeigt werden soll, sind es aber die gleichen theoretischen Erwägungen, die hinter beiden Komplexen stehen – lassen sich viele Parallelen feststellen; gerade die Rechtsfolge des Art. 18 GG, die Aberkennung von

---

2490 Vgl. MüKo-*Steinmetz*, § 84, Rn. 1; NK-*Paeffgen*, § 84, Rn. 2; SK-StGB-*Rudolphi*, § 84, Rn. 3; LK-StGB-*Laufhütte/Kuschel*, § 84, Rn. 1.

2491 *Dazu Backes* 1970, S. 136ff. Er bezieht sich insg. auf *Čopić* 1967, S. 121, dort auch mit weiterer Kritik.

2492 Vgl. MüKo-*Steinmetz*, § 84, Rn. 2; NK-*Paeffgen*, § 84, Rn. 2; SK-StGB-*Rudolphi*, § 84, Rn. 3; LK-StGB-*Laufhütte/Kuschel*, § 84, Rn. 1.

2493 Vgl. MüKo-*Steinmetz*, § 84, Rn. 2; differenziert SK-StGB-*Rudolphi*, § 84, Rn. 3 u. AK-StGB-*Sonnen*, § 84, Rn. 4.

2494 Siehe dazu *Schmitt Glaeser* 1968, S. 63ff. Die präventive Ausrichtung wird im Verlauf dieses Abschnitts vertieft.

2495 Siehe insg. oben, E. I. 2. d) aa), S. 240, insb. E. I. 2. d) bb), S. 245 u. E. I. 2. d) dd), S. 248.

2496 Vgl. *Deiters* 2003, S. 320.

2497 Vgl. Sachs-*Pagenkopf*, Art. 18, Rn. 7 u. AK-GG-*Gusy*, Art. 18, Rn. 9.

2498 Siehe Maunz/Dürig-*Dürig/Klein*, Art. 18, Rn. 2; AK-GG-*Gusy*, Art. 18, Rn. 11. Krit. zur sehr einseitigen Nutzung des Art. 18 GG als *Legitimator* u. nicht *Limitierer* des politischen Strafrechts *Backes* 1970, S. 82. Zur Kritik an der Argumentation mit „Grundentscheidungen“ oben, E. I. 1. a) aa), S. 217.

2499 Siehe oben, E. I. 1. a) aa), S. 217.

2500 Deutlich dazu zusätzlich AK-GG²-*Ridder*, Art. 18, Rn. 5.

2501 Dazu oben, C. II. 5. e), S. 190.

Grundrechten, zeigt, dass die entsprechenden gesellschaftspolitisch-demokratietheoretischen Bedenken auch hier gelten. Obwohl z.T. betont wird, dass es nicht um die völlige Rechtlosstellung bzw. „Entbürgerlichung" gehe, werden Betroffene wegen ihrer oppositioneller Betätigung von der Nutzung basaler Grundrechte abgehalten, wenn ihnen diese nicht sogar völlig entzogen werden. Insoweit ist das Ausmaß der Rechtsfolge des Art. 18 GG umstritten. Schon im Parlamentarischen Rat bezeichnete *T. Dehler* (FDP) die Rechtsfolge als „Vogelfreiheit", weswegen nur das BVerfG eine solche Entscheidung treffen könne.[2502] Auch wenn dies heute i.d.S. geregelt ist, ändert dies nichts an der harschen, nach wie vor möglichen Rechtsfolge. Deutlich *Wernicke*:

> „Das verwirkte GR. hat der Rechtsträger eingebüßt. Er steht, juristisch gesehen, dann so da, als existiere für ihn das betreffende GR. überhaupt nicht. Damit ist er gewissermaßen ‚out of law'. Das allein dürfte die gebührende Antwort sein, die die freiheitliche Demokratie mit der – bewußt undemokratischen, weil intoleranten – Verwirkungsbestimmung des Art. 18 ihren Feinden erteilen will."[2503]

Dies wird in der Lit. aber auch anders gesehen;[2504] explizit gegen *Wernicke* argumentieren *Dürig / Klein.*[2505] Wenn dort aber dort aber hervorgebracht wird, es gehe nicht um eine „Entbürgerlichung", sondern „lediglich" eine „Entpolitisierung", wird der konkrete Unterschied zwischen beiden Merkmalen nicht klar, zeichnet sich doch der Bürger in einer Demokratie gerade durch seine politische *Beteiligung* aus[2506]. Dazu weist *Schmitt Glaeser* darauf hin, dass unter Zugrundelegung der Position *Schmitts* „das Politische" eben kein abgegrenztes Sachgebiet darstellt, sondern jeden Bereich erfassen kann, was die Einschränkung der anerkennbaren Grundrechte auf *politics* erschwert.[2507] Unter diesen Prämissen liest sich die Bemerkung von *Dürig / Klein,* obwohl sie wohl beschwichtigend gemeint ist, recht militant:

> „Es geht niemals um Existenzvernichtung, absolutes Mundtotmachen usw., sondern immer nur um Eliminierung des Einzelnen oder der Gruppe aus dem politischen Kampffeld."[2508]

Als *Grund* für diese Auslegung nennt *Dürig*, dass eine „Aberkennung des Grundrechtes als solchem" ein Verstoß gegen das Postulat der unveräußerlichen Menschenrechte darstellen würde. Stattdessen werde dem Betroffenen bloß das *„Ausfluß*

2502 *Dazu Matz,* JöR 1951, S. 174.
2503 BK-*Wernicke*, Art. 18, 2 d) β). Ähnl. u. zusätzlich mit dogmatischen Erwägungen *Thiel* 2003, S. 147.
2504 Z.B. von V. Mangoldt/Klein/Starck-*Becker*, Art. 18, Rn. 8; *Papier/Durner,* AöR 2003, S. 349 u. Sachs-*Pagenkopf*, Art. 18, Rn. 13.
2505 Vgl. Maunz/Dürig-*Dürig/Klein*, Art. 18, Rn. 103. Ähnl. V. Mangoldt/Klein/Starck-*Becker*, Art. 18, Rn. 8 u. *Schmitt Glaeser* 1968, S. 180ff.
2506 Hierzu nur *Zippelius* 2010, § 43 I Nr. 1, unter Berufung auf *Aristoteles.*
2507 Vgl. *Schmitt Glaeser* 1968, S. 190; zu *Schmitt* oben, B. I. 3., S. 24.
2508 Maunz/Dürig-*Dürig/Klein*, Art. 18, Rn. 16.

*und Ausübungs*recht" der Grundrechte aberkannt.[2509] Es drängt sich die Frage nach dem praktischen Unterschied einer Aberkennung des *Rechts* und einer Aberkennung des „Ausübungs*rechts*" eines Rechts auf – für *Dürig* ist es, dass bei seiner Lösung der „Grundsatz der Gesetzmäßigkeit der Exekutive" bestehen bleibe. Diese paradoxe Situation: Keine Berufungsmöglichkeit auf das Recht durch den „Verwirkenden", allerdings Bindung des Staates an das Recht – erinnert an die als problematisch erkannte Argumentation einer „asymmetrischen Rechtsgeltung" durch *Jakobs*[2510]. Das zu goutierende und zutreffende Ergebnis der Gesetzesbindung der Verwaltung dürfte hier eher Folge der *übrigen*, nicht verwirkten Rechte des Betroffenen sein.[2511] In Ermangelung eines praktischen Unterschiedes zwischen „bloßer" Aberkennung des Ausübungsrechts und des Rechts selbst[2512] ist eher davon auszugehen, *dass* zwischen Art. 18 GG und der Vorstellung unveräußerlicher Menschenrechte Friktionen bestehen, die sich auch durch diese eben nur vermeintlich „mildere" Auslegung nicht beseitigen lassen. Bezeichnend ist auch, dass z.B. *Dürig / Klein* vertreten, die Aufzählung der verwirkbaren Grundrechte sei nicht abschließend, sondern es könnte nötig sein, Personen weitere Rechte auf dem Boden des Art. 18 abzuerkennen.[2513]

Dies geschieht aus dem Motiv, ein „Mindestmaß an politischer Homogenität"[2514] zu sichern. Es erinnert in Weg und Ziel an die *Jakobs'*sche und *Schmitt'*sche Exklusion von Feinden. *Jakobs* geht es um eine „(partielle) Depersonalisierung"[2515] der Feinde, *Schmitt* führt das Wort der „Schmälerung der Persönlichkeit"[2516] im Munde. Deutlich zur Wirkung Art. 18 GG i.d.S. *W. Schmitt Glaeser*:

> Der Betroffene verliert für die Zukunft nicht nur ein Recht (Anspruch), sondern wird in seiner Rechtsposition, nämlich in seiner Rechtsstellung als Grundrechtsträger beeinträchtigt. Der Verwirkungsbetroffene ist in diesem Sinne kein vollwertiges Glied der Gemeinschaft mehr.[2517]

Den exkludierenden Charakter dieser Norm verdeutlicht auch *H. Ridder* mit folgender Formel:

> „‚Verwirkung' politisch verwendbarer und verstandener Grundrechte = totale oder partielle Auststoßung des Bürgers aus der communitas politica [...]".[2518]

2509 Vgl. *Dürig*, JZ 1952, S. 517f.

2510 Hierzu: oben, C. I. 3. c) cc), S. 157).

2511 Dazu u. grds. kritisch zu *Dürig* v. Mangoldt/Klein²-*Klein*, Art. 18, Anm. III, 2, 3).

2512 *Thiel* 2003, S. 147 u. *Schmitt Glaeser* 1968, allg. S. 177f., konkret gegen *Dürig* auf S. 217.

2513 Maunz/Dürig-*Dürig/Klein*, Art. 18,30ff., *dag.* wieder *Thiel* 2003, S. 154ff. u. ausführlich *Schmitt Glaeser* 1968, S. 194ff.

2514 Maunz/Dürig-*Dürig/Klein*, Art. 18, Rn. 18.

2515 Siehe hierzu oben, C. I. 3. c) aa) (2), S. 141.

2516 *Schmitt Glaeser* 1968, S. 173.

2517 *Schmitt Glaeser* 1968, S. 173.

2518 *Ridder*, DÖV 1963, S. 323.

Es finden sich weitere Ähnlichkeiten: Als wichtigste Konsequenz der Verwirkung wird „die Befugnis des Gesetzgebers zu verstärkten *gesetzlichen* Eingriffen in den Grundrechtsbereich“[2519] der exkludierten Personen angesehen. Dies geht in die Richtung von *Jakobs*' Vorschlag, für bestimmte Gruppen (nämlich: *Feinde*) ein „eigenes“ Strafgesetzbuch zu erlassen, das nicht an die rechtsstaatlichen Fesseln wie subjektive Rechte gebunden ist. Interessant ist hier der Blick auf die Schutzrichtung des Art. 18 GG. Dessen Verhältnis zum *strafrechtlichen* Staatsschutz wird z.T. als zweispurig bezeichnet. Letzteres knüpfe i.S. der klassischen Strafe als repressive Antwort auf „Tatbestände, die sich traditionellerweise im sittlichen Bewusstsein des Volkes als ‚*crimen*‘ darstellen“ an. Auch wenn eine solch repressive Natur des politischen Strafrechts zu bezweifeln ist[2520], bewirkt Art. 18 GG hingegen unbestritten „*zusätzlich* [...] die Möglichkeit des *präventiven* Verfassungsschutzes durch die gerichtliche „*Maßnahme*“ zur Entpolitisierung *pro futuro*“.[2521] Es geht bei Art. 18 GG nicht um Schuld, sondern Gefährlichkeit.[2522] Dies zeigt sich schon an der zwangsläufig erst *ex nunc* wirkenden Rechtsfolge der *Aberkennung* der Grundrechte, um zukünftigen Missbrauch zu unterbinden.[2523] Die zumindest vermeintliche Zweispurigkeit erinnert an die Aufteilung der Funktionen der Strafe in eine latente und eine offene, die *Jakobs* vorschlägt[2524] und wegen der („latent“ wirkenden) dem Feindstrafrecht eine Verletzung des Schuldprinzips zugunsten der Prävention vorgeworfen wird[2525] – dies gilt auch hier, wo *tatsächlich* beide „Spuren“ als präventiv erscheinen.

f) §§ 84, 85 StGB – Flankierung der Art. 9 Abs. 3, 21 Abs. 2 GG: Substanzhaft-funktionalistische Argumente, Gesinnungsmäßigkeit und demokratietheoretische Probleme

Nun sind noch die *Organisationsdelikte* zu untersuchen, die ebenfalls Entscheidungen des BVerfG flankieren. §§ 84, 85 StGB[2526] pönalisieren das Aufrechterhalten des organisatorischen Zusammenhalts einer verfassungswidrigen Partei oder einer unanfechtbar

---

2519 Maunz/Dürig-*Dürig/Klein*, Art. 18, Rn. 96 [Herv. F.F.].

2520 Hierzu oben, E. I. 1. b), S. 225.

2521 Siehe Maunz/Dürig-*Dürig/Klein*, Art. 18, Rn. 125f., auch für beide wörtlichen Zitate. Zur präventiven Funktion des Art. 18 GG auch als Abschreckung in Form eines „drohenden Verwirkungsdelikts“ schon vor dem tatsächlichen Einsatz auch *Thiel* 2003, S. 129f. u. *Schmitt Glaeser* 1968, S. 62ff.

2522 Vgl. *Dürig*, JZ 1952, S. 516f.; *Ridder* 1965, S. 27; abwägend *Jahn* 1998, S. 215 u. *Čopić* 1967, S. 110.

2523 Hierzu *Schmitt Glaeser* 1968, S. 63ff. Für ihn ist der repressive Aspekt ein bloß untergeordneter.

2524 Dazu oben, C. I. 3. b) cc) (1), S. 134.

2525 Siehe oben, C. II. 5. c) aa), S. 187.

2526 Zur Vergleichbarkeit beider Normen SK-StGB-*Rudolphi*, § 85, Rn. 1; LK-StGB-*Laufhütte/Kuschel*, § 85, Rn. 1.

verbotenen Vereinigung als „Rädelsführer" oder „Hintermann". Daneben steht die Betätigung als Mitglied oder – sogar – das bloße Unterstützen der Organisation als Außenstehender unter Strafe.[2527] Diese Normen knüpfen, wie § 84 Abs. 3 S. 2 StGB an Art. 18 GG, ihrerseits an gerichtliche Verbotsentscheidungen gem. Art. 9 Abs. 2 GG (das Vereinsverbot, strafrechtlich flankiert von § 85 StGB) bzw. Art. 21 Abs. 2 GG § 33 ParteiG (Also das Parteienverbot, flankiert von § 84 StGB) an.[2528] Dabei ist das Vereinsverbot die einzige praktisch bedeutsame dieser Regelungen[2529]; Art. 21 Abs. 2 GG privilegiert der Intention nach Parteien, indem dem BVerfG ein Entscheidungsmonopol zukommt, wodurch Parteien anders als Vereine nicht durch die Exekutive verboten werden können.[2530] Wieder geraten so auch diese Verfassungsnormen der wehrhaften Demokratie in das Blickfeld auch der strafrechtlichen Betrachtung.

Dort zeigt gerade das Parteienverbot des Art. 21 Abs. 2 GG mit der Eröffnung der Möglichkeit, Parteien aus dem politischen Prozess auszuschließen, trotz des eigentlich privilegierenden Entscheidungsmonopols des BVerfG das klassische Paradoxon der wehrhaften Demokratie (treffend *R. Streinz*: „Suizid aus Angst vor dem Tod"[2531]). Ansonsten lassen sich die selben Schlüsse ziehen wie i.F.d. § 84 Abs. 3 S. 2 StGB; hier wie dort wirken die *wehrhafte Demokratie* und die *fdGO* als deren Schutzgut[2532] im hier festgestellten Sinne[2533]. Besonders hervorzuheben ist die *Gesinnungsabhängigkeit*, der Zugriff auf das *forum internum*. Dies wird erneut durch die tatbestandliche Unschärfe der Ursprungsnormen befördert.[2534] Im Fall von Organisationsverboten gilt dies umso mehr:

Da die Möglichkeiten der *Außenwirkung* der verbotenen Organisationen, also die der Verfolgung ihrer politischen Ziele, dann sowieso schon stark eingeschränkt sind[2535], liegt hier der Schluss nahe, dass durch die zusätzliche Strafbewährung die politische Betätigung noch weitergehend auch im *Innenbereich* unterbunden werden soll. Die hier betrachteten Normen scheinen somit eher der „politischen Hygiene" als der konkreten Gefahrenabwehr zu dienen.[2536] Dies kumuliert mit der Vorverlagerung der Gefahrenbekämpfung, die Art. 21 Abs. 2 GG vornimmt.[2537]

2527 Vgl. zu einer Übersicht über die Tathandlungen auch *Deiters* 2003, S. 320f.

2528 Zur Vergleichbarkeit: *Schmitt Glaeser*, JZ 1970, S. 59f.

2529 Dazu *Papier/Durner*, AöR 2003, S. 352.

2530 Vgl. Dreier-GG-Morlok, Art. 21, Rn. 148.

2531 V. Mangoldt/Klein/Starck-*Streinz*, Art. 21, Rdnr. 214. Abwägend *Morlok*, NJW 2001, S. 2932. Siehe zu diesem Problemfeld ausführlich oben, B. II. 3., S. 83 insb. Fn. 869.

2532 Zu diesen als Schutzgut der §§ 84, 85 StGB NK-*Paeffgen*, § 84, Rn. 3; AK-GG-*Gusy*, Art. 21, Rn. 119ff.; *Thiel* 2003, S. 198.

2533 Siehe oben, E. I. 1. a), S. 216.

2534 Siehe *Backes* 1970, S. 125. Sehr deutlich, auch anhand konkreter Beispiele aus der Rspr. *Hannover* 1977, S. 905f. Zur tatbestandlichen Unschärfe, insb. mit Blick auf Art. 21 Abs. 2 GG *Thiel* 2003, S. 199f.

2535 Zu den Folgen eines Parteienverbots *Morlok*, NJW 2001, S. 2941.

2536 So *Deiters* 2003, S. 322; diese Formulierung verwendet ähnl. *Čopić* 1967, S. 5.

2537 Dazu AK-GG²-*Ridder*, Art. 21, Abs. 2, Rn. 41.

Interessant ist nun, dass gerade *Jakobs* betont, dass das *forum internum* nicht zwangsläufig an den „Grenzen der Haut“ entlang verläuft, sondern den gesamten nicht-störenden Privatbereich umfasse (hier z.B.: Im Innenbereich einer Organisation).[2538] Dies zeigt die Kompatibilität dieser Norm zur präskriptiven Seite der Theorie des Feindstrafrechts und zugleich dessen deskriptives Potential: Anknüpfungspunkt der Strafbarkeit ist eine sich ausschließlich im privaten Bereich abspielende, von einer politischen Überzeugung getragene Tätigkeit unabhängig davon, ob diese fremde Rechtsgüter zu verletzen vermag; somit widersprechen diese Regelung ebenso wie das Feindstrafrecht den Prinzipien eines rechtsstaatlichen Strafrechts.

Indem §§ 84, 85 StGB ebenfalls kaum *praktische* Zwecke verfolgen, erscheinen auch sie zusätzlich als besonders *vorverlagernde, abstrakte Gefährdungsdelikte* („*Ungehorsamkeitsdelikte*“). Incl. der daraus folgenden Konsequenzen, die i.R.d. Analyse der Verunglimpfungsdelikte gesehen wurden: Friktionen mit dem Schuld- und dem Verhältnismäßigkeitsprinzip und eine Totalisierung des Geltungsanspruchs der herrschenden normativen Ordnung, deren Schutz zum Selbstzweck wird.[2539]

g) §§ 86, 86a) StGB – Verbreitung von Propagandamaterial und Verwenden von Kennzeichen: Dezisionismus und Gesinnungsmäßigkeit, demokratietheoretische Probleme

In die entgegengesetzte Stoßrichtung wie §§ 84, 85 wirken §§ 86, 86a) StGB: Deren Normzweck ist nicht die Bestrafung privater Handlungen, sondern die der öffentlichen Verbreitung bestimmten Gedankenguts.[2540] § 86 StGB pönalisiert die Verbreitung von Propagandamitteln verbotener Organisationen im Inland, deren Herstellung zu diesem Zweck im In- und Ausland und die Zugänglichmachung dieser mittels Datenspeichern. § 86 a) StGB erfasst Kennzeichen verfassungswidriger Organisationen, damit eher indirekte Propaganda.[2541]

Auch diese Straftatbestände sind, wie das Strafrecht der wehrhaften Demokratie allgemein, tatbestandlich unscharfe[2542], vorverlagernde abstrakte *Gefährdungs- resp. Ungehorsamkeitsdelikte*, die *explizit* die *fdGO* schützen sollen,[2543] obwohl deren

2538 Siehe oben, C. I. 3. c) aa) (1), S. 139.

2539 Zu §§ 90f. StGB oben, E. I. 2. d) aa), S. 240, insb. E. I. 2. d) bb), S. 245 u. E. I. 2. d) dd), S. 248. Für w.N. zu § 84 StGB oben, E. I. 2. e), S. 250. Zu § 85 z.B. MüKo-*Steinmetz*, § 85, Rn. 3. u. NK-*Paeffgen*, § 84, Rn. 3. In Rn. 5 zeigt er den Bezug zu *Schmitt* u. den „totalen Staat“ auf.

2540 Vgl. *Deiters* 2003, S. 323. A.A. aber *Hörnle* 2005, S. 268ff. die hier eine ähnliche, eher „interne“ Wirkung wie *Deiters* bzgl. §§ 84, 85 StGB feststellt, dazu oben, an Fn. 2536.

2541 Vgl. auch hierzu insg.: *Deiters* 2003, S. 323.

2542 NK-*Paeffgen*, § 86a, Rn. 14 spricht von der „aberwitzigen Weite“ des § 86a) StGB.

2543 Hierzu MüKo-*Steinmetz*, § 86), Rn. 1f u. 86a) Rn. 1f.; LK-StGB-*Laufhütte/Kuschel*, § 86, Rn. 1 u. § 86a), Rn. 1f.; NK-*Paeffgen*, § 86, Rn. 2 u. § 86a, Rn. 2 u. 4, dort insb. zur Vorverlagerung; auch Matt/Renzikowski-*Becker*, § 86, Rn. 1 u. § 86a), Rn. 12,

Praktikabilität dafür fraglich ist.[2544] Auch hier ist eine besondere präventive, insb. prozessuale Bedeutung dieser materiellen Normen festzustellen.[2545]

Zentral ist dabei das Problem der dezisionistisch-gesinnungsabhängigen Anwendbarkeit: § 86 Abs. 3 StGB (auf den § 86a Abs. 3 StGB verweist) enthält eine sog. *Sozialadäquanzklausel*; diese führt zu einer in jedem Fall vorzunehmenden – und naturgemäß nur eingeschränkt vorhersehbaren[2546] – Einzelfallabwägung, insb. mit Art. 5, dort v.a. Abs. 3 GG.[2547] Das leistet dem Eindruck einer eigentlich politischen Dezision durch die Gerichte Vorschub. *Seibert* dokumentiert zahlreiche differierende, z.T. beliebig wirkende Urteile und resümiert, auch auf die gleich zu vertiefenden Fälle eines Tatbestandsausschlusses gemünzt, dass diese Klausel „erlaubt, was man für opportun hält – und den Gesinnungsfreund zu bestrafen, erscheint nicht als opportun" – spiegelbildlich kann auch der Gesinnungsfeind bestraft werden, wenn dies als opportun erscheint.[2548] Parallele Phänomene zeigen sich hier bei mehreren Delikten und werden i.R.d. vergleichbaren Verwerflichkeitsklausel des § 240 StGB vertieft betrachtet.[2549] § 86a) StGB erfasst viele Handlungen, die dem Schutzzweck der Norm nicht widersprechen – hier ist an durchgestrichene Hakenkreuze oder sonstige eindeutig-distanzierende Verwendungen zu denken. Dies macht eine zusätzliche Einschränkung (auf Tatbestandsebene oder mittels § 86a Abs. 3 StG) nötig.[2550] Dass es entgegen der hier eindeutigen BGH-Rspr. in solchen Fällen immer

auch dort v.a. zur Vorverlagerung; AK-StGB-*Sonnen*, § 86a, Rn. 5. Zusätzlich wird das ebenfalls diffuse Gut des „politischen Friedens" geschützt, vgl. BGH, NJW 2007, 1602. Dazu *Hörnle* 2005, S. 267f. u. *Hörnle,* NStZ 2007, dort auch mit Kritik am BGH auf S. 699.

2544 Dazu ausführlich, v.a. aus medienwissenschaftlicher Warte AK-StGB-*Sonnen*, § 86, Rn. 10ff.; NK-*Paeffgen*, § 86, Rn. 9; Fischer-StGB, § 86, Rn. 2; indifferenter Matt/Renzikowski-*Becker*, § 86, Rn. 1; insb. zu § 86 a) StGB deutl. *Hörnle* 2005, S. 270f. u. Fischer-StGB, § 86a), Rn. 2a)f.

2545 Hierzu NK-*Paeffgen*, § 86, Rn. 9; so, auch mit Kritik, *Hörnle* 2005, S. 267.

2546 Dazu oben, in u. an Fn. 2443.

2547 Siehe hierzu MüKo-*Steinmetz*, § 86, Rn. 37ff. u. insb. MüKo-*Steinmetz*, § 86a), Rn. 23ff.; NK-*Paeffgen*, § 86a), Rn. 38 u. NK-*Paeffgen*, § 86a), Rn. 19; LK-StGB-*Laufhütte/Kuschel*, § 86, Rn. 36ff. u. LK-StGB-*Laufhütte/Kuschel*, § 86 a), Rn. 32; Matt/Renzikowski-*Becker*, § 86, Rn. 15, 18 u. allg. AK-StGB-*Sonnen*, § 86, Rn. 1.

2548 Siehe *Seibert,* myops 2008, S. 31ff. Krit. zur „Kasuistik" Matt/Renzikowski-*Becker*, § 86a), Rn. 12, abwägend LK-StGB-*Laufhütte/Kuschel*, § 86a), Rn. 15. Allg. zum Zusammenhang von Unbestimmtheit, Gesinnungsabhängigkeit u. Dezisionismus oben, D. II. 3., S. 212.

2549 Siehe hierzu unten, E. II. 2. b) aa) (2) (a), S. 326.

2550 So BGHSt 25, 30; BGHSt 25, 133; BGH, NJW 2007, 1602; Fischer-StGB, § 86a), Rn. 2a)f.; MüKo-*Steinmetz*, § 86a), Rn. 23 m.w.N., auch aus der Rspr., in Fn. 121. Strittig ist, ob dies im Wege eines Tatbestandsausschlusses oder der Sozialadäquanzklausel geschehen soll. *Steinmetz*, a.a.O, Rn. 25 für eine Lösung über §§ 86a) Abs. 3; LK-StGB-*Laufhütte/Kuschel*, § 86a), Rn. 26 für einen vorrangigen Tatbestandsausschluss.

wieder zu vorinstanzlichen Verurteilungen, Anklageerhebungen oder Ermittlungsverfahren kommt, zeigt die diesbzgl. Probleme dieser weiten und daher flexiblen Norm auf.[2551]

Auch hier sind Friktionen mit den *Kommunikationsgrundrechten* Folge der Delikte, die explizit politische Meinungsäußerungen erfassen. So ist deren Natur als *allgemeine Gesetze* gem. Art. 5 Abs. 2 GG strittig.[2552] Für das BVerfG ist die Einschränkung der politischen Kommunikation expliziter Normzweck des § 86a) StGB: Es gehe um die „Verbannung" der Kennzeichen aus dem „politischen Leben", um die „Errichtung eines kommunikativen Tabus".[2553] Dies offenbart totalitäre Tendenzen und Konflikte mit dem Demokratieprinzip[2554], gerade in *Kelsens* dynamischem Zuschnitt.

h) §§ 89a), 89b), § 89c), 91 StGB: Neue Anti-Terror-Gesetze

Die Diskussion um die wehrhafte Demokratie wurde gerade in der jungen BRD anlässlich der damals empfundenen Bedrohung durch den Kommunismus geführt; viele der eben betrachteten Straftatbestände wurden als Reaktion darauf in das StGB eingeführt.[2555] Seit dem *11. September 2001*, noch einmal intensiviert durch die Erfolge des sog. *Islamischen Staates* und dessen Anschlägen in Europa[2556], hat sich der Fokus auf den islamistischen Terrorismus gerichtet. Nun sollen neuere Strafgesetze, die als Antwort auf diese Terroristische Bedrohung eingeführt worden sind, auf Ähnlichkeiten mit den eben betrachteten Normen untersucht werden.

So traten 2009 §§ 89a), 89b), 91 StGB in Kraft. Wie erwähnt[2557] schützen sie, anders als die oben betrachteten Normen, nicht explizit oder implizit die *fdGO*, sondern neben bestimmten Verfassungsprinzipien den *Bestand* nicht nur der Bundesrepublik,

---

2551 Allg. dazu *Seibert*, oben, Fn. 2548; zu vorinstanzlichen Verurteilungen die Revisionsentscheidungen des BGH, w.N. oben, Fn. 2550, insb. BGH, NJW 2007, 1602, dem das stark umstrittene, selbst im Bundestag diskutierte (Bt.-Ds. 16/2924, S. 16) Urteil des LG Stuttgart, 18 KLs 4 Js 63331/05 voranging. Dazu Hörnle, NStZ 2007, auch oben, Fn. 2543; zum Verhalten der StAen z.B. die Vorgänge um die Proteste gegen den Zapfenstreich in Dresden, wo u.A. *SS-Runen* verwendet wurden, hierzu *Beutner*, 11.02.2015 u. *Beutner/ Eichler*, 2015.

2552 Insb. i.F.d. § 86 StGB: Zu diesem Streit NK-*Paeffgen*, § 86, Rn. 14, 22.

2553 BVerfG, NJW 2006, 3050, 3051.

2554 Krit. insofern NK-*Paeffgen*, § 86a), Rn. 2 u. insb. *Hörnle* 2005, S. 276f. u. *Hörnle*, NStZ 2007, S. 699. Auch Fischer-StGB, § 86a), Rn. 2a)f., zust. Matt/Renzikowski-*Becker*, § 86a), Rn. 1.

2555 Siehe oben, Fn. 2360.

2556 Zum Zusammenhang *Lijnden*, LTO, 04.02.2015 u. ausführlich *Zöller*, GA 2016, insb. S. 95ff.

2557 Hierzu oben, E. I. 2. a), S. 231.

sondern *eines jeden Staates*. Diese heftig kritisierte[2558] Entkopplung des Schutzes eines Staates von dessen politischer (demokratischer, rechtsstaatlicher) Verfasstheit offenbart die Vorstellung eines staatlichen Selbsterhaltungsrechts[2559] kraft bloßer Existenz i.S. *Schmitts* auf paradigmatische Weise. *Gazeas/ Grosse-Wilde/ Kießling* sprechen daher von einer „geradezu aberwitzige[n] und zudem völkerrechtlich bedenkliche[n] Regelung“[2560], *Paeffgen* nennt die Norm eine „kriminalpolitische Ungeheurlichkeit“ und hält es zurecht „für einen demokratischen Rechtsstaat hochproblematisch“, wenn diese Norm „[i]n der Integrität eines jeden Staates einen strafrechtlich zu schützenden Eigenwert“ sieht.[2561]. Die methodische Besonderheit der *fdGO*-Argumentation, das Ausspielen einer vermeintlichen Verfassungssubstanz gegen konkret normierte Verfassungsnormen, das der Legitimität gegen Legalität i.S. *Schmitts* positivem Verfassungsbegriff,[2562] findet sich nicht explizit; dennoch setzt die Vorstellung eines *per se* bestehenden staatlichen Selbsterhaltungsrechts die Inwertsetzung des Staates bzw. seiner Existenz voraus, was mit einer personalisierenden, substantiellen Vorstellung dessen zumindest harmoniert.[2563] Diese klassisch-feindstrafrechtlichen[2564] Normen fügen sich damit ebenfalls in die vorliegende Untersuchung ein.

Ziel ist es, bestimmte Vorfeldtaten (aufgezählt in § 89a) Abs. 2 StGB) zu pönalisieren, bei denen §§ 30, 129a)f. StGB nicht greifen. Eigentlich straflose Vorbereitungshandlungen zu §§ 211, 212, 239a 239b StGB werden bestraft, wenn sie, so die *Staatsschutzklausel* des § 89a) Abs. 1 S. 2 Hs. 2

> „...nach den Umständen bestimmt und geeignet [sind], den Bestand oder die Sicherheit eines Staates oder einer internationalen Organisation zu beeinträchtigen oder Verfassungsgrundsätze der Bundesrepublik Deutschland zu beseitigen, außer Geltung zu setzen oder zu untergraben.“

§ 89b) StGB erfasst die Kontaktaufnahme mit Vereinigungen i.S.d. §§ 129a)f. StGB in der Absicht, sich in der Begehung einer Tat i.S.d. § 89a) StGB unterweisen zu lassen, § 91 StGB das Anpreisen, Zugänglichmachen oder Verschaffen einer Schrift, die geeignet ist, als Anleitung dazu zu dienen.

2558 *Gazeas/Grosse-Wilde/Kießling*, NStZ 2009, S. 595; NK-*Paeffgen*, § 89a), Rn. 8; *Rautenberg* 2014, S. 43; *Zöller*, GA 2016, S. 101f. u. *Steinsiek* 2012, 275ff., insb. 279, auch zum Anwendungsproblemen des dt. Strafrechts.

2559 So NK-*Paeffgen*, § 89a), Rn. 9. Ähnl. *Haverkamp* 2010, S. 383.

2560 *Gazeas/Grosse-Wilde/Kießling*, NStZ 2009, S. 595.

2561 NK-*Paeffgen*, § 89a), Rn. 8f.

2562 Hierzu oben, E. I. 1. a) aa), S. 217.

2563 Siehe zu den Verbindungen i.R.d. Betrachtungen der *fdGO* oben, E. I. 1. a) bb), S. 222.

2564 Ausführlich u. differenziert *Rautenberg* 2014, S. 116ff. m.w.N. in Fn. 350. Auch *Steinsiek* 2012, S. 209ff., insb. S. 213f.; NK-*Paeffgen*, § 89a), Rn. 1; *Haverkamp* 2010, S. 399; *Beck* 2009, S. 30f. A.A. *Radtke/Steinsiek*, ZIS 2008, S. 383.

Diese abstrakten Gefährdungsdelikte sind mit Blick auf zahlreiche Tatbestandsmerkmale[2565] und insb. die Staatsschutzklausel[2566] auffallend unbestimmt formuliert. Treffend das Fazit von *Zöller*:

> „In Unterschreitung nahezu aller Standards für die Formulierung von Gesetzestexten sind hier in bislang kaum gekanntem Ausmaß unbestimmte und – mangels Parallelen im bisherigen Recht – auch kaum sinnvoll bestimmbare Rechtsbegriffe gebündelt worden."[2567]

Gerade für die Staatsschutzklausel reicht, wie bspw. *R. Haverkamp* betont, lt. Gesetzesbegründung und BGH aus, dass die Taten durch ihren „Verstoß gegen Verfassungsgrundsätze ihren besonderen Charakter" gewinnen. Dafür genügt die Erschütterung des „Vertrauen[s] der Bevölkerung [...], vor gewaltsamen Einwirkungen in ihrem Staat geschützt zu sein."[2568] Neben der grds. eindeutig präventiven Ausrichtung und der Eignung als „Türöffner" für prozessrechtliche bzw. polizeilich-präventive Eingriffe – die Repression ist von untergeordneter Bedeutung, dies schon wegen den erwartbar wenigen Verurteilungen und dem fehlenden Bedürfnis, Strafbarkeitslücken zu schließen[2569] – geht es primär um Symbolik, um Klimaschutz i.S. *Jakobs*': Nicht die *objektive* Gefährlichkeit ist entscheidend, sondern „nebulöse gefühlte Sicherheiten".[2570] *Steinsiek* betont hier die Symbolhaftigkeit der realiter kaum wirksamen Normen, die über legitime Interessen der positiven Generalprävention noch hinausgingen. Interessant auch

---

2565 Siehe *Gazeas/Grosse-Wilde/Kießling*, NStZ 2009, S. 597 zu § 89a) Abs. 2 Nr. 1 Var. 5 u. S. 596 zum neu eingeführten Begriff „Fertigkeiten". Für Fischer-StGB, 89a), Rn. 29 ist dieses Merkmal „unbegrenzt offen". *Zöller*, GA 2016, S. 101; Ähnl. *Haverkamp* 2010, S. 389f.; mit weiteren Bsp. auf S. 388ff. Insg. *Backes*, StV 2008, S. 658; ausführliche Kritik an den einzelnen Merkmalen bei *Steinsiek* 2012, S. 313ff u. *Rautenberg* 2014, S. 272ff. Auch *Radtke/Steinsiek*, ZIS 2008, S. 388 u. *Beck* 2009, S. 24ff., auch zu § 91 StGB. A.A. BGH, NJW 2014, 3459 (3461), zust. *Sinn/Moeller*, ZJS 2015, S. 233f. dag. aber *Mitsch*, NJW 2015, S. 210ff.

2566 Krit. *Gazeas/Grosse-Wilde/Kießling*, NStZ 2009, S. 594f.; *Haverkamp* 2010, S. 384ff. u. *Zöller*, GA 2016, S. 101f. Siehe insg. auch unten, Fn. 2582. A.A. BGH, NJW 2014, 3459 (3461).

2567 *Zöller*, GA 2016, S. 101.

2568 Siehe zu den Zitaten BGH, NJW 2014, 3459 (3464) in Rekurs auf BT-Drs. 16/12428, S. 14. Vgl. insg. dazu *Haverkamp* 2010, S. 386.

2569 Stand 2014 wurde gegen 57 Beschuldigte ermittelt, es kam zu nur einer Verurteilung gem. § 91 StGB; eine Verurteilung *alleine* wegen dieser Normen gab es bis dahin nicht, vgl. *Rautenberg* 2014, S. 36; allg. S. 115ff. u 136ff. Siehe zu diesen Ergebnissen auch *Oehmichen/ Klukkert*, 2012, insb. S. 5ff. So auch NK-*Paeffgen*, § 89a), Rn. 1, 3; Fischer-StGB, § 89a), Rn. 8f. u. 89b), Rn. 2; *Gazeas/Grosse-Wilde/Kießling*, NStZ 2009, S. 593; *Backes*, StV 2008, S. 660; *Beck* 2009, S. 26ff., 31ff.; *Sieber*, NStZ 2009, S. 354; *Heinrich*, ZStW 2009, S. 121; *Steinsiek* 2012, S. 145 u. 375ff. u. *Radtke/ Steinsiek*, ZIS 2008, S. 392; *Sinn/Moeller*, ZJS 2015, S. 232.; *Zöller*, GA 2016, S. 98f.

2570 So *Haverkamp* 2010, S. 386. Zum symbolischen Strafrecht im Kontext auch oben, C. I. 3. b) dd), S. 136.

die Feststellung von Fischer: Die Tatsache, dass § 89a) StGB von *Gewalt*delikten spricht, aber mit §§ 239a)f. StGB Normen nennt, die *keine* Gewalt voraussetzen, sei nur mit „medialen Aspekten der rechtspolitischen Zielsetzung" zu erklären.[2571] Für *Zöller* ist diese extreme Vorverlagerung Folge irrationaler Ängste, von denen sich er Gesetzgeber nicht zuletzt aufgrund deren medialer Präsenz habe leiten lassen.[2572]. Dazu wird die Strafbarkeit bewusst extrem weit nach vorne geschoben:[2573] Erfasst werden eigentlich wertneutrale, objektiv-ungefährliche Handlungsweisen,[2574] die denen der §§ 30 und 129a)f. – für *Jakobs'* exemplarisch für eine feindstrafrechliche Vorfeldstrafbarkeit – noch einmal deutlich vorgelagert sind.[2575] Deutlich der BGH:

> „Die Strafbarkeit kann an objektive Tathandlungen anknüpfen, die per se keinen eigenen Unrechtsgehalt aufweisen. Die Norm beschreibt in Teilen vielmehr eher neutrale objektive Verhaltensweisen, die für sich genommen unverdächtig sowie sozialadäquat sind und sich allein wegen der mit ihnen verbundenen, auf irgendeine Weise manifest gewordenen Intention des Täters als tatbestandsmäßig erweisen."[2576]

Nötig sei eine restriktive Auslegung der subjektiven Erfordernisse: Bzgl. der staatsgefährdenden Gewalttat genüge bloßer Eventualvorsatz nicht, der Täter müsse „fest entschlossen" ist. Diese Restriktion auf subjektiver Tatseite ist aber nicht nur wegen der Bedenken bzgl. der Gesinnungsstrafbarkeit problematisch, die dadurch gerade nicht zerstreut werden.[2577] Schon die grds. Probleme der Ermittlung von *Interna* und die Unklarheit der Kategorie des *festen Entschlusses* i.F.v. bewusst die *Vorbereitungen* (auch fremder Taten) erfassenden Delikten sprechen gegen eine

---

2571 Fischer-StGB, § 89a), Rn. 12.

2572 Vgl. *Zöller*, GA 2016, S. 91.

2573 Vgl. NK-*Paeffgen*, § 89a), Rn. 1; *Haverkamp* 2010, S. 383 u. Fischer-StGB, § 89a), Rn. 3f. *Gazeas/Grosse-Wilde/Kießling*, NStZ 2009, S. 593 u. *Rautenberg* 2014, S. 70ff. betonen, dass das GVVG über die geplante Erfassung der Teilnahme an Terrorcamps und somit die EU-Vorgaben noch hinausgeht. W.N. zu kritischen Stimmen bei *Oehmichen/ Klukkert*, 2012, Fn. 117.

2574 *Gazeas/Grosse-Wilde/Kießling*, NStZ 2009, S. 593 u. S. 597: Chemienachhilfe u. Sprachunterricht, ähnl. zu § 91 StGB auf S. 602: Verteilen eines Chemie-Lehrbuchs; *Haverkamp* 2010, S. 383, 390: Beschaffung eines Fluchtfahrzeugs, die Ausbildung zur Nutzung des öffentlichen Nahverkehrs; *Rautenberg* 2014, S. 114: Umgang mit Geld, ebenso *Radtke/Steinsiek*, ZIS 2008, S. 389, 393, zusätzlich: Fahrunterricht. Vgl. auch *Beck* 2009, S. 28f.; Fischer-StGB, § 89a), Rn. 8 u. *Steinsiek* 2012, S. 180, dort aus Perspektive der Rechtsgutslehre.

2575 Dazu Fischer-StGB, § 89b), Rn. 3; *Radtke/Steinsiek*, ZIS 2008, S. 383; *Steinsiek* 2012, S. 64ff., 84ff.; *Sinn/Moeller*, ZJS 2015, S. 234f. u. 237.

2576 BGH, NJW 2014, 3459 (3465).

2577 Zu ähnl. Effekten des Urteils auch unten, Fn. 2584.

überzeugende Einschränkung.[2578] Es geht z.T. um die „Vorbereitung der Vorbereitung der Vorbereitung" einer Straftat.[2579]

Mit dem Bedeutungsverlust objektiver Gefährlichkeitskriterien gewinnen rein subjektive Anknüpfungspunkte an Gewicht.[2580] Für *Fischer* wird der „böse Wille" bestraft, es handele sich um eine

> „Vorverlagerung der Strafbarkeitsgrenze in einen Bereich, in dem sich der Unrechtszusammenhang fast ausschließlich aus Vorstellungen oder Absichten des Täters ergibt."[2581]

Die Konturlosigkeit der Staatsschutzklausel ermöglicht es zusätzlich, die Vorbereitung solcher Taten zu erfassen, die zwar einen extremistischen Hintergrund haben, aber nicht dem Charakter eines „Großanschlags" entsprechen.[2582] Wegen des klimaschützenden *Telos*', also der (schon bei *Jakobs* kritisierten[2583]) Relevanz der *Perspektive der Gesellschaft*, könnten dem Wortlaut nach (den der BGH allerdings restriktiv auslegt) nicht nur politische Extremisten, sondern auch sonstige Täter erfasst sein, sobald sie das Sicherheitsgefühl tangieren, wie z.B der Sexualverbrecher im Fall *Kampusch*.[2584] Zwar fordert der BGH,

> „dass die Belange des Staates auf dem Gebiet der inneren Sicherheit in vergleichbar schwerer Weise berührt werden, wie dies bei den weiteren Alternativen des § 120 II 1 GVG der Fall ist. Deren Voraussetzungen liegen [...] namentlich dann vor, wenn die Tat nach den konkreten Umständen geeignet ist, das innere Gefüge des Gesamtstaates zu beeinträchtigen oder sich gegen Verfassungsgrundsätze richtet. [Dies] ist insbesondere dann zu bejahen, wenn die Tat der Feindschaft des Täters gegen das freiheitlich-demokratische Staats- und Gesellschaftssystem der Bundesrepublik Deutschland entspringt."[2585]

2578 Ähnl. *Mitsch*, NJW 2015, S. 211; auch Fischer-StGB, § 89a), allg. in Rn. 39, konkret zum BGH sehr krit. in Rn. 40. Ähnl. *Sinn/Moeller*, ZJS 2015, S. 236 sowie 238 u. *Steinsiek* 2012, 254ff., 274, zu den Problemen der subjektiven Perspektive bzw. der Ermittlung von *Interna* insb. S. 261f. u. erneut 337; dazu auch *Zöller* 2009, S. 583.

2579 So *Gazeas/Grosse-Wilde/Kießling*, NStZ 2009, S. 601. Zust. NK-*Paeffgen*, § 89b), Rn. 2; *Zöller*, GA 2016, S. 104; *Haverkamp* 2010, S. 383, Fn. 15 u. *Steinsiek* 2012, S. 57. Auch Fischer-StGB, § 89b), Rn. 2.

2580 So *Gazeas/Grosse-Wilde/Kießling*, NStZ 2009, S. 594f.; *Gierhake* 2013, S. 295; *Rautenberg* 2014, S. 90ff.; *Zöller* 2009, S. 583; S/S-*Sternberg-Lieben*, § 89a), Rn. 1c.

2581 Fischer-StGB, § 89a), Rn. 8, Rn. 39.

2582 Deutlich *Gazeas/Grosse-Wilde/Kießling*, NStZ 2009, S. 594. Fischer-StGB, § 89a), Rn. 22f. (u. allg. Rn. 39) weist ebenfalls den stark-subjektiven Bezug der „Bestimmungs- und Eignungsklausel" nach, die über keine materiellen Anknüpfungspunkte verfügt; siehe auch *Steinsiek* 2012, S. 254ff.

2583 Hierzu oben, C. I. 3. b) aa), S. 127 u. oben, D. II. 4., S. 214.

2584 Siehe *Haverkamp* 2010, S. 386, Fn. 39.

2585 BGH, NJW 2014, 3459 (3464f.).

Dies mag die Erfassung derart nicht bewusst-staatsfeindlicher Delikte ausschließen, verstärkt durch den Rekurs auf die innere „Feindschaft" des Täters aber eher noch die Bedenken, hier läge eine Gesinnungskriminalisierung i.S.d. Feindstrafrechts vor.[2586] Damit werden *Interna* unabhängig von der konkreten Gefährlichkeit zum Anknüpfungspunkt extrem weiter Straftatbestände: Dies etabliert eine Gesinnungsstrafbarkeit bis zu täterstrafrechtlichen Elementen.[2587] *Steinsiek* stellt fest, dass wegen der immer noch bestehenden objektiven Merkmale kein Gesinnungsstrafrecht i.e.S. vorliege, aber ein Einstig in ein täterstrafrechtliches System zu erkennen sei.[2588] Ähnlich auch *Radtke/ Steinsiek*: Es bestünden „täterbezogen-präventive Aspekte", die Gesinnung sei aber „noch" nicht der einzige Anknüpfungspunkt; § 89a) Abs. 2 Nr. 1 (des hier gleichen Ref-E) bewege sich „an der Grenze eines Gesinnungsstrafrechts, überschreitet diese jedoch nicht."[2589] *Rautenberg* hält die objektiven Anknüpfungspunkte für ein (materiell entbehrliches) Feigenblatt, um „den Vorwurf des Gesinnungsstrafrechts zu entkräften".[2590] *Fischer* resümiert, dass dies „außerordentlich" sei, „wohl *zu* nahe daran, nicht gefährliche Taten, sondern präsumtiv gefährliche Täter zu ‚bestrafen'."[2591] Folgen sind ein unverhältnismäßig scharfer Zugriff des Strafrechts[2592] im Stile der *Jakobs*'schen Feindbehandlung und Ähnlichkeiten mit der umfassenden Kriminalisierung eines totalitären Strafrechts.[2593] Zusätzlich wird darauf hingewiesen, dass die Normen – ebenfalls ein allgemeiner Zug der entsprechenden Argumentation[2594] – mit den Kommunikationsgrundrechten konfligieren; so verletzen insb. § 89a) StGB und § 91 StGB, die das Sich-Unterweisen-lassen und das Sich-Verschaffen einer Schrift pönalisieren, die Meinungsäußerungs- und die

2586 Siehe auch BGH, NJW 2014, S. 3466, wo die Haltung des Täters der zentrale Anknüpfungspunkt der Strafe ist.

2587 Allg. NK-*Paeffgen*, § 89a), Rn. 2ff. u. *Haverkamp* 2010, S. 399; *Gierhake* 2013, S. 295; *Sinn/Moeller*, ZJS 2015, S. 235; *Steinsiek* 2012, S. 239ff; *Rautenberg* 2014, S. 88. Zu täterstrafrechtlichen Aspekten *Beck* 2009, S. 29ff. u. *Heinrich*, ZStW 2009, S. 120. Eine Zusammenfassung der Kritik bei *Oehmichen/ Klukkert*, 2012, S. 52. Teile dieser Vorwürfe beziehen sich auf das Sammeln von Vermögenswerten zur Terrorismusfinanzierung, das seit Juni 2015 von § 89c) StGB in noch größerem Maße als bisher erfasst wird, dazu unten in diesem Abschnitt.

2588 Vgl. *Steinsiek* 2012, S. 239ff.

2589 *Radtke/Steinsiek*, ZIS 2008, S. 387.

2590 *Rautenberg* 2014, S. 88.

2591 *Fischer*-StGB^{62}, § 89a), Rn. 39.

2592 So *Haverkamp* 2010, S. 382f., 393; *Backes*, StV 2008, S. 654ff.; *Gierhake* 2013, S. 295; *Steinsiek* 2012, S. 337ff. (grds.) u. 360ff. (zum Strafrahmen). Auch *Radtke/Steinsiek*, ZIS 2008, S. 390ff. BGH, NJW 2014, 3459 (3462) geht von der Verhältnismäßigkeit i.F. einer verfassungskonformen Auslegung aus.

2593 Siehe dazu *Rautenberg* 2014, S. 93. Diese geht so weit, dass sich ein BGH-Richter selbst im Kreis potentieller Verdächtiger verortet hat u. sich in einem entspr. Verfahren für befangen erklärte, da er sich für Physik, Chemie und den Islam interessiere, siehe BGH, HRRS 2014, Nr. 304, dazu *Zacharakis*, ZEIT ONLINE, 21.03.2014.

2594 Siehe oben, D. II. 4., S. 214.

Informationsfreiheit des Art. 5 Abs. 1 und erscheinen damit aus demokratischer Warte als problematisch.[2595]

Die Gesetzgebung ist in diesem Feld in einem steten Fluss – im Juni 2015 wurde in Folge einer UN-Resolution durch das GVVG-ÄndG[2596] die Rechtslage erneut verschärft. So wurde ein neuer § 89c) StGB eingeführt, der die Terrorismusfinanzierung, die urspr. in § 89a) Abs. 2 Nr. 4 unter Strafe gestellt wurde, erfasst. Dabei wurde auf das einschränkende Merkmal, die gesammelten Vermögenswerte dürften „nicht unerheblich" sein, verzichtet; dies verbleibt bloß als Privilegierung in Abs. 5. Den schon vor der Reform geäußerten Bedenken, damit würden objektiv rein neutrale Handlungen erfasst, wird damit neue Nahrung gegeben, da somit auch der Umgang mit Bagatellbeträgen umfasst ist.[2597] An Stelle der Staatsschutzklausel tritt Abs. 1 S. 2 als einschränkende Regelung. Anzuwenden ist die Norm demnach (außer beim gleich zu betrachtenden § 89a Abs. 2a StGB) nur, wenn die

> „[...] Tat dazu bestimmt ist, die Bevölkerung auf erhebliche Weise einzuschüchtern, eine Behörde oder eine internationale Organisation rechtswidrig mit Gewalt oder durch Drohung mit Gewalt zu nötigen oder die politischen, verfassungsrechtlichen, wirtschaftlichen oder sozialen Grundstrukturen eines Staates oder einer internationalen Organisation zu beseitigen oder erheblich zu beeinträchtigen, und durch die Art ihrer Begehung oder ihre Auswirkungen einen Staat oder eine internationale Organisation erheblich schädigen kann."

Diese Formulierung gleicht der in § 129a) Abs. 2 StGB und ähnelt der Staatsschutzklausel des § 89a) StGB, insb. in der Auslegung durch den BGH[2598]: Geschützt ist hier wie dort *jeder* Staat[2599], das „Bestimmtsein" wird jeweils als *dolus directus* verstanden[2600]. Auf den ersten Blick tritt allerdings, anders als bei der insb. vom BGH

2595 Bspw. *Sieber,* NStZ 2009, S. 636 mit der Warnung vor einem (der demokratischen Auseinandersetzung abträglichen) *chilling effect* (dazu unten, Fn. 3023). Ausführlich auch *Rautenberg* 2014, S. 268ff.

2596 UN-Resolution 2178 (2014), http://www.un.org/depts/german/sr/sr_14/sr2178.pdf, zuletzt: 25.11.2016. Bereits mit Blick auf die Frage der Gesetzgebungskompetenz hierzu krit. *Basak,* LTO, 05.02.2015. Zum entsprechenden Regierungsentwurf: Reg-E zum GVVG-ÄndG vom 04.02.2015, http://www.bmjv.de/SharedDocs/Gesetzgebungsverfahren/Dokumente/RegE_GVVG_AendG.pdf?__blob=publicationFile&v=5, zuletzt 25.11.2016. Dazu auch *Krings,* ZRP 2015, S. 169f. u. ausführlich *Zöller,* GA 2016, insb. S. 103ff.

2597 Dazu *Zöller,* GA 2016, S. 105. Zu entsprechenden Bedenken zu § 89a) Abs. 4 a.F. StGB oben, Fn. 2574.

2598 Zu § 89c Abs. 1 S. 2 Reg-E wird im Folgenden auf Literatur u. Rspr. zum wortgleichen § 129a StGB zurückgegeriffen, auf den sich auch der Reg-E, a.a.O., oben, Fn. 2596, S. 10 explizit bezieht.

2599 Zu dieser Parallele *Gazeas/Grosse-Wilde/Kießling,* NStZ 2009, Fn. 28.

2600 Diese Parallele zieht NK-*Paeffgen,* § 89a), Rn. 25 explizit u. verweist bei der Erläuterung des § 89a) StGB in Fn. 15 auf die des § 129a) StGB. Ähnl. *Gazeas/Grosse-Wilde/Kießling,* NStZ 2009, S. 596.

stark subjektivierten Staatsschutzklausel, mit dem „Schädigen-Können" eine zusätzliche objektive Voraussetzung hinzu; dazu erscheint das Merkmal der *„erheblichen* Schädigung" als enger als das der „Beeinträchtigung" des § 89a) Abs. 1 S. 2 Hs. 2 StGB.[2601] Allerdings genügt für fragliches *können* die „abstrakte Eignung", eine „realistische Möglichkeit", es bedarf *keiner Wahrscheinlichkeit.* Dazu der BGH:

> „Denn Anhaltspunkte für eine solche – vom üblichen Sprachgebrauch abweichende und durch ihn nicht veranlasste – einengende Auslegung, die in den praktischen Konsequenzen eine beträchtliche Zurücknahme des strafrechtlichen Schutzes vor potenziell terroristischen Bedrohungen zur Folge haben würde, sind dem Gesetz nicht zu entnehmen"[2602]

Dies setzt die objektive Hürde wieder herab. Die restriktive Wirkung wird auch durch die Unbestimmtheit der Klausel[2603] relativiert. Zusätzlich stellt die Rspr. für die Schädigungseignung nicht nur auf tatsächlich begangene, sondern die von der Vereinigung „insgesamt vorgesehenen Straftaten" ab,[2604] was die Relevanz der *Interna* stark erhöht. So kritisiert *T. Fischer* die Verwischung der „Grenzen zwischen realer Gefahr und irrationaler Verblendung" durch Einbeziehung des „schwer fassbaren Bereich[s] subjektiver (Fehl-) Vorstellungen".[2605] Der BGH rückkoppelt das objektive Merkmal der Klausel, eigentlich zur einschränkenden Auslegung des verlangten Schadens,[2606] an das eingangs stehende subjektive Element und damit – durch die Einschüchterungsvariante – auch an die Perspektive der Bevölkerung:

> „Ein im Sinne des objektiven Merkmals relevanter Schaden droht dem Staat [u.a., F.F.], wenn die Straftaten geeignet sind, die Bevölkerung in erheblicher Weise einzuschüchtern"[2607]

Zum subjektiven Element führt der BGH aus, dass es fern liege,

> „[...] dass die beiden neu eingeführten eingrenzenden Tatbestandsmerkmale (‚bestimmt sind' und ‚schädigen können'), die in einem einheitlichen Konditionalsatz zusammengefasst sind, beziehungslos nebeneinander stehen. Näher liegt ein Verständnis dahin,

---

2601 So Lackner/Kühl-*Lackner*, § 89a), Rn. 3.

2602 BGHSt 52, 98 (102), dazu NK-*Paeffgen*, § 129a), Rn. 6b) u. MüKo-*Schäfer*, § 129a), Rn. 46. A.A. *Weigend* 2006, Fn. 69, der eine *konkrete Möglichkeit* verlangt.

2603 So MüKo-*Schäfer*, § 129a), Rn. 46, 50f. u. *Weigend* 2006, S. 164; ähnl. SK-StGB-*Rudolphi/Stein*, § 129a), Rn. 10 u. LK-StGB-Krauß § 129a), Rn. 50. Auch BGHSt 52, 98 (101): „ohne Konturen und wenig aussagekräftig".

2604 Vgl. BGH, NJW 2006, 1603, der hier dem OLG Brandenburg folgt.

2605 Jeweils Fischer-StGB, § 129a), Rn. 17. Er stellt dabei aber auf die „Tatbestandsfassung" ab.

2606 Dies, da nicht jede, z.B. auch finanzielle Schädigung, genügt, vgl. BGHSt 52, 98 (103ff.). Dies tut der BGH bewusst; hier wurde dieses Kriterium i.F.d. sog. *militanten Gruppe*, einer kommunistischen Vereinigung, als nicht erfüllt angesehen; die verübten Brandanschläge stellten keine entsprechende erhebliche Schädigung dar.

2607 BGHSt 52, 98 (104).

> dass das an den Anfang gestellte subjektive Merkmal, das mehrere besonders gravierende Nachteile für den Staat näher beschreibt, in der nachfolgenden objektiven Voraussetzung wieder aufgenommen wird."[2608]

Tatsächlich vermindert die Auslegung des BGH die restriktive Wirkung des objektiven Kriteriums; enger wäre z.B. eine Auslegung gemäß eines Vorschlags von *Weigend.* Er verlangt, dass die Tat

> „einen Bereich staatlicher Tätigkeiten so stark zu beeinträchtigen droht, dass der Staat als Ganzes Schaden leidet. Erfasst sind also etwa großflächige Angriffe auf die Energieversorgung, durch die dem Staat für längere Zeit erschwert wird, die Daseinsvorsorge in einem größeren Gebiet sicherzustellen; nicht erfasst sind dagegen Eingriffe, die ein örtliches Stromversorgungsunternehmen dazu zwingen, die Elektrizitätsversorgung für ein paar Stunden zu unterbrechen".[2609]

Die Auslegung des BGH zeigt dagegen die Ähnlichkeit zur Staatsschutzklausel: dort genügt die „Eignung zur Erschütterung des Vertrauens der Bevölkerung in die Sicherheit"[2610], was inhaltlich kaum von der „Eignung zur erheblichen Einschüchterung" abzugrenzen ist. Die höhere Hürde der „Erheblichkeit" wird durch die im Vergleich zur „Erschütterung" als weniger weitgehend erscheinende „Einschüchterung" relativiert.[2611] Auch lässt der BGH die Einschüchterung von Teilen der Bevölkerung statt ihrer Gesamtheit genügen[2612] und setzt so die objektiven Strafbarkeitsbedingungen weiter herab. Außerdem soll die Frage, wann das vage Kriterium der *Erheblichkeit* vorliegt, durch eine umfassende Abwägung aller Umstände des Einzelfalls beantwortet werden, wozu u.a. die „Resonanz der Bevölkerung" relevant ist.[2613] Auch dies senkt die objektive Vorhersehbarkeit deutlich und birgt die Gefahr einer dezisionistischen, damit gesinnungsabhängigen Anwendung der Norm.

Seit Umsetzung des GVVG-ÄndG wird zusätzlich eine völlig neue Tathandlung erfasst: § 89a) Abs. 2a) StGB pönalisiert die *Vorbereitung einer Tat* i.S.d. Abs. 1 durch das *Unternehmen einer Ausreise* in einen Staat, in dem Personen in

---

2608 BGHSt 52, 98 (103).

2609 *Weigend* 2006, S. 166.

2610 Siehe die Nachweise oben, Fn. 2568.

2611 Genügt lt. Duden online, 2016 für die *Einschüchterung* jedes „Angst machen", verlangt die *Erschütterung* das „im *Innersten* bewegen" [Herv. F.F.]. Siehe zur (wohl vergleichbaren) Deutung dieser Begriffe auch LK-StGB-*Krauß* § 129a), Rn. 54: Zur Auslegung der „erheblichen Einschüchterung" soll auf die Grundsätze des § 120 Abs. 2 Nr. 3 GVG abgestellt werden, der der Formulierung der Staatsschutzklausel gleicht. Dort stellt BGHSt 46, 238 (251f.) eben auf die „Erschütterung des Vertrauens" ab.

2612 So BGH, NJW 2006, 1603 (1603f.); hierzu krit. MüKo-*Schäfer*, § 129a), Rn. 47; noch deutlicher *Weigend* 2006, S. 165. Etwas weniger weit geht BGHSt 52, 98 (102), wo *erhebliche Teile* gefordert sind.

2613 Siehe BGHSt 52, 98 (105) sowie MüKo-*Schäfer*, § 129a), Rn. 52.

den terrorismusgeeigneten Fähigkeiten des Abs. 2 Nr. 1 unterwiesen werden.[2614] Dies verlagert die Vorbereitung noch weiter in den neutralen Bereich:[2615] Wie dargestellt sind bereits die erfassten Unterweisungshandlungen z.T. objektiv völlig neutral; sie selbst dienen nur zur *Vorbereitung* einer Tat. Dem wird nun das *Unternehmen der Ausreise* vorgeschaltet. Derartige Unternehmensdelikte beinhalten ihrerseits eine Vorverlagerung der Strafbarkeit, insoweit Versuch und Vollendung gleichgestellt werden (§ 11 Abs. 1 Nr. 6 StGB)[2616]: Wie alle Unternehmensdelikte gerät die Norm in Konflikte mit der Verhältnismäßigkeit.[2617] § 89a) Abs. 2a) StGB erfasst objektiv also den bloßen *Versuch, die Bundesrepublik zu verlassen*, damit eine absolut neutrale Handlung, die Einschränkungen sind allesamt rein subjektiver Natur: Das Motiv der *Ausbildung zu* oder *Begehung von terroristischen Taten* ist ebenso Teil der überschießenden Innentendenz wie das *Reiseziel, ein Land, in dem Terroristen ausgebildet werden.*[2618]

Somit gelten für die durch das GVVG-ÄndG neu eingeführten Straftatbestände dieselben Bedenken, die schon zuvor §§ 89a), 89b), 91 StGB entgegengebracht wurden: Die vorgeschlagenen Delikte erscheinen durch präventive Erwägungen geleitet.[2619] Die auf substanzhaft-funktionalistischen Positionen fußenden, etatistisch wirkenden Normen durchbrechen die Grenzen zum Täter- und Gesinnungsstrafrecht, bergen damit totalitäre Tendenzen. Dazu erscheinen sie in ihrer extremen Vorverlagerung als unverhältnismäßig streng, was die Behandlung der Täter als *Feinde* im hier allgemein herausgearbeiteten Stil nahelegt.

2614 Abs. 2a) n.F. soll lauten: „Absatz 1 ist auch anzuwenden, wenn der Täter eine schwere staatsgefährdende Gewalttat vorbereitet, indem er es unternimmt, zum Zweck der Begehung einer schweren staatsgefährdenden Gewalttat oder der in Absatz 2 Nummer 1 genannten Handlungen aus der Bundesrepublik Deutschland auszureisen, um sich in einen Staat zu begeben, in dem Unterweisungen von Personen im Sinne des Absatzes 2 Nummer 1 erfolgen."

2615 *Lijnden*, LTO, 04.02.2015, der dort auch kritische Stimmen, u.a. von *K. Nehm*, wiedergibt. So auch *Basak*, LTO, 05.02.2015 zur UN-Resolution. Auch. *Rath*, taz, 06.02.2015; *Prantl*, SZ, 04.02.2015; u. *Zöller*, GA 2016, S. 104.

2616 Dazu NK-*Saliger*, § 11, Rn. 56; MüKo-*Radtke*, § 11, Rn. 110.

2617 Sehr deutlich *Zöller*, GA 2016, S. 104: „evident unverhältnismäßig"; vgl. allg. oben, in Fn. 2362.

2618 Die Ausreise muss „*zum Zweck* der Begehung", geschehen und „*um*" sich in einen entsprechenden Staat zu begeben, siehe die Formulierung oben, Fn. 2614 sowie die Ausführungen im Reg-E, a.a.O., oben, Fn. 2596, S. 9 u. 13. Kritisch zu diesen „praktisch kaum nachweisbaren subjektiven Merkmalen" *Zöller*, GA 2016, S. 104.

2619 Siehe hierzu die Erweitung der Ermittlungsmöglichkeiten der StPO, Reg-E, a.a.O., oben, Fn. 2596, S. 15ff. u. *Basak*, LTO, 05.02.2015 mit Blick auf die entspr. UN-Resolution. Ähnl. *Prantl*, SZ, 04.02.2015.

3. Zusammenschau

Die Betrachtung der allgemeinen Topoi der *fdGO* und der *wehrhaften Demokratie* sowie deren konkreter, strafrechtlicher Umsetzung hat zahlreiche Parallelen zu den im Allgemeinen Teil dieser Arbeit erkannten Phänomenen zutage gefördert.

So mit Blick auf die eher allgemein staatsrechtliche Ebene der *substanziellen-funktionalistischen* Argumentationsweise. Allenthalben wurde die Vorstellungen eines substanzhaften resp. personalisierten Staates gefunden, aus der heraus ein etatistisches Selbsterhaltungsrecht abgeleitet wird.

Dies lässt das Bedürfnis, den Staat zu schützen, entstehen. Um dieses zu verwirklichen, werden die Anknüpfungspunkte der Strafbarkeit *vorverlagert*; dies geschieht z.T. schon durch die durch strafrechtliche Normen flankierten Verfassungsregelungen der wehrhaften Demokratie, aus strafrechtlicher Warte insb. durch die Nutzung besonders *abstrakter Gefährdungs-* resp. *Ungehorsamkeitsdelikte.* Dies sogt für Konflikte mit dem *Verhältnismäßigkeitsgrundsatz.*

Auch der konkrete, nun stärker strafrechtliche geprägte und damit eng zusammenhängende Aspekt der Argumentation ließ sich wiederfinden: Die Verbindung zwischen einer unscharfen *Tatbestandsformulierung* mit zwei daraus resultierenden Phänomenen, nämlich einmal der *Gesinnungsabhängigkeit* der Straftatbestände und zum anderen der *dezisionistische* Effekt, den diese mit sich bringt.

Ebenfalls in die obigen Erkenntnisse reihen sich die weiteren Folgen genau dieser Tatsachen ein: Es lassen sich Friktionen mit den *Postulaten der Demokratie* feststellen, die bis zu *totalitären Tendenzen* führen. Insb. die Kommunikationsgrundrechte werden somit marginalisiert.

II. Die Rechtsprechung

Nach der Analyse der Wirkung der hier herausgearbeiteten, übergreifenden (Argumentations-) Topoi in der Gesetzeslage ist nun in den Blick zu nehmen, inwieweit sie sich auch in der Rspr. niederschlagen.[2620] Dazu soll im Folgenden untersucht werden, wie auch solche Normen, die klassischerweise nicht dem „politischen“ oder „staatsschützendem“ Strafrecht zugerechnet werden, durch die Gerichte auch in diesen Bereichen angewendet werden; spiegelbildlich zum obigen Vorgehen[2621] soll also die Rspr. im Fokus stehen, während die Gesetzeslage nur dort in den Blick gerät, wo sie für die Ergebnisse relevant ist. (Dies insb. durch unbestimmte Formulierungen, was allerdings zugleich wieder die Relevanz der diesen Spielraum nutzenden Rspr. aufzeigt).

2620 Wobei diese Unterscheidung, wie oben in u. an Fn. 2163 betont, nur eine idealtypische ist.

2621 Siehe oben, E. I., S. 215.

Insb. werden hier Fälle untersucht, in denen das BVerfG eine überdehnte Anwendung des Strafrechts erkannt und die entsprechenden Urteile zumindest z.T. kassiert hat. Dies auch, um die Rolle dieses Gerichts zu betrachten und auf einer weiteren Ebene festzustellen, ob das BVerfG hier als machtdämpfender und minderheitenschützender Faktor i.S. *Kelsens* agiert und damit eine Entwicklung, die sich auf *Schmitts* Theorien zurückführen lässt, ausbremst. Damit wäre die in dieser Arbeit durchgehend betrachtete Frontstellung auch dort zu finden.

Auch ein zweiter Aspekt der Auswahl der betrachteten Fälle ergibt sich aus einem oben schon festgestellten Phänomen: Es wurde gesehen, dass ein substanzhaft-funktionalistisches Vorgehen strukturell zu Friktionen mit Kommunikationsgrundrechten führt. Dementsprechend werden zwei Straftatbestände betrachtet, die ihrerseits in Kommunikationsgrundrechte eingreifen: Zum einen § 185 StGB als explizites Äußerungsdelikt, zum anderen § 240 StGB mit Blick auf die klassischen *Sitzblockadefälle,* wo das Verhältnis des Strafrechts zur Versammlungsfreiheit in Frage steht.

1. Soldaten sind Mörder: Schmitt-Jakobs'sche-Argumentationsmuster i.R.d. § 185 StGB

Zunächst gerät die sog. *Soldaten-sind-Mörder*-Problematik in den Blick; dies sind Fälle, in denen der Straftatbestand der Beleidigung auf pazifistische, auf Soldaten als Personengruppe bzw. Institution gemünzte Äußerungen angewendet wird. Die Konflikte zwischen (kollektivem) Ehrenschutz und Meinungsfreiheit sind nicht nur zu einem Klassiker des deutschen Strafrechts geworden; gerade in Fällen, in denen es zu kritischen Äußerungen gegenüber Polizisten kommt, werden die zugrundeliegenden Aspekte noch heute immer wieder relevant.[2622]

a) Darstellung der Rechtsprechungsgeschichte

Im Konfliktfeld der Meinungsfreiheit mit dem Ehrenschutz hat die Rechtsprechung, gerade die des BVerfG, einen besonders großen Einfluss. Von der frühen BRD bis in die jüngste Zeit wurden einflussreiche Urteile gefällt; diese Rechtsprechungshistorie soll nun dargestellt werden, insoweit sie hier relevant ist. Dies umfasst neben den Fällen des schon genannten Kollektivehrenschutzes auch solche, in denen es es um die individuelle Ehre insb. von Repräsentanten des Staates ging.

2622 Typischerweise durch die Losung *ACAB* (= All Cops Are Bastards) o.Ä., aktuelle Nachweise dazu auch unten, in Fn. 2839. Zuletzt kippte das BVerfG, afp 2015, 236 eine jugendgerichtliche Verurteilung gem. § 185 BVerfG wegen eines Ansteckers mit der Aufschrift *FCK CPS* unter Rekurs auf die *Soldaten-sind-Mörder-Urteile.*

aa) Der Hintergrund: Meinungsfreiheit gegen den Schutz der Ehre von Repräsentanten des Staates in den Urteilen des BVerfG

(1) Vorab: Das Lüth-Urteil

Eine zentrale Entscheidung nicht nur, aber insb. für die Reichweite der Meinungsfreiheit war das sog. *Lüth-Urteil*[2623], das das BVerfG 1958 fällte;[2624] wegen seiner Bedeutung für viele hier relevante Aspekte (neben Art. 5 GG ging es um die Fragen der Ausstrahlungswirkung bzw. der objektiven Dimension der Grundrechte und des Grundgesetzes als einer einheitlichen Werteordnung) soll es hier trotz seines nicht originär-strafrechtlichen Kontextes kurz betrachtet werden.

E. Lüth wurde landgerichtlich verurteilt, weitere Boykottaufrufe gegen *V. Harlan*, Regisseur und Drehbuchautor u.a. des NS-Propagandafilms *Jud Süß*, zu unterlassen: Solche Aufrufe verstießen gegen „die demokratische Rechts- und Sittenauffassung des deutschen Volkes“[2625], der Tatbestand des § 826 BGB sei erfüllt. Dagegen wehrte sich *Lüth* mittels Verfassungsbeschwerde und monierte eine Verletzung von Art. 5 GG; mit einer richtungsweisenden Begründung gab ihm das Gericht recht.

Dabei setzt es sich zunächst mit der Frage auseinander, ob Art. 5 GG, bzw. die Grundrechte generell, bei einer zivilrechtlichen Streitigkeit überhaupt zu berücksichtigen sind; dies ist die Voraussetzung für deren Verletzung durch ein zivilgerichtliches Urteil. So seien die Grundrechte, als „Abwehrrechte des Bürgers gegen den Staat“ zwar „ohne Zweifel [...] in erster Linie dazu bestimmt, die Freiheitssphäre des einzelnen vor Eingriffen der öffentlichen Gewalt zu sichern [...].“[2626] Allerdings etablierten sie nicht etwa eine wertneutrale, sondern eine *objektive Wertordnung*[2627]:

> „Dieses Wertsystem, das seinen Mittelpunkt in der innerhalb der sozialen Gemeinschaft sich frei entfatenden menschlichen Persönlichkeit und ihrer Würde findet, muß als verfassungsrechtliche Grundentscheidung für alle Bereiche des Rechts gelten; Gesetzgebung, Verwaltung und Rspr. empfangen von ihm Richtlinien und Impulse. So beeinflußt es selbstverständlich auch das bürgerliche Recht; keine bürgerlich-rechtliche Vorschrift darf in Widerspruch zu ihm stehen, jede muß in seinem Geiste ausgelegt werden.“[2628]

Diese Wertordnung müsse insb. auf Normen mit Bezug zu öffentlichen Werten Einfluss haben; möglich sei dies v.a. durch Generalklauseln als „Einbruchstellen“ für die Wertungen der Verfassung. Daher muss das BVerfG auch zivilrechtliche Urteile zwar nicht „im vollen Umfang auf Rechtsfehler“, doch aber hinsichtlich

---

2623 BVerfGE 7, 198; dazu z.B. *Fiedler* 2011, S. 110ff. u. *Lepsius* 2011, S. 186ff.

2624 Zur Bedeutung des Urteils *Fiedler* 2011, S. 110; *Gounalakis/Rösler* 1998, S. 58f.M *Schönberger* 2011, S. 32.

2625 Nach BVerfGE 7, 198 (201).

2626 BVerfGE 7, 198 (204).

2627 BVerfGE 7, 198 (205) [Herv. F.F.].

2628 BVerfGE 7, 198 (205).

der „Ausstrahlungswirkung" der Grundrechte überprüfen.[2629] Dies ist ein für viele Aspekte dieser Arbeit wichtiger Gedanke, insoweit sich aus der Vorstellung einer (überpositiven[2630]) „objektiven Werteordnung" die Idee der – hier insg. problematisierten – Inwertsetzung, Substantiierung und Konservierung des Staates und der *wehrhaften Demokratie* ebenso ableiten lässt[2631] wie das *Grundrecht auf Sicherheit* (denn hieraus ist die Vorstellung grundrechtlicher Schutzpflichten hervorgegangen, auf die das Grundrecht Sicherheit aufbaut)[2632] bzw. die damit verknüpfte Vorstellung einer bürgerlichen Friedenspflicht, die auch i.R.d. Konflikts zwischen § 240 StGB und Art. 8 GG relevant ist[2633]. Auch die demokratiespezifischen Probleme, die der Rekurs auf *über* die geschriebene Verfassung hinausgehende, den Gesetzgeber bindende Werte mit sich bringt, werden schon hier – wie bereits bei *Schmitts positivem Verfassungsbegriff*[2634] – akut. *Möllers* hält ein starkes Verfassungsgericht nur durch den Individualschutz legitimiert.[2635] Auch *Frankenberg* übt hieran Kritik und zieht Parallelen zu *Schmitt.*[2636] Dies zeigt insgesamt die Ambivalenz dieses Urteils. Dies, da die Wertejudikatur zum einen Argumente für eine „Friedenspflicht" liefert, mit der bspw. *für* eine Pönalisierung von Sitzblockaden gestritten wird, gleichzeitig aber auch für genau gegenteilige Ergebnisse gesorgt hat, da sie Gründe für die Beachtung der Kommunikationsfreiheit und damit gegen entsprechende Bestrafungen liefert, wie im Verlauf dargestellt wird.[2637]

Nach den Feststellungen zur allgemeinen Funktion der Grundrechte wird Grundlegendes zu Art. 5 GG ausgeführt. Seinen Überlegungen stellt das BVerfG ein Bekenntnis zur Bedeutung der Meinungsfreiheit voran, auf das seitdem regelmäßig rekurriert wird:

2629 Jeweils BVerfGE 7, 198 (207).

2630 *So Schönberger* 2011, S. 31 setzt diese Rspr. mit der damaligen Naturrechtsrenaissance in Verbindung und kritisiert deren Potential, „bevormundend zu wirken". Zu dieser im Kontext *Jahn* 2004, S. 231f., zum überpositiven Charakter auch *Maus,* Rechtstheorie 1989, S. 200. Dag. *Lepsius* 2011, S. 194.

2631 Siehe *Braum,* KritV 1995, S. 375f. Krit. hierzu *Denninger,* JZ 1975, S. 546, dazu auch *Di Fabio,* JZ 2004. Siehe auch oben, E. I. 1. a) bb), S. 222 insb. in u. an Fn. 2219, dort zur wehrhaften Demokratie.

2632 Siehe *Isensee* 1997, S. 32 u. oben, C. I. 3. c) bb) (1) (a), S. 147). Dazu *Braum,* KritV 1995, S. 375 u. im Kontext der Güterabwägung *Fischer-Lescano,* KritJ 2008, zu einer solchen oben, Fn. 2443.

2633 Siehe dazu unten, E. II. 2. b) bb) (1), S. 331.

2634 Siehe hierzu oben, B. I. 4. c) bb), S. 39. Dazu auch *Braum,* KritV 1995, S. 376.

2635 Vgl. z.B. *Möllers* 2011, S. 403.

2636 Vgl. *Frankenberg* 2000, S. 40ff; explizit in Fn. 66). Siehe auch *Maus,* Rechtstheorie 1989, S. 197f. u. *Maus* 1994, S. 14ff., auch mit Blick auf die Parallele zu *Schmitt.* Dazu auch *Schlink,* RJ 1991, S. 162. *Schmitts* Argumentation ist hier wechselhaft, vgl. *Schmitt* 1967. Dazu *Schönberger* 2011, S. 31 u. ähnl. *Di Fabio,* JZ 2004, S. 3.

2637 Eine ähnl. Feststellung findet sich bei *Frankenberg* 2000, S. 42; hierzu auch *Maus,* Rechtstheorie 1989, S. 198.

„Das Grundrecht auf freie Meinungsäußerung ist als unmittelbarster Ausdruck der menschlichen Persönlichkeit in der Gesellschaft eines der vornehmsten Menschenrechte überhaupt (un des droits les plus precieux de l'homme nach Artikel 11 der Erklärung der Menschen- und Bürgerrechte von 1789). Für eine freiheitlich-demokratische Staatsordnung ist es schlechthin konstituierend, denn es ermöglicht erst die ständige geistige Auseinandersetzung, den Kampf der Meinungen, der ihr Lebenselement ist."[2638]

Es zitiert dabei den berühmten Richter des *US-Supreme-Courts*, *B. N. Cardozo*, zur Relevanz der Meinungsfreiheit; diese sei „the matrix, the indispensable condition of nearly every other form of freedom".[2639] Art. 5 GG wird also mit Blick auf die demokratische Ordnung *funktional* ausgelegt[2640] – was von Teilen der Literatur kritisiert wird[2641].

Davon ausgehend entwickelte das BVerfG seine kontroverse, sog. *Wechselwirkungslehre*:[2642] Zwar werde die Meinungsfreiheit gem. Art. 5 Abs. 2 GG durch die „allgemeinen Gesetze, die gesetzlichen Bestimmungen zum Schutze der Jugend und das Recht der persönlichen Ehre" beschränkt; wegen der überragenden Bedeutung der Meinungsfreiheit folge daraus aber keine einseitige Schranke der Grundrechte, sondern es finde, so die prominente Formulierung,

„[...] vielmehr eine Wechselwirkung in dem Sinne statt, daß die ‚allgemeinen Gesetze' zwar dem Wortlaut nach dem Grundrecht Schranken setzen, ihrerseits aber aus der Erkenntnis der wertsetzenden Bedeutung dieses Grundrechts im freiheitlichen demokratischen Staat ausgelegt und so in ihrer das Grundrecht begrenzenden Wirkung selbst wieder eingeschränkt werden müssen."[2643]

So umfasse die Meinungsfreiheit nicht nur das reine *Äußern* einer Meinung, sondern auch die damit erreichte, geistige Wirkung auf andere. Wenn Meinungsäußerungen die Rechtsgüter Dritter verletzen, verlangt das BVerfG eine *Güterabwägung*; Art. 5 GG und die privatrechtlichen Normen sind verschränkt, sie begrenzen sich gegenseitig. Kritiker sehen durch derartige Einzelfallabwägungen insb. die Rechtssicherheit gefährdet und einen richterlichen Dezisionismus privilegiert, letztlich werde dadurch die Funktion der Grundrechte eingeschränkt statt gestärkt.[2644] *Maus*

2638 BVerfGE 7, 198 (208).

2639 Nach BVerfGE 7, 198 (208).

2640 Siehe auch unten, E. II. 1. b) dd) (3), S. 311.

2641 Siehe für Nachweise unten, Fn. 3048.

2642 Positiv zu dieser Rspr. bspw. *Gounalakis/Rösler* 1998, S. 135ff.; *Androulakis* 1970, S. 85f.; *Ignor* 1995, S. 120ff.; krit. z.B. *Scholz/Konrad,* AöR 1998, S. 94ff.; ambivalent *Stark,* JuS 1995, S. 689.

2643 Nach BVerfGE 7, 198 (209).

2644 So z.B. Maunz/Dürig-*Herzog*, Art. 5 I, II, Rn. 259f.; *Müller/Christensen* 2009, Rn. 71 u. *Klein,* Der Staat 1971, S. 154f. Allg. zur Rechtsunsicherheit von Einzelfallabwägungen *Esser* 1972, S. 56 u. *Rusteberg* 2009, S. 69ff. Konkret zum Spannungsfeld zwischen Sicherheit u. Freiheit äußert *Gierhake* 2013, S. 161ff. Ähnl. *Römer* 1989, S. 102ff. Auch *Prittwitz* 2007, S. 241ff., der hier die Gegenüberstellung von

spricht von der Gefahr der „Umstellung der Rechtsstruktur auf die Bedürfnisse situativen Verwaltungshandelns". Dies vermindere das Potential der Grundrechte, machtbegrenzend zu wirken.[2645] Ähnlich, auch mit Blick auf die Wechselwirkungslehre *Habermas*:

> „In dem Maße, wie ein Verfassungsgericht die Wertordnungslehre adaptiert und seiner Entscheidungspraxis zugrundelegt, wächst die Gefahr irrationaler Urteile, weil damit funktionalistische auf Kosten normativer Argumente die Oberhand gewinnen".[2646]

Interessant auch *Fischer-Lescano*: Da staatliche Schutzpflichten oft „größter Posten in der Abwägungsbilanz" seien, sorge das Abwägungsparadigma (resp. das der „praktischen Konkordanz") für eine Aushöhlung der klassischen Funktion der Grundrechte als Abwehrrechte gegen staatliche Zugriffe. Dies geht bis zur Etablierung von Pönalisierungs*pflichten* aus den Grundrechten, wie bspw. in den BVerfG-Entscheidungen zum Schwangerschaftsbruch.[2647]

Im Rahmen dieser Güterabwägung, dies ist die nächste wichtige und polarisierende Feststellung des BVerfG[2648], bestehe eine Vermutung zugunsten der freien Rede (sog. *Vermutungsformel*), dies v.a., wenn es sich bei fraglicher Äußerung

> „um einen Beitrag zum geistigen Meinungskampf in einer die Öffentlichkeit wesentlich berührenden Frage durch einen dazu Legitimierten handelt".[2649]

Da dies im vorliegenden Fall gegeben war, verletzte das Unterlassensurteil *Lüth* in seinem Grundrecht auf freie Meinungsäußerung, welchem hier der Vorrang eingeräumt wurde.

In zahlreichen späteren Entscheidungen, gerade solchen im Spannungsfeld zwischen Ehrenschutz und Meinungsfreiheit, wird auf diese hier entwickelten Grundsätze Bezug genommen.

Sicherheit u. Freiheit kritisiert. Siehe auch die ausführlichen Nachweise zur konkreten Abwägung i.R.d. § 193 StGB, unten, Fn. 2660.

2645 *Maus,* Rechtstheorie 1989, S. 200.

2646 *Habermas* 1994, S. 316.

2647 Vgl. *Fischer-Lescano,* KritJ 2008, S. 166f., 172 u. passim; zum Schwangerschaftsabbruch oben, Fn. 1515.

2648 Krit. bspw. *Schmitt Glaeser,* NJW 1996, S. 874; *Kriele,* NJW 1994, S. 1898; *Scholz/Konrad,* AöR 1998, S. 102ff.; *Stark,* JuS 1995, S. 690. Positiv zur Vermutungsformel *Gounalakis/Rösler* 1998, S. 137. Ähnl. *Grimm,* NJW 1995, S. 1701f. u. *Kubiciel/Winter,* ZStW 2001, S. 319, insb. Fn. 74, zusätzlich mit einer allg. Zustimmung zur Vermutungsformel; so auch, sprachtheoretisch u. gesellschaftstheoretisch hergeleitet, *Schößler* 1997, S. 290 u. allg. *Nolte* 1992, S. 28fff. Positiv auch *Ignor* 1995, S. 124. Siehe hierzu auch den Streit um die Privilegierung der politische Dimension der Meinungsfreiheit unten, E. II. 1. b) dd) (3), S. 311.

2649 Nach BVerfGE 7, 198 (212).

(2) Weitere wichtige Entscheidungen des BVerfG

Zunächst ist festzuhalten, dass §§ 185ff. StGB heute weniger in dem ihnen zugedachten Bereich, nämlich Auseinandersetzungen zwischen Privaten, angewendet werden, sondern häufiger dann, wenn der Staat (auch stellvertretend durch Repräsentanten) das Angriffsobjekt ist.[2650] In vielen Prozessen konkretisierte sich die Rspr. zum Verhältnis von Art. 5 GG[2651] und §§ 186ff. StGB. Es soll zunächst ein Abriss der entsprechenden, hier relevanten Rechtsprechungsgeschichte[2652] erfolgen, bevor sich konkret den „Soldaten sind Mörder"-Prozessen zugewandt wird.

1. *„Schmid/Spiegel"*: Die erste hier wichtige Entscheidung des BVerfG erging 1961[2653]. In Streit stand die Stellungnahme eines Richters (*Dr. R Schmid*) zu einem über ihn in der Zeitschrift *DER SPIEGEL* veröffentlichten Artikel[2654]; er sah darin „Lügen", verglich den Artikel mit Pornographie und deutete an, es ginge dem Autoren und der Zeitschrift nur um einen „hohen Absatz".[2655] Der Richter wurde gem. § 185 StGB verurteilt.
   Für das BVerfG verletzt dies Art. 5 Abs. 1 GG, da die Ausgangsgerichte die Meinungsfreiheit bei der Abwägung i.R.d. Rechtfertigung nach § 193 StGB unzureichend berücksichtigt haben. Es übertrug also die *Wechselwirkungslehre* des *Lüth-Urteils* auf §§ 185ff. StGB.[2656] Gerade die Verfolgung *öffentlicher*

2650 So *Arzt,* JuS 1982, S. 723ff. Auf S. 727 mit einer Sammlung zahlreicher entsprechender Fälle. Neben der Nutzung als „kleines Staatsschutzdelikt" nennt er noch die als „kleines Sexualdelikt"; dies ist hier aber nicht zu vertiefen. (Es sei nur ein interessanter Hinweis gegeben: §§ 240 u. 185 StGB teilen sich nicht nur die Eigenschaft, als „kleine Staatsschutzdelikte", sondern auch die, als „kleine Sexualdelikte" zu fungieren. Siehe hierzu nur BGHSt 18, 169: „Diese Bestimmung [§ 176 Abs. 1 Ziff. 1 StGB a.F., F.F.], die in erster Linie Zuchthausstrafe androht, ist nicht für solche leichteren Fälle gedacht [hier: drei „Kurze Zungenküsse", F.F.], die schon mit Hilfe der §§ 185, 240 StGB angemessen geahndet werden können." Der auch *grundsätzliche Auffangcharakter* ist beiden Normen also gemein.) Auch Fischer-StGB, Vor § 185, Rn. 6 u. *Foerstner* 2002, S. 72.

2651 Hier sowohl in der Ausprägung der Meinungs- als auch der Kunstfreiheit; gerade bei satirischen Beiträgen ist letztere voranging, dazu *Ignor* 1995, S. 127ff.

2652 Dazu mit leicht anderem Akzent auch *Gounalakis/Rösler* 1998, S.119 u. *Geppert,* NStZ 2013, S. 554ff.

2653 Für die folgende Darstellung: BVerfGE 12, 113. Dazu zust. *Beyer,* NJW 1961, S. 1155f., krit. *Schmidt-Leichner,* NJW 1961, S. 822, ambivalent *Ridder,* JZ 1961, S. 537ff.

2654 Spiegel – Redaktion, Der Spiegel, 10.03.1954. Ihm wurde Kommunismus u. – daraus folgend – die Untauglichkeit für das Richteramt vorgeworfen.

2655 In der *Stuttgarter Allgemeinen Zeitung* u. der *Botnager Rundschau* vom 17. 3 1954; nach BVerfGE 12, 131 (117).

2656 Dazu allg. oben, E. II. 1. a) aa) (1), S. 266, insb. Fn. 2642. Auch *Scholz/Konrad,* AöR 1998, ab S. 96 u. *Stark,* JuS 1995, S. 689, zur Wechselwirkungslehre *Nolte* 1992, S. 4ff.

Interessen[2657] ermögliche eine Rechtfertigung durch § 193 StGB. Ein *Gegenschlag* („in derselben Tonart“[2658]) gegen eine (vermeintlich falsche) Information der Öffentlichkeit sei ein solches Interesse i.S.d. § 193 StGB.[2659]
Dies zeigt auch, dass sich das BVerfG eine weite Prüfungskompetenz zugesteht, insb. bzgl. der Auslegung der fraglichen Deutungen der Instanzgerichte – was Anlass für Kritik bot und die Vorwürfe nährte, das Gericht schwinge sich systemwidrig zur „Superrevisionsinstanz“ auf; diese Auseinandersetzung sollte sich bei den folgenden Fällen wiederholen.[2660]

2. *„GEMA – Tonjäger“*: Die strafrechtlichen Normen, insb. §§ 185, 193 StGB, wurden regelmäßig im Rahmen eigentlich zivilrechtlicher Streitigkeiten relevant. So auch 1968[2661], als der zivilrechtliche Ehrenschutz mittels §§ 823 BGB, 185 StGB realisiert werden sollte und § 193 StGB als Rechtfertigungsgrund in Frage kam.[2662] In einem Artikel anlässlich einer öffentlichen Debatte um eine Urheberrechtsnovelle, die u.a. der GEMA weitreichende Ermittlungsrechte einräumen sollte, wurde das geplante Vorgehen mit „östlichen Zuständen“, also der Bespitzelung von DDR-Bürgern verglichen. Die GEMA erwirkte eine einstweilige Verfügung; nach erfolgloser Berufung vor dem OLG erhob der Autor Verfassungsbeschwerde.
Das BVerfG erkannte eine Verletzung des Art. 5 GG, da die nötige Einzelfallabwägung zwischen dieser Norm und dem Ehrenschutz unterlassen wurde. Dort

2657 Hier: Die Information der Öffentlichkeit über unsaubere Berichterstattung einer Zeitschrift.

2658 *Beater*, ZUM 2005, S. 604.

2659 Zur Wichtigkeit des *Öffentlichkeits*aspekts *Ridder*, JZ 1961, S. 538. Eine ungerechtfertigte Diskriminierung privater in dieser Privilegierung der öffentlichen Meinungsäußerung bemerken *Kubiciel/Winter*, ZStW 2001, S. 321. Krit. *Kriele*, NJW 1994 u. ähnl. *Scholz/Konrad*, AöR 1998, S. 113. Siehe dazu insg. unten, Fn. 3086.

2660 Hierzu konkret *Schmidt-Leichner*, NJW 1961, S. 822. Allg. bzgl. weiterer Verfahren z.B. *Campbell*, NStZ 1995, S. 328; *Zuck*, JZ 1996, S. 365; *Spranger* 2011, S. 600; *Schmitt Glaeser*, NJW 1996, S. 873; m.w.N. in Fn. 11; *Stark*, JuS 1995, S. 691; ausführlich *Scholz/Konrad*, AöR 1998, S. 71ff. (jeweils zu den *Soldaten-sind-Mörder*-Fällen); u. *Kriele*, NJW 1994, S. 1901; *Ossenbühl* 1995, S. 640; *Isensee* 1997, S. 42ff. *Für* das Vorgehen des BVerfG – wenn auch damit *pro domo* – *Grimm*, NJW 1995, S. 1700ff., aber auch *Foerstner* 2002, S. 88ff. Eine differenzierte, dem BVerfG letztlich ebenfalls zust. Betrachtung bei *Nolte* 1992, S. 32ff., eine ausführliche Darstellung des Komplexes bei *Foerstner* 2002, S. 79ff. Die Feststellung von *Kneip* 2009, S. 336, dass aus demokratietheoretischer Warte auch inhaltliche Auseinandersetzungen u. nicht rein formalistische Kompetenzerwägungen relevant sind, lässt sich hierauf übertragen u. bestätigt das Vorgehen des BVerfG; ähnl. *Schulze-Fielitz*, AöR 1997, S. 12.

2661 BVerfGE 24, 278.

2662 Allg. zu den verfassungs- u. strafrechtlichen Einflüssen auf zivilrechtliche Ehrschutzklagen *Seyfarth*, NJW 1999, insb. S. 1288. Zum Verhältnis dessen auch *Gounalakis/Rösler* 1998, S. 86ff.

hätte, trotzdem es hier an einem *Gegenschlag*, wie er oben noch gegeben war, fehle, festgestellt werden müssen,

> „[...] daß die von den Beschwerdeführern verwendete Formulierung durch den § 193 StGB in Verbindung mit Art. 5 Abs. 21 GG gedeckt ist, weil die Äußerung im Rahmen einer öffentlichen, der allgemeinen Meinungsbildung dienenden Auseinandersetzung gefallen ist und es sich um eine adäquate Reaktion auf einen anderen Vorgang handelte."[2663]

Wichtig war dabei die Feststellung, dass wegen der „heutigen *Reizüberflutung*"[2664] auch starke, einprägsame Formulierungen zulässig sind: Mit Blick auf die Behauptungen oder Forderungen der Gegenseite könnten diese trotz Herabsetzung der Ehre verhältnismäßig sein.[2665]

3. *„Echternach – herabsetzende Werturteile"*: 1976 setzte sich das BVerfG mit seiner kontroversen Prüfungskompetenz[2666] und dem Einflusses der Eingriffsintensität strafrechtlicher Judikate auf diese auseinander.[2667] Es ging um die Verfassungsbeschwerde des Politikers *J. Echternach*, dem per einstweiliger Verfügung untersagt wurde, der *Deutschland Stiftung* und deren Vorsitzenden *Kurt Ziesel* eine rechte, nationalistische Gesinnung vorzuwerfen.[2668] Für das BVerfG wirkt das Verbot der sogar sinngemäßen Wiedergabe der Äußerung so intensiv, dass es den *Kernbereich* des Art. 5 GG berührt. Bei solchen Eingriffen erstrecke sich die Prüfungskompetenz auf einzelne Auslegungsfehler, sie wachse mit der Eingriffsintensität.
4. *„Flugblatt"*: 1976 äußerte sich das BVerfG erneut[2669] zur Prüfungskompetenz und der Eingriffsintensität des Strafrechts.[2670] In Streit stand die Auslegung von Aussagen auf einem Flugblatt, in dem einem CDU-Politiker die Begehung von Untaten zur NS-Zeit vorgeworfen wurde. Entgegen der Auffassung der StA, die die behaupteten Tatsachen als „im Kern erwiesen" ansah, wurde der Verfasser vom Berufungsgericht gem. §§ 186, 187a) StGB verurteilt. Der Verurteilte erhob Verfassungsbeschwerde, da das auf Fehldeutungen des Flugblattes gestützte Urteil sein Grundrecht auf Meinungsfreiheit verletze. Das BVerfG erklärte dazu:

2663 BVerfGE 24, 278 (282f.). Im weiteren wird die breite Diskussion geschildert.

2664 BVerfGE 24, 278 (283) [Herv. F.F.]. Zust. vertiefend *Gounalakis/Rösler* 1998, S. 129f.

2665 Dies wurde harsch kritisiert, siehe m.w.N. *Kiesel*, NVwZ 1992, S. 1137, insb. Fn. 85 u. *Stark*, JuS 1995, S. 690.

2666 Siehe oben, Fn. 2660.

2667 BVerfGE 42, 163.

2668 Konkret warf er der *Deutschland Stiftung* vor, sie versuche, den Namen Konrad Adenauers für „rechte Sektierer" zu missbrauchen u. *Kurt Ziesel*, sein *Deutschland-Magazin* der von ihm „verehrten *Deutschen National- und Soldaten-Zeitung* anzugleichen", vgl. BVerfGE 42, 163.

2669 Siehe oben, Fn. 2660.

2670 BVerfGE 43, 130.

„[…] je nachhaltiger ein Strafurteil im Ergebnis die Grundrechtssphäre des Verurteilten trifft, desto strengere Anforderungen sind an die Begründung dieses Eingriffs zu stellen und desto weiter reichen die Nachprüfungsmöglichkeiten des Bundesverfassungsgerichts."[2671]

Gerade wegen der hohen Eingriffsintensität von *Straf*urteilen in derartigen Fällen sei eine umfangreiche Prüfung zulässig; dies umso mehr, wenn sich eine Pönalisierung von Äußerungen im Zweifel auf eine fälschlich „in den Mund gelegte" Äußerung stützt, denn

„[…] ein solches Vorgehen staatlicher Gewalt würde, nicht zuletzt wegen seiner einschüchternden Wirkung, freie Rede, freie Information und freie Meinungsbildung empfindlich berühren und damit die Meinungsfreiheit in ihrer Substanz treffen."[2672]

Somit sei es dem BVerfG geboten, zu prüfen, ob eine falsche „Feststellung und Würdigung des Tatbestandes sowie der Auslegung und Anwendung einfachen Rechts"[2673] vorliegen und damit eine Verletzung der Meinungsfreiheit des Verurteilten gegeben ist.[2674] Indem das Ausgangsgericht das Flugblatt – nach eigenem Bekunden zugunsten des *Ehrenschutzes* des Angegriffenen – „weit auslegte", verkannte es in den Augen des BVerfG die Bedeutung der Meinungsfreiheit des Beschwerdeführers in unzulässiger Weise.

5. *„NPD Europas"*: Erneut zugunsten der Meinungsfreiheit entschied das BVerfG 1982,[2675] indem es einen *weiten Begriff des Werturteils,* damit einen weiten Schutzbereichs des Art. 5 GG festlegte, da zumindest solche Tatsachen aus dem Schutzbereich fallen, die weder mit Werturteilen verbunden noch für die Bildung von Meinungen relevant sind (z.B. statistische Angaben).[2676] Die Äußerung eines SPD-Politikers, die CSU sei die „NPD Europas", wurde nicht als Tatsachenbehauptung, sondern als Werturteil aufgefasst; dies hätten die Fachgerichte durch Nichtberücksichtigung des Art. 5 GG verkannt. Wieder rekurriert das Gericht auf die stark umstrittene, auch in späteren Entscheidungen relevante *Vermutungsformel.*[2677]

2671 BVerfGE 43, 130 (135f.).

2672 BVerfGE 43, 130 (136).

2673 BVerfGE 43, 130 (136)

2674 Siehe hierzu auch *Foerstner* 2002, S. 80f.

2675 BVerfGE 61, 1.

2676 Vgl. BVerfGE 65, 1 (41)). Literarisch wird z.T. für einen noch weiteren Schutzbereich gestritten, der *jede* Meinungsäußerung umfasst, z.B. Dreier-GG-*Schulze-Fielitz*, Art. 5 I, II, Rn. 65 m.w.N. Krit. dazu *Gössel* 2002, S. 312. Dazu *Gounalakis/Rösler* 1998, S. 65; *Pieroth/Schlink* 2012, Rn. 596ff. u. *Foerstner* 2002, S. 96ff., dem BVerfG erneut zust. auf S. 107ff. Eine erkenntnistheoretische Kritik der Unterscheidung bei *Vesting,* AöR 1997, S. 342ff.

2677 Siehe dazu oben, E. II. 1. a) aa) (1), S. 266, insb. Fn. 2648. Mit Blick auf den konkreten Fall krit. *Decken,* NJW 1983, S. 403f. u. *Kriele,* NJW 1994, S. 1898 u. *Scholz/Konrad,* AöR 1998, S. 102ff., insb. S. 106ff. Dag. wiederum *Vesting,* AöR 1997, S. 350.

6. *„Strauß-Karikatur – kopulierendes Schwein“*: Mehrmals waren Äußerungen gegenüber *F. J. Strauß* Thema entsprechender Prozesse. Eine 1987 ergangene Entscheidung geht allerdings in eine andere Stoßrichtung als die meisten einschlägigen Beschlüsse des BVerfG (nicht aber der allgemeinen Rspr. in den hier strittigen Fällen, wo der Ehrenschutz oft vorgeht[2678]): Die Verurteilung eines Karikaturisten, der *Strauß* als „kopulierendes Schwein“ dargestellt hat, verstoße nicht gegen Art. 5 GG.[2679] So sei dem Ausgangsgericht nicht vorzuwerfen, dass es keine Abwägung zwischen Kunstfreiheit und Ehrenschutz vornahm: Durch die Darstellung sei die *Menschenwürde* Strauß' verletzt, dies könne nicht durch Art. 5 GG gedeckt sein.[2680]
7. *„Beleidigende Transparentaufschrift“:* Wieder anlässlich eines Konflikts, bei dem *Strauß* im Zentrum stand, entwickelte das *BVerfG* 1990 wichtige Leitlinien zur *Auslegung der fraglichen Äußerungen*, nun wieder äußerndenfreundlich:[2681] Bei einem Auftritt des Politikers hoben Demonstranten, um *Strauß*` Rolle bei der Aufklärung des Oktoberfestattentats 1980 zu kritisieren, Plakate in die Höhe. Auf dem des Beschwerdeführers war zu lesen „Strauß deckt Faschisten“, auf dem einer anderen Beteiligten „Strauß, der Faschistenfreund, schützt Hoffmann, den Oktoberfestmörder“. Von den Ausgangsgerichten wurde die Beizeichnung des Politikers als „Faschist“ als nicht durch § 193 StGB zu rechtfertigende *Schmähkritik* aufgefasst, also einer solchen Äußerung, bei der es nicht primär um die Auseinandersetzung in der Sache, sondern um die Kränkung des Gegenübers geht und die daher keinen Schutz des Art. 5 GG genießt und somit nicht mittels § 193 StGB gerechtfertigt werden kann.[2682] Hierin sah das BVerfG eine Verletzung des Art. 5 GG, da nur eine der möglichen Deutungen, und zwar die, Strauß sei selbst Faschist, zugrunde gelegt wurde, andere jedoch außer Betracht blieben.[2683] Insb. könne die Bezeichnung *Strauß'* als Faschist, die auf anderen Plakaten zu sehen war, nicht ohne weiteres zugerechnet werden. Mit diesen Erwägungen zum tatsächlichen Sachverhalt maßte sich das Gericht erneut eine weite Kompetenz an:

> „Der Inhalt einer Äußerung muß durch Interpretation ermittelt werden. Hat die Äußerung eine Einflußnahme auf den Prozeß der Meinungsbildung zum Ziel, so müssen

---

2678 *Soehring,* NJW 1994, S. 2926 betont, dass die häufig kolportierten gegenteiligen Behauptungen unzutreffend sind.

2679 Siehe BVerfGE 75, 369; dazu *Gounalakis,* NJW 1995, S. 809ff.

2680 Krit. zu dieser sehr pauschalen Betrachtungsweise *Gounalakis,* NJW 1995, S. 815. Ähnl. *Nolte,* EuGRZ 1988, S. 257 u. allg. S. 259; auch *Nolte* 1992, S. 16f.

2681 Dazu BVerfGE 82, 43; krit. z.B. *Kriele,* NJW 1994, S. 1901, zust. *Grimm,* NJW 1995, S. 1700.

2682 Vgl. Dreier-GG-*Schulze-Fielitz,* Art. 5 I, II, Rn. 179 u. im Kontext *Nolte* 1992, S. 66ff. Siehe auch unten, Fn. 2686.

2683 Allg., insb. mit Blick auf die neuere Rspr. *Zimmermann,* NJ 2011, S. 151. Auch *Grimm,* NJW 1995, S. 1700.

die Gesichtspunkte und Maßstäbe, die das Gericht bei der Interpretation heranzieht, mit Art. 5 Abs. 1 GG vereinbar sein. Insoweit stehen einer verfassungsgerichtlichen Überprüfung der tatsächlichen Feststellung nicht diejenigen Umstände entgegen, die bei sonstigen Tatsachenfeststellungen regelmäßig zu einer Bindung an die Feststellungen der Fachgerichte führen."[2684]

8. *„Zwangsdemokraten-Urteil – Postmortale Schmähkritik"*: 1990 ging es erneut um Strauß, genauer um die Aussage, er sei ein „Zwangsdemokrat"[2685]. Dies wurde urspr. als nicht durch Art. 5 GG gedeckte Schmähkritik gewertet. Wiederum erkannte das BVerfG darin eine Verletzung dieses Grundrechts; es legte einen *engen Begriff der Schmähkritik* zugrunde: Die Grenze sei erst erreicht, wenn nicht die Auseinandersetzung in der Sache, sondern die Diffamierung der Person im Vordergrund stehe.[2686] Besonderen Schutz genössen Einlassungen zu „die Öffentlichkeit wesentlich berührenden Frage[n]".[2687] Erneut wurde auf die *Vermutungsformel* rekurriert: Im Zweifel seien Aussagen so zu verstehen, dass sie zulässig seien, es ist immer die *meinungsfreiheitsfreundlichste Auslegung* zugrunde zu legen.
9. *„Gestapo-Methoden"*: 1992 stand die *Machtkritik* im Fokus:[2688] Ein Leserbriefschreiber, der eine rechtmäßige Abschiebungsmaßnahme als „Gestapo-Methode" und „Beihilfe zum Justizmord" bezeichnete[2689], wurde wegen Beleidigung verurteilt. In der Außerachtlassung der Äußerungsfreiheit und des Bezugs zum öffentlichen Meinungskampf sah das BVerfG eine Verletzung von Art. 5 GG. Insb. sei es mit deren Bedeutung unvereinbar, die Kritisierbarkeit staatlichen Handelns wie im Ursprungsurteil von der Rechtswidrigkeit abhängig zu machen:

2684 BVerfGE 82, 43 (50f.).

2685 Nach BVerfGE 82, 272 (273f.): „Richtig ist, daß Strauß sein Ziel nicht erreicht hat. Die zweite deutsche Demokratie hat ihn domestiziert. Aber das ändert nichts daran, daß dieser Typus – ich will das einmal entpersönlichen, weil sich das keineswegs nur auf Franz Josef Strauß bezieht –, daß dieser Typus in der Bundesrepublik sehr lebendig ist. Sicher, seine Bäume sind nicht in den Himmel gewachsen, die verbliebene Sehnsucht nach dem starken Mann, sozusagen der bundesdeutsche Verschnitt des nationalsozialistischen Führerkults, hat sich nicht erfüllt; dennoch halte ich den Typus des Zwangsdemokraten für sehr gefährlich. Nicht, daß er die Demokratie überwältigen könnte, aber er kann sie sehr wohl beschädigen."

2686 BVerfGE 82, 272 (283f.).Dazu auch *Gounalakis/Rösler* 1998, S. 70 u. ausführlicher u. zust. S. 121f. Krit. *Kriele,* NJW 1994, S. 1899 u. *Scholz/Konrad,* AöR 1998, S. 91. Allg. zur Schmähkritik oben, Fn. 2682.

2687 Was lt. *Kriele,* NJW 1994, S. 1901 zu einer pauschalen Diskriminierung von Politikern führe.

2688 BVerfG, NJW 1992, 2815, dazu zust. *Gounalakis/Rösler* 1998, S. 122f.

2689 Lt. Zeitungsartikel drohte einem der „bei Nacht und Nebel" Abgeschobenen im Heimatland die Todesstrafe.

„Andernfalls wäre das von Art. 5 Abs. 2 GG gewährleistete Recht, die geltenden Gesetze einer moralischen oder politischen Kritik zu unterziehen und auf deren Änderung hinzuwirken, nicht mehr ausreichend gesichert."[2690]

bb) Die „Soldaten sind Mörder"-Prozesse

Vor dem Hintergrund dieser verfassungsrechtlichen Entwicklung fanden die „Soldaten-sind-Mörder"-Prozesse statt, die ihrerseits zu maßgeblichen Entscheidungen des BVerfG führten. Bevor diese auch durch die Öffentlichkeit heftig diskutierten Entscheidungen[2691] *en detail* betrachtet werden, soll kurz die – juristische – Vorgeschichte dieser Kontroverse nachgezeichnet werden.

(1) Vorgeschichte I: Der „zweite Weltbühnenprozess" gegen Carl von Ossietzky

Das inkriminierte Zitat äußerte *K. Tucholsky* in einer Glosse in der Zeitschrift *Die Weltbühne*. Der Journalist, Satiriker und Jurist kritisierte das Verhalten der Feldpolizei im ersten Weltkrieg:

„Da gab es vier Jahre lang ganze Quadratmeilen Landes, auf denen war der Mord obligatorisch, während er eine halbe Stunde davon entfernt ebenso streng verboten war. Sagte ich: Mord? Natürlich Mord. Soldaten sind Mörder."[2692]

Schon dies provozierte ein juristisches Nachspiel: Zwar nicht der nach Schweden emigrierte *Tucholsky*, aber sein Verleger *C. von Ossietzky* wurde im sog. *zweiten Weltbühnenprozess* wegen Beleidigung angeklagt.[2693] Das LG und KG Berlin sprachen ihn allerdings frei[2694]: Obwohl die Bezeichnung von Soldaten als „Mörder" eine „ungeheuerliche Verunglimpfung" darstelle, sei die

„Schmähung nicht gegen eine näher gekennzeichnete Gruppe oder Art von Soldaten sondern gegen Soldaten schlechthin gerichtet, und nicht einmal etwa gerade und nur gegen alle am Weltkriege beteiligt gewesenen Soldaten."[2695]

Dagegen setze §§ 185ff. StGB voraus, dass die Ehrverletzung erkennbar gegen einzelne Personen gerichtet ist. Es fehlte, auch in moderner Terminologie[2696], an der ausreichenden *Konkretisierbarkeit*, um von einer Beleidigung durch Kollektivbezeichnung

2690 BVerfG, NJW 1992, 2815 (2816).
2691 Siehe *Spranger* 2011, S. 595.
2692 *Tucholsky*, Die Weltbühne, 04.08.1931, S. 191.
2693 Siehe dazu allg. *Sudhof*, RJ 1990, S. 147ff.; *Mager*, JURA 1996, S. 405f.; *Weller* 1990 u. *Perger* 2004, S. 118ff. sowie knapp im Kontext der BVerfG-Beschlüsse *Spranger* 2011, S. 595f. u. *Gounalakis*, NJW 1996, S. 481.
2694 Siehe, auch für die weiteren Ausführungen, KG Berlin, JW 1933, S. 972ff.
2695 KG Berlin, JW 1933, S. 973.
2696 Dazu z.B. *Geppert*, NStZ 2013, S. 557f. Allg. zu dieser Voraussetzung unten, E. II. 1. b) bb) (1) (a) (ab), S. 295.

auszugehen: Eine solche könne nicht gegen eine unübersehbare Personenmehrheit ergehen; die „Soldaten aller Nationen“ seien aber eine solche. Die einzige Ausnahme, nämlich die Beleidigung von Behörden und Körperschaften, wurde ebenfalls als nicht einschlägig betrachtet, eine Kollektivbeleidigung der Reichswehr also verneint.

Der aufsehenerregende Prozess machte den Ausspruch zu einer beliebten pazifistischen Losung. Es folgten weitere (auch) juristische Auseinandersetzungen, die es nun zu betrachten gilt.[2697]

(2) Vorgeschichte II: Die „Frankfurter Soldatenurteile“

Dieser *zweite Weltbühnenprozess* gilt als „historisches Simile“[2698] der ebenfalls kontroversen *Frankfurter Soldatenurteile*[2699]. Auf die gegenüber einem Offizier in einer öffentlichen Debatte getätigte Äußerung „Alle Soldaten sind Mörder, auch Sie, Herr W.!“ erfolgte zunächst eine Verurteilung gem. §§ 185 und 130 StGB; die Berufung führte zu einem Freispruch: Der Tatbestand der Volksverhetzung sei nicht erfüllt, eine evtl. Beleidigung sei durch § 193 StGB gerechtfertigt.[2700] Das Gericht rekurrierte auf die besondere Relevanz der Meinungsfreiheit bei wichtigen, die Öffentlichkeit berührenden Debatten[2701] – anders als beim *zweiten Weltbühnenprozess* stand hier nicht der Tatbestand des § 185 StGB, sondern die Abwägung i.R.d. § 193 StGB im Zentrum.[2702] Nach Revision der Staatsanwaltschaft und des Verteidigungsministers verwies das OLG zurück an das LG Frankfurt.[2703] Es monierte das Fehlen relevanter Feststellungen zum Tatbestand des § 185 StGB – dies Sowohl zur Frage der Beleidigungsadressaten, also zur vom Gericht angenommenen Beleidigungsfähigkeit der Bundeswehr als Institution (*Kollektivbeleidigung*) und der Betroffenheit des einzelnen Soldaten durch die Äußerung (*Beleidigung mittels Kollektivbezeichnung*)[2704] und zur Frage, ob die Äußerung ein Werturteil oder eine Tatsachenbehauptung darstellt sowie zur der, ob es sich um Schmähkritik handelt.[2705] Das Ergebnis blieb aber bestehen: Die Äußerung sei in Wahrnehmung berechtigter Interessen gem. § 193 StGB erfolgt und somit straffrei.[2706] Nachdem das Urteil nach erneuter Revision

---

2697 Siehe für eine Darstellung dieser Bezüge und der Prozesshistorie auch *Mager*, JURA 1996, S. 406.

2698 *Dau*, NStZ 1989, S. 361.

2699 Dazu *Perger* 2004, S. 122ff., zur emotionalen Debatte ab S. 124. Dazu auch DRiZ – Redaktion, DRiZ 1989, S. 465ff. Zum Sachverhalt OLG Frankfurt, NJW 1991, 2032. Insg. dazu *Hassemer*, KritJ 1990, S. 359ff.

2700 Siehe LG Frankfurt, NJW 1988, 2683. Das Gericht enthielt sich damit einer Stellungnahme zur Frage der Beleidigungsfähigkeit der Bundeswehr.

2701 Dazu oben, E. II. 1. a) aa) (2), S. 269, z.B. das Zitat oben, an Fn. 2663

2702 So auch *Perger* 2004, S. 126.

2703 OLG Frankfurt, NJW 1989, 1367.

2704 Zu diesen Differenzierungen unten, E. II. 1. b) bb) (1) (a) (aa), S. 290.

2705 Vgl. OLG Frankfurt, NJW 1989, 1367. Hierzu *Dau*, NStZ 1989.

2706 Vgl. LG Frankfurt, NStZ 1990, 233. Krit. *Brammsen*, NStZ 1990, S. 235f. u. *Brammsen*, JR 1992, S. 82ff.

zurückverwiesen wurde,[2707] wurde das Verfahren wegen geringer Schwere der Schuld gem. § 153 StPO eingestellt.[2708]

(3) Vorgeschichte III: Weiteres Forensisches zu „Soldaten sind Mörder"

Die inkriminierte Bezeichnung ist noch in weiteren Verfahren gerichtsnotorisch geworden.

1. So hat sich der BGH mit der passiven Beleidigungsfähigkeit der Bundeswehr befasst.[2709] Ein vom LG Traunstein wegen Beleidigung aller aktiven und ehemaligen Soldaten der Bundeswehr, nicht aber der Bundeswehr als solcher Verurteilter war redaktionell mitverantwortlich für folgende Ausführungen, die in Reaktion auf Gelöbnisfeiern der Bundeswehr ergingen:

   > „Es ist [...] so, daß es kaum einen Beruf gibt, der mit dem Soldatenberuf vergleichbar wäre. Höchstens noch der des Folterknechts, des KZ-Aufsehers oder des Henkers. Denn wo sonst wird man schon dazu ausgebildet, möglichst perfekt Menschen umzubringen? [...] Aber: Ob notwendig oder nicht, daß man zum Killen abgerichtet wird, das läßt sich nicht wegdiskutieren. Und ein Beruf, dessen eigentlicher Zweck das Morden und Aufrechterhalten einer gigantischen Mordmaschinerie ist, ist eben ein moralisch verwerflicher Beruf."[2710]

   Der BGH goutierte die Feststellung des LG zur *Beleidigung durch Kollektivbezeichnung*: Auch wenn es eigentlich um den Beruf des Soldaten ginge, sei klar, dass durch die Äußerung auch die den Beruf des Soldaten ausführenden einzelnen Personen gemeint sind. Nur ginge es zu weit, *alle* Soldaten der Welt bzw. auch ehemalige Soldaten der Bundeswehr als beleidigt anzusehen – dies seien nur die *aktiven* der Bundeswehr. Dazu der BGH:

   > „Der damit gezogene Kreis der Betroffenen ist zwar groß, aber klar abgrenzbar und insoweit auch überschaubar."[2711]

   Als Schmähkritik seien die Äußerungen nicht von Art. 5 GG gedeckt.
   Die Ablehnung der Beleidigungsfähigkeit der *Bundeswehr als solcher* hingegen sei rechtsfehlerhaft; der BGH nahm eine Beleidigungsfähigkeit unter Rekurs

---

2707 Siehe OLG Frankfurt, NJW 1991, 2032. Dies insb. wegen einer unzureichenden Abwägung i.R.d. § 193 StGB; dazu ausführlich *Brammsen*, JR 1992, S. 83ff.

2708 Zum Prozesshergang, einer beispiellosen „Odyssee zwischen den Instanzen", *Perger* 2004, S. 123f.

2709 BGHSt 36, 83, dazu *Arzt*, JZ 1989; *Wehinger* 1994, S. 56f.; *Ignor* 1995, S. 78.

2710 BGHSt 36, 83.

2711 BGHSt 36, 83 (87). Für *Foerstner* 2002, S. 49 nimmt die Argumentation des BGH hier eine „überraschende Wende". Krit. auch *Schößler* 1997, S. 274f u. *Ignor* 1995, S. 80ff., der eine „wirkliche Begründung" vermisst u. auf die Zirkularität der Argumentation des BGH hinweist. Zur Kritik auch unten, E. II. 1. b) bb) (1) (a) (ab), S. 295.

auf die allgemeine Rspr. und konkret zur Bundeswehr auf das OLG Hamm[2712] und die zustimmende Anmerkung *J. Hennings*' an.[2713] Dabei geht der BGH noch weiter zurück und beruft sich z.T. auf die Rspr. des RGs (und damit solcher aus vordemokratischer Zeit, was das Ziel von Kritik ist.[2714]): Es

> „wurde eine kollektive Beleidigung u.a. anerkannt für den preußischen Richterstand (RGRspr. 1, 292), die Großgrundbesitzer mit Ausnahme etwa sozialdemokratisch gesinnter (RGSt 33, 46 [47]), die deutschen Offiziere (RG LZ 1915, 60) [...]".[2715]

Trotzdem müsse das Ausgangsgericht prüfen, ob nicht im Einzelfall Art. 5 GG einer Pönalisierung der Äußerung mit Zielrichtung einer Institution entgegenstehe; eine solche müsse sich unsachlicher und massiver Kritik „eher" stellen als eine Einzelperson. Dies

> „angesichts des Gewichts des Interesses der Öffentlichkeit an freier Kritik und ungebundener Diskussion gerade im hier fraglichen Bereich"[2716].

2. Die *Frankfurter Soldatenurteile* waren Anlass für einen weiteren Prozess. Zwei Offiziere solidarisierten sich mit den Pazifisten und unterzeichneten folgende öffentliche Erklärung:

> „Wir Soldaten des Arbeitskreises ‚Darmstädter Signal' begrüßen das sogenannte ‚Soldatenurteil' der 29. Großen Strafkammer des LG Frankfurt vom 20. 10. 1989. Zum einen ist der Kampf der Meinungen das Lebenselement unserer Gesellschaft, zum anderen halten wir die Aussage ‚alle Soldaten sind potentielle Mörder' inhaltlich für richtig ..."[2717]

Es folgten Verurteilungen wegen Dienstvergehen, die das BVerwG 1991 bestätigte.[2718] Zwar gelte Art. 5 GG auch für Soldaten als „Bürger in Uniform"; es bleibe demnach

> „[j]edem Vorgesetzten und jedem Soldaten [...] unbenommen, seine Auffassung frei zu äußern. Will er aber seine Autorität nicht untergraben und seine Loyalität nicht in Frage stellen, muß er seine Meinung besonnen, tolerant und sachlich vertreten."[2719]

2712 NZWehrr 1977, 70.

2713 Siehe für eine Auseinandersetzung mit diesem insb. unten, E. II. 1. b) bb) (1) (b) (aa) (aaa), S. 297.

2714 *Findeisen/Hoepner/Zünkler*, ZRP 1991, S. 247 sehen darin eine Bezugnahme auf „willhelminische Klassen- und Standesrechtsprechung" u. bezeichnen diese als „skandalös".

2715 BGHSt 36, 83 (85).

2716 BGHSt 36, 83 (89).

2717 BVerwG, NVwZ-RR 1992, 558 (558f.).

2718 Siehe insg. BVerwG, NVwZ-RR 1992, 558. Dazu *Schmidt-De Caluwe*, NVwZ 1992, S. 1168ff.

2719 BVerwG, NVwZ-RR 1992, 558 (561).

Insoweit könne Art. 5 GG durch die dienstrechtlichen Vorschriften, konkret §§ 10 Abs. 6 und § 17 Abs. 1 und 2 SG, eingeschränkt werden. Die dadurch gezogenen Grenzen haben die Soldaten in den Augen des Gerichts überschritten: Durch die zustimmende Bezugnahme auf die Aussage, Soldaten seien potentielle Mörder, hätten sie mittels „provozierender Behauptung" die freiheitlich-demokratische Grundordnung in Frage gestellt; sich „in ihren Äußerungen als fanatische Verfechter einer bestimmten Meinung" erwiesen und müssten sich dem „Vorwurf der Einseitigkeit und Unduldsamkeit aussetzen".[2720] Dies, da sie

> „[...]in‚pharisäerhafter' Selbstgerechtigkeit und Überheblichkeit den politisch Andersdenkenden die intellektuelle Fähigkeit und moralische Intention absprechen, dem Gemeinwohl in verantwortlicher Weise zu dienen, wenn sie in plakativer Aufmachung und mit pauschaler Formulierung politische Bekenntnisse verkünden und deren vermeintliche Richtigkeit unter Inanspruchnahme ihres Dienstgrades unterstreichen, wenn sie andere mit ehrverletzenden und diffamierenden Äußerungen schmähen oder die Gefahr außer acht lassen, daß ihre Meinungskundgabe nach der Art ihres Auftretens sowohl in ihrer Form als auch nach der Wahl von Ort und Zeit demagogisch mißbraucht und in fragwürdiger Weise emotionalisiert werden kann."[2721]

3. Darauf erhob einer der Beteiligten Verfassungsbeschwerde wegen Verletzung des Art. 5 GG. Das BVerfG[2722] gab dem Beschwerdeführer recht: Gemäß seiner schon zuvor festgestellten Kompetenz zur intensiven Überprüfung der Auslegung strittiger Äußerungen durch Ausgangsgerichte[2723] monierte es die Interpretation der fraglichen Aussage durch das BVerwG. Es sah in den oben wiedergegebenen Äußerungen eine „ihrerseits von emotional gefärbter Begrifflichkeit nicht freie Interpretation".[2724] Dadurch verschärfe das Gericht den eigentlichen Inhalt der fraglichen Erklärung unzulässigerweise in nicht mehr verständlicher Form, was einen Verstoß gegen Art. 5 GG darstelle;[2725] das Gericht wies den Fall zurück.
4. *TITANIC/‚geb. Mörder'*[2726]: Die satirische Reaktion der Zeitschrift *Titanic* auf die Soldatenurteile und die sich anschließende öffentliche Debatte führte ihrerseits zu juristischen Auseinandersetzungen. Das Magazin hatte eine Liste der „sieben peinlichsten Persönlichkeiten des Jahres" abgedruckt. U.a. wurde der Name eines querschnittsgelähmten Offiziers, der öffentlich für eine Teilnahme an Wehrübungen gestritten hatte, aufgeführt und mit dem Anhang „geb.

2720 Alle Zitate aus BVerwG, NVwZ-RR 1992, 558 (561).
2721 BVerwG, NVwZ-RR 1992, 558 (561f.).
2722 NJW 1992, 2750.
2723 Siehe hierzu oben, E. II. 1. a) aa) (2), S. 269, zum Streit darum oben, Fn. 2547.
2724 BVerfG, NJW 1992, 2750 (2751). Siehe für eine kritische Auseinandersetzung mit diesen Zitaten und ihrer Bedeutung im Kontext die Ausführungen unten, in u. an Fn. 3097.
2725 Zust. *Schmidt-De Caluwe*, NVwZ 1992, S. 1169.
2726 BVerfGE 86, 1, dazu *Schmidt-De Caluwe*, NVwZ 1992, S. 1167ff.

Mörder"[2727] versehen. Später wurde er als „Krüppel"[2728] bezeichnet. Das OLG Düsseldorf verurteilte die Zeitschrift zur Zahlung von Schmerzensgeld gem. § 823 Abs. 1 und 2 BGB i.V.m. §§ 185, 186 StGB.[2729] Unabhängig davon, ob durch Art. 5 GG gedeckte Satire vorliege – woran das Gericht zweifelte –, käme eine Rechtfertigung gem. § 193 StGB grds. nicht in Frage, da die Verunglimpfung des Offiziers im Vordergrund gestanden habe und somit Schmähkritik (und zwar: „böswillige und gehässige") gegeben sei.

Das BVerfG sah hierin eine Verkennung des Art. 5 GG.[2730] Nachdem es sich eine umfangreiche Prüfungskompetenz auch bzgl. des Bedeutungs*inhalts* der Aussagen zusprach[2731], monierte es, das Ausgangsgericht habe „keine der Satire gerecht werdenden Maßstäbe angelegt"[2732]. Dafür wäre eine *entkleidende Betrachtung* des Artikels nötig; eine solche hätte Zweifel daran genährt, dass hier tatsächlich die Verunglimpfung des Offiziers und nicht etwa die Beteiligung an der öffentlichen Debatte im Vordergrund gestanden hat.

Anders urteilte das Gericht bzgl. der Bezeichnung „Krüppel": Dies sei eine nicht gerechtfertigte Formalbeleidigung; da der „erste Angriff" durch die *Titanic* erfolgte und die Schmerzensgeldforderung des Offiziers (anders als die Reaktion des Magazins) keine Persönlichkeitsrechte verletze, greife hier auch das „Gegenschlagargument"[2733] nicht.[2734]

2727 Ähnl. Appendizes wurden bei weiteren Personen auf der Liste, meist humoristisch-verfremdet, angehängt.

2728 Nachdem er Schmerzensgeld verlangt hatte, wurde in der Rubrik *Briefe an die Leser* folgendes ausgeführt: „Den Vorgang, daß ein Krüppel, nämlich Sie, granatenscharf darauf ist, in einer Organisation, nämlich der Bundeswehr, Dienst zu tun, deren Zweck es ist, Menschen zu Krüppeln oder gar totzuschießen, fanden wir obszön und ernannten Sie zur siebtpeinlichsten Persönlichkeit des Monats März. Den Folgevorgang, daß Sie unsere damaligen Zweifel an der Vollzähligkeit Ihrer Tassen im Spind zum Anlaß nahmen, über einen Anwalt uns ein weit überhöhtes Schmerzensgeld von 50000 DM abzufordern, weil ‚das rechtliche und tatsächliche Gewicht der öffentlichen Beleidigung unseres Mandanten' ‚weit schwerer' sei, als wenn wir ‚einen gesunden Menschen verunglimpft hätten', finden wir odiös. Oder wie würden Sie die rechtliche Degradierung des Gesunden zum Menschen zweiter Klasse nennen? Obskur? Ochlokratisch gar? Nein? Finden Sie okay? Tatsächlich? Na dann – werden wir uns wohl vor Gericht wiederfinden. Titanic", siehe BVerfGE 86, 1 (2.).

2729 Vgl. OLG Düsseldorf, NJW-RR 1990, S. 1118.

2730 BVerfGE 86, 1. Z.T. krit. hierzu *Schmidt-De Caluwe,* NVwZ 1992, S. 1167f.

2731 Siehe dazu oben, E. II. 1. a) aa) (2), S. 269, insb. „Beleidigende Transparentaufschrift".

2732 BVerfGE 86, 1 (11). Zust. *Schmidt-De Caluwe,* NVwZ 1992, S. 1168 u. *Gounalakis/Rösler* 1998, S. 118.

2733 Dazu oben, E. II. 1. a) aa) (2), S. 269, insb. die Ausführungen in u. an Fn. 2659.

2734 Hierzu *Gounalakis/Rösler* 1998 S. 119, der die differenzierte Betrachtungsweise des BVerfG lobt.

(4) Die Entscheidungen des BVerfG: „Soldaten sind Mörder" I und II

Nun sollen die zwei zentralen Urteile des Bundesverfassungsgerichts betrachtet werden.

1. *Soldaten sind Mörder I:*[2735] Explizit auf *Tucholsky* rekurrierte ein Sozialpädagoge, der seinen PKW mit einem Aufkleber versah, der das *Mörder*-Zitat zusammen mit einem stilisierten Kreuz und der Unterschrift des Urhebers zeigte. Daneben befanden sich weitere Sticker mit typisch-pazifistischen Motiven („Schwerter zu Pflugscharen" und die Aufnahme *Tod des Milizionärs* von *R. Capa*, die einen erschossenen Soldaten im spanischen Bürgerkrieg zeigt, versehen mit dem Text „Why?"). Es erfolgte eine amtsgerichtliche Verurteilung wegen Beleidigung und Volksverhetzung. Das LG verwarf die Berufung, das OLG die Revision.
   Mittels einer Kammerentscheidung sah das BVerfG 1994 darin eine Verletzung des Art. 5 GG und die Verfassungsbeschwerde als offensichtlich begründet an. Es monierte mehrere Aspekte, insb. die Deutung der Aussage[2736]: *(1.)* Die Ausgangsgerichte hätten eine technisch-juristische Interpretation des Begriffs „Mörder" als verwerflichster Tötung zugrunde gelegt; dass dies hier so und nicht im alltagssprachlichen Sinne als „nicht rechtfertigungsfähige" Tötungshandlung gemeint sei, sei nicht ausreichend begründet worden. *(2.)* Auch sei der Kontext des Zitats ungenügend gewürdigt worden, insb. der Aufkleber, der einen getöteten Soldaten mit der Frage „Why?" kommentiert – dies lasse auch die übrigen Aussagen in einem „anderen Licht erscheinen", nämlich einem, in dem Soldaten auch Opfer sind. *(3.)* Die Unterstellung, hier würden konkret die Soldaten der Bundeswehr als an „Morden" Beteiligte bezeichnet, sei ebenfalls fraglich: Der verständig Leser wisse, dass die Bundeswehr damals noch an keiner Kampfhandlung teilgenommen hatte. *(4.)* Schließlich wurde nicht ausreichend dargelegt, dass konkret auch die Bundeswehr und nicht nur der für eine Strafbarkeit zu weite Kreis „aller Soldaten" gemeint war.
2. *Soldaten sind Mörder II*[2737]: 1995 befasste sich dann der erste Senat mit vier ähnlichen Fällen[2738]; jeweils ging es um Verurteilungen der späteren Beschwerdeführer

---

2735 Insg. BVerfG, NJW 1994, 2943. Dazu krit. *Herdegen,* NJW 1994, S. 2933f. u. *Campbell,* NStZ 1995, S. 328f.

2736 Insg, krit. zur Argumentation des BVerfG *Spranger* 2011, S. 597f. u. *Scholz/Konrad,* AöR 1998, S. 112; mit Blick auf die Methode, nicht aber das Ergebnis, auch *Gounalakis,* NJW 1996, S. 484f.

2737 BVerfGE 93, 266; dazu *Gounalakis,* NJW 1996, S. 481ff. u. krit. *Steinkamm,* NZWehrr 1995, S. 46ff.

2738 *(1.)* Der erste Betroffene hängte, nachdem er Zeuge einer NATO-Übung wurde, ein Laken mit den Worten „a soldier is a murder" [sic] aus u. wurde noch vor dem Zwangsdemokraten-Fall verurteilt.) *(2.)* Der zweite veröffentlichte einen Flyer mit dem Wortlaut: „Eins steht fest: Soldaten werden zu Mördern ausgebildet. Aus ‚Du sollst nicht töten' wird ‚Du mußt töten'. Weltweit. Auch bei der Bundeswehr." *(3.)* Um sich mit dem Angeklagten der Soldatenurteile zu solidarisieren,

gem. § 185 StGB. Diese beriefen sich auf Art. 5 GG, zusätzlich wurde z.T. eine Verletzung des Art. 103 Abs. 2 GG moniert: § 185 StGB sei zu unbestimmt, auch sei die Anwendung mit Blick auf die Beleidigung der Bundeswehr als Institution (*Kollektivbeleidigung*) bzw. die aktiven Soldaten der Bundeswehr (*Beleidigung unter Kollektivbezeichnung*) problematisch.
Diese Fragen der tatbestandlichen Weite und der passiven Beleidigungsfähigkeit werden unten[2739] vertieft betrachtet; jeweils hat das BVerfG keinen Verstoß gg. Art. 103 Abs. 2 GG festgestellt. Allerdings sei die Annahme der Kollektivbeleidigung problematisch:[2740] Auch wenn diese Figur grds. anerkannt ist, verlange sie die *Überschaubarkeit* der fraglichen Personengruppe. Sehe man nun automatisch eine überschaubare Gruppe mitumfasst, wenn eine unüberschaubare beleidigt wird, werde dadurch die vom BGH „aus rechtsstaatlichen Gründen vorgenommene Eingrenzung des Straftatbestandes [...] im Ergebnis wieder aufgehoben."[2741]
Im Zentrum stand der angenommene Verstoß gegen Art 5 GG. Zunächst wurde erneut die *mangelhafte Deutung der fraglichen Aussagen* kritisiert: Wiederum die technische Auslegung des Begriffs „Mörder" und die unzureichende Berücksichtigung des Gesamtkontextes, also dass die Aussagen im Rahmen einer breiten, öffentlichen Debatte und nicht anlasslos gefallen sind.[2742] Auch wurde moniert, dass die Ausgangsgerichte (im Anschluss an ein somit ebenfalls kritisiertes Urteil des BayOLG von 1991[2743]) von *Schmähkritik* ausgingen:[2744] Anknüpfend an den bereits zuvor vom BVerfG entwickelten[2745] *engen* Begriff, sei dies hier nicht gegeben: Indem sich die Beschwerdeführer zur Frage der sittlichen Rechtfertigung des Krieges geäußert haben, leisteten sie einen Beitrag zum geistigen Meinungskampf; dass nicht konkrete Personen, sondern Soldaten *als solche* anvisiert wurden, zeige, dass hier die persönliche Kränkung nicht im Vordergrund

---

wiederholte ein weiterer Betroffener die Aussage, alle Soldaten seien potentielle Mörder, in einem Leserbrief. *(4.)* Schließlich war ein Fall im Blick, in dem diese Aussage getroffen wurde, wobei das Wort „Mörder" mit dem Wort „Kriegsdienstverweigerer" unterlegt war.

2739 E. II. 1. b) aa) (1), S. 281 u. E. II. 1. b) bb) (1) (a) (aa), S. 290 sowie E. II. 1. b) bb) (1) (b) (aa), S. 297.

2740 Dazu *Gounalakis,* NJW 1996, S. 486 u. *Foerstner* 2002, S. 101ff.

2741 BVerfGE 93, 266 (302). Hierzu krit. *Spranger* 2011, S. 599f.

2742 Hierzu krit. *Spranger* 2011, S. 599; *Stark,* JuS 1995, S. 692 u. *Gounalakis,* NJW 1996, S. 481f. u. 485, der nicht das Ergebnis, sondern die Methode des BVerfG beklagt. Aus sprachtheorethischer Sicht *Schößler* 1997, S. 277ff., insb. 281ff. u. *Burkhardt* 1996, S. 139ff., insb. S. 152,155 u. 169f. Ähnlich, schon mit Blick auf die Frankfurter Soldatenurteile (dazu oben, E. II. 1. a) bb) (3), S. 276) forderte *Jäger* 1990, S. 129 ein Vorgehen, wie es hier vom BVerfG gewählt wurde. Allg. auch *Foerstner* 2002, S. 100 ff.

2743 BayOLG, NJW 1991, 1493, dazu krit. *Prittwitz* 1993, S. 100 u. *Foerstner* 2002, S. 47f.

2744 Dazu zust. *Gounalakis,* NJW 1996, S. 486.

2745 Siehe auch hierzu oben, E. II. 1. a) aa) (2), S. 269, insb. Fn. 2686.

stehe. Eine Sonderbehandlung für Soldaten, wie im Sondervotum und z.T. in der Literatur gefordert, sei nicht angezeigt.

b) Inhaltliche Analyse

Auch hier soll untersucht werden, inwieweit sich die allgemein herausgearbeiteten Topoi i.R.d. hiesigen Debatte finden lassen; dazu wird zunächst der Aspekt der tatbestandlichen Weite und die daraus folgende dezisionistische, gesinnungsabhängige Rspr. betrachtet (*aa)*), um das besonders interessante Phänomen der Kollektivbeleidigung (*bb) (1)*) und weitere funktionalistischer Aspekte (*bb) (2)*) zu analysieren, was nach der Beschäftigung mit der Vorverlagerung (*cc)*) zur Betrachtung der demokratischen und gesellschaftspolitischen Implikationen führt (*dd)*).

aa) Tatbestandliche Weite, dezisionistische und gesinnungsabhängige Pönalisierung

§§ 185ff. StGB wird – wie unten zu sehen bzgl. vieler Aspekte ähnlich wie § 240 StGB –[2746] häufig eine tatbestandliche Unbestimmtheit bis zum Verstoß gegen Art. 103 Abs. 2 GG vorgeworfen; daraus folgt das Potential einer dezisionistischen, gesinnungsabhängigen Rechtsanwendung.

(1) Das unklare Schutzgut

Schon das seit jeher umstrittene, schwer zu definierende Schutzgut vermindert die Normklarheit.[2747] Nach g.h.M. handelt es sich dabei um die *Ehre.* Für deren Unklarheit sorgt schon ihre Abhängigkeit von gesellschaftlichen Wertungen.[2748] Dazu *Hirsch*:

> „Anders als bei den Rechtsgütern Leben, Gesundheit, Eigentum und dg. ist sie [die Strafrechtswissenschaft, F.F.] bei der Ehre und ihrer Verletzung mit Phänomenen konfrontiert, die einer exakten juristischen Erfassung weitgehend zu widerstreben scheinen."[2749]

2746 Siehe dazu unten, E. II. 2. b) aa) (1), S. 323; auf die Parallelen weist auch *Ignor* 1995, S. 163 hin.

2747 Zum Zusammenhang des Rechtsguts zur Deliktsbestimmtheit insb. bei § 185 ff. StGB *Kubiciel/Winter,* ZStW 2001, S. 306; *Findeisen/Hoepner/Zünkler,* ZRP 1991, S. 246 u. *Rühl,* KritJ 2002, S. 200.

2748 Hierzu *Hassemer,* KritJ 1990, S. 365 u. grundlegend *Hirsch* 1967, S. 1; *Kubiciel/ Winter,* ZStW 2001, S.306f. Auch *Findeisen/Hoepner/Zünkler,* ZRP 1991, S. 246 u. *Husmann,* MDR 1988, S. 727. Zum Bedeutungswandel insb. *Schubarth,* JuS 1981, S. 728 u. *Schößler* 1997, S. 18ff.

2749 *Hirsch* 1967, S. 1.

So auch *Kubiciel/ Winter*: Dies, da es bei der Definition der Ehre um „die Festlegung eines Wertes (normativer Ehrbegriff) oder die Erfassung eines Gefühls (faktischer Ehrbegriff)" gehe.[2750]

So streiten „normative", „faktische" Ehrbegriffe und Mischformen um die Vorherrschaft; diese hat heute die *normative* bzw. die *normativ-faktische Mischform* inne.[2751] Sowohl der normative als auch der faktische Idealtypus[2752] bergen je eigene Probleme bzgl. der Bestimmtheit. So neigen *faktische* Begriffe, wie sie z.T. der Rspr., aber auch dem literarisch vertretenen, unten näher betrachteten *sozialen* bzw. *funktionalen Ehrverständnis* zugrunde liegen (insoweit es um den Schutz der vermeintlich tatsächlichen Kommunikationsmöglichkeiten geht[2753]), wegen ihrer Abhängigkeit von der Empfindlichkeit der Betroffenen oder der ihnen gesellschaftlich zugeschriebenen Ehre zu einer sehr weitgehenden Pönalisierbarkeit.[2754] Dies, da die *innere Variante* des faktischen Ehrbegriffs schon verletzt ist, wenn sich eine besonders empfindliche Person durch Nichtigkeiten „beleidigt" fühlt[2755] bzw. die *äußere Variante* schon greift, wenn etwas Wahres über eine Person mit einem unberechtigt gutem Ruf verbreitet wird, also eine bloße „Scheinehre" geschützt würde.[2756]

Aber auch die *normativen* Varianten widerstreben einer engen Umgrenzung, da sie sich – wie §§ 185ff. StGB allgemein –[2757] in besonderem Maße zur rechtlichen Durchsetzung eigentlicher moralischer Bewertungen eignen. *Ignor* leitet dies aus dem Menschenwürdebezug des normativen Ehrbegriffs her und bezieht sich auf *Hoerste*, für den jeder Rekurs auf die Menschenwürde unvermeidlich mit einem moralischen Werturteil verbunden ist.[2758] Hier besteht eine Wechselwirkung dahingehend, dass die Unbestimmtheit des Straftatbestands ihre moralisierende Anwendung befördert; die praktische Nutzung einer Norm zu diesem Zweck (also der Durchsetzung „der Moral", wie für § 185 StGB festzustellen[2759]) zugleich eine (dann: noch weitergehend) uferlose Auslegung privilegiert[2760].

2750 Vgl. *Kubiciel/Winter*, ZStW 2001, S.306ff.

2751 *Hirsch* 1998, S. 131ff. bezeichnet den *normativen* als den sich in der Rspr. durchgesetzten. Auch *Hirsch* 1967, S. 3ff., S. 14ff., insb. 32. Für *Ignor* 1995, S. 36 ist der *normativ-faktische* Ehrbegriff „wohl herrschend". Zum *normativ-faktischen* Begriff der Rspr., dessen Schwerpunkt er auch auf dem *normativen* Element sieht, S. 40ff. u. konkreter S. 47ff.; eine Übersicht über die Ehrbegriffe gibt er auf S. 32ff. Siehe auch NK-*Zaczyk*,Vor § 185, Rn. 1ff. u. MüKo-*Regge/Pegel*, Vor § 185ff., Rn. 7ff.

2752 Dazu, dass es jeweils nur Idealtypen sind, *Hirsch* 1998, S. 131ff.

2753 Dazu unten, E. II. 1. b) bb) (2), S. 304.

2754 Allg. auch *Krug* 1965, S. 91ff.

2755 Siehe *Geppert*, JURA 1983, S. 532f.

2756 Dazu *Hirsch* 1967, S. 17ff.

2757 So konkret *Schößler* 1997, S. 126; ausführlich unten, E. II. 1. b) dd) (5), S. 315.

2758 Vgl. *Ignor* 1995, S. 45f., S. 56f. u. *Hoerster*, JuS 1983, S. 94ff. Siehe hierzu allg. die Ausführungen unten, E. II. 1. b) dd) (5), S. 315., insb. auch das Zitat unten, an Fn. 3096.

2759 Siehe unten, E. II. 1. b) dd) (5), S. 315.

2760 So *Schößler* 1997, S. 127.

Potenziert werden diese Effekte dadurch, dass der (auch: höchstrichterlichen) Rspr. kein einheitlicher Ehrbegriff zugrunde liegt, sondern mal stärker faktisch, mal stärker normativ argumentiert wird. Ein forensisches Beispiel für die dezisionistischen Folgen dieses unklaren Schutzguts ist die unten[2761] näher problematisierte Entscheidung des BVerfG zu Kollektivbeleidigungen[2762]: Wie dort zu sehen ist, wird die Beleidigungsfähigkeit von Kollektiven als ideologisch umstrittene Frage insb. mit *faktischen* Ausführungen begründet. Dies stellt jedoch eine Abweichung des BGH von seinem sonstigen Vorgehen dar, das sich durch eine deutlich stärkere Betonung der *normativen* Elemente der Ehre auszeichnet.[2763] Dies vor allem dann, wenn es wie in Fällen der „Sexualbeleidigung" zu einer Durchsetzung von eigentlich *sittlichen* Wertungen geht.[2764] Es liegt die Vermutung nahe, dass die Anwendung des flexiblen Ehrbegriffs mit Blick auf das gewünschte Ergebnis – die weitgehende Erfassung von Kollektivbeleidigungen hier[2765], die Durchsetzung der herrschenden oder richterlichen Moralvorstellung dort[2766] – geleitet ist. *A. Ignor* sieht hier eine Parallele zu § 240 StGB, wo Ähnliches festzustellen ist[2767]: Das Motiv dieser durch Gesetzgebung und Rspr. bewirkten Unklarheit sei die Ermöglichung einer kriminalpolitisch motivierten Einzelfallberücksichtigung.[2768] Er kritisiert mit *W. Naucke* und *R.-P. Calliess* die „Zerstörung der Gesetzlichkeit durch die Kriminalpolitik."[2769] Ein Befund, dem angesichts der hiesigen Betrachtungen nur zugestimmt werden kann.

(2) Die Tatbestandsformulierung

Diese Beobachtungen lassen sich auch darauf zurückführen, dass sowohl der Terminus *Ehre* (wie gesehen und unabhängig vom jeweiligen Ehrbegriff) als auch das hier fragliche Tatbestandsmerkmal – *Beleidigung* – jeweils *wertungsabhängige,* also rein *normative Begriffe*[2770] ohne tatsächliche Anknüpfungspunkte sind, was wiederum

---

2761 E. II. 1. b) bb) (1) (a) (aa) (aaa), S. 291.

2762 BGHSt 6, 186.

2763 Ähnliches zu BGHSt 6, 186 stellt *Ignor* 1995, S. 42f. fest.

2764 Zum *normativen* Ehrbegriff in den Fällen der Sexualbeleidigung *Ignor* 1995, S. 45ff. Siehe zu den Ehrbegriffen der Rspr. auch oben, Fn. 2751.

2765 Bzgl. BGHSt 6, 186 spricht *Kaufmann,* ZStW 1972, S. 427 von einer „weltanschaulich gefärbten" Argumentation, siehe dazu auch unten, E. II. 1. b) bb) (1) (a) (aa) (aaa), S. 291 u. E. II. 1. b) bb) (1) (a) (aa) (bbb), S. 292.

2766 Speziell zu den normativen Varianten *Ignor* 1995, S. 45f., S. 56f u. S. 66, der Tatbestand des § 185 StGB werde „der Beliebigkeit der richterlichen Wertung anheimgegeben".

2767 Dazu unten, E. II. 2. b) aa) (2) (a), S. 326.

2768 Vgl. *Ignor* 1995, S. 163ff.

2769 Konkret bezieht er sich auf *Calliess,* NJW 1989 u. *Naucke* 1999.

2770 *Normativ* sind Begriffe, die anders als *deskriptive* durch einen Wertungsakt auszufüllen sind. Dies ist auf einer kategorialen Ebene über der Frage des Inhalts dieser Begriffe angesiedelt: Die Feststellung, *Ehre* sei ein normativer Begriff, ist also unabhängig von dem Streit, ob ein faktischer oder ein normativer Ehrbegriff

für inhaltliche Unsicherheiten sorgt.[2771] *A. Ignor* spricht von der „relativistischen Tendenz der Normativität des § 185 StGB"[2772]; ein Phänomen nebenbei, das sich ebenfalls bei der Verwerflichkeitsklausel der Nötigung feststellen lässt.[2773]

Dies führt zur Betrachtung der Gesetzesformulierung des § 185 StGB; diese Strafnorm, in der Tathandlung und Tatobjekt in einem einzigen Begriff (*Beleidigung*) zusammengefasst sind, konfligiert mit Art. 103 Abs. 2 GG.[2774] Schon der „archaische Begriff" *Beleidigung* ist, eben auch wegen seiner Natur als normatives Merkmal, offen für zahllose Deutungsvarianten.[2775] Das zeigt sich auch daran, dass die entscheidenden Erkenntnisse zu § 185 StGB nicht dem Gesetzestext, sondern der richterlichen Rechtsfortbildung entstammen[2776]. Die dort entwickelte Definition der Tathandlung als „Kundgabe der Nichtachtung oder Missachtung" wird z.T. ihrerseits als unklar bezeichnet und den Gerichten eine uneinheitliche Anwendung vorgeworfen.[2777] Auch die von der Rspr. teilweise geforderte „Berücksichtigung aller Umstände des Einzelfalls", die bei der Frage nach dem Vorliegen einer Beleidigung stattfinden soll, zeichnet sich durch Zirkularität und Rechtsunsicherheit aus.[2778] Zusätzlich birgt dieses Vorgehen die Gefahr, dass *außerrechtliche* Maßstäbe angelegt werden; insb. solche der Sitte oder der „sozialen Anschauung", deren Spezifika naturgemäß kraft richterlicher *Dezision* festgestellt werden.[2779] Eng Verbunden ist dieses Problem damit, dass Aussagen, die im Fokus der wertenden Anwendung des Begriffs „Beleidigung" stehen, ihrerseits auslegungsbedürftig sind; dies bietet weiteren Raum für eine richterliche Lenkung des jeweiligen Ergebnisses. Ein Bsp. für die daraus resultierende Inkonsequenz ist die Auslegung juristischer Fachtermini: Bis zum Eingreifen des BVerfG wurde der Begriff *Mörder* meist im juristischen

---

vorzugswürdig ist, sondern sagt nur, dass hierüber *wertungsmäßig* gestritten werden kann; siehe dazu *Ignor* 1995, S. 31.

2771 Hierzu *Ignor* 1995, S. 29ff. Zur Wertausfüllungsbedürftigkeit des Begriffs *Beleidigung* auch *Roxin* 2006, § 5, Rn. 69. Er sieht dies jedoch als unvermeidlich an, weswegen er keinen Verstoß gegen Art. 103 Abs. 2 GG annimmt, siehe auch dort, Rn. 76.

2772 *Ignor* 1995, S. 58.

2773 So konkret *A. Kaufmann*, siehe unten, Fn. 3170.

2774 Ausführlich *Ignor* 1995, S. 149ff. Auch MüKo-*Regge/Pegel*, Vor § 185ff., Rn. 10f., m.w.N.; *Findeisen/Hoepner/Zünkler*, ZRP 1991, S. 246; *Krug* 1965, S. 60; *Husmann*, MDR 1988, S. 727; *Schubarth*, JuS 1981, S. 728 u. *Rühl*, KritJ 2002, S. 199; siehe, mit Blick auf die wechselhafte Rspr., auch unten, Fn. 2785.

2775 Siehe hierzu *Schößler* 1997. S. 15; *Ignor* 1995, S. 29ff.

2776 So auch *Foerstner* 2002, S. 74.

2777 Siehe hierzu ausführlicher *Ignor* 1995, S. 83ff.

2778 Dazu *Ignor* 1995, S. 87f., dort m.w.N. bzgl. der fraglichen Formel und Bsp. aus der Rspr.

2779 Dazu *Ignor* 1995, S. 88ff.

Sinne ausgelegt[2780] Dagegen legte der BGH die Aussage „Widerstandskämpfer sind Landesverräter" klar nicht-juristisch aus:

> „Der Ausdruck ‚Vaterlandsverräter' ist seiner Form nach eine Beleidigung. Er konnte dem Zusammenhang nach keinesfalls so verstanden werden, als solle damit nur gesagt sein, die Widerstandskämpfer oder einige von ihnen hätten den Tatbestand der damals geltenden Vorschriften über Landesverrat verwirklicht. Das ist offenkundig und wird von niemandem bestritten. Die Annahme, daß jemand heute einen Widerstandskämpfer nur deshalb als einen ‚Vaterlandsverräter' bezeichnen könnte, um diese banale und allgemein bekannte Tatsache mitzuteilen, wäre völlig abwegig."[2781]

Hier fällt die Diskrepanz zwischen der deutlichen Formulierung des BGH (eine nur-juristische Deutung von *Landesverräter* als „abwegig") und der Selbstverständlichkeit, mit der *Mörder* in anderen Fällen streng „juristisch" interpretiert wurde, auf, zumal der Begriff „Mörder" in der Umgangssprache wohl im Vergleich zu „Landesverräter" der üblichere ist.

Zwar verneinte auch das BVerfG die grundsätzliche Bestimmtheit des § 185 StGB mangels Vorhersehbarkeit, hat aber einen Verstoß gegen den *nulla-poena-Grundsatz* – wie bei § 240 StGB –[2782] mit dem Argument abgelehnt, die Norm sei durch eine jahrzehntelange Rechtsprechungstradition inzwischen präzisiert.[2783] Neben grds. Zweifeln, ob eine derartige Argumentation zulässig ist[2784], ist nicht zuletzt wegen der o.g. Kasuistik der Rspr. diese behauptete Präzisierung hier äußerst fraglich.[2785]

2780 Vgl. oben, E. II. 1. a) bb) (1), S. 274; die alltagssprachliche Auslegung ist immer noch kontrovers, oben, in u. an Fn. 2742.

2781 BGH, NJW 1952, 1183.

2782 Siehe unten, E. II. 2. b) aa) (1), S. 323.

2783 BVerfGE 93, 266 (292), eine „über hundertjährige und im wesentlichen einhellige Rechtsprechung".

2784 Allg. *Schünemann* 1978, S. 33; *Rengier* 2014, § 4, Rn. 28; knapp zu § 130 StGB *Jahn* 1998, S. 176f. u. *Roxin* 2006, § 5, Rn. 70, der eine Verletzung der Gewaltenteilung sieht, die egtl. durch Art. 103 Abs. 2 GG geschützt werden soll. Überzeugend *Rotsch*, ZJS 2008, S. 135, der auf die Vorhersehbarkeit aus Bürgerperspektive abstellt u. ausführt, „[v]on keinem Laien kann verlangt werden, die inhaltlichen Konkretisierungen einer gegen das Bestimmtheitsgebot verstoßenden Norm zu kennen." Deutlich auch MüKo-*Schmitz*, § 1, Rn. 47, der die Unzulässigkeit dieser Argumentation sowohl auf den Gewaltenteilungs- als auch den Vorhersehbarkeitsaspekt stützt. *Struck* 1971, S. 115 zeigt, dass diese Argumentation zirkulär ist u. bezeichnet sie als „selbsterfüllende Prophetie". Siehe zur gleichen Argumentation i.R.d. § 240 StGB unten, Fn. 3142.

2785 Ausführlich *Ignor* 1995, S. 154ff., insb. S. 158ff. *Rühl*, KritJ 2002, S. 199 betont, dass das Argument, die Rechtsprechungstradition habe den Tatbestand präzisiert, nur zeige, dass dieser „an sich" zu unbestimmt ist.

(3) Die Folgen der Rechtfertigungsregel des § 193 StGB und der verfassungsrechtlichen Bezüge

§§ 185ff. StGB weisen (wie unten[2786] zu sehen ähnlich wie § 240 StGB) eine ungewöhnliche Deliktstruktur auf, bei der ein sehr weiter Tatbestand mit einer ausnahmsweise eigenen Rechtfertigungsregel (hier § 193 StGB, dort § 240 Abs. 2 StGB) wieder eingeschränkt werden soll.[2787] I.R.d. Rechtfertigungsnormen ist jeweils eine besondere, den Einzelfall berücksichtigende Abwägung nötig[2788]; dies ist wegen der vorkonstitutionellen Provenienz der Beleidigungsdelikte und der daraus folgenden Notwendigkeit, bei deren Anwendung das GG besonderes zu beachten, noch relevanter.[2789] § 193 StGB, durch den sich insb. die Meinungs-, Presse- und Kunstfreiheit gem. Art. 5 Abs. 1, 3 GG niederschlagen, befördert durch diese Einzelfallabwägung allerdings die Rechtsunsicherheit, was in der Lit. ausführlich diskutiert wird[2790]. So formuliert beispielsweise *Arzt*:

> „§ 193 läuft auf eine Abwägung des vom Täter verfolgten berechtigten Interesses gegen den Ehrenschutz des Opfers hinaus. [...] § 193 StGB und Art. 5 GG durchdringen sich wechselseitig. Eine klare Abgrenzung ist nicht möglich."[2791]

Findeisen/ Hoepner/ Zünkler begrüßen die meinungsfreiheitsfreundlichen Ergebnisse dessen, monieren aber die fehlende Vorhersehbarkeit und Rechtssicherheit.[2792] Auch *Zaczyk* warnt vor der Auflösung des Rechts „in einem großen Abwägungsprozess"[2793]: Wegen der Inkommensurabilität der kollidierenden Güter und dem Fehlen einer Hierarchie fraglicher Werte sei

> „das Abwägungsprinzip leer [...]; es verweist wegen seiner Leere ohne jede inhaltliche Vorgabe auf alle zufälligen Momente des Einzelfalls; verwiesen wird damit letztlich allein auf die gefühlsorientierte Entscheidungsmacht des Richters."[2794]

2786 E. II. 2. b) aa) (2) (a), S. 326.

2787 Siehe dazu z.B. LK-StGB[11]-*Hirsch*, Vor § 32, Rn. 179.

2788 So i.F.d. § 193 StGB ebenfalls h.M., siehe, bzgl. der Wahrung berechtigter Interessen MüKo-*Joecks*, § 193, Rn. 22 u. Rn. 40 m.w.N. aus der Rspr. des BVerfG in Fn. 167; SK-StGB-*Rudolphi/Rogall*, § 193, Rn. 2; *Lenckner/Eisele*, § 193, Rn. 8; auch NK-*Zaczyk*, § 193, Rn. 2, im Folgenden mit Kritik an dieser h.M.; auch *Zaczyk* 1999, S. 819ff. u. *Kubiciel/Winter*, ZStW 2001, S. 319.

2789 Aufgrund derer, so *Vultejus* 1990, S. 33, die Gerichte mit „nicht aufeinander abgestimmten Texten arbeiten müssen". Ähnl. auch *Kubiciel/Winter*, ZStW 2001, S. 319.

2790 Allg. zur Rechtsunsicherheit von Einzelfallabwägungen oben, Fn. 2443 u. die Kritik am *Lüth*-Urteil, oben, Fn. 2644.

2791 Z.B. *Arzt*, JuS 1982, S. 722.

2792 *Vgl. Findeisen/Hoepner/Zünkler*, ZRP 1991, S. 248.

2793 *Zaczyk* 1999, S. 819ff.

2794 NK-*Zaczyk*, § 193, Rn. 2 (u. ähnl. Rn. 16).

Dabei moniert er die „unabsehbare Kasuistik".[2795] *Beater* spricht von einer „unvermeidbarer Rechtsunsicherheit" wegen der „erheblichen Unwägbarkeiten" der Abwägung.[2796] Für *Küster* funktioniert die Anwendung des § 193 StGB nach der „Schweinehund-Theorie"[2797]. *Vultejus* stellt fest, dass das Ergebnis der Abwägung vom Gesetz nicht zwingend vorgezeichnet sei,

> „sondern die Wertung durch den Richter entscheiden muß. Deshalb kann niemand erwarten, daß das Ergebnis der Abwägung bei jedem Gericht gleich ausfällt."[2798]

Für *Prittwitz* konfligiert dies mit dem Gesetzlichkeitsprinzip;[2799] auch das OLG Stuttgart sieht eine

> „Abwägungsjurisprudenz, die lediglich die vom Gesetzgeber als schutzwürdig anerkannten Interessen einander gegenüberstellt und dann letztlich kraft richterlicher Willkür entscheidet, welches Interesse im konkreten Fall den Vorrang verdient."[2800]

Ladeur weist auf die Inadäquatheit der Abwägung von Kunstfreiheit mit dem APR hin.[2801] *Kubiciel / Winter* führen diese Effekte auf Friktionen des vorkonstitutionellen Strafrechts – § 185 StGB ist 1872 in Kraft getreten – mit dem „moderneren" GG zurück:

> „Die zu einer Schwächung der Rechtssicherheit führenden praktischen Schwierigkeiten sind ihrerseits aber nur ein Reflex der pluralistischen und spannungsgeladenen Wertordnung des Grundgesetzes, die auf das strafrechtliche Rechtsgut der Ehre ausstrahlt."[2802]

Daran anknüpfend schlägt *Ridder* mit Blick auf die „Schmidt/Spiegel"-Entscheidung vor, Fälle wie diese aus Gründen der „Sozialadäquanz" schon tatbestandlich auszuschließen,

> „so daß sich die Suche nach Rechtfertigungs-, Entschuldigungs- und Strafausschließungsgründen so wie die Prüfung erübrigt, welche Inhaltsänderung § 193 StGB durch Art. 5 GG erfährt"[2803]

2795 Vgl. NK-*Zaczyk*, § 193, Rn. 2ff.; so, mit prägnante Bsp. für sehr disparate Ergebnisse, dort mit Blick auf Äußerungen gegenüber Polizisten, MüKo-*Joecks*, § 193, Rn. 15, allg. Rn. 49.

2796 Vgl. *Beater*, ZUM 2005, S. 603.

2797 Vgl. *Küster* 1960, S. 19: „Ist nämlich der Belangte ein Schweinehund, nun, so war eben sein Interesse nicht berechtigt [...] ist hingegen der Belangte kein Schweinehund, dann war sein Interesse berechtigt [...]".

2798 *Vultejus* 1990, S. 35.

2799 Vgl. *Prittwitz* 1990, S. 42.

2800 OLG Stuttgart, NJW 1989, 396.

2801 *Vgl. Ladeur*, DuR 1975, S. 443.I.E. ähnl. *Merz* 1998, S. 137ff.

2802 *Kubiciel/Winter*, ZStW 2001, S. 319; dazu auch oben, Fn. 2789.

2803 *Ridder*, JZ 1961, S. 538f.; zur „Schmidt/Spiegel"-Entscheidung (oben, E. II. 1. a) aa) (2), S. 269).

Das BVerfG steht dem ambivalenter gegenüber. Es geht zwar von der Unmöglichkeit der abstrakten Vorwegnahme der Abwägungsergebnisse aus, weist zugleich aber auf die Effekte der richterrechtlich herausgearbeiteten (Abwägungs-)Kriterien hin, die dieses relativieren.[2804] *Lenckner/ Eisele* kritisieren dagegen die generalklauselartige Formulierung dieser Norm („berechtigte Interessen").[2805] *Ignor* hält der Rspr. des BVerfG zur Meinungsfreiheit zwar ihre Einheitlichkeit zugute, „obwohl das postulierte Gebot der Güterabwägung gewisse Unsicherheiten mit sich bringt";[2806] kritischer sieht er dies im von ihm davon getrennt betrachteten Feld der Kunstfreiheit. Für *Gounalakis* und *Rösler* rührt dies von den von ihm grds. goutierten „Formeln" des BVerfG her („Schmähkritik" „Formalbeleidigung"; auch „Gegenschlag", „Reizüberflutung"), da eine etikettenartige Verwendung drohe.[2807]

Auch die weiteren verfassungsrechtlich bedingten Kriterien stellen keine klare Umgrenzung der Strafbarkeit dar: Die Differenzierung zwischen Tatsachenbehauptungen und Werturteilen zeichnet sich durch eine große Unsicherheit aus[2808], was insgesamt die Berücksichtigung der Gesinnung der potentiellen Täter privilegiert.[2809] Gleiches gilt für die Grenze zwischen zulässigem Werturteil und unzulässiger Schmähkritik, wie ein Blick auf die stark divergierenden Ergebnisse der Rspr. zeigt, wo z.B. das KG Berlin die Titulierung der PDS als „Mörderbande" nicht als Schmähkritik ansieht, während damals die selbe Bezeichnung gegenüber Soldaten oft als solche galt.[2810]

(4) Die gerichtlich entwickelten Rechtsfiguren: Kollektiv- und Sammelbeleidigung

Auch die von der h.M. angenommene, sogleich ausführlich zu analysierende[2811] *Beleidigungsfähigkeit von Kollektiven*[2812] ermöglicht einen ähnlichen Effekt. Die große Reichweite der Strafbarkeit, die hierdurch entsteht, soll durch das Kriterium

2804 Vgl. BVerfGE 92, 266 (296), ähnl. schwankend zwischen Rechtsunsicherheit als Nachteil, Einzelfallgerechtigkeit als Vorteil der Abwägung *Grimm*, NJW 1995, S. 1705.

2805 S/S-*Lenckner/Eisele*, § 193, Rn. 1.

2806 *Ignor* 1995, S. 107.

2807 Vgl. *Gounalakis/Rösler* 1998, S. 138.

2808 Siehe *Gössel* 2002, S. 312ff.

2809 So *Ladeur*, DuR 1979, S. 60 u. im Anschluss an ihn *Findeisen/Hoepner/Zünkler*, ZRP 1991, S. 248 mir der Rede von einer „politischen Richtigkeitskontrolle". Hierzu auch unten, E. II. 1. b) dd) (5), S. 315.

2810 Vgl. KG Berlin, DtZ 1992, 286 u. die Rechtsprechungsgeschichte oben, E. II. 1. a) bb) (1), S. 274); auf diese Inkohärenz weisen auch *Hepp/Otto* 1996, S. 9f. hin. Skeptisch zur Unbestimmtheit des Begriffs *Schmähkritik Nolte* 1992, S. 77. *Ignor* 1995, S. 124f. lobt die Vermutungsformel als Instrument, das den Raum für Dezisionismus verkleinert. Hierzu auch oben, Fn. 2648.

2811 Dazu unten, E. II. 1. b) bb) (1), S. 290.

2812 Dazu unten, E. II. 1. b) bb) (1) (b) (aa) (bbb), S. 299.

der „rechtlich anerkannte[n] gesellschaftliche[n] (auch wirtschaftliche[n]) Aufgabe (‚soziale Funktion')"[2813], die fragliche Kollektive erfüllen müssten, um §§ 185ff. StGB zu unterfallen, eingeschränkt werden.[2814] Dieses ist ein äußerst vages[2815] (und zusätzlich: außerrechtliches[2816]) Kriterium und ähnelt der noch zu betrachtenden Verwerflichkeitsklausel des § 240 Abs. 2 StGB[2817]. I.d.S. macht *A. Kaufmann* den gesinnungsspezifischen, dezisionistschen Zug einer solchen zirkulär-funktionalistischen Vorgehensweise deutlich[2818]:

> „Man stellt sich im Grunde gar nicht mehr die primäre, rechtsdogmatische Frage, ob und gegebenenfalls welche Personengesamtheiten überhaupt eine Ehre haben. Man läßt sich vielmehr von vorneherein von dem rechtspolitischen Gesichtspunkt leiten, welche Gesamtheiten eines Ehrenschutzes für würdig und bedürftig zu erachten seien, und sucht unter diesem Aspekt die Grenze zwischen beleidigungsfähigen und nichtbeleidigungsfähigen Kollektivpersönlichkeiten zu ziehen."[2819]

Dieser problematische Zug des Phänomens der Kollektivbeleidigung lässt sich auch auf die NS-Zeit zurückführen, in der dieser Gedanke starken Auftrieb hatte[2820]: Die damalige politische Nutzung des Strafrechts auch bzgl. dieser Rechtsfigur ist

---

2813 BGHSt 6, 188 (191).

2814 Siehe hierzu unten, E. II. 1. b) bb) (1) (a) (aa) (aaa), S. 291.

2815 Vgl. LK-StGB-*Hilgendorf*, Vor § 185, Rn. 25; LK-StGB[10]-*Herdegen*, Vor § 185, Rn. 19, zust. *Ignor* 1995, S. 76; MüKo-*Regge/Pegel*, Vor § 185ff., Rn. 38; *Kett-Straub*, ZStW 2008, S. 771f.; *Fischer*, JZ 1990, S. 69; *Wagner*, JuS 1978, S. 676; *Gounalakis*, NJW 1996, S. 483; deutlich *Hirsch* 1967, S. 103; *Kaufmann*, ZStW 1972, S. 418ff., ihm zust. *Krug* 1965, S. 33 z. S. 197ff. u. *Schößler* 1997, S. 252f., insb. 256f. Ambivalent bzgl. der Unbestimmtheit (gleichzeitig aber kritisch bzgl. der weitgehenden Erfassung von Kollektiven) *Gössel* 2002, S. 308.

2816 Dazu *Hirsch* 1967, S. 101, zur Begründung der Kollektivehre unter dem NS-Regime. Z.B. die „volkswichtige Funktion". Die Parallele zur „sozialen Funktion" in der Formel des BGH drängt sich auf; dazu unten, Fn. 2914 u. konkret *Schößler* 1997, S. 260. Vgl. auch die Rekonstruktion der nicht-rechtlichen Argumentation des BGH unten, E. II. 1. b) bb) (1) (a) (aa) (aaa), S. 291. Dass die Begrenzung auf „rechtlich anerkannte" Funktionen keine inhaltliche Bedeutung hat, letztlich tautologisch ist u. somit nicht notwendig ein „rechtspositivistisches Kriterium" sein müsse, zeigen *Hirsch* 1967, S. 103; LK-StGB[10]-*Herdegen*, Vor § 185, Rn. 19 u. *Kaufmann*, ZStW 1972, S. 423.

2817 Insb. der dortigen Kategorie der Sozialwidrigkeit: Siehe unten, E. II. 2. b) bb) (3), S. 335.

2818 So der Vorwurf von *Fischer*, JZ 1990, S. 70; sehr deutlich zur Bundeswehr auf S. 72. Dazu auch unten, E. II. 1. b) bb) (1) (a) (aa) (bbb), S. 292.

2819 *Kaufmann*, ZStW 1972, S. 422f. Im Folgenden mit weiteren Bsp. für seine These.

2820 Zu den allg. Parallelen unten, Fn. 2914; zur Nähe der BGH-Argumentation zur NS-Auffassung unten, Fn. 2853.

augenfällig; schon zu dieser Zeit war das entscheidende Kriterium der „Dienst an einer positiven, volkswichtigen Aufgabe".[2821] Dazu *Krug*:

> „Ehrfähigkeit läuft letztlich auf staatspolitisch gebotene Schutzwürdigkeit hinaus; zum unverzichtbaren Wesenszug der ehrfähigen Gemeinschaft wird ihre Gliederung im ‚Dienst an einer positiven, volkswichtigen Aufgabe'".[2822]

Ähnliche Probleme ergeben sich auch mit Blick auf die Figur der *Beleidigung mittels Kollektivbezeichnung*, die sich ihrerseits durch Unbestimmtheit auszeichnet[2823] und damit für eine politische Justiz offen ist. Dazu *Volk* am Bsp. der Beleidigung von Polizisten: In Wahrheit seien es nicht die Kriterien Größe, Abgrenzbarkeit oder Überschaubarkeit der Gruppe, die für die passive Beleidigungsfähigkeit sorgten; denn viele Kollektive, die vergleichbare Merkmale aufweisen, werden tatsächlich nicht erfasst. Er resümiert:

> „Es läuft also darauf hinaus, daß die Uniform entscheidet. Entweder ist sie es, die ‚die Abgrenzung der durch die Gesamtbezeichnung betroffenen Einzelpersonen' (Urteilsgründe) erst möglich gemacht hat. Das ist die dogmatische Deutung. Oder man sieht sie als das Zeichen einer Gruppe, für deren Strafschutz ein erhöhtes Bedürfnis besteht. Das ist die kriminalpolitische Erklärung. So oder so – hier fungieren die Beleidigungstatbestände ‚als kleine Staatsschutzdelikte'".[2824]

Zur Rspr. des RG deutlich auch *Foerstner*:

> „In der Summe der Entscheidungen des RG muß jedoch festgestellt werden, daß im Rahmen der Kollektivbeleidigung zumindest eine den herrschenden politischen Verhältnissen angepaßte Beurteilung der in Frage stehenden Äußerungen erfolgt. [...] Der Betrachter kann sich des Eindrucks nicht erwehren, daß bei der Beurteilung der herabwürdigenden Äußerungen die Strafwürdigkeitserwägungen der tatbestandlichen Prüfung vorausgehen."[2825]

Er leitet hieraus eine Nutzung des § 185 StGB als „kleinem Staatsschutzdelikt" ab[2826].

2821 So z.B. *Hörnle* 2005, S. 128.
2822 Vgl. *Krug* 1965, S. 49.
2823 So z.B. *Foerstner* 2002, S. 71; NK-*Zaczyc*, Vor §§ 185ff., Rn. 31, in Rn. 32 mit einer Sammlung von entsprechenden Beispielen der weitgehenden Rspr. Ganz ähnl. auch SK-StGB-*Rudolphi/Rogall*, Vor § 185ff., Rn. 40; LK-StGB-*Hilgendorf*, Vor § 185, Rn. 30; LK-StGB^{10}-*Herdegen*, Vor § 185, Rn. 22 u. ebenfalls mit Bsp. *Geppert*, JURA 1983, S. 538; *Wagner*, JuS 1978, S. 677 u. *Ignor* 1995, S. 79f. Auf die Unkonsequentheiten bei der Anwendung der Abgrenzungskriterien in der Rspr. weist auch *Wehinger* 1994, S. 40 hin. Eine ausführliche Sammlung u. Kritik z.T. fragwürdiger Urteile von 1880 bis 1970 bei *Androulakis* 1970, S. 12ff.
2824 *Volk*, JR 19989, S. 74f.
2825 Vgl. *Foerstner* 2002, S. 40.
2826 Hierzu unten, E. II. 1. b) bb) (2), S. 304) ab. Siehe auch unten, E. II. 1. b) bb) (1) (a) (ab), S. 295.

Die zeitweise auch vom BGH vorgenommene Subsumtion der Äußerung „Soldaten sind Mörder“ unter diese Kriterien erscheint als juristisch problematisch und politisch motiviert.[2827] *N. Androulakis* zeigt den dezisionistischen Zug der Rspr. auf: Es bestehe

> „[…] die Gefahr, daß die Haltung der Gerichte bei der Beurteilung der verschiedenen Fälle, bewußt oder unbewußt, davon beeinflußt wird, ob die angegriffene Gruppe nach den jeweils herrschenden oder einfach überwiegenden politisch-sozialen Wertmaßstäben zu denjenigen zählt, die positiv eingeschätzt und folglich als förderungs- und schutzwürdig erachtet werden, oder zu denjenigen, bei denen dies nicht der Fall ist. Daraus wird sich dann die Folge ergeben, daß die bestehenden juristischen Schemata manchmal überdehnt werden, um Ergebnisse zu rechtfertigen, die möglicherweise politisches Ressentiment und irrationale Wertfühlung im voraus bestimmt haben. […] „Zwar bedient sich die Rspr. seit fast neunzig Jahren [inzwischen: fast 140 Jahre, F.F.] im Grunde desselben Begriffsapparats und derselben Regeln, dennoch brachte man es fertig, dieselben Kriterien und Regeln je nach Bedarf auf eine solche Weise unterschiedlich zu handhaben, daß geradezu kontradiktorisch entgegengesetzte Ergebnisse erzielt werden konnten.“[2828]

Er resümiert nach einer ausführlichen Betrachtung der Rspr. (hier bis 1970):

> „Es dürfte […] klar zutage liegen, daß die Frage der Sammelbeleidigung einen starken politischen Akzent hat. Die Sammelbeleidigung, das ist sofort zu erkennen, ist ihrem Wesen nach nicht so sehr dazu geeignet, als Mittel zur Austragung von privaten Fehden zu dienen; sie ist vornehmlich ein Mittel des sozialen, ja politischen Kampfes im weitesten Sinne des Wortes.“[2829]

Für ihn resultiert dies daraus, dass die Nachkriegsrechtsprechung durch die extreme Ausweitung des Phänomens der Sammelbeleidigung bis 1945 immer noch[2830] vorbelastet sei.[2831] Sie teilt neben dem historischen Ursprung dieser problematischen Anwendung mehrere Eigenschaften mit der Kollektivbeleidigung, insb. eine durch Unklarheit ermöglichte politische Nutzbarkeit und damit die Marginalisierung des „eigentlichen“ Anwendungsgebiets der §§ 185ff. StGB, nämlich der Privatfehde.

2827 Siehe hierzu unten, E. II. 1. b) bb) (1) (a) (ab), S. 295.
2828 *Androulakis* 1970, S. 32 u. S. 102.
2829 *Androulakis* 1970, S. 32.
2830 Diese Feststellung stammt von 1970, aber gerade die hier betrachtete ordentliche Rspr. legt nahe, dass sie nach wie vor gilt, siehe dazu bspw. oben, E. II. 1. a) bb) (3), S. 276.
2831 Vgl. *Androulakis* 1970, S. 32.

(5) Resümee und Parallelen zu § 240 StGB und der Sitzblockadenproblematik

Es haben sich zahlreiche hier relevante Merkmale gezeigt; vieles wird i.R.d. § 240 ganz ähnlich festzustellen sein[2832]: Die Notwendigkeit einer – dezisionistischen – Ausfüllung der Unklarheiten dieses konturlosen Tatbestands durch richterliche Wertung, die in ihrer Intensität in Konflikt mit Art. 103 Abs. 2 GG und dem Prinzip der Gewaltenteilung[2833] und auch der Rechtssicherheit[2834] gerät.[2835] Das um so mehr, als die Entscheidungen oft unter „politischem Atmosphärendruck“[2836] stehen. Dies wiederum verweist auf die Möglichkeit, die jeweilige Gesinnung der Täter bei der Frage der Strafbarkeit zu berücksichtigen. Hier sind insb. staatskritische Gesinnungen im Blick, was zu der nun zu vertiefenden Frage der substanzhaft-funktionalistischen Argumentation führt.

bb) Substanzhaft-Funktionalistische Argumente

Nun geraten substanzhaft-funktionalistische Topoi in den Fokus. Hier ist das Phänomen des Ehrenschutzes von Kollektiven zentral, das somit zunächst im Zentrum der Aufmerksamkeit stehen soll (*(1)*). Dazu nehmen hier gerade *Jakobs*', aber auch weitere Vertreter der Literatur, eine dezidiert funktionalistische Haltung ein, die abschließend zu betrachten sein wird (*(2)*).

(1) Der Ehrenschutz von Kollektiven

Eine augenfällige Besonderheit der Verurteilung von Äußerungen wie den hier inkriminierten ist es, dass mit § 185 StGB ein Delikt, das konzeptionell auf den Schutz konkreter Einzelpersonen (resp. deren „Ehre“) abzielt, dort angewendet wird, wo eine ganze „Berufsgruppe“, eine „Institution“, zumal eine staatliche, angegriffen wird. Eine Strafbarkeit kann in solchen Fällen auf zweierlei Wegen konstruiert werden: zunächst kann man die angegriffene Institution als *solche als beleidigt* ansehen (wenn dies gemeint ist, ist von einer *Kollektivbeleidigung* die Rede), oder man sieht sämtliche einzelnen Mitglieder des Kollektivs als getroffen (dies firmiert als *Sammelbeleidigung* bzw. *Beleidigung mittels Kollektivbezeichnung*).[2837] Bzgl. letzterer lassen sich wiederum Untergruppen bilden: Einmal der Fall, in dem eine oder mehrere konkrete Personen gemeint sind, diese aber mittels Nennung des Kollektivs

---

2832 Siehe unten, E. II. 2. b) aa) (3), S. 330.

2833 Dazu z.B. *Findeisen/Hoepner/Zünkler,* ZRP 1991, S. 246.

2834 Hier ist an die stark divergierenden Ergebnisse der Rspr. zu erinnern; eine Sammlung findet sich bei *Hepp/Otto* 1996. Vl. auch die Darstellung wichtiger u. i.E. divergierender Entscheidungen oben, E. II. 1. a) bb) (1), S. 274.

2835 So auch *Findeisen/Hoepner/Zünkler,* ZRP 1991, S. 246 u. *Schubarth,* JuS 1981, S. 728.

2836 *Findeisen/Hoepner/Zünkler,* ZRP 1991, S. 246.

2837 Siehe zur überblicksartigen Unterscheidung zwischen beiden Rechtsfiguren *Klas/Blatt,* HRRS 2012, S. 389f.; *Küper* 2012, S. 78ff. u. *Geppert,* JURA 1983, S. 537.

bezeichnet werden (*kollektiv verdeckte Individualisierung*)[2838], zum anderen, dass tatsächlich alle einzelnen Mitglieder der Gruppe getroffen werden sollen (*summarische Ehrverletzung*)[2839].[2840] Letzteres ist neben der Kollektivbeleidigung die in den Soldaten-sind-Mörder-Prozessen zugrunde gelegte Konstellation.

Zunächst ist zu fragen, inwieweit es überzeugend ist, diese Figuren auf die inkriminierten Äußerungen anzuwenden (*(a)*), danach soll sich näher mit den Implikationen eines solchen Kollektivschutzes befasst werden (*(b)*). Ersteres insb., um zu festzustellen, inwieweit die Urteile der beteiligten Gerichte rein rechtlich programmiert waren; diesbzgl. Zweifel legen dezisionistisch produzierte, politisch motivierte Urteile nahe. Im zweiten Schritt soll untersucht werden, ob sich die allenthalben auffindbaren Argumentationsmuster auch hier zeigen.

(a) Inkurs: Die Beleidigung von Kollektiven und die Sammelbeleidigung mit Blick auf die Gesetzeslage, insb. bzgl. der Bundeswehr

Nun ist zu klären, ob die Subsumtion des *Soldaten-sind-Mörder*-Zitats unter § 185 StGB überzeugt.

(aa) Die Beleidigungsfähigkeit von Kollektiven und das StGB

Zunächst ist die Kollektivbeleidigung im Blick. Betrachtet man die Beleidigung nicht eines konkreten Menschen, sondern eines Kollektivs als solches, drängt sich zunächst die Frage auf, ob es nicht an der *persönlichen Betroffenheit*, also einem tauglichen Tatopfer fehlt; fraglich ist also, ob ein Phänomen wie die *Ehre* nicht nur Individuen, sondern auch Kollektiven zugeschrieben werden kann.

Es bestehen letztlich drei Grundpositionen.[2841] Zunächst ist festzuhalten, dass § 194 Abs. 3 S. 2 und Abs. 4 StGB von Beleidigungen „gegen Behörden" bzw. „politische Körperschaften" sprechen; es wird z.T. davon ausgegangen, dass es sich dabei um strafbarkeitskonstituierende Regelungen handelt, die die Beleidigungsfähigkeit der *dort genannten Institutionen* etabliert. Dies sagt aber noch nichts über

---

2838 Dies lässt sich erneut unterteilen in die Fälle, in denen es aus dem Kontext klar wird, wer gemeint ist (Bsp. nach *Geppert,* JURA 1983, S. 540: Nach verlorenem Prozess sagt der Mandant in Gegenwart seines Anwalts: „Ich wusste es: alle Anwälte sind Dummköpfe") u. denen, wo dies nicht so ist (Bsp.: Es wird öffentlich kundgetan, *ein* Mitglied der bayerischen Regierung sei Kunde eines *Callgirl*-Rings, ohne ihn zu nennen; vgl. BGHSt 19, 235).

2839 Wie eben bei den hier einschlägigen *Soldaten-sind-Mörder*-Fällen oder der Nutzung des Kürzels *ACAB* (=All Cops Are Bastards), siehe dazu *Klas/Blatt,* HRRS 2012 u. *Geppert,* NStZ 2013.

2840 Siehe dazu u. zur Terminologie *Küper* 2012, S. 81 u. MüKo-*Regge/Pegel,* Vor § 185ff., Rn. 58f. u. *Foerstner* 2002, S. 36ff. mit einer ausführlichen Darstellung der Entwicklung der Rspr.

2841 Mit nur leicht anderer Akzentuierung wie hier stellt *Krug* 1965, S. 49ff. den Meinungsstand bis 1965 dar.

die Beleidigungsfähigkeit der gerade nicht enumerierten Bundeswehr aus; doch auch deren Beleidigungsfähigkeit ist vom BGH und damit der w.h.M.[2842] anerkannt: Diese komme jeder Körperschaft zu, die eine „sozial anerkannte Funktion" wahrnimmt und in der Lage ist, „einen einheitlichen Willen zu bilden". Das wird in zwei Intensitäten kritisiert: Von der w.h.L.[2843] wird der Schutz einer Kollektivehre auf die vom Gesetz – dann ausnahmsweise explizit normierten – Kollektive begrenzt; noch weiter geht die Position, die diese Normen als bloß *prozessuale* betrachtet, die keine Aussagen über den geschützten Personenkreis, sondern nur die Antragsbefugnis treffen; das Phänomen der Kollektivbeleidigung wird damit grds. abgelehnt.

(aaa) BGH und w.h.M.: Eine weitgehende Beleidigungsfähigkeit

Zunächst ein Blick auf die Rechtsprechungshistorie[2844]: Noch das RG ging in frühen Entscheidungen davon aus, dass Ehre eine rein menschliche Qualität ist, Kollektive also grds. nicht beleidigungsfähig sind; Ausnahmen seien nur in den in §§ 196, 197 StGB a.F.[2845] positivrechtlich geschaffenen Fällen möglich.[2846] Während der NS-Zeit setzte sich dann die Vorstellung einer weitgehenden Erfassung von Kollektiven durch; wenn man die Idee einer Kollektivehre nicht schon als originäres NS-Gedankengut ansieht, so ist es unstrittig, dass es deren Anerkennung zumindest gefördert hat.[2847] Nach einer kurzen Phase des Zurückruderns – da das GG den „übersteigerten Kollektivismus" überwunden habe[2848] – anerkannte der BGH die passive Beleidigungsfähigkeit von Kollektiven in noch weitgehenderem Maße als es das RG tat[2849]: Die gegenteilige Auffassung sei „zu individualistisch"[2850]. Trotz der Ausführungen des Gerichts, letztere treffe „weder gesellschaftlich (in sozialer Beziehung) noch

2842 Diese Position ordnet bspw. *Gössel* 2002, S. 303 als „h.M." ein; dort m.w.N. in Fn. 42. Von der „w.h.M." spricht *Schößler* 1997, S. 263.

2843 *Geppert,* NStZ 2013, S. 557, Fn. 38: „(eher herrschenden) Gegenposition im Schrifttum". Zu den Positionen bis 1965 spricht *Krug* 1965 noch von einer „auffallend starken Opposition gegen die überwiegende Meinung".

2844 Dazu auch *Krug* 1965, S. 34ff. u. *Ignor* 1995, S. 71ff.

2845 Heute handelt es sich bei den § 194 Abs. 3 S. 2 u, Abs. 4 StGB um vergleichbare Regelungen.

2846 Mit zahlreichen Nachweisen *Kaufmann,* ZStW 1972, S. 419.

2847 Deutlich *Kaufmann,* ZStW 1972, S. 420. Siehe zu diesem Komplex allg. die Nachweise unten, in Fn. 2914.

2848 BGH JZ 1951, 520 (521): „Die Deutsche Gesetzgebung hat sich seit 1945 von dieser Überbewertung der Gemeinschaft abgewendet und den Menschen als Persönlichkeit wieder in den Mittelpunkt gerückt. [...] An die Spitze aller Bestimmungen hat. [...] das Bonner Grundgesetz die Würde des Menschen gesetzt und sich damit in besonders eindrucksvoller Weise zum Werte der Einzelpersönlichkeit bekannt."

2849 Dazu kritisch z.B. *Hirsch* 1967, S. 101ff.; *Fischer,* JZ 1990, S. 69; *Kaufmann,* ZStW 1972, S. 420; *Schößler* 1997, S. 261f.; LK-StGB^{10}-*Herdegen,* Vor § 185, Rn. 19; *Krug* 1965, S. 36.

2850 BGHSt 6, 188 (189).

rechtlich[2851] zu, beschränkt sich die Argumentation des BGH zu großen Teilen auf rein faktische, außerrechtliche und weltanschaulich problematische Argumente. Es bestehen nämlich argumentative Parallelen zur NS-Rechtsauffassung. Man lese nur die ganz ähnliche Argumentation von *Freisler*: Die Ablehnung einer Kollektivehre sei eine Betrachtung des Ehrenträgers „unter bewußter Loslösung von allen seinen natürlichen Lebensbeziehungen, ja Lebensvoraussetzungen" und sei nur unter einer „extrem individualistischen Wertung des Lebens und der dadurch bedingten Zerreißung der Gemeinschaft in ihre Atome" möglich.[2852] Auf die Betonung der faktischen Lebensverhältnisse und die Ablehnung des Individualismus beschränkt sich auch der BGH. Dies zeigt auch die Kritik von *Krug* an der Argumentation, mit der zur NS-Zeit für die Anerkennung der Kollektivbeleidigung gestritten wurde: *Krug* moniert eine „untrennbare Verschmelzung" von „soziologischen und normativen" Argumenten.[2853] Genau eine solche Verschmelzung nimmt auch der BGH vor. Einzig das Postulat, § 194 Abs. 3 S. 2 und Abs. 4 StGB konstituierten nicht die Strafbarkeit, sondern setzten diese voraus, ist ein eher normatives, wenn auch ohne nähere Erläuterungen; diese finden sich dann fast nur noch aus faktischer Warte: Die Ehre von Kollektiven bestehe in „sozialen Beziehungen", sie trete im „täglichen Leben" hervor. Dies sei ein „lebensgemäße[r], nahezu selbstverständliche[r]" Rechtsgedanke, die Rede ist von „sozial vorgegebenen Tatsachen".[2854] Wegen der „lebendige[n] Rechtsüberzeugung" könne das GG – entgegen der früheren Position des Gerichts – nicht zum Individualismus zurückkehren.[2855] Denn dieser lasse „die echten gesellschaftlichen Bindungen und Verflechtungen der rechtlichen Bewertung bewußt außer Acht."[2856] Das Gericht resümiert: „Mensch und Gesellschaft stehen in unlösbarer Beziehung. Die Beleidigungsfähigkeit gewisser Personengesamtheiten ist deshalb anzuerkennen."[2857]. Der BGH definiert den erfassten Kreis:

> „Es genügt, daß die Personengesamtheit eine rechtlich anerkannte gesellschaftliche (auch wirtschaftliche) Aufgabe (‚soziale Funktion') erfüllt und einen einheitlichen Willen bilden kann."[2858]

2851 BGHSt 6, 188 (189).

2852 Vgl. *Freisler*, DJ 1936, S. 1458; dazu bspw. *Brackert*, JA 1991, S. 191.

2853 *Krug* 1965, S. 36. Dazu auch *Ignor* 1995, S. 42. Auch lässt sich vermuten, dass diese für den BGH egtl. ungewöhnliche, besonders faktische Perspektive eher vom gewünschten Ergebnis her bestimmt war, dazu oben, E. II. 1. b) aa) (1), S. 281. Siehe zu den grds. Zusammenhängen zwischen „Kollektivehre" u. NS-Ideologie unten, Fn. 2914.

2854 Jeweils BGHSt 6, 188 (189).

2855 BGHSt 6, 188 (190). „Zurück" spielt auf *K. Binding*s Ablehnung der Kollektivehre im späten 19. Jh. an.

2856 BGHSt 6, 188 (190).

2857 BGHSt 6, 188 (190).

2858 BGHSt 6, 188 (191).

Ähnlich argumentieren große Teile des Schrifttums: Die Ehrfähigkeit wird, im Stile der funktionalistisch-ergebnisorientierten Argumentation,[2859] letztlich aus vermeintlich faktischen Gegebenheiten, konkret der „Schutzwürdigkeit" aus Perspektive der Allgemeinheit, hergeleitet.[2860]

(bbb) Beschränkung der Kollektivehre auf die enumerierten Körperschaften

Anders als der BGH und die w.h.M. sieht es ein beachtlicher Anteil der Lehre. Ein naheliegender Einwand gegen die Argumentation des BGH ist es, dass auch die Annerkennung der faktisch-empirischen Ausführungen zu Kollektivehre nichts über deren rechtlichen, zumal strafrechtlichen Schutz aussage.[2861] Ähnlich, aber noch konkreter, lässt sich das letztgenannte Argument des BGH[2862] in Zweifel ziehen: Es wird nicht dargelegt, aus welchem (normativen) Grund aus der sozialen Verflochtenheit des Menschen die Beleidigungsfähigkeit von Kollektiven folgen soll. *A. Kaufmann* nennt eine solche Argumentation überzeugend „weltanschaulich gefärbt".[2863]

Valide kann nur das strafrechtlich geschützte *Rechtsgut* Auskunft über die Schutzweite von Strafnormen geben. Kritiker der Erfassung von weiteren als den in § 194 Abs. 3 S. 2 und Abs. 4 StGB genannten Kollektiven bringen vor, es fehle schon am entsprechenden Schutzzweck: Dieser sei das Persönlichkeitsrecht bzw. die Menschenwürde des Verletzten, derartiges könne Kollektiven nicht zukommen;[2864] dies gelte schon für eine Ehre, die Kollektivpersonen nicht haben. Überzeugend dazu *Fischer,* für den dies schon die verwaltungsrechtliche Definition einer Behörde als vom Wechsel einzelner Personen *unabhängige* Funktionseinheit zeige.[2865] Wenn ein personales Schutzgut betroffen ist, so ist dies mittels der *Beleidigung unter*

2859 Dazu allg. unten, E. II. 2. b) bb) (4), S. 338.

2860 Den Meinungsstand bis 1965 darstellend und diesbzgl. krit. *Krug* 1965, S. 49ff.

2861 So argumentierte noch der BGH JZ 1951, 520 (521).

2862 Wiedergegeben oben, an Fn. 2858.

2863 *Kaufmann,* ZStW 1972, S. 427, vgl. dort auch insg. zu dieser Argumentation.

2864 Insg. handelt es sich um Argumente, die aus Warte eines normativen Ehrbegriffs durchgreifen, siehe hierzu *Ignor* 1995, S. 75. So SK-StGB-*Rudolphi/Rogall,* Vor § 185, Rn. 36; *Gössel* 2002, S. 304 m.w.N. in Fn. 56; NK-*Zaczyc,* Vor § 185, Rn. 12; LK-StGB-*Hilgendorf,* Vor § 185, Rn. 25; *Amelung* 2002, S. 53; *Kett-Straub,* ZStW 2008, S. 778; mit ausführlicher Begründung zur fehlenden Personalität von Verbänden *Krug* 1965, S. 206ff., insb. S. 209. Weitergehend *Schößler* 1997, S. 250ff. u. deutlich auf S. 257f., siehe auch S. 264. In diese Richtung u. verbunden mit der Forderung, die Beleidigung auf Fälle persönlicher Betroffenheit zu beschränken *Gounalakis,* NJW 1996, S. 483; *Hassemer,* KritJ 1990, S. 365 u. *Prittwitz* 1993, S. 97. *Gössel* 2002, S. 304 m.w.N. in Fn. 56. Siehe zu diesem Gedanken ausführlich auch *Hirsch* 1967, S. 91ff. Siehe zum Phänomen der „Staatsehre" u. einer Kritik daran allg. unten, E. II. 1. b) bb) (1) (b) (aa) (aaa), S. 297.

2865 Vgl. *Fischer,* JZ 1990, S. 70: So auch, m.w.N., SK-StGB-*Rudolphi/Rogall,* Vor § 185, Rn. 36 u. *Wolff,* ZStW 1969, S. 905. Dort krit. zu *Hirsch* 1967, i.E. aber ähnl. Auch *Krug* 1965, S. 200f. u. *Kubiciel/Winter,* ZStW 2001, S. 329.

Kollektivbezeichnung zu erfassen; ist dies nicht möglich, fehlt es am Pönalisierungsinteresse.[2866]

Anderes kann sich unter Zugrundelegung eines sozialen bzw. funktionalistischen Ehrbegriffs ergeben[2867], wie ihn bspw. *Jakobs* vertritt und der seinerseits kritikwürdig ist[2868]: Dient der Schutz der Ehre wie bei ihm *öffentlichen* Zwecken, konkret der Funktionalität der Gesellschaft, spricht aus Rechtsgutsperspektive nichts dagegen, auch staatliche Institutionen zu erfassen, wenn so ein Autoritätsschutz und mit diesem wiederum die Sicherung der Funktionalität fraglicher Körperschaften bewirkt werden soll[2869]. Wird die Bestimmung des Rechtsguts „Ehre" aber dort von der Frage der Schutzwürdigkeit ausgehend beantwortet, ist dies zirkelschlüssig.[2870] Das gilt umso mehr für die Bundeswehr; es drängt sich der Eindruck auf, „abwägende juristische Argumentation trete zu stark hinter Argumente des politischen Meinungskampfes zurück."[2871] Hier zeigt sich auch die häufiger zu findende, unten zu vertiefende funktionalistische Argumentationsweise *vom Ergebnis her*.[2872]

Natürlich kann der Gesetzgeber unabhängig von dieser Debatte mittels expliziter Normierung Ausnahmen von der fehlenden passiven Beleidigungsfähigkeit von Kollektiven statuieren. Dies ist nach h.M. in § 194 Abs. 3 S. 2 und Abs. 4 StGB geschehen. Kritiker des BGH berufen sich nun in Fortführung des eingangs genannten Arguments auf das Gesetzlichkeitsprinzip: Eine Bestrafung von über den genannten *hinausgehenden* Kollektiven verstoße mangels Normierung gegen Art. 103 Abs. 2 GG.[2873] Auch wird auf die daraus folgende Ausuferung der Strafbarkeit und die

---

2866 Vgl. *Gössel* 2002, S. 304; *Kett-Straub*, ZStW 2008, S. 778; ähnl. *Kaufmann*, ZStW 1972, S. 443; *Hörnle* 2005, S. 153 u. *Schößler* 1997, S. 264. Skeptisch bzgl. der Soldaten-sind-Mörder-Fälle *Hörnle* 2005, S. 128.

2867 So z.B. LK-StGB-*Hilgendorf*, Vor § 185, Rn. 26; *Kett-Straub*, ZStW 2008, S. 774f. Zu den Zusammenhängen *Amelung* 2002, S. 53ff.; *Hörnle* 2005, S. 153 u. *Krug* 1965, S. 196 sowie konkret zur Funktionalität der Gesellschaft auf S. 201ff. *Fritz* 1959 sieht in einem Strafrecht, das die passive Beleidigungsfähigkeit von Kollektiven kennt, ein „reines Zweckstrafrecht". Abwägend dazu *Hirsch* 1967, S. 91ff. Zum Autoritätsschutz unten, Fn. 2882.

2868 Siehe unten, E. II. 1. b) bb) (2), S. 304.

2869 Zum Konnex von Ansehens- u. (funktionalistischem) Autoritätsschutz unten, E. II. 1. b) bb) (1) (b) (aa) (bbb), S. 299 u. die folgenden Ausführungen. Ähnl. auch *Kaufmann*, ZStW 1972, S. 428.

2870 So auch *Fischer*, JZ 1990, S. 70.

2871 *Fischer*, JZ 1990, S. 72. Ähnl. die Ausführungen bei *Schößler* 1997, S. 258f.

2872 So auch *Prittwitz* 1993, S. 97. Allg. zur Kritik an den meinungsfreiheitsfreundlichen Entscheidungen des BVerfG stellt dies *Gounalakis/Rösler* 1998, S. 117 fest; ähnl. mit Blick auf die Ausführungen *Schmitt Glaesers* nocheinmal auf S. 134. Siehe zu dieser Argumentationsweise allg. unten, E. II. 2. b) bb) (4), S. 338.

2873 So z.B. *Gössel* 2002, S. 304f.; MüKo-*Regge/Pegel*, Vor § 185ff., Rn. 38; SK-StGB-*Rudolphi/Rogall*, Vor § 185ff., Rn. 36; *Wessels/Hettinger* 2013, Rn. 468; *Wagner*, JuS 1978, S. 676; *Gounalakis*, NJW 1996, S. 483; NK-*Zaczyk*, Vor §§ 185ff., Rn. 16 u. *Kett-Straub*, ZStW 2008, S. 777, ähnl. *Prittwitz* 1993, S. 97. Den fragmentarischen

Unbestimmtheit der Kategorien zu deren Einschränkung abgestellt, die rechtsstaatlichen Standards nicht genügten.[2874] Zusätzlich gerät eine derartige Ausdehnung der Strafbarkeit in Konflikte mit Art. 5 GG.[2875]

Dies sind überzeugende Argumente, die auf anerkannte Strafrechtsprinzipien rekurrieren und sich mit dem Hinweis auf „soziologische Tatsachen" und darauf, eine Beschränkung der Kollektivehre sei „zu individualistisch", kaum wegzuwischen sind. Vielmehr findet sich, wie schon gezeigt[2876], bei der Position des BGH eine „juristische Renaissance des übertriebenen Gemeinschaftsdenkens"[2877]. An diesen Befund anknüpfend wird die Kollektivbeleidigung auch noch grundsätzlicher abgelehnt.

(ccc) Ablehnung jeglicher Kollektivehre

T. Fischer ist der prominenteste Vertreter der These, dass § 194 Abs. 3 S. 2 und Abs. 4 StGB keine Strafbarkeit statuieren oder voraussetzen; es gehe bloß darum, Behördenleitern im Fall von Sammelbeleidigungen die Möglichkeit zu geben, zusätzlich neben den Betroffenen einen Strafantrag stellen zu können.[2878] Unter teilweiser Zustimmung der Lehre lehnt er jegliche Kollektivbeleidigung ab.[2879]

So stellt er zunächst, wie hier ebenfalls noch vertiefend herauszuarbeiten ist[2880], fest, „Ehrenschutz für Behörden wäre [...] unmittelbarer Staatsschutz"[2881]. Da der Staat nun aber keine personale Ehre habe, sondern allerhöchstens *Autorität*[2882] bzw. Funktionalität[2883], die durch Äußerungen untergraben werden könnten, wäre § 185 StGB dann – anders als bzgl. der Beleidigung einer Person – kein Verletzungsdelikt

---

Charakter des Strafrechts bringt *Brackert,* JA 1991, S. 193 ins Spiel, ähnl. *Kaufmann,* ZStW 1972, S. 422. Insg. auch *Hirsch* 1967, S. 113, ihm zust. *Ignor* 1995, S. 76.

2874 Hierzu oben, Fn. 2815.

2875 So u. somit für eine zumindest möglichst restriktive Anwendung *Grünwald,* KritJ 1979, S. 297. Diese Argumente bringt auch *Fischer* noch weitergehend in Stellung, siehe oben, E. II. 1. b) bb) (1) (a) (aa) (ccc), S. 294.

2876 Zur Kritik an dieser Argumentation oben, Fn. 2853.

2877 *Hirsch* 1967, S. 108.

2878 Vgl. *Fischer,* JZ 1990, S. 73; so auch *Gounalakis,* NJW 1996, S. 483 u. *Schößler* 1997, S. 250ff., insb. S. 256ff. Ähnl. NK-*Zaczyc,* Vor §§ 185ff., Rn. 16, der wohl dennoch die ausnahmsweise etablierte Beleidigungsfähigkeit der genannten Kollektive akzeptiert, aber eine Streichung fordert.

2879 Insg. *Fischer,* JZ 1990, auch Fischer-StGB, Vor § 185, Rn. 14 u insb. 15. Zustimmung bei *Brackert,* JA 1991, S. 193, *Hörnle* 2005, S. 152, u. besonders bei *Schößler* 1997, S. 250ff.

2880 Dazu unten, E. II. 1. b) bb) (1) (b) (aa), S. 297.

2881 *Fischer,* JZ 1990, S. 70. Zust. *Hörnle* 2005, S. 153.

2882 So auch *Schößler* 1997, S. 254. A.a. *Volk,* JR 1980, S. 293: Es gehe nicht um die Autorität, sondern die „besondere Würde" des Kollektivs. Siehe für die Implikationen dessen die Ausführungen unten, an Fn. 2915.

2883 So konkret *Hörnle* 2005, S. 153; siehe auch die Nachweise oben, in Fn. 2867.

mehr, sondern bloßes abstraktes Gefährdungsdelikt;[2884] man könnte mit *Jakobs* auch von einer *Klimaschutznorm*[2885] sprechen. Dies spreche dagegen, dass § 194 Abs. 3 S. 2 und Abs. 4 StGB die Strafbarkeit fraglicher Institutionen etablieren.

Ein wichtiges Argument gegen eine Erfassung von Kollektiven durch § 185 StGB ist das Bestehen der weiteren Staatsschutzdelikte. Hier ergäben sich insb. mit Blick auf den Strafrahmen unsinnige Ergebnisse, erfassten § 185ff. StGB ebenfalls Tathandlungen gegen „den Staat". So liegt der Strafrahmen des § 90 a) bei drei Jahren, der der Verleumdung staatlicher Behörden gem. § 187 StGB hingegen bei fünf Jahren. Auch ein Vergleich von § 187 StGB (bei der Erfassung der Bundeswehr als tauglichem Tatobjekt) mit § 109 d) StGB zeigt dies: Letzterer enthält die selben Elemente, zusätzlich ist aber „Absicht" verlangt; dennoch haben beide Delikte den selben Strafrahmen.[2886] Dies zeigt, dass auch eine konsequente systematische Argumentation eher gegen eine Erfassung von Kollektiven spricht. Zu diesem Ergebnis kommt auch eine verfassungskonforme Auslegung, die mit Blick auf Art. 5 GG und das Verhältnismäßigkeitsprinzip einer derart weiten Strafbarkeit entgegensteht.[2887]

Ob dieser weitgehenden, aber überzeugenden Argumentation zu folgen ist, kann offen bleiben; wie oben[2888] gezeigt, geht die passive Beleidigungsfähigkeit zumindest nicht über die enumerierten Körperschaften hinaus; damit ist das Verdikt bzgl. der Bundeswehr gesprochen (und zwar: negativ)[2889].

(ab) Bundeswehr und Sammelbezeichnung

Die Pönalisierung gerade der *Soldaten-sind-Mörder*-Zitate stützt sich allerdings nicht nur auf Kollektivbeleidigungen, sondern auch auf die Figur der *Beleidigung unter Sammelbezeichnung*. Es wird also nicht nur die *Bundeswehr als solche* als Angriffsobjekt betrachtet, sondern auch deren *einzelne Soldaten*; dies setzt keine passive Beleidigungsfähigkeit der Bundeswehr voraus.[2890] Dennoch ist auch dieses Auslegungsergebnis fragwürdig. Nicht zuletzt wegen der Erkenntnis, dass die Sammelbeleidigung oft dort als kriminalpolitisch motivierter, „fügsamer Lückenbüßer" herhält, wo die Beleidigung eines Kollektivs als solches als problematisch

---

2884 Vgl. *Fischer*, JZ 1990, S. 70.

2885 Siehe für eine nähere Betrachtung unten, E. II. 1. b) cc), S. 307.

2886 Dazu *Fischer*, JZ 1990, S. 71 u. grundlegend Fischer-StGB, Vor § 185, Rn. 14. Zust. *Schößler* 1997, S. 254f. Ähnl. *Giehring*, StV 1992, S. 196 u. allg. *Arzt*, JZ 1989, S. 647. Ähnl. *Wagner*, JuS 1978, S. 678. Krit. zu dieser Argumentation MüKo-*Regge/Pegel*, Vor § 185ff., Rn. 49. Allg. u. eher rechtspolitisch zu den Friktionen zwischen Staatsschutz z. Kollektivbeleidigung *Gallas* 1959, S. 94.

2887 Vgl. *Fischer*, JZ 1990, S. 73.

2888 E. II. 1. b) bb) (1) (a) (aa) (bbb), S. 292.

2889 So auch *Schößler* 1997, S. 265.

2890 Eine Darstellung der entsprechenden Rechtsprechungsgeschichte findet sich bei *Foerstner* 2002, S. 45ff.

erscheint[2891]: Pönalisierungsinteressen könnten zu einer „Manipulation bei der Sammelbeleidigung“ führen und diese auf eine unzulässig extensive Weise genutzt werden.[2892] Nach allgemeiner Auffassung ist deren Voraussetzung,

> „daß [die] Personenmehrheit so deutlich aus der Allgemeinheit hervortritt, daß der Kreis der beteiligten Einzelpersonen scharf umgrenzt ist. Läßt sich dieser Kreis nicht zweifelsfrei feststellen, so ist mangels einer sicheren Zuordnung zu der bezeichneten Menge in Wirklichkeit keine einzelne Person verletzt.“[2893]

Schon im *zweiten Weltbühnenprozess* erging der Freispruch, da dieses Kriterium als nicht erfüllt angesehen wurde.[2894] Auf sophistisch anmutendem Weg[2895] kam der BGH später zum gegenteiligen Ergebnis: Zwar seien „alle Soldaten der Welt“ ein zu weiter Personenkreis, ebenso alle aktiven *und* früheren Soldaten der Bundeswehr; die aktiven Soldaten seien aber von der fraglichen Bezeichnung *mitumfasst*, der BGH bejahte die entsprechende Strafbarkeit.[2896] Überzeugend stellte dagegen das BVerfG fest, dass eine solche Argumentation unzulässig sei: Das aus rechtsstaatlichen Gründen eingeführte, restriktive Kriterium werde auf diesem Wege jeden Inhalts beraubt. Vielmehr müsse stets gezeigt werden, dass konkret die Mitglieder der Bundeswehr gemeint seien.[2897] Anders sieht es dagegen bspw. *Stark*, der in dieser Argumentation des Gerichts „beinahe Rabulistik“ entdeckt:

> „Wenn eine Aussage allgemein auf (alle) Soldaten bezogen ist und auch die Bundeswehrangehörigen unbestritten Soldaten sind, dann dürfte es evident sein, daß auch die Soldaten der Bundeswehr betroffen sind“.[2898]

Dies allerdings verkürzt die Problematik. *Stark* lässt außer Acht, dass es hier evtl. nicht um die Beleidigung der einzelnen Soldaten als konkreter Menschen, sondern um die Auseinandersetzung mit dem *Phänomen* des Kriegführens geht. Ähnlich sieht es auch *Androulakis*, für den in solchen Fällen, gerade, wenn – wie hier – pauschale Aussagen über Berufsgruppen getroffen werden,

---

2891 So *Androulakis* 1970, S. 9. Zum Zusammenhang dessen mit der tatbestandlichen Weite u. dezisionistischen Rechtsanwendung näher oben, E. II. 1. b) aa) (1), S. 281.

2892 Siehe *Androulakis* 1970, S. 10.

2893 Schon BGHSt 2, 38, w.N. bei SK-StGB-*Rudolphi/Rogall*, Vor § 185ff., Rn. 40; konkret *Maiwald*, JR 1989, S. 485. Ähnl. u. sehr ausführlich zu den einzelnen Voraussetzungen *Klas/Blatt*, HRRS 2012, S. 489ff.

2894 Siehe oben, E. II. 1. a) bb) (1), S. 274.

2895 Siehe für Kritik an der Argumentation des BGH die Nachweise oben, in Fn. 2711.

2896 BGHSt 36, 83 (87), dazu oben, E. II. 1. a) bb) (3), S. 276.

2897 So BVerfGE 93, 266 (302). So auch *Schößler* 1997, S, 274, dem das BVerfG hier noch nicht weit genug geht.

2898 *Stark*, JuS 1995, S. 692.

„[…] der Angriff am Kollektiv als solchem hängenbleibt derart, daß kein einziger einzelner betroffen zu sein braucht. Dies kann insb. bei Gruppen der Fall sein, deren Gruppenleben eine langjährige Tradition in irgendwelche Richtung aufzuweisen hat."[2899]

Daneben blendet diese Argumentation die rechtsstaatliche Notwendigkeit der Einschränkung der Strafbarkeit aus.[2900]

Grds. geht die Rspr. trotz der einschränkenden Voraussetzungen bei der Annahme von Beleidigungen unter Sammelbezeichnung sehr weit. Es zeigt sich, dass diese Kriterien nicht geeignet sind, eine Vorhersehbarkeit zu garantieren und sich so Vorwürfen der Unbestimmtheit ausgesetzt sehen.[2901] Insgesamt lässt sich eine politisch geprägte, dezisionistisch bewirkte Rspr. feststellen.[2902] Auch bestehen Friktionen mit der Meinungsfreiheit[2903] und damit der demokratischen Auseinandersetzung; dies umso mehr, als solche Beleidigungen eher im öffentlichen als privaten Bereich auftreten[2904].

Es wird, um diese Probleme zu entschärfen, z.T. (und auf unterschiedliche Weise[2905]) gefordert, eine solche Beleidigung nur dann anzunehmen, wenn *tatsächlich* eine ausreichende *konkrete Individualisierung der Opfer* bzw. ein Einzelfallbezug herzustellen ist; bei zu großen Kollektiven wie „den Soldaten" sei dies zu verneinen.[2906] Wieder lässt sich der Verzicht auf einen solchen Individualbezug nur mit

---

2899 *Androulakis* 1970, S. 44. Ähnl. *Gounalakis/Rösler* 1998, S. 126.

2900 Dies lässt sich mit einem *argumentum ad absurdum* zeigen: Auf Grundlage von *Starks* Argumentation müsste *A. Einstein* mit seiner Sentenz von der Unendlichkeit der Dummheit der Menschen zum Nachteil *jedes einzelnen Menschen der Welt* den Tatbestand des § 185 StGB erfüllen. (Oder, wenn man zumindest das Kriterium der *Unterscheidbarkeit* verlangt, *H. Grönemeyer* bei seinem Lied *Männer* zuungunsten ebendieser). Dies kann kein sachgerechtes Ergebnis sein. Siehe dazu oben, E. II. 1. a) bb) (4), S. 279.

2901 Z.B. von *Foerstner* 2002, S. 71 u. NK-*Zaczyc*, Vor §§ 185ff., Rn. 31, in Rn. 32 mit einer Sammlung entsprechender Bsp. der weitgehenden Rspr. Ähnl. SK-StGB-*Rudolphi/Rogall*, Vor § 185ff., Rn. 40; LK-StGB-*Hilgendorf*, Vor § 185, Rn. 30; LK-StGB[10]-*Herdegen*, Vor § 185, Rn. 22 u. *Geppert*, JURA 1983, S. 538; *Wagner*, JuS 1978, S. 677 u. *Ignor* 1995, S. 79f. Auf die Unkonsequentheiten bei der Anwendung der Abgrenzungskriterien weist auch *Wehinger* 1994, S. 40 hin. Eine Ausführliche Sammlung und Kritik z.T. fragwürdiger Urteile von 1880 bis 1970 bei *Androulakis* 1970, S. 12ff.

2902 Hierzu oben, E. II. 1. b) aa) (4), S. 287, insb. die Fn. 2823 u. 2825.

2903 Dazu *Androulakis* 1970, S. 91.

2904 Dazu das Zitat von *Androulakis* oben, an Fn. 2829 u. *Androulakis* 1970, S. 91.

2905 Krit. zu den als unzureichend erachteten Vorschlägen der Lit. NK-*Zaczyc*, Vor § 185, Rn. 34, LK-StGB[10]-*Herdegen*, Vor § 185 u. *Wagner*, JuS 1978, S. 678. Einen kritischen Überblick gibt auch *Androulakis* 1970, S. 63ff.

2906 Zum konkreten Fall *Schößler* 1997, S, 274; *Arzt*, JZ 1989; SK-StGB-*Rudolphi/Rogall*, Vor § 185ff., Rn. 40; *Wehinger* 1994, S. 58ff. Ähnl. wohl *Gounalakis*, NJW 1996, S. 483 u. *Hassemer*, KritJ 1990, S. 365. Allg. für eine stärkere Einschränkung *Arzt*, JuS 1982, S. 719; *Geppert*, JURA 1983, S. 538; *Wagner*, JuS 1978, S. 678; S/S-*Lencker/Eisele*, Vor § 185, Rn. 7; LK-StGB[10]-*Herdegen*, Vor § 185, Rn. 23; *Androulakis* 1970, S. 73ff. u.

dem hier problematisierten funktionalistischen bzw. kollektivistischen Verständnis begründen; die einschränkende Forderung der Literatur erscheint somit als überzeugend. Dies gilt damit *nicht* für die Subsumtion der Bundeswehr unter den Begriff der Sammelbeleidigung.

(b) Substantiierung und Personalisierung des Staates: Schutz einer „Staatsehre"?

Nachdem die dogmatische Fragwürdigkeit der entsprechenden Urteile festgestellt wurde, gilt es, die *inhaltlichen Konsequenzen* zu betrachten, gerade mit Blick auf die hier allgemein herausgearbeiteten Topoi; auch dabei zeigt sich eine substanzhaft-funktionalistische Argumentationsweise.

(aa) Die Implikationen eines solchen Schutzes: Funktionalismus und Substantiierung des Staates

(aaa) Die Ehre/ Würde des Staates und seiner Institutionen

Ein Beispiel für ein entsprechendes Vorgehen bietet eine Entscheidung des KG Berlin zur Bezeichnung des Berliner Abgeordnetenhauses als das „Allerheiligste des bürgerlichen Volksbetrugs".[2907] Zwar erkannten das KG sowie das LG Berlin unter Rekurs auf die Maßstäbe des BVerfG[2908], dass die Äußerungen durch Art. 5 GG gedeckt sind, einig waren sich beide Gerichte aber darin, dass eine „Beleidigung nur zum Nachteil des Abgeordnetenhauses, nicht seiner Mitglieder" in Frage kommt:

> „Denn Angriffe auf das Abgeordnetenhaus als einer politischen Körperschaft sind von solchen auf die Ehre seiner einzelnen Mitglieder zu unterscheiden."[2909]

Dem liegt die Vorstellung zugrunde, die Ehre *des* Kollektivs selbst sei ein *aliud* zur individuellen Ehre der Kollektivmitglieder, die Ehre der Institution trete neben die „Summe der Ehre" der diese bildenden Individuen. Wenn diese als schützenswert betrachtet wird – was die Anwendung des § 185 StGB impliziert –, wird dem (hier: staatlichen) Ehrträger damit ein eigener Wert *zu*geschrieben. Dies zeigt die Nähe zur substanzhaft-funktionalistischen Argumentation:[2910] Gerade *Schmitts* Positionen

S. 105. Ähnl. wohl auch *Tenckhoff,* JuS 1988, S. 460 u. NK-*Zaczyc,* Vor § 185, Rn. 34. Abwägend *Foerstner* 2002, S. 55ff.

2907 KG Berlin, JR 1980, 290f. Es ging um den damals umstrittenen § 218 StGB, gegen den Anhänger des *Kommunistischen Bundes Westdeutschland* demonstrierten; die erstinstanzliche Verurteilung wurde vom LG Berlin aufgehoben, das KG bestätigte dies. Krit. hierzu *Arzt,* JuS 1982, S. 272f. u. *Volk,* JR 1980, S. 291ff.

2908 Im Einzelnen dargestellt oben, E. II. 1. a) aa) (2), S. 269.

2909 KG Berlin, JR 1980, 290.

2910 So z.B. *Tenckhoff,* JuS 1988, S. 458, der dies für den Fall bejaht, in dem die „Gemeinschaft einen rechtlichen oder sozialen Wert unabhängig vom Wechsel ihrer Mitglieder verkörpert" [ohne Herv. des Orig., F.F.].

basieren auf der Vorstellung eines substanzhaften, personalisierten Staates, der „Mehr" ist als die Summe seiner Mitglieder und der diesen damit vor geht.[2911] Ein Kollektivehrschutz für staatliche Institutionen fußt ebenfalls auf einer Personalisierung des Staates[2912]; ähnliches wurde oben bereits zu §§ 90f. StGB festgestellt, insb. die Überhöhung, beinahe Sakralisierung des Staates in der Tradition *Schmitts* (und in Gegnerschaft zu *Kelsen*).[2913] Es ist kein Zufall, dass das hier fragliche Vorgehen an die kollektivistischen Aspekte der NS-Ideologie erinnert, die die Etablierung des strafrechtlichen Schutzes einer Kollektivehre auch forensisch privilegiert hat. So schon die Selbstbetrachtung durch *Freisler*:

> „Die deutsche Rechtswissenschaft und Rechtspflege ist aus eigener Kraft [...] ohne Hilfe des Nationalsozialismus nicht zur Anerkennung einer Gemeinschatfsehre gelangt."[2914]

Eine Anmerkung von *K. Volk* zum *Abgeordnetenhaus*-Urteil ist bzgl. der Vorstellung des Staates als Person aufschlussreich: Bei § 185 StGB gehe es um die „personale Integrität" des Abgeordnetenhauses, „[u]m diese *besondere ‚Würde'*, nicht etwa um die ‚Staatsautorität [...]'"[2915]. Erhellend ist auch ein auf die *Soldaten-sind-Mörder-Fälle* gemünztes Zitat des Strafbarkeitsbefürworters *K. Dau*:

> „Heute will der Täter die Institution Bundeswehr als Synonym des staatlichen Ordnungsprinzips treffen. Das von ihm benutzte Ausdrucksmittel ist allein darauf gerichtet, den Soldaten als Teil dieses Ordnungsprinzips zu demütigen, ihn in seinem sozialen

---

2911 Insg. oben, B. I. 4. a), S. 29.

2912 Ähnl. *Findeisen/Hoepner/Zünkler*, ZRP 1991, S. 247, die hier die Vorstellung vom Staat als „personalisiertes, höheres Wesen" ausmachen. Krit. auch *Arzt*, JuS 1982, S. 718 u. *Krug* 1965, S. 204. Allg. stellt *Pauli* 1992, S. 177 den Konnex zum „dichotomischen Freund-Feind-Denk[en] der NS-Ideologie" – und damit *Schmitt* – her.

2913 Dazu oben, E. I. 2. d) aa), S. 240.

2914 *Freisler*, DJ 1936, S. 1459. Ein Vergleich seiner Argumentation mit der des BGH findet sich oben, in u. a. Fn. 2853. Dazu *Schößler* 1997, S. 260 u. *Krug* 1965, S. 47ff., dort auch zu den hier relevanten Zusammenhängen. Dies auch bei *Arzt*, JuS 1982, S. 718 u. *Findeisen/Hoepner/Zünkler*, ZRP 1991, S. 247. Allg. *Pauli* 1992, S. 177ff. zur damaligen kollektivistischen Ideologie u. der Rspr. sowie der literarischen Auseinandersetzung u. historischen Vorbildern. Auch *Fischer*, JZ 1990, S. 69 (m.w.N. in Fn. 15) sieht einen „machtvollen Auftrieb" der Befürwortung von Kollektivbeleidigungen durch die „nationalsozialistische ‚Gemeinschafts'-ideologie"; der BGH gehe noch darüber hinaus. Ähnl. *Hirsch* 1967, S. 101ff.; abwägend *Kaufmann*, ZStW 1972, S.b 420, ihm zust. *Ignor* 1995, S. 70, dag. aber knapp BGHSt 6, 186 (189), wonach die passive Beleidigungsfähigkeiten von Personenmehrheit schon länger besteht, zust. *Bruns*, NJW 1955, S. 690 (der seinerseits nicht unbelastet ist, siehe zu *Bruns* NS-Vergangenheit knapp *Wolf*, JuS 1996, S. 189). Krit. am BGH wiederum bei *Pauli*, a.a.O.; *Brackert*, JA 1991, S. 191; *Giehring*, StV 1992, S. 195; *Geppert*, NStZ 2013, S. 557 u. *Geppert*, JURA 2005, S. 245.

2915 *Volk*, JR 1980, S. 293, [Herv. F.F.], hierzu auch oben, Fn. 2882.

Ansehen herabzusetzen und damit zu verunsichern, um so zugleich der Bundeswehr die Erfüllung ihres Auftrages zu erschweren."[2916]

Dies zeigt den engen (und gleich zu vertiefenden) Zusammenhang zwischen einem Funktionsschutz auf der einen und dem von der Frage der Funktionalität abgekoppelten Schutz einer „Staats-" bzw. „Institutionsehre" auf der anderen Seite:[2917] Die Sorge um die „Erfüllung ihres Auftrags" steht neben der Feststellung, dass die Bundeswehr *als solche* durch die beleidigenden Personen angegriffen werde. Es geht nicht nur um den Schutz der Soldaten als natürliche Personen, sondern den einer „Ehre" der Bundeswehr selbst. Dies zeigt sich auch bei der Argumentation von *J. Hennings*, auf die die Rspr.[2918] z.T. rekurriert: Er goutiert die passive Beleidigungsfähigkeit der Bundeswehr explizit, unterscheidet dabei aber zwischen *Ehren*schutz, den §§ 185 StGB garantiere und *Funktions*schutz, den § 109d) StGB übernehme.[2919] Er muss also tatsächlich davon ausgehen, dass es eine schützenswerte, reale „Ehre" *unabhängig der Funktionsfähigkeit* des Kollektivs Bundeswehr gibt, aber auch unabhängig von einer *natürlichen Person* (diese Widersprüchlichkeit wird von Kritikern einer entsprechenden Erfassung der Kollektivbeleidigung durch § 185 StGB betont[2920]; auch bleiben bei dieser Argumentation dogmatische Fragen offen. So erklärt er nicht, auf welche Schranke des Art. 5 Abs. 2GG er abstellt – also: *allgemeine Gesetze* oder solche *zum Schutz der Ehre* – ; auch ist der zugrundelegte Ehrbegriff unklar). Die Bundeswehr bzw. ihre Ehre wird als ein *per se* zu schützender Wert betrachtet. Dies verweist auf deren Ontologisierung, auf die Vorstellung, diese habe eine eigene Substanz i.S.d. *Schmitt*'schen und *Jakobs*'schen Vorstellungen.[2921] Auf ein ähnliches Phänomen weist *Kaufmann* hin, dort zur begriffsjuristischen Ableitung der Beleidigungsfähigkeit *juristischer* Personen, die auf einem überpositivem Ontologismus basiere; *Kaufmann* vergleicht dies mit der Argumentation des ontologischen Gottesbeweises.[2922]

Wie sich am o.g. Zitat *Daus* ablesen lässt und wie die obigen Betrachtungen gezeigt haben, besteht ein enger Zusammenhang zwischen den Vorstellungen einer Wertzuschreibung juristischer Personen und funktionalistischen Argumentationsweisen.

(bbb) Vom Schutz staatlicher Würde zum Funktionsschutz, insb. in der Rspr.

Um die engen Bezüge zwischen einem Würde- und dem Funktionsschutz zu analysieren – die vergleichbar schon bei *Schmitt* und ganz ähnlich bei § 90a) StGB zu

---

2916 *Dau*, NJW 1988, S. 2651.

2917 Krit. zu dieser zirkulären Argumentation *Fischer*, JZ 1990, S. 72, Fn. 85.

2918 So BGHSt 36, 83 (88), siehe dazu auch oben, E. II. 1. a) bb) (3), S. 276.

2919 Siehe *Hennings*, NZWehrr 1977, S. 72. In eine ähnl. Richtung lassen sich die Ausführungen von *Dau*, NJW 1988, S. 2655 lesen, der den Funktionsschutz allerdings bei §§ 89, 90a StGB verortet.

2920 Siehe oben, E. II. 1. b) bb) (1) (a) (aa) (bbb), S. 292.

2921 Zu diesen zusammenfassend oben, D. II. 1., S. 210.

2922 Vgl. *Kaufmann* 2011, S. 116.

sehen waren[2923] und die bei der Sitzblockadenproblematik zu sehen sein werden[2924] –, ist es zunächst wichtig festzuhalten, dass aus realistischer Perspektive einer Personenmehrheit wie dem Staat oder seiner Institutionen so etwas wie eine *persönliche Ehre* abgeht.[2925] *T. Fischer*:

> „Geschützt ist somit nicht personale Ehre, sondern allenfalls Ansehen, Autorität der genannten staatlichen Organe und damit ihre Funktionsfähigkeit".[2926]

Aus diesem Blickwinkel erscheint nun die *Funktionalität* staatlicher Institutionen als das primäre Schutzgut der Kollektivbeleidigung. Dies, indem deren Ansehen bei den Bürgern geschützt werden soll, damit deren *Autorität* und *Legitimität*.[2927] Nach *H.-J. Rudolphi / K. Rogall* geht es beim Schutz von Kollektiven im Vergleich zu dem natürlicher Personen „um den Schutz der *Funktionstüchtigkeit* von Politik und Verwaltung und des *Vertrauens* in ihre Tätigkeit."[2928]

Hier ist aber, wie auch i.R.d. Verunglimpfungsdelikte[2929], darauf hinzuweisen, dass es begründete Zweifel an der Wirksamkeit eines durch Ansehensschutz bewirkten Autoritätsschutzes gibt.[2930] Dabei zeigt sich auch der typische Hang des funktionalistischen Strafrechts, rein symbolische Strafen zu verhängen.[2931] Die *Funktion* statt einer bloß (fiktiven) *Ehre* des Staates zu schützen ist eine nur auf den ersten Blick rationalere Position; der Ehr- bzw. Würdeschutz scheint ebenso als Motiv bzw. Idee hinter dem Funktionsschutz zu liegen, wie der Funktionsschutz oft unausgesprochener Grund dafür ist, eine vermeintliche Staatsehre zu schützen: Die Verstrickungen sind eng. Dies ist gut daran zu sehen, dass i.R.d. Betrachtung zu § 90a) StGB,[2932]

2923 Dazu oben, E. I. 2. d) aa), S. 240, dort auch mit einer Betrachtung der Parallelen zu *Schmitts* Berachtungsweise u. *Kelsens* Kritik an dieser. Erhellend ist hier das Zitat von *H. v. Weber* zur Funktion des § 90 a) StGB, die der hier herauszuarbeiten Nutzung des § 185 StGB mit Blick auf Kollektive extrem ähnelt, dazu oben, Fn. 2435.

2924 Dazu unten, E. II. 2. b) bb) (3), S. 335.

2925 Hierzu die Nachweise oben, in Fn. 2865 u. oben, Fn. 2864.

2926 *Fischer*, JZ 1990, S. 70. Wie bereits erwähnt kann unter Zugrundelgung eines faktischen oder sozialen Ehrbegriff allerdings ein anderes Ergebnis stehen, siehe hierzu oben, E. II. 1. b) bb) (1) (a) (aa) (bbb), S. 292.

2927 Auch Fischer-StGB, Vor § 185, Rn. 14 sowie *Giehring*, StV 1992, S. 195f., insb. zu den problematischen Aspekten dieses Schutzes. Dort auch m.w.N. Zum Autoritätsschutz auch *Findeisen/Hoepner/Zünkler*, ZRP 1991, S. 247.

2928 SK-StGB-*Rudolphi/Rogall*, Vor § 185, Rn. 35. So auch, mit kritischem Impetus, *Kett-Straub*, ZStW 2008, S. 777.

2929 Siehe hierzu oben, Fn. 2409.

2930 Skeptisch zur grds. Möglichkeit, die Funktionalität der Bundeswehr durch das Strafrecht zu gewährleisten *Jescheck*, NZWehrr 1969, S. 122 u. in Anschluss daran deutlich (u. aus dezidiert nicht-pazifistischer Warte) *Schwenck* 1969, S. 135ff; siehe auch *Hörnle* 2005, S. 153 u. *Krug* 1965, S. 223f.

2931 Vgl. hierzu oben, C. I. 3. b) dd), S. 136.

2932 Dazu oben, E. I. 2. d) aa), S. 240.

der vorgeblich eher dem *Funktions*schutz dient, festgestellt wurde, dass dahinter oft Vorstellungen eines *Personalisierten* Staates stehen. Genau spiegelbildlich dazu wird hier festzustellen sein, dass sich hinter dem vermeintlich intendierten Schutz der (*Staats-)Ehre* bei § 185 StGB tatsächlich ein *Funktions*schutz verbirgt. Das eine ist anscheinend nicht ohne das andere zu haben.

Zur Frage des Funktionsschutzes ist die Position des BVerfG nur vordergründig zurückhaltender.[2933] Grds. ist es der Meinung – hier beim *Soldaten sind Mörder II*-Beschluss[2934] –, staatliche Einrichtungen hätten „weder eine ‚persönliche Ehre' noch sind sie Träger des allgemeinen Persönlichkeitsrechts"; einem wichtigen Schutzgut dienten die entsprechenden Normen aber dennoch, denn „[o]hne ein Mindestmaß an gesellschaftlicher Akzeptanz vermögen staatliche Einrichtungen ihre Funktion nicht zu erfüllen". Und sie können daher strafrechtlich „grds. auch vor verbalen Angriffen geschützt werden, die diese Voraussetzungen zu untergraben drohen".[2935] Eine Haltung, die es legitimiert, zugunsten der Funktionalität Äußerungen zu pönalisieren. Zwar relativiert das BVerfG diese Position teilweise, indem es (im Anschluss an die *Gestapo-Methoden*-Entscheidung[2936]) feststellt, dass in einem solchen Fall die Meinungsfreiheit besonders hoch zu veranschlagen ist, da „dieses Grundrecht gerade aus dem besonderen Schutzbedürfnis der Machtkritik erwachsen ist"[2937] – dennoch liegt hierin eine grundsätzliche Annerkennung der Beleidigungsfähigkeit von Kollektiven. So stellt das Gericht explizit fest, dass sich §§ 185ff. StGB bzgl. des Eingriffs in Art. 5 GG nicht auf die Grenze der *Gesetze zum Schutz der persönlichen Ehre*, sondern der *allgemeinen Gesetze* beziehen könne. Etwas widersprüchlich argumentiert es dann mit Blick auf die Beleidigung mittels Kollektivbezeichnung, dass eine solche nur möglich sei, wenn ausreichend klar sei, dass durch die Bezeichnung des Kollektivs mittelbar eine Beleidigung der (nun persönlichen!) Ehre der Mitglieder stattfinde; dies, da § 185 StGB, gerade mit Blick auf Art. 5 GG, die *persönliche* Ehre schütze.[2938] Was das BVerfG bzgl. der Sammelbeleidigung problematisiert, scheint es im Fall einer Beleidigung eines Kollektivs für grds., wenn auch mit Einschränkungen, möglich zu halten: Nämlich dass § 185 StGB erfüllt sein kann, *ohne* dass eine persönliche Ehre angegriffen wird. Für eine Beleidigung unter Kollektivbezeichnung ist die persönliche Ehre Schutzgut, für die eines Kollektivs ist es (wenn auch nur z.T. explizit ausgesprochen) die Funktion staatlicher Institutionen. Eine (auch) funktionalistische Nutzung des § 185 StGB wird somit durch das BVerfG anerkannt.

2933 Siehe zum Vorgehen des BVerfG unten, Fn. 3023 u. allg. unten, E. III., S. 345.
2934 Dazu auch oben, E. II. 1. a) bb) (4), S. 279.
2935 Jeweils BVerfGE 93, 266 (290).
2936 Siehe hierzu oben, E. II. 1. a) aa) (2), S. 269, insb. das Zitat an Fn. 2690.
2937 BVerfGE 93, 266 (290).
2938 Zu den Ambivalenzen dieser BVerfG-Rspr. *Decken*, NJW 1983, insb. S. 1401 u. *Schmitt Glaeser*, AöR 1988, S.97.

Ähnlich ist die Meinung der sonstigen Rspr; wie gezeigt, geht der BGH ebenfalls von der Beleidigungsfähigkeit von Kollektiven und konkret der Bundeswehr aus[2939]. In einer frühen Entscheidung wird die Frage explizit offen gelassen, ob es dabei nicht eher um Autoritäts- als Ehrenschutz gehe[2940]. Die Einschränkung durch das äußerst flexible Kriterium der „sozial anerkannten Funktion"[2941], die die entsprechenden Kollektive erfüllen müssten, bestätigt dies: Die Strafbarkeit hängt damit explizit von einer evtl. Gefährdung der *Funktion* von Institutionen ab; es lässt sich vermuten, dass die Antwort auf die Frage nach der Ehrfähigkeit einzelner Kollektive *de facto* von deren vermeintlicher oder tatsächlicher Schutzwürdigkeit determiniert wird.[2942]

In diesem Rahmen bewegt sich auch das Vorgehen der unterinstanzlichen Gerichte,[2943] wo im Fall der Beleidigung von Kollektiven die Strafbarkeit z.T. bei expliziter Anerkenntnis fehlender persönlicher Betroffenheit der einzelnen Gruppenmitglieder angenommen wird[2944].

(ccc) Weitere typische Aspekte eines substanzhaft-funktionalistischen Vorgehens

Eine weitere Parallele zur funktionalistischen Argumentation zeigt sich dort, wo *grundrechtliche Schutzpflichten* des Staates zugunsten der (persönlichen) Ehre postuliert werden[2945] – wie es *Isensee* i.R.d. Begründung des „Grundrechts auf Sicherheit" tut, auf das *Jakobs* seinerseits rekurriert und das viele Bezüge zu den hier als problematisch erkannten Effekten aufweist, insb. der Überhöhung des Staates bei gleichzeitiger Marginalisierung positivierter Eingriffsschranken[2946]. Auch lässt sich § 185 StGB in der sehr ausgedehnten Verwendungsform letztlich als ein „allgemeines Friedensschutzdelikt" sehen,[2947] was eine weitere Parallele zur Nutzung des § 240 StGB darstellt[2948].

2939 Z.B. BGHSt 36, 83, oben, E. II. 1. a) bb) (3), S. 276; BGHSt 6, 186, oben, E. II. 1. b) bb) (1) (a) (aa) (aaa), S. 291.

2940 Siehe BGHSt 6, 186 (186f.).

2941 Hierzu oben, E. II. 1. b) bb) (1) (a) (aa) (aaa), S. 291, u., auch zum Dezisionismus, E. II. 1. b) aa) (1), S. 281.

2942 So z.B. *Kaufmann,* ZStW 1972, S. 424. Siehe hierzu auch oben, E. II. 1. b) aa) (4), S. 287.

2943 OLG Hamm, NZWehrr 1977, 70, 71; OLG Frankfurt, NJW 1989, 1367. Zust. zu dieser Rspr. *Dau,* NStZ 1989, S. 361. Weitere Nachweise bei *Dau,* NJW 1988, S. 2652 u. *Giehring,* StV 1992, S. 195, Fn. 23.

2944 So z.B. OLG Hamm, NZWehrr, 1977, 70 (71). Siehe auch die entsprechende Anmerkung von *Hennings,* NZWehrr 1977, S. 72 u. die Auseinandersetzung mit dieser oben, E. II. 1. b) bb) (1) (b) (aa) (aaa), S. 297.

2945 Siehe hierzu *Scholz/Konrad,* AöR 1998, S. 70, m.w.N. in Fn. 63.

2946 Siehe hierzu oben, C. I. 3. c) bb) (1) (a), S. 147.

2947 Dazu, wenn auch stärker mit Blick auf die Nutzung als „kleines Sexualdelikt", aber auf die Nutzung als „kleines Staatsschutzdelikt" übertragbar *Krug* 1965, S. 62f.

2948 Siehe unten, E. II. 2. b) dd) (2), S. 343.

Kommt es zu einer Abwägung zwischen Kollektiv- (wie der „Staatsehre" oder der „Funktionalität der Bundeswehr") und Individualgütern (konkret der Meinungsfreiheit), beschränkt dies die minderheitenschützende Funktion der Grundrechte in besonderem Maße. Dies, da die dem Individualschutz bereits strukturell entgegengesetzten („freiheitsbeschränkenden") Staatsfunktionen gleichrangig in die verfassungsrechtliche Prüfung miteinbezogen werden.[2949] Das Kollektiv wird gegen die Individuen ausgespielt. (Ähnliches stellt *H. J. Hirsch* mit Blick auf die mit der Kollektivehre eng verwandten, ebenfalls als „fiktiv" zurückgewiesene Familienehre fest – womit z.T. mit bzw. gegenüber der Ehefrau begangenes, unsittliches Verhalten als Verletzung der Ehre des Ehemannes – nicht aber andersherum! – betrachtet wurde. Vergleichbar ist sie hier insoweit sie nicht an die Person rückgekoppelt und mithin fiktiv ist und der Aspekt der Hierarchie im Zentrum steht, wie er es bei dem Autoritätsschutz, den eine „staatliche Ehre" bewirkt, tut. Dies ist offenbar eine patriarchalische Haltung bis hin zu nationalsozialistischem Gedankengut, insoweit „das Ideal einer aus Haupt und Gliedern, Führer und Gefolgschaft bestehenden" Gemeinschaft den Hintergrund bildet[2950]) Die i.S. *Schmitts* und *Jakobs*' Position stattfindende, undemokratische Überhöhung des Staates, die die „h.M." durch Annahme der Kollektivbeleidigung vornimmt, ist hier augenfällig.

Auch wurde festgestellt, dass dort, wo § 185 StGB auf Kollektive wie den Staat angewendet wird, nicht auf das eigentliche Schutzgut der §§ 185ff. StGB, die Ehre, rekurriert wird.[2951] Die tatbestandsbeschränkende Funktion des Rechtsguts-Konzepts[2952] wird hier also ausgehebelt.[2953] Auf ebendiese strafbarkeitseinschränkende Theorie verzichtet auch *Jakobs*' in seinem funktionalistischen System[2954]; ebenfalls zugunsten der Erhaltung der staatlichen bzw. gesellschaftlichen Funktionalität.

Interessant ist auch die Betrachtung *F. Küblers* zu Fällen, in denen die „Reputation des Führungspersonals" juristisch geschützt wird. Er zeigt die Zusammenhänge auf, die zwischen dem Schutz von *Einzelpersonen*, konkret von Machthabern und politischen Akteuren und einer substanzhaft-funktionalistischen Betrachtungsweise bestehen:

> „Durch die Repräsentation des vorgegebenen Wertes – der gottgewollten Ordnung, der Nation, der Klasse oder Rasse – erlangen Geltungsansprüche der Person eine eigene Substanz. [...] Hier findet die Meinungsfreiheit ihre Grenzen an der ‚Ehre'; diese wird

2949 Dies sei „[s]chlechterdings freiheitsgefährdend" *Maus*, Rechtstheorie 1989, S. 197f.
2950 Siehe hierzu *Hirsch* 1967, S. 68.
2951 Dazu oben, E. II. 1. b) bb) (1) (b) (aa) (bbb), S. 299.
2952 Dazu oben, Fn. 1259.
2953 Siehe *Schößler* 1997, S. 171. Er exemplifiziert dies an der Nutzung des § 185 StGB als „kleines Sexualdelikt"; dieses Problem ist aber parallel zu dem der Nutzung als „kleines Staatsschutzdelikt" (dazu unten, E. II. 1. b) bb) (2), S. 304), siehe nur *Arzt*, JuS 1982, S. 725ff.
2954 Zur Kritik hieran oben, C. II. 2. a), S. 168.

> zu einem Recht mit einem materialen Kern, einem ‚Zuweisungsgehalt'; sie wird durch die Übernahme des vorgegebenen Wertsystems objektiviert und verdinglicht."[2955]

Wieder fallen Ähnlichkeiten zu *Schmitts* und *Jakobs'* Positionen auf; gerade die aus einer unterstellten Substanz folgende Inwert- und Absolutsetzung der Schutzgüter. Dies umso mehr, da das geschützte „kollektive Plus" *fiktiv* ist; was schon *Kelsen* an *Schmitts* Staatskonstruktion kritisierte.[2956] So zeigt sich das Potential, *Kelsens* Perspektive gegen diese Argumentation in Stellung zu bringen.

ab) Das Resultat: Die Nutzung des § 185 StGB als „kleines Staatsschutzdelikt"

Als Folge dessen wird der Rspr. und den entsprechenden Teilen der Literatur, wie auch bzgl. § 240 StGB[2957], vorgeworfen, § 185ff. StGB systemwidrig als „kleine Staatsschutzdelikte", als Auffangdelikte für ein Verhalten, dass die eigentlich staatsschützenden Normen nicht erfassen, zu verwenden.[2958] Interessant sind die hier die Ausführungen von *Giehring*:

> „Die entsprechenden Tatbestände der verfassungsfeindlichen Einwirkung auf Bundeswehr und öffentliche Sicherheitsorgane, § 89 StGB, und der Störpropaganda gegen die Bundeswehr, § 109d StGB, sind in ihren subjektiven (§ 89) bzw. objektiven [...] Voraussetzungen aber so eng gefaßt, daß sie auch auf polemisch formulierte pazifistische Äußerungen praktisch nicht anwendbar sind. Die Bemühungen um eine Bestrafung solcher Äußerungen konzentrierten sich daher bald auf die Ehrverletzungsdelikte und auf die Volksverhetzung des § 130 StGB."[2959]

Nicht nur in dem hier problematisierten Schutz einer „Kollektivehre" als solcher, sondern ebenfalls in der von der Rspr. übermäßig genutzten Möglichkeit der Beleidigung mittels Kollektivbezeichnung[2960] lässt sich ein derart funktionalistisch begründeter Autoritätsschutz erkennen[2961]; auch dort scheint § 185 StGB als „kleines

2955 *Kübler*, NJW 1999, S. 1281.

2956 Hierzu oben, B. II. 4. a) cc), S. 87. Insb. *Fischer*, JZ 1990, S. 71; den erinnert diese Irrationalität „vielmehr an § 311 des Bayr. StGB von 1813: Strafbarkeit des Verspottens des Königs und von Regierungshandlungen (Rechtsfolge: öffentliche Abbitte vor dem Bildnis des Souveräns)."

2957 Dazu unten, E. II. 2. b) bb) (1), S. 331.

2958 So konkret *Arzt*, JuS 1982, S. 727 u. *Arzt*, JZ 1989, S. 647, zust. *Findeisen/Hoepner/Zünkler*, ZRP 1991, S. 245f. u. *Foerstner* 2002, S. 240; knapp auch *Gounalakis/Rösler* 1998, S. 87f.

2959 *Giehring*, StV 1992, S. 195f. So wohl auch *Geppert*, NStZ 2013. Konkret zu den Soldatenurteilen so auch *Sudhof*, RJ 1990, S.154f.

2960 Siehe oben, E. II. 1. b) aa) (4), S. 287 u. oben, in u. an Fn. 2825.

2961 Dies, da bei großen Kollektiven eher die *Kollektive als Solche* statt deren einzelne Mitglieder im Visier des Äußernden sind, hierzu *Arzt*, JZ 1989, S. 647f.; *Wehinger* 1994, S. 23 u. *Tenckhoff*, JuS 1988, S. 459f.

Staatsschutzdelikt" zu fungieren[2962]. Die Feststellung, dass §§ 185ff. StGB entgegen dem eigentlichen Zweck, der Erfassung zwischenmenschlicher Konflikte, realiter schwerpunktmäßig dann angewendet werden, wenn der Staat (sei es auch stellvertretend durch Repräsentanten) Angriffsobjekt ist[2963], stützt die Vermutung, dass diese Straftatbestände *de facto* nicht (nur) zum Schutz der persönlichen Ehre, sondern auch des Staates genutzt werden. Das offenbart nebenbei, dass die gerade in der Kommentarliteratur oft zu findende Behauptung, (nur) die Ehre sei das Schutzgut des § 185 StGB[2964], in dieser Allgemeinheit zu relativieren ist: Sowohl im Schrifttum als auch in der Rspr. bis zum BVerfG wird z.T. *explizit*, oft zumindest implizit der Schutz der staatlichen Funktionalität als Zweck anerkannt.[2965] Es erscheint angesichts dessen als gewinnbringend, *Jakobs*' (funktionalistische) Position hierzu zu betrachten.

(2) Funktionalistische Ansätze in der Literatur, insb. bei Jakobs

In der Rspr. sind also funktionalistische Argumente zu finden; eine ähnliche Haltung zum Ehrenschutz nimmt auch ein Teil der Literatur, konkret auch *Jakobs*, ein. Die Besonderheit seiner Variante ist es, die Ehre nicht nur[2966] an der Einzelperson, sondern (auch) der Öffentlichkeit zu orientieren. Deshalb firmiert *Jakobs*' Ehrbegriff sowohl als *funktionalistischer* als auch als *sozialer*[2967]:

> „Die [also seine, *Jakobs*', F.F.] These hat zur Folge, daß die Beleidigungsdelikte nicht mehr nur als Delikte gegen die Person verstanden werden dürften, vielmehr auch als Delikte gegen öffentliche Interessen definiert werden müssen, scil. gegen Verfälschung der informellen Zurechnung"[2968]

Dies nun, da letztere für das Funktionieren der Gesellschaft unumgänglich sei: Der Schutz der Ehre dient für ihn, gemäß seines grds. funktionalistischen Ansatzes[2969], nicht nur der individuellen Person, sondern einem „kommunikativ vermittelte[n]

2962 So auch die Diagnose von *Foerstner* 2002, S. 72.

2963 Siehe dazu oben, Fn. 2650.

2964 Z.B. MüKo-*Regge/Pegel*, Vor § 185ff, Rn. 7; LK-StGB-Hilgendorf, Vor § 185, Rn. 2. Deutlich auch S/S-Lenckner/Eisele, Vor 185, Rn. 1; auch SK-StGB-*Rudolphi/Rogall*, Vor § 185, Rn. 1; Fischer-StGB, § 185, Rn. 3.

2965 Hierzu, auch mit Blick auf das BVerfG u. die sonstige Rspr., insb. oben, E. II. 1. b) bb) (1) (b) (aa) (bbb), S. 299.

2966 Zum Verhältnis von öffentlichem u. privatem Interesse, welches durch die Beleidigungsdelikte geschützt wird, siehe *Jakobs* 1985, S. 637; diese treten für ihn im „Regelfall [...] zusammen".

2967 Siehe die Bezeichnungen von NK-*Zaczyc*, Vor § 185, Rn. 6; *Gössel/Dölling* 2004, § 29, Rn. 9; MüKo- *Regge/Pegel*, Vor § 185, Rn. 38; *Geppert*, JURA 2005, S. 244. Die Verschränkungen eines sozialen mit einem funktionalen Verständnis zeigen sich schön bei *Hirsch* 1967.

2968 *Jakobs* 1985, S. 628.

2969 Hierzu oben, C. I. 3. b) dd), S. 136.

öffentlichen Interesse“[2970]. Insb. zur Vergewisserung darüber, welche Normen gelten und welches Verhalten den Personen zurechenbar ist, bedarf es der gesellschaftlichen Kommunikation. Indem § 185ff. StGB diese schützen[2971], dienen sie letztlich der positiven Generalprävention im spezifisch-*Jakobs*'schen Zuschnitt[2972]; bloß, dass hier gerade eine ***informelle Sozialkontrolle***, also eine nicht-strafrechtliche, ermöglicht werden soll[2973]: Das Beleidigungsverbot soll für *Jakobs* dafür sorgen, dass die nicht-förmlichen gesellschaftlichen Sanktionen[2974] die richtige Person treffen.[2975] Unabdingbar ist eine solche informelle Sozialkontrolle, so *Jakobs*, schon wegen der Unmöglichkeit der Verrechtlichung aller Lebensbereiche.[2976]

Diese Position entwickelt er ausgehend von der urspr. Bedeutung der Ehre als *Standes*ehre, die für eine Organisation der gesellschaftlichen Hierarchie zuständig war (und deren „Ableben“ erst für die Probleme um den Ehrbegriff sorgte):[2977] So sei es der Staat, der die Ehre verteile, um den Bürgern „denjenigen Rang zuzuweisen, den sie zur Erfüllung ihrer Aufgabe brauchen.“[2978] Der Ehrenschutz hat für ihn somit die Aufgabe, „der Erhaltung der gesellschaftlichen Struktur zu dienen“[2979]. Ist somit jede Ehrverletzung für *Jakobs* zugleich „[...] ein Protest gegen die Kompetenz des Staats, Rang zu verteilen, oder gegen die Maximen, nach denen er verteilt“[2980], sind, i.S. der hier allgemein vertretenen These, §§ 185ff. StGB als *Ehren*schutznormen *per se* zugleich *Staats*schutzdelikte.

Jakobs versucht, diese urspr. Funktion der Standesehre als theoretisches Fundament eines modernen, funktionalistischen Ehrenschutzes zu verwenden und diesen mit Blick auf jene zu legitimieren – womit die grds. Rechtfertigungsprobleme der funktionalistischen Ansätze hier akut werden.[2981]

2970 So MüKo-*Regge/Pegel*, Vor § 185ff., Rn. 38 u. *Ignor* 1995, S. 39. Hier bereits krit. *Schößler* 1997, S. 18.

2971 Durch Garantie der „Wahrheit des Kommunizierten“, *Jakobs* 2010a, S. 373 u. *Jakobs* 1985, S. 636.

2972 Zu dieser oben, C. I. 3. b) cc) (1), S. 134.

2973 Siehe *Jakobs* 1985, S. 627ff., insb. 636f. Zu *Jakobs* MüKo-*Regge/Pegel*, Vor § 185ff., Rn. 38.

2974 Er exemplifiziert: Das gesellschaftliche „Schneiden“ eines verurteilten Straftäters als informelle nach der formellen Sanktion, das Vermeiden von Vertragsabschlüssen mit notorisch-unzuverlässigen Schuldnern, der gesellschaftliche Ansehensverlust der erlitten wird, wenn man sich in Freundschaften unloyal verhält.

2975 Vgl. *Jakobs* 2010a, S. 374.

2976 Vgl. *Jakobs* 2010a, S. 374.

2977 *Jakobs* 1985, S. 634; zur Standesehre auch unten, E. II. 1. b) dd) (1), S. 308, insb. Fn. 3018.

2978 *Jakobs* 1985, S. 630.

2979 *Jakobs* 2010a, S. 373.

2980 *Jakobs* 1985, S. 630.

2981 Zur Legitimation *Jakobs* 1985, S. 636.

Zaczyc moniert, dass der Hinweis auf ein (unterstelltes) faktisches Geschehen alleine keine Strafbarkeit zu legitimieren vermag.[2982] Damit ist das grds. Problem des funktionalistischen Strafrechts angesprochen: Es kann eine Strafbarkeit nur legitimieren, wenn der zu bewahrenden Gesellschaftsstruktur ein *Wert* zugeschrieben wird. Wenn *Jakob* in seiner Gegenkritik darauf abstellt, es sei den Bürgern (dort, wo es nicht illegal ist) garantiert und insg. sogar unvermeidlich, Systeme informeller Sozialkontrolle zu errichten[2983], zielt er am Punkt vorbei: Auch, wenn man dies zugesteht, ist noch nicht gesagt, warum die *Wahrheit* deren entscheidendes Kriterium ist, wie es *Jakobs* postuliert und worauf *Zaczyc* abstellt. Und ebenfalls ist damit noch nichts über die Legitimität der *strafrechtlichen* Absicherung dieses Vorgehens gesagt; dafür muss man noch nicht einmal auf den *ultima-ratio*-Charakter des Strafrechts rekurrieren, dieser unterstreicht aber die Begründungsbedürftigkeit. So bleibt auch für *Kindhäuse* unklar, „warum eine neben dem Recht einherlaufende (alltägliche) Sozialkontrolle mit den förmlichen Mitteln des Rechts geschützt werden soll."[2984] Auch wird zutreffend kritisiert, *Jakobs*' Konzept ermangele einer Möglichkeit der Strafbarkeitsbegrenzung durch einen materiellen Rechtsgutsbegriff und neige damit zur Totalisierung.[2985]

Aus der gesellschaftlich-kommunikativen Warte fügt sich seine Feststellung, die Ehre entspringe letztlich der *gesellschaftlichen Zurechnung*[2986] und komme dem Menschen nicht schon kraft Personsein zu, in sein allgemeines Konzept[2987] – und wird durch die entsprechende Kritik, die darin z.T. eine Verkennung der Menschenwürde sieht, ebenfalls getroffen.[2988] Spiegelbildlich zu dieser Marginalisierung der „natürlichen Person" als Anknüpfungspunkt zeigt sich dabei der Etatismus funktionaler Ansätze, die den Staat – resp. allgemein die gesellschaftliche Struktur – zum eigentlich entscheidenden Schutzobjekt erheben. Auch dies erscheint schon verfassungsrechtlich als problematisch.[2989] Die noch zu vertiefenden Vorwürfe, der

2982 Vgl. NK-*Zaczyc*, Vor § 185, Rn. 6.

2983 Vgl. *Jakobs* 2010a, S. 375.

2984 Vgl. *Kindhäuser* 2005, § 22, Rn. 4. Krit. zu *Jakobs'* Legitimation auch *Maurach/Schroeder/Maiwald* 2009. Zust. allerdings SK-StGB-*Rudolphi/Rogall*, Vor § 185, Rn. 26.

2985 So auch *Brackert*, JA 1991, S. 193. Zur allg. Kritik oben, C. II. 2. a), S. 168.

2986 Seine Definition: „Beleidigung ist Verfälschung der Zurechnung zu Lasten einer Person; Ehre ist zugunsten einer Person angebrachte Zurechnung als verdienstlich", *Jakobs* 1985, S. 636 [ohne Herv. des Orig., F.F.].

2987 Konkret *Jakobs* 1985, S. 636, zur allg. Position oben, C. I. 3. b) aa), S. 127 u. C. I. 3. b) bb), S. 131.

2988 Konkret zum Ehrbegriff *Gössel/Dölling* 2004, § 29, Rn. 9. Ähnl. die Kritik am sozialen Ehrbegriff bei *Hirsch* 1967, S. 47ff., auf S. 51. Zur ähnl. allg. Kritik am Funktionalismus oben, C. II. 5. a), S. 183.

2989 *Ignor* 1995, S. 183 sieht hier, ganz i.S. der allg. Kritik am Funktionalismus, eine Verkennung des (wenn auch unausgesprochenen) Leitmotivs des GG, dass der Staat um des Menschen Willen da sei, nicht andersherum.

Ehrenschutz entfalte eine konservierende Wirkung[2990], treffen ihn in *Jakobs'* Variante in besonderem Maße. Auch zeigt sich hier die schon grds. für seinen Ansatz festgestellte, antipluralistische Tendenz[2991], die unten[2992] zu vertiefen ist.

Vergleichbar mit *Jakobs'* Ansatz werden weitere soziale bzw. funktionalistische Ansätze vertreten, prominent bspw. von *K. Amelung*.[2993] Auch für ihn ist Ehre kommunikationsbezogen, denn „[d]as Fehlen von Unehre ist eine Voraussetzung für Kommunikation."[2994] Wie *Jakobs* geht er dabei von einem *Luhmann*'schen Normverständnis aus, Unehre stellt für ihn eine Enttäuschung normativer Erwartungen dar[2995]; für ihn ist damit Ehre

> „die Fähigkeit eines Menschen, sich so zu verhalten, daß er den normativen Erwartungen gerecht wird, denen er gerecht werden muß, um als ebenbürtiger Partner von Kommunikation akzeptiert zu werden".[2996]

Dieser Kommunikationsaspekt bedingt, dass auch der Ehrbegriff *Amelung*s wie der *Jakobs*'sche einen Sozial- und damit einen Kollektivbezug hat.[2997] Ähnlich, wenn auch mit geringerem theoretischen Aufwand hergeleitet, argumentiert *M. Kriele*. Er kommt zu dem Schluss, der Schutz der Ehre sei ebenfalls – hier spielt er auf die vergleichbare Formulierung an, die sich beim BVerfG immer wieder mit Blick auf die Meinungsfreiheit findet – *konstitutiv für die Demokratie*. Dabei argumentiert er auf tatsächlicher Ebene und äußert die Sorge, Personen könnten auf die Beteiligung am öffentlichen, Leben verzichten, wenn ihre Ehre ungenügend geschützt wird.[2998] Bevor diese Auffassung i.R.d. Betrachtung gesellschaftlich-demokratischer Folgen tiefergehend problematisiert wird[2999], richtet sich der Blick auf die Vorverlagerung als strafrechtliches Mittel, den durch die substanzhaft-funktionalistischen Argumente begründeten Schutz der normativen Ordnung umzusetzen.

2990 Hierzu unten, E. II. 1. b) dd) (1), S. 308.

2991 Allgemein dazu oben, C. II. 3. c), S. 177.

2992 Siehe unten, E. II. 1. b) dd) (4), S. 313, insb. die Ausführung an Fn. 3076.

2993 Siehe *Amelung* 2002. Auf S. 22 bezeichnet er seinen Ehrbegriff als *funktional*; dazu ausführlicher auf S. 38. Allg. lobt *Jakobs*, GA 2003 *Amelung*s Konzept u. übt nur bei Einzelfragen Kritik.

2994 *Amelung* 2002, S. 20 [ohne Herv. des Orig, F.F.].

2995 Vgl. *Amelung* 2002, S. 20.

2996 *Amelung* 2002, S. 23 [ohne Herv. des Orig, F.F.].

2997 Insoweit es auch bei ihm um das „(Zusammen-)Leben" geht, dazu *Amelung* 2002, S. 39. Krit. *Ignor* 1995, S. 183.

2998 *Kriele*, NJW 1994, S 1898.

2999 Siehe unten, E. II. 1. b) dd), S. 308.

cc) *Strafrechtliche Prävention und Vorverlagerung; fehlende Verhältnismäßigkeit*

Der schon allgemein festgestellte Effekt einer zwecks Prävention vorverlagernden und unverhältnismäßigen Pönalisierung zeigt sich auch bei den Beleidigungsdelikten: Die strafrechtliche Vorverlagerung zeichnet sich dadurch aus, vor der eigentlichen Rechtsgutsverletzung zu greifen; ihr Mittel sind abstrakte, „opferverdünnte“[3000] Gefährdungsdelikte.

Dies ist auch für den durch die tatbestandliche Weite ermöglichten Ehrenschutz von Kollektiven zu konstatieren: Wie gesehen – und analog zu § 90a) StGB[3001] – wird an der weiten Auslegung des § 185 StGB kritisiert, dass es dem Ehrenschutz von Kollektiven mangels persönlicher Betroffenheit an einem *tatsächlichen* Schutzgut fehle.[3002] Dieses wird also abstrahiert, der tatbestandliche Anknüpfungspunkt der Norm (die Beleidigung eines Kollektivs) entfernt sich von der *eigentlichen* Verletzungshandlung des vermeintlich geschützten Guts (der Ehre eines Individuums). § 185 StGB erscheint somit zweckwidrig als „abstraktes Gefährdungsdelikt“[3003], es fungiert in seiner Vorverlagerung als Klimaschutznorm im *Jakobs*'schen Sinne.[3004] Diese Eigenschaft folgt schon aus dem bereits herausgearbeiteten Zweck einer solchen Pönalisierung, nämlich dem Schutz der Funktionalität staatlicher Institutionen; dieser soll mittels „Ansehensschutz“ bewirkt werden, was allerdings auf Zweifel bzgl. der Wirksamkeit stößt[3005] – und die Loslösung der Strafbarkeit von tatsächlichen Rechtsgutsverletzungen aufzeigt.

Auch hier folgt daraus die schon allgemein festgestellte und von *Jakobs* herausgearbeite Unverhältnismäßigkeit der Strafbarkeit.[3006] Dies, da mit der Vorverlagerung, der Loslösung der Strafe vom Schutzgut, keine Strafreduzierung einhergeht.[3007] Die Ausuferung der Strafbarkeit durch das funktionalistische Vorgehen, also dessen gleich zu vertiefende totalitäre Tendenzen[3008], verschärft dies.

3000 So *Hassemer* 1989, S. 89, siehe dazu ausführlicher oben, C. I. 3. b) dd), S. 136.

3001 Zu diesen oben, E. I. 2. d) dd), S. 248.

3002 Dazu oben, E. II. 1. b) bb) (1) (a) (aa) (bbb), S. 292.

3003 Krit. dazu *Fischer*, JZ 1990, S. 70, siehe ausführlicher oben, E. II. 1. b) bb) (1) (a) (aa) (ccc), S. 294.

3004 Dazu allg. oben, in u. an Fn. 1264, im Kontext des § 185 StGB bereits oben, E. II. 1. b) bb) (1) (a) (aa) (ccc), S. 294 u. für die selbe Feststellung mit Blick auf § 90a) StGB oben, E. I. 2. d) cc), S. 246.

3005 Dazu insg. oben, E. II. 1. b) bb) (1) (b) (aa) (bbb), S. 299.

3006 Siehe oben, C. I. 2. b) aa), S. 120.

3007 Die Unverhältnismäßig der Anwendung von § 185 StGB auf Kollektive betont auch *T. Fischer*, oben, Fn. 2886.

3008 Zu letzteren unten, E. II. 1. b) dd) (5), S. 315.

dd) Probleme mit Demokratie und Pluralismus: Beschneidung der Kommunikationsgrundrechte, Homogenitätszwang

Es wurde bereits allgemein konstatiert, dass die substanzhaft-funktionalistische Argumentation und dezisinonistisch-gesinnungsmäßige Pönalisierung gesellschaftspolitische und demokratietheoretische Probleme aufwerfen. Auch wurde schon angesprochen, dass hinter den Pönalisierungen bei den *Soldaten-sind-Mörder*-Fällen etatistische und kollektivistische Motive stehen[3009] (was übrigens auch für § 240 StGB gilt[3010]). Die Zusammenhänge lassen sich vertiefend betrachten.

(1) Konflikte mit Kommunikationsgrundrechten: Dynamik vs. Statik

Wie schon[3011] gesehen, ist es ein typischer Zug der hier betrachteten Phänomene, die Kommunikationsgrundrechte anzugreifen. Dies gilt im vorliegenden Feld in besonderem Maße: Da die Pönalisierung von Beleidigungen *eo ipso* die Äußerungsfreiheit verletzt, ist ein Konflikt zwischen Art. 5 GG und dem Ehrenschutz unumgänglich; dieser findet i.R.d. § 193 StGB seinen Niederschlag.[3012] Wieder birgt dies die Gefahr der Totalisierung eines dann undemokratischen Strafrechts.[3013]

So lässt sich im Schutz von Ehre, insb. wenn es die „des Staates“ oder staatlicher Autoritäten ist, schon grds. ein konservativer Zug sehen[3014]: Ein Geltungsanspruch wird absolut gesetzt, quasi ontologisiert und damit der offenen Diskussion entzogen. Hat dagegen das Recht auf Meinungsäußerung das Prä, drückt sich darin eine deliberative, *dynamischere* Auffassung aus; diese schützt dann auch letztlich die „kommunikative Autonomie des Individuums“.[3015] Dies zeigt auf der einen Seite eine substanzhaft-funktionalistische, auf der anderen die *Kelsen*'sche Auffassung von Demokratie.

Dieser konservative Zug wird z.T. auf den historischen – feudalen – Ursprung des Ehrenschutzes zurückgeführt: Wenn durch den Schutz der Ehre Ruf und Ansehen, damit die gesellschaftliche Position geschützt wird, werden Privilegien perpetuiert, also die bestehende Sozialstruktur bewahrt; dies, da Privilegierte anders

---

3009 Dazu insb. oben, E. II. 1. b) bb) (1) (b) (aa) (ccc), S. 302.

3010 Siehe unten, E. II. 2. b) dd) (1), S. 340.

3011 Zusammenfassend oben, D. II. 4., S. 214.

3012 So *Arzt,* JuS 1982, S. 722 u. *Grünwald,* KritJ 1979, S. 291, rechtsvergleichend *Androulakis* 1970, S. 85.

3013 Hierzu *Hassemer,* KritJ 1990, S. 364. *Androulakis* 1970, S. 85 zitiert in diesem Kontext ein US-amerikanisches Gerichtsurteil von 1938, wo eine Sammelbeleidigung abgelehnt wurde, mit der Begründung, sonst drohe ein sich ausweitendes Strafrecht zu einem Unterdrückungsinstrument („*instrument of oppression*“) zu verkommen.

3014 Den „konservativen“ Zug der substanziierenden Vorgehensweise exemplifiziert *Kübler,* NJW 1999, S. 1284 am parallel gelagerten Problem des Rechtsschutzes von „Marktpositionen“.

3015 Zu diesem Gegensatz *Kübler,* NJW 1999, S. 1283f. Siehe auch *Wolff,* ZStW 1969, S. 895 u. *Findeisen/Hoepner/Zünkler,* ZRP 1991, S. 249.

als Unterprivilegierte überhaupt ein zu schützendes Ansehen haben, bzw. „mehr" davon. Für *Kübler* ist das BVerfG hier „außenseiterfreundlich".[3016] Diese zeige sich z.B im *Lebach*-Urteil. Dort wurde zugunsten eines Ex-Sträflings und zuungunsten des ZDF und dessen Rundfunkfreiheit entschieden.[3017] Interessant auch *Arzt/ Weber/ Heinrich/ Hilgendorf*, die die Tendenz des § 185 StGB erkennen, gesellschaftliche Vorurteile zu perpetuieren: Werde jemand als Hexe, Jude, Sozialdemokrat (Fälle um 1900) oder Jude und Kommunist (um 1960) bezeichnet und setze eine Verteilung gem. § 185 StGB durch, würden genau diese problematischen Vorurteile, gerichtlich abgestützt, weiter verfestigt.[3018] In ähnlichen Bahnen verläuft auch *Jakobs*' schon oben[3019] dargestellte Argumentation, die einen Ehrangriff als einen Angriff auf die (staatlicherseits vorgenommene) Verteilung (urspr. ständischer, von *Jakob*s mittels systemtheoretischer Erklärungsmuster auf die moderne Gesellschaft übertragener) sozialer Rollen.[3020] Der Ursprung des Ehrenschutzes aus dem Standesdenken und dessen Hang zur Konservierung lässt sich auch in der weiten Anwendung des Phänomens der Beleidigung unter Kollektivbezeichnung und den Streitigkeiten um die Beleidigungsfähigkeit von Kollektiven wiederfinden: Daraus spricht eine kollektive statt einer individualistischen Grundhaltung, die für diese heute problematische Herkunft des Ehrenschutzes charakteristisch ist.[3021]

(2) Die Frage des Minderheitenschutzes

Dass hier der Konflikt zwischen der substanzhaft-funktionalistischen und einer dynamisch-deliberativen Position herrscht, zeigt sich umso mehr, wenn man die meinungsfreihtsfreundliche Rspr. des BVerfG als Schutz vor einer „vorherrschenden Meinungsmacht"[3022] deutet, damit als dem *Minderheitenschutz* – i.S. *Kelsens* – dienend.[3023] Dazu *G. Gounalakis/ H. Rösler:*

3016 Vgl. *Kübler*, JZ 1984, S. 544.

3017 Vgl. BVerfGE 35, 202; dazu *Cornils* 2011, S. 238ff. *Kübler* rekurriert auf die grundlegenden Überlegungen von *Wolff*, ZStW 1969, insb. S. 894f. Vgl. auch *Findeisen/ Hoepner/Zünkler*, ZRP 1991, S. 246f.; allg. hierzu aus soziologischer Warte *Berger/ Berger/Kellner* 1987, S. 77ff.,u. 83. Dazu krit. *Isensee* 1997, S. 7ff.

3018 Vgl. *Arzt/Weber/Heinrich/Hilgendorf* 2009, § 7, Rn. 8.

3019 E. II. 1. b) bb) (2), S. 304.

3020 Vgl. *Jakobs* 1985, S. 630.

3021 Darauf weist bspw. *Volk*, JR 19989, S. 74 hin.

3022 BVerfGE 95, 163 (171).

3023 Vgl. *Kübler*, NJW 1999, S. 1284 u. *Kübler*, JZ 1984, S. 544 u. *Gounalakis/Rösler* 1998, S. 127ff., die jeweils ein Verständnis i.S. *Kelsens* zugrundelegen; ähnl. *Findeisen/ Hoepner/Zünkler*, ZRP 1991, S. 249; *Prittwitz* 1990, S. 43 u. *Hesse* 1999, Rn. 387f. Abwägend *Scholz/Konrad*, AöR 1998. *Grimm*, NJW 1995, S. 1699 betont hier den *Prozesscharakter* der Kommunikation u. die Gefahr von Selbstzensur; vgl. hierzu z.B. *Findeisen/Hoepner/Zünkler*, ZRP 1991, S. 246. Ähnl. u. noch weitergehend sind die Argumente in der sehr äußerndenfreundlichen US-amerikanischen Rspr. u. Debatte, dazu *Grimm* S. 1703; *Nolte*, EuGRZ 1988, S. 253 u. *Nolte* 1992, S. 216ff.

„Die Aufgabe des Rechts muß auch die Chancengleichheit und der Schutz des Schwächeren im Kommunikationsprozeß sein."[3024]

Hieraus fließt die Forderung nach einer zurückhaltenden Sanktionierung milieuspezfischer oder subkulturell geprägter Meinungen.[3025] Der Minderheitenschutz wird dabei, wie bei *Kelsen*, vom Toleranzgebot hergeleitet.[3026] Diese Deutung der BVerfG-Rspr. entspricht den eigenen Einlassungen des Gerichts zum demokratischen Meinungsbildungsprozess (hier im Fall *Schmid/Spiegel*), der sich

„[...] im freiheitlich demokratischen Staat notwendig ‚pluralistisch' im Widerstreit verschiedener und aus verschiedenen Motiven vertretener, aber jedenfalls in Freiheit vorgetragener Auffassungen, v.a. in Rede und Gegenrede vollzieht."[3027]

So wirkt es der oben angesprochenen Konservierung entgegen, wenn Kritik an Inhabern von Machtpositionen nicht „rechtlich dekretiert und gerichtlich kontrolliert"[3028], sondern der pluralistischen Gesellschaft überlassen wird. Damit erscheint nebenbei die z.T. geäußerte Behauptung, die Pönalisierung der Beleidigung von Kollektiven *diene* gerade dem Minderheitenschutz[3029], als zumindest in dieser Generalität als fragwürdig[3030]. Die Strafbarkeit der Kritik an bestimmten Phänomenen oder Personen setzt ebendiese absolut; dies dient dem Autoritätsschutz innerhalb der Gesellschaft, nicht dem Ausgleich im Zweipersonenverhältnis bzw. dem Schutz einer individuellen Ehre.

Eine solche Absolutsetzung einzelner staatlicher Institutionen ist in einer auf Meinungskampf basierenden Demokratie deplatziert[3031], was auch schon *Kelsen* gezeigt hat, insoweit er Demokratie mit Relativismus, diesen wiederum mit dem Schutz der Meinungsfreiheit assoziiert hat.[3032] Das gilt auch für die Absolutsetzung der Rechtsordnung als solcher: Diese gilt als Schutzgut eines funktionalistischen Strafrechts[3033] – entgegen dieser konservierenden Vorgehensweise hat das BVerfG

Vgl. zu ähnl. Feststellungen zu § 89 StGB oben, Fn. 2388; zu § 89a) oben, Fn. 2595 u. zu § 90a) StGB oben, Fn. 2476.

3024 *Gounalakis/Rösler* 1998, S. 128. Ähnl. z.B. *Kübler*, JZ 1984, S. 545.

3025 So *Schulze-Fielitz*, AöR 1997, S. 22, am Bsp. des Konflikts zwischen dem „intellektuellen Jugendmilieu" der Zeitschrift *TITANIC* und den Verfechtern soldatischer Ehre, wo erste nicht strukturell diskriminiert werden dürften.

3026 Vgl. *Gounalakis/Rösler* 1998, S. 130f. Zu *Kelsen* oben, B. II. 5. a), S. 94.

3027 BVerfGE 12, 113 (125). Zu diesem „Kommunikationsmodell" *Scholz/Konrad*, AöR 1998, S. 62ff., zum zugrundeliegenden Fall oben, E. II. 1. a) aa) (2), S. 269.

3028 So *Kübler*, JZ 1984, S. 545, auch zum grds., hier aufgeführten Gedanken.

3029 So z.B. *Volk*, JR 19989, S. 74, dort mit Blick auf die Bezeichnung von Polizisten, die an einer „polizeilichen Schauveranstaltung" teilnahmen, als „Bullen".

3030 Wie hier auch *Wehinger* 1994, S. 71. Ähnl., z.B. mit Blick auf die TITANIC/'geb. Mörder'-Entscheidung (oben, E. II. 1. a) bb) (3), S. 276) *Schulze-Fielitz*, AöR 1997, S. 22.

3031 So auch *Kübler*, NJW 1999, S. 1285 u. ähnl. *Schößler* 1997, S. 287.

3032 Siehe hierzu oben, B. II. 2. b), S. 81 u. oben, B. II. 5. b) bb), S. 97.

3033 Siehe nur oben, C. I. 3. b) dd), S. 136.

aber die Kritik an der geltenden Rechtsordnung als durch Art. 5 GG geschützt betrachtet[3034] und damit wiederum eine Rolle i.S. *Kelsens* eingenommen.[3035] Mit Blick auf den Ehrenschutz von Machthabern und politischen Akteuren führt *F. Kübler* ganz ähnlich aus, die Antwort auf die Frage, ob eher die Meinungsfreiheit oder der Ehrenschutz zu bevorzugen sei, hänge

> „von der verfassungspolitischen Grundentscheidung ab, ob als oberster Wert des Rechtssystems ein Kollektivgut – die überlieferte oder gottgewollte Ordnung, der Staat, die Nation, die Rasse oder die Klasse – oder aber die Freiheit der individuellen Autonomie, der Selbstbestimmung des einzelnen fungiert."[3036]

Nebenbei: Als weiteres Bsp.für erstere Haltung nennt er *C. Schmitt*, der das von ihm betriebene Verbot, jüdische Autoren zu zitieren, damit rechtfertigte, so die *Ehre* der Rechtswissenschaft „als Wissenschaft" zu retten.[3037] Auch das zeigt die Probleme des Begriffs der *Ehre*, v.a. der *Gruppenehre*, die das Potential birgt, für gruppeninterne Homogenität zu sorgen und Heterogenes auszuschließen.

(3) Meinungsfreiheit und Demokratie

Dies führt zu demokratietheoretischen und gesellschaftspolitischen Fragen. Spiegelbildlich zum konservierenden Hang des Ehrenschutzes wurden oben die dynamisierenden und minderheitenschützenden Effekte der Meinungsfreiheit betont.[3038] Sie sind für einen demokratischen Staat entscheidend, der existentiell vom „freien Meinungskampf" abhängt.[3039] Eine solche Feststellung ist hier zentral: Sie ist nicht nur die Position des BVerfG seit der *Lüth*-Entscheidung[3040], sondern sie entspricht auch *Kelsens* Demokratieverständnis, das auf Deliberation und Minderheitenschutz fußt und insb. auf die Dynamisierung der Rechtsordnung statt einer rechtlich vermittelten Statik, einer Konservierung setzt.[3041] Die *demokratisch-funktionale*[3042]

3034 So im Fall *Gestapo-Methoden*, siehe dazu oben, E. II. 1. a) aa) (2), S. 269 u. insb. das Zitat oben, an Fn. 2690. Siehe auch *Soldaten sind Mörder II*, BVerfGE 93, 266 (290), dazu oben, E. II. 1. a) bb) (4), S. 279.

3035 Siehe zur Bewertung der Rolle des BVerfG ausführlich unten, E. III., S. 345.

3036 *Kübler*, NJW 1999, S. 1283.

3037 Vgl. *Kübler*, NJW 1999, S. 1283. Das fragliche Zitat bei *Schmitt*, DJZ 1936, S. 1194.

3038 Siehe oben, E. II. 1. b) dd) (1), S. 308 u. oben, E. II. 1. b) dd) (2), S. 309.

3039 Siehe zu diesen Bezügen *Gounalakis/Rösler* 1998, S. 127ff.

3040 Zur demokratietheoretisch-funktionalen Auslegung der Meinungsfreiheit oben, E. II. 1. a) aa) (1), S. 266, insb. an Fn. 2640. Konkret zu *Lüth* betont *Schönberger* 2011, S. 32 die Wichtigkeit der Sicherung der „öffentlichen Debatte"; ähnl. *Schulze-Fielitz*, AöR 1997, S. 13.

3041 Siehe nur oben, B. II. 1. b) cc) (2), S. 79 u. oben, B. II. 5. b) bb), S. 97.

3042 Zum Begriff *Böckenförde*, NJW 1974, S. 1534ff. Dies ist vom *funktionalistischen* Strafrecht *Jakobs'* zu unterscheiden: Dieses wirkt konservierend, hier geht es dagegen um demokratische Dynamik. Siehe zu einer ähnl. Begrifflichen Unterscheidung bei *Kelsen* oben, Fn. 2120.

Position des BVerfG zeichnet sich dadurch aus, dass die Meinungsfreiheit nicht nur als (in der Terminologie *Jellineks*[3043]) *status negativus*, sondern auch als *status activius* i.S. eines politischen Beteiligungsrechts verstanden wird.[3044] Folge dessen ist u.a. die oben dargestellte Privilegierung solcher Meinungsäußerungen, die i.R. öffentlicher Auseinandersetzungen ergehen[3045], bewirkt insb. durch die Vermutungsformel[3046].

Z.T. wird der funktionalen Auslegung der Meinungsfreiheit durch das BVerfG (ähnlich wie Art. 8 GG i.R.d. Kollision mit § 240 StGB[3047]) vorgeworfen, dass sie, entgegen der eigentlichen Funktion der Grundrechte, freiheits*vermindernd* wirkt, indem die „nicht-politische“ Meinungsäußerung als zentralem Schutzgut des Art. 5 GG unberechtigterweise zugunsten der im politischen Kontext ergangenen in den Hintergrund trete[3048] bzw. der Einzelne gegenüber der Allgemeinheit diskriminiert werde.[3049] Hier ist aber der *grds.* minderheitenschützende Effekt der Meinungsfreiheit, speziell auch der Rspr. des BVerfG, zu bedenken[3050], der diese Sorgen relativiert (und unten erneut betrachtet wird[3051]). Dies, indem der „demokratische Nutzen“ nicht die Bedingung der Anwendung bzw. das Paradigma der Auslegung des Art. 5 GG ist, sondern als Reflex auf eine freiheitliche Deutung der Meinungsfreiheit auftritt und so als *zusätzliches* Argument für eine weite Freiheitsgewährung genutzt werden kann (und eben keine Argumente *gegen* eine großzügige Gewährung der Meinungsfreiheit im Privaten liefert): Dass sich ein „Plus“ der Meinungsfreiheit im politischen Bereich gerade bei der Rspr. des BVerfG feststellen lässt, heißt nicht,

3043 Hierzu schon die Nachweise und Ausführungen oben, Fn. 1497.

3044 Hierzu *Foerstner* 2002. S. 126ff.; *Nolte* 1992, S. 19ff., insb. S. 22 u. *Klein,* Der Staat 1971, S. 159ff. Zum Doppelcharakter der Meinungsfreiheit zwischen subjektivem Recht u. objektivem Element von Demokratie u. Rechtsstaat *Hesse* 1999, Rn. 387; *Schmidt-Jortzig* 2003–2014, Rn. 3ff. u. Rn. 8f. u. Maunz/Dürig-*Grabenwarter,* Art. 5, Rn. 5ff. Wie das BVerfG, z.T. noch weitergehend *Ridder* 1968, S. 249ff., v.a. S. 259.

3045 Dies kann insg. als Ergebnis der Rspr. des BVerfG betrachtet werden, siehe hierzu insb. oben, E. II. 1. a) aa) (2), S. 269 u. oben, E. II. 1. a) bb) (4), S. 279.

3046 Dazu oben, E. II. 1. a) aa) (1), S. 266, insb. Fn. 2648; zu den Beziehungen auch *Foerstner* 2002, S. 126 u. *Nolte* 1992, S. 28.

3047 Siehe unten, E. II. 2. b) dd) (1) (a), S. 340.

3048 Ausgehend vom *Lüth*-Urteil u. insb. mit Blick auf die oben, E. II. 1. a) aa) (2), S. 269 dargestellte Folgejudikatur sieht *Isensee* 1997, S. 36 eine Überbetonung der Bedeutung der Meinungsfreiheit. So z.B. auch *Klein,* Der Staat 1971, S. 159ff., insb. S. 164ff.; *Schmitt Glaeser,* JZ 1983, S. 98; *Böckenförde,* NJW 1974, S. 1534f. u. *Lerche* 1970. Knapp Maunz/Dürig-*Grabenwarter,* Art. 5, Rn. 8; *Lerche* 1970, S. 212f. u. *Decken,* NJW 1983, S. 402f., zur Kritik auch S. 131f. u. *Nolte* 1992, S. 20f. Bzgl. der engen Verbindung von Demokratie u. Kommunikationsgrundrechten dem BVerfG zumindest im Grundsatz zust. *Vesting,* AöR 1997, S. 351.

3049 Siehe für Nachweise unten, Fn. 3108 u. 3109.

3050 Siehe dazu oben, E. II. 1. b) dd) (2), S. 309.

3051 Hierzu unten, E. II. 1. b) dd) (4), S. 313 u. unten, E. II. 1. b) dd) (5), S. 315.

dass es im privaten Bereich ein „Minus“ gibt.[3052] Beide Elemente des „Doppelcharakters“[3053] zwischen negativem und aktivem Status der Meinungsfreiheit müssen sich nicht widersprechen, sie können sich gegenseitig stärken – dies bemerkt auch das BVerfGE i.R.d. *Rundfunkentscheidung*, wo es mit Blick auf das *Lüth*-Urteil davon spricht, dass sich die „subjektiv- und objektivrechtliche Elemente einander bedingen und stützen“[3054]; später (*Caroline v. Monaco I*) stellt es beide Dimensionen nebeneinander und spricht von der „in Art. 5 Abs. 1 GG garantierten freien individuellen *und* öffentlichen Meinungsbildung“[3055] Die (untrennbare) Verzahnung beider Prinzipien betont auch *Hoffmann-Riem*, für den die objektive Seite der Grundrechte der „Verstärkung ihrer Geltungskraft als individuelle[r] Rechte“ dienen.[3056] Das gilt umso mehr, als die „Freiheit zur politischen Beteiligung“ auch ein aus individueller Sicht schützenswertes Gut ist, dessen Protektion nicht nur „der Demokratie“ als objektiver Ordnung, sondern auch der Einzelperson selbst zugute kommt; dies entspricht dem *Kelsen*'schen Freiheitsbegriff, der auf *Freiheit zur Beteiligung* abstellt.[3057] In diesem Sinne betont auch *Böckenförde* die „doppelte Eigenschaft“ der Kommunikationsgrundrechte als liberaler und zugleich demokratischer Grundrechte. Dabei legt er eindeutig den *Kelsen*'schen Freiheitsbegriff zugrunde.[3058]

Hier zeigt sich insgesamt der Unterschied zu den ansonsten problematisierten „funktionalistischen“ Theorien wie der *Jakobs*', insofern bei diesen der gesellschaftliche Nutzen gegen individuelle Freiheit ausgespielt wird[3059], was hier gerade nicht gegeben ist.

Auch handelt es sich bei dem von den Kritikern der funktionalen Auslegung angesprochenen klassischen Freiheitsbegriff um den der *Staats*freiheit, er wurde im Kampf um eine freie *politische* Presse erstritten, also zugunsten politischer Beteiligungsrechte.[3060] Der besondere Politikbezug entspricht der historischen Genese dieses Grundrechts; zusätzlich begründet die größere Gefahr staatlicher Interventionen im Falle „politischer“ Meinungsäußerungen das dort besonders hohe Schutzniveau.

Dazu lassen sich die z.T. geäußerten Sorgen um eine Inhaltskontrolle von Meinungen durch das BVerfG[3061] dadurch zerstreuen, dass sich auch eine politische

---

3052 In eine ähnliche Richtung argumentiert auch *Nolte* 1992, S. 24f.

3053 *Hesse* 1999, Rn. 387.

3054 BVerfGE 57, 295 (319f.)

3055 BVerfGE 97, 125 (146)

3056 Vgl. AK-GG-*Hoffmann-Riem*, Art. 5 Abs. 1, 2, Rn. 40. Ähnl. *Schmidt-Jortzig* 2003–2014, Rn. 11; Sachs-*Bethge*, Art. 5, Rn. 19f. u. BK-*Degenhart*, Art. 5 Abs. 1 u. 2, Rn. 4.

3057 Zu *Kelsens* Freiheitsbegriff oben, B. II. 4. a) bb), S. 86.

3058 Hierzu *Böckenförde* 2000, 25ff. Später (S. 30f.) rekurriert der *Schmitt*-Schüler aber (dazu oben, in u. an Fn. 261) anders als *Kelsen* auf die „substantielle Gleichheit“ seines „Lehrers“.

3059 Siehe zur Kritik am funktionalistischen Strafrecht oben, C. II. 2. a), S. 168.

3060 So auch *Nolte* 1992, S. 23f., knapp in eine ähnl. Richtung *Foerstner* 2002, S. 136.

3061 So z.B. *Lerche* 1970, S. 213.

Deutung der Meinungsfreiheit an rein formalen Kriterien orientieren kann und damit nicht auf eine politisch-inhaltliche Kontrolle angewiesen ist;[3062] eine inhaltliche Kontrolle, die eher durch eine Betonung des Ehrenschutzes als der Meinungsfreiheit zu befürchten ist,[3063] nimmt das BVerfG so nicht vor[3064].

Schließlich ist zu beachten, dass die meisten Kritiker eher eine Diskriminierung des Ehrenschutzes zugunsten der Meinungsfreiheit befürchten, die Stoßrichtung also selten hin zu einer Ausweitung des Art. 5 GG auch im Privaten geht, was eine naheliegende Konsequenz dieser Kritik wäre. Stattdessen wird diese Argumentation für eine grundsätzliche Restriktion der Meinungsfreiheit in Stellung gebracht (Ein Bsp. bietet *Grabenwarter*: Zunächst betont er seine Sorge um den „liberale[n], abwehrrechtliche[n] Ausgangspunkt" von Art. 5 GG, direkt darauf wird aber die zu starke Aufwertung dessen durch den Demokratiebezug kritisiert.[3065]) Dies, indem es die Beschränkung des Art. 5 GG z.B. durch das „Recht der Ehre" unmöglich macht, die dann ausgeklammerte demokratische Dimension i.R.d. Abwägung zu Gunsten der Meinungsfreiheit zu berücksichtigen.[3066] Daher bezeichnet *G. Foerstner* eine Begründung wie die hier betrachtete als „Scheinargumentation", mit der ein genereller Vorrang der Ehre begründet werden solle.[3067] Der weite Schutz der Meinungsfreiheit des BVerfG *in politics* ist dagegen aus demokratischer Perspektive lobenswert, insb. aus der speziell-*Kelsen*'schen Warte.

(4) Die Produktion von Homogenität: Kollektivierung und Exklusion

Diesem meinungsäußerungsfreundlichen Ansatz steht das *Schmitt*'sche Verständnis eines im Inneren homogenen Staates gegenüber, der statt auf Minderheitenschutz auf Kollektivierung setzt; gerade bei Urteilen und literarischen Äußerungen, die einem weiten Ehrenschutz auch für Kollektive das Wort reden, lässt sich Ähnliches erkennen. Wie bereits erwähnt, weist schon der Schutz einer *Kollektiv*ehre grds. auf einen solchen Kollektivismus hin[3068].

Problematisch ist insbesondere der damit ermöglichte Konformitätsdruck[3069]: So kann das Argument der Kollektivehre benutzt werden, um *Gruppenmitglieder* zu disziplinieren und ein Ideal vom angemessenen Verhalten dieser Gruppe zu zementieren; wer abweicht, greift die Ehre der eigenen Gruppe an und macht sich damit

---

3062 Näher dazu *Nolte* 1992, S. 24, zust. *Foerstner* 2002, S. 137.

3063 Dazu unten, E. II. 1. b) dd) (5), S. 315.

3064 Dazu *Nolte* 1992, S. 28f.

3065 Vgl. Maunz/Dürig-*Grabenwarter*, Art. 5, Rn. 8f. Auch bei *Schmitt Glaeser*, NJW 1996, S. 878f. u. *Decken*, NJW 1983, S. 402f finden sich diese Ambivalenzen. Krit. hierzu auch *Foerstner* 2002, S. 135; ähnl. *Nolte* 1992, S. 24.

3066 Vgl. *Foerstner* 2002, S. 135f.

3067 Siehe *Foerstner* 2002, S. 136.

3068 Aus rechtspolitischer Warte *Bockelmann* 1959: „Kollektivierung unseres Daseins, die so abscheulich ist".

3069 Siehe zu dessen Problemen anschaulich *Hirsch* 1967, S. 109.

strafbar.[3070] Liegt dabei die Vorstellung zugrunde, dass auch die Ehre des *Staates* zu schützen sei, trifft dieser Konformitätsdruck im hier allenthalben herausgearbeiteten Sinne *alle* dem staatlichen Recht Unterworfenen. Dies ist eine etatistische Grundhaltung.

Hier liegt ein grundsätzlicher Mangel jedes sozialen Ehrverständnisses: Wird Ehre mit der „herrschenden sozialen Auffassung" identifiziert, hängt der Wert der einzelnen Person nur noch von dieser ab, die Ehre wird zum Werkzeug der Durchsetzung der dominierenden Anschauung:

> „Der Mensch hätte keinen Wert mehr aufgrund seines Personseins, keine Personenwürde, sondern er wäre völlig ausgeliefert an das Kollektiv."[3071]

Innerhalb des jeweiligen Rechtskreises, also des Staates, wird damit Homogenität produziert. Es manifestiert sich ein antipluralistischer Effekt, der auch *Jakobs* vorgeworfen wird[3072]; dieser verstärkt sich angesichts der Feststellung *Jakobs'*, dass als funktional verstandene Ehre (wie sie, wie oben gezeigt, auch der Rspr. zugrunde liegt[3073]) immer nur *eine, und zwar die für den Schutz des „gesellschaftlichen Bestandes" notwendige Ehre* maßgeblich sein kann, womit die Ehre von Randgruppen[3074] oder „systemfremden Ideologien"[3075] gerade keinen Schutz genießt.[3076] Die Homogenisierung innerhalb der fraglichen Gruppe korrespondiert erneut mit der Exklusion derjenigen Personen, die nicht in die einheitliche Gemeinschaft passen: Wer aus dem Rahmen der vorherrschenden Wertvorstellungen fällt, befindet sich außerhalb des normativ vermittelten Schutzkreises (also: des Ehrenschutzes), auf den sich Gruppeninterne berufen können. Treffend zu diesem Phänomen *Hirsch*

> „Wer Ehre besitzt, der hätte sie je nach seiner Gemeinschaftszugehörigkeit als deutsche, spanische, japanische Ehre etc., und wer in das Gebiet einer anderen Gemeinschaft reist, hätte keine dort geltende Ehre, weil er dem Gastvolk nicht angehört."[3077]

3070 *Arzt,* JuS 1982, S. 718 exemplifiziert dies am Fall *Alice Schwarzer*/Stern (LG Hamburg, NJW 198, S. 56): Eine Frau (sowie der entsprechende Fotos publizierende Verlag) beleidige das Kollektiv „Frauen", indem sie sich als reines Sexualobjekt mit entblößtem Hintern auf einem Fahrrad ablichten lässt. *Arzt*: „Die Zensur der Illustrierten ist augenfällig. Noch gefährlicher ist die Disziplinierung des Mitglieds des Kollektivs, das von den Kollektivvorstellungen abweichen will, nach dem nationalsozialistischen Motto, ‚die deutsche Frau raucht nicht'".

3071 *Hirsch* 1967, S. 47, vgl. auch dort für die vorhergehenden Ausführungen.

3072 Siehe hierzu die Ausführungen oben, in u. an Fn. 2988.

3073 Dazu oben, E. II. 1. b) bb) (1) (b) (aa) (bbb), S. 299.

3074 Er nennt: „Verbrecherehre", die von Revolutionären, Terroristen, Bandenmitgliedern, dann, in recht unvermittelter Anfügung, Lebemännern und Homosexuellen (!).

3075 Konkret sind dabei „bestimmte religiöse Morallehren" u. die „kommunistische Ideologie" im Blick.

3076 *Jakobs* 1985, S. 641. Krit. hierzu *Brackert,* JA 1991, S. 193.

3077 Ähnl *Hirsch* 1967, S. 47f. Zur Exklusion konkreter erneut auch dort auf S. 51.

Dies ähnelt der dezisionistischen Definition der *Feinde*: Diese die Homogenität befördernde, von der *jeweiligen Person abhängige* Anwendung der §§ 185ff. StGB wird, wie auch i.F.d. § 240 StGB[3078], durch eine legalistische Unbestimmtheit ermöglicht – Die Argumentation im *Schmitt-Jakobs'*schen Sinne wird auch hier deutlich.

(5) Gefahr der Totalisierung und Moralisierung

Das verweist auf den oben[3079] angesprochenen, auch hier zu konstatierenden Zug einer *Totalisierung des (Straf-)Rechts*[3080]; die damit korrespondierende Gefahr der Nutzung des § 185 StGB als „allgemeines Friedensschutzdelikt" wurde schon angesprochen.[3081] Das Problem einer ausufernden Pönalisierung ist bei Meinungsäußerungsdelikten stets virulent und wird hier besonders deutlich; es droht die „Bevormundung der Bürger durch staatliche Repression"[3082] durch den „Transport moralischer Gesinnungswerte" mittels des unbestimmten Tatbestands des § 185 StGB[3083]. Dies birgt die Gefahr einer entgrenzten Strafbarkeit[3084] und damit der „Verstrafrechtlichung" der Gesellschaft[3085].

Deutlich wird dies schon daran, dass sich i.R.d. einschlägigen Diskussion, insb. bei Kritikern der meinungsäußerungsfreundlichen Rspr. des BVerfG, eine Konfundierung von Recht und Moral ausmachen lässt: Viele der Kritiker konstatieren eine „Verrohung der Sitten", die durch die Rspr. des BVerfG drohe[3086] – und versuchen damit, *moralische*, inhaltlich-*politische* Ansprüche, die zwangsläufig (nur) private sind, mittels des Rechts durchzusetzen.[3087] So konstatiert *Ignor*:

3078 Insg. unten, E. II. 2. b) aa), S. 323; zum Vergleich mit § 185 StGB unten, E. II. 2. b) aa) (3), S.330.

3079 Siehe oben, die Fn. 3013 u. die entsprechenden Ausführungen.

3080 Siehe zum zugrundelegten Totalitarismus-Begriff oben, in u. an Fn. 488.

3081 Hierzu die Ausführungen oben, in u. an Fn. 2947.

3082 Siehe zu diesem Problemfeld in den einschlägigen Fällen *Hassemer,* KritJ 1990, S. 364.

3083 So *Schößler* 1997, S. 126.

3084 Vgl. *Schößler* 1997, S. 127.

3085 *Prittwitz* 1990, S. 39.

3086 Bspw. *Schmitt Glaeser,* NJW 1996, S. 878; *Kriele,* NJW 1994 S. 1900; *Tettinger,* JZ 1983, S. 325; *Stark,* JuS 1995, S. 690; auch: *Scholz/Konrad,* AöR 1998, S. 113.Dag. überzeugend *Kubiciel/Winter,* ZStW 2001, S. 323.

3087 Hierzu *Gounalakis/Rösler* 1998, S. 133f.; auch *Vesting,* AöR 1997, S. 361f. Ähnl., auch auf weitere vergleichbare Fälle gemünzt *Schulze-Fielitz,* AöR 1997, S. 14; *Kubiciel/ Winter,* ZStW 2001, S. 318, auch Fn. 72 mit weiteren Bsp. Konkret zur heftigen u. unsachlichen Kritik am BVerfG *Mahrenholz/Marqua/Altpeter* 1995, S. 73 zur politischem Motivation *Schößler* 1997, S. 293 u. *Foerstner* 2002, S. 20 u., erneut mit kritischem Blick auf die Kritiker des BVerfG S. 107ff. u. 125ff. Ähnl. *Prittwitz* 1990, S. 41 zum „Frankfurter Soldatenurteil". Zur tendenziösen Berichterstattung u. fragwürdigen Äußerungen durch Politik *Burkhardt* 1996, S. 158ff. Siehe für nicht nur juristisch-fachliche publizistische Äußerungen deren Sammlung u. krit.

> „Bisweilen führt reiner Unmut die Feder, Unzufriedenheit mit den Abwägungsergebnissen des höchsten Gerichts oder die Sorge, diese Rspr. führe zu nachteiligen Folgen für Staat und Gesellschaft“[3088]

er stellt fest, dass die betreffende Kritik

> „häufig mehr von einem Unbehagen an den einzelnen Abwägungsergebnissen des BVerfG getragen zu sein scheint als von prinzipiellen dogmatischen Einwänden.“[3089]

Dies offenbart eine funktionalistische Argumentationsweise „vom Ergebnis her“[3090] – und damit Parallelen zur Diskussion zu § 240 StGB[3091]. Sehr kritisch zu den Reaktionen auf die „Frankfurter Soldatenurteile“ zeigt sich z.B. *Vultejus*:

> „So wird deutlich, daß die vom Ergebnis her argumentierenden Angriffe auf das Landgericht Frankfurt nach der Verkündung des – freisprechenden – Urteils politisch ein Skandal und bezogen auf die Kritiker ein Nachweis ihrer Inkompetenz oder Ignoranz sind.“[3092]

Interessant ist auch die Analyse von *Weller*, der anhand von insg. fünfzehn Presseerklärungen von Politikern aufzeigt, wie im Fall der Soldatenurteile die öffentlichen Debatte „von politischen Funktionsträgern zu ihren Zwecken instrumentalisiert und damit manipuliert wurde.“ Wie hier vertreten sieht er darin eine funktionale Verwendung der Sprache „v.a. als Mittel zum Zwecke der Herrschaftssicherung“.[3093]

Gelinge diese Vermengung von Recht und Moral drohe, so *G. Gounalakis* und *H. Rösler*, „eine Art Richterzensur“, die „über Stil, Sitten- und Geschmacksfragen völlig subjektiv nach dem vagen Kriterium des ‚Anstands‘ zu entscheiden hat“.[3094] Eine Neigung, die durch die Weite des Tatbestands und den Einzelfallcharakter der hier relevanten Abwägungen verstärkt[3095] und besonders durch den z.T. vorgenommenen Menschenwürdebezug der Ehre privilegiert wird: Letzterer eignet sich lt. *N. Hoerster* insb. dafür, „individuellen, oft sehr persönlich geprägten Wertungen eine pseudo-objektive Scheinlegitimation zu geben“[3096].

Würdigung *Hepp/Otto* 1996; auch *Steinkamm*, NZWehrr 1995, der sowohl kritische Stimmen sammelt (S. 45f.) als auch selbst ein Bsp. für eine solche darstellt.

3088 *Ignor* 1995, S. 115.

3089 *Ignor* 1995, S. 120.

3090 Zu den einschlägigen Fällen *Hassemer*, KritJ 1990, S. 360f., zust. *Prittwitz* 1993, S. 96 u. *Foerstner* 2002, S. 20.

3091 Siehe zur Vertiefung dessen unten, E. II. 2. b) dd) (2), S. 343.

3092 Vgl. *Vultejus* 1990, S. 36, hier bezogen auf das dezisionistische Elements der Urteile, dazu oben, Fn. 2790.

3093 Vgl. *Weller* 1990, S. 80f. Ähnl. krit. zu den Reaktionen auf das BVerfG *Lamprecht* 1996, S. 21ff. u. 53ff.

3094 *Gounalakis/Rösler* 1998, S. 135.

3095 Siehe hierzu auch die Feststellung oben, an Fn. 2809.

3096 *Hoerster*, JuS 1983, S. 95.

Diese – nur teilweise vom gerade dafür kritisierten BVerfG zurückgedrängte – Moralisierung findet sich immer wieder in der Rspr.[3097] Aber auch literarisch wird diese Position vertreten; beispielhaft ist ein Beitrag von *M. Kriele*, der eine Diskriminierung des Ehrenschutzes zugunsten der Meinungsfreiheit behauptet und skandalisiert,[3098] zugleich aber in seinem Beitrag ausführt:

> „Früher fanden sich Satiren vorzugsweise in speziellen Blättern oder im Kabarett. [...] Ihren ideologischen Hintergrund bilden in der Regel Sozialismus, Anarchismus, Antiklerikalismus oder jener Pazifismus, der meint, einem unschuldig Überfallenen zu Hilfe zu kommen sei ebenso verabscheuungswürdig wie der Angriff. Von diesen dümmlichen Positionen aus werden die demokratischen Politiker mit Hohn und übelsten Motivunterstellungen überzogen und wird die freiheitliche Demokratie verächtlich gemacht. Jede sachliche Erwiderung gälte als ‚reaktionär' und humorlos und ist überdies durch die Rspr. des Ersten Senats völlig unmöglich gemacht."[3099]

Neben der Tatsache, dass *Kriele* hier selbst schwerlich zu beweisende Behauptungen aufstellt und in ehrverletzender Weise – „dümmlich", im Weiteren finden sich bei ihm Hinweise auf konkrete Sendungen bzw. Äußerungen – formuliert (sich diesbzgl. also kaum von den von ihm Kritisierten unterscheidet), wird hier die einseitig ideologische Stoßrichtung seiner Kritik am BVerfG besonders deutlich. Ähnliches findet sich bei weiteren Kritikern eines starken Schutzes der Meinungsfreiheit, oft verbunden mit einer ästhetischen Bewertung fraglicher Äußerungen.[3100]

3097 Bsp. bei *Findeisen/Hoepner/Zünkler*, ZRP 1991, S. 248f.; *Schößler* 1997, S. 127f. u. die ausführliche Analyse zahlreicher Urteile zur „Sexualbeleidigung" bei *Ignor* 1995, S. 47ff. Auch. *Brackert*, JA 1991, S. 195 u. *Jäger* 1990, S. 126f. Als ein treffendes Bsp. können auch die Ausführungen des BVerwG, NVwZ-RR 1992, 558 (561f.) angesehen werden, die oben, E. II. 1. a) bb) (3), S. 276 insb. an Fn. 2721 wiedergegeben sind u. die das BVerfG, NJW 1992, 2750 (2751) als eine von „[...] emotional gefärbter Begrifflichkeit nicht freie Interpretation" bezeichnet. Für *Schmidt-De Caluwe*, NVwZ 1992, S. 1169 gleichen diese Ausführungen des BVerwG einer „‚Inkarnation' der Wehrkraftzersetzung"; damit spielt er auf die tatbestandlich unscharfe, rechtsstaatswidrige NS-Klimaschutznorm an (zu dieser *Werle* 1989, S. 210ff., knapper *Vormbaum* 2011, S. 205f.)

3098 *Kriele*, NJW 1994, passim. Dag. *Soehring*, NJW 1994, S. 2926ff. u. *Schößler* 1997, S. 294, sowie *Schulze-Fielitz*, AöR 1997, S. 29 u. vermittelnder *Vesting*, AöR 1997, S. 338f., die *Kriele* eine verzerrte Darstellung vorwerfen. Gg. die Vorwürfe, das BVerfG diskriminiere Ehrenschutz, z.B. *Gounalakis/Rösler* 1998 S. 119. Dies wird an der differenzierten Betrachtungsweise bei *TITANIC/'geb. Mörder'* festgemacht, dazu oben, Fn. 2734.

3099 *Kriele*, NJW 1994, S. 1904.

3100 Siehe bspw. die tendenziöse Wiedergabe vieler hier betrachteter u. ähnl. Fälle in einem wissenschaftlichen Beitrag von *Isensee*, AfP 1993, S. 620: Das Wort *Satire* wird in Verbindung mit dem renommierten Satiremagazin *Titanic* nur in Anführungszeichen wiedergegeben, *Josephine Mutzenbacher* sei „arrivierte Pornographie"; es ist die Rede von „FDJ-Pimpfen", eine Parodie auf das Deutschlandlied ist „pennälerhafte"

Eine solche Konfundierung von Recht mit Moral oder Ästhetik vertrage sich, so *Gounalakis/Rösler* weiter, nicht mit der freiheitlichen Demokratie; und dies tut es auch nicht mit einem formal-rechtsstaatlichen Verständnis, wie es *Kelsen* aus demokratischen Gründen zugrunde legt.[3101] Dies, da die Trennung von Recht und Ethik entgegen der hier aufgezeigten Tendenz typisch-rechtspositivistisches Programm ist.[3102] Dabei geht es um eine Dynamisierung der Rechtsordnung, die hier betrachtete Vorgehensweise hat dagegen einen bzgl. der herrschenden Meinung konservierenden Effekt[3103].

Insofern überrascht, dass *W. Schmitt Glaeser* gerade das Toleranzgebot – bei *Kelsen* Element jeder demokratischen Verfassung – gegen das BVerfG in Stellung bringen will[3104], wendet sich das Gericht doch gerade gegen die Gefahr der *Absolutsetzung* bestimmter Meinungsäußerungsinhalte und -formen und befördert somit die Toleranz[3105]; auch die gegenüber Äußerungen, die manchen Personen missfallen.[3106] Hier zeigt sich der Zusammenhang zur gesellschaftlichen Pluralisierung, die sich ihrerseits nicht mit der Vorstellung einer rechtlich untermauerten Durchsetzung bestimmter Sittlichkeitsansprüche an die zivilen Umgangsformen verträgt.[3107]

---

und „pubertäre Verunglimpfung". *Isensee* resümiert: „Das ‚künstlerische' Material der vorliegenden Judikate des Bundesverfassungsgerichts entstammen durchweg den unteren und hinteren Regionen eines erweiterten Kunstbegriffs, von denen sich der Ästhet mit Grausen wendet, der sein Bild von Kunst und Lebenswelt und das, was dem Künstler ziemt, in Goethes ‚Torquato Tasso' sucht". Auch S. 621: „Eine Förderung der Kunst im grundrechtlichen Sinne käme gerade jenen Schichten der Kunstszene zugute, die – siehe das Material, mit dem sich das Bundesverfassungsgericht befasst – keine Förderung verdienen." *Isensee* scheinen solche „Persönlichkeitsverletzungen", anders kann man diese Einlassungen kaum erklären, lieber zu sein, die seinem persönlichen Geschmack entsprechen (der – dies am Rande – seinerseits nicht über alle Zweifeln erhaben ist, bezeichnet *Isensee* 1997, S. 24, Fn. 52 die Interpretation des BVerfG i.R.d der Soldaten sind Mörder-Prozesse in diskriminierendem Duktus als „Mohrenwäsche"). Die von *Gounalakis u. Rösler* befürchtete Zensur „über Stil, Sitten- und Geschmacksfragen völlig subjektiv nach dem vagen Kriterium des ‚Anstands'" (oben, an Fn. 3094) tritt hier deutlich zu Tage. Eine kritische Auseinandersetzung mit weiteren ihrerseits kritischen Äußerungen findet sich bei *Bader*, Betrifft JUSTIZ 1994/1995, insb. S. 2.

3101 Siehe hierzu oben, B. II. 1. a) cc), S. 54; oben, B. II. 1. b) cc) (1), S. 77 u. oben, B. II. 5. a), S. 94. Die weiteren Ausführungen von *Gounalakis/Rösler* 1998, S. 135 lesen sich so auch ganz in *Kelsen*s Sinne.

3102 Im Kontext der Beleidigungsdelikte so noch einmal *Schößler* 1997, S. 131.

3103 So zur gerichtlichen Praxis *Findeisen/Hoepner/Zünkler*, ZRP 1991, S. 249. Auch oben, E. II. 1. b) dd) (1), S. 308.

3104 Vgl. *Schmitt Glaeser*, NJW 1996, S. 874ff.

3105 Hierzu schon oben, an Fn. 3026.

3106 Krit. zu *Schmitt Glaeser*s Argumentation auch *Gounalakis/Rösler* 1998, S. 131 u., gerade bzgl. der Beleidigung von „Großkollektiven", *Foerstner* 2002, S. 137ff.

3107 Dazu *Rühl*, KritJ 2002, S. 211f.

Daher erscheint es als fraglich, wenn z.T. ausgeführt oder suggeriert wird, die meinungsäußerungsfreundliche Rspr. des BVerfG privilegiere die Mächtigen zuungunsten der Ohnmächtigen[3108] bzw. stelle die Funktionalität des Staates über den Schutz der Individuen[3109] – das Gegenteil trifft zu.[3110]

2. § 240 StGB: Die Sitzblockaden-Problematik

Ein weiterer „Klassiker" des deutschen Strafrechts ist der Streit um die Frage, ob – meist politisch motivierte – Sitzblockaden strafbare Nötigungen i.S.d. § 240 StGB darstellen. Die Geschichte dieser Auseinandersetzung[3111] stellt sich als eine Art *Ping-Pong*-Spiel zwischen BGH und BVerfG dar und beschäftigt Gerichte bis in jüngste Zeit: Die letzte BVerfG-Entscheidung erging 2011, auch sie wird nicht als „letztes Wort" in diesem Konflikt angesehen: Es fehlt nach wie vor an kohärenten Maßstäben,[3112] insb. bzgl. der zentralen Streitfragen der Weite des Tatbestandsmerkmals *Gewalt*[3113] und der Kritierien der *Verwerflichkeitsklausel* in § 240 Abs. 2 StGB, wonach die Rechtswidrigkeit ausnahmsweise positiv festzustellen ist.[3114] So kommt es immer wieder zu Einstellungen von Vermittlungsverfahren sowie sowohl Verurteilungen als auch Freisprüchen im Verlauf des Instanzenzugs.[3115]

a) Darstellung der Rechtsprechungsgeschichte

1. Den Anfang markierte der *Laepple-Fall*:[3116] Studierende, die aus Protest gegen Tariferhöhungen zwei Straßenbahnschienen durch Niedersetzen blockierten, wurden unter Zugrundelegung eines weiten, „vergeistigten" Gewaltbegriffs gem. § 240 StGB verurteilt. Lt. BGH steht der Subsumtion einer Sitzblockade unter „Gewalt"

3108 So z.B. *Kriele*, NJW 1994, S. 1904f. u. passim. Die „Macht der Medien", die hier auch geschützt werden, betont *Ossenbühl* 1995, S. 633ff. Ähnl. *Isensee* 1997, S. 39ff.

3109 Dies klingt an bei *Scholz/Konrad*, AöR 1998, S. 62, ausführlich S. 67ff., dort unter Rekurs auf die (angeblich vernachlässigte) Menschenwürde, der der Persönlichkeitsschutz diene. Ähnl. wohl *Isensee* 1997, S. 38, der hier eine Fortführung einer „antiliberalen Tradition" (von *Rousseau* über *Robespierre* u. *Marx* zu *Smend*) erkennt.

3110 Konkret gegen *Kriele* (oben, Fn. 3108) *Soehring*, NJW 1994, S. 2927. Allg. *Kübler*, JZ 1984, S. 545: Das BVerfG wirke der Konservierung von Machtpositionen zugunsten der gesellschaftlichen Dynamisierung *entgegen*.

3111 Überblicke auch bei *Sinn*, ZJS 2011 u. knapper bei *Ooyen/Möllers* 2006, S. 376ff.

3112 Siehe dazu nur Fischer-StGB, § 240, Rn. 20.

3113 Hierzu ausführlich unten, E. II. 2. b) aa) (1), S. 323.

3114 Hierzu ausführlich unten, E. II. 2. b) aa) (2) (a), S. 326.

3115 So hob OLG Karlsruhe, Beschluss vom 08.01.2015 – 1 (8) Ss 510/13, 1 (8) Ss 510/13 – AK160/13, juris nach der letzten BVerfG-Entscheidung eine entsprechende Verurteilung von Anti-Castor-Demonstranten durch das LG Karlsruhe wegen unzureichender Abwägung i.R.d. Verwerflichkeitsklausel auf.

3116 BGHSt 23, 46.

„[...] nicht entgegen, daß die Studenten die Straßenbahn nicht durch unmittelbaren Einsatz körperlicher Kräfte aufhielten, sondern nur mit geringem Kraftaufwand einen psychisch determinierten Prozeß in Lauf setzten. Entscheidend ist hierbei, welches Gewicht der von ihnen ausgeübten psychischen Einwirkung zukam. [...] Stellt sich ein Mensch der Bahn auf den Schienen entgegen, so liegt darin die Ausübung eines Zwanges, der für den Fahrer sogar unwiderstehlich ist, denn er muß halten, weil er sonst einen Totschlag beginge."[3117]

Auch die gem. § 240 Abs. 2 StGB ausnahmsweise positiv festzustellende Rechtswidrigkeit sei gegeben: Das Vorliegen von Gewalt *indiziere* diese, § 240 Abs. 2 StGB sei erst nach der tatbestandlichen Erweiterung der Drohungsalternative als regulativ eingeführt worden und betreffe somit nicht die Gewaltalternative. Wegen der aus der „Gewalttätigkeit" resultierenden Unfriedlichkeit unterfalle das Verhalten – anders als vom vorinstanzlichen LG angenommen – auch nicht der Garantie des Art. 8 Abs. 1 GG:

„Die Anerkennung eines Demonstrationsrechts in dem von der Strafkammer angenommenen Ausmaß liefe auf die Legalisierung eines von militanten Minderheiten geübten Terrors hinaus, welcher mit der auf dem Mehrheitsprinzip fußenden demokratischen Verfassung, letztlich aber auch als Verstoß gegen das Prinzip der Gleichheit aller vor dem Gesetz mit den Grundsätzen der freiheitlichen demokratischen Grundordnung schlechthin unverträglich ist."[3118]

2. Zum „Gang nach Karlsruhe" wegen der Strafbarkeit von Sitzblockaden kam es erstmals im Jahr 1986; das BVerfG fasste mehrere entsprechender Fälle zusammen (*Sitzblockade I*).[3119] Das Gericht konnte keine Verfassungswidrigkeit erkennen, weder im Tatbestand des § 240 StGB selbst, noch im weiten Gewaltbegriff, auf dem die Verurteilungen basierten:
Die Verwerflichkeitsklausel sei tatsächlich sehr weit gefasst und verlagere die Entscheidung über die Strafbarkeit vom Gesetzgeber zur Justiz; da sie aber ein die Strafbarkeit *beschränkendes* Korrektiv sei, sei dies zulässig, eine Einzelfallbetrachtung unabdingbar. Bzgl. der Auslegung von „Gewalt" herrschte ein Patt; die vier das Urteil tragenden Richterinnen und Richter argumentierten mit dem Normzweck, dem Schutz der freien Willensbildung, und dem möglichen Wortsinn, der nicht nur körperlichen Zwang umfasse. Auch spreche Art. 8 GG nicht gegen die Bestrafung der Demonstrierenden: Zwar seien Sitzblockaden (BVerfG: „passive Resistenz") nicht „unfriedlich" i.S.d. Art. 8 Abs. 1 GG, trotzdem können derartige Versammlungen gem. des verfassungskonformen § 15 VersG aufgelöst

3117 BGHSt 23, 46 (54).
3118 BGHSt 23, 46 (57f.): Das Gericht beruft sich hier auf *Zeidler*, APuZ 1968, der seinerseits auf die Wertejudikatur des BVerfG im *Lüth*-Urteil rekurriert. Auch dies zeigt die Ambivalenz dieser Theorie, hierzu oben, E. II. 1. a) aa) (1), S. 266). Krit. zu den „sprachlichen Schärfen" im *Laepple*-Urteil übrigens *Eilsberger*, JuS 1970, S. 165.
3119 Die von „Mitte 1981 bis Anfang 1984" stattfanden, vgl. BVerfGE 73, 206 (210).

werden; dies lasse den grundrechtlichen Schutz der Beteiligten entfallen. Schließlich wurde auch der Gedanke, *zivilen Ungehorsam* als Rechtfertigungsgrund anzunehmen, zurückgewiesen.

Lediglich bzgl. der Indiziwirkung der Gewalt für die Rechtswidrigkeit, wie sie dem *Laepple*-Urteil zugrunde liegt, gab der Senat den Beschwerdeführern statt: Gerade auf dem Boden eines weiten Gewaltbegriffs dürfe dieses Regulativ nicht umgangen werden. Allerdings statuierte der Senat wegen einer erneuten Pattsituation keine Pflicht der Strafgerichte, die (eventuell selbstlosen) Fernziele der Demonstrierenden[3120] zu deren Gunsten in die Abwägung i.R.d. § 240 StGB zu berücksichtigen – somit seien auch solche Abwägungen, die die Verwerflichkeit und damit die Strafbarkeit der Betroffenen annahmen, verfassungskonform.

3. 1987 konnte das BVerfG (*Fall Bastian*)[3121] erneut wegen Patts keinen Verfassungsverstoß aufgrund mangelhafter Einbeziehung äußerer Umstände bei der Abwägung feststellen.
4. Das nächste wichtige Urteil fällte 1988 wieder der BGH:[3122] Er lehnte eine Berücksichtigung der (oft gesellschaftlich zu goutierenden) *Fernziele* der Demonstrierenden i.R.d. Verwerflichkeitsklausel ab: Dies sei weder „dogmatisch noch rechtspolitisch zu billigen"[3123].

   Dogmatisch, da § 240 Abs. 2 StGB sozial-adäquate Verhaltensweisen aus der Strafbarkeit herausnehmen soll; dies durch die zusätzliche Voraussetzung, dass das inkriminierte Verhalten *in Verbindung* mit dem angestrebten Zweck verwerflich sein muss, um strafbar zu sein. Es werden also beide Elemente des § 240 Abs. 1 StGB, die konkrete Tatbegehung (Gewalt oder Drohung mit empfindlichem Übel) und der Nötigungserfolg (Handeln, Dulden oder Unterlassen), in Relation gesetzt. Darüberhinausgehendes sei nicht zu berücksichtigen. Dafür spreche auch die Unmöglichkeit, sichere Bewertungskriterien („öffentlichen Wertkategorien") für die Frage der Verwerflichkeit von Fernzielen zu finden. Rechtspolitisch fürchtete der BGH die „Radikalisierung der politischen Auseinandersetzung".[3124] Die Bezeichnung von Sitzblockaden als „rechtmäßig" könne den inneren Frieden gefährden – die Gewaltfreiheit (hoch)politischer Auseinandersetzungen liege dagegen im Interesse der Demokratie.

3120 Diese sind die *hinter* der konkreten Tat stehenden, oft wertbestimmten Motive u. Ziele (bspw.: der Einsatz gegen atomare Aufrüstung) im Unterschied zu den *Nahzielen*, die das durch die Nötigungshandlung konkret angestrebte Opferverhalten sind (bspw.: das Anhalten von LKW-Fahrern vor einer Sitzblockade – sofern man diese als tatbestandsmäßig i.S.d. § 240 StGB betrachtet). Siehe zu dieser Differenzierung SK-StGB-*Horn/Wolters*, § 240, Rn. 37 u. NK-*Toepel*, § 240, Rn. 155ff.

3121 BVerfGE 76, 211: Ein Offizier wurde wegen einer Sitzblockade gegen die Wiederaufrüstung verurteilt.

3122 Zum Ganzen BGHSt 35, 270.

3123 BGHSt 35, 270 (275).

3124 BGHSt 35, 270 (282).

5. Eine entscheidende Wende trat 1995 ein: War das Ergebnis von *Sitzblockade I* noch durch eine Pattsituation im ersten Senat bestimmt, brachte die Entscheidung *Sitzblockade II* – wohl aufgrund personeller Änderungen – wichtige Neuerungen mit sich.[3125]
Zwar wurde erneut die grds. Vereinbarkeit von § 240 StGB mit dem Bestimmtheitsgebot festgestellt, die Subsumtion von Sitzblockaden unter *Gewalt* verstoße aber gegen das Analogieverbot, insb. wegen der im Laufe der höchstrichterlichen Rspr. stetig abnehmenden Bedeutung des Merkmals der *Kraftentfaltung*. Schon begrifflich könne nicht jeder *Zwang* (der im Terminus *Nötigung* bereits enthalten sei) zugleich *Gewalt* sein, wozu der *vergeistigte Gewaltbegriff* jedoch führe. Die Möglichkeit, die Rechtswidrigkeit mittels der Verwerflichkeitsklausel einzuschränken, zerstreut die Bedenken ebensowenig wie eine Einschränkung durch das unklare Kriterium des *Gewichts* der nötigen Kraftentfaltung: Die Funktion des Gesetzlichkeitsprinzips, strafbares Verhalten vorhersehbar zu machen, wird dadurch ausgehebelt. Zudem sei es dann – rechtsstaatswidrigerweise – nicht mehr die Legislative, sondern die Judikative, die über die Strafbarkeit entscheide:

> „In demjenigen Bereich, in dem die Gewalt lediglich in körperlicher Anwesenheit besteht und die Zwangswirkung auf den Genötigten nur psychischer Natur ist, wird die Strafbarkeit nicht mehr vor der Tat generell und abstrakt vom Gesetzgeber, sondern nach der Tat im konkreten Fall vom Richter aufgrund seiner Überzeugung von der Strafwürdigkeit eines Tuns bestimmt. Das eröffnet beträchtliche Spielräume bei der Strafverfolgung von Nötigungen. Die unterschiedliche Behandlung von Blockadeaktionen aus Protest gegen die atomare Nachrüstung einerseits und solchen zum Protest gegen Werksstilllegungen, Gebührenerhöhungen, Subventionskürzungen oder Verkehrsplanungen andererseits belegen dies."[3126]

6. Auch der BGH erließ weiterhin wegweisende Urteile; prominent ist die noch im gleichen Jahr entwickelte *Zweite-Reihe-Rspr.*[3127] Eine diffizile Figur: Das bloße Blockieren eines Fahrzeugs durch körperliche Präsenz unterfalle nicht dem nun engen Gewaltbegriff des BVerfG. Dies, da das Halten dieses (ersten!) Fahrzeugs nicht körperlich (es könnte die Blockierer überfahren), sondern bloß psychisch (dazu müsste ein Totschlag begangen werden) bewirkt wird. Anderes gelte im Falle darauffolgender Fahrzeuge: Diese würden durch das in erster Reihe haltende Gefährt auch *physisch* gestoppt, da dieses, anders als ein menschlicher Körper, ein *unüberwindliches Hindernis* darstelle. § 240 StGB ist kein eigenhändiges Delikt, so sei es unproblematisch, dass diese Sperre nicht durch die Blockierenden selbst, sondern das Verhalten der durch diese zum Anhalten gebrachten Fahrzeugführer vermittelt wird.

3125 Hierzu insg. BVerfGE 92, 1. Zum Einfluss der personellen Besetzung *Zöller*, GA 2004, S. 149 m.w.N.
3126 BVerfGE 92, 1 (18).
3127 Zum folgenden: BGHSt 41, 182.

7. 2001 wurde wieder das BVerfG aktiv und prüfte zwei weitere Fälle der Subsumtion eher passiven Verhaltens unter *Gewalt* am Maßstab des Analogievebots (*Sitzblockaden III*).[3128] Einmal ging es um ein zum bloßen Niedersetzen hinzutretendes Festketten mit Sicherheitsschlössern (aus Protest gegen die Wiederaufarbeitungsanlage *Wackersdorf*). Zum anderen wurde eine Gruppe von Roma, die in Reaktion auf eine drohende Abschiebung ein KFZ-Blockade auf einer Autobahn hervorrief, nach der *Zweite-Reihe-Rspr.* verurteilt.
Die Deutung der ersten Handlung als Gewalt verstoße nicht gegen Art. 103 Abs. 2 GG: Die Ketten sorgten für zusätzlich physische Barrieren, die zu der bloß psychischen Zwangswirkung *hinzutrete*. Zudem hätten sich die Demonstrierenden selbst um Ausweichmöglichkeiten gebracht. Auch die Blockade durch das Abstellen der PKW im zweiten Fall sei, anders als die mit dem bloßen Körper, ausreichend physisch, um unter Gewalt gefasst werden zu können; konkret zur Zweiten-Reihe-Rspr. äußerte sich das Gericht dabei nicht.
Allerdings wurde die Nichtbeachtung von Art. 8 GG i.R.d. Verwerflichkeitsprüfung auf Basis der Wertordnungs-Judikatur[3129] moniert (zumindest beim *Wackersdorf*-Fall; bzgl. der Roma wurde der Schutzbereich des Art. 8 GG wegen der Zugrundelegen eines engeren Versammlungsbegriffs als nicht eröffnet betrachtet, nach welchem Art. 8 GG zwar die Teilhabe an der Meinungsbildung schütze, „nicht aber die zwangsweise oder sonstwie selbsthilfeähnliche Durchsetzung eigener Forderungen"[3130]): Die „wertsetzende Bedeutung" des Grundrechts müsse die Abwägung „leiten", insb. sei das *politische* Kommunikationsziel (hier: die umstrittene Atompolitik) zu berücksichtigen, das durch Art. 8 GG besonders geschützt sei. Dieser *Zweck* müsse, anders als der konkrete *Inhalt* (bzgl. dessen Gerichte zur Neutralität verpflichtet seien), Niederschlag finden. Das Gericht exemplifiziert diese Abwägung:

> „Insofern werden die näheren Umstände der Demonstration für die Verwerflichkeitsprüfung bedeutsam [...]. In diesem Rahmen sind insb. auch Art und Maß der Auswirkungen auf betroffene Dritte und deren Grundrechte zu berücksichtigen. Wichtige Abwägungselemente sind unter anderem die Dauer und Intensität der Aktion, deren vorherige Bekanntgabe, Ausweichmöglichkeiten über andere Zufahrten, die Dringlichkeit des blockierten Transports, aber auch der Sachbezug zwischen den in ihrer Fortbewegungsfreiheit beeinträchtigten Personen und dem Protestgegenstand [...]. Das Gewicht solcher demonstrationsspezifischer Umstände ist mit Blick auf das kommunikative Anliegen der Versammlung zu bestimmen, ohne dass dem Gericht eine Bewertung zusteht, ob es dieses Anliegen als nützlich und wertvoll einschätzt oder es missbilligt. Stehen die äußere Gestaltung und die durch sie ausgelösten Behinderungen in einem Zusammenhang mit dem Versammlungsthema oder betrifft das Anliegen auch die von der Demonstration nachteilig Betroffenen,

3128 Siehe insg. BVerfGE 104, 92.
3129 Entwickelt im *Lüth-Urteil*, siehe dazu oben, E. II. 1. a) aa) (1), S. 266.
3130 BVerfGE 104, 92 (105). Krit. *Rusteberg*, NJW 2011, S. 3000.

> kann die Beeinträchtigung ihrer Freiheitsrechte unter Berücksichtigung der jeweiligen Umstände möglicherweise eher sozial erträglich und dann in größerem Maße hinzunehmen sein, als wenn dies nicht der Fall ist. Demgemäß ist im Rahmen der Abwägung zu berücksichtigen, ob und wie weit die Wahl des Versammlungsortes und die konkrete Ausgestaltung der Versammlung sowie die von ihr betroffenen Personen einen auf die Feststellung der Verwerflichkeit einwirkenden Bezug zum Versammlungsthema haben."[3131]

Von einer Zurückweisung sah der Senat ab, da auch die Vornahme der vermissten Abwägung unter Einbeziehung des Art. 8 GG zu keinem anderen Ergebnis geführt hätte.[3132] Dennoch wurde die Relevanz der Einzelfallabwägung gestärkt,[3133] was sich im Folgenden noch verschärfen wird.

8. In der jüngsten Entscheidung zu einer Blockade aus Protest gegen den Irakkrieg (hier: *Sitzblockade IV*) schloss sich das BVerfG 2011 explizit der *Zweite-Reihe-Rspr.* an: Wie vom BGH angenommen liege bei dieser Konstellation eine ausreichend *körperliche* Zwangswirkung bei den Opfern vor.[3134] Bloß das erneute Fehlen der Berücksichtigung des Art. 8 GG bei der Abwägung i.R.d. § 240 Abs. 2 StGB wurde moniert; anders als bei *Sitzblockade III* ging die Kammer davon aus, dass bei korrekter Abwägung ein anderes Ergebnis denkbar sei.
   Das somit auffälligste Ergebnis dieser Judikatur ist, dass das Gewicht der Entscheidung, welches Verhalten ein strafbares darstellt, noch weiter weg von den dogmatischen Fragen des Gewaltbegriffs hin zur Abwägungsfrage i.R.d. § 240 Abs. 2 StGB verschoben wird.[3135]

b) Inhaltliche Analyse

Nun gilt es, die Parallelen zu den oben herausgearbeiteten Argumentationstopoi zu betrachten. Zunächst soll, wie schon bei den Betrachtungen zu § 185 StGB[3136], geprüft werden, ob sich eine durch die Unbestimmtheit des Straftatbestands bewirkte Gesinnungsmäßigkeit der Pönalisierung erkennen lässt *(aa))*; danach werden substanzhaft-funktionalistische Argumentationsweisen herausgearbeitet *(bb))* und die Vorverlagerung und Prävention betrachtet *(cc))*, bevor sich den demokratietheoretischen bzw. gesellschaftspolitischen Implikationen zugewandt wird *(dd))*.

3131 BVerfGE 104, 92 (112), gekürzt um die Verweise auf Rspr. u. Lit.

3132 Günstigere Entscheidungen für die Beschwerdeführer erschienen als „[a]uch bei hinreichender Berücksichtigung des Grundrechts der Versammlungsfreiheit [...] ausgeschlossen", BVerfGE 104, 92 (112).

3133 Dazu die Nachweise unten, Fn. 3175.

3134 BVerfG, NJW 2011, 3020.

3135 Siehe hierzu die Nachweise unten, Fn. 3177.

3136 Dazu oben, E. II. 1. b) aa) (1), S. 281.

aa) *Die Friktionen mit Art. 103 Abs. 2 GG und die Gesinnungsabhängigkeit der Pönalisierung*

Auch bei der Sitzblockadenproblematik sind es die tatbestandliche Weite (i.w.S. auch mit Blick auf die Verwerflichkeitsklausel gemeint) und die flexible Auslegung, die dafür sorgen, dass die *Gesinnung* für Strafbarkeit konstitutiv wird[3137]. Dies auf verschiedenen Ebenen:

(1) Die Gewalt als unbestimmtes Merkmal

Wie bei § 185 StGB[3138] ist die Tatbestandsformulierung problematisch: Der Begriff *Gewalt* ist ein schillernder, aber inhaltlich schwer umreißbarer. Das zeigt bereits die unterschiedliche Nutzung des Begriffs in verschiedenen Themenfeldern; ist er schon in der Umgangssprache nicht eindeutig umgrenzt, lässt der juristische *terminus technicus* eine einheitliche Auslegung noch stärker vermissen[3139]. Dies widerlegt – ähnlich wie i.R.d. § 185 StGB[3140] – das BVerfG, das einen Verstoß gegen Art. 103 Abs. 2 GG verneint, da das Bestrafungsrisiko für die Rechtsunterworfenen „zumindest aufgrund der im Schrifttum weithin anerkannten Rspr. vorhersehbar"[3141] sei: Ob eine gesicherte Rspr. einen Verstoß gegen das Bestimmtheitsgebot „heilen" kann, ist schon grds. zu bezweifeln[3142]; noch weniger ist hier von einer solchen Einheitlichkeit auszugehen:

Zum einen ist die Verwendung unterschiedlicher Gewaltbegriffe bei verschiedenen Delikten erkennbar: So wird (v.a. von der feministischen Rechtswissenschaft) betont, dass i.R.d. sexuellen Nötigung ein deutlich *engeres Verständnis* als das sehr weite des § 240 StGB zugrunde gelegt wird.[3143]

3137 Dazu schon nach *Sitzblockade II Paeffgen* 1999, S. 436. Zur politischen Funktion des weiten Gewaltbegriffs auch *Calliess* 1974, S. 26ff. Zur Gesetzesformulierung *Kaufmann*, NJW 1988, S. 2582; *Calliess*, NJW 1985 u. *Prittwitz*, JA 1987, S. 27. Interessant *Lesch*, JA 1995, S. 890, der der Meinung ist, dass die *Begründung* von BVerfGE 92, 1 (*Sitzblockade II*) eher ein Verstoß gegen das Bestimmtheitsgebot als das Analogieverbot nahelegt. Eine vergleichbare Kritik findet sich bei *Altvater*, NStZ 1995, S. 279 u. *Wolf*, JuS 1996, S. 192. Differenziert in die entgegengesetzte Richtung allerdings *Wolter*, NStZ 1986, S. 246f., der die Hauptprobleme nicht in der (gerade noch erträglichen) Gesetzesformulierung, sondern in der Anwendung sieht.

3138 Siehe oben, E. II. 1. b) aa) (2), S. 283.

3139 Dazu *Krauß*, NJW 1984, S. 905. Interessant *Starck*, JZ 1987, S. 146, der darauf hinweist, dass von acht Richtern, die *Sitzblockade I* erließen, je vier von einem engen, vier von einem weiten Gewaltbegriff ausgingen.

3140 Siehe oben, E. II. 1. b) aa) (2), S. 283.

3141 Siehe BVerfGE 73, 206 (243).

3142 Konkret zu § 240 StGB *Meurer/Bergmann*, JR 1988, S. 52. Vgl. allg. auch die Nachweise oben, Fn. 2784.

3143 Dazu z.B. *Goy/Lohstöter*, StV 1982 mit Hinweis auf die unterschiedliche Behandlung von sexuellen Nötigungen u. Sitzblockaden. So auch *Kruse/Sczesny*, KritJ

Aber auch i.R.d. § 240 StGB selbst ist die Auslegung des Begriffs *Gewalt* problematisch. Die seit dem „klassischen", körperlichen Gewaltbegriff des RG fortschreitende „Auflösung" durch die Rspr.[3144] erscheint – auch dem BVerfG – als Verstoß gegen das Analogieverbot.[3145] Aber auch innerhalb der jeweiligen Phasen ist die Auslegung der höchstrichterlichen Vorgaben inkohärent, es wird auch dort eine von der Gesinnung der Täter abhängende, selektive Bestrafung konstatiert, v.a. historisch bei politisch brisanten Konflikten. Dies oft zuungunsten progressiverer Demonstrierender (z.B. der Friedensbewegung) und zugunsten z.B. demonstrierender Industriearbeiter und LKW-Fahrer. Die selektive Anwendung des § 240 StGB nährt sowohl in der Lit. als auch der Rspr. Zweifel an der Verfassungsmäßigkeit des Gewaltmerkmals, die auch das BVerfG formuliert.[3146] Dazu *Eylmann*:

1993, S. 339ff. u. *Frommel*, NKrimPol 1993, S. 22ff. *Rössner* 1983, S. 528 kritisiert die „interpretative Beliebigkeit" der Rspr. Diese Ergebnisse beanspruchen insb. historische Geltung (namentlich vor den Reformen des 33. StÄG, BGBl. I, 1607 aus 1997 u. des 6. StrRG, BGBl. I, 164 aus 1998, dazu MüKo-*Renzikowski*, Vor § 174ff., Rn. 91ff), sind mit Einschränkungen aber auch heute aktuell. Dazu *Kratzer*, KritV 2010, zur historischen Situation auf S. 89ff. u. zur heutigen auf S. 94ff., insb. S. 101 u. dem Fazit, es gäbe nur marginale Änderungen (S. 103). Auch NK-*Frommel*, § 177, Rn. 40f., insb. Fn. 4 m.w.N. für eine nach wie vor restriktive Auslegung. Dazu LK-StGB-*Hörnle*, § 177, Rn. 32, dort auch mit Blick auf die Unterschiede zu § 240 StGB u. konkret Sitzblockaden. Auch MüKo-*Renzikowski*, § 177, Rn. 22ff. mit Kritik am „restriktiven Gewaltbegriff" der Rspr. Skeptisch bezüglich der Ungleichbehandlung allerdings *Altvater*, NStZ 1995, S. 279. Explizit für einen engeren Begriff der Gewalt i.R.d. Sexualstrafrechts *Krey* 1989, S. 44; er begründet dies damit, dass § 177f. anders als § 240 *Verbrechen* seien, die dortige Drohungsalternative ebenfalls eine strengere Hürde darstellt u. es an einem Korrektiv wie der Verwerflichkeitsformel fehlt. Ersteres Argument überzeugt schon wegen des größeren Unrechts nicht, wie *Krey* selbst auf S. 45 anmerkt. Zur weiteren Kritik an dieser Position, die hier nicht vertieft werden soll, *Kruse* a.a.O., S. 341ff.; *Rössner* 1983, S. 534f.; *Renzikowski*, a.a.O., § 177, Rn. 22ff., m.w.N. in Fn. 75 u. *Hörnle*, a.a.O., § 177, Rn. 32 m.w.N. in Fn. 89.

3144 Siehe zur Darstellung oben, E. II. 2. a), S. 318. Aktuelle Überblicke geben *Magnus*, NStZ 2012, insb. S. 540ff.; *Jahn*, JuS 2011, S. 564ff. u. *Stuckenberg* 2011, S. 573f.; siehe auch *Zöller*, GA 2004, S. 147ff.; *Sinn* 2000, S. 151ff. Früh so auch schon *Calliess* 1974, S. 3ff. u. *Calliess*, NJW 1985, S. 1511.

3145 Engagiert u. differenziert für einen engeren Gewaltbegriff mit besonderer Betonung des Elements der Kraftentfaltung *Paeffgen* 1999 mit Blick auf das Analogieverbot bspw. auf S. 446 u. 463. Siehe auch *Calliess*, NJW 1985, S. 1508ff. u. *Magnus*, NStZ 2012, S. 541.

3146 Siehe BVerfGE 92, 1 (18) (insb. das Zitat oben, an Fn. 3126). Eine Sammlung bei der Strafbarkeit politisch motivierter Sitzblockaden divergierender Urteile findet sich bei S/S-*Eser/Eisele*, § 240, Rn. 26.Krit. zur Rolle der Justiz u. des politischen Einsatzes des § 240 StGB ingesamt *Dearing*, StV 1986, S. 128. *Frommel*, NKrimPol 1993, S. 23; *Kaufmann*, NJW 1988, S. 2583; *Reichert-Hammer* 1991, S. 63, 64ff. Für die Rspr. z.B. LG Bonn, StV 1985, S. 191. Dort auch zur Entwicklung des

> „Dem Ersten Senat ist zuzugeben, daß die Strafverfolgungsorgane – mit Duldung, zuweilen auch auf Drängen der Politik – unterschiedliche Maßstäbe angelegt haben. Was man Stahlarbeitern, Bauern oder LKW-Fahrern nachsah, wurde bei anderen Straßenblockierern verfolgt."[3147]

Auch *Neumann* spricht, obwohl er die Erfassung von Blockaden von § 240 StGB bejaht, von der

> „gegenwärtigen Praxis der Strafverfolgungsbehörden der Bundesrepublik Deutschland, selektiv und nach apokryphen Entscheidungskriterien gegen Blockadeaktionen vorzugehen bzw. nicht vorzugehen"[3148]

A. Kaufmann liefert eine schlüssige Erklärung für die Berücksichtigung des politischen Standpunkts der Täterinnen und Täter:

> „Der Staat fühlt sich durch Friedensdemonstrationen viel stärker provoziert und in seiner Integrität viel tiefer verletzt – man wittert den Vorwurf der Friedensfeindlichkeit, den man nicht auf sich sitzen lassen kann –, als wenn Bauern für eine bessere Agrarwirtschaftspolitik auf die Straße gehen."[3149]

Ähnlich ist die Erklärung für die fortschreitende Ausweitung des Gewaltbegriffs von *Stöcker*: Die *eigentlich* gewaltfreien politischen Aktionen, um die es geht, seien in der Lage, die „Staatsgewalt zu paralysieren, indem sie ihre Anwendung moralisch disqualifizier[en]."[3150] Indem nun auch die Aktionen der Minderheiten durch die Mehrheitsgesellschaft als *Gewalt* klassifiziert werden, würde dies das z.T. gewalttätige Vorgehen gegen diese legitimieren: Dies sei das wahre Motiv der Erweiterung des Gewaltbegriffs.[3151] Beides legt ein (zumindest: auch) dezisionistisches Vorgehen nahe.

Auch wenn das BVerfG der uferlosen Ausweitung des Gewaltbegriffs inzwischen – zumindest teilweise – entgegengetreten ist, zeigt die Auslegungsgeschichte dieses Tatbestandsmerkmals doch, dass der Terminus *Gewalt* das Potential bietet, extensiv genutzt zu werden. Dazu relativiert die Absegnung der *Zweite-Reihe-Rspr.* durch das BVerfG den Eindruck der einschränkenden Wirkung des *Sitzblockade II*-Beschlusses deutlich: Dies zunächst wegen des dort zugrunde gelegten, äußerst unklaren und zu unvorhersehbaren Ergebnissen führenden Gewaltbegriffs[3152]. *R. Van Ooyen/*

Gewaltbegriffs. Hierzu auch die Betrachtungen der funktionalistischen Nutzung des Gewaltbegriffs unten, E. II. 2. b) bb) (1), S. 331; zur Rspr. insb. Fn. 3266.

3147 *Eylmann,* ZRP 1995, S. 162.

3148 *Neumann,* ZStW 1997, S. 16.

3149 *Kaufmann,* NJW 1988, S. 2583.

3150 *Stöcker,* JZ 1969, S. 398.

3151 Vgl. *Stöcker,* JZ 1969, S. 398.

3152 Zur Rechtsprechungsgeschichte oben, E. II. 2. a), S. 318. Wegen fehlender Vorhersehbarkeit sehr krit. MüKo-*Gropp/Sinn,*§ 240, Rn. 445 u. *Lesch,* StV 1996, S. 152; *Hruschka,* NJW 1996, S. 163, die *Zweite-Reihe-Rspr.* ebenso wie der weite

C. Möllers sehen zusätzlich die Gefahr, dass der „Exekutive das Recht eingeräumt wird", ein sonst strafrechtlich irrelevantes Verhalten „bewusst in eine strafbare Handlung verwandeln zu können", indem dafür gesorgt wird, dass es mehr als eine Fahrzeugreihe gibt.[3153] Noch problematischer ist die dort bewirkte Steigerung der Relevanz der *Verwerflichkeitsklausel*, die nun in den Fokus tritt.

(2) Die Probleme mit der Verwerflichkeitsklausel

Die Verwerflichkeitsklausel (§ 240 Abs. 2 StGB), die nebenbei deutliche Parallelen zu § 193 StGB i.F.d. Kollision von Ehrenschutz und Meinungsfreiheit[3154] und der „Sozialadäquanzklausel" i.R.d. §§ 86, 86a) StGB aufweist[3155], bezeichnete *B. Schünemann* schon 1977 wegen Verstoßes gegen das Bestimmheitsgebot als „seit langem berüchtigt".[3156]

(a) Gesinnungsabhängigkeit, Notwendigkeit der richterlichen Wertung und Dezisionismus

Mehr noch als der Begriff der Gewalt bietet § 240 Abs. 2 StGB das Potential, eine von der Gesinnung abhängende Bestrafung zu ermöglichen. Klassischerweise wird dieser Absatz als Gegengewicht zu dem ungewöhnlich weiten Tatbestand der Nötigung verstanden, der auch alltägliche, sozialadäquate und damit als nicht strafwürdig angesehene Verhaltensweisen erfasst.[3157] So ist es kein zufall, dass *Welzel* an dieser Norm (und anlässlich der hier zitierten Entscheidung des BGH) seine Lehre der „offenen Tatbestände" entwickelt hat. Diese zeichneten sich dadurch aus, dass sie – anders als die üblichen (=geschlossenen) – die Rechtswidrigkeit nicht indizieren, sondern diese gesondert festgestellt werden muss.[3158]

Doch an dessen Eignung dafür bestehen Zweifel: Seine jetzige Form verdankt § 240 StGB dem NS-Gesetzgeber, der den Tatbestand stark ausdehnte, dafür als Korrektiv auf der Ebene der Rechtswidrigkeit eine der typischen NS-Generalklauseln einfügte – war es ab 1943 das „gesunde Volksempfinden", gegen das eine Tat verstoßen musste, um als rechtswidrig zu gelten, ist es heute die „Verwerflichkeit", die

Gewaltbegriff einen Verstoß gegen das Gesetzlichkeitsprinzip dar. Dazu, dass die *Zweite-Reihe-Rspr.* dem vergeistigten Gewaltbegriff entspricht, *Arnold*, JuS 1997, S. 293 u. *Magnus*, NStZ 2012, S. 539ff. Ähnl. *Zöller*, GA 2004, S. 151 u. *Sinn*, NJW 2002, S. 1024. Siehe allg. die Nachweise unten, in Fn. 3348.

3153 So *Ooyen/Möllers* 2006, S. 378.

3154 Siehe dazu oben, E. II. 1. b) aa) (4), S. 287; die Ähnlichkeiten betont auch *Ignor* 1995, S. 163.

3155 Hierzu oben, E. I. 2. g), S. 255.

3156 *Schünemann* 1978, S. 6.

3157 Schon BGHSt 2 (194), S. 195f., auch MüKo-*Sinn*, § 240, Rn. 116.

3158 Dazu *Welzel*, JZ 1952, S. 340ff. Dazu krit. *Roxin* 2006, § 10, Rn. 43f.; *Bertuleit* 1994, S. 140f.; *Sinn* 2000, S. 316ff. u. allg. *Bergmann*, JURA 1985, S. 461ff.

vorliegen muss. Weder Lit. noch Rspr. sehen darin einen *inhaltichen* Unterschied. Dazu der BGH:

> „Für die Entsch. über die Rechtswidrigkeit kommt es darauf an, ob das Mittel der Willensbeeinflussung im Hinblick auf den erstrebten Zweck als anstößig anzusehen ist. Hierbei hat der Richter auf das Rechtsempfinden des Volkes zu achten (BGHSt. 1, 80). Eine solche Wertung des Verhältnisses von Mittel und Zweck hat der Richter auch nach der durch das 3. StrafRÄndG v. 4. 8. 1953 verbesserten Fassung des § 240 Abs. 2 vorzunehmen. Dessen Änderung gegenüber dem früheren Rechtszustand betrifft im wesentlichen die sprachliche Fassung."[3159]

Hier drängt sich die Frage auf, was genau die *Verbesserung* darstellt, wo es doch zugestandenermaßen bei einer sprachlichen Umetikettierung statt einer inhaltlichen Neuausrichtung blieb. So entspricht § 240 Abs. 2 StGB einer Norm, die schon ihrer Intention nach die *Gesinnung* für die Frage der Strafbarkeit berücksichtigt[3160] und weist dieses Potential damit noch heute auf.[3161] So ist die Rspr. zur Verwerflichkeit ähnlich uneinheitlich wie die zum Gewaltbegriff.[3162]

Schon früh (aber wie hier zu zeigen nach wie vor gültig) stellte der BGH fest, bei der Prüfung falle

> „dem Richter die Aufgabe zu, an Stelle des Gesetzgebers durch unmittelbare Wertung zu entscheiden, ob die tatbestandsmäßige Nötigung im Einzelfalle rechtswidrig ist oder nicht."[3163]

C. Roxin bezeichnet dies treffend als unzulässige „Dezision aus dem richterlichen Rechtsgefühl"[3164].

3159 BGHSt 5, (254), S. 256. Siehe auch *Reichert-Hammer* 1991, S. 52f. Auch, differenziert u. deutlich *Sinn* 2000, S. 353ff.; MüKo-*Sinn*, § 240, Rn. 115f. (m.w.N.) u. *Kaufmann,* NJW 1988, S. 2582. Auch *Brink/Keller,* KritJ 1983, S. 112; *Vormbaum* 1992, S. 76; *Calliess,* NJW 1985, S. 1507ff. u. *Wolf,* JuS 1996, S. 191f.

3160 Hierzu das Zitat *Paeffgens*, unten, Fn. 3236. Deutlich *Sinn* 2000, S. 356f., auch mit Bezugnahme zur NS-Herkunft der aktuellen Fassung. So auch *Calliess,* NJW 1985, S. 1507; dazu auch *Claas* 1971, S. 130.

3161 Kritik an der ausdehnenden Auslegung u. der dadurch ermöglichten richterlichen Willkür bei *Haffke,* ZStW 1972, S. 57:; *Sinn* 2000, S. 357; *Wolf,* JuS 1996, S. 192 u. *Winter* 1998, S. 73. *Ermer* 1987, S. 62ff. u. *Wolter,* NStZ 1986, S. 242ff. anhand der Analyse verschiedener Urteile. Siehe auch *Brohm,* JZ 1985, S. 501 u. *Roxin,* JuS 1964, S. 378. Aus einer die Strafbarkeit einer Sitzblockade tendenziell bejahenden Position so auch *Roellecke,* NJW 1995, S. 1526 u. ähnl. *Tröndle* 1989, S. 504f.

3162 So auch *Calliess,* NJW 1985, S. 1511.

3163 BGHSt 2, 194 (196).

3164 *Roxin,* JuS 1964, S. 376, knapper *Roxin* 2006, § 5, Rn. 69. Aber auch sein Versuch, auf *Prinzipien der Sozialschädlichkeit* abzustellen, vermag dies nicht zu ändern, dazu unten, an u. in Fn. 3265.

Zentral ist dabei die Notwendigkeit der *richterlichen Wertung*;[3165] Der Begriff *Verwerflich* ist ein klassisches Beispiel für einen reinen Wertbegriff, eine strafrechtliche Generalklausel, die nach *T. Lencker* „im Einzelfall nur durch eine besondere Wertung konkretisiert werden [kann]."[3166] Explizit stellt er fest, dass so Gesinnungsmerkmale berücksichtigt würden, was er allerdings goutiert, da man nur auf diese Weise materiellen Gerechtigkeitsbedürfnissen gerecht werden könne.[3167] Aber diese offene „Ethisierung" des Strafrechts durch Generalklauseln erscheint als problematisch, besonders eingedenk der gesinnungs- und damit täterstrafrechtlichen Bezüge eines solchen Vorgehens.[3168]

Dadurch treten Probleme mit dem *nullum-crimen*-Postulat auf; es mangelt an festen Kriterien, die die richterliche Entscheidung leiten.[3169] So auch *A. Kaufmann*: Für ihn widersprechen gerade normative, also Wertbegriffe, dem Gesetzlichkeitsprinzip; bei dem Terminus „verwerflich" handelt es sich für ihn sogar „überhaupt nicht um einen ‚Begriff'", sondern einen „Leitgedanke[n] oder ein Prinzip".[3170] Ist die Verwerflichkeit ein *normatives Prinzip*, zeigt sich hier die Abhängigkeit dessen Bejahung von einer ungebundenen richterlichen Wertung. Dies verunmöglicht die Vorhersehbarkeit für die Normadressaten, was den Widerspruch zu Art. 103 Abs. 2 GG zeigt. Anders sieht es hingegen *Lencker*, der Wertbegriffe zugunsten der materiellen Gerechtigkeit für nötig hält:

> „Nicht nur das Vertrauen des Bürgers auf den Schutz vor richterlicher Willkür trägt [...] den Rechtsstaat, sondern auch die Überzeugung, dass jedem sein Recht zuteil wird".[3171]

Die Sorge, dass solche Normen, die besonders stark von der richterlichen Wertung abhängen, das Potential einer willkürlichen Behandlung in sich tragen, kann dadurch nicht ausgeräumt werden. Und in diesem Falle kommt eben nicht Jedem „Sein" Recht zu, sondern das *des Gerichts*. Für *B. Schünemann* wird dieser Effekt durch den vorherrschenden gesellschaftlichen Wertpluralismus noch verstärkt.[3172]

3165 Auch betont von *Schröder*, JZ 1964, S. 31: Die Entscheidung des Richters ist ein „Wertungsakt"; ähnl. S/S-*Eser/Eisele*, § 240, Rn. 29a.

3166 *Lencker*, JuS 1968, S. 250, zu § 240 StGB auf S. 249. Dazu auch *Schünemann* 1978, S. 30ff.

3167 Vgl. *Lencker*, JuS 1968, S. 254f.

3168 Dazu *Claas* 1971, S. 132. Zur Verwerflichkeitsklausel bei Sitzblockaden *Kaufmann*, NJW 1988. Allg. zum Zusammenhang von tatbestandlicher Weite u. Gesinnungsmäßigkeit auch die Nachweise oben, Fn. 2140.

3169 So *Calliess*, NJW 1985, S. 1511. Siehe z.B. die unten, in Fn. 3246 wiedergegebenen, uneinheitlichen u. unklaren Kriterien, die *Schröder*, JZ 1964, S. 31, der zugleich den Wertungsaspekt betont, anlegt. Als forensisches Bsp. für fragwürdige Ergebnisse sei nur auf den *Dirnenlohnfall* verwiesen, siehe dazu unten, in Fn. 3180.

3170 Dies wie die Zitate aus *Kaufmann* 1993, S. 187.

3171 *Lencker*, JuS 1968, S. 255.

3172 *Schünemann* 1978, S. 31f.

Ähnliches wurde auch zu § 185 StGB festgestellt: Die tatbestandliche Formulierung besteht ebenso aus einem normativen Begriff wie das dortige Schutzgut *Ehre*, was eine flexible Handhabung fraglicher Normen ermöglicht und zu Rechtsunsicherheit führt.[3173] *A. Ignor* macht auf die ähnlichen Folgen von § 240 StGB und § 185 StGB aufmerksam, nämlich die Marginalisierung des Gesetzlichkeitsprinzips und die so bewirkte Ermöglichung kriminalpolitisch motivierter Entscheidungen.[3174]

Der Effekt, dass es wegen fehlender dogmatischer Klarheit an der Determination richterlicher Urteile mangelt und einem Dezisionismus Vorschub geleistet wird, wird wie erwähnt durch *Sitzblockade IV* noch einmal verstärkt. Dies, was sich schon bei *Sitzblockade III* andeutete[3175], durch die Verschiebung der Relevanz strafbarkeitskonstitutierender Merkmale weg von den dogmatischen Fragen des Gewaltbegriffs, zu denen noch bei *Sitzblockade II*[3176] eine gewisse Strenge angeklungen war, hin zur *Einzellfallabwägung* i.R.d. Verwerflichkeitsklausel. So spricht *Sinn* von einer „weitere Entleerung des Gewaltbegriffs".[3177] Es wurde bereits auf die Rechtsunsicherheit, die eine solche Einzelfallabwägung mit sich bringt, hingewiesen.[3178] Dies gilt auch hier, wo es v.a. ausfüllungsbedürftige Begriffe sind, die bei der Abwägung relevant werden. Laut BVerfG sind *insbesondere* (also: nicht abschließend) zu berücksichtigen die *Dauer und die Intensität der Aktion*, die *Dringlichkeit des blockierten Transports*, der *Sachbezug zwischen den in ihrer Fortbewegungsfreiheit beeinträchtigten Personen und dem Protestgegenstand*, und das *Gewicht der demonstrationsbezogenen Umstände*.[3179]

Nun ist die dadurch geschaffene Rechtslage zu betrachten. Nach h.M. ist für die Frage nach der Verwerflichkeit auf die Relation von Nötigungszweck und -mittel abzustellen. Der BGH geht von Verwerflichkeit aus, wenn der „Einsatz des Mittels

---

3173 Siehe dazu oben, E. II. 1. b) aa) (2), S. 283.

3174 Siehe oben, die Ausführungen an Fn. 2768.

3175 Vgl. *Magnus*, NStZ 2012, S. 541: Eine erneut beginnende Auflösung des engen Gewaltbegriffs. Ähnl. *Sinn*, ZJS 2011, S. 285 u. S/S-*Eser/Eisele*, § 240, Rn. 26ff., die hier den Einzelfallcharakter der Verwerflichkeitsprüfung betonen (in Rn. 29 explizit zu *Sitzblockade III*). Siehe auch oben, an Fn. 3133.

3176 BVerfGE 92, 1, dazu oben, E. II. 2. a), S. 318.

3177 *Sinn* 2000, S. 189. Ähnl. *Sinn*, ZJS 2011, S. 286; Auch zur *Zweite-Reihe-Rspr.* Siehe auch MüKo-*Sinn*, § 240, Rn. 52; *Offenloch*, JZ 2011, S. 690; *Magnus*, NStZ 2012, S. 541f. *Müller*, 2011 u. *Jahn*, JuS 2011, 566 mit Blick auf die Berücksichtigung von Fernzielen entgegen BGHSt 35, 270 (dazu oben, an Fn. 3123); dazu krit. *Jäger*, JA 2011, 554f. Siehe auch oben, an. Fn. 3135.

3178 Allg. zum *Lüth*-Urteil oben, Fn. 2644; für das parallele Phänomen im Fall des § 185 StGB die zahlreichen Nachweise oben, in Fn. 2790. Zu §§ 86f. StGB oben, Fn. 2547; zu §§ 90f. StGB oben, Fn. 2443.

3179 Vgl. BVerfG, NJW 2011, 3020, (3023); hierzu ebenfalls krit. *Ermer* 1987, S. 125ff. Zu den Problemen der praktischen Konkordanz *Bertuleit* 1994, S. 174ff. u. 198. Krit. zu den unklaren Vorgaben des BVerfG (konkret zu *Sitzblockade I*) *Kühl*, StV 1987, S. 135. Allg. auch Ridder-VersG-*Ladeur*, Art. 8, Rn. 26. Siehe auch unten, Fn. 3195.

der Gewalt in der gegebenen Lage für den [...] Zweck sittlich zu mißbilligen ist."[3180] Dennoch ist der Begriff besonders unbestimmt. *A. Bertuleit*:

> „Die Versuche, diesen vagen Begriff durch eine abstrakte Definition zu bestimmen, sind ihrerseits über mehr oder weniger tautologische Leerformeln nur wenig hinausgekommen."[3181]

(b) Inkurs: Möglichkeiten, durch die Auslegung die Gesinnungsabhängigkeit zu umgehen?

Sowohl in der Literatur als auch in der Rspr. ist strittig, *was* für die Frage nach dem mit dem Nötigungsmittel in Verhältnis zu setzenden Zweck zu berücksichtigen ist.[3182] Es gilt zu fragen, ob die angesprochenen Probleme der Verwerflichkeitsklausel durch eine besondere Bestimmung ihres Prüfungsgehalts zu umgehen sind. Die Stimmen, die entgegen *Sitzblockade IV* die Berücksichtigung von sog. Fernzielen ablehnen, nehmen für sich in Anspruch, durch das Abstellen auf den bloßen Nötigungs*erfolg* als Zweck das Element der Gesinnungsmäßigkeit zurückzudrängen: Dieses gewinne gerade durch die (auch mit der Ausweitung des Gewaltbegriffs

---

3180 So schon BGHSt 17, 328 (331). Dies ist der bekannte *Dirnenlohnfall*, der selbst bereits die Unklarheit dieser Merkmale verdeutlicht: Es ging um eine Prostituierte, die mit dem Angeklagten vereinbarte, mit ihm für 10 DM Geschlechtsverkehr zu haben, was sie später verweigerte u. weitere 10 DM forderte. S. 328: „Dadurch wurde der Angekl. ‚wütend' und verlangte seine 10 DM, auf die er einen Anspruch zu haben glaubte, weil die Zeugin den Vertrag nicht erfüllt habe, zurück, was diese jedoch verweigerte. Der Angekl. ergriff sie hierauf bei den Haaren und verlangte ‚in barschem Ton' nochmals die Rückgabe der 10 DM. [...] Die Zeugin, die sich vergeblich dem Griff des Angekl. zu entwinden versucht hatte, bekam Angst und übergab dem Angekl. einen 10-DM-Schein, den sie aus ihrer Manteltasche geholt hatte. Im Verlauf des Handgemenges erlitt die Zeugin G. einige Kratzwunden am Brustansatz". Zur Verwerflichkeit: „Die allgemeine Volksüberzeugung würde unter den gegebenen besonderen Umständen, obwohl der Angekl. kein Recht zu seinem Verhalten hatte, dieses nicht als verwerflich ansehen. Die Rechtswidrigkeit der Nötigung war daher zu verneinen." Hinter diese vorgebliche Evidenz der Bewertung durch die „allgemeine Volksüberzeugung" ist aber nicht nur aus heutiger Sicht ein Fragezeichen zu setzen, zumal es an weiteren Argumenten dafür fehlt. Krit. zu dieser Argumentation daher schon *Isenbeck*, NJW 1963, S. 116f. u. ebenfalls, insb. die Beliebigkeit des Ergebnisses u. die Vermischung von *Sozial- u. Moralwidrigkeit* kritisierend, *Roxin*, JuS 1964, S. 377f.; zu den Friktionen gerade mit der *Laepple*-Entscheidung (wo, ganz anders als hier, die Gewalt ja als indiziell für die Verwerflichkeit betrachtet wurde) *Haffke*, ZStW 1972, S. 39ff. Siehe allg., auch für w.N. zum Begriff der Verwerflichkeit, NK-*Toepel*, § 240, Rn. 146, Fn. 2.

3181 *Bertuleit* 1994, S. 199.

3182 Einen Überblick über die (uneinheitlichen) Positionen der Rspr. bis 1987 gibt *Ermer* 1987 auf S. 94 ff., auf S. 98ff. werden die kontroversen Positionen innerhalb der Literatur dargestellt.

einhergehende[3183]) Steigerung der Relevanz der *Abwägung* in Folge der dortigen Fernzielberücksichtigung an Bedeutung.[3184] Es ist aber, die Frage nach der verfassungsrechtlichen[3185] bzw. strafrechtsdogmatischen[3186] Gebotenheit einer solchen Berücksichtigung und auch dem eher Gegenteiliges nahelegenden Wortlaut[3187] ausklammernd, schon grds. zu bezweifeln, dass es möglich ist, jegliche „Fernziele" außen vor zu lassen, das in Relation zu setzende Verhalten also bloß auf die abgenötigte „Handlung, Duldung oder Unterlassung" zu beschränken und dennoch eine adäquate Prüfung des § 240 Abs. 2 StGB vorzunehmen. Allein die in Schrifttum und Rspr. allgemein anerkannte Notwendigkeit, zumindest solche Behinderungen, die eine (unerwünschte) *Neben*folge von Demonstrationen darstellen (also bspw.: eine Straße ist wegen eines Demonstrationszuges zeitweise unpassierbar), aus § 240 StGB auszuklammern,[3188] lässt sich nicht realisieren, wenn man bloß auf das abgenötigte *Verhalten* (sprich: Unterlassen des Weiterfahrens bzw. -laufens, also: Stehenbleiben) abstellt: Die nötige Differenzierung kann dann nicht vorgenommen werden, sie wäre nicht in § 240 Abs. 2 StGB einzubeziehen. Es erscheint als grds. unmöglich, eine adäquate Beurteilung der Verwerflichkeit ohne derartige Betrachtungsweisen vorzunehmen.[3189] Treffend *Eser*:

> „So dürfte es nach dieser Auffassung für die Verwerflichkeit keinen Unterschied machen, ob ein Kraftfahrer aus purer Schikane zum Anhalten genötigt wurde oder weil hinter einer Kurve Kinder spielen, die er ansonsten überfahren würde. Auch wäre es dann gleichermaßen als verwerflich anzusehen, einen Rettungswagen auf dem Weg ins Krankenhaus anzuhalten, oder sich einer Truppe in den Weg zu stellen, die sich gerade anschickt, eine Demonstration blutig niederzuschlagen".[3190]

Eser gesteht zwar zu, dass sich zumindest *diese* Probleme durch die allg. Rechtfertigungsregeln auch bei Bejahung der Verwerflichkeit adäquat lösen ließen, dennoch würde der Begriff „Verwerflichkeit" seines „sozialethischen Inhalts entleert". Zusätzlich weist er auf die Inkonsequentheit hin, die besteht, wenn der BGH und Teile

---

3183 So auch *Dearing*, StV 1986, S. 127; *Haffke*, ZStW 1972, S. 56f. u. schon *Geilen* 1966, S. 452f.

3184 Zu BVerfG, NJW 2011 (3020), 3020ff. u. den rechtsstaatlichen Problemen MüKo-*Sinn*, § 240, Rn. 143f. Deutlich auch *Starck*, JZ 1987, S. 148 ; *Jakobs*, JZ 1986, S. 1064f. Siehe (skeptisch) hierzu auch *Eser* 1990, S. 36, 40 u. passim. Siehe auch schon die Ausführungen des BGHSt 35, 270, wiedergegeben oben, an Fn. 3124.

3185 Von dieser gehen bspw. aus S/S-*Eser/Eisele*, § 240, Rn. 29 u. *Bertuleit* 1994, S. 202ff., insb. S. 209f. u. S. 212ff. Ähnl. *Reichert-Hammer* 1991, S. 50.

3186 Dazu *Reichert-Hammer* 1991, S. 48f.

3187 Dazu z.B. *Bertuleit* 1994, S. 206f. u. S. 212f. sowie *Reichert-Hammer* 1991, S. 48f.

3188 So z.B. S/S-*Eser/Eisele*, § 240, Rn. 27. Krit. zu dieser grds. Differenzierung zwischen Neben- u. Hauptfolge *Reichert-Hammer* 1991, S. 144, der *beide* Fälle als straffrei betrachtet.

3189 Vgl. S/S-*Eser/Eisele*, § 240, Rn. 18.

3190 *Eser* 1990, S. 41.

des Schrifttums die Fernziele wegen der fehlenden Möglichkeit deren adäquater Bewertung nicht für die Frage der Strafbarkeit, dann aber, ohne diese Bedenken auszuräumen, für die der Strafzumessung berücksichtigen wollen.[3191] Ein ähnliches Beispiel liefert *Bertuleit*, wonach man das Verhalten von Demonstranten dann nicht mehr von dem eines Polizisten, der anlässlich einer Sitzdemonstration den Verkehr umleitet, unterscheiden kann.[3192]

Auch die Einschränkung des BVerfG, nicht auf den Demonstrations*inhalt*, sondern das grds. *Demonstrieren* als entscheidenden Zweck abzustellen, ändert an der Gesinnungsmäßigkeit der Verwerflichkeitsprüfung kaum Substantielles: Auch und gerade dort ist eine Abwägung *aller Umstände des Einzelfalls zur Herstellung der praktischen Konkordanz* nötig[3193] – dies lässt, wie schon gezeigt, Raum für eine bewusste oder unbewusste Einflussnahme der politischen Prägung der entscheidenden Richterin oder des Richters.[3194] Dass dies im Vergleich mit einer direkten Bewertung der Demonstrationsziele eher implizit als explizit vonstattengeht, ist nicht geeignet, diese Sorgen zu zerstreuen.[3195] Auch die Beschränkung des in der Verwerflichkeitsprüfung berücksichtigten Materials vermag also den Gesinnungseinschlag des § 240 StGB nicht zu neutralisieren.

(3) Resümee und Parallelen zu § 185 StGB

Insgesamt folgen aus der Unbestimmtheit des § 240 StGB und den durch Rspr. und Wissenschaft entwickelten Auslegungskriterien viele Effekte, die auch bei § 185 StGB zu sehen waren:[3196] Eine unbestimmte Tatbestandsformulierung und die Verwendung wertabhängiger Begriffe bewirkt ein dezisionistisches Potential

---

3191 Vgl. *Eser* 1990, S. 41ff. Weitere Bsp. bei *Reichert-Hammer* 1991, S. 49.) Dazu auch S/S-*Eser/Eisele*, § 240, Rn. 29 u. *Frommel*, KritJ 1989, S. 488ff. Siehe grds. ähnl. wie hier *Ermer* 1987, S. 103; *Fabricius* 1991, S. 150f.; *Wolter*, NStZ 1985, S. 195; *Otto*, NStZ 1992, S. 572; *Roggemann*, JZ 1988, S. 1109, der wie *Reichert-Hammer* 1991, S. 43ff., auf die Unmöglichkeit der Außerachtlassung der politischen Dimension hinweist, u. deutlich *Frankenberg*, KritJ 1985, S. 303 u. *Frommel*, KritJ 1989, S. 486ff. Siehe dazu auch die Nachweise unten, in Fn. 3195.

3192 Vgl. *Bertuleit* 1994, S. 209.

3193 BVerfG, NJW 2011, S. 30222f.; BVerfGE 104, 92 (108ff.), dazu oben, E. II. 2. b) aa) (2) (a), S. 326. Allg. NK-*Toepel*, § 240, Rn. 160; MüKo-*Sinn*, § 240, Rn. 124; *Ermer* 1987, S. 104ff.

3194 Siehe hierzu die Nachweise oben, allg. Fn. 3179.

3195 Deutlich *Kramer*, Betrifft JUSTIZ 1989, S. 108f., der anhand mehrerer Entscheidungen (u.a. BGHSt 35, 270) zeigt, dass die Justiz trotz gegenteiliger „Lippenbekenntnisse" doch eine (für die Blockierenden nachteilige) politische Bewertung vornehme. Ähnl. *A. Kaufmann*, oben, in Fn. 3146. Auch *Dearing*, StV 1986, S. 127; *Reichert-Hammer* 1991, S. 46; *Prittwitz*, JA 1987, S. 17f. u. 22. Er sieht bei den Befürwortern der Strafbarkeit den Versuch der Harmonisierung von Recht u. Moral, dazu auch unten, E. II. 2. b) bb) (1), S. 331.

3196 Hierzu insg. oben, E. II. 1. b) aa) (1), S. 281.

der Rechtsanwendung, bei der sich eine von der Überzeugung abhängende, politisch motivierte Pönalisierung erkennen lässt; die besondere Rechtfertigungsregel, welche eine die Verfassung berücksichtigende Einzelfallabwägung nötig macht, verstärkt diesen Effekt. Eine dezisinonistisch-gesinnungsmäßige Pönalisierung zeigt sich also deutlich. Interessant ist nebenbei, dass § 240 StGB und § 185 StGB jeweils sowohl als „kleine Staatsschutz-", als auch als „kleine Sexualdelikte" genutzt werden, mit ihrer Hilfe also nicht nur der Staat bzw. die Rechtsordnung als solche, sondern auch die *Sitte* dort geschützt wird, wo es an konkreten Straftatbeständen fehlt.[3197]

bb) Substanzhaft-funktionalistische Aspekte

Neben der mit der tatbestandlichen Unklarheit zusammenhängenden Gesinnungsabhängigkeit findet sich i.R.d. § 240 StGB auch ein durch eine substanzbezogene Argumentation privilegierter Funktionalismus und damit ein weiteres wichtiges Element der hier betrachteten Argumentation.

(1) Die Frage nach dem Schutzgut: Die „öffentliche Ruhe und Ordnung" und das staatliche Gewaltmonopol; das crimen vis als Ursprung; die Nutzung als „kleines Staatsschutzdelikt"

Wie gesehen zeichnet sich die substanzhaft-funktionalistische Argumentation dadurch aus, dem Staat einen Wert zuzuschreiben und ihn daher als schützenswert zu erachten.[3198] Insofern ist hier zu klären, was genau das Schutzgut des § 240 StGB ist. Üblicherweise gilt die freie Willensbildung und -betätigung als protektoriertes Gut.[3199] Für die Frage, ob nicht (wie bei § 185 StGB[3200]) auch *der Staat und dessen Autorität* geschützt wird, ist eine Abhandlung *Jakobs'* interessant. Er leitet die Nötigung historisch aus zwei Quellen her: Einmal dem Schutz der persönlichen Verhaltensfreiheit; das Merkmal *Gewalt* wurde als Beschränkung eines ansonsten Alltäglichkeiten erfassenden, uferlosen Delikts genutzt. Die zweite Quelle sei das römische *crimen vis.* Dieses sei ein Delikt gewesen,

> „[...] dessen Unrecht in der Verletzung öffentlicher Interessen bestand; der Schutz von Verhaltensfreiheit war allenfalls ein Schutzreflex."[3201]

Gewalt war dort, anders als bei der erstgenannten Quelle, nicht Deliktbegrenzer, sondern Unrechts*kern*: Geschützt war nicht die persönliche Freiheit, sondern – ganz i.S. eines *politischen Delikts* – die durch Gewaltmittel gefährdete öffentliche Sicherheit

---

3197 Hierzu insb. oben, Fn. 2650.

3198 Siehe oben, D. II. 1., S. 210.

3199 Siehe nur BVerfGE 73, 206 (237) (*Sitzblockade I*); BGHSt 37, 350 (353) (*Wackersdorf*).

3200 Ausgehend von den Betrachtungen von *T. Fischer*, siehe oben, E. II. 1. b) bb) (1) (a) (aa) (ccc), S. 294.

3201 *Jakobs* 1986, S. 793.

und Ordnung.[3202] Schon dies spricht für das Potential des § 240 StGB, als „kleines Staatsschutzdelikt" verwendbar zu sein; dies umso mehr, bedenkt man die Natur des *crimen vis* als Auffangtatbestand, als „in seinen Konturen völlig unbestimmtes Aushilfsdelikt".[3203] Im hiesigen Kontext wird dieser Eindruck noch vertieft: *Jakobs* selbst bezeichnet Sitzblockaden als „von den Taten, um die es beim *crimen vis* ging, nicht weit entfernt"[3204]; *H. Roggemann* erkennt in § 240 StGB eine „Klimaschutznorm" i.S. *Jakobs'*.[3205] Ähnl. wie hier sieht es auch *Bertuleit*, der in der Herleitung der Nötigung aus dem *crimen vis* einen Versuch zur Legitimation der Strafbarkeit von Sitzblockaden sieht, dem er grds. kritisch gegenübersteht.[3206]

Eine solche, an den Schutz der „öffentlichen Ordnung und Ruhe" i.S. des *crimen vis* angelehnte Argumentation findet sich bei vielen Befürworten der Strafbarkeit von Sitzblockaden. So bestätigt schon die frühe Rspr. den Verdacht, hier sei auch der Schutz einer staatlichen Substanz *telos*: Der BGH sieht im Urteil zum *Laepple*-Fall eine Gefahr für die *freiheitlich-demokratische Grundordnung*, wenn man ein Demonstrationsrecht auch für Sitzblockaden zugestehe und diese strafrechtlich rechtfertigte[3207]; die funktionalistisch-substanzhaften (und: überpositiven) Aspekte der Argumentation mittels *fdGO* wurden bereits gezeigt[3208]. Ähnliches scheint durch, wenn *G. Roellecke* feststellt, die Sitzblockaden richteten sich gegen „rechtsstaatlich-demokratisch legitimierte Entscheidungen" – und seien *daher* Nötigung mit Gewalt. Zusätzlich richteten sie sich „gegen Menschen" (ohne nähere Erläuterung) – zumindest *nicht* bloß „gegen Sachen", wie die Blockierer seiner Meinung nach fälschlicherweise suggerierten. Daher seien diese Blockaden „verwerflich und deshalb [...] Gewalt" – und damit strafbar, wie er wohl in seltsamer Umkehrung der inzwischen verworfenen Gewalt-indiziert-Rechtswidrigkeit-Rspr.[3209] ausführt. Die Strafbarkeit, damit die Auslegung der Begriffe des § 240 StGB, ist für ihn dadurch bedingt, dass gegen „rechtsstaatlich-demokratisch legitimierte Entscheidungen" demonstriert wird.[3210] Ähnlich argumentiert *Eylmann* für einen weiten Gewaltbegriff:

3202 Zum Ganzen *Jakobs* 1986, S. 791ff. Auch *Timpe* 1989, S. 37ff. u., mit Blick auf die Entwicklung des Gewaltbegriffs *Lesch*, JA 1995, S. 891 (u. ff.). Zu den Zusammenhängen ausführlich u. zu den historischen Herleitung krit. *Bertuleit* 1994, S. 61ff.; *Hruschka*, JZ 1995, S. 740ff.; *Sinn* 2000, S. 174ff. u. *Brink/Keller*, KritJ 1983, S. 107ff.

3203 *Sinn* 2000, S. 43.

3204 *Jakobs* 1986, S. 796. Zust. *Lesch*, JA 1995, S. 893.

3205 So *Roggemann*, JZ 1988, S. 1111. Dazu oben, in u. an Fn. 1264; zu § 240 StGB unten, E. II. 2. b) cc), S. 339.

3206 Vgl. *Bertuleit* 1994, S. 62ff. u. S. 80f. Ähnl. auch *Köhler*, NJW 1983b, S. 12. u. *Brink/Keller*, KritJ 1983, S. 107ff.

3207 Das ganze Zitat findet sich oben, an Fn. 3118.

3208 Siehe hierzu oben, E. I. 1. a), S. 216.

3209 Dazu oben, E. II. 2. a), S. 318.

3210 Vgl. *Roellecke*, NJW 1995, S. 1526. Zust. u. dabei recht offen politisch motiviert auch *Krey/Jaeger* 1998, S. 153 (zu *Kreys* persönlich-politischen Motivation krit. *Lamprecht* 1996, S. 114f.

Sitzdemonstrationen seien „als Verstoß gegen das ethische Minimum demokratischer Streitkultur“ strafrechtlich zu sanktionieren – wohlgemerkt, das Argument lautet nicht: „weil sie verwerfliche Nötigung mit Gewalt darstellen“.[3211] Den Bezug zum *crimen vis* stellt auch *Jakobs*-Schüler *H. Lesch* her, für den *Gewalt* wegen der Herkunft aus dem *crimen vis* nichts körperliches beschreibe, sondern

> „die private Gewalt i.S. von Eigenmacht, dh eine Gewalt im Gegensatz zur Staatsgewalt, als Usurpation oder Mißachtung des staatlichen Gewaltmonopols“[3212]

– weswegen Sitzblockaden als Nötigung zu bestrafen seien.[3213] Auch für *V. Krey* ist das Schutzgut des § 240 StGB neben den *Freiheitsrechten der Bürger* das *staatliche Gewaltmonopol*[3214]; dieses werde, so meint nicht nur er, durch Sitzblockaden angegriffen.[3215] Sehr weitgehend ist hier die Position von *J. Isensee*: Wie oben gesehen, geht er ganz i.S. *Schmitts* von einer vor der Verfassung liegenden Substanz aus, die ein Gewaltmonopol des Staates und eine spiegelbildliche *Friedenspflicht* der Rechtsunterworfenen statuiert, die die „Grundlage“ der Grundrechte bildeten.[3216] Er resümiert: „Die Sitzblockade ist Einsatz körperlicher Gewalt, unvereinbar mit dem Friedlichkeitsvorbehalt.“[3217] (Nebenbei wird seine Prämisse, Sitzblockaden verletzten das Gewaltmonopol, von *A. Bertuleit* überzeugend bestritten: Das *friedliche Wegtragenlassen durch die Polizei*, das zum Konzept der Sitzblockaden gehört, zeigt, dass das staatliche Gewaltmonopol respektiert wird. Vielmehr offenbare die Behauptung, durch Sitzblockaden sei das staatliche Gewaltmonopol verletzt, eine undemokratische Grundhaltung, die eher einem auf die *Hobbes*'sche Tradition zurückgehenden autoritären, also „vertikalen“ Staatsbegriff anhängt statt einem „horizontalen“[3218]) *H. Tröndle* fürchtet eine „Destabilisierung des Gemeinwesens“, wenn „Feinde unserer Rechtsordnung“ nicht durch einen sonst „kupierten“ (also: Sitzblockaden nicht erfassenden) § 240 StGB bestraft werden; die Parallelen zu *Schmitt* und *Jakobs* sind augenfällig[3219]: Es geht hier wie dort um die Stabilisierung der Gesellschaftsordnung

---

3211 Vgl. *Eylmann,* ZRP 1995, S. 162. Ähnl. die Argumentation von *Tröndle* 1987, S. 637 u. auch im *Laepple*-Urteil: BGHSt 23, 46 (56f.), krit. dazu *Eilsberger,* JuS 1970, S. 168.

3212 *Lesch,* JA 1995, S. 893.

3213 Krit. zu diesem Schluss *Sinn* 2000, S. 174f.

3214 Vgl. *Krey* 1989, S. 35.

3215 So u. ähnl. argumentieren z.B. *Schmitt Glaeser,* BayVBl 1988, S. 458 u. *Merten* 1975, S. 46. Siehe zum Unterschied zwischen dem hier zugrunde gelegten, „substantiierten“ u. einem seiner Meinung nach vorzugswürdigen, demonstrationsfreundlichen „reflexiven“ Gewaltmonopol *Frankenberg* 2000, S. 57.

3216 Hierzu ausführlich der Exkurs oben, C. I. 3. c) bb) (1) (a), S. 147.

3217 *Isensee* 1991, S. 62. Dieser sei eine *vor* der Verfassung liegende, ontologische Bedingung des Staates.

3218 *Bertuleit* 1994, S. 43 u. 60. Ähnl. schon der *dissenting vote* zu *Sitzblockade I,* 73, 206 (259). Siehe für eine Argumentation ähnl. der *Bertuleits* die Ausführungen von *Ladeur,* wiedergeben unten, Fn. 3290.

3219 Siehe zu den Zitaten *Tröndle* 1987, S. 637f.

als *einzige Legitimation* einer Strafbarkeit, die die Stigmatisierung der Bestraften als *Feinde* mit sich bringt; gerade *Tröndle*s Rede von „unserer" Rechtsordnung vertieft diese Frontstellung auf empathische Art und Weise. Es soll ein staatliches Gewaltmonopol geschützt werden, das als Bedingung eines homogenen „Staates als Entscheidungseinheit" i.S. *Schmitts* verstanden wird.[3220] Das Potential, als *allgemeines Friedensdelikt* zu fungieren, ist eine weitere Parallele zu § 185 StGB.[3221] Die zusätzlich auffallende, typisch-funktionalistische Argumentationsweise „vom Ergebnis her" wird unten[3222] vertieft.

Somit – und angesichts der Tatsache, dass passives Verhalten insb. historisch oft eher dann als „Nötigung" betrachtet wurde, wenn es sich gegen staatliches Handeln richtet[3223] – bestätigt sich der Verdacht, dass die eigentlich Geschützen nur vorderhand die mit den Sitzblockaden direkt konfrontierten Personen, auf den zweiten Blick aber staatliche Hoheitsträger sind, gegen deren Entscheidungen vorgegangen wird, letztlich der Staat als solcher protektoriert werden soll.[3224] *G. Frankenberg*:

> „Wird jedoch die Staats-, Rechts- und Werteordnung als Schutzgut in § 240 eingelassen, dann verwandelt sich dieser Tatbestand von einer Straftat gegen die persönliche Freiheit zu einem abstrakten Staatsgefährdungsdelikt."[3225]

Diese Anwendung eines nach h.M. die *Willensfreiheit* schützenden Delikts auf den Staat bestätigt, ähnlich wie bei der Betrachtung des vermeintlich die *Ehre* schützenden § 185 StGB[3226], den Zusammenhang zwischen der Personalisierung des Staates und der Vorstellung, diesem komme ein eigenes Selbsterhaltungsrecht zu.

(2) Eine funktionalistische Auslegung der Gewalt; Bezüge zum substanzbezogenen Denken

Nun sollen erneut einzelne Elemente der Norm betrachtet werden; zunächst das Tatbestandsmerkmal *Gewalt*. *H.-U. Paeffgen* nennt den Gewaltbegriff, der § 240 StGB durch die *Rspr.* zugrunde gelegt wird, einen „reinen (funktional orientierten) Normativ-Begriff", der sich von einer dem Wortsinn entsprechenden, engeren Auslegung emanzipiert habe. Er kritisiert den „populären Funktionalismus", der den Gesetzeswortlaut nicht ernst nehme.[3227] Auch *J. Arnold* führt den Streit um die Weite

---

3220 Im Kontext der Sitzblockaden *Bertuleit* 1994, S. 40f.; zum Konflikt dieses *Schmitt*'schen Konstrukts mit einer politischen Beteiligung durch die pluralistischer Gesellschaft S. 45.

3221 Siehe hierzu die Ausführungen oben, in u. an Fn. 2947.

3222 Dazu unten, E. II. 2. b) bb) (4), S. 338.

3223 Siehe hierzu insb. die Ausführungen zu selektiven Pönalisierung oben, in Fn. 3146.

3224 So auch *Calliess*, NJW 1985, S. 1507; *Köhler*, NJW 1983b, S. 12. Allg. *Köhler*, NJW 1983a, S. 1596. Krit. *Fezer*, JZ 1974, S. 603 u. *Frommel*, KritJ 1989, S. 488.

3225 *Frankenberg*, KritJ 1985, S. 305, dort auch der das Zitat einleitende Gedanke.

3226 Hierzu oben, E. II. 1. b) bb) (1) (b) (aa), S. 297.

3227 Vgl. NK-*Paeffgen*, § 113, Rn. 21.

des Gewaltbegriffs, gerade die forensischen Auseinandersetzungen um die Sitzblockadenproblematik, auf den Konflikt zwischen „alteuropäischem Prinzipiendenken" (dann: enger Gewaltbegriff) und funktionalistischem[3228] „modernen Zweckdenken" (dann: weiter Gewaltbegriff) zurück.[3229]

Dass die Nutzung des Gewaltbegriffs derart zweckgeleitet ist, bestätigt zunächst dessen bereits betrachtete, uneinheitliche Anwendung durch die Gerichte.[3230] Die vermuteten Motive hinter diesem Vorgehen untermauern diesen Verdacht: Wird eine Sitzblockade, die zugleich einen moralischen Angriff auf den Staat darstellt (wie bspw. die der Friedensbewegung), als Gewalt betrachtet, während dies bei äußerlich vergleichbaren Handlungen ohne derartigen Impetus nicht geschieht[3231], verbindet sich die funktionalistisch-flexible Nutzung des Strafrechts mit der Vorstellung eines personalen und (nur) daher *moralisch* angreifbaren Staates. Wiederum erinnert dies an die „Staatsehre" resp. „-würde", wie sie der Konstruktion der Kollektivbeleidigung i.R.d. § 185 StGB zugrunde liegt.[3232]

Auch in der Wissenschaft, wiederum insb. von *Jakobs*, werden funktionalistische Positionen vertreten. Er definiert Gewalt als reine „Verletzung garantierter Rechte".[3233] Dies führt dazu, wie auch *Peaffgen* betont, dass bloß die *Rechtsordnung an sich*, unabhängig darüberhinausgehender Rechtsgüter geschützt und das Strafrecht zum Selbstzweck wird. Dies läuft parallel zum oben betrachteten Funktionalismus[3234] und zu *Jakobs*' Position zu § 185 StGB[3235]. Nebenbei ist *Peaffgens* Bemerkung, seine Kritik an der Auslegung des § 240 StGB sei ein „positivistischer Einwand"[3236] ein

3228 Dies ist genau die Unterscheidung, die *Jakobs*, ZStW 1995, S. 843ff. seiner Abgrenzung des Funktionalismus vom klassisch-liberalen Rechtsstaatsverständnis Zugrunde legt.

3229 Siehe *Arnold*, JuS 1997, S. 293f.

3230 Dazu oben, E. II. 2. b) aa) (1), S. 323.

3231 Siehe die Ausführungen von *A. Kaufmann* u. *H. A. Stöcker*, wiedergegeben oben, E. II. 2. b) aa) (1), S. 323.

3232 Dazu oben, E. II. 1. b) bb) (1) (b) (aa) (aaa), S. 297.

3233 So *Lesch*, JA 1995, S. 896 [ohne Herv. des Orig., F.F.] u. *Timpe* 1989, S. 27ff.: Schutzgut ist die *rechtlich garantierte* Freiheit. Krit. zu dieser dadurch bewirkten Ausweitung, auch mit Blick auf Art. 103 Abs. 2 GG, z.B. *Sinn* 2000, S. 161f., insb. zu Letzterem auch *Weber*, ZStW 1992, S. 419ff.

3234 Zur entsprechenden Kritik an *Jakobs*' Konzeption *Fabricius* 1991, S. 152ff., 158. Zum Funktionalismus oben, C. I. 3. b) dd), S. 136, zur Kritik daran oben, C. II. 2. a), S. 168.

3235 Siehe dazu oben, E. II. 1. b) bb) (2), S. 304.

3236 NK-*Paeffgen*, § 113, Rn. 21. Ausführlich ist seine „positivistische Erwiderung" auf solche Stimmen, die es als widersinnig bezeichnen, dass ein enger Gewaltbegriff dazu führe, zwar eine *Drohung* mit einem „empfindlichen Übel" zu bestrafen, nicht aber dessen *Anwendung*: „Doch gegenüber allen kriminalpolitischen Desideraten muss der immer noch maßgebliche Einwand lauten, dass genau dies der Gesetzgeber nicht gesagt hat. Wenn er die ‚Anwendung eines empfindlichen Übels' für ausreichend angesehen hätte, hätte er dies sagen können. Ein so positivistisch

guter Beleg für die hier insgesamt vertretene These der kritischen und strafrechtsbegrenzenden Leistung einer rechtspositivistischen Betrachtungsweise in *Kelsens* Sinne.

(3) Funktionalistische Aspekte der Verwerflichkeitsklausel: Sozialwidrigkeit als Maßstab

Nicht nur das Schutzgut und damit zusammenhängend der Gewaltbegriff, sondern auch die Verwerflichkeitsklausel birgt das Potential, funktionalistisch und zweckbestimmt genutzt zu werden. Dies schon grds. durch die Tatsache, dass § 240 Abs. 2 StGB bestimmten *Zwecken* ermöglicht, tatbestandsmäßige *Mittel* zu rechtfertigen. Ein derartiger, zum klassisch-rechtsstaatlichen Strafrechtssystem diametraler Finalismus lässt sich als Ausdruck eines antiliberalen Funktionalismus lesen.[3237]

Der Eindruck bestätigt sich, bedenkt man, dass bei der Prüfung der Verwerflichkeit die Frage nach der *Sozialwidrigkeit* gestellt wird: Anders als der Begriff (*verwerflich*) zunächst nahelegt, ist es nach h.M. nicht die *Moral*, sondern die *Funktionalität der Gesellschaft*, die bei § 240 Abs. 2 StGB im Blick ist. Für *Ott* war dies sogar expliziter *Telos* der Änderung von der „gesundes-Volksempfinden"- zur „Verwerflichkeitsklausel".[3238] (Was an die Verzahnung vom Schutz der Ehre und dem der Funktionalität, die bei § 185 StGB und § 90a StGB festgestellt wurde,[3239] erinnert. Auch wird bei § 185 StGB für die passive Beleidigungsfähigkeit von Kollektiven ganz ähnlich auf die „soziale Funktion" abgestellt.[3240])

Beides wurde insb. in der früheren Rspr. zu § 240 Abs. 2 StGB vermengt; zumindest spielte die *Sozialverträglichkeit* argumentativ oft eine wichtige Rolle.[3241]

---

klingender Einwand besagte zwar gegenüber dem Urheber des immer noch geltenden § 240, dem nationalsozialistischen Gesetzgeber, wenig – angesichts des seinerzeit geltenden § 2 RStGB (Analogie-Gestattung). Aber seit der Befreiung v. NS-Rechtsregime ist der § 240 wiederholt novelliert worden, ohne dass der Gesetzgeber in diesem Punkte präziser geworden wäre, – dank der bereitwilligst sich am Gesetzeswortlaut vorbeischlängelnden hM und der dies noch allemal freudig aufnehmenden und ausdehnenden Rspr. Deshalb ist schon bei § 240 den wenigen verbliebenen Stimmen zu sekundieren, die den Gewalt-Begriff strenger, nämlich iS einer (intendierten) Willensbeugung vermittels körperlich begründeten Zwanges auf den Körper verstehen."

3237 Zu § 240 Abs. 2 StGB *Bertuleit*, JA 1989, S. 17. Zurückgehend auf *Marxen* 1983, insb. S. 61ff.

3238 Vgl. *Otto*, NStZ 1992, S. 571. Dies belegt er jedoch bloß mittels Verweis auf Art. 2 Nr. 38 des 3. Strafrechtsänderungsgesetzes, BGBl I, 735, wo die Umformulierung ohne Hinweis auf deren Zweck genannt wird.

3239 Siehe zu § 185 StGB oben, E. II. 1. b) bb) (1) (b) (aa) (bbb), S. 299. Zu § 90a) oben, E. I. 2. d) aa), S. 240.

3240 Auch dieses Merkmal ist vage u. stellt auf außerrechtliche Maßstäbe ab, hierzu oben, E. II. 1. b) aa) (4), S. 287.

3241 Auf die Unklarheiten dieser Rspr. weist *Reichert-Hammer* 1991, S. 54 ebenfalls hin.

1964 sprach der BGH davon, dass nicht jede „absichtsvolle Behinderung“ (in Form des Ausbremsens eines PKW-Fahrers durch den anderen) „auch immer schon *sittlich so missbilligenswert, so sozial unerträglich* [ist], daß sie verwerflich [...] sein müsste“. Weiter ist die Rede von dem Täter, dessen Verhalten „von jedem Verständigem sittlich mißbilligt und als sozial unerträglich, als Unrecht empfunden“ wird[3242] – beide Begriffe werden nebeneinandergestellt, als handele es sich um Synonyme. In Reaktion darauf verlangt *Roxin,* nur auf die Sozialwidrigkeit abzustellen, nicht auf die unklare und insb. außerrechtliche Moral.[3243] Dies sei angebracht, da das Schutzgut des § 240 StGB, die Freiheit der Willensbildung und -betätigung, ein grds. durch die Gesellschaft latent angegriffenes ist und der Verwerflichkeitsklausel die Aufgabe der Abgrenzung von billigem und unbilligem gesellschafltichem Druck bzw. Zwang zukommt.[3244] Zu fraglichem Urteil stellte zuvor schon *H. Schröder* fest, es gehe darum, „sozialadäquate Zwangsanwendung[en]“ von solchen Handlungen abzugrenzen, die „sozial *unerträglich*“ sind.[3245] Obwohl sich auch hier Kategorienvermengungen finden[3246], wird deutlich, dass die *Funktionalität der Gesellschaft* eine strafbarkeitskonstituierende Rolle spielt. Heute ist das Abstellen auf die *Sozial*widrigkeit trotz der eigentlich noch moralisierend anmutenden Formel der Rspr. („erhöhter Grad sittlicher Missbilligung“) als h.M. anzusehen.[3247]

Trotz *Roxins* lobenswertem Versuch, die für diese Sozialwidrigkeit relevanten *Ordnungsprinzipien* zu verobjektivieren und der Rechtsordnung zu entnehmen (z.B. das „Geringfügigkeitsprinzip“),[3248] sind es regelmäßig *außerrechtliche* Erwägungen, die über die Strafbarkeit entscheiden – und so auf die Vorstellung eines substanzhaften Staates verweisen: Für *Gössel/ Dölling* ersetzen „Begriffsbestimmungen“ wie *Roxins* Prinzipien die „Verwerflichkeit“ bloß durch andere „Unbekannte“ und „Leerformeln“, „denen nur das entnommen werden kann, was zuvor hineingelegt wurde“. Es gehe um „vorrechtlichen Entscheidungen“, die nur akzeptabel sind, wenn sie in

> „ausreichend klaren Regeln zugleich Rechtsqualität gewinnen und nicht zu einem Verzicht der Rechtsordnung auf eine eigene Entscheidung [...] führen.“[3249]

3242 BGH, JZ 1964, (S. 29), S. 29f.; [Herv. F.F.].

3243 Grundlegend schon *Roxin,* JuS 1964, S. 373ff.

3244 Vgl. *Roxin,* JuS 1964, S. 376. Zu diesen Unterschieden auch *Eser* 1990, S. 42. *Roxin* zust. u. m.w.N. *Ermer* 1987, S. 112ff. u. *Brohm,* JZ 1985, S. 505. Zum Zusammenhang auch SK-StGB-*Horn/Wolters,* § 240, Rn. 40.

3245 Jeweils *Schröder,* JZ 1964, S. 30.

3246 So spricht er vom „rechten Mittel zum rechten Zweck“, der „sittlichen Grundnorm”, u. stellt „billigungswert[e]“ den „minderwertige[n] und sinnlose[n]“ Zwecken gegenüber, *Schröder,* JZ 1964, S. 31.

3247 Vgl. BVerfG, NJW 2011 (3020), S. 3023 Dazu Fischer-StGB, § 240, Rn. 4; SK-StGB-*Horn/Wolters,* § 240, Rn. 39; NK-*Toepel,* § 240, Rn. 145ff. (insb. Rn. 151); *Bertuleit* 1994, S. 199f.; Lackner/Kühl-*Kühl,* § 240, Rn. 18.

3248 Dazu *Roxin,* JuS 1964, S. 373ff.

3249 *Gössel/Dölling* 2004, § 18, Rn. 24; ähnl. *Lencker,* JuS 1968, S. 251, v.a. Fn. 2.

Ähnlich argumentiert *Reichert-Hammer*: Die „sozialen Ordnungskriterien" bedürften der „wertenden Ausfüllung", der eine werde durch einen anderen „unbestimmten Rechtsbegriff ersetzt". Er liefert einen guten Beleg, indem er mehrere Befürworter dieser Kriterien nennt, die inhaltlich (konkret zu Sitzblockaden) zu unterschiedlichen Ergebnissen kommen[3250] (ganz i.d.S. stellt *Frankenberg* zu Sitzblockaden fest, dass die z.T. angenommene „soziale Unerträglichkeit" dort von der „unkonventionellen und nonkonformistischen" Art der Demonstration herrühre[3251]). *Schubarth* lobt zwar den Versuch *Roxins*, die Verwerflichkeitsklausel von „moralisierenden, rechtsstaatliche Konturen vermissen lassende[n] Erwägungen" zu befreien, sieht aber die Gefahr, dass sie dennoch „immer wieder zum Abgleiten in solche moralisierenden Überlegungen verleitet."[3252] Dass *Roxins* Kriterien keine wirkliche (Rechts-)Sicherheit garantieren, zeigt eine Aussage *Ermers*, der *Roxin* grds. zustimmt:

> „Zur Beantwortung dieser Frage [nach der Verwerflichkeit von Blockaden, F.F.] werden hier die von *Roxin* entwickelten Prinzipien auf die Problemfälle angewandt. Sicherlich lassen sich auch andere oder zusätzliche Prinzipien finden, aber inhaltlich dürfte sich dabei kaum etwas neues ergeben."[3253]

Hierin zeigt sich einmal gewisse Beliebigkeit der fraglichen Kriterien, zum anderen die Relativität ihres Einflusses für das Ergebnis. Auch bei *Ermer* läuft es auf eine „umfassende Abwägung" hinaus, die für ihn schon in *Roxins* Prinzip des „Vorrangs staatlicher Gewaltmittel" angelegt ist.[3254] Dass man auch bei Anwendung von *Roxins* Kriterien nicht auf den Rekurs vorrechtlicher Gesichtspunkte verzichten kann, sei an einem von ihm selbst angeführten Bsp. exemplifiziert[3255]: Er erklärt, das „Geringfügigkeitsprinzip" verbiete die Annahme von Verwerflichkeit z.B. dann, wenn jemand einem anderen „aus Schabernack" „einen Augenblick lang" die Tür „vor der Nase zuhält". Da die Beeinträchtigung „ernstlich nicht ins Gewicht fällt", müsse man „eine Störung des geordneten Zusammenlebens verneinen". Obwohl *Roxin* vom „alten Grundsatz" *minima non curat praetor* spricht, ist die Frage, *welche* Verhaltensweisen genau das „geordnete Zusammenleben" stören, eine eminent außerrechtliche. Am konkreten Bsp.: Wie lange muss die Tür zugehalten werden, damit von

---

3250 Vgl. *Reichert-Hammer* 1991, S. 54.

3251 Vgl. *Frankenberg*, KritJ 1985, S. 305.

3252 Vgl. *Schubarth*, JuS 1981, S. 727. Allg. zur fehlenden Klarheit/ Generalisierbarkeit der Kriterien *Bergmann* 1983, S. 192ff.; *Bertuleit*, JA 1989, S. 20 u. MüKo-*Sinn*, § 240, Rn. 127 m.w.N. Siehe auch oben, E. II. 2. b) aa) (2) (a), S. 326, wo gezeigt wird, dass die Vornahme einer politischen (damit nicht-rechtlichen) Wertung i.R.d. Verwerflichkeitsprüfung wegen deren Weite unumgänglich ist. Allg. zu den Schwierigkeiten der Abgrenzung von *Moral*- u. *Sozial*widrigkeit.

3253 *Ermer* 1987, S. 121, allg. S. 116ff.

3254 *Ermer* 1987, S. 131. Treffend auch *Fezer*, JZ 1974, S. 601.

3255 Dazu *Roxin*, JuS 1964, S. 376.

einer entsprechenden Störung auszugehen wäre?[3256] Mehr als die eher sprachliche Erkenntnis, eine bloße Bagatelle unterfalle nicht dem Begriff der *Verwerflichkeit*, ist nicht gewonnen; da dies aber noch nicht beantwortet, *was* eine solche Bagatelle ist, erscheint die Argumentation zirkulär. Dazu wiederum *Toepel*: Er unterscheidet zwischen den der Rechtsordnung entspringenden und *außerrechtlichen* „diffuse[n] Kriterien der Sozialwidrigkeit". Beim dargestellten Beispiel postuliert *Toepel* eine Bagatellen ausklammernde teleologische Reduktion des Wortlauts als Grund für die Straffreiheit;[3257] er bietet damit ein stärker innerrechtliches Kriterium als *Roxin*, aber auch die teleologische Reduktion ist eine richterliche Rechtsfortbildung[3258]; die Problematik des (von ihm vermiedenen) Abstellens auf Sozialwidrigkeit ist damit nicht gelöst.[3259]

Diese außerrechtlichen Bezüge auf die Normen der Moral begründen das Potential der Verwerflichkeitsklausel, solches Verhalten unter Strafe zu stellen, das von keiner sonstigen Vorschrift erfasst wird: Unterfällt dem Tatbestand eine unüberschaubare Fülle von Verhaltensweisen, führt die Ausklammerung allen *sozialwidrigen* Tuns aus der als Korrektiv dafür gedachten Rechtfertigungsnorm dazu, dass die Sozialwidrigkeit letztlich zum einzig relevanten Strafbarkeitskriterium wird.[3260] Damit wird nicht nur der bloße *Rechts*gehorsam zum Schutzgut des § 240 StGB, was der Forderungen nach einer „Grundpflicht zum Rechtsgehorsam" i.S. *J. Isensee*s entspräche, deren Bezug zur *Schmitt-Jakobs*'schen Argumention bereits gezeigt wurde.[3261] In Ermangelung einer rechtsstaatlich-tatbestandlichen Umgrenzung der erfassten Verhaltensweisen machen sich zusätzlich Personen strafbar, die ein unabhängig von der sonstigen Rechtswidrigkeit als *sozialschädlich* definiertes Verhalten an den Tag legen. Ein Vorgehen, das an den auf *Schmitt* zurückführbaren Funktionalismus *Jakobs*' erinnert, der auf *außerrechtliche Legitimationsmuster* rekurriert und somit der Feindbekämpfung qua *Ausnahmezustand* vergleichbar ist, – wogegen *Kelsen* opponiert: Geschützt wird eine unabhängig vom positiven Recht als maßgeblich definierte normative Ordnung durch Bestrafung von Personen, die sich nicht in diese einfügen. Der durch die Relevanz der Sozialwidrigkeit entstehende Homogenitätsdruck und die daraus folgende strafrechtliche Totalität werden unten näher betrachtet, nachdem die eher *strafrechtlichen* Konsequenzen dieser substanzhaft-funktionalistischen Position herausgearbeitet worden sind. Zuvor soll noch ein Seitenblick auf die typisch funktionalistische Argumentationsweise geworfen werden.

3256 Eine Auflistung der sehr differierenden Antworten aus der Rspr. u. Literatur bei MüKo-*Sinn*, § 240, Rn. 138.
3257 NK-*Toepel*, § 240, Rn. 147 u. insb. Rn. 151ff.
3258 So im Kontext auch *Brohm*, JZ 1985, S. 503.
3259 Ähnl. *Brohm*, JZ 1985, S. 505. Allgemeiner in diese Richtung auch *Zipf*, ZStW 1970, S. 637.
3260 Dazu *Reichert-Hammer* 1991, S. 54ff.
3261 Siehe dazu oben, C. I. 3. c) bb) (1) (a), S. 147.

(4) Einschub: Die Argumente der Strafbarkeitsbefürworter als typisch-funktionalistisch

Das hier[3262] und schon bei § 185 StGB[3263] allenthalben hervortretende „Denken vom Ergebnis her“ ist nicht nur, aber auch ein typisch funktionalistisches[3264], es zeigt den dezisionistischen Charakter derartiger Urteile: Relevant ist nicht die Auslegung des Gesetzes, sondern das gewünschte Resultat; eine Tendenz, die sich sowohl in der Literatur als auch der *Rspr.* vermuten lässt. Siehe nur die von *Eilsberger* dokumentierte und kritisierte Vorbemerkung des BGH-Senatspräsidenten *P. Baldus* vor dem *Laepple*-Urteil:

> „Der *Senat* denkt nicht daran – wie offenbar von ihm erwartet worden war – Ausschreitungen bei Demonstrationen mit dem Etikett der Rechtsstaatlichkeit zu versehen. Er ist auch nicht bereit, ein Sonderrecht für Studenten zu schaffen“:[3265]

Hier scheint eine politische Bewertung statt einer juristischen Subsumtion maßgeblich zu sein. *Eilsberger* spricht von einer unangemessenen, „stolzen ‚ex-cathedra-Entscheidung‘“. Dazu *Fezer*, der die weite Auslegung des Gewaltbegriffs als durch (vom BGH empfundene) Pönalisierungsbedürfnisse motiviert betrachtet.[3266] Auch *Zöller* sieht den Schutz staatlicher „Institutionen und Versorgungsbetriebe“ als Motiv für die Rspr.[3267] In einer Anmerkung zur *Zweiten-Reihe-Rspr.* spricht *Lesch* vom „rein teleologisch begründeten, sog. ‚weiten‘ oder ‚vergeistigten‘ Gewaltbegriff“ des BGH, dem die *Zweite-Reihe-Rspr.* bzgl. ihrer Flexibilität in Nichts nachstehe.[3268]

Dieses Phänomen lässt sich auch in *Luhamann*'scher Terminologie[3269] ausdrücken: Hier wird einem Zweckprogramm gefolgt, obwohl das Strafrecht in rechtsstaatlicher Tradition eigentlich als – normativ stärker determiniertes, vorhersehbare Ergebnisse produzierendes – Konditionalprogramm konstruiert ist.[3270] *Was* die dann leitenden Zwecke sind, kann freilich nicht dem Gesetz entnommen werden.

3262 Siehe z.B die Zitate oben, E. II. 2. b) bb) (1), S. 331, insb. an Fn. 3210.

3263 Siehe z.B. oben, in u. an Fn. 2872.

3264 Zur Verbindung von ergebnisorientierter Auslegung u. Funktionalismus *Hassemer* 1982, S. 522ff. Weitere Bsp. ähnl. Argumentationen u. Kritik am Gewaltbegriff bei *Calliess* 1974, S. 5ff. Ähnl. *Köhler*, NJW 1983a, S. 1596; *Reichert-Hammer* 1991, S. 60f. Kritik an einer kriminalpolitisch orientierten Auslegung des § 240 StGB bei *Sinn* 2000, S. 96 u., zu den harschen Reaktion auf das *Sitzblockade-II-Urteil* S. 165.

3265 Vgl.*Eilsberger*, JuS 1970, S. 165.

3266 Vgl. *Fezer*, JZ 1974, S. 602.

3267 Vgl. *Zöller*, GA 2004, S. 149; ganz ähnlich *Bertuleit*, JA 1989, S. 19.

3268 Vgl. *Lesch*, StV 1996, S. 152. Siehe auch das Zitat *Habermas*', wiedergegeben oben, in Fn. 2644, wo er die Werteordnungslehre mit einer funktionalistischen Argumentation in Zusammenhang bringt.

3269 Zur Terminologie *Luhmann* 2008, S. 227ff.

3270 Zu den rechtsstaatlichen Wirkungen von Konditional- gegenüber Zweckprogrammen *Winter* 1998, S. 75ff. Differenziert *Hassemer* 1974, S. 28ff. u., ohne Rekurs auf *Luhmann*, *Hassemer* 1982, S. 515.

Dies schließt den oben schon angesprochene Kreis zum Aspekt der tatbestandlichen Weite, die die Nutzung der – wenn auch vorgeblich konditionalen – Normen als Zweckprogramme erlaubt[3271], dem damit einhergehenden Dezisionismus und der so ermöglichten Gesinnungstrafbarkeit.

cc) Prävention und Vorverlagerung; Konflikte mit dem Verhältnismäßigkeitsgrundsatz

Die Pönalisierung von Sitzblockaden ähnelt der von Kollektivbeleidigungen nicht nur bzgl. dieser grds. Argumentationsweise und dem dezisionistisch-gesinnungsmäßigen und substanzhaft-funktionalistischen Vorgehen; auch die daraus jeweils resultierende, *strafrechtliche* Methode der Vorverlagerung tatbestandlicher Anknüpfungspunkte zwecks Prävention findet sich hier wie dort.

Wieder zeigt dies schon die Analyse des Schutzguts: Bei der Anwendung des § 240 StGB auf Sitzblockaden geht es letztlich nicht mehr um die Betätigung der Willensfreiheit von Einzelpersonen, sondern die allgemeine Friedlichkeit, die *fdGO*. So wird *der Staat* zum Schutzobjekt[3272]. Dadurch wird das Rechtsgut ein diffuses, da der Konnex zwischen dem dann pönalisierten Verhalten und einer tatsächlichen Gefährdung (des Staates) ein nur sehr lockerer ist. § 240 StGB wird zu einem besonders abstrakten Gefährdungsdelikt:[3273] Die festgestellte sehr weite Anwendung des Nötigungsparagraphen legitimiert sich letztlich durch den Schutz der normativen Ordnung (in Form der *fdGO*) als solcher; erfasst werden aber schon Verhaltensweisen, von denen es ein weiter Weg zu deren *tatsächlicher* Destabilisierung ist, falls sie überhaupt dazu geeignet sind. § 240 StGB lässt sich in dieser hier genutzten Form als „Klimaschutznorm" i.S. *Jakobs*' bezeichnen.[3274] Erneut führt dies dazu, dass der konkrete Strafrahmen des § 240 StGB als unverhältnismäßig erscheint, wird dieses eigentliche Verletzungs- wie ein besonders abstraktes Gefährdungsdelikt genutzt. So ist der Strafrahmen des § 240 StGB, der im Zuge der tatbestandlichen Ausweitung durch die Nationalsozialisten ebenfalls erhöht wurde, trotz einer Korrektur im Jahr 1953 nach wie vor höher als vor der Ausweitung, damit unverhältnismäßig hoch.[3275]

3271 Dazu, dass im Straf- und Polizeirecht viele vorgebliche Konditional- egtl. Zweckprogramme sind u. dies durch unbestimmte Tatbestände bewirkt wird *Winter* 1998, S. 76. Zum Zusammenhang generalklauselartiger Formulierungen mit einer zweckbestimmten Auslegung *Arnold,* JuS 1997, S. 293. Allg. zu unbestimmten Tatbeständen u. ihren Wirkungen *Esser* 1972, S. 56ff., mit explizitem Hinweis auf das Strafrecht in Fn. 26.

3272 Dazu allg. oben, E. II. 2. b) bb) (1), S. 331.

3273 So *Frankenberg,* KritJ 1985, S. 305, siehe auch das Zitat oben, an Fn. 3225.

3274 So *Roggemann,* JZ 1988, S. 1111, dazu oben, E. II. 2. b) bb) (1), S. 331. Allg. zu *Jakobs* oben, Fn. 1264.

3275 Vgl. *Calliess,* NJW 1985, S. 1507. Vor Eingreifen des NS-Gesetzgebers betrug er ein Jahr Gefängnis, danach unbegrenzte Gefängnisstrafe; erst 1969 erfolgte i.R.d. 1. StrRG eine Reduzierung auf drei Jahre (BGBl I, 655).

dd) Probleme mit Demokratie und Pluralismus: Einschränkung der Beteiligung, Friedenspflicht, Homogenitätszwang

Als allgemeine Folgen der hier untersuchten Argumentationsstränge wurden demokratietheoretische Probleme und eine damit zusammenhängende Zurückdrängung des Pluralismus festgestellt. Ähnliche Effekte zeigten sich auch beim Problemfeld der Beleidigung im Konflikt mit der Meinungsfreiheit.[3276] Auch unter diesem Aspekt soll § 240 StGB und seine Anwendung betrachtet werden.

(1) Die Friktionen mit den Kommunikationsgrundrechten, insb. Art. 8 GG und 5 GG; Fragen des Minderheitenschutzes und der demokratischen Teilnahme

Zunächst gilt es, die Kommunikationsgrundrechte zu betrachten: Es wurde bereits festgestellt, dass es für die hier analysierten Phänomene typisch ist, mit diesen in Konflikt zu geraten;[3277] i.R.d. *Soldaten-sind-Mörder*-Debatte wurde schon die besondere demokratische Bedeutung des Art. 5 GG betont.[3278] Ganz Ähnliches zeigt sich auch bei der Anwendung des § 240 StGB auf Sitzblockaden. Auch hier erscheinen Strafurteile als staatliche Eingriffe in die Kommunikationsgrundrechte, konkret Art. 8 GG, was die politische Teilhabe, gerade die von Minderheiten, beschränkt.

(a) Kommunikation und Gewaltausübung: Der Schutzbereich und die Mittel der Kommunikation

So herrscht sowohl in der Lit. als auch der Rspr. die Meinung vor, entsprechende Verurteilungen griffen in den Schutzbereich der Kommunikationsgrundrechte, bei Sitzdemonstrationen insb. Art. 8 GG, ein. Dieser sei eröffnet, sobald eine „Zusammenkunft auf die Teilhabe an der öffentlichen Meinungsbildung gerichtet ist“ Weiter:

> „Versammlungen i.S des Art. 8 GG sind demnach örtliche Zusammenkünfte mehrerer Personen zur gemeinschaftlichen, auf die Teilhabe an der öffentlichen Meinungsbildung gerichteten Erörterung oder Kundgebung. [...] Diese Voraussetzungen erfüllte die [...] zu beurteilende Blockadeaktion an der Zufahrt zur geplanten Wiederaufarbeitungsanlage. Die Teilnehmer wollten ihren Widerstand gegen das Vorhaben zum Ausdruck bringen, auf die Gefahren der Atomenergie aufmerksam machen und in diesem Rahmen die Bauarbeiten symbolisch einstellen.“[3279]

Eine Versammlung sei aber dann nicht gegeben, wenn durch die Blockade nicht schwerpunktmäßig auf die öffentliche Meinung eingewirkt werden soll, sondern es um die zwangsweise Durchsetzung der entsprechenden Forderungen geht, wie es

---

3276 Dazu oben, E. II. 1. b) dd) (1), S. 308.
3277 Zusammenfassend oben, D. II. 4., S. 214.
3278 Siehe hierzu oben, E. II. 1. b) dd) (3), S. 311.
3279 BVerfGE 104, 92 (104).

bei Sitzblockaden der Fall sei.[3280] Daher sind diese Grundrechte i.R.d. Verwerflichkeitsprüfung bzw. der dortigen Abwägung zu berücksichtigen.[3281]

Z.T wird die Auffassung vertreten, Sitzdemonstrationen unterfielen wegen ihrer „Gewalttätigkeit" nicht dem Schutzbereich der Art. 8 GG und 5 GG: Art. 8 GG schütze ausweislich Abs. 1 nur „friedliche" Demonstrationen, Art. 5 GG erfasse nur die Meinungsäußerung, nicht auch deren („gewalttätige") Durchsetzung.[3282] Auch könnten diejenigen, die behördliche Auflagen zu Demonstrationen missachten, nicht durch diese Grundrechte geschützt werden.[3283] Dem wird überzeugend eine zu kurzschlüssige Gleichsetzung gerade des weiten Gewaltbegriffs mit den Wertungen des GG, gerade der (Un-)Friedlichkeit aus Art. 8 GG, aber auch der (dann: nicht) geschützten Handlungsmodalitäten des Art. 5 GG vorgeworfen. Siehe das BVerfG zu Art. 8 GG:

> „Ungeachtet der strafrechtlichen Bewertung als Gewalt kann das Verhalten der Teilnehmer der Blockadeaktion daher nicht als unfriedlich angesehen werden. Für die Begrenzung des Schutzbereichs des Art. 8 Abs. 2 GG ist [...] allein der verfassungsrechtliche Begriff der Unfriedlichkeit maßgebend, nicht der umfassendere Gewaltbegriff des § 240 StGB".[3284]

Unzutreffend ist damit auch das z.T. vorgebrachte Argument, die Nichtbestrafung (nicht: Nichtzulassung – hier geht es nur um § 240 StGB, nicht das sonstigen Polizei- und Demonstrationsrecht) von Sitzblockaden schade dem Pluralismus. So aber z.B *W. Brohm*:

> „Wer seine Meinung [...] in der Weise absolut setzt, daß er glaubt, sie auch mit Druck und Gewalt durchsetzen oder ihr zumindest mehr Gewicht verleihen zu können, verläßt die Grundlage der verfassungsrechtlich vserankerten pluralistischen Konzeption."[3285]

3280 Vgl. BVerfGE 104, 92 (104). Siehe auch die neuere Entscheidung BVerfG, NJW 2011, S. 3022f.

3281 Dazu *Ott*, NJW 1985, S. 2384ff.; *Stöcker*, JZ 1969, S. 397, der eine Parallele zum Streik im Arbeitskampf zieht u. *Reichert-Hammer* 1991, S. 120ff., insb. S. 126ff.

3282 Z.B. *Schmidt*, JZ 1969, S. 396; *Bergmann*, JURA 1985, S. 463; sehr weitgehend *Isensee* 1983, S. 62 u. Maunz/Dürig-*Depenheuer*, Art. 8, Rn. 65 mit der tendenziösen Rede von „Nötigungsdemonstrationen".

3283 So z.B. *Schmidt*, JZ 1969, S. 395f.

3284 Vgl. BVerfGE 104, 92, (105). Dazu auch *Krey/Hellmann/Heinrich* 2012, Rn. 421. Zu beiden Normen: *Eilsberger*, JuS 1970, S. 168f.; *Prittwitz*, JA 1987, S. 24, *Brink/Keller*, KritJ 1983, S. 117f. Siehe auch *Preuß* 1985, S. 429, S. 442ff. u. Ridder-VersG-*Ladeur*, Art. 8, Rn. 26; *Reichert-Hammer* 1991, S. 126ff. (Art. 5 GG) u. S. 135ff. (Art. 8 GG – die Unzulässigkeit der Gleichsetzung von „Gewalt" u. „Unfriedlichkeit" sei „ganz h.M." Zusätzlich sieht er Art. 9 Abs. 3 GG als einschlägig: S. 149ff.). Ausführlich hierzu *Bertuleit* 1994, S. 82ff.

3285 *Brohm*, JZ 1985, S. 511.

Für ihn offenbaren sich darin „totalitäre Züge“[3286]. In ganz ähnlicher Weise argumentierte schon der BGH im *Laepple*-Fall[3287]; dieser sah, wie oben dargestellt, die Gefahr des von „militanten Minderheiten geübten Terrors“ und eine Bedrohung der *freiheitlich demokratischen Grundordnung*, falls man Sitzblockierern ein Demonstrationsrecht zugestehe. Dies überzeugt jedoch nicht:

Erneut wird der vergeistigte Gewaltbegriff aus seinem Kontext gelöst und so behandelt, als ginge es um Gewalt im körperlichen Sinne. Die Argumentation wäre nachvollziehbar, verstünde man unter Gewalt die Ausübung körperlichen Zwangs: Wer mit solchem seine Meinung durchsetzt, bricht ohne Zweifel die „Spielregeln der pluralistischen Demokratie“. Hier meint „Gewalt“ aber das durch bloßes Niedersetzen bewirkte, konzeptionell zeitlich begrenzte Versperren bestimmter, mit dem Anliegen meist inhaltlich zusammenhängender Durchgangswege. Und dies, anders als von *Brohm* nahegelegt, gerade nicht, um die eigene Position (quasi als Nahziel *durch* die Blockade) zu erzwingen; dies schon wegen der regelmäßig evidenten Aussichtslosigkeit eines solchen Vorhabens (so dürfte allen Beteiligten klar sein, dass die Blockaden das Protestziel nicht unmittelbar erreichen können: Wohl keiner der Demonstrierenden ging davon aus, dass die *Pershing*-Raketen *wegen des Versperren des Weges* doch nicht stationiert, die Atomanlagen doch nicht in Betrieb genommen werden.[3288]) Die vom Konzept üblicher Sitzblockanden umfasste Bereitschaft, sich friedlich „wegtragen zu lassen“[3289], zeigt dies. Der wahre Zweck ist, die eigene Haltung bekannt zu machen, ihr im Rahmen der öffentlichen Debatte Nachdruck zu verleihen. Somit versuchen die Blockierenden nicht, ihre Meinung mit Gewalt durchzusetzen, sondern sie wollen gerade am öffentlichen Diskurs i.S. einer demokratischen Diskussion – und damit der Kommunikationsgrundrechte – teilnehmen.[3290]

(b) Eine politische Auslegung des Art. 8 GG

Insb. *U.-K. Preuß* hat i.S.d. obigen Ergebnisses zusätzlich das durch Art. 8 GG geschützte Element der *Körperlichkeit* betont, wodurch auch physische und psychische Beeinträchtigungen durch Demonstrationen – also auch Sitzdemonstrationen – innerhalb des Schutzbereiches lägen.[3291] *H. Reichert-Hammer* weist ganz ähnlich darauf hin, dass Art. 8 GG strukturell die Funktion zukomme, die äußerst repräsentative Demokratie des GG mit plebiszitären Elementen zu kompensieren, weswegen die

---

3286 *Brohm*, JZ 1985, S. 511.

3287 Das ganze Zitat findet sich oben, Fn. 3118.

3288 Andernfalls ist auch nach neuester BVerfG-Rspr. Art. 8 GG nicht einschlägig: BVerfGE 102, 92 (105).

3289 Siehe hierzu auch die Position von *A. Bertuleit*, wiedergegeben oben, in Fn. 3218.

3290 Zur verfassungsrechtlichen Bedeutung dieser Unterscheidung *Bertuleit*, JA 1989, S. 25ff.M *Bertuleit* 1994, S. 217ff.; *Reichert-Hammer* 1991, S. 303 u. Ridder-VersG-*Ladeur*, Art. 8, Rn. 26. Siehe auch oben, Fn. 3218.

3291 Siehe ausführlich *Preuß* 1985, zust. *Bertuleit* 1994, S. 87ff.

Freiheit der politischen Opposition auch außerhalb der „formalisierten Kanäle politischer Einflußnahme“ geschützt werde. Dies umfasst auch den „Druck von der Straße“.[3292] Hierin liegt eine politische Deutung der Versammlungsfreiheit als demokratisches Teilhaberecht, die das BVerfG schon im *Brokdorf-Beschluss*[3293] zugrunde legt: Versammlungen „enthalten ein Stück ursprünglich-ungebändigter unmittelbarer Demokratie“.[3294] Dort wird zusätzlich, ganz im *Kelsen*'schen Sinne, das Element des Schutzes der (oppositionellen) Minderheit betont:

> „Als Abwehrrecht, das auch und vor allem andersdenkenden Minderheiten zugute kommt, gewährleistet Art. 8 GG den Grundrechtsträgern das Selbstbestimmungsrecht über Ort, Zeitpunkt, Art und Inhalt der Veranstaltung und untersagt zugleich staatlichen Zwang, an einer öffentlichen Versammlung teilzunehmen oder ihr fernzubleiben. Schon i.d.S. gebührt dem Grundrecht in einem freiheitlichen Staatswesen ein besonderer Rang; das Recht, sich ungehindert und ohne besondere Erlaubnis mit anderen zu versammeln, galt seit jeher als Zeichen der Freiheit, Unabhängigkeit und Mündigkeit des selbstbewußten Bürgers. In ihrer Geltung für politische Veranstaltungen verkörpert die Freiheitsgarantie aber zugleich eine Grundentscheidung, die in ihrer Bedeutung über den Schutz gegen staatliche Eingriffe in die ungehinderte Persönlichkeitsentfaltung hinausreicht.“[3295]

Eine derart betont politische Deutung des Art. 8 GG läuft in ähnlichen Bahnen wie die demokratisch-funktionale Auslegung des Art. 5 GG[3296] und erfährt z.T. eine ähnliche Kritik: Die individuellen Freiheitsrechte würden zugunsten einer unzulässigerweise rein öffentlichkeitsbezogenen Anwendung des Grundrechts diskriminiert[3297]; dies wurde für Art. 5 GG bereits zurückgewiesen.[3298] Auch hier gilt: Der Schutz der Kommunikationsgrundrechte *bewahrt* politische Beteiligungschancen von Minderheiten; deren *Beschneidung* dagegen marginalisiert die Rechte von Minoritäten.[3299] Geschieht dies zugunsten der Konservierung des staatlichen *status quo*, werden die bereits allenthalben festgestellten Konflikte mit der demokratischen Teilhabe i.S. *Kelsens* besonders evident.[3300]

3292 *Reichert-Hammer* 1991, S. 136 u. 145ff.

3293 BVerfGE 69, 315; dazu *Weber*, JuS 1986; tendenziell zust. *Frowein*, NJW 1985; *Ooyen/Möllers* 2006, S. 369ff.; *Bryde* 2006 S. 328 u. *Pabel* 2011, S. 396ff; skeptischer *Gusy*, JuS 1986, S. 608ff.

3294 BVerfGE 69, 315 (345); auf S. S. 347 auch zum plebiszitären Element.

3295 BVerfGE 69, 315 (347).

3296 So gleichen die Ausführungen des BVerfGE 69, 315 (344f.) denen zu Art. 5 GG, vgl. oben, an Fn. 2638. Die Ähnlichkeit betonen auch *Frowein*, NJW 1985, S. 2376 u. *Weber*, JuS 1986, S. 645.

3297 So z.B. bei *Klein*, Der Staat 1971, S. 163. Siehe zur Diskussion zu Art. 5 GG oben, E. II. 1. b) dd) (3), S. 311.

3298 Bzgl. Art. 5GG, aber auf Art. 8 GG übertragbar, siehe oben, E. II. 1. b) dd) (3), S. 311.

3299 Vgl. z.B. *Stöcker*, JZ 1969, S. 397.

3300 Dazu insg. oben, D. II. 4., S. 214.

(2) Gewaltmonopol und Friedenspflicht: Totalitäre Tendenzen in der Anwendung des § 240 StGB

Bei der hier betrachteten Kontroverse geht es nicht bloß um Versuche „der Mehrheit", die politische Beteiligung „der Minderheit" (polizeirechtlich) zu verhindern, sondern darum, diese zusätzlich *nachträglich zu bestrafen*: Erneut steht das Problem der expansiven Nutzung des Strafrechts im Zentrum. So birgt § 240 StGB wie § 185 StGB[3301] das Potential, als *allgemeines Friedensdelikt* zu fungieren. Schon dies offenbart ein undemokratisches, totalitäres Staatsverständnis[3302]:

Wie gesehen kann die Verwerflichkeitsformel als Vehikel genutzt werden, jegliche sowohl Rechts- als auch sonstige Normverstöße zu sanktionieren. Parallel dazu wirkt die entgrenzte Anwendung des Tatbestandsmerkmals der Gewalt[3303]: Jeder Verzicht auf physische Elemente führt weiter in Richtung einer Pönalisierbarkeit jedes privat ausgeübten Drucks und damit zur Überdehnung des staatlichen Gewaltmonopols (als Pendant der hier etablierten „Friedenspflicht").[3304] So stellt *A. Bertuleit* treffend fest, dass ein Staat, „der trotz Alltäglichkeit psychischer Zwangseinwirkungen in einer nicht herrschaftsfreien Gesellschaft" das „Monopol der Gewalt i.S. des weiten strafrechtlichen Gewaltbegriffs beanspruchen wollte, [...] totalitäre Züge annehmen" müsste.[3305] Dies, da staatlichen Instanzen ermöglicht wird, bürgerliche Freiheitssphären nach Gutdünken zu verteilen und ungehemmt auf diese zuzugreifen.[3306] Dies offenbart die Parallele zur etatistischen Haltung i.S. *Schmitts* und *Jakobs'* und zugleich den Kontrast zu *Kelsen*: Eine durch die undeutliche Gesetzesform bewirkte strafrechtliche Erfassung auch alltäglicher Verhaltensweisen greift auf den Raum zu, den er als das vom Recht nicht fassbare „Freiheitsminimum" bezeichnet hat. So *Geilen zu einem* weiten Gewaltbegriff:

> „Jedes Handeln, das die Handlung eines anderen (absichtlich) durchkreuzt – und hinter dieser abstrakten Formel verbirgt sich nichts anderes als ausnahmslos jeder Bereich unseres sozialen Lebens –, stünde jetzt unter dem Damoklesschwert der Strafbarkeit; und nur die Verwerflichkeit brauchte noch bejaht zu werden, um diese Strafbarkeit auch auszulösen! Die Schließung bisher vorhandener Tatbestandslücken wäre jetzt eine Kleinigkeit."[3307]

3301 Der ebenfalls als „allgemeines Friedensdelikt" genutzt wird, siehe oben, E. II. 1. b) bb) (1) (b) (aa) (ccc), S. 302.

3302 Siehe zum zugrundelegten Totalitarismus-Begriff oben, in u. an Fn. 488.

3303 Zur Gewalt oben, E. II. 2. b) bb) (2), S. 334, zur Verweflichkeitsklausel oben, E. II. 2. b) bb) (3), S. 335.

3304 Vgl. *Bertuleit* 1994, S. 49ff., insb. S. 58.

3305 Siehe *Bertuleit* 1994, S. 58. Ähnl. *Calliess* 1978, S. 51 u. *Calliess*, NJW 1985, S. 1513. Zu den totalitären Implikationen eines weiten Gewaltmonopols bei *J. Isensee*, oben,C. I. 3. c) bb) (1) (a), S. 147.

3306 Dazu *Brink/Keller*, KritJ 1983, S. 123f.

3307 Vgl. *Geilen* 1966, S. 461f.

Er resümiert, dass das Ergebnis eine „dem Schurkenparagraphen schon bedenklich nahe kommende Strafbarkeitshypertrophie“ wäre.[3308] Ein solches Potential bietet auch der Ausnahmezustand im *Schmitt-Jakobs*'schen Sinne;[3309] jeweils legitimiert sich der Zugriff durch die Berufung auf außerrechtliche Normen bzw. einen personalisierten bzw. substanzhaft verstanden Staat.

Diese Handhabung des Strafrechts ermöglicht zugleich die Umgehung der Funktion der Grundrechte, staatliche Eingriffe zu limitieren. Dies erzeugt den unten zu vertiefenden Konformitätsdruck[3310] i.S.d. *Schmitt-Jakobs*'schen Homogenitätspostulate[3311] und erinnert in Vorgehen und Effekt zusätzlich an das hiermit eng verwandte Grundrechtsverständnis *J. Isensees*[3312].

Dahinter steht eine Überhöhung der Mehrheitsmeinung, damit der konkreten Staatsordnung. Dies geht bis zur Sakralisierung des herrschenden Staatsverständnisses.[3313] Abschließend soll betrachtet werden, inwiefern § 240 StGB als Vehikel genutzt werden kann, dieses durchzusetzen.

(3) Ethisierung durch das Strafrecht; Konformitätsdruck und Homogenisierung

Die Kombination aus strafrechtlicher Expansion und außerrechtlicher Legitimation provoziert Konflikte mit dem rechtsstaatlichen Postulat des Strafrechts als *ultima ratio* des Rechtsgüterschutzes.[3314]

Durch das Prinzip der Sozialwidrigkeit als Unrechtskonstitutorin i.R.d. Verwerflichkeitsklausel entsteht ein strafrechtlich vermittelter Homogenitätsdurck; so definiert *H. Zipf* „sozialadäquates“ als ein „den sozialen Verhaltensnormen“ entsprechendes Verhalten, bei dem es nicht auf die „bloße Gebräuchlichkeit“, sondern die „Vorstellung der Gemeinschaft (d.h. der relevanten Mehrheit)“ ankomme.[3315] Dies ähnelt der (Kollektiv-)Beleidigung, fungiert dort das Phänomen der Gruppenehre auf ganz ähnliche Weise[3316]: Eine Pönalisierung abweichenden Verhaltens bei gleichzeitiger Nichtbestrafung von einem Tun, das den (wiederum richterlich zu definierenden) Sozialnormen entspricht. Dies gleicht dem hier allgemein festgestellten Phänomen: Ermöglicht durch die weiten Formulierungen des § 240 StGB spielen

3308 Vgl. *Geilen* 1966, S. 162.
3309 Dazu oben, D. I. 1. a), S. 195. Im Kontext zum „onotologischen Staatsverständnis“ *Bertuleit* 1994, S. 50f.
3310 Vgl. zu diesem Gedanken *Brink/Keller,* KritJ 1983, S. 117. Ähnl. *Prittwitz,* JA 1987, S. 26.
3311 Dazu oben, D. I. 2. b), S. 201.
3312 Zu *Isensee* oben, C. I. 3. c) bb) (1) (a), S. 147. Siehe i.d.S. auch die Analyse bei *Brink/Keller,* KritJ 1983, S. 117.
3313 Dazu insb. *Stöcker,* JZ 1969, S. 397. Auch *Brink/Keller,* KritJ 1983, S. 116.
3314 Zu diesen Problemen deutlich *Calliess,* NJW 1985, S. 1508f.
3315 Vgl. dazu *Zipf,* ZStW 1970.
3316 Dazu oben, E. II. 1. b) dd) (4), S. 313.

politische und sittliche statt rein-juristischer Gesichtspunkte eine für die Strafbarkeit entscheidende Rolle.[3317] Verurteilte Demonstrierende trifft damit nicht nur das dem Strafrecht stets inhärente soziale Unwerturteil, sondern zusätzlich der Vorwurf, nicht nur gegen die Straf-, sondern gegen allgemein akzeptierte Sozialnormen verstoßen zu haben, was sich durch die Gesinnungsabhängigkeit noch verschärft[3318] (obwohl die oben als totalitär erkannte Friedenspflicht zunächst auf *Rechts*gehorsam gemünzt ist). Dass v.a. in der Rspr. ein derart moralisches Element, ein besonderes sittliches Unwerturteil mitschwingt, gleicht der moralischen Abwertung von Feinden, die beim Feindstrafrecht festgestellt wurde.

So birgt § 240 StGB und dessen Anwendung auf Sitzblockaden sowohl die gesellschaftspolitischen als auch die demokratietheoretischen Probleme, die hier schon allgemein konstatiert wurden.

III. Exkurs zur Verfassungsgerichtsbarkeit II: Die Rolle des BVerfG in Fällen der Pönalisierung des politischen Meinungskampfes

Im vorherigen Abschnitt wurde die Tendenz einer auf *Schmitt* zurückgehenden Argumentationsweise der Gesetzgebung und Rspr. festgestellt. Gleichzeitig wurden zahlreiche Urteile des BVerfG betrachtet, die insb. der hier problematisierten Rspr. zumindest in der Summe entgegenwirkten. Anders als *Schmitt* befürwortete *Kelsen* ein solches Gericht aus demokratietheoretischen Gründen[3319]; es fragt sich nun, ob das BVerfG hier tatsächlich im von *Kelsen* zugedachten Sinn agiert.

Die folgenden Ausführungen sollen also weder die (bereits stellenweise angesprochenen) dogmatisch-technischen Details untersuchen bzw. fragen, ob dem Gericht in jedem einzelnen Punkt gefolgt werden kann (dies ist naturgemäß nicht der Fall). Auch die basaleren, theoretischen und politischen Divergenzen zu *Kelsen*s Position sollen nur kurz genannt und nicht vertieft werden: So bewegt sich das Gericht bzgl. der Staatstheorie insgesamt eher nicht auf dessen Linie und agiert damit aus der hier eingenommen Perspektive problematisch – *van Ooyen* konstatiert, das BVerfG rekurriere eher auf die *Schmitt-Rousseau*'sche als die *Kelsen*'sche Tradition[3320] Dies trifft auch auf die Auslegungsmethoden und gerade die Entwicklung der Wertejudikatur zu, wo *Korinek* darauf hinweist, dass der in *Kelsen*s Tradition

---

3317 Dazu oben, E. II. 2. b) aa) (1), S. 323; zu den überpositiven Argumentationsmustern oben, E. II. 2. b) bb) (3), S. 335 u. im Anschluss daran oben, E. II. 2. b) dd) (2), S. 343. Hierzu *Prittwitz,* JA 1987, S. 22.

3318 *Vgl. Lencker,* JuS 1968, S. 254 u. oben, in u. an Fn. 3168; zur moralisierenden Rspr. oben, E. II. 2. b) bb) (3), S. 335. Allg. zu Ethisierung u. Gesinnung auch die Nachweise oben, Fn. 2151.

3319 Siehe zu dieser Auseinandersetzung oben, B. III., S. 104.

3320 Hierzu *Ooyen* 2014, S. 27ff., 88. Auch *Ooyen* 2005 S. 17f. (u. zusammenfassend auch S. 216ff.). Ähnl die Kritik an der Wertordnungsjudikatur von *Braum,* KritV 1995,

stehende österreichische VGH eine enge, grammatikalisch-historische Auslegung verwendet, während das BVerfG sehr extensive, insb. wertende Methoden nutzt.[3321] Auch muss festgehalten werden, dass das BVerfG im hier interessanten Feld – anders als von *Kelsen* urspr. intendiert, aber hierauf übertragbar[3322] – hauptsächlich in die *Justiz* eingreift, den (Straf-)Gesetzgeber (während nicht-strafrechtliche Normen im Feld der öffentlichen Sicherheit durchaus kassiert werden, prominent z.B. das LuftSiG, das gegen die Menschenwürde verstößt[3323]) dafür oft gewähren lässt; dies zeigt schon die eindeutige Zurückhaltung, wenn es darum geht, Verstöße gegen das Bestimmtheitsgebot festzustellen.[3324] Statt dessen fokussiert das Gericht die *Anwendung*, also das Analogieverbot.[3325] Paradigmatisch ist diesbzgl., dass das Gericht den *weiten Gewaltbegriff* wegen Verstoß gegen das Analogieverbot, nicht aber § 240 StGB wegen Verstoß gegen das Bestimmtheitsgebot als verfassungswidrig betrachtet.[3326] *Der Effekt* (um den es hier primär gehen soll) *ist allerdings der selbe*: Keine Strafbarkeit von Sitzblockaden gem. § 240 StGB; Vergleichbares zeigt auch der Blick auf die Rspr. zu § 185 StGB.[3327] Ähnliches lässt sich auch beim Strafrecht der wehrhaften Demokratie feststellen, also dem Bereich, in dem primär die Gesetzgebung statt der Rspr. als problematisch erscheint: Zwar gilt § 90a) StGB als verfassungsgemäß, dafür wurden zahlreiche entsprechende Verurteilungen wegen Verstoßes gegen Art. 5 GG kassiert.[3328]

Hier soll es also allgemein um die Rolle des Gerichts als politischer *Player* i.S. *Kelsens*, damit insb. um die tatsächlichen Wirkungen dessen Judikatur gehen, gerade mit Blick auf Eingriffe in die Rspr. *Kelsen* legitimiert ein solches Gericht mit dem Argument, dass dessen minderheitenschützende Funktion eine die Mehrheitsdemokratie ergänzende Einrichtung sei; zentral ist der Kommunikationsschutz.[3329] Nun ist zu fragen, ob sich das Verhalten des BVerfG vor dieser Folie erklären

---

S. 375ff., der aber – wie hier – dennoch eher mit einer demokratiefunktional-positiven Bewertung des BVerfG, siehe S. 393ff.

3321 Vgl. *Korinek,* VVDStRL 1980, S. 39f. Auch *Römer* 1989 kritisiert die Wertejudikatur (S. 107ff.) u. die „Methodenlosigkeit" des BVerfG (S. 134) aus einer mit *Kelsen* vergleichbaren Warte. Auch legt es einen zu *Kelsens* Verständnis (oben, B. II. 1. b) cc) (1), S. 77) diametralen, materiellen Rechtsstaatsbegriff zugrunde, krit *Maus* 1978, S. 48.

3322 Dazu oben, Fn. 1077.

3323 Siehe BVerfGE 115, 118, u. das Zitat oben, an Fn. 1869.

3324 Krit. hierzu im konkreten Kontext *Ignor* 1995, S. 150 in Anschluß an *Krahl* 1986, S. 402ff. Allg. MüKo-*Schmit,* § 1, Rn. 46. Eine Erklärung bietet die (problematische) Neigung des BVerfG, Verstöße gegen das Bestimmtheitsgebot als durch eine gefestigte Rechtsprechung heilbar anzusehen, siehe hierzu oben, Fn. 2784.

3325 Siehe hierzu z.B. oben, E. II. 1. b) aa) (2), S. 283, zur Kritik oben, Fn. 3137.

3326 Hierzu oben, Fn. 3137.

3327 Vgl. oben, E. II. 1. a) aa) (2), S. 269. oben, E. II. 1. a) aa) (2), S. 269.

3328 z.B. BVerfGE 81, 278 (*Bundesflagge*); BVerfG, NJW 2001, S. 596 (*Deutschland muß sterben*); BVerfG, NJW 2009, S. 908 (*Schwarz-Rot-Senf*).

3329 Siehe oben, B. III., S. 104, insb. B. III. 2. b) cc), S. 115.

lässt, ob es der Aufgabe gerecht wird, die demokratischen Beteiligungschancen von Minderheiten zu bewahren. Betrachtet man die bloßen Ergebnisse, erscheint dies im Konfliktfeld der Sitzblockaden als zumindest mit Einschränkungen (so bedurfte es für den Minderheitenschutz zunächst des Richtungswechsels durch die Entscheidung *Sitzblockade II*, während mit *Sitzblockade IV* die strikte Linie wieder verlassen wurde[3330]), in dem der Soldatenurteile fast uneingeschränkt so zu sein.

Gerade im letzteren Bereich verfolgt das BVerfG eine eindeutig (politisch-) kommunikationsfreundliche[3331] Linie. Diese provoziert z.T. heftigen Widerspruch; dass dieser oft eher politisch als juristisch motiviert ist, wurde bereits dargelegt.[3332] Obwohl auch hier den Entscheidungen des BVerfG nicht in allen rechts(gut)technischen und dogmatischen Fragen gefolgt werden kann[3333], zeigt sich, dass das Gericht eine zu goutierende Rolle im von *Kelsen* intendierten Sinne spielt.

Die funktionalistische Auslegung des Art. 5 GG fügt sich in dessen Verfassungsbegriff, der die Rechtserzeugung fokussiert und sich so ebenfalls als demokratisch-funktional bezeichnen lässt.[3334] Auch die Äußerungen zur Machtkritik (hier insb. i.R.d. *Gestapo-Methoden*-Entscheidung[3335]) passen zu *Kelsen*s Theorie und stärken eine demokratische Teilhabe in seinem Sinne: Wenn das Gericht die Wichtigkeit der Möglichkeit betont, „die geltenden Gesetze einer moralischen oder politischen Kritik zu unterziehen und auf deren Änderung hinzuwirken“[3336], legt es die rechtspositivistische Trennungsthese in seinem Sinne zugrunde[3337] und bewirkt eine Dynamisierung des Rechtssystems. Diese wird von einem strengen Ehrenschutz konterkariert, durch den Schutz der Meinungsfreiheit dagegen verstärkt.[3338] So

3330 Siehe insg. oben, E. II. 2. a), S. 318.

3331 Siehe oben, E. II. 1. a), S. 266.

3332 Dazu bspw. oben, E. II. 1. b) dd) (3), S. 311 u. E. II. 1. b) dd) (5), S. 315. Allg. auch *Schulze-Fielitz,* AöR 1997, S. 14. Auf S. 25 mit der Feststellung, dass die scharfe Krit. am Gericht eine Folge der minderheitenschützender Positionen ist. Das BVerfG verteidigt *Foerstner* 2002, S. 139ff. ähnl. wie hier. Auch *Giehring,* StV 1992, S. 199f., gegen die scharfe Kritik am BVerfG *Gounalakis/Rösler* 1998, S. 5. Ähnl. *Gounalakis/ Rösler* oben, Fn. 2734.

3333 Hier ist insb. an die Beleidigung von Kollektiven (dazu jedoch relativierend *Foerstner* 2002, S. 139f.) u. den Funktionsschutz zu denken, dazu insb. oben, E. II. 1. b) bb) (1) (b) (aa) (bbb), S. 299.

3334 Siehe zur unterschiedlichen Verwendung des Begriffs *Funktionalismus* oben, Fn. 2120.

3335 BVerfG, NJW 1992, S. 2815ff., dazu oben, E. II. 1. a), S. 266.

3336 BVerfG, NJW 1992, S. 2816.

3337 Deren Stärke für *Kelsen* ist, dass sie eine moralische Kritik am Recht ermöglicht, siehe oben, B. II. 1. a) cc), S. 54. In entgegengesetzter Richtung zeigt sich bei den Befürwortern entsprechender Pönalisierung eine Konfundierung von Recht u. Moral, hierzu oben, E. II. 1. b) dd) (5), S. 315 u. oben, E. II. 2. b) dd) (3), S. 344.

3338 Dazu oben, E. II. 1. b) dd) (1), S. 308.

bringt das Gericht die Kommunikationsgrundrechte gegen einen konservierend wirkenden, übermäßigen Staatsschutz als Beteiligungsrechte in Stellung.[3339]

Das BVerfG stärkt die Meinungsfreiheit bewusst[3340] im Vertrauen auf die offene Delibaration, den „Markt der Meinungen"[3341] und befördert den Meinungspluralismus mittels eines relativistischen Standpunkts[3342], von dem *Kelsens* Demokratietheorie ebenfalls ausgeht[3343]. Bedenkt man abschließend die oben[3344] dargestellte Wirkung dieser äußerungsfreundlichen Rspr., nämlich den Schutz von Kommunikationssphären insb. von Minderheiten, zeigt sich, dass das Vorgehen des BVerfG insgesamt der Rolle entspricht, die *Kelsen* für ein solches Gericht im demokratischen Prozess vorgesehen hat: Die Stärkung von Minderheitenpositionen zwingt auch in einer Mehrheitsdemokratie zur Tolerierung vielfältiger Meinungen; spiegelbildich wird das Rechtssystem nicht als sakrosankt, sondern als kritisierbar und auf Basis der Kritik veränderbar betrachtet.[3345]

Wie erwähnt sind die Ergebnisse im Fall der Sitzblockadenproblematik weniger eindeutig; die Reaktionen auf die demonstrationsfreundlichen Urteile waren ebenfalls heftig[3346]. Die wechselhafte Rspr. wird regelmäßig aus einer praktisch-politischen Perspektive erklärt, zunächst mit der Änderung der (parteipolitisch bestimmten) Zusammensetzung des Gerichts.[3347] Das Abnicken der *Zweite-Reihe-Rspr.*

3339 So auch *Foerstner* 2002, S. 139ff.

3340 Siehe zur Intention des BVerfG das Zitat oben, an Fn. 3027.

3341 U. nicht etwa, weil es die Ehre von Soldaten geringschätzt. Siehe so *Schulze-Fielitz,* AöR 1997, S. 5.

3342 I.d.S. *Schulze-Fielitz,* AöR 1997, S. 5 (auch: S. 28).

3343 Dazu oben, B. II. 2. a), S. 81.

3344 E. II. 1. b) dd) (1), S. 308; zum Aspekt des Minderheitenschutzes insb. Fn. 3023.

3345 Hier kann die Frage, ob eine solche öffentliche Kritik *realiter* zu politischen Veränderungen führt, nicht betrachtet werden, Skepsis ist aber angezeigt. Dennoch finden sich aktuelle Bsp. für eine solche Einflussnahme. Ohne Aussagen über die Mehrheits- oder Minderheitsverhältnisse treffen zu können, könnte der reaktivierte Atomausstieg nach der *Fukushima*-Katastrophe u. den folgenden öffentlichen Protesten genannt werden; ebenso das veränderte Verfahren (nicht: Ergebnis) beim Bahnhofsprojekt *Stuttgart 21.* Aus politisch eher gegensätzlicher Position – einer pluralismusskeptischen u. inhaltlich damit der hier zugrundeliegenden widersprechenden – lassen sich auch die jüngeren Verschärfungen des Asylrechts (z.B. das *Gesetz zur Neubestimmung des Bleiberechts und der Aufenthaltsbeendigung,* BGBl. I, 1386) als Reaktion auf fremdenfeindliche Proteste wie z.B. des *Pegida*-Bündnisses deuten, siehe zu den Zusammenhängen *Nowak,* 2015. Auch ist an die Rücktritte zahlreicher Politiker nach öffentlicher und insb. publizistischer Kritik auf deren Fehlverhalten (z.B.: *v. Guttenberg, Wulff* etc.) zu denken. Im hiesigen Kontext nennt *Lamprecht* 1996, S. 215 die *Flick*-Affäre u. die um *Uwe Barschel* als weiter zurückliegende Bsp.

3346 Siehe *Kneip* 2009, S. 18. Auch *Ooyen/Möllers* 2006, 378: „heftigen Attacken" aus der Literatur.

3347 Hierzu *Zöller,* GA 2004, S. 149.

und damit der Bruch mit der vorherigen Linie des BVerfG lässt sich als Zugeständnis des Senats an den deutlich punitiveren BGH[3348] und die harschen öffentlichen Reaktionen lesen[3349]. Auch wenn den dogmatischen Ausführungen hier erneut nicht überall gefolgt werden kann[3350], agiert das Gericht trotzdem strukturell als Akteur i.S. *Kelsens*: Die häufige Betonung der Wichtigkeit der Demonstrationsfreiheit und dort der *politischen* Kommunikation auch in den sonst weniger konsequenten Entscheidungen *Sitzblockade III* und *IV*[3351] entspricht dessen Vorstellungen und deutet eine mit der funktionalistischen Auslegung des Art. 5 GG vergleichbare, politische Interpretation des Art. 8 GG an[3352], die aus der hiesigen Perspektive grds. zu goutieren ist.[3353] Dies gilt auch für die dadurch bewirkte Relativierung eines substantiierten, dem Staat vorgeschalteten Gewaltmonopols[3354], womit das Gericht auch hier einer konservierenden Position entgegentritt. Dazu ist zu bedenken, dass die *Ergebnisse* der *Zweite-Reihe-Rspr.* des BVerfG auch wegen der Stärkung der Relevanz der Verwerflichkeitsklausel nach wie vor demonstrationsfreundlich und damit in *Kelsens* Sinne sind.

Allgemein lässt sich dem Gericht in den hier betrachteten Fällen attestieren, *demokratiefunktional* zu agieren: Unabhängig von den juristischen Einzelfragen bewirkt die Rspr. des BVerfG insgesamt eine Stärkung subjektiver Rechte und der demokratischen Teilhabe.[3355] So agiert es realiter trotz gewisser Abstriche i.S. *Kelsens*. *Kneip* spricht ganz in dessen Sinne von der „eigentlichen funktionalen Aufgabe" der Verfassungsgerichte als „‚antimajoriätre' Akteure", die die Einhaltung des GG überwachen und dabei die „Entscheidungen einer demokratischen Mehrheit konterkarieren".[3356]

3348 Im Kontext der Bestätigung der *Zweite-Reihe-Rspr.* durch das BVerfG als *Sinn*, ZJS 2011, S. 285; *Müller*, 2011; *Amelung*, NStZ 1996, S. 230; *Kniesel*, NJW 1996, S. 2610; *Herzberg*, GA 1996, S. 262; *Stuckenberg* 2011, S. 577 Ähnl. *Zöller*, GA 2004, S. 149f.; *Hoyer*, JuS 1996; S. 201f.;S/S-*Eser/Eisele*, Vor § 234–241a), Rn. 10a; Lackner/Kühl-*Kühl*, § 240, Rn. 8; *Magnus*, NStZ 2012, S. 541f.; *Jahn*, JuS 2011, S. 564; *Hoyer*, JuS 1996 („listiger Überraschungscoup"). Zur Kritik an der Unbestimmtheit der Rspr. oben, Fn. 3152.

3349 Dazu bzgl. der „Skandalurteile" Mitte der 1990er Jahre (neben *Kruzifix* eben *Soldaten sind Mörder* u. *Sitzblockade II*) *Kneip* 2009, S. 204ff.; ähnl. *Lamprecht* 1996, S. 156ff.

3350 Dies betrifft gerade die Bestätigung der *Zweite-Reihe-Rspr.*

3351 Siehe insg. oben, E. II. 2. a), S. 318.

3352 Auch wenn das BVerfG hier der Deutung *Ridders* nicht in Gänze folgt, dazu oben, E. II. 2. b) dd) (1) (b), S. 342.

3353 So aus demokratietheoretischer Perspektive auch *Bryde* 2006, S. 328.

3354 Dazu *Frankenberg* 2000, S. 57. Siehe auch oben, in u. an Fn. 3215.

3355 So ausführlich bei *Kneip* 2009; zur Partizipation S. 104ff., zur allg. Methode S. 309ff., zum (positiven) Ergebnis S. 347. Siehe, konkret mit Blick auf die Rspr. zu Art. 5 GG u. Art. 8 GG *Bryde* 2006, S. 328.

3356 *Kneip* 2009, S. 350.

Dieses Vorgehen zeigt, dass die Kritik, das BVerfG greife zu oft auf fremde Machtbereiche (der Rspr. und der Legislative) zu, nicht in Gänze zutrifft: *Grosso modo* ist es umso aktiver, je demokratiespezifischer die Themenfelder sind; dort, wo materiellrechtliche oder politisch-inhaltliche Fragen zentral sind, hält es sich eher zurück.[3357] Gerade aus *Kelsens*, die Unterscheidung von Recht und Politik und die Gewaltenteilung relativierender Warte erscheint das Vorgehen hier weniger problematisch als oft dargestellt.[3358] Trotz der z.T. heftigen Attacken genießt das Gericht nach wie vor einen sehr guten Ruf; seine Legitimation wurde möglicherweise angegriffen, aber weder durch die Reaktionen auf die *Soldaten-* noch auf die *Sitzblockadenurteile* erschüttert.[3359] Positiv gewendet kann die große Zahl kritischer Äußerungen als Beleg dafür gelesen werden, dass das Gericht hier tatsächlich die Minderheit gegen die Mehrheitsmeinung geschützt hat.[3360]

3357 Zum Verhältnis zum Gesetzgeber *Kneip* 2009, S. 143ff., zusammenfassend S. 342:. Kritk am extensiven Vorgehen des BVerfG auch aus *Kelsens* Warte bei *Römer* 1989, S. 127ff., insb. S. 131ff. Seine Bilanz ist dennoch positiv, siehe z.B. S. 140f. Zum Vorwurf, die übermäßige Auslegung von Meinungsäußerungen sei eine illegitime Kompetenzanmaßung des BVerfG oben, Fn. 2660. *Dag.*, ähnl. wie *Kneip*, *Schulze-Fielitz*, AöR 1997, S. 12.

3358 So auch *Korinek*, VVDStRL 1980, S. 41 unter expliziter Bezugnahme auf *Kelsen* u. insb. mit Blick auf die Legislative: Es sei gerade die Aufgabe eines Verfassungsgerichts, „seine Entscheidungen an Stelle der Entscheidung des Gesetzgebers zu setzen. Nur eben nicht an die Stelle des Verfassungsgebers."

3359 So *Kneip* 2009, S. 18 m.w.N., deutl. auch S. 200 u. S. 340.

3360 Ein ähnlicher Gedanke findet sich bei *Limbach* 1999, S. 159.

F. Zusammenfassung und Resümee

I. Die theoretisch herausgearbeiteten Topoi im tatsächlichen Strafrecht

Nun gilt es, die gewonnen Ergebnisse abschließend zu würdigen. Zunächst ist festzuhalten, dass sich die vier in der Zusammenfassung dargestellten *Topoi*[3361] auch im geltenden Recht finden.

1. Substanzhaft-funktionalistische Argumentation zwischen Pragmatismus und Irrationalität

Immer wieder finden sich Anleihen an die substanzhaft-funktionalistische Argumentation. So liegt dem *Strafrecht der wehrhaften Demokratie* eine solche, auf *Schmitts* positiven Verfassungsbegriff zurückführbare und von *Kelsen* kritisierte Vorstellung einer der Rechtsordnung *vorgelagerten Substanz* zugrunde, insb. mit Blick auf deren Schutzgut, die *fdGO*: Oft wird argumentiert, das GG fuße auf einer nicht einmal durch den Verfassungsgeber setz- oder änderbaren *Grundordnung*, aus der sich ein Wert des Staates ableite und die daher das Staatsschutzstrafrecht zu legitimieren vermag.[3362]

Interessant sind auch die Ergebnisse zu der *Sitzblockadenproblematik*. Es zeigt sich, dass der Tatbestand der Nötigung nicht nur zum Schutz der individuellen Willensbetätigung, sondern auch der *öffentlichen Sicherheit und Ordnung* genutzt wird. Damit wird, ähnlich wie bei der *fdGO*, letztlich ein der Rechtsordnung vorgeschaltetes, staatliches Gewaltmonopol (sowie die spiegelbildliche Friedenspflicht der Rechtsunterworfenen) geschützt[3363]; ein Konzept, auf dem auch *J. Isensees Grundrecht auf Sicherheit* basiert, das mit seinem Rekurs auf „präpositive" Fundamente des Staates, die es legitimieren, zu dessen Schutz Individualgrundrechte verletzen zu dürfen, viele Bezüge zu einer substanzhaft-funktionalistischen Argumentation aufweist.[3364] Das wiederum harmoniert mit der *funktionalistischen Deutung* des § 240 StGB. Eine solche schlägt u.a. *Jakobs* für das Tatbestandsmerkmal *Gewalt* vor,[3365] die Rspr. legt sie ihrer Auslegung der *Verwerflichkeitsklausel* zugrunde.[3366] Jeweils wird – wie beim Strafrecht der wehrhaften Demokratie[3367] – die Funktion

3361 Zusammenfassend zu diesen oben, D. II., S. 207.
3362 Dazu oben, E. I. 1. a), S. 216.
3363 Dazu oben, E. II. 2. b) bb) (1), S. 331.
3364 Dazu oben, C. I. 3. c) bb) (1), S. 147.
3365 Dazu oben, E. II. 2. b) bb) (2), S. 334
3366 Dazu oben, E. II. 2. b) bb) (3), S. 335.
3367 Dazu oben, E. I. 1. a) bb), S. 222.

der entsprechenden Normen darin gesehen, die Rechtsordnung selbst oder deren Geltungsbedingungen zu schützen.

Auch wenn dies nicht explizit von statten geht, weist dieses Vorgehen Parallelen zum *Ausnahmezustand* i.S. *Schmitts* und *Jakobs*' auf und widerspricht damit *Kelsens* universellem Rechtsstaatsverständnis: Durch den Rekurs auf Argumente, die letztlich nicht der positivierten Rechtsordnung entspringen – dies gilt in besonderem Maße für die „präpositiven" Topoi *fdGO* und *wehrhafte Demokratie*[3368], aber auch für die Nutzung der § 240 StGB und § 185 StGB[3369] – wird es legitimiert, auch in solchen Bereichen auf Individuen einzugreifen, die eigentlich durch positivierte Eingriffsschranken geschützt sind. Die unklaren Tatbestandsformulierungen, die die Möglichkeit einer dezisionistischen Rechtsanwendung eröffnen, verstärken diesen Effekt.[3370]

Ein weiteres typisches Merkmal eines substanzhaft-funktionalistischen Rechtsverständnisses ist die *Personalisierung des Staates*, wie sie sich schon bei *Schmitt* findet und die von *Kelsen* kritisiert wird. Ein solches Vorgehen findet sich mustergültig bei solchen Delikten, die den Staat bzw. seine Institutionen vor Ehrverletzungen schützen – was die Vorstellung, der Staat habe eine eigene Ehre, voraussetzt. Dies ist bei den Verunglimpfungsdelikten und der Anwendung des § 185 StGB bei der Beleidigung von staatlich organisierten Kollektiven wie der Bundeswehr der Fall.[3371]

Eine nähere Betrachtung dieser Argumentation offenbart mehrere interessante Ambivalenzen:

So z.B. zwischen *der Personalisierung des Staates* und der Forderung nach dem *Schutz der staatlichen Funktionen*: Oft ist nicht klar, ob dem Staat eine Personalität zugeschrieben wird, *um* den Schutz seiner Funktionalität zu legitimieren, oder ob es *tatsächlich* die Würde oder die Ehre eines als personal verstandenen Staates ist, die das Motiv des entsprechenden Vorgehens ist.[3372] Ganz ähnlich stellt sich dort – wie auch bei *Schmitt* – die Frage, ob es der Staat als solcher ist, oder die konkreten Machthaber, die durch diese Normen privilegiert werden.[3373] Diese argumentativen Brüche erinnern an das insb. bei *Schmitt* herausgearbeitete *Dezisionsparadoxon*.[3374]

Regelmäßig orientiert sich ein funktionalistisches Strafrecht nicht an tatsächlichen Gefahren, sondern an bloß „gefühlten Sicherheiten". Dies lässt sich auf *Jakobs*' Verständnis der Gesellschaft als Kommunikationszusammenhang

---

3368 Dazu oben, E. I. 1. a) aa), S. 217 u. oben, E. I. 1. c), S. 226.

3369 Wo die Strafbarkeit oft *außerrechtlich* begründet wird, z.B. i.R.d. Frage nach der Ehrfähigkeit von Kollektiven (E. II. 1. b) bb) (1) (a) (aa) (aaa), S. 291) u. bei § 240 Abs. 2 StGB (oben, E. II. 2. b) bb) (3), S. 335).

3370 Siehe dazu das Resümee unten, F. I. 3., S. 353.

3371 Zu § 90 ff. StGB oben, E. I. 2. d), S. 240; zu § 185 StGB oben, E. II. 1. b) bb) (1) (b), S. 297.

3372 Hierzu insb. oben, in u. an Fn. 2959.

3373 Dazu oben, E. I. 2. d) aa), S. 240; zu *Schmitt* oben, B. I. 4. c) aa), S. 37.

3374 Zu diesem oben, B. I. 4. c) aa), S. 37.

zurückführen[3375] und zeigt sich bei allen hier betrachteten Strafgesetzen und Urteilen. Auch dies ist insoweit zwiespältig, als dass sich ein derart symbolisches Strafrecht zum einen als tatsächliches Mittel zur Sicherung der Geltungsbedingungen des Rechts lesen lässt, zum anderen aber die Kopplung von strafrechtlichem Schutz und zu schützendem Gut derart gelockert wird, dass dieses Vorgehen (ebenso wie das o.g. Verständnis des Staates als Person) als irrational erscheint. Dem wiederum ähnelt das Phänomen, dass ein funktionalistisches – vermeintlich besonders zweckmäßiges bzw. formales – Strafrecht *de facto* oft dazu genutzt wird, nicht das Recht also solches, sondern eine darüber hinausgehende *Moral* durchzusetzen. Dies zeigt sich besonders bei der Verwerlichkeitsklausel des § 240 Abs. 2 StGB[3376] und in den Fällen, in denen der strafrechtliche Ehrenschutz mit der Meinungs- und insb. Kunstfreiheit kollidiert und wo die verfassungsrechtliche Abwägung z.T. als geschmackliche und moralische Bewertung erscheint.[3377] Die Tatsache, dass sowohl § 185 StGB als auch § 240 StGB nicht nur als „kleine Staatschutz-", sondern zusätzlich als „kleine Sexualdelikte" verwendet werden, bestätigt, dass es große Überscheidungen gibt, die sich insb. auf die tatbestandliche Weite beider Normen zurückführen lassen.[3378]

All dies zeigt, dass die als *funktionalistisch* bezeichnete Variante des Strafrechts nicht so pragmatisch ist, wie sie auf den ersten Blick erscheinen mag. Die Vorstellung, der Funktionalismus führe das Strafrecht nüchtern und zweckmäßig auf den Schutz des Rechtssystems zurück[3379] und befreie es somit von den metaphysischen Implikationen, die mit einem „alteuropäischen Prinzipiendenken"[3380] assoziiert werden können, erscheint ihrerseits als naiv. Vielmehr birgt die Vorstellung, das Strafrecht diene der Sicherung der herrschenden normativen Ordnung selbst[3381], irrationale Implikationen. Dies gerade hinsichtlich der Legitimation eines derart scharfen wie eines strafrechtlichen Zugriffs durch eine Normenordnung, die sich dazu nur auf ihre eigene, schiere Existenz und keine darüberhinausgehenden Zwecke beruft und die dazu positivierte Rechte bricht. Dadurch wird ein Rekurs auf einen weder rational *noch* demokratisch hergeleiteten *Wert* des Normsystems nötig. Dies ist auch der Grund, warum hier das Wortpaar *substanzhaft-funktionalistisch* verwendet wird: Um zu betonen, dass der Funktionalismus argumentativ auf die Vorstellung einer außerrechtlichen „Substanz", die Staat und Recht zugrunde liegt, angewiesen ist. Dies spiegelt sich auch darin, dass, entgegen des ersten, naheliegenden Eindrucks die Strafbegründung im Funktionalismus *Jakobs*' gerade keine

---

3375 Dazu oben, C. I. 3. b) aa), S. 127 u. insb. oben, C. I. 3. b) dd), S. 136.

3376 Dazu oben, E. II. 2. b) bb) (3), S. 335.

3377 Dazu oben, E. II. 2. b) dd) (3), S. 344.

3378 Hierzu oben, E. II. 1. b) bb) (1) (b) (ab), S. 303 u. oben, Fn. 2650.

3379 *Jakobs* bezeichnet den Trend zum Feindstrafrecht auch als den hin zu einem „angelsächsischen Pragmatismus", dies wiedergegeben bei *Aponte* 2006, Fn. 17. Siehe auch dort S. 151ff.

3380 Diese Frontstellung eröffnet *Jakobs*' selbst, siehe *Jakobs*, ZStW 1995.

3381 Dazu oben, C. I. 3. b) dd), S. 136.

rein *zweck*bestimmte ist, sondern an die *absoluten Straftheorien* erinnert, die sich in ihrer Selbstgenügsamkeit immer wieder dem Vorwurf der Irrationalität ausgesetzt sehen.[3382]

Aufschlussreich ist auch die typisch-funktionalistische Argumentationsweise, die herausgearbeitet wurde. Diese funktioniert „vom Ergebnis her", was zunächst mit dem klassisch-juristischen, an Konditionalprogrammen orientierten Vorgehen über Kreuz liegt und damit die Rechtssicherheit vermindert.[3383] Insbesondere zeigt auch dieses Phänomen, dass die Vertreter der fraglichen Positionen nicht von einer rationalen Deduktion aus demokratisch gewonnen Normen, sondern von *persönlichen* Überzeugungen bzw. politischen Weltanschauungen i.S. einer Ideologie[3384] geleitet sind. Genau dies sollte – unter Zugrundelegung von *Kelsens* Position – hier aufgezeigt werden.

2. Prävention, Vorverlagerung und eine unverhältnismäßige Strafbarkeit als Folge von Funktionalismus und strafrechtlichem Klimaschutz

Auf dem Boden dieser substanzhaft-funktionalistischen Betrachtungsweise stehend legitimiert gerade *Jakobs* ein besonders strenges Strafrecht, das, wie er offen zugesteht, in unverhältnismäßiger Weise auf Rechtsunterworfene zugreift: Der Funktionalismus, also die Auffassung, das Recht diene der Sicherung seiner eigenen Geltungsbedingungen, macht ein *präventives* Strafrecht nötig, dieses lässt sich wiederum durch eine Vorverlagerung der strafrechtlichen Anknüpfungspunkte realisieren. Wenn mit dieser Entfernung von einer tatsächlichen Rechtsgutsverletzung durch ein pönalisiertes Verhalten keine Reduzierung der Strafe einhergeht, erscheint diese als unverhältnismäßig.[3385] Auch dieser Konnex konnte durch die Betrachtung des geltenden Rechts bestätigt werden.

Das Strafrecht der wehrhaften Demokratie arbeitet schon lange mit strafrechtlicher Vorverlagerung; – dort gab es den Trend zu abstrakten Gefährdungsdelikten, bevor dieser das gesamte Strafrecht erfasste[3386]. Auch wurde schon früh konstatiert, dass es aus dem eigentlich repressiven *telos* des Strafrechts herausfalle; dies hängt u.a. mit der Eigenart von politischen Straftaten als *Überzeugungstaten* zusammen. Schon daher ist die Verhältnismäßigkeit der Straftatbestände fraglich.[3387] Die *neuen Anti-Terror-Gesetze* führen diese Entwicklung in einer bisher ungekannten Dimension fort.[3388]

3382 Hierzu oben, C. II. 2. b), S. 170, insb. an Fn. 1748.

3383 Dazu oben, E. II. 2. b) bb) (4), S. 338.

3384 Zum Begriff der Ideologie und dem hier zugrundliegenden auch ideologiekritischen Vorgehen oben, A. III., S. 4.

3385 Siehe insg. oben, D. II. 2., S. 211 u. konkret zum Feindstrafrecht oben, C. II. 5. c) bb), S. 187.

3386 Zu diesem Trend NK-*Hassemer/Neumann*, Vor § 1, Rn. 343.

3387 Siehe hierzu oben, E. I. 1. b), S. 225.

3388 Also §§ 89a), 89b), 91 StGB, § 89c StGB und der Reg-E vom Februar 2015, siehe oben, E. I. 2. h), S. 257.

Sehr deutlich wird dieses Phänomen dort, wo das Strafrecht besonders symbolisch genutzt wird, es um *Klimaschutz* i.S. *Jakobs* geht und damit die Bedeutung handfester Rechtsgutsverletzungen besonders in den Hintergrund tritt. Dies ist schon bei den Verunglimpfungsdelikten festzustellen, deren Ziel es ist, den *Bestand des Staates* dadurch zu schützen, dass sein *Ansehen* geschützt wird; ein Vorgehen, dessen tatsächliche Nützlichkeit sehr fraglich ist.[3389] Dieselben Zweifel sind auch dort anzumelden, wo § 185 StGB genutzt wird, um die Funktionsfähigkeit staatlicher Institutionen dadurch zu sichern, dass deren Ehre protektiert wird. Letztlich zeigt sich hier das soeben[3390] unter verkehrten Vorzeichen dargestellte Phänomen: Gerade die Fragwürdigkeit der empirischen Möglichkeit, einen Funktionsschutz durch einen Ansehensschutz herzustellen, drängt die Frage auf, ob hier wirklich eine *Funktion* geschützt werden soll – wie in der Literatur und der Rspr. behauptet – oder doch eine *Ehre des Staates* als solcher; dies wiederum setzt eine Personalisierung des Staates voraus.[3391] Mit *Kelsen* lässt sich resümieren, dass ein solches Vorgehen primär ideologisch motiviert ist.[3392]

Auch bei der Sitzblockadenproblematik wird offenbar, dass in der konkreten Anwendung der Staat zum Schutzgut des § 240 StGB wird; auch dort findet eine Lockerung der Verbindung von strafrechtlich erfasstem Verhalten und Gefährdung des Schutzguts statt, was zu einer Vorverlagerung führt.[3393] Insgesamt erscheint die systemwidrige Nutzung von eigentlichen Verletzungsdelikten wie § 240 StGB und § 185 StGB als „abstrakte Staatsgefährdungsdelikte" als unverhältnismäßig.[3394] Dies gilt für die Bestrafung von *passivem Niedersetzen* durch ein Delikt, das urspr. auf *körperliche Gewalt*[3395] gemünzt war ebenso wie für die Erfassung der Bezeichnung von *Soldaten als Berufsgruppe als Mörder* von einem Tatbestand, der intentional *Privatfehden* betrifft[3396].

3. Tatbestandliche Weite, Gesinnungsmäßigkeit und Dezisionismus

Die Feststellung, dass hier bestimmte Straftatbestände in einem sachfremden Kontext angewendet werden, führt auf das nächste Themenfeld: Es ist die tatbestandliche Weite der fraglichen Normen, die den Rechtsanwendenden einen großen, rechtlich undeterminierten Entscheidungsspielraum zugesteht, was es ermöglicht,

3389 Siehe oben, E. I. 2. d) cc), S. 246.
3390 F. I. 1., S. 349.
3391 Dazu ausführlich oben, E. II. 1. b) bb) (1) (b) (aa) (bbb), S. 299.
3392 Dazu allg. oben, B. II. 1. b) bb) (2) (a), S. 72.
3393 Dazu oben, E. II. 2. b) cc), S. 339.
3394 Zu § 185 StGB oben, E. II. 1. b) bb) (1) (b) (ab), S. 303, zu § 240 StGB oben, E. II. 2. b) bb) (1), S. 331, zu diesem Problemfeld auch *Köhler,* NJW 1983b, S. 11.
3395 Dazu oben, E. II. 2. b) aa) (1), S. 323.
3396 Dazu oben, E. II. 1. b) aa) (4), S. 287.

dass nicht das äußere, tatbestandlich umschriebene Verhalten, sondern die Gesinnung der Rechtsunterworfenen zum Anknüpfungspunkt der Strafbarkeit wird.

Die bei der Analyse der übergreifenden *Topoi* aufgestellte These[3397], dass unbestimmte Tatbestände eine gesinnungsabhängige Nutzung des Strafrechts ermöglichen und sich daher gerade für politische Delikte – oder die politische Nutzung eigentlich unpolitischer Delikte – eignen, hat sich bestätigt.

So verfügt das *per se* politische Strafrecht der wehrhaften Demokratie schon über äußerst unklare Schutzgüter, nämlich die *fdGO* bzw. die *wehrhafte Demokratie* selbst[3398]. Aber auch die konkreten Straftatbestände sind oft unbestimmt formuliert, was insb. für die Verunglimpfungsdelikte gilt.[3399] Gerade beim staatsschützenden Strafrecht harmoniert dies mit dessen präventiver Ausrichtung: Notfalls sollen den Staat möglichst wenige normative Schranken beim Kampf gegen seine Feinde fesseln; die Flexibilität, die unbestimmte Tatbestände mit sich bringen, birgt genau diesen Effekt.[3400]

I.R.d. § 185 StGB zeigt sich dies daran, dass dessen unklares Schutzgut, die Ehre, uneinheitlich ausgelegt wird – mal eher normativ, mal eher faktisch. Dies sorgt dafür, dass mit einer *faktischen* Argumentation die Strafbarkeit der Kollektivbeleidigung, mit *normativen* die der Sexualbeleidigung hergeleitet wird – jeweils erscheint dies als das nicht rechtlich programmierte, sondern *gewünschte* Ergebnis.[3401] Auch bei § 240 StGB hat die mangelnde rechtliche Programmierung faktische folgen: Der Terminus *Gewalt* wird äußerst uneinheitlich angewendet: Insb. historisch wurde *Gewalt* bei der „Sexualnötigung" besonders eng, bei Sitzblockaden z.T. besonders weit ausgelegt, was wohl entsprechende gesellschaftspolitische Grundüberzeugungen spiegelt. Aber auch bei den Sitzblockaden selbst fehlt es an einer einheitlichen Anwendung: Solche, die als politisch opportuner erscheinen, wurden seltener erfasst als solche, die eine besonders oppositionelle Haltung ausdrücken.[3402] Verschärft wird dieser Effekt jeweils dadurch, dass sowohl bei § 185 als auch bei § 240 StGB die Strafbarkeit von *normativen Begriffen – Ehre* dort, *Verwerflichkeit* hier – abhängt[3403] und beide Straftatbestände wegen ihrer besonderen Eingriffsintensität in verfassungsrechtlich verbriefte Rechte eine Einzelfallabwägung nötig machen, die sich durch besondere Unvorhersehbarkeit auszeichnet.[3404]

3397 Siehe oben, D. II. 3., S. 212.
3398 Dazu oben, E. I. 1. c), S. 226.
3399 Dazu oben, E. I. 2. d) bb), 245 sowie oben, E. I. 2. b) ff., ab S. 237.
3400 Dazu oben, E. I. 1. c), S. 226.
3401 Dazu oben, E. II. 1. b) aa) (1), S. 281 sowie oben, E. II. 1. b) aa) (4), S. 287.
3402 Dazu oben, E. II. 2. b) aa) (1), S. 323.
3403 Zur Ehre oben, E. II. 1. b) aa) (1), S. 281, zur Verwerflichkeit oben, E. II. 2. b) aa) (2), S, 325.
3404 Zu § 185 StGB oben, E. II. 1. b) aa) (3), S. 285, zu § 240 StGB oben, E. II. 2. b) aa) (2) (a), S. 326.

Gerade die Verwerflichkeitsklausel sorgt für eine Berücksichtigung der Tätergesinnung – dies war auch das Motiv hinter der Einführung des *inhaltlichen* identischen § 240 Abs. 2 StGB durch das NS-Regime.[3405] Insgesamt ist zu konstatieren, dass es die Gesinnung, nicht äußeres Verhalten ist, die in den hier betrachteten Fällen die Strafe konstituiert. Konkret ist es eine oppositionelle, staatsfeindliche Gesinnung, die zum Anknüpfungspunkt der Strafbarkeit wird. Dies zeigt die Parallelen zum Feindstrafrecht, aber auch zu *Schmitts* Position deutlich: Wer es an der „richtigen" Gesinnung mangeln lässt, kann sich nicht auf alle seine Grundrechte berufen, er wird bekämpft – und erscheint damit als exkludiert. *Wer* davon betroffen ist, ist nicht rechtlich programmiert, sondern die Folge einer Dezision. Die Feinde i.d.S. erscheinen damit als *gelabelt*, als dezisionistisch konstruiert.[3406]

4. Die Folge: Friktionen mit Demokratie und Pluralismus

Mit der Feststellung, dass ein substanzhaft-funktionalistisches Staatsverständnis dazu führt, dass man zwecks Prävention und mittels strafrechtlicher Vorverlagerung und tatbestandlichen Unschärfen Personen aufgrund ihrer Gesinnung wie Feinde behandelt, ist das abschließende Themenfeld angesprochen: Die gesellschaftspolitischen und demokratietheoretischen Probleme dieses Vorgehens.

Auch diese wurden bereits allgemein konstatiert: Das Feindstrafrecht *Jakobs'* birgt ein ähnliches Potential, undemokratisch und gesellschaftspolitisch totalitär zu wirken, wie das autoritäre und etatistische Staatsverständnis *Schmitts*.[3407] Dies gilt auch für das tatsächliche Strafrecht:

Schon *Kelsen* hat den undemokratischen Zug der wehrhaften Demokratie betont: Die Vorstellung, bestimmte Teile der Gesellschaftsordnung müssten vor jeglichen, auch demokratisch legitimierten Änderung geschützt werden, um die Demokratie zu verteidigen, wirkt selbstwidersprüchlich.[3408]

Dieses Problem zeigt sich deutlich bei einem Strafrecht, das eine Grundordnung schützen soll, deren Änderung sogar dem Verfassungsgeber verwehrt ist: Einzelne, dezisionistisch definierte Positionen werden verabsolutiert und der Macht des *demos* entzogen, was mit dem „schärfsten Schwert" des Staates abgesichert wird.[3409] Dies wirkt konservierend. Damit harmoniert, dass die einzelnen Straftatbestände dazu neigen, die Kommunikationsgrundrechte einzuschränken – die sowohl für *Kelsen* als auch das BVerfG für jede demokratische Gesellschaftsstruktur grundlegend sind.[3410]

3405 Dazu oben, E. II. 2. b) aa) (2) (a), S. 326.
3406 Dazu insb. oben, E. I. 1. c), S. 226.
3407 Dazu oben, D. II. 4., S. 214.
3408 Dazu oben, B. II. 3., S. 83.
3409 Dazu oben, E. I. 1. d), S. 228.
3410 Insb. oben, E. I. 2. d) dd), S. 248 sowie oben, E. I. 2. b) ff., ab S. 237.

Diese Feststellung gilt auch für § 185 StGB: Der Schutz einer Staats*ehre* lässt sich als Absoultsetzung eines Geltungsanspruchs lesen.[3411] Ein solches Äußerungsdelikt konfligiert dazu *per se* mit den Kommunikationsgrundrechten. Wird es nicht im Bereich von Privatfehden, sondern öffentlichen Auseinandersetzungen wie bei den *Soldaten-sind-Mörder*-Fällen angewendet, verschärft sich dieses Problem, da gerade in den für die Demokratie entscheidenden Aspekt der öffentlichen Auseinandersetzung eingegriffen wird, wobei bestimmte Haltungen sanktioniert werden. Konkret: Wer eine klassische pazifistische Losung äußert, wird, ohne dass eine *konkrete Person* angegriffen wird, bestraft.[3412] Ähnliches ist bei der Anwendung des § 240 StGB auf Sitzblockaden zu konstatieren: Die Wahrnehmung der durch Art. 8 GG grundrechtlich verbrieften Demonstrationsfreiheit wird pönalisiert;[3413] dies umso mehr, wenn damit besonders kontroverse Themen kommuniziert werden, historisch z.B. bei den Blockaden der *Pershing*-Raketen bei den Protesten gegen die Wiederaufrüstung.

Fragwürdig erscheint dieses Vorgehen nicht nur aus der konkreten, eher technisch-demokratietheoretischen Warte, sondern auch allgemein gesellschaftspolitisch. Es läuft dem Pluralismus entgegen, schafft einen Homogenisierungsdruck und trägt zumindest die Ansätze eines totalitären Rechtsverständnisses in sich. So wirken die hier auf fragwürdigem Weg eingeschränkten Grundrechte in zweierlei Stoßrichtungen: Zum einen wird – *demokratie-funktional*[3414] – die Bildung einer (Mehrheits-)meinung durch demokratische Teilhabe gesichert, zugleich geht es auch um den typisch-grundrechtlichen Schutz von Minderheiten. Der Schutz der Meinungsfreiheit dient damit auch dem konkreten Individuum, dem die Möglichkeit gewährt wird, seiner (möglicherweise: Minderheits-)Meinung in der gesellschaftlichen Auseinandersetzung Gehör zu verschaffen.[3415] Dies entspricht der *politischen, positiven Freiheit* i.S. *Kelsens*[3416].

Bei der Betrachtung von § 185 StGB zeigte sich, dass ein übersteigerter Schutz einer *Kollektiv*ehre einen gegenteiligen, kollektivistischen Effekt hat: Von der Mehrheitsmeinung abweichende Auffassungen gelten als Verletzung der Gruppenehre und werden sanktioniert, die öffentliche Meinung dadurch homogenisiert – was nicht nur *Kelsens* Demokratieverständnis widerspricht.[3417] Die Bestrafung von politischen Äußerungen erscheint oft als inhaltliche, z.T. sogar als geschmackliche Zensur.[3418] Ebenso wirkt § 240 StGB, wo die Verwerflichkeit des Abs. 2 davon abhängt, ob ein Verhalten als *sozialadäquat* angesehen wird – wodurch diffuse Vorstellungen der gesellschaftlichen Mehrheit von einem angemessenen Verhalten über

---

3411 Dazu oben, E. II. 1. b) dd) (1), S. 308.
3412 Dazu oben, E. II. 1. b) dd) (3), S. 311.
3413 Dazu oben, E. II. 2. b) dd) (1), S. 340.
3414 Dazu oben, E. II. 1. b) dd) (3), S. 311 u. oben, E. II. 2. b) dd) (1) (b), S. 342.
3415 Dazu oben, E. II. 1. b) dd) (2), S. 309.
3416 Dazu oben, B. II. 4. a) bb), S. 86.
3417 Dazu oben, E. II. 1. b) dd) (4), S. 313.
3418 Dazu oben, E. II. 1. b) dd) (5), S. 315.

die Frage der Strafbarkeit entscheiden.[3419] Die Sitzblockaden von Oppositionellen widersprachen diesen Maßstäben z.T. ebenso wie die Bezeichnung von Soldaten als Mördern – was zu (zumindest instanzgerichtlichen) Verurteilungen führte, die nicht als primär durch das Recht programmiert erscheinen. Diese implizieren zusätzlich das besondere *sozialethische Unwerturteil* einer jeden strafrechtlichen Sanktion. Ein solches Vorgehen wirkt vereinheitlichend und gerät so mit *Kelsens* zeitgemäßem Pluralismusverständnis in Konflikt[3420].

Hiermit wechselwirkt die *Gesinnungabhängigkeit*, wodurch nicht nur ein äußerlich rechtskonformes Verhalten gefordert wird, sondern auch eine innere Identifikation – konkret bspw. mit der *fdGO*.[3421] Dies ist ein typisches Element eines totalitären Rechtsverständnisses[3422]. Ähnlich wirkt die Vorstellung einer zum *staatlichen Gewaltmonopol* spiegelbildlichen *bürgerlichen Friedenspflicht*, mit der gerade *J. Isensee* argumentiert und die *Kelsens* Vorstellung eines Freiheitsminimums und eines nur relativ, nicht absolut geltenden Rechts widerspricht.[3423] Mit dieser Friedenspflicht wird von Strafbarkeitsbefürwortern für die Pönalisierung von Sitzblockaden mittels § 240 StGB gestritten. Durch ihre flexible Natur wird die Nötigung so zu einem *allgemeines Friedensdelikt* umgedeutet.[3424]

Insgesamt lassen sich die aus der Zusammenschau von *Jakobs*' und *Schmitt* destillierten, gesellschaftspolitischen und demokratietheoretischen Probleme auch in der hier untersuchten, tatsächlichen Anwendung des Strafrechts feststellen und mit *Kelsen* kritisieren.

II. Das BVerfG

Auch die Betrachtung des BVerfG konnte die Vermutungen bestätigen – bzw. die von *Kelsen* in eine solche Institution gesetzte Hoffnung erfüllen: Im Großen und Ganzen agiert das Gericht demokratie-funktional.[3425] Obwohl es zum Teil auf problematische Argumente rekurriert, die sich eher auf *Schmitt* als auf *Kelsen* zurückführen lassen, entfaltet es eine für den Schutz der Grundrechte – hier konkret der Kommunikationsgrundrechte –, damit denen der Minderheiten, positive Wirkung. Während solches im Bereich der Meinungsfreiheit uneingeschränkt zu konstatieren ist, gilt es bei den Sitzblockadefällen zumindest partiell. Auch war festzustellen, dass es sich bei Eingriffen in die Gesetzgebung – zumindest im Bereich des Strafrechts – stärker zurückhält als bei solchen in die Rspr.

3419 Dazu oben, E. II. 2. b) dd) (3), S. 344.
3420 Zu letzterem oben, B. II. 4. b) cc), S. 91.
3421 Dazu oben, E. I. 1. d), S. 228.
3422 Dazu oben, in u. an Fn. 488.
3423 Dazu oben, C. I. 3. c) bb) (1) (a) . S. 147.
3424 Dazu oben, E. II. 2. b) dd) (2), S. 343.
3425 Hierzu insg. oben, E. III., S. 345.

III. Schlussbetrachtung

Die vermuteten Traditionslinien konnten also tatsächlich festgestellt werden: So ließ sich eine mit rechtsstaatlich fragwürdigen Instrumenten operierende, politisch konservierend und gesellschaftlich kollektivistisch wirkende Betrachtungsweise aufzeigen, die sich auf die autoritären und etatistischen Positionen *Schmitts* zurückführen lässt und die viele Parallelen zu der Konzeption des Feindstrafrechts *Jakobs'* aufweist. Dessen Theorie wiederum ist die Schnittstelle für die Betrachtung des geltenden Strafrechts, bei der sich ebenfalls viele Ähnlichkeiten zeigten.

Zu betonen ist dabei, dass es hier stets um Parallelen in der *Struktur* der Argumentation, nicht deren Intensität geht: Zwar nutzt *Jakobs'* z.T. die selben problematischen Topoi wie *Schmitt*; dies wirkt aber bei weitem nicht so verheerend wie beim *Kronjurist des dritten Reiches*. Auch wurde festgestellt, dass die Verurteilungen von Sitzblockaden als strafbare Nötigungen auf feindstrafrechtlichen Erwägungen basieren. Selbstverständlich ist dies aber nur schwer mit den ebenfalls feindstrafrechtlichen Geschehnissen bspw. um das US-Gefängnis in *Guantanamo Bay* zu vergleichen. Hier sollten vielmehr immer wiederkehrende, strukturell problematische Argumente aufgezeigt sowie eine Möglichkeit der Kritik dieser Positionen eröffnet werden.

Als eines der interessantesten derartigen Ergebnisse lässt sich festhalten, dass gerade die theoretische Fundierung des entsprechenden Vorgehens stets darauf angewiesen ist, auf sowohl überpositive als auch oft irrational bzw. empirisch fragwürdig wirkende Argumente zu rekurrieren – dies, obwohl gerade das präventive, *feindstrafrechtliche* Strafrecht den Anschein macht, besonders nüchtern auf gegebene Zwänge (wie eben die Gefahr der Terrorismus) zu reagieren.

Dies ist der Grund dafür, warum sich gerade die Positionen *Kelsens* gegen dieses Vorgehen mobilisieren lassen: Wo eine *substanzhaft-funktionalistische* Betrachtungsweise darauf angewiesen ist, Staat und Recht absolute Werte unklarer Provenienz zuzuschreiben, relativiert *Kelsen* beides und deckt vermeintlich rationale als eigentlich ideologisch überformte Argumente auf.

Das zeigt auch, dass es zu kurz greift, wenn man die oft geäußerte Kritik an der Selbstgenügsamkeit einer funktionalistischen Konzeption wie der *Jakobs'* – bspw. den Verzicht auf den Schutz bestimmter Rechtsgüter als Legitimitätsbedingung des Strafrechts – mit einer Kritik am Rechtspositivismus parallelisiert: Eine solche Selbstgenügsamkeit ist stets auf transzendente Argumente angewiesen, die der Rechtspositivismus in *Kelsens* Variante gerade zu verbannen versucht. Auch wenn die Möglichkeit, dass dies tatsächlich völlig gelingt, natürlich in Frage zu stellen ist, zeigt diese Perspektive zumindest die Stoßrichtung einer möglichen Kritik. Insbesondere geht es um das Aufdecken von impliziten Positionen oder unausgesprochenen Folgen des kritisierten Vorgehens.

Wie diese Arbeit zusätzlich zeigen sollte, scheint es stets Bedarf an einer solchen Kritik zu geben. Der Konflikt zwischen *Schmitt* und *Kelsen* liegt fast 100 Jahre zurück und hat sich in sämtlichen Phasen der BRD wiedergefunden: Von der jungen Republik, die das Strafrecht gegen die gefürchteten kommunistischen Umtriebe mobilisierte, über die siebziger Jahre und die strafrechtlichen Reaktionen auf den RAF-Terrorismus sowie das Vorgehen gegen neue soziale Bewegungen in den 1980er und 1990er Jahren hin zur Bekämpfung des islamistischen Terrorismus seit dem *11. September 2001* bis in die neueste Zeit. Die letzten entsprechenden Verschärfungen des Strafrechts fanden im Jahr 2016 statt, ein Ende ist nicht abzusehen. Auch war es immer wieder das Bundesverfassungsgericht, das in diese Auseinandersetzungen, oft kontrovers bewertet, eingegriffen hat.

Es ist zu hoffen, dass mit der vorliegenden Arbeit zumindest einzelne Aspekte der Diskussion vertieft werden konnten, dass manche bisher nicht betrachteten Konsequenzen offener zutage treten und einige – problematische sowie zu unrecht kritisierte – Argumente tiefer gehend eingeordnet und reflektiert werden können.

Literaturverzeichnis

Achterberg, Norbert, Hans Kelsens Bedeutung in der gegenwärtigen deutschen Staatslehre, DÖV 1974, S. 445–454.

Achterberg, Norbert, Rechtsnorm und Rechtsverhältnis in demokratietheoretischer Sicht, in: *Krawietz, Werner/ Topitsch, Ernst/ Koller, Peter* (Hrsg.), Ideologiekritik und Demokratietheorie bei Hans Kelsen, 1982, S. 133–148.

Achterberg, Norbert, Allgemeines Verwaltungsrecht, 1988.

Adomeit, Klaus/ Hähnchen, Susanne, Rechtstheorie für Studenten, 5. Auflage, 2008.

Agamben, Giorgio, Ausnahmezustand, 2004a.

Agamben, Giorgio, Homo sacer. Die souveräne Macht und das nackte Leben, 2004b.

Albrecht, Hans-Jörg (Hrsg.), Alternativkommentar zum Strafgesetzbuch, 1986–1990.

Albrecht, Hans-Jörg, Terrorismus und Strafrecht, in: *Griesbaum, Rainer/ Hannich, Rolf/ Schnarr, Karl Heinz* (Hrsg.), Strafrecht und Justizgewährung. Festschrift für Kay Nehm zum 65. Geburtstag, 2006, S. 17–26.

Albrecht, Peter-Alexis, Das Strafrecht im Zugriff populistischer Politik, StV 1994, S. 265–276.

Albrecht, Peter-Alexis, „Krieg gegen den Terror". Konsequenzen für ein Rechtsstaatliches Strafrecht, in: *Uwer, Thomas/* Organisationsbüro der Strafverteidigervereinigungen (Hrsg.), Bitte bewahren Sie Ruhe. Leben im Feindrechtsstaat, 2006, S. 117–128.

Albrecht, Peter-Alexis, Menschenwürde als staatskritische Absolutheitsregel, KritV 2006, S. 295–306.

Albrecht, Peter-Alexis, Das nach-präventive Strafrecht: Abschied vom Recht, in: Institut für Kriminalwissenschaften und Rechtsphilosophie, Frankfurt a.M (Hrsg.), Jenseits des rechtsstaatlichen Strafrechts, 2007, S. 3–26.

Albrecht, Peter-Alexis, Kriminologie. Eine Grundlegung zum Strafrecht, 4. Auflage, 2010.

Albrecht, Peter-Alexis, Die vergessene Freiheit. Strafrechtsprinzipien in der europäischen Sicherheitsdebatte, 3. Auflage, 2011.

Alexy, Robert, Zum Begriff des Rechtsprinzips, in: *Krawietz, Werner/ Opałek, Kazimierz/ Peczenik, Aleksander/ Schramm, Alfred* (Hrsg.), Rechtstheorie Beiheft 1. Argumentation und Hermeneutik in der Jurisprudenz, 1979, S. 59–87.

Alexy, Robert, Theorie der juristischen Argumentation. Die Theorie des rationalen Diskurses als Theorie der juristischen Begründung, 1983.

Alexy, Robert, Theorie der Grundrechte, 3. Auflage, 1996.

Alexy, Robert, Hans Kelsens Begriff der Verfassung, in: *Paulson, Stanley/ Stolleis, Michael* (Hrsg.), Hans Kelsen. Staatsrechtslehrer und Rechtstheoretiker des 20. Jahrhunderts, 2005, S. 333–352.

Altvater, Gerhard, Anmerkung zu BVerfG, Beschluß vom 10.01.1995 – 1 BvR 718/89, 1 BvR 719/89, 1 BvR 722/89, 1 BvR 723/89, NStZ 1995, S. 278–282.

Ambos, Kai, Feindstrafrecht, in: *Vormbaum, Thomas* (Hrsg.), Kritik des Feindstrafrechts, 2010, S. 345–383.

Amelung, Knut, Anmerkung zu BGH 1 StR 126/95, NStZ 1996, S. 230–231.

Amelung, Knut, Die Ehre als Kommunikationsvoraussetzung. Studien zum Wirklichkeitsbezug des Ehrbegriffs und seiner Bedeutung im Strafrecht, 2002.

Ammann, Walther, Die Problematik des vorverlegten Staatsschutzes, in: *Nedelmann, Carl/ Thoss, Peter/ Bacia, Hubert/ Ammann, Walther* (Hrsg.), Kritik der Strafrechtsreform, 1968, S. 121–168.

Androulakis, Nikolaos, Die Sammelbeleidigung, 1970.

Aponte, Alejandro, Feind oder Bürger. Günther Jakobs und das Dilemma eines feindlichen Strafrechts, in: *Uwer, Thomas/* Organisationsbüro der Strafverteidigervereinigungen (Hrsg.), Bitte bewahren Sie Ruhe. Leben im Feindrechtsstaat, 2006, S. 131–163.

Aponte, Alejandro, Krieg und Politik, HRRS 2006, S. 297–303.

Arndt, Adolf, Der Rechtsstaat und sein polizeilicher Verfassungsschutz, NJW 1961, S. 897–902.

Arnold, Jörg, Die „neue" Auslegung des Gewaltbegriffs in § 240, JuS 1997, S. 298.

Arnold, Jörg, Entwicklungslinien des Feindstrafrechts in 5 Thesen, HRRS 2006, S. 303–315.

Arnold, Jörg, Geleitwort. Das Ende der Gespensterjagd, in: *Uwer, Thomas/* Organisationsbüro der Strafverteidigervereinigungen (Hrsg.), Bitte bewahren Sie Ruhe. Leben im Feindrechtsstaat, 2006, S. 13–25.

Arzt, Gunther, Der strafrechtliche Ehrenschutz, JuS 1982, S. 717–729.

Arzt, Gunther, Anmerkung zu BGH, 19.01.1989 – 1 StR 641/88, JZ 1989, S. 647–648.

Arzt, Gunther/ Weber, Ulrich/ Heinrich, Bernd/ Hilgendorf, Eric, Strafrecht, besonderer Teil, 2. Auflage, 2009.

Asholt, Martin, Die Debatte über das „Feindstrafrecht" in Deutschland, ZIS 2011, S. 180–192.

Backes, Otto, Rechtstaatsgefährdungsdelikte und Grundgesetz, 1970.

Backes, Otto, Der Kampf des Strafrechts gegen nicht-organisierte Terroristen, StV 2008, S. 654–660.

Bader, Hans, Mörder?, Betrifft JUSTIZ 1994/1995, S. 1–6.

Bader, Karl Siegfried, Koreferat zum Staatsschutzstrafrecht, Verhandlungen des Juristentags 1951, S. E23 – E37.

Basak, Denis, IS-Terror: Sicherheitsrat als deutscher Strafgesetzgeber, LTO vom 05.02.2015, http://www.lto.de/recht/hintergruende/h/is-terror-un-sicherheitsrat-resolution-strafrecht, Stand: 25.11.2016.

Baume, Sandrine, On political theology: A controversy between Hans Kelsen and Carl Schmitt, History of European Ideas 2009, S. 369–381.

Baume, Sandrine, Hans Kelsen and the case for democracy, 2012.

Beater, Axel, Informationsinteressen der Allgemeinheit und öffentlicher Meinungsbildungsprozess, ZUM 2005, S. 602–612.

Beck, Susanne, Rechtsstaatlichkeit – Bauernopfer im Krieg gegen den Terror?, in: *Laubenthal, Klaus* (Hrsg.), Festgabe des Instituts für Strafrecht und Kriminologie der Juristischen Fakultät der Julius-Maximilians-Universität Würzburg für Rainer Paulus zum 70. Geburtstag am 20. Januar 2009, 2009, S. 15–34.

Beck, Wolfgang, Unrechtsbegründung und Vorfeldkriminalisierung. Zum Problem der Unrechtsbegründung im Bereich vorverlegter Strafbarkeit, erörtert unter besonderer Berücksichtigung der Deliktstatbestände des politischen Strafrechts, 1992.

Becker, Jürgen, Die wehrhafte Demokratie des Grundgesetzes, in: *Isensee, Josef/ Kirchhof, Paul* (Hrsg.), Handbuch des Staatsrechts der Bundesrepublik Deutschland, 1987–1992, S. 309–359.

Becker, Michael/ Lauth, Hans-Joachim/ Pickel, Gert, Einleitung, in: *Becker, Michael/ Lauth, Hans-Joachim/ Pickel, Gert* (Hrsg.), Rechtsstaat und Demokratie. theoretische und empirische Studien zum Recht in der Demokratie, 2001, S. 7–20.

Beisel, Daniel, Die Strafbarkeit der Auschwitzlüge, NJW 1995, S. 997–1001.

Berger, Peter L./ Berger, Brigitte/ Kellner, Hansfried, Das Unbehagen in der Modernität, 1987.

Bergmann, Alfred, Das Unrecht der Nötigung (§ 240 StGB), 1983.

Bergmann, Alfred, Zur Strafrechtlichen Beurteilung von Straßenblockaden als Nötigung (§ 240 StGB) unter Berücksichtigung der jüngsten Rechtsprechung, JURA 1985, S. 457–465.

Bertuleit, Achim, Verwerflichkeit von Sitzblockaden, JA 1989, S. 16–26.

Bertuleit, Achim, Sitzdemonstrationen zwischen prozedural geschützter Versammlungsfreiheit und verwaltungsrechtsakzessorischer Nötigung. Ein Beitrag zur Harmonisierung von Art. 8 GG, § 15 VersG und § 240 StGB, 1994.

Beutner, Detlev, Prozeß gegen Antimilitarist am 14.12.2009 in Dresden, Pressemitteilung Deutsche Friedensgesellschaft – Vereinigte KriegsdienstgegnerInnen vom 11.02.2015.

Beutner, Detlev/ Eichler, Jörg, Strafverfahren gegen Zapfenstreichgegner in Dresden, http://den-zapfen-streichen.blogspot.de, Stand: 25.11.2016.

Beyer, Wilhelm R., Anmerkung zu BVerfG, Beschluß vom 25. 1. 1961 – 1 BvR 9/57, NJW 1961, S. 1155–1156.

Beyme, Klaus von, Geschichte der politischen Theorien in Deutschland 1300 – 2000, 2009.

Bielefeldt, Heiner, Freiheit und Sicherheit im demokratischen Rechtsstaat,

Bielefeldt, Heiner, Das Folterverbot im Rechtsstaat, http://www.institut-fuer-menschenrechte.de/uploads/tx_commerce/policy_paper_4_das_folterverbot_im_rechtsstaat.pdf, Stand: 25.11.2016.

Binding, Karl, Strafgesetzgebung, Strafjustiz und Strafrechtwissenschaft in normalem Verhältnis zu einander, ZStW 1881, S. 4–29.

Binding, Karl, Normen und Strafgesetze, 2. Auflage, 1890.

Binding, Karl, Das Problem der Strafe in der heutigen Wissenschaft, in: *Binding, Karl* (Hrsg.), Strafrecht, 1915, S. 61–94.

Binding, Karl, Handbuch des Strafrechts (1885), 1991.

Binding, Karl/ Hoche, Alfred, Die Freigabe der Vernichtung lebensunwerten Lebens. Ihr Maß und ihre Form, 2006.

Blinne, Jens/ Seubold, Günter, Relativismus, in: *Rehfus, Wulff D.* (Hrsg.), Handwörterbuch Philosophie, 2003.

Blomeyer, Peter, Der Notstand in den letzten Jahren von Weimar. Die Bedeutung von Recht, Lehre und Praxis der Notstandsgewalt für den Untergang der Weimarer Republik und die Machtübernahme durch die Nationalsozialisten. Eine Studie zum Verhältnis von Macht und Recht, 1999.

Bock, Michael, Ideen und Schimären im Strafrecht, ZStW 1991, S. 636–656.

Bockelmann, Paul, Diskussionsbeitrag, in: Große Strafrechtskommission (Hrsg.), Niederschriften über die Sitzungen der Grossen Strafrechtskommission. Besonderer Teil, 91–103. Sitzung, 1959, S. 93.

Böckenförde, Ernst-Wolfgang, Hasso Hofman, Legitimität gegen Legalität, Rezension, DÖV 1967, S. 688–690.

Böckenförde, Ernst-Wolfgang, Grundrechtstheorie und Grundechtsinterpretation, NJW 1974, S. 1529–1538.

Böckenförde, Ernst-Wolfgang, Der verdrängte Ausnahmezustand, NJW 1978, S. 1881–1890.

Böckenförde, Ernst-Wolfgang, Der Begriff des Politischen als Schlüssel zum staatsrechtlichen Werk Carl Schmitts, in: *Quaritsch, Helmut* (Hrsg.), Complexio Oppositorum. über Carl Schmitt, 1988, S. 283–299.

Böckenförde, Ernst-Wolfgang, Entstehung und Wandel des Rechtsstaatsbegriffs, in: *Böckenförde, Ernst-Wolfgang* (Hrsg.), Recht, Staat, Freiheit. Studien zur Rechtsphilosophie, Staatstheorie und Verfassungsgeschichte, 1991, S. 143–169.

Böckenförde, Ernst-Wolfgang, Verfassungsgerichtsbarkeit: Strukturfragen, Organisation, Legitimation, NJW 1999, S. 9–17.

Böckenförde, Ernst-Wolfgang, Demokratie als Verfassungsprinzip, in: *Blanke, Thomas/ Trümmer, Ralf* (Hrsg.), Demokratie und Grundgesetz. Eine Auseinandersetzung mit der verfassungsgerichtlichen Rechtsprechung, 2000, S. 8–31.

Böhme, Gerhard, Einleitung, in: *Denninger, Erhard* (Hrsg.), Freiheitliche demokratische Grundordnung. Materialien zum Staatsverständnis u. zur Verfassungswirklichkeit in d. Bundesrepublik, 1977, S. 67–75.

Brackert, Gesine, Kollektivbeleidigung und Meinungsfreiheit, JA 1991, S. 189–195.

Brammsen, Jörg, Anmerkung zu LG Frankfurt, Urteil vom 20.10.1989, NStZ 1990, S. 235–236.

Brammsen, Jörg, Anmerkung zu BayObLG v. 16.11.1990 – RReg. St 2287, 89 und OLG Frankfurt v. 11.3.1991 – 1 Ss 31, JR 1992, S. 82–86.

Bräuer, Holm, Ontologie, in: *Rehfus, Wulff D.* (Hrsg.), Handwörterbuch Philosophie, 2003.

Bräuer, Holm, Person, in: *Rehfus, Wulff D.* (Hrsg.), Handwörterbuch Philosophie, 2003.

Braum, Stefan, Grundgesetzinterpretation und Strafrecht, KritV 1995, S. 371–396.

Braum, Stefan, Globale Gesetzlichkeit – Imperiales Strafrecht, in: Institut für Kriminalwissenschaften und Rechtsphilosophie, Frankfurt a.M (Hrsg.), Jenseits des rechtsstaatlichen Strafrechts, 2007, S. 27–41.

Braun, Johann, Rechtsphilosophie im 20. Jahrhundert. Die Rückkehr der Gerechtigkeit, 2001.

Braun, Johann, Einführung in die Rechtsphilosophie. Der Gedanke des Rechts, 2. Auflage, 2011.

Brecht, Arnold, Politische Theorie. Die Grundlagen politischen Denkens im 20. Jahrhundert, 2. Auflage, 1976.

Brink, Josef/ Keller, Rainer, Politische Freiheit und strafrechtlicher Gewaltbegriff, KritJ 1983, S. 107–127.

Brodocz, André, Die politische Theorie des Dezisionismus. Carl Schmitt, in: *Brodocz, André/ Schaal, Gary S.* (Hrsg.), Politische Theorien der Gegenwart I, 2016, S. 288–322.

Brohm, Winfried, Demonstrationsfreiheit und Sitzblockaden, JZ 1985, S. 501–511.

Brumlik, Micha, Gesetzliches Unrecht: Die Wehrlosigkeit des wissenschaftlichen Rechtspostivismus gegenüber nationalsozialistischen Staatsverbrechen, in:

Brunkhorst, Hauke/ Voigt, Rüdiger (Hrsg.), Rechts-Staat. Staat, internationale Gemeinschaft und Völkerrecht bei Hans Kelsen, 2008, S. 385–394.

Brunkhorst, Hauke, Der lange Schatten des Staatswillenspositivismus, Leviathan 2003, S. 362–381.

Brunkhorst, Hauke, Folter, Würde und repressiver Liberalismus, in: *Uwer, Thomas/* Organisationsbüro der Strafverteidigervereinigungen (Hrsg.), Bitte bewahren Sie Ruhe. Leben im Feindrechtsstaat, 2006, S. 103–116.

Brunkhorst, Hauke, Kelsen, Hans, in: *Voigt, Rüdiger/ Weiß, Ulrich* (Hrsg.), Handbuch Staatsdenker, 2010, S. 206–207.

Brunkhorst, Hauke/ Voigt, Rüdiger, Rechts-Staat. Staat, internationale Gemeinschaft und Völkerrecht bei Hans Kelsen, 2008.

Brünneck, Alexander von, Politische Justiz gegen Kommunisten in der Bundesrepublik Deutschland 1949 – 1968, 1978.

Bruns, Hans-Jürgen, Zur Frage der passiven Beleidigungsfähigkeit handelsrechtlicher Kapitalgesellschaften im Strafrecht, NJW 1955, S. 689–693.

Bryde, Brun-Otto, Der Beitrag des Bundesverfassungsgerichts zur Demokratisierung der Bundesrepublik, in: *Ooyen, Robert Christian van/ Möllers, Martin* (Hrsg.), Das Bundesverfassungsgericht im politischen System, 2006, S. 321–331.

Bucher, Eugen, Das subjektive Recht als Normsetzungsbefugnis, 1965.

Bull, Hans Peter, Informationelle Selbstbestimmung – Vision oder Illusion? Datenschutz im Spannungsverhältnis von Freiheit und Sicherheit, 2. Auflage, 2011.

Bulla, Eckart, Die Lehre von der streitbaren Demokratie, AöR 1973, S. 340–360.

Bung, Jochen, Feindstrafrecht als Theorie der Normgeltung und der Person, in: *Uwer, Thomas/* Organisationsbüro der Strafverteidigervereinigungen (Hrsg.), Bitte bewahren Sie Ruhe. Leben im Feindrechtsstaat, 2006, S. 249–265.

Bung, Jochen, Zurechnen- Können, Erwarten- Dürfen und Vorsorgen-Müssen, HRRS 2006, S. 317–321.

Burkhardt, Armin, Das Zitat vor Gericht, in: *Böke, Karin/ Jung, Matthias/ Wengler, Martin* (Hrsg.), Öffentlicher Sprachgebrauch. Praktische, theoretische und historische Perspektiven. Georg Stötzel zum 60. Geburtstag gewidmet, 1996, S. 139–173.

Bydlinski, Franz, Juristische Methodenlehre und Rechtsbegriff, 2. Auflage, 1991.

Calliess, Rolf-Peter, Der Begriff der Gewalt im Systemzusammenhang der Straftatbestände, 1974.

Calliess, Rolf-Peter, Das strafrechtliche Problem der Gewalt in rechtssoziologischer Sicht, in: *Kaulbach, Friedrich/ Krawietz, Werner* (Hrsg.), Recht und Gesellschaft. Festschrift für Helmut Schelsky zum 65. Geburtstag, 1978, S. 49–62.

Calliess, Rolf-Peter, Der strafrechtliche Nötigungstatbestand und das verfassungsrechtliche Gebot der Tatbestandsbestimmtheit, NJW 1985, S. 1506–1513.

Calliess, Rolf-Peter, Strafzwecke und Strafrecht, NJW 1989, S. 1338–1343.

Campagna, Norbert, Carl Schmitt. Eine Einführung, 2004.

Campbell, Bert, Anmerkung zu BVerfG, Beschluß vom 25.08.1994 – 1 BvR 1423/92, NStZ 1995, S. 328–329.

Cancio Meliá, Manuel, Feind„strafrecht", ZStW 2005, S. 267–289.

Cancio Meliá, Manuel, Zum Unrecht der kriminellen Vereinigung: Gefahr und Bedeutung, in: *Pawlik, Michael/ Zaczyk, Rainer* (Hrsg.), Festschrift für Günther Jakobs. Zum 70. Geburstag, 2007, S. 27–52.

Cancio Meliá, Manuel, Feindstrafrecht. Kriminalpolitischer Kontext und theoretischer Begriff. Thesen zu Günther Jakobs' Konstruktion, in: *Vormbaum, Thomas* (Hrsg.), Kritik des Feindstrafrechts, 2010, S. 1–10.

Cavaliere, Antonio, „Feindstrafrecht" und „Bekämpfungsstrafrecht". Zwei unhaltbare Rechtfertigungen für eine Differenzierung von Verfassungsgrundsätzen nach Tätertypen, in: *Vormbaum, Thomas* (Hrsg.), Kritik des Feindstrafrechts, 2010, S. 315–343.

Cerezo Mir, José, Ontologismus und Normativismus im Finalismus der fünfziger Jahre, in: *Arnold, Jörg/ Burkhardt, Björn/ Gropp, Walter/ Heine, Günter/ Koch, Hans-Georg/ Lagodny, Otto/ Perron, Walter/ Walther, Susanne* (Hrsg.), Menschengerechtes Strafrecht. Festschrift für Albin Eser zum 70. Geburtstag, 2005, S. 101–113.

Christensen, Ralph/ Kudlich, Hans, Theorie richterlichen Begründens, 2001.

Claas, Wilhelm, Generalklauseln im Strafrecht, in: *Bockelmann, Paul/ Gallas, Wilhelm* (Hrsg.), Festschrift für Eberhard Schmidt zum 70. Geburtstag, 1971, S. 122–138.

Cobler, Sebastian, Konzessionierte Kommunikation. Zur Technik und Funktion strafrechtlicher Zensur, in: *Kienzle, Michael/ Mende, Dirk* (Hrsg.), Zensur in der BRD. Fakten u. Analysen, 1980.

Coing, Helmut, Zur Geschichte des Begriffs „subjektives Recht", in: *Coing, Helmut/ Lawson, Frederick H./ Grönfors, Kurt* (Hrsg.), Das subjektive Recht und der Rechtsschutz der Persönlichkeit, 1959, S. 7–23.

Čopić, Hans, Berufsverbot und Pressefreiheit, JZ 1963, S. 494–500.

Čopić, Hans, Grundgesetz und politisches Strafrecht neuer Art. Untersuchungen zur Problematik der Verfassungsmäßigkeit der Tatbestände und Deliktsfolgen der §§ 88 – 89 (incl. § 86), 100 d II, 100 d III i.V.m. II, 128, 129 StGB, § 20 VereinsG und der Deliktsfolgen gem. §§ 31 – 34, 37, 42 e, 42 m, 42 l StGB im Falle ihrer Verknüpfung mit den vorgenannten politischen Straftatbeständen, 1967.

Cornils, Matthias, BVerfGE 35, 202 – Lebach, in: *Menzel, Jörg/ Müller-Terpitz, Ralf* (Hrsg.), Verfassungsrechtsprechung. Ausgewählte Entscheidungen des Bundesverfassungsgerichts in Retrospektive, 2011, S. 238–244.

Crespo, Eduardo Demetrio, Das „Feindstrafrecht" darf nicht sein! Zur Unzulässigkeit des sogenannten Feindstrafrechts und dem Gedanken der Sicherheit unter besonderer Berücksichtigung der wissenschaftlichen Diskussion und Tendenzen in Spanien, in: *Vormbaum, Thomas* (Hrsg.), Kritik des Feindstrafrechts, 2010, S. 385–411.

Crespo, Eduardo Demetrio, Feindstrafrecht und Rechtstheorie, in: *Karsai, Krisztina/ Nagy, Ferenc/ Szomora, Zsolt* (Hrsg.), Freiheit – Sicherheit – (Straf)Recht. Beitrage Eines Humboldt-Kollegs, 2011, S. 57–64,

Dahm, Georg, Der Tätertyp im Strafrecht, 1940.

Dahms, Hans-Joachim, Die Philosophen und die Demokratie in den 20er Jahren des 20. Jahrhunderts: Hans Kelsen, Leonard Nelson und Karl Popper, in: *Jabloner, Clemens/ Stadler, Friedrich* (Hrsg.), Logischer Empirismus und reine Rechtslehre. Beziehungen zwischen dem Wiener Kreis und der Hans-Kelsen-Schule, 2001, S. 209–229.

Dau, Klaus, Der strafrechtliche Ehrenschutz der Bundeswehr, NJW 1988, S. 2650–2655.

Dau, Klaus, Anmerkung zu OLG Frankfurt, Urteil vom 02.12.1988 – 1 Ss 27/88, NStZ 1989, S. 361–363.

Dearing, Albin, Sitzblockade und Gewaltbegriff – ein Vergleich der deutschen und der österreichischen Judikatur zur Nötigung, StV 1986, S. 125–128.

Decken, Georg von der, Meinungsäußerungsfreiheit und Recht der persönlichen Ehre, NJW 1983, S. 1400–1403.

Deiters, Mark, Schutz der freiheitlichen demokratischen Grundordnung durch das Strafrecht, in: *Thiel, Markus* (Hrsg.), Wehrhafte Demokratie. Beiträge über die Regelungen zum Schutze der freiheitlichen demokratischen Grundordnung, 2003, S. 291–328.

Dencker, Friedrich, Das »Gesetz zur Bekämpfung des Terrorismus«, StV 1987, S. 119–122.

Denninger, Erhard, Staatsrecht. Einführung in die Grundprobleme des Verfassungsrechts der Bundesrepublik Deutschland. Die Leitbilder: Leerformeln? Lügen? Legitimationen?, 1973.

Denninger, Erhard, Freiheitsordnung — Wertordnung — Pflichtordnung, JZ 1975, S. 545–550.

Denninger, Erhard, Einführung, in: *Denninger, Erhard* (Hrsg.), Freiheitliche demokratische Grundordnung. Materialien zum Staatsverständnis u. zur Verfassungswirklichkeit in d. Bundesrepublik, 1977, S. 10–29.

Denninger, Erhard, „Rechtsstaat“ oder „Rule of law“ – was ist das heute?, in: *Prittwitz, Cornelius/ Baurmann, Michael/ Günther, Klaus/ Kuhlen, Lothar/ Merkel, Reinhard/ Nestler, Cornelius/ Schulz, Lorenz* (Hrsg.), Festschrift für Klaus Lüderssen. Zum 70. Geburtstag am 2. Mai 2002, 2002, S. 41–54.

Denninger, Erhard/ Hoffmann-Riem, Wolfgang/ Stein, Ekkehart (Hrsg.), Kommentar zum Grundgesetz für die Bundesrepublik Deutschland, 3. Auflage, 2001.

Denninger, Erhard/ Ridder, Helmut/ Simon, Helmut/ Stein, Ekkehart (Hrsg.), Kommentar zum Grundgesetz für die Bundesrepublik Deutschland, 2. Auflage, 1989.

Depenheuer, Otto, Reinheit und Recht. Einführung, in: *Depenheuer, Otto* (Hrsg.), Reinheit des Rechts. Kategorisches Prinzip oder regulative Idee?, 2010, S. 7–20.

Derrida, Jacques, Gesetzeskraft. Der mystische Grund der Autorität, 12. Auflage, 1992.

Di Fabio, Udo, Grundrechte als Werteordnung, JZ 2004.

Di Fabio, Udo, Sicherheit in Freiheit, NJW 2008, S. 421–425.

Diederichsen, Uwe, Topisches und systematisches Denken in der Jurisprudenz, NJW 1966, S. 697–705.

Doehring, Karl, Der „pouvoir neutre" und das Grundgesetz, Der Staat 1964, S. 201–219.

Dolzer, Rudolf/ Graßhof, Karin/ Kahl, Wolfgang/ Waldhoff, Christian (Hrsg.), Bonner Kommentar zum Grundgesetz gegründet.

Donini, Massimo, Das Strafrecht und der Feind, 2007.

Donini, Massimo, Bekämpfungsstrafrecht. Oder: Warum die Diskussion über das Feindstrafrecht sich nicht auf dessen Exorzierung beschränken darf, in: *Vormbaum, Thomas* (Hrsg.), Kritik des Feindstrafrechts, 2010, S. 279–313.

Dreier, Horst, Rechtslehre, Staatssoziologie und Demokratietheorie bei Hans Kelsen, 2. Auflage, 1990.

Dreier, Horst, Gustav Radbruch und die Mauerschützen, JZ 1997, S. 421–434.

Dreier, Horst, Rechtsdeutung zwischen Normativierung der Natur und Naturalisierung des Normativen am Beispiel von Kelsens Rechtsbegriff, in: *Jabloner, Clemens/ Stadler, Friedrich* (Hrsg.), Logischer Empirismus und reine Rechtslehre. Beziehungen zwischen dem Wiener Kreis und der Hans-Kelsen-Schule, 2001, S. 291–305.

Dreier, Horst, Kelsens Demokratietheorie: Grundlegung, Strukturelemente, Probleme, https://www.jura.uni-wuerzburg.de/fileadmin/02160100/Elektronische_Texte/Kelsen.pdf, Stand: 25.11.2016.

Dreier, Horst (Hrsg.), Grundgesetz Kommentar, 2. Auflage, 2006.

Dreier, Horst, Zerrbild Rechtspositivismus. Kritische Bemerkungen zu zwei verbreiteten Legenden, in: *Jabloner, Clemens/ Kucsko-Stadlmayer, Gabriele/ Muzak, Gerhard/ Perthold-Stoitzner, Bettina/ Stöger, Karl* (Hrsg.), Vom praktischen Wert der Methode. Festschrift Heinz Mayer zum 65. Geburtstag, 2011, S. 61–91.

Dreier, Ralf, Recht – Moral – Ideologie, 1981.

DRiZ – Redaktion, Heftiges Echo auf „Soldaten-Urteil", DRiZ 1989, S. 465–467.

Duden online, http://www.duden.de, Stand: 25.11.2016.

Dürig, Günter, Die Verwirkung von Grundrechten nach Artikel 18 des Grundgesetzes, JZ 1952.

Düx, Heinz, Globale Sicherheitsgesetze und weltweite Erosion von Grundrechten, ZRP 2003, S. 189–195.

Dvorák, Johann, David Hume. Wisenschaft und Religion bei Hans Kelsen, in: *Ehs, Tamara* (Hrsg.), Hans Kelsen. Eine politikwissenschaftliche Einführung, 2009, S. 133–151.

Dworkin, Ronald, Bürgerrechte ernstgenommen, 1984.

Ebenstein, William, Die Rule of Law im Licht der Reinen Rechtslehre, in: *Métall, Rudolf Aladár* (Hrsg.), 33 Beiträge zur reinen Rechtslehre, 1974, S. 61–74.

Ehmke, Horst, Grenzen der Verfassungsänderung, 1953.

Ehs, Tamara, Kelsens normativer Volksbegriff nach Rousseau und Kant, in: *Ehs, Tamara* (Hrsg.), Hans Kelsen. Eine politikwissenschaftliche Einführung, 2009, S. 153–169.

Eichhorn, Mathias, Carl Schmitts Verständnis des Staates als einer geschichtlichen Größe, in: *Voigt, Rüdiger* (Hrsg.), Mythos Staat. Carl Schmitts Staatsverständnis, 2001, S. 59–82.

Eilsberger, Rupert, Die Kölner Straßenbahnblockade - BGH NJW 1969, 1772, JuS 1970, S. 164–169.

Elfferding, Rainer, Das Kontaktsperre-Gesetz vom 30.9.1977, KritJ 1977, S. 401–407.

Ermer, Thomas, Politisch motivierte Sitzblockaden als Problem der strafbaren Nötigung, 1987.

Eser, Albin, Irritationen um das „Fernziel". Zur Verwerflichkeitsrechtsprechung bei Sitzblockaden, in: *Töpper, Bernhard* (Hrsg.), Wie würden Sie entscheiden? Festschrift für Gerd Jauch zum 65. Geburtstag, 1990, S. 35–53.

Eser, Albin/ Perron, Walter/ Eisele, Jörg/ Hecker, Bernd, et al. (Hrsg.), Strafgesetzbuch Kommentar, 28. Auflage, 2010.

Esser, Josef, Vorverständnis und Methodenwahl in der Rechtsfindung. Rationalitätsgrundlagen richterlicher Entscheidungspraxis, 1972.

Evers, Hans-Ulrich, Hans Kelsen individualistisches Extrem, ZfP 1962, S. 62–66.

Evers, Hans-Ulrich, Anmerkung zu BGH JZ 1963, 402ff., JZ 1963, S. 404–406.

Eylmann, Horst, Rechtspolitische Zielsetzungen der CDU/CSU in der 13. Legislaturperiode, ZRP 1995, S. 161–200.

Fabricius, Sabine, Die Formulierungsgeschichte des § 240 StGB. Untersuchungen zur Entstehung und Entwicklung der Nötigungsnorm, 1991.

Feichtinger, Johannes/ Müller, Sabine, Nachwort. Kelsen im wissenschftshistorischen Kontext. Das reine und Recht und die „Freunde der Demokratie", in: *Ehs, Tamara* (Hrsg.), Hans Kelsen. Eine politikwissenschaftliche Einführung, 2009, S. 209–235.

Feijoo Sánchez, Bernardo, Positive Generalprävention. Gedanken zur Straftheorie Günther Jakobs', in: *Pawlik, Michael/ Zaczyk, Rainer* (Hrsg.), Festschrift für Günther Jakobs. Zum 70. Geburstag, 2007, S. 75–95.

Fezer, Gerhard, Die persönliche Freiheit im System des Rechtsgüterschutzes, JZ 29, S. 599–606.

Fezer, Karl-Heinz, Teilhabe und Verantwortung. Die personale Funktionsweise des subjektiven Privatrechts, 1986.

Fiandaca, Giovanni, Feindstrafrecht. Eine Theorie, die vermieden werden muss, eine Realität, die nicht beseitigt werden kann, in: *Vormbaum, Thomas* (Hrsg.), Kritik des Feindstrafrechts, 2010, S. 21–42.

Fiedler, Christoph, BVerfGE 7, 198. Lüth, in: *Menzel, Jörg/ Müller-Terpitz, Ralf* (Hrsg.), Verfassungsrechtsprechung. Ausgewählte Entscheidungen des Bundesverfassungsgerichts in Retrospektive, 2011, S. 110–121.

Findeisen, Michael/ Hoepner, Barbara/ Zünkler, Martina, Der Strafrechtliche Ehrenschutz, ZRP 1991, S. 245–249.

Fischer, Christian, Topoi verdeckter Rechtsfortbildungen im Zivilrecht, 2007.

Fischer, Jürgen, Einleitung, in: *Denninger, Erhard* (Hrsg.), Freiheitliche demokratische Grundordnung. Materialien zum Staatsverständnis u. zur Verfassungswirklichkeit in d. Bundesrepublik, 1977, S. 369–379.

Fischer, Thomas, Sind Behörden beleidigungsfähig?, JZ 1990, S. 68–75.

Fischer, Thomas, Strafgesetzbuch mit Nebengesetzen, 62. Auflage, 2015.

Fischer, Thomas, Strafgesetzbuch mit Nebengesetzen, 63. Auflage, 2016.

Fischer-Lescano, Andreas, Kritik der praktischen Konkordanz, KritJ 2008, S. 166–177.

Fischer-Lescano, Andreas/ Christensen, Ralph, Auctoritas Interposito, Der Staat 2005, S. 213–241.

Fleiner, Thomas/ Basta-Fleiner, Lidija, Allgemeine Staatslehre. Über die konstitutionelle Demokratie in einer multikulturellen globalisierten Welt, 3., vollst. überarb. und erw. Aufl. Auflage, 2004.

Foerstner, Georg, Kollektivbeleidigung, Volksverhetzung und lex Tucholsky. Eine Untersuchung zu Äußerungsdelikten und Meinungsfreiheit, 2002.

Foschepoth, Josef, Überwachtes Deutschland. Post- und Telefonüberwachung in der alten Bundesrepublik, 2. Auflage, 2013.

Fraenkel, Ernst, Der Pluralismus als Strukturelement der freiheitlich-demokratischen Demokratie, in: *Nuscheler, Franz/ Steffani, Windried* (Hrsg.), Pluralismus. Konzeptionen und Kontroversen, 1972, S. 159–182.

Frankenberg, Günter, Angst im Rechtsstaat, KritJ 1977, S. 353–374.

Frankenberg, Günter, Passive Resistenz ist keine Nötigung, KritJ 1985, S. 301–324.

Frankenberg, Günter, Tocquevilles Frage. Zur Rolle der Verfassung im Prozess der Integration, in: *Schuppert, Gunnar Folke/ Bumke, Christian* (Hrsg.), Bundesverfassungsgericht und gesellschaftlicher Grundkonsens, 2000, S. 31–58.

Frankenberg, Günter, Kritik des Bekämpfungsrechts, KritJ 2005, S. 370–386.

Frankenberg, Günter, Staatstechnik. Perspektiven auf Rechtsstaat und Ausnahmezustand, 2010.

Freisler, Roland, Gedanken zum Gemeinschaftsehrschutz, DJ 1936, S. 1458–1466.

Fritz, n.n., Diskussionsbeitrag, in: Große Strafrechtskommission (Hrsg.), Niederschriften über die Sitzungen der Grossen Strafrechtskommission. Besonderer Teil, 91–103. Sitzung, 1959, S. 92.

Frommel, Monika, Präventionsmodelle in der deutschen Strafzweck-Diskussion. Beziehungen zwischen Rechtsphilosophie, Dogmatik, Rechtspolitik und Erfahrungswissenshaft, 1987.

Frommel, Monika, Zur Strafbarkeit von Sitzblockaden, KritJ 1989, S. 484–499.

Frommel, Monika, Zum Abbau der Bürgerrechte in der Strafprozeßreform der Bundesrepublik Deutschland, KritJ 1990, S. 279–286.

Frommel, Monika, Rechtsprechung statt Rechtsverweigerung, NKrimPol 1993, S. 22–29.

Frommel, Monika, Rebellen, Räuber und Intriganten. Wieso dabattieren wir im 21. Jahrhundert über ein „Feindstrafrecht " und damit über eine Dielektik, welche die Bürger des ausgehenden 18. Jahrhunderts bereits ins Theater verlegt hatten?, in: *Uwer, Thomas/* Organisationsbüro der Strafverteidigervereinigungen (Hrsg.), Bitte bewahren Sie Ruhe. Leben im Feindrechtsstaat, 2006.

Fronza, Emanuela, Feindstrafrecht und Internationale Strafgerichtsbarkeit, in: *Vormbaum, Thomas* (Hrsg.), Kritik des Feindstrafrechts, 2010, S. 413–430.

Frowein, Jochen, Die Versammlungsfreiheit vor dem Bundesverfassungsgericht, NJW 1985, S. 2376–2378.

Funke, Andreas, Normativität in der Reinen Rechtslehre, in: *Depenheuer, Otto* (Hrsg.), Reinheit des Rechts. Kategorisches Prinzip oder regulative Idee?, 2010, S. 21–53.

Füßer, Klaus, Rechtspositivismus und „gesetzliches Unrecht", ARSP 1992, S. 301–331.

Gallas, Wilhelm, Diskussionsbeitrag, in: Große Strafrechtskommission (Hrsg.), Niederschriften über die Sitzungen der Grossen Strafrechtskommission. Besonderer Teil, 91–103. Sitzung, 1959, S. 93–94.

Gärditz, Klaus Ferdinand, Strafbegründung und Demokratieprinzip, Der Staat 2010, S. 331–367.

Gazeas, Nikolaos/ Grosse-Wilde, Thomas/ Kießling, Alexandra, Die neuen Tatbestände im Staatsschutzstrafrecht, NStZ 2009, S. 593–604.

Geilen, Gerd, Neue Entwicklungen beim strafrechtlichen Gewaltbegriff, in: *Geerds, Friedrich/ Naucke, Wolfgang* (Hrsg.), Beiträge zur gesamten Strafrechtswissenschaft. Festschrift für Hellmuth Mayer zum 70. Geburtstag am 1. Mai 1965, 1966, S. 445–465.

Geppert, Klaus, Straftaten gegen die Ehre (§§ 185 ff StGB), JURA 1983, S. 530–544.

Geppert, Klaus, Zur passiven Beleidigungsfähigkeit von Personengemeinschaften und von Einzelpersonen unter Kollektivbezeichnung, JURA 2005, S. 244–247.

Geppert, Klaus, Zur Frage strafbarer Kollektivbeleidigung der Polizei oder einzelner Polizeibeamter durch Verwendung des Kürzels „a.c.a.b.", NStZ 2013, S. 553–559.

Gerhardt, Volker, Politik als Ausnahme. Der Begriff des Politischen als dekontextualisierte Antitheorie, in: *Mehring, Reinhard* (Hrsg.), Carl Schmitt – der Begriff des Politischen. Ein kooperativer Kommentar, 2003, S. 205–218.

Giehring, Heinz, Die sog. „Soldatenurteile" – eine kritische Zwischenbilanz, StV 1992, S. 194–202.

Gierhake, Katrin, Feindbehandlung im Recht?, ARSP 2008, S. 337–361.

Gierhake, Katrin, Der Zusammenhang von Freiheit, Sicherheit und Strafe im Recht. Eine Untersuchung zu den Grundlagen und Kriterien legitimer Terrorismusprävention, 2013.

González Cussac, José Luis, Feindstrafrecht. Die Wiedergeburt des autoritären Denkens im Schoße des Rechtsstaates, 2007.

Gössel, Karl Heinz, Der Schutz der Ehre, in: *Duttge, Gunnar/ Geilen, Gerd/ Meyer-Goßner, Lutz/ Warda, Günter* (Hrsg.), Gedächtnisschrift für Ellen Schlüchter, 2002, S. 295–315.

Gössel, Karl Heinz, Widerrede zum Feindstrafrecht. Über Menschen, Individuen und Rechtspersonen, in: *Vormbaum, Thomas* (Hrsg.), Kritik des Feindstrafrechts, 2010, S. 43–62.

Gössel, Karl Heinz/ Dölling, Dieter, Straftaten gegen Persönlichkeits- und Gemeinschaftswerte, 2. Auflage, 2004.

Gounalakis, Georgios, Freiräume und Grenzen politischer Karikatur und Satire, NJW 1995, S. 809–816.

Gounalakis, Georgios, „Soldaten sind Mörder", NJW 1996, S. 481–487.

Gounalakis, Georgios/ Rösler, Hannes, Ehre, Meinung und Chancengleichheit im Kommunikationsprozeß. Eine vergleichende Untersuchung zum englischen und deutschen Recht der Ehre, 1998.

Goy, Alexandra/ Lohstöter, Ingrid, Anmerkung zu BGH, Urteil vom 01.07.1981 – 3 StR 151/81, StV 1982, S. 20–22.

Greco, Luís, Über das so genannte Feindstrafrecht, GA 2006, S. 96–113.

Greco, Luís, Feindstrafrecht, 2010.

Grimm, Dieter, Interpretationslehre, Verfassungsgerichtsbarkeit und Demokratieprinzip, in: *Krawietz, Werner/ Topitsch, Ernst/ Koller, Peter* (Hrsg.), Ideologiekritik und Demokratietheorie bei Hans Kelsen, 1982, S. 149–155.

Grimm, Dieter, Die Meinungsfreiheit in der Rechtsprechung des Bundesverfassungsgerichts, NJW 1995, S. 1697–1705.

Groh, Kathrin, Der NPD-Verbotsantrag – eine Reanimation der streitbaren Demokratie?, ZRP 2000, S. 500–505.

Groh, Kathrin, Quod omnes tangit. Repräsentation und parlamentarische Demokratie in der Weimarer Staatsrechtslehre, in: *Gusy, Christoph/ Haupt, Heinz-Gerhard* (Hrsg.), Inklusion und Partizipation politische Kommunikation im historischen Wandel, 2005, S. 141–175.

Gropp, Walter, Tagungsbericht, ZStW 1985, S. 919–953.

Gross, Raphael, Carl Schmitt und die Juden. Eine deutsche Rechtslehre, 2000.

Groß, Thomas, Terrorbekämpfung und Grundrechte, KritJ 2002, S. 1–17.

Grosshut, Friedrich Sally, Staatsnot, Recht und Gewalt, 1962.

Großmann, Andreas, Voraussetzungen des demokratischen Rechtsstaats, ARSP 2002, S. 407–418.

Grothe, Ewald, Zwischen Geschichte und Recht deutsche Verfassungsgeschichtsschreibung 1900 – 1970, 2005.

Grünwald, Gerald, Aspekte der Bewertung politischer Straftaten, in: *Boor, Wolfgang de* (Hrsg.), Politisch motivierte Kriminalität – echte Kriminalität?, 1978, S. 20–42.

Grünwald, Gerald, Meinungsfreiheit und Strafrecht, KritJ 1979, S. 291–301.

Guggenberger, Bernd, Legalität und Legitimität, in: *Mickel, Wolfgang W.* (Hrsg.), Handlexikon zur Politikwissenschaft, 1986, S. 267–272.

Günther, Frieder, Denken vom Staat her. Die bundesdeutsche Staatsrechtslehre zwischen Dezision und Integration 1949 – 1970, 2004.

Günther, Klaus, Hans Kelsen (1881–1973). Das nüchterne Pathos der Demokratie, in: *Blanke, Thomas/ Brünneck, Alexander von/ Erd, Rainer/ Frankenberg, Günter/ Keller, Rainer/ Knieper, Rolf/ Mückenberger, Ulrich/ Perels, Joachim/ Stascheit, Ulrich* (Hrsg.), Streitbare Juristen. Eine andere Tradition. Jürgen Seifert, Mitherausgeber der Kritischen Justiz, zum 60. Geburtstag, 1988, S. 367–379.

Günther, Klaus, Kampf gegen das Böse?, KritJ 1994, S. 135–157.

Gusy, Christoph, Die „freiheitlich demokratische Grundordnung“ in der Rechtsprechung des Bundesverfassungsgerichts, AöR 1980, S. 279–310.

Gusy, Christoph, Über Relativismus, ARSP 1982, S. 503–524.

Gusy, Christoph, Lehrbuch der Versammlungsfreiheit – BVerfGE 69, 315., JuS 1986, S. 608–613.

Gusy, Christoph, Weimar – die wehrlose Republik? Verfassungsschutzrecht und Verfassungsschutz in der Weimarer Republik, 1991.

Gusy, Christoph, Die Weimarer Reichsverfassung, 1997.

Gusy, Christoph, Entpolitisierung durch die Polarität von Ethik und Oekonomie. Entpolitisierter Liberalismus oder politische Einheit?, in: *Mehring, Reinhard* (Hrsg.), Carl Schmitt – der Begriff des Politischen. Ein kooperativer Kommentar, 2003, S. 139–155.

Gusy, Christoph, Gewährleistung von Freiheit und Sicherheit im Lichte unterschiedlicher Staats- und Verfassungsverständnisse, VVDStRL 2004, S. 153–190.

Häberle, Peter, Die Abhörentscheidung des Bundesverfassungsgerichts vom 15. 12. 1970, JZ 1971, S. 145–155.

Habermas, Jürgen, Faktizität und Geltung. Beiträge zur Diskurstheorie des Rechts und des demokratischen Rechtsstaats, 4. Auflage, 1994.

Haffke, Bernhard, Gewaltbegriff und Verwerflichkeitsklausel, ZStW 1972, S. 37–74.

Haffke, Bernhard, Vom Rechtsstaat zum Sicherheitsstaat? Vortrag in der Form vom 27. März 2004, KritJ 2005, S. 17–35.

Haffke, Bernhard, Vom Rechtsstaat zum Sicherheitsstaat? Vortrag in der Form vom 4.3.2005, http://www.strafverteidigertag.de/Strafverteidigertage/Ergebnisse/29_Eroeffnung_Haffke_prn.html, Stand: 22.11.2016 [Seitenangaben entsprechen einem Ausdruck auf DIN-A-4].

Hammer, Stefan, Braucht die Rechtstheorie einen Begriff des subjektiven Rechts. Zur objektivistischen Aufläsung des subjektiven Rechts bei Kelsen, in: *Paulson, Stanley/ Stolleis, Michael* (Hrsg.), Hans Kelsen. Staatsrechtslehrer und Rechtstheoretiker des 20. Jahrhunderts, 2005, S. 176–190.

Handstanger, Meinrad, Die Bedeutung der Reinen Rechtslehre für die Rechtspraxis, ÖJZ 2004, S. 621–627.

Hannich, Rolf (Hrsg.), Karlsruher Kommentar zur Strafprozessordnung mit GVG, EGGVG und EMRK, 6. Auflage, 2008.

Hannover, Heinreich, Beitrag, in: Paul Rugenstein Verlag (Hrsg.), Wortlaut und Kritik der verfassungswidrigen Januarbeschlüsse. Materialien f. Studenten, Beamte, Angestellte u. Arbeiter im öffentl. Dienst, 1972, S. 34–39.

Hannover, Heinreich, Politische Generalklauseln als Straftatbestand. Auflösung des Tatbestandsstrafrechts in der politischen Justiz (1963), in: *Denninger, Erhard* (Hrsg.), Freiheitliche demokratische Grundordnung. Materialien zum Staatsverständnis u. zur Verfassungswirklichkeit in d. Bundesrepublik, 1977, S. 903–911.

Hansen, Ralf, Eine Wiederkehr des „Leviathan"?, KritJ, S. 231–252.

Hart, Herbert L. A., Der Positivismus und die Trennung von Recht und Moral, in: *Hoerster, Norbert* (Hrsg.), Recht und Moral drei Aufsätze, 1971, S. 14–57.

Hassemer, Winfried, Strafrechtsdogmatik und Kriminalpolitik, 1974.

Hassemer, Winfried, Über die Berücksichtigung von Folgen bei der Auslegung der Strafgerichte, in: *Horn, Norbert* (Hrsg.), Europäisches Rechtsdenken in Geschichte und Gegenwart. Festschrift für Helmut Coing zum 70. Geburtstag, 1982, S. 493–524.

Hassemer, Winfried, Grundlinien einer personalen Rechtsgutslehre, in: *Philipps, Lothar/ Scholler, Heinrich* (Hrsg.), Jenseits des Funktionalismus. Arthur Kaufmann zum 65. Geburtstag, 1989, S. 85–94.

Hassemer, Winfried, Kommentare zum „Soldatenurteil“, KritJ 1990, S. 359–365.

Hassemer, Winfried, Strafrechtswissenschaft in der Bundesrepublik Deutschland, in: *Simon, Dieter* (Hrsg.), Rechtswissenschaft in der Bonner Republik. Studien zur Wissenschaftsgeschichte der Jurisprudenz, 1994, S. 259–310.

Hassemer, Winfried, Zum Spannungsverhältnis von Freiheit und Sicherheit, Vorgänge 2002, S. 10–15.

Hassemer, Winfried, Der Grundsatz der Verhältnismäßigkeit als Grenze strafrechtlicher Eingriffe, in: *Hirsch, Andrew von/ Seelmann, Kurt/ Wohlers, Wolfgang* (Hrsg.), Mediating principles. Begrenzungsprinzipien bei der Strafbegründung, 2006, S. 121–127.

Hassemer, Winfried, Sicherheit durch Strafrecht, StV 2006, S. 321–332.

Hassemer, Winfried, Geleitwort, in: *Muñoz Conde, Francisco* (Hrsg.), Über das Feindstrafrecht, 2007, S. 1–4.

Hassemer, Winfried, Freiheit und Sicherheit am Beispiel der Kriminalpolitik, JJZG 2008/2009, S. 345–359.

Hassemer, Winfried, Rechtssystem und Kodifikation: Die Bindung des Richters an das Gesetz, in: *Kaufmann, Arthur/ Hassemer, Winfried/ Neumann, Ulfrid* (Hrsg.), Einführung in die Rechtsphilosophie und Rechtstheorie der Gegenwart, 2011, S. 251–269.

Hatschek, Julius, Deutsches und Preußisches Staatsrecht, 2. Auflage, 1930.

Hauser, Raimund, Norm, Recht, Staat. Überlegungen zu Hans Kelsens Theorie der reinen Rechtslehre, 1968.

Haverkamp, Rita, Staatsschutzstrafrecht im Vorfeld. Probleme strafrechtlicher Prävention bei mutmaßlichen terroristischen Einzeltätern, in: *Dölling, Dieter/ Götting, Bert/ Meier, Bernd-Dieter/ Verrel, Torsten* (Hrsg.), Verbrechen – Strafe – Resozialisierung. Festschrift für Heinz Schöch zum 70. Geburtstag am 20. August 2010, 2010, S. 381–399.

Hebeisen, Michael W., Souveränität in Frage gestellt. Die Souveränitätslehren von Hans Kelsen, Carl Schmitt und Hermann Heller im Vergleich, 1995.

Hefendehl, Roland, Organisierte Kriminalität als Begründung für ein Feind- oder Täterstrafrecht, StV 2005, S. 156–161.

Heger, Martin, Diskussionsbeiträge der Strafrechtslehrertagung 2005 in Frankfurt/ Oder, ZStW 2005, S. 865–888.

Heinrich, Bernd, Die Grenzen des Strafrechts bei der Gefahrprävention., ZStW 2009, S. 94–130.

Heller, Hermann, Staatslehre (1934), 6. Auflage, 1983.

Heller, Hermann, Demokratie und soziale Homogenität (1928), in: *Müller, Christoph* (Hrsg.), Recht, Staat, Macht, 1992, S. 421–433.

Hennings, Jürgen, Anmerkung zu OLG Hamm, Urteil v. 23.7.1976 – 1Ss 211/76, NZWehrr 1977, S. 71–72.

Hepp, Michael/ Otto, Viktor, Richter sind potentielle Unruhesteifter. Das Karlsruher Grundsatzurteil von 1995, in: *Hepp, Michael/ Otto, Viktor* (Hrsg.), Soldaten sind Mörder. Dokumentation einer Debatte 1931 - 1996, 1996, S. 213–292.

Hepp, Michael/ Otto, Viktor, Soldaten, Mörder, Staatsanwälte. Aktionen, Verurteilungen, Freisprüche – ein Überblick, in: *Hepp, Michael/ Otto, Viktor* (Hrsg.), Soldaten sind Mörder. Dokumentation einer Debatte 1931 - 1996, 1996, S. 95–124.

Hepp, Michael/ Otto, Viktor, Vorwort, in: *Hepp, Michael/ Otto, Viktor* (Hrsg.), Soldaten sind Mörder. Dokumentation einer Debatte 1931 - 1996, 1996, S. 7–12.

Herdegen, Gerhard, „Soldaten sind Mörder", NJW 1994, S. 2933–2934.

Hermanns, Stefan, Kritik am Parlamentarismus bei Carl Schmitt und die Utopie der Demokratie, 2011.

Hernández Arias, José Rafael, Donoso Cortés und Carl Schmitt. eine Untersuchung über die staats- und Rechtsphilosophische Bedeutung von Donoso Cortés im Werk Carl Schmitts, 1998.

Herzberg, Rolf, Strafbare Nötigung durch Versperren des Fahrwegs?, GA 1996, S. 557–568.

Herzog, Roman, Allgemeine Staatslehre, 1971.

Herzog, Roman/ Scholz, Rupert/ Herdegen, Matthias/ Klein, Hans H. (Hrsg.), Grundgesetz Kommentar, 65. Auflage, 2012.

Hesse, Konrad, Grundzüge des Verfassungsrechts der Bundesrepublik Deutschland, 20. Auflage, 1999.

Hilgendorf, Eric/ Valerius, Brian/ Wolf, Christian, Kelsen in Kürze, http://www.hans-kelsen.de/kelsenkurz.pdf, Stand: 19.07.2012.

Hillgruber, Christian, Gibt es Unabstimmbares in der Demokratie?, ZJS 2008, S. 123–131.

Hillgruber, Christian, Verfassungsprozessrecht, 3. Auflage, 2011.

Hirsch, Hans Joachim, Ehre und Beleidigung. Grundfragen des strafrechtlichen Ehrenschutzes, 1967.

Hirsch, Hans Joachim, Gibt es eine national unabhängige Strafrechtswissenschaft?, in: *Seebode, Manfred* (Hrsg.), Festschrift für Günter Spendel zum 70. Geburtstag am 11. Juli 1992, 1992, S. 43–58.

Hirsch, Hans Joachim, Das Schuldprinzip und seine Funktion im Strafrecht, ZStW 1994, S. 746–765.

Hirsch, Hans Joachim, Grundfragen von Ehre und Beleidigung, in: *Zaczyk, Rainer/ Köhler, Michael/ Kahlo, Michael* (Hrsg.), Festschrift für E. A. Wolff. Zum 70. Geburtstag am 1.10.1998, 1998, S. 125–151.

Hirsch, Hans Joachim, Tatstrafrecht – ein hinreichend beachtetes Grundprinzip?, in: *Prittwitz, Cornelius/ Baurmann, Michael/ Günther, Klaus/ Kuhlen, Lothar/ Merkel, Reinhard/ Nestler, Cornelius/ Schulz, Lorenz* (Hrsg.), Festschrift für Klaus Lüderssen. Zum 70. Geburtstag am 2. Mai 2002, 2002, S. 255–267.

Hobbes, Thomas, Leviathan. Oder Stoff, Form und Gewalt eines kirchlichen und bürgerlichen Staates (1651), 14. Auflage, 2008.

Hocks, Stephan, „Das Loch muss gestopft werden", myops 2007, S. 52–55.

Hoerster, Norbert, Zur Bedeutung des Prinzips der Menschenwürde, JuS 1983, S. 93–96.

Hoerster, Norbert, Jakobs, Günther, Norm Person Gesellschaft – Rezension, ZRP 1999, S. 215.

Hoerster, Norbert, Was ist Recht? Grundfragen der Rechtsphilosophie, 2006.

Hoerster, Norbert, Begriff und Geltung des Rechts. Einleitung, in: *Hoerster, Norbert* (Hrsg.), Recht und Moral. Texte zur Rechtsphilosophie, 2008, S. 11–15.

Höffe, Otfried, Kants Begründung des Rechtszwangs und der Kriminalgesetze, in: *Brandt, Reinhard* (Hrsg.), Rechtsphilosophie der Aufklärung Symposium Wolfenbüttel 1981, 1982, S. 335–375.

Höffe, Otfried, Politische Gerechtigkeit Grundlegung einer kritischen Philosophie von Recht und Staat, 1989.

Hofmann, Hasso, Legitimität gegen Legalität. Der Weg der politischen Philosophie Carl Schmitts, 3. Auflage, 1995.

Hofmann, Hasso, „Souverän ist, wer über den Ausnahmezustand entscheidet", Der Staat 2005, S. 171–186.

Hofmann, Hasso, Einführung in die Rechts- und Staatsphilosophie, 5. Auflage, 2011.

Hörnle, Tatjana, Grob anstößiges Verhalten. Strafrechtlicher Schutz von Moral, Gefühlen und Tabus, 2005.

Hörnle, Tatjana, Anmerkung zu BGH, NStZ 2007, S. 466 = NJW 2007, 1602., NStZ 2007, S. 698–699.

Hörnle, Tatjana, Anmerkung zu BVerfGE 124, 300 = JZ 2010, S. 298 ff., JZ 2010, S. 310–313.

Hörnle, Tatjana, Deskriptive und normative Dimension des Begriffs „Feindstrafrecht", in: *Vormbaum, Thomas* (Hrsg.), Kritik des Feindstrafrechts, 2010, S. 85–105.

Hösle, Vittorio, Carl Schmitts Kritik an der Selbstaufhebung einer wertneutralen Verfassung in Legalität und Legitimität, DVjs 1987, S. 1–34.

Hoyer, Andreas, Straßenblockade als Gewalt in mittelbarer Täterschaft – BGH, NJW 1995, 2643, JuS 1996, S. 200–204.

Hruschka, Joachim, Die Nötigung im System des Strafrechts, JZ 1995, S. 737–745.

Hruschka, Joachim, Die Blockade einer Autobahn durch Demonstranten – eine Nötigung?, NJW 1996, S. 160–164.

Hruschka, Joachim, Die Würde des Menschen bei Kant, ARSP 2002, S. 463–480.

Hruschka, Joachim, Die Zurechnungslehre Kelsens im Vergleich mit der Zurechnung bei Kant, in: *Paulson, Stanley/ Stolleis, Michael* (Hrsg.), Hans Kelsen. Staatsrechtslehrer und Rechtstheoretiker des 20. Jahrhunderts, 2005, S. 2–16.

Husmann, J. H., Die Beleidigung und die Kontrolle des öffentlichen Interesses an der Strafverfolgung, MDR 1988, S. 727–730.

Ignor, Alexander, Der Straftatbestand der Beleidigung. Zu den Problemen des § 185 Strafgesetzbuch im Hinblick auf das Bestimmtheitsgebot des Artikel 103, Absatz 2 Grundgesetz, 1995.

Ipsen, Jörn, Allgemeines Verwaltungsrecht, 8. Auflage, 2012.

Isenbeck, Helmut, Anmerkung zu BGH, Urteil vom 11. 5. 1962 – 4 StR 81/62, NJW 1963, S. 116–117.

Isensee, Josef, Die Friedenspflicht der Bürger und das Gewaltmonopol des Staates, in: *Müller, Georg/ Rhinow, René A./ Schmid, Gerhard/ Wildhaber, Luzius* (Hrsg.), Staatsorganisation und Staatsfunktionen im Wandel. Festschrift für Kurt Eichenberger zum 60. Geburtstag, 1982, S. 23–40.

Isensee, Josef, Das Grundrecht auf Sicherheit, 1983.

Isensee, Josef, Staat und Verfassung, in: *Isensee, Josef/ Kirchhof, Paul* (Hrsg.), Handbuch des Staatsrechts der Bundesrepublik Deutschland, 1987–1992, S. 591–661.

Isensee, Josef, Das staatliche Gewaltmonopol als Grundlage und Grenze der Grundrechte. Der Vorbehalt der Friedlichkeit als Kriterium des Grundrechtstatbestandes und der Schutzpflicht, in: *Franßen, Everhardt/ Redeker, Konrad/ Schlichter, Otto/ Wilke, Dieter* (Hrsg.), Bürger, Richter, Staat. Festschrift für Horst Sendler zum Abschied aus seinem Amt, 1991, S. 39–63.

Isensee, Josef, Kunstfreiheit im Streit mit Persönlichkeitsschutz, AfP 1993, S. 619–629.

Isensee, Josef, „Staat“, in: Görres-Gesellschaft (Hrsg.), Staatslexikon Recht – Wirtschaft – Gesellschaft, 1995, S. 134–158.

Isensee, Josef, Grundrecht auf Ehre, in: *Ziemske, Burkhardt/ Langheid, Theo/ Wilms, Heinrich/ Haverkate, Görg* (Hrsg.), Staatsphilosophie und Rechtspolitik. Festschrift für Martin Kriele zum 65. Geburtstag, 1997, S. 5–48.

Jabloner, Clemens, Ideologiekritik bei Kelsen, in: *Walter, Robert* (Hrsg.), Schwerpunkte der Reinen Rechtslehre. mit einer Ergänzung der chronologischen Bibliographie der Werke Kelsens von Michael Schmidt, 1992, S. 97–106.

Jäger, Christian, Der Feind als Paradigmenwechsel im Recht, in: *Heinrich, Manfred/ Jäger, Christian/ Achenbach, Hans/ Amelung, Knut/ Bottke, Wilfried/ Haffke, Bernhard/ Schünemann, Bernd/ Wolter, Jürgen* (Hrsg.), Strafrecht als Scientia Universalis. Festschrift für Claus Roxin zum 80. Geburtstag am 15. Mai 2011, 2011, S. 71–90.

Jäger, Christian, Wo Gewalt Recht hat, hat das Recht keine Gewalt, JA 2011, S. 553–555.

Jäger, Herbert, Soldaten und Mörder. Anmerkungen zu einem umstrittenen Vergleich, in: *Maelicke, Bernd/ Simmedinger, Renate* (Hrsg.), Schwimmen gegen den Strom – um der Überzeugung willen. Eine Festschrift für Helga Einsele, 1990, S. 125–134.

Jahn, Joachim, Strafrechtliche Mittel gegen Rechtsextremismus. Die Änderungen der §§ 130 und 86a StGB als Reaktion auf fremdenfeindliche Gewalt im Licht der Geschichte des politischen Strafrechts in Deutschland, 1998.

Jahn, Matthias, Das Strafrecht des Staatsnotstandes. Die strafrechtlichen Rechtfertigungsgründe und ihr Verhältnis zu Eingriff und Intervention im Verfassungs- und Völkerrecht der Gegenwart, 2004.

Jahn, Matthias, Entscheidungsanmerkung zu BVerfG, Beschl. v. 7.3.2011 – 1 BvR 388/05, JuS 2011, S. 563–565.

Jakab, András, Probleme der Stufenbaulehre, ARSP 2005, S. 333–365.

Jakobs, Günther, Die Aufgabe des strafrechtlichen Ehrenschutzes, in: *Vogler, Theo* (Hrsg.), Festschrift für Hans-Heinrich Jescheck zum 70. Geburtstag, 1985, S. 627–643.

Jakobs, Günther, Kriminalisierung im Vorfeld einer Rechtsgutsverletzung, ZStW 1985, S. 751–785.

Jakobs, Günther, Anmerkung zu BGH, Beschluß v. 24.4.1986 – 2 StR 565/85, JZ 1986, S. 1061–1065.

Jakobs, Günther, Nötigung durch Gewalt, in: *Hirsch, Hans Joachim/ Kaiser, Günther/ Marquardt, Helmut* (Hrsg.), Gedächtnisschrift für Hilde Kaufmann, 1986, S. 791–811.

Jakobs, Günther, Über die Behandlung von Wissensfehlern und von Wollensfehlern, ZStW 1989, S. 516–537.

Jakobs, Günther, Das Schuldprinzip, 1993a.

Jakobs, Günther, Strafrecht Allgemeiner Teil. Die Grundlagen und die Zurechnungslehre, 2. Auflage, 1993b.

Jakobs, Günther, Untaten des Staates – Unrecht im Staat, GA 1994, S. 1–19.

Jakobs, Günther, Das Strafrecht zwischen Funktionalismus und „alteuropäischem“ Prinzipiendenken, ZStW 1995, S. 843–876.

Jakobs, Günther, Norm, Person, Gesellschaft Vorüberlegungen zu einer Rechtsphilosophie, 2. Auflage, 1999.

Jakobs, Günther, Das Selbstverständnis der Strafrechtswissenschaft vor den Herausforderungen der Gegenwart. Kommentar, in: *Eser, Albin/ Hassemer, Winfried/ Burkhardt, Björn* (Hrsg.), Die deutsche Strafrechtswissenschaft vor der Jahrtausendwende. Rückbesinnung und Ausblick. Dokumentation einer Tagung vom 3. – 6. Oktober 1999 in der Berlin-Brandenburgischen Akademie der Wissenschaften, 2000, S. 47–56.

Jakobs, Günther, Amelung, Die Ehre als Kommunikationsvoraussetzung, Rezension, GA 2003, S. 232–233.

Jakobs, Günther, Bürgerstrafrecht und Feindstrafrecht, HRRS 2004, S. 88–95.

Jakobs, Günther, Staatliche Strafe. Bedeutung und Zweck, 2004.

Jakobs, Günther, Individuum und Person, ZStW 2005a, S. 247–266.

Jakobs, Günther, Jahn, Matthias: Das Strafrecht des Staatsnotstandes. Die strafrechtlichen Rechtfertigungsgründe und ihr Verhältnis zu Eingriff und Intervention im Verfassungs- und Völkerrecht der Gegenwart, ZStW 2005b, S. 418–425.

Jakobs, Günther, Terroristen als Personen im Recht?, ZStW 2005c, S. 839–851.

Jakobs, Günther, Feindstrafrecht?, HRRS 2006, S. 288–297.

Jakobs, Günther, Strafrecht als wissenschaftliche Disziplin, in: *Engel, Christoph/ Schön, Wolfgang* (Hrsg.), Das Proprium der Rechtswissenschaft, 2007, S. 103–135.

Jakobs, Günther, Norm, Person, Gesellschaft. Vorüberlegungen zu einer Rechtsphilosophie, 3. Auflage, 2008.

Jakobs, Günther, Beleidigung, in: *Bloy, René/ Böse, Martin/ Hillenkamp, Thomas/ Momsen, Carsten/ Rackow, Peter* (Hrsg.), Gerechte Strafe und legitimes Strafrecht. Festschrift für Manfred Maiwald zum 75. Geburtstag, 2010a, S. 365–377.

Jakobs, Günther, Zum Begriff der Person im Recht, in: *Koriath, Heinz/ Krack, Ralf/ Radtke, Henning/ Jehle, Jörg-Martin* (Hrsg.), Grundfragen des Strafrechts, Rechtsphilosophie und die Reform der Juristenausbildung. Festschrift für Fritz Loos, 2010b, S. 69–84.

Jakobs, Günther, Zur Theorie des Feindstrafrechts, in: *Rosenau, Henning/ Kim, Sangyun* (Hrsg.), Straftheorie und Strafgerechtigkeit. Deutsch-Japanischer Strafrechtsdialog, 2010c, S. 167–182.

Jakobs, Günther, Rechtsgüterschutz? Zur Legitimation des Strafrechts, 2012a.

Jakobs, Günther, System der strafrechtlichen Zurechnung, 2012b.

Jasch, Michael, Alltägliche Feinde. Die Expansion der Ausschließung mit den Mitteln des Rechts, in: *Uwer, Thomas/* Organisationsbüro der Strafverteidigervereinigungen (Hrsg.), Bitte bewahren Sie Ruhe. Leben im Feindrechtsstaat, 2006, S. 267–278.

Jellinek, Georg, System der subjektiven öffentlichen Rechte (1919), 2. Auflage, 1964.

Jescheck, Hans-Heinrich (Hrsg.), Strafgesetzbuch Leipziger Kommentar, 10. Auflage,

Jescheck, Hans-Heinrich, Strafrechtlicher Schutz der Bundeswehr gegen Zersetzung, NZWehrr 1969, S. 121–133.

Jescheck, Hans-Heinrich, Lehrbuch des Strafrechts, Allgemeiner Teil, 5. Auflage, 1996.

Jestaedt, Matthias, Von den „Hauptproblemen“ zur Erstauflage der „Reinen Rechtslehre“, in: *Walter, Robert/ Ogris, Werner/ Olechowski, Thomas* (Hrsg.), Hans Kelsen: Leben – Werk – Wirksamkeit. Ergebnisse einer Internationalen Tagung veranstaltet von der Kommission für Rechtsgeschichte Österreichs und dem Hans Kelsen-Institut (19.-21. April 2009), 2009, S. 113–135.

Jestaedt, Matthias, Was die Reine Rechtslehre nicht leistet, ZÖR 2011, S. 201–213.

Joecks, Holger/ Miebach, Wulf (Hrsg.), Münchener Kommentar zum Strafgesetzbuch, 2. Auflage, 2012.

Junker, Martina, Analyse und Kritik der strafverfahrensrechtlichen Terrorismusgesetzgebung, 1996.

Kahlo, Michael, Das Problem des Pflichtwidrigkeitszusammenhanges bei den unechten Unterlassungsdelikten. Eine strafrechtlich-rechtsphilosophische Untersuchung zur Kausalität menschlichen Handelns und deren strafrechtlichem Begriff, 1990.

Kaleck, Wolfgang, Zu kurz gegriffen. Die Diskussion um das Feindstrafrecht, in: *Uwer, Thomas/* Organisationsbüro der Strafverteidigervereinigungen (Hrsg.), Bitte bewahren Sie Ruhe. Leben im Feindrechtsstaat, 2006, S. 281–297.

Kant, Immanuel, Die Metaphysik der Sitten. Kants Werke, Akademie-Textausgabe (1797), 1968.

Kargl, Walter, Das Recht der Gesellschaft oder das Recht der Subjekte?, GA 1999, S. 53–67.

Kaufmann, Arthur, Zur Frage der Beleidigung von Kollektivpersönlichkeiten, ZStW 1972, S. 418–445.

Kaufmann, Arthur, Schuld und Prävention, in: *Broda, Christian/ Deutsch, Erwin/ Schreiber, Hans-Ludwig/ Vogel, Hans Jochen* (Hrsg.), Festschrift für Rudolf Wassermann. Zum sechzigsten Geburtstag, 1985, S. 889–897.

Kaufmann, Arthur, Der BGH und die Sitzblockade, NJW 1988, S. 2581–2584.

Kaufmann, Arthur, Über Gerechtigkeit. Dreißig Kapitel praxisorientierter Rechtsphilosophie, 1993.

Kaufmann, Arthur, Rechtsphilosophie, 2. Auflage, 1997.

Kaufmann, Arthur, Einleitung, in: *Kaufmann, Arthur/ Hassemer, Winfried/ Neumann, Ulfrid* (Hrsg.), Einführung in die Rechtsphilosophie und Rechtstheorie der Gegenwart, 2011, S. 1–25.

Kaufmann, Arthur, Historischer Diskurs, in: *Kaufmann, Arthur/ Hassemer, Winfried/ Neumann, Ulfrid* (Hrsg.), Einführung in die Rechtsphilosophie und Rechtstheorie der Gegenwart, 2011, S. 1–147.

Kelker, Brigitte, Zur Legitimität von Gesinnungsmerkmalen im Strafrecht. Eine strafrechtlich-rechtsphilosophische Untersuchung, 2007.

Kelsen, Hans, Hauptprobleme der Staatsrechtslehre. Entwickelt aus der Lehre vom Rechtssatze, 2. Auflage, 1923.

Kelsen, Hans, Redebeitrag, VVDStRL 1927, S. 54.

Kelsen, Hans, Juristischer Formalismus und reine Rechtslehre, JW 1929, S. 1723–1726.

Kelsen, Hans, Demokratisierung der Verwaltung (1921), in: *Klecatsky, Hans/ Marcic, René/ Schambeck, Herbert* (Hrsg.), Die Wiener rechtstheoretische Schule. Schriften, 1968, S. 1581–1592.

Kelsen, Hans, Die Grundlagen der Naturrechtslehre, in: *Klecatsky, Hans/ Marcic, René/ Schambeck, Herbert* (Hrsg.), Die Wiener rechtstheoretische Schule. Schriften, 1968, S. 869–912.

Kelsen, Hans, Die philosophischen Grundlagen der Naturrechtslehre und des Rechtspositivismus (1928), in: *Klecatsky, Hans/ Marcic, René/ Schambeck, Herbert* (Hrsg.), Die Wiener rechtstheoretische Schule. Schriften, 1968, S. 281–350.

Kelsen, Hans, Justiz und Verwaltung (1929), in: *Klecatsky, Hans/ Marcic, René/ Schambeck, Herbert* (Hrsg.), Die Wiener rechtstheoretische Schule. Schriften, 1968, S. 1781–1811.

Kelsen, Hans, Staatsform und Weltanschauung, in: *Klecatsky, Hans/ Marcic, René/ Schambeck, Herbert* (Hrsg.), Die Wiener rechtstheoretische Schule. Schriften, 1968, S. 1923–1942.

Kelsen, Hans, Allgemeine Theorie der Normen, 1979.

Kelsen, Hans, Der soziologische und der juristische Staatsbegriff. Kritische Untersuchung des Verhältnisses von Staat und Recht (1928), 2. Auflage, 1981.

Kelsen, Hans, Vom Wesen und Wert der Demokratie (1929), 2. Auflage, 1981.

Kelsen, Hans, Die Idee des Naturrechts, in: *Topitsch, Ernst* (Hrsg.), Aufsätze zur Ideologiekritik, 1989, S. 73–113.

Kelsen, Hans, Allgemeine Staatslehre (1925), 1993.

Kelsen, Hans, Was ist Gerechtigkeit? (1953), 2000.

Kelsen, Hans, Demokratie (1926), in: *Jestaedt, Matthias/ Lepsius, Oliver* (Hrsg.), Verteidigung der Demokratie. Abhandlungen zur Demokratietheorie, 2006, S. 116–148.

Kelsen, Hans, Verteidigung der Demokratie (1932), in: *Jestaedt, Matthias/ Lepsius, Oliver* (Hrsg.), Verteidigung der Demokratie. Abhandlungen zur Demokratietheorie, 2006, S. 229–237.

Kelsen, Hans, Reine Rechtslehre. Einleitung in die rechtswissenschaftliche Problematik. Studienausgabe (1934), 2008.

Kelsen, Hans, Wer soll der Hüter der Verfassung sein? (1930), in: *Ooyen, Robert Christian van* (Hrsg.), Wer soll der Hüter der Verfassung sein? Abhandlungen zur Theorie der Verfassungsgerichtsbarkeit in der pluralistischen, parlamentarischen Demokratie, 2008, S. 58–105.

Kelsen, Hans, Wesen und Entwicklung der Staatsgerichtsbarkeit (1929), in: *Ooyen, Robert Christian van* (Hrsg.), Wer soll der Hüter der Verfassung sein? Abhandlungen zur Theorie der Verfassungsgerichtsbarkeit in der pluralistischen, parlamentarischen Demokratie, 2008, S. 1–57.

Kelsen, Hans, Reine Rechtslehre (1960), 2. Auflage, 2009.

Kett-Straub, Gabriele, Hat Porsche eine Ehre?, ZStW 2008, S. 759–784.

Kiesel, Manfred, Die Liquidierung des Ehrenschutzes durch das BVerfG, NVwZ 1992, S. 1129–1137.

Kindhäuser, Urs, Rechtsstreue als Schuldkategorie, ZStW 1995, S. 701–733.

Kindhäuser, Urs, Straftaten gegen Persönlichkeitsrechte, Staat und Gesellschaft, 2. Auflage, 2005.

Kindhäuser, Urs, Schuld und Strafe. Zur Diskussion um ein „Feindstrafrecht“, in: *Vormbaum, Thomas* (Hrsg.), Kritik des Feindstrafrechts, 2010, S. 63–83.

Kindhäuser, Urs/ Neumann, Ulfrid/ Albrecht, Hans-Jörg (Hrsg.), Nomos Kommentar Strafgesetzbuch, 4. Auflage, 2013.

Klas, Benedikt/ Blatt, Caroline, „ACAB“ – Strafbare Beleidigung von Polizisten?, HRRS 2012, S. 388–393.

Klein, Eckart, Grundrechtliche Schutzpflichten des Staates, NJW 1989, S. 1633–1640.

Klein, Hans H., Öffentliche und private Freiheit, Der Staat 1971, S. 145–172.

Klein, Hans H., Verfassungstreue und Schutz der Verfassung, VVDStRL 1978, S. 53–113.

Klesczewski, Diethelm, Tatbestandsbildung als Feinderklärung?, in: *Gaede, Karsten/ Meyer, Frank/ Schlegel, Stephan* (Hrsg.), HRRS-Festgabe für Gerhard Fezer zum 70. Geburtstag, S. 109–129.

Kneip, Sascha, Verfassungsgerichte als demokratische Akteure der Beitrag des Bundesverfassungsgerichts zur Qualität der bundesdeutschen Demokratie, 2009.

Kniesel, Michael, Die Versammlungs- und Demonstrationsfreiheit – Aktuelle höchstrichterliche Rechtsprechung zu Art. 8 GG, NJW 1996, S. 2606–2612.

Kniesel, Michael, „Innere Sicherheit“ und Grundgesetz, ZRP 1996, S. 482–489.

Koenen, Andreas, Der Fall Carl Schmitt. Sein Aufstieg zum Kronjuristen des Dritten Reiches, 1995.

Köhler, Michael, Nochmals: Vorlesungsstörung als Gewaltnötigung?, NJW 1983a, S. 1595–1596.

Köhler, Michael, Vorlesungsstörung als Gewaltnötigung, NJW 1983b, S. 10–12.

Koller, Peter, Zu einigen Problemen der Rechtfertigung der Demokratie, in: *Krawietz, Werner/ Topitsch, Ernst/ Koller, Peter* (Hrsg.), Ideologiekritik und Demokratietheorie bei Hans Kelsen, 1982, S. 319–343.

Koller, Peter, Zur Theorie des rechtlichen Stufenbaus, in: *Paulson, Stanley/ Stolleis, Michael* (Hrsg.), Hans Kelsen. Staatsrechtslehrer und Rechtstheoretiker des 20. Jahrhunderts, 2005, S. 106–121.

Korb, Axel-Johannes, Kelsens Kritiker. Ein Beitrag zur Geschichte der Rechts- und Staatstheorie, 2010.

Korinek, Karl, Verfassungsgerichtsbarkeit im Gefüge der Staatsfunktionen, VVDStRL 1980, S. 7–50.

Kraft-Fuchs, Margit, Prinzipielle Bemerkungen zu Carl Schmitts Verfassungslehre, ZÖR 1930, S. 511–541.

Krahl, Matthias, Die Rechtsprechung des Bundesverfassungsgerichts und des Bundesgerichtshofs zum Bestimmtheitsgrundsatz im Strafrecht. (Art. 103 Abs. 2 GG), 1986.

Kramer, Helmut, Die Morgenstern-Theorie des BGH in der Praxis, Betrifft JUSTIZ 1989, S. 108–109.

Kratzer, Isabel, Die Geschichte des Vergewaltigungstatbestandes – Aufbruch contra Konservierung, KritV 2010, S. 84–103.

Krauß, Detlef, Sicherheitsstaat und Strafverteidigung, StV 1989, S. 315–325.

Krauß, Detlef, Vom Bürgerstrafrecht zum Feindstrafrecht, in: *Uwer, Thomas/* Organisationsbüro der Strafverteidigervereinigungen (Hrsg.), Bitte bewahren Sie Ruhe. Leben im Feindrechtsstaat, 2006, S. 79–101.

Krauß, Karl, Die Beurteilung „passiver Resistenz" – restriktive oder extensive Auslegung der Gewaltnötigung?, NJW 1984, S. 905–906.

Krawietz, Werner/ Topitsch, Ernst/ Koller, Peter, Ideologiekritik und Demokratietheorie bei Hans Kelsen, 1982.

Krempl, Stefan, Friedrich erhebt Sicherheit zum „Supergrundrecht", heise-online vom 17.07.2013, http://heise.de/-1919309, Stand: 10.09.2015.

Krenzler, Michael, An den Grenzen der Notstandsverfassung. Ausnahmezustand und Staatsnotrecht im Verfassungssystem des Grundgesetzes, 1974.

Krey, Volker, Probleme der Nötigung mit Gewalt am Beispiel von Sitzblockaden und sexualler Gewalt. „Blick zurück im Zorn", in: Bundeskriminalamt (Hrsg.), Polizei und Gewalt. Erfahrungen im Umgang mit Gewalt und Folgerungen für Künftiges Handeln. Referate und Diskussionsbeiträge 30. Juni und 1. Juli 1988 im Bundeskriminalamt, 1989, S. 35–48.

Krey, Volker/ Hellmann, Uwe/ Heinrich, Manfred, Besonderer Teil ohne Vermögensdelikte, 15. Auflage, 2012.

Krey, Volker/ Jaeger, Stefan, Sitzblockaden als tatbestandsmäßige Nötigung mit Gewalt. Kriminalpolitische und strafrechtsdogmatische Sachgerechtigkeit (BGH) versus politisierte „Zeitgeistjudikatur" (gestützt auf das BVerfG), in: *Guggenberger, Bernd/ Würtenberger, Thomas* (Hrsg.), Hüter der Verfassung oder Lenker der Politik? Das Bundesverfassungsgericht im Widerstreit, 1998, S. 151–160.

Kriele, Martin, Theorie der Rechtsgewinnung. Entwickelt am Problem der Verfassungsinterpretation, 1967.

Kriele, Martin, Recht und praktische Vernunft, 1979.

Kriele, Martin, Ehrenschutz und Meinungsfreiheit, NJW 1994, S. 1897–1905.

Krings, Günter, Terrorismusbekämpfung im Spannungsfeld zwischen Sicherheit und Freiheit, ZRP 2015, S. 167–169.

Krug, Paul-Eberhard, Ehre und Beleidigungsfähigkeit von Verbänden, 1965.

Kruse, Katja/ Sczesny, Sabine, Vergewaltigung und sexuelle Nötigung – bagatellisierende Auslegung und Scheitern einer Reform, KritJ 1993, S. 336–351.

Krutzki, Gottfried, „Verunglimpfung des Staates und seiner Symbole", KritJ 1980, S. 294–314.

Kubiciel, Michael/ Winter, Thomas, Globalisierungsfluten und Strafbarkeitsinseln, ZStW 2001, S. 305–333.

Kübler, Friedrich, Öffentlichkeit als Tribunal?, JZ 1984, S. 541–547.

Kübler, Friedrich, Ehrenschutz, Selbstbestimmung und Demokratie, NJW 1999, S. 1281–1287.

Kucsko-Stadlmayer, Gabriele, Rechtsnormbegriff und Arten der Rechtsnormen, in: *Walter, Robert* (Hrsg.), Schwerpunkte der Reinen Rechtslehre. mit einer Ergänzung der chronologischen Bibliographie der Werke Kelsens von Michael Schmidt, 1992, S. 21–36.

Kugelmann, Dieter, Polizei- und Ordnungsrecht, 2012.

Kühl, Kristian, Sitzblockaden vor dem Bundesverfassungsgericht, StV 1987, S. 122–136.

Kühl, Kristian, Naturrechtliche Grenzen strafwürdigen Verhaltens, in: *Seebode, Manfred* (Hrsg.), Festschrift für Günter Spendel zum 70. Geburtstag am 11. Juli 1992, 1992, S. 75–98.

Kühl, Kristian (Hrsg.), Strafgesetzbuch Kommentar, 27. Auflage, 2011.

Kunz, Karl-Ludwig, „Gefährliche" Rechtsbrecher und ihre Santkionierung, in: *Arnold, Jörg/ Burkhardt, Björn/ Gropp, Walter/ Heine, Günter/ Koch, Hans-Georg/ Lagodny, Otto/ Perron, Walter/ Walther, Susanne* (Hrsg.), Menschengerechtes Strafrecht. Festschrift für Albin Eser zum 70. Geburtstag, 2005, S. 1275–1392.

Küper, Wilfried, Strafrecht, besonderer Teil. Definitionen mit Erläuterungen, 8. Auflage, 2012.

Küster, Otto, Persönlichkeitsschutz und Pressefreiheit. Vortrag gehalten vor der Deutsch-Niederländischen Juristenkonferenz in Weinheim am 4. Oktober 1959, 1960.

Kutalia, Lasha-Giorgi, „Feindstrafrecht" – Naturzustand vs. Rechtsbeziehung?, 2007.

Kutscha, Martin, Buchbesprung: Rupert Scholu/Rainer Pitschas, „Informationelle Selbstbestimmung und staatliche Informationsverantwortung" u.a., KritJ 1987, S. 370–374.

Kutscha, Martin, Teil I: Innere Sicherheit und Verfassung, in: *Roggan, Fredrik/ Kutscha, Martin* (Hrsg.), Handbuch zum Recht der inneren Sicherheit, 2006, S. 23–104.

Ladeur, Karl-Heinz, Anmerkung zu OLG Bamberg vom 24.1.1974, AZ.: 4 V 127/73 und BGH vom 2.6.1975, AZ.: VI ZR 123/74, DuR 1975.

Ladeur, Karl-Heinz, Formalisierung und Materialisierung im Recht der freien Meinungsäußerung, DuR 1979, S. 59–67.

Ladeur, Karl-Heinz, Öffentlichkeit und justizielle Wahrheitskontrolle. Anmerkungen zum politischen Ehrenschutz, in: *Kienzle, Michael/ Mende, Dirk* (Hrsg.), Zensur in der BRD. Fakten u. Analysen, 1980.

Ladwig, Bernd, Die Unterscheidung von Freund und Feind als Kriterium des Politischen, in: *Mehring, Reinhard* (Hrsg.), Carl Schmitt – der Begriff des Politischen. Ein kooperativer Kommentar, 2003, S. 45–60.

Lahusen, Benjamin, Öffentlichkeitsarbeit, http://www.mops-block.de/archiv/113-oeffentlichkeitsarbeit.html, Stand: 25.11.2016.

Lahusen, Benjamin/ Renner, Moritz, Gespenster zweiter Ordnung, in: *Calliess, Gralf-Peter* (Hrsg.), Soziologische Jurisprudenz. Festschrift für Gunther Teubner zum 65. Geburtstag, 2009, S. 69–82.

Lameyer, Johannes, Streitbare Demokratie. Eine verfassungshermeneutische Untersuchung, 1978.

Lameyer, Johannes, Streitbare Demokratie, JöR 1981, S. 147–196.

Lampe, Ernst-Joachin, Zur ontologischen Struktur strafbaren Unrechts, in: *Weigend, Thomas/ Küpper, Georg* (Hrsg.), Festschrift für Hans Joachim Hirsch zum 70. Geburtstag am 11. April 1999, 1999, S. 83–104.

Lamprecht, Rolf, Zur Demontage des Bundesverfassungsgerichts. Beweissicherung und Bestandsaufnahme, 1996.

Lamprecht, Rolf, Ein furchtbarer Mentor, myops 2012, S. 28–38.

Landau, Herbert, Die Pflicht des Staates zum Erhalt einer funktionstüchtigen Strafrechtspflege, NStZ 2007, S. 121–129.

Langenbucher, Katja, Das Dezisionismusargument in der deutschen und in der US-amerikanischen Rechtstheorie, ARSP 2002, S. 398–406.

Langenscheidt-Wörterbuch, http://de.langenscheidt.com/fremdwoerterbuch, Stand: 25.11.2016.

Larenz, Karl, Methodenlehre der Rechtswissenschaft, 6. Auflage, 1991.

Lasch, Sebastian, Der Wille des Volkes, http://www.lzt-thueringen.de/files/er_wille_des_volkes.pdf, Stand: 25.11.2016.

Last, Ulrich Martin, Die Staatsverunglimpfungsdelikte: §§ 90 – 90b StGB, 2000.

Laufer, Heinz, Verfassungsgerichtsbarkeit und politischer Prozeß Studien zum Bundesverfassungsgericht der Bundesrepublik Deutschland, 1968.

Laufhütte, Heinrich Wilhelm/ Jescheck, Hans-Heinrich (Hrsg.), Leipziger Kommentar zum Strafgesetzbuch, 12. Auflage, 2006–2013.

Laufhütte, Heinrich Wilhelm/ Odersky, Walter/ Jähnke, Burkhard (Hrsg.), Leipziger Kommentar zum Strafgesetzbuch, 11. Auflage, 1992–2005.

Launhardt, Agnes, Methodenlehre aus rechtsrhetorischer Perspektive: Abschied von der Normativität?, Rechtstheorie 2001, S. 141–157.

Launhardt, Agnes, Topik und rhetorische Rechtstheorie. Eine Untersuchung zu Rezeption und Relevanz der Rechtstheorie Theodor Viehwegs, 2010.

Lautner, Gerd, Die freiheitliche demokratische Grundordnung. Versuch einer Inhaltsklärung ihrer vom Bundesverfassungsgericht aufgeführten Elemente, 2. Auflage, 1982.

Lehnert, Detlef, Der Staat als Form der politischen Einheit, durch den Pluralismus in Frage gestellt, in: *Mehring, Reinhard* (Hrsg.), Carl Schmitt - der Begriff des Politischen. Ein kooperativer Kommentar, 2003, S. 71–92.

Leibholz, Gerhard, Strukturprobleme der modernen Demokratie, 3. Auflage, 1974.

Lembcke, Oliver, Hüter der Verfassung. Eine institutionentheoretische Studie zur Autorität des Bundesverfassungsgerichts, 2007.

Lencker, Theodor, Wertausfüllungsbedürftige Beigrffe im Strafrecht und der Satz „nullum crimen sine lege“, JuS 1968, S. 249–257.

Lepsius, Oliver, Staatstheorie und Demokratiebegriff in der Weimarer Republik, in: *Gusy, Christoph* (Hrsg.), Demokratisches Denken in der Weimarer Republik, 2000, S. 366–414.

Lepsius, Oliver, Die Wiederentdeckung Weimars durch die bundesdeutsche Staatsrechtslehre, in: *Gusy, Christoph* (Hrsg.), Weimars lange Schatten. Weimar als Argument nach 1945, 2003, S. 354–394.

Lepsius, Oliver, Freiheit, Sicherheit und Terror: Die Rechtslage in Deutschland, Leviathan 2004, S. 64–88.

Lepsius, Oliver, Zwischen Volkssouveränität und Selbstbestimmnung. Zu Kelsens demokratietheoretischer Begründung einer sozialen Ordnung aus der individuellen Freiheit, in: *Brunkhorst, Hauke/ Voigt, Rüdiger* (Hrsg.), Rechts-Staat. Staat, internationale Gemeinschaft und Völkerrecht bei Hans Kelsen, 2008, S. 15–37.

Lepsius, Oliver, Die maßstabsetzende Gewalt, in: *Jestaedt, Matthias/ Lepsius, Oliver/ Möllers, Christoph/ Schönberger, Christoph* (Hrsg.), Das entgrenzte Gericht. Eine kritische Bilanz nach sechzig Jahren Bundesverfassungsgericht, 2011, S. 159–179.

Lerche, Peter, Zur Verfassungsrechtlichen Deutung der Meinungsfreiheit (Insbesondere im Bereiche des Boykotts), in: *Ritterspach, Theo/ Geiger, Willi* (Hrsg.), Festschrift für Gebhard Müller zum 70. Geburtstag, 1970, S. 197–215.

Lesch, Heiko, Zur Einführung in das Strafrecht: Über den Sinn und Zweck staatlichen Strafens (2. Teil), JA 1994, S. 590–599.

Lesch, Heiko, Bemerkungen zum Nötigungsbeschluß des BVerfG vom 10. 1 1995, JA 1995, S. 889-896.

Lesch, Heiko, Anmerkung zu BGH, Urteil vom 20.07.1995 – 1 StR 126/95, StV 1996, S. 152–154.

Leser, Norbert, Wertrelativismus, Grundnorm und Demokratie. Abgrenzungs und Anwendungsprobleme der „Reinen Rechtslehre“, in: *Ermacora, Felix/ Klecatsky, Hans/ Marcic, René* (Hrsg.), Hundert Jahre Verfassungsgerichtsbarkeit – Fünfzig Jahre Verfassungsgerichtshof in Österreich, 1968, S. 225–277.

Lijnden, Constantin Baron van, Neuer § 89a StGB: Strafbarkeit im Vorfeld des Vorfeldes, LTO vom 04.02.2015, http://www.lto.de/recht/hintergruende/h/neues-anti-terror-gesetz-ausreise-strafbar-vorverlagerung, Stand: 25.11.2016.

Limbach, Jutta, Im Namen des Volkes. Macht und Verantwortung der Richter, 1999.

Lippold, Rainer, Reine Rechtslehre und Strafrechtsdoktrin. Zur Theorienstruktur in der Rechtswissenschaft am Beispiel der allgemeinen Strafrechtslehre, 1989.

Liszt, Franz von, Ueber den Einfluß der soziologischen und anthropologischen Forschungen auf die Grundbegriffe des Strafrechts (1893), in: *Liszt, Franz von* (Hrsg.), Strafrechtliche Aufsätze und Vorträge. 1892 bis 1904, 1970, S. 75–93.

Llanque, Marcus, Hans Kelsens politikwissenschaftliche Konzeption des materiellen Rechtsstaats, in: *Brunkhorst, Hauke/ Voigt, Rüdiger* (Hrsg.), Rechts-Staat. Staat, internationale Gemeinschaft und Völkerrecht bei Hans Kelsen, 2008, S. 365–384.

Losappio, Giuseppe, Feindstrafrecht, Freundstrafrecht, Feinde des Strafrechts, in: *Vormbaum, Thomas* (Hrsg.), Kritik des Feindstrafrechts, 2010, S. 127–139.

Löwith, Karl, Der okkasionelle Dezisionismus von C. Schmitt (1935), in: *Stichweh, Klaus* (Hrsg.), Heidegger – Denker in dürftiger Zeit. Zur Stellung der Philosophie im 20. Jahrhundert, 1984, S. 32–71.

Lüderssen, Klaus, Strafrecht zwischen Funktionalismus und „alteuropäischem“ Prinzipiendenken, ZStW 1995, S. 877–906.

Luf, Gerhard, Entscheidung und Rechtfertigung im Recht, in: *Holzleithner, Elisabeth/ Somek, Alexander* (Hrsg.), Freiheit als Rechtsprinzip: Rechtsphilosophische Aufsätze, 2008, S. 37–55.

Luf, Gerhard, Problematik des Wertbegriffs, in: *Holzleithner, Elisabeth/ Somek, Alexander* (Hrsg.), Freiheit als Rechtsprinzip: Rechtsphilosophische Aufsätze, 2008, S. 95–115.

Luf, Gerhard, Überlegungen zum transzendentallogischen Stellenwert der Grundnormkonzeption Kelsens, in: *Holzleithner, Elisabeth/ Somek, Alexander* (Hrsg.), Freiheit als Rechtsprinzip: Rechtsphilosophische Aufsätze, 2008, S. 57–71.

Luf, Gerhard, Zur Verantwortlichkeit des Rechtspositivismus für „Gesetzliches Unrecht“. Überlegungen zur „Rabdbruch-These“, in: *Holzleithner, Elisabeth/ Somek, Alexander* (Hrsg.), Freiheit als Rechtsprinzip: Rechtsphilosophische Aufsätze, 2008, S. 73–94.

Luhmann, Niklas, Subjektive Rechte. Zum Unbau des Rechtsbewußtseins für die moderne Gesellschaft, in: *Luhmann, Niklas* (Hrsg.), Gesellschaftsstruktur und Semantik, 1981, S. 46–104.

Luhmann, Niklas, Legitimation durch Verfahren, 1983.

Luhmann, Niklas, Das Recht der Gesellschaft, 1993.

Luhmann, Niklas, Rechtssoziologie, 4. Auflage, 2008.

MacCormick, Neil, Der Rechtsstaat und die rule of law, JZ 1984, S. 65–70.

MacCormick, Neil, Questioning sovereignty law, state, and nation in the European Commonwealth, 1999.

Mager, Ute, Meinungsfreiheit und Ehrenschutz von Soldaten, JURA 1996, S. 405–409.

Magnus, Dorothea, Der Gewaltbegriff der Nötigung (§ 240 StGB) im Lichte der neuesten BVerfG-Rechtsprechung, NStZ 2012, S. 538–543.

Mahrenholz, Ernst Gottfried/ Marqua, Peter/ Altpeter, Frank, „Kritik an der Justiz gehört zur Sache" 1995, S. 35–39.

Maier, Julio B. J., Die Zukunft des Strafrechts, in: *Herzog, Felix/ Neumann, Ulfrid* (Hrsg.), Festschrift für Winfried Hassemer. Zum 70. Geburtstag am 17. Februar 2010, 2010, S. 481–501.

Maihofer, Werner, Rechtsstaat und menschliche Würde, 1968.

Maiwald, Manfred, Zur Beleidigung der Bundeswehr und ihrer Soldaten, JR 1989, S. 485–489.

Malek, Klaus, Feindstrafrecht, HRRS 2006, S. 316–317.

Mangoldt, Herrmann von/ Klein, Friedrich (Hrsg.), Das Bonner Grundgesetz, 2. Auflage, 1966.

Mantl, Wolfgang, Hans Kelsen und Carl Schmitt, in: *Krawietz, Werner/ Topitsch, Ernst/ Koller, Peter* (Hrsg.), Ideologiekritik und Demokratietheorie bei Hans Kelsen, 1982, S. 185–199.

Mantovani, Ferrando, Feindstrafrecht, Freundstrafrecht, Feind und Freund des Strafrechts, in: *Vormbaum, Thomas* (Hrsg.), Kritik des Feindstrafrechts, 2010, S. 141–168.

Marxen, Klaus, Die rechtsphilosophische Begründung der Straftatlehre im Nationalsozialismus. Zur Frage der Kontinuität strafrechtswissenschaftlichen Denkens, in: *Rottleuthner, Hubert* (Hrsg.), Recht, Rechtsphilosophie und Nationalsozialismus. Vorträge aus der Tagung der Deutschen Sektion der Internationalen Vereinigung für Rechts- und Sozialphilosophie (IVR) in der Bundesrepublik Deutschland vom 11. und 12.10. 1982 in Berlin (West), 1983, S. 55–64.

Marzahn, Thomas, Das Feindstrafrecht als Komponente des Präventionsstaats?, 2011.

Maschke, Günter, Die Zweideutigkeit der „Entscheidung". Thomas Hobbes und Juan Donoso Cortés im Werk Carl Schmitts, in: *Quaritsch, Helmut* (Hrsg.), Complexio Oppositorum. über Carl Schmitt, 1988, S. 193–222.

Mastronardi, Philippe, Verfassungslehre. Allgemeines Staatsrecht als Lehre vom guten und gerechten Staat, 2007.

Matt, Holger/ Renzikowski, Joachim (Hrsg.), Strafgesetzbuch Kommentar, 2013.

Matz, Werner, Entstehungsgeschichte der Artikel des Grundgesetzes: Abschnitt I: Die Grundrechte, JöR 1951, S. 41–193.

Maurach, Reinhart/ Schroeder, Friedrich-Christian/ Maiwald, Manfred, Strafrecht Besonderer Teil 1. Straftaten gegen Persönlichkeits- und Vermögenswerte, 10. Auflage, 2009.

Maurach, Reinhart/ Schroeder, Friedrich-Christian/ Maiwald, Manfred, Strafrecht Besonderer Teil 2. Straftaten gegen Gemeinschaftswerte, 10. Auflage, 2012.

Maus, Ingeborg, Entwicklung und Funktionswandel der Theorie des bürgerlichen Rechtsstaats, in: *Tohidipur, Mehdi* (Hrsg.), Der bürgerliche Rechtsstaat, 1978, S. 13–81.

Maus, Ingeborg, Bürgerliche Rechtstheorie und Faschismus. Zur sozialen Funktion und aktuellen Wirkung der Theorie Carl Schmitts, 2. Auflage, 1980.

Maus, Ingeborg, Die Trennung von Recht und Moral als Begrenzung des Rechts, Rechtstheorie 1989, S. 191–210.

Maus, Ingeborg, Naturrecht, Menschenrecht und politische Gerechtigkeit, in: *Goldschmidt, Werner/ Zechlin, Lothar* (Hrsg.), Naturrecht, Menschenrecht und politische Gerechtigkeit, 1994, S. 9–19.

Maus, Ingeborg, Zur Aufklärung der Demokratietheorie, 1994b.

Maus, Ingeborg, Über Volkssouveränität. Elemente einer Demokratietheorie, 2011.

Mayer, Franz C., Wer soll Hüter der europäischen Verfassung sein?, AöR 2004, S. 411–435.

Mayer, Hans, Das Ideologieproblem und die Reine Rechtslehre, in: *Métall, Rudolf Aladár* (Hrsg.), 33 Beiträge zur reinen Rechtslehre, 1974, S. 213--230.

Mayer, Heinz, Rechtstheorie und Rechtspraxis, in: *Jabloner, Clemens/ Stadler, Friedrich* (Hrsg.), Logischer Empirismus und reine Rechtslehre. Beziehungen zwischen dem Wiener Kreis und der Hans-Kelsen-Schule, 2001, S. 316–331.

Mayer-Maly, Theo, Kodifikation und Rechtsklarheit in der Demokratie, in: *Krawietz, Werner/ Topitsch, Ernst/ Koller, Peter* (Hrsg.), Ideologiekritik und Demokratietheorie bei Hans Kelsen, 1982, S. 201–214.

Mégret, Frédéric, „Krieg“?, KritJ 2002, S. 157–179.

Mehring, Reinhard, Staatsrechtslehre, Rechtslehre, Verfassungslehre, ARSP 1994, S. 191–202.

Mehring, Reinhard, Antipodische Polemik. Zur Kontroverse zwischen Hans Kelsen und Carl Schmitt, in: *Walther, Manfred* (Hrsg.), Religion und Politik. Zu Theorie und Praxis des theologisch-politischen Komplexes, 2004, S. 265–272.

Mehring, Reinhard, Macht im Recht, Der Staat 2004, S. 1–22.

Mehring, Reinhard, Carl Schmitt. Aufstieg und Fall, 2009.

Meier, Heinrich, Die Lehre Carl Schmitts. Vier Kapitel zur Unterscheidung politischer Theologie und politischer Philosophie, 1994.

Meier, Heinrich, Carl Schmitt, Leo Strauss und Der Begriff des Politischen. Zu einem Dialog unter Abwesenden, 1998.

Meier, Horst, Ein Grundrecht auf Sicherheit? (2003), in: *Meier, Horst* (Hrsg.), Protestfreie Zonen? Variationen über Bürgerrechte und Politik, 2012, S. 145–149.

Menke, Christoph, Spiegelungen der Gleichheit. Politische Philosophie nach Adorno und Derrida, 2004.

Menke, Christoph, Subjektive Rechte und Menschenwürde, trivium.revues.org/pdf/3296, Stand: 25.11.2016.

Merkl, Adolf, Allgemeines Verwaltungsrecht, 1927.

Merten, Detlef, Rechtsstaat und Gewaltmonopol, 1975.

Merz, Susanne, Strafrechtlicher Ehrenschutz und Meinungsfreiheit, 1998.

Meurer, Dieter/ Bergmann, Alfred, Gewaltbegriff und Verwerflichkeit, JR 1988, S. 49–54.

Meuter, Günter, Gerechtigkeitsstaat contra Rechtsstaat. Bemerkungen zum Ordnungsdenken Carl Schmitts, in: *Voigt, Rüdiger* (Hrsg.), Mythos Staat. Carl Schmitts Staatsverständnis, 2001, S. 83–116.

Mezger, Edmund, Die Straftat als Ganzes, ZStW 1938, S. 675–701.

Mitsch, Wolfgang, Das Unternehmensdelikt, JURA 2012, S. 526–530.

Mitsch, Wolfgang, Vorbeugende Strafbarkeit zur Abwehr terroristischer Gewalttaten, NJW 2015, S. 209–212.

Mock, Erhard, Hans Kelsens Verhältnis zum Liberalismus, in: *Krawietz, Werner/ Topitsch, Ernst/ Koller, Peter* (Hrsg.), Ideologiekritik und Demokratietheorie bei Hans Kelsen, 1982, S. 439–444.

Möllers, Christoph, Legalität, Legitimität und Legitimation des Bundesverfassungsgerichts, in: *Jestaedt, Matthias/ Lepsius, Oliver/ Möllers, Christoph/ Schönberger, Christoph* (Hrsg.), Das entgrenzte Gericht. Eine kritische Bilanz nach sechzig Jahren Bundesverfassungsgericht, 2011, S. 281–422.

Möllers, Christoph, Staat als Argument, 2. Auflage, 2011b.

Morguet, Geraldine Louisa, Feindstrafrecht – eine kritische Analyse, 2009.

Morlok, Martin, Parteiverbot als Verfassungsschutz – Ein unauflösbarer Widerspruch?, NJW 2001, S. 2931–2942.

Morscher, Edgar, Die Sein-Sollen-Dichotomie im logischen Empirismus und im Rechtspositivismus, in: *Jabloner, Clemens/ Stadler, Friedrich* (Hrsg.), Logischer Empirismus und reine Rechtslehre. Beziehungen zwischen dem Wiener Kreis und der Hans-Kelsen-Schule, 2001, S. 45–116.

Müller, Friedrich, Normstruktur und Normativität. Zum Verhältnis von Recht und Wirklichkeit in der juristischen Hereneutik, entwickelt an Fragen der Verfassungsinterpretation, 1966.

Müller, Friedrich/ Christensen, Ralph, Juristische Methodik. Grundlegung für die Arbeitsmethoden der Rechtspraxis, 10. Auflage, 2009.

Müller, Henning Ernst, Gewaltsame Nötigung durch Sitzblockade – klares Jein des BVerfG?, http://blog.beck.de/2011/03/31/gewaltsame-noetigung-durch-sitzblockade-klares-jein-des-bverfg, Stand: 25.11.2016.

Müller, Jan-Werner, Ein gefährlicher Geist. Carl Schmitts Wirkung in Europa, 2007.

Muñoz Conde, Francisco, Über das „Feindstrafrecht", in: *Muñoz Conde, Francisco* (Hrsg.), Über das Feindstrafrecht, 2007, S. 5–53.

Muñoz Conde, Francisco, Politische Straftat und Feindstrafrecht, in: *Vormbaum, Thomas* (Hrsg.), Kritik des Feindstrafrechts, 2010, S. 107–114.

Murmann, Uwe, Kritik des funktionalen Strafrechts, in: *Koriath, Heinz/ Krack, Ralf/ Radtke, Henning/ Jehle, Jörg-Martin* (Hrsg.), Grundfragen des Strafrechts, Rechtsphilosophie und die Reform der Juristenausbildung. Festschrift für Fritz Loos, 2010, S. 189–208.

Müssig, Bernd, Ausnahmezustand als Ordnung. Zum Begriff und Konzept des Feindstrafrechts, in: Kanzlei RSDS (Hrsg.), Dona Scripta MMVII. Festschrift für Klaus-Dieter Becker, 2007, S. 1033–1053.

Naucke, Wolfgang, Die Aufhebung des strafrechtlichen Analogieverbots 1935, in: Kolloquien des Instituts für Zeitgeschichte (Hrsg.), NS-Recht in historischer Perspektive, 1981, S. 71–108.

Naucke, Wolfgang, Die Kriminalpolitik des Marburger Programms, ZStW 1982, S. 525–564.

Naucke, Wolfgang, Die strafjuristische Privilegierung staatsverstärkter Kriminalität, 1996a.

Naucke, Wolfgang, Rechtsphilosophische Grundbegriffe, 3. Auflage, 1996b.

Naucke, Wolfgang, Die Aushöhlung der strafrechtlichen Gesetzlichkeit durch den relativistischen, politisch aufgelandenen Rechtspositivismus, in: *Naucke, Wolfgang* (Hrsg.), Gesetzlichkeit und Kriminalpolitik. Abhandlungen zum Strafrecht und zum Strafprozessrecht, 1999, S. 256–273.

Naucke, Wolfgang, Gesetzlichkeit und Kriminalpolitik (1989), in: *Naucke, Wolfgang* (Hrsg.), Gesetzlichkeit und Kriminalpolitik. Abhandlungen zum Strafrecht und zum Strafprozessrecht, 1999, S. 225–240.

Naucke, Wolfgang, Gesetzlichkeit und Kriminalpolitik. Abhandlungen zum Strafrecht und zum Strafprozessrecht, 1999.

Naucke, Wolfgang, Strafrecht. Eine Einführung, 10. Auflage, 2002.

Naucke, Wolfgang, Einführung, in: *Binding, Karl/ Hoche, Alfred* (Hrsg.), Die Freigabe der Vernichtung lebensunwerten Lebens. Ihr Maß und ihre Form, 2006, S. VI–LXXI.

Naucke, Wolfgang, Rezension Cussac – „Feindstrafrecht", JoJZG 2008, S. 32–34.

Naucke, Wolfgang, „Schulenstreit"?, in: *Herzog, Felix/ Neumann, Ulfrid* (Hrsg.), Festschrift für Winfried Hassemer. Zum 70. Geburtstag am 17. Februar 2010, 2010, S. 559–572.

Neumann, Ulfrid, Rechtsontologie und juristische Argumentation. Zu den ontologischen Implikatoinen juristischen Argumentierens, 1979.

Neumann, Ulfrid, Juristische Argumentationslehre, 1986.

Neumann, Ulfrid, Neue Entwicklungen im Bereich der Argumentationsmuster zur Begründung oder zum Ausschluß strafrechtlicher Verantwortlichkeit, ZStW 1987, S. 567–594.

Neumann, Ulfrid, Zum Entwurf eines Verbrechensbekämpfungsgesetzes, StV 1994, S. 273–276.

Neumann, Ulfrid, Zur Systemrelativität strafrechtsrelevanter sozialer Deutungsmuster, ZStW 1997, S. 1–16.

Neumann, Ulfrid, Die Tyrannei der Würde, ARSP 1998, S. 153–166.

Neumann, Ulfrid, Hat die Strafrechtsdogmatik eine Zukunft?, in: *Prittwitz, Cornelius/ Manoledakis, Ioannis* (Hrsg.), Strafrechtsprobleme an der Jahrtausendwende. Deutsch-Griechisches Symposium, Rostock 1999, 2000, S. 119–130.

Neumann, Ulfrid, Wahrheit im Recht, 2004.

Neumann, Ulfrid, Wahrheit statt Autorität. Möglichkeit und Grenzen einer Legitimation durch Begründung im Recht, in: *Lerch, Kent D.* (Hrsg.), Die Sprache des Rechts. Recht verhandeln Argumentieren, Begründen und Entscheiden im Diskurs des Rechts, 2005, S. 369–384.

Neumann, Ulfrid, Wissenschaftstheorie der Rechtswissenschaft bei Hans Kelsen und Gustav Radbruch. Zwei „neukantianische" Perspektiven, in: *Paulson, Stanley/ Stolleis, Michael* (Hrsg.), Hans Kelsen. Staatsrechtslehrer und Rechtstheoretiker des 20. Jahrhunderts, 2005, S. 35–55.

Neumann, Ulfrid, Feindstrafrecht, in: *Uwer, Thomas/* Organisationsbüro der Strafverteidigervereinigungen (Hrsg.), Bitte bewahren Sie Ruhe. Leben im Feindrechtsstaat, 2006, S. 299–314.

Neumann, Ulfrid, Institution, Zweck und Funktion staatlicher Strafe, in: *Pawlik, Michael/ Zaczyk, Rainer* (Hrsg.), Festschrift für Günther Jakobs. Zum 70. Geburstag, 2007, S. 435–450.

Neumann, Ulfrid, Theorie der juristischen Argumentation, in: *Kaufmann, Arthur/ Hassemer, Winfried/ Neumann, Ulfrid* (Hrsg.), Einführung in die Rechtsphilosophie und Rechtstheorie der Gegenwart, 2011, S. 333–347.

Neumann, Ulfrid/ Schroth, Ulrich, Neuere Theorien von Kriminalität und Strafe, 1980.

Neumann, Volker, Der Staat im Bürgerkrieg. Kontinuität und Wandlung des Staatsbegriffs in der politischen Theorie Carl Schmitts, 1980.

Neumann, Volker, Theologie als staatsrechtswissenschaftliches Argument, Der Staat 2008, S. 163–186.

Neumann, Volker, Theoretiker staatlicher Dezision: Carl Schmitt, in: *Grundmann, Stefan/ Kloepfer, Michael/ Paulus, Christoph G./ Schröder, Rainer/ Werle, Gerhard* (Hrsg.), Festschrift 200 Jahre Juristische Fakultät der Humboldt-Universität zu Berlin. Geschichte, Gegenwart und Zukunft, 2010, S. 735–754.

Neumann, Volker, Hans Kelsen und die deutsche Staatsrechtslehre, HRRS 2012, S. 149–166.

Nolte, Georg, Die rechtlichen Grenzen politischer Satire in den USA und der Bundesrepublik, EuGRZ 1988, S. 253–259.

Nolte, Georg, Beleidigungsschutz in der freiheitlichen Demokratie. Eine vergleichende Untersuchung zur Rechtslage in der Bundesrepublik Deutschland, in den Vereinigten Staaten von Amerika sowie nach der Europäischen Menschenrechtskonvention, 1992.

Nowak, Peter, Kriminalisierung von Geflüchteten ohne große Proteste beschlossen, https://www.heise.de/tp/news/Kriminalisierung-von-Gefluechteten-ohne-grosse-Proteste-beschlossen-2735056.html, Stand: 25.11.2016.

Oehmichen, Anna/ Klukkert, Astrid, Evaluation des Gesetzes zur Verfolgung der Vorbereitung von schweren staatsgefährdenden Gewalttaten (GVVG), http://www.krimz.de/fileadmin/dateiablage/E-Publikationen/Endbericht_GVVG_Evaluierung.pdf, Stand: 25.11.2016.

Offenloch, Werner, Entscheidungsanmerkung zu BVerfG, Beschl. v. 7.3.2011 - 1 BvR 388/05, JZ 2011, S. 689–691.

Ogorek, Regina, Wie wehrhaft ist der Staat?, http://edoc.bbaw.de/volltexte/2009/1215/pdf/II_02_Ogorek.pdf, Stand: 26.01.2013.

Öhlinger, Theo, Der Stufenbau der Rechtsordnung. rechtstheoretische und ideologische Aspekte, 1975.

Öhlinger, Theo, Repräsentative, direkte und parlamentarische Demokratie, in: *Krawietz, Werner/ Topitsch, Ernst/ Koller, Peter* (Hrsg.), Ideologiekritik und Demokratietheorie bei Hans Kelsen, 1982, S. 215–229.

Olechowski, Thomas, Kelsens Rechtslehre im Überblick, in: *Ehs, Tamara* (Hrsg.), Hans Kelsen. Eine politikwissenschaftliche Einführung, 2009, S. 47–65.

Olechowski, Thomas, Von der „Ideologie" zur „Realität" der Demokratie, in: *Ehs, Tamara* (Hrsg.), Hans Kelsen. Eine politikwissenschaftliche Einführung, 2009, S. 113–132.

Ooyen, Robert Christian van, Der Staat der Moderne Hans Kelsens Pluralismustheorie, 2003.

Ooyen, Robert Christian van, Der Begriff des Politischen des Bundesverfassungsgerichts, 2005.

Ooyen, Robert Christian van, Die Parteiverbotsverfahren vor dem Bundesverfassungsgericht, in: *Ooyen, Robert Christian van/ Möllers, Martin* (Hrsg.), Das Bundesverfassungsgericht im politischen System, 2006, S. 333–349.

Ooyen, Robert Christian van, Die Entzauberung des Staates in demokratischer Absicht: Hans Kelsens Bedeutung für eine moderne Regierungs- und Verfassungslehre, in: *Brunkhorst, Hauke/ Voigt, Rüdiger* (Hrsg.), Rechts-Staat. Staat, internationale Gemeinschaft und Völkerrecht bei Hans Kelsen, 2008, S. 39–71.

Ooyen, Robert Christian van, Die Funktion der Verfassungsgerichtsbarkeit in der pluralistischen Demokratie und die Kontroverse um den „Hüter der Verfassung", in: *Ooyen, Robert Christian van* (Hrsg.), Wer soll der Hüter der Verfassung sein? Abhandlungen zur Theorie der Verfassungsgerichtsbarkeit in der pluralistischen, parlamentarischen Demokratie, 2008, S. I–XXIII.

Ooyen, Robert Christian van, Ernst Fraenkels Doppelstaat, das neue Feindstrafrecht und die „Rückkehr" von Carl Schmitt, in: *Ooyen, Robert Christian van/ Möllers, Martin* (Hrsg.), (Doppel-)Staat und Gruppeninteressen Pluralismus – Parlamentarismus – Schmitt-Kritik bei Ernst Fraenkel, 2009, S. 259–269.

Ooyen, Robert Christian van, Hans Kelsen und die offene Gesellschaft, 2010.

Ooyen, Robert Christian van, Die Staatstheorie des Bundesverfassungsgerichts und Europa. Von Solange über Maastricht zu Lissabon und Euro-Rettung, 5. Auflage, 2014.

Ooyen, Robert Christian van/ Möllers, Martin, Bürgerfreiheit, Menschenrechte und Staatsräson – ausgewählte Grundrecht-Rechtsprechung im Bereich „Innere Sicherheit", in: *Ooyen, Robert Christian van/ Möllers, Martin* (Hrsg.), Das Bundesverfassungsgericht im politischen System, 2006, S. 367–389.

Opałek, Kazimierz, Kelsens Kritik der Naturrechtslehre, in: *Krawietz, Werner/ Topitsch, Ernst/ Koller, Peter* (Hrsg.), Ideologiekritik und Demokratietheorie bei Hans Kelsen, 1982, S. 71–86.

Ossenbühl, Fritz, Medien zwischen Macht und Recht 1995, S. 633–643.

Ott, Sieghart, Rechtsprobleme bei der Auflösung einer Versammlung in Form eines Sitzstreiks, NJW 1985, S. 2361–2440.

Otte, Gerhard, Zwanzig Jahre Topik-Diskussion: Ertrag und Aufgaben, Rechtstheorie 1970, S. 183–197.

Ottmann, Henning, Carl Schmitt, in: *Ballestrem, Karl/ Ottmann, Henning* (Hrsg.), Politische Philosophie des 20. Jahrhunderts, 1990, S. 61–88.

Otto, Harro, Strafbare Nötigung durch Sitzblockaden in der höchstrichterlichen Rechtsprechung und die Thesen der Gewaltkommission zu § 240 StGB, NStZ 1992, S. 568–573.

Otto, Petra, Die Entwicklung der Verfassungslehre in der Weimarer Republik, 2002.

Pabel, Katharina, BVerfGE 69, 315 – Brokdord, in: *Menzel, Jörg/ Müller-Terpitz, Ralf* (Hrsg.), Verfassungsrechtsprechung. Ausgewählte Entscheidungen des Bundesverfassungsgerichts in Retrospektive, 2011, S. 396–403.

Paeffgen, Hans-Ullrich, Unzeitgemäße (?) Überlegungen zum Gewalt- und Nötigungsbegriff, in: *Samson, Erich/ Dencker, Friedrich/ Frisch, Peter/ Frister, Helmut/ Reiß, Wolfram* (Hrsg.), Festschrift für Gerald Grünwald zum siebzigsten Geburtstag, 1999, S. 433–468.

Paeffgen, Hans-Ullrich, Vernachrichtendienstlichung des Strafprozesses, GA 2003, S. 647–671.

Papier, Hans-Jürgen/ Durner, Wolfgang, Streitbare Demokratie, AöR 2003, S. 341–371.

Pasquino, Pasquale, Die Lehre vom „pouvoir constituant" bei Emmanuel Sieyès und Carl Schmitt, in: *Quaritsch, Helmut* (Hrsg.), Complexio Oppositorum. über Carl Schmitt, 1988, S. 371–385.

Pauli, Gerhard, Die Rechtsprechung des Reichsgerichts in Strafsachen zwischen 1933 und 1945 und ihre Fortwirkung in der Rechtsprechung des Bundesgerichtshofes, 1992.

Paulson, Stanley, Zwei radikale Objektivierungsprogramme in der Rechtslehre Hans Kelsens, in: *Paulson, Stanley/ Stolleis, Michael* (Hrsg.), Hans Kelsen. Staatsrechtslehrer und Rechtstheoretiker des 20. Jahrhunderts, 2005, S. 191–220.

Pauly, Walter, Anfechtbarkeit und Verbindlichkeit von Weisungen in der Bundesauftragsverwaltung, 1989.

Pawlik, Michael, Die reine Rechtslehre und die Rechtstheorie H. L. A. Harts. Ein kritischer Vergleich, 1993.

Pawlik, Michael, Die Lehre von der Grundnorm, Rechtstheorie 1994, S. 451–471.

Pawlik, Michael, Das unerlaubte Verhalten beim Betrug, 1999.

Pawlik, Michael, Buchrezension – Stübinger, Das „idealisierte" Strafrecht; Zabel, Schuldtypisierung als Begriffsanalyse, ZIS 2011, S. 761–762.

Pérez del Valle, Carlos, Zur rechtspohilosophischen Begründung des Feindstrafrechts, in: *Pawlik, Michael/ Zaczyk, Rainer* (Hrsg.), Festschrift für Günther Jakobs. Zum 70. Geburstag, 2007, S. 515–528.

Perger, Tilmann, Ehrenschutz von Soldaten in Deutschland und anderen Staaten, 2004.

Petersen, Niels, Demokratie als teleologisches Prinzip. Zur Legitimität von Staatsgewalt im Völkerrecht, 2009.

Pfahl-Traughber, Armin, Droht die Herausbildung einer Antiglobalisierungsbewegung von rechtsextremistischer Seite? Globalisierung als Agitationsthema des organisierten Rechtsextremismus, in: Bundesministerium des Inneren (Hrsg.), Extremismus in Deutschland Erscheinungsformen und aktuelle Bestandsaufnahme, 2004, S. 98–135.

Pfersmann, Otto, Die Wiener Schulen und der moralische Realismus. Eine Problemskizze, in: *Jabloner, Clemens/ Stadler, Friedrich* (Hrsg.), Logischer Empirismus und reine Rechtslehre. Beziehungen zwischen dem Wiener Kreis und der Hans-Kelsen-Schule, 2001, S. 191–207.

Pfersmann, Otto, Hans Kelsens Rolle in der gegenwärtigen Rechtswissenschaft, in: *Walter, Robert/ Ogris, Werner/ Olechowski, Thomas* (Hrsg.), Hans Kelsen: Leben – Werk – Wirksamkeit. Ergebnisse einer Internationalen Tagung veranstaltet von der Kommission für Rechtsgeschichte Österreichs und dem Hans Kelsen-Institut (19.-21. April 2009), 2009, S. 367–387.

Pfordten, Dietmar von der, Jakobs, Günther, Norm Person Gesellschaft – Rezension, Der Staat 2010, S. 503–505.

Pieroth, Bodo/ Schlink, Bernahrd, Grundrechte, 28. Auflage, 2012.

Polaino Navarrete, Miguel, Die Funktion der Strafe beim Feindstrafrecht, in: *Pawlik, Michael/ Zaczyk, Rainer* (Hrsg.), Festschrift für Günther Jakobs. Zum 70. Geburstag, 2007, S. 529–552.

Polaino-Orts, Miguel, Grenzen vorverlagerter Strafbarkeit: Feindstrafrecht, in: *Heinrich, Manfred/ Jäger, Christian/ Achenbach, Hans/ Amelung, Knut/ Bottke, Wilfried/ Haffke, Bernhard/ Schünemann, Bernd/ Wolter, Jürgen* (Hrsg.), Strafrecht als Scientia Universalis. Festschrift für Claus Roxin zum 80. Geburtstag am 15. Mai 2011, 2011, S. 91–111.

Popitz, Johannes, Wer ist Hüter der Verfassung?, in: *Schmitt, Carl* (Hrsg.), Verfassungsrechtliche Aufsätze aus den Jahren 1924 – 1954. Materialien zu einer Verfassungslehre, 2003, S. 101–105.

Popp, Martin, Anmerkung zu OLG Celle, JR 1998, 79, JR 1998, S. 80–83.

Popper, Karl R., Die offene Gesellschaft und ihre Feinde. Der Zauber Platons (1945), 7. Auflage, 1992a.

Popper, Karl R., Die offene Gesellschaft und ihre Feinde. Falsche Propheten Hegel, Marx und die Folgen (1945), 7. Auflage, 1992b.

Poscher, Ralf, Neue Rechtsgrundlagen gegen rechtsextremistische Versammlungen, NJW 2005, S. 1316–1319.

Posser, Diether, Politische Strafjustiz aus der Sicht des Verteidigers, 1961.

Prantl, Heribert, Neues Anti-Terror-Gesetz – Als wäre ein Werkzeugkauf strafbar, SZ vom 04.02.2015, http://www.sueddeutsche.de/politik/neues-anti-terror-gesetz-als-waere-ein-werkzeug-kauf-strafbar-1.2333380, Stand: 25.11.2016.

Preisner, Mareike, „Schwarz-Rot-Senf" – Aufregung angebracht?, NJW 2009, S. 897–898.

Preuß, Ulrich K., Beitrag, in: Paul Rugenstein Verlag (Hrsg.), Wortlaut und Kritik der verfassungswidrigen Januarbeschlüsse. Materialien f. Studenten, Beamte, Angestellte u. Arbeiter im öffentl. Dienst, 1972, S. 46–51.

Preuß, Ulrich K., Bedingungen der Legalität, in: *Preuß, Ulrich K.* (Hrsg.), Legalität und Pluralismus. Beiträge zum Verfassungsrecht der Bundesrepublik Deutschland, 1973, S. 9–113.

Preuß, Ulrich K., Legalität und Pluralismus. Beiträge zum Verfassungsrecht der Bundesrepublik Deutschland, 1973.

Preuß, Ulrich K., Nötigung durch Demonstration. Zur Dogmatik des Art. 8, in: *Böttcher, Hans-Ernst* (Hrsg.), Recht, Justiz, Kritik Festschrift für Richard Schmid zum 85. Geburtstag, 1985, S. 419–445.

Preuß, Ulrich K., Staats- und verfassungsrechtliche Handbücher, JbStuVerwWiss 1989, S. 453–475.

Preuß, Ulrich K., Carl Schmitt – Die Bändigung oder Entfesselung des Politischen?, in: *Voigt, Rüdiger* (Hrsg.), Mythos Staat. Carl Schmitts Staatsverständnis, 2001, S. 141–167.

Preussner, Andreas, Metaethik, in: *Rehfus, Wulff D.* (Hrsg.), Handwörterbuch Philosophie, 2003.

Prisching, Manfred, Formale und soziale Demokratie, in: *Krawietz, Werner/ Topitsch, Ernst/ Koller, Peter* (Hrsg.), Ideologiekritik und Demokratietheorie bei Hans Kelsen, 1982, S. 460–481.

Prisching, Manfred, Hans Kelsen und Carl Schmitt. Zur Konfrontation zweier staatstheoretischer Modelle, in: *Weinberger, Ota/ Krawietz, Werner* (Hrsg.), Reine Rechtslehre im Spiegel ihrer Fortsetzer und Kritiker, 1988, S. 77–116.

Prittwitz, Cornelius, Sitzblockaden – ziviler Ungehorsam und strafbare Nötigung?, JA 1987, S. 17–28.

Prittwitz, Cornelius, „Soldatenurteil" – ein Votum für die Meinungsfreiheit. Strafrechtliche Kritik der Urteilsbegründung, in: International Physicians for the Prevention of Nuclear War (Hrsg.), Sind Soldaten Mörder? Analysen und Dokumente zum „Soldatenurteil", 1990, S. 39–45.

Prittwitz, Cornelius, Soldaten, Mörder, Ehre und Meinungsfreiheit, in: *Böllinger, Lorenz/ Lautmann, Rüdiger* (Hrsg.), Vom Guten, das noch stets das Böse schafft. Kriminalwissenschaftliche Essays zu Ehren von Herbert Jäger, 1993, S. 91–103.

Prittwitz, Cornelius, Strafrecht und Risiko. Untersuchungen zur Krise von Strafrecht und Kriminalpolitik in der Risikogesellschaft, 1993b.

Prittwitz, Cornelius, Nachgeholte Prolegomena zu einem künftigen Corpus Juris Criminalis für Europa, ZStW 2001, S. 774–799.

Prittwitz, Cornelius, „Feinde ringsum"? Zur begrenzten Kompatibilität von Sicherheit und Freiheit, in: Institut für Kriminalwissenschaften und Rechtsphilosophie, Frankfurt a.M (Hrsg.), Jenseits des rechtsstaatlichen Strafrechts, 2007, S. 225–252.

Prittwitz, Cornelius, Der ungleiche Wettstreit zwischen Sicherheit und Freiheit, JJZG 2008/2009, S. 326–344.

Prittwitz, Cornelius, „Feindstrafrecht" als Konsequenz des „Risikostrafrechts", in: *Vormbaum, Thomas* (Hrsg.), Kritik des Feindstrafrechts, 2010, S. 169–180.

Prömmel, Erdmann, Souveräne Ausnahme, nacktes Leben und modernes Strafrech, KrimJ 2006, S. 242–257.

Pünder, Hermann, Carl Schmitt als Theoretiker der Macht – ein Außenseiter?, Rechtstheorie 2002, S. 1–41.

Puppe, Ingeborg, Strafrecht als Kommunikation. Leistungen und Gefahren eines neuen Paradigmas in der Strafrechtsdogmatik, in: *Samson, Erich/ Dencker, Friedrich/ Frisch, Peter/ Frister, Helmut/ Reiß, Wolfram* (Hrsg.), Festschrift für Gerald Grünwald zum siebzigsten Geburtstag, 1999, S. 469–494.

Püttner, Günter, Toleranz als Verfassungsprinzip. Prolegomena zu einer rechtlichen Theorie des pluralistischen Staates, 1977.

Quaritsch, Helmut, Souveränität und Ausnahmezustand, Der Staat 1996, S. 1–30.

Radbruch, Gustav, Grundzüge der Rechtsphilosophie, 1914.

Radbruch, Gustav, Die politischen Parteien im System des Deutschen Verfassungsrechts, in: *Anschütz, Gerhard/ Thoma, Richard* (Hrsg.), Handbuch des deutschen Staatsrechts, 1930, S. 285–294.

Radbruch, Gustav, Anmerkung zu OLG Frankfurt a.M. – Ss 92/47 vom 12.8.1947, SJZ 1947, S. 634–635.

Radbruch, Gustav, Autoritäres oder soziales Strafrecht? (1933), in: *Radbruch, Gustav* (Hrsg.), Der Mensch im Recht. Ausgewählte Vorträge und Aufsätze über Grundfragen des Rechts, 1957, S. 63–79.

Radbruch, Gustav, „Fünf Minuten Rechtsphilosophie" (1947), in: *Dreier, Ralf/ Paulson, Stanley* (Hrsg.), Gustav Radbruch, Rechtsphilosophie, Studienausgabe, 2003a, S. 193–209.

Radbruch, Gustav, Gesetzliches Unrecht und übergesetzliches Recht (1946), in: *Dreier, Ralf/ Paulson, Stanley* (Hrsg.), Gustav Radbruch, Rechtsphilosophie, Studienausgabe, 2003b, S. 211–219.

Radbruch, Gustav, Rechtsphilosophie (1932), in: *Dreier, Ralf/ Paulson, Stanley* (Hrsg.), Gustav Radbruch, Rechtsphilosophie, Studienausgabe, 2003c, S. 1–193.

Radke, Klaus, Der Staatsnotstand im modernen Friedensvölkerrecht e. Beitr. zur Diskussion über d. Grenzen d. Verbindlichkeit völkerrechtl. Normen, 1988.

Radtke, Henning/ Steinsiek, Mark, Bekämpfung des internationalen Terrorismus durch Kriminalisierung von Vorbereitungshandlungen?, ZIS 2008, S. 383–396.

Raisch, Peter, Juristische Methoden. Vom antiken Rom bis zur Gegenwart, 1995.

Ransiek, Andreas, Gesetz und Lebenswirklichkeit. Das strafrechtliche Bestimmtheitsgebot, 1989.

Rath, Christian, Kommentar Anti-Terrorismus-Gesetze: Maas ist einer der Schärfsten – taz.de, taz vom 06.02.2015, http://www.taz.de/Kommentar-Anti-Terrorismus-Gesetze/!154107, Stand: 25.11.2016.

Rautenberg, Florian, Terrorismusbekämpfung? Zur Verfassungsmäßigkeit der §§ 89a, 89b und 91 StGB. Rechtsstaatswidriges Feindstrafrecht oder notwendige Maßnahmen zur, 2014.

Reichert-Hammer, Hansjörg, Politische Fernziele und Unrecht. Ein Beitrag zur Lehre von der Strafrechtswidrigkeit unter besonderer Berücksichtigung der Verwerflichkeitsklausel des § 240 Abs. 2 StGB, 1991.

Reimer, Philipp/ Kempny, Simon, Einführung in das Notstandsrecht, Vr 2011, S. 253–259.

Reißmüller, Johann Georg, Das Monopol des Bundesverfassungsgerichts aus Art. 18 des Grundgesetzes, JZ 1960, S. 529–533.

Rengier, Rudolf, Strafrecht Allgemeiner Teil, 6. Auflage, 2014.

Ridder, Helmut, Anmerkung zu BVerfG, Beschluß vom 25. 1. 1961 – 1 BvR 9/57, JZ 1961, S. 537–540.

Ridder, Helmut, „Sühnegedanke", Grundgesetz, „verfassungsmäßige Ordnung" und Verfassungsordnung der Bundesrepublik Deutschland, DÖV 1963, S. 321–327.

Ridder, Helmut, Grundgesetz, Notstand und politisches Strafrecht. Bemerkungen über die Eliminierung des Ausnahmezustands und die Limitierung der politischen Strafjustiz durch das Grundgesetz für die Bundesrepublik Deutschland, 1965.

Ridder, Helmut, Die Meinungsfreiheit, in: *Neumann, Franz L./ Nipperdy, Hans Car/ Scheuner, Ulrich* (Hrsg.), Die Grundrechte. Handbuch der Theorie und Praxis der Grundrechte. Die Freiheitsrechte, 1968, S. 243–290.

Ridder, Helmut, Beitrag, in: Paul Rugenstein Verlag (Hrsg.), Wortlaut und Kritik der verfassungswidrigen Januarbeschlüsse. Materialien f. Studenten, Beamte, Angestellte u. Arbeiter im öffentl. Dienst, 1972, S. 51–53.

Ridder, Helmut, Die soziale Ordnung des Grundgesetzes, in: *Mück, Josef* (Hrsg.), Verfassungsrecht, 1975, S. 85–285.

Ridder, Helmut (Hrsg.), Versammlungsrecht Kommentar, 1992.

Ringhofer, Kurt, Interpretation und Reine Rechtslehre, in: *Merkl, Adolf/ Verdroß, Alfred/ Marcic, René/ Walter, Robert* (Hrsg.), Festschrift für Hans Kelsen zum 90. Geburtstag, 1971, S. 198–210.

Rodingen, Hubert, Rechtstheorie als Kritik des juristischen Sprachgebrauchs, in: *Viehweg, Theodor/ Rotter, Frank* (Hrsg.), Recht und Sprache, 1977, S. 51–61.

Roellecke, Gerd, Bio-Recht oder die Sanftmut von Gesäß-Protestierern, NJW 1995, S. 1525–1526.

Roellecke, Gerd, Die Entscheidung über Krieg und Feind, in: *Mehring, Reinhard* (Hrsg.), Carl Schmitt – der Begriff des Politischen. Ein kooperativer Kommentar, 2003, S. 93–110.

Roellecke, Gerd, Der Rechtsstaat im Kampf gegen den Terror, JZ 2006, S. 265–270.

Roggemann, Herwig, Der Friede – ein Strafrechtsgut wie jedes andere?, JZ 1988, S. 1108–1111.

Roggemann, Herwig, Von Bären, Löwen und Adlern – zur Reichweite des §§ 90 a und b StGB, JZ 1992, S. 934–941.

Röhl, Klaus F./ Röhl, Hans Christian, Allgemeine Rechtslehre, 3. Auflage, 2008.

Römer, Peter, Im Namen des Grundgesetzes. Eine Streitschrift für die Demokratie, 1989.

Rosenau, Henning, Das Feindstrafrecht Jakobs' als Feind des Rechts, Comparative Law Review 2008, S. 27–44.

Rössner, Dieter, Gewaltbegriff und Opferperspektive bei der Vergewaltigung, in: *Kerner, Hans Jürgen/ Göppinger, Hans/ Streng, Franz* (Hrsg.), Kriminologie, Psychiatrie, Strafrecht. Festschrift für Heinz Leferenz zum 70. Geburtstag, 1983, S. 527–536.

Rotsch, Thomas, Betrug durch Wegnahme, ZJS 2008, S. 132–139.

Rottleuthner, Hubert, Substanzieller Dezisionismus, in: *Rottleuthner, Hubert* (Hrsg.), Recht, Rechtsphilosophie und Nationalsozialismus. Vorträge aus der Tagung der Deutschen Sektion der Internationalen Vereinigung für Rechts- und Sozialphilosophie (IVR) in der Bundesrepublik Deutschland vom 11. und 12.10. 1982 in Berlin (West), 1983, S. 20–35.

Roxin, Claus, Verwerflichkeit und Sittenwidrigkeit als unrechtsbegründende Merkmale im Strafrecht, JuS 1964, S. 373–381.

Roxin, Claus, Strafrecht Allgemeiner Teil. Grundlagen, der Aufbau der Verbrechenslehre, 4. Auflage, 2006.

Roxin, Claus, Zur neueren Entwicklung der Rechtsgutsdebatte, in: *Herzog, Felix/ Neumann, Ulfrid* (Hrsg.), Festschrift für Winfried Hassemer. Zum 70. Geburtstag am 17. Februar 2010, 2010, S. 573–597.

Roxin, Claus, Kriminalpolitik und Strafrechtssystem (1973), in: *Vormbaum, Thomas* (Hrsg.), Moderne deutsche Strafrechtsdenker, 2011, S. 305–329.

Rudolphi, Hans-Joachim, Inhalt und Funktion des Handlungsunwertes im Rahmen der personalen Unrechtslehre, in: *Maurach, Reinhart/ Schroeder, Friedrich-Christian/ Zipf, Heinz* (Hrsg.), Festschrift für Reinhart Maurach zum 70. Geburtstag, 1972, S. 51–73.

Rühl, Ulli F. H., Die Semantik der Ehre im Rechtsdiskurs, KritJ 2002, S. 197–212.

Ruhrmann, Hanns W., Der Hochverrat in der Rechtsprechung des Bundesgerichtshofs, NJW 1957, S. 281–285.

Russig, Harald, Einleitung, in: *Denninger, Erhard* (Hrsg.), Freiheitliche demokratische Grundordnung. Materialien zum Staatsverständnis u. zur Verfassungswirklichkeit in d. Bundesrepublik, 1977, S. 763–777.

Rusteberg, Benjamin, Der grundrechtliche Gewährleistungsgehalt. Eine veränderte Perspektive auf die Grundrechtsdogmatik durch eine präzise Schutzbereichsbestimmung, 2009.

Rusteberg, Benjamin, Die Verhinderungsblockade, NJW 2011, S. 2999–3003.

Rüthers, Bernd, Institutionelles Rechtsdenken im Wandel der Verfassungsepochen. Ein Beitrag zur politisch-kritischen Funktion der Rechtswissenschaft, 1970.

Rüthers, Bernd, Die unbegrenzte Auslegung. Zum Wandel der Privatrechtsordnung im Nationalsozialismus, 6. Auflage, 2005.

Rüthers, Bernd, Rechtstheorie. Mit juristischer Methodenlehre, 6. Auflage, 2011.

Sacher, Marina, Systemtheorie und Strafrecht, ZStW 2006, S. 574–619.

Sachs, Michael, Verfassungsprozessrecht, 3. Auflage, 2010.

Sachs, Michael/ Bethge, Herbert/ Bonk, Heinz Joachim/ Coelln, Christian von, et al. (Hrsg.), Grundgesetz, 6. Aufl. Auflage, 2011.

Saliger, Frank, Feindstrafrecht: Kritisches oder totalitäres Strafrechtskonzept?, in: *Vormbaum, Thomas* (Hrsg.), Kritik des Feindstrafrechts, 2010, S. 203–219.

Sander, Lisa Kathrin, Menschenwürde und „Exklusion“, in: Institut für Kriminalwissenschaften und Rechtsphilosophie, Frankfurt a.M (Hrsg.), Jenseits des rechtsstaatlichen Strafrechts, 2007, S. 253–276.

Sattler, Andreas, Die rechtliche Bedeutung der Entscheidung für die streitbare Demokratie. Untersucht unter besonderer Berücksichtigung der Rechtsprechung des Bundesverfassungsgerichts, 1982.

Sattler, Martin J., Hans Kelsen, in: *Sattler, Martin J.* (Hrsg.), Staat und Recht. Die deutsche Staatslehre im 19. und 20. Jahrhundert, 1972, S. 100–122.

Sauer, Dirk, Das Strafrecht und die Feinde der offenen Gesellschaft, NJW 2005, S. 1703–1705.

Schaefer, Jan Philipp, Wie viel Freiheit für die Gegner der Freiheit?, DÖV 2010, S. 379–387.

Scharpf, Fritz W., Regieren in Europa. Effektiv und demokratisch?, 1999.

Scheerer, Sebastian, Der politisch-publizistische Verstärkerkreislauf, KrimJ 1978, S. 223–227.

Scheffler, Uwe, Freund- und Fendstrafrecht, in: *Feltes, Thomas/ Pfeiffer, Christian/ Steinhilper, Gernot* (Hrsg.), Kriminalpolitik und ihre wissenschaftlichen Grundlagen. Festschrift für Professor Dr. Hans-Dieter Schwind zum 70. Geburtstag, 2006, S. 123–146.

Scherb, Armin, Der Bürger in der Streitbaren Demokratie. Über die normativen Grundlagen Politischer Bildung, 2008.

Scheuner, Ulrich, Der Verfassungsschutz im Bonner Grundgesetz, in: *Jahrreiß, Hermann/ Jellinek, Walter/ Laun, Rudolf/ Smend, Rudolf* (Hrsg.), Um Recht und Gerechtigkeit. Festgabe für Erich Kaufmann zu seinem 70. Geburtstage, 1950, S. 313–330.

Schick, Stefan, Feindstrafrecht als regulative Idee, ZIS 2012, S. 46–61.

Schild, Wolfgang, Die Reinen Rechtslehren. Gedanken zu Hans Kelsen und Robert Walter, 1975.

Schild, Wolfgang, Das Problem eines Hüters der Verfassung. Philosophische Anmerkungen zu einem juristischen Topos, in: *Guggenberger, Bernd/ Würtenberger, Thomas* (Hrsg.), Hüter der Verfassung oder Lenker der Politik? Das Bundesverfassungsgericht im Widerstreit, 1998, S. 13–43.

Schindler, Alfred/ Scholz, Frithard, Die Theologie Carl Schmitts, in: *Taubes, Jacob* (Hrsg.), Der Fürst dieser Welt. Carl Schmitt und die Folgen, 1985, S. 153–173.

Schlaich, Klaus/ Korioth, Stefan, Das Bundesverfassungsgericht. Stellung, Verfahren, Entscheidungen, 8. Auflage, 2010.

Schlette, Heinz Robert, Philosophische Marginalien zum Ideologieproblem, ZphF 1967, S. 47–63.

Schlieffen, Katharina Gräfin von, Rhetorik und Rechstmethodologische Aufklärung, Rechtstheorie 2001, S. 175–196.

Schlieffen, Katharina Gräfin von, Zur topisch-pathetischen Ordnung juristischen Denkens. Resultate empirischer Rhetorikforschung, in: *Lerch, Kent D.* (Hrsg.), Die Sprache des Rechts. Recht verhandeln Argumentieren, Begründen und Entscheiden im Diskurs des Rechts, 2005, S. 405–448.

Schliesky, Utz, Die wehrhafte Demokratie des Grundgesetzes, in: *Isensee, Josef/ Kirchhof, Paul* (Hrsg.), Handbuch des Staatsrechts der Bundesrepublik Deutschland, 2003–2014, S. 847–877.

Schlink, Bernahrd, Zwischen Identifikation und Distanz, Der Staat 76, S. 337–366.

Schlink, Bernahrd, Why Carl Schmitt, RJ 1991, S. 160–176.

Schmidt, Eberhard, Anmerkung zu BayObLG, Urteil v. 26.11.1968 – RReg. 4 a St 138/68, JZ 1969, S. 395–396.

Schmidt, Manfred G., Demokratietheorien, 3. Auflage, 2000.

Schmidt, Michael, Kelsens Lehre und Normlogik, in: *Walter, Robert* (Hrsg.), Schwerpunkte der Reinen Rechtslehre. mit einer Ergänzung der chronologischen Bibliographie der Werke Kelsens von Michael Schmidt, 1992, S. 87–96.

Schmidt-Aßmann, Eberhard, Der Rechtsstaat, in: *Isensee, Josef/ Kirchhof, Paul* (Hrsg.), Handbuch des Staatsrechts der Bundesrepublik Deutschland, 2003–2014, S. 541–611.

Schmidt-De Caluwe, Reimund, Von "potentiellen" und "geborenen Mördern" – Zwei neue Entscheidungen des BVerfG zur Meinungsäußerungsfreiheit, NVwZ 1992, S. 1166–1170.

Schmidt-Jortzig, Edzard, Effektiver Rechtsschutz als Kernstück des Rechtsstaatsprinzips nach dem Grundgesetz, NJW 1994, S. 2596.

Schmidt-Jortzig, Edzard, Meinungs- und Informationsfreiheit, in: *Isensee, Josef/ Kirchhof, Paul* (Hrsg.), Handbuch des Staatsrechts der Bundesrepublik Deutschland, 2003–2014, S. 875–907.

Schmidt-Leichner, Erich, Anmerkung zu BVerfG, Beschluß vom 25. 1. 1961 – 1 BvR 9/57, NJW 1961, S. 822.

Schmitt, Carl, Hugo Preuss. Sein Staatsbegriff und seine Stellung in der deutschen Staatslehre, 1930.

Schmitt, Carl, Nationalsozialismus und Rechtsstaat, JW 1934, S. 713–718.

Schmitt, Carl, Die deutsche Rechtswissenschaft im Kampf gegen den jüdischen Geist, DJZ 1936, S. 1193–1199.

Schmitt, Carl, Tyrannei der Werte, in: Ebracher Studien (Hrsg.), Säkularisation und Utopie. Ernst Forsthoff zum 65. Geburtstag, 1967, S. 37–62.

Schmitt, Carl, Gesetz und Urteil. Eine Untersuchung zum Problem der Rechtspraxis (1912), 2. Auflage, 1969.

Schmitt, Carl, Die geistesgeschichtliche Lage des heutigen Parlamentarismus (1926), 5. Auflage, 1979.

Schmitt, Carl, Die Diktatur. Von den Anfängen des modernen Souveränitätsgedankens bis zum proletarischen Klassenkampf (1928), 5. Auflage, 1989a.

Schmitt, Carl, Verfassungslehre (1928), 8. Auflage, 1993b.

Schmitt, Carl, Der Hüter der Verfassung (1931), 4. Auflage, 1996.

Schmitt, Carl, Legalität und Legitimität (1932), 6. Auflage, 1998.

Schmitt, Carl, Das Zeitalter der Neutralisierungen und Entpolitisierungen (1929), in: *Schmitt, Carl* (Hrsg.), Der Begriff des Politischen. Text von 1932 mit einem Vorwort und drei Corollarien, 2002, S. 73–87.

Schmitt, Carl, Der Begriff des Politischen. Text von 1932 mit einem Vorwort und drei Corollarien, 7. Auflage, 2002.

Schmitt, Carl, Der Begriff des Politischen (1932), in: *Schmitt, Carl* (Hrsg.), Der Begriff des Politischen. Text von 1932 mit einem Vorwort und drei Corollarien, 2002, S. 19–72.

Schmitt, Carl, Das Reichsgericht als Hüter der Verfassung (1929), in: *Schmitt, Carl* (Hrsg.), Verfassungsrechtliche Aufsätze aus den Jahren 1924 – 1954. Materialien zu einer Verfassungslehre, 2003, S. 63–110.

Schmitt, Carl, Die staatsrechtliche Bedeutung der Notverordnung, insbesondere ihre Rechtsgültigkeit (1931), in: *Schmitt, Carl* (Hrsg.), Verfassungsrechtliche Aufsätze aus den Jahren 1924 – 1954. Materialien zu einer Verfassungslehre, 2003, S. 235–262.

Schmitt, Carl, Der Wert des Staates und die Bedeutung des Einzelnen (1914), 2. Auflage, 2004.

Schmitt, Carl, Politische Theologie. Vier Kapitel zur Lehre von der Souveränität (1922), 8. Auflage, 2004.

Schmitt Glaeser, Walter, Mißbrauch und Verwirkung von Grundrechten im politischen Meinungskampf. Eine Untersuchung über die Verfassungsschutzbestimmung des Art. 18 GG und ihr Verhältnis zum einfachen Recht, insbesondere zum politischen Strafrecht, 1968.

Schmitt Glaeser, Walter, Parteiverbot und Strafrecht, JZ 1970, S. 59–61.

Schmitt Glaeser, Walter, Meinungsfreiheit und Ehrenschutz, JZ 1983, S. 95–100.

Schmitt Glaeser, Walter, Die Meinungsfreiheit in der Rechtsprechung des Bundesverfassungsgerichts, AöR 1988, S. 52–100.

Schmitt Glaeser, Walter, Politisch motivierte Gewalt und ihre „Fernziele", BayVBl 1988, S. 454–459.

Schmitt Glaeser, Walter, Meinungsfreiheit, Ehrenschutz und Toleranzgebot, NJW 1996, S. 873–879.

Schmitz, Mathias, Die Freund-Feind-Theorie Carl Schmitts. Entwurf und Entfaltung, 1965.

Schneider, Hans-Peter, Beitrag, in: Paul Rugenstein Verlag (Hrsg.), Wortlaut und Kritik der verfassungswidrigen Januarbeschlüsse. Materialien f. Studenten, Beamte, Angestellte u. Arbeiter im öffentl. Dienst, 1972, S. 71–79.

Schneider, Hans-Peter, Grundlagen, 1974.

Schneider, Hendrik, Bellum Justum gegen den Feind im Inneren, ZStW 2001, S. 499–515.

Schneider, Hendrik, Kann die Einübung in Normanerkennung die Strafrechtsdogmatik leiten? Eine Kritik des strafrechtlichen Funktionalismus, 2004.

Schneider, Hendrik/ Morguet, Geraldine Louisa, Gefährliches Strafrecht. Über die Grenzen avantgardistischer Strafrechtsdogmatik, in: *Uwer, Thomas/* Organisationsbüro der Strafverteidigervereinigungen (Hrsg.), Bitte bewahren Sie Ruhe. Leben im Feindrechtsstaat, 2006, S. 335–352.

Schneider, Peter, Ausnahmezustand und Norm. Eine Studie zur Rechtslehre von Carl Schmitt, 1957.

Scholz, Rupert/ Konrad, Karlheinz, Meinungsfreiheit und allgemeines Persönlichkeitsrecht, AöR 1998, S. 60–121.

Schönberger, Christoph, „Staatlich und Politisch". Der Begriff des Staates in Carl Schmitts Begriff des Politischen, in: *Mehring, Reinhard* (Hrsg.), Carl Schmitt – der Begriff des Politischen. Ein kooperativer Kommentar, 2003, S. 21–44.

Schönberger, Christoph, Hauptprobleme der Staatsrechtslehre (1911) – Einleitung, in: *Jestaedt, Matthias* (Hrsg.), Hans Kelsen Werke, 2008, S. 23–35.

Schönberger, Christoph, Anmerkungen zu Karlsruhe, in: *Jestaedt, Matthias/ Lepsius, Oliver/ Möllers, Christoph/ Schönberger, Christoph* (Hrsg.), Das entgrenzte Gericht. Eine kritische Bilanz nach sechzig Jahren Bundesverfassungsgericht, 2011, S. 9–76.

Schößler, Frank, Anerkennung und Beleidigung. Rechtsgut und Strafzweck des § 185 StGB, 1997.

Schröder, Horst, Anmerkung zu BGH, Beschluß v. 19. 6 1963 – 4 StR 132/63, JZ 1964, S. 30–31.

Schroeder, Friedrich-Christian, Der Schutz von Staat und Verfassung im Strafrecht. Eine systematische Darstellung, entwickelt aus Rechtsgeschichte und Rechtsvergleichung, 1970.

Schroeder, Friedrich-Christian, Probleme der Staatsverunglimpfung, JR 1979, S. 89–93.

Schubarth, Martin, Grenzen der Strafbarkeit sexueller Zumutungen, JuS 1981, S. 726–728.

Schulz, Lorenz, Totalitarismus, politische Religion und politische Theologie, RJ, S. 79–101.

Schulz, Lorenz, Der nulla-poena-Grundsatz – ein Fundament des Rechtsstaats, in: *Pawlowski, Hans-Martin/ Roellecke, Gerd* (Hrsg.), Der Universalitätsanspruch des demokratischen Rechtsstaates. Die Verschiedenheit der Kulturen und die Allgemeinheit des Rechtes. Referate der Tagung der Deutschen Sektion der Internationalen Vereinigung für Rechts- und Sozialphilosophie vom 28. bis zum 30. September 1994 in Mannheim, 1996, S. 173–197.

Schulz, Lorenz, Tagungsbericht – die deutsche Strafrechtswissenschaft vor der Jahrtausendwende, ZStW 2000, S. 653–664.

Schulz, Lorenz, Friktionen einer Fiktion. Jakobs Strafrecht für Feinde, in: *Uwer, Thomas/* Organisationsbüro der Strafverteidigervereinigungen (Hrsg.), Bitte bewahren Sie Ruhe. Leben im Feindrechtsstaat, 2006, S. 315–333.

Schulze, Detlef Georgia, Der deutsche Rechtsstaat und der österreichische Rechtsstaat – zwei Begriffserklärungen, http://theoriealspraxis.blogsport.de/2010/05/22/der-deutsche-rechtsstaat-und-der-oesterreichische-rechtsstaat-zwei-begriffserklaerungen, Stand: 25.11.2016.

Schulze-Fielitz, Helmuth, Das Bundesverfassungsgericht in der Krise des Zeitgeistes, AöR 1997.

Schünemann, Bernd, Nulla poena sine lege? Rechtstheoretische und verfassungsrechtliche Implikationen der Rechtsgewinnung im Strafrecht, 1978.

Schünemann, Bernd, Geistige Situation der deutschen Strafrechtswissenschaft, GA 1995.

Schünemann, Bernd, Zum gegenwärtigen Stand der Dogmatik der Unterlassungsdelikte in Deutschland, in: *Gimbernat, Enrique/ Schünemann, Bernd/ Wolter,*

Jürgen (Hrsg.), Internationale Dogmatik der objektiven Zurechnung und der Unterlassungsdelikte, 1995, S. 49–82.

Schünemann, Bernd, Die deutsche Strafrechtswissenschaft nach der Jahrtausendwende, GA 2001, S. 205–225.

Schünemann, Bernd, Strafrechtsdogmatik als Wissenschaft, in: *Schünemann, Bernd/ Achenbach, Hans/ Bottke, Wilfried/ Haffke, Bernhard/ Rudolphi, Hans-Joachim* (Hrsg.), Festschrift für Claus Roxin. zum 70. Geburstag am 15. Mai 2001, 2001, S. 1–32.

Schünemann, Bernd, Aporien der Straftheorie in Philosophie und Litratur. Gedanken zu Immanuel Kant und Heinrich von Kleist, in: *Prittwitz, Cornelius/ Baurmann, Michael/ Günther, Klaus/ Kuhlen, Lothar/ Merkel, Reinhard/ Nestler, Cornelius/ Schulz, Lorenz* (Hrsg.), Festschrift für Klaus Lüderssen. Zum 70. Geburtstag am 2. Mai 2002, 2002, S. 327–343.

Schünemann, Bernd, Feindstrafrecht ist kein Strafrecht, in: *Vormbaum, Thomas* (Hrsg.), Kritik des Feindstrafrechts, 2010, S. 11–20.

Schünemann, Bernd, Ein neues Bild des Strafrechtssystems?, ZStW 2014, S. 1–26.

Schuppert, Gunnar Folke, Diskurse über Staat und Recht, StWStP 1991, S. 122–147.

Schütze, Marc, Subjektive Rechte und personale Identität die Anwendung subjektiver Rechte bei Immanuel Kant, Carl Schmitt, Hans Kelsen und Hermann Heller, 2004.

Schwaighofer, Christoph, Kelsen zum Problem der Rechtsauslegung, in: *Paulson, Stanley/ Walter, Robert* (Hrsg.), Untersuchungen zur Reinen Rechtslehre. Ergebnisse eines Wiener Rechtstheoretischen Seminars 1985/86, 1986, S. 232–251.

Schwarze, Till, Türkei: Zum Zuschauen verdammt, Die Zeit vom 21.07.2016, http://www.zeit.de/politik/ausland/2016-07/tuerkei-erdogan-putschversuch-europa-reaktion-kommentar/komplettansicht, Stand: 25.11.2016.

Schwenck, Hans-Günter, Strafrecht und Bundeswehr in der politischen Auseinandersetzung 1969, S. 134–137.

Seibert, Thomas-Michael, Hakenkreuze: offenkundig zweideutig, myops 2008, S. 29–35.

Seifert, Jürgen, Das Auslegungsmonopol des Bundesverfassungsgerichts bei der Verwirkung von Grundrechten, in: *Denninger, Erhard* (Hrsg.), Freiheitliche demokratische Grundordnung. Materialien zum Staatsverständnis u. zur Verfassungswirklichkeit in d. Bundesrepublik, 1977, S. 225–240.

Seyfarth, Georg, Der Einfluß des Verfassungsrechts auf zivilrechtliche Ehrschutzklagen, NJW 1999, S. 1287–1294.

Sieber, Ulrich, Legitimation und Grenzen von Gefährdungsdelikten im Vorfeld von terroristischer Gewalt, NStZ 2009, S. 353–364.

Silva Sánchez, Jesús-María, Die Expansion des Strafrechts. Kriminalpolitik in postindustriellen Gesellschaften, 2003.

Silva Sánchez, Jesús-María, Die Unerwünschten als Feinde: Die Exklusion von Menschen aus dem status personae, ZStW 2006, S. 547–573.

Simon, Dieter/ Lahusen, Benjamin, BücherStand I, KritV 2007, S. 6–89.

Singelnstein, Tobias, Rezension: Geraldine Louisa Morguet, Feindstrafrecht – Eine kritische Analyse, KrimJ 2010, S. 311–313.

Singelnstein, Tobias/ Stolle, Peer, Die Sicherheitsgesellschaft. Soziale Kontrolle im 21. Jahrhundert, 3. Auflage, 2011.

Sinn, Arndt, Die Nötigung im System des heutigen Strafrechts, 2000.

Sinn, Arndt, Gewaltbegriff – quo vadis?, NJW 2002, S. 1024–1125.

Sinn, Arndt, Moderne Verbrechensverfolgung – auf dem Weg zu einem Feindstrafrecht?, in: *Vormbaum, Thomas* (Hrsg.), Kritik des Feindstrafrechts, 2010, S. 221–243.

Sinn, Arndt, Entscheidungsanmerkung zu BVerfG, Beschl. v. 7.3.2011 – 1 BvR 388/05, ZJS 2011, S. 283–287.

Sinn, Arndt/ Moeller, Uriel, Enscheidungsbesprechung zu BGH, Urt. v. 8.5.2014 – 3 StR 243/13, ZJS 2015, S. 232–238.

Sobota, Katharina, Das Prinzip Rechtsstaat. Verfassungs- und verwaltungsrechtliche Aspekte, 1997.

Sodan, Helge, Staat und Verfassungsgerichtsbarkeit, 2010.

Soehring, Jörg, Ehrenschutz und Meinungsfreiheit, NJW 1994, S. 2926–2929.

Söhn, Hartmut, Die abstrakte Normenkontrolle, in: *Starck, Christian* (Hrsg.), Verfassungsgerichtsbarkeit und Grundgesetz. Festgabe aus Anlaß des 25jährigen Bestehens des Bundesverfassungsgerichts, 1976, S. 292–322.

Somek, Alexander, Ermächtigung und Verpflichtung. Ein Versuch über die Normativität bei Hans Kelsen, in: *Paulson, Stanley/ Stolleis, Michael* (Hrsg.), Hans Kelsen. Staatsrechtslehrer und Rechtstheoretiker des 20. Jahrhunderts, 2005, S. 58–79.

Somek, Alexander, Staatenloses Recht: Kelsens Konzeption und ihre Grenzen, ARSP 2005, S. 61–82.

Spiegel – Redaktion, Auf der Wolga verhaftet, Der Spiegel vom 10.03.1954, S. 7, http://magazin.spiegel.de/EpubDelivery/spiegel/pdf/28955434, Stand: 11.02.2015.

Spinner, Helmut, Aussprache, in: *Quaritsch, Helmut* (Hrsg.), Complexio Oppositorum. über Carl Schmitt, 1988, S. 223–232.

Spranger, Tade Matthias, BVerfGE 93, 266 – Soldaten sind Mörder, in: *Menzel, Jörg/ Müller-Terpitz, Ralf* (Hrsg.), Verfassungsrechtsprechung. Ausgewählte Entscheidungen des Bundesverfassungsgerichts in Retrospektive, 2011, S. 595–602.

Staff, Ilse, Beitrag, in: Paul Rugenstein Verlag (Hrsg.), Wortlaut und Kritik der verfassungswidrigen Januarbeschlüsse. Materialien f. Studenten, Beamte, Angestellte u. Arbeiter im öffentl. Dienst, 1972, S. 81–83.

Starck, Christian, Anmerkung zu BverfG, Urteil v. 11.11.1986 – 1BvR 713/83 u.a., JZ 1987, S. 145–147.

Starck, Christian (Hrsg.), Kommentar zum Grundgesetz, 6. Auflage, 2010.

Stark, Ralf, Die Rechtsprechung des BVerfG zum Spannungsverhältnis von Meinungsfreiheit und Ehrenschutz, JuS 1995, S. 689–692.

Steffani, Winfried, Pluralistische Demokratie Studien zur Theorie und Praxis, 1980.

Stein, Ekkehart/ Götz, Frank, Staatsrecht, 21. Auflage, 2010.

Steinbeis, Maximilian, Es gibt kein Grundrecht auf Schutz vor Straftätern, http://www.verfassungsblog.de/es-gibt-kein-grundrecht-auf-schutz-vor-strafttern, Stand: 25.11.2016.

Steinkamm, Armin A., Verfassungsrichter als „Rufmörder"?, NZWehrr 1995, S. 45–61.

Steinsiek, Mark, Terrorabwehr durch Strafrecht? Verfassungsrechtliche und strafrechtssystematische Grenzen der Vorfeldkriminalisierung, 2012.

Stern, Klaus, Verfassungsgerichtsbarkeit zwischen Recht und Politik, 1980.

Stern, Klaus, Das Staatsrecht der Bundesrepublik Deutschland. Grundbegriffe und Grundlagen des Staatsrechts, Strukturprinzipien der Verfassung. 1. Halbband, 2. Auflage, 1983.

Stöcker, Hans A., Anmerkung zu BayObLG, Urteil v. 26.11.1968 – RReg. 4 a St 138/68, JZ 1969, S. 396–398.

Stollberg, Frank, Die verfassungsrechtlichen Grundlagen des Parteiverbots, 1976.

Stolleis, Michael, Carl Schmitt, in: *Sattler, Martin J.* (Hrsg.), Staat und Recht. Die deutsche Staatslehre im 19. und 20. Jahrhundert, 1972, S. 123–147.

Stolleis, Michael, Staatsrechtslehre und Verwaltungswissenschaft 1800 – 1914, 1992.

Stolleis, Michael, Geschichte des Öffentlichen Rechts in Deutschland. Staats- und Verwaltungsrechtswissenschaft in Republik und Diktatur 1914 – 1945, 1999.

Stratenwerth, Günter, Die Straftat, 6. Auflage, 2011.

Streng, Franz, Strafzumessungsvorstellungen von Laien, MschKrimm 2004, S. 127–145.

Streng, Franz, Vom Zweckstrafrecht zum Feindstrafrecht?, in: *Vormbaum, Thomas* (Hrsg.), Kritik des Feindstrafrechts, 2010, S. 181–201.

Streng, Franz, Strafrechtliche Sanktionen. Die Strafzumessung und ihre Grundlagen, 3. Auflage, 2012.

Struck, Gerhard, Topische Jurisprudenz. Argumente und Gemeinplatz in der juristischen Arbeit, 1971.

Stübinger, Stephan, – Nicht ohne meine „Schuld", KritJ 1993, S. 33–48.

Stübinger, Stephan, Das idealisierte Strafrecht. Über Freiheit und Wahrheit in der Straftheorie und Strafprozessrechtslehre, 2008a.

Stübinger, Stephan, Der Feindbegriff Carl Schmitts im Antiterrorkrieg, http://www.anci.ch/_media/beitrag/ancilla2008_73_stuebinger.pdf, Stand: 25.11.2016.

Stübinger, Stephan, Lügendetektor ante portas, ZIS 2008, S. 538–555.

Stuckenberg, Carl-Friedrich, BVerfGE 92, 1 – Sitbzblockade (mit E 73, 206 – Mutlangen), in: *Menzel, Jörg/ Müller-Terpitz, Ralf* (Hrsg.), Verfassungsrechtsprechung. Ausgewählte Entscheidungen des Bundesverfassungsgerichts in Retrospektive, 2011, S. 573–578.

Stüwe, Klaus, Bundesverfassungsgericht und Opposition, in: *Ooyen, Robert Christian van/ Möllers, Martin* (Hrsg.), Das Bundesverfassungsgericht im politischen System, 2006, S. 215–228.

Sudhof, Margaretha, „Soldatenurteil": Aus einem Land vor unserer Zeit, RJ 1990, S. 145–155.

Tammelo, Ilmar, Vom Wert und Unwert der Demokratie, in: *Krawietz, Werner/ Topitsch, Ernst/ Koller, Peter* (Hrsg.), Ideologiekritik und Demokratietheorie bei Hans Kelsen, 1982, S. 491–499.

Tenckhoff, Jörg, Grundfälle zum Beleidigungsrecht, JuS 1988, S. 457–460.

Tettinger, Peter J., Der Schutz der persönlichen Ehre im freien Meinungskampf, JZ 1983, S. 317–325.

Thiée, Philipp, Feindstrafrecht im Islam? Die Umma: Ausschluss, Ehre und die Sehnsucht nach Hormonie, in: *Uwer, Thomas/* Organisationsbüro der Strafverteidigervereinigungen (Hrsg.), Bitte bewahren Sie Ruhe. Leben im Feindrechtsstaat, 2006, S. 195–224.

Thiel, Markus, Das Verbot verfassungswidriger Parteien (Art. 21 Abs. 2 GG), in: *Thiel, Markus* (Hrsg.), Wehrhafte Demokratie. Beiträge über die Regelungen zum Schutze der freiheitlichen demokratischen Grundordnung, 2003, S. 173–207.

Thiel, Markus, Die Verwirkung von Grundrechten gemäß Art. 18 GG, in: *Thiel, Markus* (Hrsg.), Wehrhafte Demokratie. Beiträge über die Regelungen zum Schutze der freiheitlichen demokratischen Grundordnung, 2003, S. 129–172.

Thiel, Markus, „Wehrhafte Demokratie" als verfassungsrechtliche Grundentscheidung, in: *Thiel, Markus* (Hrsg.), Wehrhafte Demokratie. Beiträge über die Regelungen zum Schutze der freiheitlichen demokratischen Grundordnung, 2003, S. 1–24.

Thiel, Markus, Die Entgrenzung der Gefahrenabwehr. Grundfragen von Freiheit und Sicherheit im Zeitalter der Globalisierung, 2011.

Thienel, Rudolf, Recht und Staat aus der Sicht der Reinen Rechtslehre, in: *Walter, Robert* (Hrsg.), Schwerpunkte der Reinen Rechtslehre. mit einer Ergänzung der chronologischen Bibliographie der Werke Kelsens von Michael Schmidt, 1992, S. 71–86.

Tillmanns, Reiner, Werthaftigkeit durch Wehrhaftigkeit, in: *Thiel, Markus* (Hrsg.), Wehrhafte Demokratie. Beiträge über die Regelungen zum Schutze der freiheitlichen demokratischen Grundordnung, 2003, S. 25–55.

Timpe, Gerhard, Die Nötigung, 1989.

Tocqueville, Alexis de, Über die Demokratie in Amerika. Beide Teile in einem Band (1835/1840), 1976.

Topitsch, Ernst, Aufsätze zur Ideologiekritik, 2. Auflage, 1989.

Topitsch, Ernst, Einleitung (1964), in: *Topitsch, Ernst* (Hrsg.), Aufsätze zur Ideologiekritik, 1989, S. 11–27.

Tröndle, Herbert, Ein Plädoyer für die Verfassungsmäßigkeit des § 240 StGB, in: *Küper, Wilfried* (Hrsg.), Festschrift für Karl Lackner zum 70. Geburtstag am 18. Februar 1987, 1987, S. 627–640.

Tröndle, Herbert, Sitzblockaden und ihre Fernziele. Irritationen durch das Bundesverfassungsgericht und Karstellungen des Bundesgerichtshofs, in: *Eyrich, Heinz* (Hrsg.), Festschrift für Kurt Rebmann zum 65. Geburtstag, 1989, S. 481–508.

Tucholsky, Kurt, Der bewachte Kriegsschauplatz, Die Weltbühne vom 04.08.1931, S. 191, http://de.wikisource.org/wiki/Der_bewachte_Kriegsschauplatz, Stand: 10.09.2015.

Uwer, Thomas, Der Unsichtbare Dritte. Günther Jakobs, Carl Schmitt und der Ganz normale Ausnahmezustand, in: *Uwer, Thomas/* Organisationsbüro der Strafverteidigervereinigungen (Hrsg.), Bitte bewahren Sie Ruhe. Leben im Feindrechtsstaat, 2006, S. 37–58.

Vesting, Thomas, Erosionen staatlicher Herrschaft, AöR 1992, S. 4–45.

Vesting, Thomas, Soziale Geltungsansprüche in fragmentierten Öffentlichkeiten, AöR 1997, S. 337–371.

Vesting, Thomas, Kein Anfang und kein Ende, http://www.jura.uni-frankfurt.de/43748222/Kein-Anfang-und-kein-Ende.pdf, Stand: 25.11.2016.

Vesting, Thomas, Rechtstheorie, 2007.

Viehweg, Theodor, Topik und Jurisprudenz. Ein Beitrag zur rechtswissenschaftlichen Grundlagenforschung, 5. Auflage, 1974.

Vogel, Hans Jochen, Gewaltenvermischung statt Gewaltenteilung?, NJW 1996, S. 1505–1511.

Vogel, Joachim, Einflüsse des Nationalsozialismus auf das Strafrecht, ZStW 2003, S. 638–670.

Voigt, Rüdiger, Das Souveränitätsdreieck. Souveränitätsdenken bei Hermann Heller, Hans Kelsen und Carl Schmitt, in: *Brunkhorst, Hauke/ Voigt, Rüdiger* (Hrsg.), Rechts-Staat. Staat, internationale Gemeinschaft und Völkerrecht bei Hans Kelsen, 2008, S. 103–123.

Volk, Klaus, Anmerkung zu BayObLG v. 18.2.1988 – RReg. 5 St 4/88, JR 19989, S. 74–75.

Volk, Klaus, Anmerkung zu KG Berlin, Urteil v. 21.6.1979 – (4) Ss 57/79 (43/79), JR 1980, S. 291–295.

Volk, Klaus, Der Strafschutz für Staatssymbole und die Freiheit der Kunst, JR 1984, S. 441–445.

Vonlanthen, Albert, Zum rechtsphilosophischen Streit über das Wesen des subjektiven Rechts, 1964.

Vormbaum, Moritz, Anmerkung zu BVerfG, Beschl. v. 15.9.2008 – 1 BvR 1565/05. »Schwarz-Rot-Senf« keine Verunglimpfung der Bundesrepublik, JR 2009, S. 127–129.

Vormbaum, Thomas, Aktuelle Bezüge nationalsozialistischer Strafgesetzgebung, in: *Ostendorf, Heribert* (Hrsg.), Strafverfolgung und Strafverzicht. Festschrift zum 125jährigen Bestehen der Staatsanwaltschaft Schleswig-Holstein, 1992, S. 71–91.

Vormbaum, Thomas, „Politisches“ Strafrecht, ZStW 1995, S. 734–760.

Vormbaum, Thomas, Einleitung:. Das Feindstrafrecht und seine Kritik, in: *Vormbaum, Thomas* (Hrsg.), Kritik des Feindstrafrechts, 2010, S. VII–XLII.

Vormbaum, Thomas, Einführung in die moderne Strafrechtsgeschichte, 2. Auflage, 2011.

Vosgerau, Ulrich, Der Begriff des Rechts bei Kant, Rechtstheorie 1999, S. 227–250.

Vosgerau, Ulrich, Das Recht der Wirklichkeit, in: *Depenheuer, Otto* (Hrsg.), Reinheit des Rechts. Kategorisches Prinzip oder regulative Idee?, 2010, S. 55–77.

Vultejus, Ulrich, Darf man, was wahr ist, auch sagen?, in: International Physicians for the Prevention of Nuclear War (Hrsg.), Sind Soldaten Mörder? Analysen und Dokumente zum „Soldatenurteil“, 1990, S. 32–38.

Wagner, Heinz, Beleidigung eines Kollektivs oder Sammelbeleidigung?, JuS 1978, S. 674–679.

Wagner, Walter, Aus der Rechtrssprechung im Staatsschutzverfahren, GA 1960, S. 4–20.

Walter, Robert, Der Aufbau der Rechtsordnung. Eine rechtstheoretische Untersuchung auf Grundlage der Reinen Rechtslehre, 1964.

Walter, Robert, Die Trennung von Recht und Moral im System der Reinen Rechtslehre, ÖZöR 1967, S. 123–127.

Walter, Robert, Entstehung und Entwicklung des Gedankens der Grundnorm, in: *Walter, Robert* (Hrsg.), Schwerpunkte der Reinen Rechtslehre. mit einer Ergänzung der chronologischen Bibliographie der Werke Kelsens von Michael Schmidt, 1992, S. 47–59.

Walter, Robert, Entwicklung und Stand der Reinen Rechtslehre, in: *Walter, Robert* (Hrsg.), Schwerpunkte der Reinen Rechtslehre. mit einer Ergänzung der chronologischen Bibliographie der Werke Kelsens von Michael Schmidt, 1992, S. 9–20.

Walter, Robert, Das Problem des „normativen Syllogismus" in Kelsens „Allgemeiner Theorie der Normen", in: *Krawietz, Werner/ Wróblewski, Jerzy* (Hrsg.), Sprache, Performanz und Ontologie des Rechts. Festgabe für Kazimierz Opalek zum 75. Geburtstag., 1993, S. 347–355.

Walter, Robert, Der Positivismus der Reinen Rechtslehre, in: *Jabloner, Clemens/ Stadler, Friedrich* (Hrsg.), Logischer Empirismus und reine Rechtslehre. Beziehungen zwischen dem Wiener Kreis und der Hans-Kelsen-Schule, 2001, S. 1–17.

Walther, Manfred, Hans Kelsen und Carl Schmitt im Kampf und die Ent- (Re-) Mythologisierung des Staates, in: *Walther, Manfred* (Hrsg.), Religion und Politik. Zu Theorie und Praxis des theologisch-politischen Komplexes, 2004, S. 247–264.

Weber, Hellmuth von, Referat zum Staatsschutzstrafrecht, in: Deutscher Juristentag (Hrsg.), Verhandlungen des 38. Deutschen Juristentages, 1950, S. E1 – E22.

Weber, Hermann, Rechtsprechungsübersicht, JuS 1986, S. 644–645.

Weber, Ulrich, Die Vorverlagerung des Strafrechtsshutzes durch Gefährdungs- und Unternehmensdelikte, in: *Jescheck, Hans-Heinrich* (Hrsg.), Die Vorverlegung des Strafrechtsschutzes durch Gefährdungs- und Unternehmensdelikte. Referate u. Diskussionsbericht d. Arbeitssitzung d. Fachgruppe für Strafrechtsvergleichung anlässl. d. Tagung d. Ges. für Rechtsvergleichung am 20. September 1985 in Göttingen, 1987, S. 1–36.

Weber, Ulrich, Buchbesprechung zu: Timpe, Gerhard, Die Nötigung, ZStW 1992, S. 419–423.

Wehinger, Markus, Kollektivbeleidigung – Volksverhetzung. Der strafrechtliche Schutz von Bevölkerungsgruppen durch die §§ 185 ff. und § 130 StGB, 1994.

Weichert, Thilo, Informationelle Selbstbestimmung und strafrechtliche Ermittlung. Zum verfassungskonformen Technikeinsatz im Strafverfahren, 1990.

Weigend, Thomas, Der Grundsatz der Verhältnismäßigkeit als Grenze staatlicher Strafgewalt, in: *Weigend, Thomas/ Küpper, Georg* (Hrsg.), Festschrift für Hans Joachim Hirsch zum 70. Geburtstag am 11. April 1999, 1999, S. 917–938.

Weigend, Thomas, Terrorismus als Rechtsproblem, in: *Griesbaum, Rainer/ Hannich, Rolf/ Schnarr, Karl Heinz* (Hrsg.), Strafrecht und Justizgewährung. Festschrift für Kay Nehm zum 65. Geburtstag, 2006, S. 151–167.

Weinberger, Ota, Rechtspositivismus, Demokratie und Gerechtigkeit, in: *Krawietz, Werner/ Topitsch, Ernst/ Koller, Peter* (Hrsg.), Ideologiekritik und Demokratietheorie bei Hans Kelsen, 1982, S. 501–523.

Weller, Christoph, „Soldaten sind Mörder". Das Soldatenurteil von 1932, in: International Physicians for the Prevention of Nuclear War (Hrsg.), Sind Soldaten Mörder? Analysen und Dokumente zum „Soldatenurteil", 1990, S. 112–120.

Weller, Christoph, Sprache und Macht. Zur Manipulation der Meinungsbildung durch Presseerklärung, in: International Physicians for the Prevention of Nuclear War (Hrsg.), Sind Soldaten Mörder? Analysen und Dokumente zum „Soldatenurteil", 1990, S. 80–90.

Welzel, Hans, Anmerkung zu BGH, Großer Senat f. Strafsachen, Beschluß v. 18.3.1952 – GSSt 2 /51, JZ 1952, S. 340–344.

Welzel, Hans, Naturrecht und materiale Gerechtigkeit. Problemgeschichtliche Untersuchungen als Prolegomena zu einer Rechtsphilosophie, 3. Auflage, 1960.

Wendenburg, Helge, Die Debatte um die Verfassungsgerichtsbarkeit und der Methodenstreit der Staatsrechtslehre in der Weimarer Republik, 1984.

Wenzel, Joachim, Die Bindung des Richters an Gesetz und Recht, NJW 2008, S. 345–349.

Werle, Gerhard, Justiz-Strafrecht und polizeiliche Verbrechensbekämpfung im Dritten Reich, 1989.

Wessels, Johannes/ Hettinger, Michael, Strafrecht besonderer Teil 1. Straftaten gegen Persönlichkeits- und Gemeinschaftswerte, 37. Auflage, 2013.

Wielinger, Gerhart, Seinsrecht und Reine Rechtslehre, ARSP 1971, S. 559–573.

Wielinger, Gerhart, Demokratisches Prinzip, Parteienstaat und Legalitätsprinzip bei Hans Kelsen, in: *Krawietz, Werner/ Topitsch, Ernst/ Koller, Peter* (Hrsg.), Ideologiekritik und Demokratietheorie bei Hans Kelsen, 1982, S. 263–274.

Wilke, Dieter, Die Verwirkung der Pressefreiheit und das strafrechtliche Berufsverbot. Zugleich ein Beitrag zur Rechtsnatur und zu den Grenzen der Grundrechte, 1964.

Willms, Günther, Staatsschutz im Geiste der Verfassung, 1962.

Winter, Martin, Politikum Polizei. Macht und Funktion der Polizei in der Bundesrepublik Deutschland, 1998.

Wittig, Petra, Das tatbestandsmässige Verhalten des Betrugs. Ein normanalytischer Ansatz, 2005.

Wittig, Petra, Die Herausforderung des liberalen Strafrechts durch die politische Philosophie Giorgio Agambens, in: *Heinrich, Manfred/ Jäger, Christian/ Achenbach, Hans/ Amelung, Knut/ Bottke, Wilfried/ Haffke, Bernhard/ Schünemann, Bernd/ Wolter, Jürgen* (Hrsg.), Strafrecht als Scientia Universalis. Festschrift für Claus Roxin zum 80. Geburtstag am 15. Mai 2011, 2011, S. 113–129.

Wolf, Gerhard, Befreiung des Strafrechts vom nationalsozialistischen Denken?, JuS 1996, S. 189–195.

Wolff, Ernst A., Ehre und Beleidigung. Zugleich eine Besprechung des gleichnamigen Buches von H. J. Hirsch, ZStW 1969, S. 886–911.

Wolter, Jürgen, Gewaltanwendung und Gewalttätigkeit, NStZ 1985, S. 193–198; 245–252.

Wolter, Jürgen, Verfassungskonforme Restriktion und Reform des Nötigungstatbestands, NStZ 1986, S. 241–249.

Wolter, Jürgen (Hrsg.), Systematischer Kommentar zum Strafgesetzbuch, 2012.

Wrocklage, Hartmuth H., Wider das Feindstrafrecht – ein Plädoyer für den Rechtsstaat, in: *Klimke, Daniela* (Hrsg.), Exklusion in der Marktgesellschaft, 2008, S. 59–68.

Würtenberger, Thomas, Kunst, Kunstfreiheit und Staatsverunglimpfung (§ 90 a StGB), JR, S. 309–314.

Zabel, Benno, Schuldtypisierung als Begriffsanalyse. Tiefenstrukturen moderner Praxisformen und deren strafrechtliche Transofrmation, 2005.

Zabel, Benno, Günter Jakobs: Norm, Person, Gesellschaft, HRRS 2010, S. 170–172.

Zabel, Benno, Soll das Strafrecht Erinnerungen schützen?, ZStW 2010, S. 836–853.

Zacharakis, Zacharias, BGH-Verhandlung: Terror aus dem Küchenmixer, ZEIT ONLINE vom 21.03.2014, http://www.zeit.de/politik/deutschland/2014-03/bundesgerichtshof-kuechenmixer/komplettansicht, Stand: 25.11.2016.

Zaczyk, Rainer, § 193 StGB als Rechtfertigungsgrund, in: *Weigend, Thomas/ Küpper, Georg* (Hrsg.), Festschrift für Hans Joachim Hirsch zum 70. Geburtstag am 11. April 1999, 1999, S. 819–830.

Zaczyk, Rainer, Demokratieprinzip und Strafbegründung., Der Staat 2011, S. 295–301.

Zeidler, Wolfgang, Außerparlamentarische Bewegungen, Demonstrationsrecht und Widerstand, APuZ 1968, S. 3–13.

Zimmermann, Ralph, Die Meinungsfreiheit in der neueren Rechtsprechung des Bundesverfassungsgerichts, NJ 2011, S. 145–154.

Zipf, Heinz, Rechtskonformes und sozialadäquates Verhalten im Strafrecht, ZStW 1970, S. 633–654.

Zippelius, Reinhold, Problemjurisprudenz und Topik, NJW 1967, S. 2229–2234.

Zippelius, Reinhold, Allgemeine Staatslehre, 16. Auflage, 2010.

Zippelius, Reinhold, Rechtsphilosophie, 6. Auflage, 2011.

Zischang, Frank, Diskussionsbeiträge der Strafrechtslehrertagung 1995 in Rostock, ZStW 1995, S. 907–928.

Zöller, Mark Alexander, Der Gewaltbegriff des Nötigungstatbestandes, GA 2004, S. 147–162.

Zöller, Mark Alexander, Terrorismusstrafrecht. Ein Handbuch, 2009.

Zöller, Mark Alexander, Der Terrorist und sein (Straf-)Recht, GA 2016, S. 90–108.

Zuck, Rüdiger, Anmerkung zu BVerfG, 10.10.1995 - 1 BvR 1476/91; 1 BvR 1980/91; 1 BvR 102/92; 1 BvR 221/92, JZ 1996, S. 364–365.

FRANKFURTER KRIMINALWISSENSCHAFTLICHE STUDIEN

Band 1 Peter Böning: Die Lehre vom Unrechtsbewußtsein in der Rechtsphilosophie Hegels. 100 S., 1978.

Band 2 Wolfgang Schneider: Kriminelle Straßenverkehrsgefährdung (§ 315c Abs. 1 Ziff. 2, Abs. 3 StGB). Eine kriminologische und strafrechtliche Untersuchung zur Problematik dieser Verkehrsstraftaten unter Berücksichtigung ausländischer Rechte. 342 S., 1978.

Band 3 Lothar Kuhlen: Die Objektivität von Rechtsnormen. Zur Kritik des radikalen labeling approach in der Kriminalsoziologie. 178 S., 1978.

Band 4 Günther Grewe: Straßenverkehrsdelinquenz und Marginalität. Untersuchungen zur institutionellen Regelung von Verhalten. 148 S., 1978.

Band 5 Dieter Haberstroh: Strafverfahren und Resozialisierung. Eine Studie über Verstehen und Nicht-Verstehen, über Verstanden-Werden und Nicht-Verstanden-Werden und deren Bedingungen in der Hauptverhandlung. 202 S., 1979.

Band 6 Thomas Vogt: Die Forderungen der psychoanalytischen Schulrichtungen für die Interpretation der Merkmale der Schuldunfähigkeit und der verminderten Schuldfähigkeit (§§ 51 a.F., 20, 21 StGB). 182 S., 1979.

Band 7 Andreas Michael: Der Grundsatz in dubio pro reo im Strafverfahrensrecht. Zugleich ein Beitrag über das Verhältnis von materiellem Recht und Prozeßrecht. 214 S., 1981.

Band 8 Ilias G. Anagnostopoulos: Haftgründe der Tatschwere und der Wiederholungsgefahr (§§ 112 Abs. 3, 112 a StPO). Kriminalpolitische und rechtssystematische Aspekte der Ausweitung des Haftrechts. 1984.

Band 9 Helga Müller: Der Begriff der Generalprävention im 19. Jahrhundert. Von P.J.A. Feuerbach bis Franz v. Liszt. 1984.

Band 10 Frowin Jörg Kurth: Das Mitverschulden des Opfers beim Betrug. 1984.

Band 11 Martin J. Worms: Die Bekenntnisbeschimpfung im Sinne des § 166 Abs. 1 StGB und die Lehre vom Rechtsgut. 1984.

Band 12 Jong-Dae Bae: Der Grundsatz der Verhältnismäßigkeit im Maßregelrecht des StGB. 1985.

Band 13 Helmut Fünfsinn: Der Aufbau des fahrlässigen Verletzungsdelikts durch Unterlassen im Strafrecht. 1985.

Band 14 Christoph Krehl: Die Ermittlung der Tatsachengrundlage zur Bemessung der Tagessatzhöhe bei der Geldstrafe. 1985.

Band 15 Walter-Hermann Kiehl: Strafrechtliche Toleranz wechselseitiger Ehrverletzungen - Zur ratio legis der §§ 199, 233 Strafgesetzbuch -. 1986.

Band 16 Matthias Krahl: Die Rechtsprechung des Bundesverfassungsgerichts und des Bundesgerichtshof zum Bestimmtheitsgrundsatz im Strafrecht (Art. 103 Abs. 2 GG). 1986.

Band 17 Patrick Carroll Campbell: § 220a StGB. Der richtige Weg zur Verhütung und Bestrafung von Genozid? 1986.

Band 18 Winfried Hassemer (Hrsg.): Strafrechtspolitik. Bedingungen der Strafrechtsreform. 1987.

Band 19 Felix Herzog: Prävention des Unrechts oder Manifestation des Rechts. Bausteine zur Überwindung des heteronom-präventiven Denkens in der Strafrechtstheorie der Moderne. 1987.

Band 20 Astrid Michalke-Detmering: Die Mindestanforderungen an die rechtliche Begründung des erstinstanzlichen Strafurteils. Zur Auslegung des § 267 StPO. 1987.

Band 21 Lothar Kuhlen: Die Unterscheidung von vorsatzausschließendem und nichtvorsatzausschließendem Irrtum. 1987.

Band 22 Michael Buttel: Kritik der Figur des Aufklärungsgehilfen im Betäubungsmittelstrafrecht (§ 31 BtMG). 1988.

Band 23 Matthias Kögler: Die zeitliche Unbestimmtheit freiheitsentziehender Sanktionen des Strafrechts. Eine vergleichende Untersuchung zur Rechtslage und Strafvollstreckungspraxis in der Bundesrepublik Deutschland und den USA. 1988.

Band 24 Klaus Lüderssen / Cornelius Nestler-Tremel / E wa Weigend(Hrsg.): Modernes Strafrecht und ultima-ratio-Prinzip. 1990.

Band 25 Jürgen Taschke: Die behördliche Zurückhaltung von Beweismitteln im Strafprozeß. 1989.

Band 26 Daniela Westphalen: Karl Binding (1841-1920). Materialien zur Biographie eines Strafrechtsgelehrten. 1989.

Band 27 Sigrid Jans: Die Aushöhlung des Klageerzwingungsverfahrens. 1990.

Band 28 Dimitris Spirakos: Folter als Problem des Strafrechts. Kriminologische, kriminalsoziologische und (straf-)rechtsdogmatische Aspekte unter besonderer Berücksichtigung der Folterschutzkonvention und der Pönalisierung der Folter in Griechenland. 1990.

Band 29 Stephan Moll: Strafrechtliche Aspekte der Behandlung Opiatabhängiger mit Methadon und Codein. 1990.

Band 30 Stefan Werner: Wirtschaftsordnung und Wirtschaftsstrafrecht im Nationalsozialismus. 1991.

Band 31 Xanthi Bassakou: Beiträge zur Analyse und Reform des Absehens von Strafe nach § 60 StGB. 1991.

Band 32 Rainer Runte: Die Veränderung von Rechtfertigungsgründen durch Rechtsprechung und Lehre. Moderne Strafrechtsdogmatik zwischen Rechtsstaatsprinzip und Kriminalpolitik. 1991.

Band 33 Olaf Hohmann: Das Rechtsgut der Umweltdelikte. Grenzen des strafrechtlichen Umweltschutzes. 1991.

Band 34 Klaus Jochen Müller: Das Strafbefehlsverfahren (§§ 407 ff. StPO). Eine dogmatisch-kriminalpolitische Studie zu dieser Form des schriftlichen Verfahrens unter besonderer Berücksichtigung der geschichtlichen Entwicklung – zugleich ein Beitrag zum StVÄG 1987. 1993.

Band 35 Sang-Don Yi: Wortlautgrenze, Intersubjektivität und Kontexteinbettung. Das strafrechtliche Analogieverbot. 1991.

Band 36 Birgit Malsack: Die Stellung der Verteidigung im reformierten Strafprozeß. Eine rechtshistorische Studie anhand der Schriften von C. J. A. Mittermaier. 1992.

Band 37 Rüdiger Schäfer: Die Privilegierung des "freiwillig-positiven" Verhaltens des Delinquenten nach formell vollendeter Straftat. Zugleich ein Beitrag zum Grundgedanken des Rücktritts vom Versuch und zu den Straftheorien. 1992.

Band 38 Cornelius Nestler-Tremel: AIDS und Strafzumessung. 1992.

Band 39 Christine Gutmann: Freiwilligkeit und (Sozio-)Therapie – notwendige Verknüpfung oder Widerspruch? 1993.

Band 40 Walter Kargl: Der strafrechtliche Vorsatz auf der Basis der kognitiven Handlungstheorie. 1993.

Band 41 Jürgen Rath: Zur strafrechtlichen Behandlung der aberratio ictus und des error in objecto des Täters. 1993.

Band 42 Martin Fischer: Wille und Wirksamkeit. Eine Untersuchung zum Problem des *dolus alternativus*. 1993.

Band 43 Regina Harzer: Der Naturzustand als Denkfigur moderner praktischer Vernunft. Zugleich ein Beitrag zur Staats- und Rechtsphilosophie von Hobbes und Kant. 1994.

Band 44 Helmut Pollähne: Lockerungen im Maßregelvollzug. Eine Untersuchung am Beispiel der Anwendung des nordrhein-westfälischen Maßregelvollzugsgesetzes im Westfälischen Zentrum für Forensische Psychiatrie (Lippstadt). 1994.

Band 45 Hans-Joachim Leonhardt: Rechtsmittelermessen der Staatsanwaltschaft. Eine Gegenüberstellung von § 296 StPO mit Nummern 147 und 148 Richtlinien für das Strafverfahren und das Bußgeldverfahren (RiStBV). 1994.

Band 46 Rolf Grünebaum: Zur Strafbarkeit des Therapeuten im Maßregelvollzug bei fehlgeschlagenen Lockerungen. 1996.

Band 47 Barbara Bialas: Promille-Grenzen, Vorsatz und Fahrlässigkeit. 1996.

Band 48 Christine Pott: Die Außerkraftsetzung der Legalität durch das Opportunitätsdenken in den Vorschriften der §§ 154, 154a StPO. Zugleich ein Beitrag zu einer kritischen Strafverfahrensrechtstheorie. 1996.

Band 49 Wolfgang Köberer: *Iudex non calculat*. Über die Unmöglichkeit, Strafzumessung sozialwissenschaftlich-mathematisch zu rationalisieren. 1996.

Band 50 Institut für Kriminalwissenschaften Frankfurt a.M. (Hrsg.): Vom unmöglichen Zustand des Strafrechts. 1995.

Band 51 Petra Kamberger: Treu und Glauben (§ 242 BGB) als Garantenstellung im Strafrecht? 1996.

Band 52 Anastassios Triantafyllou: Das Delikt der gefährlichen Körperverletzung (§ 223a StGB) als Gefährdungsdelikt. (Zugleich ein Beitrag zur Dogmatik der Gefährdungsdelikte). 1996.

Band 53 Norbert Kissel: Aufrufe zum Ungehorsam und § 111 StGB. Grundrechtlicher Einfluß bei der Feststellung strafbaren Unrechts. 1996.

Band 54 Susanne Ehret: Franz von Liszt und das Gesetzlichkeitsprinzip. Zugleich ein Beitrag wider die Gleichsetzung von Magna-charta-Formel und Nullum-crimen-Grundsatz. 1996.

Band 55 Stefan Braum: Geschichte der Revision im Strafverfahren von 1877 bis zur Gegenwart. Zugleich eine Kritik der Kontinuität politischer Macht im Recht. 1996.

Band 56 Katja Diel: Das Regreßverbot als allgemeine Tatbestandsgrenze im Strafrecht. 1997.

Band 57 Christoph Koller: Die Staatsanwaltschaft – Organ der Judikative oder Exekutivbehörde? Die Stellung der Anklagebehörde und die Gewaltenteilung des Grundgesetzes. 1997.

Band 58 Frank Schößler: Anerkennung und Beleidigung. Rechtsgut und Strafzweck des § 185 StGB. 1997.

Band 59 Regina Engelstädter: Der Begriff des Unfallbeteiligten in § 142 Abs. 4 StGB. Zugleich eine Kritik an aktuellen Zurechnungslehren. 1997.

Band 60 Jörg Reinhardt: Der Ausschluß und die Ablehnung des befangen erscheinenden Staatsanwaltes. 1997.

Band 61 Jens Christian Müller-Tuckfeld: Integrationsprävention. Studien zu einer Theorie der gesellschaftlichen Funktion des Strafrechts. 1998.

Band 62 Peter Maria Rohe: Verdeckte Informationsgewinnung mit technischen Hilfsmitteln zur Bekämpfung der Organisierten Kriminalität. Zugleich eine rechtsvergleichende Analyse der polizeilichen Abhörbefugnisse in den U.S.A. 1998.

Band 63 Dirk Fabricius: Was ein Lehrbuch lehrt ... Eine exemplarische Untersuchung von Jakobs *Strafrecht – Allgemeiner Teil*. 1998.

Band 64 Stefan Sinner: Der Vertragsgedanke im Strafprozeßrecht. 1999.

Band 65 Sebastian Schattenfroh: Die Staatsphilosophie Giovanni Gentiles und die Versuche ihrer Verwirklichung im faschistischen Italien. 1999.

Band 66 Athanassia Dionyssopoulou: Der Tatbestand der Geldwäsche. Eine Analyse der dogmatischen Grundlagen des § 261 StGB. 1999.

Band 67 Klaus von Lampe: *Organized Crime*. Begriff und Theorie organisierter Kriminalität in den USA. 1999.

Band 68 Christian Hanssen: "Trennung der Märkte". Rechtsdogmatische und rechtspolitische Probleme einer Liberalisierung des Drogenstrafrechts. 1999.

Band 69 Institut für Kriminalwissenschaften und Rechtsphilosophie Frankfurt a.M. (Hrsg.): Irrwege der Strafgesetzgebung. 1999.

Band 70 Konstantinos Chatzikostas: Die Disponibilität des Rechtsgutes Leben in ihrer Bedeutung für die Probleme von Suizid und Euthanasie. 2000.

Band 71 Bettina Wirmer-Donos: Die Strafrechtstheorie Karl Christian Friedrich Krauses als theoretische Grundlage des spanischen Korrektionalismus. 2001.

Band 72 Christine Löw: Die Erkundigungspflicht beim Verbotsirrtum nach § 17 StGB. 2001.

Band 73 Florian Ufer: Der Verwertungswiderspruch in Theorie und Praxis. Prozessuale Obliegenheiten des Verteidigers und ihre Bedeutung für die Rechtsposition des Beschuldigten. 2002.

Band 74 Katja Melzer: Psychisch kranke Straftäterinnen. Frauen im Maßregelvollzug. 2001.

Band 75 Gregor Kuntze-Kaufhold: Lebenswelt und Unparteilichkeit. Kriterien für eine Rechtsanwendungslehre am Beispiel der Analyse von fünf Hauptverhandlungen in Strafverfahren. 2002.

Band 76 Iris Kristina Passek: Die erstinstanzliche Zuständigkeit der Oberlandesgerichte in Staatsschutzstrafsachen. Historische Entwicklung und aktuelle Probleme. 2002.

Band 77 Michael Krebs: Die Weisungsgebundenheit des Staatsanwalts unter besonderer Berücksichtigung des rechtstatsächlichen Aspekts. 2002.

Band 78 Kerstin Degenhardt: Europol und Strafprozeß. Die Europäisierung des Ermittlungsverfahrens. 2003.

Band 79 Domenico Siciliano: Das Leben des fliehenden Diebes: Ein strafrechtliches Politikum. 2., überarbeitete und ergänzte Auflage. 2013.

Band 80 Marc Colussi: Produzentenkriminalität und strafrechtliche Verantwortung. 2003.

Band 81 Thilo Lars Hild: Grenzen einer strafrechtlichen Regulierung des Kapitalmarktes. Eine kriminalrechtliche Untersuchung von Börsengängen und Aktienhandel in Deutschland und den USA. 2004.

Band 82 Philipp Rau: Schweigen als Indiz der Schuld. Ein Vergleich des deutschen und englischen Rechts zur Würdigung des Schweigens des Beschuldigten. 2004.

Band 83 Alexandra Pfeiffer: Die Regelung der Lebendorganspende im Transplantationsgesetz. 2004.

Band 84 Elena Fischer: Recht auf Sterben?! Ein Beitrag zur Reformdiskussion der Sterbehilfe in Deutschland unter besonderer Berücksichtigung der Frage nach der Übertragbarkeit des Holländischen Modells der Sterbehilfe in das deutsche Recht. 2004.

Band 85 Jörg Ziethen: Grundlagen probabilistischer Zurechnung im Strafrecht. 2004.

Band 86 Stefanie Schork: Ausgesprochen schuldig. Dogmatische und metadogmatische Untersuchungen zum Schuldspruch. 2005.

Band 87 Claudia Schubert: Verbotene Worte? Versuch einer Neubestimmung im Umgang mit rassistischen Äußerungen jenseits des Strafrechts. 2005.

Band 88 Ulfrid Neumann / Cornelius Prittwitz (Hrsg.): Kritik und Rechtfertigung des Strafrechts. 2005.

Band 89 Denis Basak: Die Zuständigkeitsregeln internationaler Strafgerichte und Art. 101 GG. Zum Verhältnis der deutschen Strafgerichtsbarkeit zu den Internationalen Tribunalen für Jugoslawien und Ruanda sowie zum Ständigen Internationalen Strafgerichtshof. 2005.

Band 90 Hsiao-Wen Wang: Der universale Strafanspruch des nationalen Staates. Eine Untersuchung über das Weltrechtsprinzip im Internationalen Strafrecht. 2005.

Band 91 Leonie Frenz: Faktizität des Rechts in der forensischen Psychiatrie. Eine Untersuchung im LKH Moringen. 2005.

Band 92 Eva-Maria Unger: Schutzlos ausgeliefert? Der Europäische Haftbefehl. Ein Beispiel für die Missachtung europäischer Bürgerrechte. 2005.

Band 93 Marcus Bastelberger: Die Legitimität des Strafrechts und der *moralische Staat*. Utilitaristische und retributivistische Strafrechtsbegründung und die rechtliche Verfassung der Freiheit. 2006.

Band 94 Marc Reiß: Rechtliche Aspekte der Präimplantationsdiagnostik. Unter besonderer Berücksichtigung der Rechte der von einem Verbot betroffenen Paare. 2006.

Band 95 Alexander Kolz: Einwilligung und Richtervorbehalt. 2006.

Band 96 Vasco Reuss: Eine Kritik der juristischen Vernunft. Rezeptionsversuche der Negativen Dialektik Adornos für die Dogmatik des Strafrechts. 2007.

Band 97 Lutz Eidam: Die strafprozessuale Selbstbelastungsfreiheit am Beginn des 21. Jahrhunderts. 2007.

Band 98 Christiane Rüdiger: Schutzinteresse und Deliktsstruktur der „Bestechungsdelikte" (§§ 331 ff. StGB). 2007.

Band 99 Urte Eisenhardt: Das nemo tenetur-Prinzip: Grenze körperlicher Untersuchungen beim Beschuldigten. Am Beispiel des § 81a StPO. 2007.

Band 100 Institut für Kriminalwissenschaften und Rechtsphilosophie Frankfurt a. M. (Hrsg.): Jenseits des rechtsstaatlichen Strafrechts. 2007.

Band 101 Nils Möckelmann: Die rechtliche, psychiatrische und gesellschaftliche Beurteilung jugendlicher Straftäter in der jüngeren deutschen Geschichte. Eine Analyse anhand zweier Strafverfahren mit Gutachten des Psychiaters Ernst Rüdin aus den Jahren 1915/1917 unter Berücksichtigung der Entwicklungen bis zur Gegenwart. 2007.

Band 102 Alexa Albrecht: Zur Erosion der Menschenrechte im demokratischen Rechtsstaat. Reaktionen der Systeme und der Zivilgesellschaft. 2007.

Band 103 Dirk Lange: Die politisch motivierte Tötung. 2007.

Band 104 Ulfrid Neumann / Cornelius Prittwitz (Hrsg.): „Personale Rechtsgutslehre" und „Opferorientierung im Strafrecht". 2007.

Band 105 Lisa Kathrin Sander: Grenzen instrumenteller Vernunft im Strafrecht. Eine Kritik der Präventionsdoktrin aus strafrechtsgeschichtlicher und empirischer Perspektive. 2007.

Band 106 Stephan Werner: Zur Notwendigkeit der Verteidigeranwesenheit während der polizeilichen Beschuldigtenvernehmung. 2008.

Band 107 Inti Schubert: Europol und der virtuelle Verdacht. Die Suspendierung des Rechts auf informationelle Selbstbestimmung. 2008.

Band 108 Bong-Jin Ko: Menschenwürde und Biostrafrecht bei der embryonalen Stammzellenforschung. 2008.

Band 109 Wanja Andreas Welke: Die Repersonalisierung des Rechtskonflikts. Zum gegenwärtigen Verhältnis von Straf- und Zivilrecht. 2008.

Band 110 Jan Helmrich: Die Berufung gewerblicher Sicherheitskräfte auf Notwehr und Nothilfe. Zugleich ein Beitrag zu den Grundlagen des Notwehr- und Nothilferechts. 2008.

Band 111 Alexander Köstler-Loewe: Strafrecht US-Style: „Three Strikes and You're Out!" Baseball, Rückfall und Kriminalpolitik? 2008.

Band 112 Christina Bott: Die Medienprivilegien im Strafprozess. Zeugnisverweigerungsrecht und Beschlagnahmeverbot zum Schutz der Medien im Strafverfahren. 2009.

Band 113 Mario Riechmann: Organisierte Kriminalität und Terrorismus. Zur Funktionalisierung von Bedrohungsszenarien beim Abbau eines rechtsstaatlichen Strafrechts. 2009.

Band 114 Dirk Simon: Präzeptoraler Sicherheitsstaat und Risikovorsorge. 2009.

Band 115 Stefan Kirsch: Der Begehungszusammenhang der Verbrechen gegen die Menschlichkeit. 2009.

Band 116 Heng-da Hsu: Zurechnungsgrundlage und Strafbarkeitsgrenze der Fahrlässigkeitsdelikte in der modernen Industriegesellschaft. 2009.

Band 117 Dennis Teschner: Die soziale Kontrolle im virtuellen Raum. Eine juristische, soziologische und soialpsychologische Untersuchung der Instrumentalisierbarkeit von Internetkriminalität. 2009.

Band 118 Daniel Schilling: Fragmentarisch oder umfassend? Wege strafrechtlichen Zugriffs bei der Veruntreuung fremden Vermögens am Beispiel des deutschen und des italienischen Untreuestrafrechts. 2009.

Band 119 Andreas Stüdemann: Die Entwicklung der zwischenstaatlichen Rechtshilfe in Strafsachen im nationalsozialistischen Deutschland zwischen 1933 und 1945. Kontinuität und Diskontinuität im Auslieferungsrecht am Beispiel der Rechtsentwicklung im NS-Staat. 2009.

Band 120 Matthias Achenbach: Strafrechtlicher Schutz des Wettbewerbs? Eine kritische Analyse von Sinn und Zweck der Straftatbestände zum Schutz des Wettbewerbs. 2009.

Band 121 Vera Backhaus: Der gesetzliche Richter im Staatsschutzstrafrecht. Zur Verfassungsmäßigkeit des § 120 Abs. 2 GVG. 2010.

Band 122 Verena Maria Brenneis: Rechtspolitische Implikationen von Gefährlichkeitsprognosen im Vollzug von Maßregeln nach § 63 StGB. Zum Subjektstatus von Eingewiesenen. 2010.

Band 123 Maike Hoenigs: Zur Existenzberechtigung des Straftatbestandes der Rechtsbeugung. Korrelat oder Widerspruch zur richterlichen Unabhängigkeit. 2010.

Band 124 Christine Würfel: Freiheit als Grundlage der Schuld. 2012.

Band 125 Charlotte Rau: Compliance und Unternehmensverantwortlichkeit. Materiellrechtliche Fragen der sanktionsrechtlichen Unternehmensverantwortlichkeit unter Berücksichtigung von Compliance-Maßnahmen. 2010.

Band 126 Marc Fornauf: Die Marginalisierung der Unabhängigkeit der Dritten Gewalt im System des Strafrechts. 2010.

Band 127 Sabine Benthin: Subventionspolitik und Subventionskriminalität. Zur Legitimität und Rationalität des Tatbestandes zum Subventionsbetrug (§ 264 StGB). 2011.

Band 128 Philipp Horrer: Bestechung durch deutsche Unternehmen im Ausland. Strafrechtsentwicklung und Probleme. 2011.

Band 129 Marianne Varwig: Zum Tatbestandsmerkmal des Vermögensschadens (§ 263 StGB). Eine kritische Untersuchung mittels der vier klassischen Auslegungsmethoden. 2011.

Band 130 Alexander Rieger: Verfassungsrechtliche Legitimationsgrundlagen richterlicher Unabhängigkeit. Zugleich eine Auseinandersetzung mit der Debatte um eine Selbstverwaltung der Justiz. 2011.

Band 131 Moritz von Schenck: Pönalisierung der Folter in Deutschland – de lege lata et ferneda. 2011.

Band 132 Kerstin Bohn: Der gesetzliche Richter als rechtsstaatstragendes Prinzip in europäischen Staaten. Eine Untersuchung der Fallzuteilung unter besonderer Berücksichtigung Englands. 2011.

Band 133 Cornelius Trendelenburg: Ultima ratio? Subsidiaritätswissenschaftliche Antworten am Beispiel der Strafbarkeit von Insiderhandel und Firmenbestattungen. 2011.

Band 134 Susana Campos Nave: Rechtsstaatliche Regeltreue? Corporate Compliance als zwingende Antwort des freiheitsliebenden Unternehmens im Wirtschaftsstrafrecht. 2012.

Band 135 Christine Ditscher: Europäische Beweise. Der Rahmenbeschluss über die Europäische Beweisanordnung zur Erlangung von Sachen, Schriftstücken und Daten zur Verwendung in Strafsachen. 2012.

Band 136 Fedor Brunner: Das Phänomen des Mietnomaden in der Rechtspraxis. Strukturelle Hintergründe, zivilrechtliche Mechanismen und Perspektiven. 2012.

Band 137 Konstantinos Diakonis: Die Geringfügigkeitsvorschriften als Teil der Problematik der Kollision zwischen primären und sekundären Prinzipien des Rechts. 2012.

Band 138 Gustavo Chan Mora: Kritik des Schuldbegriffs im Jugendstrafrecht. Eine metadogmatische Begründung des Schuldfähigkeits- und Verbotsirrtumsbegriffs. 2012.

Band 139 Julia Anna Bargenda: *Australian Law Reform Commission.* Ein Modell für Deutschland? 2012.

Band 140 Katharina Schermuly: Grenzen funktionaler Integration. Anforderungen an die Kontrolle europäischer Strafgesetzgebung durch den EuGH. 2013.

Band 141 Florian Conradi: Die Sicherungsverwahrung – Ausdruck einer zunehmenden Sicherheitsorientierung im Strafrecht? Die Entwicklung der Sicherungsverwahrung im Kontext des Spannungsverhältnisses von Freiheit und Sicherheit. 2013.

Band 142 Hyun Kyong Joo: Die positive Generalprävention im Straßenverkehr. 2013.

Band 143 Ulfrid Neumann / Cornelius Prittwitz / Paulo Abrão / Lauro Joppert Swensson Jr. / Marcelo D. Torelly (Hrsg.): Transitional Justice. Das Problem gerechter strafrechtlicher Vergangenheitsbewältigung. 2013.

Band 144 Frederico Figueiredo: Zur Möglichkeit des unmöglichen Strafrechts. Ein Versuch über die Dissonanz im System der ultima ratio. 2014.

Band 145 Moritz Bermel: Banken und Pflichten. Moderne Bankmanager und traditionelles Strafrecht. 2014.

Band 146 Björn Kruse: Compliance und Rechtsstaat. Zur Freiheit von Selbstbelastung bei Internal Investigations. 2014.

Band 147 Charlotte Schultz: Spiegelungen von Strafrecht und Gesellschaft. Eine systemtheoretische Kritik der Sicherungsverwahrung. 2014.

Band 148 Daniel Wegerich: Moderne Kriminalgesetzgebung: Produzent von Parteiverrat? Auswirkungen strafprozessualer Absprachen und Aufklärungshilfen auf den Parteiverrat in Strafsachen (§ 356 StGB). 2015.

Band 149 Lauro Joppert Swensson Jr: Vor dem Gesetz. *Transitional Justice* in Brasilien und die Problematik der strafrechtlichen Verantwortung für Straftaten der Militärdiktatur. 2015.

Band 150 Frederic Raue: Steueramnestien, Selbstanzeige und die verfassungsrechtliche Bewertung von Straffreiheitsgesetzen. Eine Untersuchung anlässlich des gescheiterten deutsch-schweizerischen Steuerabkommens. 2015.

Band 151 Ali Mosfer: Fragilitäten des Rechtsstaates seit dem 11. September 2001 im Spiegel der Rechtsprechung des Bundesverfassungsgerichts. 2015.

Band 152 Johann Amos Münch: Kollektive Haftung im Wirtschaftsstrafrecht. Ein kompetitiver und evaluativer Vergleich der Sanktionssysteme Deutschlands, Großbritanniens und Italiens. Unter besonderer Berücksichtigung von Dogmatik, Gerechtigkeit und Zweckmäßigkeit. 2016.

Band 153 Madeleine Arens: Die Strafverfahrenswirklichkeit am Khmer Rouge Tribunal im völkerstrafprozessualen Kontext. Eine Analyse der strafprozessualen Verfahrenspraxis an den ECCC und ihre Bedeutung für zukünftige Völkerstrafprozesse. 2016.

Band 154 Chun-Wei Chen: Gefährdungsvorsatz im modernen Strafrecht. Zugleich unzeitgemäße Überlegungen über die Wiederbelebung des Gefährdungsstrafrechts in der Sicherheitsgesellschaft. 2016.

Band 155 Mathias Alexander Grzesiek: Wirtschaftsdelikte im Vertrags- und Privatarztsektor. Ein Beitrag zum Prinzip der Strafgesetzlichkeit im Gesundheitswesen. 2016.

Band 156 Sugil An: Vorfeldkriminalisierung in der Risikogesellschaft. 2016.

Band 157 Franceline Delgado Ariza: Die Rolle des Strafrechts in Übergangsprozessen ohne Übergang. Überlegungen anhand des Falls Kolumbien. 2017.

Band 158 Daniel Wicklein: Steuerdaten-CDs und demokratischer Rechtsstaat. 2017.

Band 159 Sonja Geiring: Risiken von Social Media und User Generated Content. Social Media Stalking und Mobbing sowie datenschutzrechtliche Fragestellungen. 2017.

Band 160 Marc Reichhardt: Zur Bedeutung der nach § 130 OWiG verlangten Aufsichtsmaßnahmen für die Ausgestaltung eines Compliance-Systems im Unternehmen. 2017.

Band 161 Dennis Bodenbenner: Präventive und repressive Datenverarbeitung unter besonderer Berücksichtigung des Zweckbindungsgedankens. 2017.

Band 162 Tobias Philipp Groscurth: Sicherheit durch Sicherung. Der Bedeutungszuwachs des Sicherungsgedankens im Strafrecht am Beispiel der nachträglichen Sicherungsverwahrung als Konsequenz gesellschaftlicher und kriminalpolitischer Veränderungen im Zusammenspiel mit den Medien. 2017.

Band 163 Felix Fleckenstein: Kampf den Feinden oder Schutz der Minderheiten? Der Einfluss staats- und gesellschaftstheoretischer Auffassungen auf die strafrechtliche Theorie, Rechtsprechung und Gesetzgebung. Eine Untersuchung feindstrafrechtlicher Tendenzen unter Zugrundelegung der Positionen von Carl Schmitt und Hans Kelsen. 2017.

www.peterlang.com